AF557099

CLV

Benedikt Peters

DAS EVANGELIUM NACH JOHANNES

Anmerkung des Herausgebers: Es ist zu beachten, dass der Autor an gewissen Stellen den Text des Johannesevangeliums direkt aus dem Griechischen übersetzt hat. Die sonstigen Bibelzitate sind der unrevidierten Elberfelder Bibel 1905 und der Elberfelder Übersetzung (Edition CSV Hückeswagen) 2003 entnommen.

1. Auflage 2015
2. Auflage 2025

Christliche Literatur-Verbreitung e.V.
Ravensberger Bleiche 6 · 33649 Bielefeld
www.clv.de

Bei Fragen zur Produktsicherheit erreichen Sie uns
über gpsr@clv.de oder auf dem Postweg.

Satz: CLV
Umschlag: Lucian Binder, Marienheide
Druck und Bindung: GGP Media GmbH, Pößneck

Artikel-Nr. 256.336
ISBN 978-3-86699-336-5

Inhalt

Einleitung

»Dies ist das höchste Evangelium unter allen, doch nicht, wie etliche meinen, finster oder schwer. Denn hier ist der hohe Artikel von der Gottheit Christi aufs Allerklarste gegründet, was billig alle Christen wissen sollen und auch wohl verstehen mögen ... Es bedarf nicht viel scharfsinniger Untersuchung, sondern nur des einfältigen, schlichten Aufmerkens auf die Worte« (Martin Luther, *D. Martin Luthers Evangelien-Auslegung, vierter Teil*, S. 1).

»Dieses Buch berichtet davon, wie in den Tagen des Kaisers Tiberius und des Tetrarchen Herodes Antipas im Land Palästina ein Jude (Joh 4,9) namens Jesus lebte. Der behauptete von sich, der rechtmäßige Besitzer aller Dinge zu sein, das Brot des Lebens, das Wasser des Lebens, der gute Hirte, der sein Leben für die Schafe lässt, derjenige, der am jüngsten Tag die Toten auferwecken wird, der Messias, der Weg zu Gott, der wahre Gegenstand des Glaubens und der Verehrung, eine Person, die so vollkommen und in jeder Hinsicht göttlich ist, dass er sagen konnte: ›Ich und der Vater sind eins‹ (10,30). Das ist in der Tat erstaunlich; aber noch erstaunlicher ist, dass der Verfasser dieses Buches diese Behauptungen als wahr akzeptiert. Er gibt dem ›historischen Jesus‹ die erhabensten Titel. Er nennt ihn das Wort Gottes, und er schreibt, dass dieses Wort von Ewigkeit her ›bei Gott‹, also in der unmittelbaren Gegenwart des Vaters, war. Kühn nennt ihn der Verfasser Gott, und zwar gleich im eröffnenden Satz seines Buches. Für den Schreiber ist Jesus nichts Geringeres als das, was er von sich behauptete: Er ist der fleischgewordene Gott (1,1.14)« (William Hendriksen, *Exposition of the Gospel According to John*).

Eines von vier Evangelien

Keines der vier Evangelien will eine »Biografie« Jesu, des Messias, im landläufigen Sinn sein, denn dafür enthalten sie alle zu große Lücken. Markus und Johannes sagen nichts über die Geburt Jesu. In Lukas wird ein einziges Geschehen aus der Kindheit Jesu überliefert, sonst erfahren wir aus den Evangelien gar nichts aus den 30 Jahren vor seinem öffentlichen Auftreten. Matthäus und Johannes sagen nichts über die Himmelfahrt des Herrn. Das zeigt, dass jeder der Evangelisten aus allem, was er wusste und hätte schreiben können, eine bewusste Auswahl getroffen hat (siehe Joh 20,30.31; 21,25), und zwar, um eine besondere Seite der Person und des Werkes des Herrn hervorzuheben. So hat der Heilige Geist vier Berichte inspiriert, die man alle lesen muss, um jene umfassende Erkenntnis von der Person und vom Werk Jesu von Nazareth zu bekommen, die wir benötigen.

Die vier Evangelien sind sich dem Inhalt nach dennoch ähnlich. Alle berichten von der Menschwerdung, vom Leben, von den Wundern und von den Lehren des Herrn, von seinem Leiden und Sterben und von seiner Auferstehung; alle vier geben der Leidensgeschichte das größte Gewicht und den weitesten Raum, indem sie die letzten Tage des Lebens des Herrn unvergleichlich ausführlicher beschreiben als die vorangegangenen dreißig Jahre seines Lebens. In allen vier Evangelien wird uns berichtet, wie der Herr die Glaubenden auf sein zweites Kommen vorbereitet. Und alle vier berichten von den unveräußerlichen Grundwahrheiten seines Lebens, Wirkens und Sterbens in der fast gleichen Reihenfolge.

Die vier Evangelien sind sich ähnlich, und doch bestehen zwischen ihnen auch erhebliche Unterschiede. Den Propheten Israels, die alle das Kommen des Gerechten vorher verkündeten, wurde offenbart, dass der Messias der *König Israels*, dass er der treue *Knecht Gottes*, dass er ein wahrer *Mensch* und dass er wahrer *Gott* sein würde – König und Knecht, Mensch und Gott in einer Person. Einer der bemerkenswertesten Titel des Messias ist *tsœmach*, »Spross«. Zwölf Mal wird er im Alten Testament so genannt. Das ist jedes Mal eine Ankündigung der Tatsache, dass er diese Schöpfung heimsuchen, dass er auf dieser Erde leben und aufwachsen würde, wie eben ein Spross aus dem Erdboden aufschießt (vgl. Jes 53,2). Und noch bemerkenswerter ist, dass dieser Spross König und Knecht, Mann und Gott heißt:

- *»Siehe, Tage kommen, spricht der HERR, da ich David einen gerechten* ***Spross*** *erwecken werde; und er wird als* ***König*** *regieren und verständig handeln und Recht und Gerechtigkeit üben im Land«* (Jer 23,5).

- *»Höre doch, Josua, du Hoherpriester, du und deine Gefährten, die vor dir sitzen – denn Männer des Wunders sind sie; denn siehe, ich will meinen* ***Knecht, Spross*** *genannt, kommen lassen«* (Sach 3,8).
- *»So spricht der HERR der Heerscharen und sagt: Siehe, ein* ***Mann****, sein Name ist* ***Spross****; und er wird von seiner Stelle aufsprossen und den Tempel des HERRN bauen«* (Sach 6,12).
- *»An jenem Tag wird der* ***Spross*** *des HERRN zur Zierde und zur Herrlichkeit sein und die Frucht der Erde zum Stolz und zum Schmuck für die Entronnenen Israels«* (Jes 4,2).

Die Propheten hatten das Kommen des Herrn angekündigt; nachdem er in der Fülle der Zeit erschienen war und sein Werk vollendet hatte, schrieben die vier von Gott erwählten Zeugen je ihren Bericht, und ein jeder bestätigte damit das, was die Propheten vorhergesagt hatten.

- **Matthäus** ruft: »Siehe, dein König!« (Sach 9,9).
- **Markus** ruft: »Siehe, mein Knecht!« (Jes 42,1).
- **Lukas** ruft: »Siehe, ein Mann!« (Sach 6,12).
- **Johannes** ruft: »Siehe, euer Gott!« (Jes 40,9).

Selbstverständlich erkennen wir in jedem der vier Evangelien den Herrn in all seinen göttlichen Ämtern, und selbstverständlich erkennen wir in jedem der vier Evangelien in ihm den *einen* vollkommenen Menschen und den *einen* wahrhaftigen Gott; denn in ihm, dem fleischgewordenen Wort, *»wohnt die ganze Fülle der Gottheit leibhaftig«* (Kol 2,9). Dennoch setzt jeder Schreiber, durch Gottes Geist geführt, die Akzente anders. Der besondere Wortschatz, die verschiedenartige Anordnung des gleichen Stoffes, der nur von Johannes überlieferte Stoff – das alles hängt mit der besonderen Botschaft des jeweiligen Schreibers zusammen.

1. Die Eigenart des Johannesevangeliums

»Da alle das gleiche Ziel verfolgen, nämlich Christus zu zeigen, stellen die drei ersten seinen Leib dar, wenn ich so sagen darf, während Johannes seine Seele zeigt. Darum pflege ich zu sagen, dass dieses Evan-

gelium der Schlüssel ist, um mit ihm die Tür zum Verständnis der übrigen zu öffnen. Denn wer die Kraft Christi, wie Johannes sie anschaulich zeichnet, erfasst hat, der wird mit größerem Gewinn lesen, was die drei anderen über den offenbarten Erlöser berichten ... Gott diktierte deshalb den vier Evangelisten, was sie schreiben sollten, sodass das Ganze, indem ein jeder seinen Teil dazu beitragen musste, ein vollständiges Corpus bildet« (Johannes Calvin, *Auslegung des Johannesevangeliums*).

Das Evangelium nach Johannes unterscheidet sich in folgender Weise von den drei ersten Evangelien:

1. In den drei ersten Evangelien wird hauptsächlich der Dienst Christi in Galiläa behandelt, in Johannes liegt das Schwergewicht auf seinem Dienst in Jerusalem und Judäa.
2. In den drei ersten Evangelien bekommen wir keine Angaben darüber, wie lange der öffentliche Dienst des Herrn dauerte; im vierten Evangelium wird sein Dienst chronologisch an drei Passahfesten verankert (2,13; 6,4; 11,55); d.h. er dauerte etwa drei Jahre.
3. Die drei ersten Evangelien berichten von Wegen und Werken des Herrn, die sich im vierten nicht finden; dafür enthält Johannes sechs Zeichen und lange Unterredungen, die jene nicht überliefert haben. Einzig die Leidenswoche haben alle vier gleich ausführlich beschrieben. Johannes übergeht die Geburt, die Taufe, die Versuchung in der Wüste, den Berg der Verklärung, die Einsetzung des Herrenmahls, den Gebetskampf in Gethsemane und die Himmelfahrt.
4. In den drei ersten Evangelien lehrt der Herr in Gleichnissen (in Matthäus finden sich 16, in Markus fünf, in Lukas 20), im vierten haben wir Reden, aber kein einziges Gleichnis.[1]
5. In den drei ersten Evangelien liegt der Schwerpunkt auf der äußerlichen, der irdischen Seite der Person und des Werkes Jesu, im vierten auf der innerlichen, himmlischen Seite des Herrn. Des-

1 In der deutschen Übersetzung steht zwar in Joh 10,6; 16,25.29 das Wort »Gleichnis«. Johannes verwendet dafür den Begriff *paroimia*, womit er nicht ein Gleichnis im Sinne der von den Synoptikern überlieferten Gleichnisse – von diesen immer als *parabolē* bezeichnet – meint, sondern einen Vergleich. Der einzige weitere Beleg von *paroimia* findet sich in 2Petr 2,22 (dort mit »Sprichwort« übersetzt).

halb finden wir in Matthäus 20 Wunder, in Markus 18, in Lukas 20, in Johannes nur 8[2].

6. Die drei ersten Evangelien berichten vornehmlich von den Taten, das vierte von den Worten des Herrn. *»Das Johannesevangelium enthält 866 Verse; 419 enthalten Worte unseres Herrn, nahezu das halbe Evangelium«* (W.G. Scroggie, *A Guide to the Gospels*). Johannes ist der Einzige, der eine Auslegung enthält zur überzeitlichen Bedeutung der Wunder, die der Herr tat (Kap. 6).
7. Die drei ersten Evangelien legen das Schwergewicht auf das Reich, Johannes auf den König des Reiches. Zwar spricht Jesus auch im Johannesevangelium vom Reich (3,3.5; 18,36), und in den Synoptikern wird auch die Herrlichkeit des Sohnes Gottes offenbar. Doch solche Selbstzeugnisse aus dem Mund des Herrn wie die sieben Ich-bin-Worte finden sich nur im Johannesevangelium (6,35; 8,12; 10,9; 10,11; 11,25; 14,6; 15,1).
8. Die drei ersten Evangelien zeigen uns hauptsächlich den Menschen Jesus, der als König der Juden (Matthäus), als Knecht des Herrn (Markus) und als vollkommener Mensch (Lukas) in diese Welt kam, während wir ihn im Johannesevangelium als den ewigen Gott kennenlernen. Schon den alttestamentlichen Propheten war die Gottheit des Messias offenbart worden (Jes 9,5; Ps 2,6.7; 110,1); deutlicher als die anderen Evangelisten zeigt Johannes, dass Jesus von Nazareth ebendieser göttliche Messias (1,1-3.14.34; 5,21; 8,58; 14,9; 20,28), *»unser großer Gott und Heiland«* (Tit 2,13) ist. Im vierten Evangelium erfahren wir, dass Christus das ewige Wort ist, durch das die Welten erschaffen wurden; dass er, das Wort, Gott ist, der im Anfang bei Gott war (1,1-3). Hier hören wir, dass er der *»Eingeborene vom Vater, voller Gnade und Wahrheit«* ist (1,14). Hier hören wir die Worte Jesu: *»Brecht diesen Tempel ab, und in drei Tagen werde ich ihn aufrichten«* (2,19), und sein Bekenntnis: *»Darum liebt mich der Vater, weil ich mein Leben lasse, damit ich es wiedernehme. Niemand nimmt es von mir, sondern ich lasse es von mir selbst. Ich habe Gewalt, es zu lassen, und habe Gewalt, es wiederzunehmen«*

---

2 Es sind acht, wenn wir den wunderbaren Fischzug von Kap. 21 mitzählen. Wenn Johannes in 20,31 sagt: *»Diese ... sind geschrieben«*, dann meint er die sieben von Kap. 2 bis Kap. 11 überlieferten Zeichen.

(10,17.18). Hier lesen wir das Wort: *»Ehe Abraham wurde, bin ich«* (8,58), und: *»Ich und der Vater sind eins«* (10,30), und hier lesen wir: *»Wer mich gesehen hat, hat den Vater gesehen«* (14,9). Er, der in Bethlehem geboren wurde, der 33 Jahre unter den Menschen lebte und arbeitete, um am Ende wie ein gemeiner Verbrecher hingerichtet zu werden, war *»der Herr der Herrlichkeit«* (1Kor 2,8).

2. Wie Johannes die drei ersten Evangelien ergänzt

Matthäus, Markus und Lukas haben ausführlich den Dienst des Herrn in Galiläa überliefert, über seinen Dienst in Juda und Jerusalem während seiner Jahre des öffentlichen Dienstes jedoch fast nichts gesagt. Johannes ergänzt deren Berichte mit seinen Überlieferungen der Worte und Werke des Herrn, die hauptsächlich in Juda und Jerusalem geschahen. Diese werfen viel Licht auf Personen und Geschehnisse aus den synoptischen Evangelien, z. B.:

a. Wir lesen in Matthäus, Markus und Lukas, wie der Herr Petrus und Andreas samt Jakobus und Johannes ruft: *»Kommt, folgt mir nach!«* (Mt 4,19; Mk 1,17). Man bekommt dort den Eindruck, der Herr habe die Genannten vorher noch nie gesehen, sodass man sich sehr verwundert, dass sie alles liegen lassen und ihm nachfolgen. Von Johannes erfahren wir, dass sie Jesus bereits begegnet waren, als sie sich beim Täufer aufhielten, während dieser taufte, und dass sie Jesus folgten auf seinem Weg vom Jordan durch Judäa nach Galiläa (1,35.40.42.43.47; 2,1.2.11). Erst danach erfolgte der Ruf, von dem wir in Mt 4 lesen. Wir verstehen: Da wurden sie nicht in die grundsätzliche Nachfolge gerufen, sondern in die *vollzeitliche* Nachfolge, in den apostolischen Dienst gerufen.
b. Johannes nennt Orte und Zeitpunkte, die verschiedene Missverständnisse bezüglich der Wege des Herrn beheben. So verstehen wir aus 1,29ff., dass der Herr nach der Versuchung in der Wüste an den Jordan zurückkehrte. Wie der Geist bei der Taufe auf den Herrn herabgekommen war, berichtet Johannes der Täu-

fer in 1,32 in einem *Rückblick. Unmittelbar* nach der Taufe, wie Mk 1,12 ausdrücklich festhält, war der Herr vom Geist in die Wüste geführt worden. Als er zurückkam, empfing ihn Johannes mit dem Ruf: *»Siehe, das Lamm Gottes, das die Sünde der Welt wegnimmt!«* (1,29). Wie passend war dieses Bekenntnis, nachdem der Herr sich in der Wüste als der Sündlose erwiesen hatte! Johannes beschreibt von 1,29 an Geschehnisse, die in einer explizit markierten Abfolge von einigen Tagen geschahen (1,35.43), folglich nach den 40 Tagen in der Wüste erfolgt sein müssen. In jenen Tagen scharte er erste Jünger um sich, zog mit ihnen nach Galiläa (2,1.2.11) und kehrte danach wieder nach Judäa zurück zum Passah in Jerusalem (2,13), tat dort viele Zeichen (2,23-25) und hielt eine lange Unterredung mit einem Obersten der Juden (3,1-21), ging ins Land Judäa, taufte und sammelte weitere Jünger (3,22.26). Dann verließ er Judäa und zog nach Samaria, wo viele zum Glauben kamen (4,4.39); und er setzte seine Reise fort nach Galiläa (4,43), wo er wieder ein Zeichen tat (4,46-54), um danach zum zweiten Mal zu einem Fest der Juden nach Jerusalem zurückzukehren (5,1). Erst danach begann jener Dienst in Galiläa (6,1), den die Synoptiker so ausführlich beschreiben (Mt 4,12–18,35; Mk 1,14–9,50; Lk 4,14–18,34).

c. Die Kapitel 7–10,21 beschreiben wieder Worte und Werke des Herrn in Jerusalem, und zwar während man dort das Laubhüttenfest feierte. 10,22 datiert die darauf folgenden Worte des Herrn auf das Fest der Tempelweihe, das im Dezember stattfand, also zwei Monate nach den Laubhütten. Während dieser zwei bis drei Monate zwischen den beiden Festen war der Herr zum letzten Mal in Galiläa, um von dort zum letzten Mal Richtung Jerusalem aufzubrechen (gemäß Mt 19,1 und Mk 10,1).[3] Bevor der Herr Jerusalem betritt, hält er sich während der ca. drei Monate bis zum letzten Passah am Jordan auf, an dem *»Ort, wo Johannes zuerst taufte«* (10,40).

d. Von dort machte er einen kurzen Abstecher nach Jerusalem zum Fest der Tempelweihe (10,22-38) und kehrte *wieder* an den Jor-

3 Dass die dort beginnende Reise nicht geradlinig war, verstehen wir aus Lukas, der in Lk 9,51 festhält, wie der Herr zu seiner letzten Jerusalem-Reise aufbricht, um danach von verschiedenen Stationen auf dem Weg zu berichten, wo der Herr lehrte und wirkte (Lk 10–19).

dan zurück (man beachte das Wort »wieder« in 10,40). Und während er noch dort war, erreichte ihn der Hilferuf der beiden Schwestern des Lazarus, der ihn veranlasste, trotz der Gefahr von den Juden nach Bethanien bei Jerusalem zu reisen (11,7). Und wieder kehrte er in die Gegend jenseits des Jordan zurück (11,54). Dort blieb er, bis er *»sechs Tage vor dem Passah nach Bethanien«* kam (12,1), um am Tag darauf im Triumph in Jerusalem einzuziehen (12,12ff.). Damit begann die Leidenswoche.

3. Verfasserschaft

Der eigentliche Autor des Evangeliums ist Gott der Heilige Geist. Dieser rief dem Schreiber alles in Erinnerung, was Jesus gelehrt hatte (14,26), und befähigte ihn, nur das zu schreiben, was geschrieben werden musste (20,30.31; 21,24.25). Er führte ihn dabei so, dass alles, was er schrieb, irrtumslos war.

Der Verfasser nennt seinen Namen nicht, bezeichnet sich aber immer wieder als *»den Jünger, den Jesus liebte«* (13,23; 19,26; 20,2; 21,7.20). Wer war dieser Jünger? Was wissen wir über ihn? Er war Augenzeuge des Lebens Jesu, wie wir aus 1,14 erkennen: *»Und das Wort wurde Fleisch ... und wir haben seine Herrlichkeit angeschaut«*; auch aus 19,35: *»Und der es gesehen hat, hat es bezeugt, und sein Zeugnis ist wahr; und er weiß, dass er sagt, was wahr ist, damit auch ihr glaubt.«* Der Verfasser war beim letzten Abendmahl anwesend und hörte alle letzten Worte des Meisters an seine Jünger; sonst hätte er all das nicht in der Weise beschreiben können, wie er es in den Kapiteln 13–16 tut. Als Angehöriger des innersten Kreises der Begleiter Jesu nennt er wiederholt die Namen von verschiedenen Jüngern (Andreas: 1,40; Petrus [Simon]: 1,42; Philippus: 1,44; 6,5.7; 14,8; Nathanael: 1,45; 21,2; Judas Iskariot: 6,71; 12,4; 13,2.26; Thomas: 11,16; 20,24; Judas, nicht der Iskariot: 14,22), den Namen Johannes nennt er jedoch nie. Aus alldem kann man nur schließen, dass Johannes, der Apostel, der Verfasser des Evangeliums war, das in der christlichen Tradition immer seinen Namen getragen hat.[4]

4 Eine gute Beweisführung aus dem Johannesevangelium selbst für die Verfasserschaft bieten Alfred Kuen, *Soixante-six en un: Introduction aux 66 livres des la Bible*, Éditions Emmaüs, 1806, Saint-Légier; und W. Graham Scroggie, *A Guide to the Gospels*, Fleming H. Revell Company, New York.

Im 2. Jahrhundert schrieb Irenäus von Lyon (135–202): »Nach diesem hat auch Johannes, der Jünger Jesu, der an seiner Brust ruhte, das Evangelium veröffentlicht, als er in Ephesus in Asien weilte ...« (*Gegen die Häresien*, 3.1.1)[5]. Diese Nachricht hatte Irenäus von Polykarp von Smyrna (69–155), der Johannes noch persönlich gekannt hatte.

Im *Muratorischen Fragment* (2. Jahrhundert) steht: »Das vierte Evangelium stammt von Johannes ... Kein Wunder, dass Johannes, von sich selbst sprechend, in seinen Briefen sagt: ›*Was wir gehört, was wir mit unseren Augen gesehen, was wir angeschaut und unsere Hände betastet haben, ... verkündigen wir ... euch*‹ (1Jo 1,1.3). Damit erklärt er sich nicht nur als *Augenzeuge*, sondern auch als *Verfasser* all der wunderbaren Taten des Herrn.«[6]

4. Datierung

Es ist deutlich, dass Johannes sein Evangelium als Letztes schrieb, denn er setzt voraus, dass die drei ersten Evangelien bekannt sind. In 1,40 wird angenommen, dass der Leser weiß, wer Petrus ist (siehe Mt 4,18), und in 3,24, dass der Täufer eingekerkert wurde (siehe Lk 3,19.20); 6,70 setzt das Wissen voraus, dass der Herr zwölf Apostel berufen hatte (siehe Mk 3,13-19); 11,2 setzt voraus, dass der Leser weiß, wer diese Maria war, die den Herrn salbte. In 1,32 wird die Taufe des Herrn nicht erwähnt, aber der Leser weiß, dass der Geist bei der Taufe auf ihn herniederfuhr. Die Himmelfahrt des Herrn wird nicht mitgeteilt, aber die Hinweise in 6,62; 7,39; 14,2.3 und 20,17 genügen, weil der Leser um die Himmelfahrt weiß.

Das Johannesevangelium wurde gegen Ende des 1. Jahrhunderts geschrieben[7], als das Christentum sich bereits im ganzen Römischen Reich ausgebreitet hatte und zahllose Gemeinden entstanden waren. Die drei ersten Evangelien waren schon einige Jahrzehnte lang in Umlauf, als Johannes seinen Bericht vom Leben, vom Werk und vor allem von der Person Jesu Christi schrieb. Clemens von Alexandrien (ca. 150–215) berichtet, dass Freunde des Apostels diesen gebeten hätten, ein Evan-

5 zitiert bei Ernst Aebi, *Kurze Einführung in die Bibel*, Verlag Bibellesebund, Winterthur.
6 zitiert bei Ernst Aebi.
7 Gute Argumente zur Datierung finden sich bei W. Scroggie, Ernst Aebi, auch bei W. MacDonald, *Kommentar zum Neuen Testament*.

gelium zu schreiben und die drei ersten Evangelien um solche Nachrichten zu ergänzen, welche die inzwischen aufgekommenen Irrlehren bezüglich der wahren Menschheit und wahren Gottheit Christi widerlegen sollten.

5. Adressat

Die drei ersten Evangelien wenden sich an Juden (so Matthäus), Römer (so Markus) und Griechen (so Lukas), um sie von der Identität Jesu von Nazareth zu überzeugen, während Johannes für Christen schreibt. Irenäus sagt: *›Das Evangelium von St. Matthäus wurde geschrieben für die Juden, denen in besonderer Weise gezeigt werden musste, dass der Christus aus dem Samen Davids kam. St. Matthäus bemüht sich, diese Forderung zu erfüllen, und beginnt daher sein Evangelium mit einem Geschlechtsregister Christi.‹* Der Kirchenhistoriker Eusebius von Caesarea (260–340) bestätigt die Tradition, nach der Markus sein Evangelium schrieb unter Anweisung von Petrus und als Antwort auf die Bitte der Christen in Rom, damit es in Italien und überhaupt unter den Römern Verbreitung finde.[8] Fritz Rienecker (*Das Evangelium des Lukas*, Witten: SCM R. Brockhaus, S. 3) schreibt, *»dass Lukas an einen größeren Kreis von Lesern griechischer Herkunft geschrieben hat, als deren Repräsentant er den Theophilus ansah«*. Und Scroggie führt noch das Zeugnis des griechischen Kirchenvaters Gregor von Nazianz an: *»Lukas, der Mitarbeiter des Paulus, schrieb von den wunderbaren Werken (dieses Evangeliums) für die Griechen«* (Scroggie, S. 341). Eusebius zitiert in seinem Geschichtswerk Clemens von Alexandrien: *»Als Letzter von allen hat Johannes, als er bemerkt, dass das Äußerlich-Menschliche der Geschichte Jesu in den anderen Evangelien bereits dargestellt war, auf Anregung der Ältesten und vom Geist getrieben, ein geistliches Evangelium verfasst.«*[9]

Das Johannesevangelium wurde für die Christen geschrieben: *»Am Ende des ersten Jahrhunderts … muss die Zahl der Christen in der Welt schon sehr groß gewesen sein. Im Licht der apostolischen Lehren entstand ein wachsendes Bedürfnis nach einer tieferen Erkenntnis Christi,*

8 zitiert bei W. Graham Scroggie, *A Guide to the Gospels*.
9 zitiert bei Scroggie.

als sie die Synoptiker geboten hatten. Das empfanden nicht Juden oder Griechen oder Römer als solche, sondern die Glieder der Gemeinde Christi. Gott erhielt in seiner Vorsehung den Jünger, der an der Brust des Herrn gelegen und ihn inniger gekannt hatte als die anderen, denn er sollte ein Evangelium schreiben, das dieses Bedürfnis stillen konnte« (Scroggie).

Das erklärt, warum wir im Johannesevangelium die Abschiedsreden finden, die sich ausschließlich an die Jünger richteten; denn in diesen bekamen sie Verheißungen und Anweisungen, die nur für die Gläubigen etwas bedeuten können. Diese werden im Johannesevangelium gesehen als Familie Gottes. Ist Christus der Sohn Gottes, heißen die an ihn Glaubenden im Johannesevangelium *»Kinder Gottes«* (1,12), *»Freunde«* (15,15) und *»Brüder«* des Sohnes Gottes (20,17), die dazu berufen sind, einst vom Sohn ins Vaterhaus geführt zu werden (14,1-3).

6. Zweck

»Auch viele andere Zeichen hat nun zwar Jesus vor seinen Jüngern getan, die nicht in diesem Buch geschrieben sind. Diese aber sind geschrieben, damit ihr glaubt, dass Jesus der Christus ist, der Sohn Gottes, und damit ihr glaubend Leben habt in seinem Namen« (20,30.31).

Wenn Johannes hier erklärt, warum er nur sieben von den zahlreichen Zeichen des Herrn überliefert hat, dann ist damit gleichzeitig der Zweck der Niederschrift seines ganzen Evangeliums genannt. Alles, was er von den Reden und Werken des Herrn verzeichnete, will ebendiese Erkenntnis des Sohnes Gottes und damit den entsprechenden Glauben wirken. Halten wir fest:

- Johannes schrieb sein Evangelium, damit wir darin erkennen, wer Jesus ist: der Christus, der Sohn Gottes.
- Johannes schrieb sein Evangelium, damit wir an den Sohn Gottes glauben und durch den Glauben an ihn das ewige Leben haben.
- Johannes traf beim Niederschreiben eine bewusste Auswahl, um diesen doppelten Zweck zu erreichen.

Es war nicht die Absicht des Johannes, eine vollständige Lebensgeschichte von Jesus von Nazareth zu schreiben, was gar nicht möglich gewesen wäre (siehe 21,25). Vielmehr will er mit seinem Evangelium die wahre Identität Jesu von Nazareth verkünden: Er ist der Christus; er ist der Sohn Gottes; er ist das ewige Wort, das Fleisch wurde. Wenn wir diese Absicht des Johannes erkannt haben, verstehen wir, warum er in seinem Evangelium gerade jene Werke und jene Reden des Herrn ausgesucht hat, die wir in ihm vorfinden und die in den drei ersten Evangelien fehlen. Beachten wir die Auswahl von folgenden Abschnitten:[10]

1. die Hochzeit zu Kana: *»Diesen Anfang der Zeichen machte Jesus in Kana in Galiläa und offenbarte seine Herrlichkeit; und seine Jünger glaubten an ihn«* (2,11);
2. die Unterredung mit Nikodemus: *»Denn so hat Gott die Welt geliebt, dass er seinen eingeborenen Sohn gab, damit jeder, der an ihn glaubt, nicht verlorengehe, sondern ewiges Leben habe«* (3,16);
3. die Unterredung mit der Samariterin. Diese sagte zu Jesus: *»Ich weiß, dass der Messias kommt, der Christus genannt wird; wenn er kommt, wird er uns alles verkündigen.«* Darauf antwortet Jesus: *»Ich bin es, der mit dir redet«* (4,25.26);
4. die Heilung des Gelähmten am Teich Bethesda und die anschließende Rede an die Juden: *»Jesus aber antwortete ihnen: Mein Vater wirkt bis jetzt, und ich wirke. Darum nun suchten die Juden noch mehr, ihn zu töten, weil er nicht nur den Sabbat brach, sondern auch Gott seinen eigenen Vater nannte, sich selbst Gott gleichmachend«* (5,17.18);
5. die Speisung der Fünftausend und die anschließende Rede an das Volk: *»Denn dies ist der Wille meines Vaters, dass jeder, der den Sohn sieht und an ihn glaubt, ewiges Leben habe; und ich werde ihn auferwecken am letzten Tag«* (6,40);
6. der Ruf am Laubhüttenfest: *»An dem letzten, dem großen Tag des Festes aber stand Jesus da und rief und sprach: Wenn jemand dürstet, so komme er zu mir und trinke! Wer an mich glaubt, wie*

10 Die Zusammenstellung findet sich bei William Hendriksen, *Exposition of the Gospel According to John.*

die Schrift gesagt hat, aus dessen Leib werden Ströme lebendigen Wassers fließen« (7,37.38);
7. die Rede über die Nachkommen Abrahams: *»Wahrlich, wahrlich, ich sage euch: Wenn jemand mein Wort bewahrt, so wird er den Tod nicht sehen in Ewigkeit. ... Jesus sprach zu ihnen: Wahrlich, wahrlich, ich sage euch: Ehe Abraham wurde, bin ich«* (8,51.58);
8. die Heilung des Blindgeborenen: *»Er sprach: Ich glaube, Herr; und er warf sich vor ihm nieder«* (9,38);
9. die Rede über den guten Hirten: *»Ich und der Vater sind eins«* (10,30);
10. die Auferweckung des Lazarus: *»Jesus spricht zu ihr: Habe ich dir nicht gesagt: Wenn du glaubtest, so würdest du die Herrlichkeit Gottes sehen?«* (11,40);
11. die Fußwaschung: *»... steht Jesus, wissend, dass der Vater ihm alles in die Hände gegeben hatte und dass er von Gott ausgegangen war und zu Gott hingehe ...«* (13,3).
12. die Abschiedsreden und das Hohepriesterliche Gebet: *»Jesus spricht zu ihm: Ich bin der Weg und die Wahrheit und das Leben. Niemand kommt zum Vater als nur durch mich. ... Dies aber ist das ewige Leben, dass sie dich, den allein wahren Gott, und den du gesandt hast, Jesus Christus, erkennen. ... Und nun verherrliche du, Vater, mich bei dir selbst mit der Herrlichkeit, die ich bei dir hatte, ehe die Welt war«* (14,6; 17,3.5).

Alle diese Werke und Reden bezeugen: Jesus ist der Christus, der Sohn Gottes. Er ist wahrer Gott und wahrer Mensch. Damit weist Johannes verschiedene Irrlehren zurück, die im 1. Jahrhundert anfingen, das Evangelium und die in ihm verkündete Person des Herrn anzugreifen:

- Die *Gnostiker* behaupteten, alles Materielle sei böse, nur das Geistige sei gut; darum könne der Sohn Gottes nicht einen menschlichen Leib angenommen haben.
- Die *Doketisten*[11] (manchmal auch *Doketen* genannt) behaupteten, Christus habe nur scheinbar Menschengestalt angenommen. Er

11 Vom griechischen Wort *dokeō* = »scheinen«; »den Anschein machen«.

sei den Menschen nur *ähnlich* geworden. Er sei Gott, aber nicht Mensch.

- Die *Ebioniten* behaupteten, Jesus von Nazareth sei der Sohn Josephs und Marias; er sei wohl der Messias, aber nur Mensch.

Die Angriffe auf die Person des Herrn haben bis zum heutigen Tag nicht aufgehört. Beständig wird die Gottheit Christi und die wahre Menschheit Christi infrage gestellt. Im 4. Jahrhundert gewannen die Arianer, welche die Gottheit Christi leugneten, in der ganzen Christenheit ungeheuren Einfluss. Arianer in unserer Zeit sind die Zeugen Jehovas und viele der sogenannten »messianischen Juden«. Charismatiker unserer Tage haben seine Gottheit angetastet mit der Behauptung, bei der Taufe habe der Herr den Heiligen Geist empfangen. Und es gab und es gibt Spiritualisten und Mystiker, die von einem »Christusgeist« reden, aber nicht glauben, dass Christus im Fleisch gekommen ist (1Jo 4,1.2).

7. Thema und Gliederung

Der berühmte Prolog des Johannesevangeliums (1,1-18) nimmt das Thema des Evangeliums vorweg. Er zerfällt in drei Abschnitte.

1. 1,1-3: Hier werden wir an den Anfang aller Dinge zurückgeführt. Damit macht Johannes von vornherein deutlich, dass der Sohn Gottes kam, um auszuführen, was Gott vor aller Zeit verordnet hatte (siehe 1Petr 1,20). Christus ist das Wort, durch das Gott die Welten schuf, und dieses Wort kam in diese Welt, wurde Mensch, um Erlösung zu wirken. Wir müssen das ganze von Johannes verfasste Evangelium in diesem Licht lesen: So, wie Gott durch sein Wort Himmel und Erde schuf, so schafft er durch sein Wort Heil. Die Erlösung ist ebenso wie die Schöpfung ganz und ausschließlich Gottes Werk (Eph 2,10).

2. 1,4-13: Der Sohn Gottes kam als Leben in diese Welt. Entsprechend lesen wir von ihm:

- *»In ihm war Leben«* (1,4);
- er hat *»Leben ... in sich selbst«* (5,26);

- er *»gibt ... der Welt das Leben«* (6,33);
- *»Ich bin gekommen, damit sie Leben haben«* (10,10);
- *»Ich bin ... das Leben«* (11,25).

In den verschiedenen Unterredungen des Herrn mit den verschiedensten Menschen ist das Leben der Hauptgegenstand:

- Nikodemus (3,15.16);
- die Samariterin (4,14);
- am Fest in Jerusalem (5,24.39);
- in der Synagoge in Kapernaum (6,27.40.47.54.68);
- am Laubhüttenfest (7,37.38);
- die Rede vom guten Hirten (10,10);
- beim Fest der Tempelweihe (10,27.28);
- Martha vor dem Grab des Lazarus (11,25);
- sein letzter Ruf an das Volk (12,50).

Dieses Leben ist das Leben Gottes selbst; es ist also anderer Ordnung als das natürliche Leben. Das »ewige Leben«, wie Johannes es so oft nennt (erstmals in 3,15), unterscheidet sich nicht nur in der Dauer, sondern auch in der Art vom natürlichen Leben. Das ewige Leben ist im Sohn Gottes (1Jo 5,11); das ewige Leben ist der Sohn Gottes selbst: *»Dieser ist der wahrhaftige Gott und das ewige Leben«* (1Jo 5,20). Der Ausdruck »ewiges Leben« kommt im Johannesevangelium an folgenden Stellen vor: 3,15.16.36; 4,14.36; 5,24.39; 6,27.40.47.54.68; 10,28; 12,25.50; 17,2.3 (17-mal).

Der Sohn Gottes kam als Licht in diese Welt. Entsprechend lesen wir von ihm:

- *»... das Leben war das Licht der Menschen«* (1,4b);
- *»... das Licht scheint in der Finsternis«* (1,5);
- *»Das war das wahrhaftige Licht, das, in die Welt kommend, jeden Menschen erleuchtet«* (1,9);
- *»Ich bin das Licht der Welt«* (8,12; 9,5);
- *»Ich bin als Licht in die Welt gekommen«* (12,46).

Die ihm nachfolgten, blieben nicht in der Finsternis (8,12); und die an das Licht glaubten, wurden zu Söhnen des Lichts (12,36). Als Licht ist der Sohn Gottes der Offenbarer Gottes (1,18). Nur durch ihn und an ihm kann der Mensch Gott sehen.

3. 1,14-18: Der Sohn Gottes kam, um Gottes Herrlichkeit zu offenbaren. Er wurde Mensch und erfüllte in allem den Willen Gottes, der ihn gesandt hatte. So verherrlichte er seinen Gott und Vater (17,4) in seinem Leben (Kap. 1–17) und in seinem Leiden und Sterben (Kap. 18–19). An seinen Werken und Worten können wir die Herrlichkeit Gottes erkennen, damit wir lernen, an ihn zu glauben, und so das ewige Leben empfangen (20,30.31).

Im Prolog zeigt sich bereits das Grundmuster, das sich im ganzen Evangelium wiederholt: Die Offenbarung des Sohnes Gottes führt zu Glauben oder Unglauben; einige nehmen ihn an, die Übrigen lehnen ihn ab (1,11.12). Die einen kommen aus der Finsternis zum Licht, die anderen bleiben in der Finsternis und wollen nicht zum Licht kommen (3,19.20).

Auf den Prolog folgen drei Hauptabschnitte:

1. **Der Herr wirkt in der Öffentlichkeit unter den Juden (1,19–12,50)**
2. **Der Herr lehrt an einem abgeschiedenen Ort seine Jünger (Kap. 13–17)**
3. **Der Tod und die Auferstehung des Lammes Gottes (Kap. 18–20)**

Epilog: »Bis ich komme« (V. 22) (Kap. 21)

1. Im ersten Hauptteil wird uns gezeigt, wie das Licht, das in die Welt kam, sich ausbreitet. Johannes bietet verschiedene Beispiele von Menschen, die das Licht und das Leben aufnehmen (1,35-50; 2,11; 3; 4,27-42.50-54). Er zeigt aber auch, wie sich sehr bald Widerstand zu regen beginnt (2,13-22), der stetig wächst (Kap. 5–10), bis der offizielle Beschluss gefasst wird, Jesus zu beseitigen (11,47-53). Im ersten Hauptteil finden sich die sieben Zeichen, die Johannes überliefert hat.

2. Im zweiten Hauptteil ist der Herr mit den Jüngern allein. Er kündigt an, dass er weggeht und wiederkommt (14,1-3), dass er nach seinem Weggang seine Werke durch sie fortsetzen wird (14,12-14), dass er den Heiligen Geist senden wird (14,15-26; 15,26) und dass sie deshalb Frucht tragen werden (Kap. 15), obwohl Verfolgungen bevorstehen (Kap. 16). Schließlich betet er um Erlösung, Bewahrung, Heiligung und Vollendung der Jünger (Kap. 17). So stärkt er ihren Glauben (13,19; 14,1.29; 16,33) und bereitet sie damit vor auf alle Erschütterungen, die kurz bevorstanden.
3. Im dritten Hauptteil erreicht der Unglaube in Israel seinen Höhepunkt: Das Licht wird verworfen; der Messias wird gekreuzigt (Kap. 18–19). Damit wird aber gleichzeitig der Glaube bestätigt: Der Herr gibt das Leben dahin, so wie er es angekündigt hatte (2,19a; 10,17a.18a; 12,24), und er ersteht auf (Kap. 20), so wie er es angekündigt hatte (2,19b; 10,17b.18b).
4. Der Epilog: Im Prolog seines Evangeliums hatte Johannes geschrieben, dass der Herr das ewige Wort ist, das alles erschaffen hat und das Mensch wurde, um Erlösung zu wirken. Im Epilog zeigt der Herr, was es bedeutet, dass er die Jünger sendet, wie der Vater ihn gesandt hatte (20,21). Ihre Sendung besteht in zweierlei: Sie sollen Menschen fangen (Lk 5,10). Davon handelt der erste Teil des letzten Kapitels (21,1-14). Und sie sollen das Volk Gottes weiden. Davon handelt der zweite Teil des Kapitels (21,15-23). Das bleibt die doppelte Aufgabe des Volkes Gottes, bis der Herr kommt.

Kapitel 1

Das Kapitel gliedert sich in drei Teile:

1. **Prolog: Das Wort in der Ewigkeit und in der Fülle der Zeiten (1,1-18)**
2. **Das Zeugnis des Johannes (1,19-34)**
3. **Die ersten Jünger (1,35-51)**

1. Prolog: Das Wort in der Ewigkeit und in der Fülle der Zeiten (1,1-18)

Das Johannesevangelium entstand in der Zeit zwischen 80 und 90 n. Chr. Seit Pfingsten hatte sich die Botschaft vom Heil in Christus im ganzen Mittelmeerraum und darüber hinaus ausgebreitet. Aber es waren auch falsche Lehren in die Gemeinden eingedrungen. Schon im Prolog kann man erkennen, dass Johannes sein Evangelium auch mit der Absicht schrieb, diese zu widerlegen. Er will gegenüber dem wachsenden Einfluss von Irrlehrern (siehe 1Jo 2,18.22.23; 4,1.2) beides bezeugen: die wahre Gottheit und die wahre Menschheit Christi. Der Prolog führt uns ein in das Thema des ganzen Evangeliums; dabei enthalten die Verse 1, 14 und 18 dessen Hauptaussagen, nämlich:

- das Wort ist Gott;
- das Wort wurde Fleisch;
- das Wort offenbart den unsichtbaren Gott.

Ein Überblick

In der vorweltlichen Ewigkeit war das ewige Wort (V. 1); erst in V. 14 hören wir wieder vom Wort: Es wird Fleisch, um das Heil der Welt zu wirken. Damit hat Johannes uns gezeigt, dass der Retter und darum auch die Errettung aus der Ewigkeit kommen (siehe 1Petr 1,20). Da es ewig ist, kann es keinen Urheber haben, und da es keinen Urheber hat, ist es selbst der Urheber und damit Erschaffer aller Dinge (V. 3). Dieses allmächtige Wort, das alles schuf, ist auch der Retter, der Mensch wird, um als Lamm die Sünde der Welt wegzunehmen (V. 29). Wir sollen also erkennen: So, wie das Wort alles schuf und außer ihm nichts oder niemand etwas schuf, so wirkt das Wort das ganze Heil, und neben ihm und außer ihm wirkt niemand mit am Heil.

Im alles erschaffenden Wort war Leben, und dieses Leben war das Licht, das den Menschen seit Beginn der Schöpfung leuchtet (V. 4), und es hörte nicht auf zu leuchten, nachdem der Mensch mit der Sünde in die Finsternis ging (V. 5). Damit der Mensch dieses Licht aber recht erkenne, sandte Gott Boten, die von diesem Licht zeugten (V. 6-9). In der langen Reihe der Boten war Johannes der Täufer der letzte, der vor dem Kommen des Wortes und des Lichtes selbst von ihm zeugte. Dass diese Welt der Sünde wegen wirklich in der Finsternis ist (V. 5), zeigte sich zuerst daran, dass die Welt das Wort nicht kannte, obwohl das Wort sie erschaffen hatte (V. 10), und dann daran, dass sie das Wort nicht aufnahm, als es selbst zu ihr kam (V. 11). Wer das Wort aber aufnahm, wurde ein Kind des Lichts, ein Kind Gottes, das Gott durch sein Wort und nach seinem Willen zeugte (V. 12.13). Johannes hat mit diesen Versen den Bogen geschlagen von der ersten Schöpfung (V. 3) zur zweiten Schöpfung, der neuen Geburt. Beide sind das Werk des einen Wortes Gottes.

Das Wort, das sich zuerst durch die Schöpfung und dann durch seine Boten offenbart hatte, wurde Fleisch, d.h. Mensch (V. 14), um als Mensch zu leben und zu sterben. Damit erst wurde die ganze Herrlichkeit Gottes, die ganze Summe all seiner Vollkommenheiten offenbar. Von diesem Wort sagt Johannes der Täufer, der ihm in seinem Leben begegnete, dass es zwar nach ihm kam, aber vor ihm schon war (V. 15); denn es ist ewig. Und in diesem Wort ist Wahrheit und Gnade: Licht, das den Sünder lehrt und verurteilt, Gnade, die den Sünder rettet und damit das wirkt, was das Gesetz nie konnte (V. 16.17).

Da dieses Wort selbst Gott ist (V. 1), konnte es Gott vollkommen offenbaren, und da es Mensch ist, konnte es dies in einer Weise tun, die der Mensch erträgt. Das Wort ist im Schoß des Vaters (V. 18); es heißt deshalb *»der eingeborene Sohn«* (V. 18). Weil der Sohn im Schoß des Vaters ist, kann er dem Menschen offenbaren, was in Gott ist und daher keiner wissen kann als Gott allein (siehe 1Kor 2,11). Damit kann der Mensch sehen, was er sonst nicht sehen kann: Gott.

In seinem Prolog nimmt Johannes sein ganzes Evangelium vorweg:

In V. 6-8 spricht er vom Zeugnis des Täufers; dieses beschreibt er in V. 19-36; 3,23-36.

In V. 9a sagt er, dass das Licht in die Welt kommt; in 1,29 sieht der Täufer *»Jesus ... kommen«*.

In V. 9b sagt er, dass das wahrhaftige Licht den Menschen erleuchtet; von 1,35 an bis 12,50 schildert er, wie das Licht in Israel leuchtet.

In V. 10 sagt er, dass die Welt ihn, der das Licht ist, nicht erkennt; in 3,19.20 erklärt der Herr selbst, warum dem so ist.

In V. 11 sagt er, dass die Seinen ihn nicht annahmen; schon in 2,13-22 und dann immer deutlicher von Kap. 5 bis Kap. 19 zeigt Johannes, wie die Juden das Licht verwerfen.

In V. 12.13 sagt Johannes, dass alle, die das Licht aufnahmen, Kinder Gottes wurden. Besonders in den Kapiteln 1–4 beschreibt er, wie einzelne Menschen (in V. 35-51 die ersten Jünger; in Kap. 3 Nikodemus; in Kap. 4 die Samariterin und der königliche Beamte) das Licht empfangen und damit zu Kindern des Lichts werden. In 3,1-21 hören wir ausführlich, warum der Mensch aus Gott geboren werden muss und wie das geschieht.

a. Das ewige Wort ist der ewige Gott und Schöpfer (1,1-3)

1 Im Anfang war das Wort, und das Wort war bei Gott, und das Wort war Gott.
2 Dieses war im Anfang bei Gott.
3 Alles wurde durch dasselbe, und ohne dasselbe wurde auch nicht eins, das geworden ist.

Johannes knüpft an den ersten Satz in 1. Mose an: *»Im Anfang schuf Gott die Himmel und die Erde«* (1Mo 1,1). Dort sagt Mose, was am Anfang der Schöpfung stand: der erschaffende Gott. Johannes wiederholt aber nicht einfach, was Mose bereits offenbart wurde, denn er will nicht über die erste, sondern über die zweite Schöpfung sprechen, und die geht weiter zurück, nämlich in die zeitlose Ewigkeit. Johannes will uns damit sagen: So, wie Gott am Anfang der Schöpfung steht (1Mo 1,1), steht Gott am Anfang der Erlösung: Alles ist *aus ihm* geworden. Und so, wie Gott durch das Wort alles erschaffen hat, ist die Erlösung vollständig *durch ihn* geschehen. Sie ist sein Werk (Eph 2,10); denn *»von ihm und durch ihn ... sind alle Dinge«* (Röm 11,36). Die Erlösung ist eine neue Schöpfung (2Kor 5,17), ein Werk des einen Gottes, der Schöpfer und Erlöser in einer Person ist.

Christus heißt **»das Wort«**: Er ist die Summe und der Ausdruck aller Gedanken und Absichten Gottes. In ihm wird Gott offenbart: *»Der eingeborene Sohn ... hat ihn kundgemacht«* (V. 18). Alles, was Gott je geredet hat, redet und noch reden wird, geschieht durch den Sohn (Hebr 1,2). Das Wort ruft alles ins Dasein; das gepredigte Wort ruft den Sünder zu Gott und zeugt ihn von Neuem (Jak 1,18; 1Petr 1,23). Schließlich wird der Mensch durch dieses Wort einst gerichtet werden (12,48; Offb 19,11.13).

Dieses Wort war im Anfang. Damit ist die erste wichtige Wahrheit über die Erlösung ausgesagt: Alles Heil beginnt mit dem, der im Anfang war; alles Heil nimmt seinen Ausgang von Gott.

»Im Anfang war das Wort, und das Wort war bei Gott, und das Wort war Gott« (V. 1).

Dieser Vers nennt drei große Tatsachen über das Wort:

1. Es war im Anfang;
2. es war *hin zu* Gott;
3. es war Gott.

zu **1.:**

a. Das Wort *»war«*, ην, *ēn*, es *wurde* nicht. Im Gegensatz dazu sagt V. 3, dass alles Erschaffene *»wurde«*, *egeneto* (siehe auch 8,58). So, wie man von jedem Geschöpf und allem Erschaffenen sagen muss, dass es »geworden« ist, kann man nur von *einem* sagen, dass er nie wurde: Gott.

b. Das Wort *war* **»im Anfang«**; das heißt, es *hatte* keinen Anfang; es ist ohne Anfang. Außer ihm *hat* alles einen Anfang; er aber *ist* im Anfang, ja, er ***ist*** *»der Anfang der Schöpfung Gottes«* (Offb 3,14), und damit ist er Gott.

zu **2.**: *»Das Wort war bei Gott«*, oder besser: *»hin zu Gott«*, προς τον θεον, *pros ton theon*. Damit wird eine Beziehung ausgedrückt, die in einer Bewegung besteht: Das Wort richtet sich auf Gott aus, es strebt zu Gott hin, denn es liebt Gott (siehe 14,31), und es ist von Gott geliebt (siehe 3,35). Im einen Gott ist eine Mehrzahl von Personen, die in ewiger Liebe einander zugeneigt sind (17,24).

zu **3.**: Die Aussage *»das Wort war Gott«* ergibt sich ganz zwingend aus der Aussage *»im Anfang war das Wort«*. Ist das Wort selbst Gott, können wir den Satz bilden: *»Gott war bei Gott.«* Wir sehen: Die Lehre von der Dreieinigkeit beruht auf der in der Bibel offenbarten Tatsache, dass in Gott mehrere Personen sind.

Der zweite Vers besagt, dass der Sohn immer war: **»Dieses war im Anfang bei Gott.«** Damit ist die ewige Sohnschaft Christi unzweideutig bezeugt. Er selbst spricht im Gebet zum Vater von der *»Herrlichkeit, die ich bei dir hatte, ehe die Welt war«* (17,5). Er, der selbst Gott ist, hatte von Ewigkeit her göttliche Herrlichkeit als eine Person bei Gott. Mit dieser Beobachtung sind zwei falsche Lehren widerlegt:

a. Gott ist ewig in sich ein dreieiniger Gott, nicht etwa nur in seinem Wirken zur Erlösung, wie einige behauptet haben: Gott sei nur für eine begrenzte Zeit als Sohn erschienen, um danach, wieder für eine begrenzte Zeit als Geist wirksam zu werden, um dann aber nach Ablauf aller Heilszeiten der in sich eine Gott zu sein.[12]
b. Gottes Sohn ist von Ewigkeit her Gottes Sohn; er wurde nicht etwa Sohn erst in der Zeit, d.h. in der Menschwerdung, wie einige aufgrund von Ps 2,7 behauptet haben.

12 Diese irrige Sicht nennt man »Modalismus«, von »Modus« = Art und Weise, in der Gott sich jeweils manifestiert habe.

Aus den drei Aussagen von V. 1 ergibt sich zwingend die Aussage von V. 3: **»Alles wurde durch dasselbe.«** Denn: Wenn das Wort im Anfang war, ist es notwendig allmächtig. Ist es nämlich im Anfang, hat es keinen Urheber; hat es aber keinen Urheber, ist es selbst der Urheber von allem, was ist. Das unterstreicht Johannes, indem er der positiven Aussage die negative anfügt: **»… und ohne dasselbe wurde auch nicht eins, das geworden ist«**. Damit sagt Johannes, dass er den Ausdruck »alles« in der ersten Vershälfte im absoluten Sinn meint; denn ihm ist wohl bewusst, dass im biblischen Sprachgebrauch »alles« oder »ganz« nicht immer alles und jedes einer genannten Größe meint, z. B. wenn in Mt 3,5 steht: *»Da ging zu ihm hinaus Jerusalem und ganz Judäa …«* Wir aber sollen wissen: Alles im absoluten Sinn ist durch das Wort erschaffen; nichts von allem, was ist, ist ohne ihn geworden. Damit ist seine absolute Allmacht bezeugt. Durch den Sohn Gottes sind alle Dinge erschaffen (Kol 1,16; Hebr 1,10-12). Der 1. Vers hatte uns gelehrt, dass das Wort hin zu Gott, dass es auf Gott ausgerichtet ist. Der Sohn Gottes lehrte während seines Lebens wiederholt, dass er nichts von sich selbst aus tat und redete, sondern nur tat und redete, was er den Vater tun sah und was ihm der Vater gegeben hatte (5,19; 8,28). Und dies alles redete und tat er zur Freude und Verherrlichung des Vaters (17,4). Paulus spricht diese Wahrheit aus, wenn er über die durch den Sohn gewirkte Erlösung sagt: *»Denn von ihm und durch ihn und für ihn sind alle Dinge«* (Röm 11,36), und: *»… so ist doch für uns **ein** Gott, der Vater, von dem alle Dinge sind, und wir für ihn, und **ein** Herr, Jesus Christus, durch den alle Dinge sind, und wir durch ihn«* (1Kor 8,6).

»Jedes Wesen muss, um zum Dasein zu gelangen, durch die Hände, durch das Denken und Wollen des Wortes gehen. Aber das Wort schöpft alles aus dem Vater und bezieht alles auf den Vater« (Godet).

Dieser dritte Vers enthält die zweite wichtige Wahrheit über die Erlösung. In der Schöpfung ist Gott der allein Wirkende, wie wir ohne Schwierigkeiten verstehen; in der Erlösung ist Gott ebenfalls der allein Wirkende, was wir nicht so ohne Weiteres verstehen. Gott schuf die Welten durch sein Wort (vgl. Offb 4,11); Gott wirkte die Erlösung durch sein Wort (Ps 107,20). Der Apostel Paulus sagt in Eph 1,11 bezüglich der Erlösung, dass Gott *»alles wirkt nach dem Rat seines Willens«*. Wir sprechen daher mit Recht von der *Alleinwirksamkeit*, mit dem Fremdwort: vom *Monergismus* Gottes in der Erlösung (Röm 11,36).

Fassen wir zusammen, was die drei ersten Verse lehren. Sie offenbaren uns folgende Wahrheiten über den Sohn Gottes:

a. Er ist ewig.
b. Er heißt »das Wort«.
c. Er ist Gott.
d. Er ist eine Person bei Gott.
e. Er ist der Schöpfer aller Dinge.

b. Das Leben, das Licht der Menschen (1,4-5)

Diese beiden Verse erinnern wiederum an das 1. Buch Mose. Wie V. 1-3 sich an 1Mo 1 anlehnt, so lehnt sich V. 4 an 1Mo 2 an und V. 5 an 1Mo 3. In V. 4 lesen wir vom Licht, das den Menschen in Unschuld leuchtete; doch der Mensch fiel, aber das Licht hörte nicht auf zu leuchten in der Finsternis, in die der Mensch danach gefallen war (V. 5).

4 In ihm war Leben, und das Leben war das Licht der Menschen.

Um diesen Vers richtig zu verstehen, müssen wir die Zeitform gut beachten. Im Wort **»war Leben«**, und dieses Wort **»war das Licht der Menschen«**. So verhielt es ich im Garten Eden. Dass **»in ihm«**, im Wort, Leben war, bedeutet, dass es nicht nur alles, was lebt, erschaffen hatte, sondern auch alles Lebendige am Leben erhielt. Mit dem Leben, das der Mensch von ihm empfangen hatte, hatte der Mensch auch das Licht, die Erkenntnis seines Gottes und Schöpfers.

Beachten wir die Reihenfolge: zuerst Leben, dann Licht. Es scheint, dass Johannes an den Baum des Lebens und den Baum der Erkenntnis erinnern will. Als der Mensch vom Baum der Erkenntnis aß, also Licht, d.h. Erkenntnis, haben wollte, ohne Gott, verlor er das Leben und damit auch das Licht. Hätte er zuerst vom Baum des Lebens gegessen und sich dann beständig von diesem Baum ernährt, wäre das Leben des ewigen Wortes in ihm so stark geworden, dass er dem Versucher und damit der Sünde und dem Tod nicht erlegen wäre. In der Erlösung empfängt der Mensch Leben aus Gott, und durch dieses Leben und in diesem Leben wächst er in der Erkenntnis Gottes und damit auch in der Erkenntnis des Guten und des Bösen (Hebr 5,14); und er kann anders als Adam nicht aus seinem Stand fallen; er wird nie mehr in die Finsternis zurückkehren, aus der Gott ihn gerufen und geführt hat (1Petr 2,9).

5 Und das Licht scheint in der Finsternis, und die Finsternis hat es nicht erfasst.

Wir müssen wiederum die Zeitform beachten, um diesen Vers richtig zu verstehen. Im vorhergehenden Vers hatten wir gelesen, dass das Leben das Licht der Menschen *»war«*, Vergangenheit. Hier heißt es, dass das Licht *»scheint«*, Gegenwart. Und zwar scheint es **»in der Finsternis«**, von der Johannes in V. 4 nichts gesagt hatte. Dort hatten wir gelesen, dass Licht Leben ist; folglich muss Finsternis Tod sein. In die Schöpfung ist Sünde und mit der Sünde der Tod eingedrungen. Johannes lenkt also unsere Gedanken auf die Geschichte vom Sündenfall: Der Mensch wählte die Sünde, und seither sind alle Nachkommen Adams *»Bewohner der Finsternis und des Todesschattens, gefesselt in Elend und Eisen: Weil sie widerspenstig gewesen waren gegen die Worte Gottes und verachtet hatten den Rat des Höchsten ...«* (Ps 107,10.11).

Hier erwähnt Johannes die Sünde zwar nicht, aber in V. 29 wird er ausdrücklich sagen, dass Christus kam, um die Sünde wegzuschaffen, denn das musste sein, wenn der Mensch das Leben aus Gott empfangen und aus der Finsternis zum Licht kommen soll. Gott will alle Folgen des Sündenfalls umkehren: Er will den Menschen, welcher der Sünde und dem Tod verfallen ist, das *»Licht des Lebens«* (8,12) geben. Das zu tun, *»sendet er sein Wort und heilt sie, und er befreit sie aus ihren Gruben«* (Ps 107,20).

»Und das Licht scheint in der Finsternis«: Obwohl der Mensch durch die Sünde das Licht des Lebens verlor und der Finsternis verfiel, erlosch das Licht nicht. Da nämlich Christus, das Wort, der Erschaffer aller Dinge ist, muss auch das Leben, das die Geschöpfe besitzen, aus ihm sein. Er ist der Urheber des Lebens (Apg 3,15); und dieses Leben ist noch immer *»das Licht der Menschen«* (V. 4). Der Mensch hat, solange er noch Leben besitzt, inmitten aller Finsternis noch dieses Licht, das ihm heimleuchtet zu seinem Schöpfer (siehe Apg 17,26-29; Röm 1,19.20). Christus ist als Schöpfer aller Menschen das Licht, *»das ... jeden Menschen erleuchtet«* (V. 9). Da wir Menschen sind, haben wir mit dem Leben, das wir besitzen, Licht über unsere Herkunft aus der Schöpfermacht Gottes, und damit sind wir verantwortlich dafür, was wir mit diesem Licht über unsere eigentliche Herkunft tun. Ist nun der Mensch vom Wort erschaffen und so gebildet, wie es das Wort wollte, nämlich im Bild Gottes, dann ergibt sich daraus zwingend, dass er schon allein durch seine bloße Existenz in sich ein Zeugnis hat von seinem Schöpfer.

»Ein vorchristlicher heidnischer Dichter wusste: ›Wir sind seines Geschlechts.‹[13] *Bekanntlich zitiert Paulus diesen Mann in seiner Rede auf dem Areopag (Apg 17,28). Da wir Menschen ›Gottes Geschlecht sind, so sollen wir nicht meinen, dass das Göttliche dem Gold oder Silber oder Stein, einem Gebilde der Kunst ... gleich sei‹ (Apg 17,29). Gott kann nicht Materie sein, denn wir Menschen, die aus ihm sind, sind nicht dadurch als Menschen von allen übrigen Geschöpfen unterschieden, dass wir einen materiellen Leib haben, denn den haben auch die Kieselsteine, die Eichen und die Katzen. Daher können wir aus unserem eigenen Wesen schließen, dass Gott Geist sein muss; ferner, dass er moralisch sein muss; denn wie sollten wir moralisches Empfinden haben, und Gott hätte das nicht? Ferner muss er unbegrenzt sein; denn wir alle haben das Empfinden, dass wir als Menschen begrenzt sind. Dieses Empfinden aber rührt daher, dass wir um Unbegrenztheit wissen; oder besser: um einen unbegrenzten Urheber aller begrenzten Dinge. Ferner muss er vollkommen sein; denn wir haben ein Empfinden unserer moralischen Unvollkommenheit, das wir aber nur deshalb haben, weil wir wissen, dass es moralische Vollkommenheit gibt. Wir empfinden auch, dass wir verursacht sind, also einen Verursacher haben. Auf diese Weise können wir erkennen, dass Gott der Verursacher aller Dinge ist. Paulus sagt auf dem Areopag, dass wir, wenn wir uns recht erkennen, auch Gott erkennen. Wir erkennen uns als abhängig, als mangelhaft und als verantwortlich. Dies wiederum bedeutet, dass wir erkennen, von wem wir abhängig, gemessen an wem wir mangelhaft und vor wem wir ver-*

13 Arat von Alexandrien (310–245 v. Chr.). Der von Paulus zitierte Satz stammt aus den *Phainomena* (Himmelserscheinungen).

antwortlich sind. Selbsterkenntnis und Gotteserkenntnis sind untrennbar miteinander verbunden.«[14]

Dass der Mensch in sich ein Wissen um Gott, ein Zeugnis von der Ewigkeit und von der Macht Gottes hat, wird in der Bibel von vielen bezeugt. Salomo sagt: *»Alles hat er [Gott] schön gemacht zu seiner Zeit; auch hat er die Ewigkeit in ihr Herz gelegt«* (Pred 3,11). Paulus sagt, dass allen Menschen *das Werk* des Gesetzes (nicht das Gesetz selbst) ins Herz geschrieben ist und dass dieses Werk darin besteht, dass es den Menschen beständig anklagt oder entschuldigt (Röm 2,14.15). Das kann es aber nur deshalb, weil der Mensch eine Kenntnis davon hat, was er tun und was er nicht tun soll, und weil er um einen Ewigen und Vollkommenen weiß (Röm 1,19.20), der ihn entsprechend belohnen oder bestrafen wird.

»Alle Menschen sind sich dessen bewusst, dass sie einem ihnen überlegenen Wesen verantwortlich sind, jemandem, der weiß, was sie sind und was sie tun, und der den Willen und die Absicht hat, den Menschen nach seinen Werken zu belohnen oder zu bestrafen. Der Gott, der sich unserer Natur offenbart, ist ein Gott, der weiß, will und handelt; der belohnt und bestraft. Das heißt, er ist eine Person: ein intelligenter, willentlich Handelnder, der moralische Eigenschaften hat. Diese Offenbarung von Gott muss wahr sein.«[15]

Zu diesem Zeugnis, das unserer menschlichen Natur entspringt, kommt das Licht, das uns von außen leuchtet. Gott sprach in den Jahrhunderten nach dem Sündenfall durch sein erstes großes Werk, die Schöpfung (Ps 19,2), Tag für Tag (Ps 19,3) zu den Menschen, und er spricht noch heute. Aber Gott spricht klarer und umfassender durch seine Knechte, die Patriarchen und Propheten, d.h. durch die Heilige Schrift. Durch sie redet er von seinem zweiten großen Werk, von der Erlösung. Im Wort, das Gott durch die Patriarchen, Mose und die Propheten seinem Volk gab und durch dieses allen Menschen, ist Leben, das Leben Gottes selbst, ewiges Leben. Christus ist dieses Leben (14,6).

»die Finsternis hat es nicht erfasst«: Für »erfasst« steht hier καταλαμβανω, *katalambanō*. Das Verb kann man auf zwei Arten auffassen: Die Finsternis hat das Licht, das unter den Menschen scheint, nicht aufgenommen. In diesem Fall müsste man unter »Finsternis« die Menschen verstehen, die in der Finsternis sind; diese haben das Licht nicht auf-

14 Benedikt Peters, *Die Lehre von Gott*, Berlin: EBTC Media, 2015.
15 Charles Hodge, *Systematic Theology*, Bd. I, S. 341.

genommen. So wird das Verb *katalambanō* in Apg 4,13; 10,34; 25,25; Eph 3,18 verwendet. Der Sinn der Aussage wäre dann der gleiche wie in V. 11: Der Herr kam in das Seine, aber die Seinen nahmen ihn nicht an. Dort steht ein anderes vom gleichen Verb gebildetes zusammengesetztes Wort, nämlich παραλαμβανω, *paralambanō*, eigentlich: »zu sich nehmen«.

Oder: Die Finsternis hat das Licht nicht ergriffen, überwältigt. In diesem Sinn verwendet es Johannes in den drei weiteren Belegen von *katalambanō*: In 8,3.4 heißt es von einer Frau, sie sei beim Ehebruch ergriffen worden. Sie wurde dabei gegen ihren Willen ergriffen und vor ein Gericht gestellt. In 12,35 sagt der Herr, dass die Finsternis die Menschen ergreifen werde, die sich seinem Licht verschließen. Gerade diese letzte Stelle zeigt, wie wir das Verb auch hier zu deuten haben: Wenn die Finsternis über die Menschen kommt, überwältigt sie diese. In den Evangelien kommt das Wort nur noch in Mk 9,18 vor, wo die eben erhobene Bedeutung bestätigt wird: Ein Geist überwältigt einen Fallsüchtigen. In Röm 9,30; 1Kor 9,24; Phil 3,12.13 und 1Thes 5,4 bedeutet das Verb ebenfalls »etwas ergreifen« oder »von einer Sache ergriffen werden«. Die Finsternis hat das Licht also nicht überwältigen können. Die Macht des Bösen konnte und kann Gott in seinem Wirken nicht unterdrücken, denn könnte sie es, wäre das Licht nie zu uns gelangt. Schon bevor der Sohn Gottes in dieser Welt war, leuchtete dieses Licht in den Schöpfungswerken, aber in größerer Klarheit im Wort der Verheißung, das Gott seinen Knechten gegeben hatte. Seit der Sohn Gottes in diese Welt gekommen ist, leuchtet das Licht noch heller; denn er ist der *»(Sonnen-)Aufgang aus der Höhe«*, der denen leuchtet, *»die in Finsternis und Todesschatten sitzen«* (Lk 1,78.79). Und dieses Licht leuchtet weiter durch alle, die dieses Licht aufgenommen haben (Mt 5,14; Phil 2,15).

c. Gott sandte Zeugen des Lichts (1,6-9)

Gott verwendet sein Wort, um sein Licht in den Herzen von Sündern zum Sieg zu bringen: Er spricht durch Boten, die er sendet. Als letzten Boten vor dem Kommen Christi sandte er Johannes den Täufer. Dieser steht hier stellvertretend für die Jahrhunderte und Jahrtausende, in denen Gott seine Knechte, die Propheten, sandte, die alle Zeugnis gaben vom gleichen Licht. So bereiteten sie die Welt vor auf das Kommen des Lichts.

6 Da war ein Mensch, von Gott gesandt, sein Name Johannes.
7 Dieser kam zum Zeugnis, damit er von dem Licht zeugte,
damit alle durch ihn glaubten.

»Da war ein Mensch«, eigentlich »wurde«. Anders als das »Wort« (welches »war«, *ēn*), »wurde«, εγενετο, *egeneto*, dieser Mensch. Und er war **»von Gott gesandt«**. Gott sendet einen Menschen, nicht einen Engel. Gott sandte **»Johannes«**, und dieser **»zeugte von dem Licht, damit alle durch ihn glaubten«**. Das gepredigte Wort ist das Mittel, das dieses Licht leuchten lässt; der Glaube ist die Tür, die das Licht des Lebens hereinlässt. Hier erscheint das in diesem Evangelium so wichtige Wort *»glauben«* zum ersten Mal, ebenfalls das für Johannes so typische und damit wichtige Wort *»Zeugnis«* (bzw. *»zeugen«*). Die beiden Wörter hängen unauflöslich miteinander zusammen. Der Sinn des Zeugnisses ist es einzig und allein, Glauben zu wecken; und glauben kann der Mensch nur, nachdem er ein Zeugnis vom Licht gehört hat; denn er kann nicht aus sich heraus glauben. Er kann nur einer Person oder einem Wort glauben, das von außen zu ihm gelangt. Alle von Gott gesandten Zeugen verkünden, was Gott ihnen aufgetragen hat. Damit tritt Gott selbst mit seinem Licht und seiner Wahrheit vor den Menschen. Gott wollte, dass »alle durch ihn glaubten«, aber es glaubten nur wenige, wie die Verse 10.11 bestätigen. Gott will, dass alle Menschen errettet werden (1Tim 2,4), aber es werden nicht alle errettet. Daran ist nicht Gott schuld; das liegt nicht an einem Mangel im Licht, das Gott sandte; es liegt nicht an einem verborgenen Ratschluss, der jemanden zum Unglauben verordnet hätte. Nein, es liegt an der Sünde des Menschen: Er will nicht glauben und das Leben empfangen (siehe 5,40).

8 *Er* war nicht das Licht, sondern damit er von dem Licht
zeugte.
9 Das war das wahrhaftige Licht, das, in die Welt kommend,
jeden Menschen erleuchtet.

Johannes **»war nicht das Licht, sondern … er zeugte von dem Licht«**. Er war nur ein Gefäß, das Gott sich ausgesucht und geformt hatte. Die Zeugen wollen nicht, dass man sich an sie hängt, sondern dass man sich an den hängt, der das Licht ist, an den Sohn Gottes. In 1,35-37 werden wir das am Täufer und an der Wirkung seines Zeugnisses sehen, und in 3,28.29 wird er selbst die gleiche Wahrheit mit anderen Worten bestätigen. Und zwar zeugte er vom **»wahrhaftigen Licht«**, vom ewigen Wort, das in diese Welt kam. Von diesem hatten Mose und alle Propheten gezeugt, und als Letzter von ihnen kündigte Johannes ihn an. Es gibt kein anderes Licht, das den Menschen zum Heil erleuchtet, als den Sohn Gottes und das Wort Gottes. Wenn Johannes sagt, das Licht sei *»wahrhaftig«*, *alēthinos*, meint er, es erleuchte in einer Weise, wie anderes Licht – das nicht notwendigerweise falsch sein muss, wie etwa das Licht der Vernunft oder der natürlichen Gotteserkenntnis – nicht erleuchten kann, nämlich zum ewigen Leben. Entsprechend nennt er jenes Brot *»wahrhaftig«* (6,32), das anders als das irdische Brot zum ewigen Leben sättigt, oder in 4,23 heißen jene *»wahrhaftige«* Anbeter, die Gott in rechter Weise anbeten; in 15,1 nennt er sich den *»wahren«*, »wahrhaftigen« Weinstock, an dem bleibende Frucht wächst, im Gegensatz zu einem anderen Weinstock, Israel, an dem diese Frucht nicht wuchs.

»das … jeden Menschen erleuchtet«: Wie wir in der Auslegung zu V. 5 gesehen haben, hat jeder Mensch Licht, weil er Mensch ist; aber das meint dieser Vers hier nicht, denn er folgt ja auf die Aussage von V. 8. Johannes will also gewiss nicht sagen, dass ein jeder Mensch, der je gelebt hat, erleuchtet worden sei; denn es ist ja das Wort, d. h. das Zeugnis von diesem Wort, das erleuchtet. Mit »erleuchtet« ist also gemeint, dass jemand zur Erkenntnis Christi kommt, und jeder Mensch, der je erleuchtet worden ist, ist durch dieses Licht erleuchtet worden. Es gibt keinen Menschen, der auf einem anderen Weg oder durch ein anderes Mittel zum Heil erleuchtet worden ist. Christus und das Evangelium von ihm ist das *eine Wort Gottes*, das dem Menschen zum Heil gesandt ist. Nun haben nicht alle das Evangelium gehört; schon aus diesem Grund kann dieser Vers nicht besagen wollen, jeder Mensch auf dem Erdenrund werde erleuchtet. Und schließlich: Nicht alle, die durch das Hören des Wortes erleuchtet werden, empfangen das ewige Leben (siehe Hebr 6,4). Das Licht des Lebens wird nur *haben*, d. h. bleibend besitzen, wer an den Sohn glaubt und seinen Glauben damit beweist, dass er ihm nachfolgt und in ihm bleibt (8,12.30; 15,4).

d. Die Verlorenheit des Menschen und die Geburt aus Gott (1,10-13)

V. 10 sagt es uns noch einmal, dass das Licht immer in der Welt war (siehe Auslegung zu V. 5), dass die Welt es aber nicht erkannte. Darum erstaunt es nicht, dass gerade jenes Volk, dem Gott das Licht des Wortes gegeben hatte, das Licht nicht aufnahm, als es persönlich zu ihm kam (V. 11). Aber es gab solche, die das Licht, aufnahmen, und denen gab Gott das Leben, das in diesem Licht ist: Er machte sie zu Kindern Gottes (V. 12). So zeigen diese Verse, wie verloren der Mensch ist, und das wiederum erklärt, warum der Mensch von Neuem geboren werden muss (V. 13). V. 10 zeigt, dass der Mensch blind ist: Er erkennt Christus nicht. V. 11 zeigt, dass der Mensch Gott feind ist: Er nimmt ihn nicht an.

10 Er war in der Welt, und die Welt wurde durch ihn, und die Welt kannte ihn nicht.
11 Er kam in das Seine, und die Seinen nahmen ihn nicht an;

Man beachte, wie die beiden Verse parallel gebaut sind; sie beginnen ähnlich: »**Er war in der Welt …**« und »**Er kam in das Seine …**«, und sie enden ähnlich: »**die Welt kannte ihn nicht**« und »**die Seinen nahmen ihn nicht an**«. Auf diese Weise unterstreicht Johannes die Tatsache, dass die Welt nicht anders oder besser ist als das Volk Israel und das Volk Israel nicht besser ist als die Welt.

Er, das Wort, »**war in der Welt**« und leuchtete im Gewissen der Menschen und leuchtete durch seine Werke. Aber »**die Welt kannte ihn nicht**«, obwohl »**die Welt durch ihn wurde**«. War die Welt und war damit der Mensch durch ihn geworden, so hatte der Mensch die Fähigkeit, ihn als seinen Schöpfer zu erkennen:

»Und es war nicht nur das Wort in der Welt als dessen Licht, sondern die Welt besaß eine gewisse Gleichartigkeit (homogénéité) mit ihm, so, wie das Werk dem Geist des Werkmeisters entspricht, der es entworfen und ausgeführt hat« (Godet).

Aber der Mensch ist blind geworden für das Offenkundigste, oder besser: den Offenkundigsten. Die Blindheit beruht aber nicht auf mangelndem Sehvermögen, sondern auf dem Unwillen des Menschen. Es ist nicht so, dass sein Auffassungsvermögen, seine Urteilskraft oder sein

Verstand zu schwach wären. Sein Verstand ist tüchtig genug, aber der Mensch ist verkommen und gebraucht seinen Verstand deshalb schlecht. Auch ist sein Wille nicht zu schwach; er ist stark genug, dieses und jenes zu wollen und auch durchzusetzen, aber er stellt sich gegen Gott. Der Mensch will nicht sehen, was vor aller Augen ist: *»HERR, deine Hand war hoch erhoben, sie wollten nicht schauen«* (Jes 26,11). *»Denn nach ihrem eigenen Willen ist ihnen dies verborgen ...«* (2Petr 3,5).

Und dann **»kam er in das Seine«**, zum Volk, das er aus allen Völkern sich als sein besonderes Eigentum erwählt hatte (2Mo 19,5). Er kam, nachdem die Propheten sein Kommen während langer Jahrhunderte angekündigt hatten. Nachdem das Wort in der Welt gewesen war und den Menschen vergeblich Licht gegeben hatte, kam es, um in einem besonders dafür ausersehenen Volk in nie da gewesener Klarheit zu leuchten, gewissermaßen wie in einer Lampe gebündelt in einer Person.[16] Nun war es endlich da. Und es **»kam«**, während es davor lediglich in der Welt **»war«**, und das bedeutet, dass dieses Volk es in Christus in greifbarer Gestalt sehen konnte. Doch das Ergebnis war das gleiche: **»Die Seinen nahmen ihn nicht an«** – dem Wesen nach gleich, aber im Grad verwerflicher, denn »nicht annehmen« ist eine Steigerung gegenüber »nicht kennen« (V. 10); das Volk sah das Licht, wusste, wer er war, und nahm es doch nicht an. Das wird der Herr selbst im Verlauf seines Dienstes wiederholt sagen (z.B. 9,39-41; 15,24.25).

Ehe wir fortfahren, halten wir fest: Bevor Johannes die besondere Sünde der Juden erwähnt, zeigt er uns die weltweite Sünde aller Menschen (V. 10). Damit gibt er uns zu verstehen, dass ein jegliches Volk, das Gott anstatt der Juden auserwählt, in genau gleicher Weise wie die Juden auf das Kommen des Wortes reagiert hätte. In Adam sind wir alle in der gleichen Sünde geboren. Was uns umso mehr verwundern muss, ist die Tatsache, dass das ewige Wort dennoch in dieser Welt beharrlich leuchtete und dennoch zu seinem Volk kam.

Fassen wir zusammen:

- In V. 5 wird uns gesagt, dass jeder Mensch Licht hat; damit hat er **Verantwortung**.

---

16 vgl. *»... ihre Lampe ist das Lamm«* (Offb 21,23).

- In V. 10 wird gesagt, dass die Welt, obwohl er in der Welt war, ihn nicht kannte; das zeugt vom **Unvermögen** des Menschen.
- In V. 11 erfahren wir, dass die Seinen, als er zu ihnen kam, ihn nicht aufnahmen; das beweist die **Unwilligkeit** des Menschen.

Damit ist der Mensch und seine Art vollständig umrissen. Er hat Erkenntnis, und darum hält Gott ihn dafür verantwortlich, gemäß dieser zu handeln. Aber er ist durch die Sünde unvermögend geworden. Das Unvermögen rührt aber nicht daher, dass er zu wenig Kraft besäße, sondern daher, dass er nicht will (5,40). Der Mensch hat Augen und sieht nicht, er hat Ohren und hört nicht, weil er widerspenstig ist (Hes 3,6.7; 12,2). Daher ist er schuldig, wenn er den Herrn nicht annimmt.

Manche fragen, ob Gott den Menschen dafür verurteilen könne, wenn er etwas nicht getan hat, das er nicht tun konnte. Gott wird keinen Menschen dafür verurteilen, dass er nicht fliegen konnte; denn diese Fähigkeit hat Gott den Menschen nicht gegeben. Gott aber wird den Menschen dafür verurteilen, dass er sehenden Auges sich dem Licht verschließt. Woher kommt denn der Unwille und das darin begründete Unvermögen, zu glauben (5,44) und zu gehorchen? Etwa, weil das Wort ihn so erschaffen hat? Nein, nicht aus der Schöpfung, sondern aus der Sünde. Der Mensch ist aus sich heraus böse geworden. So, wie der Teufel als der Vater der Lüge *»aus seinem Eigenen«* redet, wenn er lügt (8,44), so handelt der Mensch aus seinem eigenen Innern, wenn er sündigt. Er ist aus eigenem Antrieb böse und verweigert das Gute. Darum ist er schuldig, wenn er nicht glaubt, auch wenn er inzwischen nicht mehr glauben kann (5,44; 12,39).

12 so viele ihn aber aufnahmen, denen gab er das Recht, Kinder Gottes zu werden, denen, die an seinen Namen glauben,
13 die nicht aus Geblüt noch aus dem Willen des Fleisches, noch aus dem Willen des Mannes, sondern aus Gott geboren sind.

Obwohl die Welt ihn nicht kannte und sein Volk ihn nicht annahm, hörte das Wort nicht auf, an den Menschen zu wirken. Er, der im Anfang den Menschen in seinem Bild schuf, begann nun eine neue Menschheit zu erschaffen. Als Israel als Volk den Messias ablehnte, wurde das den Nationen zum Segen (siehe Mt 21,42.43), denn ein jeder aus jeglichem

Volk, der ihn aufnimmt, wird zu einem Kind Gottes. So sehen wir: Der Unglaube des Menschen kann Gott nicht entthronen; er lässt aus dem Bösen, das Menschen tun, Gutes hervorkommen.

»so viele ihn aber aufnahmen«: Für »aufnahmen« steht hier λαμβανω, *lambanō*, besser mit »empfingen« zu übersetzen. Es ist das gleiche Verb wie in 1,16. In V. 11 stand für »aufnehmen« das Verb *paralambanō* (wie in Kol 2,6), wörtlich »zu sich nehmen«. Dort wird die Sünde des Menschen umschrieben, die ebendarin besteht, dass er den Sohn Gottes nicht aufnahm. Im vorliegenden Vers geht es nicht um die Sünde, sondern um das Heil, und das kommt aus Gnade; es wird jenem Menschen *gegeben*, der ihn, den Sohn, *empfängt*. *Empfangen* ist rein passives Hinnehmen der Gabe. *Nicht aufnehmen* ist aktives Verweigern der Gabe. Die Sünde ist Verweigerung unserer Pflicht, Christus aufzunehmen. Das Leben bekommen wir aber nicht dadurch, dass wir unsere Pflicht erfüllen, sondern aus Gnade: Wir *empfangen* den Herrn und mit ihm das Leben.[17]

Man kann auch übersetzen: »so viele *es* empfingen«, denn es ist ja von V. 1 an stets vom Wort die Rede, und das ist im Griechischen maskulin, aber im Deutschen neutrum. Wer also das Wort empfängt,[18] denen gibt das Wort das Recht, Kinder Gottes zu heißen.[19] In 6,44 wird uns erklärt, dass alle, die zum Sohn kommen, vom Vater gezogen werden. 6,45 nennt das Mittel, durch das der Vater sie zieht: Sie hören vom Vater und lernen von ihm; d.h. sie nehmen das Wort an; sie werden durch das Wort gelehrt und erkennen den Sohn Gottes.

»denen gab er das Recht«: Gott *gibt* dieses Recht; das ist erneut ein Ausdruck seiner freien Gnade. Niemand erwirbt sich das Recht; es kann nur als Gabe empfangen werden. Man kann als Subjekt des griechischen Verbums »gab«, εδωκεν, *edōken*, wiederum das in den Versen 1-3 genannte *Wort* auffassen und übersetzen: »Denen gab *es* – das Wort – das Recht ...« Gottes Wort und Wille machen den Glaubenden zu einem Kind Gottes, und dieses Wort gibt dem Gläubigen die Autorität, sich fortan als ein Kind Gottes zu verstehen und zu bezeichnen: Wir *heißen* Kinder Gottes (1Jo 3,1).

17 In Kol 2,6 steht, dass wir Christus »aufgenommen« haben; denn der durch die Erlösung neu gemachte Mensch soll die Verantwortung erkennen, die er nunmehr erfüllen kann.

18 In 3,33 lesen wir von solchen, die das Zeugnis über den Sohn empfangen (wieder *lambanō*).

19 Louis Segond übersetzt es auch so: *»Mais à tous ceux qui l'ont **reçue**, à ceux qui croient en son nom, **elle** a donné le pouvoir de devenir enfants de Dieu.«* Das feminine Partizip *reçue* zeigt, dass der Artikel in *l'ont* sich auf *la parole* bezieht. Entsprechend heißt es ***elle** a donné le pouvoir ...*

»Kinder Gottes zu werden«: Das griechische Wort für Kind ist τεκνον, *teknon*, vom Verb τικτω, *tiktō*, »zeugen«. Das Kind Gottes ist also wörtlich »das Gezeugte Gottes«. Das Wort ist der *Same* (1Petr 1,23), dem das göttliche Leben und die göttliche Natur innewohnen. Wenn Gott uns durch sein Wort *zeugt*, legt er die göttliche Natur in uns (siehe 2Petr 1,4).

»denen, die … glauben«: Mit diesem Nachsatz erklärt Johannes, was es heißt, ihn aufzunehmen; oder er beantwortet die Frage, wie man ihn denn aufnehme. Es geschieht durch Glauben, durch Glauben an das Zeugnis (V. 7), Glauben an die Predigt von ihm (Röm 10,17).

»an seinen Namen«: Wer glaubt, glaubt an alles, was der Sohn Gottes über sich selbst offenbart hat. Wer er ist, wie er ist, was sein Werk und was seine Absichten sind, davon spricht er in allen seinen Unterredungen mit den Menschen. An alle diese Wahrheiten zu glauben, heißt »an seinem Namen« zu glauben. Als Gott sich Mose offenbarte, fragte dieser nach dessen Namen (2Mo 3,13). Der Name steht für die ganze Person, für sein Wesen und seinen Willen, seine Werke und seinen Vorsatz. Wer an den Namen des Sohnes Gottes glaubte, nahm damit den Sohn Gottes selbst an. Der Glaube selbst hat nicht die Kraft, einen Menschen zum Kind Gottes zu machen; denn der Glaube empfängt nur, er wirkt nichts. Es ist der Gott, an den er glaubt, der das Vermögen hat, einen Menschen zu seinem Kind zu machen.

Damit niemand den Ausdruck »die aus Gott geboren sind« falsch verstehen kann, erklärt Johannes, was »aus Gott geboren« *nicht* bedeutet, indem er sagt, woraus die aus Gott Geborenen *nicht* geboren sind:

a. **»nicht aus Geblüt«**: Man wird nicht Kind Gottes aufgrund von hoher oder edler Abkunft, selbst wenn man Abraham zum Stammvater hat (8,39; Mt 3,9). Damit ist der Dünkel der Juden und der Irrglaube vieler Christen widerlegt, man gehöre zum Volk Gottes, weil die Eltern schon zu ihm gehörten. Das Kind Gottes ist nicht gezeugt durch vergänglichen Samen, sondern durch das unvergängliche Wort Gottes (1Petr 1,23).
b. **»noch aus dem Willen des Fleisches«**: Man wird nicht ein Kind Gottes durch das Wollen und Streben des eigenen Fleisches (Röm 9,16), das heißt, nicht aufgrund von eigenem Willensentschluss (Jak 1,18). Damit ist jede Selbsterlösung schon im Ansatz widerlegt.

c. **»noch aus dem Willen des Mannes«**: Man wird nicht Kind Gottes durch den Willensentschluss eines anderen, etwa des Vaters, der sein Kind beschneidet, oder eines Priesters, der »die Sakramente spendet« (wie die Menschen sagen) und nach einer entsprechenden Handlung jemanden zum Kind Gottes erklärt.

Dann fährt Johannes fort und sagt, woraus sie geboren sind: **»aus Gott«**. Das Kind Gottes wird aus Gott und damit nach Gottes Willensentschluss wiedergezeugt. Paulus sagt, diesen Sachverhalt zusammenfassend: *»Also liegt es nun nicht an dem Wollenden noch an dem Laufenden, sondern an dem begnadigenden Gott«* (Röm 9,16). Und Jakobus schreibt: *»Jede gute Gabe und jedes vollkommene Geschenk kommt von oben herab, von dem Vater der Lichter, bei dem keine Veränderung ist noch der Schatten eines Wechsels. Nach seinem eigenen Willen hat er uns durch das Wort der Wahrheit gezeugt, damit wir eine gewisse Erstlingsfrucht seiner Geschöpfe seien«* (Jak 1,17.18). Gott hat erschaffen nach seinem Willen (Offb 4,11); in der Erlösung wirkt Gott *»alles ... nach dem Rat seines Willens«* (Eph 1,11). Der Sohn Gottes hat die Macht, lebendig zu machen, welche *er will* (5,21); der Sohn offenbart den Vater, welchen *er will* (Mt 11,27). Der Sohn Gottes hat die Erlösung gewirkt, indem er den Willen Gottes erfüllte (Hebr 10,5-9), und durch diesen Willen wird der Mensch geheiligt (Hebr 10,10).

»Damit ist alles abgetan, was Gesetz, Blut, aller Menschen Klugheit und Werk vermag. Ich meine, das heißt den freien Willen zu Boden gestoßen« (Luther, S. 49).

e. Die Menschwerdung des ewigen Wortes (1,14-18)

Dieser Abschnitt beginnt mit dem Bekenntnis: *»Wir haben seine Herrlichkeit angeschaut (oder: gesehen)«* und endet mit der Aussage: *»Niemand hat Gott jemals gesehen; der eingeborene Sohn ... hat ihn kundgemacht.«* Damit zeigt Johannes, was die Hauptaussage dieser Verse ist: Gott hat sich in seinem Sohn vollkommen offenbart; wer ihn sieht, sieht Gott und empfängt damit das wahrhaftige Licht, das ihn zum ewigen Leben erleuchtet; denn das ewige Leben besteht darin, dass man den allein wahren Gott und Jesus Christus erkennt (17,3).

Nachdem in den Versen 12 und 13 gezeigt worden ist, dass es Gottes Wille ist, der den Glaubenden zum Kind Gottes macht, wird uns in den Versen 14-18 gezeigt, welches der Weg ist, den Gott dafür bestimmt hat: Er wirkt Erkenntnis seiner selbst, und zwar geschieht das ausschließlich durch den eingeborenen Sohn Gottes: Dieser wird Mensch (V. 14) und offenbart Gott (V. 18). Nur durch Erkenntnis des Sohnes Gottes können wir glauben und gerettet werden.[20]

14 Und das Wort wurde Fleisch und wohnte unter uns (und wir haben seine Herrlichkeit angeschaut, eine Herrlichkeit als eines Eingeborenen vom Vater) voller Gnade und Wahrheit.

V. 14 steht in einer besonderen inneren Beziehung zu V. 1, denn hier wird nach dem einleitenden Vers **»das Wort«** zum ersten Mal wieder erwähnt. In V. 6. hatten wir gelesen, dass Gott einen Menschen sandte; hier nun heißt es, dass Gott mehr als das getan hat: Er wurde selbst Mensch. In V. 11 hatten wir gelesen, dass er zu seinem Volk, den Juden, kam; hier aber lesen wir, dass er **»Fleisch«** wurde, weil er zu allem Fleisch kam. In V. 10.11 hatten wir gelesen, dass die Welt ihn nicht kannte und die Seinen ihn nicht annahmen; und das wusste das Wort, ehe es kam. Das aber konnte ihn nicht daran hindern, denen gleich zu werden, die ihn abweisen würden: Er wurde Fleisch. In V. 12.13 lasen wir, wie Menschen, die Fleisch sind, zu Kindern Gottes und damit zu Teilhabern seiner Natur werden; das ist ein großes Wunder. Hier hören wir vom entgegengesetzten Wunder: Er, der Gottes Sohn ist, wird Fleisch und damit zum Teilhaber der menschlichen Natur, vereinigt sich mit uns, um uns mit sich zu vereinigen.

»Und das Wort wurde Fleisch«: Wenn wir bedenken, was Johannes in V. 1-3 über das Wort geschrieben hat, sind wir sprachlos. Der ewige und allmächtige Gott wird Mensch! Vom lateinischen Wort für Fleisch, *caro, carnis*, wird das Hauptwort *Inkarnation*, »Fleischwerdung«, gebildet. Die Fleisch- oder Menschwerdung Christi ist eine so wichtige Heils-

20 In Ps 85,9 sagt David: *»Hören will ich, was Gott, der HERR, reden wird.«* Im Sohn vernehmen wir nun dieses Reden. Hier redet Gott, in umfassender und abschließender Weise (Hebr 1,1.2), und in diesem Reden sind Gnade und Wahrheit offenbar geworden (V. 17). David sagt weiter unten im gleichen Psalm, dass durch dieses Reden Gottes Gerechtigkeit und Friede, Güte (Schlachter 2000: »Gnade«) und Wahrheit sich geküsst haben (Ps 85,11.12).

wahrheit, dass Johannes an anderer Stelle sagt: Jeder Geist, der sie nicht bekennt, ist der Geist des Antichrists (1Jo 4,1-3).

Wie in V. 1 spricht Johannes in V. 14 erneut von Christus und seinem Wesen. Beachten wir dabei folgende Gegensätze:

1. Im Gegensatz zu V. 1 nicht »Gott«, sondern »Fleisch«;
2. im Gegensatz zu V. 1 nicht »war«, sondern »wurde«.

Zu 1. wollen wir festhalten:

a. Das ewige Wort war Gott, und Gott ist Geist (4,24). Es *war* ewig Geist. Geist und Fleisch aber sind Gegensätze: Jes 31,3; Lk 24,39. Diesen Gegensatz hat Gott überwunden, indem er als ersten Schritt den Menschen in seinem Bild schuf (1Mo 1,26). Als Gott den Menschen schuf, bereitete er die Menschwerdung seines Sohnes vor. Nur weil der Mensch Bild Gottes ist, konnte der ewige Sohn Mensch werden, ohne sein Wesen zu verändern oder gar abzulegen. Denn das hätte er nicht tun können; er hätte dann nämlich aufhören müssen, Gott zu sein; das aber ist unmöglich. Nicht unmöglich, weil es Gott an Macht mangelt, sondern unmöglich aus *ontologischen*[21] Gründen. Gott kann nicht gegen sich selbst handeln; er kann nicht sein, werden oder tun, was er nicht ist. Er kann sich selbst nicht verleugnen (2Tim 2,13); er kann nicht lügen (Tit 1,2).
b. Es *wurde* in der Zeit Fleisch, an einem historischen Tag, als »die Zeit erfüllt ward«, *»die Fülle der Zeit gekommen war«*, wurde er *»geboren von einer Frau«* (Gal 4,4). Die Zeit war erfüllt an dem Tag, den Ps 2,7 »heute« nennt: *»Vom Beschluss will ich erzählen: Der HERR hat zu mir gesprochen: Du bist mein Sohn, **heute** habe ich dich gezeugt.«*

Zu 2. wollen wir festhalten:

a. Das Wort wurde Fleisch, aber es blieb dabei das Wort; es hörte nicht auf, das Wort zu sein, um *stattdessen* Fleisch zu werden.

21 *ontologisch* vom griechischen *to on*, »das Seiende«; ontologisch = in dem Seienden, hier in Gott, in Gottes Wesen begründet.

Das macht Johannes sofort klar, indem er fortfährt: **»... wir haben seine Herrlichkeit angeschaut ...«** Wie war diese Herrlichkeit? Was für eine Herrlichkeit hatte das Wort? Es war die **»Herrlichkeit ... eines Eingeborenen vom Vater«**. Mit anderen Worten: Johannes sah im Menschen Jesus alle Vollkommenheiten Gottes des Vaters (siehe Hebr 1,3). Das aber bedeutet, dass der Mensch Jesus in seiner Fleischwerdung das ewige Wort war, das im Anfang war und das Gott ist (V. 1). Die ganze Fülle Gottes wohnte in ihm. Das war deshalb möglich, weil das Wort in seiner Menschheit Gott blieb. Nur in Gott selbst kann Gott in seiner ganzen Fülle wohnen. Darum sagt Paulus: *»In ihm wohnt die ganze Fülle der Gottheit leibhaftig«* (Kol 2,9).

b. Das Wort wurde Mensch, ganz Mensch, weshalb Johannes das unerwartete Wort **»Fleisch«** verwendet. Warum ist das unerwartet? Weil »Fleisch« zunächst bedeutet, dass Christus einen menschlichen Leib annahm und sich damit den Beschränkungen von Zeit und Raum unterwarf. Aber »Fleisch« ist auch eine Bezeichnung für das ganze Menschengeschlecht (1Mo 6,13), und so verwendet Johannes dieses Wort, um zu zeigen, dass der Herr nicht lediglich als eine Einzelperson mit eigenem Namen und dem ihm eigenen Leib in die Welt kam, sondern dass er *Menschheit* annahm, um sich *mit der ganzen Menschheit* zu identifizieren. »Fleisch« bezeichnet auch die Menschennatur, und so will Johannes sagen, dass das ewige Wort, das bei Gott war und Gott ist, Menschennatur annahm. Und schließlich lässt »Fleisch« an den Menschen in seiner Vergänglichkeit (Jes 40,6-8; 1Petr 1,24) und in seiner Sündhaftigkeit denken (6,63; Röm 3,20; 8,3; 1Kor 1,29; 2Kor 1,17; 1Jo 2,16). Das Worte wurde »Fleisch«, aber nicht sündiges Fleisch. Gott sendet seinen Sohn *»in Gleichgestalt des Fleisches der Sünde«* (Röm 8,3)[22] – in Gleichgestalt, aber ohne Sünde (8,46; Lk 1,35; Hebr 4,15); denn das Wort, das Gott ist, hörte in der Menschwerdung nicht auf, das Wort, also der heilige und sündlose Gott zu sein. Alles Fleisch ist wie Gras und vergeht, aber das Wort des Herrn bleibt in Ewigkeit

22 *»Als die Worte behandelt wurden: Das Wort ward Fleisch, meinte er: Das konnte nur der Heilige Geist schreiben, denn welch eine Ketzerei zu sagen, dass das Wort, das alles erschaffen hat, Fleisch wurde, also etwas, das keine Ehre in der Schrift hat.«* Dieses Zeugnis legt Adolph Zahn über seinen Lehrer Johannes Wichelhaus ab (Adolph Zahn, *Von Gottes Gnade und des Menschen Elend*, S. 45).

(1Petr 1,24.25). Bei Johannes wie bei den übrigen Schreibern des Alten und des Neuen Testaments steht »Fleisch« meist für die sündige Natur des gefallenen Menschen; Fleisch steht aber auch für die Menschennatur, ehe sie sündig wurde (1Mo 2,23.24). So wurde Christus ganz Mensch, aber sündloser Mensch, wie die Evangelien und die Briefe der Apostel in aller Klarheit lehren (siehe 2Kor 5,21; 1Petr 2,22; 1Jo 3,5). Dabei legte er sich nicht Menschheit an, wie man sich ein Gewand umwirft, das man nachher wieder ablegt. Christus wurde wirklich Mensch, um die Menschheit nachher nie mehr abzulegen: Seit Christus zu seinem Vater zurückgekehrt ist, ist ein verherrlichter Mensch zur Rechten Gottes (Apg 7,55.56; Hebr 2,9).

c. Das Wort war **»voller … Wahrheit«**, d. h. es war sündlos. Alle Kinder Adams sind Lügner (Ps 116,11), sie sind aus dem Vater, dem Teufel, und nach dessen Begierden wollen sie tun, d. h. lügen (8,44); Lüge ist in ihren Herzen (Mt 15,19), Schlangengift ist unter ihren Lippen (Röm 3,13). Unser Herr aber war voller Wahrheit, er redete die Wahrheit, er *ist* die Wahrheit (14,6). Er war von Geburt an heilig (Lk 1,35), d. h. ohne Erbsünde.

1,14 enthält drei weitere wichtige Wahrheiten über das Heil: 1. Gott, der Retter, musste Mensch werden. 2. Er musste als Mensch ganz Gott sein. 3. Er musste ganz sündlos sein. Wäre er bloß Mensch gewesen, hätte er nur für einen einzigen Menschen Stellvertreter sein können; nun aber ist er der Erschaffer aller Menschen und kann darum in seinem Tod die Sünde aller Menschen wegnehmen (1,29). Hätte er Sünde gehabt, hätte er nicht stellvertretend für andere sterben können, sondern hätte im Tod nur seine ihm selbst zukommende Strafe erlitten. Nun er sündlos ist, kann er als das von Gott verordnete Lamm die Sünde sündiger Menschen wegnehmen (1,29).

»und wohnte unter uns«: Das ewige Wort, das bei Gott, eigentlich »zu Gott hin«, ist, kam zu den Menschen, um unter ihnen zu wohnen, σκηνοω, *skēnoō*, wörtlich »zelten«. Johannes ist der einzige Autor im NT, der das Verb *skēnoō* verwendet. Außer hier kommt es nur noch vor in Offb 7,15; 12,12; 13,6 und 21,3[23]. Damit macht Johannes ganz deutlich eine Anspielung auf das Zelt oder die Hütte, σκηνη, *skēnē*, der Zusammenkunft (Apg 7,44; Hebr 8,5). Der überraschende Ausdruck will zweierlei besagen:

a. Wie das Zelt der Zusammenkunft nur eine vorläufige Einrichtung war, so kam der Sohn Gottes nur für eine kurze Zeit in die Welt. Während aber die Stiftshütte eines Tages für immer weggeräumt wurde und seither nicht mehr existiert, hat das ewige Wort mit der Menschwerdung für immer Menschheit angenommen, um seither als verherrlichter Mensch zur Rechten Gottes zu sein (Apg 7,55.56; Hebr 2,9).
b. Der Sohn Gottes war die vollkommene Wohnung Gottes. Anders als im Heiligtum in der Wüste (vgl. 1Kö 8,27) wohnte in ihm die ganze Fülle der Gottheit (Kol 1,19). Der Vater ist im Sohn und der Sohn im Vater (14,10.11), und das ewig. Die Herrlichkeit Gottes erfüllte die Stiftshütte nur für eine kurze Zeit (2Mo 40,34), im Sohn Gottes wohnte sie hingegen nicht nur während seines ganzen Erdenlebens, sondern sie bleibt ewig in ihm.

»und wir haben seine Herrlichkeit angeschaut«: Durch die Schöpfung werden Gottes Gottheit, Ewigkeit, Macht und Weisheit offenbar (Röm 1,20; Spr 3,19). In der Menschwerdung und der damit geschehenen Erlösung werden dazu auch Gottes sittliche Eigenschaften kund: seine **»Gnade und Wahrheit«**. Diese beiden entsprechen dem Licht und dem Leben von V. 4: Die Wahrheit erleuchtet uns; die Gnade gibt uns das Leben.

»eine Herrlichkeit als eines Eingeborenen vom Vater«: Der Mensch Jesus, der dreißig Jahre unter den Menschen lebte, war vom Vater ausgegangen (6,46; 7,29; 16,27.28; 17,8). Er ist der Sohn, der von Ewigkeit her im Schoß des Vaters war (1,18) und in der Zeit erschien. Er heißt als Sohn Gottes »der Eingeborene« oder »Einziggeborene«, μονογενης, *monogenēs*, weil er sich wesenhaft unterscheidet von den vielen Erlösten, die Kinder Gottes (1,12) und Söhne und Töchter Gottes (2Kor 6,18) heißen, sowie von den Engeln, die ebenfalls *»Söhne Gottes«*

23 Dies ist ein Indiz dafür, dass die Offenbarung vom gleichen Verfasser stammt wie das Johannesevangelium.

genannt werden (Hi 1,6). Er ist ewig Sohn Gottes; er ist ohne Anfang; er ist nie geworden. Engel wie Menschen sind hingegen zu Söhnen und Töchtern gezeugt oder erschaffen worden; sie haben alle einen Anfang, indem sie wurden, was sie zuvor nicht waren. Er ist Schöpfer, sie sind Geschöpfe; er ist Gott, sie sind Gottes.

»eingeboren«: μονογενης, *monogenēs*. Es wird fünf Mal auf den Sohn Gottes angewendet, jedes Mal von Johannes: 1,14.18; 3,16.18; 1Jo 4,9[24]. Vier Mal wird es von bloßen Menschen gesagt: Lk 7,12; 8,42; 9,38; Hebr 11,17.

»voller Gnade und Wahrheit«: So, wie der Vater ist, ist der Sohn; denn an ihm konnte man die ganze Herrlichkeit des Vaters sehen. Die sittlichen Vollkommenheiten Gottes sind alle enthalten im Sohn: in seiner Gnade und in seiner Wahrheit. Diese beiden Eigenschaften machen den Sohn Gottes zum vollkommenen Retter und zum vollkommenen Offenbarer. Er musste, um Retter zu sein, in Gnade kommen und in Gnade handeln; denn ein Sünder erträgt Gottes Gegenwart anders nicht. Er musste aber auch in Wahrheit kommen, denn der Sünder muss ins Licht gestellt werden. Erkennt er seinen Zustand nicht, wird er sich nie retten lassen.

Er ist Licht vom wahren Licht und stellt den Menschen in dieses Licht, in dem keine Finsternis ist (1Jo 1,5). Wäre aber der Herr nur voller Wahrheit und nicht auch voller Gnade, könnte er damit, dass er Gott kundmacht, den Menschen nur verdammen. Jetzt aber ist er auch voller Gnade; darum kann der Mensch ihn sehen und leben (siehe 3,15; 6,40). Christus hat alle Wahrheit Gottes in seinem Lehren, Leben und Sterben proklamiert und erfüllt (Mt 3,15). Der Lohn der Sünde ist der Tod (Röm 6,23); diese Wahrheit hat er erfüllt, als er den Tod erlitt. Gleichzeitig hat er alle Gnade Gottes demonstriert:

1. Er wurde von Gott gesandt, ohne dass wir ihn darum gebeten hatten.
2. Er kam und suchte Sünder (Lk 19,10), die ihn nicht gesucht hatten (Jes 65,1; Röm 3,11; 10,20).
3. Er erwählte solche, die ihn nicht erwählt hatten (Joh 15,16).
4. Er starb als Gerechter stellvertretend für uns, die Schuldigen (2Kor 5,21).

24 Dies ist ein Indiz dafür, dass die Johannesbriefe vom Verfasser des Johannesevangeliums stammen.

Kleiner Exkurs zur Sohnschaft Christi

Christus wird in dreifacher Hinsicht »Sohn Gottes« genannt:

1. Er ist der ewige Sohn Gottes; denn Gott ist in sich ewig dreieinig: Vater, Sohn, Heiliger Geist.
2. Er wurde mit der Menschwerdung »Sohn Gottes« genannt. Er war schon Sohn Gottes; aber jetzt wurde er Mensch und wird als Mensch Sohn Gottes: Ps 2,7; Lk 1,35; Apg 13,33.[25]
3. Er wurde in der Auferstehung als *»Sohn Gottes … erwiesen«* (Röm 1,4). Er wurde damit nicht zum Sohn Gottes gemacht; die Auferstehung war der Beweis dafür, dass der Mensch Jesus, den man ans Kreuz geschlagen hatte, der Sohn Gottes war.

Kleiner Exkurs zu den beiden Naturen Christi

Christus ist wahrer Gott und wahrer Mensch; er hat eine göttliche und eine menschliche Natur.

Mit Christus kam eine *Person* in die Welt. Er, das ewige Wort, wurde Mensch und nahm damit Menschennatur an. Er lebte nicht einfach vorübergehend *in* einer menschlichen Person. Er bekleidete sich als ewiger Gott nicht lediglich mit einer menschlichen Hülle – so, wie ein König aus einer Laune heraus sich einmal das Gewand eines Sklaven umwerfen kann; das macht diesen nicht zum Sklaven; er bleibt ausschließlich König. Der Sohn Gottes aber wurde Mensch: *»Das Wort wurde Fleisch«* (V. 14).

Dabei blieb er nur *eine* Person. In seiner Person sind miteinander verbunden die reine göttliche und die reine menschliche Natur. Wir

---

25 Die letztgenannte Stelle bezieht sich nicht etwa auf die Auferstehung, wie immer wieder gesagt wird. Paulus zitiert zwei alttestamentliche Belege zur Identität Jesu: Zuerst zitiert er Ps 2,7 als Zeugnis dafür, dass Gott Jesus gesandt hat, oder eben »erweckt« hat. Das bedeutet hier nicht »auferweckt«, sondern so viel wie »gesandt« (wie auch in Apg 3,22). Dann fährt Paulus fort und sagt: ***»dass [Gott] ihn aber*** (damit markiert er den Gegensatz zur Aussage der erstgenannten Bibelstelle) ***aus den Toten auferweckt hat*** *…, hat er so ausgesprochen«* (Apg 13,34), und dann zitierte er eine andere Bibelstelle (Jes 55,3). In beiden Bibelstellen in Apg 13 steht zwar das gleiche Verb ανιστημι, *anistêmi*, das intransitiv »auferstehen« (Mk 8,31; Lk 9,8), meistens jedoch einfach »aufstehen« bedeutet (Mt 9,9; 26,62; Lk 4,16; Apg 7,18; 20,30; Hebr 7,11.15). Transitiv bedeutet es »auferwecken« (Joh 6,39; Apg 2,24), aber auch »bereitstellen«, »auf die Beine stellen«, »hinstellen« (Mt 22,24; Apg 3,22.26; 7,37).

müssen zwar aufgrund aller Aussagen der Schrift zur Gottheit und zur Menschheit Christi die göttliche und die menschliche Natur Christi *unterscheiden*, aber sie sind nicht *voneinander geschieden*.

Die beiden Naturen bleiben in seiner Person miteinander verbunden, sie sind jedoch nicht zu einer neuen Natur, zu einer Art »Gott-Mensch-Natur« verschmolzen oder vermischt. Das bedeutet, dass keine der beiden Naturen etwas von ihrer Eigenart verloren hat: Die göttliche Natur glich sich nicht der menschlichen, die menschliche glich sich nicht der göttlichen an; denn sonst wäre Christus nicht Gott, und er wäre auch nicht Mensch. Fassen wir zusammen:

1. Christus hat zwei voneinander unterschiedene Naturen: Gottheit und Menschheit.
2. Die beiden Naturen sind miteinander verbunden, aber nicht miteinander vermischt.
3. Obwohl er zwei Naturen hat, ist er *eine* Person, der *eine* Herr Christus.

Immer wieder haben Irrlehrer diese Wahrheiten angegriffen.

1. Schon im ausgehenden 1. Jahrhundert wurde die wahre Menschheit Christi angegriffen. Da waren Leute, die behaupteten, Christus sei nur scheinbar Mensch geworden, sei aber immer nur Gott gewesen.[26] Er sei nie geboren worden, habe nie gelitten und sei nicht gestorben, weil Gott all das nicht erleiden könne. Man nennt diese Irrlehre *Doketismus*, vom griechischen Verb *dokeō*, »scheinen«. Die Gnostiker waren gleicher Meinung, denn nach ihren Vorstellungen ist die Materie an sich übel; daher sei es undenkbar, dass Gott einen materiellen Leib annehmen könne. Johannes verurteilt diese Ansichten in 1Jo 4,1-3.

2. Im 4. Jahrhundert wurde die Gottheit Christi angegriffen durch einen gewissen Arius, Presbyter in Alexandrien im 4. Jahrhundert. Der Kern seiner Irrlehre lautete:

26 z. B. Basilides (ca. 85–145 n. Chr.), der in Alexandrien lebte und wirkte.

> Gott allein sei ungezeugt, ewig; der Sohn sei durch den Willen Gottes εξ ουκ οντων, *aus dem Nichtseienden*, geschaffen; es habe eine Zeit gegeben, da er noch nicht war (ην ποτε οτε ουκ ην – *einst war, da er nicht war*). Er sei als vollkommenes Geschöpf vor der Weltzeit zur Vermittlung der Schöpfung entstanden, war also präexistent; er habe Anteil an Gottes Vernunft und wird daher »Logos« genannt, sei jedoch ohne vollkommene Gotteserkenntnis. Er habe einen freien Willen und sei der Veränderung fähig, sei aber sündlos geblieben, und damit habe er die göttliche Herrlichkeit erworben, die Gott in seiner voraussehenden Allwissenheit ihm schon vorher gegeben habe. In der Folge könne er daher πληρης θεος μονογενης, *voller, eingeborener Gott*, genannt werden.

Diese Irrlehre des Arius, der Arianismus, findet sich heute bei den Zeugen Jehovas, aber auch unter zahlreichen der sog. »messianischen Juden«,[27] die die absolute und unumschränkte Gottheit Jesu Christi leugnen.

---

15 (Johannes zeugt von ihm und rief und sprach: Dieser war es, von dem ich sagte: Der nach mir Kommende hat den Vorrang vor mir, denn er war vor mir.)
16 Denn aus seiner Fülle haben *wir* alle empfangen, und zwar Gnade um Gnade.

Johannes trat zwar vor dem Messias auf, dennoch war dieser vor ihm. Johannes erklärt im Folgenden, was er mit dieser Aussage meint: Der Christus war all die Jahrhunderte und Jahrtausende da, in den Tagen der Erzväter, Moses und der Propheten, **»denn aus seiner Fülle«**, sagt er, **»haben wir alle empfangen«**, empfingen wir alle, die wir zur erwählten Nation zählen, was wir je an Gnade empfingen (V. 16). Alles Gute, das einem Abraham verheißen wurde und er und seine Nachkommen empfingen, kam von ihm, vom ewigen Wort, vom vorzeitlichen Christus.

27 Der Begriff »messianischer«, d. h. »christlicher Jude« ist eine sogenannte *contradictio in adiecto*, ein Widerspruch im Beiwort, etwa wie »dunkles Licht« oder »helle Finsternis«. Entweder ist man Jude oder Christ; wer beides sein will, ist keines von beiden. Er ist nicht Jude, weil es nicht angeht, Jude zu sein und zu behaupten, Jesus von Nazareth sei der Sohn Gottes; denn wer das glaubt, hört auf, Jude zu sein. Und er ist nicht Christ, weil der kein Christ ist, der die Gottheit Christi leugnet.

Ja, das Gesetz wurde durch Mose gegeben, wie wir alle wissen. Aber allen, die auch seit der Gabe des Gesetzes Vergebung und Rechtfertigung empfingen wie David (2Sam 12,13; Ps 32; Ps 51) oder Jesaja (Jes 6,7), empfingen die Gnade und die Wahrheit durch das ewige Wort, durch den Sohn Gottes, der jetzt als der Mensch Jesus erschienen ist (V. 17). Auch alles Licht, das die Väter von Gott empfingen, alle Offenbarungen, die ihnen gewährt wurden, wurden ihnen durch den Sohn Gottes gegeben, denn nur durch ihn und in ihm konnte und kann der Mensch Gott erkennen (V. 18).

»Der nach mir Kommende ... war vor mir«: In seiner menschlichen Erfahrung war Johannes der Täufer zuerst da, und dann trat der Herr auf. Wenn er beides, vor Johannes und nach Johannes, sein konnte, ist er ewig (V. 1). Auch uns ergeht es wie Johannes dem Täufer: Wir lebten schon lange, als eines Tages der Herr in unser Leben trat, und da erkannten wir: Er war, ehe wir waren. Er war vor uns; darum ist er uns immer zuvor.

Der Täufer wusste ja, dass er der Vorläufer war, der dem Messias den Weg bereiten sollte (siehe V. 22.23), und damit wusste er auch, dass Mal 3,1 von ihm sprach: *»Siehe, ich sende meinen Boten, damit er den Weg vor mir her bereite. Und plötzlich wird zu seinem Tempel kommen der Herr, den ihr sucht; und der Engel des Bundes, den ihr begehrt: Siehe, er kommt, spricht Jahwe der Heerscharen.«* Wenn wir das bedenken, scheint es offenkundig, dass der Täufer im vorliegenden Vers auf diese Stelle aus Maleachi anspielt. Damit bezeugt er, dass der Messias Jahwe selbst ist, denn Jahwe sagt ja durch Maleachi: *»**Ich** sende **meinen** Boten ... vor mir her.«*

»Die Worte des Täufers sind nichts anderes als die Worte Jehovas in umgekehrter Reihenfolge. Jehova hatte gesagt: ›Ich sende den vor mir her, nach welchem ich selbst bald kommen werde.‹ Johannes der Täufer sagt: ›Er, der nach mir kommen muss, war schon vor mir da, da er es war, der mich sandte.‹ Das impliziert die Identität des Messias mit Jehova« (Godet).

Für **»Fülle«** steht hier πληρωμα, *plērōma*, das gleiche Wort wie in Kol 1,19 und 2,9. (Oben in V. 14 steht das dazugehörige Adjektiv πληρης, *plērēs*, »voll«.) Gemeint ist also die Vollständigkeit, das alles Umfassende, dem nichts fehlt. Dass in Christus diese *plērōma* ist, bedeutet, dass er Gott ist. Nur Gott kann Gott in seiner Vollständigkeit enthalten.

»Gnade um Gnade«: *charin anti charitos*. Damit ist nicht gemeint, dass Gnade auf Gnade, Gnadenerweis auf Gnadenerweis folgt, die Gnade also unaufhörlich fließt wie ein Strom. Das stimmt zwar, aber Johannes sagt das nicht an dieser Stelle, denn dann hätte es *charin epi charin* heißen müssen, wie in Phil 2,27: *»Traurigkeit auf Traurigkeit«*, *lypē epi lypēn*. Was Johannes sagen will, ist dies: Wir haben die Gnade **»um Gnade«** empfangen, grammatikalisch eine Konstruktion wie »ein Brot um zwei Euro« oder »ein Auge um ein Auge« *(ophthalmos anti ophthalmou)*, oder »Gleiches um Gleiches« *(isa ant' isōn)*. Man bezahlt einen Preis, und dafür bekommt man den entsprechenden Gegenwert. Was mussten wir bezahlen, um Gnade zu empfangen? Nichts. Wir empfangen durch Christus die Gnade um Gnade, also umsonst, geschenkweise, *doreān* (siehe Röm 3,24; Offb 21,6), ohne dass wir ihm etwas zuvor gegeben hätten (siehe Röm 11,35). So lehrt uns dieser Vers das, was wir gerne *freie* oder *bedingungslose* oder *voraussetzungslose Gnade* nennen. Gott gibt, weil er gibt; und wir empfangen, weil Gott gibt.

17 Denn das Gesetz wurde durch Mose gegeben; die Gnade und die Wahrheit ist durch Jesus Christus geworden.

V. 16 bezeugte die Gnade, V. 17 unterstreicht die Bedeutung der Gnade, indem er den Gegensatz zwischen Gnade und Gesetz hervorhebt. Beide können nicht nebeneinander bestehen, wie auch der Apostel Paulus lehrt (Röm 3,20.24; 6,14; Gal 2,21; 5,4). Darum gilt es, in diesem Vers die Gegensätze zu beachten:

- Das Gesetz wurde **»durch Mose gegeben«**, d.h. Mose war lediglich Empfänger; die Gnade und die Wahrheit hingegen **»ist durch Jesus Christus geworden«**: Der Herr war nicht Empfänger, sondern in ihm und durch ihn ist mit seiner Menschwerdung die Gnade und die Wahrheit geworden.
- Mit Mose kam lediglich eines, nämlich das Gesetz; in Christus wird uns Gnade *und* Wahrheit: Wahrheit, die uns überführt, und Gnade, die uns vergibt; Wahrheit, die fordert, und Gnade, die befähigt.

»Gnade und … Wahrheit ist … geworden«: Man beachte die ungrammatische Einzahl *»ist«*. Aber diese ist von Johannes bewusst gesetzt, denn es kann Gnade nicht geben ohne Wahrheit, und Wahrheit ohne Gnade könnte uns nur verdammen. In Christus sind uns, nein, *ist* uns beides geworden. Er hat alle Wahrheit Gottes in seinem Lehren, Leben und Sterben proklamiert und erfüllt (Mt 3,15). Der Lohn der Sünde ist der Tod (Röm 6,23); diese Wahrheit hat er erfüllt, als er den Tod erlitt. Gleichzeitig hat er alle Gnade Gottes demonstriert: Er wurde von Gott gesandt, ohne dass wir ihn darum gebeten hatten. Er kam und suchte Sünder (Lk 19,10), die ihn nicht gesucht hatten (Jes 65,1; Röm 3,11; 10,20). Er gibt denen ewiges Leben, die es nicht verdient haben (10,28).

Erst hier nennt Johannes den Namen **»Jesus Christus«**. Er, dieser Mensch Jesus, ist der von Gott Gesalbte, der Messias. Zuerst nannte ihn Johannes *»das Wort«* (V. 1), dann *»das Licht«* (V. 7), dann den *»Eingeborenen vom Vater«* (V. 14), und nun schließlich mit dem Namen, der ihm als Mensch gegeben wurde, *Jesus* (siehe Mt 1,21), und mit dem Titel, der für seine Sendung steht, *der Christus*.

18 Niemand hat Gott jemals gesehen; der eingeborene Sohn, der im Schoß des Vaters ist, der hat ihn kundgemacht.

Das in V. 17 erwähnte Gesetz offenbarte nicht die ganze Wahrheit über Gott; wie das erst durch den Sohn geschehen konnte, zeigt der vorliegende Vers.

Über *»das Wort«* (V. 1) werden hier drei Aussagen gemacht:

1. Das Wort ist **»der eingeborene Sohn«**;
2. der Sohn ist **»im Schoß des Vaters«**;
3. der Sohn hat den unsichtbaren Gott **»kundgemacht«**.

Zu 1: Ist das Wort der Sohn Gottes, ist es Gott. Das verstanden die Zeitgenossen Jesu sofort (siehe 5,18). Das Wort heißt »Sohn«, weil es wahrer Gott vom wahren Gott ist. Es ist Gott, und es ist bei Gott; denn im einen Gott ist eine Mehrzahl.

Zu 2: Er ist nicht nur »bei Gott«, sondern er ist im Schoß des Vaters; er ist im Vater, und der Vater ist in ihm (10,38; 14,11.20). Das zeigt, dass Vater und Sohn sich gegenseitig durchdringen, dass sie untrennbar miteinander verbunden sind. Sie werden in der Bibel unterschieden, aber sie sind nie geschieden. Wo immer der Vater ist, ist auch der Sohn, und wo immer der Sohn ist, ist auch der Vater (8,16.29; 16,32).

Zu 3: Weil der Sohn Gott ist, kennt er Gott. Niemand weiß, was in Gott ist, *»als nur der Geist Gottes«* (1Kor 2,11), d.h. Gott selbst. Weil der Sohn Gott ist und im Schoß des Vaters ist, kann er Gott vollkommen offenbaren.

Alle Offenbarungen, die Gott den Menschen vor dem Kommen Christi gegeben hatte, waren mangelhaft. Das Leben (siehe V. 4), die Schöpfung (Röm 1,19.20), das Gewissen (Röm 2,15) gaben dem Menschen ein Licht über Gott, aber es reichte nicht, um damit eine umfassende und zum Heil hinlängliche Erkenntnis von Gott zu empfangen. Auch die besonderen Offenbarungen, die Gott einzelnen auserwählten Menschen gab in Gesichten, Träumen und Stimmen (Hebr 1,1) waren nicht genügend. Darum musste der ewige Gottessohn in dieser Welt als Mensch erscheinen.

»Niemand hat Gott jemals gesehen«, Abraham nicht, Mose nicht, David nicht, Jesaja nicht, niemand. Aber sah Jesaja nicht den Herrn auf erhabenem Thron sitzen (Jes 6,1)? Und sah Mose nicht zusammen mit den Ältesten Israels den Gott Israels (2Mo 24,9.10)? Ja, sie sahen Gott: Gott den Sohn; nur durch ihn und in ihm kann man Gott erkennen. Niemand kommt zum Vater denn durch ihn (14,6); wer aber zu ihm gekommen ist und ihn gesehen hat, hat den Vater gesehen (14,9). Das ist ein weiterer Beleg für seine Gottheit; denn nur Gott kann Gott ganz und vollkommen offenbaren, nur Gott kann *»die Ausstrahlung seiner Herrlichkeit und der Abdruck seines Wesens«* sein (Hebr 1,3). Darum heißt es in gewichtigen Handschriften im vorliegenden Vers *»der eingeborene Gott«*. Er, der selbst Gott ist, hat Gott kundgemacht.[28]

»der im Schoß des Vaters ist«: Dieser Ausdruck bezeichnet nicht eine Örtlichkeit, sodass man annehmen müsste, er habe den Schoß des Vaters verlassen, um in diese Welt zu kommen, denn das hieße erstens, dass der Sohn vom Vater getrennt sein könne, und zweitens, dass er nicht allgegenwärtig sei. Nein, er war stets bei Gott und in Gott; darum sagt Johannes, dass der Sohn im Schoß des Vaters **ist**. Und entsprechend

28 Svenska Folkbibeln: *»Den Enfödde, som själv är Gud, och är hos Fadern« – »Der Eingeborene, der selbst Gott ist und beim Vater ist.«*

konnte Jesus zu Nikodemus sagen, während er vor diesem stand, dass er als Menschensohn *»im Himmel **ist**«* (3,13). Der Sohn in des Vaters Schoß bezeichnet ein Verhältnis, die innige Gemeinschaft der Liebe, die vor Grundlegung der Welt zwischen Vater und Sohn war: *»Vater, ... du hast mich geliebt vor Grundlegung der Welt«* (17,24). Die Bedeutung dieses Ausdrucks verstehen wir auch aus 13,23, wo wir lesen, dass der Jünger, den der Herr liebte, im Schoß Jesu lag.[29]

»der hat ihn kundgemacht«: ἐξηγέομαι, *exēgeomai*, wörtlich: »herausführen«, im übertragenen Sinn: »erzählen«, »einen Sachverhalt« erläutern. So verwendet Lukas dieses Wort: Lk 24,35; Apg 10,8; 15,12.14; 21,19 (das sind alle Belege im NT).

Niemand erkennt den Vater als allein der Sohn – und wem irgend der Sohn ihn offenbaren will (Mt 11,27). Er ist der Enthüller Gottes. Der Ausdruck »Schoß« erinnert auch daran, dass der dreieinige Gott und damit auch der Sohn Gottes verborgen ist. Wir können ihn so wenig sehen, wie wir sehen können, was sich hinter dem Gewandbausch, *kolpos*, eines Menschen verbirgt. Der Sohn aber ist hervorgetreten wie ein Bräutigam aus der Kammer (vgl. Ps 19,6) und hat Einblick in das Innerste Gottes gegeben. Er allein kann das Verborgene Gottes kundmachen, oder eben *»herausführen«*, sodass Menschen es sehen können. Damit Menschen es sehen können, ohne von dem, was sie sehen, überfordert, ja, vernichtet zu werden, muss der Offenbarer Mensch sein. In und an diesem Menschen können sie Gottes Herrlichkeit in einer Weise erkennen, die sie ertragen. Damit hat Gott in der Sendung seines Sohnes erfüllt, was er einst durch Mose seinem Volk angekündigt hatte. Als dieses am Berg Sinai stand und den Donner hörte und die Blitze zuckten und Gott zu ihnen redete aus dem Feuer, da bat es Mose, dass er vor Gott treten und Gottes Worte entgegennehmen und ihnen sagen wolle, denn sie fürchteten, dass sie, wenn Gott weiter so zu ihnen reden sollte, sterben würden (2Mo 20). Darauf antwortete Gott: *»Gut ist, was sie geredet haben. Einen Propheten ... will ich ihnen aus der Mitte ihrer Brüder erwecken; und ich will meine*

29 Luther schreibt dazu in seiner Auslegung: *»Wir müssen der Schrift gewöhnen, welche ihre sonderliche Sprache und Art zu reden hat, und lernen, was das sei ›in des Vaters Schoß sitzen‹ ... Es heißt ein Schoß, das zwischen beiden Armen ist. Wir Deutschen heißen's geherzt und in die Arme genommen, und kann diese Sprache des Johannes nicht wohl auf Deutsch ausgeredet werden. Er will aber so viel sagen:* ***Von dem eingeborenen Sohn Gottes haben wir's empfangen, der dem Vater an seinem Hals hänget und liegt ihm in den Armen.*** *Damit will Johannes zu verstehen geben und unser Herz versichern, dass an dem Wort, so durch den Sohn offenbart ist, kein Zweifel sei.* ***Denn der Sohn liegt dem Vater in seinem Schoß und Armen und ist ihm so nahe, dass er gewiss weiß, was der Vater in seinem Herzen hat*** *...«* (S. 67).

Worte in seinen Mund legen, und er wird alles zu ihnen reden, was ich ihm gebieten werde« (5Mo 18,17.18). Gott verhieß *»einen Propheten«*, der die ganze Wahrheit von Gott und über Gott verkünden würde, dessen Stimme sie ertragen würden; dieser Prophet heißt Jesus Christus.

V. 18 enthält zwei grundlegende Wahrheiten über den Herrn als Offenbarer Gottes: Weil er Gott ist, kann er Gott ganz offenbaren; weil er Mensch ist, kann der Mensch ihn sehen. Nur auf diese Weise kann der Mensch Gott sehen. Wir haben zu V. 14 festgehalten: Um Erlösung zu wirken, muss das Wort beides sein, Gott und Mensch. Nun können wir ferner festhalten: Um das Licht zu sein, das den Menschen erleuchtet (V. 9), muss er beides sein: Mensch und Gott.

Was wollte Johannes mit seinem Prolog erreichen, und was hat er wirklich erreicht? Dass wir glauben, dass der Mensch Jesus, der in Bethlehem zur Welt kam, in Israel wirkte und im Jahre 30 in Jerusalem hingerichtet wurde, der Schöpfer aller Dinge, der Sohn Gottes, der Herr und Christus ist, der jedem, der an ihn glaubt, zurückführt zur verlorenen Gemeinschaft mit Gott.

Teil 1: Das öffentliche Wirken Christi in Israel (1,19 – 12,50)

Johannes berichtet in zwei großen Teilen vom Wirken Christi unter seinem Volk, indem er zuerst anhand bewusst ausgesuchter Beispiele (siehe 21,25) zeigt, wie das Licht sich ausbreitet (1,19 – 4,54), und dann wiederum an ausgesuchten Unterredungen und Begegnungen demonstriert, wie der Widerstand gegen das Licht wächst (Kap. 5 – 12).

I. Das Licht breitet sich aus (1,19 – 4,54)

Zunächst wollen wir beachten, wie Johannes in diesem Abschnitt lauter Dinge überliefert hat, die in den anderen Evangelien nicht stehen. Außer der letzten Episode (4,46-54) handelt es ich um lauter Geschehnisse, die in die Zeit vor dem sogenannten »galiläischen Dienst« gehören. Es fällt auf, wie die Synoptiker von der Taufe des Herrn und der unmittelbar auf diese folgende Versuchung in der Wüste zum Dienst des Herrn in Galiläa springen (Mt 4,12; Mk 1,14; Lk 4,14). Johannes berichtet dagegen von folgenden 10 Begebenheiten aus der Zeit vor Christi Dienst in Galiläa:

1. das Zeugnis des Täufers an die Gesandtschaft der Juden;
2. das Zeugnis des Täufers über das Lamm und den Sohn Gottes;
3. die Berufung der ersten Jünger;
4. die Hochzeit zu Kana und das erste Zeichen;
5. die erste Tempelreinigung;
6. die ersten Zeichen in Jerusalem;
7. die Unterredung mit Nikodemus;
8. der Dienst Jesu im Land Judäa (3,22);
9. das Zeugnis des Täufers an seine Jünger;
10. das Licht kommt nach Samaria.

Dieser erste Teil lässt sich in zwei Einheiten unterteilen (1,19–2,11 und 2,12–4,54). Das Ende der ersten Einheit wird markiert durch den Satz: *»Diesen Anfang der Zeichen machte Jesus zu Kana in Galiläa und offenbarte seine Herrlichkeit; und seine Jünger glaubten an ihn«* (2,11), das Ende der zweiten Einheit durch den Satz: *»Dies aber tat Jesus wiederum als zweites Zeichen, als er aus Judäa nach Galiläa gekommen war«* (4,54). Und wie am Ende der ersten, so findet sich auch am Ende der zweiten eine Aussage über den Glauben (4,53). Damit zeigt Johannes eben, dass das Licht sich ausbreitete, indem es im Glauben aufgenommen wurde.

In der ersten Einheit lesen wir zuerst das Zeugnis Johannes' des Täufers über sich selbst (1,19-27) und über den Christus (1,28-34); darauf folgen Berichte von den ersten Jüngern, die der Herr beruft (1,35-51), dann vom ersten Zeichen, das der Herr tat (2,1-11). In der zweiten Einheit eröffnet der Herr seinen Dienst im Tempel in Jerusalem, also im Herzen des Judentums, wird aber abgewiesen (2,18-22), worauf er sich in der Öffentlichkeit durch Zeichen bezeugt, die eine Art Glauben wirken (2,23-25). Dann berichtet Johannes von drei Einzelpersonen, die das Wort des Herrn aufnehmen – Nikodemus (3,1-21), die Samariterin (4,1-29) und der königliche Beamte (4,46-54) –, sowie von der Gruppe der Samariter in Sichar (4,39-42).

2. Das Zeugnis des Johannes (1,19-34)

Im vierten Evangelium erfahren wir einiges über Johannes, was in den drei ersten Evangelien nicht steht, und umgekehrt. Wir lesen hier nicht, dass er einen härenen Mantel trug und Heuschrecken und Honig aß, auch nicht, dass er Gottes Zorn ankündigte und zur Buße aufrief; nicht einmal, dass er ankündigte, dass das Reich Gottes nahe war. Dafür hören wir aus seinem Mund, dass der Messias das Lamm Gottes ist, das die Sünde der Welt wegnimmt (V. 29).

Es fällt auch auf, wie viel Raum Johannes der Täufer in den einleitenden Abschnitten des Johannesevangeliums einnimmt. Bereits im Prolog sind mehrere Verse ihm gewidmet. Auf diese Weise zeigt uns der Verfasser des Evangeliums, dass wir Christus nur erkennen können, wenn Boten von Christus zeugen. Die Boten sind notwendige Zeugen vom Licht, das in die Welt gekommen ist (vgl. V. 6-8).

Christus stand vor der Tür; bald sollte er kommen. Aber das Volk war eine unebene Straße, und die musste eben gemacht werden; der Herr sollte freie Bahn haben ins Herz des Volkes (V. 23). Die Sünde war das große Hindernis, das sich ihm in den Weg stellte, und darum musste Johannes durch seine Predigt Erkenntnis der Sünde wecken und zur Buße rufen. Wer seine Sünde erkannte, bekannte sie in der Taufe, die deshalb eine *»Taufe der Buße«* genannt wird (Mk 1,4). Ohne die vorbereitende Buße konnte das Licht niemandem zum Heil sein, sondern es würde die Schuld und damit den Zorn nur mehren. Das Zeugnis des Johannes beschränkte sich aber nicht auf den Ruf zur Buße und die Taufe. In den Versen 29-34 dieses Kapitels lesen wir, wie er auf Jesus zeigt und ruft, dass Jesus das Lamm Gottes ist, das die Sünde der Welt wegnimmt, und damit auch die Sünden, welche die Bußfertigen in der Taufe bekannt hatten.

Der erste Tag: Johannes gibt Zeugnis vor den Juden (1,19-28)

1,19–2,11 ist ein größerer, zusammenhängender Abschnitt, der durch die Zählung der Tage als solcher markiert ist. Somit beschreiben die Verse 19-28 den ersten der insgesamt sieben Tage. Zunächst begreifen wir diese Angaben als buchstäbliche Datierungen, die uns zeigen, dass der Ewige, der an einem bestimmten historischen Tag Mensch geworden war (V. 14; Lk 2,1; Gal 4,4), mit der Menschwerdung einging in die Zeit und damit in die Geschichte der Menschen auf dieser Erde.

Gleichzeitig sind die von Johannes genannten Tage repräsentativ: Der erste Tag steht für die Zeit der Propheten, in der die erwählte Nation auf das Kommen des Messias vorbereitet wurde; der zweite Tag (V. 29-34) steht für die Tage der Menschwerdung des Messias; der dritte Tag (V. 35-42) steht für die Gemeindezeit; der vierte Tag (V. 43-51) steht für die Zeit der Bekehrung Israels; der siebte Tag (2,1-11) steht für die Vollendung der Heilsgeschichte.

Der Abschnitt 1,19-28 beginnt mit dem Satz: *»Und dies ist das Zeugnis des Johannes ...«* und endet mit: *»Dies geschah in Bethanien ..., wo Johannes taufte.«*

19 Und dies ist das Zeugnis des Johannes, als die Juden aus Jerusalem Priester und Leviten zu ihm sandten, damit sie ihn fragen sollten: Wer bist *du*?

»**Und dies ist das Zeugnis des Johannes**«: Die Juden wollen wissen, wer er ist; seine Antwort an sie hat der Evangelist mit einiger Ausführlichkeit festgehalten. Also muss sie für die heilsgeschichtliche Bedeutung des Vorläufers wichtig sein. Was Johannes der Täufer antwortete, gilt für alle Propheten. Wie er war, waren sie alle.

Als Erstes sagt Johannes, wer er nicht ist:

- nicht der Christus (V. 20);
- nicht Elia (V. 21a);
- nicht der Prophet (V. 21b).

Damit sagt er gleichzeitig, dass Christus größer ist als jeder andere von Gott gesandte Diener. Er ist größer als die Propheten und damit auch größer als Mose. Aus dem machten die Juden mehr als recht war, und darum hörten sie ihn nicht wirklich und verwarfen deshalb das Zeugnis des Messias selbst (5,47).

Als Zweites sagt Johannes, wer er ist:

- Er ist die Stimme (V. 23a), also nur Werkzeug eines Größeren.
- Er ist, was die Schrift, d.h. was Gott von ihm sagt (V. 23b).

Als er zunächst von sich sagte, er sei gesandt, um den Weg des Herrn zu ebnen, verweist er auf den Vorläufer, der gemäß Mal 3,1 das sichere Zeichen dafür ist, dass der Messias nun bald kommen musste. Dann bezeugte er, dass der Messias schon da war (V. 26); drittens verweist er auf die unendliche Distanz, die zwischen ihm und dem Messias besteht (V. 27). Das aber bedeutet, dass der Messias, von dem alle wussten, dass er ein Sohn Davids ist, auch mehr sein musste als bloßer Mensch.

Als Drittes sagt Johannes, was er tut:

- Er tauft mit Wasser zur Buße, d.h. er soll Sünde aufdecken.
- Er bereitet damit den Weg des Herrn, dass er mit seiner Predigt das Volk der Sünde überführt.

Als Viertes gibt Johannes den Juden ein dreifaches Zeugnis von Christus:

- Der Messias ist der Rufende, d.h. das Wort (V. 23a), während er nur die Stimme ist.
- Der Messias ist der HERR (V. 23b): **»Macht gerade den Weg des HERRN«**: Im hebräischen Text von Jesaja 40,3 steht **dæræk JWHW**, *der Weg Jahwes*. *Jahwe* wird im Neuen Testament übersetzt mit κυριος, *kyrios*, und das ist der Titel, der Jesus gegeben wird. Jesus, der Messias, ist der HERR, der Ewige selbst. Johannes ist nur der Wegbereiter.
- Er, Johannes, ist nicht würdig, ihm den Riemen der Sandalen zu lösen (V. 27): Er ist nicht einmal würdig, bloß Stimme, bloß Wegbereiter, bloß Diener zu sein.

»als die Juden aus Jerusalem … sandten«: Hier sind wie meistens im Johannesevangelium mit den Juden die Obersten des Volkes gemeint; in V. 24 lesen wir, es seien die Pharisäer gewesen, die diese Delegation ausgesandt hatten.[30] Als religiöse Führer des Volkes hielten sie sich für berufen, jede religiöse Bewegung und jeden irgendwo auftauchenden religiösen Anführer zu prüfen; denn das Volk sollte vor Verführern geschützt und vor Abfall bewahrt werden.

»Priester und Leviten«: Man wusste in Jerusalem, dass Johannes ein Priestersohn war, hatte man doch bloße 30 Jahre davor von dessen Geburt mitsamt allen wunderbaren begleitenden Geschehnissen in ganz Judäa gesprochen (Lk 1,65); darum sandte man Priester zu diesem Priestersohn. Da die Juden von Johannes gehört hatten, dass er predigte und taufte (V. 25) und dass das Volk zu ihm strömte und sich sogar zu fragen anfing, ob er der Messias sei (Lk 3,15), wollten sie wissen: **»Wer**

30 Wohl saßen im Hohen Rat auch Sadduzäer, und der Vorsitzende desselben, der Hohepriester Kajaphas, war Sadduzäer, aber denen war die Frage nach dem Messias nicht so wichtig wie den Pharisäern. Das erklärt, warum es gerade diese waren, welche diese Delegation zu Johannes sandten (V. 24).

bist du?« Er war nicht zu Füßen eines anerkannten Lehrers im Judentum gesessen; er war darum nicht als Lehrer, als Rabbi bekannt und anerkannt. Sollte er dann aber der Messias sein? Die Juden erwarteten ja aufgrund der prophetischen Schriften, dass der Messias gerade in dieser Zeit erscheinen müsste; denn das konnte man aus der Weissagung von Daniel 9,24-27 wissen.[31]

20 Und er bekannte und leugnete nicht, und er bekannte: *Ich* bin nicht der Christus.
21 Und sie fragten ihn: Was denn? Bist *du* Elia? Und er sagt: Ich bin es nicht. – Bist *du* der Prophet? Und er antwortete: Nein.

Zuerst macht der Evangelist zwei Aussagen über die Antwort des Johannes, und dann scheint er die erste lediglich noch einmal zu wiederholen. Aber wahrscheinlich muss man diese auffällige Reihe von drei Aussagen so verstehen: »**Er bekannte**«, nämlich, wer er war, »**und leugnete nicht**«, d. h. er leugnete nicht, dass ein anderer der Messias sei, sondern »**er bekannte ...**« Man könnte das auch so formulieren: Er verleugnete Christus nicht. Gott hatte ihm ja schon offenbart, wer Jesus von Nazareth war (siehe V. 31-34).

Johannes bekannte also: »**Ich bin nicht der Christus.**«[32] Johannes sagt das, ohne dass man ihn direkt gefragt hatte, weil er wusste, dass sie vor allem das wissen wollten, muss es doch dem Synedrium auch zu Ohren gekommen sein, was das Volk über ihn munkelte.

Wenn er nicht der Messias war, wollten die Juden wissen, wer er denn sonst sei: »**Bist du Elia?**« Die Juden erwarteten aufgrund der Weissagung in Mal 3,23, dass Elia in Person wiederkehren werde, und Johannes antwortet: »**Ich bin's nicht**«, obwohl er gemäß den Worten des Herrn Elia war (siehe Mt 11,14). Warum aber sagt Johannes dann, er sei nicht Elia? Er war nicht der buchstäbliche, gewissermaßen vom Himmel wieder auf die Erde zurückgekehrte alttestamentliche Prophet.

31 John Gill vermerkt in seiner Auslegung zum Buch Daniel: *»Fünfzig Jahre vor dem Kommen Christi sagte Rabbi Nehemia (apud Grotium, de Vera Religione Christi, l. 5, sect. 14), dass der von Daniel für das Kommen des Messias festgelegte Zeitpunkt nicht weiter als fünfzig Jahre entfernt sein könne«* (*Exposition of the Old and the New Testaments by John Gill, D. D.*, Bd. 6, Nachdruck 1989, The Baptist Standard Bearer, inc. Paris, Arkansas).

32 *»Jeder will von Natur selber ein Christus sein. Aber der Christen Kunst ist es zu lernen, Christus wirklich Christus sein zu lassen und an ihm allein zu hangen«* (Luther, *Johannes-Evangelium*, S. 68).

»Der reine Sinn dieser Weissagung, nach welchem ein idealer Elias dem Messias vorangehen solle, der er (Johannes) wirklich war (Lk 1,17; Mt 11,14; 17,10) hatte sich bei den Juden früh getrübt, wie schon die Übersetzung der Septuaginta zu Mal 4,5 (Mal 3,23) zeigt: Ηλιαν τον Θεσβιτην, Elia, den Tisbiter. So verstanden vollends diese Abgeordneten das Wort in superstitiösem[33] *Sinn buchstäblich von dem wirklichen Elias«* (Lange).

Zudem war Johannes auch nicht der Elia, als der Mal 3,23 ihn ankündigt, nämlich der Prophet, der auftreten soll, unmittelbar bevor der Messias zum zweiten Mal erscheint. Denn dort sagt Gott: *»Ich sende euch Elia, den Propheten, ehe der Tag des HERRN kommt, der große und furchtbare.«* Der Tag des HERRN stand aber nicht bevor; der Messias sollte zuerst in Niedrigkeit erscheinen. Vor dem zweiten Kommen Christi wird wieder ein Elia auftreten und das nahe Kommen des Königs ankündigen (Offb 11,3-7).

»Bist du der Prophet?«: Es ist nicht ganz klar, welchen Propheten die Abgesandten hier meinten. Aus Mt 16,14 können wir folgern, dass die Judenheit erwartete, dem Messias werde nicht nur Elia, sondern auch Jeremia oder ein anderer Prophet vorangehen. Nun hatte ja Mose in 5Mo 18,15-18 einen Propheten angekündigt, auf den das Volk hören müsse. Damit meinte er aber nicht einen Wegbereiter, sondern den Messias selbst, wie Johannes genau wusste (siehe Apg 3,18-22), und darum antwortet er wiederum: **»Nein.«**

22 Sie sprachen nun zu ihm: Wer bist du? – damit wir denen Antwort geben, die uns gesandt haben. Was sagst du von dir selbst?
23 Er sprach: Ich bin die ›Stimme eines Rufenden in der Wüste: Macht gerade den Weg des Herrn‹, wie Jesaja, der Prophet, gesagt hat.
24 Und sie waren abgesandt von den Pharisäern.

Auf diese Frage kann Johannes nur mit der Schrift antworten. Er weiß, dass Gott ihn zu seinem Dienst berufen hat, und er weiß aus Gottes Wort, wer er ist: **»Ich bin die ›Stimme …‹«** Er ist nicht das Wort, sondern nur

33 abergläubischen.

der Schall, der das Wort hörbar macht. Er ist nur Werkzeug, nur Mittel, durch das der Christus zu den Menschen spricht.

»›Macht gerade den Weg des Herrn‹«: Johannes ist von Gott gesandt, gerade dies zu predigen; damit ist er der Wegbereiter des Herrn, also doch der von Mal 3,23 angekündigte Elia, wie Jesus selbst bestätigt (Mt 11,14; 17,12.13).[34]

»wie Jesaja, der Prophet, gesagt hat«: Nicht nur das Kommen des Herrn, sondern auch das Kommen des Wegbereiters ist von den Propheten geweissagt. So findet Johannes der Täufer in der Schrift auch sich selbst und seine Bestimmung. Das Wort Gottes allein kann uns unsere Identität zeigen; glückselig, wer sich in ihm findet. Der weiß, wer er vor Gott ist, was er ist und wozu Gott ihn bestimmt hat; ihn können keine kritischen Fragen verunsichern – genauso wenig, wie Johannes sich durch die Juden verunsichern ließ. Er erkennt sich als Kind Adams, das unter Gottes Zorn steht; und er erkennt sich, weil er Gottes Wort glaubt, als Kind Gottes, auf dem Gottes Wohlgefallen ruht. Er weiß, dass er in Adam alles verloren hat, aber er weiß auch, dass er in Christus zum Erben des Lebens und der himmlischen Herrlichkeit geworden ist.

»Und sie waren abgesandt von den Pharisäern«: Hier lesen wir zum ersten Mal in diesem Evangelium von dieser religiösen Gruppe der Juden. Wer waren sie?

Kleiner Exkurs über die Pharisäer

Die Chassiden, zu Deutsch »die Treuen«, »die Frommen«, waren Juden, welche in der Zeit, als die hellenistische Kultur die Identität des jüdischen Gemeinwesens bedrohte, sich energisch von allem Griechischen distanzierten und treu nach dem Gesetz Moses lebten. Ihre Vorbilder fanden sie in Männern wie Daniel, der sich im babylonischen Exil geweigert hatte, sich durch die Speisen des Königs zu verunreinigen. Die Pharisäer gingen aus den Chassiden hervor, nachdem diese während der Makkabäerkriege den Freiheitskampf gegen die Griechen begeistert unterstützt hatten. Die spätere Entwicklung der Makkabäer entfremdete die Chassiden von diesen, und sie zogen sich

34 Der von Maleachi angekündigte Elia sollte also zweimal kommen: zuerst, um die Ankunft Jesu Christi in Niedrigkeit, dann, um seine Ankunft in Hoheit vorzubereiten.

zurück, indem sie zu einer eigenen Partei wurden, zur Partei der Pharisäer. Der Name bedeutet »die Abgesonderten«. So hießen sie, weil sie sich absonderten vom Treiben der zu weltlich gesinnten Juden, die nicht bereit waren, das Gesetz nicht so genau zu befolgen wie sie. Verglichen mit den Essenern waren die Pharisäer viel maßvoller; denn anders als diese sonderten sie sich nicht vom jüdischen Gemeinwesen ab, indem sie sich in Klöster zurückzogen, und anders als die Zeloten griffen sie nicht zu den Waffen, um mit Gewalt die Verwirklichung ihrer Hoffnungen zu beschleunigen. Das »rabbinische Judentum«, das sich nach der Zerstörung des Herodianischen Tempels im Jahre 70 n.Chr. entwickelte, war nichts anderes als der Sieg der pharisäischen Schule. Das ist auch kein Zufall, denn der Pharisaismus war die ausgewogenste der verschiedenen Strömungen des Judentums, die während der Zeit zwischen den beiden Testamenten entstanden. Alfred Edersheim schreibt über die Pharisäer:

»Die ›Bruderschaft‹ oder ›Genossenschaft‹ (chæbær, chaburah, chaburtha) der Pharisäer war verhältnismäßig klein, bestehend aus vielleicht 6000 Mitgliedern. Der Zweck der Bruderschaft war ein zweifacher: in der striktesten Weise und gemäß überliefertem Gesetz alle Verordnungen bezüglich levitischer Reinheit zu halten und äußerst exakt zu sein im Befolgen aller religiösen Abgaben (Zehnten und andere). Man konnte die Verpflichtung des Letztgenannten ohne das Erstgenannte auf sich nehmen; dann galt man als ***Næ'æman****, als ›Beglaubigter‹, mit dem man frei handeln konnte, da man annehmen durfte, dass er alle Abgaben geleistet hatte. Man konnte das Gelöbnis der levitischen Reinheit nur auf sich nehmen, wenn man auch das zweite auf sich nahm. Wer sich beiden Verpflichtungen unterstellte, galt als* ***Chaber****, Genosse. Der Gegensatz zu den* ***Chaberim*** *bildete das* ***Am-ha-aræts****, das Volk des Landes, das das Gesetz nicht kannte und darum ›verflucht‹ war … Der* ***Næ'æman*** *verpflichtete sich, alles zu verzehnten, was er aß, was er verkaufte, was er kaufte, und bei keinem Angehörigen des* ***Am-ha-'aræts*** *zu Gast zu sein. Der* ***Chaber*** *verpflichtete sich, keinem Angehörigen des* ***Am-ha-'aræts*** *etwas Flüssiges oder Festes (Lebensmittel oder Frucht) zu verkaufen, von ihm keines dergleichen zu kaufen, ihn nicht als Gast in seinen eigenen Kleidern aufzunehmen (wegen der möglichen Verunreinigung) …*

Zu diesen beiden Gelöbnissen des offiziellen Pharisäers oder ›Genossen‹ äußerte sich Christus mit deutlichen Worten, sowohl bezüglich des

Zehnten (Lk 11,42; 18,12; Mt 23,23) als auch der levitischen Reinheit (Lk 11,39.41; Mt 23,25.26). In beiden Fällen werden die Pharisäer als Beispiele für Mangel an innerer Wahrhaftigkeit und damit für Heuchelei angeführt … Einige Äußerungen der Rabbiner über das Pharisäertum und den professionellen Pharisäer sind vernichtender als irgendwelche im Neuen Testament …: ›Es ist eine Tradition unter den Pharisäern, sich in diesem Leben zu quälen, ohne damit etwas für das kommende Leben zu gewinnen.‹ Die Sadduzäer hatten einigen Anlass für ihre höhnische Bemerkung, dass ›die Pharisäer am Ende selbst den Sonnenball ihren Reinheitsritualen unterwerfen‹ würden (Jer. Chagiga 79d).«

---

25 Und sie fragten ihn und sprachen zu ihm: Warum taufst du denn, wenn *du* nicht der Christus bist noch Elia, noch der Prophet?

»Warum taufst du denn, wenn du nicht der Christus bist …?«: Es muss die von den Pharisäern abgesandten Priester gereizt haben, dass Johannes taufte. Damit drückte er erstens aus, dass das Volk unrein sei, und das war eine Ungeheuerlichkeit. Wahrscheinlich gab es zu jener Zeit bereits die Proselytentaufe. Wenn Heiden sich taufen ließen, dann war das verständlich; sie waren ja unrein. Aber die Juden? Sie waren ja Kinder Abrahams und damit rein. Und zweitens waren für alles, was mit Waschungen zu tun hatte, sie, die Priester, zuständig. Nun war Johannes zwar Sohn eines Priesters, aber er stand nicht im regulären Priesterdienst; man sah ihn nie im Tempel in Jerusalem, er hielt sich zu keiner Schule eines anerkannten Rabbiners. Und überhaupt erwarteten die Pharisäer aufgrund von Stellen wie Hes 36,25 und Sach 13,1, dass der Messias sein Volk mit Wasser reinigen würde, allenfalls noch der vor ihm her gesandte Elia oder der Prophet. Was taufte er dann aber, wenn er nicht der Messias war **»noch Elia, noch der Prophet«**?

»Unter anderem erwarteten sie die Reinigung der Unreinen. R. Salomon zu Hes 36,25: ›Ich will euch zurechtbringen und eure Unreinheit von euch nehmen, indem ich Wasser der Reinigung auf euch sprenge.‹ Kimchi zu Sach 9,6: ›Die Rabbiner seligen Gedenkens haben eine Tradition, nach der Elias die Bastarde reinigen und sie der Versammlung zurückgeben wird‹« (Lightfoot).

Als die Juden sich daran stießen, dass Johannes taufte, zeigten sie, dass sie weder Hesekiel noch die Bedeutung der Taufe verstanden: Hesekiel sprach nicht von einer rituellen Reinigung; er verwendete die Worte *»Wasser«* und *»sprengen«* im bildlichen Sinn. Und die Taufe war auch keine rituelle Reinigung, sondern das sichtbare Zeichen der Buße (Mk 1,4), und die war notwendig, wenn man bereit sein wollte, wenn der Messias kam (siehe V. 31).

26 Johannes antwortete ihnen und sprach: *Ich* taufe mit Wasser; mitten unter euch steht, den *ihr* nicht kennt,
27 der nach mir Kommende, der vor mir war[35], dessen *ich* nicht würdig bin, ihm den Riemen seiner Sandale zu lösen.

»Ich taufe mit Wasser«: Das scheint zunächst keine Antwort zu sein auf die eben gestellte Frage, warum er denn taufe. Aber es *ist* eine Antwort, eine gute sogar, wie der Nachsatz zeigt: **»... mitten unter euch steht, den ihr nicht kennt ...«** Wenn der Messias bereits da war, dann war es höchste Zeit, dass sie sich taufen ließen, indem sie ihre Sünden bekannten. Man muss wohl beachten, wie Johannes das »ich« und das »ihr« betont. *Er* wusste, was er tat, während *sie* nicht wussten, was die Uhr geschlagen hatte. *Er* kannte den Messias, *sie* aber waren unwissend.

Die Juden meinten, Taufen sei eine Handlung, die den Messias auszeichne; was aber den Messias auszeichnet, ist nicht die Taufe mit Wasser, sondern die Taufe mit dem Heiligen Geist. Daher konnte und durfte Johannes mit Wasser taufen, gerade weil er nicht der Messias war, sondern nur der Wegbereiter, wie er eben bezeugt hatte. Dessen Weg bereitete er eben durch seine Bußpredigt, und wer diese annahm, der ließ sich von ihm taufen. Der Messias würde mit dem Heiligen Geist taufen – aber nur solche, die ihre Sünden bekannt hatten. Mit dem Geist taufen konnte wahrlich kein anderer, denn das kann ja nur jemand, der wie der Geist selbst auch Gott ist: Nur Gott kann mit Gott etwas tun. Der Messias musste also unendlich größer sein als jeder von Gott gesandte Bote.

35 Die Worte »der vor mir war« sind in den meisten Übersetzungen ausgelassen; TR enthält diese Worte, und wie der V. 30 zeigt, gehören sie zum ursprünglichen Text, denn dort sagt Johannes, Bezug nehmend auf das Zeugnis, das er vor der jüdischen Gesandtschaft abgelegt hatte: *»Dieser ist es, von dem ich sagte: Nach mir kommt ein Mann,* ***der ... vor mir war****.«*

Der Messias stand schon mitten unter ihnen, und sie kannten ihn nicht (vgl. V. 10). Wie war das möglich? Die Juden hatten ihre Erwartungen und Vorstellungen, wie der Messias sein würde und was er tun müsse, wenn er käme. Aber das reichte nicht, um ihn zu erkennen; denn *»niemand erkennt den Sohn als nur der Vater, noch erkennt jemand den Vater als nur der Sohn und wem irgend der Sohn ihn offenbaren will«* (Mt 11,27). Niemand kann den Sohn Gottes erkennen, außer Gott selbst öffne ihm die Augen. Johannes kannte ihn inzwischen schon; sonst hätte er nicht gewusst, dass er **»mitten unter euch steht«**. Wie er dazu kam, den zu erkennen, den er anfänglich auch nicht erkannt hatte, das sagt er selber in den Versen 31-34. Weil Johannes den Herrn erkannte, erkannte er auch sich selbst: **»… dessen ich nicht würdig bin …«** Er empfand die unendliche Distanz, die zwischen ihm und dem Messias bestand:

- Er war sündig; Christus, das Lamm, ist rein.
- Er war wie alle anderen Propheten nur Werkzeug, während Christus der Herr ist, der ihn und alle anderen Werkzeuge formte, berief und sandte.
- Er war ein bloßes Geschöpf, Christus ist der Schöpfer aller Dinge.
- Er würde seinen Dienst verrichten und dann dahingehen, Christus aber würde ewig bleiben (siehe 3,30).

28 Dies geschah in Bethanien, jenseits des Jordan, wo Johannes taufte.

Mit der abschließenden Bemerkung **»Dies geschah in Bethanien …, wo Johannes taufte«** hebt Johannes das Gewicht des eben geschilderten Dialogs hervor. Da waren Abgesandte von den Obersten der Juden gekommen, Repräsentanten des Hohen Rates und damit auch der ganzen jüdischen Nation, und sie hatten das Zeugnis des Täufers über sich und den Messias gehört. Was hatten sie alles gehört? Dass er nicht der Christus sei – also warteten sie auf ihn, sonst hätte sich ihnen diese Frage nie gestellt. Und dann hören sie, wie er die Erfüllung einer Weissagung des Propheten Jesaja ist: der Wegbereiter des Messias. Darauf folgt das Bekenntnis, dass der Mann, den sie suchen, da sei, mitten unter ihnen, dass sie ihn aber bisher nicht erkannt hätten. All das hätte den Obersten, die jene Leute ausgesandt hatten, Grund genug sein müssen, die Predigt des Johannes anzunehmen und Buße zu tun, aber wie wir aus Matthäus und Lukas wissen, weigerten sie sich, das zu tun. Die Abgesandten kehrten zurück, legten ihren Bericht ab, und damit wussten die Obersten so viel, dass sie nun diesen Großen, von dem Johannes gesprochen hatte, hätten suchen müssen. Aber das taten sie nicht; die erste Begegnung Jesu mit ihnen zeigt, dass sie ihn schon im Herzen abgelehnt haben (2,18-20). Das ewige Wort war in der Welt, und die Welt erkannte ihn nicht (V. 10), er war zu den Seinen gekommen, und diese nahmen ihn nicht an (V. 11).

»Wenn das Volk geneigt gewesen wäre zu glauben, hätte dieses Wort des Johannes der Funke sein müssen, der sogleich dieses göttliche Feuer in Israel entfacht hätte« (Godet).

»in Bethanien, jenseits des Jordan«: Die nähere Ortsbestimmung ist notwendig, damit man es nicht verwechselt mit dem Bethanien, in dem Martha, Maria und Lazarus zu Hause waren, das ja lediglich 15 Stadien, also eine halbe Wegstunde von Jerusalem entfernt war (11,1.18), während der Jordan 40 Kilometer östlich von Jerusalem lag. Wahrscheinlich ist hier jenes Bethanien gemeint, das an einer Furt knapp südlich des Sees Genezareth lag.[36] An diesen Ort auf der Ostseite des Jordan zog Jesus, nachdem man ihn in Jerusalem hatte steinigen wollen (siehe 10,31.39-40).

Warum sagt aber Johannes nicht lediglich »Bethanien am Jordan«, was ja genügt hätte, um es eindeutig zu identifizieren? Der Ausdruck *»jenseits des Jordan«* hat große Bedeutung in der Geschichte des Volkes Israel. Wir werden an 4. Mose und an Josua erinnert. Das Volk kam unter der Führung des Mose bis ins Ostjordanland, und Josua führte nach dem Tod des Mose das Volk über den Jordan, oder genauer: *durch* den Jordan ins Land, das Gott den Vätern verheißen hatte. Dieser Durchzug war ebenso eine »Taufe« wie der Durchzug durchs Rote Meer (1Kor 10,1.2). Zur Zeit des Johannes befand sich das Volk in einer entsprechenden Lage. Es musste weitergeführt werden, es musste zum Ziel seiner Bestimmung gebracht werden: Es sollte den lange angekündigten Messias annehmen und sich unter seine Herrschaft stellen. Der Weg zum Messias führte durch die Taufe der Buße; jeder, der den Messias aufnehmen wollte, musste wie einst das Volk Israel in den Jordan hinabsteigen.

36 Zur Identifizierung von Bethanien siehe Hendriksen, S. 93.

Der zweite Tag: Johannes bezeugt Jesus als das Lamm Gottes (1,29-34)

In Matthäus, Markus und Lukas lernen wir den Täufer nur als den Wegbereiter kennen, der zur Buße aufrief und damit den Weg in den Herzen bahnte (vgl. Ps 84,6), auf dem der Messias einziehen konnte. Damit, dass Johannes den Herrn tauft, hört der Bericht der Synoptiker über sein Wirken auf. Das vierte Evangelium berichtet als einziges vom Zeugnis des Täufers *nach* der Taufe des Herrn. Schon das Zeugnis, das er vor der jüdischen Gesandtschaft abgelegt hatte, geschah, nachdem er den Herrn getauft hatte. Bei der Taufe hatte er nämlich erst erkannt, wer Jesus wirklich war. Darum konnte er danach auf Jesus zeigen und sagen, dass er das Lamm Gottes und der Sohn Gottes ist. Damit tat er genau das, was im Prolog steht: Er zeugte vom Licht, damit alle an das Licht *glaubten* (V. 7). Der Glaube an den Sohn Gottes war nach der Buße der nächste notwendige Schritt auf dem Weg zum ewigen Leben.

Der Abschnitt 1,29-34 beginnt mit der Aussage: *»Siehe, das Lamm Gottes …«*, und endet mit dem Bekenntnis: *»Dieser ist der Sohn Gottes.«* Die Priester und Leviten hatten gehört, wie Johannes auf einen Größeren hinwies, aber das interessierte sie nicht weiter, weshalb sie ihn verließen. Seine Jünger, die das alles mitgehört hatten, blieben hingegen bei ihm und hörten, wie er am Tag darauf auf Jesus zeigte und sagte: Das ist er! Das ist dieser Größere. Aber dann sagt er nicht: Das ist der Christus!; er identifiziert ihn also nicht nach seinem Rang oder Amt, sondern nach seinem Werk: *»Siehe, das Lamm Gottes, das die Sünde der Welt wegnimmt!«* (V. 29). Erst darauf erklärt er, wer Jesus seiner wahren Identität nach ist (V. 30) und wie er zu dieser Erkenntnis kam (V. 31-33). Er schließt mit dem zusammenfassenden Bekenntnis, dass er gesehen habe und daher bezeugen könne, dass Jesus der Sohn Gottes ist (V. 34).

29 Am folgenden Tag sieht er Jesus zu sich kommen und spricht: Siehe, das Lamm Gottes, das die Sünde der Welt wegnimmt!

»Am folgenden Tag«: Der ganze Abschnitt von 1,19 bis 2,11 bildet, wie bereits vermerkt, einen zusammenhängenden Bericht, was man daran erkennt, dass die Tage gezählt werden. Der erste Tag war jener, an dem die Juden ihre Leute zu Johannes sandten (V. 19). Mit dem vorliegenden Vers beginnt der zweite Tag, mit V. 35 der dritte, mit V. 43 der vierte, mit 2,1 der siebte Tag (von 1,19 an gezählt). Johannes hat damit eine ganze Woche beschrieben. Will er uns damit wiederum (wie in V. 1-3) an den Schöpfungsbericht erinnern und damit an die sechs Schöpfungstage, die in den siebten Tag der Ruhe mündeten?

Der zweite Tag steht im vorliegenden Bericht stellvertretend für die Tage des Messias, für das, was Hebräer 5,7 *»die Tage seines Fleisches«* nennt.

»Am folgenden Tag sieht er Jesus zu sich kommen«: Am Vortag hatte Johannes von dem gesprochen, der nach ihm *kommt* (V. 27). Hier sieht er »Jesus zu sich kommen« und bezeichnet ihn als den verheißenen Erlöser. Woher wusste er, dass Jesus dieser Kommende war? In den Versen 31-34 berichtet er rückblickend vom Tag, an dem bei der Taufe der Geist auf Jesus niedergefahren war (man beachte die Zeitformen der Verben). Unmittelbar nach der Taufe (siehe Mk 1,12) hatte der Geist den Herrn in die Wüste geführt, denn er musste dort versucht werden (Mt 4,1). In diesem Kapitel aber lesen wir, dass Johannes am Tag darauf, *»am folgenden Tag«* (V. 35), noch einmal auf Jesus als das Lamm Gottes verweist (V. 36) und wie der Herr anfängt an jenem und an dem nachfolgenden Tag (V. 43), Jünger um sich zu scharen. Darum kann Johannes das in V. 29 genannte Zeugnis nicht bei der Taufe abgelegt haben; vielmehr war der Herr zuvor die vierzig Tage in der Wüste gewesen und vom Teufel versucht worden (Lk 4,1.2). Dabei hatte er sich als der Sündlose erwiesen, und nun kehrte er wieder zurück an den Jordan. Wie passend war es jetzt, dass Johannes ihn mit dem Ruf empfing: **»Siehe, das Lamm Gottes, das die Sünde der Welt wegnimmt!«** Er musste sündlos sein, wenn er die Sünde der Welt wegnehmen sollte.

Das Wort, das hier für »Lamm« verwendet wird, *amnos*, findet sich nur noch in V. 36, in Apg 8,32 und 1Petr 1,19. Im Buch der Offenbarung wird der Herr 29-mal als das Lamm bezeichnet, griechisch stets *arnion.* Dieses Wort findet sich sonst nur noch in Joh 21,15.

»Siehe, das Lamm Gottes ...!«: Diese Aussage verstand jeder, der vom Passah wusste, das die Israeliten von Jahr zu Jahr feierten. Als Israel aus Ägypten herausgeführt werden sollte, musste jede Familie sich aus der Schafherde ein Lamm aussuchen, und dieses Lamm musste makellos sein (2Mo 12,5). Nun aber sieht Johannes den Kommenden, der das

Lamm *Gottes* ist. Er ist das Lamm, das Gott sich ausgesucht hat, das Lamm, das allein allen Forderungen Gottes genügt, Gottes Gerechtigkeit zu erfüllen, um Sünde zu sühnen und vom Tod zu befreien. Er ist das Lamm, von dem Abraham zu seinem Sohn gesagt hatte: *»Gott wird sich ersehen das Schaf zum Brandopfer«* (1Mo 22,8); er ist die Wirklichkeit, auf die jedes Morgen- und Abendopfer hinwies, das die Israeliten während Jahrhunderten dargebracht hatten (2Mo 29,38.39); er ist der Knecht des HERRN, von dem Jesaja gesagt hatte, dass er stumm wie ein Lamm zur Schlachtung geführt wurde (Jes 53,7).

»Bevor die antichristliche Polemik die jüdischen Ausleger zu einer anderen Erklärung gedrängt hatte, bezogen sie ohne zu zögern den Abschnitt Jes 52,13–53,12 auf den Messias. Das bezeugen einstimmig Kimchi, Jarchi, Aben-Esra und Abarbanel.[37] *Der Letztgenannte sagt: ›Jonathan, Son des Ussiel, hat diese Weissagung auf den kommenden Messias bezogen, und das ist auch die Meinung unserer Weisen seligen Gedenkens‹ (siehe Eisenmenger, Entdecktes Judenthum. Teil II, S. 758; Lücke, Bd. I, S. 406)«* (Godet).

»das die Sünde der Welt wegnimmt!«: Dazu kam das ewige Wort in die Welt; darum wurde es Fleisch: Es sollte zum Sündopfer werden und die Sünde der Welt wegnehmen. Wir verstehen, wie diese Wahrheit Johannes besonders bewegt, der ja mit seiner Predigt nur eines bewirken wollte: dass die Leute ihre Sünden erkennen und bekennen. Hier verweist er auf den, der in seinem Tod den Grund gelegt hat, auf dem Gott die Sünden vergeben kann.

Christus hat in seinem Tod nicht die Sünden (Mehrzahl) aller Menschen in der Welt weggenommen, sondern **»die Sünde** (Einzahl) **der Welt«**. Er war in der Vollendung der Zeitalter erschienen *»zur Abschaffung der Sünde* (Einzahl) *durch sein Opfer«* (Hebr 9,26). In seinem Tod legte Jesus den Grund zur ewigen Errettung.

»Wir denken meistens an Sünde in ihren Auswirkungen und Myriaden von Einzelheiten, aber hier wird sie gesehen als ein riesenhaftes und furchtbares Problem, das vollständig gelöst und beseitigt wird. Gott wird einen Kosmos haben – das Universum als ein geordnetes Ganzes –, das vollständig und ewig von Sünde gereinigt ist. Und hier tritt derjenige

37 Vier bekannte mittelalterliche Rabbiner und Exegeten: Kimchi (1160–1235) lebte in Südfrankreich, Jarchi, meist genannt Rashi (1040–1105), ebenfalls in Südfrankreich, Aben-Esra (1092–1168) in Spanien, Abarbanel oder Abrabanel (1437–1508) in Portugal, Spanien und Italien.

auf, der mit seinem Opfer das wirkt. Er ist das Opfer aller Zeitalter, und darin sehen wir die Grundlage von allem, was folgt. Wenn er nicht dieses Opfer gewesen wäre, hätten wir nie Segen und Herrlichkeit empfangen können« (Hole).

Indem das Lamm die Sünde wegnahm, *»wurden nicht die Gottlosen wiederhergestellt, sondern die Grundlagen der Beziehungen der Welt zu Gott«* (Darby, *Synopsis*). Seit das Lamm Gottes die Sünde der Welt weggenommen hat, ist *die Welt* mit Gott versöhnt (2Kor 5,19). Das bedeutet, dass sein Opfer genügt für alle Menschen in der Welt ohne Unterschied; aber es werden nicht alle Menschen gerettet, denn der Opfertod des Lammes wird nur wirksam für den, der glaubt (siehe 3,15-18.36; 5,24 usw.). Darum fährt Paulus an der genannten Stelle fort und ruft die einzelnen *Menschen* auf: *»Lasst euch versöhnen mit Gott!«* (2Kor 5,20).

»Uns wird gleich zu Beginn der umfassendste Blick vom Opfer Christi gewährt. ... Der Täufer spricht von ›Sünde‹, nicht von ›Sünden‹. Das, was seit dem Sündenfall beständig Gott vor Augen stand ..., wird durch dieses Werk endlich vollkommen weggeschafft, und ewige Gerechtigkeit wird einst an seiner Stelle aufgerichtet werden. Bis dahin ist der Grund so umfassend gelegt, dass jeder, der will, auf ihm ruhen kann. Nicht dem Volk Israel, nicht den Heiligen, nicht einmal den Gläubigen als solchen wird hier der Zugang eröffnet, sondern den Menschen als Menschen, Sündern, die von nichts anderem wissen als von ihrer Sünde. Für Sünder wurde das Opfer für Sünde gebracht« (F. W. Grant).

30 Dieser ist es, von dem *ich* sagte: Nach mir kommt ein Mann, der den Vorrang vor mir hat, denn er war vor mir.

»Dieser ist es, von dem ich sagte«: Johannes hatte es den Priestern, die von Jerusalem gekommen waren, bereits gesagt (V. 27): **»Nach mir kommt ein Mann«**: Der Messias ist ein Mensch (V. 14).

»der den Vorrang vor mir hat«: Obwohl Jesus erst nach Johannes kam, ist er doch der Größere, **»denn er war vor mir«**: Das aber bedeutet, dass er ewig ist. Von dem, den Johannes hier kommen sah, hatte Micha geweissagt: *»Seine Ursprünge sind von der Urzeit, von den Tagen der Ewigkeit her«* (Mi 5,1). Er war als geschlachtetes Lamm *»zuvor erkannt ... vor Grundlegung der Welt, aber offenbart worden ... am Ende der Zeiten um euretwillen«* (1Petr 1,20). Petrus sagt: *»um euretwillen«*, d.h. um der Gläubigen willen, denen er seinen Brief schrieb. Damit ergänzt Petrus die Wahrheit von V. 29: Christus kam, um die Sünde (Einzahl) der Welt wegzunehmen, aber er kam auch *»um euretwillen«*, um der Gläubigen willen; denn er hat in seinem Tod nur denen die Sünden (Mehrzahl) abgewaschen (Offb 1,5), die an ihn glauben. Johannes schreibt an anderer Stelle: *»Und ihr wisst, dass er offenbart worden ist, damit er* ***unsere Sünden*** *wegnehme«* (1Jo 3,5). Der Herr selbst sagt das mit folgenden Worten: *»Dies ist mein Blut, das des neuen Bundes, das für viele vergossen wird zur Vergebung der Sünden«* (Mt 26,28). Sein Blut sühnt die Sünden *vieler*, nicht aller. Er gab sein Leben als Lösegeld für *viele* (Mk 10,45).

31 Und *ich* kannte ihn nicht; aber damit er Israel offenbar werde, deswegen bin *ich* gekommen, mit Wasser taufend.

Johannes bekennt, dass er den Herrn nicht kannte, und dann fährt er fort und sagt, wozu er gekommen sei. Warum rückt er diese beiden Aussagen zusammen? Er zeigt den Weg, auf dem er zur Erkenntnis des Sohnes Gottes kam; und das ist der einzige Weg, auf dem jeder in Israel zur gleichen Erkenntnis kommen konnte. Johannes wurde von Gott gesandt zu taufen, bevor er selber den Messias kannte. Er tat, was Gott ihm befohlen hatte; er predigte und taufte und kam zur Erkenntnis. Ebenso mussten die Juden die Predigt des Johannes annehmen und sich unter Gottes Urteil demütigen. Dann würden sie wie er erkennen, dass Jesus von Nazareth der Christus ist. Der Sohn Gottes wird dieses Prinzip bestätigen, indem er den Juden sagt, dass ein jeder, der den Willen Gottes tun will, zur Erkenntnis kommt, ob die Worte Jesu und damit Jesus selbst von Gott seien (7,17).

»Und ich kannte ihn nicht«: Johannes kannte ihn als Person, waren sie doch miteinander verwandt, und er verstand auch, dass er etwas Besonderes war, wie seine an ihn gerichteten Worte vor der Taufe zeigen (Mt 3,14). Aber Johannes kannte ihn nicht in seiner göttlichen Identität. Auch für ihn galt: Niemand erkennt den Sohn (Mt 11,27), es sei denn, Gott lehre ihn. Er lehrte Johannes, und so kam er zur Erkenntnis des Sohnes (6,45). Darum konnte er mit aller Gewissheit bezeugen, *»dass dieser der Sohn Gottes ist«* (V. 34).

»Johannes kommt dem Verdacht zuvor, dass er dem Herrn ein solches Zeugnis ausstellte aus Freundschaft oder Zuneigung, indem er ver-

sichert, dass er keine andere Erkenntnis von Christus hat als jene, die ihm durch Eingebung Gottes geschenkt ist« (Calvin, *Évangile selon Saint Jean*).

»... damit er Israel offenbar werde« bedeutet, dass Israel erkennen sollte, dass der von Johannes Bezeugte tatsächlich der Messias war. Ein Erkennungsmerkmal des Kommenden war, dass Gott einen Boten vor ihm her senden würde (Mal 3,1; Mk 1,2). Man konnte den Messias aber nur erkennen, wenn man seine eigenen Sünden erkannte und bereit war, sie in der Taufe öffentlich zu bekennen (Mk 1,4.5). Wie sich später herausstellte, weigerten sich jene Juden, die aus Jerusalem Priester und Leviten abgesandt hatten, genau das zu tun, und damit machten sie den Heilsrat Gottes in Bezug auf sich selbst wirkungslos (Lk 7,29.30).

Johannes kam und taufte mit Wasser, **»damit er ... offenbar werde«**: Das war Sinn und Ziel des Dienstes aller Propheten; das muss auch das letztliche Ziel eines jeden von Gott gegebenen Dienstes sein. Der treue Diener begehrt, dass der Herr, dem er dient, offenbar wird; ihn soll man sehen, an ihn soll man glauben, ihm soll man sich ergeben.

32 Und Johannes zeugte und sprach: Ich schaute den Geist wie eine Taube aus dem Himmel herniederfahren, und er blieb auf ihm.
33 Und *ich* kannte ihn nicht; aber der mich gesandt hat, mit Wasser zu taufen, der sprach zu mir: Auf wen du den Geist herniederfahren und auf ihm bleiben siehst, dieser ist es, der mit Heiligem Geist tauft.

In den Versen 32-44 wird in aller Dichte das gesamte Zeugnis des Autors zusammengefasst; entsprechend steht am Anfang *»und Johannes zeugte«* und am Schluss *»und ich habe gesehen und habe bezeugt«*.

Der Verfasser des vierten Evangeliums beschreibt im Gegensatz zu den drei ersten Evangelisten die Taufe Jesu nicht; denn er setzt voraus, dass die Leser mit Matthäus, Markus und Lukas wohlvertraut sind. Hier spricht der Täufer lediglich rückblickend von dem, was er gesehen hatte, als er Jesus taufte. Damals hatte er **»den Geist«** geschaut **»wie eine Taube aus dem Himmel herniederfahren«**. Als der Geist herniederfuhr und auf Jesus blieb, wurde er vom Vater gesalbt (Apg 10,38), d.h. ausgerufen als der König (siehe V. 49; 18,37; 19,19), Priester (siehe V. 29;

10,11.17.18) und Prophet (4,19; 6,14; 9,17). Damit war er öffentlich in den Dienst eingesetzt, den er nun begann. Das hatte Johannes gesehen, wie er in V. 34 hervorhebt, und was er gesehen hatte, war Anfang und Inhalt seines ganzen Zeugnisses. Darum steht hier diese formale Deklaration: **»Und Johannes zeugte und sprach …«** Er sagt nicht nur, was er denkt und empfindet, sondern *er bezeugt*; er zeugt von dem, was Gott ihm offenbart und ihm zu bezeugen befohlen hat.

Johannes bekennt zum zweiten Mal: **»Und ich kannte ihn nicht«** (siehe V. 31), aber diesmal fährt er fort und sagt, wie er zur Erkenntnis kam: Gott redete zu ihm. Er erkannte in Jesus von Nazareth also nicht deshalb den Messias, weil er so gut beobachtet und entsprechende Schlüsse gezogen hatte, sondern weil Gott selbst es ihm gezeigt hatte. Wie der Herr später lehrte, gilt das für alle Menschen, die zur Erkenntnis des Sohnes Gottes kommen: Gott selbst lehrt sie (6,44.45).

»Auf wen du den Geist herniederfahren und auf ihm bleiben siehst«: Wie Gott geredet hatte, so hatte er gehandelt, und das hatte Johannes gesehen. Er sah, wie der Geist auf Jesus herniederfuhr und blieb. Er war nun selber überzeugt, und das Zeugnis, das er ablegte, war umso kräftiger beglaubigt.[38]

»herniederfahren und auf ihm bleiben«: Auf den Menschen Jesus konnte der Heilige Geist herniederfahren und fortan bleiben, weil er *»heilig, unschuldig, unbefleckt, abgesondert von den Sündern«* (Hebr 7,26) war. Er war der Ruheort, auf dem die Taube sich niederlassen und bleiben konnte (vgl. 1Mo 8,9). Er glich nicht Saul, von dem der Geist wieder wich (1Sam 16,14); er war auch nicht wie David ein begnadigter Sünder, der Gott anflehen musste, dass er ihm seinen Geist nicht wieder nehme (Ps 51,13); er war nicht wie du und ich, die man davor warnen muss, dass wir den Heiligen Geist nicht dämpfen (1Thes 5,19; Schlachter 2000) und betrüben (Eph 4,30). Er war allezeit voll Heiligen Geistes (Lk 4,1); er ließ sich stets von ihm führen, ja, er gab sich, geführt *»durch den ewigen Geist«*, Gott zum Opfer (Hebr 9,14).

38 Man vergleiche das mit 2Petr 1,16-18. Hier sagt Petrus, dass sein Zeugnis über Christus und sein kommendes, ewiges Reich darum glaubwürdig ist, weil er gehört hatte, wie Gott seinem Sohn auf dem heiligen Berg Zeugnis gegeben hatte.

34 Und *ich* habe gesehen und habe bezeugt, dass dieser der Sohn Gottes ist.

Seit das Wort als Mensch unter uns gewesen ist, haben wir ein Zeugnis, welches das Zeugnis aller Propheten übertrifft. Diese konnten den Kommenden nur ankünden; seit Johannes wird er bezeugt durch Menschen, die ihn, *»das Wort des Lebens«*, gehört und gesehen, ihn angeschaut und betastet haben (1Jo 1,1.2).

Abschließend und zusammenfassend hebt Johannes noch einmal hervor: **»Ich habe gesehen und habe bezeugt …«** Die Evangelien sind Berichte von Augenzeugen (Lk 1,2; Joh 19,35; Apg 4,20; 2Petr 1,16).

Nach allem, was der Täufer gesehen und gehört hatte, konnte er mit Gewissheit bezeugen, **»dass dieser der Sohn Gottes ist«**. Der vorliegende Abschnitt (V. 29-34) begann mit dem Ruf: *»Siehe, das Lamm Gottes!«*, und er endet mit dem Zeugnis: *»Dieser ist der Sohn Gottes.«* Das ist das abschließende und alles zur Person Jesu zusammenfassende Zeugnis des Täufers. Es stimmt ganz überein mit der Absicht des von Johannes geschriebenen Evangeliums: *»Diese aber sind geschrieben, damit ihr glaubt, dass Jesus der Christus ist, der Sohn Gottes«* (20,31).

Zusammenfassung zur Gottheit Christi

Gott selbst hatte es bei der Taufe des Herrn von Himmel her bezeugt: *»Du bist mein geliebter Sohn«* (Lk 3,22). Wenn er Sohn Gottes ist, ist er Gott, wie die Juden, die dieses Zeugnis aus dem Mund des Johannes und später aus dem Mund des Herrn selbst hörten, sehr wohl wussten (5,18; 19,7). Er ist bei Gott, und er ist Gott (V. 1); er ist im Schoß des Vaters (V. 18), er ist in dem Vater, und der Vater ist in ihm (10,38; 14,10.11). Er ist der Einzige, der Gott vollkommen offenbaren kann (V. 18; Hebr 1,1-3), weil er selbst Gott ist und deshalb die ganze Fülle der Gottheit in ihm wohnt (Kol 2,9). Er heißt Sohn Gottes, weil er die Werke tut, die der Vater tut (5,17.19), und weil er gleich dem Vater Leben hat in sich selbst (5,26). Sein Titel »Sohn Gottes« bedeutet, dass er mit dem Vater eins (10,30) und damit gleicher Natur, gleicher Macht, gleicher Herrlichkeit ist. Alles, was des Vaters ist, ist sein (17,10). Darum sollen alle den Sohn ehren, wie sie den Vater ehren (5,23).

3. Die ersten Jünger (1,35-51)[39]

Nachdem der Evangelist in V. 1-34 die *Identität* des Retters ausführlich bezeugt hat, beginnt er hier, vom *Dienst* des Retters zu berichten. Er zeigt dabei, wie die Aufgabe des Wegbereiters nun tatsächlich erfüllt ist. Er hat bezeugt, dass Jesus das Lamm Gottes ist, und einige, die das hören, folgen Jesus nach. Diese werden zur Erkenntnis gebracht, dass Jesus der Messias ist, und fortan sind diese die Zeugen, durch die weitere Menschen zur Erkenntnis des Sohnes Gottes gebracht werden. Der besondere Dienst des Johannes ist damit erlässlich geworden. Wir hören erst in Kap. 3 wieder von ihm, und dort sagt er selbst, dass er abnehmen müsse, während Christus zunehmen müsse (3,30).

Johannes eröffnet seine Schilderung vom Dienst des Herrn damit, dass er uns ausführlicher als die anderen Evangelisten die Berufung der ersten Jünger beschreibt, und zwar sind es fünf, aber nur vier werden mit Namen genannt. An diesen vier werden vier typische Vertreter von Menschen gezeigt, an denen das geschieht, was von Anfang an (V. 1) Gottes Wille für sie war (V. 13). Da ist zunächst Andreas, der den Täufer reden hört und auf sein Zeugnis hin Jesus nachfolgt; und dann folgt Petrus, der von seinem Bruder das Zeugnis hört und willig kommt. Der dritte ist Philippus, dem der Herr befiehlt: *»Folge mir nach!«*, und er folgt dem Herrn nach. Der vierte ist Nathanael, der erst nach einem Einwand kommt.

- An Andreas (V. 35.36) lernen wir, dass Menschen durch das Zeugnis der Propheten, von denen Johannes der Täufer der letzte war, zur Erkenntnis Christi gebracht werden.
- An Petrus (V. 40-42) lernen wir, dass Menschen durch das Zeugnis der Christen zur Erkenntnis Christi gebracht werden.

39 Es finden sich am Ende des Evangeliums verschiedene Parallelen zu diesem Abschnitt: In V. 38 nennen die beiden ersten Jünger den Herrn *»Rabbi«*; am Grab nennt Maria Magdalene den Herrn *»Rabbuni«* (20,16); in V. 39 *»blieben«* die Jünger beim Herrn, in 21,22 sagt der Herr, dass Johannes *»bleiben«* müsse, bis er kommt. In V. 41 lesen wir, dass Andreas *»zuerst«* seinen eigenen Bruder, Simon Petrus, findet; in 20,4 lesen wir, dass Johannes *»als Erster«* zur Gruft kam, zu der auch Petrus lief. In V. 42 wird Petrus zum ersten Mal vom Herrn mit dem Namen *»Simon, ... Sohn Jonas«* angesprochen; in 21,15-17 wird er zum letzten Mal vom Herrn mit diesem Namen angesprochen. Wie Nathanael zunächst skeptisch ist (V. 46), will auch Thomas zunächst nicht glauben (20,25), und in V. 50 sagt der Herr zu Nathanael: *»Weil ich sagte ..., glaubst du?«*, in 20,29 zu Thomas: *»Weil du mich gesehen hast, hast du geglaubt.«* In V. 43 lesen wir zum ersten Mal den Befehl des Herrn *»Folge mir nach!«*. In 21,19 lesen wir ihn zum letzten Mal. Diese Parallelen zeigen, wie Johannes sein Evangelium als eine vollständige, in sich geschlossene Botschaft verfasst hat.

- An Philippus (V. 43) lernen wir, dass jene Menschen zur Erkenntnis Christi gebracht werden, die Christus gesucht und gerufen hat (vgl. Lk 19,10).
- An Nathanael (V. 48) lernen wir, dass jene Menschen zur Erkenntnis Christi gebracht werden, die der Herr zuvorerkannt hat (vgl. Röm 8,29.30).

Bei allen vier ist gleich, dass der Herr sich an sie wendet. Er spricht selbst zu ihnen, und durch sein Reden erkennen sie ihn und bleiben in der Folge bei ihm.

Der dritte Tag: Der Herr sammelt die drei ersten Jünger (1,35-42)

Der dritte Tag steht stellvertretend für die ganze Zeit der Gemeinde, die Zeit, in der in aller Welt verkündet wird, dass Christus das Lamm Gottes ist, und in der durch die Predigt Seelen zum Sohn Gottes gezogen werden. Wir müssen bei der Berufung der vier Jünger beachten:

- Der Herr ist ewig: Das Heil kommt aus der Ewigkeit (V. 1).
- Durch den Herrn ist alles geworden: Das Heil wird durch ihn gewirkt (V. 3).

35 Am folgenden Tag stand Johannes wieder da und zwei von seinen Jüngern,
36 und hinblickend auf Jesus, der da wandelte, spricht er: Siehe, das Lamm Gottes!

»Am folgenden Tag stand Johannes wieder da«: Der Satz ist offensichtlich bezeichnend für den Täufer: Er steht da, er erfüllt seinen Dienst, unverdrossen legt er sein Zeugnis ab.

»und zwei von seinen Jüngern«: Diese Jünger des Johannes werden zu den ersten Jüngern des Herrn. Sie blieben so lange bei Johannes, bis der Christus kam. Sie wollten bei dem Mann sein, an den das Wort Gottes ergangen war (Lk 3,2) und der dieses Wort verkündigte. Hier hörten sie die Stimme des letzten Propheten vor dem Kommen Christi, und diese wies sie zu Christus. Damit sind sie exemplarisch für den jüdischen Überrest, d.h. für die wenigen, die Christus aufnahmen, während das Volk ihn abwies. Wer die Stimme der Propheten hörte und annahm, den lehrte Gott – und den führte, ja, den zog der Vater zu seinem Sohn (6,44.45). So sind diese beiden Jünger auch exemplarisch für eine jede Seele, die zum Sohn Gottes kommt. Es gibt keinen anderen Weg, zu ihm zu kommen, als diesen: Man muss das Wort Gottes hören und aufnehmen (Röm 10,17).

Warum standen die beiden Jünger immer noch da? Hatten sie nicht gehört und erkannt, dass Jesus der Messias ist? Johannes muss, seit er ihn erkannt hatte, täglich von ihm geredet und auf ihn hingewiesen haben. Wahrscheinlich fiel es den beiden schwer, ihren bisherigen Lehrer und Meister zu verlassen. Das ist exemplarisch für alle Juden, die in den Jahrzehnten nach Pfingsten zu Christus kamen: Es dauerte lange, bis sie sich von Mose und von den Propheten lösen und Christus allein anhangen konnten. Das erfahren wir in der Apostelgeschichte (siehe z.B. Kap. 10 und 15), und das zeigt auch der Hebräerbrief. Aber Johannes der Täufer tut alles, damit sie sich endlich aufmachen und Jesus nachfolgen.

»Siehe, das Lamm Gottes!«: Johannes wiederholt sein Zeugnis vom Vortag, denn dieses ist das eigentliche Zeugnis eines jeden echten Propheten. Er weist weg von sich und weist hin auf Christus, den Erlöser.[40]

37 Und die zwei Jünger hörten ihn reden und folgten Jesus nach.

»Und die zwei Jünger hörten … und folgten Jesus nach«: An den ersten Jüngern zeigt sich beispielhaft, was für alle nachfolgenden Zeiten gilt: Man muss das Zeugnis vom Sohn Gottes, dem Christus, hören, um glauben zu können (Röm 10,17; 1Kor 2,1.2; 2Kor 4,5), und wer wahrhaft glaubt, der folgt ihm nach (siehe Jak 2,17.26). Einer der beiden war Andreas, der in V. 40 namentlich genannt wird, der andere war ziemlich sicher Johannes, der Verfasser des Evangeliums, der aus dem gleichen Ort stammte wie Andreas, wie wir aus Mt 4,18-22 wissen (siehe V. 44). Es

40 Es ist auffällig, wie das Zeugnis knapper ist als am zweiten Tag, was mit der verborgenen prophetisch-heilsgeschichtlichen Bedeutung der sieben Tage von 1,19–2,11 zusammenhängt. Der erste Tag steht stellvertretend für die ganze Zeit der Propheten, die das Kommen des Herrn vorbereiteten; der zweite Tag steht für die Tage der Menschwerdung des Herrn, die ebendazu bestimmt waren, mit seinem Kreuzestod zu enden, weshalb dort gesagt wird, dass er als das Lamm Gottes die Sünde der Welt wegnimmt (V. 29). Der dritte Tag steht für die Zeit nach Himmelfahrt und Pfingsten: Das Zeugnis vom Werk des Lammes Gottes geht aus in alle Himmelsrichtungen. Das Lamm ist geschlachtet worden, und zwar ein für alle Mal; darum wird hier nicht gesagt, es nehme die Sünde der Welt weg; denn das hat es inzwischen bereits getan.

kommt eigentlich nur er infrage; denn wenn es ein anderer gewesen wäre als er selbst, dann hätte er wie von den vier anderen auch dessen Namen genannt. Aber als Autor will er sich selbst nicht mit Namen nennen.

Johannes der Täufer ist ein vorbildlicher Verkündiger: Er spricht von Christus, und er ist offensichtlich zufrieden, wenn die Menschen ihm keine weitere Aufmerksamkeit mehr schenken, sondern ihm den Rücken kehren und nur noch Augen haben für den Sohn Gottes.

38 Jesus aber wandte sich um und sah sie nachfolgen und spricht zu ihnen: Was sucht ihr? *Sie* aber sagten zu ihm: Rabbi (was übersetzt heißt: Lehrer), wo hältst du dich auf?

Als die beiden Männer Jesus nachfolgten, zeigten sie ihr Verlangen, seine Jünger zu werden, das aber konnte man nicht aus eigenem Willensentschluss. Jeder Lehrer in Israel hatte Schüler, und es war immer der Lehrer, der entschied, ob er jemanden als seinen Schüler annahm. Das erklärt, warum Andreas und Johannes nicht wagten, den Herrn anzusprechen. Aber der Herr **»wandte sich um und sah sie nachfolgen und spricht zu ihnen«**. Mit seinem Reden beginnt die Gemeinschaft mit ihm; das ist in jedem Fall so. Der Herr weiß, was die beiden Männer suchen, und doch fragt er sie: **»Was sucht ihr?«** Denn sie sollen sich selbst fragen und sich darüber klar werden, was sie eigentlich begehren. Ihre Antwort zeigt, dass sie wussten, was sie suchten: **»Rabbi …, wo hältst du dich auf?«** Sie wollten wissen, wo er wohnt, weil sie zu ihm kommen und bei ihm sein wollten. Sie wollten seine Jünger werden und von ihm lernen. Das war eine Frucht ihres Glaubens, welche bewies, dass ihr Glaube echt war.

»was übersetzt heißt«: Johannes übersetzt die alltäglichsten jüdischen Begriffe (wie in V. 41.42), weil er sein Evangelium zur Befestigung der Christen schrieb und diese zum größten Teil Heiden waren.

39 Er spricht zu ihnen: Kommt und seht! Sie kamen nun und sahen, wo er sich aufhielt, und blieben jenen Tag bei ihm. Es war um die zehnte Stunde.

Auf die Frage der beiden Männer antwortete der Herr: **»Kommt und seht!«** Das war der Ruf, mit dem er sie als seine Schüler annahm. Die beiden hörten den Ruf des Herrn, und sie folgten ihm. Der Herr fragte sie zuerst etwas (V. 38), und sie antworteten mit einer Gegenfrage, und auf diese antwortete der Herr. So entfaltet sich das Leben des Glaubens; es ist ein Leben, bei dem die gläubige Seele nie aufhört, den Herrn zu suchen, auf seine Stimme zu hören und ihm zu antworten. In einer beständigen Zwiesprache mit seinem Herrn wird der Christ immer enger an ihn gebunden.

Der Ruf »Kommt und seht!« erinnert an Mt 11,28: *»Kommt her zu mir, alle ihr Mühseligen und Beladenen ...«* Vor dem Grab des Lazarus laden Menschen den Herrn ein: *»Komm und sieh!«* (11,34). Was die Jünger sahen, da sie der Einladung des Herrn folgten, war Leben und Herrlichkeit. Was der Herr zu sehen bekommt, wenn er der Aufforderung der Menschen folgt, ist Tod und Verwesung.

»Es war um die zehnte Stunde«: Wie Hendriksen richtig bemerkt, ist die große Frage nicht die, welche Uhrzeit damit gemeint ist, sondern: »Warum hat der Verfasser die Stunde überhaupt genannt?« Wie gesagt, war der nicht genannte Jünger, der mit Andreas zusammen dem Herrn nachfolgte, Johannes, der Verfasser des Evangeliums. Man kann daher annehmen, dass diese erste Begegnung mit Jesus ihn so gründlich umkrempelte, dass er sie nicht mehr vergaß.

Nach römischer Zeiteinteilung ist »die zehnte Stunde« 10 Uhr, nach jüdischer 16 Uhr. Wie in 4,6 ist anzunehmen, dass Johannes auch hier nach der jüdischen Weise zählt.

40 Andreas, der Bruder des Simon Petrus, war einer von den zweien, die es von Johannes gehört hatten und ihm nachgefolgt waren.

»Andreas ... war einer von den zweien«: Hier wird der Name von einem der beiden Jünger genannt. Jesus, das Lamm Gottes, ist auch der von Gott zu seinem Volk gesandte gute Hirte. Er kam, um aus Israel seine eigenen Schafe zu sich zu rufen, und das tat er, indem er sie mit Namen rief (10,3). Nach Andreas rief er Petrus, dann Philippus und dann Nathanael.

41 Dieser findet zuerst seinen eigenen Bruder Simon und spricht zu ihm: Wir haben den Messias gefunden (was übersetzt ist: Christus).

»Dieser findet zuerst seinen eigenen Bruder Simon«: Sein Bruder ist ihm am nächsten, den sucht er als Erstes auf und berichtet ihm von seiner großen Entdeckung.[41]

Gott handelt nach Vorsatz und nach Plan. Sind Andreas und Simon zuvor ersehen (15,16; Röm 8,30), Kinder Gottes und Apostel des Sohnes Gottes zu werden, macht Gott sie durch ihre erste Geburt zu Angehörigen der gleichen irdischen Familie. Das ist im Falle dieser beiden der erste Schritt auf dem von Gott ausgelegten Weg, der sie zur Erkenntnis des Sohnes Gottes führen soll. Gott fügt es meistens so, dass er seine Erwählten in einer gottesfürchtigen Familie zur Welt kommen lässt (wie man an der Familie Noahs, Moses, Johannes' des Täufers usw. sehen kann), indem er die Eltern als seine Werkzeuge verwendet, um diesen zur bestimmten Stunde die Erkenntnis des Heils und das ewige Leben zu schenken. Das alles will der Gottlose natürlich nicht wahrhaben. Für ihn ist es sonnenklar, dass Christen nur deshalb Christen geworden seien, weil man ihnen von Kind auf das Evangelium eingetrichtert habe. So urteilt eben der natürliche Mensch; er kann gar nicht anders, als nur vom Menschen her zu denken.

»Wir haben den Messias gefunden«: Andreas war diesen einen Tag bei Jesus gewesen, und nun wagte er seinem Bruder offen zu sagen, dass dieser der von den Propheten angekündigte Herr und Erlöser ist. Nach der Chronologie Daniels (Dan 9,24-27) war die Zeit da, in der der verheißene Messias kommen sollte. Entsprechend warteten in jener Zeit viele in Israel auf Erlösung (siehe Auslegung zu V. 19, auch Lk 2,38). Nachdem Andreas das Zeugnis Johannes des Täufers gehört und bei Jesus gewesen war, wusste er: Er ist der Messias, ins Griechische übersetzt **»Christus«**, zu Deutsch »Gesalbter«. Der hebräische Begriff *maschiach* ist von *maschach*, »salben«, gebildet, der griechische von χριω, *chriō*, »salben«. Wenn man bedenkt, wie die Juden sich den Messias und sein Erscheinen dachten, dann ahnen wir, dass nur göttliche Kraft Andreas von der Tat-

41 Man könnte den Satz vielleicht auch so verstehen, dass beide, Andreas und Johannes, ihre Brüder suchten, nachdem sie den Messias kennengelernt hatten, Andreas den Simon und Johannes den Jakobus; und Andreas fand zuerst.

sache überführt haben konnte, dass dieser unscheinbare Jesus von Nazareth tatsächlich der Gesalbte Gottes, der Sohn Davids war.

42 Er führte ihn zu Jesus. Jesus blickte ihn an und sprach: *Du* bist Simon, der Sohn Jonas; *du* wirst Kephas heißen (was übersetzt wird: Stein).

Das Licht erleuchtet einen weiteren Menschen (V. 9); dabei zeigt es,

- wer Simon ist seiner Natur nach: Sohn des Jona;
- wer Petrus ist seiner Bestimmung nach: Kephas.

An Simon wird demonstriert, was in V. 12.13 steht: Petrus hat nicht gesucht und gefunden, sondern er wird geführt. Nicht er schaut den Herrn an und versteht, sondern **»Jesus blickte ihn an«** und enthüllt dem Mann seine wahre Identität: **»Du bist Simon, der Sohn Jonas«**, d. h. du bist ein Sünder, gezeugt von einem Sünder, in Sünden geboren mit der gleichen sündigen Natur wie Jona, dein Vater. Aber dann kündigt der Herr an, dass Simon eine neue Natur und damit auch eine neue Identität bekommen wird: **»Du wirst Kepha heißen …«** Petrus wird durch den Willen Gottes von Neuem geboren (V. 13), angezeigt am neuen, am aramäischen Namen, den der Herr ihm gibt: *Kepha*.[42]

»was übersetzt wird: Stein«: πετρος, *petros*. Das hebräische Wort *kēph* (Hi 30,6; Jer 4,29) bedeutet zwar »Fels«, aber das aramäische *kēphā'* bedeutet, wie der vorliegende Text ja deutlich genug sagt, »Stein«. Petrus ist nicht ein Fels, sondern nur ein Stein, der auf einen Felsen gestellt wird, und dieser Fels ist Christus (5Mo 32,4; 1Kor 10,4). An Petrus demonstriert der Herr, was er mit einem jeden tut, der zu Christus, dem lebendigen Stein, gekommen ist (1Petr 2,4): Er macht ihn zu einem lebendigen Stein (1Petr 2,5). Er macht ihn teilhaftig der göttlichen Natur (2Petr 1,4). Petrus ist also keinesfalls der Fels, auf dem Christus seine Gemeinde baut (Mt 16,18)[43], wie es das götzendienerische Herz des

42 Das auslautende -s gehört nicht zum aramäischen Namen, sondern wird durch die griechischen Lautgesetze gefordert, nach denen jedes Nomen mit einem der drei Konsonanten *n*, *r* oder *s* aufhören muss. Das erklärt, warum Mose im griechischen Text *Moses*, Elia *Elias*, Salomo *Salomon* etc. heißt.

43 Wenn der Herr in Mt 16,18 sagt, dass er *»auf diesen Felsen«* seine Gemeinde bauen wird, dann spricht er von sich selbst. Der Fels ist Christus (1Kor 10,4); und das bedeutet gleichzeitig, dass Christus Gott ist. Allein in den Psalmen nennt der Beter den Gott und Retter Israels 19-mal »Fels«. Schon Mose verwendet diesen Titel für Gott (5Mo 32,4).

Menschen will. Wäre die Gemeinde auf ihn oder sonst einen Menschen gegründet, wäre sie längst untergegangen.

Der vierte Tag: Der Herr ruft zwei weitere Jünger (1,43-51)

Der vierte Tag in der Woche, die mit V. 19 beginnt, steht für die Zeit der Bekehrung Israels. Entsprechend steht hier nicht, dass einer der bereits gläubig Gewordenen Philippus findet, sondern der Abschnitt beginnt mit der Aussage, dass er, Jesus, Philippus findet. Nach Vollendung der Gemeindezeit setzt der Herr wieder mit Israel ein; er wendet sich unmittelbar seinem irdischen Bundesvolk wieder zu, beruft sich aus ihm seine ersten Zeugen und beginnt so nach langen Jahrhunderten sein Werk der Wiederherstellung des alten Bundesvolkes.

43 Am folgenden Tag wollte er aufbrechen nach Galiläa, und er findet Philippus; und Jesus spricht zu ihm: Folge mir nach!

Der Herr will **»nach Galiläa«** aufbrechen, **»und er findet Philippus«**: Das Licht, das vom Vater ausgegangen ist, scheint in der Finsternis und findet Eingang in ein weiteres Menschenherz. Der Herr ist unterwegs nach Galiläa, am Ziel der Reise findet eine Hochzeit statt (2,1). So geht der Herr seinen Weg zum Ziel, und auf dem Weg ruft er Seelen zu sich, mit denen er sich einst in der Hochzeit des Lammes für immer vereinigen wird.

»Jesus spricht zu ihm: Folge mir nach!«: Der Herr beruft. In V. 41 hatten wir gesehen, dass Andreas seinen Bruder fand; hier ist es der Herr, der findet (siehe Lk 15,5); er findet Philippus, weil er gekommen war, seine eigenen Schafe (10,2.3), die Söhne Abrahams, zu suchen und zu sich zu rufen (Lk 19,9.10).

44 Philippus aber war von Bethsaida, aus der Stadt des Andreas und Petrus.

»Bethsaida« bedeutet »Haus der Fischerei«, ein Ort, den wir nicht mit Sicherheit lokalisieren können, aber er muss auf alle Fälle am See

Genezareth gelegen haben, denn von Petrus und Andreas wissen wir, dass sie Fischer waren (Mt 4,18) und daher gewiss am See wohnten, wo sie täglich fischten, wie auch Johannes, der Apostel (Mt 4,21). Johannes und Andreas waren bei Johannes dem Täufer, als er in jenem Bethanien taufte (V. 28), das am Jordan nahe beim See Genezareth lag.

Einige meinen, Johannes habe hinzugefügt, dass Philippus **»aus der Stadt des Andreas und Petrus«** war, um anzudeuten, dass Philippus durch Andreas und Petrus zum Herrn geführt worden sei. In V. 43 steht, dass der Herr den Philippus fand, und so nehmen wir an, er habe ihn so direkt gerufen wie später einen Zachäus, von dem es heißt, dass der Menschensohn ihn gesucht habe (Lk 19,10).

> **45 Philippus findet Nathanael und spricht zu ihm:**
> **Wir haben den gefunden, von dem Mose in dem Gesetz geschrieben hat und die Propheten, Jesus, den Sohn des Joseph, den von Nazareth.**

»Philippus findet Nathanael«: Wiederum sehen wir, wie das Licht des Lebens sich fortpflanzt. Nachdem Philippus von ihm erleuchtet und ergriffen worden ist, drängt dieses Leben ihn zu Nathanael, der es ebenfalls empfängt. Weil Nathanael nicht in den Namenslisten der Apostel aufgeführt ist, hat man angezweifelt, ob es sich hier um einen Apostel handele. Wahrscheinlich ist der Nathanael des vierten Evangeliums der Bartholomäus – das bedeutet: Sohn, *bar*, des Ptolemaios – der ersten drei Evangelien (Mt 10,3; Mk 3,18; Lk 6,14). Man nannte ihn also statt mit seinem eigenen Namen nach dem Namen des Vaters. Dass Nathanael zu den Aposteln gezählt wird, zeigt Joh 21,2. Hier wird er zusammen mit Simon Petrus, Thomas und den Söhnen des Zebedäus (Johannes und Jakobus) erwähnt.

»von dem Mose im Gesetz geschrieben hat und die Propheten«: Wie am ersten Tag (V. 19-28) werden wir an diesem vierten Tag auf die alttestamentlichen Zeugen vom Kommen des Messias verwiesen: Mose wird ausdrücklich erwähnt. Er hat von Christus geschrieben (5,46); alle Propheten haben von ihm Zeugnis gegeben (Apg 10,43). Jesus von Nazareth erfüllte alle Vorhersagen der Schriften (5,39; Lk 24,27). Der Schriftbeweis ist für Philippus der endgültige Beweis dafür, dass er der Messias sein muss.

»Jesus, den Sohn des Joseph, den von Nazareth«: Philippus wusste wohl, dass Jesus der Sohn Gottes ist, aber er bezeichnet ihn so, wie es damals üblich war, nach dem Namen des Vaters und dem Wohnort.

46 Und Nathanael sprach zu ihm: Kann aus Nazareth etwas Gutes kommen? Philippus spricht zu ihm: Komm und sieh!

»Kann aus Nazareth etwas Gutes kommen?«: Diese Frage drückt nicht notwendigerweise Verachtung aus, sondern vielleicht eher Verwunderung: Philippus spricht von einem Messias, der aus Nazareth sei, wo doch jeder wisse, dass er aus der Stadt Davids, aus Bethlehem in Juda, kommen müsse (vgl. 7,41.42.52). Das haben tatsächlich die Propheten bezeugt (Mi 5,1), die Philippus eben als Zeugen aufgeboten hatte. Nathanael hatte ja nicht unrecht; aber Jesus war aus Bethlehem; er war dort geboren, wenngleich er auch nicht dort aufgewachsen war (Lk 4,16).

Philippus antwortet auf den Einwand des Nathanael mit der besten Antwort, die man geben kann: **»Komm und sieh!«** Wie der nächste Vers zeigt, folgt Nathanael der Einladung, denn er ist offenbar willens, seinen Vorbehalt zurückzustellen.

47 Jesus sah Nathanael zu sich kommen und spricht von ihm: Siehe, wahrhaftig ein Israelit, in dem kein Trug ist.

»Jesus sah Nathanael zu sich kommen«: Nathanael war der Aufforderung gefolgt, zu kommen und zu sehen. Zuerst aber sah Jesus ihn, wie zuvor den Petrus, und charakterisierte ihn ebenso, denn er kannte dessen Herz (siehe 2,25).

Nathanael war **»wahrhaftig ein Israelit«**, ein Sohn Abrahams, Isaaks und Israels; ein Israelit, in dem anders als in Jakob **»kein Trug«** war (siehe 1Mo 27,35). In Petrus hatte der Herr den Sünder Simon, Sohn des Jona, gesehen. War denn Nathanael eine andere Spezies als Simon, nämlich ein wahrhaftiger Mensch, jemand, der nicht in der Sünde und damit in der Lüge gefangen war? Selbstverständlich war auch Nathanael in Sünden geboren, ein Jude wie alle anderen Juden und damit Mensch wie allen anderen Menschen, von denen Paulus in Röm 3,9 sagt, dass sie alle der Sünde unterworfen sind. In unserem Denken und Reden lügen wir beständig über Gott und lügen gleichzeitig über uns selbst. Wir glauben nicht, dass er in seiner Heiligkeit so unerbittlich ist, dass sein Zorn über uns allen steht und so lange über uns bleibt, bis wir uns vor ihm demütigen, ihm recht geben und an seinen Sohn glauben (siehe 3,33-36). Und wir glauben nicht, dass wir so verdorben sind, dass er uns nicht annehmen kann und wir deshalb von Neuem geboren werden *müssen* (siehe 3,7). Der Sohn Gottes widerspricht selbstverständlich nicht dem Geist Gottes, der durch Paulus die Wahrheit über uns sagt; er spricht von Nathanael als dem Mann, der er bereits unter dem Feigenbaum sitzen sieht, der als Erwählter und Gerechtfertigter allen Segen empfängt, den Gott seinem Volk mit seinem Messias bereitet hat (siehe Auslegung zu V. 48).

Paulus sagt in Röm 9,6: *»Nicht alle, die aus Israel sind, diese sind Israel.«* Nathanael war ein wahres Kind dessen, der aus Jakob, dem Ränkekundigen, zu Israel, dem Gotteskämpfer, geworden war (1Mo 32,28.29), und gehörte demnach zum *»Überrest nach Auswahl der Gnade«* (Röm 11,5; siehe auch Röm 9,29). Wie beim ersten Kommen Christi, so wird auch bei seinem zweiten Kommen am Ende der Tage ein Überrest aus Israel zur Erkenntnis des Messias geführt werden (Jes 11,11.12; Jer 23,3; Mi 2,12; Zeph 3,12.13).

48 Nathanael spricht zu ihm: Woher kennst du mich? Jesus antwortete und sprach zu ihm: Ehe Philippus dich rief, als du unter dem Feigenbaum warst, sah ich dich.

Die Frage Nathanaels zeigt, dass er geahnt haben muss, dass der Mensch, der vor ihm stand, ihn wirklich kannte. Sollte dieser Mensch der Messias sein? Musste er aber nicht mehr sein als ein bloßer Mensch, wenn er Nathanael kannte, da doch Gott allein die Herzen der Menschen kennt (1Kö 8,39; Ps 44,22)? Auf seine Frage bekommt Nathanael eine Antwort, die ihn endgültig von der Identität Jesu von Nazareth überzeugt: **»Ehe Philippus dich rief ..., sah ich dich.«** Ja, der alles sehende Herr, der alleinige Herzenskenner, stand vor ihm. *Ehe* Philippus zu ihm kam, während er **»unter dem Feigenbaum«** saß, sah ihn der Herr schon.

Warum wurde Johannes vom Heiligen Geist geführt, für alle nachkommenden Geschlechter von Bibellesern aufzuschreiben, wo der Herr Nathanael sitzen sah[44]? Wir kommen ja erst zu den Evangelien, nachdem

44 Man kann den Satz auch so verstehen: »Ehe Philippus dich rief, sah ich dich schon, während du unter dem Feigenbaum warst.«

wir (hoffentlich! alles andere wäre eine Schande) das ganze Alte Testament gelesen haben, und dort finden wir an drei auffälligen Stellen diesen Ausdruck:

»Und Juda und Israel wohnten in Sicherheit, jeder unter seinem Weinstock und unter seinem Feigenbaum, von Dan bis Beerseba, alle Tage Salomos« (1Kö 5,5).

»Und sie werden sitzen, jeder unter seinem Weinstock und unter seinem Feigenbaum, und niemand wird sie aufschrecken. Denn der Mund des HERRN der Heerscharen hat geredet« (Mi 4,4).

»An jenem Tag, spricht der HERR der Heerscharen, werdet ihr einer den anderen einladen unter den Weinstock und unter den Feigenbaum« (Sach 3,10).

Wir sehen: *»unter dem Feigenbaum sitzen«* steht als Inbegriff für die Ruhe und die Wohlfahrt, die das erlöste Volk unter der Regierung des von Gott gesalbten Königs genießt, wie einst unter König Salomo, so am Ende der Zeiten unter dem Messias. Jesus sah Nathanael bereits dort, wo einst das ganze Volk noch hinkommen soll. Wann sah er ihn denn schon? Vielleicht ahnte Nathanael dunkel, was er später verstand: dass der Herr, der ihn berief, ihn vor aller Zeit erkannt hatte (Röm 8,29.30). Das bedeutet, dass Jesus nicht nur das Innere des Menschen sah (V. 47), sondern auch die Zeitalter, ja, die Ewigkeiten überblickte.

49 Nathanael antwortete ihm: Rabbi, *du* bist der Sohn Gottes, *du* bist der König Israels.

»Rabbi« heißt lediglich Lehrer, und das war Jesus von Nazareth in den Augen aller, auch derer, die ihn nicht aufnahmen. Wenn Jesus ihn sah, bevor er unter seinen Augen stand, dann kann er ihn immer sehen, wo auch immer er sich befinden mag. Dann kann aber Jesus von Nazareth nicht lediglich *»der Sohn des Joseph«* (V. 45) sein, wie Philippus ihn genannt hatte. Nathanael erkennt und bekennt nun: **»… du bist der Sohn Gottes …«** Ist er aber Gottes Sohn, dann muss er der Messias sein: **»… du bist der König Israels.«** Er ist der dem David verheißene Nachkomme, der Herrscher, dem ein ewiger Thron verheißen ist (2Sam 7,13; siehe Lk 1,31-33). Nathanael wird an Ps 2,6.7 gedacht haben, denn dort finden sich genau diese beiden Wahrheiten nebeneinander: Er, den Gott zum König eingesetzt hat, ist auch der Sohn Gottes. Dass Jesus der König

Israels ist, wird das ganze Volk beim Einzug Jesu in Jerusalem bekennen (12,13).

50 Jesus antwortete und sprach zu ihm: Weil ich dir sagte: Ich sah dich unter dem Feigenbaum, glaubst du? Du wirst Größeres als dieses sehen.

Nathanael war zum Glauben gekommen, weil er erkannt hatte, dass Jesus allwissend ist, aber er sollte noch **»Größeres als dieses sehen«** – mehr, als dass der Herr alles weiß und uns Menschen kennt und als Erlöste zuvorerkannt hat. Nathanael sollte nämlich sehen, *wozu* er vom Herrn erkannt worden ist: Er sollte allen Segen empfangen, den der Himmel Jakob und seinen wahren Nachkommen bereitet hat (1Kor 2,9). Das konnte er aber nur in Christus tun, der wahrer Mensch und wahrer Gott und damit die Brücke ist, über die aller himmlische Segen zu armen Menschen auf diese Erde kommt. Davon spricht Christus im nächsten Vers.

51 Und er spricht zu ihm: Wahrlich, wahrlich, ich sage euch: Ihr werdet den Himmel geöffnet sehen und die Engel Gottes auf- und niedersteigen auf den Sohn des Menschen.

»Wahrlich, wahrlich«: oder »Amen, Amen«, wie der Urtext sagt. Dieses doppelte Amen kommt bei Johannes 25-mal vor. Es bedeutet so viel wie »wahr, wahr«, oder »gewiss, gewiss«. Mit dieser Bekräftigung leitet der Herr die Erklärung ein, worin das Größere besteht, das Nathanael und alle, die an ihn glaubten, noch zu sehen bekommen sollten.

»Ihr werdet den Himmel geöffnet sehen«: Das ist das erste Größere, das die Jünger sehen sollen, etwas, was nicht vielen Menschen widerfahren ist;[45] dann werden sie sehen, wie die **»Engel Gottes auf- und niedersteigen auf den Sohn des Menschen«**. Die Jünger werden erkennen, dass Jesus Sohn Gottes *und* Sohn des Menschen ist und damit die Brücke schlägt zwischen Gott, der im Himmel ist, und dem Menschen, der auf der Erde ist. Sie werden verstehen, dass aller dem Erzvater Jakob verheißene Segen auf den Menschensohn gekommen ist und damit auf alle, die durch den Glauben mit ihm verbunden sind.

45 Dem Propheten Hesekiel wurden die Himmel geöffnet (Hes 1,1), ebenso Johannes, dem Apostel (Offb 4,1; 19,11).

Hatten wir in Nathanael einen wahren Nachfahren Jakobs gesehen, sehen wir nun in Christus den Empfänger all jener Segnungen, die Gott dem Jakob und all seinen Nachfahren verheißen hatte. Jakob hatte gesehen, wie die Engel auf- und niederstiegen an einer Leiter, an deren Spitze der Herr stand (1Mo 28,12); die Jünger Jesu werden sehen, wie **»die Engel Gottes auf- und niedersteigen auf den Sohn des Menschen«**. Jetzt stand der Herr auch unten auf der Erde, um alles in Empfang zu nehmen, was der Himmel bereitet hatte. In ihm und durch ihn wird der ganze gnädige Vorsatz Gottes, den er Jakob enthüllt hatte, sich verwirklichen. Und er, der die Verheißungen entgegennahm, bewahrt sie sicher, sodass keine einzige Verheißung fehlschlagen und kein Segen seinen Geliebten verlorengehen kann.

Anmerkungen zu Kapitel 1

V. 1-5 – »Das Neue Testament ist nicht mehr als eine Offenbarung des Alten. Es gilt bei den einfältigen, klaren Worten der Schrift zu bleiben. Wer das Wort hat, hat die ganze Wahrheit. Das Wort ist Gott, und Gott ist das Wort. In dem Wort ist das Leben, das die Glaubenden durch den Tod gehen lässt, und das Licht, das sie durchleuchtend macht. … Denn allhie der hohe Artikel von der Gottheit Christi aufs Allerklarste gegründet ist, was billig alle Christen wissen sollen und auch wohl verstehen mögen. Dem Glauben ist nichts zu hoch. Darum wollen wir's, soviel wir vermögen, aufs Deutlichste handeln und nicht wie die Schullehrer mit ihren erdichteten Subtilitäten vor dem gemeinen Mann verbergen oder jemand abschrecken. Es bedarf nicht viel spitziger, scharfsinniger Untersuchung, sondern nur des einfältigen, schlichten Aufmerkens auf die Worte.

Zum Ersten ist zu wissen, dass alles, was die Apostel gelehrt und geschrieben haben, das haben sie aus dem Alten Testament gezogen; denn in demselben ist alles verkündigt, was in Christo zukünftig geschehen sollte und gepredigt werden wie St. Paulus Römer 1 (1,2) sagt: Gott hat das Evangelium von seinem Sohn Christo versprochen durch die Propheten in der heiligen Schrift. Darum gründen sie auch alle ihre Predigt in das Alte Testament, und ist kein Wort im Neuen Testament, das nicht hinter sich sehe in das Alte, darinnen es zuvor verkündigt ist« (Luther, *Johannes-Evangelium*, S. 1-2).

»In diesem Prolog deklariert Johannes die ewige Gottheit Christi, um uns zu lehren, dass er der ewige Gott ist, geoffenbart im Fleisch (1Tim 3,16). Seine Absicht ist es, uns zu zeigen, dass die Wiederherstellung des Menschengeschlechts durch den Sohn Gottes geschehen musste, denn durch dessen Kraft wurde alles erschaffen, er allein haucht allen Geschöpfen Leben und Lebenskraft ein … Die Erkenntnis dieser Lehre ist von oberster Wichtigkeit. Da wir doch niemals Leben und Heil außerhalb Gottes suchen sollten, wie kann unser Glaube auf Christus ruhen, wenn die Gewissheit dieser Lehre nicht erwiesen ist?« (Calvin).

V. 5 – »Da der Mensch seiner Natur nach das Licht nicht besaß, sondern es lediglich wahrnehmen konnte, ist es offenkundig, dass er, falls er sich vom Lichtquell entfernen sollte, nichts anderes als Finsternis werden musste. Und dieses Wort bezeichnet nicht lediglich den Entzug des Lichts, sondern auch den Widerstand gegen das Licht« (Godet).

V. 13 – »Wenn wir Gottes Kinder heißen, so ist das uns nicht von Natur eigen, kommt auch nicht aus uns selbst, sondern davon, dass der Herr uns nach seinem Willen, d.h. aus freier Liebe *(d'un amour gratuit)* gezeugt hat« (Calvin).

John Bunyan sagte in seiner letzten Predigt vor seinem Tod zu Johannes 1,12.13: *»I am no freewiller. I abhor that doctrine.« (»Ich gehöre nicht zu den Leuten, die an die Freiheit des menschlichen Willens glauben. Ich verabscheue diese Lehre.«)*

»In diesem Vers beginnt der Kontrast aufzuscheinen zwischen der ersten und der zweiten Schöpfung, zwischen jener, die *das Wort* aus dem Schoß seiner göttlichen Existenz bewirkt hat (V. 3), und jener, die seine Menschwerdung zum Ursprung hat. In Übereinstimmung mit der Natur dieser beiden Schöpfungen, die beide durch den gleichen Logos gewirkt wurden, gibt es zwei Menschheiten: eine, die im Anfang erschaffen wurde und die sich fortsetzt auf dem Weg natürlicher Fortpflanzung; die andere, die aus Gliedern besteht, die allesamt ihr Leben in individueller Weise einer unmittelbaren Mitteilung Gottes verdanken … Das höhere Leben, zu dem der Mensch von Anbeginn bestimmt war, geht aus einer Mitteilung hervor, die der ersten Ordnung fremd ist. Es ist die unmittelbare Gabe Gottes, und es ist von Gott, der seine eigene Natur mitteilt, es ist eine göttliche Zeugung. Die Wörter *aus Gott*, ϵκ θϵου, beinhalten in sich allein die Antithese zu den drei vorangehenden Ausdrücken. Es sind hier weder stoffliche Elemente noch eine natürliche Anziehung, noch ein menschlicher Plan; hier ist der ewige Ratschluss Gottes, der verwirklicht wird durch die Gabe des Geistes in jedem Herzen, das glaubt« (Godet).

V. 17 – »Das Gesetz steht hier als Gegensatz zur Haushaltung des Evangeliums, und zwar in doppelter Hinsicht. Der erste Gegensatz betrifft die *Gnade*: Das Gesetz fordert, die Gnade gibt. Der zweite Gegensatz betrifft die *Wahrheit*, und er ergibt sich aus dem ersten Gegensatz; denn gerade weil das Gesetz fordert, kann es nicht die Wirklichkeit des Wesens Gottes darstellen. Gottes Wesen kann nicht darin bestehen, dass er nur fordert. Das Gesetz kann daher nur eine vorübergehende Einrichtung sein, eine Erziehungsmaßnahme in der sich entfaltenden Offenbarung Gottes« (Godet).

V. 18 – »Zu vergleichen mit 1Jo 4,12, wo die Schwierigkeit, dass ›niemand Gott jemals gesehen hat‹, auf eine andere Weise gelöst wird. Dieser Vergleich bietet die tiefste Unterweisung in den Stand des Christen« (Darby, *John*).

V. 29 – »Man beachte, dass der Täufer nicht sagt: ›Sünden‹ der Welt … Die Liturgien sowohl der Römischen Kirche als auch der protestantischen Kirchen irren beide in dieser Sache, indem sie unbewusst das Wort Gottes verkehren … Wenn die Apostel Paulus und Petrus von Gläubigen sprechen, sagen sie, dass der Herr selbst ihre Sünd*en* auf dem Kreuz trug. Hätte er das nicht getan, könnte keiner Frieden im Gewissen haben und gäbe es keine gerechte Grundlage, auf der er Gott nahen könnte … Aber das gilt nur für den Gläubigen. Vollständig entgegengesetzt ist der Stand und Zustand des Ungläubigen … Er ist weit entfernt, in Finsternis und Tod … Wäre Christus das Lamm, das die Sünd*en* der Welt wegnimmt, stünden alle Menschen freigesprochen vor Gott und könnten ihm freimütig nahen; aber das ist nicht der Fall. Das Blut ist nun vergossen für die Sünd*e* der Welt, sodass der Evangelist das Evangelium predigen und jedem, der glaubt, zusichern kann, dass er von Gott volle Vergebung empfängt. Aber alle, die das Evangelium abweisen, müssen in ihren Sünden sterben« (Kelly).

»**Siehe, das Lamm Gottes**: Wir erkennen die tiefe Bedeutung dieser Worte erst, wenn wir den Zusammenhang beachten. Die Pharisäer warteten auf den Messias als den Propheten, und sie wünschten sich einen König, der sie vom römischen Joch befreien würde. Doch hatten sie kein Verlangen nach einem Heiland und Priester … Man hätte erwartet, dass die Priester und Leviten nach einem Opfer gefragt hätten; aber nein! Sie hatten kein Sündenbewusstsein. Das waren die Umstände, in die hinein der Vorläufer des Messias rief: ›Siehe, das Lamm Gottes!‹ … Damit stellte der Heilige Geist ihnen den Herrn Jesus in jenem Amt und Charakter vor Augen, der mit ihrer tiefsten Not zu tun hatte. Sie hätten ihn gerne angenommen auf dem Thron; aber zuerst mussten sie ihn annehmen auf dem Altar. Hat sich heute etwas daran geändert? Christus als ein Elia, ein Sozialreformer, wäre genehm; Christus als ein Prophet, ein Lehrer hoher Ethik, würde Gehör finden. Was die Welt aber mehr als alles andere nötig hat, ist der Christus am Kreuz, wo das Lamm Gottes sich dahingab zum Opfer für die Sünde« (Pink).

Trägt (Luther) das Lamm Gottes die Sünde der Welt, oder *nimmt es sie weg* (Elberfelder; Schlachter)? Das hier verwendete griechische Verb αιρειν, *airein,* kann zwar »tragen« bedeuten wie in 5,10; aber hier muss man es aus theologischen Gründen mit »wegnehmen« übersetzen (wie in 2,16; 5,8; 10,18; 11,39 u. a.). In der Bedeutung enger gefasst ist φερειν, *pherein,* das nur »tragen« bedeutet, aber gerade das steht hier nicht. Der Herr hat stellvertretend das Gericht über die Sünden (Mehrzahl) nur für die Gläubigen – so sagen wir aus der Sicht menschlicher Verantwortung – oder die Auserwählten – so sagen wir aus der Sicht göttlicher Gnadenwahl – getragen. Entsprechend sagt Petrus in 1Petr 2,24: Christus hat in seinem Leib *unsere* (also der Gläubigen) Sünden (Mehrzahl) auf dem[46] Kreuz *getragen* (αναφερειν, *anapherein*).[47]

46 nicht »auf das Kreuz«, wie Zürcher und RElb übersetzen, weil Petrus hier *epi* mit Akkusativ verbindet. Bekanntlich schwankt die Rektion der Präposition *epi* seit hellenistischer Zeit frei zwischen Dativ und Akkusativ. Dafür gibt es im NT zahlreiche Belege, z. B. in Mt 9,9; Mk 4,31; Lk 2,25.40; Joh 1,32.33; Offb 4,2.4, wo überall Akkusativ steht, wo man nach dem Schulbuch Dativ erwartet hätte.

47 Nicht: »hinaufgetragen«; siehe dazu die Erklärung zu 1Petr 2,24 in Benedikt Peters, *Der erste Brief des Petrus*, Bielefeld: CLV, 2013.

Kapitel 2

1. **Das erste Zeichen, das der Sohn Gottes tat (2,1-11)**
2. **Die erste Reinigung des Hauses des Vaters (2,12-22)**
3. **Der Herr kündigt seinen Tod und seine Auferstehung an (2,18-22)**
4. **Die ersten Zeichen in Jerusalem (2,23-25)**

Zunächst beschreibt dieses Kapitel recht ausführlich das erste Zeichen, das Jesus tat, und wie es den Glauben der Jünger stärkte. Am Ende des Kapitels lesen wir von den ersten Zeichen, die Jesus in Jerusalem tat, und wie es bei den Menschen nur Scheinglauben wirkte. Die beiden Abschnitte dazwischen berichten von einer Handlung und von einer Weissagung des Herrn: Der Herr reinigte den Tempel und zeigte damit, dass die Sünde das große Hindernis war, das allem Segen, den Gott für Israel bereitet hatte, im Weg stand. Die sich anschließende Weissagung zeigt, welches das Mittel ist, auf dem der Sohn Gottes das Hindernis aus dem Weg räumen wird: Er wird sein Leben in den Tod geben und es wiedernehmen (vgl. dazu 10,11.17).

1. Das erste Zeichen, das der Sohn Gottes tat (2,1-11)

Dieser Abschnitt gehört in den größeren mit 1,19 beginnenden Zusammenhang: Er bildet, von 1,19 an gezählt, den siebten Tag und markiert damit einen Abschluss. Aber er ist auch mit den nachfolgenden beiden Episoden dieses Kapitels eng verknüpft; denn es werden hier lauter Erstlingswerke des Sohnes Gottes berichtet: sein erstes Zeichen, sein erster Aufenthalt in Kapernaum, sein erster Besuch in Jerusalem, die erste Tempelreinigung, seine erste Leidensankündigung, seine ersten Zeichen in Jerusalem.

Der siebte Tag: Eine Hochzeit (2,1-11)

1 Und am dritten Tag war eine Hochzeit in Kana in Galiläa; und die Mutter Jesu war dort.

»am dritten Tag«: Vom vierten Tag (1,43) an gezählt, ist das der siebte. Warum legt Johannes Wert darauf, die Tage zu zählen? Ist das wichtig für den jetzt folgenden Bericht von der Hochzeit? Es muss so sein, wenn wir daran glauben, dass Johannes nicht nach Gutdünken schrieb, sondern vom Heiligen Geist geführt war. Nach den sechs Tagen der Schöpfungswoche war der siebte der Tag der Ruhe Gottes, eine Vorwegnahme der ewigen Sabbatruhe (Hebr 4,9). Vom siebten Tag sagte Augustinus: *»Dies autem septimus sine vespera« – »Der siebte Tag aber hat keinen Abend.«*[48] Es folgte also auf ihn kein nächster Tag, an dem Gott wirken würde. So steht der siebte Tag für die Ruhe, nicht nur nach Vollendung der Schöpfung, sondern auch nach Vollendung der Erlösung (siehe Hebr 4,1.3.4.9.10). An diesem dritten Tag **»war eine Hochzeit«**, Höhepunkt und Ziel einer Liebe, die zwei Menschen zueinander zieht. Ebenso wird am Hochzeitsmahl des Lammes (Offb 19,7) die Liebe des Herrn zu den Seinen und deren Liebe zu ihm vollendet. Wir werden an die ersten Kapitel von 1. Mose erinnert, wo die erste Hochzeit beschrieben wird (1Mo 2,21-25). Das Glück jener Verbindung wurde bald durch die Sünde verdorben, wie das Hochzeitsfest in Kana fast verdorben wurde, als der Wein ausging. Und dass hier **»die Mutter Jesu«** ausdrücklich erwähnt wird, lässt uns an die Verheißung denken, die Gott dem sündigen Paar gab: Ein Nachkomme, ein Sohn der ersten Frau, würde den Schaden der Sünde wiedergutmachen (1Mo 3,15), und darum bekam sie zu Recht den Namen *»Mutter aller Lebenden«* (1Mo 3,20). In 3,29 lesen wir wieder von einem Brautpaar; dort ist Christus der Bräutigam und seine Erwählten sind die Braut.

»Dem Juden bedeutete ein Hochzeitsfest weit mehr als Fest und Fröhlichkeit. Die Frommen fasteten vor dem Hochzeitstag; es wurde fast als ein Sakrament angesehen. Man meinte, dass den Brautleuten am Tag, da sie in den Ehestand traten, die Sünden vergeben würden. Es scheint, dass das Verhältnis von Ehemann und Braut, das zwischen Jehova und seinem Volk besteht, und das nicht nur in der Bibel, sondern auch in den

48 Augustinus, *Bekenntnisse*, XII, 36.

rabbinischen Schriften so häufig betont wird, immer als Hintergrund gedient hätte. Damit symbolisierte das Brautpaar am Hochzeitstag die Vereinigung Gottes mit Israel ... Gemäß der Allegorie jener Zeit soll Gott selbst über dem Kelch den Segen ausgesprochen haben, als unsere ersten Eltern miteinander vermählt wurden, Michael und Gabriel seien die Brautführer gewesen, und der Chor der Engel im Himmel habe den Hochzeitschoral gesungen« (Edersheim, Bd. I, S. 352-353).

Die exakte Lage von **»Kana in Galiläa«** ist nicht bekannt; man kann annehmen, es sei nicht allzu weit von Nazareth entfernt gewesen, da **»die Mutter Jesu«** auch dort war. Man beachte: Maria heißt nie »Mutter Gottes«, sondern wie an dieser Stelle »Mutter Jesu«, und einmal »Mutter meines Herrn« (Lk 1,43).

2 Es war aber auch Jesus mit seinen Jüngern zu der Hochzeit geladen.

»Jesus mit seinen Jüngern«, deren inzwischen mindestens fünf, wahrscheinlich sechs waren (Andreas und Petrus, Johannes und vielleicht Jakobus, Philippus und Nathanael), **»war ... zu der Hochzeit geladen.«** Der Herr nahm die Einladung an, weil er sich freute mit der Freude des jungen Paares. So teilt er unsere Freude, wie er auch will, dass wir seine Freude teilen (15,11). Das Paar wird es kaum beachtet oder bedacht haben, dass bei ihrer Hochzeit der Schöpfer selbst anwesend war, der im Anfang Mann und Frau erschaffen und die Ehe eingesetzt hatte.

3 Und als es an Wein mangelte, spricht die Mutter Jesu zu ihm: Sie haben keinen Wein.
4 Und Jesus spricht zu ihr: Was habe ich mit dir zu schaffen, Frau? Meine Stunde ist noch nicht gekommen.

Wein war unter Juden wie unter allen Mittelmeer-Anwohnern so alltäglich wie Brot, wie wir an Stellen wie 1Mo 14,18; 4Mo 6,20; 5Mo 14,26; Neh 5,18 und Mt 11,19 ablesen können. An Festen durfte er auf keinen Fall fehlen, denn Wein war im Bewusstsein der Juden von Gott gegeben, um das Herz des Menschen zu erfreuen (Ps 104,15). War eine Hochzeit nicht ein Freudenfest? Wäre der Wein ausgegangen, hätte das die Freude des Brautpaars und aller Gäste getrübt.

In V. 1 steht, dass die Mutter Jesu auch *»dort war«*, während es von Jesus und den Jüngern heißt, sei seien als Gäste geladen worden. Es ist gut denkbar, dass Maria beim Festessen mithalf und darum wusste, dass der Wein ausgegangen war. Vielleicht war sie um den Ruf der einladenden Familie besorgt, sodass sie zu ihrem Sohn ging und ihm sagte: **»Sie haben keinen Wein«**; denn das hätte man der Familie jahrelang immer wieder vorgehalten, dass sie nicht einmal an einem Hochzeitsfest für genügend Speise und Trank gesorgt hatten.

»Wenn Maria schon Witwe war, dann war es ganz natürlich, dass sie sich auf ihren erstgeborenen Sohn stützte. Ob sie erwartete, dass Jesus ein Wunder tun würde, ist nicht klar, da er noch keines getan hatte (V. 11). Aber Maria wusste besser als sonst jemand, wer Jesus wirklich war. Ihr war die wunderbare Geburt ihres Sohnes gegenwärtig, und sie wusste wohl um alles Wundersame, das ihr der Engel Gabriel angekündigt hatte (Lk 1,31-33.35) und was sie von den Hirten (Lk 2,8-18), von Simeon (Lk 2,25-35) und von Anna gehört (Lk 2,36-38) und worüber sie all die Jahre in ihrem Herzen nachgedacht hatte (Lk 2,19)« (MacArthur, *John 1 – 11*).

Warum spricht Jesus seine Mutter nicht mit »Mutter« an, sondern mit **»Frau«**? Und dazu sagt er nur γυναι, *gynai*; das ist bloßer Vokativ ohne die Partikel *ō*, die gewöhnlich zur höflichen Anrede gehört (wie in 1Tim 6,20: *»O Timotheus« – »ō Timothee«*). Maria sollte wissen, dass ihr Anspruch auf ihren Sohn hinter einem höheren Anspruch zurücktreten musste.[49] Sie hatte das knapp zwei Jahrzehnte früher bereits einmal einsehen müssen, als sie zusammen mit Joseph den Zwölfjährigen während dreier Tage gesucht hatte, um ihn endlich im Tempel zu finden. Da bekam sie von ihrem Sohn zu hören, dass er in dem sein müsse, was seines Vaters ist (Lk 2,46-49). Maria musste verstehen, dass er nicht mehr der Sohn in ihrem Haus war, sondern dass er nun in allem *direkt* dem Willen seines Vaters unterstand, dem Vater also nicht mehr wie bisher gehorchte, indem er ihr gehorchte.

49 *»Merke aber hiebei: Damit, dass er auch gegen seine eigene Mutter so hart ist, lehrt uns ..., dass wir in Gottes Sachen und Dienst weder Vater noch Mutter kennen sollen, wie Mose sagt (5. Mose 33,9):* ***Wer zu seinem Vater und Mutter spricht, ich kenne sie nicht, der hält deine Satzung Israel.*** *Denn wiewohl keine größere Gewalt auf Erde ist als Vater- und Muttergewalt, so ist sie doch aus, wenn Gottes Wort und Werk angehen. Denn in göttlichen Sachen soll weder Vater noch Mutter, geschweige denn ein Bischof oder irgendein Mensch, sondern allein Gottes Wort lehren und führen. Und auch wenn dich Vater oder Mutter heißen, lehren oder bitten, etwas gegen Gott und in Gottes Dienst zu tun, das nicht durch Gott klar geboten und befohlen ist, sollst du zu ihnen sagen: Quid mihi et tibi? Was habe ich und du miteinander zu tun?«* (Luther, *Das Johannes-Evangelium*, S. 89).

»Meine Stunde ist noch nicht gekommen«: Von einer kommenden Stunde spricht der Herr im Verlauf seines öffentlichen Dienstes immer wieder. Damit zeigt er, dass er vom Vater gesandt war auf einen Weg, dessen Länge und Dauer feststanden, und dass er gekommen war, Werke zu tun, die der Vater ihm aufgetragen hatte (siehe Hebr 10,7). Jetzt wollte er zwar sagen, dass die Stunde zum Handeln noch nicht da war, aber er meinte auch jene Stunde, von der er immer wieder reden sollte (7,6.8.30; 8,20; 12,23.27; 13,1; 16,32; 17,1), nämlich die Stunde seines Leidens und Sterbens. Er musste seiner Mutter zu verstehen geben, dass er nie etwas tun würde, lediglich weil sie oder sonst jemand es anregte. Er gehorchte nicht den Wünschen der Menschen, sondern dem Willen des Vaters (siehe 4,34; 5,30; 6,38); denn Gott ist nicht der Erfüller unserer Wünsche, sondern er ist Gott. Gehorchen wir ihm aber, werden wir erfahren, dass er der wahre Wohltäter des Menschen ist, der uns mehr und Besseres gibt, als wir uns je hätten denken und wünschen können.

5 Seine Mutter spricht zu den Dienern: Was irgend er euch sagen mag, tut!

Diese Worte zeigen, dass seine Mutter ihn verstanden hatte. Sie selbst wartete auf sein Handeln und darauf, **»was irgend«** er sagen mochte. Sie wird aus dem Wort Jesu, dass seine Stunde noch nicht gekommen sei, verstanden haben, dass er zu seiner Zeit reden oder handeln würde.

Sie wusste natürlich auch, dass es die Diener überraschen musste, dass ein Gast etwas anordnen sollte, und sagte ihnen darum: **»Was irgend er euch sagen mag, tut!«** Damit waren sie darauf gefasst, dass etwas Ungewöhnliches geschehen würde.

6 Es waren aber sechs steinerne Wasserkrüge dort aufgestellt, nach der Reinigungssitte der Juden, wovon jeder zwei oder drei Maß fasste.

»nach der Reinigungssitte der Juden«: Warum hat Johannes das ausdrücklich notiert? Er hat es für die heidnischen Leser des Evangeliums getan, denen die jüdischen Sitten nicht bekannt waren. Bedenken wir aber ferner: Die Wunder, die Jesus tat, heißen bei Johannes außer einmal nicht »Wunder«, sondern stets *»Zeichen«*, denn sie demonstrierten nicht lediglich seine göttliche Macht, sondern sie enthielten eine Botschaft. In 2Mo 4,8 lesen wir: *»Wenn sie dir nicht glauben und nicht auf die* ***Stimme*** *des ersten Zeichens hören, so werden sie der* ***Stimme*** *des anderen Zeichens glauben.«* Zweimal wird hier gesagt, dass die Zeichen, die Mose in Ägypten tun sollte, *mit einer Stimme reden.*

Die Gefäße waren leer – so, wie die ganze in Äußerlichkeiten erstarrte Religion der Juden mit ihren Reinheitsgeboten (siehe Mk 7,3) leer und kraftlos war. Sie machten niemanden rein; man muss aber rein sein, um den Messias aufnehmen zu können (siehe 1,29-31; Mk 1,4.5), und man muss rein sein, wenn man am großen Mahl teilhaben will, zu dem der Gott Israels im Zeitalter des Messias einladen wird (Jes 25,6; Lk 13,29; 14,15).

»zwei oder drei Maß«: Ein Maß, μετρητης, *metrētēs*[50], entspricht dem jüdischen *Bat* (1Kö 7,26; 2Chr 2,9), d.h. es enthält knapp 40 Liter, sodass jeder Steinkrug 80 bis 120 Liter fasste, und die sechs zusammen rund 600 Liter.

> **7 Jesus spricht zu ihnen: Füllt die Wasserkrüge mit Wasser! Und sie füllten sie bis obenan.**
> **8 Und er spricht zu ihnen: Schöpft nun und bringt es dem Speisemeister! Sie aber brachten es.**

»Jesus spricht: Füllt ... Und sie füllten ... Schöpft nun und bringt ... Sie aber brachten«: Zweimal gibt der Herr einen Befehl, zweimal reagierten die Diener mit sofortigem Gehorsam. Das ist erstaunlich. Es muss vom Herrn Autorität ausgegangen sein, ja, seine Worte müssen in sich die Macht gehabt haben, den Gehorsam zu wirken (vgl. Phil 2,13), zumal hier Anweisungen ergingen, die sinnlos scheinen: **»Füllt die Wasserkrüge mit Wasser!«** Wie sollte das dem Problem abhelfen? Welchen Sinn hatte es denn, Wasser von dahin dorthin zu leeren? Und warum in Wasserkrüge, die gar nicht für Trinkwasser gedacht waren, sondern der rituellen Reinigung dienten? Was auch immer die Diener gedacht haben mögen – sie führten die Befehle des Herrn ohne Widerrede aus, und ihr Gehorsam wurde belohnt. Sie schöpften aus den Krügen, in die

50 Das Wort ist im NT nur an dieser Stelle belegt.

sie eben Wasser gefüllt hatten, und brachten es **»dem Speisemeister«**, αρχιτρικλινος, *architriklinos*, wörtlich: »der Oberste«, *archōn*, »einer Dreierliege«, *triklinon*. So hieß eine kleine Tischrunde mit drei Speise-Sofas. Der Architriklinos war verantwortlich für die Bewirtung der Gäste bei einem Gastmahl.

> **9 Als aber der Speisemeister das Wasser gekostet hatte,**
> **das Wein geworden war (und er wusste nicht, woher er war,**
> **die Diener aber, die das Wasser geschöpft hatten, wussten es),**
> **ruft der Speisemeister den Bräutigam**
> **10 und spricht zu ihm: Jeder Mensch setzt zuerst den guten**
> **Wein vor, und wenn sie betrunken geworden sind, den**
> **geringeren; *du* hast den guten Wein bis jetzt aufbewahrt.**

Der Speisemeister **»wusste nicht, woher er war, die Diener aber … wussten es«**: Diese Feststellung erklärt die nachfolgenden Worte des Speisemeisters, der nur sah, was die Befehle des Herrn bewirkt hatten, die Befehle jedoch nicht gehört und die Handlungen der Diener nicht bemerkt hatte. Er meinte, der Wein habe die ganze Zeit bereitgestanden und der Bräutigam habe ihn erst jetzt servieren lassen. Darüber hinaus drücken diese Worte eine Grundwahrheit aus: Wer gehorcht und dient, bekommt Einblick in den Willen und die Werke des Herrn; wer nicht dient, mag die Ergebnisse kosten, aber mehr nicht. Gott tat Mose *seine Wege* kund, das Volk Israel sah nur *seine Taten* (Ps 103,7). Darum **»ruft der Speisemeister den Bräutigam«**, nicht Jesus.

»Jeder Mensch«: Mit diesem Zeichen zeigt der Herr erstens, dass er ganz anders handelt als die Menschen. Jesus ist Gott; seine Werke, und vor allem das Heil, das er wirkt, sind göttlich, und darum muss alles, was mit dem Heil zusammenhängt, etwas ganz anderes sein, als was Menschen planen, begehren und tun; denn *»nicht ein Mensch ist Gott«* (4Mo 23,19). Bei Menschen ist es immer so, dass man sich allen von der besten Seite zeigen will, also tischt man das Beste auf, um entsprechenden Eindruck zu machen. Wenn die Leute nicht mehr beachten, was ihnen in die Becher gefüllt wird, kann man den billigen Wein hervorholen. Beim Herrn ist es umgekehrt. Er will nicht Eindruck machen (vgl. Jes 53,3), sondern den Menschen ins Licht stellen und dazu sein eigenes Wesen offenbaren (V. 11), auch wenn das dem Menschen gar nicht gefällt. Damit will er ihm aber Wohltaten erweisen, die er nie erwartet und erst recht nicht geahnt hätte.

Für **»betrunken«** steht hier das Verb *methyō*, das im Neuen Testament stets für Trunkenheit verwendet wird (Mt 24,49; Apg 2,15; 1Kor 11,21; 1Thes 5,7; Offb 17,2.6). Daraus sollten wir nicht folgern, dass die Hochzeitsgesellschaft betrunken war; der Speisemeister sagt lediglich, was Gastgeber normalerweise tun.

»du hast den guten Wein bis jetzt aufbewahrt«: Der zweite Wein war besser als der erste; das entspricht einem heilsgeschichtlichen Muster: Die zweite Schöpfung, die Erlösung, ist besser als die erste Schöpfung. Der zweite Mensch ist herrlicher als der erste (1Kor 15,47). Der zweite, der Gnadenbund, ist besser als der Gesetzesbund (Hebr 8,6). So wird auch das himmlische Paradies (Offb 2,7) herrlicher sein als das irdische, aus dem Adam vertrieben wurde. Darum kommt für den Gläubigen das Beste ganz am Ende seines Weges.

11 Diesen Anfang der Zeichen machte Jesus in Kana in Galiläa und offenbarte seine Herrlichkeit; und seine Jünger glaubten an ihn.

Wir fragen uns, warum Jesus gerade dieses Zeichen als **»Anfang der Zeichen«** tat. Bei seinem ersten Zeichen sorgte Jesus dafür, dass die Freude einer Hochzeitsfeier bestehen blieb. So zeigte er, dass er gekommen war, um dem Menschen alles zu geben, was Gott dem Menschen zugedacht und bei seiner Erschaffung gegeben hatte: die Wonne an Gott und die Wonne der Liebenden aneinander. Die erste Hochzeit in der Bibel (1Mo 2,21-25) deutete an, was Gott eigentlich beabsichtigte: Die Erlösten sollten einst mit seinem Sohn in eine ewige Gemeinschaft der Liebe gebracht werden, die anders als die in der Schöpfung geknüpfte Gemeinschaft nie aufgelöst werden sollte. Denn 1Mo 2,21-25 ist eine Vorwegnahme der Gemeinschaft zwischen Christus und der Gemeinde, wie der Apostel ausdrücklich erklärt (Eph 5,31.32), und so verweist die Hochzeit im Garten Eden bereits auf Offb 19,7-9, die Hochzeit des Lammes. So, wie die Beschreibung der Vermählung zwischen dem Menschen und seiner Frau den Höhepunkt der Schöpfungsgeschichte bildet, so ist die Hochzeit des Lammes Vollendung und Höhepunkt der Heilsgeschichte.

Das erste Zeichen nimmt bereits das Ziel vorweg:

a. Das letzte der sieben Zeichen – die Auferweckung des Lazarus – beginnt mit einer Totenklage, also dem Gegenteil einer Hochzeit. In der Hochzeit verbinden sich Liebende miteinander; der Tod reißt Liebende auseinander. Der Herr ist die *Auferstehung* und das Leben (11,25), nicht nur das Leben. Das bedeutet, dass er gekommen war, um den Erlösten Auferstehungsleben zu geben, ein Leben, das anders als das Leben Adams nie von Sünde befallen und deshalb nie dem Tod unterliegen kann. Er kam, um dem Menschen neues Leben zu geben, ein Leben höherer Ordnung als jenes Leben, das wir durch die Sünde verloren haben. Es ist das Leben des Sohnes Gottes selbst. Wir werden mit ihm leben, bei ihm leben, sein Leben und seine Herrlichkeit teilen (17,22).
b. Die Bedingung dafür, dass der Hochzeitswein wieder floss, war Gehorsam: *»Füllt die Wasserkrüge mit Wasser!«* (2,7). Die Diener taten es, und damit bewiesen sie, dass sie glaubten. Gehorsam ist der Beweis des Glaubens; ohne Glauben aber kann niemand das ewige Leben empfangen (3,16.36; 5,24). Die Bedingung dafür, dass Lazarus aus dem Grab gerufen wurde, war Gehorsam: *»Nehmt den Stein weg!«* (11,39). Gehorsam ist der Schlüssel zur wahren, zur bleibenden Freude. Im Himmel wird nur Freude sein, weil dort alles Gott untertan ist. Ungehorsam ist die Ursache für alles Leid, das die Menschen befallen hat.
c. Das Ergebnis beider Zeichen: Der Herr offenbarte seine Herrlichkeit (2,11; 11,40).

»und offenbarte seine Herrlichkeit«: Die Wunder, die der Herr tat, waren stets Zeichen; sie bezeugten etwas von seinem Wesen und Willen. Hier offenbarte sich Jesus als Schöpfer, der allein die Macht hat, aus Wasser Wein zu machen. Jahr für Jahr tut der Schöpfer dieses Wunder: Er lässt Wasser auf die Weinberge fallen, die Weinstöcke und Reben trinken das Wasser und lassen Früchte wachsen, die voller Saft sind; diese werden geerntet, gepresst und gekeltert, und so entsteht innerhalb mehrerer Monate aus Wasser eben Wein. Als Jesus Wasser in Wein verwandelte, tat er das, was er als Schöpfer seit Jahrtausenden fortwährend tut. Weil das so regelmäßig geschieht, sind wir blind geworden für das Wunder, das es jedes Mal ist. Bei der Hochzeit in Kana verkürzte der Herr den monatelangen Prozess auf einen Augenblick; damit wurde das Wunder zu einem Zeichen, das niemand übersehen konnte. Dieses offenbarte auch seine Liebe; er ist der gütige Herr, der seinen Geschöpfen Gutes tut und Gutes gibt.

»Christus offenbart sich hier:

1. *als der, der das Band der Ehe ehrt. Das überrascht nicht, denn nach den Worten des Johannes (3,29; Offb 19,7) ist Christus selbst der Bräutigam, der in der Menschwerdung, der Erlösung und Vollendung zu seiner Braut, der Gemeinde, kommt. Wie könnte er etwas nicht ehren, was ein Abbild ist von seiner eigenen Beziehung zu seinem Volk?*
2. *als der, der seine Gaben freigebig ausschüttet. Wer in den natürlichen Dingen so reichlich gibt, sollte der in den geistlichen Dingen weniger geben?*
3. *als der, dessen grenzenlose Liebe sich wirksam erweist durch seine grenzenlose Macht.*
4. *als der, der demgemäß der Sohn Gottes ist, voller Gnade und Herrlichkeit«* (Hendriksen).

»und die Jünger glaubten an ihn«: Die sechs Jünger, die dem Herrn nach Kana gefolgt waren, hatten das Zeugnis Johannes' des Täufers (wie Andreas und Johannes) oder der Jünger (wie Petrus und Nathanael) gehört, waren zu Jesus gekommen und hatten in ihm den Messias erkannt. So waren sie durch das Hören der Botschaft gläubig geworden. Durch das Zeichen wurde die Herrlichkeit Jesu offenbar, und sie glaubten an ihn: Ihr Glaube wurde durch diese Offenbarung bestätigt, nicht geweckt.

Exkurs zu den sieben Zeichen im Johannesevangelium

Aus dem Alten Testament waren den Juden zwei große Wundertäter bekannt: Mose und Elia. Dass diese beiden in besonderer Beziehung zum Messias stehen, zeigt sich auf dem Berg der Verklärung, wo sie mit dem Herrn in Herrlichkeit erscheinen und seinen Ausgang besprechen, den er in Jerusalem erfüllen sollte (Lk 9,31). Aus alledem müssen wir erwarten, dass die Zeichen des Herrn an die Zeichen erinnern, die Mose und die Elia getan hatten, und in der Tat: Sie zeigen, dass er der Vollender all dessen ist, was Mose und Elia verkündigten, und sie zeigen, dass er größer ist als diese beiden.

Dieses erste Zeichen des Herrn erinnert an das erste Zeichen, das Mose vor den Ägyptern tat. Es waren beides Zeichen, die etwas mit Wasser zu tun hatten. Mose verwandelte Wasser zu Blut; der Herr verwandelt hier Wasser zu Wein. Ersteres war ein Gerichtszeichen, letzteres ein Gnadenzeichen; das Gerichtszeichen zeugte von Tod, das Gnadenzeichen von Leben. Damit bewies der Herr, dass er größer ist als Mose. Das zweite Zeichen, das der Herr tat, zeigt, dass er größer ist als Elia und damit größer als alle Propheten. Elia und auch Elisa hatten nur aus der Nähe, durch körperlichen Kontakt, aus dem Tod erretten können (1Kö 17; 2Kö 4), womit angezeigt wurde, dass sie lediglich Werkzeuge waren, durch die Gott aus dem Tod errettete. Der Herr rettet einen Knaben vom drohenden Tod aus der Ferne (Kap. 4), womit er zeigte, dass er selbst der Retter war und nicht lediglich ein Werkzeug, durch das Gott rettete. Das dritte Zeichen, das Jesus tat, wird ausdrücklich mit einem Wunder aus der Zeit des Mose verglichen: Dieser gab dem Volk Manna, das aber nur für eine Zeit das Leben erhalten konnte (6,31.49). Der Vater gibt mit Jesus dem Menschen das wahre Brot, das jedem, der davon isst, ewiges Leben gibt (6,32.50).

1. Der Zweck der Zeichen

Gemäß 20,30.31 sollen die Zeichen dem *Lesenden* Glauben wecken an den Sohn Gottes, damit er durch diesen Glauben ewiges Leben habe. Man beachte: Die Zeichen wurden *geschrieben*, damit der Leser glaube. Die Zeitgenossen des Herrn, die seine Zeichen sahen, glaubten nicht an ihn, wie es in 12,37 ausdrücklich bezeugt wird. Einige Stellen scheinen zu zeigen, dass die Zeichen bei den Betrachtern doch Glauben wecken:

2,23.24: Die Juden »*glaubten*«, als sie die Zeichen sahen, die Jesus tat. Es handelte sich aber um keinen rettenden Glauben, der die gläubige Seele mit dem Sohn Gottes verbindet, wie Johannes erklärt: Der Herr vertraute sich keinem dieser Leute an, denn er wusste, was in ihren

Herzen war. Wie diese Stelle, so widerlegen auch 6,30.36; 7,4.5 die falsche Erwartung, Menschen würden durch Sehen von Wundern gläubig werden. Der Herr sagte nicht, dass wir dann glauben können, wenn wir die Herrlichkeit Gottes sehen, sondern umgekehrt: Wenn wir glauben, dann werden wir die Herrlichkeit Gottes sehen (11,40). In 20,29 preist der Herr die glückselig, die nicht gesehen und doch an ihn geglaubt haben.

3,1.2: Obwohl Nikodemus scheinbar glaubt, sagt ihm der Herr auf dessen Bekenntnis hin, dass er das Reich Gottes nicht einmal sehen, geschweige denn zum Reich Gottes gehören könne (3,3.5). Als Folge der anschließenden *Worte* des Herrn kam Nikodemus wahrscheinlich zum Glauben (7,50; 19,39).

6,1.2: Die Zeichen machten Jesus für die Menschen anziehend. Das sehen wir auch in 6,14. Aber 6,15 zeigt uns, dass der Herr sich ihnen entzog, weil sie sich für ihn nur interessierten als Heiler und Ernährer, aber nicht als Retter und Herrscher. In 6,66-69 sehen wir, wie sie auf seine Forderungen, an ihn zu glauben, reagierten: Seine *Worte* behagen ihnen gar nicht; sie wenden sich von ihm ab. Es ist aber so, dass nur wer seine Worte annimmt, ewiges Leben hat (5,24), und wer in seinem Wort bleibt, sich als wahrer Gläubiger erweist (8,31.32).

12,37-40: Hier fasst Johannes das Ergebnis aller Zeichen, die der Herr tat, zusammen, und er nennt auch den Grund für den Unglauben der Juden: Ihre Herzen waren verhärtet.

Während die Zeichen keinen Glauben weckten, vermochten das die Worte des Herrn, wie Johannes in aller Deutlichkeit zeigt. Wir sahen das etwas weiter oben am Beispiel des Nikodemus. Weitere Belege sind:

1,35-42: Die ersten Jünger Jesu folgen ihm nach und erkennen in ihm das Lamm Gottes durch das Zeugnis des Johannes.

4,29.30.39-42: Die Frau am Jakobsbrunnen und die Bewohner der Stadt Sichar in Samaria sehen kein einziges Zeichen, hören aber und glauben den Worten des Herrn.

4,46-54: Der Vater des sterbenden Kindes nimmt die Rüge des Herrn an, dass die Leute nur glauben, wenn sie Zeichen und Wunder sehen (4,48), indem er auf das bloße Wort des Herrn hin glaubt, wie sein Gehorsam beweist. Das Zeichen, das der Herr daraufhin tut, bestätigt seinen Glauben (4,52.53).

5,24: Wer das Wort des Herrn hört und an ihn glaubt, empfängt ewiges Leben.

6,68.69: Petrus bekennt, dass sie durch die Worte des Herrn glaubten, dass er der Heilige Gottes ist.

17,20: Die Gläubigen, für die unser himmlischer Hoherpriester betet, sind durch das Wort der Apostel zum Glauben gekommen.

Was war denn der Zweck der Zeichen, die unser Herr tat? Die Antwort wird in Apg 2,22 und Hebr 2,3.4 gegeben. Sie wiesen ihn aus als den Messias, sie waren die von Gott gegebene Bestätigung seiner Lehren.

2. Die Bedeutung von »Zeichen«

Bei Johannes heißen die Wundertaten des Herrn außer an einer Stelle (4,48) immer *»Zeichen«, sēmeia*. Das Wort kommt bei ihm 17-mal vor, bei den drei Synoptikern – bezogen auf Wundertaten – zusammen nur 13-mal. Ein Zeichen ist wie ein Wegweiser: Es verweist auf etwas Höheres. Der Wegweiser mit dem Namen der Stadt Bern darauf verweist auf die Stadt selbst. Niemand bleibt beim Wegweiser stehen; der hat seinen Dienst getan, wenn er dem Reisenden den Weg zum Ziel gewiesen hat. So sind die Wunderwerke des Herrn nur Hinweise auf das Eigentliche: auf das ewige Leben mit seinen ewigen Segnungen. Niemand bleibt beim Zeichen stehen und begehrt das Zeichen wie etwa eine Heilung oder Totenauferweckung um seiner selbst willen – außer dem Toren. Oder sollten wir nach Totenauferweckungen trachten, nur weil wir in Kap. 11 lesen, dass der Herr Lazarus aus dem Grab rief? Für die Schwestern von Lazarus war es eine beglückende Erfahrung, dass ihr Bruder ihnen unverhofft wiedergegeben wurde. Aber war Lazarus damit ein so großer Gefallen getan? Ich weiß nicht, wer von uns gerne zweimal sterben möchte. Nein, das Zeichen der

Auferweckung wies auf etwas viel Größeres hin: Wer an den Sohn Gottes glaubt, wird eines Tages zu ewiger Herrlichkeit auferstehen.

3. Die Auswahl der Zeichen

a) Die sieben Zeichen und die Identität Jesu

Gemäß 20,31.32 hat Johannes aus den unzähligen Zeichen, die der Herr tat, durch Gottes Geist geführt nur deren sieben ausgesucht und in seinem Bericht überliefert. Wir dürfen aus diesen Worten folgern, dass er gerade diese sieben aussuchte, weil diese zusammen ein besonders klares und vollständiges Bild von der Identität Jesu von Nazareth bieten: Er ist der Sohn und Christus Gottes, der Heiland der Welt. Im Anschluss an das erste Zeichen sagt Johannes, was stellvertretend für alle Zeichen gilt: *»Diesen Anfang der Zeichen machte Jesus in Kana in Galiläa und offenbarte seine Herrlichkeit«* (2,11). Der Herr offenbarte seine Herrlichkeit, d. h. er offenbarte, wer er ist und wie er ist. Als Jesus die Brote mehrte (6,1-13), sagte er: *»Ich bin das Brot des Lebens«* (6,35). Als der Herr dem Blinden das Augenlicht wiedergab (9,1-7), bekannte er: *»Ich bin das Licht der Welt«* (9,5); und als er Lazarus auferweckte (11,1-44), sagte er: *»Ich bin die Auferstehung und das Leben«* (11,25). Die Zeichen demonstrierten also jedes Mal eine besondere Seite seiner Identität.

Das erste Zeichen: Wasser wird zu Wein (2,1-11).
Jesus Christus ist der Schöpfer (1,1-3; Kol 1,15.16).

Das zweite Zeichen: Ein sterbender Sohn wird seinem Vater wiedergegeben (4,46-54).
Jesus Christus ist der Urheber und Quell des Lebens (vgl. 4,14; 7,38; Ps 36,10).

Das dritte Zeichen: Ein Lahmer kann wieder gehen (5,1-9).
Jesus Christus ist der Helfer der Hilflosen (Ps 10,14; 30,11; 72,12; Hebr 13,6).

Das vierte Zeichen: Der Menschensohn speist die Hungrigen mit Brot (6,1-13).
Jesus Christus ist das Brot des Lebens (6,35), der sich selbst der Welt gibt (6,51). Er ist selbst das Leben (11,25; 14,6; 1Jo 5,20). Wer ihn hat, hat das ewige Leben (1Jo 5,12).

Das fünfte Zeichen: Der Menschensohn wandelt auf dem Wasser (6,16-21).
Jesus Christus ist Herr über die Elemente und alle Mächte (Ps 93,3.4), der Beschützer und Bewahrer der Seinen (Ps 121; Mt 28,18-20).

Das sechste Zeichen: Ein Blinder empfängt das Augenlicht (9,1-7).
Jesus Christus ist das Licht der Welt (8,12; 9,5), Licht vom wahren Licht, der den Menschen Gott offenbart (1,8; Hebr 1,1.2); er ist Jahwe, der den Blinden die Augen auftut (Ps 146,8).

Das siebte Zeichen: Ein Toter wird auferweckt (11,17-44).
Jesus Christus ist die Auferstehung und das Leben (11,25). Er ist der Erstgeborene aus den Toten (Kol 1,18), und damit ist er der Erstgeborene unter vielen Brüdern (Röm 8,29). Er ist der Erstling der Entschlafenen (1Kor 15,20) und damit die sichere Bürgschaft dafür, dass alle, die Christi Eigentum sind, eines Tages auferweckt und verherrlicht und mit ihm vereinigt werden (1Kor 15,21.22).

b) Die sieben Zeichen und das ewige Leben

Ferner zeigen die Zeichen des Herrn, was er einer jeden Seele gibt, die an ihn glaubt. Zusammenfassend gesagt, empfängt der an den Sohn Gottes Glaubende das ewige Leben (3,16). Worin dieses Leben besteht, das können wir an den sieben Zeichen ablesen.

Das erste Zeichen: Wasser wird zu Wein.
Das ewige Leben beinhaltet Freude – denn dafür steht der Wein (Ps 104,15) –, die nie aufhört.

Das zweite Zeichen: Ein sterbender Sohn wird seinem Vater wiedergegeben.
Das ewige Leben bedeutet Gemeinschaft, die nie aufgelöst wird.

Das dritte Zeichen: Ein Lahmer kann wieder gehen.
Das ewige Leben bedeutet Befähigung, all das zu sein und zu tun, was Gott für den Menschen bestimmt hat.

Das vierte Zeichen: Der Menschensohn speist die Hungrigen mit Brot.
Das ewige Leben bedeutet, den Sohn Gottes selbst zu haben, denn er ist das wahre Brot.

Das fünfte Zeichen: Der Menschensohn wandelt auf dem Wasser.
Das ewige Leben bedeutet Sicherheit.

Das sechste Zeichen: Ein Blinder empfängt das Augenlicht.
Das ewige Leben bedeutet, dass wir Gott sehen und erkennen (Offb 22,4.5).

Das siebte Zeichen: Ein Toter wird auferweckt.
Das ewige Leben bedeutet, dass der Glaubende einst verwandelt und verherrlicht wird (Röm 8,11; 1Kor 15,51-53; Phil 3,20.21; Kol 3,1-4; 1Jo 3,1-3).

Das erste und das siebte Zeichen:
»Diesen Anfang der Zeichen machte Jesus in Kana« (2,11). Das erste Zeichen geschah an einer Hochzeit und verwies damit bereits auf das Ende der Heilsgeschichte. Als Gott zum ersten Mal eine Frau mit einem Mann zusammenführte (1Mo 2,21-25), deutete er an, was er in der Erlösung tun würde: Die Erlösten sollten einst für immer mit dem Sohn Gottes verbunden werden, so wie am Tag der Hochzeit Braut und Bräutigam sich miteinander verbinden. Der Wein, der in Kana wieder floss (als Ausdruck der Freude, siehe Ps 104,15), kündigte die nie endende Freude an, die mit der Hochzeit des Lammes beginnen wird (Offb 19,7-9).

Das letzte der sieben Zeichen tat der Herr an einem Grab. Eine Vermählung bindet Liebende zusammen, der Tod reißt Liebende auseinander. Der Herr war gekommen, um den Glaubenden ewiges Leben zu geben. Das ist das Leben des Sohnes Gottes selbst. Wer an ihn glaubt, wird nie mehr dem Tod erliegen. Die Diener mussten gehorchen und tun, was Jesus befahl: *»Füllt die Wasserkrüge mit Wasser!«* (2,7). Mit ihrem Gehorsam bewiesen sie, dass sie glaubten.

Bevor der Herr Lazarus aus dem Grab rief, befahl er: *»Nehmt den Stein weg!«* (11,39). Man gehorchte ihm und bewies damit wiederum, dass man wirklich glaubte.

Durch beide Zeichen offenbarte der Herr seine Herrlichkeit (2,11; 11,40).

Das zweite und das sechste Zeichen:
Beim zweiten Zeichen offenbarte der Herr, dass er gekommen war, um zu überwinden, was der Erfüllung des Heilsrats Gottes im Wege stand: den Tod. Der Tod des geliebten Sohnes jenes Beamten riss auseinander, was eigentlich immer hätte verbunden bleiben sollen. Leben ist eine Gesamtheit von Beziehungen: Beziehung zu Gott, Beziehung zum Nächsten, Beziehung zur Frau, Beziehung zur uns umgebenden Welt usw.; Tod ist Auflösung all dieser Beziehungen.

Beim sechsten Zeichen offenbarte der Herr, dass er gekommen war, um dem Menschen die Erkenntnis Gottes wiederzubringen. Die Sünde hatte ihn blind gemacht für Gottes Wahrheit und Gottes Herrlichkeit. Die Erlösung öffnet ihm die Augen, sodass er wieder sieht, wer Gott ist und wie Gott ist: Er ist Licht (1Jo 1,5), und er ist Liebe (1Jo 4,16). Er ist nicht ein Lügner und ein liebloser Tyrann, wie Satan dem Menschen eingeflüstert und der Mensch geglaubt hatte. Solange der Mensch Gott nicht erkennt, bleibt er im Tod; sobald er Gott erkennt, lebt er wieder; denn *»dies … ist das ewige Leben, dass sie dich, den allein wahren Gott, und den du gesandt hast, Jesus Christus, erkennen«* (17,3).

Die Bedingung dafür, dass der Vater seinen Sohn wiedererhielt: *»Geh hin«* (4,50). Der Vater ging hin und bewies damit, dass er glaubte.

Die Bedingung dafür, dass der Blinde sehend wurde: *»Geh hin«* (9,7). Der Blinde ging hin und bewies damit, dass er glaubte.

Das dritte und das fünfte Zeichen:
Beim dritten Zeichen offenbarte der Herr, dass er gekommen war, um Kraftlosen die Kraft zum Leben zu geben. Er heilt einen Gelähmten und befähigt ihn zu tun, was dem Menschen bestimmt ist: zu gehen. Die Sünde hat dem Menschen die Fähigkeit genommen, mit Gott (vgl. 1Mo 5,22) und vor Gott (vgl. 1Mo 17,1) zu wandeln, was seine höchste Bestimmung und sein höchstes Glück wäre. In der Wiederherstellung

des Menschen tut Gott alles und der Mensch nichts. Er empfängt alles, ohne zu wirken, während Gott der Vater und Gott der Sohn alles wirken (5,17). Darum heilte der Herr den Gelähmten an einem Sabbat (5,9), an jenem Tag, an dem der Mensch nicht arbeiten durfte.

Beim fünften Zeichen ist der Herr allein mit seinen Jüngern und offenbart ihnen, dass er über allen Mächten und Kräften steht, welche die Reise der Erwählten durch das Meer der Zeit bis zu den Ufern des himmlischen Landes schwer und gefahrvoll machen. So, wie er dem Kraftlosen Kraft gibt zu wandeln, so gibt er dem Ausgelieferten vollkommene Sicherheit.

Die Bedingung dafür, dass der Lahme gehen konnte: keine. Der Herr trat ungefragt zu ihm, sprach zu ihm und befahl ihm aufzustehen. Das Wort der Allmacht erfüllte sich an ihm.

Die Bedingung dafür, dass die Jünger sicher über den See ans andere Ufer gelangen: keine. Der Herr trat ungefragt zu ihnen und sicherte die Überfahrt.

Das vierte Zeichen:
Die Mehrung der Brote ist das mittlere der sieben Zeichen des Herrn. Es zeugt vom Dreh- und Angelpunkt all dessen, was mit dem ewigen Leben zusammenhängt: wie es dem Menschen überhaupt ermöglicht wurde; wie der Mensch das ewige Leben empfängt; was das ewige Leben beinhaltet; wie sicher das ewige Leben ist. In der Auslegung des Zeichens lehrt der Herr folgende Wahrheiten:

- 6,33: Menschwerdung des Sohnes Gottes
- 6,51.53.54: Tod des Sohnes Gottes
- 6,29.35.40: Glauben an den Sohn Gottes
- 6,37: Erwählung zum Leben
- 6,44.65: Befähigung, zu kommen und an den Sohn Gottes zu glauben
- 6,39: ewige Sicherheit des Gläubigen
- 6,40: Auferstehung zum ewigen Leben

Seine Worte haben folgende Wirkung:

- 6,66-69: Sie scheiden zwischen Gläubigen und Ungläubigen.
- 6,68: Sie geben Erkenntnis, dass der Sohn Gottes die Worte des ewigen Lebens hat.

Wie die sieben Zeichen einander gegenüberstehen, zeigt folgende Übersicht noch einmal:

A Hochzeitsmahl; Freude – »Füllt die Wasserkrüge!« – »Jesus … offenbarte seine Herrlichkeit.«
  B Glauben und Leben: »Geh hin.«
    C Feste Schritte; Ruhe
      D Der Herr gibt sich selbst: volles Genüge
    C Gefahrvolle Fahrt; Sicherheit
  B Sehen und Leben: »Geh hin.«
A Trauermahl; keine Tränen mehr – »Nehmt den Stein weg!« – »… die Herrlichkeit Gottes sehen«

---

2. Das Passah und die Reinigung des Hauses des Vaters (2,12-22)

Auf die Hochzeit von Kana folgt etwas, was während des Passahfestes geschah. In Kana hatte der Herr sich als der Schöpfer aller Dinge offenbart; im Tempel in Jerusalem offenbart er sich als der große Priester, der Gottes Haus und Gottes Volk von aller Unreinheit befreit. Die Hochzeit und das Passah stehen in einem inneren Zusammenhang: Der Mensch hat durch die Sünde die Glückseligkeit verloren; nur der Herr konnte sie ihm wiedergeben. Das aber musste er auf einem gerechten Weg tun: Er kam in diese Welt, um als das Lamm Gottes (1,29) in seinem Tod die Sünde der Welt wegzunehmen. Das Passah mit den zahllosen geschlachteten Lämmern war nur ein Typus, ein Schatten (Hebr 8,5; 10,1); nun kam er, der die Erfüllung aller Schattenbilder ist (Kol 2,17), zum Passahfest nach Jerusalem. Dabei weist der Herr auf seinen Tod hin, allerdings in verhüllter Weise, sodass die Juden ihn nicht verstehen: Man würde seinen Leib abbrechen, d.h. ihn töten, aber er würde ihn wieder aufrichten, d.h. wieder auferstehen (V. 19-22). Auch die Jünger verstanden das Wort erst, nachdem er *aus den Toten auferstanden war* (V. 22).

Johannes berichtet als einziger der vier Evangelisten, dass der Herr bereits bei seinem ersten Besuch in Jerusalem den Tempel reinigte. Aus Matthäus, Markus und Lukas erfahren wir, dass er ihn abermals reinigte bei seinem letzten Besuch in Jerusalem, um wenige Tage danach anzukündigen: *»Euer Haus wird euch öde gelassen«* (Mt 23,38). Diese Worte sprach der Herr nach der ersten Tempelreinigung bezeichnenderweise nicht aus. Damit ist der Dienst des Herrn eingerahmt von zwei Tempelreinigungen. Daran sollen wir wohl erkennen, dass der Herr gekommen war, um alles aus dem Weg zu räumen, das den Zugang zu Gott versperrte, dass er gekommen war, um Sünder zu Gott zu führen (siehe 1Petr 3,18); denn wir müssen bedenken, dass im Alten Bund der Tempel der einzige Ort war, an dem der Mensch Gott nahen konnte.

12 Danach ging er hinab nach Kapernaum, er und seine Mutter und seine Brüder und seine Jünger; und dort blieben sie nicht viele Tage.

In Mt 4,13 erfahren wir, dass der Herr die Stadt, in der er aufgewachsen war, Nazareth, verließ und fortan in Kapernaum wohnte, weshalb diese *»seine eigene Stadt«* genannt wurde (Mt 9,1). Damit hatte er Kapernaum, wie es in Mt 11,23 heißt, *»bis zum Himmel erhöht«*; und doch glaubte man dort nicht an ihn. So wird abermals die Wahrheit von 1,11 belegt: Der Herr kam in das Seine, und die Seinen nahmen ihn nicht an. Obwohl der Herr mit seinen Jüngern **»nicht viele Tage«** in Kapernaum blieb, hat Johannes es vermerkt. Warum das? Er bereitet damit den Bericht vor vom königlichen Beamten aus Kapernaum, dem wir in 4,46 begegnen. Dieser muss an seinem Wohnort Jesus gesehen und gehört haben, und als sein Sohn krank wurde, erinnerte er sich an ihn. So zeigt Johannes, dass keiner der Wege des Herrn ohne eine Bedeutung war.

»und seine Brüder«: Schon früh begleiteten diese den Herrn; in 7,3-5 erfahren wir jedoch, dass sie nicht an ihn glaubten.

13 Und das Passah der Juden war nahe, und Jesus ging hinauf nach Jerusalem.
14 Und er fand im Tempel die Rinder- und Schafe- und Taubenverkäufer und die Wechsler dasitzen.

»Und das Passah der Juden war nahe«: Das sagt Johannes mit den gleichen Worten insgesamt drei Mal; noch in 6,4; 11,55. Er nennt es »Passah der Juden« und nicht wie ursprünglich *»das Passah des HERRN«* (2Mo 12,11), denn es war zu einer jüdischen, d.h. menschlichen Einrichtung degeneriert. Es war eingesetzt worden zur Erinnerung an jene Nacht, in der Gott Israel aus dem Sklavenhaus Ägypten befreite, und als solches war es gleichzeitig Angeld auf eine größere Errettung, die Gott noch wirken sollte. Er hatte verordnet, dass man in Israel Jahr für Jahr das Passah feiere, um die Erinnerung an die damalige und damit auch die Hoffnung auf die zukünftige, wirkliche und endgültige Errettung wachzuhalten (2Mo 13,4-10). Und diese hatte das Volk wahrlich nötig, denn es war in einer Knechtschaft gefangen, die schlimmer war, als es jene in Ägypten war: Sie waren nicht nur Knechte eines Pharao, sondern Knechte der Sünde (8,34). Da sie aber weder erkannten noch empfanden, dass sie geknechtet waren, konnte es nicht anders sein, als dass das Passah zur religiösen Feier verkommen war.

»und Jesus ging hinauf nach Jerusalem«: Kapernaum lag am See (Mt 4,13) und damit ca. 300 Meter unter dem Meeresspiegel, Jerusalem etwas mehr als 800 Meter über dem Meer. Aber man zog *immer* »hinauf« nach Jerusalem, von wo aus man auch anreiste, denn Jerusalem war die Stadt, die der Herr erwählt hatte, um seinen Namen dort wohnen zu lassen (5Mo 12,5). Es war der einzige Ort, an dem ein Altar stand, auf dem man Gott opfern durfte. Darum zogen die Juden nach Jerusalem zum Passah, und Jesus war unter ihnen. Er war es, der sich einst Mose offenbart hatte und herabgestiegen war, um sein gepeinigtes Volk aus Ägypten heraus- und in das verheißene Land *»hinaufzuführen«* (2Mo 3,8). Er, der damals verordnet hatte, dass man als Zeichen der Erlösung ein Lamm schlachten musste, zog nun nach Jerusalem, in *»die Stadt des großen Königs«* (Mt 5,35; Ps 48,3), er, das eigentliche Lamm, das drei Jahre danach am eigentlichen Passah geschlachtet werden sollte.

»Und er fand«: Der Herr kommt nach Jerusalem, lenkt seine Schritte zum Tempel und erfüllt damit die Weissagung Maleachis: *»Und plötzlich* *wird zu seinem Tempel kommen der Herr, den ihr sucht«* (Mal 3,1). Aber was findet er dort? Er findet im Tempel nicht Anbeter, nicht Menschen mit einem zerbrochenen Herzen, die zittern vor dem Wort dessen, der in jenem Haus wohnt (siehe Jes 66,1.2); nein, er findet Händler und Wechsler zufrieden **»dasitzen«**, als ob dies das Selbstverständlichste in der Welt wäre. Sie bevölkern den ersten Vorhof des Tempels und haben sich damit wie ein Ring um die Wohnung Gottes gelegt, und jeder, der zum Heiligtum unterwegs ist, geht zuerst durch ihre Hände, wird gewissermaßen zuerst getränkt vom unreinen Geist des Mammon. Aber es scheint niemanden zu kümmern, denn die Festpilger selbst danken es den Händlern, dass sie ihnen diesen willkommenen Dienst erweisen und die geforderten Opfertiere feilhalten.

Der Ausdruck **»Tempel«** wurde für den ganzen Komplex mitsamt Vorhof der Heiden, Vorhof der Frauen und Vorhof Israels verwendet. Die Händler saßen im Vorhof der Heiden. Den Juden, die aus Galiläa oder aus den Ländern der Zerstreuung, etwa aus Ägypten, Griechenland, Rom oder Mesopotamien zum Passah oder zum Wochenfest nach Jerusalem strömten, war es natürlich nicht möglich, die Opfertiere mitzubringen, sodass sie auf diese Verkäufer angewiesen waren. Die **»Wechsler«** tauschten Fremdwährung gegen jüdische Schekel, die einzige Währung, die für die geforderte Tempelsteuer akzeptiert wurde, und sie verdienten gut an diesem Tausch. Alfred Edersheim erklärt:

»Die Tempelsteuer musste in den Halb-Schekeln des Heiligtums bezahlt werden, oder in gewöhnlichen Galiläischen Schekeln. Wenn man bedenkt, dass neben den eigenen palästinensischen Silber- und Kupfermünzen auch persisches, tyrisches, syrisches, ägyptisches, griechisches und römisches Geld im Land zirkulierte, versteht man, welche Arbeit diese Geldwechsler verrichteten. Vom 15. bis 25. Adar hatten sie in jedem Landstädtchen ihre Wechselstuben aufgestellt. Am 25. schlossen sie ihre Wechselstuben, weil dann die ersten Festpilger in der Stadt eintrafen, und von dem Tag an saßen sie im Tempelbezirk ... Die Wechsler hatten ihre feste Gebühr für das Wechseln jeder Münze festgelegt ... Sie müssen damit immensen Gewinn gemacht haben, da nicht nur Einheimische ohne die vorgeschriebene Münze kamen, sondern auch eine riesige Anzahl ausländischer Juden ...« (Edersheim, S. 367-368).

15 Und er machte eine Geißel aus Stricken und trieb sie alle zum Tempel hinaus, sowohl die Schafe als auch die Rinder; und das Geld der Wechsler schüttete er aus, und die Tische warf er um;
16 und zu den Taubenverkäufern sprach er: Nehmt dies weg von hier, macht nicht das Haus meines Vaters zu einem Kaufhaus!

Der Herr **»trieb sie alle zum Tempel hinaus«**, alle Händler. Dass sie alle vor Jesus wichen, der ja lediglich **»eine Geißel aus Stricken«** in der Hand hatte, lässt sich kaum anders erklären, als dass vor ihnen etwas von seiner Herrlichkeit, d. h. von seiner Heiligkeit und seiner Macht, aufgeblitzt sein muss.

»macht nicht das Haus meines Vaters zu einem Kaufhaus!«: Damit erklärt der Herr, warum er so handeln musste. Er reinigte den Tempel vom Geist des Mammon und demonstrierte damit, dass man nicht Gott und Mammon gleichzeitig dienen kann; denn wer dem Mammon dient, hasst und verachtet den Herrn (Lk 16,13). Und beachten wir wohl: Der Herr nennt den Tempel in Jerusalem trotz allem **»das Haus meines Vaters«**, wie er bereits als der Zwölfjährige getan hatte (Lk 2,49). Das Heiligtum in Jerusalem war noch immer der einzige Ort auf der Erde, an dem man Gott opfern durfte, um ihm zu nahen.

17 Seine Jünger aber erinnerten sich daran, dass geschrieben steht: »Der Eifer um dein Haus wird mich verzehren.«

»Der Eifer um dein Haus wird mich verzehren«: Das Zitat stammt aus einem messianischen Psalm (Ps 69,10), aus dem Johannes auch den 5. Vers zitiert (siehe 15,25). Die Jünger kannten die Schriften und erinnerten sich an eine Stelle, die sie auswendig wussten. Sie verstanden, warum der Herr so handelte, erkannten also recht klar, weshalb er gekommen war: nicht, um sich zu gefallen, sondern um Gottes Willen zu tun und Gottes Ehre wiederherzustellen (siehe 17,4). Es fällt auf, wie die Zeitform des Zitats sich nicht deckt mit der Septuaginta, der von den Juden gelesenen griechischen Übersetzung des Alten Testaments. Dort heißt es: »Der Eifer um dein Haus *hat mich verzehrt*«, was dem Hebräischen entspricht. Durch Gottes Geist geführt, verlegt Johannes das Geschehen in die Zukunft: Erst am Kreuz sollte sich dieses Wort wirklich erfüllen; erst dort wurde der Sohn Gottes in seinem Eifer um Gott verzehrt. Entsprechend verweist der Herr als Nächstes auf seinen Tod.

3. Der Herr kündigt seinen Tod und seine Auferstehung an (2,18-22)

18 Die Juden nun antworteten und sprachen zu ihm: Was für ein Zeichen zeigst du uns, dass du diese Dinge tust?

Das gleiche Geschehen wird von Jüngern und Juden verschieden bewertet. Die Jünger sehen in der Tempelreinigung einen Beweis dafür, dass Jesus um Gottes Ehre eifert; die Juden sehen darin nur Anmaßung und richten darum die Frage an ihn: »**Was für ein Zeichen zeigst du uns …?**« Die Juden begehren nicht eine Auskunft, sondern sie hinterfragen den Herrn und sein Handeln. Er müsse mit einem Zeichen beweisen, dass er das Recht habe, »**diese Dinge**« zu tun – dabei hatte er gerade eines der Zeichen erfüllt, das die Propheten angekündigt hatten. Beachten wir, was Maleachi 3,1-3 vorausgesagt hatte:

a. Der Herr wird seinen Boten vor dem Messias hersenden. Johannes der Täufer war inzwischen gekommen.
b. Der Messias wird plötzlich zu seinem Tempel kommen. Das war jetzt geschehen.
c. Er wird reinigen. Das hatte er eben getan.

Die unwiderstehliche Macht, mit der er die Händler aus dem Tempel getrieben hatte, war Beweis genug dafür gewesen, dass Jesus der angekündigte Messias war, der sein Heiligtum betreten hatte. Mit welchem Recht forderten da die Juden weitere Beweise? Und zudem: Hätten sie sich nicht eher schämen sollen, dass unter ihren Händen das Haus Gottes zu einem Kaufhaus geworden war? Hätten sie Gott geliebt, hätten sie Jesus gedankt für sein Werk.

19 Jesus antwortete und sprach zu ihnen: Brecht diesen Tempel ab, und in drei Tagen werde ich ihn aufrichten.

In 1,29 hatten wir erfahren, dass Jesus das Lamm Gottes ist, das in seinem Tod die Sünde der Welt wegnimmt. Hier hören wir, dass er nach seinem Tod auferstehen wird.

Die Juden haben ein Zeichen begehrt; der Herr antwortet hier wie bei späterer Gelegenheit mit dem Zeichen des Jona (Mt 12,38-40), wenngleich er es hier nicht so nennt. Sein Tod ist ein Zeichen, das nicht von Macht zeugt, sondern von totaler Ohnmacht. Der Herr wurde *»in Schwachheit gekreuzigt«* (2Kor 13,4). Aber gerade dort offenbarte sich seine ganze göttliche Kraft, in der er Sünder rettet. Und dann wurde er als Sohn Gottes in Kraft erwiesen in der Auferstehung (Röm 1,4). Die Antwort, die der Herr den Juden hier gibt, ist wie das Evangelium: Denen, die nicht glauben, ist es Torheit, den Glaubenden aber ist das Wort vom Kreuz die Weisheit Gottes, und dazu ist es ihnen Gottes Kraft zum Heil (1Kor 1,18).

»Brecht diesen Tempel ab«: Die Juden haben ihn tatsächlich abgebrochen; sie übergaben drei Jahre nach dieser Ankündigung seinen Leib den Römern zur Misshandlung und öffentlichen Hinrichtung: Sie schlugen ihn *»durch die Hand von Gesetzlosen an das Kreuz«* (Apg 2,23). Jesus fährt fort und sagt: »Ich werde ihn aufrichten.« Hier steht für »aufrichten« εγειρω, *egeirō*, das gleiche Verb wie in V. 22 und 5,21; Lk 7,14; 1Kor 15,4.

»werde ich ihn aufrichten«: Christus selbst richtete seinen Leib auf; er erstand aus den Toten in eigener Kraft, denn dieses Gebot hatte er vom Vater empfangen: sein Leben dahinzugeben und es wiederzunehmen (10,18).

20 Da sprachen die Juden: Sechsundvierzig Jahre ist an diesem Tempel gebaut worden, und *du* willst ihn in drei Tagen aufrichten? 21 *Er* aber sprach von dem Tempel seines Leibes.

Die Juden verstanden die Sprache des Herrn nicht; ihnen blieb das Wort vom Kreuz Torheit, wie denn der natürliche Mensch nicht annehmen und verstehen kann, was des Geistes ist (1Kor 2,14).

»Sechsundvierzig Jahre«: Es war König Herodes der Große, der so lange am Tempel baute, den Serubbabel (Esr 3,8; Sach 4,9) im 6. Jahrhundert v. Chr. errichtet hatte. 37 v. Chr. bestieg Herodes den Thron, und gemäß Flavius Josephus begann er im 18. Jahr seiner Regierung, den Tempel auszubauen, d. h . im Jahr 20 – 19 v. Chr. Im Jahr 27 n. Chr. waren seither 46 Jahre verflossen, und die Arbeiten am Heiligtum waren noch nicht abgeschlossen. Erst wenige Jahre, bevor man den Tempel vollständig zerstörte (70 n. Chr.), wurde er vollendet.

Der Herr aber **»sprach von dem Tempel seines Leibes«**: Das erinnert an ein Wort, das der Herr bei anderer Gelegenheit an die Juden richtete: Er ist größer als der Tempel (Mt 12,6), denn er ist die wahre Wohnung Gottes. Wie so oft war seine Rede bildlich zu verstehen, was die Juden immer wieder verkannten (6,51.52).[51] Der Leib des Herrn und der Tempel in Jerusalem standen in einem inneren Zusammenhang: Der Tempel war der Ort, an dem Gott wohnte – oder zumindest hätte wohnen sollen (vgl. 2Chr 5,14). Im Menschen Jesus wohnte *»die ganze Fülle der Gottheit leibhaftig«* (Kol 2,9).

22 Als er nun aus den Toten auferweckt war, erinnerten sich seine Jünger daran, dass er dies gesagt hatte, und sie glaubten der Schrift und dem Wort, das Jesus gesprochen hatte.

Damit, dass der Herr das Vorhergesagte tut, wirkt er in den Herzen der Jünger Glauben an die Schrift. Vorhersage und Erfüllung überführen den Menschen von der Allwissenheit, der Allmacht und der Treue Gottes und lehren ihn, Gott zu fürchten. Damit, dass Gott zuerst ankündigt, was er tun wird, um dann genau das zu tun, was er angekündigt hat, beweist er, dass er der alleinige Gott ist, dass alles aus ihm geschieht und dass er allein alles wirkt (Jes 46,9.10).

»und sie glaubten«: Wie die erste Episode in diesem Kapitel (V. 1-11), so endet auch diese zweite (V. 12-22) mit dem Glauben der Jünger. Auch der nächste Abschnitt endet mit einer Art Glauben: dem oberflächlichen Glauben der Leute, welche die Zeichen sahen, die Jesus tat (V. 23).

51 Auch die Jünger fassten bildliche Rede oft im buchstäblichen Sinn auf, z. B. 4,31-34; Mt 16,5-7.12; Lk 22,35-38; so auch die Samariterin am Brunnen (4,10.11.15).

4. Die ersten Zeichen in Jerusalem (2,23-25)

Mit dem Herrn kam das Licht zuerst zum Tempel, dem Herzen des Volkes; danach wandert es hinaus in die Stadt, wo die Leute sind (2,23–3,21). Danach wird es weiterwandern ins Land Judäa (3,22-36), von dort nach Samaria (4,1-42) und schließlich nach Galiläa (4,43-54).

Der vorliegende Abschnitt berichtet, wie Jesus Zeichen tut in Jerusalem; das tut er aber nicht, weil die Juden kurz davor ein Zeichen gefordert hatten (V. 18), sondern weil es Gottes Wille war, dass er auf diese Weise sich selbst und gleichzeitig das Herz des Menschen offenbaren sollte. V. 25 spricht darum vom Inneren der Leute, die den Herrn hörten und seine Zeichen sahen. Dieses Innere war so verschlossen, dass es den Herrn nicht aufnahm, und gleichzeitig war es so verschlagen[52], dass es einen Scheinglauben aufbot, um ein an der Oberfläche beunruhigtes Gewissen wieder zu beruhigen. Damit bildet dieser Abschnitt den Übergang zum nächsten Kapitel, in dem wir lesen, dass der Mensch von Neuem geboren werden muss. Bekommt er nicht ein neues Herz, bleibt er für immer vom Heil ausgeschlossen.

23 Als er aber in Jerusalem war, am Passah, auf dem Fest, glaubten viele an seinen Namen, als sie seine Zeichen sahen, die er tat.
24 Jesus selbst aber vertraute sich ihnen nicht an, weil er alle kannte
25 und nicht nötig hatte, dass jemand Zeugnis gebe von dem Menschen; denn er selbst wusste, was in dem Menschen war.

In V. 11 hatten wir gelesen, dass die Jünger an den Herrn glaubten, und in V. 22, dass sie der Schrift glaubten. In auffälliger Weise spricht Johannes direkt danach (V. 23) von Leuten, die auch an ihn glaubten. Es ist offenkundig, dass er damit zeigen will, dass ein Unterschied bestand zwischen dem echten Glauben der Jünger und dem Glauben dieser Leute.

52 *»arglistig ... und verdorben«* lesen wir in Jer 17,9.

»glaubten viele ..., als sie seine Zeichen sahen«: Zum ersten Mal lesen wir, dass viele, die die Zeichen sahen, glaubten (siehe dazu 3,2; 6,14; 7,31; 9,16; 12,37). Aber der äußere Schein trügt, weshalb Johannes fortfährt: **»Jesus selbst aber ...«** Dieses »Aber« markiert den Gegensatz zum Schein; der Herr sah, was in den Herzen der Leute war; denn **»er kannte alle«**, und **»er ... wusste, was in dem Menschen war«**.

»Christus wusste wohl, was im Menschen war. Er war selber Gott, der Herzenskündiger« (Luther, *Johannes-Evangelium*, S. 123).

Weil er in die Herzen sah, **»vertraute [er] sich ihnen nicht an«**: Er verband sich nicht mit ihnen, denn es war kein lebendiger, kein von Gott gewirkter Glaube in ihren Herzen. Im Griechischen liegt ein Wortspiel vor, das man im Deutschen so formulieren kann: Weil sie nicht wirklich *vertrauten, pisteuō, vertraute* der Herr sich ihnen nicht *an, pisteuō*. Oder: Er wusste, dass sie nicht *glaubten*, darum *beglaubigte* er sich ihnen nicht.

Der Herr wusste stets alles; er wusste, wovon er redete (3,11); er wusste, was er tun wollte (6,6); er wusste, wer nicht an ihn glaubte, und er wusste, wer ihn verraten würde (6,64); als seine Stunde gekommen war, wusste er, dass sie gekommen war (13,1); er wusste, was auf ihn wartete, als er sich der römischen Kohorte stellte (18,4), und er wusste, dass alles schon vollbracht war (19,28). Wenn Johannes sagt, dass Jesus **»wusste, was in dem Menschen war«**, bezeugt er einmal mehr Jesu Gottheit; denn ihm, dem Jünger und Apostel, war wie jedem Juden bewusst, dass Gott allein die Herzen der Menschen kennt. So hatte es Salomo im Gebet vor dem ganzen Volk gesagt, als er das Haus Gottes einweihte (1Kö 8,39), und so hatten es die Sänger des Heiligtums bezeugt (Ps 44,22; siehe auch 1Chr 28,9; Spr 15,11; Apg 1,24).

Das Innere der Menschen war unberührt geblieben von dem, was sie sahen. Ihrer menschlichen Natur nach konnten sie gut beobachten und richtige Schlüsse ziehen, dass nämlich Jesus der verheißene Messias sein müsse, wenn er solche Werke tat. Aber das änderte an ihrem sündigen Wesen nichts. Was der Mensch nötig hat, wird Johannes im nächsten Kapitel behandeln: Der Mensch muss von Neuem geboren werden.

Exkurs zur Allwissenheit Christi

Wir dürfen nicht vergessen, dass Jesus der ewige Gott ist, und das bedeutet, dass er allwissend ist. Gott ist der *»an Wissen Vollkommene«* (Hi 37,16); er heißt *»ein Gott des Wissens«* (1Sam 2,3). Johannes sagt: *»Gott ist größer als unser Herz und kennt alles«* (1Jo 3,20). Der Psalmensänger bekennt: *»Seiner Einsicht ist kein Maß«* (Ps 147,5).

Gottes Wissen ist vollkommen und vollständig; es kennt keine Grenzen. Er weiß alles, was seit Anfang der Welt je gewesen ist, er weiß alles, was ist, und er weiß alles, was noch geschehen wird. Was die Geschöpfe von der Vergangenheit und Gegenwart wissen, ist sehr beschränkt, und was die Zukunft birgt, weiß keiner, weder Mensch noch Engel, außer Gott habe es ihm offenbart (Lk 1,19; Dan 2,27-45).

Gott weiß, was im Menschen ist:
»Der HERR kennt die Gedanken des Menschen« (Ps 94,11).
»Du allein kennst das Herz aller Menschenkinder« (1Kö 8,39).
Er heißt *»Herzenskenner«* (Apg 15,8).

Vor Gott ist alles bloß und aufgedeckt:
»HERR, du hast mich erforscht und erkannt! Du kennst mein Sitzen und mein Aufstehen, du verstehst meine Gedanken von fern. Du sichtest mein Wandeln und mein Liegen und bist vertraut mit allen meinen Wegen« (Ps 139,1-3).
»Die Augen des HERRN sind an jedem Ort, schauen aus auf Böse und auf Gute« (Spr 15,3).
»Wenn du betest, so geh in deine Kammer, und nachdem du deine Tür geschlossen hast, bete zu deinem Vater, der im Verborgenen ist, und dein Vater, der im Verborgenen sieht, wird es dir vergelten … euer Vater weiß, was ihr nötig habt, ehe ihr ihn bittet« (Mt 6,6.8).
»Kein Geschöpf ist vor ihm unsichtbar, sondern alles bloß und aufgedeckt vor den Augen dessen, mit dem wir es zu tun haben« (Hebr 4,13).

Gott erkennt, was noch nicht ist:
»Denn das Wort ist noch nicht auf meiner Zunge, siehe, HERR, du weißt es ganz« (Ps 139,4).

»Das Frühere, siehe, es ist eingetroffen, und Neues verkündige ich; ehe es hervorsprosst, lasse ich es euch hören« (Jes 42,9).

Gott erkennt durch seinen Geist die Tiefen seiner selbst:
»Der Geist erforscht alles, auch die Tiefen Gottes« (1Kor 2,10).

Als Erstes erkennt Gott sich selbst; denn er war, ehe etwas anderes war, sodass Gott vor aller Schöpfung sein ganzes Erkennen auf sich selbst richtete. Er erkannte und erkennt alle seine Gedanken und eine jede seiner Absichten. Seine Ratschlüsse über die Schöpfung und Erlösung sind ihm von Ewigkeit her bekannt, weil er sie selbst gefasst hat. Und Gott ist alles bekannt, was er gemäß seinem Vorsatz erschaffen hat: *»Gott sind alle seine Werke von Ewigkeit her bekannt«* (Apg 15,18; Schlachter 2000).

Gott erkennt alles, was außerhalb von ihm selbst ist:
»Auch das erkennt Gott aus sich heraus. Sein Wissen wird ihm nicht von außen zugetragen, wie das bei uns Menschen der Fall ist. Er gewinnt nicht wie wir Erkenntnis von den Objekten dadurch, dass sie ihm entgegentreten; denn die erkannten Objekte waren von ihm erkannt und gewollt, bevor sie existierten. Wenn Gott ewig und unveränderlich ist, muss auch sein Wissen unveränderlich sein, und das heißt, dass es nicht wachsen kann. Er weiß heute nicht mehr als gestern; er weiß seit der Erschaffung der Welt nicht mehr, als was er vor aller Schöpfung wusste. Er erkannte die Schöpfung und alle Geschöpfe, die Welt und ihren Lauf bis an ihr Ende, ehe sie alle waren. Das aber bedeutet: Er erkennt die Welt nicht etwa, weil die Welt ist, sondern die Welt ist, weil er sie erkannt hat und erkennt. Er erkennt dich und mich nicht, weil wir sind; sondern wir sind, weil er uns erkannt hat. Das muss so sein, denn Gott war zuerst. Er erkannte alles und alle zuvor, und gemäß seiner Erkenntnis rief er alles und alle ins Dasein. Bei uns ist es umgekehrt: Wir erkennen eine Sache, weil sie ist, und wir können nichts erkennen, ehe es ist. Wir sind den von uns erkannten Dingen nachgeordnet. Gott hingegen ist allen und allem vorgeordnet. Er ist der Erste, er ist der Anfang, er ist das Alpha.«[53]

---

53 Benedikt Peters, *Die Lehre von Gott*, Berlin: EBTC Media, 2015.

Anmerkungen zu Kapitel 2

»Was in Kapitel 2 folgt, offenbart dem Grundsatz nach, was geschehen wird, wenn der Herr die Herrschaft antritt über die Juden: Der Freudenwein der Hochzeit wird an die Stelle des Wassers der Reinigung treten, und Christus wird im Gericht das Haus seines Vaters reinigen. Aber es wird ein auferstandener Christus sein, der diese Dinge tut« (Darby).

V. 1.2 – »Große Leutseligkeit des Herrn. Gleich im Anfang geht er zu einer Hochzeit und lockt damit die neuangehenden Jünger an sich, welche ihn freilich auf raueren Pfaden durch Leiden zur Herrlichkeit sollten gehen sehen« (Bengel).

V. 4 – »Was meinst du, dass das für ein höllischer Stoß ist, wenn einem Menschen in seiner Not, sonderlich in den hohen Nöten des Gewissens, der Stoß kommt, dass er fühlt, wie Gott zu ihm spricht: *Quid mihi et tibi?* Was habe ich mit dir zu tun? Verzagen und verzweifeln muss er … Er fühlt eitel Zorn und hört eitel Ungnade; so hält er dann Gott nicht anders als für seinen Feind und zornigen Richter … Darum ist dies Stück des Evangeliums das höchste und wohl zu merken, dass wir Gott die Ehre geben müssen, dass er gütig und gnädig ist, ob er gleich selber sich anders stellt und sagt, und alle Sinne und alles Fühlen anders denken. Denn damit wird das Fühlen getötet und geht der alte Mensch unter, auf dass lauter Glauben in Gottes Güte und kein Fühlen in uns bleibe« (Luther, *Auslegung des Johannes-Evangeliums*, S. 88).

»Der Ausdruck ›**Meine Stunde**‹ bezieht sich auf den Tod und die Verherrlichung Jesu … Es ist durchaus möglich, dass Maria Jesus bewusst bat, sich jetzt zu offenbaren, da er viele Jahre bereits zum vollen Mann gereift war. Jesus aber machte ihr klar, dass er gemäß Gottes Fahrplan handeln würde, der vor Grundlegung der Welt festgelegt wurde … Die Zeit war noch nicht gekommen, seine volle messianische Herrlichkeit zu offenbaren. Das Wunder aber würde seine göttliche Macht unmissverständlich bezeugen und damit eine Vorschau bieten auf seine zukünftige Herrlichkeit. Die dunkle Stunde des Kreuzes musste der Offenbarung seines herrlichen messianischen Reiches vorausgehen; in jenem Reich würde es nie fehlen an Wein, dem Sinnbild der Freude und Fröhlichkeit« (MacArthur, *John 1–11*).

V. 11 – »Die ersten Wunder, die Jesus tat, werden mit besonderer Ausführlichkeit erzählt, denn diese waren die Grundlage für die Anfänge des Glaubens; und diese ersten Zeichen hat Jesus allein mit *Worten* und nicht mit der Hand getan, hier und 5,8 … Und hiermit machte er den Anfang der Offenbarung seiner Herrlichkeit. Zuvor hatte er noch kein Wunder getan. Die Lehre ließ Jesus vor den Zeichen hergehen. Ehe er diesen Anfang der Zeichen machte, war der Anfang der Lehre bei den Jüngern, die durch dieses erste Zeichen im Glauben gestärkt wurden« (Bengel).

V. 19 – »Christus ist der Tempel Gottes, darin die Heilige Dreifaltigkeit wohnt. Hier finden wir Gott … So ist Christus unser Tempel … so wie den Leuten zu Jerusalem und allen Völkern dort der Tempel gegeben war. Dahin sollten sie sich wenden, auch wenn sie noch so weit weg davon waren. Dahin sollten sie Augen und Herz kehren und sich nicht einen eigenen Tempel machen. Denn Gott wollte dort wohnen und sich finden lassen von denen, die ihn hier anriefen. Dieser Tempel sollte nun aufhören. Wo die Liebe Menschheit Christi ist, da sollen wir zu Gott treten und ihn suchen. Wer Gott anrufen will, der soll so beten, dass er auf Christus aufsieht, der zur Rechten des Vaters sitzt, und die Augen seines Herzens gen Himmel kehrt. Da kommst du zum rechten Tempel. Anderswo wirst du den Tempel nicht finden« (Luther, *Johannes-Evangelium*, S. 119).

»Jehova wohnte nicht mehr im Tempel in Jerusalem, obwohl der Herr diesen Tempel als etwas Äußerliches noch anerkannte, bis er sein Gericht an ihm vollstreckte. Vor Seinem Tod nennt ihn der Herr nicht mehr das Haus Seines Vaters, sondern *ihr* Haus.[54] Gott war in Ihm; Sein Leib war der wahre Tempel« (Darby).

»Das Bild und sein Gegenbild können nicht voneinander getrennt werden. Der materielle Tempel (oder die Stiftshütte) Israels war der Ort, an dem Gott wohnte. Damit war es das Bild (der Typus) vom Leib Christi, der ebenso und in einem weit höheren Sinn die Behausung Gottes war. Wenn jemand diese zweite Wohnung, den Leib Christi, zerstört, reißt er auch die erste Wohnung, den Tempel in Jerusalem, nieder. Das trifft

54 siehe Mt 23,38.

in einem doppelten Sinn zu: Als Christus gekreuzigt wurde, verloren der Tempel und sein Gottesdienst jede Bedeutung … Das Ergebnis des furchtbaren Verbrechens, ihn ans Kreuz geschlagen zu haben, war die Zerstörung Jerusalems und des Tempels« (Hendriksen).

V. 19.20 – »Die rätselhafte Antwort ›*Brecht diesen Tempel ab, und in drei Tagen werde ich ihn aufrichten*‹ verwirrte die jüdischen Obersten … Wie in seinen Gleichnissen (vgl. Mt 13,10.11; Lk 8,10) verbarg der Herr als ein Gericht über den Unglauben mit verhüllenden Worten die Wahrheit, denn deren Blindheit folgte auf den Unglauben und auf ihren Trotz gegen Gott. Wie die Ungläubigen die Botschaft des Herrn immer wieder missverstanden, läuft als beständiges Thema durch das ganze Johannesevangelium, z.B. 3,3.4; 4,14.15; 6,32-35.51.52; 7,34-36; 8,51-53.56.57; 10,1-6« (MacArthur, *John 1–11*).

V. 23-25 – »Viele glaubten an Jesus, als sie die Zeichen sahen, die er tat. Sie folgerten wie Nikodemus, dass niemand diese Werke tun könne, wenn er nicht der war, als der er sich ausgab. Das war ganz korrekt gefolgert. Aber Begierden, die überwunden werden, Vorurteile, die abgelegt, Interessen, die geopfert werden müssten, wurden dabei nicht bedacht. Der Verstand urteilte richtig, aber die Natur des Menschen wurde nicht getroffen … Der Verstand war überführt, aber das hatte keine Kraft auf den Willen und über die Begierden … Es muss ein göttliches Werk im Menschen geschehen und er muss eine göttliche Natur haben, wenn er sich an der Gemeinschaft mit Gott erfreuen will« (Darby).

Kapitel 3

1. **Ein Oberster der Juden kommt zum Licht (3,1-21)**
2. **Johannes der Täufer zeugt ein letztes Mal vom Licht (3,22-36)**

In 1,9 hatten wir gelesen, dass Jesus das wahrhaftige Licht ist, das in die Welt kommt und jeden Menschen erleuchtet. In diesem Kapitel wird ausführlich gezeigt, wie das Licht einen Lehrer aus Israel erleuchtet (V. 1-21). Da nun das wahrhaftige Licht gekommen ist und angefangen hat, die Menschen zu erleuchten, kann der Wegbereiter zurücktreten (V. 22-36). Johannes der Täufer war nur eine Lampe, die für eine gewisse Zeit brennen sollte (5,35), und das wusste er, weshalb er seinen Jüngern sagt, er müsse abnehmen (V. 30), bald würde er erlöschen.

1. Ein Oberster der Juden kommt zum Licht (3,1-21)

Nachts kommt ein Lehrer in Israel zu Jesus und wird von diesem ins Licht gestellt. Er bekommt Dinge über sich zu hören, die er nie gedacht und nie für möglich gehalten hätte. Er muss erfahren, dass er blind ist wie ein Maulwurf, der die Sonne nie sehen kann; denn er, dieser gelehrte Mann, kann das Reich Gottes nicht sehen (V. 3). Er muss erfahren, dass er gar kein richtiges Leben hat; denn er muss von Neuem geboren werden, wenn er ins Reich Gottes eingehen will (V. 5). Er muss hören, dass er nur durch Gottes Geist ins Reich eingehen kann, aber keinerlei Gewalt hat über das Wirken des Geistes (V. 8); er muss hören, dass er unwissend ist, auch wenn er *»der Lehrer Israels«* heißt (V. 10), dass er keinen Glauben hat (V. 12), dass er verloren ist (V. 16), dass er das Licht hasst und die Finsternis liebt (V. 19). Das sind niederschmetternde Worte. Wir dürfen aus 7,50.51 und 19,39 annehmen, dass diese Worte ihn überführten, zur Umkehr bewegten und in ihm Glauben an den Sohn Gottes wirkten.

An diesem einen Menschen wird gezeigt, wie mit dem Kommen des Sohnes Gottes in die Welt ein neuer Abschnitt in der Heilsgeschichte beginnt: Die Juden warteten auf den Messias und sein Reich, und sie dachten dabei an ein jüdisches Reich. Nun aber sagt der König dieses Reiches, dass man von Neuem geboren werden müsse, um in dieses Reich einzugehen, dass man also nicht deshalb zum Reich gehöre, weil man jüdische Eltern hat. Das aber bedeutet, dass das Reich nicht irdisch, sondern geistlich ist. Mit dem König war das Reich bereits da, aber so wenig man dem Menschen Jesus ansah, dass er der König der Könige war, so wenig konnte man das Reich sehen. Es war unsichtbar, eben weil es geistlich war. Zudem sagt der König, dass sein Reich nicht nur den Juden, sondern allen Menschen in der ganzen Welt offen stehen sollte: Gott hat seinen Sohn in die Welt gesandt und für die ganze Welt gegeben (V. 16.17).

1 Es war aber ein Mensch von den Pharisäern, sein Name Nikodemus, ein Oberster der Juden.

»Es war aber ein Mensch«: Mit diesem Wort knüpft Johannes an den letzten Vers im vorherigen Abschnitt an und hebt damit diesen einen Menschen aus der Menge der Menschen hervor, von der er eben gesagt hatte, dass Jesus sich ihnen nicht anvertraute (2,24). Dieser Mensch war offensichtlich jemand, der nicht nur mit dem Verstand zu einem richtigen Urteil gekommen war. Er muss im Innern bewegt worden sein; denn sonst hätte er den Herrn nicht aufgesucht. Er gehörte zu **»den Pharisäern«**, einer besonderen Partei innerhalb des Judentums (siehe Exkurs zu 1,24).

»sein Name Nikodemus«: Der Name überrascht ein wenig bei einem gesetzestreuen Juden, wie er es als Pharisäer gewesen sein muss, denn er ist griechisch (mit der Bedeutung »Sieger des Volkes«). Seit dem babylonischen Exil hatten aber die Juden angefangen, sich Namen aus ihrer heidnischen Umgebung zuzulegen, wofür sich im Buch Esther die ersten Beispiele finden: Hadassa (hebräisch »Myrte«) wurde nach der babylonischen Venus Esther genannt, und ihr Onkel hieß nach dem babylonischen Stadtgott Marduk eben Mordokai (= »Abkömmling des Marduk«). Es sind nur wenige der Obersten der Juden, die mit Namen genannt werden. Damit ist Nikodemus abermals besonders hervorgehoben. An ihm will uns Johannes zeigen, wie auch der beste der Menschen vor Gott steht – und wie Gott wirkt, um den Menschen zu retten.

»Oberster«: αρχων, *archōn*, auch in 7,26.48 und 12,42 steht das Wort für die religiösen Führer der Juden, Angehörige des Synedriums. In 12,31; 14,30 und 16,11 steht das Wort für den Fürsten dieser Welt, den Teufel.

Exkurs über die Schriftgelehrten

Nikodemus war Pharisäer, aber er heißt auch *»der Lehrer Israels«* (V. 10), und das bedeutet, dass er auch ein Schriftgelehrter war. Die Schriftgelehrten spielten im Judentum nachexilischer Zeit eine überaus wichtige Rolle. Alfred Edersheim sagt, die Gestalt des Schriftgelehrten sei *»nächst den Haupthandelnden des Neuen Testaments die wichtigste im ganzen Neuen Testament«*. Er fährt fort und charakterisiert ihn wie folgt:

»Der Schriftgelehrte (sōfēr, γραμματευς, literatus) scheint allgegenwärtig. Wir treffen ihn in Jerusalem, in Judäa, sogar in Galiläa (Lk 5,17). Er ist in der Tat unverzichtbar, und das nicht allein in Babylon – wo seine Zunft wahrscheinlich entstand –, sondern in der ganzen Zerstreuung. Überall erscheint er als der Repräsentant und als das Sprachrohr des Volkes. Er geht nach vorn, während das Volk respektvoll zur Seite tritt, um begierig an seinen Lippen zu hängen; denn von ihm fließen Worte anerkannter Autorität. Er ist durch Handauflegung feierlich ordiniert worden; er heißt ›Rabbi‹, ›mein Erhabener‹, Meister, ›amplitudo‹[55]*. Er stellt Fragen; er bringt Einwände vor; er erwartet vollständige Erklärungen und erheischt respektvolles Gebaren. Ja, sein Überwitz im Fragenstellen ist sprichwörtlich geworden. Seine Würde kennt kein Maß, noch hat seine Wichtigkeit eine Grenze. Er ist der ›Gesetzesgelehrte‹ (Mt 22,35; Lk 7,30; 10,25; 11,45; 14,3), der ›legis divinae peritus‹*[56]*, der ›wohlgepflasterte Brunn‹ voller Wasser der Erkenntnis, aus dem ›kein Tropfen entweichen kann‹, im Gegensatz zum ›Unkraut des unbestellten Bodens‹ der Unwissenheit. Er ist der Aristokrat der Gottesgelehrsamkeit inmitten der Scharen derben und ungelehrten Volks, welches ›das Gesetz nicht kennt‹ und darum ›verflucht‹ ist (7,49). Mehr als das noch, sein Orden stellt die oberste Autorität in allen Fragen des Glaubens und der Praxis dar. Er ist der ›Ausleger des Gesetzes‹, der ›Lehrer des Gesetzes‹ und zusammen*

55 lateinisch: »Erhabenheit«; »Hoheit«.
56 lateinisch: »der Sachkundige des göttlichen Gesetzes«.

mit den ›Hohenpriestern‹ und ›Ältesten‹ ein Richter am jüdischen Gerichtshof, sei es in der Hauptstadt, sei es in der Provinz. Wiewohl er gewöhnlich zusammen mit den Pharisäern auftritt, gehört er nicht notwendigerweise zu ihnen; denn jene bilden eine Partei, er hat aber einen amtlichen Rang. (Der Unterschied zwischen den ›Pharisäern‹ und den ›Gesetzesgelehrten‹ wird an vielen Stellen des Neuen Testaments deutlich, z. B. in Mt 23; Lk 7,30; 14,3; besonders deutlich, wenn man Lk 11,43 mit V. 46 vergleicht.) Kurz: Er ist der ›Talmid‹ oder gelehrte Studierende, er ist der ›Chakam‹ oder Weise, dessen Ehre in der kommenden Welt groß sein wird. Jeder Schriftgelehrte hatte größeres Gewicht als das gemeine Volk, das ihm daher jede Ehre zu erweisen schuldig war. Ja, sie waren von Gott selbst geehrt, und ihr Lob wurde von den Engeln verkündigt. Auch im Himmel würden sie diesen Rang und mit ihr die besonderen Auszeichnungen innehaben wie auf der Erde (Siphré von Num., S. 25b). Ihren Aussprüchen musste solcher Respekt erwiesen werden, dass man ihnen bedingungslos glaubte, selbst wenn sie einem erklären sollten, das sich etwas zur Linken befinde, was zur Rechten war, und umgekehrt (Siphré von Deut., S. 105a).

Eine Einrichtung solchen Gewichts und solcher Proportionen, die über solche Macht verfügte, konnte kein junges Gewächs sein. In der Tat wuchs sie nur mählich heran; die Anfänge reichen in die Zeit Nehemias zurück, wenn nicht noch weiter … Wenn von Esra gesagt wird, er sei ›ein kundiger Schriftgelehrter in dem Gesetz Moses‹ gewesen, der sein Herz darauf gerichtet habe, ›in Israel Satzung und Recht zu lehren‹ (Esr 7,6.10), dann mag das ein Indiz sein für die dreifache Richtung, die die Studien seiner Nachfolger, der ›Sopherim‹, der Schriftgelehrten, einschlugen: die ›Midrasch‹, die ›Halacha‹ und die ›Haggadah‹, das ist das Studium der Schrift, das Festlegen dessen, wie die Gebote zu befolgen seien und mündliche Lehre im weitesten Sinn. Esra verließ aber Jerusalem wieder, ehe er sein Werk vollendet hatte. Als Nehemia zum zweiten Mal in Jerusalem eintraf, fand er alles in größter Unordnung vor (Neh 13). Er muss es als notwendig erachtet haben, eine stehende Behörde einzurichten, welche über die religiösen Geschäfte wachte. Diese müssen wir wohl als ›die Große Versammlung‹ ansehen, oder als das, was gemeinhin ›die Große Synagoge‹ genannt wird. … Die älteste Tradition fasst das Ergebnis ihrer Tätigkeit in diesem ihr zugeschriebenen Satz zusammen: ›Sei sorgfältig im Gericht, setze zahlreiche ›Talmidim‹ ein, und errichte einen Zaun um die Torah‹ (Pirqé Abot, I.1).«

2 Dieser kam zu ihm bei Nacht und sprach zu ihm: Rabbi, wir wissen, dass du ein Lehrer bist, von Gott gekommen, denn niemand kann die Zeichen tun, die *du* tust, wenn Gott nicht mit ihm ist.

»**Bei Nacht**« kommt Nikodemus zum Herrn. Ihn muss eine innere Not getrieben haben, dass er Jesus aufsuchte; aber gleichzeitig weiß er, dass das den Mitjuden nicht gefallen würde. Darum kommt er im Schutz der Dunkelheit. Aber er ist auch auf dem Weg aus der Finsternis zum Licht, obwohl er, da er vor dem Herrn steht, noch immer in der Finsternis ist; denn er kann das Reich Gottes gar nicht sehen. Er ist ein natürlicher Mensch; er ist Fleisch, denn was aus dem Fleisch geboren ist, ist Fleisch (V. 6), und die Gesinnung des Fleisches kann nie anders als Gott feindlich sein (Röm 8,7).

»Er kommt hier zu dem Herrn in der Nacht. Das ist aus Furcht geschehen. Daraus ist anzunehmen, dass er noch ein alter Hans gewesen ist, weil er bei der Nacht geht, und noch nicht das wahre Licht gehabt hat. Denn wenn er ein neuer Mensch geworden wäre, so wäre er am hellen Tag gekommen und hätte sich vor niemand geschämt« (Luther, *Johannes-Evangelium*, S. 126).

Aus den Zeichen, die Jesus am Fest in Jerusalem getan hatte (2,23), schloss Nikodemus, dass dieser **»ein Lehrer …, von Gott gekommen«** sein müsse. Er hatte das an Mose gelernt. Gott hatte Mose Zeichen gegeben, die er vor dem Volk tun sollte, damit das Volk glaube, dass er von Gott gesandt war (2Mo 4,5).[57] Nikodemus hatte nicht unrecht: Die Zeichen Jesu sollten zeigen, dass Gott ihn gesandt hatte. Aber noch war er für die Herrlichkeit des Sohnes Gottes vollkommen blind, wie die Antwort des Herrn zeigt. Denn auch ein Mose war ein Lehrer, den Gott gesandt hatte. War aber Jesus nur so viel wie Mose?

»(Nikodemus) meint, er habe diese Worte aus guter Meinung gesagt, aber es ist hier die alte Haut und eitel Heuchelei. Darum will Gott diesen Gruß nicht annehmen, sondern will Nikodemus ausziehen und neu machen, dass er von Herzen und aus Glauben dahergehe« (Luther).

---

57 Man beachte wohl: Gott sagte nicht, dass das Volk aufgrund der Zeichen an Gott oder an die Botschaft des Mose glauben werde; nein, nur dieses eine: *dass Mose von Gott gesandt war.* Ebenso wollten die Zeichen, die der Herr tat, nur beweisen, dass er von Gott gesandt war. Aber um gerettet zu werden, musste man der *Botschaft* glauben (siehe 5,24).

3 Jesus antwortete und sprach zu ihm: Wahrlich, wahrlich, ich sage dir: Wenn jemand nicht von Neuem geboren wird, so kann er das Reich Gottes nicht sehen.

Zuerst spricht der Herr von der Notwendigkeit der neuen Geburt. Wer nicht **»von Neuem geboren«** ist, kann **»das Reich Gottes nicht sehen«**. Das muss Nikodemus verwirrt haben. Warum sollte man das Reich nicht sehen können? Dieser Jude konnte sich das Reich nicht anders denken als machtvoll und strahlend und damit sichtbar für alle Welt; anderes konnte er aus den Weissagungen des Alten Testaments nicht folgern. Doch nun beginnt Jesus, ihm schrittweise vom Irdischen zum Himmlischen und vom Natürlichen zum Geistlichen zu führen. Das musste an Nikodemus geschehen, obwohl er ein Nachfahre Abrahams war, dazu Angehöriger der strengen Sekte der Pharisäer und unter den Juden sogar ein Oberster. Wie später ein Paulus musste er lernen, alle diese menschlichen Vorzüge als das zu erkennen, was sie vor Gott sind: Unrat (Phil 3,5-8). Wir, die wir keine Juden sind, sind nicht anders als Nikodemus. Von Natur sind wir alle blind für Gott und für sein Reich; darum muss jeder Mensch durch eine neue Geburt eine neue Natur bekommen.

»von Neuem«, ανωθεν, *anōthen*, kann bedeuten »von oben« (wie in 3,31; 19,11.23; Mt 27,51; Jak 1,17; 3,15.17) oder »von Anfang an«, »von Neuem« (wie in Lk 1,3; Gal 4,9; siehe auch Apg 26,5). Die Doppelbedeutung trifft den doppelten Sachverhalt: Wer von Neuem geboren ist, ist von oben geboren: Er ist *»aus Gott geboren«*, wie es Johannes in 1Jo 5,1 sagt.

»Reich Gottes«: Hier wird es zum ersten Mal erwähnt, nachdem in 1,49 gesagt worden ist, dass Jesus der König Israels ist. Ist er König, βασιλευς, *basileus*, dann gehört zu ihm gewiss auch ein Reich, βασιλεια, *basileia*. Das Reich wird im Johannes-Evangelium nur noch in V. 5 und 18,36 erwähnt, also im Vergleich zu den übrigen Evangelien auffällig selten.

4 Nikodemus spricht zu ihm: Wie kann ein Mensch geboren werden, wenn er alt ist? Kann er etwa zum zweiten Mal in den Leib seiner Mutter eingehen und geboren werden?

Diese Worte zeigen, dass Nikodemus nicht nur blind, sondern auch ganz unverständig ist. Wie die Juden die Worte von 2,19 nur im materiell-buchstäblichen Sinn hatten verstehen können, so auch Nikodemus. Die Sünde hat unseren Verstand so verfinstert (Eph 4,18), dass uns die göttlichen Wahrheiten wie Torheit erscheinen (1Kor 2,14).

5 Jesus antwortete: Wahrlich, wahrlich, ich sage dir: Wenn jemand nicht aus Wasser und Geist geboren wird, so kann er nicht in das Reich Gottes eingehen.

Als Zweites erklärt der Herr das Wesen der neuen Geburt. Die Zeugung zum neuen Leben geschieht **»aus Wasser und Geist«**, wobei das Wasser für Reinigung steht, wie wir aus Hes 36,25.26 unschwer erkennen (und woran wir in 2,6 erinnert worden sind). Und wie hier der Herr lässt Gott auch bei Hesekiel auf die Reinigung mit dem Wasser eine geistliche Erneuerung folgen:

»Und ich werde reines Wasser auf euch sprengen, und ihr werdet rein sein; von allen euren Unreinheiten und von allen euren Götzen werde ich euch reinigen. Und ich werde euch ein neues Herz geben und einen neuen Geist in euer Inneres geben; und ich werde das steinerne Herz aus eurem Fleisch wegnehmen und euch ein fleischernes Herz geben« (Hes 36,25.26).

Wie geschieht die bei Hesekiel angekündigte Reinigung, diese Reinigung durch Wasser? Das Mittel, das Gott verwendet, um Erkenntnis der Sünde zu wirken, ist das Wort. Darum sprechen verschiedene Stellen im NT von der Reinigung, die das Wort wirkt (15,3; Eph 5,26). Es genügt aber nicht, dass das Wort die Sünde aufdeckt; haben wir die Sünde erkannt, müssen wir Buße tun: Wir müssen unsere Schuld, unsere Sünden und unsere Sündhaftigkeit vor Gott bekennen.

Das Wort verkündigt die Wahrheit über Gott und über den Menschen, der Geist macht das Wort wirksam und überführt uns von Sünde (16,8), stellt uns den Sohn Gottes vor Augen (16,14), sodass wir glauben können. Wir können das Wort nur durch das Wirken des Heiligen Geistes im Glauben aufnehmen. Wenn der Heilige Geist in dieser Weise das Wort in uns legt, werden wir durch das Wort gezeugt, gezeugt zu einem neuen Leben, das früher oder später in einer neuen Geburt hervorbricht: *»... die ihr nicht wiedergeboren*[58] *seid aus verweslichem Samen, sondern aus unverweslichem, durch das lebendige und bleibende Wort Gottes«* (1Petr 1,23).

»geboren«: *gennēthē* (von *gennaō*), wie in Mt 1,2.20; Apg 7,8; Gal 4,23. Man kann das Wort auch mit »gezeugt« übersetzen kann. Es bedeutet beides.

Bereits in Kapitel 1 sind Wasser und Geist einander zugesellt. Zuerst wird von Johannes dem Täufer gesprochen (1,6.7), dann lesen wir in 1,12.13 von der Geburt aus Gott und durch Gottes Willen, das ist die Geburt aus dem Geist. In 1,26 spricht Johannes von der Taufe mit Wasser. Das war die Taufe zur Buße (Mk 1,4.5), bei der die Menschen ihre Sünden bekannten. Und wieder in 1,33 werden das Wasser der Johannes-Taufe und der Heilige Geist nebeneinander erwähnt. Die Taufe mit Wasser zur Buße und der Empfang des Heiligen Geistes erfolgten zwar nacheinander, aber sie gehörten doch untrennbar zusammen, wie Petrus an Pfingsten verkündigt: Wer auf die Predigt hin Buße tat und sich taufen ließ, empfing den Heiligen Geist (Apg 2,38). Und schließlich müssen wir eine letzte Stelle anführen, die Wasser und Wiedergeburt zusammenbringt:

»Als aber die Güte und die Menschenliebe unseres Heiland-Gottes erschien, errettete er uns, nicht aus Werken, die, in Gerechtigkeit vollbracht, wir getan hatten, sondern nach seiner Barmherzigkeit durch ***die Waschung der Wiedergeburt und die Erneuerung des Heiligen Geistes****«* (Tit 3,4.5).

Gott erbarmte sich unser, vergab uns die Sünden, als wir Buße taten, und reinigte uns von ihnen und erneuerte uns durch den Heiligen Geist. Das alles hängt so eng zusammen, dass Paulus geradezu einen neuen Begriff bildet, wenn er von der *»Waschung der Wiedergeburt«* spricht.

Nur wer aus Gott geboren ist, kann **»in das Reich Gottes eingehen«**. Der Sünder hat sich durch die Sünde aus Gottes Gegenwart entfernt und ist von Gottes Leben abgeschnitten und vom Reich Gottes ausgeschlossen. Er kann als Sünder nie ins Reich eingehen; Fleisch und Blut

58 Oder »wiedergezeugt«.

können das Reich Gottes nicht erben (1Kor 15,50); das Fleisch kann nie verbessert werden; der Mensch muss als Mensch vollständig gerichtet, sein Fleisch muss abgetan (Röm 6,6) und er muss neu erschaffen werden (2Kor 5,17; Eph 4,24; Kol 3,10).

6 Was aus dem Fleisch geboren ist, ist Fleisch, und was aus dem Geist geboren ist, ist Geist.

Fleisch bleibt Fleisch; es wird für Gottes Gegenwart nie tauglich sein. Damit begründet der Herr ein zweites Mal, warum eine neue Geburt notwendig ist: Ein jeder empfängt mit der Geburt seine Natur; wer von Sündern gezeugt und geboren ist, ist ein Sünder; hingegen wer **»aus dem Geist geboren ist«**, ist geistlich. Zudem sind Fleisch und Geist einander so entgegengesetzt, dass sie nie miteinander versöhnt werden können; sie liegen beständig im Krieg miteinander (Gal 5,17).

Die Bedeutung des Wortes »Fleisch«

im AT:

- der Stoff, aus dem der Mensch oder das Tier gemacht ist: 1Mo 40,19; 3Mo 16,27
- der Leib des Menschen: Spr 14,30; Ps 16,9
- die ganze Person: 1Mo 2,24
- die ganze Menschheit: 1Mo 6,13
- die Schwachheit des Menschen: 1Mo 6,3; Jes 31,3; Jer 17,5
- die Sterblichkeit des Menschen: Ps 78,39

im NT:

- der Stoff, aus dem der Mensch oder das Tier gemacht ist: 1Kor 15,39
- das Menschsein: Joh 1,14; Gal 2,20; 1Petr 3,18
- der Leib: Röm 2,28; 2Kor 12,7; Kol 1,22; Kol 2,5
- die Vergänglichkeit und Sterblichkeit: 1Petr 1,24
- die sündige menschliche Natur: 1Kor 15,50; Röm 8,6.7.13; Gal 5,19-23

Kleiner Exkurs zur Erbsünde

Die Erbsünde wird an der Geschichte des Menschen demonstriert:
Die Urteilssprüche, die Gott über die Menschen fällte, nachdem sie zu Sündern geworden waren, lassen uns bereits verstehen, dass die Sünde den Menschen nicht mehr lassen würde, nachdem er sie gewählt hatte. Wohl wurde beiden, als sie ihre Sünde bekannten, vergeben. Das aber bedeutete nicht, dass sie von der Macht und von allen Folgen der Sünde befreit wurden. Auf den geistlichen Tod, der über sie gekommen war im Augenblick, da sie gegen Gott sündigten, folgte nach Hunderten von Jahren des Erdenlebens der leibliche Tod (1Mo 3,19). Das ganze Leben lang mussten sie den Sündenfall im Haus und auf dem Feld, in der Seele und am Leib spüren: Jede Schwangerschaft und Geburt würde zu einer großen, mit vielen Schmerzen begleiteten Mühsal werden, die tägliche Arbeit zu einem mühseligen Geschäft, das Verhältnis zwischen Mann und Frau zum Geschlechterkampf. Das alles sind Indizien dafür, dass der Mensch nun zum Sünder geworden war mit einer vollständig veränderten inneren Anlage oder Natur, wie wir sagen. Aber das ist noch kein Beleg dafür, dass die Sünde auf die Nachkommen vererbt wurde. Wir finden ein erstes Indiz für die Fortpflanzung der Sünde auf die Nachkommen in der Geschichte der ersten Kinder, die geboren wurden: Abel und Kain. Abel bringt ein Opfer dar, was nur sinnvoll ist, wenn er Sündenbewusstsein hat und seine Sünde ihn plagt; Kain erschlägt seinen Bruder, was nicht anders erklärt werden kann, als dass er ein Sünder ist, der die Begierden seines Vaters, des Teufels, tun will (Joh 8,44).

Die Tatsache der Erbsünde wird theologisch erhärtet:
In 1Mo 5 geht Mose noch einmal auf die Erschaffung des Menschen zurück, um zu demonstrieren, wie die Sünde Adams mitsamt ihrer Frucht, dem Tod, sich in seinen Nachkommen fortpflanzte. Der Begriff *Erbsünde* kommt hier zwar nicht vor, aber dem Inhalt nach wird die Tatsache der Erbsünde unzweideutig gelehrt.

In 1Mo 5,1.2 wird uns nach 1Mo 1,26 und 1Mo 1,27 zum dritten Mal gesagt, dass Gott den Menschen in seinem Bild und Gleichnis schuf. Es soll uns erneut das Urbild vor Augen stehen, damit wir umso klarer ermessen, wie groß der Schaden ist, den der Mensch sich zugezogen hat. Wir sollen bedenken: Gott schuf den Menschen im Gleichnis Gottes. Und wir sollen uns fragen: Wie ist der Mensch inzwischen geworden? Adams Sohn gleicht nicht mehr Gott, sondern Adam: *»Adam … zeugte einen Sohn in seinem Gleichnis, nach seinem Bild«* (1Mo 5,3).

Wäre keine Sünde zuvor geschehen, wäre auch Seth im Gleichnis Gottes geboren worden. Nun aber ist Seth einem Vater gleich, der inzwischen gefallen ist. Adam ist ein Sünder, und von ihm wurden lauter Nachkommen gezeugt, die seine Natur hatten. Damit lehrt uns das erste Buch der Bibel in vollkommener Klarheit, dass der Mensch von Geburt an sündig ist. Weil er diese Natur von seinem Vater geerbt hat, nennen wir sie »Erbsünde«. Sie wird an verschiedenen Stellen des Alten Testaments und des Neuen Testaments bezeugt:

- Hiob stellt die rhetorische Frage: *»Wie könnte ein Reiner aus einem Unreinen kommen? Nicht ein einziger!«* (Hi 14,4).
- David bekennt: *»Siehe, in Ungerechtigkeit bin ich geboren, und in Sünde hat mich meine Mutter empfangen«* (Ps 51,7).
- David lehrt: *»Abgewichen sind die Gottlosen von Mutterschoß an, es irren von Mutterleib an die Lügenredner«* (Ps 58,4).
- Durch Jesaja sagt Gott zu seinem Volk: *»Ich wusste, dass du sehr treulos bist und dass man dich von Mutterleib an einen Übertreter genannt hat«* (Jes 48,8).
- Der Sohn Gottes lehrt: *»Was aus dem Fleisch geboren ist, ist Fleisch«* (Joh 3,6).
- Paulus lehrt: *»Durch den Ungehorsam des einen Menschen sind die vielen in die Stellung von Sündern gesetzt worden«* (Röm 5,19).

Als der Mensch mit der Sünde das Gleichnis Gottes verlor, verlor er auch das Leben: *»Und alle Tage Adams, die er lebte, waren 930 Jahre, und er starb«* (1Mo 5,5). Achtmal stehen in 1Mo 5 die Worte *»und er starb«*. Wurde die Sünde vererbt, so auch der Lohn der Sünde, der Tod. Der Apostel Paulus lehrt, dass *»durch einen Menschen die Sünde in die Welt gekommen ist und durch die Sünde der Tod und so der Tod zu allen Menschen durchgedrungen ist, weil sie alle gesündigt haben …«* (Röm 5,12); und: *»In dem Adam sterben alle«* (1Kor 15,22).

1Mo 5 lehrt uns, dass Adam das Haupt all seiner Nachkommen ist, der Repräsentant seines ganzen Geschlechts. Als Adam fiel, fielen alle seine Nachkommen, wie auch Paulus bestätigt (Röm 5,12.19). Als die Sünde Adam überwältigte und niederwarf, wurden alle seine Nachkommen der Sünde und damit dem Tod unterworfen. Jeder Mensch, der geboren wird, ist bereits tot, tot für Gott, tot in Vergehungen und Sünden (Eph 2,1): *»Der Tod herrschte von Adam …, selbst über die, die nicht gesündigt hatten in der Gleichheit der Übertretung Adams … Durch die Übertretung des einen hat der Tod durch den einen geherrscht … eine Übertretung gereichte gegen alle Menschen zur Verdammnis«* (Röm 5,14.17.18).

---

7 Verwundere dich nicht, dass ich dir sagte: Ihr müsst von Neuem geboren werden.

»Ihr müsst von Neuem geboren werden«: Es ist absolut notwendig. Weil alles, was aus dem Fleisch geboren ist, Fleisch bleibt, *muss* man von oben, durch den Geist und damit aus Gott geboren werden. Über seine Geburt hat aber keiner Macht. Wir *werden* geboren, d. h.: Wir sind passiv; es geschieht etwas mit uns, was wir weder anstoßen noch ausführen können.

8 Der Wind weht, wo er will, und du hörst sein Sausen, aber du weißt nicht, woher er kommt und wohin er geht; so ist jeder, der aus dem Geist geboren ist.

»Der Wind weht, wo er will«: Wie in 1,13 unterstreicht Johannes die Tatsache, dass Gott in der Wiedergeburt nach seinem Willen wirkt. In 1,13 lernen wir, dass wir nicht aus dem Willen des Menschen, sondern Gottes des Vaters zu Kindern Gottes geboren werden; hier lernen wir, dass wir aus dem Willen des Geistes von Neuem geboren werden; in 5,21 werden wir lesen, dass wir durch den Willen des Sohnes zum ewigen Leben erweckt werden. Der Vater, der Sohn, der Heilige Geist sind eins im Wesen und eins im Willen; es ist der Wille des dreieinen Gottes, der den Menschen zu neuem Leben zeugt, wie es der Wille des dreieinen Gottes war, durch den die Welt entstand.

»du hörst sein Sausen«: Wir nehmen die Äußerungen der neuen Geburt wahr, die der Heilige Geist gewirkt hat. Aber wir wissen nicht, **»woher er kommt«**. Wir wissen selbstverständlich, dass der Geist von Gott ausgeht, aber wir sehen ihn nicht; darum können wir sein Kommen und sein Wirken nicht absehen wie bei einer Sache, die man sehen kann und darum auch kommen sieht, ehe sie da ist. Wir wissen nicht, wie das neue Leben eingepflanzt wurde, wir wissen nicht, wie es heranwuchs, ehe es offen an den Tag trat (Mk 4,27; vgl. Pred 11,5). Ebenso wenig wissen wir, woran es liegt, dass gerade dieser vom Geist ergriffen und neu gemacht wird, und jener nicht, warum das Licht und der Geist sich dahin wendet und nicht dorthin (Hi 38,24). Ich weiß nicht, woher es kommt, dass gerade ich die neue Geburt empfangen durfte; keiner weiß das. Wir können immer nur sagen: Gott hat es so gewollt; Gott war mir gnädig. Und warum war er mir gnädig? Weil er mir gnädig war.[59] Keiner von uns kann sagen, Gott sei ihm gnädig gewesen, weil er die rechten Bedingungen erfüllt hatte. Gnade, die von Bedingungen abhängig ist, ist keine Gnade, sondern Verdienst.

Damit wir den Worten des Herrn wirklich glauben, fährt er fort: **»… so ist jeder, der aus dem Geist geboren ist.«** Jeder, es gibt keine Ausnahmen; es kann keine geben, weil wir in Adam alle gleich sündig und gleich verloren sind. In der Schuld und in der Sünde vor Gott gibt es keinen Unterschied zwischen Menschen (Röm 3,23).

9 Nikodemus antwortete und sprach zu ihm: Wie kann dies geschehen?

»Wie kann dies geschehen?«: Nikodemus bezieht sich auf die letzte Aussage: *»So ist jeder, der aus dem Geist geboren ist.«* Er fragt so, weil er so etwas noch nie gehört und viel weniger an sich erfahren hat. Das ist zwar einerseits erstaunlich, wenn wir bedenken, dass das Alte Testament deutlich von Menschen spricht, die durch den Heiligen Geist neu gemacht wurden wie beispielsweise Saul (1Sam 10,6) oder David (Ps 51,12.13; vgl. 1Sam 16,13; 2Sam 23,2); andererseits erstaunt es uns

59 *»Niemand weiß im Voraus ›**den Weg, auf dem das Licht sich teilt**‹, und niemand kann erklären, warum es den Weg einschlägt, den wir es einschlagen sehen. Warum erleuchtet Gott dieses Volk mit dem Licht des Evangeliums, während er ein anderes Volk im selbst gewählten Dunkel belässt? Warum lenkte Gott den Apostel Paulus von Asien nach Griechenland (Apg 16)? Warum wurde Nordeuropa von der Reformation erfasst und verändert, Südeuropa hingegen nicht? Ebenso wenig wissen wir den Weg, auf dem ›**der Ostwind sich breitet über die Erde**‹«* (Benedikt Peters, *Das Buch Hiob*, S. 334).

nicht, da wir inzwischen an uns selbst gelernt haben, dass wir göttliche Wirklichkeiten nicht verstehen können.

Alles, was der Herr bisher gesagt hatte und was er im Folgenden sagt, beantwortet die Frage, wie *»dies geschehen kann«*. Erstens musste Nikodemus bereit sein zu lernen, und das bedeutet, dass er vom Lehrstuhl, auf dem er saß, heruntersteigen musste (V. 10); und er durfte nicht mehr das Zeugnis, das Jesus über sich gab, ablehnen (V. 11; siehe 2,18-20). Er musste vielmehr allen Worten glauben, die er aus dem Mund Jesu gehört hatte: dass er blind war (V. 3), dass er tot war und darum geboren werden musste, dass er, so wie er war, nicht in das Reich Gottes eingehen konnte (V. 5); dass er den Heiligen Geist nötig hatte, dass er aber über diesen in keiner Weise verfügen konnte (V. 8). Und er musste Dinge hinnehmen, die weit über das hinausgingen, was er verstand, nämlich himmlische Wahrheiten (V. 12). Er musste glauben, dass er selbst nicht die Macht hatte, zu Gott in den Himmel aufzusteigen, und er musste glauben, dass der Mensch Jesus, der mit ihm redete, als Einziger diese Macht hatte (V. 13). Er musste an ihn glauben und damit annehmen, dass Jesus, der Reine, für Nikodemus, den Unreinen, wie ein Verbrecher ans Kreuz geschlagen würde, um ihn von der Strafe der Sünde, dem ewigen Tod, zu retten (V. 14). Wenn er an den glaubte, d.h. an alle seine Lehren und an all sein Werk, würde er von Neuem zu ewigem Leben geboren werden (V. 15). Wenn wir bedenken, was der Mensch alles über Jesus von Nazareth und über sich selbst akzeptieren und glauben muss, dann leuchtet uns sofort ein, dass wir nur durch das Wehen des Heiligen Geistes (V. 8) zum Glauben und zum Leben kommen können.

10 Jesus antwortete und sprach zu ihm: *Du* bist der Lehrer Israels und weißt das nicht?

»*Du* bist der Lehrer Israels …?«: Geistliche Wirklichkeiten können wir nur durch den Geist verstehen (1Kor 2,12.13). Es mag einer noch so gelehrt und mit einer noch so altehrwürdigen religiösen Tradition vertraut sein – er weiß vom Wirken des Geistes nichts. Zwar hätte Nikodemus aus dem Alten Testament wissen müssen, dass Gott durch seinen Geist Israel neu machen würde (Hes 36,25.26; 37,1-14), darum der leise Tadel des Herrn. Aber diese Worte des Propheten mussten diesem Schriftgelehrten in ihrer wahren Bedeutung verborgen bleiben. Er fragte nie danach, was denn das mit dem fleischernen statt des steinernen Herzens auf sich haben mochte, weil er bisher noch nie darunter gelitten hatte, dass er selbst ein Herz hatte, das für Gott so hart war wie Stein.

11 Wahrlich, wahrlich, ich sage dir: Wir reden, was wir wissen, und bezeugen, was wir gesehen haben, und unser Zeugnis nehmt ihr nicht an.

»Wir reden, was wir wissen«: Mit dem »wir« schließt der Herr wahrscheinlich Johannes den Täufer ein, dessen Zeugnis und dessen Worte sich mit denen des Herrn deckten (siehe Auslegung zu V. 32-36), und wohl auch die Jünger, die wussten, wer Jesus war, die in ihm den Sohn Gottes, den König Israels *gesehen* hatten (1,49) und darum auch hätten sagen können: **»Wir ... bezeugen, was wir gesehen haben ...«**

Wenn Jesus sagt: **»wir wissen«**, greift er die Wendung des Nikodemus auf, der sich mit den Worten an Jesus gewandt hatte: *»Wir wissen, dass du ein Lehrer bist ...«* (V. 2). Im Gegensatz zu Nikodemus und seinen Gefährten wussten der Herr und seine Jünger wirklich, was sie redeten, denn sie bezeugten, was sie gesehen hatten: Der Herr selbst war aus dem Schoß des Vaters hervorgekommen (1,18) und war allezeit im Himmel (V. 13); und Johannes der Täufer hatte gesehen, wie der Geist in leiblicher Gestalt auf Jesus von Nazareth herabgekommen und geblieben war, und er hatte gehört, wie der Vater ihm dieses Geschehen erklärte (1,32.33); und zwei Jünger waren der Einladung Jesu gefolgt und hatten *gesehen* (1,39).

»unser Zeugnis nehmt ihr nicht an«: Wenn der Herr »ihr« sagt, bezieht er sich auf das *»wir«* von V. 2 *(»wir wissen ...«)*. Nikodemus gehörte ja zum jüdischen Hohen Rat, der bereits zu Johannes dem Täufer gesandt hatte. Die Obersten hatten das Zeugnis, das Johannes der Täufer dort über sich selbst und über den Kommenden abgelegt hatte, nicht angenommen; und sie hatten auch bereits das Zeugnis des Herrn (vgl. 2,18-21) abgewiesen. In V. 32 wird schließlich gesagt, dass nicht nur die Führer und nicht nur die Mehrheit der Juden sich dem Zeugnis der Wahrheit verschlossen, sondern dass die Menschen insgemein es nicht annehmen.

12 Wenn ich euch das Irdische gesagt habe, und ihr glaubt nicht, wie werdet ihr glauben, wenn ich euch das Himmlische sage?

Der Herr hatte **»euch«**, den Juden, **»das Irdische gesagt«**: Darunter muss der Herr das verstanden haben, was er zu den Juden über seinen Tod und seine Auferstehung (2,18-21) und zu Nikodemus über die neue Geburt gesagt hatte. Wenn die Juden das schon nicht glaubten, wie sollten sie dann glauben, wenn Jesus ihnen **»das Himmlische«** sagen würde? V. 13 erklärt, was er mit dem »Himmlischen« meint: die Dinge, die nur jemand kennen kann, der aus dem Himmel zu den Menschen kommt: Christus, der Menschensohn. Die Wiedergeburt durch den Heiligen Geist war den Juden schon offenbart worden (Hes 36; 37), bevor der Menschensohn aus dem Himmel kam, und diese würde, obwohl sie geistlich und göttlich ist, doch irdisch sein in dem Sinn, dass sie an Menschen auf der Erde geschieht.

Mit dem Menschensohn kam der ewige Gott vom Himmel zu uns. Er ist die Mitte von allem, was »himmlisch« heißt. Er ist *der* Himmlische, wie Paulus sagt (1Kor 15,47.48). Wer dieser Himmlische seiner Natur nach war – das ewige Wort, das alles erschaffen hat, und gleichzeitig ganz Mensch –, das konnten die Juden mit all ihrem Bibelwissen, ihrem Scharfsinn und ihrer Religiosität nicht erkennen, und darum glaubten sie nicht an ihn. Sie glaubten nicht, dass er, den sie als Menschen vor sich sahen, der Ewige war, dass er und der Vater eins waren (10,30).

Und zum Himmlischen gehört auch das Heil, das mit dem Menschensohn zu den Menschen kam, ein Heil, das die Menschen erhöht aus der Tiefe der Sünde in den Himmel selbst (Eph 2,1-6), das ihnen geistliche Segnungen *»in den himmlischen Örtern«* (Eph 1,3) gibt. Zu diesem Heil werden Sünder gerufen mit einer *»himmlischen Berufung«* (Hebr 3,1); wer ihr folgt, verlässt das irdische und gelangt zum *»himmlischen Jerusalem«* (Hebr 12,22). Die Erretteten werden wie ihr Retter selbst zu *»Himmlischen«* (1Kor 15,48).

Das alles konnte Nikodemus nicht verstehen. Aber es ergeht allen Menschen wie ihm. Aus sich heraus kann keiner die himmlischen Wahrheiten fassen. Und auch nachdem der Heilige Geist ihnen die Augen geöffnet und sie neu gemacht hat, ergeht es ihnen wie dem heiligen Sänger, der klagte: *»Am Staub klebt meine Seele«* (Ps 119,25). Das sehen wir an den Gläubigen der ersten Jahre nach Pfingsten: Der Heilige Geist war schon ausgegossen, und die Apostel hatten das Evangelium während Jahrzehnten gepredigt, und doch wurde es vielen Judenchristen schwer, zum Himmlischen fortzuschreiten (Hebr 6,1), nämlich zum vollkommenen Opfer (Hebr 10,10) und zum vollkommenen Heil und zu allen geistlichen Segnungen in Christus (Eph 1,3). Und viele ehemaligen Heiden ließen sich, nachdem sie das Evangelium der Gnade Gottes aufgenommen hatten, nur zu gerne zum Irdischen und Sinnlichen des Judentums zurückziehen (Gal 4,9).

> **13 Und niemand ist hinaufgestiegen in den Himmel als nur der, der aus dem Himmel herabgestiegen ist, der Sohn des Menschen, der im Himmel ist.**

»Und niemand ist hinaufgestiegen in den Himmel«: Die himmlischen Dinge, die Jesus eben erwähnte, kann kein Mensch wissen; denn keiner ist im Himmel gewesen; es kann auch keiner in den Himmel hinaufsteigen. Der Mensch ist eben blind, und er ist ganz kraftlos. Er kann das Himmlische nur wissen durch den, der **»aus dem Himmel herabgestiegen ist«**, und er kann in den Himmel eingehen nur durch den, der als Einziger dahin **»hinaufgestiegen«** ist. Man beachte wohl, wie der Herr sich ausdrückt. Er verwendet das Wort *hinaufsteigen*, womit er seine Gewalt bezeugt, in eigener Kraft in den Himmel aufzufahren. Henoch wurde in den Himmel aufgenommen; Elia wurde im Sturmwind in den Himmel hinaufgetragen, **»der Sohn des Menschen«** aber *stieg* hinauf. Wer in den Himmel kommen will, muss wie Henoch und wie Elia hinaufgetragen werden. Darum muss er an Christus hängen; er muss in ihm sein. Gott muss ihn in seinen Sohn eingepflanzt haben. Denn nur in und mit Christus kann er in den Himmel eingehen.

Beachten wir, dass Jesus, während er vor Nikodemus steht, sagen kann, dass er **»im Himmel *ist*«**, denn er ist allgegenwärtig. Das ist eine wichtige Wahrheit über den Christus Gottes. Er, der in der Gestalt Gottes war, hat sich in der Menschwerdung entäußert (Phil 2,6-8), indem er *die Gestalt* Gottes nicht festhielt, aber er hat *die Gottheit* nicht abgelegt. Als *Mensch* konnte er auf der Erde nicht zur gleichen Zeit an zwei Orten sein; aber als Gott, der er immer war und immer blieb, war und blieb er allgegenwärtig (wie er auch der Allwissende war; siehe 2,25).

14 Und wie Mose in der Wüste die Schlange erhöhte,
so muss der Sohn des Menschen erhöht werden,
15 damit jeder, der an ihn glaubt, nicht verlorengehe,
sondern ewiges Leben habe.

Der Sohn Gottes war im Schoß des Vaters; er kam aus dem Himmel auf die Erde, er wurde Mensch, um das Himmlische zu enthüllen und um dem Menschen den Zugang zum Himmlischen zu öffnen. Dass es geschehen und wie es geschehen sollte, hätte kein Mensch sich je ausdenken können: Der Sohn Gottes wurde Mensch, um den Zorn Gottes, der über den Menschen steht, auf sich zu nehmen. Davon spricht Jesus in diesen beiden Versen.

In Kapitel 2 hatte der Herr das Haus Gottes gereinigt, dann hatte er auf seinen Tod und seine Auferstehung hingewiesen. Zu Nikodemus hat er von der neuen Geburt gesprochen, und nun spricht er von seinem Tod am Kreuz.

»wie Mose«: An Mose demonstrierte Gott, wie er dem Tod Verfallene vom Tod befreit. Das ganze Gesetz, das Gott durch Mose gab, bereitete das Volk vor auf den Tag, an dem der Retter kam. Alle Weisungen des Gesetzes zeigten auf Christus: *»Er [Mose] hat von mir geschrieben«* (5,46). Durch alles, was Israel auf dem Weg durch die **»Wüste«** widerfuhr, sprach Gott im Voraus von seinem Sohn und von seinem Werk. Mose **»erhöhte die Schlange«**, damit jeder, der sie anschaute, nicht starb (4Mo 21,8.9). Entsprechend **»muss der Sohn des Menschen erhöht werden«**. Man beachte das Wort »muss«. Es war notwendig. Es genügte nicht, dass der Sohn Gottes auf die Erde kam und Gott vollkommen offenbarte. Damit hätten die Menschen nur mehr Licht gehabt, aber kein Heil, denn dieses Licht hätte sie nur verurteilt. Gott aber hat seinen Sohn nicht in die Welt gesandt, damit er sie richte, sondern rette (V. 17). Wir sollen hier etwas über die Notwendigkeit des Leidens und Sterbens Christi lernen: Er musste ans Kreuz geschlagen und erhöht werden, damit Gott gerecht bleibt, wenn er dem Sünder, der mit seiner Sünde das Leben verwirkt hat, das Leben gibt (Röm 3,24.25). Christus, der Unschuldige, musste den Tod des Schuldigen erleiden, damit jeder Schuldige, der an ihn glaubt, das Leben empfangen kann. Der Menschensohn musste leiden und verworfen werden (Lk 9,22), **»damit jeder, der an ihn glaubt,**

nicht verlorengehe …« Es war eine göttliche Notwendigkeit (siehe auch Mk 8,31; Lk 24,7.26), nicht aber, weil Gott es den Menschen schuldete, nein, sondern weil Gott sich vorgesetzt hatte, Sünder selig zu machen. Sollten aber Sünder selig werden, musste ihre Sünde gesühnt werden, und das konnte auf keinem anderem Weg geschehen.

Die Geschichte von der Schlange, die Mose in der Wüste erhöhte, steht in 4. Mose 21,4-9. Die Schlange entspricht dem Urheber der Sünde, dem Satan. Die Israeliten wurden von Giftschlangen gebissen, weil sie gegen Gott gesündigt hatten. Dem todbringenden Gift der alten Schlange (1Mo 3; Offb 12,9) sind alle verfallen, ob Jude oder Heide, ob Pharisäer oder Zöllner, weil alle gegen Gott gesündigt haben (Röm 3,23; 6,23). Damals musste Mose eine Schlange aus Kupfer fertigen und an einer Stange erhöhen, und jeder, der sie anschaute, wurde vom Gift der Schlangen geheilt und blieb am Leben. Ebenso musste der Sohn des Menschen erhöht, musste an ein Kreuz geschlagen und für alle sichtbar aufgerichtet werden – denn das und nichts anderes bedeutet bei Johannes der Ausdruck *»erhöht werden«* (8,28; 12,32.34). Das war absolut notwendig, **»damit jeder, der an ihn glaubt, nicht verlorengehe, sondern ewiges Leben habe«**. Wäre das nicht geschehen, könnte der Mensch so viel glauben, wie er nur wollte: Es würde ihm nicht helfen. Christus musste zuerst alles tun, damit uns die Schuld erlassen und uns das Leben gegeben werden konnte.

Damit lernen wir etwas Wichtiges über die Bedeutung von »glauben«. Der Glaube richtet sich auf etwas, was außerhalb von ihm liegt, wie die Schlange vor den Augen der Israeliten erhöht war. Er richtet sich auf ein tatsächliches Geschehen, auf eine Wirklichkeit. Wer glaubt, wirkt selber nichts, sondern er nimmt nur auf, was außerhalb von ihm geschehen ist oder geschieht: Wer etwas anschaut, empfängt lediglich etwas, was vor seinen Augen ist. Er erstellt nichts, er wirkt nichts.

»›Wie ihr nun den Christus Jesus, den Herrn, empfangen habt, so wandelt in ihm‹ (Kol 2,6). Das Leben des Glaubens wird uns hier gezeigt als ein Empfangen. Das ist das exakte Gegenteil von allem, was Verdienst heißt. Es ist nichts anderes als das Hinnehmen einer Gabe. Wie die Erde den Regen trinkt, wie das Meer die Ströme aufnimmt, wie die Nacht das Licht von den Sternen empfängt, so bekommen wir, ohne je etwas zu geben, frei und umsonst aus der Gnade Gottes. Die Heiligen sind nicht Quellen oder Ströme, sondern lediglich Zisternen, in welche das leben-

dige Wasser fließt. Sie sind leere Gefäße, in welche Gott Sein Heil gießt« (C. H. Spurgeon, *Morning and Evening*, 8. November).

> **16 Denn so hat Gott die Welt geliebt, dass er seinen eingeborenen Sohn gab, damit jeder, der an ihn glaubt, nicht verlorengehe, sondern ewiges Leben habe.**[60]
> **17 Denn Gott hat seinen Sohn nicht in die Welt gesandt, damit er die Welt richte, sondern damit die Welt durch ihn errettet werde.**

Wenn wir uns fragen, wie Gott denn überhaupt dazu kommen konnte, diesen eben dargelegten Weg in den Himmel zu öffnen, antwortet der Herr: weil Gott Liebe ist und die Welt geliebt hat.

»So« – ουτως, *houtōs*, d. h. auf diese Weise – **»hat Gott die Welt geliebt«**: Gott erwies seine ganze Liebe damit, **»dass er seinen eingeborenen Sohn gab«**: Das war der größte und klarste Beweis, der überhaupt möglich ist, für die Tatsache, dass Gott Sünder liebt. Seit Gott das getan hat, kann man nicht mehr daran zweifeln, dass Gott Liebe ist: *»Gott erweist seine Liebe zu uns darin, dass Christus, da wir noch Sünder waren, für uns gestorben ist«* (Röm 5,8; siehe auch 1Jo 4,9.10).

Gott hat auf diese Weise **»die Welt geliebt«**: Damit ist der Umfang von Gottes Liebe umrissen: Sie gilt allen Menschen in dieser Welt. Aber damit ist auch der Charakter seiner Liebe ausgedrückt: Gott liebte eine Welt, in der alle eitel Sünder sind. So zeigt sich die Größe der göttlichen Liebe an zwei Dingen: an der Größe der Gabe und an der Unwürdigkeit der Beschenkten. Gott gibt das Beste des Himmels, seinen geliebten Sohn, für das Schlechteste in der ganzen Schöpfung, für Sünder.

Die Juden erwarteten einen Messias, der kommen und die Juden retten, aber das ganze Meer heidnischer Völker selbstverständlich richten würde. Hier muss Nikodemus erfahren, dass Gott **»seinen Sohn nicht in die Welt gesandt hat, damit er die Welt richte, sondern damit die Welt durch ihn errettet werde«**. Das war ihm wieder neu: Der Messias sollte kommen, um die Heiden, diese Unreinen und Hunde, diese Götzendiener zu retten?

60 Siehe hierzu den Eingangschor zu Bachs Kantate »Also hat Gott die Welt geliebt« (BWV 68).

Was die Juden an Gott und an seinem Messias interessierte und wie sie über ihr eigenes Volk dachten, ist bezeichnend für den Sünder: Wenn er an Gott denkt, dann will er wissen, was das ihm und vielleicht noch seiner Familie nützt. Gott aber ist nicht so, wie die Menschen sich Gott denken. Gott ist Licht (1Jo 1,5), und Gott ist Liebe (1Jo 4,16). Gott muss richten, weil er heilig ist, aber er richtet die Sünde am Sohn. Gott will retten, weil er Liebe ist, und seine Liebe reicht unendlich tiefer und weiter, als der Sünder sich ausdenken kann.

18 Wer an ihn glaubt, wird nicht gerichtet; wer aber nicht glaubt, ist schon gerichtet, weil er nicht geglaubt hat an den Namen des eingeborenen Sohnes Gottes.[61]

In den Versen 18-21 spricht der Herr von Gericht. Denn das Heil, das der Sohn Gottes für die Welt wirkte, ist die tiefste Ursache für das Gericht, das über die Welt kommen muss. Wer nicht an den Sohn Gottes glaubt, hat damit den Geist der Gnade geschmäht (Hebr 10,29).

In den Versen 15-18 wird uns dreimal die Bedingung genannt, um gerettet zu werden: Der Mensch muss glauben. Er muss also doch etwas produzieren, eine Leistung erbringen? Nun müssen wir zuerst den Zusammenhang beachten, in den der Herr diese Aussagen gestellt hat. Er hat Nikodemus und damit uns gesagt, dass wir nicht sehen können (V. 3), dass wir nicht ins Reich eingehen können (V. 5), dass wir nicht wissen, woher und wohin der Geist weht (V. 8), dass wir das Zeugnis Jesu nicht annehmen (V. 11), dass wir ihm nicht glauben, wenn er von irdischen Dingen redet (V. 12), und darum gewiss auch nicht glauben werden, wenn er von himmlischen Dingen redet (V. 12). Wenn das alles stimmt, dann müssen wir daraus folgern, dass wir von uns aus nicht glauben können, und genau das sagt uns der Sohn Gottes und auch der inspirierte Evangelist etwas später ganz offen (5,44; 12,39). Und warum können wir nicht glauben? Weil wir nicht glauben wollen (vgl. 5,40; Lk 13,34). Und warum wollen wir nicht glauben? Weil wir dem Bösen verfallen, weil wir Sklaven der Sünde geworden sind (8,34); weil unser Herz, unser Innerstes so verkehrt ist, dass wir die Finsternis lieben und das Licht hassen (V. 19.20). Das alles bedeutet, dass wir erst dann glauben können, wenn

61 Diesen Vers hat Bach zum Abschlusschor verarbeitet in der Kantate »Also hat Gott die Welt geliebt« (BWV 68).

Gott uns in seinem Wort begegnet; wir können nicht eher glauben, bis dass er zu uns spricht. Seine Worte wirken in uns den Glauben.

»Wer an ihn glaubt, wird nicht gerichtet«: Es genügt, an den Sohn Gottes zu glauben, um von grenzenloser Schuld und damit grenzenloser Strafe befreit zu werden. Wir müssen nichts dafür leisten; wir könnten auch nichts dafür leisten. Ganz frei, ganz ohne Verdienst wird jeder, der glaubt, aus dem ewigen Tod ins ewige Leben versetzt (5,24).

»wer aber nicht glaubt, ist schon gerichtet, weil er nicht geglaubt hat«: Der Unglaube ist die Sünde, die den Menschen unter dem Zorn und dem Gericht Gottes belässt, wie V. 36 bestätigt. Glauben können wir weder aufbringen noch mehren[62]; den Unglauben brauchen wir gar nicht aufzubringen, denn er ist uns angeboren, und den können wir zudem mit allen uns eigenen Kräften mehren und festigen. In 16,7-9 sagt der Herr, dass er den Heiligen Geist in die Welt senden werde, damit dieser die Menschen überführe, dass der Unglaube die große Sünde ist, die sie verdirbt.

19 Dies aber ist das Gericht, dass das Licht in die Welt gekommen ist, und die Menschen haben die Finsternis mehr geliebt als das Licht, denn ihre Werke waren böse.
20 Denn jeder, der Böses tut, hasst das Licht und kommt nicht zu dem Licht, damit seine Werke nicht bloßgestellt werden;
21 wer aber die Wahrheit tut, kommt zu dem Licht, damit seine Werke offenbar werden, dass sie in Gott gewirkt sind.

Hier bekommen wir die Antwort auf die Frage, warum der Mensch, der im Unglauben verharrt, von Gott verdammt wird (V. 18): Der Unglaube bedeutet, dass wir das Licht, d.h. den Sohn Gottes hassen. Und warum hassen wir das Licht? Weil wir das Böse tun (V. 20). Und warum tun wir das Böse? Weil wir böse sind. Das erklärt, warum wir von Neuem geboren werden müssen.

»Dies aber ist das Gericht«: Für »Gericht« steht hier κρισις, *krisis*, was im Grunde »Scheidung« bedeutet, und das ist hier gemeint. Damit, dass der Sohn Gottes als Licht in die Welt gekommen ist, werden alle Men-

62 Das wussten auch die Jünger, weshalb sie den Herrn baten, dass *er* ihnen den Glauben mehre (Lk 17,5).

schen geprüft; ihr Inneres wird offenbar, die geheimen Triebfedern ihres Tuns werden aufgedeckt. Und dadurch geht eine Scheidung durch die ganze Welt: Da sind solche, die nicht zum Licht kommen (V. 20), und solche, die zum Licht kommen (V. 21).

»dass das Licht in die Welt gekommen ist«: Für »gekommen ist« steht hier εληλυθεν, *elēlythen*, ein Perfekt, das besagt, dass das Licht, seit es gekommen ist, nunmehr da ist. Daran soll Nikodemus denken. Jetzt ist es hier, jetzt ist die Zeit, es anzunehmen.

Seit der Sohn Gottes Mensch geworden ist, leuchtet dieses Licht fort im Evangelium, das seit Pfingsten des Jahres 30 n. Chr. gepredigt wird, und jeder muss sich ihm stellen. Zunächst weist jeder dieses Licht ab, wie der Herr fortfährt und sagt: **»und die Menschen haben die Finsternis mehr geliebt als das Licht«**. Damit sagt der Herr, dass sie die Finsternis wählten und das Licht verwarfen. Diese Worte zeigen uns, dass der Unglaube das Kind einer bösen Liebe ist. Der Unglaube sperrt sich gegen **»das Licht«**, oder besser: Der Mensch erweist seinen Unglauben darin, dass er das Licht abweist; und damit beweist er seine Bosheit.

Beachten wir gut: Der Herr sagt nicht: »*ihr habt* die Finsternis mehr geliebt …«, als wollte er sagen, nur die Obersten der Juden oder allenfalls die Juden im Allgemeinen taten dies. Nein, er sagt **»die Menschen«**. Wir betrügen uns selbst, wenn wir denken, nur die Juden seien so verkommen, dass sie Finsternis mehr liebten als das Licht. Johannes beginnt sein Evangelium so, dass es alle Menschen ins Licht stellt. Er, das Wort, ist der Schöpfer aller Dinge und aller Menschen; er kam als Licht in die Welt, das jeden Menschen erleuchtet (1,1-9), also auch dich und mich. So haben wir in den vorliegenden Versen ein wahres Porträt von einem jeden Kind Adams.

Und warum wählt der Mensch lieber die Finsternis als das Licht? Der Herr nennt den Grund: **»… denn ihre Werke waren böse.«** Diese sollen nicht aufgedeckt werden; denn man will nicht von ihnen lassen. Beachten wir die Zeitformen, die Johannes gewählt hat: Er sagt, dass die Menschen die Finsternis liebten, *ēgapēsan*,[63] Aorist; und er sagt, dass die Werke böse »waren«, *ēn*, Imperfekt. Der Aorist unterstreicht die bewusste Entscheidung, als das Licht kam; man wählte an jenem bestimmten Tag die Finsternis. Das Imperfekt markiert die Tatsache, dass die Werke böse

63 Wir halten im Vorbeigehen fest: Das Verb *agapao* wird im Neuen Testament auch für böse Liebe verwendet. Das wird meist vollständig übersehen.

waren und blieben. Wer aber im Bösen verharren will, **»hasst das Licht«**, es kann gar nicht anders sein. In 7,7 vernehmen wir, dass die Welt den Sohn Gottes hasst, und in 15,24 noch einmal: *»Sie haben gesehen und doch gehasst sowohl mich als auch meinen Vater.«* Wir stellen fest: Der Sünder liebt, was er hassen sollte, und hasst, was er lieben sollte. Er liebt die Sünde und hasst die Gerechtigkeit, er liebt die Finsternis und hasst das Licht, er liebt sich selbst und hasst Gott.[64]

»wer aber die Wahrheit tut«: Wir fragen, wer denn hier gemeint sein könne, wo doch V. 19 uns gesagt hat, dass *die Welt* das Licht verschmäht, d.h. all jene, für die Gott seinen Sohn gab. Es können offenkundig nur jene sein, die von Neuem (V. 3.5), d.h. aus Gott geboren (1,13) sind. Wer aus Gott geboren ist, **»kommt zu dem Licht«**, denn in ihm ist etwas, was zum Licht gehört, ja, in ihm ist dieses Licht. Er ist ein Kind des Lichts (1Thes 5,5). Wir fragen weiter, wie denn hierzu passt, was der Herr in seinem letzten Appell an die Welt sagte: *»Während ihr das Licht habt, glaubt an das Licht, damit ihr Söhne des Lichts werdet«* (12,36). Man muss zuerst an das Licht glauben, und die es tun, werden zu Söhnen des Lichts. Wir müssen wohl beachten, dass V. 19 eine *Aussage*, 12,36 ein *Befehl* ist. Der Befehl, an das Licht zu glauben, ergeht an alle (vgl. Apg 17,30), aber nur bei denen, die der Herr aus der Welt erwählt hat (15,19), verhallt er nicht wirkungslos, sondern wirkt ebendas, was er fordert: den Glauben. Es ergeht diesen wie Adam: Der war in die Sünde gegangen und floh deshalb das Licht; doch als sein Gott ihn zu sich ins Licht rief, kam er (1Mo 3). Wir können auch sagen, es verhalte sich bei der Errettung wie bei der Schöpfung: Gott befahl, und das Licht vertrieb die Finsternis. So hat er in das Dunkel unserer Herzen befohlen, und uns erstrahlte der Lichtglanz der Erkenntnis Gottes im Angesicht Christi (2Kor 4,6).

»damit seine Werke offenbar werden, dass sie in Gott gewirkt sind«: In Eph 2,10 wird dieses Wort durch den Apostel umschrieben, indem er von denen, die aus Gnade und durch Glauben gerettet sind (Eph 2,8), sagt: *»Denn wir sind sein Werk, geschaffen in Christus Jesus zu guten Werken, die Gott zuvor bereitet hat, damit wir in ihnen wandeln sollen.«* Die »in Gott gewirkten« Werke sind die Werke, die Gott zuvor bereitet hat, damit seine Kinder in ihnen wandeln.

64 In Röm 1,30 nennt Paulus die Heiden *»Gott Hassende«*.

2. Johannes der Täufer zeugt ein letztes Mal vom Licht (3,22-36)

Dieser Abschnitt zeigt, wie der Dienst des Täufers vom Dienst des Herrn abgelöst wird, und demonstriert so an diesen beiden Gestalten den Übergang von der alttestamentlichen zur neutestamentlichen Zeit. Johannes der Täufer war der letzte Prophet des Alten Bundes; Jesus kam als der Mittler und Bürge des Neuen Bundes (Hebr 7,22; 9,15).

Bisher hatten wir gelesen, dass Johannes der Täufer der Wegbereiter des Herrn war, vor ihm hergesandt, um von ihm zu zeugen, damit die Menschen an ihn glaubten (1,6.7). Er war nicht selber das Licht, sondern sollte lediglich in den Herzen der Leute eine Bahn schaffen für das Licht (1,23). Nun, da das Licht gekommen war, musste Johannes der Täufer zurücktreten. Der vorliegende Abschnitt beschreibt, wie er als ein wahrer Diener vor dem Größeren willig in den Hintergrund trat, kurz bevor Gott ihn aus der Öffentlichkeit herausnahm (V. 24). Der äußere Anlass, der dem Täufer zeigte, dass seine Zeit nun zu Ende ging, war eine Streitfrage unter den Johannesjüngern um die Reinigung (V. 25). Als diese ihrem Meister eröffneten, dass die Volksmengen anfingen, sich um Jesus zu scharen (V. 26), antwortete er, dass er alles, was er war und tat, von oben empfangen hatte (V. 27), dass es von Gott verordnet war, dass Gottes Stimme nun vom Sohn allein ergehen sollte (V. 29). Der Christus war die Sonne, die jetzt aufgegangen war (siehe Lk 1,78)[65], und da sie leuchtete, beachtete niemand mehr die Lampe (V. 30; 5,35). Dass Johannes meinte, was er sagte, bewies er mit den darauf folgenden Worten, in denen er ein einzigartiges Zeugnis gab über den Sohn Gottes: Er kommt von oben; er ist über allen (V. 31); er zeugt als der Himmlische von den himmlischen Wahrheiten (V. 31.32); er redet die Worte Gottes (V. 34); ihm ist der Geist in grenzenloser Fülle gegeben (V. 34); er ist der Geliebte des Vaters, der dem Sohn alles in die Hände gegeben hat (V. 35). Wer ewiges Leben empfangen will, muss an ihn glauben (V. 36).

65 Der »Aufgang«, *anatolē*, aus der Höhe ist der »Sonnenaufgang«, wie in Lk 13,29; Mt 2,1.

22 Danach kam Jesus mit seinen Jüngern in das Land Judäa, und dort verweilte er mit ihnen und taufte.

Nach der Passahwoche verließ der Herr die Stadt und zog mit seinen Jüngern **»in das Land Judäa«**, kehrte also nicht sofort nach Galiläa zurück (siehe 4,3). Wir sehen, dass der Herr seinen Dienst in Judäa Schritt um Schritt ausweitete: Zuerst war er in den Tempel gegangen und hatte sich dort offenbart; als man ihn im Herzen des ganzen jüdischen Gemeinwesens, am Ort ihres Gottesdienstes, abwies, wirkte er in der Stadt Jerusalem (2,23), und nun begibt er sich aus der Stadt ins Land Judäa und lehrt dort eine geraume Zeit. Hier steht, dass er **»taufte«**, doch in 4,2 wird diese Aussage über den Herrn und seine Jünger präzisiert: Es war nicht Jesus, sondern es waren die Jünger, die tauften. Er würde ja, wie Johannes der Täufer bezeugt hatte, nicht mit Wasser, sondern mit dem Heiligen Geist taufen (1,33), doch dazu war die Stunde noch nicht da. Dass die Jünger tauften, erfahren wir in den anderen Evangelien nicht.

Fragen wir uns, warum die Sache mit der Taufe gerade an dieser Stelle steht. Die Taufe ist das Todesurteil über den natürlichen Menschen. Wir verstehen nach allem, was der Herr in seiner Unterredung mit Nikodemus über die menschliche Natur gesagt hat, dass sie in den Tod muss. Gott kann sie nicht brauchen. Darum muss der Mensch von Neuem geboren werden.

23 Aber auch Johannes taufte in Änon, nahe bei Salim, weil viel Wasser dort war; und sie kamen hin und wurden getauft.

Während der Herr im Land Judäa war, taufte Johannes etwas weiter nördlich **»in Änon«**, das nur wenige Kilometer von Bethanien (siehe 1,28), aber nicht auf der östlichen, sondern auf der westlichen Seite des Jordan lag. Er suchte sich diesen Ort zum Taufen aus, **»weil viel Wasser dort war«**. Offensichtlich hat er die Täuflinge im Jordan untergetaucht, nicht mit Wasser besprengt, denn die Taufe ist eine Hinrichtung: Der alte Mensch wird ersäuft. Wie die große Flut *»das Ende allen Fleisches«* war (1Mo 6,13), so bezeugt die Taufe, dass Gott das Fleisch vollständig verurteilt. Es taugt zu nichts, es muss weggetan werden, und der Mensch muss durch eine neue Geburt eine neue Natur bekommen (siehe V. 3-8 und 1,12.13).

24 Denn Johannes war noch nicht ins Gefängnis geworfen worden.

Hier liefert Johannes eine Erklärung, um einem möglichen Missverständnis vorzubeugen. Die Leser des Johannesevangeliums kannten die drei ersten Evangelien und nahmen aufgrund von Mt 4,11.12; Mk 1,13.14 und Lk 4,13.14 vielleicht an, dass man Johannes unmittelbar nach der Versuchung Jesu in der Wüste ins Gefängnis geworfen hatte. Im Johannesevangelium erfahren wir nun, dass der Täufer eine ganze Weile weiterpredigte, nachdem Jesus seinen öffentlichen Dienst schon begonnen hatte.

Der Evangelist hat diesen Satz aber aus einem noch wichtigeren Grund geschrieben: Er zeigt, wie die Welt der Botschaft der Boten Gottes für eine Zeit großen Beifall geben kann, sie im Herzen aber hasst; und dieser Hass wird sich früher oder später zeigen. An Johannes, der zwar nicht das Licht war, aber vom Licht zeugte, sollte sich bald zeigen, dass die Menschen das Licht nicht liebten: Er **»war noch nicht ins Gefängnis geworfen worden«**, aber das würde bald geschehen. Dass das nicht lediglich Ausdruck der Willkür eines launischen Herrschers war, wie man auf den ersten Blick vermuten könnte, zeigen die Worte des Herrn über den Täufer: *»Ich sage euch aber, dass Elia schon gekommen ist, und sie haben ihn nicht erkannt, sondern an ihm getan, was irgend sie wollten. Ebenso wird auch der Sohn des Menschen von ihnen leiden. Da verstanden die Jünger, dass er von Johannes dem Täufer zu ihnen sprach«* (Mt 17,12.13). Hatte man den Vorläufer schon verworfen, würde man den von ihm angekündigten Herrn erst recht verwerfen.

25 Es entstand nun eine Streitfrage unter den Jüngern des Johannes mit einem Juden über die Reinigung.
26 Und sie kamen zu Johannes und sprachen zu ihm: Rabbi, der jenseits des Jordan bei dir war, dem *du* Zeugnis gegeben hast, siehe, der tauft, und alle kommen zu ihm.
27 Johannes antwortete und sprach: Ein Mensch kann gar nichts empfangen, wenn es ihm nicht aus dem Himmel gegeben ist.

Wir hatten im ersten Teil des Kapitels gelesen, wie ein Jude zu Jesus kam und darüber belehrt wurde, wer Jesus von Nazareth und wer der Mensch ist. Nun lesen wir von anderen Juden, die zu einem Propheten kommen und die gleiche Unterweisung bekommen, nämlich darüber, wer Jesus ist und wer sie sind. Das Zeugnis aller Propheten ist das Zeugnis Jesu (Offb 19,10), und das Zeugnis des Herrn selbst bestätigt und erfüllt alles, was die Propheten von ihm gezeugt haben.

Mit der »**Reinigung**« ist hier die Taufe gemeint. Offensichtlich dreht sich der Streit um die Frage, bei wem man sich nun taufen lassen solle: weiterhin bei Johannes oder bei Jesus, dessen Jünger inzwischen angefangen hatten zu taufen. Die Johannesjünger »**kamen zu Johannes**« und melden ihm: »**... siehe, der tauft ...**« Die Aussage ist, wie oben vermerkt (siehe Auslegung zu V. 22), nicht ganz exakt, aber das ist nicht das Entscheidende, sondern das Nächste: »**... und alle kommen zu ihm.**« Die Johannesjünger wussten gar nicht, wie wahr diese Worte waren: In 4,30 lesen wir, dass die Samariter zu ihm kamen; in 12,32 sagt der Herr selbst, dass er alle zu sich ziehen wird. Sie aber wollten von ihrem Lehrer eine Bestätigung dafür, dass sie als seine Jünger auf der richtigen Seite standen. Das zeigt, wie träge sie waren, an das Zeugnis ihres Lehrers zu glauben, der ihnen ja deutlich genug gesagt hatte, dass der nach ihm Kommende der Größere sei. Entsprechend antwortete Johannes zunächst, dass er nichts zu verteidigen habe, denn ein Mensch könne »**gar nichts empfangen, wenn es ihm nicht aus dem Himmel gegeben ist**« (siehe auch 6,65; 19,11; 1Kor 4,7). Damit erkannte er an, dass er seinen Dienst vom Himmel empfangen hatte und ihn darum auch beenden würde, sobald der Himmel es forderte. Und diese Zeit war nun gekommen.

28 *Ihr* selbst gebt mir Zeugnis, dass ich sagte: *Ich* bin nicht der Christus, sondern dass ich vor *ihm* hergesandt bin.
29 Der die Braut hat, ist der Bräutigam; der Freund des Bräutigams aber, der dasteht und ihn hört, ist hocherfreut über die Stimme des Bräutigams; diese *meine* Freude nun ist erfüllt.
30 *Er* muss wachsen, *ich* aber abnehmen.

In seiner Antwort an seine Jünger zeigt sich einmal mehr, dass Johannes der Täufer ein wahrer Prophet war: Er wies die Menschen zu Christus, indem er mit seinen Worten die Erkenntnis Christi mehren und damit Glauben an ihn wecken wollte. Johannes erinnerte seine Jünger daran, dass er ihnen gesagt hatte, er sei **»nicht der Christus«**, sondern er sei nur **»vor ihm hergesandt«**. Wir müssen beides wissen: wer wir nicht sind und wer wir wirklich sind (1,19-23). Johannes der Täufer erklärt seinen Jüngern, welches seine Aufgabe war, indem er einen einfachen Vergleich verwendet, den sie sofort verstanden. Bevor ein Mann in Israel seine Frau bekam, sandte er seinen **»Freund«**, der bei den Brauteltern die Zusage eingeholte, und am Hochzeitstag führte dieser dem Bräutigam die Braut zu. Mit der nun endlich geschlossenen Ehe war seine Aufgabe erfüllt, und nun stand er da und freute sich, dass der Bräutigam endlich seine Braut heimholen durfte.

*»So ›**steht**‹ dieser Freund ›**da**‹, eben durch dieses ›Zeichen‹ herausgehoben aus der großen Schar der sitzenden oder liegenden Hochzeitsgäste«* (de Boor, *Das Evangelium des Johannes*, 1. Teil, S. 122).

»Der die Braut hat, ist der Bräutigam«: Der Vergleich weist gleichzeitig auf eine heilsgeschichtliche Wahrheit, mit der die Juden wohlvertraut waren. Die Zeit des Messias verglich man ganz allgemein mit einer Hochzeit; das Hohelied verstanden die jüdischen Ausleger alle als eine Allegorie auf die Liebe Gottes zu seinem Volk Israel, und sie fanden diese Auffassung bestätigt in den Propheten (Jes 54,5; 62,5; Hes 16,8; Hos 2,21.22). Johannes der Täufer will also sagen, die Zeit des Messias sei angebrochen. Er hat als Freund durch seinen Dienst dem Bräutigam die Braut zugeführt. Der Messias ist der Bräutigam seines Volkes, und darum war es ja nur recht, dass das Volk sich von Johannes abwandte und sich um Christus scharte, denn nun war endlich der Messias da. Johannes hatte keine andere Sehnsucht gekannt als die nach dem Kommen des Gerechten, dem er durch seinen Dienst den Weg bereitet hatte.

Er war die Stimme des Rufenden gewesen; nun aber war der Rufende selbst gekommen, und er war **»hocherfreut über die Stimme des Bräutigams«**. Er war nicht etwa neidisch, als er merkte, wie die Menschen auf die Stimme Jesu hörten und anfingen, sich von ihm, dem Freund, abzuwenden und Jesus nachzufolgen. Das hatten wir bereits in 1,35-37 gesehen. Vielmehr konnte Johannes der Täufer jetzt sagen: **»... meine Freude nun ist erfüllt.«** Wer das sagen kann, ist ein glücklicher Mensch. Glücklich auch, wer mit Johannes fortfahren kann: **»Er muss wachsen, ich aber abnehmen.«** Das wahrhaftige Licht leuchtete jetzt, die Lampe (5,35) konnte ausgeblasen werden.

**31 Der von oben kommt, ist über allen; der von der Erde ist,
ist von der Erde und redet von der Erde. Der vom Himmel
kommt, ist über allen;
32 was er gesehen und gehört hat, dieses bezeugt er; und sein
Zeugnis nimmt niemand an.
33 Wer sein Zeugnis angenommen hat, hat besiegelt, dass Gott
wahrhaftig ist.**

Es gibt Ausleger, die bestreiten, dass Johannes der Täufer die Worte in V. 31-36 gesprochen habe, und das damit begründen, dass sie den Worten, die der Herr an Nikodemus gerichtet hatte, allzu ähnlich seien. Das Argument verfängt nicht. Wie sollte Johannes nicht wissen, was Jesus lehrte? Er war ja von Gott gesandt als Zeuge vom Licht; darum hatte Gott selbst ihm offenbart, wer Jesus war (1,29-34). Und was ist natürlicher als anzunehmen, dass Johannes der Täufer in den Stunden oder gar Tagen, da er in der Nähe des Herrn war, von ihm gelehrt worden war? So zeigen diese Verse gerade, wie treu Johannes der Täufer als Zeuge war: Er lehrte alles, was ihm über den Sohn Gottes bewusst und bekannt war. Und er hielt davon nichts zurück gegenüber seinen eigenen Jüngern, sondern sagte ihnen alles und drängte sie damit geradezu, ihn zu verlassen und nun Jesus zu folgen. Das hätte ein ehrgeiziger Mensch nie getan.

Noch einmal stellt Johannes die geringe Statur des Wegbereiters der überragenden Größe des Christus gegenüber (siehe V. 27 und V. 30 und auch 1,27): Er, der Christus, **»der von oben kommt, ist über allen«**. Er ist himmlisch (1Kor 15,47.48), er ist aus dem Himmel gekommen, und während er auf der Erde ist, ist er gleichzeitig im Himmel (V. 13). Er ist über jedem Geschöpf und allem Geschaffenen, ist er doch selbst der Schöpfer (1,1-3). Johannes aber ist nur **»von der Erde«**.

»was er gesehen und gehört hat, dieses bezeugt er«: Das ist mit anderen Worten gesagt, was bereits in 1,18 steht und was der Herr selbst von sich gesagt hat (V. 11): Der Sohn Gottes macht den unsichtbaren Gott kund. Dabei ist sein Zeugnis absolut zuverlässig; er ist *»der treue Zeuge«* (Offb 1,5), er sagt nichts anderes, als was er gesehen und gehört hat, und dennoch: **»... sein Zeugnis nimmt niemand an.«** Auch das ist eine Bestätigung von Worten, die der Herr bereits an Nikodemus gerichtet hatte (V. 11), Worte, die uns entsetzen müssten: Da ist einer im Himmel gewesen, kommt zum verlorenen Menschen, der im Elend des Sünderlebens gefangen ist, und gibt ihm sichere Kunde vom Himmel und vom Heil – und keiner will es hören! Johannes bestätigt damit die Worte des Prologs: Niemand nahm das Wort auf, als es in das Seine kam (1,11); so viele es aber aufnahmen (1,12), denen gab Gott das Recht, Kinder Gottes zu werden; und **»wer sein Zeugnis angenommen hat«**, der hat damit **»besiegelt, dass Gott wahrhaftig ist«**. Mit einem Siegel bestätigt man, dass eine Urkunde wahr, echt und rechtsgültig ist. Warum aber sagt Johannes nicht, dass wer das Zeugnis Jesu angenommen hat, damit besiegelt, dass Jesus wahrhaftig ist – sondern, dass Gott wahrhaftig ist? Die Worte Jesu sind Gottes Worte; wer sie annimmt, hat darum erklärt, dass Gott wahrhaftig ist. Er hat (wie Johannes später in seinem ersten Brief schreibt) geglaubt *»an das Zeugnis ..., das Gott bezeugt hat über seinen Sohn«* (1Jo 5,10). Das Zeugnis des Sohnes und das Zeugnis des Vaters sind eins.

Was ist **»sein Zeugnis«**? Alles, was er gesagt hat. Er hat bezeugt,

- dass die Juden unrein sind und damit das Haus Gottes verunreinigt haben;
- dass man ihn töten, er aber auferstehen werde;
- dass der Mensch von Neuem geboren werden müsse;
- dass der Sohn allein das Himmlische offenbaren kann;
- dass Gott den Sohn gibt, damit Menschen nicht verlorengehen;
- dass der Mensch glauben muss;
- dass der Mensch das Licht hasst, weil seine Werke böse sind.

Wer dieses Zeugnis annimmt, besiegelt, dass Gott wahrhaftig ist. Wer es nicht annimmt, hat Gott zum Lügner gemacht (vgl. 1Jo 5,10). Wer das tut, bleibt unter Gottes Zorn (V. 36).

34 Denn der, den Gott gesandt hat, redet die Worte Gottes;
denn Gott gibt den Geist nicht nach Maß.
35 Der Vater liebt den Sohn und hat alles in seine Hand gegeben.

Dieses **»Denn«** begründet die in V. 33 gemacht Aussage: Wer das Zeugnis Jesu annimmt, hat deshalb besiegelt, dass *Gott* wahrhaftig ist, weil **»der, den Gott gesandt hat«** nicht eigene Worte redete, sondern **»die Worte *Gottes*«**. Das konnte zwar von jedem Propheten gesagt werden,

den Gott im Lauf der Heilsgeschichte gesandt hatte. Weil der Geist Gottes in den Propheten war (1Petr 1,11) und weil sie redeten, *»getrieben vom Heiligen Geist«* (2Petr 1,21), waren ihre Worte »Worte Gottes«. Beim Sohn Gottes aber war dies alles in höherem Maß der Fall.

»Gott gibt den Geist nicht nach Maß«: Der Sohn war durch den Geist gezeugt (Mt 1,18.20), er war voll Heiligen Geistes, und er wurde stets vom Heiligen Geist geführt (Lk 4,1). Darum war ein jedes seiner Worte während seines ganzen Lebens und in jedem Augenblick Wort Gottes. Das kann aber nicht von den Propheten gesagt werden, die alle Menschen waren von gleichen Gemütsbewegungen wie wir (Jak 5,17) und deshalb nicht immer vom Geist erfüllt und geführt waren und eigene Worte und Gedanken äußerten, wenn sie als Privatpersonen handelten, dachten und redeten – wie etwa Mose, von dem berichtet wird, wie er unbesonnene Worte redete (Ps 106,33) und deswegen von Gott gerügt und bestraft werden musste (4Mo 20,12).

»Der Vater liebt den Sohn«: Von der ewigen Liebe des Vaters zum Sohn lesen wir in diesem Evangelium noch in 5,20; 10,17; 15,9; 17,23.24.26: Gott ist der ewig Dreieinige, denn er ist Liebe (1Jo 4,16). Liebe hat stets ein Gegenüber: Der Liebende liebt einen Geliebten. Ist nun Gott unwandelbar und ist er Liebe, ist er notwendigerweise von Ewigkeit her als einer doch viele: Vater und Sohn und Heiliger Geist.

Weil der Vater den Sohn liebt, hat er **»alles in seine Hand gegeben«** (siehe auch 13,3). Er hat dem Sohn den Geist gegeben ohne Maß (V. 34); er hat ihm gegeben, Leben zu haben in sich selbst (5,26); er hat ihm das Gericht gegeben (5,27); er hat ihm gegeben, sein Leben zu lassen und es wiederzunehmen (10,18); er hat die zum ewigen Leben Berufenen ihm in die Hand gegeben (10,28.29); er hat ihm Gewalt gegeben über alles Fleisch (17,2); er hat ihm die Seelen gegeben, die er erlösen, bewahren und vollenden soll (17,6); kurz: Der Vater hat dem Sohn das ganze Werk der Errettung und alle Erretteten in die Hand gegeben.

36 Wer an den Sohn glaubt, hat ewiges Leben; wer aber dem Sohn nicht glaubt, wird das Leben nicht sehen, sondern der Zorn Gottes bleibt auf ihm.

Hier bestätigt der Täufer,[66] was der Sohn gelehrt hatte (siehe V. 15-18): **»Wer an den Sohn glaubt, hat ewiges Leben«**; wer hingegen nicht glaubt, ist schon gerichtet (V. 18), und das heißt zweierlei: Er **»wird das Leben nicht sehen«**, und **»der Zorn Gottes bleibt auf ihm«**. Das Leben heißt: den Sohn erkennen (17,3), den Sohn haben (1Jo 5,12), im Sohn sein (1Jo 5,20). Das alles wird aber nur dem gegeben, der an ihn glaubt. Wer nicht glaubt, bleibt vom Sohn geschieden und steht damit jetzt schon unter dem Zorn Gottes. Dieser wird am Ende über ihn hereinbrechen wie ein Wetter, das er nicht aufhalten kann (Spr 1,27). Dann wird er vom Sohn Gottes verflucht und für immer hinausgetan und der ewigen Pein übergeben (Mt 25,41). Dies ist übrigens der einzige Beleg des Wortes »Zorn«, οργη, *orgē*, im Johannesevangelium.[67]

Wer an den Sohn glaubt, glaubt daran, dass Gott ihm **»alles in seine Hand gegeben«** hat (V. 35). Er glaubt an ihn, und er glaubt, dass er vollständig in der Hand des Sohnes Gottes ist; er glaubt, dass sein Heil ganz vom Sohn Gottes abhängt, dass er selbst nichts vermag, sondern in allem und beständig darauf angewiesen ist, dass der Sohn Gottes an ihm wirkt, ihn bewahrt und ihn in seiner Macht und Treue trägt bis ans Ziel.

Von nun an hören wir in diesem Evangelium von Johannes dem Täufer, dem Wegbereiter des Herrn, nichts mehr. Seine letzten uns überlieferten Worte sind ein beredtes Zeugnis seines Herzens.

66 Es gibt Ausleger, die annehmen, von V. 31 an bis zum Ende des Kapitels sei der Herr der Redende. Es gibt allerdings keinen zwingenden Grund, das anzunehmen. Warum sollte Johannes, den Gott gelehrt hatte, wer Jesus ist, nicht in der Lage gewesen sein, dieses Zeugnis über den Sohn Gottes abzulegen? Wäre Jesus ab V. 31 plötzlich der Redende, hätte der Autor das gewiss markiert.

67 Der Zorn Gottes wird in den Evangelien nur 5-mal erwähnt, in Mt 1-mal, in Mk 1-mal, in Lk 2-mal und in Joh 1-mal, im übrigen NT 23-mal.

Johannes der Täufer, ein wahrer Diener des Herrn

In **3,27-30** finden wir vier Merkmale von Johannes dem Täufer, die ihn als wahren Knecht der Herrn auszeichnen:

a. Er weiß und empfindet, dass er alles, was er hat, von oben empfangen hat (1Kor 4,7), und dass er alles, was er ist, aus Gnade ist (1Kor 15,10).
b. Er sieht klar, wer er nicht ist und wer er ist. Demut besteht zur Hauptsache im klaren Blick für die Wirklichkeit.[68]
c. Er hat keine größere Freude als den Herrn selbst. Ihn zu haben, bei ihm zu sein, seine Stimme zu hören, ist ihm alles.
d. Er ist bescheiden, denn er ist mit dem ihm beschiedenen Teil zufrieden: Christus muss wachsen, er muss abnehmen.

In **3,31-36** finden wir alles, was das Zeugnis eines wahren Dieners ausmacht:

a. Es erhöht Christus: Er ist über allen; er ist der treue Zeuge; er redet die Worte Gottes; er ist der Geliebte des Vaters; ihm hat Gott alles in die Hand gegeben.
b. Es erniedrigt die Menschen: Keiner nimmt das Zeugnis Christi an.
c. Es sagt alles, was man wissen muss über den Weg des Heils und der Verdammnis: Wer glaubt, hat das ewige Leben; wer nicht glaubt, steht unter Gottes Zorn und wird verdammt.

68 *»la vision claire«*, so sagt es Ralph Shallis im Buch *La cellule vivante* (auf Deutsch: *Lebendige Zellen*, CLV).

Anmerkungen zu Kapitel 3

V. 1 – »Ihr habt in diesem Evangelium gehört, wie Nikodemus in der Nacht zum Herrn gekommen ist. Also habt ihr klar in diesem Evangelium, was die Vernunft und der freie Wille vermag. Das seht ihr hier an Nikodemus, der unter den Besten ein Ausbund war, ein Fürst der Pharisäer, welche die Besten unter dem Volk waren, nämlich, dass sie, wenn sie zum Höchsten kommen, ganz blind und tot sind, wie heilig, wie klug, gut und gewaltig sie auch angesehen werden … Darum hat Gott uns hier ein Exempel gegeben, dass wir sehen, dass das Allerbeste der Natur nichts ist: Wo sie am schönsten, hellsten und lichtesten ist, ist sie blind … Darum kann sie sich auch nicht nach göttlichen Dingen sehnen und darnach begehren« (Luther, *Johannes-Evangelium*, S. 125).

V. 3 – »Ihm haftet noch das Pharisäertum an, und das weiß nichts vom verlorenen Zustand des Menschen als Mensch. Aber zu diesem Wissen muss er geführt und der letzte Rest von eigener Gerechtigkeit muss ihm ausgezogen werden … Die Gnade muss Nikodemus demütigen, ehe sie ihn erhöhen kann, muss ihm die Wertlosigkeit des Menschen enthüllen, damit Gottes Gnade für ihn hervorleuchten kann. Der Pharisäer muss jeden über Jahre mühsam aufgebauten Anspruch an Gott fahren lassen, und er muss noch hilfloser werden als ein Säugling … ganz hilflos ausgeliefert dem freien Wohlgefallen Gottes, zu retten oder zu verderben. **›Wahrlich, wahrlich, ich sage dir: Wenn jemand nicht von Neuem geboren wird, so kann er das Reich Gottes nicht sehen.‹** Wer kam denn je durch seinen eigenen Willen zur ersten Geburt? So verhält es sich auch bei der neuen Geburt: *›… nicht aus Geblüt noch aus dem Willen des Fleisches, noch aus dem Willen des Mannes, sondern aus Gott …‹* (1,13)« (F.W. Grant).

V. 5 – »Auf diesem Weg (durch die neue Geburt) gehen wir ein in das Reich. Das Reich Gottes ist mehr als ein Paradies für den Menschen; es ist vielmehr etwas, was Gott ganz entspricht, und darum müssen wir notwendigerweise eine Natur bekommen, die zu ihm passt. Adam hatte sie nicht; er war dem Rang nach bloßer Mensch, so wie Gott ihn erschaffen hatte. Wer zum Reich Gottes gehört, muss etwas haben, was Gott selbst entspricht« (Darby, *Notes*).

V. 8 – »(Der Geist) kommt geheimnisvoll, immer stärker durch das AT herab. (Nikodemus) hat im AT vieles gemerkt, nur nicht das wachsende Wehen des Geistes. Und so weiß er noch weniger, wohin dieser Geissessturm fährt, nämlich über Israel hinaus in die Heidenwelt hinein, und über die Erde hinaus in den ewigen Himmel hinein. Indessen gibt der Herr dem Bilde gleich eine bestimmtere Fassung. Wo der Geist der Wiedergeburt an einer Seele wirksam sein will, da ist er mit einem Mal da in seiner freiherrlichen Macht. Die Anfänge sind ein Geheimnis; ebenso die Ausgänge: in das ewige Leben« (Lange).

»Frage den Wiedergeborenen, woher dieses Neue gekommen, was es mit ihm noch werden will, er weiß das eine so wenig wie das andere. Die Wiedergeburt ist nicht der Anfang, der unmittelbar gesetzte Anfang eines neuen Lebens, sondern nur der Abschluss eines Prozesses, dessen erste Anfänge uns nicht bewusst sind; und so liegt auch das Ende im Verborgenen. Wer kann sagen, wie mächtig sich die Ströme des lebendigen Geistes über die einzelne Seele ausgießen werden, welche Ströme lebendigen Wassers von diesem, welche von jenem ausgehen?« (Nebe, zitiert bei Dächsel).

V. 13 – »Niemand weiß weder Wege noch Steige zum Himmelreich; niemand hat Macht hineinzukommen … Damit sind aller Mensch Tand und Fündlein, Stände und Gottesdienst verworfen … Es ist alles verloren. Nur einer ist's, der es kann, der ist unser einziger Trost. Er ist auch ein Mensch, der Fleisch und Blut hat, aus unserem Tuch gewoben und von derselben Wolle gesponnen … Fragst du nun: Wie kommen wir denn in den Himmel hinauf, weil es dürre abgeschlagen ist, dass niemand da hineinkommen kann als Christus allein? Da ist keine andere Weise als die, dass wir uns durch Christus hinaufschleifen und so hineintragen lassen. Er hat die Brücke hinauf gemacht … Wenn er uns aber auf den Rücken nimmt und trägt, so können wir mit ihm hinaufkommen« (Luther, *Johannes-Evangelium*, S. 140, 142).

V. 16 – »Hier haben wir das *epouranion* (Anmerkung des Autors: zu Deutsch das »Himmlische«) par excellence; Jesus steigt hinauf bis zur obersten Quelle, aus der die Verordnung zur Erlösung ausging, zur Liebe Gottes. *Die Welt*, jene natürliche Menschheit, dessen größten Teil Gott zur Zeit des Alten Testaments außerhalb seiner theokratischen Regierung gelassen hatte und welche die Pharisäer nahezu in ihrer Ganzheit dem Zorn und Gericht anheimgestellt hatten, diese stellt Jesus dem Nikodemus als den Gegenstand der grenzenlosen göttlichen Liebe vor Augen« (Godet).

V. 19 – »Er ist es, der unsere Finsternis erhellt. Ich wage nicht zu sagen, er verberge sein Angesicht vor mir. Er lässt mich in seinem Licht das Licht sehen. Ein Lichtstrahl an einem dunklen Ort enthält unsagbar viel Erquickung. Kann ich seinen Namen genug dafür preisen, dass er in ein so finsteres Herz geleuchtet hat wie das meine? Du weißt, was mein früherer Lebenswandel war. Ja, ich lebte in der Finsternis und ich liebte sie, und ich hasste das Licht. Ich war der Vornehmste der Sünder. Das ist wahr: Ich hasste die Gottseligkeit; aber Gott hatte Erbarmen mit mir. Wie reich sind seine Erbarmungen!« (Oliver Cromwell, nachmaliger Lord Protector, an seine Cousine, Mrs St. John, in einem Brief vom 13. Oktober 1638).

»*Die Menschen*, sagt Jesus, was sich unmittelbar auf die Masse des jüdischen Volkes bezieht (V. 11), aber zugleich auf die ganze gefallene Menschheit, deren Vertreter, wie Jesus wohl weiß, in dieser Hinsicht das jüdische Volk ist« (Godet).

»Zwei Wunder – eins aus der Höhe, das andere aus satanischer Tiefe: Also hat Gott *die Welt* geliebt, dass er seinen eingeborenen Sohn gab; also hat die Welt *die Finsternis* geliebt, dass sie den dahingegebenen eingeborenen Sohn Gottes verschmähte« (Besser, zitiert bei Dächsel).

V. 20 – »Ich wollte stehlen, und ich stahl, und keine Armut, keine Not hatte mich dazu gezwungen. Ich stahl, weil die Gerechtigkeit mich ekelte und mich die Sünde reizte … Auch wollte ich nicht genießen, was ich gestohlen hatte, sondern Diebstahl und Sünde selbst waren mir Genuss und Lust … So war mein Herz, o Gott, so war mein Herz, dessen du dich erbarmt hast, da es in Sündentiefe lag. Siehe, nun soll es dir sagen …, dass ich böse war und meiner Bosheit Grund nichts anderes als die Bosheit selbst. Hässlich war sie, und ich liebte sie doch, liebte mein Verderben, liebte meine Sünde; nicht das, warum ich sündigte, sondern meine Sünde selbst habe ich geliebt … Nicht irgendeinem Ding lief ich nach in Schande, die Schande selber war es, die ich suchte« (Augustinus, *Bekenntnisse*, II, 4).

V. 29 – »Die christliche Kirche hört allein auf die Stimme des Bräutigams … Es ist ein gar liebliches Bild, dass Johannes Christus einen Bräutigam heißt; denn der Bräutigam und die Braut haben alle Güter gemein. Der Mann vertraut dem Weibe alle seine Heimlichkeiten an … So ist allhier Christus auch der Bräutigam und Fleisch von unserem Fleische, wie von Sankt Paulus in der Epistel an die Epheser gesagt wird (Eph 5,22), gleichwie eine leibliche Braut mit ihrem Bräutigam ein Leib ist und sie einerlei Güter haben. Da soll kein anderer Bräutigam sein. Adam, Abraham, David, Jesaja, Augustinus sind nicht der Bräutigam, sondern Christus allein; von ihm haben alle Propheten geweissagt und von seiner Hochzeit geredet …« (Luther, *Johannes-Evangelium*, S. 174).

»Wer eine Frau heimführt, lädt seine Freunde doch wahrhaftig nicht deshalb auf die Hochzeit, um ihnen die Braut zu überlassen. Nein, er tut es, damit durch ehrenvolle Feier des Hochzeitstages die künftige Ehe eine höhere Weihe bekomme. Ebenso macht es Christus. Er beruft seine Diener nicht deshalb zum Lehramt, damit sie sich die Gemeinde zu Füßen werfen und selber die Herren spielen sollen, sondern weil er ihre treuen Dienste gebrauchen will, damit die Gemeinde mit ihm selbst vereinigt werde« (Calvin).

»Die Stimme des Bräutigams ist also die neutestamentliche Liebesrede, das Evangelium Christi, und zwar im Gegensatz gegen das nun verstummende prophetische Lallen von dem Neuen Bunde … Nach dem Wort Christi hatte die Hochzeit schon in einer Beziehung mit seinem Auftreten begonnen, Mt 9,15. In einer anderen Beziehung begann sie mit seiner Auferstehung und der Gründung der Kirche, Mt 22,9. Wieder in anderer Beziehung steht sie bevor bei der Parusie Christi; und die Apostel sind die Brautwerber, 2Kor 11,2 …« (Lange).

Kapitel 4

»Wie Jesus nach Kapitel 1 erhabener ist als Johannes der Täufer, nach Kapitel 2 erhabener als der Tempel, nach Kapitel 3 erhabener als die Obersten des Volks, so erscheint er hier erhaben über den heiligen Jakobsbrunnen und seinen Stifter, wie weiterhin über die Halle Bethesda, das Manna, das Tempellicht, den Tempelbrunnen usw. Die Erhabenheit ist aber zugleich Gegensatz: Er ist alles in Wahrheit, als der Wahrhaftige, in verwirklichtem Geisteswesen, was vor ihm im Typus nur vorhanden war. So ist Christus hier der Antitypus der typischen patriarchalischen Brunnengräber, insbesondere des Vaters Jakob« (Lange).

1. **Das Licht kommt zu einer Sünderin aus Samaria (4,1-30)**
2. **Der Sohn kam, um den Willen seines Vaters zu tun (4,31-38)**
3. **Das Licht breitet sich aus zu vielen Samaritern (4,39-42)**
4. **Jesus in Galiläa (4,43-45)**
5. **Das zweite Zeichen: Die Heilung des Beamtensohnes (4,46-54)**

Dieses Kapitel enthält auffällige Kontraste zum vorangegangenen. In Kapitel 3 ist es ein Mann, hier ist es eine Frau, die mit dem Herrn redet. Der Mann ist ein Jude, sie ist eine Samariterin; er ist ein Angesehener, sie ist eine Verachtete, er ein »Gerechter«, sie eine Sünderin; er begegnet dem Herrn in der Nacht; sie begegnet ihm am hellen Mittag. Nikodemus sucht den Herrn auf; die Samariterin hat den Herrn nicht gesucht. An Nikodemus erfüllt sich das Wort: *»Das hörende Ohr und das sehende Auge, der HERR hat sie alle beide gemacht«* (Spr 20,12). An der Samariterin erfüllt sich, was der Prophet vor langer Zeit geweissagt hatte: *»Ich bin gefunden worden von denen, die mich nicht suchten«* (Jes 65,1).

1. Das Licht kommt zu einer Sünderin aus Samaria (4,1-30)

Dieser Abschnitt beginnt mit der Begründung, warum der Herr wieder nach Galiläa reiste, und hält dabei fest, dass er den Weg durch Samaria reisen *musste.* Der Herr musste zur bestimmten Zeit in der Nähe einer Stadt Samarias am Jakobsbrunnen sitzen, weil dann eine einsame Frau von dort zu ihm kommen sollte. Der Abschnitt endet damit, dass eine ganze Schar aus ihrer Stadt zu Jesus kommt. Dazwischen finden wir die Erklärung, wie so etwas geschehen konnte: Das Licht der Welt hatte die Frau erleuchtet, und von ihr leuchtete das Licht zu den Mitbewohnern ihrer Stadt.

1 Als nun der Herr erfuhr, dass die Pharisäer gehört hatten,
dass Jesus mehr Jünger mache und taufe als Johannes
2 (obwohl Jesus selbst nicht taufte, sondern seine Jünger),
3 verließ er Judäa und zog wieder nach Galiläa.

»Als nun der Herr erfuhr«[69]: Da der Herr allwissend ist, wie Johannes uns schon gesagt hat (2,24.25), wusste er natürlich die ganze Zeit, was die Pharisäer von ihm gehört hatten. Dass der Herr davon »erfuhr«, bezieht sich also auf eine Nachricht, die wohl einer der Jünger ihm übergab. Nicht, dass er auf den Überbringer dieser Nachricht angewiesen war, aber um die Jünger etwas verstehen zu lassen, bricht er auf, nachdem er diese Nachricht gehört hat. Die Juden, die ihn bei seinem ersten Besuch in Jerusalem schon hinterfragt hatten, muss es geärgert haben, **»dass Jesus mehr Jünger mache und taufe als Johannes«**. Ihnen war die Taufe des Johannes schon verdächtig (siehe 1,25), doch ließen sie den Täufer gewähren. Anders urteilten sie über Jesus von Nazareth, der nicht in der Wüste wirkte und lehrte, sondern im Herzen des jüdischen Gemeinwesens, im Tempel. Die Tempelreinigung hatte die Juden gegen ihn empört, und dann mussten sie beobachten, wie viele an seinen Namen glaubten, als sie die Zeichen sahen, die er tat (2,23). Als sie merkten, wie die Leute sich von Johannes abwandten und sich um Jesus scharten, fin-

69 Für »erfuhr« steht hier εγνω, *egnō*, Aorist, an dieser Stelle ingressiv zu verstehen und darum nicht zu übersetzen mit »erkennen«, das im vorliegenden Beispiel im Deutschen stativ und linear wäre.

gen sie gewiss schon an, sich darüber zu beraten, wie man diesen Mann aufhalten könne. Der Herr sah die Feindschaft in den Herzen und zog sich von ihnen zurück und wandte sich stattdessen Menschen zu, welche die Juden verachteten: den Samaritern, die ihnen als Heiden galten, und den Galiläern, unter denen viele Heiden lebten, weshalb das Land *»Galiläa der Heiden«* hieß (Mt 4,15; Schlachter 2000).

»obwohl Jesus selbst nicht taufte«: Der Täufer hatte ganz richtig auf den Unterschied verwiesen, der zwischen ihm, dem Vorläufer, und dem Christus bestand: Christus würde nicht mit Wasser (1,26), sondern mit dem Geist taufen (1,33). Damit das klar ersichtlich blieb, taufte Jesus nicht.

Der Herr zog **»wieder«** nach Galiläa, nachdem er dort bereits kurze Zeit gewesen war (siehe 1,43; 2,1.12). Und dort würde er die meiste Zeit seines Dienstes verbringen, wovon die drei ersten Evangelien ausführlich berichten. Das Ziel der Reise wird erst in V. 43-45 erreicht; was dazwischen steht, ist eine eingeschobene Episode, wie in 1,43-51: Der Herr wollte nach Galiläa aufbrechen, aber auf dem Weg dorthin rief er zuerst Philippus und durch diesen Nathanael. Auch das vorliegende Kapitel zeigt uns, wie der Herr überall und allezeit den Willen dessen tat, der ihn gesandt hatte (V. 34; 5,30), und es illustriert das spätere Zeugnis des Apostels Petrus über *»Jesus ..., der umherging, wohltuend und alle heilend, die von dem Teufel überwältigt waren«* (Apg 10,38). Das erinnert an den Bericht von der Heilung der blutflüssigen Frau. Auch der ist eingeschoben in den Verlauf einer anderen Handlung: Während der Herr auf dem Weg ist zum Haus des Jairus, um dessen Töchterlein aufzuwecken, heilt er die blutflüssige Frau (Mk 5,21-43).

4 Er musste aber durch Samaria ziehen.

»Er musste«: Wenn man von Jerusalem nach Galiläa reisten wollte, musste man **»durch Samaria ziehen«**, wenn man nicht wie viele der strikteren Juden den Umweg durch die Jordan-Senke nehmen wollte, um nicht das Land der verhassten Samariter betreten zu müssen (siehe V. 9). Aber der Herr mied die Samariter nicht, denn er war Gottes Gabe an die Welt (3,16), nicht nur an die Juden. Das ist der wirkliche Grund, warum er diesen Weg wählte: Er kam und suchte eine Sünderin, ein verlorenes Schaf unter den Samaritern (siehe Lk 19,10). Ebenso, wie der

Sohn des Menschen erhöht werden musste (3,14), so musste er dieser Frau begegnen. Nachdem er seinen dreijährigen Dienst in Galiläa beendet hatte, um zum letzten Mal nach Jerusalem zu ziehen, zog er wieder *»mitten durch Samaria«*, wie als Einziger der Evangelist Lukas vermerkt (Lk 17,11).

»Für die Wege Jesu zwischen Galiläa und Judäa kommen drei große Linien infrage, eine mittlere, welche durch das Bergland von Samarien führte, eine östliche durch das Jordantal und eine westliche durch das Küstenland. Josephus[70] *wird diese drei Linien im Auge haben, wenn er den Weg durch Samarien als den kürzesten zwischen Galiläa und Jerusalem bezeichnet, den man in drei Tagen zurücklegen könne. Selbst zum See von Tiberias wurde zu seiner Zeit diese Mittellinie von Jerusalem aus benutzt, indem man in der Ebene Jesreel über Dabaritta am Tabor von ihr nach Nordosten abbog. Die mittlere Linie war nach Josephus auch der gewöhnliche Weg der galiläischen Festpilger, trotz der Belästigungen, welche die Samaritaner ihnen bereiten konnten. Seit der Jugend (Lk 2,41) muss er Jesus wohlbekannt gewesen sein. Auch in der rabbinischen Literatur gibt es ein Beispiel für den Weg eines Juden, der am Garizim vorüber ›hinaufzog nach Jerusalem, um zu beten‹. Dieser Weg gilt Joh 4,4 als zwischen Judäa und Galiläa selbstverständlich. Sein Vorteil wird nicht nur in seiner Kürze bestanden haben. Er führte stets durch bewohnte Gegend, das bedeutete für den Reisenden große Sicherheit und leichte Ernährung, auch die stete Möglichkeit zu Nachtquartieren«* (Dalman, S. 203-204).

5 Er kommt nun in eine Stadt Samarias, genannt Sichar,
nahe bei dem Feld, das Jakob seinem Sohn Joseph gab.
6 Es war aber dort eine Quelle Jakobs. Jesus nun, ermüdet von
der Reise, setzte sich so an der Quelle nieder. Es war um die
sechste Stunde.

»Stadt Samarias, genannt Sichar«: Das ist das heutige arabische Askar, das in der Talsenke liegt zwischen dem Gerisim, dem Berg des Segens (5Mo 27,12), und dem Ebal, dem Berg des Fluches (5Mo 27,13).

»Die Stadt Sichar, in deren Nähe sich nach Joh 4,5 das von Jakob erworbene Grundstück und in einem tiefen Brunnen (V. 11) seine ›Quelle‹

70 der jüdische Historiker Flavius Josephus (37–ca. 100 n. Chr.).

befand, hat Hieronymus für Sichem gehalten, und dies mit Eusebius von Neapolis, dem jetzigen Nablus, unterschieden. Aber der Pilger von Bordeaux kennt 1000 Schritt von Sichem, das auch er außerhalb Neapolis am Fuße des Gerizim findet, ein besonderes Sechar, von dem die Samariterin an den Jakobsbrunnen gekommen sei. An den Namen dieses Sechar, das in der unmittelbaren Nähe des Jakobsbrunnens gelegen zu haben scheint, erinnert das jetzige Dorf Askar mit gleichnamiger Quelle, das aber, etwa 1200 Meter vom Jakobsbrunnen entfernt, sich an den Fuß des Ebal schmiegt. Dazu passt in der jüdischen Literatur das ›Askaroth am Ebal‹ und die Quelle ›En Sochar‹, deren Ebene sehr wohl die Ebal und Gerizim östlich vorgelagerte Ebene von Askar sein könnte ... Beim Jakobsbrunnen neben seiner Lage unter dem Gerizim, zu dem man notwendig von ihm hinaufschaut, [ist] wesentlich, dass er sich in der Nähe einer Wegekreuzung befindet ... Auf der Ostseite streicht der Weg vorüber, welcher die Ebene von Askar von Süden nach Norden durchzieht, die gerade Fortsetzung der von Jerusalem kommenden Straße, deren Ziel Beth Sean und der See von Tiberias ist. Unmittelbar südlich vom Brunnen zieht von West nach Ost die wichtige Verbindungslinie zwischen Mittelmeer und Jordantal, an welcher Neapolis lag und von welcher aus der Weg nach dem westlichen Galiläa fortzusetzen war. Der Jakobsbrunnen hat deshalb den Charakter eines Straßenbrunnens, der dem Vorteil der Reisenden dient ... Jesus kam von Süden und bog vom Nord-Süd-Weg ab, um über den Fuß des Gerizim auf dem jetzt ›alten‹ Weg nach Nablus in das Tal zwischen Gerizim und Ebal umzulenken, weil sein Ziel nach Joh 4,43ff. die Gegend von Nazareth war. Das erste Wasser, in dessen Nähe er gelangte, war der jedem Juden teure Jakobsbrunnen« (Dalman, S. 207-208, 210).

Von **»dem Feld, das Jakob seinem Sohn Joseph gab«**, spricht Jakob selbst in 1Mo 48,22. **»Dort«**, also bei Sichar, **»war eine Quelle Jakobs«**, der sogenannte »Jakobsbrunnen«, auf dem Feld in der Nähe von Sichem, das Jakob wohl deshalb erwarb, weil er dort eine Quelle gesehen hatte (1Mo 33,18.19).

Nun berichtet Johannes von diesen Dingen weit zurückliegender Geschichte. Zweierlei sollen wir daraus lernen: Erstens gibt es kein Neues Testament ohne das Alte Testament, kein Christentum ohne Israel. So sagt denn der Herr gerade im vorliegenden Zusammenhang:

»Das Heil ist aus den Juden« (V. 22), und die Juden sind Nachkommen Jakobs. Zweitens ist Gott der Herr der Geschichte. Er hat von Anfang an alle Geschicke der Menschen und Völker gelenkt und alles auf die Tage des Messias ausgerichtet, denn die Weltgeschichte hat ja nur diesen einen Sinn: Anlass und Mittel der Heilsgeschichte zu sein. Er, der Jakob geführt, gelehrt, erzogen und in einer denkwürdigen Nacht niedergerungen hatte, sitzt jetzt an einem Brunnen, zu dem er den Erzvater einst geführt und den dieser seinem Sohn Joseph gegeben hatte. Jakobs Geschichte, oder besser: die Geschichte des Heils, von der Jakob ein Teil ist, wird fortgesetzt und zum Ziel geführt. Alles, was in der Geschichte geschehen ist, hat diesen einen Sinn: Es soll zum Christus Gottes führen, und Menschen sollen zu ihm geführt werden. Der Vater lenkt die Schritte einer Frau, die noch nicht ahnt, dass sie eine wahre Tochter Jakobs ist (so, wie auch Nathanael nicht gewusst hatte, dass er ein wahrer Sohn Israels war, bis Jesus ihm begegnete), zu diesem Nachkommen Jakobs. Sie soll in ihm viel mehr bekommen als nur Wasser aus einem Brunnen, den Jakob für seine Familie und sein Vieh gegraben hatte. Sie soll lebendiges Wasser bekommen; ihr soll aller Segen, den Gott Jakob verheißen hatte, in dieser Stunde zufallen. Diese Frau, die *»weiß, dass der Messias kommt«* (V. 25), soll erkennen, dass Jesus ebender erwartete Messias ist.

»Jesus nun, ermüdet von der Reise«: Für »Reise« steht hier οδοιπορια, *hodoiporia*, nur noch in 2Kor 11,26; wörtlich: »Weg*(hodos)*-Durchzug«. Der Menschensohn war auf der Reise von Judäa nach Galiläa, das aber nur Teil einer sehr langen Reise war, der Reise vom Himmel auf die Erde und durch die Welt der Sünder zurück zum Vater. Auf dieser Reise arbeitete er beständig (siehe 5,17), und darum war er wie hier immer wieder *»ermüdet«*. Johannes hatte in der Einleitung gesagt, dass das ewige und allmächtige Wort *»Fleisch«*, d.h. Mensch wurde (1,14). Er, der immer der Ewige und Allmächtige war, der nicht ermüdet (Jes 40,28), wurde und war auch ganz Mensch, der sich den Begrenzungen des Menschseins unterstellte (siehe Phil 2,7) und darum auch Müdigkeit und Durst kannte.

Es war **»um die sechste Stunde«**, als Jesus sich auf den Brunnen setzte, wo er auf die samaritische Frau wartete. Als die Jünger Andreas und Johannes zum Herrn kamen, wurde in 1,39 die Stunde ebenfalls genannt. Dort waren die ersten Juden zum Messias gekommen; hier hören wir von der ersten Frucht aus einem nicht-jüdischen Volk.

Nach jüdischer Rechnung war es mittags um zwölf, eine Zeit, in der man gewöhnlich nicht kam, um Wasser zu schöpfen. Nikodemus war nachts zum Herrn gekommen, weil er von niemandem gesehen werden wollte. Diese Frau war es gewohnt, von den Leuten im Dorf gesehen zu werden; aber sie wollte wohl nicht dann zum Brunnen kommen, wenn alle anderen Frauen kamen und schwatzten und vielleicht ihre Bemerkungen über sie, eine anrüchige Person, machten.

7 Da kommt eine Frau aus Samaria, um Wasser zu schöpfen.
Jesus spricht zu ihr: Gib mir zu trinken!
8 (Denn seine Jünger waren weggegangen in die Stadt, um
Speise zu kaufen.)

Der Herr sitzt am Brunnen, den Jakob einst gegraben hatte, um einer Frau zu begegnen, die kommt, um Wasser zu schöpfen, und er bittet sie, ihm zu trinken zu geben. Das erinnert wieder an eine Episode aus dem 1. Buch Mose: Abraham hatte seinen Hausknecht Elieser ausgesandt, eine Braut für seinen Sohn zu finden, und er begegnet dieser an einem Brunnen und bittet sie, ihm zu trinken zu geben. Was will uns der Heilige Geist damit sagen?

Während der Herr auf dem Brunnen sitzt, kommt **»eine Frau«**: Anders als bei Nikodemus wissen wir nicht, wie sie heißt. Der Oberste der Juden war eine namhafte Gestalt, diese aber war eine der vielen Namenlosen, die uns zwar nicht bekannt, Gott aber bekannt sind (2Kor 6,9). Sie war eines der Schafe des guten Hirten, und der Herr, der gute Hirte, rief sie mit Namen, und sie erkannte seine Stimme, und sie folgte ihm (10,1-4).

»aus Samaria«: Eine Frau aus diesem von den Juden verachteten Geschlecht kommt aus der Stadt Sichar, um das zum Lebenserhalt nötige **»Wasser zu schöpfen«**. Sie ahnt nicht, dass sie wieder in die Stadt zurückkehren wird, nachdem sie Wasser zu trinken bekommen hat, das ihren Durst auf ewig löscht. Was sie nicht ahnt, weiß der Allwissende, dem sie hier begegnet. Und er hat nicht nur *das* vorher gewusst, sondern noch vielmehr hat er *sie*, diese Frau, zuvorerkannt (Röm 8,29). Jetzt ist die Stunde gekommen, in der er ihr in den Weg tritt; denn nun soll sie ihrem Herrn begegnen und ihn als ihren Retter erkennen.

»Jesus spricht zu ihr«: Während Nikodemus zu Jesus gekommen war und ihn angesprochen hatte, ist es hier der Herr, der das Wort ergreift und zu ihr spricht; denn an der Samariterin soll gezeigt werden, dass er uns gesucht hat (Lk 19,10), während wir ihn nicht suchten (Röm 3,11), und dass er uns erwählt hat, während wir ihn von uns stießen (siehe 15,16).

»Gib mir zu trinken!«: Dieser Satz steht am Anfang der Reden und Gegenreden, die dazu führen, dass die Frau lebendiges Wasser vom Herrn erbittet und am Ende auch bekommt (siehe V. 10.15.29). Da bittet Gott einen Menschen darum, ihm etwas zu geben: *»Er, der um unseretwillen arm wurde, wird hier zum Bettler«* (M. Henry). Das ist ein Ausdruck der Gnade unseres Herrn Jesus Christus. Und so bitten noch heute seine Botschafter die Menschen an seiner statt: *»Lasst euch versöhnen mit Gott!«* (2Kor 5,20).

»Denn seine Jünger waren weggegangen in die Stadt«: Dieser mit »Denn« eingeleitete Satz erklärt, warum der Herr zu der Frau redete. Die Jünger waren abwesend; sie sollten es auch sein nach dem Willen des Herrn; denn die Frau musste ihm allein begegnen. So verhält es sich im Grunde immer. Ein jeder Erwählter begegnet seinem Herrn und seinem Gott persönlich und allein. Der Herr wendet sich an diese Frau, um sie zu sich zu rufen. Er beginnt sein Gespräch mit der einfachen Bitte um Wasser, und das Gespräch schließt mit dem Satz: *»Ich bin es, der mit dir redet«* (V. 26). Der Herr hat die Frau zum Ziel gebracht, für das er sie bestimmt hatte. Da können die Jünger wiederkommen (V. 27).

9 Die samaritische Frau spricht zu ihm: Wie bittest *du*, der du ein Jude bist, von mir zu trinken, die ich eine samaritische Frau bin? (Denn die Juden verkehren nicht mit den Samaritern.)

Die Frau ist verwundert, dass ein Jude eine samaritische Frau um etwas bitten sollte. Sie weiß noch nicht, wer es ist, der die Frage an sie gestellt hatte. Hätte sie es gewusst, wäre es ihr ganz unbegreiflich gewesen, und das ist es auch. Gott bittet einen Menschen darum, ihm etwas zu geben. Was können wir Gott geben? Nichts, weil wir Sünder geworden sind; wir haben alles verloren, was wir Gott hätten geben und womit wir ihn hätten erfreuen können. Wenn wir je zu Gott und zum Leben zurückfinden sollen, müssen wir irgendwann einmal anfangen, genau das zu kapieren.

Wir sind vollständig bankrott, und hier setzt jenes Reden Gottes zu uns ein, das am Ende zum Glauben und zum Leben führt.

»der du ein Jude bist«: Die Frau wird an der Kleidung gemerkt haben, dass er ein Jude war, und sie hätte nie erwartet, dass ein Jude sie ansprechen würde. So ist es wohl immer bei der ersten Berührung, die Menschen mit Gott haben, oder besser: beim ersten Mal, da Gott einen Menschen anrührt. Was ihm widerfährt, ist ihm ganz unerwartet. Gott sollte zu einem Menschen reden? Die Frau wundert sich, dass dieser Jude sie anspricht. Sie ahnt nicht, wer er ist, und ahnt auch nicht, was er weiß.

»Denn die Juden verkehren nicht mit den Samaritern«: Die Verachtung der Juden für die Samariter ging zurück auf die Zeit kurz nach der Zerstörung des Nordreichs Israels durch die Assyrer, von der wir in 2Kö 17 lesen. Dort erfahren wir, dass der Assyrerkönig Leute aus Babel und anderen Städten des Zweistromlandes in die Städte Samarias umgesiedelt hatte (2Kö 17,24), diese aber durch Löwen geplagt wurden, was diese zu Recht als eine Strafe des Gottes Israels ansahen (2Kö 17,25.26). Darum sandte der Assyrerkönig einen Priester der Kinder Israels, um den dorthin umgesiedelten Mesopotamiern die Verehrung Jahwes beizubringen (2Kö 17,27), und so war eine israelitisch-heidnische Mischreligion entstanden, die in den Augen der gesetzestreuen Juden ein Gräuel war. Dazu kam ein weiterer Stein des Anstoßes: Die unter Serubbabel aus dem babylonischen Exil zurückgekehrten Juden ließen aus berechtigten Gründen die Samariter nicht mitbauen am Tempel des HERRN (Esr 4,2.3), worauf diese ihren eigenen Tempel errichteten auf dem Berg Gerisim und diesen Jahwe, dem Gott Israels, weihten. Dieses Heiligtum konnten die Juden selbstverständlich nicht anerkennen, wenn sie sich an die Weisung von 5Mo 12,5-14 hielten, wonach es nur *einen* Ort geben konnte, an dem der HERRR seinen Namen wohnen ließ und wo man ihm mit Opfern und in Anbetung nahen durfte. Zu allem Übel war der erste Priester dieses eigenmächtig errichten Tempels ein abtrünniger Jude, ein gewisser Manasse, der eine Perserin zur Frau genommen hatte. Die Juden verachteten daher die Samariter noch mehr als die Heiden; sie nahmen von ihnen nicht einmal Proselyten an.

Die Samariter erkannten außer dem Pentateuch keine von den Juden überlieferten heiligen Schriften an, und das hatte folgenden Grund: In den historischen Büchern wird beschrieben, wie Gott seinem Volk den

Weg nach Jerusalem wies und wie er Anweisungen gab, dort seinem Namen ein Haus zu bauen, und in den Psalmen und in den Propheten wird Jerusalem mit dem Berg Zion unzählige Male als ebendieser Ort bestätigt. Die Samariter hatten sich aber den unerhörten Frevel erlaubt, den Pentateuch in ihrem Interesse zu fälschen: Sie hatten in 5Mo 12,5, wo kein Ortsname steht, die Wendung »Berg Gerisim« eingefügt und sich so eigenhändig die Legitimation für ihren eigenwilligen Gottesdienst gefertigt. Das war alles sehr ernst und den Juden berechtigter Anlass, die ganze Religion der Samariter abzulehnen. Die Juden waren sich ihrer Rechtgläubigkeit sehr bewusst und schauten mit Verachtung auf die Samariter herab. Das erklärt, warum die Frau sich verwunderte, dass dieser jüdische Mann mit ihr sprach und sogar aus ihrem Schöpfgefäß Wasser trinken wollte.

»verkehren«: συγχρωνται, *synchrōntai*, wörtlich »sie gebrauchen zusammen«. Man muss den Satz vielleicht im vorliegenden Zusammenhang ganz zugespitzt so verstehen: Die Juden gebrauchen nicht einmal Trinkgefäße, aus denen Samariter getrunken hatten, weil diese ihnen als unrein galten.

10 Jesus antwortete und sprach zu ihr: Wenn du die Gabe Gottes kenntest und wüsstest, wer es ist, der zu dir spricht: Gib mir zu trinken, so hättest *du* ihn gebeten, und er hätte dir lebendiges Wasser gegeben.

»Wenn du … kenntest«: Das ist es ja gerade: Der Mensch kennt **»die Gabe Gottes«** nicht, denn er kennt Gott nicht. Die Samariter beteten jemanden an, den sie nicht kannten (V. 22).

»und wüsstest, wer es ist, der zu dir spricht«: Hätte die Frau gewusst, dass Gott vor ihr steht, hätte sie jeden Gedanken daran, ihm etwas zu geben, vergessen und ihn nur noch angestammelt, ihr gnädig zu sein.

»Gib mir«: Sobald dem Menschen dämmert, dass Gott etwas von ihm fordert, dämmert in ihm auch das Bewusstsein, dass er Gott nichts geben kann, und das drängt ihn, Gott zu bitten um all das, was er nicht hat und nicht kann. Nun ist der Mensch aber unwissend; er erkennt weder Gott noch seinen eigenen Zustand, und darum bittet er nicht. Wie beginnt Gott, dem Menschen zu zeigen, dass er dieses Höchste, von dem Jesus spricht, nicht besitzt? Indem er ihn heimsucht und zu ihm redet. Der

Herr suchte die Samariterin auf; sodann redet der Herr zuerst, nicht der Mensch. Und was redet er? Er stellt eine Forderung an den Menschen: *»Gib mir ...!«* (V. 7). Die Forderung Gottes an uns ist das Erste, das uns zeigt, dass wir Gott nichts geben können, dass wir ihm auch das nicht geben können, was wir ihm schulden, nämlich Liebe und Gehorsam. Er fordert: *»Gib mir ... dein Herz!«* (Spr 23,26). An seiner Forderung merken wir erst, dass wir es weder vermögen noch wollen. In V. 23 steht die zweite Forderung Gottes: Er verlangt vom Menschen, dass er ihn in Geist und in Wahrheit anbete. Wie aber soll er das, wo er den Geist nicht hat, wo er fleischlich und damit unter die Sünde verkauft (Röm 7,14) und sein ganzes Sinnen nur Feindschaft gegen Gott ist (Röm 8,7)?

»so hättest du ihn gebeten, und er hätte dir lebendiges Wasser gegeben«: Zuerst hatte der Herr die Frau gebeten, ihm zu trinken zu geben. Sie aber muss lernen, ihn um Wasser zu bitten. Nach 7,37-39 steht das Wasser für den Heiligen Geist. Der Heilige Geist geht von Gott aus, denn Gott ist die Quelle lebendigen Wassers (Jer 2,13), und bei ihm ist die Quelle des Lebens (Ps 36,10). Er gibt seinen Geist gerne; das verstanden die Jünger, und darum verharrten sie nach der Himmelfahrt des Herrn im Gebet, bis er den Geist über ihnen ausgoss (Apg 1,4.5.14; 2,1-4).

11 Die Frau spricht zu ihm: Herr, du hast kein Schöpfgefäß, und der Brunnen ist tief; woher hast du denn das lebendige Wasser?
12 *Du* bist doch nicht größer als unser Vater Jakob, der uns den Brunnen gab, und er selbst trank daraus und seine Söhne und sein Vieh?

Die Antwort der Frau zeigt, dass die Frau den Herrn tatsächlich nicht erkannt hatte. Wäre er ein bloßer Mensch gewesen, hätte er ohne Schöpfgefäß tatsächlich kein Wasser schöpfen und der Frau geben können. Er war aber mehr als ein Mensch. Mit seinen nachfolgenden Worten führt der Herr die Frau einen Schritt weiter auf dem Weg zur Erkenntnis.

»woher hast du denn das lebendige Wasser?«: Die Frau denkt beim Ausdruck »lebendiges Wasser« wohl an fließendes Quellwasser (1Mo 26,19); denn das meint man im Hebräischen damit (3Mo 14,5). Wie auch immer: Der Mann, der vor ihr stand, musste zu einer anderen Quelle Zugang haben, um ihr ohne Schöpfgefäß Wasser geben zu können.

»Du bist doch nicht größer als unser Vater Jakob …?«: Die Frau versteht, dass einer größer sein müsste als der verehrte Erzvater, wenn er in der Lage sein sollte, mehr zu geben, als dieser hatte geben können. Wie die Juden Mose über alles verehrten und nicht hinnehmen konnten, dass Jesus mehr sein sollte als der Gesetzgeber, so war diese Frau ganz befangen in der religiösen Tradition der Samariter. Wer könnte größer sein als Jakob, den sie als ihren Stammvater ansahen? Höchstens der Messias.

Erste Verheißung des Geistes (V. 13.14)

Die Frau hatte gefragt, ob Jesus größer sei als Jakob. Er war der Gott Jakobs. Die Samariterin versuchte den Mann, der vor ihr stand, zu verstehen, indem sie ihn mit Jakob verglich. Sie musste weitergeführt werden zu jenem Nachkommen Jakobs, in dem sich alle an Jakob gemachten Verheißungen (1Mo 28,13-15) erfüllen sollten (siehe 1,51). Alles Wasser, das aus Quellen und Brunnen dieser Welt fließt, ist nur ein Abbild des wahren Wassers, das Gott gibt.

> **13 Jesus antwortete und sprach zu ihr: Jeden, der von diesem Wasser trinkt, wird wieder dürsten;**
> **14 wer irgend aber von dem Wasser trinkt, das *ich* ihm geben werde, den wird *nicht* dürsten in Ewigkeit; sondern das Wasser, das ich ihm geben werde, wird in ihm eine Quelle Wassers werden, das ins ewige Leben quillt.**

In Kapitel 3 hatten wir vom Wasser gelesen, das zusammen mit dem Geist die neue Geburt wirkt. Und nun lesen wir von einem Wasser, das jeden Durst auf ewig stillt.

»wird wieder dürsten«: Gott hat den Menschen so erschaffen, dass er in sich nie zur Ruhe kommen kann. Das Auge wird des Sehens, das Ohr des Hörens nie satt (Pred 1,8). Solange der Mensch in erschaffenen Dingen sein Genüge sucht, bleibt sein Leben wie das Leben Kains, der sich Gottes Reden verschloss, *»unstet und flüchtig«* (1Mo 4,12). Kein Genuss, kein Erfolg, kein Besitz kann seine Seele bleibend beglücken. Im Hamsterrad der endlos sich wiederholenden Geschäfte und Mühen, Wünsche und Enttäuschungen war diese Frau ihr Leben lang gerannt. Aus ihm befreit zu werden, sollte das möglich sein? Sollte es so etwas geben wie Ruhe für die müde Seele, die alle Illusionen verloren hat und an nichts mehr glauben mag?

»von dem Wasser trinkt, das ich ihm geben werde«: Das Wasser, das der Sohn Gottes gibt, ist etwas ganz anderes als das Wasser, das die Frau täglich aus dem Brunnen des Erzvaters schöpfte. Es ist Wasser, das aus der Ewigkeit kommt und darum den Durst **»in Ewigkeit«** stillt; es ist eine Wasserquelle, die **»ins ewige Leben quillt«**, es ist ein Strom der reinen Wonnen, mit dem der Sohn Gottes die gläubige Seele tränkt (siehe Ps 36,9). Es ist Gott der Heilige Geist. Er allein kann uns wahrhaft beglücken. Erst wenn wir Gott selbst als unser Teil haben (Ps 16,5), kommen wir zur Ruhe und begehren nichts mehr.[71]

Hier verheißt Jesus ein erstes Mal die Gabe des Heiligen Geistes; in Jerusalem wird er am letzten Tag des Laubhüttenfestes wiederum die Dürstenden einladen zu kommen, um vom Wasser des Lebens zu trinken (7,37-39), und dort wird ausdrücklich gesagt, dass er vom Heiligen Geist sprach. Schließlich würde er den Jüngern verheißen, dass er nach seiner Erhöhung den Heiligen Geist senden würde (14,15-17.26; 15,26; 16,7).

Durch den Heiligen Geist werden den Erlösten drei Dinge gegeben, die in diesem Kapitel vorkommen:

a. Sie empfangen ewiges Leben und damit volle Genüge (V. 14; 10,10).
b. Sie werden zu ihrer höchsten und ewigen Bestimmung gebracht: Sie werden zu Anbetern (V. 23).
c. Sie werden befähigt, ihre Sendung auszuleben: Sie werden säen und ernten (V. 28-30.35-38).

71 *»Du aber, du Gut, das keines Gutes bedarf, ruhest immer, da du selbst deine Ruhe bist. Die zu verstehen, kann wohl ein Mensch dem anderen dazu helfen? Oder ein Engel dem anderen Engel, oder ein Engel dem Menschen? Von dir müssen wir's erbitten, in dir es suchen, bei dir anklopfen. So, nur so werden wir empfangen, werden wir finden und wird uns aufgetan. Amen«* (Augustinus, *Bekenntnisse*, XIII, 38).

Bevor die Samariterin diese Segnungen empfangen kann, müssen zwei Dinge geschehen:

a. Ihre Sünde muss ans Licht kommen (V. 16-18).
b. Sie muss an den Messias glauben (V. 25.26).

15 Die Frau spricht zu ihm: Herr, gib mir dieses Wasser, damit mich nicht dürste und ich nicht hierherkomme, um zu schöpfen.

»Herr, gib mir dieses Wasser«: Nun bittet die Frau den Herrn tatsächlich um das lebendige Wasser, von dem er in seiner ersten Antwort an sie gesprochen hatte (V. 10). Sie weiß zwar noch nicht, was der Herr damit meint; denn zunächst denkt sie nur daran, dass sie nicht mehr jeden Tag **»hierherkomme, um zu schöpfen«**. Aber die Bitte zeigt, dass die Frau Vertrauen zu ihm gefasst hat, auch wenn sie ihn noch nicht erkennt. So war es auch bei Nikodemus gewesen. Er vertraute, dass Jesus ein von Gott gesandter Lehrer sein müsse, und suchte ihn deshalb auf, um von ihm zu lernen, auch wenn er ihn ebenfalls nicht erkannt hatte. Obwohl die Samariterin noch in ihrem Unverstand gefangen ist, wendet sich der Herr nicht von ihr ab. Wie gnädig ist Gott! Die Frau sucht nicht ihn; keiner sucht ihn (Ps 14,2). Sie sucht nur Erleichterung; sie will ein wenig Erleichterungen in den Plagen des täglichen Lebens. Aber der Herr hat beschlossen, sie weiterzuführen, um ihr mehr zu geben als nur das. Darum beginnt er von einer Sache zu reden, die ihr gar nicht gefällt: von ihrer Sünde. Gerade damit wollen wir um alles in der Welt nicht ins Licht. Aber es muss ans Licht; denn die Sünde ist unsere wahre Plage. Sie ist es, die uns das Leben raubt und uns vom wahren Glück ausschließt.

16 Jesus spricht zu ihr: Geh hin, rufe deinen Mann und komm hierher!

Der Herr weiß, dass diese Frau mehrere Männer gehabt hat; die Frau weiß es natürlich auch, aber sie wird bisher nicht empfunden haben, was Sünde vor Gott bedeutet. Sie muss aber der Sünde überführt werden und sich als Sünderin erkennen und die Sünde verurteilen, wenn sie den Geber erkennen und die Gabe Gottes empfangen will. Darum muss sie ihr verborgenes Tun im Licht Gottes sehen (Ps 36,10). So, wie es der

Herr war, der diese Frau aufsuchte und anfing, zu ihr zu reden, so ist es wiederum der Herr, der sie ins Licht stellt und ihr zeigt, wer sie ist.

17 Die Frau antwortete und sprach zu ihm: Ich habe keinen Mann. Jesus spricht zu ihr: Du hast recht gesagt: Ich habe keinen Mann;

»Ich habe keinen Mann«: Mit dieser Antwort versucht die Frau auszuweichen; denn sie ist nicht anders, als es Sünder eben sind: Sie widerstrebt dem Licht. Aber der Herr lässt sie nicht; denn er will sie retten, und darum spricht er weiter zu ihr. Da sie selbst nicht willens ist, ans Licht zu kommen, stellt der Herr sie ins Licht, ähnlich wie beim ersten Menschenpaar, das vor Gott und seinem Licht geflohen war. Gott rief das flüchtige Paar in seine Gegenwart und tat, was sie auf keinen Fall wollten: Er überführt sie ihrer Sünde. Gott tut in seiner Gnade das an Sündern zu ihrem Heil, wie Mose sagt: *»Du hast unsere Ungerechtigkeiten vor dich gestellt, unser verborgenes Tun vor das Licht deines Angesichts«* (Ps 90,8).

18 denn fünf Männer hast du gehabt, und der, den du jetzt hast, ist nicht dein Mann; hierin hast du die Wahrheit gesagt.
19 Die Frau spricht zu ihm: Herr, ich sehe, dass du ein Prophet bist.

»fünf Männer hast du gehabt«: Der Mann, der mit ihr redet, kennt ihre ganze Vergangenheit.

»und der, den du jetzt hast, ist nicht dein Mann«: Der Mann kennt ihre Gegenwart. Wir werden an die Worte erinnert, die der Herr an Nathanael richtete, die diesem offenbarten, dass Jesus seine Gegenwart und Vergangenheit kannte (1,47.48). Das war es gewesen, das Nathanael mit einem Schlag offenbart hatte, dass Jesus der Sohn Gottes ist (1,49). Bei der Frau muss es auch so gewesen sein, denn sie begründet ihr Bekenntnis unter den Leuten damit, dass Jesus ihr alles über sie gesagt habe (V. 29).

Nach diesen Worten versteht die Frau, dass sie ihr Tun vor diesem Mann nicht mehr verbergen kann, dass er also mehr sein muss als ein gewöhnlicher Jude: **»… ich sehe, dass du ein Prophet bist.«** Die Frau hatte verstanden, dass Jesus, wenn er ihr Wasser geben wollte, größer sein müsste als Erzvater Jakob (V. 12), und nun erkennt sie, dass er **»ein Prophet«** ist. Er hat die Wahrheit über sie gesagt; er hat angefangen, sie ins Licht zu stellen. Sie empfindet unmittelbar, dass mehr als ein gewöhnlicher Mensch mit ihr redet. Sie beginnt langsam, sich selbst zu erkennen – und damit auch ihn zu erkennen.

20 Unsere Väter haben auf diesem Berg angebetet, und *ihr* sagt,
dass in Jerusalem der Ort sei, wo man anbeten müsse.
21 Jesus spricht zu ihr: Frau, glaube mir, es kommt die Stunde,
da ihr weder auf diesem Berg noch in Jerusalem den Vater
anbeten werdet.

Der Prophet lenkt die Gedanken der Frau immer höher hinauf: von ihren Bedürfnissen (Wasser) zu Gott selbst. Sie erinnert sich: Gott hat einen Wohnort, und sie weiß auch, dass man ihn anbeten muss. Heißt das nicht, dass man mehr als alles andere nach ihm trachten und für ihn leben müsste? Ist nun der Mann, der vor ihr steht, ein Prophet, dann wird er etwas dazu sagen können.

»Unsere Väter«, d.h. die Samariter, hatten auf dem Berg Gerisim angebetet, während die Juden sagen, **»dass in Jerusalem der Ort sei, wo man anbeten müsse«**. Die Antwort fällt aber ganz unerwartet aus, denn Jesus fällt sein Urteil weder zugunsten dieses noch jenes Ortes, sondern enthüllt ihr eine Wahrheit, die über jeden sektiererischen Disput hinausging:

»es kommt die Stunde«: Damit kündigt er ein neues Zeitalter an, in der man Gott in einer ganz neuen Weise dienen wird, und dann **»werdet … ihr«**, d.h. die Samariter, **»weder auf diesem Berg noch in Jerusalem den Vater anbeten«**. Der Herr weissagt hier, was wenige Jahre später sich erfüllte, als Philippus in Samaria predigte und viele das Evangelium aufnahmen. Es war also nicht wichtig zu wissen, *wo* man anbetet, sondern *wie* man anbetet.

Die Stunde kommt, weil Gott es bestimmt hat, dass sie kommen soll, und weil er alles dafür tut, dass sie kommt. Die Frau selbst weiß: Wenn der Messias kommt, dann ist diese Stunde da (V. 25), denn der Messias wird alles, was die Sünde verdorben hat, wiedergutmachen.

»Frau, glaube mir«: Das erinnert uns an die Worte des Auferstandenen an den ungläubigen Thomas: *»… sei nicht ungläubig, sondern gläu-*

big!« (20,27). Dort geschah, wie der Herr befohlen hatte: Thomas fiel nieder und bekannte seinen Glauben an Jesus, seinen Herrn und seinen Gott. Wir dürfen es auch hier so verstehen: Der Befehl des Herrn wird an der Frau wirksam; durch sein Wort wirkt er alles (1,1-3), auch den Glauben. Er befiehlt: »Glaube mir«, und die Frau glaubt ihm. Sie will und sie vermag nun, was er will (Phil 2,13).

Der Berg Gerisim

Heute heißt der 870 Meter hohe Berg *Dschebel at-Tor.* In 5Mo 11,29 steht folgende Weisung Gottes an Israel: *»Wenn der HERR, dein Gott, dich in das Land bringt, wohin du kommst, um es in Besitz zu nehmen, so sollst du den Segen erteilen auf dem Berg Gerisim und den Fluch auf dem Berg Ebal«* (siehe auch 5Mo 27,11-13), und so taten sie, als sie unter Josua ins Land eingezogen waren (Jos 8,33.34). Der Berg liegt in der Nähe von Sichem und etwa 15 Kilometer südöstlich der Stadt Samaria. Abraham hatte in der Nähe einen Altar errichtet (1Mo 12,6.7) und nach ihm auch Jakob (1Mo 33,18-20). Ganz in der Nähe von Sichar, dem heutigen Askar, steht das berühmte Grab Josephs, wie Edersheim vermerkt (Edersheim, Appendix 15). Auf dem Berg Gerisim, südlich von Sichar, standen zur Zeit Jesu noch die Ruinen des Heiligtums, das die Samariter dort errichtet hatten. Nach der samaritanischen Tradition ist der Berg Gerisim der Berg, auf dem Abraham seinen Sohn Isaak auf den Altar gelegt habe (1Mo 22), und der Ort, von dem der HERR in 5Mo 12,5 gesagt habe, dass er seinen Namen dort werde wohnen lassen. Dort bauten die Samariter, angeführt von Sanballat, dem Gegner Nehemias, im 5. Jahrhundert v.Chr. ihren Tempel. Flavius Josephus berichtet davon in den Jüdischen Altertümern (XI, 8). Um diesem eigenmächtig errichteten Heiligtum göttliche Sanktion zu verleihen, änderten die Samariter den Text in 5Mo 12,5, sodass er besagt, der Berg Gerisim sei der dort genannte Ort. Im Jahre 128 v.Chr. zerstörte der Hasmonäer Johannes Hyrkanos, Neffe des großen Freiheitshelden Judas Makkabäus, den Tempel der Samariter.

---

22 *Ihr* betet an und wisst nicht, was; *wir* beten an und wissen, was; denn das Heil ist aus den Juden.

Wir müssen versuchen, uns vorzustellen, wie der Frau zumute gewesen sein mag, nachdem sie gemerkt hatte, dass der Mann, der mit ihr redete, alles von ihr wusste. Nach und nach ging ihr auf, dass er wahrlich mehr war als ein gewöhnlicher Mensch, vielleicht mehr als ein bloßer Mensch … Da hört sie aus seinem Mund die Worte **»das Heil ist aus den Juden«**. Was wird das bei ihr ausgelöst haben? Heil! Sie muss inzwischen schon empfunden haben, dass sie das brauchte. Aber sie muss vorher noch einiges verstehen, bevor sie dieses Heil empfangen kann. Die Frau muss nicht nur von Jakob zum Nachkommen Jakobs geführt werden, sondern sie muss auch von einem Irrweg auf den guten Weg gebracht werden.

»Ihr … wisst nicht«: Wie die Juden, vertreten durch ihre Obersten, unwissend waren (3,10), so waren das auch die Samariter, und zwar waren sie unwissend in der höchsten und wichtigsten Sache. Sie wussten nicht, wie man Gott nahen soll.

»wir … wissen«: Die Juden wussten, was sie anbeteten, denn sie hielten sich zumindest formal an den Gottesdienst, den Gott verordnet hatte, der nur an dem Ort geschehen durfte, den er ihnen offenbart hatte.

»das Heil ist aus den Juden«: Das ist eine Begründung, warum die Juden wussten, was sie anbeteten. Gott hatte verordnet, dass das Heil aus Juda kommen sollte; darum sorgte er dafür, dass in Juda die Erwartung auf das kommende Heil nie ausstarb. Hier rückt der Herr einen Irrtum der Samariter zurecht; denn wenn es nicht entscheidend war, *wo* man anbetete, sondern nur, *wie* man anbetete, dann musste man einzig wissen, *woher das Heil kommt.* Wie sollten sonst von Schuld besudelte und in Sünden gefangene Menschen Gott anbeten können? Sie mussten zuerst Heil erfahren, und dieses Heil würde nicht aus Samaria, sondern aus den Juden kommen. So war es von Gott verordnet, und so hatten es die Propheten angekündigt. Das Heil ist bereitet, wir bereiten es uns nicht selbst; aber das Heil ist nur da zu finden, wo Gott es bereitet hat: Es kommt aus den Juden – und nun steht da ein Mann, ein Jude, wie sie selber gemerkt hatte, der aus Judäa zu ihr gekommen war.

23 Es kommt aber die Stunde und ist jetzt, da die wahrhaftigen Anbeter den Vater in Geist und Wahrheit anbeten werden; denn auch der Vater sucht solche als seine Anbeter.
24 Gott ist ein Geist, und die ihn anbeten, müssen in Geist und Wahrheit anbeten.

»Es kommt aber die Stunde«: Der Herr der Geschichte hat die Stunde bestimmt; er hatte sie durch seine Propheten angekündigt (Dan 9,24-27), und mit dem Kommen des Messias war die Stunde gekommen. Mit ihm würde der Gottesdienst erst so werden, wie er in Bezug auf Gott vollkommen angemessen ist. Der Messias würde es verstehen, **»wahrhaftige Anbeter«** zu machen aus Menschen, die selbstgerecht und in eigenwilligem Gottesdienst gefangen waren. Er würde aus den Juden und aus den Samaritern Menschen rufen und retten, die den Vater nicht mit Ritualen, sondern **»in Geist und Wahrheit anbeten«**. Gott ist der *»Gott der Wahrheit«* (Ps 31,6), der Gefallen hat *»an der Wahrheit im Innern«* (Ps 51,8). Deshalb muss die Anbetung in Wahrheit geschehen, mit einem wahrhaftigen, einem zerschlagenen Herzen (Ps 51,19) und mit einem gereinigten Gewissen (Hebr 10,22). Und sie muss im Geist geschehen, denn **»Gott ist … Geist«**. Damit aber jemand im Geist anbeten kann, muss er das lebendige Wasser, den Heiligen Geist, empfangen. Ja, dazu wurde der Geist gesandt: Menschen vor Gott zu stellen und in seiner Gegenwart zu erhalten (Eph 2,18), das ist das große Werk, das er tut. Das ist wichtiger, als dass er unseren Durst stillt; denn unser Durst wird nicht anders gestillt als damit, dass wir zu Gott gebracht werden (siehe 2Mo 19,4; 1Petr 3,18).

25 Die Frau spricht zu ihm: Ich weiß, dass der Messias kommt, der Christus genannt wird; wenn *er* kommt, wird er uns alles verkündigen.

»der Messias kommt«: Das ist das Zweite, von dem gesagt wird, dass es kommt:

a. die Stunde kommt (V. 23);
b. der Messias kommt (V. 25).

Das Heil und die Stunde, beide kommen, wenn der Messias kommt. Das versteht die Frau, denn sie weiß, dass er **»alles verkündigen wird«**: Er wird alles Licht bringen, das sie braucht, um Gott in der rechten Weise zu nahen. Sie hat erkannt, dass Jesus *»ein Prophet«* ist (V. 19), und sie ahnt wohl, aber sie wagt es kaum zu folgern, dass er ebendieser Messias sein muss.

26 Jesus spricht zu ihr: *Ich* bin es, der mit dir redet.

»Ich bin's«: εγω ειμι, *egō eimi.* Mit diesen Worten identifiziert sich der Herr. Die Frau hatte vom Messias gesprochen, und nun sagt Jesus, dass er es sei. Er sagte damit aber auch mehr als das: Mit diesen Worten offenbarte er sich selbst. Er gab sich zu erkennen als der Ewige, als der Gott Israels, der einst auf die Frage des Mose nach seiner Identität geantwortet hatte: *»›Ich bin, der ich bin‹ ... So sollst du zu den Kindern Israel sagen: ›Ich bin‹ hat mich zu euch gesandt«* (2Mo 3,14). In dieser absoluten Weise wird *egō eimi* noch an folgenden Stellen im Johannesevangelium verwendet: 6,20; 8,24.28.58; 18,5.6.8.

Jesus ist der Christus, und er gibt den Geist, damit wir den Vater anbeten. Der *Sohn* und der *Geist* wirken, sodass Menschen vor den *Vater* treten können. Das schreibt auch Paulus in Eph 2,18: *»Durch ihn haben wir ... den Zugang durch einen Geist zu dem Vater.«*

»Ich bin's, der mit dir redet«: Von da an antwortet die Frau nicht mehr, aber wir können aus ihren anschließenden Handlungen und Worten schließen, dass ihr bei diesem Wort die Augen aufgingen und sie wusste, vor wem sie stand. Sie musste keine Fragen mehr stellen, sondern sie ließ ihren Wasserkrug stehen und ging in die Stadt und begann zu den Leuten von ihm zu reden.

27 Und darüber kamen seine Jünger und wunderten sich, dass er mit einer Frau redete. Dennoch sagte niemand: Was suchst du?, oder: Was redest du mit ihr?

»Und darüber«: επι τουτο, *epi touto,* »auf das hin«; gemeint ist: auf das eben gesprochene Wort des Herrn hin; gerade, als er das Wort gesprochen hatte: *»Ich bin's, der mit dir redet.«* Der Herr sorgte in seiner Vorsehung dafür, dass er genau so lange mit der Sünderin am Brunnen allein sprechen konnte, bis er mit ihr ans Ziel gekommen war. Er hielt in seiner Macht auch den Drang der Jünger zurück, die Frau zu fragen, was sie denn suche. Das hätten sie nur zu gern getan, denn die **»Jünger … wunderten sich, dass er mit einer Frau redete«**. Aber die Frau durfte in ihren Gedanken jetzt nicht aufgestört werden, und ihre Aufmerksamkeit durfte nicht von Christus und seinem Heil abgelenkt werden.

Warum wunderten sich die Jünger, dass Jesus mit einer Frau redete? Ein Rabbiner im damaligen Judentum sprach keine Frau an in der Öffentlichkeit; Jesus, der von Gott gesandte Lehrer, tat aber genau das. Er hatte zudem mit der Frau über die höchsten Dinge gesprochen, die man nennen kann: über Gott, Sünde, ewiges Leben und wahre Anbetung. Das war damals etwas ganz Unerhörtes, denn Rabbiner lehrten keine Frau Dinge aus der Bibel. So sagte etwa der Rabbi Elieser (um 90 n. Chr.): *»Wer seine Tochter Thora lehrt, ist wie einer, der sie Ausgelassenheit lehrt.«*

28 Die Frau nun ließ ihren Wasserkrug stehen und ging weg in die Stadt und sagt zu den Leuten:

Dass **»die Frau … ihren Wasserkrug stehen ließ«**, zeigt, wie vollständig sie von Christus beschlagnahmt war. Man bedenke: Sie war zum Brunnen gegangen, um nur eines zu tun: Wasser zu holen. Das ist jetzt ganz unwichtig geworden. Sie hat das Lebenswasser gefunden. Das Wasser aus dem Jakobsbrunnen, das für Mensch und Vieh gleich gut ist (V. 12), kann warten. Jetzt hat sie jenes Wasser gefunden, das ausschließlich für den Menschen ist, jenes Wasser, das den Menschen erst zum Menschen macht, zum Menschen Gottes. Die Frau beginnt schon ihrem Herrn ähnlich zu werden, dem das Essen nicht so wichtig war, wenn er nur die Freude hatte, den Willen seines Vaters zu tun (V. 34).

»und ging weg in die Stadt und sagt zu den Leuten«: Das Licht, das zu ihr gekommen war, will sich fortpflanzen, wie wir bereits an den ersten Jüngern Andreas und Philippus gesehen hatten (1,40.41.44.45); denn jenes Licht ist Leben, und Leben ist so beschaffen, dass es sich ausbreitet (1,4.5).

Die Frau war mittags zum Brunnen gegangen, weil sie die Leute in der Stadt mied; Nikodemus war nachts zu Jesus gekommen, weil er als ein Lehrer in Israel von niemandem gesehen werden wollte. Nachdem die Frau dem Herrn begegnet ist, legt sie alle Menschenscheu ab und geht zu Leuten und spricht von ihm. Nachdem Nikodemus den Herrn gehört und durch seine Worte zum Glauben gekommen ist, nimmt er ihn unter seinen Berufskollegen in Schutz (7,50.51) und exponiert sich nach der Kreuzigung Jesu, indem er hingeht und zusammen mit Joseph von Arimathia den Leichnam dieses öffentlich Gehängten und Verwünschten herabnimmt und mit einer würdigen Bestattung ehrt (19,38-42).

29 Kommt, seht einen Menschen, der mir alles gesagt hat,
was ich getan habe! Dieser ist doch nicht etwa der Christus?
30 Sie gingen aus der Stadt hinaus und kamen zu ihm.

»Kommt, seht«: Ähnliche Worte hatte Philippus an Nathanael gerichtet (1,46). Dazu sagt sie drei Dinge über den, der mit ihr gesprochen hat:

a. Er ist **»ein Mensch«**.
b. Er hat ihr **»alles gesagt«**, was sie getan hat.
c. Ist er nicht **»der Christus«**?

Dass sie ihre Schlussfolgerung in eine Frage kleidete, besagt nicht etwa, dass sie unsicher war, sondern es zeigt vielmehr, wie taktvoll sie war. Sie verstand, dass sie erstens als Frau in angemessener Weise zurückhaltend sein musste, und zudem, dass es ihr als einer Person von zweifelhaftem Ruf nicht gut zu Gesicht gestanden hätte, wie eine Wissende aufzutreten. Sie machte es damit den Leuten leichter, selber der Sache nachzugehen: **»Sie gingen … und kamen zu ihm.«**

2. Der Sohn kam, um den Willen seines Vaters zu tun (4,31-38)

Dieser Abschnitt liegt eingeschoben zwischen zwei Episoden, die davon handeln, wie Menschen das Licht des Lebens empfangen. Er will uns zwei Dinge zeigen: erstens, dass der Wille des Vaters das Heil und das Leben ist; er hatte dem Sohn ein Gebot gegeben, und dieses Gebot war das ewige Leben (12,49.50). Zweitens sollen wir an diesem Abschnitt lernen, wie unwissend sogar die Leute waren, die dem Herrn näher standen als alle anderen und mehr wussten als diese. Sie dachten an irdische Dinge, während ihr Herr von den ewigen Dingen erfüllt und getrieben war; und sie ahnen noch gar nichts davon, welche Arbeit der Meister ihnen noch geben würde, bei der sie die Frucht seiner Arbeit, seines Leidens und Sterbens (12,24) einsammeln sollten. Was lernen wir an dieser Unwissenheit der Jünger? Dass Gott in der Errettung grenzenlos Gutes tut für solche und an solchen, die ganz unverständig sind.

31 In der Zwischenzeit baten ihn die Jünger und sprachen: Rabbi, iss!
32 Er aber sprach zu ihnen: *Ich* habe eine Speise zu essen, die *ihr* nicht kennt.

Die ganze Geschichte mit der Speise, die die Jünger in der Stadt suchten, während der Herr vor der Stadt wartete, und die Aufforderung der Jünger an den Herrn, zu essen, wo sie nun vom Einkaufen zurück sind, will uns lehren, dass Essen und Trinken nicht das Leben ist (siehe Lk 12,15-21; Röm 14,17). Der Herr spricht von einer Speise, die wichtiger ist als die irdische. Unsere Bestimmung ist es, Gottes Willen zu tun. Das ist das Leben; Essen und Trinken dienen nur dazu, unseren Leib zu befähigen, während unseres kurzen Erdenlebens diese Bestimmung zu erfüllen (Röm 12,1). Leben wir dem Willen Gottes, dann dürfen wir unser Essen mit Dankbarkeit und frohem Herzen genießen (Apg 2,46). Leben wir nicht dem Willen Gottes, wäre es besser, wir äßen nicht. Auf dieser höheren Ebene gilt erst recht, was Paulus bezüglich einer untergeordneten Ebene sagte: *»Wenn jemand nicht arbeiten will, so soll er auch nicht essen«* (2Thes 3,10).

33 Da sprachen die Jünger zueinander: Hat ihm wohl jemand zu essen gebracht?

»Hat ihm wohl jemand zu essen gebracht?«: Hier wie so oft konnten die Jünger nur das Zeitliche und Irdische aus seinen Worten heraushören (vgl. Mt 16,5-12). Nicht nur die Juden (2,19-21) und die Samariter (4,10-15) waren blind für die geistlichen Wirklichkeiten; auch Jünger des Herrn haben sein gnädiges Wirken durch den Geist nötig, um zu sehen, was geistlich ist.

34 Jesus spricht zu ihnen: *Meine* Speise ist, dass ich den Willen dessen tue, der mich gesandt hat, und sein Werk vollbringe.

»Meine Speise«: Die Speise ist dem Menschen zur Erhaltung des Lebens gegeben; aber was uns ewig erhält, ist der Wille Gottes. Nach seinem Willen hat er uns erschaffen; nach seinem Willen hat er uns erlöst. In seinem Willen ist unser ganzes Sein eingebunden. Der Sohn Gottes war eins mit dem Vater; dessen Leben war sein Leben; dessen Willen zu tun, war ihm Speise.

»und sein Werk vollbringe«: Der Herr stand erst am Anfang seines öffentlichen Dienstes, aber er spricht hier bereits von dessen Ausgang, denn er hatte beständig das Ende, zu dem er in diese Welt gekommen war, im Auge (siehe 7,6; 8,20; 17,1). Als er dieses Ende erreicht hatte, sprach er: *»Es ist vollbracht!«* (19,30).

35 Sagt *ihr* nicht: Es sind noch vier Monate, und die Ernte kommt? Siehe, ich sage euch: Erhebt eure Augen und schaut die Felder an, denn sie sind schon weiß zur Ernte.
36 Der erntet, empfängt Lohn und sammelt Frucht zum ewigen Leben, damit beide, der sät und der erntet, zugleich sich freuen.
37 Denn hierin ist der Spruch wahr: Einer ist es, der sät, und ein anderer, der erntet.

»Erhebt eure Augen und schaut«: Die Jünger hätten wirklich nur ihre Augen auftun müssen, und sie hätten gesehen, wie die Felder reif waren zur Ernte: Da kamen Menschen in Scharen aus der Stadt Sichar und wollten den Christus hören. Wiederum lenkt der Herr die Aufmerksamkeit der Jünger vom Zeitlichen aufs Ewige: Die Getreideernte mag noch **»vier Monate«** entfernt sein, aber die Seelenernte hat begonnen, jene Ernte, in der man **»Frucht zum ewigen Leben sammelt«**. Unser Herr kam in diese Welt, um Frucht zu sammeln, um Seelen zu sammeln: Er wollte Israel sammeln wie die Henne ihre Küken (Mt 23,37), und wenn Israel auch nicht gesammelt werden wollte (Jes 49,5), so hat er doch in seinem Tod *»die zerstreuten Kinder Gottes in eins«* gesammelt (11,52).

»Der erntet, empfängt Lohn«, und darüber darf er **»sich freuen«**. Damit die Seelenernte eingebracht werden konnte, musste Jesus Leiden, Schande und Tod auf sich nehmen, aber er achtete die Schande nicht wegen der *»vor ihm liegenden Freude«* (Hebr 12,2). Er säte seinen Leib (12,24; vgl. 1Kor 15,36.37), und aus diesem Samenkorn ist alle Frucht gewachsen, die je gewachsen ist und noch wachsen wird; und wir dürfen ernten, und wir empfangen dafür erst noch Lohn. Das muss man bewundern. Und dann noch dies: **»Beide, der sät und der erntet«** sollen **»zugleich sich freuen«**. Der Säende ist der Herr; er war der Sämann, der ausging, um zu säen (Lk 8,5.11); er säte den Samen zum ewigen Leben, als er überall die Menschen lehrte. Und in seinem Tod hat er gesät: Er war das Weizenkorn, das in die Erde fiel und starb und damit viel Frucht brachte (12,24). Wir mussten nie die Mühsal und das Todesleiden mit ihm teilen, aber er will, dass wir teilhaben an seiner Freude (siehe 15,11) über die Frucht, die aus seiner Mühsal wuchs (Jes 53,11). Da wurde **»der Spruch wahr: Einer ist es, der sät, und ein anderer, der erntet.«** Der Herr hat alles gut gemacht, was wir verdorben hatten; er hat gearbeitet, und wir dürfen einheimsen. *Unbegreiflicher, unaussprechlich wunderbarer Herr, Du!*

> **38 *Ich* habe euch gesandt, zu ernten, woran *ihr* nicht gearbeitet habt; andere haben gearbeitet, und *ihr* seid in ihre Arbeit eingetreten.**

»Ich habe euch gesandt, zu ernten«: Auch die Jünger waren gesandt, zu ernten; darum die Aufforderung an sie, die Augen aufzutun. Dabei durften sie ernten, **»woran«** sie **»nicht gearbeitet«** hatten. Vor ihnen hatten **»andere … gearbeitet«**. Wer hatte vor ihnen in Jerusalem gearbeitet, wo sie nach Pfingsten ihren ersten großen Erntetag haben sollten? Mose, der Zuchtmeister auf Christus (Gal 3,24), und David und die Propheten, die die Juden gelehrt hatten, auf ihn zu warten. Und wer hatte vor ihnen in Samaria gearbeitet? Auch Mose, auf den die Samariter allein vertrauten, *»denn er hat von mir geschrieben«* (5,46). Sodann hatte der Herr selbst *gearbeitet*, *kopiazō*. Das ist das Verb, das in V. 6 mit *»ermüdet«* übersetzt ist: κεκοπιακως, *kekopiakōs*, wörtlich »(ab)gearbeitet«. Der Herr hatte gearbeitet, indem er in Galiläa, Judäa und Jerusalem auf den Straßen und Plätzen und im Tempel allezeit lehrte, und er hatte ebenden Samen des ewigen Lebens in das Herz jener Frau gesät, und diese wiederum säte unter den Bewohnern der Stadt Sichar, und so schoss später in Samaria eine Ernte auf, die Philippus einbringen durfte (Apg 8).

Es ist wohl immer so: Wann immer eine Seele geerntet werden darf, haben andere vorher mit ihrem Bekenntnis von Christus gesät, im Gebet mit ihren Tränen getränkt, und häufig sehr viel später lässt der Herr des Lebens und der Ernte die Saat aufgehen und sendet seinen Arbeiter, sie einzusammeln (vgl. 1Kor 3,7.8). Ein schäbiger Arbeiter, der das unterschlägt und sich seiner eingebildeten Tüchtigkeit rühmt, während er einsackt, wofür andere geweint, geschwitzt oder gar als Märtyrer geblutet haben!

3. Das Licht breitet sich aus zu vielen Samaritern (4,39-42)

Dieser Abschnitt setzt den Bericht vom Wirken des Herrn fort, der mit dem Satz geendet hatte: *»Sie gingen aus der Stadt hinaus und kamen zu ihm«* (V. 30). Hier erfahren wir, dass auch diese, die durch das Wort der Frau bewegt worden waren, von ihm selbst die Worte des ewigen Lebens hören mussten. Wer das Leben empfangen hat, ist nie mehr als ein Wegweiser zu dem, der *in sich* das Leben hat (siehe 5,26) und das Leben gibt (siehe 5,21); nur der hat die Macht, so zu einem Menschen zu reden, dass er lebt.

39 Aus jener Stadt aber glaubten viele von den Samaritern an ihn um des Wortes der Frau willen, die bezeugte: Er hat mir alles gesagt, was ich getan habe.
40 Als nun die Samariter zu ihm kamen, baten sie ihn, bei ihnen zu bleiben; und er blieb dort zwei Tage.
41 Und noch viele mehr glaubten um seines Wortes willen;
42 und sie sagten zu der Frau: Wir glauben nicht mehr um *deines* Redens willen, denn wir selbst haben gehört und wissen, dass dieser wahrhaftig der Heiland der Welt ist.

Die Stadtbewohner wurden ebenfalls schrittweise zur vollen Erkenntnis Christi geführt. Zunächst **»glaubten viele von den Samaritern an ihn um des Wortes der Frau willen«**. Hier wird noch einmal gesagt, was es gewesen war, das die Frau endgültig überführt und überzeugt hatte:

»Er hat mir alles gesagt, was ich getan habe.« Auf die Bitte der Samariter hin **»blieb er dort zwei Tage«**. Während jener zwei Tage kamen **»noch viele mehr ... um seines Wortes willen«** zum Glauben. Aber nicht nur die Anzahl der Glaubenden wuchs, sondern auch der Glaube selbst, denn sie konnten am Ende der zwei Tage der Frau sagen, dass ihre Überzeugung nun nicht mehr auf ihrem Zeugnis beruhte, **»denn wir selbst haben gehört und wissen, dass dieser wahrhaftig der Heiland der Welt ist«**. Der Weg, auf dem der Herr Menschen zu seiner Erkenntnis führt, ist immer wieder der gleiche: Ein Zeuge bezeugt Christus, auf dieses Zeugnis hin suchen Menschen Christus auf, und der lehrt sie durch sein Wort ganz allein, bis sie zur Erkenntnis und damit zum ewigen Leben durchdringen.

»wir selbst haben gehört und wissen«: Die Samariter hatten gehört, geglaubt, und nun wussten sie. Das erinnert uns an das Bekenntnis des Petrus: *»Wir haben geglaubt und erkannt«* (6,69). Ohne Hören gibt es kein Glauben (Röm 10,17), und ohne Glauben gibt es kein Erkennen. Wer aber gehört und geglaubt hat, bekommt die Gewissheit, **»dass dieser wahrhaftig der Heiland der Welt ist«**. Der Titel *»Heiland der Welt«* wird nur von Johannes verwendet, außer hier nur noch in 1Jo 4,14.

4. Jesus in Galiläa (4,43-45)

Jesus kommt nun zum zweiten Mal nach Galiläa (siehe 2,1). Er hatte das Land Judäa verlassen, wo man ihn immer deutlicher ablehnte; unter den Samaritern hatte er offene Herzen gefunden, in Galiläa wird er zunächst willig aufgenommen (V. 45), aber unter der Oberfläche lauert der gleiche Unglaube, der bei Gelegenheit offen ausbrechen wird (siehe Kap. 6). Johannes bereitet seine Leser behutsam darauf vor, indem er ihnen sagt, dass die Galiläer zu den Leuten gehörten, die in Jerusalem die Zeichen gesehen hatten, die Jesus tat, und deswegen an ihn glaubten (2,23-25). Wie wir wissen, war das nur ein oberflächlicher Glaube gewesen, der die Herzen nicht verändert hatte; bei den Galiläern verhielt es sich, abgesehen von wenigen Ausnahmen, nicht anders.

In V. 46-54 beschreibt Johannes das zweite Zeichen, das der Herr tat, und dabei beschreibt er auch den Weg eines Mannes, der zu einem Glauben fand, der nicht oberflächlich war wie der Glaube der meisten Galiläer, sondern echt.

Der Abschnitt (V. 43-45) ist eingerahmt durch die beiden Sätze: *»... zog er von dort weg nach Galiläa«* und *»... als er nach Galiläa kam«*.

43 Nach den zwei Tagen aber zog er von dort weg nach Galiläa;
44 denn Jesus selbst bezeugte, dass ein Prophet in dem eigenen Vaterland keine Ehre hat.
45 Als er nun nach Galiläa kam, nahmen die Galiläer ihn auf, da sie alles gesehen hatten, was er in Jerusalem auf dem Fest getan hatte; denn auch sie waren zu dem Fest gekommen.

»zog er von dort Weg nach Galiläa«: Denn das war sein bereits vorher erklärtes Ziel (V. 3), als er aus dem *»Land Judäa«* (3,22) aufbrach. Hier beginnt der Herr sein öffentliches Wirken in Galiläa, das in den drei ersten Evangelien so großen Raum einnimmt (Mt 4,12–18,35; Mk 1,14–9,50; Lk 4,14–18,34). Dieses Wirken dauert bis zu seiner letzten Reise nach Jerusalem im Jahre 30. Johannes berichtet aus dieser Zeit in Galiläa nur von drei Zeichen: von der Heilung des Beamtensohnes, von der Mehrung der Brote und vom Wandeln auf dem Wasser (Kap. 6). Zwar geschah die Heilung des Lahmen am Teich Bethesda auch in dieser Zeit, jedoch nicht in Galiläa, sondern als er zum Fest in Jerusalem war.

»denn Jesus selbst bezeugte, dass ein Prophet in dem eigenen Vaterland keine Ehre hat«: Das verbindende »denn« begründet, warum Jesus nach Galiläa zog: Ein Prophet galt nichts in seiner Heimat. Am besten versteht man »Vaterland« hier als die Stadt, in der er aufgewachsen war, Nazareth (Lk 4,16.23),[72] wo man ihn nach seiner Predigt in der Synagoge sogar töten wollte; dort ließ er sich deshalb nicht nieder, sondern zog nach Galiläa in eine andere Stadt.[73] Er kam, um zu tun, was der Vater ihm aufgetragen hatte, und dazu gehörte, dass er gekommen war, um aus

72 Luther übersetzt: *»... dass ein Prophet daheim nichts gilt«*. Gill vermerkt zu dieser Stelle: *»Alle orientalischen Versionen (d. h. Bibelübersetzungen [Anmerkung des Autors]) lesen ›in seiner eigenen Stadt‹«* (John Gill, *Exposition of the New Testament in Three Volumes*, Bd. I).

73 Hendriksen erklärt den begründenden Satz anders: Der Herr hatte in Jerusalem den Widerstand der Obersten erfahren, weil er so viele Leute anzog; in Galiläa aber würde das nicht geschehen, weil er ja als Prophet nichts galt in seiner Heimat. Damit würde er auch nicht die Obersten unnötig reizen, sodass sie ihn in Auseinandersetzungen verwickelt hätten; denn das habe er jetzt noch nicht gewollt. Die Erklärung befriedigt nicht ganz; denn in Galiläa folgten dem Herrn genauso große Volksmengen wie in Judäa und Jerusalem. Und wie Lk 5,17 berichtet, reisten die Pharisäer und Schriftgelehrten ihm nach Galiläa nach, um ihn zu prüfen und mit Fragen herauszufordern (siehe auch Mt 9; 12 etc.).

der Masse des ungläubigen Volkes seine Schafe herauszurufen (10,1-6)[74], und um dieser Schafe willen ging er die Wege, die er ging. Wir haben in diesem Kapitel gerade ein Beispiel dafür gefunden: Er musste nach Sichar in Samaria reisen; so musste er auch nach Galiläa und wieder nach Kana reisen (V. 46).

An Israel konnte man ablesen, was ein Volk von seinen Propheten hält. Zu keinem Volk sandte Gott Propheten als nur zu Israel,[75] und sie wurden systematisch und beharrlich abgelehnt. Das Wort »Prophet« ist in diesem Kapitel schon einmal vorgekommen: Die Samariterin hatte in Jesus einen Propheten erkannt (V. 19), und nicht nur sie, sondern die ganze Stadt Sichar hatte seine Worte aufgenommen und ihn damit als Propheten geehrt.

»Als er nun nach Galiläa kam, nahmen die Galiläer ihn auf«: Damit ehrte man ihn nicht wirklich, obwohl es so schien: Denn man nahm ihn nicht auf, weil er ein Prophet war, also wegen seiner Worte, sondern nur, weil die Galiläer **»alles gesehen hatten, was er in Jerusalem … getan hatte«**. Sie hatten die Zeichen gesehen, und sie glaubten deshalb an ihn (2,23). Ihr Glaube gründete anders als bei den Samaritern nicht auf der Lehre des Herrn, sondern auf Zeichen. Die Samariter hatten an ihn geglaubt, ohne dass er unter ihnen Zeichen oder Wunder getan hätte. Seine Worte hatten ihnen genügt.

5. Das zweite Zeichen: Die Heilung des Beamtensohnes (4,46-54)

Dieses zweite Zeichen bestätigt, was der Herr Nikodemus gelehrt hatte: Der Mensch kann Leben nur empfangen, wenn er glaubt. Ist aber der Glaube so entscheidend, dann müssen wir Glauben empfangen und zu glauben lernen. Beides wirkt der Herr. Er gibt uns Glauben, und er lehrt uns zu glauben. Diesen Zweck erreicht der Herr mit den Worten, die für den Vater des kranken Sohnes zunächst nur enttäuschend sind. Da der Herr seine Bitte nicht erhört und nicht mit ihm kommt, bleibt ihm nichts

74 Das Gleiche galt für die Sendung der zwölf Jünger, die in diese Zeit fiel. Als der Herr sie aussandte, wies er sie an: *»Geht … zu den verlorenen Schafen des Hauses Israel«* (Mt 10,6).

75 Auch Jona war zu Israel gesandt (siehe 2Kö 14,25), wenn er auch zusätzlich einen besonderen Auftrag bekam für die heidnische Stadt Ninive.

anderes, als zu glauben. Er wird geradezu genötigt (vgl. Lk 14,23). Er hat angefangen zu glauben, und dann muss er im Glauben ausharren, bis die Verheißung sich erfüllt hat. Auf diese Weise gab der Herr dem Mann Höheres, als er gesucht hatte, hatte er doch nur an die Heilung seines Sohnes gedacht. Der Sohn wurde auch geheilt; aber gleichzeitig bekam der Vater, was viel mehr ist: den Glauben an den Sohn Gottes und damit das ewige Leben.

46 Er kam nun wieder nach Kana in Galiläa, wo er das Wasser zu Wein gemacht hatte. Und es war ein gewisser königlicher Beamter, dessen Sohn krank war, in Kapernaum.
47 Als dieser gehört hatte, dass Jesus aus Judäa nach Galiläa gekommen sei, ging er zu ihm hin und bat, dass er herabkomme und seinen Sohn heile; denn er lag im Sterben.

»Er kam nun wieder nach Kana in Galiläa«: Der Sohn Gottes erfüllt den Willen des Vaters; dessen Wille ist das ewige Leben (12,49.50), und dieser Gnadenwille überwindet die Geringschätzung, die man in Galiläa für seinen Sohn hat. Er zieht in Galiläa Seelen zum Sohn (siehe 6,44): den königlichen Beamten und dessen ganze Familie.

»ein gewisser königlicher Beamter«: Es wird wie bei der Samariterin wiederum der Name nicht genannt, aber wir erfahren, dass dieser **»in Kapernaum … war«**. Er wird den Herrn gesehen und gehört haben, als dieser nach der Hochzeit in Kana für wenige Tage dorthin ging (2,12). Jetzt, da **»dessen Sohn krank«** ist, erinnert er sich an Jesus, und bittet ihn, **»dass er herabkomme und seinen Sohn heile«**. Er muss ihm zugetraut haben, dass er die Macht dazu hatte, und wenn er lediglich ein von Gott gesandter Prophet war, der wie ein Elia oder Elisa von Gott die Vollmacht bekommen hatte, Wunder zu tun und gar Tote zu erwecken; denn sein Sohn **»lag im Sterben«**. Wie begrenzt sein Glaube war, zeigt sich daran, dass er meint, Jesus müsse im Leib gegenwärtig sein, um heilen zu können (wie das bei den alttestamentlichen Propheten auch der Fall gewesen war; siehe 1Kö 17,19-22 und 2Kö 4,32-35).

48 Jesus sprach nun zu ihm: Wenn ihr nicht Zeichen und Wunder seht, so glaubt ihr *nicht*.
49 Der königliche Beamte spricht zu ihm: Herr, komm herab, ehe mein Kind stirbt!

»Wenn ihr nicht Zeichen und Wunder seht, so glaubt ihr nicht«: Das ist eine Rüge an die Galiläer, die gleich den Juden Zeichen forderten (6,30; siehe auch 2,18; Mt 12,38; 1Kor 1,22). Ein Glaube, der auf Zeichen beruht, ist kein rettender Glaube (2,23-25); und den hat der bekümmerte Vater nicht, wie die Worte des Herrn offenbaren. Diese Worte Jesu und die auf die Bitte des Vaters folgenden nächsten Worte Jesu wirken in ihm diesen Glauben. *»Indem er ihm den Unglauben verweist, erweckt er ihn zum Glauben«* (Bengel).

Die ernüchternde Antwort erinnert an die Syrophönizierin, die auf ihre Bitten hin zuerst gar keine und dann nur abweisende Antworten bekommen hatte. An diesen erst zeigte sich, ob die Frau überhaupt Glauben hatte (siehe Mt 15,21-28). Der Mann lässt sich nicht entmutigen, sondern bittet noch inständiger: **»Herr, komm herab, ehe mein Kind stirbt!«**

50 Jesus spricht zu ihm: Geh hin, dein Sohn lebt! Der Mensch glaubte dem Wort, das Jesus zu ihm sagte, und ging hin.

Zuerst muss der Vater noch ein Wort hören, das ihn nur enttäuschen konnte: **»Geh hin …!«** Kümmerte es Jesus nicht, dass sein Sohn jeden Augenblick sterben konnte? Da gibt der Herr ganz unerwartet die Zusicherung: **»… dein Sohn lebt!«** Das war es ja gewesen, was der Vater gewünscht hatte, und der **»Mensch glaubte dem Wort«**: Das Wort allein genügte ihm, und dass er wirklich glaubte, zeigte sich an seinem Handeln: Er **»ging hin«**. Er tat, was der Herr ihm sagte, auch wenn er allein gehen musste.

51 Aber schon während er hinabging, kamen ihm seine Knechte entgegen und sagten, dass sein Knabe lebe.

Die Knechte des Beamten wussten natürlich, dass ihr Meister zu Jesus gegangen war, um von ihm Hilfe zu bekommen. Als der sterbende Knabe plötzlich gesund wurde, da mussten sie folgern, Jesus habe die Bitte des Vaters angenommen. Sie brachen auf, um dem Vater die freudige Nachricht zu geben, und dabei bestätigten sie das Wort Jesu. Er hatte dem Vater gesagt: *»Dein Sohn lebt«*, sie sagen dem Vater, **»dass sein Knabe lebe«**. Der Beamte selbst hatte den Sohn »mein *Kind*«, παιδιον, *paidion*, genannt, also eine Koseform verwendet, während die Knechte für »Kind« das mehr formale παις, *pais*, »Knabe«, verwendeten.

52 Er erfragte nun von ihnen die Stunde, in der es besser mit ihm geworden war; da sagten sie zu ihm: Gestern zur siebten Stunde verließ ihn das Fieber.
53 Da erkannte der Vater, dass es in jener Stunde war, in der Jesus zu ihm sagte: Dein Sohn lebt. Und er glaubte, er und sein ganzes Haus.

»Er erfragte nun von ihnen die Stunde«: Das zeigt, dass er glauben wollte und damit anders reagierte als ein ungläubiger Mensch, der stets versucht, alles Wirken und alle Werke Gottes dem Zufall zuzuschreiben. Der Vater wollte wissen, ob das Kind auf das Wort Jesu hin gesund geworden sei, und ihm war die Zeitangabe der Beweis dafür. Der Herr hatte gesprochen, und wie er gesprochen hatte, war geschehen.

»Und er glaubte«: Der Vater hatte dem Wort des Herrn schon geglaubt; und nun ist sein Glaube gestärkt worden. Er glaubte nicht lediglich, dass Jesus wie einer der Propheten Macht hatte, Wunder zu tun, sondern dass er der Sohn Gottes war. Anders als Elia und Elisa, die persönlich anwesend sein mussten, als sie Tote auferweckten, musste Jesus dem Vater nicht ans Krankenbett folgen; und er musste auch nicht wie diese zum Herrn um sein Eingreifen schreien, sondern er hatte die Macht, ein Wort zu sprechen, und das sterbende Kind lebte.

»er und sein ganzes Haus«: Dies ist eines der vielen Beispiele dafür, dass Gott ganze Familien im Auge hat. Ist der Hausvater gläubig geworden, sollen auch alle, die ihm gegeben sind, gläubig werden. Noah sollte die Arche bauen für sich *und für seine Familie* (1Mo 6,18). Josua sagte vor dem versammelten Volk: *»Ich aber **und mein Haus, wir wollen dem HERRN dienen**«* (Jos 24,15). Dem römischen Hauptmann Cornelius wurde durch den Engel gesagt: *»[Petrus] wird Worte zu dir reden, durch die du errettet werden wirst, **du und dein ganzes Haus**«*

(Apg 11,14). Dem Kerkermeister in Philippi wurde zugesagt: *»Glaube an den Herrn Jesus, und du wirst errettet werden,* ***du und dein Haus«*** (Apg 16,31). Und vom Synagogenvorsteher in Korinth hören wir: *»Krispus ... glaubte an den Herrn* ***mit seinem ganzen Haus«*** (Apg 18,8). Wie kommt die ganze Familie zum Glauben, nachdem der Hausvater zum Glauben gekommen ist? Es geschieht auf dem gleichen Weg, auf dem er selbst das Heil fand: Er hörte und glaubte. Also müssen auch seine Familienangehörigen hören, damit sie glauben können; und das bedeutet nichts anderes, als dass er das tun muss, was in 5Mo 6,6.7 als Pflicht jedem Vater aufgetragen ist. Josua muss das in seinem Haus getan haben; denn wie hätte er sonst vor versammeltem Volk sagen können, dass seine ganze Familie zusammen mit ihm dem Herrn dienen wolle?

54 Dies aber tat Jesus wiederum als zweites Zeichen, als er aus Judäa nach Galiläa gekommen war.

»Dies aber tat Jesus wiederum als zweites Zeichen«: Nicht das zweite Zeichen insgesamt, denn er hatte nach seinem ersten Zeichen, das in Kana geschah, danach in Jerusalem viele weitere Zeichen getan (2,23); aber es war das zweite Zeichen in Galiläa. Wenn Johannes sie ausdrücklich als erstes und zweites Zeichen bezeichnet, will er uns ermuntern, diese wie auch die weiteren fünf von Johannes niedergeschriebenen Zeichen miteinander zu vergleichen und uns bei jedem zu fragen, was seine besondere Aussage ist.

Das erste Zeichen hatte offenbart, dass der Mensch Jesus der Schöpfer ist. Das zweite Zeichen offenbart ihn als den Urheber des Lebens. In beiden Zeichen demonstriert er seine göttliche Macht, und in beiden sein göttliches Mitgefühl. Und hatte das erste Zeichen uns gelehrt, dass wir nur durch Gehorsam Freude finden können, lehrt uns das zweite Zeichen, dass wir nur durch Glauben das Leben empfangen.

Anmerkungen zu Kapitel 4

»Johannes 4 enthält einmal mehr eine prophetische Vorschattung der Zukunft. In den abschließenden Versen des vorangegangenen Kapitels sehen wir, wie Christus verachtet (3,26) und sein Zeugnis abgelehnt wird (3,32). Das nimmt vorweg, wie die Nation als Ganzes Christus verwerfen würde. Dazu passt in wunderbarer Weise der nächste Schritt des Herrn: Wir sehen, wie er sich *zu den Nationen wendet.* Die Abfolge der Geschehnisse ist vollkommen. Genauso folgen in Gottes Handeln mit der Erde die Heilszeiten aufeinander. Die alte Heilszeit endete damit, dass Israel seinen Christus verwarf, und damit wandte sich Gott in Barmherzigkeit den Nationen zu (Röm 11 usw.). Im vorliegenden Kapitel wird das angedeutet zunächst in V. 3: Der Herr ›***verließ … Judäa** und zog wieder nach **Galiläa***‹, das in Mt 4,15 ›*Galiläa der **Nationen***‹ heißt. Sodann sehen wir das anhand von V. 40: ›*… und er blieb dort **zwei Tage**.*‹ Das ist wirklich auffällig: Er blieb *zwei Tage* dort. Man erinnere sich an 2Petr 3,8: ›*… dass ein Tag bei dem Herrn ist wie tausend Jahre, und tausend Jahre wie ein Tag.*‹ Zwei Tage entsprechen demnach 2000 Jahren, und das ist genauso lang, wie der Herr den Juden in Judäa fernbleiben wird. Wie vollkommen das Bild passt!« (Pink).

V. 9 – »*Wie kommt es?* Nämlich, dass er, der zu ihr gesprochen hatte, nicht so war, wie sie von den Juden dachte und wusste. Er war, was Israel für das Menschengeschlecht hätte sein sollen, was Gottes Absicht mit Israel war. Er war Gottes Gabe an die Menschheit« (Edersheim).

»Israel hatte von Gott hohe Vorrechte empfangen; man denke nur an die geschriebene Offenbarung Gottes. Mit diesem Licht gesegnet, waren sie in ihrer Selbstverliebtheit ganz gleichgültig gegenüber allen, die in der Finsternis saßen. Innerhalb der Grenzen ihres eigenen Landes – denn Samaria gehörte zum Land – lebte ein Volk, das halb heidnisch war, aber die Juden hatten keine Sorge um deren Seelen …: ›*… die Juden verkehren nicht mit den Samaritern.*‹ Diese herzlose Gleichgültigkeit äußert sich auch in den Jüngern: Sie können es nicht fassen, dass der Meister mit einer Samariterin spricht (V. 27). Es war vom Herrn sicher als Tadel gedacht, als er sie aufforderte: ›*Erhebt eure Augen und schaut die Felder an, denn sie sind schon weiß zur Ernte*‹ (V. 35)« (Pink).

V. 13 – »*Dieses Wasser* – das ist im Munde Jesu zugleich ein Bild aller irdischen Genüsse, nach welchen bald die Leere in der Seele wiederkehrt und welche den Menschen in der Abhängigkeit von äußeren Dingen erhalten« (Godet).

»Alles, was in der Welt ist, aller Trost der Kreatur, auch alle erlaubte Freude, trägt die Inschrift: ›Wer hievon trinkt, den wird wieder dürsten – heute satt, morgen matt – was ist, das mich heut erfreuet, das mich morgen nicht gereuet?‹ Und wenn nun alles Vergängliche ein Ende nehmen und nach dem Vergehen der Welt zum Löschen des Weltdurstes kein Tropfen Wassers mehr vorhanden sein wird, ach, wie wird der Weltmenschen dürstende Seele durchbohrt werden von dem Wort: Du hast *dein* Gutes, das Wasser, welches *deine* Zunge kühlt, empfangen in deinem Leben (Lk 16,25)! *Wieder* dürsten hier in dieser, ewig dürsten dort in jener Welt, das ist der Irdischgesinnten unseliges Los« (Besser, zitiert bei Dächsel).

V. 14 – »Das Herz ist ein unersättliches Grab, bis Jesus einzieht, und dann wird es zu einem überfließenden Kelch. In Christus ist eine solche Fülle, dass *er allein* dem Gläubigen zum Ein und Alles wird. Dem wahren Heiligen genügt Christus so vollkommen, dass er keinen Durst mehr hat, außer nach dem nächsten, noch tieferen Trunk aus dem lebendigen Quell. In dieser wundersamen Weise wirst du, lieber Mitchrist, Durst haben, nicht einen quälenden, sondern wonnevollen Durst, denn es wird dir reine Wonne sein, noch mehr zu dürsten nach dem Genuss der Liebe Jesu« (C.H. Spurgeon, *Morning and Evening*, zum 6. Oktober am Morgen).

V. 23 – »Hierin liegt ein Zeugnis der heiligen Dreieinigkeit. Der Vater wird angebetet im Heiligen Geist und in der Wahrheit, die durch Jesum Christum geworden ist« (Bengel).

V. 46 – »Die Not war es, die diesen Mann zu Christus trieb. Wäre diese Prüfung nicht gekommen, hätte er kaum je an seinen Gott und Heiland gedacht, aber diese Heimsuchung war Gottes Engel in Verkleidung … Leiden ist oft das schwarze Ross, auf dem die Gnade vor deine Haustür reitet« (Spurgeon, *The Miracles and Parables of our Lord*, Bd. I, S. 145).

V. 50 – »In diesem Glauben muss man alle Dinge aus den Augen tun, nur Gottes Wort nicht. Wer sich etwas anderes in die Augen bilden lässt als ebendieses Wort Gottes, der ist schon verloren. Der Glaube hängt allein dem Worte Gottes bloß und lauter an, wendet die Augen nicht davon ab und sieht kein anderes Ding an, weder sein Werk noch Verdienst … Wenn wir das gefasst haben, so lass danach Welt, Tod, Sünde, Hölle und alles Unglück wüten und toben. Lässt du aber das Wort fahren, musst du verderben« (Luther, *Johannes-Evangelium*, S. 188-189).

II. Jahre der Feindschaft und Auseinandersetzungen (Kap. 5 – 12)

Im Prolog hatten wir gelesen: *»Er kam in das Seine, und die Seinen nahmen ihn nicht an«* (1,11). Vom 5. Kapitel an bis zum Kapitel 12 wird Johannes zeigen, wie im Volk der Widerstand wächst. Zunächst erfahren wir, wie die Juden nach der Heilung des Gelähmten ihn zu töten suchen (5,16) und wie sich dieser Vorsatz noch festigt, nachdem Jesus Gott seinen Vater genannt hatte (5,18). Nach seiner Rede in der Synagoge in Kapernaum empören sich bisherige Jünger über seine Worte (6,52), und viele wenden sich von ihm ab (6,60.66). Bei seinem dritten Besuch in Jerusalem wollen die Juden ihn greifen (7,44); kurz danach nennen sie ihn einen Samariter, der von einem Dämon besessen sein müsse (8,48), und sie wollen ihn steinigen (8,59). Inzwischen haben die Obersten beschlossen, einen jeden aus der Synagoge zu stoßen, der Jesus als den Christus bekennt (9,22). Kurz danach wollen die Juden ihn wieder steinigen (10,31) und versuchen erneut, ihn zu greifen (10,39). Nach der Auferweckung des Lazarus fasst die oberste jüdische Behörde schließlich den formalen Beschluss, ihn zu töten (11,49.50), und sie gibt an die Öffentlichkeit die Weisung aus, dass jeder, der wisse, wo er ist, ihn anzeigen müsse, damit man ihn verhaften könne (11,57). Damit hat das Volk gezeigt, dass sein Herz verstockt ist (12,39.40).

»Bis dahin hatte die Offenbarung Jesu in einem insgesamt neutralen Umfeld gewirkt; Glaube und Unglaube waren außergewöhnliche Erscheinungen geblieben. Der Herr erkannte natürlich, was die Haltung der Massen war, aber sie war noch nicht deutlich hervorgetreten. Aber von jetzt an beginnt die Lage sich zu ändern. Jesus fährt mit seinem messianischen Wirken fort, indem er offenbart, was der Vater und was er selbst für die Menschheit ist. Aber dieses doppelte Zeugnis begegnet einem wachsenden Unglauben, ja, dieser wird durch das Zeugnis sogar stärker, statt dass er sich von ihm überwinden lässt. Wie der Widerspruch wächst, wird zum beherrschenden Zug der Geschichte (Kap. 5–12). Wo Glaube sich äußert, ist er nicht mehr als eine schwache Gegenströmung im gewaltigen Strom, der die Masse der Nation mitreißt« (Godet).

Kapitel 5

Der Herr kommt zum zweiten Mal nach Jerusalem (nach 2,13–3,21). Beim ersten Mal ging er hinauf in den Tempel (2,13.14), beim zweiten Mal ging er zum Teich Bethesda (5,1.2). Im Tempel sah er, wie man dort nicht Gott diente, sondern dem Mammon und damit sich selbst; beim Teich Bethesda sah er, wie die Menschen nicht Leben hatten, sondern lahm, blind und verkrüppelt, also dem Tod unterworfen sind. In Kapitel 4 musste der Herr durch Samaria ziehen, um einer bestimmten Frau zu begegnen, denn sie soll von ihm das Wasser des Lebens empfangen; nun geht er wieder nach Jerusalem, um einem bestimmten Mann zu begegnen, denn an ihm muss er zeigen, dass er die Macht hat, die Toten zu erwecken. So sehen wir, wie Johannes Kapitel für Kapitel entfaltet, was das ewige Leben ist und wie der Mensch es empfängt. In Kap. 3 lernen wir, dass der Vater seinen Sohn gegeben hat, damit jeder, der an den Sohn glaubt, das ewige Leben hat. In Kap. 4 lernen wir, dass der Sohn selbst dem Menschen das Leben gibt. In Kap. 5 lernen wir, dass der Sohn Gottes den ganz Hilflosen, ja, den Toten, das Leben gibt.

Nachdem der Herr den Tempel gereinigt und verschiedene Zeichen getan hat, folgt eine lange Unterredung mit einem suchenden Juden (3,1-21). Nachdem der Herr den Gelähmten am Teich Bethesda geheilt hat, folgt eine lange Unterredung mit feindlich gesinnten Juden (5,17-47). Nachdem der Herr die Brote gemehrt hat, folgt die lange Unterredung in der Synagoge in Kapernaum (6,26-59). Nachdem der Herr den Blinden geheilt hat, folgt die Rede über den guten Hirten (10,1-38).

1. **Das dritte Zeichen: Die Heilung des Gelähmten am Teich Bethesda (5,1-9)**
2. **Widerspruch der Juden (5,10-18)**
3. **Der Herr deutet den Juden die Bedeutung des Zeichens (5,19-30)**
4. **Fünf Zeugen bestätigen, dass Jesus Gottes Sohn ist (5,31-47)**

In der Heilung des Gelähmten beweist der Sohn Gottes, dass er die Macht hat, Leben zu geben, wem er will (V. 1-9.21). Die Juden greifen ihn an, weil er am Sabbat geheilt hat, und noch mehr, weil er sich Sohn Gottes nennt und damit Gott gleich macht (V. 10-18). Darauf antwortet der Herr, dass er eins ist mit dem Vater im Wesen und in den Werken: Er tut nichts anderes, als was er den Vater tun sieht (V. 19.20): Wie dieser die Toten auferweckt, gibt er Leben, und als der Richter nimmt er das Leben (V. 21-30). Überdies kann er auf fünf Zeugen verweisen, die bestätigen, dass er Gottes Sohn ist (V. 31-47).

1. Das dritte Zeichen: Die Heilung des Gelähmten am Teich Bethesda (5,1-9)

Die Heilung des Gelähmten am Teich Bethesda ist ein *Zeichen*, und als solches verweist es auf etwas Größeres als das bloße äußerliche Geschehen.[76] Was das Zeichen bedeutete, sagt der Herr in seinen Worten, die sich der Heilung anschließen – ähnlich, wie er in der Synagoge von Kapernaum mit seinen Worten erklärte, was das Zeichen der Brotvermehrung aussagen wollte (Kap. 6). Die bloße Heilung ist eine Art Gleichnis auf das Werk, das zu tun der Sohn Gottes in diese Welt gekommen war: Er war von Gott gesandt, den Toten das Leben zu geben (V. 21), und zwar gab er es mit dem Wort, das er predigte (V. 24). Die Umstände der Heilung und die Heilung selbst waren ein Abbild davon, wie der Sohn Gottes dem Menschen, der durch die Sünde im Tod gehalten wird, das Leben gibt.

1 Danach war ein Fest der Juden, und Jesus ging hinauf nach Jerusalem.

Johannes hat von der Zeit, die Jesus in Galiläa diente, zunächst nur die Heilung des Beamtensohnes überliefert (4,46-54); in Kap. 6 berichtet er als Letztes von der Speisung der Fünftausend, die ebenfalls in Galiläa geschah. Zwischen diesen beiden Geschehnissen war Jesus in Jerusalem, wovon die Synoptiker nicht berichten.

76 Siehe oben zu 2,11 den Exkurs zu den sieben Zeichen im Johannesevangelium.

»Danach«: μετα ταυτα, *meta tauta*, wörtlich: »nach diesen (Dingen)«. Die Wendung findet sich in Johannes an folgenden sieben Stellen: 3,22; 5,1.14; 6,1; 7,1; 13,7; 21,1, im NT insgesamt 26-mal, allein in der Offenbarung 9-mal.

»war ein Fest der Juden«: Johannes sagt nicht ausdrücklich, welches es war; wahrscheinlich nicht das Passah, weil jenes wohl wie in 2,13.23; 6,4; 11,55; 12,1 ausdrücklich benannt worden wäre. Also wird es eines der beiden anderen Hauptfeste gewesen sein, zu welchem nach Weisung des Gesetzes alle Männer in Israel nach Jerusalem pilgern mussten (2Mo 23,14-17; 5Mo 16,16), also das Wochenfest (= Pfingsten) oder die Laubhütten. Da wir in Kap. 7 erfahren, dass der Herr zum Laubhüttenfest kam und lehrte, kann man annehmen, es handele sich hier um das Pfingstfest; in diesem Fall enthielte unser Evangelium von einem jeden der drei Hauptfeste mindestens einen Bericht vom Wirken unseres Herrn an demselben.[77] Sollte es das Pfingstfest gewesen sein, befänden wir uns im Monat Mai oder Juni des Jahres 28. Wir brauchen aber nicht zu wissen, welches Fest es war; Johannes hat es nicht gesagt, weil er offenkundig nicht auf einen Zusammenhang zwischen dem Fest und den Worten und Werken Jesu verweisen will, wie er das beim Passahfest (Kap. 2; 6; 12) und bei den Laubhütten (Kap. 7) tut.

2 Es ist aber in Jerusalem bei dem Schaftor ein Teich, der auf Hebräisch Bethesda genannt wird und fünf Säulenhallen hat.
3 In diesen lag eine Menge Kranker, Blinder, Lahmer, Dürrer, die auf die Bewegung des Wassers warteten.
4 Denn zu gewissen Zeiten stieg ein Engel in den Teich herab und bewegte das Wasser. Wer nun nach der Bewegung des Wassers zuerst hineinstieg, wurde gesund, mit welcher Krankheit irgend er behaftet war.[78]

Das **»Schaftor«** hatte seinen Namen daher, dass man die Opfertiere durch dasselbe in den Tempel trieb, um sie auf dem ehernen Altar zu

77 *»Es ist sehr schwierig, das ›Fest der Juden‹ in Joh 5 einzuordnen. Es handelt sich wahrscheinlich um eines der Wallfahrtsfeste (Passah, Pfingsten, Laubhüttenfest). Am besten passt Pfingsten in den Zusammenhang der Ereignisse«* (Vanheiden, S. 69).

78 Die zweite Hälfte von V. 3 sowie V. 4 finden sich nicht in allen Handschriften. Gewisse Ausleger meinen, dass sie nicht zum Johannesevangelium gehören.

opfern. Bei diesem Tor war **»ein Teich, der auf Hebräisch Bethesda genannt wird und fünf Säulenhallen hat«**.

Alfred Edersheim hatte in seinem 1883 veröffentlichten Werk noch geschrieben: *»... jeder Versuch, den Ort zu identifizieren, ist fehlgeschlagen«* (Bd. I, S. 462). Werner de Boor kann hingegen in seiner 1968 erschienenen Auslegung berichten:

»Ein französischer Archäologe konnte feststellen, dass es sich um eine gewaltige Anlage gehandelt hat, die sich über 5000 Quadratmeter erstreckt. Zwei große Wasserbassins wurden durch eine Zwischenwand von 6,5 m Breite voneinander getrennt. Die ganze Anlage war von 4 Säulenhallen umgeben. Die 5. Halle lag auf der Mauer zwischen den beiden Teichen. Aus den noch reichlich vorhandenen Säulenresten ergibt sich, dass die Hallen etwa 8,5 m hoch gewesen sind. Es hat sich also nicht nur um eine nüchterne Zweckanlage gehandelt, sondern um einen prachtvollen Schmuckbau, der wohl von Herodes dem Großen im Zusammenhang mit dem benachbarten Tempelbau in dieser Gestalt errichtet worden ist ... Die Übereinstimmung von neutestamentlicher und altchristlicher Überlieferung einerseits und dem Ausgrabungsbefund andererseits berechtigt zur Gleichsetzung des Doppelteiches von St. Anna mit dem Schafteich des Johannesevangeliums. Für die glaubende Gemeinde ist das wiedergefundene Bethesda eine neue Bezeugung dessen, dass der lebendige Gott sich in der Geschichte geoffenbart hat« (J. Jeremias, *Die Wiederentdeckung von Bethesda*, Göttingen 1949, S. 12 und 26, zitiert in de Boor, S. 155).

Den Namen »Bethesda« kann man auffassen als aramäisch *bēt chasdā'* = »Haus der Barmherzigkeit«.[79] Diesem Namen aber schien alles zu spotten, was von diesem Teich gesagt wird: Er war umlagert von einer **»Menge Kranker«**, die vergeblich auf Heilung warteten.

An den Kranken wird sichtbar, wie die Sünde den Menschen entstellt hat. Wäre keine Sünde in der Welt, gäbe es keine Krankheit, keinen Schmerz, keinen Tod. In Jes 1,2-6 vergleicht der Prophet das abtrünnige

79 Verschiedene Erklärungen für die Bedeutung des Namens sind möglich. Eine Zusammenstellung derselben mit den dazugehörigen sprachlichen Erläuterungen bietet Edersheim *(Life and Times)*. Aber die einleuchtendste hat die biblische Archäologie geliefert: Die Kupferrolle von Qumran, Höhle 3 (1952 entdeckt), erwähnt *»einen Doppelteich Beth Eschdatain ... Das ist, wie J. Jeremias vermerkt, ein Dual des Namens Bethesda, welches uns darüber informiert, dass Bethesda aus zwei Teichen bestand ... vom Hebräischen aschdah, ›Teich‹, ›Überfließen‹«* (Pfeiffer, *The Biblical World*).

und in Sünden gefangene Volk Israel mit einem Kranken, an dem vom Scheitel bis zur Sohle nichts Gesundes mehr ist, und wenn Jesaja in 64,5 sagt, er und sein Volk seien *dem Unreinen* gleich geworden, dann denkt er an den Aussätzigen, der gemäß 3Mo 13,45 vor sich herrufen musste: *»Unrein, unrein!«* So wollen denn die hier genannten Krankheiten an die mannigfaltigen Entstellungen erinnern, welche die Sünde am Menschen bewirkt hat.

»Blinde«: Es ist schlimm genug, die uns umgebende Welt nicht sehen zu können; aber noch schlimmer ist, dass die Sünde den Menschen blind gemacht hat für Gott und für die Ewigkeit (2Kor 4,4).

»Lahme«: Die Sünde hat den Menschen lahm gemacht: Er ist vom guten Weg abgewichen (Röm 3,12) und hat durch die Sünde jede Fähigkeit verloren, den Weg des Gehorsams und des Lebens zu gehen (Röm 3,17).

»Dürre«: ξηρος, *xēros*, das gleiche Wort wie beim Mann mit der verdorrten Hand in der Synagoge (Mt 12,10; Lk 6,6). Die Sünde hat die Hände des Menschen für jede gute Handlung ganz unfähig gemacht, sodass er gar nichts Gutes tun kann (Röm 3,12), aber auch nichts, was Gott ihm gibt, empfangen und festhalten kann.

Diese Kranken waren alles Juden, und die hielten das Gesetz in Ehren. Dieses war heilig und gerecht und gut (Röm 7,12), und es konnte Leben geben jedem, der es tat: *»Der Mensch, der diese Dinge tut, wird durch sie leben«* (Röm 10,5; vgl. 3Mo 18,5). Aber so groß die Verheißung war, so lähmend war sie zugleich; denn wer vermochte *»diese Dinge«* zu tun? Es war so unmöglich, wie dass der Gelähmte es je geschafft hätte, rechtzeitig zum heilenden Wasser herabzusteigen.

»stieg ein Engel … herab«: Als Gott seinem Volk das Gesetz gab, war er auf den Sinai herabgestiegen (2Mo 19,20), und dort hatten die Kinder Israel das Gesetz *»durch Anordnung von Engeln empfangen«* (Apg 7,53; vgl. Gal 3,19). Das Gesetz war von Gott nicht gegeben worden, um die von der Sünde Geschlagenen lebendig zu machen und damit zu heilen (Gal 3,21), sondern um Erkenntnis der Sünde zu wecken (Röm 3,20), um auf diese Weise den Sünder zu Christus zu führen (Gal 3,24).

»Wer … zuerst hineinstieg, wurde gesund«: Das erinnert an die Forderung des Gesetzes: Man musste sich aufmachen und auf dem Weg des Gesetzes bleiben, ohne nach rechts oder nach links abzuweichen, dann würde man leben (3Mo 18,5). Aber wie sollte ein Blinder den Weg dahin finden und ein Lahmer oder ein Verdorrter aufstehen und die Stufen zum Teich hinabsteigen, um gesund werden? Er hatte ja keine Kraft dazu. Genauso lag Israel darnieder wie die Kranken im Lazarett der fünf Säulenhallen und erwartete Hilfe vom Gesetz. Aber das Gesetz konnte niemandem helfen, denn *»es war durch das Fleisch kraftlos«* (Röm 8,3). Was aber bei den Menschen unmöglich ist, das ist möglich bei Gott (Lk 18,27). Er sandte seinen Sohn, und sein Sohn kam, um Sünder zu suchen und zu retten (Lk 19,10; 1Tim 1,15). Als er dieses *Zeichen* tat und einen dieser vielen Kranken heilte, demonstrierte er, was Paulus im Römerbrief so ausgedrückt: *»Das dem Gesetz Unmögliche ... tat Gott«* (Röm 8,3).

5 Es war aber ein gewisser Mensch dort, der achtunddreißig Jahre mit seiner Krankheit behaftet war.

»achtunddreißig Jahre«: Genauso lange mussten die Kinder Israels in der Wüste wandern (5Mo 2,14), weil sie Gott nicht geglaubt hatten (5Mo 1,32; Hebr 3,19). Obwohl die Juden sich als Nachkommen Abrahams bezeichneten (8,33), hatten sie den Glauben Abrahams nicht. Darum glichen sie alle diesen Blinden und Lahmen; sie waren schon seit Generationen ein hilflos darniederliegendes Volk.

»Dieser war die passende Person, an der er seine Macht und seine Gnade bezeugen konnte. Denn was in diesem Bericht am stärksten hervortritt, ist die Tatsache, dass der Herr ganz von sich aus hilft. Es ist nichtig, davon zu reden, der Mann habe Glauben gehabt und sei empfänglich gewesen. Es gehört eben zur Essenz des ganzen Geschehens, dass gar nichts davon da war ... Mit der Frage ›Willst du gesund werden?‹ wollte der Herr nichts anderes als die vollständige Hilflosigkeit des Mannes aufdecken, und dann sprach er das Wort der Macht, und der Mann wurde vollständig gesund« (Edersheim).

6 Als Jesus diesen daliegen sah und wusste, dass es schon lange Zeit so mit ihm war, spricht er zu ihm: Willst du gesund werden?

Nicht der Kranke sah den Herrn, sondern der Herr war es, der **»diesen daliegen sah«**. Nicht der Kranke fragte nach dem Herrn und seiner

Hilfe, sondern der Herr **»spricht … zu ihm«**. Gnade bedeutet, dass alles Gute von Gott ausgeht. Der Kranke hat nicht auf den Herrn gewartet; der Kranke hat den Herrn nicht gesucht.

»Willst du gesund werden?«: Gnade bedeutet ferner, dass wie hier dem Kranken Gesundheit, so dem Unwürdigen Gutes, dem Ungerechten Gerechtigkeit, dem Toten Leben, dem Verdammten Herrlichkeit gegeben wird. All dieses Gute soll der *Sünder* empfangen, jemand, der alles andere, nur nicht Gutes verdient hat. Alle sind verdorben, alle sind unter der Sünde (Röm 3,9), alle haben gesündigt (Röm 3,23), und darum haben alle Tod und Unheil, Zorn und Verdammnis verdient. Gott aber will sie retten (1Tim 2,4).

Nun sieht der Herr in der Menge aller Kranken *einen* Kranken; er heilt aus der Menge aller Kranken *einen*. Er wendet sich nicht allen zu, er heilt nicht alle. Sind wir versucht, deswegen zu murren? Schuldete der Herr damals allen die Heilung? Schuldete er sie dem Gelähmten? Ja, schuldet er irgendjemand überhaupt etwas? Kann auch nur eines der Menschenkinder sagen, es sei würdig, und darum müsse Gott sich ihm zuwenden und ihm Gutes tun?

In seiner souveränen Gnade erwählt Jesus aus allen, die gleich hilflos sind, *einen*; und diesem wendet er sich zu, spricht zu ihm und heilt ihn durch sein Wort der Allmacht. So verhält es sich auch bei der Errettung einer Menschenseele. Am Anfang der Errettung steht Gottes Gnadenwahl; er erwählt zum Heil, wen er will, und den rettet er.

7 Der Kranke antwortete ihm: Herr, ich habe keinen Menschen, dass er mich, wenn das Wasser bewegt worden ist, in den Teich wirft; während *ich* aber komme, steigt ein anderer vor mir hinab.

»Der Kranke antwortete ihm: Herr, ich habe keinen Menschen«: Die Antwort lautet wider Erwarten nicht: »Um alles in der Welt, ja!« Wie reagiert der Sünder auf Gottes Ruf im Evangelium? Ihm wird Vergebung und ewiges Leben entgegengestreckt, und er sagt dazu: »Wer hilft mir aus meinen Nöten? Niemand kümmert sich um mich.« Wir hatten in V. 6 gesehen, dass der Kranke den Herrn nicht gesucht hatte. Seine Antwort auf die Frage des Herrn zeigt auch, dass er kein Verständnis hatte, wie Paulus sagt: *»Da ist keiner, der verständig ist«* (Röm 3,11). Aus seiner

Antwort können wir ablesen, dass er zwar gerne gesund werden möchte, dass er aber keine Hoffnung auf Heilung hat, denn er erwartet seine Heilung vom Teich, in den er aber nie rechtzeitig gelangen kann, und er hofft auf Hilfe von Menschen, aber er hat keinen Menschen, der ihm hilft.

8 Jesus spricht zu ihm: Steh auf, nimm dein Bett und geh umher!

»Jesus spricht zu ihm«: Wir hätten erwartet, dass der Herr sich von einem Menschen, der auf sein Angebot nicht eingeht und keinerlei Verständnis besitzt, abgewandt hätte. Aber nein; er spricht weiter zu ihm; und zwar spricht er ein Befehlswort: **»Steh auf, nimm dein Bett und geh umher!«**

Hier heilt Jesus einen Menschen, ohne dass wir in ihm irgendeine Äußerung von Glauben gesehen haben. Der Mann suchte nicht, betete nicht, antwortete nicht einmal gehörig. Er war tot in seinen Sünden (Eph 2,1); und der Sohn Gottes tritt vor ihn und ruft mit seiner Stimme das Nichtseiende, als ob es da wäre (Röm 4,17): Der Mann, in dem kein Leben war, empfängt Leben und kommt aus seinem Grab hervor. So erklärt der Herr selbst, was das Zeichen der Heilung des Gelähmten wirklich bedeutet: *»Wahrlich, wahrlich, ich sage euch: Es kommt die Stunde und ist jetzt, da die Toten die Stimme des Sohnes Gottes hören werden, und die sie gehört haben, werden leben«* (V. 25).

Bei Jesaja lesen wir über den HERRN: *»Ich bin gefunden worden von denen, die mich nicht suchten«* (Jes 65,1). Paulus zitiert diese Stelle in Röm 10,20, und etwas später fragt er entsprechend: *»Wer hat ihm zuvor gegeben, und es wird ihm vergolten werden? Denn von ihm und durch ihn ... sind alle Dinge«* (Röm 11,35.36).

9 Und sogleich wurde der Mensch gesund und nahm sein Bett auf und ging umher. Es war aber an jenem Tag Sabbat.

»Und sogleich wurde der Mensch gesund«: Gott, der Schöpfer, befahl, und was er befahl, geschah: Der Kranke stand auf **»und nahm sein Bett auf und ging umher«**. Dem Befehlswort des Schöpfers kann sich kein Geschöpf widersetzen.

Vergessen wir nicht: Die Heilung ist ein Zeichen, ein Zeichen von der Errettung zum ewigen Leben. So lernen wir an dieser Heilung, dass es sich in der Errettung verhält wie in der Schöpfung: Gott spricht, und es wird, er gebietet, und es steht da (Ps 33,9). Der Tag, an dem der Mann geheilt wurde, **»war«** ein **»Sabbat«**. Der Sabbat will an die Schöpfung erinnern (1Mo 2,1-3). Nachdem Gott das ganze Sechstagewerk vollendet hatte, ruhte er von seinen Werken, denn sie waren vollendet. Darum sollte der Mensch den Sabbattag halten und bedenken, dass Gott alles erschaffen hat und er nichts als Empfänger und Nutznießer ist von allem Guten, das Gott ins Dasein gerufen hat und ihm gibt (2Mo 20,8-11). In der Erlösung hat Gott ebenfalls das ganze Werk getan; der Sohn Gottes hat alles vollbracht, was ihm vom Vater aufgetragen war (17,4; 19,30). Der, den er rettet, empfängt daher eine vollständige und ewige Errettung, und der Errettete selbst hat nichts zur Errettung beigetragen. Er kommt in einem vollendeten Werk zur Ruhe (siehe dazu Hebr 4,3.4); er wird in ein gemachtes Bett gelegt. Der Herr tat das Zeichen an einem Mann, der gelähmt, also ganz kraftlos war (siehe Röm 5,6). Er lag nur da und konnte nichts tun zu seiner Besserung; da kam sein Schöpfer und Erlöser und richtete ihn auf – an einem Sabbat, eben an jenem Tag, der Israel genau das lehren wollte. Es ist in Sünden gefangen und ganz kraftlos; es kann Befreiung und Leben nur empfangen durch Gottes Handeln an ihm.

Zum ersten Mal wird in diesem Evangelium der Sabbat erwähnt. Wie die drei anderen Evangelien zeigt auch Johannes, wie sich besonders am Sabbatgebot der Hass der Juden auf den Herrn entzündete. Der Herr wählte einen Sabbat, um dieses Werk am Gelähmten zu tun, denn das gehörte zur Bedeutung des Zeichens: Es demonstrierte, dass das Heilswerk noch nicht abgeschlossen war, dass er noch immer zusammen mit dem Vater arbeiten musste, wie er kurz danach den Juden erklärt (V. 17). Und er war es, der arbeitete; der Mensch tat nichts, er war nur Empfänger. Weil der Sabbat das zeigen wollte, nennt Gott auch den Sabbat selbst ein Zeichen (2Mo 31,13; Hes 20,12).

2. Widerspruch der Juden (5,10-18)

Wie die Juden widersprechen, widerspricht jedes Kind Adams. Wir wollen nicht, dass jemand an uns wirkt, was wir nicht selber wirken können. Die Juden wollten nicht am Sabbat darüber nachdenken, dass ihnen alles von Gott zukam; sie wollten den Sabbat halten als eine religiöse Leistung, mit der sie sich Gottes Wohlgefallen zu sichern meinten. Darum konnten sie es nicht leiden, als ihr Gott und Schöpfer zu ihnen kam und für sie wirkte. Der natürliche Mensch will keine Gnade; er will nicht, dass ein Helfer sich zu ihm herablässt, denn er müsste ja dann zugeben, dass er ohne Kraft und ganz tief gesunken ist.

> **10 Die Juden nun sagten zu dem Geheilten: Es ist Sabbat, und es ist dir nicht erlaubt, dein Bett zu tragen.**
> **11 Er aber antwortete ihnen: Der mich gesund machte, der sagte zu mir: Nimm dein Bett auf und geh umher.**

Die Juden, die sagten, am Sabbat sei es »**nicht erlaubt, dein Bett zu tragen**«, beriefen sich zwar auf Stellen wie 4Mo 15,32; Jer 17,21 und Neh 13,15.19, aber sie folgten dabei nicht Gottes Gebot, sondern Menschengeboten (siehe Mt 15,7-9). Denn in den erwähnten Stellen verbietet die Bibel, am Sabbat Brennholz zu sammeln und die Früchte der Feldarbeit und Handelswaren zu transportieren. Der Geheilte trug aber keine Handelswaren, sondern das Bett, auf dem er als Kranker 38 Jahre lang gelegen hatte; und er trug es nicht, weil er irgendwelche Geschäfte erledigen musste, sondern einzig als Zeugnis dafür, dass er wirklich gesund geworden war. Er arbeitete nicht für seinen Lebensunterhalt, sondern genoss die Früchte von Gottes gnädigem Handeln – und genau dazu war der Sabbat gegeben worden. In 5Mo 5,12-15 gibt Mose eine andere Begründung für das Sabbatgebot als in 2Mo 20. Weil Gott sein Volk *»mit starker Hand und mit ausgestrecktem Arm«* aus Ägypten *»herausgeführt hat«*, sollte es den Sabbat halten. Es sollte daran denken, dass Gott in seiner Kraft gehandelt und sie befreit hatte; sie hatten nicht dafür gekämpft; sie hatten gar nichts geleistet.

Eine bessere Antwort hätte der Mann nicht geben können: Sein Wohltäter hatte ihm befohlen, das Bett zu nehmen und zu gehen. Sollte er dem nicht mehr gehorchen als den Vorschriften, die Menschen gemacht hatten?

> **12 Sie fragten ihn: Wer ist der Mensch, der zu dir sagte:**
> **Nimm dein Bett auf und geh umher?**
> **13 Der Geheilte aber wusste nicht, wer es war; denn Jesus hatte sich zurückgezogen, weil eine Volksmenge an dem Ort war.**

»Wer ist der Mensch, der zu dir sagte …?«: Da geht ein von einer unheilbaren Krankheit Geheilter, den die Krankheit 38 Jahre lang an sein elendes Bett gebunden hatte, durch die Gassen Jerusalems. Man hätte erwartet, dass die Juden wissen wollten, wer ihn habe heilen können. Aber danach fragen sie nicht, sondern sie wollen nur wissen, wer die Kühnheit gehabt hatte, jemandem einen solchen Befehl zu geben: **»Nimm dein Bett auf und geh umher«**! So sehr hatte das Judentum mit seinen unzähligen Menschengeboten das Wort Gottes zugeschüttet, dass man den Gott, der in ihm sprach, nicht mehr hörte.

Der Geheilte hatte keine Gelegenheit gehabt, seinen Wohltäter zu fragen, darum **»wusste [er] nicht, wer es war«**, denn **»Jesus hatte sich zurückgezogen«** (siehe 4,3 und 6,15). Der Geheilte hätte selber am liebsten gewusst, wer es war, der ihn geheilt hatte. Der Herr würde sich ihm bald zu erkennen geben (V. 14).

Der Herr war weggegangen, **»weil eine Volksmenge an dem Ort war«**. Dass so viele Menschen sich beim Teich Bethesda aufhalten konnten, bestätigt die von der Archäologie erhellte Tatsache, dass der Ort sehr geräumig war. Warum entzog sich der Herr? Wollte er, wie wir aus den Synoptikern erfahren, möglichst wenig Aufsehen erregen, damit die Leute ihn nicht aus falschen Beweggründen suchten? Eine vielleicht bessere Erklärung lautet:

»Es ist gewiss, dass Christus nicht wollte, dass der Glanz einer so herrlichen Tat verblasse; doch wollte er, dass die Kunde davon sich verbreitete, bevor er sich als dessen Urheber zu erkennen gab. Er zog sich für kurze Zeit zurück, damit die Juden sich von der Tat selbst ihr Urteil bilden konnten ohne Ansehen seiner Person« (Calvin).

14 Danach findet Jesus ihn im Tempel, und er sprach zu ihm: Siehe, du bist gesund geworden; sündige nicht mehr, damit dir nichts Schlimmeres widerfahre!

War der Geheilte in den Tempel gegangen, um Gott zu danken? Auf alle Fälle **»findet Jesus ihn im Tempel, und er sprach zu ihm«**: Anders als der königliche Beamte, bei dem der Herr durch seine Worte Glauben weckte, ehe sein Sohn geheilt wurde, erfährt der Gelähmte am Teich Bethesda Heilung, bevor Glaube da war. Bedenken wir: Der Geheilte wusste nicht einmal, wer der Mann war, der ihn geheilt hatte. Aber nachdem der Herr ihn aus der Menge der Kranken ausgesucht und in sein Leben eingegriffen hatte, begann er ihn zu lehren. In einer gewissen Weise ergeht es uns allen so, dass wir erst rückblickend erkennen, dass der Herr unsere Lebensumstände gelenkt, uns Gutes getan, uns gezogen und an uns gewirkt hatte, als wir ihn noch gar nicht kannten.

Der Befehl **»sündige nicht mehr«** deutet an, dass die Heilung des Gelähmten nur ein Zeichen war, ein Hinweis auf das eigentliche Werk des Herrn: Er erlöst von der Schuld und befreit von der Macht der Sünde und befähigt uns damit, fortan der Sünde nicht mehr zu dienen (siehe Röm 6,14).

»damit dir nichts Schlimmeres widerfahre!«: Das bedeutet, dass die Sünde »Schlimmeres« hervorruft als ein ganzes Leben der Invalidität und dass es deshalb wichtiger ist, von der Sünde loszukommen, als geheilt zu werden.

15 Der Mensch ging hin und verkündete den Juden, dass es Jesus sei, der ihn gesund gemacht habe.

Die Juden hatten wissen wollen, wer den Befehl gegeben hatte, das Bett zu nehmen und zu gehen, und der Geheilte sagte ihnen, **»dass es Jesus sei, der ihn gesund gemacht habe«**. Es ist nicht anzunehmen, dass er das aus Feindseligkeit tat, sondern eher aus Einfalt. Er war dankbar, er freute sich, und er wird gedacht haben, es müsse auch die Juden interessieren, wer dieser Wohltäter sei.

16 Und darum verfolgten die Juden Jesus und suchten ihn zu töten, weil er dies am Sabbat tat.

Man stelle sich das Geschehen noch einmal vor Augen: Hier kommt ein ehemals Gelähmter, wird von seiner Krankheit geheilt und sagt den Juden, wer ihn geheilt hat – und dieses Wunder interessiert sie nicht. Sie sind nur auf den Skandal fixiert, dass er am Sabbat geheilt hat. Hätten die Juden nur einen Funken von wahrer Sehnsucht nach dem Messias gehabt, hätten sie mehr von diesem Mann wissen wollen. Da war jemand in Jerusalem, der gerade solche Dinge tat, die man gemäß den Weissagungen der Propheten vom Messias erwartete (Jes 35,5.6). Es bewahrheitet sich, was der Herr im Gespräch mit Nikodemus über den Menschen gesagt hatte: Er hasst das Licht aus einem einzigen Grund: weil es Licht ist (3,19.20): **»Darum verfolgten die Juden Jesus und suchten ihn zu töten …«** Mit diesem Kapitel und an dieser Stelle beginnt Johannes die Auseinandersetzung des Herrn mit den Juden nachzuzeichnen. Und schon von Anfang an macht er deutlich, dass man ihn verwerfen wird, wie er bereits in der Einleitung gesagt hatte (1,11).

Der unmittelbare Anlass, mit dem sie sich und ihre Nachstellungen rechtfertigten, war der, dass **»er dies am Sabbat tat«**. Aber das war nur ein Vorwand. Denn mit der Heilung hatte er erfüllt, was über ihn geweissagt war. War diese Handlung aber geweissagt, dann war sie auch von Gott verordnet. Die Juden hatten auch von anderen Heilungen gehört oder sie sogar mit eigenen Augen gesehen, und sie hatten nur zu gut verstanden, was das über Jesus von Nazareth aussagte: Gott muss ihn gesandt und beauftragt haben (3,2; vgl. 2Mo 4,1-5). Aber sie wollten nicht an ihn glauben und zu ihm kommen (V. 40). Darum brauchten sie einen Vorwand; der war aber nichtig: Denn Jesus hatte nach Gottes Weisung am Sabbat geheilt und dabei nicht etwa gegen Gottes Gebote verstoßen, sondern gegen die Gebote, welche die Rabbiner erfunden hatten. Mit ihrer Entscheidung hatten die Juden die Weiche gestellt; bei der Heilung des Blindgeborenen werden sie darum nicht anders können, als den gleichen Vorwand zu bemühen, um sich dem Licht zu verschließen: Wäre Jesus von Gott gesandt, hätte er nicht am Sabbat geheilt (9,16).

17 Jesus aber antwortete ihnen: Mein Vater wirkt bis jetzt, und *ich* wirke.

»Mein Vater wirkt bis jetzt, und *ich* wirke«: Mit dieser Antwort sagte der Herr erstens, dass das Werk, das er am Gelähmten getan hatte, ein Werk Gottes, seines Vaters, war. Kann ein Werk Gottes falsch sein? Darf man ein Werk Gottes infrage stellen? Zudem sagte Jesus mit diesen Worten, dass Gott seinen Sabbat noch nicht feierte, dass er noch nicht ruhte von seinen Werken, wie er es nach vollendeter Schöpfung getan hatte (1Mo 2,1-3). Er konnte nicht ruhen, denn die Sünde Adams hatte der Ruhe ein Ende gemacht. So war Gott seit dem Tag des Sündenfalls beständig am Wirken. Das demonstrierte Jesus am Gelähmten vom Teich Bethesda, als er ihn gerade an einem Sabbat heilte. Er selbst arbeitete; warum sollte dann der Geheilte nicht sein Bett tragen am Sabbat?

Der Vater und der Sohn sind bis heute noch immer am Wirken. Zwar vollendete und vollbrachte der Sohn, als er am Kreuz starb, das ihm vom Vater aufgetragene Werk (17,4; 19,28-30). Aber Gott ist trotzdem noch nicht zur Ruhe gekommen, denn es sind noch viele Menschen nicht zur Ruhe gekommen, wie der Hebräerbrief sagt: *»Also bleibt eine Sabbatruhe dem Volk Gottes übrig«* (Hebr 4,9). Zum Erlösungswerk am Kreuz gibt es nichts mehr hinzuzufügen; es ist vollendet; der Grund ist gelegt. Gott der Vater wirkt aber noch an einzelnen Menschen, indem er fortwährend Seelen zum Sohn zieht (6,44); und Gott der Heilige Geist wirkt an Sündern, um sie von Sünde, Gerechtigkeit und Gericht zu überführen (16,8-11) und in ihnen Glauben an den Sohn Gottes zu wecken. Und der Sohn Gottes wirkt, indem er für alle, die der Vater ihm gegeben und die der Heilige Geist überführt hat, ohne Unterlass betet, damit ihr Glaube nicht aufhört und sie durch die Welt hindurchgerettet und zur Herrlichkeit geführt werden (17,24; Lk 22,32; Hebr 7,25).

18 Darum nun suchten die Juden noch mehr, ihn zu töten, weil er nicht nur den Sabbat brach, sondern auch Gott seinen eigenen Vater nannte, sich selbst Gott gleichmachend.

In V. 16 lesen wir, dass die Juden Jesus töten wollten für das, was er *tat*; nun lesen wir, dass sie ihn töten wollen für das, was er *ist*.

Die Juden verfolgten Jesus, **»weil er … den Sabbat brach«**. Für »brach« steht hier λυω, *lyō*, wörtlich »lösen« (Mt 21,2; Mk 1,7), also: »auflösen«, »aufheben«, wie in 10,35; Mt 5,19. Dass Jesus das Sabbatgebot für aufgehoben erklärte, war für die Juden unerträglich; aber noch unerträglicher war ihnen das Zweite: Er nannte **»Gott seinen eigenen Vater«**, denn was der Herr damit aussagte, verstanden die Juden sehr gut: Wenn sich jemand Sohn Gottes nennt, sagt er damit, dass er Gott sei. Denn es ist offenkundig so, dass ein Kind ganz die Natur dessen hat, der es gezeugt hat. Ein Kind, das von Menschen gezeugt worden ist, ist nicht ein Halbmensch, sondern ganz Mensch. So ist der Sohn Gottes nicht ein Halbgott, ein Quasigott, ein Gottähnlicher; nein, er ist wahrer Gott vom wahren Gott. Das sei Gotteslästerung, und darum müsse er getötet werden, wie die Juden beim Prozess gegen Jesus dem Pilatus eröffnen (19,7). Als der Herr Jerusalem einige Monate später beim Laubhüttenfest wieder besuchte, wollten sie ihn steinigen, weil er bezeugt hatte, dass er der Ewige ist: *»Ehe Abraham wurde, bin ich«* (8,58). Auch beim nächsten Versuch, ihn zu töten, war der Grund der gleiche; er hatte bezeugt: *»Ich und der Vater sind eins«* (10,30.31).

3. Der Herr deutet den Juden die Bedeutung des Zeichens (5,19-30)

Dies ist die dritte Rede Jesu in diesem Evangelium. In Kap. 3 sprach er mit einem suchenden und willigen Menschen; in Kap. 4 sprach er mit einer Frau, die ihn nicht gesucht hatte, die aber willig war, von ihm zu lernen. Hier aber spricht er zu Menschen, die ihm feind sind. Wie spricht er zu solchen? Zu Nikodemus und zur Samariterin sprach er von ihren Nöten, von ihren Mängeln und von der Gabe Gottes: Er lehrte sie über den Heiligen Geist, durch den sie geboren und durch den sie getränkt werden mussten. Zu den Juden, die ihn töten wollen, spricht er von seinem Wesen: Er ist eins mit dem Vater; und von seinen Werken: Er tut nur, was er den Vater tun sieht, und das bedeutet, dass seine Werke Gottes Werke sind. Reden sie gegen ihn, reden sie gegen Gott. Und er hat die Macht, Leben zu geben und Leben zu nehmen; sie sollen also zusehen, wie sie ihm begegnen: Hören sie auf ihn und glauben sie an ihn, gibt er ihnen das Leben (V. 24.25). Hören sie nicht auf ihn, wird der Tag kommen, an dem sie ihn hören müssen: Dann wird er sie rufen, sie vor sich stellen und sie dem zweiten Tod übergeben (V. 28.29; siehe Offb 20,11-14).

Der Herr antwortet zunächst auf den Vorwurf der Juden, er habe entgegen Gottes Gebot am Sabbat geheilt. Als er den Kranken gesund machte, tat er nichts Eigenes, sondern nur, was er den Vater tun sah (V. 19), er handelte also nach Gottes Willen (V. 30). Zudem hat der Vater ihm gegeben, noch größere Werke zu tun (V. 20), nämlich gewissen Menschen das ewige Leben zu geben (V. 21), andere dem ewigen Tod zu überantworten (V. 22). Auf diese Weise sorgt der Vater dafür, dass alle den Sohn ehren müssen (V. 23), die Geretteten wie die Gerichteten. Jetzt aber war er gekommen, um zu retten – nicht, um zu richten: Wer sein Wort hört und glaubt, wird in kein Gericht kommen (V. 24). Die Stunde war jetzt da, in der seine Stimme die Toten erweckte, so wie sie gerade den Gelähmten aufgerichtet hatte. Sein Wort hat die Macht, den Toten das ewige Leben zu geben, weil dem Sohn gegeben ist, das Leben in sich zu haben (V. 25.26). Aber diese Stunde wird verstreichen, und später wird eine andere auf sie folgen (V. 28): Dann wird er alle inzwischen Verstorbenen durch die Macht seiner Stimme aus den Gräbern rufen, und sie werden auferstehen, diese zu ewigem Leben, jene zu ewigem Gericht (V. 29). Dabei tut der Sohn nie etwas Eigenmächtiges, sondern immer nur, was Gott ihm aufgetragen hat (V. 30). Der Abschnitt wird eingerahmt durch die Aussagen *»Der Sohn kann nichts von sich selbst aus tun«* (V. 19) und *»Ich kann nichts von mir selbst aus tun«* (V. 30).

Mit unmissverständlichen Worten offenbart Jesus in dieser Rede den Juden, wer er ist. Er ist Gott, dem Vater gleich, denn er tut die Werke, die nur der Vater tun kann, und er hat jenes Leben, das nur der Vater in sich hat. Er gibt den Menschen das Leben, er ruft mit seiner Stimme und die Toten stehen auf, er wird über alle Menschen zu Gericht sitzen. Damit waren die Juden vor die Entscheidung gestellt, sich Jesus entweder als ihrem Herrn und Gott bedingungslos zu unterwerfen oder sich ihm zu widersetzen und als Gotteslästerer zum Tod zu verurteilen und zu töten.

19 Da antwortete Jesus und sprach zu ihnen: Wahrlich, wahrlich, ich sage euch: Der Sohn kann nichts von sich selbst aus tun, außer was er den Vater tun sieht; denn was irgend *er* tut, das tut auch in gleicher Weise der Sohn.

Der Sohn ist vollständig eins mit dem Vater (siehe 10,30) – so sehr, dass er in all seinen Werken mit ihm eins ist. Dass der Sohn **»nichts von sich selbst aus tun«** kann, bedeutet nicht etwa, dass er weniger sei als Gott, sondern ganz im Gegenteil. Er ist ganz Gott; denn alles, **»was irgend er [der Vater] tut, das tut auch in gleicher Weise der Sohn«**. Wenn jemand sagt, er tue alles, was Gott tut, dann hat er nichts anderes bezeugt, als dass er selbst Gott ist. Kein Geschöpf könnte das von sich behaupten.

Dass der Sohn nichts von sich selbst aus tun kann, liegt nicht daran, dass er nicht das Vermögen dazu hätte, sondern es ist im Wesen Gottes begründet. Man kann das vergleichen mit der Aussage des Apostels Paulus: *»Gott kann nicht lügen«* (Tit 1,2). Auch das ist unmöglich, weil Gottes Wesen es nicht zulässt.[80] Gott kann nicht anders sein als Gott; er kann nicht aufhören, Gott zu sein; darum kann er nicht lügen. Der Vater tut nichts ohne den Sohn; der Sohn tut nichts ohne den Vater; denn so ist er, der dreieinige Gott, der nie anders sein und nie anders handeln kann als der Dreieinige, und das bedeutet, dass Vater, Sohn und Heiliger Geist nie ohneeinander etwas tun. Darum kann der Sohn nie unabhängig vom Vater sein und unabhängig vom Vater handeln.

Wenn es so ist, dass der Sohn nichts anderes tat, als was er den Vater tun sah, dann verurteilten die Juden das Handeln *Gottes*, als sie das Handeln Jesu verurteilten. Und wenn sie Jesus hassten, richtete sich ihr Hass gegen Gott, gegen den Gott Israels, gegen den Gott Abrahams und Moses und der Propheten. Das aber bedeutet, dass die Menschen Jesus hassen, weil sie Gott hassen. Kurz bevor der Herr die Jünger verließ, sagte er ihnen: *»Wenn ich nicht die Werke unter ihnen getan hätte, die kein anderer getan hat, so hätten sie keine Sünde; jetzt aber haben sie gesehen und doch gehasst sowohl mich als auch meinen Vater. – Aber damit das Wort erfüllt würde, das in ihrem Gesetz geschrieben steht: ›Sie haben mich ohne Ursache gehasst‹«* (15,24.25).

80 Man sagt in solchen Fällen, etwas sei *ontologisch* unmöglich, d.h. im Sein oder Wesen (gr. *to on*) Gottes begründet, dass es nicht sein könne.

20 Denn der Vater hat den Sohn lieb und zeigt ihm alles, was er selbst tut; und er wird ihm größere Werke als diese zeigen, damit *ihr* euch verwundert.

»Denn der Vater hat den Sohn lieb«: Das lesen wir wiederholt in den Evangelien, besonders oft im Johannesevangelium (3,35; 10,17; 15,9.10; 17,23.24.26; Mt 3,17; 17,5). Gott ist Liebe (1Jo 4,16), und Liebe ist eine Beziehung zwischen Personen. Da Gott ewig unwandelbar ist, muss er ewig geliebt haben: Vor aller Schöpfung war jemand da, den er liebte, nämlich sein Sohn: *»Du hast mich geliebt vor Grundlegung der Welt«* (17,24). Ist Gott Liebe und ist er unwandelbar, muss er, der eine Gott, immer eine Mehrzahl gewesen sein: Er ist Vater, er ist Sohn, er ist Heiliger Geist.

»größere Werke«: In den Versen 21 und 22 nennt der Herr zwei dieser größeren Werke: Er macht Tote lebendig, und er richtet. Als er den Gelähmten heilte, indem er ihm mit seiner Stimme befahl aufzustehen, tat er ein Zeichen, und dieses wies wie alle Zeichen über sich hinaus auf etwas Größeres, etwas Ewiges: Der Sohn Gottes hat die Macht, Menschen, die in ihren Sünden vollständig kraftlos, ja, tot sind, durch seinen Befehl zum ewigen Leben zu erwecken. Und er hat die Macht, die Menschen, die an ihren Sünden festhalten, der ewigen Verdammnis zu übergeben: *»Geht von mir, Verfluchte, in das ewige Feuer, das dem Teufel und seinen Engeln bereitet ist«* (Mt 25,41). Wie dem ersten, so wird sich auch diesem zweiten Befehlswort keiner widersetzen können, auch wenn die Verfluchten dann um alles in der Welt nicht in das ewige Feuer fahren wollen: *»Und diese werden hingehen in die ewige Pein, die Gerechten aber in das ewige Leben«* (Mt 25,46).

- Größer als jede Heilung ist die Errettung der Seele zum ewigen Leben.
- Schlimmer als jede Krankheit ist das Gericht zur ewigen Verdammnis.

»damit ihr euch verwundert«: Wenige Jahre später würde der Herr aufgrund seines vollbrachten Erlösungswerks solche Werke tun, dass die im Unglauben verharrenden Juden sich verwundern mussten: Durch das Evangelium wurden Heiden errettet und zum Volk Gottes hinzugetan.

Dass die Juden sich darüber verwundern würden, hatte der Prophet Habakuk vorausgesagt, und Paulus zitiert ihn in der Synagoge im pisidischen Antiochien: *»Seht, ihr Verächter, und* ***verwundert euch*** *und verschwindet; denn ich wirke ein Werk in euren Tagen, ein Werk, das ihr nicht glauben werdet, wenn es euch jemand erzählt«* (Apg 13,41).

21 Denn wie der Vater die Toten auferweckt und lebendig macht, so macht auch der Sohn lebendig, welche er will.

In den Versen 19-21 sagte der Herr den Juden, er wirkte, was er den Vater wirken sah, und da sein Vater noch wirkte, musste er auch wirken (siehe auch V. 17). Damit antwortete er auf ihre Kritik, man dürfe am Sabbat nichts tun. Sodann sagte er, dass er mit der Heilung des Kranken nur hinwies auf *»größere Werke«* (V. 20), die er tun würde. Diese größeren Werke waren das Eigentliche, auf das alle Zeichen hinweisen wollten. Er der Sohn, **»macht lebendig«**: Hier steht lediglich, dass der Sohn lebendig macht – nicht, dass er **»die Toten auferweckt«**, was nur vom Vater gesagt wird. In V. 28.29 wird dann ausdrücklich gesagt, dass auch der Sohn die Toten auferweckt. Die Unterscheidung zwischen »auferwecken« und »lebendig machen« müssen wir beachten: Er erweckt alle auf, auch die Ungläubigen, denn die müssen zum Gericht vor ihm erscheinen (Offb 20,11-13). Er macht aber nicht alle lebendig, sondern nur die, die an ihn glauben (siehe V. 24 und 11,25.26). Zudem sagt er, dass er, der Sohn, lebendig macht, **»welche er will«**. Das hatte er in der Heilung ebendadurch demonstriert, dass er unter den vielen Kranken nur diesen einen auswählte. Der Wille zu heilen war beim Sohn Gottes, nicht beim Gelähmten. Nach seinem und damit nach des Vaters Willen erweckt der Sohn Sünder zum ewigen Leben. Nach seinem souveränen Willen rettet er, wen er will, wie er auch nach seinem souveränen Willen den Vater offenbart jenen, denen er ihn offenbaren will (Mt 11,27). Ein jedes Kind Gottes wird nach dem Willen *des Vaters* zum Kind Gottes (siehe Auslegung zu 1,12.13); ein jeder wird durch den Willen *des Geistes* von Neuem geboren (3,8), und Tote werden durch den Willen *des Sohnes* lebendig gemacht.

22 Denn der Vater richtet auch niemand, sondern das ganze Gericht hat er dem Sohn gegeben,
23 damit alle den Sohn ehren, wie sie den Vater ehren. Wer den Sohn nicht ehrt, ehrt den Vater nicht, der ihn gesandt hat.

In V. 21 hatte Jesus gesagt, dass er die Toten lebendig macht. Hier fährt er fort und sagt, dass der Vater **»das ganze Gericht … dem Sohn gegeben«** hat. Das sind die beiden äußersten Pole seines Wirkens an den Menschen: Er gibt Leben – und er übergibt dem ewigen Tod (Mt 25,41). In seiner Hand ist das ganze Heil, wie Johannes der Täufer bereits bezeugt hatte (3,35), und in seiner Hand ist das Gericht. In seiner Hand sind die Schlüssel des Todes und des Hades (Offb 1,18). Er hat Macht, aus dem Tod zu befreien; er hat Macht, dem Tod zu überantworten. Er ist der Heiland der Welt (4,42), und er ist der Richter der Lebendigen und der Toten (2Tim 4,1).

»damit alle den Sohn ehren, wie sie den Vater ehren«: Der Vater will, dass alle den Sohn ehren. Indem er dem Sohn die Errettung und das Gericht in die Hand gegeben hat, bewirkt er, dass alle ihn ehren müssen:

- Die Geretteten werden ihn willig, mit grenzenloser Dankbarkeit und nie endender Freude ehren für sein Heilswerk (Offb 5,8-10).
- Die Gerichteten werden ihn ehren am Tag des Gerichts. Dann werden sie bekennen müssen, dass er heilig und gerecht und dass ihr Gericht verdient ist (siehe Jos 7,19).

Gott muss geehrt werden, weil er Gott ist. Würde er nicht geehrt, hätte Satan gesiegt. Das Gericht ist das Mittel, durch das auch der Ungläubige, der sein Leben lang nur seine eigene Ehre gesucht hat (siehe unten V. 44), am Ende Gott ehren muss, obwohl er das nicht will. Er wird zusammen mit allen, *»die Gott nicht kennen … und dem Evangelium unseres Herrn Jesus Christus nicht gehorchen«* (2Thes 1,8) dem *»ewigen Verderben«* übergeben (2Thes 1,9), *»und der Rauch ihrer Qual steigt auf von Ewigkeit zu Ewigkeit«* (Offb 14,11).

Gott wirkt alles, in der Schöpfung wie in der Erlösung, zu seiner Verherrlichung (Ps 19,2; Eph 1,6). Der Sohn hat in seinem Werk den Vater verherrlicht; der Vater hat den Sohn nach vollbrachtem Werk erhöht und verherrlicht (Hebr 2,9), und er hat seinen Geist gesandt, der den Menschen Zeugnis gibt von der Herrlichkeit Christi (16,14), damit sie ihn ehren. Die Ehre des Vaters ist mit der Ehre des Sohnes und die Ehre des Sohnes mit der Ehre des Vaters untrennbar verbunden. Wenn einer den Vater ehren will, muss er auch den Sohn ehren. Will einer den Sohn nicht ehren, hat er auch dem Vater die Ehre verweigert. Damit bezeugt der Sohn wiederum seine Gottheit.

> **24 Wahrlich, wahrlich, ich sage euch: Wer mein Wort hört und dem glaubt, der mich gesandt hat, hat ewiges Leben und kommt nicht ins Gericht, sondern ist aus dem Tod in das Leben übergegangen.**

Der Herr hatte eben davon gesprochen, dass der Vater ihm Macht gegeben hat, zu retten und zu richten. Jetzt war er gekommen, um zu retten. Um gerettet zu werden, musste man sein Wort hören und an ihn glauben; dann würde man nicht ins Gericht kommen.

»Wer mein Wort hört und … glaubt«: Damit sagt der Herr in dieser Rede zum ersten Mal, was wir tun müssen, um das Leben zu empfangen. Wir müssen glauben. Wie können wir glauben? Indem wir hören. Der Glaube wird geweckt durch das Hören des Wortes Gottes, denn in ihm hören wir Christus selbst (Röm 10,17). Darum müssen wir damit beginnen, dass wir hören, und dabei zusehen, dass wir recht hören (Lk 8,18).

»und dem glaubt, der mich gesandt hat«: In 3,16.36 steht, dass ein jeder, der an den Sohn glaubt, ewiges Leben hat; hier sagt der Sohn, dass wir an den glauben müssen, der ihn gesandt hat, an den Vater. Das bedeutet, dass »an den Sohn glauben« und »an den Vater glauben« in eins zusammenfällt (siehe auch 14,1). Dem Glaubenden werden drei Dinge zuteil:

- Er **»hat ewiges Leben«**: Wer glaubt, *hat* bereits ewiges Leben, er *wird* es nicht erst bekommen, nachdem er gestorben ist.
- Er **»kommt nicht ins Gericht«**: Das ist eine absolute Verheißung für jeden, der glaubt. Er darf wissen, er soll wissen, dass kein Gericht ihn verdammen kann, ja, dass er nicht einmal beim letzten Gericht vor dem Richter erscheinen muss (Offb 20,11-15), denn er ist schon freigesprochen worden.

- Er »**ist aus dem Tod in das Leben übergegangen**«: Wer glaubt, hat das ewige Leben bereits empfangen (1Jo 5,11.12); darum steht hier, dass er bereits übergegangen *ist*, nicht, dass er übergehen *wird*. Wer an den Sohn glaubt, hat eines jener größeren Werke an sich erfahren, von denen Jesus hier zu den Juden redet (V. 20), und das andere, das Werk des Gerichts, wird nie an ihm geschehen.

Das Wort »**übergegangen**« markiert einen Wechsel

- aus einem früheren Stand in einen neuen Stand: Wir waren Sklaven der Sünde, nun sind wir Sklaven der Gerechtigkeit (Röm 6,17.18); wir waren Gott entfremdet, nun sind wir ihm nahe gebracht (Eph 2,13); wir waren einst Finsternis, nun sind wir Licht in dem Herrn (Eph 5,8); wir waren Söhne des Ungehorsams (Eph 2,2), nun sind wir Kinder des Gehorsams (1Petr 1,14);
- aus einem Dasein im Dunkel in ein Leben im Licht (1Petr 2,9);
- aus geistlicher Blindheit zu der Erkenntnis der Herrlichkeit Gottes im Angesicht Christi (2Kor 4,4-6);
- aus der Gewalt Satans zu Gott (Apg 26,18);
- aus der Obrigkeit der Finsternis in das Reich des Sohnes Gottes (Kol 1,13).

25 Wahrlich, wahrlich, ich sage euch: Es kommt die Stunde und ist jetzt, da die Toten die Stimme des Sohnes Gottes hören werden, und die sie hören[81], werden leben.

In V. 24 hatte Jesus gesagt, dass der, der sein Wort hört und glaubt, ins Leben hinübergehen werde; nun sagt er, dass der, der die Stimme des Gottessohnes hört, leben werde. Das bedeutet, dass wir seine Stimme in seinem Wort und *nur* in seinem Wort hören.

»**Es kommt die Stunde und ist jetzt**«: Dieses Wort hatte der Herr auch zu der Samariterin gesprochen (4,23). Die Stunde war durch die Pro-

81 **»und die sie hören«**: ακουσαντες, *akousantes*, ein Partizip Aorist, das natürlich keine Vorzeitigkeit markiert (wie Elberfelder übersetzt). Partizipien können im Griechischen – anders als im Deutschen und im Lateinischen – keine Zeitbezüge ausdrücken. Der Aorist wurde gewählt, um das Hören als Tatsache, nicht das Hören in seinem Verlauf (das wäre *akouontes*) darzustellen.

pheten angekündigt worden, und nun war sie da, denn er, der die Toten zum Leben rufen sollte, war gekommen. Er begann schon zu seinen Lebzeiten, Menschen zum Leben zu rufen, und nach seiner Himmelfahrt würde er fortfahren zu rufen, nämlich durch die Predigt der Apostel, und unzählige Seelen würden seine Stimme hören und leben.

»Die Toten« sind die in Sünden Toten, die zwar vor Gott tot, aber in der Sünde quicklebendig sind (Eph 2,1-3). Diese sind es, die **»die Stimme des Sohnes Gottes hören werden«**. Tote können nicht hören, es sei denn, ihr Schöpfer rufe sie; er kann so reden, dass sie seine Stimme hören müssen. Der Sohn Gottes ist der Schöpfer aller Menschen; er hat darum Gewalt über alles Fleisch (17,2), und er kann darum dem Toten das Herz öffnen (Apg 16,14), dass sie das Wort aufnehmen, und die Ohren auftun (Jes 35,5; Mk 7,31-37), dass sie es hören, **»und die sie hören, werden leben«**. Hier meint der Herr gläubiges Hören; denn Israel hörte auch, aber glaubte nicht (Röm 10,18.21).

Als der Herr vor dem Grab des Lazarus stand, demonstrierte er die Wahrheit dieser Worte. Er, der Schöpfer des Lazarus, rief, und Lazarus kam heraus aus dem Grab.

26 Denn wie der Vater Leben in sich selbst hat, so hat er
auch dem Sohn gegeben, Leben zu haben in sich selbst;
27 und er hat ihm Gewalt gegeben, Gericht zu halten,
weil er des Menschen Sohn ist.

Der Vater hat Leben in sich selbst, und auch der Sohn hat als der ewige Gottessohn Leben in sich selbst (1,4); darum heißt er in 14,6 *»das Leben«* und in 1Jo 5,20 *»das ewige Leben«*. Damit er allen, die an ihn glauben, ewiges Leben geben kann, ist er Fleisch, d.h. Mensch, geworden (1,14), und ihm hat der Vater **»gegeben, Leben zu haben in sich selbst«**. Weil er dieses Leben in sich selbst hat, kann er ein Wort sagen, und Tote empfangen sein Leben, das ewige Leben.

Wenn der Vater dem Sohn Leben gegeben hat, fragen wir uns, ob denn der Sohn nicht immer Leben in sich gehabt habe. Ist er denn nicht unveränderlich, wie der Vater unveränderlich ist? Ist er denn nicht Gott? Als der ewige Gottessohn hatte er immer Leben in sich. Als das Wort Fleisch wurde, empfing er als Mensch alles, was er als Gott schon immer hatte. Gott, in dem die Quelle des Lebens ist (Ps 36,10), gibt nun im

Sohn den Menschen dieses Leben. Der Sohn kommt zu ihnen und ruft einen jeden, der dürstet, zu sich. Bei ihm darf er vom Wasser des Lebens trinken (7,37) und in ihm Leben und volle Genüge finden (10,10).

Dem Menschensohn wird **»Gewalt gegeben, Gericht zu halten«**. Daniel wurde in einem Nachtgesicht gezeigt, dass dem Menschensohn Gewalt gegeben wurde über alle Völker und Reiche (Dan 7,13.14). Wiederum ist es der Sohn, der als *Mensch* vom Vater empfängt, was der Mensch nicht besitzt. Nach Vollendung seines Werkes wird Jesus als *Mensch* die Herrlichkeit empfangen – *»Wir sehen ... Jesus ... mit Ehre und Herrlichkeit gekrönt«* (Hebr 2,9) –, die er als der ewige Gottessohn beim Vater hatte, ehe die Welt war (17,5). Und zu dieser Herrlichkeit gehört, dass er Gericht halten wird. Siehe Apg 10,42; 17,31.

Warum sagt der Herr, dass er Gewalt bekommen habe, Gericht zu halten, **»weil er des Menschen Sohn ist«**? Es muss offensichtlich ein *Mensch* sein, der die Menschen richtet – so, wie nur ein *Mensch* als Stellvertreter für die Menschen das Gericht tragen konnte (3,14; 12,34). Wenn der Mensch im Gericht vor dem vollkommenen Menschen Jesus steht, erkennt er erst, wie verkehrt, wie sündig, wie böse er ist. Er hätte so rein, heilig, gehorsam, sanftmütig und demütig sein müssen, war aber in allem das Gegenteil. In diesem Licht erkennen sie, dass das Gericht, das der Menschensohn über sie fällt, gerecht ist.

> **28 Wundert euch darüber nicht, denn es kommt die Stunde,**
> **in der alle, die in den Gräbern sind, seine Stimme hören**
> **29 und hervorkommen werden: die das Gute getan haben,**
> **zur Auferstehung des Lebens, die aber das Böse verübt haben,**
> **zur Auferstehung des Gerichts.**

»es kommt die Stunde«: Sie ist zukünftig; sie hat noch nicht geschlagen, im Gegensatz zur Stunde, die bereits da ist, weshalb Jesus hier nicht wie in V. 25 ergänzt *»und ist jetzt«*.

»in der alle, die in den Gräbern sind, seine Stimme hören ... werden«: Die Stimme des Menschensohnes wird alle Menschen, ohne Ausnahme, aus den Gräbern rufen. Das steht in auffälligem Kontrast zu dem, was der Herr in V. 25 gesagt hatte: Nur *»die sie [die Stimme] hören, werden leben«*. Der Ruf, der seit dem ersten Kommen Christi bis zu seinem zweiten Kommen von ihm ausgeht und bis heute im Evangelium gehört wird, scheidet zwischen denen, die wirklich hören, und denen, die nicht hören. Am Ende der Zeit aber wird der Herr hingegen so rufen, dass alle hören und alle aus den Gräbern hervorkommen. Dass es sich um zwei verschiedene Auferstehungen handelt, die zeitlich über tausend Jahre auseinanderliegen, sagt der Herr hier nicht. Diese Tatsache offenbarte er seinen Aposteln erst nach Pfingsten (1Kor 15,23.24; 1Thes 4,13-18; Offb 20,4-6.11-15).

»Die das Gute getan haben« gelangen dann **»zur Auferstehung des Lebens, die aber das Böse verübt haben, zur Auferstehung des Gerichts«**. Das Gute, das zum Leben führt, ist, wie wir in diesem Abschnitt bereits gelesen haben, der Glaube (V. 24). Das ist das einzige »Werk«, das Gott vom Sünder fordert, wie der Herr in seiner nächsten Rede bestätigen wird (6,28.29). Wer geglaubt hat, hat bereits das Leben, ist schon aus dem Tod in das Leben hinübergegangen und wird in der Auferstehung einen neuen Leib, einen Herrlichkeitsleib, empfangen (Phil 3,21). **»Das Böse«** ist im letzten Grund die Weigerung, an den Sohn zu glauben (16,8-11), und aus diesem Bösen wachsen alle bösen Werke, nach denen Gott die Menschen einst richten wird (Offb 20,12).

30 *Ich* kann nichts von mir selbst aus tun; so, wie ich höre, richte ich, und *mein* Gericht ist gerecht, denn ich suche nicht *meinen* Willen, sondern den Willen dessen, der mich gesandt hat.

Nach V. 19 bekennt der Sohn hier ein zweites Mal: **»Ich kann nichts von mir selbst aus tun …«** Diesmal bezieht er sich auf das Werk des Gerichts. Gerade deshalb ist dieses gerecht, weil er so richtet, wie er vom Vater hört. Jesaja hat das so ausgedrückt: *»Er wird nicht richten nach dem Sehen seiner Augen und nicht Recht sprechen nach dem Hören seiner Ohren«* (Jes 11,3).

In all seinem Handeln, Reden und Richten ist er vollkommen im Einklang mit dem Vater, **»denn ich suche nicht meinen Willen, sondern den Willen dessen, der mich gesandt hat«**. In 16,13 wird der Herr die Jünger lehren, dass das Zeugnis des Heiligen Geistes deshalb wahr ist, weil auch er nichts Eigenes redet, sondern nur das, was er hört.

4. Fünf Zeugen bestätigen, dass Jesus Gottes Sohn ist (5,31-47)

Im vorherigen Abschnitt hat der Herr von seinen Werken gesprochen. Nun beginnt er die unausgesprochene Frage zu beantworten, wie man denn wissen könne, ob er die Wahrheit sagt, mit dem einleitenden Satz: *»Wenn ich von mir selbst zeuge, ist mein Zeugnis nicht wahr«* (V. 31). Er fährt fort und sagt, dass *»ein anderer«* von ihm zeuge (V. 32) und dass dieser *Eine*, der Vater, durch fünf Zeugen bestätigt hat, dass die Aussagen seines Sohnes über sich wahr sind:

1. Johannes der Täufer (V. 33);
2. die Werke (V. 36);
3. der Vater (V. 37);
4. die Schriften im Allgemeinen (V. 39);
5. Mose im Besonderen (V. 46).

31 Wenn *ich* von mir selbst zeuge, ist mein Zeugnis nicht wahr.
32 Ein anderer ist es, der von mir zeugt, und ich weiß, dass das Zeugnis wahr ist, das er von mir zeugt.

Die Juden hätten mit einem gewissen Recht das Bekenntnis Jesu verwerfen können, wäre er der einzige Zeuge gewesen: **»Wenn ich von mir selbst zeuge, ist mein Zeugnis nicht wahr.«** Aber so verhielt es sich nicht; mehrere Zeugen stimmten ein und bezeugten über ihn dasselbe, und darum war die spätere Behauptung der Pharisäer falsch (siehe 8,13)[82]. Jesus kam in diese Welt und war dem Gesetz untertan (Gal 4,4), und darum befolgte er die Regel: Jedes Zeugnis muss durch mehrere Zeugen als wahr bestätigt werden (5Mo 19,15; 2Kor 13,1; siehe auch Spr 27,2). Es sind aber nicht nur Menschen, die das Zeugnis des Gottessohnes als wahr bestätigen, sondern auch die Werke und Worte Gottes.

---

82 Sie wäre auch falsch gewesen, wenn außer dem Sohn niemand von ihm gezeugt hätte; denn Gott braucht keine bestätigenden Zeugen, damit er als wahrhaftig erwiesen ist. Aber er lässt sich durch eine Vielzahl von Zeugen bestätigen um unseretwillen: Er macht es uns damit umso leichter, ihn anzunehmen (siehe 5,34).

»Ein anderer ist es, der von mir zeugt«: Dieser andere ist Gott selbst. Wie er zeugt und durch welche Mittel er es tut, sagen die nun folgenden Verse.

a. Der erste Zeuge: Johannes

33 *Ihr* habt zu Johannes gesandt, und er hat der Wahrheit Zeugnis gegeben.

Die Juden hatten **»zu Johannes gesandt, und er hat der Wahrheit Zeugnis gegeben«**: Erstens hatte er von sich bezeugt, dass er nicht der Christus sei, und darum auch nicht das Wort, sondern nur die Stimme war (1,19-23). Sodann hatte er von Jesus gezeugt, dass dieser unendlich größer ist als er (1,27), dass er Lamm Gottes ist (1,29), dass er der Ewige ist (1,30), dass er mit dem Heiligen Geist taufen wird (1,32.33), also der Sohn Gottes ist (1,34).

34 *Ich* aber nehme kein Zeugnis von einem Menschen an, sondern dies sage ich, damit *ihr* errettet werdet.

Der Herr hatte das Zeugnis eines Menschen nicht nötig, wie denn Gott nicht durch ein bloßes Geschöpf als Gott bestätigt werden kann. Es verhält sich hier wie mit dem Wort Gottes: Die Bibel trägt in sich selbst die Beglaubigung und das Zeugnis ihrer Göttlichkeit, Wahrheit und Vollkommenheit. Sie hat nicht menschliche Zeugen und Beweise nötig, dass sie göttlich sei, denn sonst unterstünde sie dem Urteil des Menschen und wäre damit als bloßes Menschenwort deklariert. Wenn nun Jesus von sich sagt, er sei nicht auf Bestätigungen von Menschen angewiesen, hat er wiederum seine Gottheit deklariert; denn nur wer Gott ist, darf so etwas sagen: **»Ich … nehme kein Zeugnis von einem Menschen an …«**

Der Herr hat das Zeugnis des Johannes nur deshalb erwähnt und als richtig bestätigt, **»damit ihr errettet werdet«**. Er wollte es den Juden leichter machen, seinem Zeugnis zu glauben, indem er auf das Zeugnis des Johannes verwies, damit sie durch diesen Glauben gerettet würden.

> **35 *Er* war die brennende und scheinende Lampe;**
> ***ihr* aber wolltet für eine Zeit in seinem Licht fröhlich sein.**

Johannes war »**die brennende und scheinende Lampe**«, nicht das Licht. Und als Lampe war er gekommen, um vom Licht Zeugnis zu geben (1,6-8), bevor das Licht erschien. Nachdem dieses erschienen war, war die Lampe nicht mehr nötig. Wenn die Sonne aufgegangen ist, löscht man die Lichter. Man braucht keine Lampe, um den Leuten zu beweisen, dass sie aufgegangen sei!

Die Juden wollten »**für eine Zeit in seinem Licht fröhlich sein**«. Sie wurden von seiner Predigt angezogen, und sie hörten ihn gern, aber nur für eine Zeit. Sie folgten seinem Zeugnis nicht bis zum Ziel, zur Person des Messias. Und als ihre kurze Begeisterung für Johannes den Täufer verflogen war, kümmerte es die Juden nicht, als Herodes ihn ins Gefängnis warf. Es verwundert daher nicht, dass sie das Licht, als es kam, auch nicht haben wollten.

b. Der zweite Zeuge: die Werke

> **36 *Ich* aber habe das Zeugnis, das größer ist als das des Johannes; denn die Werke, die der Vater mir gegeben hat, damit ich sie vollbringe, die Werke selbst, die ich tue, zeugen von mir, dass der Vater mich gesandt hat.**

»**Das Zeugnis, das größer ist als das des Johannes**« waren »**die Werke**«, die der Herr tat. Diese waren wie Sonnenstrahlen, die von der Sonne ausgehen und mit ihrem Licht und ihrer Wärme jedem anzeigen, woher sie ausgehen. Er machte aus Wasser Wein (Kap. 2), er gab einem Sterbenden das Leben (Kap. 4), er befahl, und ein Lahmer stand auf und wandelte (Kap. 5). Wer kann denn all das tun, wenn nicht Gott allein? Und wozu hätte der Herr diese Werke getan, wenn er nicht gleichzeitig hätte zeigen wollen, dass der Vater ihn gesandt hatte als Retter der Verlorenen? Seine Werke bewiesen nicht nur seine Allmacht, sondern auch seine Menschenliebe.

c. Der dritte Zeuge: der Vater

37 Und der Vater, der mich gesandt hat, *er* hat Zeugnis
von mir gegeben. Ihr habt weder jemals seine Stimme gehört
noch seine Gestalt gesehen,
38 und sein Wort habt ihr nicht bleibend in euch;
denn dem, den *er* gesandt hat, diesem glaubt *ihr* nicht.

»Und der Vater … hat Zeugnis von mir gegeben«: Als Jesus getauft wurde, erging die *Stimme* des Vaters vom Himmel, und der Heilige Geist fuhr in leiblicher *Gestalt* auf Jesus herab (1,32; Mt 3,17). Der Herr kann sich hier aber nicht auf jenes Geschehen beziehen, denn er fährt fort und sagt ausdrücklich: **»Ihr habt weder jemals seine *Stimme* gehört noch seine *Gestalt* gesehen …«** Er meint also die Stimme des Vaters, die sie anderswo hätten hören können, aber nicht gehört hatten, nämlich Gottes Stimme, die im Wort von seinem Sohn spricht. Die Juden hatten diese Stimme nie gehört, weil sie **»sein Wort … nicht bleibend«** in sich hatten. Hätten sie dieses Wort aufgenommen, dann hätten sie dort die Stimme des Vaters gehört. Aber sie hatten es bei aller vermeintlichen Gesetzestreue nie aufgenommen. Dass sie dieses Wort nie aufgenommen hatten, belegt der Herr: **»… denn dem, den er gesandt hat, dem glaubt ihr nicht.«**

Wie ist dieses »denn« hier zu verstehen? Begründend oder demonstrierend? Sagt der Herr: »Ihr habt Gottes Wort nicht in euch, *weil* ihr nicht an den glaubt, den Gott gesandt hat«? Dann wäre dieses »denn« begründend. Oder sagt er: »Ihr habt Gottes Wort nicht in euch; *das erkennt man daran*, dass ihr nicht an mich glaubt«? Dann wäre dieses »denn« demonstrierend. Für die zweitgenannte Bedeutung haben wir das Beispiel von Lk 7,47, wo der Herr von der Sünderin sagt: *»Ihre vielen Sünden sind vergeben, denn sie hat viel geliebt.«* Das ist nicht ein begründendes, sondern ein demonstrierendes *»denn«*. Der Frau wurden die Sünden nicht vergeben, weil sie so viel liebte; nein. Man konnte an dieser Frau ablesen, dass ihr viel vergeben worden war, *denn* sie liebte viel. Der Zusammenhang des ganzen Johannesevangeliums zeigt, dass der Herr hier den Juden sinngemäß sagt: »Ihr demonstriert eigenhändig, dass ihr Gottes Wort nicht in euch habt; denn ihr glaubt nicht an den Sohn Gottes.« Fassen wir zusammen, was der Herr in dieser Rede über den Unglauben der Juden sagt:

- V. 38: »Das Wort Gottes wohnt nicht in euch.«
- V. 40: »Ihr wollt nicht zu mir kommen.«
- V. 42: »Ihr habt die Liebe Gottes nicht in euch.«
- V. 43: »Ihr nehmt mich nicht auf.«
- V. 44a: »Ihr könnt nicht an mich glauben.«
- V. 44b: »Ihr sucht Ehre von den Menschen und nicht von Gott.«
- V. 47a: »Ihr glaubt nicht den Schriften des Mose.«
- V. 47b: »Ihr glaubt meinen Worten nicht.«

Diese Urteile erläutern die Wahrheit, die der Herr gegenüber Nikodemus gelehrt hatte: Der Mensch ist blind, er ist fleischlich, er ist unwissend, er ist verloren, er ist ein Gotteshasser. Was? So sollen wir sein? Ja, so sind wir; wir haben es mit unseren eigenen Werken und Gedanken, Worten und Entscheidungen demonstriert und bewiesen, als wir den Sohn Gottes ablehnten, als er in die Welt kam.

d. Der vierte Zeuge: die Schriften

Eben hatte der Herr gesagt, dass das Wort Gottes nicht in den Juden wohnte, dabei lasen sie doch die Heiligen Schriften. Wie kam es dann aber, dass sie trotzdem sein Wort nicht in sich hatten?

> **39 Ihr erforscht die Schriften, denn *ihr* meint, in ihnen ewiges Leben zu haben, und *sie* sind es, die von mir zeugen;**

Die Juden erforschten **»die Schriften«**, weil sie mit Recht meinten, **»in ihnen ewiges Leben zu haben«**. Hier steht für »erforschen« ερευνω, *eraunō*, das gleiche Verb, das sich in 1Kor 2,10 und 1Petr 1,11 findet. Der Heilige Geist *»erforscht«* die Tiefen Gottes, und die Propheten *»forschten«*, auf welche Zeit der Heilige Geist hinwies, als dieser ankündigte, dass der Christus Gottes kommen und leiden und danach verherrlicht werden sollte. Viele Jahrhunderte bevor Christus Mensch wurde – und damit lange bevor der Vater vom Himmel her bezeugte, dass Jesus sein geliebter Sohn war –, hatte er von ihm gesprochen in den Worten der Propheten. Aber die Feinde Jesu vernahmen dieses Zeugnis nie. Warum das? Offensichtlich forschten sie nicht so wie die Propheten; sie wollten die

Wahrheit nicht erkennen. Sie suchten nicht Gott und seine Ehre, sondern sie wollten große Gelehrte und damit unter dem Volk geehrte Leute sein (V. 44).[83]

Das war auch der Grund, warum sie sich an den Worten Jesu stießen. Sie empfanden es als Anmaßung, dass dieser galiläische Mann von den Heiligen Schriften sagte: **»… sie sind es, die von mir zeugen …«** Wie konnte es nur einer wagen, so etwas von sich zu behaupten, der doch ein bloßer Mensch war!?

40 und ihr wollt nicht zu mir kommen, damit ihr Leben habt.

»ihr wollt nicht zu mir kommen«: Das ist der Grund, warum sie das Leben in den Schriften zwar suchten, aber nicht fanden. Es ist tragisch, wie denn der Sünder die tragischste Gestalt ist, die es überhaupt gibt, tragischer als der höchste gefallene Engel. Der ganze Sinn der Schriften war es ja, von Christus zu zeugen. Er ist das große Thema aller Aussprüche Gottes. Mose, Propheten und Schriften reden von ihm (Lk 24,27.44); der Geist der Weissagung ist nichts anderes als das Zeugnis Jesu (Offb 19,10). Aber als Gott von ihm redete in den Schriften, wollten sie nicht zu ihm kommen. Darum wollten sie auch nicht kommen, als er in Menschengestalt zu ihnen kam und nun vor ihnen stand und zu ihnen redete. Darum blieben sie im Tod.

41 Ich nehme keine Ehre von Menschen an;
42 sondern ich kenne euch, dass ihr die Liebe Gottes nicht in euch habt.

Der Herr wiederholt mit anderen Worten, was er in V. 34 bereits gesagt hatte: Wie er kein Zeugnis von Menschen annimmt, so sucht er auch nicht die Bestätigung und den Beifall der Menschen. Er ist Gott, der in sich Vollkommene und Glückselige (1Tim 1,11[84]). Er wird nicht ärmer, wenn niemand ihn ehrt; er wird nicht reicher, wenn alle ihm Ehre geben (vgl. Hi 35,6-8). Wir sind es, die entweder reicher oder ärmer werden.

83 Siehe Exkurs über die Schriftgelehrten bei der Auslegung zu 3,1.
84 An dieser Stelle steht im griechischen Text *makarios*, das Elberfelder sonst stets mit »glückselig« übersetzt (wie in den Seligpreisungen von Mt 5,3-11).

»ich kenne euch«: Der Mensch, der mitten unter ihnen stand, war der Allwissende, der alle kannte und der wusste, was im Menschen war (2,24.25). Darum wusste er, **»dass ihr die Liebe Gottes nicht in euch habt«**. Hätten sie diese Liebe gehabt, wären sie zum Sohn gekommen; denn dann hätten sie den Sohn so geliebt, wie Gott seinen Sohn liebt. Aber sie liebten sich selbst über alles, darum wollten sie nicht zum Sohn kommen. Somit hatten sie also weder das Wort (V. 38) noch die Liebe Gottes in sich. An anderer Stelle ergänzt Jesus diese beiden Aussagen: Der Mensch hat auch das Licht nicht in sich (11,10).

43 *Ich* bin in dem Namen meines Vaters gekommen, und ihr nehmt mich nicht auf; wenn ein anderer in seinem eigenen Namen kommt, *den* werdet ihr aufnehmen.

Noch einmal müssen wir sagen, dass der Mensch die tragischste Gestalt ist, die es gibt. Den Sohn Gottes, den der Vater ihm zum Heil sandte, wollte er nicht aufnehmen (siehe 1,11), aber den Sohn des Verderbens (2Thes 2,3), der ihn endgültig ins Verderben reißt, den wird er aufnehmen. Der ist nicht vom Vater gesandt, sondern kommt in eigenem Auftrag.

»Ich bin in dem Namen meines Vaters gekommen«: Jesus war vom Vater gesandt; er kam, um die Worte zu lehren, die der Vater ihm gegeben, und um das Werk zu tun, das der Vater ihm aufgetragen hatte. Der andere kommt **»in seinem eigenen Namen«**: Er ist wie der Vater, der Teufel, der aus sich redet (8,44). So redet er aus seinem Herzen und handelt aus seinem eigenen Wollen. Nimmt der Mensch nicht den Christus auf, wird er einen der vielen Antichristen aufnehmen, die im Lauf der Jahrhunderte in die Welt gegangen sind (1Jo 2,18), und am Ende *den* Antichristus. Das ist zwangsläufig; es bleibt nur die Wahl zwischen Leben und Tod, zwischen Licht und Finsternis, zwischen Heil und Verderben, zwischen Christus und Antichristus. Nachdem die Juden Jesus verworfen hatten, nahmen sie verschiedene selbst ernannte Messiasse auf, wie die in der Apostelgeschichte erwähnten Theudas und Judas von Galiläa (Apg 5,36.37) oder hundert Jahre später Bar Kochba, den der hochberühmte Rabbi Akiba (ca. 50–137 n.Chr.) als den Stern bezeichnete, der aus Jakob aufgehen sollte (siehe 4Mo 24,17).[85] Bengel sagt zu dieser Stelle: *»Von der Zeit*

85 Darum der Name: **bar-kokbâh** = »Sternensohn«.

des wahren Christus an bis auf unsere Zeit[86] *zählt man 64 falsche Messiasse, durch welche die Juden sich haben betrügen lassen.«* Die Juden verurteilten Jesus zum Tod, weil er sich selbst Sohn Gottes genannt und sich damit Gott gleich gemacht hatte. Am Ende werden die Juden (und die ganze abgefallene Christenheit mit ihnen) jemanden, der wirklich nichts anderes ist als ein bloßer Mensch, als Gott verehren (2Thes 2,3.4; Offb 13,14.15).

44 Wie könnt *ihr* glauben, die ihr Ehre voneinander nehmt und die Ehre, die von Gott allein ist, nicht sucht?

»Wie könnt ihr glauben …?«: Der natürliche Mensch kann nicht an den Sohn Gottes und damit an die Wahrheit glauben, wie Johannes in 12,39 wiederum sagt. Das liegt nicht daran, dass er nicht fähig wäre zu glauben; denn er glaubt sehr viele Dinge. Aber er kann die Worte des Herrn nicht hören (8,43) und damit an ihn glauben. Warum kann er nicht? Er kann nicht, weil er nicht will (5,40). Und warum will er nicht? Weil er seine eigene Ehre sucht und **»die Ehre, die von Gott allein ist, nicht sucht«**. Wer nicht glaubt, verunehrt Gott, denn mit seinem Unglauben sagt er, Gott sei nicht glaubwürdig – er sei nicht wahrhaftig und treu.

»Wenn die Seele Gottes Wort fest glaubt, so hält sie ihn für wahrhaftig, treu und gerecht, womit sie ihm die allergrößte Ehre tut, die sie ihm tun kann. Denn da gibt sie ihm recht, da ehrt sie seinen Namen und lässt mit sich machen, wie er will; denn sie zweifelt nicht, er sei treu, wahrhaftig in allen seinen Worten. Wiederum kann man Gott keine größere Unehre antun, denn ihm nicht glauben, womit die Seele ihn für einen Untüchtigen, Lügenhaften, Leichtfertigen hält und ihn verleugnet mit solchem Unglauben und einen Abgott ihres eigenen Sinnes im Herzen wider Gott aufrichtet, als wollte sie es besser wissen denn er« (Luther, *Von der Freiheit eines Christenmenschen*).

Warum sucht der Gottlose Gottes Ehre und damit Gott selbst nicht (siehe Röm 3,11). Weil er nicht anders will; und darum kann er nicht. Er ist ein Sünder und damit an das Böse gebunden (8,34).

Für »Ehre« steht hier *doxa*, eigentlich »Herrlichkeit«, und das gibt den Worten eine noch tiefere Bedeutung. Gott will dem Sünder mit

86 Bengel lebte von 1687 bis 1752.

dem Sohn Herrlichkeit geben; der Sohn gibt allen, die an ihn glauben, die Herrlichkeit, die er von Gott empfangen hat (17,22). Damit, dass die Juden sie nicht bei Gott suchten, sondern bei den Menschen, blieben sie in der Schande der Sünde gefangen. Jeder, der es ihnen gleichtut, wird am bestimmten Tag vom Sohn Gottes auferweckt und der ewigen Schande übergeben werden (Dan 12,2).

»Ach, Herre Gott, wie gefährlich ist's, wenn einer seine Ehre in der Theologie sucht. Dieser Ehrgeiz ist ein verzehrendes Feuer, wie uns Johannes 5,44 sagt: ›Wie könnt ihr glauben, die ihr Ehre voneinander nehmt? Und die Ehre, die von Gott allein kommt, sucht ihr nicht.‹ Die Heilige Schrift ist gegeben, das Fleisch zuschanden zu machen, und wir Narren wollen unsere eigene Ehre darin suchen. Alle andere Ehrsucht bei den Ärzten, Philosophen, Dichtern und Handwerkern, bei der Jugend und Schönheit ist noch erträglich, weil sie sich leicht ändern kann. Ein Mädchen, das auf seine Schönheit stolz ist, kann durch eine einzige Krankheit gedemütigt werden. Aber diese schändliche Hoffart in der Theologie ist die Quelle aller Übel und ein verzehrendes Feuer. Lasst uns Gott bitten, dass er uns davor behüte!« (Luther, *Johannes-Evangelium*, S. 217).

»Sie suchten Ehre voneinander. Wie konnten sie da glauben? Das sollten wir uns merken: Gott passt die Wahrheit dem Stolz des Menschen nicht an. Er legt die Wahrheit nicht so dar, dass sie den Stolz nährt« (Darby, *Synopsis*).

e. Der fünfte Zeuge: Mose

Der Herr hatte eben die Schriften als den vierten Zeugen genannt; nun nennt er einen besonderen Zeugen aus den Schriften, den Kronzeugen: Mose, auf den die Juden ihre Hoffnung setzten. Dieser tritt hier nicht nur als Zeuge über den Sohn Gottes auf, sondern auch als Verkläger der Ungläubigen.

45 Meint nicht, dass *ich* euch bei dem Vater verklagen werde; da ist einer, der euch verklagt, Mose, auf den *ihr* eure Hoffnung gesetzt habt.

»da ist einer, der euch verklagt, Mose«: Mit diesem Kläger hätten die Juden nie gerechnet. Es werden im Gericht noch andere Kläger auftreten und den Unglauben der Juden verurteilen, lauter Kläger, die diese Eiferer des Gesetzes nie erwartet hätten: die Bewohner einer heidnischen Stadt wie Ninive und eine heidnische Königin wie die von Saba (Mt 12,41.42). Wie Mose, so verklagen auch diese den Unglauben der Juden.

46 Denn wenn ihr Mose glaubtet, so würdet ihr mir glauben, denn *er* hat von mir geschrieben.

»wenn ihr Mose glaubtet«: Das muss die Juden empört haben. Sie sollen ungläubig sein, Mose nicht glauben? Ja, die Juden waren ungläubig, denn hätten sie Mose geglaubt, hätten sich auch an Christus geglaubt, **»denn er hat von mir geschrieben«**. Die Mose-Bücher sind voll von Zeugnissen über den Sohn Gottes. Mose selbst kannte Christus, denn er war ein Prophet und kündigte ihn an als den kommenden Propheten, auf den man hören müsse (5Mo 18,18). Er schaute das Bild des unsichtbaren Gottes, Christus (4Mo 12,8; Kol 1,15); Gottes Geist war in ihm (1Petr 1,11), und der Geist der Weissagung ist ebendas Zeugnis Jesu (Offb 19,10). Mose sah wie alle alttestamentlichen Propheten durch den Geist die Leiden, die auf den Christus kommen sollten, und die Herrlichkeiten danach (1Petr 1,11).

47 Wenn ihr aber *seinen* Schriften nicht glaubt, wie werdet ihr *meinen* Worten glauben?

»Wenn ihr aber seinen Schriften nicht glaubt«: Offenkundig kann man nicht an den Sohn Gottes glauben, wenn man nicht den Schriften des Mose glaubt. Das ist unverändert wahr. Die Christenheit hat inzwischen das Zeugnis des Alten Testaments verworfen; der Erste, den die bibelkritischen Theologen verwarfen, war Mose, indem sie behaupteten, der habe nicht von Christus schreiben können, weil er erstens gar nicht existiert habe, und er zweitens, wenn er denn gelebt haben sollte, nichts von einem Christus hätte wissen können, denn es könne ein Mensch nicht mehr wissen, als er mit seinen Augen sieht und mit seinem Verstand fassen kann. Das Zukünftige sei ihm aber verschlossen. Die Theologen, die Mose nicht glauben, glauben auch Christus nicht, was sie ebendamit beweisen, dass sie das Zeugnis Christi über Mose nicht annehmen. Unser Herr sagt, Mose habe von ihm geschrieben, sie aber erkühnen sich zu behaupten, es habe kein Mose überhaupt jemals etwas geschrieben.

Anmerkungen zu Kapitel 5

V. 2-5 – »In diesem Abschnitt lernen wir, welches Elend die Sünde in die Welt gebracht hat. Wir lesen von einem Mann, der 38 Jahre krank gelegen war … Er hatte gesehen, wie andere in den Wassern von Bethesda geheilt wurden …, aber er hatte nie Heilung erfahren. Ohne Freunde, ohne Hilfe, ohne Hoffnung lag er da … Eine Veränderung konnte er aus keiner Richtung erwarten außer aus dem Grab« (J. C. Ryle).

V. 5 – »Da wir nicht annehmen dürfen, dass der Evangelist die Bemerkung, er sei 38 Jahre krank gewesen, als eine rein äußerliche und müßige Notiz hinzugefügt habe, so liegt die Vermutung nahe, dass der Herr in dieser 38-jährigen Krankheit den Zustand des einst in der Wüste hinsterbenden Volkes erkannt habe« (Baumgarten, zitiert von Dächsel).

V. 10.11 – »Wenn's erlaubt ist, gesund zu werden, muss es auch erlaubt sein, mit dem Krankenlager heimzugehen« (Lange).

V. 13 – »Die Juden fragten voller Bosheit und Verachtung: ›Wer ist *der Mensch …?*‹ Es ist kaum anzunehmen, dass sie nicht wussten, dass dieser mehr sein musste … Sie wussten um seine Werke, auch wenn sie ihn selbst nicht kannten, und seine Werke zeugten von einer Sendung, die mehr als bloß menschlich war« (Kelly).

V. 26 – »Damit wird klar, wie Christi Wort Großes zu wirken vermag: Christus ist selber der Quell des Lebens und ergießt es in die Menschenseelen durch seine Stimme. Wie könnte auch für uns das Leben aus seinem Munde hervorströmen, wenn nicht in ihm selber Ursache und

Ursprung des Lebens wäre? Dass Gott das Leben in sich selber hat, will nicht bloß besagen, dass er durch die ihm innewohnende Kraft selber lebt, sondern auch, dass die in ihm befindliche Lebensfülle alles belebt. So sagt der Psalmist (36,10) von Gott: *›Bei dir ist die Quelle des Lebens.‹* Weil nun aber Gottes uns so weit entrückte Majestät für uns ein versteckter und verborgener Quell sein würde, hat er sich in Christo öffentlich zu sehen gegeben. Nun ist der Quell für uns zugänglich, und jeder darf daraus schöpfen. Die Worte unserer Stelle haben den Sinn: Weil Gott nicht wollte, dass das Leben bei ihm verborgen und sozusagen begraben blieb, deswegen hat er es in den Sohn hinüberströmen lassen, damit es so zu uns fließe« (Calvin).

V. 29 – »Also werden die Sünder zwar auferstehen, aber *von einem Tod zum anderen Tod.* Ihre Auferstehung wird keine Wiedergeburt, sondern eine Missgeburt sein« (Bengel).

V. 31 – »Wie das Zeugnis der sündigen Menschen für sich selbst Misstrauen erregt, weil die Sünde, deren Kern die Selbstsucht ist, die Lüge aus sich gebiert, so lässt Jesus es sich gefallen, wie ein Sünder behandelt zu werden, um durch Gottes Zeugnis seine desto stärkere Beglaubigung zu erhalten« (v. Gerlach, zitiert von Dächsel).

V. 39 – »Gott hat die Heilige Schrift uns armen sündigen Menschen gegeben, dass wir sie nicht allein lesen sollen, sondern auch, wie der Herr hier sagt, darin forschen oder darüber nachdenken oder sie betrachten. So wird man darin das ewige Leben finden. Wer sie aber obenhin liest und nicht immerfort und tiefer nachdenkt, der wird ihrer überdrüssig und lässt sie fahren, als verstehe er sie von Grund auf, und findet nichts darinnen, oder es wird ein Ketzer daraus, der wie eine Spinne aus der schönen, lieben Rose Gift saugt, da doch das Bienlein eitel süßen Honig daraus saugt« (Luther, *Johannes-Evangelium*, S. 210).

»Die Inspiration der Schrift wird in diesen Versen aufs Entschiedenste gelehrt; nur unter ihrer Voraussetzung konnte von einem Zeugnis der Schrift von Christo die Rede sein, denn ein solches Zeugnis konnte nur von Gott ausgehen« (Hengstenberg, zitiert von Dächsel).

V. 44 – »Christus sagt: Ihr sucht nicht die Ehre Gottes. Ach, dass wir als solche Schüler erfunden werden könnten, die sie suchen … Unsere Natur ist so gesinnt, dass sie ihre eigene Ehre sucht mit Fasten und eigenen Werken. Aber vor Gott soll ich nichts davon wissen, was ich getan habe. Ich weiß zwar wohl, dass ich dies oder jenes getan habe; aber auch wenn ich lauter heilige Werke getan hätte, weiß ich doch keinen Ruhm vor Gott. *Aber ich weiß, lieber Vater, dass Christus in deinem Namen gekommen ist und mir seine Gerechtigkeit geschenkt hat.* Darauf bleibe ich. Das ist's, was der Text sagt: Unsere Ehre muss ausgerottet sein und nichts soll bleiben als nur die Verherrlichung der Gnade. Wer anders lehrt, ist ein Verführer« (Luther, *Johannes-Evangelium*, S. 215).

Kapitel 6

1. **Das vierte Zeichen: Der Herr speist die Fünftausend (6,1-15)**
2. **Das fünfte Zeichen: Der Herr wandelt auf dem See (6,16-21)**
3. **Die Volksmenge sucht und findet Jesus (6,22-25)**
4. **Jesus erklärt das Zeichen von der Mehrung der Brote (6,26-59)**
5. **Eine Spaltung unter den Jüngern (6,60-71)**

Johannes fügt diesen Bericht direkt an den vorhergehenden an, obwohl die ganze Zeit, in der Jesus in Galiläa wirkte (Mt 4,12–18,35; Mk 1,14–9,50; Lk 4,14–18,34), dazwischenliegt. In 4,43-54 hat Johannes das erste Zeichen jener Zeit in Galiläa überliefert, und nun berichtet er von der Mehrung der Brote, die am Ende jener Zeit geschah, wie auch die drei ersten Evangelien zeigen (Mt 14,13-23; Mk 6,30-46; Lk 9,10-17). Zwischen diesen beiden äußersten Punkten liegt das Kapitel 5, in dem wir von einem Zeichen hören, das Jesus beim Fest der Juden in Jerusalem tat.

Indem Johannes die Episoden von Kapitel 5 und 6 in dieser Weise zusammenrückt, obwohl sie zeitlich nicht aufeinanderfolgen, will er zunächst die Wahrheit vom ewigen Leben, das in seinem Evangelium so wichtig ist, weiter entfalten. In Kap. 5 hatten wir gesehen, dass der Herr dem Hilflosen, ja, dem in Sünden Toten durch seine Stimme der Allmacht das Leben gibt; nun sollen wir aus dem Mund des Herrn hören, dass der Sohn das ewige Leben gibt, indem er sich selbst, seinen Leib und sein Blut, dahingibt. Wie wundersam sind da zwei scheinbare Gegensätze zusammengerückt! Er ist der Allmächtige, der die Toten rufen kann, und sie hören seine Stimme, leben und stehen auf; und er erniedrigt sich, lässt in äußerster Schwachheit sich ans Kreuz schlagen und gibt so sein Fleisch und sein Blut für das Leben der Welt.

Johannes will damit, dass er die beiden Zeichen aus Kapitel 5 und 6 unmittelbar aufeinander folgen lässt, dem Leser zudem auch zeigen, dass Galiläa den Herrn genauso ablehnte, wie man ihn in Jerusalem bereits abgelehnt hatte (siehe 5,16.18). Und zwar wird das bemerkenswerterweise gerade da offenbar, wo er mit der Speisung der 5000 in Galiläa den Höhepunkt seiner Beliebtheit erreicht hatte. Diese zeigt sich in der Reaktion auf das Zeichen: Die Leute meinen, er müsse der verheißene Prophet sein (V. 14), und sie wollen ihn als König nach Jerusalem führen (V. 15). Doch damit, dass er in seiner Unterredung in der Synagoge von Kapernaum die Bedeutung des Zeichens erklärt, wenden sich sogar viele seiner Jünger von ihm ab (V. 60.66). Hier sagt der Herr deutlicher als irgendwo, dass er vom Himmel gekommen ist, um sich selbst den Menschen zu geben; und hier sagen die Leute, die es besser verstehen und williger annehmen müssten als andere, nämlich eine Anzahl von bisherigen Jüngern, dass sie dies nicht hinnehmen können. Auf diesen Höhepunkt, der darin besteht, dass der Herr sich vollständiger offenbart hat als bisher, folgt ein stetiger Abstieg, der im absoluten Tiefpunkt in der ganzen Geschichte des Menschengeschlechts endet: Vor zwei Gerichtshöfen – einem jüdischen und einem römischen – verurteilt man den Sohn Gottes und richtet ihn öffentlich hin als einen Gotteslästerer und Verbrecher.

In Kap. 7 lehnen ihn seine eigenen Hausgenossen ab; in Kap. 8 wollen Leute, die zuerst an ihn geglaubt hatten, ihn steinigen; in Kap. 9 stoßen die Juden jemanden aus, nur weil er von Jesus geheilt worden ist und dies bekennt. Fortan enthüllt der Herr die Wahrheit, dass er gekommen ist, um seine Schafe zu sammeln, und dass nur diese seine Stimme hören (10,1-4.27-29) und nur diese an ihn glauben können (10,25.26). Auf die Nachricht hin, dass Jesus den Lazarus auferweckt habe, fasst der Hohe Rat den offiziellen Beschluss, ihn zu töten (Kap. 11). So spricht denn der Herr in Kap. 12 ein letztes Mal zum Volk (12,23-36). Danach wird er nur noch mit seinen Getreuen zusammen sein, um sie auf die Zeit vorzubereiten, in der er nicht mehr unter ihnen ist (Kap. 13–17). Den jüdischen Obersten und den römischen Statthaltern gibt er beim Verhör nur knappe Antworten. Sein allerletztes Wort spricht er weder zu den Jüngern noch zu Römern oder Juden, sondern zu Gott: *»Es ist vollbracht!«* (19,30). Seine Sendung ist erfüllt, er hat Gottes Willen ausgeführt und damit ewiges Heil gewirkt. Das Lamm Gottes, von dem Johannes der Täufer in 1,29 gezeugt hatte, hat das Gericht über die Sünde getragen und sie damit abgeschafft (Hebr 9,26). Nach seiner Auferstehung sieht ihn die Welt nicht mehr; er offenbart sich nur denen, die an ihn glauben (Kap. 20; 21). Dabei lehrt er sie in verschiedenen Begegnungen, was sie wissen müssen (Apg 1), bis er seine besondere Verheißung erfüllt und ihnen den Heiligen Geist sendet (14,16; 15,26; Apg 2).

1. Das vierte Zeichen: Der Herr speist die Fünftausend (6,1-15)

Am Anfang dieses Abschnitts erfahren wir, dass das Volk dem Herrn folgte, *»weil sie die Zeichen sahen, die er ... tat«*; am Ende, dass die Leute, *»als [sie] das Zeichen sahen, das Jesus tat«*, ihn zum König machen wollten. Jesus war zuerst *»auf den Berg hinauf«* gegangen (V. 3); nach dem Zeichen *»zog er sich wieder auf den Berg zurück«* (V. 15).

Die Speisung der Fünftausend ist das einzige von den Wundern des Herrn, das alle vier Evangelisten überliefert haben. Es wird damit als einzigartig hervorgehoben. Keines der großen Werke, die er tat, *»war so öffentlich wie dieses und geschah vor so vielen Zeugen«* (J.C. Ryle). Bei den anderen Wundern, die der Herr tat, wurde entweder etwas durch Krankheit Entstelltes wiederhergestellt oder etwas Vorhandenes umgewandelt. Hier aber geschah nicht Wiederherstellung oder Umwandlung; hier rief der Herr etwas ins Dasein, das zuvor nicht da gewesen war: Brot für Tausende.

Wie wir beim Überblick über alle Zeichen im Johannesevangelium bereits feststellen konnten, bedeutet das Zeichen der Mehrung der Brote, dass Christus nicht nur Freude (Kap. 2), Leben (Kap. 4), Hoffnung (Kap. 5), Licht (Kap. 9) und Herrlichkeit (Kap. 11) gibt, was die übrigen Zeichen bezeugen. Er gibt sich selbst; er ist das Brot, das sich den Menschen gibt, damit sie durch ihn leben. Das gibt dem Zeichen seine überragende Bedeutung, und darum steht es in allen vier Evangelien; darum auch geschah es für so viele Menschen und damit vor so vielen Zeugen.

Der Abschnitt beginnt damit, dass Jesus wegging *»auf die andere Seite des Sees von Galiläa ... und ... Jesus ging hinauf auf den Berg«*, und er endet mit der Aussage: *»Jesus ... zog ... sich wieder auf den Berg zurück, er allein.«* Zuerst waren seine Jünger und dazu eine große Volksmenge mit ihm gewesen; nach der Speisung der Volksmenge ist er allein.

1 Danach ging Jesus weg auf die andere Seite des Sees von Galiläa oder von Tiberias;
2 und eine große Volksmenge folgte ihm, weil sie die Zeichen sahen, die er an den Kranken tat.

Das einleitende »**Danach**« dürfen wir nicht auf Dinge beziehen, von denen Johannes nicht spricht. Der Herr war nach der Heilung des Gelähmten am Teich Bethesda und der darauf folgenden Unterredung mit den Juden nach Galiläa aufgebrochen, es lag also eine längere Reise zwischen Kap. 5 und Kap. 6 und dazu natürlich zahlreiche Begegnungen mit den Menschen, Predigten, Gespräche mit den Jüngern, bis er am Westufer des Sees Genezareth ankam, von wo er »**auf die andere Seite des Sees von Galiläa oder von Tiberias**« hinübersetzte. Johannes lässt aber das alles aus und verknüpft die Mehrung der Brote unmittelbar mit der Heilung des Gelähmten. Wir sollen uns natürlich fragen, was Johannes damit sagen will (siehe oben die einleitenden Gedanken zum ganzen Kapitel).

Der »**See von Galiläa oder von Tiberias**« hat im NT drei Namen. Er heißt *»See von Galiläa«*, weil er zur Provinz Galiläa gehörte; er heißt *»See von Tiberias«* (21,1) nach der Stadt (6,23), die ihren Namen vom römischen Kaiser Tiberius[87] bekommen hatte; und er heißt »See Genezareth«, hebräisch *kinnæræt* (4Mo 34,11), was so viel wie »Harfe« bedeutet, weil er die Form einer solchen hat.

Wiederum »**folgte ihm eine große Volksmenge, weil sie die Zeichen sahen …**« Die Menschen wollen ein weiteres Zeichen sehen. Ihre Hoffnung wird nicht enttäuscht; der Herr wird vor ihren Augen ein weiteres Zeichen tun.

3 Jesus aber ging hinauf auf den Berg und setzte sich dort mit seinen Jüngern.

Der Herr »**ging hinauf auf den Berg**«, auf den er sich wieder zurückzog, als die Juden ihn greifen und zum König machen wollten (V. 15).

»**mit seinen Jüngern**«: Wir haben in Kap. 1 erfahren, wie die ersten fünf Jünger gesammelt wurden. Wie Jesus die übrigen Jünger rief, lesen

87 Der regierte von 14 bis 37 n. Chr.

wir im Johannesevangelium nicht, aber so viel wissen wir aus den drei ersten Evangelien, dass klar ist, dass inzwischen alle zwölf beisammen waren. Außer Philippus, Andreas und Petrus (V. 5.7.8.68), die wir schon kennen, wird in V. 71 noch Judas Iskariot erwähnt.

4 Es war aber das Passah nahe, das Fest der Juden.

»das Passah …, das Fest der Juden«: Siehe Auslegung zu 2,13. Es ist das zweitletzte Passah in Jerusalem, dem Jesus beiwohnen wird. Wir befinden uns also im Monat April des Jahres 29 n. Chr. Hier ist er zwar in Galiläa, aber da das Passah nahe ist, kreisen die Gedanken der Leute um das allererste Passah, bei dem vor langer Zeit Gott sein Volk vom Joch des Pharao befreit hatte. Und wie Gott damals sein Volk vom Joch eines fremden Herrschers befreit hatte, warteten die Juden nun auf jemanden, der kommen sollte, um das Joch der Römer abzuwerfen. Der Herr denkt aber an eine viel wichtigere und größere Befreiung. Er knüpft in seinen Worten an das Passah an, bei dem die Israeliten das Fleisch des Opferlammes aßen, indem er sagt, dass sie anders als die Väter das Fleisch des eigentlichen Passahlammes, sein Fleisch, essen müssen (V. 56). Dann würden sie von der Macht des Todes befreit werden und ewig leben.

5 Als nun Jesus die Augen aufhob und sah, dass eine große Volksmenge zu ihm kommt, spricht er zu Philippus: Woher sollen wir Brote kaufen, damit diese essen?
6 Dies sagte er aber, um ihn zu prüfen; denn er selbst wusste, was er tun wollte.

Jesus schaut auf und sieht die große Volksmenge und will sie sättigen. Matthäus sagt uns, dass er über sie *»innerlich bewegt«* war (Mt 14,14); Lukas sagt: *»Er nahm sie auf …, und die, die Heilung nötig hatten, machte er gesund«* (Lk 9,11). So ist Gott; er tut seinen Geschöpfen Tag für Tag unzählig viel Gutes.

»spricht er zu Philippus«: Der Meister will seine Jünger lehren. Sie sollen ihn und seine Absichten kennenlernen und zu den ihrigen machen; sie sollen lernen, die Menschen mit seinen Augen zu sehen.

»um ihn zu prüfen«: Es sollte ans Licht kommen, ob Philippus und die übrigen Jünger inzwischen gelernt hatten, dem Herrn zu vertrauen.

»denn er selbst wusste, was er tun wollte«: Er wollte die Brote mehren, ja, aber das war nur ein Zeichen von dem, was er wirklich tun wollte: Er wollte sich selbst, sein Fleisch und sein Blut opfern, um der Welt das Leben zu geben (V. 33.51).

Diese Information, dass Jesus *wusste*, ist typisch für das Johannesevangelium (siehe V. 61.64; 2,25; 13,1 und 18,4), denn in ihr wird der Vorhang des Fleisches, hinter dem der Herr seine Herrlichkeit verbarg (siehe Hebr 10,20), immer wieder auf die Seite gezogen. Johannes bezeugt ganz offen, dass Jesus Gott ist, indem er uns zeigt, dass er nie etwas fragen musste, weil er eine Information brauchte. Er wusste, was im Menschen war; er wusste immer, was er tun wollte; und er wusste alles, was geschehen würde. Und dies alles wusste er **»selbst«** (siehe auch 2,25), also *aus sich heraus*. Er musste also nicht warten, bis der Vater ihm das Verborgene enthüllte, war er doch eins mit dem Vater, weshalb er alles wusste, was der Vater wusste. Und zwar wusste er von Anfang an (siehe 1,1) alles. Er war ewig der Allwissende; sein Wissen konnte nie gemehrt werden, denn sonst wäre er davor nicht der Allwissende, sondern nur ein Vielwissender gewesen. Wäre sein Wissen durch Information gewachsen, wäre er auch nicht der ewig Unveränderliche, sondern veränderlich gewesen. Er aber ist derselbe seit aller Ewigkeit und in alle Ewigkeit (Hebr 13,8).

> **7 Philippus antwortete ihm: Für zweihundert Denare Brote reichen nicht für sie aus, dass jeder ein wenig bekomme.**
> **8 Einer von seinen Jüngern, Andreas, der Bruder des Simon Petrus, spricht zu ihm:**
> **9 Es ist ein Knabe hier, der fünf Gerstenbrote und zwei Fische hat; aber was ist dies für so viele?**

»Zweihundert Denare« sind zweihundert Tagelöhne (siehe Mt 20,2), auf unsere Zeit umgerechnet so viel, wie wir in 40 Wochen reiner Arbeitszeit und ohne außergewöhnliche Feiertage verdienen, also etwas weniger als ein Jahresgehalt. Auch eine so große Summe reicht **»nicht für sie aus«**: Andreas weiß zwar zu melden, dass da ein Knabe sei, der **»fünf Gerstenbrote und zwei Fische«** habe; nur: **»… was ist das für so viele?«** Die Leute, die gesättigt werden müssen, sind viel zu zahlreich: Da sind fünftausend Männer, und dazu die nicht gezählten Frauen und

Kinder. So steht es um uns Menschen in dieser Welt und vor allem um uns als Jünger, die wir einen Auftrag in dieser Welt haben. Die Aufgabe ist riesig, und unsere Mittel und Kräfte reichen nicht. Da hilft nur eines: Der Herr selbst muss handeln. Bevor er handelt, will er uns aber zuerst zeigen, dass wir hilflos und ganz auf ihn angewiesen sind.

10 Jesus sprach: Lasst die Leute sich lagern! Es war aber viel Gras an dem Ort. Da lagerten sich die Männer, an Zahl etwa fünftausend.
11 Jesus nun nahm die Brote, dankte und teilte sie denen aus, die da lagerten; ebenso auch von den Fischen, so viel sie wollten.

Der Herr **»dankte**[88] **und teilte … aus«**: Kaum hat der Herr gedankt, verteilt er schon die Brote unter die Volksmenge. Das bedeutet, dass der Herr bereits für alle jene Brote dankte, die noch nicht da waren. Aber er wusste, was er tun wollte (siehe V. 6), und er wusste, dass er vom Vater alles empfangen würde, worum er bat (siehe 11,41.42). So war der Dank auch ein Ausdruck der Gewissheit, dass er schon empfangen hatte, worum er bat. Entsprechend hat der Herr seine Jünger gelehrt: *»Alles, um was ihr betet und bittet – glaubt, dass ihr es empfangt*[89]*, und es wird euch werden«* (Mk 11,24). Wenn Gott uns den Glauben gibt, können wir mit Glauben beten; und wenn wir mit Glauben etwas erbeten, können wir bereits danken, als hätten wir das Erbetene schon empfangen.

Aber auch das wollen wir von unserem Herrn lernen: Er dankte, als er erst fünf Brote in den Händen hielt. Ob wir wenig oder viel haben, alles hat uns Gott gegeben, und darum ist es recht, dass wir ihm dafür danken.

In Matthäus und Markus steht, dass der Herr die Brote den Jüngern gab, damit diese sie der Volksmenge gaben (Mt 14,19; Mk 6,41). Johannes aber sagt, dass er, der Herr, sie denen austeilte, **»die da lagerten«**. Johannes will besonders deutlich sagen, dass alles vom Herrn kommt. Obwohl die Brote durch die Hände der Jünger gingen, war es eben doch der Herr, der sie austeilte.

88 Im griechischen Text steht das Partizip Aorist, *eucharistēsas*, das aber keine Vorzeitigkeit ausdrückt (siehe Fußnote zu 5,25).
89 gr. *elabete*, also eigentlich *»empfangen habt«* (siehe Fußnote in der Elberfelder Bibel).

»so viel sie wollten«: Das Brot, von dem alle bekommen, verweist auf Christus, den Gott dem Gläubigen zur Speise gibt. Von ihm und von seinen Segnungen bekommt ein jeder, so viel er will, denn Gott hat ihm mit Christus alles gegeben (Röm 8,32); in ihm hat er uns mit jedem geistlichen Segen gesegnet (Eph 1,3). Wir sollen den Mund nur recht weit aufmachen, und Gott wird ihn füllen (Ps 81,11). Wie den Geist (3,34), so gibt Gott auch das Leben nicht nach Maß. Er ist Liebe, und es ist seine Wonne, reichlich zu geben, so viel ein jeder nur nehmen mag und mehr, als irgendeiner braucht.

12 Als sie aber gesättigt waren, spricht er zu seinen Jüngern: Sammelt die übrig gebliebenen Brocken, damit nichts verdirbt.

»die übrig gebliebenen Brocken«: Für »Brocken« steht hier *klasmata*, wörtlich: »die gebrochenen (Dinge)«, ein Wort, das ausschließlich in den Berichten der Brotmehrung vorkommt (6,12.13; Mt 14,20; 15,37; Mk 6,43; 8,8.19.20; Lk 9,17). Die »Brocken« sind also jene Brote, die der Herr gebrochen und die man ausgeteilt hatte, die aber nicht gegessen worden waren. Sie waren vom Herrn gegeben, und nichts, was er gibt, ist nutzlos oder wertlos; darum darf davon nichts verderben. Der Herr ist einerseits verschwenderisch mit seinen Gaben, auf der anderen Seite sollen wir lernen, nichts zu vergeuden von dem, was er uns gibt. Das ist zunächst eine sittliche Belehrung. Da die Mehrung der Brote ein Zeichen ist, sollen wir uns aber vor allem fragen, auf welche geistliche Wirklichkeit dieser Befehl des Herrn hinweist.

»damit nichts verdirbt« oder »verlorengeht«, ινα μη τι αποληται, *hina mē ti apolētai*, ist im Urtext identisch mit der Wendung, die in 3,16 gebraucht wird: *»damit ... nicht verlorengehe«* (ινα ... μη αποληται, *hina ... mē apolētai*). Will der Herr mit diesem Befehl sagen, dass das Leben, das er jedem gibt, indem er sich selbst als das wahre Brot hingibt, nicht verlorengehen kann? Will er sagen, dass er dafür sorgt, dass jeder, der dieses Leben aufgenommen hat, nicht verlorengehen kann, da das neue Leben, das in ihm ist, durch seinen Befehl erhalten bleibt? In seiner Rede in der Synagoge in Kapernaum erklärt der Herr die Bedeutung des Zeichens, und da sagt er: *»Dies aber ist der Wille dessen, der mich gesandt hat, **dass** ich von allem, was er mir gegeben hat, **nichts verliere** (ινα ... μη απολεσω, hina ... mē apolesō), sondern es auferwecke am* *letzten Tag«* (V. 39). Also auch hier steht das gleiche Verb wie im vorliegenden Vers und in 3,16. In 10,28 begegnen wir diesem Verb wieder, und in Kap. 17 verwendet der Herr es noch einmal, wo er im Gebet zum Vater von denen, die an ihn geglaubt haben, sagt: *»Als ich bei ihnen war, bewahrte ich sie in deinem Namen, den du mir gegeben hast; und ich habe sie behütet, und keiner von ihnen ist* ***verlorengegangen*** *(απωλετο, apōleto) – als nur der Sohn des* ***Verderbens*** *(απωλειας, apōleias), damit die Schrift erfüllt würde«* (17,12). Sollte es ein Zufall sein, dass *»der Sohn des Verderbens«* gerade im vorliegenden Kapitel erstmals als der Verräter identifiziert und *»ein Teufel«* (V. 70) genannt wird und somit wie im hohenpriesterlichen Gebet ausgesondert wird als einer, der nicht zu den Menschen gehört, die der Vater dem Sohn gegeben hat (siehe auch V. 37), die der Sohn in der Folge rettet, bewahrt und vollendet?

> **13 Sie sammelten nun und füllten zwölf Handkörbe mit Brocken von den fünf Gerstenbroten, die denen, die gegessen hatten, übrig geblieben waren.**

Die Jünger **»sammelten nun und füllten zwölf Handkörbe«**. Ein Handkorb, κοφινος, *kophinos* (Mt 14,20; Mk 6,43; Lk 9,17) ist kleiner als der *spyris* (Mt 15,37; Mk 8,8). Jener ist nämlich so groß, dass man Paulus in einem *spyris* von der Stadtmauer in Damaskus herablassen konnte (Apg 9,25). Die große Menge von übrig gebliebenen Broten beschämte gewiss den Unglauben der Jünger. Sie hatten ausgerechnet, wie viel sie in der Hand hatten und wie groß die Menschenmenge war, und daraus ihre Schlüsse gezogen, aber den Herrn und seine Macht hatten sie in ihrer Berechnung ausgelassen.

> **14 Als nun die Leute das Zeichen sahen, das Jesus tat, sprachen sie: Dieser ist wahrhaftig der Prophet, der in die Welt kommen soll.**
> **15 Da nun Jesus erkannte, dass sie kommen und ihn ergreifen wollten, um ihn zum König zu machen, zog er sich wieder auf den Berg zurück, er allein.**

Das Zeichen hat das Volk dermaßen gerührt, dass sie sagen, Jesus sei gewiss **»der Prophet, der in die Welt kommen soll«**, also der Prophet, den Mose angekündigt hatte (5Mo 18,15-18). Die Leute mögen sich an den Propheten Elisa erinnert haben, der einmal ein ähnliches Wunder tat (2Kö 4,42-44). Hier aber war ein weit größeres Wunder geschehen. Also müsse Jesus ein größerer Prophet sein als Elisa. Aber der eigentliche Dienst eines Propheten ist ein anderer. Als am Tag darauf der Prophet seinen prophetischen Dienst tat, indem er das Zeichen erklärte und das Volk lehrte, wie es ihn durch Glauben aufnehmen soll, um durch ihn ewig zu leben, wandten sie sich von ihm ab. Sie wollten keinen Propheten, der ihnen die Wahrheit sagte, aber sie wollten einen König, der so mächtig war, dass er für alle irdischen Bedürfnisse sorgen konnte. Darum wollten sie **»ihn ergreifen …, um ihn zum König zu machen«**. Als das Volk Jesus zum König machen wollte, machte es, ohne es zu wissen, dem Herrn das gleiche Angebot, das der Versucher ihm zu Beginn seines Dienstes gemacht hatte. Er hatte Jesus die Herrschaft über alle Reiche der Welt angeboten, wenn er sich nur vor ihm verneigen wollte. Damals hatte der Herr ihn mit dem Wort abgewiesen, dass man Gott allein dienen und nur ihn anbeten dürfe (Lk 4,5-8). Diesmal weist er die Versuchung zurück, indem er sich dem Volk entzieht.

Als der Herr sich ihnen entzog, nahm er vorweg, was er am Ende seines öffentlichen Dienstes endgültig tun würde: *»Dieses redete Jesus und ging weg und verbarg sich vor ihnen«* (12,36).

»wieder auf den Berg zurück, er allein«: Er wollte allein sein zum Beten, wie Matthäus vermerkt (Mt 14,23). Wir dürfen annehmen, dass er für die Jünger betete, die im Dunkeln und allein auf dem See waren und dem Sturm und den Wellen trotzen mussten.

2. Das fünfte Zeichen: Der Herr wandelt auf dem See (6,16-21)

In V. 14 hatten die Leute erkannt, dass Jesus *»der Prophet«* ist, in V. 15 wollten sie ihn zum *»König«* machen. Hier lernen wir den Herrn als den *Priester* kennen, den Hohenpriester, der für die Seinen vor Gott eintritt: Während die Jünger auf dem See Not leiden, ist er auf dem Berg (V. 15) und betet für sie (Mt 14,23; siehe Röm 8,34; Hebr 7,25).

Das vorhergehende Zeichen lehrt, dass der Sohn Gottes jedem, der ihn aufnimmt, das Leben gibt; das nun folgende Zeichen lehrt, dass der Sohn Gottes jene, die das Leben empfangen haben, in dieser Welt des Todes gegen alle Anfeindung bewahrt und hindurchträgt, bis sie am Ziel sind. Entsprechend beginnt der Abschnitt damit, dass die Jünger an den See hinabgingen und ins Schiff stiegen (V. 16.17), und er endet mit dem Satz: *»Sogleich war das Schiff an dem Land, zu dem sie hinfuhren«* (V. 21). Das wird er in der Synagoge in Kapernaum, wo er die Bedeutung des Zeichens auslegt, viermal mit dem Wort unterstreichen, dass er jeden, der ihn aufgenommen hat, auferwecken wird am Jüngsten Tag (V. 39.40.44.54). Die Auferstehung zur Herrlichkeit ist das hohe Ziel, und er bewahrt einen jeden, der an ihn glaubt, bis jener am Tag der Auferstehung verherrlicht wird.

Hier sendet der Herr die Jünger in der Nacht allein über den See; nach seiner Auferstehung würde er sie als seine Boten unter alle Völker senden. Mit diesem Zeichen zeigt er ihnen, dass er sie bewahren und immer bei ihnen bleiben wird (Mt 28,20), auch wenn es in dieser Welt finster ist (V. 17) und sie ihn nicht mehr sehen. Nichts wird sie von ihm und seiner Liebe scheiden können (Röm 8,35).

16 Als es aber Abend geworden war, gingen seine Jünger
hinab an den See;
17 und sie stiegen in ein Schiff und fuhren über den See
nach Kapernaum. Und es war schon dunkel geworden,
und Jesus war noch nicht zu ihnen gekommen;
18 und der See erhob sich, weil ein starker Wind wehte.

Aus Mt 14,22 (und auch Mk 6,45) wissen wir, dass der Herr *»die Jünger nötigte, in das Schiff zu steigen und ihm an das jenseitige Ufer vorauszufahren«*. Daraufhin **»gingen seine Jünger hinab an den See«**, obwohl sie sicher lieber beim Meister geblieben wären oder ihn bei sich gehabt hätten. Wir können annehmen, dass der Meister die Jünger davor bewahren wollte, von der fleischlichen messianischen Begeisterung weggetragen zu werden, welche die Volksmengen ergriffen hatte (siehe V. 14.15).

»Es war schon dunkel geworden«, und die Jünger sahen nichts; sie hatten nur den Befehl des Herrn und das Vertrauen auf ihn. Dazu

»erhob sich der See, weil ein starker Wind wehte«: Es war nicht nur ungemütlich, sondern auch gefährlich. Aber der Meister und Lehrer ist dabei, sie zu lehren und sie vorzubereiten auf spätere Zeiten, in denen weit schlimmere Stürme gegen sie losbrechen würden. Die Apostelgeschichte berichtet davon. Er demonstrierte ihnen jetzt, dass er dann als ihr himmlischer Hoherpriester ohne Unterlass für sie beten und dass er ihnen beistehen (Mt 28,20; Apg 26,22) und sie hindurchretten (Hebr 7,25) und sicher ans Ziel bringen würde (17,24).

> **19 Als sie nun etwa 25 oder 30 Stadien gerudert waren,**
> **sehen sie Jesus auf dem See gehen und nahe an das Schiff**
> **herankommen, und sie fürchteten sich.**
> **20 Er aber spricht zu ihnen: *Ich* bin es, fürchtet euch nicht!**
> **21 Sie wollten ihn nun in das Schiff nehmen, und sogleich war**
> **das Schiff an dem Land, zu dem sie hinfuhren.**

Sie waren schon »**25 oder 30 Stadien**« gerudert, das sind zwischen 4,5 und 5,5 Kilometer, und da »**sehen sie Jesus auf dem See gehen**«. Er ist es, der den Wind aus seinen Vorratskammern herausführt (Ps 135,7), der die Wellen in die Höhe türmt (Ps 107,25). Er ist der Herr in der Höhe, der gewaltiger ist als die tosenden Wellen (Ps 93,3.4). Das sollen die Jünger wissen, denen allein dieses Zeichen gilt. Obwohl es nur für sie bestimmt ist, ist es ein Zeichen, denn der Herr demonstriert mit ihm, dass er erhaben ist über allem Toben der Nationen und Rasen der Feinde (siehe Ps 2,1; 46,3.4; Jes 17,12.13; Apg 4,23-31) und dass die Seinen darum geborgen sind und ihr Ziel sicher erreichen werden: »**... sogleich war das Schiff an dem Land, zu dem sie hinfuhren**« (vgl. Ps 107,29.30).

Wie es den Jüngern hier erging, wird es dem gläubigen Überrest in der Zeit der großen Drangsal ergehen:

»Es wird dunkel sein, aber inmitten der wachsenden Bedrängnisse wird Jesus erscheinen, obwohl sie auch dann noch nicht von ihren Ängsten befreit sein werden, denn das herrliche Licht wird diese sogar noch steigern, bis sie seine Stimme hören und damit wissen, dass er wahrhaftig ihr Retter ist, der nach langer Abwesenheit jetzt wieder zu ihnen gekommen ist. Kaum im Schiff aufgenommen, lässt er sie sogleich im ersehnten Hafen einfahren. So wird es dem gerechten Überrest ergehen. Ob

für diesen oder für uns: Alles hängt an Christus, und das zu zeigen, ist die besondere Aufgabe des vorliegenden Evangeliums« (Kelly).

3. Die Volksmenge sucht und findet Jesus (6,22-25)

Die Zeitangabe *»am folgenden Tag«* (V. 22) beginnt einen nächsten Abschnitt. Da fragt sich das Volk, wohin Jesus gegangen sei und wie er sich wegbegeben habe; es sucht ihn und findet ihn *»jenseits des Sees«* (V. 25). Im ersten Abschnitt sahen wir die Ratlosigkeit der Jünger (V. 5-9), hier sehen wir, wie ratlos die Volksmengen sind.

22 Am folgenden Tag sah die Volksmenge, die jenseits des Sees stand, dass dort kein anderes Boot war als nur eins, in das seine Jünger gestiegen waren, und dass Jesus nicht mit seinen Jüngern in das Schiff gestiegen war, sondern seine Jünger allein weggefahren waren.
23 (Es kamen aber andere Boote aus Tiberias nahe an den Ort, wo sie das Brot gegessen hatten, nachdem der Herr gedankt hatte.)
24 Als nun die Volksmenge sah, dass Jesus nicht dort war noch seine Jünger, stiegen *sie* in die Boote und kamen nach Kapernaum und suchten Jesus.
25 Und als sie ihn jenseits des Sees gefunden hatten, sprachen sie zu ihm: Rabbi, wann bist du hierher gekommen?

»Am folgenden Tag«, nachdem der Herr das Zeichen getan hatte, war **»die Volksmenge«** noch immer da, denn offensichtlich wollten sie bei Jesus bleiben. Und da sie wussten, dass die Jünger allein in jenes eine Schiff, das dort gewesen war, eingestiegen und abgefahren waren, meinten sie, Jesus müsse noch in der Nähe sein. Sie werden ihn gesucht (siehe V. 26), aber nicht gefunden haben, sodass sie sich fragen mussten, welchen Weg er denn genommen haben konnte. Während sie dastanden und nicht weiterwussten, **»kamen … andere Boote aus Tiberias an den Ort, wo sie das Brot gegessen hatten«**. Die Besitzer der Boote werden gemerkt haben, wie viel Volks am Tag davor auf die andere Seeseite gewandert war, und sie konnten sich ausrechnen, dass diese gerne über den See zurückkehren würden. Sie stiegen gerne **»in die Boote«**, denn sie **»suchten Jesus«**.

Als die Leute **»ihn jenseits des Sees gefunden hatten, sprachen sie zu ihm: Rabbi, wann bist du hierher gekommen?«** Sie konnten nicht ahnen, dass er lange vor ihnen über den See gegangen war, und konnten sich deshalb nicht ausrechnen, wie er denn früher als sie dort hatte ankommen können.

Die Verse 22-25 wollen uns Folgendes zeigen: Die Welt hat es mit einem Herrn zu tun, der für sie unbegreiflich ist. Das weckt Fragen, und sie bekommt auch Antworten. Was machen wir aber, wenn diese Antworten neue Fragen wecken? Wir sollten dann die Fragen stellen und auf die nächsten Antworten warten. Das wollte der Herr bewirken mit seinem unerklärbaren Verschwinden. Leider waren die Leute aber nicht bereit, auf die Antworten zu hören, die sie auf ihre Fragen bekamen.

4. Jesus erklärt das Zeichen von der Mehrung der Brote (6,26-59)

Die Jünger waren eben über den See gefahren, und der Herr hatte widrige Winde gesandt, um sie vorzubereiten auf die Zukunft. Damit wollte er ihnen zeigen, woher der Widerstand gegen sie und ihr Zeugnis sich erheben würde: aus dem Unglauben und dem Unverstand der Welt. Diese stellt sich gegen den Herrn und seine Wahrheit und damit auch gegen seine Jünger (siehe 15,18).

Die Rede beginnt mit der Erklärung, dass die Leute Jesus suchten, weil sie *»von den Broten gegessen«* hatten (V. 26); sie endet mit der Aussage: *»Dies ist das Brot ...; wer dieses Brot isst, wird leben ...«* (V. 58). Die ganze Rede handelt vom wahren Brot, woher es kommt, wie man es aufnimmt, was es dem Glaubenden gibt.

Schritt um Schritt führt der Herr die Juden vom täglichen Brot zum wahrhaftigen Brot: Zuerst sagt Jesus den Leuten, dass sie *etwas Falsches* bei ihm suchen: das tägliche Brot (V. 26), und fordert sie auf, das Richtige zu suchen: die Speise, die nicht vergeht (V. 27). Dann zeigt er ihnen, dass sie in der *falschen Weise* das suchen, was sie wirklich nötig haben:

Sie meinen, man müsse es durch eigenes Wirken erlangen; das wahre Brot aber kann man nur durch Glauben empfangen (V. 28.29). Diese Antwort wiederum offenbart, dass die Leute *ein falsches Verständnis* von Glauben haben: Man müsse Zeichen sehen, um glauben zu können (V. 30), und als Zeichen, das beweisen solle, dass Jesus der Messias sei, müsse er wie einst Mose in der Wüste dem Volk jeden Tag Brot geben (V. 31). Wieder müssen sie hören, dass sie irren, wenn sie das begehren, was Israel damals bekommen hatte; denn sie haben nicht Manna, sondern *»das wahrhaftige Brot«* nötig (V. 32). Dieses Brot ist aber nicht ein Etwas, ein vergängliches Ding, das man verzehrt, und weg ist es. Dieses Brot ist *jemand*, es ist *»der, welcher«* aus dem Himmel zu den Menschen gekommen ist (V. 33) und ihnen das Leben gibt. Darauf antworten die Leute, dass sie dieses Brot nicht nur einmal, wie am Vortag, sondern *»allezeit«* bekommen möchten (V. 34). Aber sie dachten an Lebensmittel, wie wir das tägliche Brot ja nennen, und hatten nicht gehört, was der Herr meinte, weshalb er es nun deutlich sagt: *Ich* bin jenes Brot (V. 35a). Und von da an bis zum V. 41 sagt er Folgendes über jenes Brot:

Man empfängt es, wenn man *zu ihm kommt*, und das bedeutet so viel wie: *wenn man an ihn glaubt* (V. 35b). Die Volksmenge aber glaubte nicht an ihn (V. 36). An ihn glauben können nämlich nur jene, die der Vater ihm, dem Sohn, gibt; und wen der Vater dem Sohn gibt, der kommt zu ihm; wer aber zu ihm kommt, den stößt der Sohn nicht hinaus (V. 37). Das wiederum hat seine tiefe Ursache: Der Sohn kam in diese Welt, um allen Willen Gottes zu tun, und das heißt, dass er alle annimmt, die der Vater ihm nach seinem Willen gibt (V. 38). Und der Vater will ferner, dass der Sohn alle, die er ihm gegeben hat, bewahrt bis zum letzten Tag; denn dann wird er sie auferwecken zur ewigen Herrlichkeit (V. 39). Sie können also das Ziel nicht verfehlen; sie werden am jenseitigen Ufer ankommen (siehe V. 21). Alle, die der Vater dem Sohn gibt, das sind alle, die den Sohn *sehen und an ihn glauben* (V. 40). Damit hat der Herr die Leute etwas ganz Wichtiges über den Glauben gelehrt. Er hatte ihnen zunächst gesagt, dass sie nicht an ihn glaubten, obwohl sie ihn gesehen hatten (V. 36), und nun sagt er, dass nur jene, die der Vater dem Sohn gibt, sehen und glauben. Damit wollte er den Leuten bewusst machen, dass sie nur glauben können, wenn Gott an ihnen wirkt; und damit wollte er sie drängen, alle Hilfe Gottes zu suchen, dass sie wie jener Vater des besessenen Knaben zu ihm riefen: *»Hilf meinem*

Unglauben!« (Mk 9,24). Hätten sie es getan, wie gerne hätte er ihrem Unglauben abgeholfen!

Aber die Leute hörten nicht; sie murrten über ihn, weil er sagte, dass er das Brot war, das aus dem Himmel zu ihnen kam (V. 41). Sie wollten nicht glauben, sie wollten seine Worte nicht hinnehmen; sie wollten an ihm nur den *»Sohn Josephs«* sehen, dessen *»Vater und Mutter«* sie doch kannten (V. 42). Auf dieses Murren antwortet Jesus mit einem Verbot, denn er ist der Gott Israels, der seinem Volk Verbote und Gebote gab (2Mo 20) und gibt (Mt 5). Das Verbot lautet: *»Murrt nicht ...!«* (V. 43). Wer dennoch murrt, ist ein Gesetzesübertreter. Wie aber soll man von der Sünde des ungläubigen Murrens loskommen, sodass man zum Sohn kommt und ihn nicht ablehnt? Es kommen nur solche, die der Vater zum Sohn zieht (V. 44a); und die gekommen sind, die bewahrt der Sohn, bis zum letzten Tag (V. 44b). Wie zieht der Vater? Oder: Wer sind jene, die sich ziehen lassen? Es sind alle, die *»von Gott gelehrt«* worden sind; jeder, der *»von dem Vater gehört und gelernt hat«*, kommt zum Sohn Gottes (V. 45). Wie aber hört man vom Vater? Nur durch sein Wort – denn niemand hat den Vater gesehen (V. 46) –, durch die heiligen Schriften; die lasen die Leute aber nicht, und darum waren sie nicht von Gott gelehrt, und darum kamen sie nicht zum Sohn.

Zum dritten Mal (nach V. 26 und 32) setzt der Herr ein mit *»wahrlich, wahrlich, ich sage euch«* (V. 47) und wiederholt die Grundwahrheit: Wer an ihn glaubt, hat das ewige Leben (vgl. V. 29.35.40). Dann wiederholt er die Wahrheit, dass er das wahrhaftige Brot, das Brot des Lebens, ist (V. 48). Er fährt fort und erklärt, was es bedeutet, dass er dieses Brot ist, und was man tun muss, damit man im Glauben an ihn das ewige Leben empfangen kann: Man muss sein Fleisch essen, das heißt an ihn glauben, den Sohn Gottes, der Fleisch wurde (V. 49-51). Davon wollten die Juden aber nichts wissen (V. 52); der Herr aber setzt ein viertes Mal ein mit *»wahrlich, wahrlich«*, um noch mehr zu enthüllen über sich selbst als das Brot, das vom Himmel kam, um der Welt das Leben zu geben: Er wurde Fleisch, um sein Blut zu geben, d.h. für uns zu sterben (V. 53). Wer sein Fleisch isst und sein Blut trinkt, das ist der Mensch, der glaubt, dass der ewige Gottessohn Mensch (1,14) und als Mensch zum Lamm wurde, das in seinem Tod die Sünde der Welt wegnahm (1,29). Jeder, der an ihn glaubt, hat ewiges Leben, und den wird er *»auferwecken am letzten Tag«* (V. 54). Das Fleisch und das Blut des Sohnes Gottes sind

»wahrhaftig Speise« (siehe V. 32) und *»wahrhaftig Trank«* (V. 55). Wer diese aufgenommen hat, der ist im Sohn und der Sohn ist in ihm, und damit wird er leben, solange der Sohn lebt (V. 56.57). Der Herr schließt seine ganze Rede mit dem zusammenfassenden Bekenntnis: *»Dies ist das Brot, das aus dem Himmel herabgekommen ist. Nicht wie die Väter aßen und starben; wer dieses Brot isst, wird leben in Ewigkeit«* (V. 58).

26 Jesus antwortete ihnen und sprach: Wahrlich, wahrlich, ich sage euch: Ihr sucht mich, nicht weil ihr Zeichen gesehen, sondern weil ihr von den Broten gegessen habt und gesättigt worden seid.

Mit **»wahrlich, wahrlich«** leitet Jesus seine Worte ein, in denen er aufdeckt, was die Leute dazu treibt, ihn zu suchen. Damit scheint er gar nicht auf die Frage der Juden einzugehen, und doch tut er es. Sie hatten ihn gefragt, auf welchem Weg er sie verlassen hatte, weil sie ihn vermissten. Aber warum vermissten sie ihn? Weil sie **»von den Broten gegessen«** hatten **»und gesättigt worden«** waren. Sie wollten mehr von diesem Brot; der Herr aber will ihnen eine Speise geben, die wahrhaft und für immer sättigt. Davon wird er in der ganzen nachfolgenden Rede sprechen: von Brot, von Essen und Trinken, von Leben und Lebenserhalt. Der letzte Satz der Rede schließt das Thema zusammenfassend ab (V. 58). Auf diese Weise stellt Jesus das Natürliche und Vergängliche dem Geistlichen und Ewigen gegenüber und hilft damit den Menschen, umso klarer zu erkennen, was man vor allem anderen suchen sollte. Die Juden suchten aber nicht Gott, sie suchten nur den Wundertäter. Und sie suchten Jesus also nicht deshalb, weil sie verstanden hätten, dass man ihn selbst als das wahre Brot aufnehmen musste. Das meint der Herr, wenn er sagt, dass sie ihn suchten, **»nicht weil ihr Zeichen gesehen … habt«**. Sie wollten zwar immer wieder Zeichen sehen, aber was die Zeichen aussagen wollten, sahen sie nicht.

In 7,34 kündigt der Herr an, dass die Juden ihn nach seiner Rückkehr zu Gott wieder suchen würden. Dabei würden sie nur nach dem Verbleib des Menschen Jesus von Nazareth fragen, nicht Gott um seinetwillen suchen.

27 Wirkt nicht für die Speise, die vergeht, sondern für die Speise, die bleibt ins ewige Leben, die der Sohn des Menschen euch geben wird; denn diesen hat der Vater, Gott, versiegelt.

Der Herr hat den Juden gezeigt, was sie wirklich suchten; nun sagte er ihnen, worum sie sich statt der vergänglichen Dinge mühen sollten: nicht um **»die Speise, die vergeht«**, sondern um **»die Speise, die bleibt ins ewige Leben«**. Zum ersten Mal in diesem Kapitel nennt er das ewige Leben (und danach in V. 40.47.54); um dieses, das wahre Leben, geht es immer wieder (V. 33.51.53.57.58). Wie im Gespräch mit der Samariterin weist der Herr die Juden vom Irdischen zum Himmlischen, vom Natürlichen zum Geistlichen. Wer vom Wasser aus dem Jakobsbrunnen trinkt, wird wieder dürsten, doch wer vom Wasser trinkt, das er gibt, findet darin eine Quelle, die ins ewige Leben quillt (4,13.14). So auch das tägliche Brot: Es sättigt nur für einige Stunden, und darum muss man wieder essen; die Speise, die der Menschensohn gibt, bleibt hingegen **»ins ewige Leben«**.

»Wirkt … für die Speise«: Kann man für die wahre Speise wirken, wie man für die natürliche wirkt? Kann man sie durch Arbeit erwerben? Es ist Speise, **»die der Sohn des Menschen euch geben wird«**. Der Herr nennt sich hier zum ersten Mal in dieser Unterredung »Sohn des Menschen« und bereitet damit die Aussage von V. 53 vor: Man muss das Fleisch des Sohnes des Menschen essen und sein Blut trinken, wenn man Leben in sich haben will. Den Sohn des Menschen **»hat der Vater, Gott, versiegelt«**; ihn hat er bestätigt und beglaubigt, indem er bezeugt hat, dass Jesus sein geliebter Sohn ist, an dem er sein Wohlgefallen hat; und dieses hat Jesus, weil er alles Wohlgefallen Gottes ausführt. Ihn hat Gott dazu bestimmt, einem jeden, der zu ihm kommt, das ewige Leben zu geben. Gott hat ihm *»ein Gebot gegeben«*, das er auszuführen hat, und dieses Gebot ist *»ewiges Leben«* (12,49.50). Ihm hat er alles, was zur Errettung gehört, *»in [die] Hand gegeben«* (3,35). Deshalb hat er *»ihm Gewalt gegeben … über alles Fleisch«*, damit er allen, die Gott *»ihm gegeben [hat], ewiges Leben gebe«* (17,2). Will man leben, muss man alles andere hintanstellen und zu ihm gehen, wie man einst zu Joseph gehen musste, wenn man in der Hungersnot überleben wollte (1Mo 41,55.57).

28 Da sprachen sie zu ihm: Was sollen wir tun, um die Werke Gottes zu wirken?

Der Herr hatte gesagt, sie sollten für die wahre Speise wirken, und entsprechend fragten sie ihn: **»Was sollen wir tun ...?«** So lautet immer die erste Frage des Menschen (siehe auch Apg 16,30), denn wir arbeiten und empfangen daraufhin den Lohn unserer Arbeit, und darum meinen wir, es müsse beim Empfang des ewigen Lebens auch so sein (siehe Lk 10,25; 18,18). Ganz falsch ist die Frage nicht, denn wir müssen etwas tun: Wir müssen auf sein Wort hören; wir müssen glauben. Das müssen wir, das kann uns niemand abnehmen. Aber daran dachten die Fragesteller nicht, wie der Nachsatz zeigt: **»um die Werke Gottes zu wirken«**. Sie dachten an die Aufgaben und Pflichten, die Gott ihnen im Gesetz auferlegt hatte.

29 Jesus antwortete und sprach zu ihnen: Dies ist das Werk Gottes, dass ihr an den glaubt, den *er* gesandt hat.

Von den Broten lenkt der Herr die Aufmerksamkeit auf sich selbst – und von den Werken auf den Glauben: Man muss an den glauben, **»den er gesandt hat«**. Dieser Glaube ist das Werk, das zum ewigen Leben führt. Hier wiederholt der Herr die Wahrheit, die er den Juden in Jerusalem gesagt hatte: *»Wer mein Wort hört und glaubt dem, der mich gesandt hat, hat ewiges Leben ...«* (5,24). Diese Antwort behagte den Galiläern nicht, wie wir wenig später sehen werden. Ihnen war der Gedanke nicht fremd, dass es Höheres gibt als den Erhalt des irdischen Lebens, nämlich das ewige Leben. Danach fragten ihn ja verschiedene Menschen zu verschiedenen Gelegenheiten (Lk 10,25; 18,18). Sie hätten das ewige Leben, was immer sie darunter verstanden, gerne in Empfang genommen, aber als Lohn für ihre Leistungen. Glauben? Sich nur einem anderen anvertrauen? Selbst nichts beitragen? Das war ihnen anstößig. Das ging ihnen gegen jedes moralische Empfinden; es war ihnen eine Torheit (siehe 1Kor 1,18).

»dass ihr ... glaubt«: ινα πιστευσητε, *hina pisteusēte*, wobei der Aorist hier wohl als ingressiv[90] zu verstehen ist. Er spricht hier nicht

90 ingressiv: wörtl. »eintretend«, also: »eröffnend«. Der ingressive Aorist markiert den Anfangspunkt eines Sachverhalts, z. B. *ezēsan*: *»sie wurden lebendig«* (sie kamen zum Leben; Offb 20,4; wie in Elberfelder 2003 und Schlachter 2000), nicht »sie lebten« (wie in Elberfelder 1905).

davon, dass sie fortwährend an ihn glauben müssen (obwohl man das auch muss), sondern von dem Moment, da man anfängt, an ihn zu glauben, vom Augenblick, da man ihn im Glauben aufnimmt (siehe 1,12). Er wollte also sagen: »Das Werk Gottes ist dies, dass ihr gläubig werdet, dass ihr zum Glauben kommt …«

Sie müssen **»an den«** glauben, nicht lediglich fest glauben; und das bedeutet, dass man hören muss, wer Jesus ist: Er ist von Gott gesandt; er ist der ewige Gottessohn; er wurde Mensch. Da Gott sein Vater ist, ist er sündloser Mensch. Er kam, um in seinem Tod die Sünde der Welt wegzunehmen (1,29). Man hat ihm das Leben aber nicht gegen seinen Willen genommen, sondern er hat es aus eigenem Antrieb gelassen, und er hat es in seiner eigenen Gewalt wiedergenommen (10,18). Man muss alles, was die Bibel über den Sohn Gottes sagt, glauben. Aber damit man glauben kann, muss man hören; denn der Glaube ist nicht eine Kraft, die uns innewohnt, die wir bei Bedarf aufbieten können. Vielmehr wird der Glaube in uns gewirkt, durch etwas, was von außen zu uns kommt, nämlich durch Gottes Wort und dadurch, dass wir es hören (Röm 10,17). Aber gerade das wollten die Leute nicht, wie sich bald zeigen wird (V. 60).

> **30 Da sprachen sie zu ihm: Was tust *du* nun für ein Zeichen, damit wir sehen und dir glauben? Was wirkst du?**
> **31 Unsere Väter aßen das Manna in der Wüste, wie geschrieben steht: »Brot aus dem Himmel gab er ihnen zu essen.«**[91]

»Was tust du nun für ein Zeichen …?«: Markus stellt diese Fragen in den gleichen Zusammenhang. Auch dort forderte man vom Herrn ein Zeichen (Mk 8,11), kurz nachdem er die Brote gemehrt und die 4000 gespeist hatte (Mk 8,1-9). Ob wie dort die Pharisäer oder wie hier die gewöhnlichen Leute – sie alle begehren ein handfestes Zeichen, **»damit wir sehen und dir glauben«**. Sehen und Glauben sind aber Gegensätze (siehe 2Kor 5,7; Hebr 11,1). Dem wahren Glauben genügt das Wort; dem Unglauben genügt auch ein Zeichen nicht, wie der Herr gleich sagen wird: Die Leute hatten ihn gesehen und doch nicht geglaubt (V. 36).

91 Ps 78,24.

»Was wirkst du?«: Der Herr hatte die Leute aufgefordert, für die wahre Speise zu wirken (V. 27), worauf sie zunächst ihn gefragt hatten, was sie wirken sollten (V. 28), und da ihnen die Antwort nicht behagte, warfen sie ihm das Wort zurück und fragten, was er denn wirke. Hatten sie nicht genug gesehen? War die Mehrung der Brote nicht ein Werk gewesen, das bewies, dass Gott ihn in die Welt gesandt hatte? Hatten sie ihn nicht am Tag davor einen Propheten geheißen und ihn sogar als König nach Jerusalem führen wollen? So sehen wir: Kein Zeichen, und sei es noch so groß, kann Glauben erzeugen (siehe 12,37).

»damit wir sehen und dir glauben«: Für »damit wir … glauben« steht hier ινα ... πιστευσωμεν, *hina ... pisteusōmen*, wieder Aorist (wie V. 30), also: *»damit wir sehen und an dich gläubig werden ...«* Dazu wollten die Juden ein Zeichen. Er hatte ihnen zwar Brote zu essen gegeben, aber sie begehrten Größeres: **»Unsere Väter aßen das Manna in der Wüste …«** Die Väter hatten während 40 Jahren jeden Tag ihr Brot aus dem Himmel bekommen. Sie meinten, Jesus müsse ein Zeichen tun, das mindestens so groß war wie jenes, wenn sie an ihn glauben sollten, also ihnen wieder und wieder geben, was sie begehrten.

»Sie begehrten ein Zeichen, das des Messias würdig wäre; und allgemein schienen sie jene Leckerbissen zu meinen, welche ihr Messias gemäß ihren Träumen mitbringen werde, im Besonderen erwarteten sie Manna ... ›Er ließ das Manna für sie herabfallen, und in ihm war vielerlei Geschmack, und jeder Israelit fand in ihm, was seinem Gaumen am meisten behagte ... So wird es sein in der kommenden Welt [in den Tagen des Messias]: Er wird den Kindern Israel Frieden geben, und sie werden sich setzen und essen im Garten Eden, und alle Nationen werden ihr Wohlergehen schauen, wie gesagt ist: Siehe, meine Knechte sollen essen, aber ihr sollt hungern, Jes 65,13‹[92]*«* (Lightfoot).

92 Midrasch Schemot Rabba (Auslegung des 2. Buches Mose), Abt. 25.

32 Da sprach Jesus zu ihnen: Wahrlich, wahrlich, ich sage euch: Nicht Mose hat euch das Brot aus dem Himmel gegeben, sondern mein Vater gibt euch das wahrhaftige Brot aus dem Himmel.
33 Denn das Brot Gottes ist der, der aus dem Himmel herabkommt und der Welt das Leben gibt.

»Nicht Mose …, sondern mein Vater«: Das ist die große Wahrheit, von der die Juden überzeugt werden mussten. Die Juden sahen nur Mose, sie sahen nur die Väter; sie sahen nicht die Hand Gottes. Entsprechend sahen sie auch nur Jesus, aber sie sahen nicht Gott, der in ihm war. Sie würden auch später nicht sehen, was Paulus in 2Kor 5,19 sagt, nämlich *»dass Gott in Christus war, die Welt mit sich selbst versöhnend …«*

»Die Gelehrten der Gemara[93] *bezeugen, dass das Manna um der Verdienste Moses willen gegeben wurde: ›Es gab drei gute Hirten in Israel: Mose, Aaron und Mirjam; und es waren drei gute Dinge, die uns durch ihre Hand gegeben wurden: ein Brunnen, eine Wolke und Manna; der Brunnen wegen der Verdienste Mirjams, die Wolkensäule wegen der Verdienste Aarons; Manna wegen der Verdienste Moses‹«* (Lightfoot).

Der Herr will die Juden von den Gaben zum Geber lenken. Das Manna kam zwar aus dem Himmel: *»Siehe, ich werde euch Brot vom Himmel regnen lassen«* (2Mo 16,4); es hieß daher *»Himmelsgetreide«* (Ps 78,24), aber es konnte nur den Leib am Leben erhalten. Der Vater aber **»gibt … das wahrhaftige Brot aus dem Himmel«**. Die Väter hatten das Manna gegessen, und das ganze 40 Jahre lang. Aber sie mussten am Ende alle doch sterben (V. 49). Das größere Wunder ist eben, dass Gott seinen Sohn als Speise gibt, damit jeder, der an ihn glaubt, ewig lebt. Das Manna war ein Etwas, **»das Brot Gottes«** hingegen ist eine Person. Er ist **»der, der aus dem Himmel herabkommt«**. Die Sache der Person vorziehen, das ist so wie der Ehemann, der mehr vom Braten hält als von der Frau, die ihn bereitet hat. Das ist die Grundsünde, in welcher der Sünder verharrt. Er vertauscht die Wahrheit mit der Lüge und gibt dem Erschaffenen das Gewicht, das er dem Schöpfer geben müsste (Röm 1,25).

93 Als *Gemara*, aramäisch für »Vervollständigung«, bezeichnet man jene rabbinischen Auslegungen, die geschrieben wurden, nachdem die *Mischna* bereits vollständig vorlag. Die *Gemara* war bis zum 8. Jahrhundert abgeschlossen; zusammen mit der *Mischna* bildet sie den *Talmud*.

34 Da sprachen sie zu ihm: Herr, gib uns allezeit dieses Brot!
35 Jesus sprach zu ihnen: *Ich* bin das Brot des Lebens;
wer zu mir kommt, wird *nicht* hungern, und wer an mich glaubt,
wird niemals dürsten.
36 Aber ich habe euch gesagt, dass ihr mich gesehen habt und
doch nicht glaubt.

Zunächst hatte das Volk nur indirekt gebeten, indem sie auf Mose und das tägliche Manna verwiesen (V. 31). Jetzt sprechen sie ihren Wunsch offen aus: **»... gib uns allezeit dieses Brot!«** Diese Bitte lautet ähnlich wie die der Samariterin: *»Herr, gib mir dieses Wasser, damit mich nicht dürste ...«* (4,15). Die Juden wollen gerne **»allezeit dieses Brot«** haben, bis an ihr Lebensende. Sie wollen die Gabe; aber den, der sich selbst gibt, wollen sie nicht; dabei ist ja er selbst das Brot. Aber sie scheinen nicht richtig hingehört und verstanden zu haben, weshalb Jesus noch einmal und noch deutlicher sagt, was sie bereits gehört hatten (siehe V. 33): **»*Ich* bin das Brot ...«** Man muss ihn selbst aufnehmen, nicht nur etwas, was er gibt. Man muss dieses Brot, d. h. ihn *essen.* Das wird er gleich sagen; aber vorher sagt er, was den Juden weniger anstößig war, obwohl es das Gleiche bedeutet: **»wer zu mir kommt ...«** Man muss zu ihm kommen. Wie geschieht das? Das sagt der nächste Satz: **»und wer an mich glaubt«**. Zu ihm kommen heißt, an ihn glauben. Wer an ihn glaubt, kommt zu ihm. Wer bei ihm ist und ihn hat, **»wird nicht hungern, und ... wird niemals dürsten«**. Die Juden kamen aber nicht zu ihm, denn sie hatten Jesus zwar **»gesehen«**, nämlich als er das Zeichen tat, und sie hatten **»doch nicht [ge]glaubt«**. Es gibt zwei Arten von Sehen, ein natürliches (V. 36) und ein geistliches (V. 40). Wer nur im ersten Sinn gesehen hat, glaubt nicht (15,24). Wem hingegen die Augen aufgetan worden sind, sodass er in Jesus den Unsichtbaren (V. 46) sieht (vgl. Hebr 11,27), wird glauben und leben (V. 40). In Kapitel 9 wird gezeigt werden: Der Mann, der blind geboren war, sah den Sohn Gottes. Die Obersten, die sehend waren, sahen ihn nicht (siehe besonders 9,39-41).

37 Alles, was mir der Vater gibt, wird zu mir kommen,
und wer zu mir kommt, den werde ich *nicht* hinausstoßen;
38 denn ich bin vom Himmel herabgekommen, nicht um *meinen*
Willen zu tun, sondern den Willen dessen, der mich gesandt hat.
39 Dies aber ist der Wille dessen, der mich gesandt hat,
dass ich von allem, was er mir gegeben hat, nichts verliere,
sondern es auferwecke am letzten Tag.

In V. 35 hatte der Herr von solchen gesprochen, die zu ihm kommen und die an ihn glauben. Nun sagt er über diese: »**Alles, was mir der Vater gibt, wird zu mir kommen …**« Das bedeutet, dass jeder, der zum Sohn kommt, deshalb kommt, weil der Vater ihn dem Sohn gegeben hat. Wer kommt und wer glaubt, ist die gleiche Person; wie die Judäer, so kamen auch die Galiläer nicht zu ihm (siehe 5,40) und glaubten nicht an ihn (V. 36). Da sagt der Herr, dass jene kommen, die der Vater dem Sohn gibt; das lesen wir hier zum ersten Mal: Die Erretteten sind jene Menschen, die der Vater dem Sohn gegeben hat. In Kap. 10 wird Jesus wieder davon sprechen (10,29), und dann wieder in seinem Gebet zum Vater (17,2.6.9.24). Was will der Herr bei den Leuten erreichen mit diesen Worten? Er will ihnen zeigen, dass sie gar nicht kommen können, wenn der Vater nicht an ihnen wirkt; und damit will er sie dazu bewegen, den Vater zu suchen und ihn zu bitten, dass er an ihnen wirke.

Wen der Vater dem Sohn gibt, der kommt wirklich, und wenn er kommt, nimmt der Sohn ihn auf. Wie könnte er ihn auch von sich weisen, wo der Vater ihn doch gegeben hat aus Liebe zu seinem Sohn? Ja, jeder wahrhaft Gläubige ist eine Liebesgabe des Vaters an den Sohn. Der Vater liebt den Sohn (3,35), darum erwählt er und gibt er ihm eine Braut. Und der Sohn liebt den Vater (14,31), darum wird er keinen, der kommt, »**hinausstoßen**«. Warum wird er das nicht tun? Das sagt er im nächsten Satz, der mit »**denn**« beginnt: »**… ich bin vom Himmel herabgekommen, nicht um meinen Willen zu tun, sondern den Willen dessen, der mich gesandt hat.**« Der Vater hat jeden, der zum Sohn kommt, nach seinem Willen von Neuem gezeugt (1,13), und der Sohn fügt sich in allem dem Willen seines Vaters. Er wurde Mensch und opferte sich als fleckenloses Lamm für sündige Menschen und erkaufte sie damit für Gott. Gott konnte nun Sünder zum Sohn ziehen; und die er zieht, die kommen, und die gekommen sind, die soll der Sohn aufnehmen und bewahren; denn sie sind nach dem Willen des Vaters dem Sohn zum Eigentum geworden. Gehören sie nun dem Sohn, ist es der Wille des Vaters, **»dass ich von allem, was er mir gegeben hat, nichts verliere«**. Nachdem die Volksmenge gesättigt worden war, wies der Herr die Jünger an, alle übrig gebliebenen Brocken zu sammeln, damit nichts verlorengehe (V. 12). Hier erklärt er, was diese besondere Anweisung, die zum Zeichen gehörte, bedeutete.

»Der Vorsatz des Vaters ist ebenso sicher, wie dass der Sohn alle aufnimmt, die zu ihm kommen. Der Unglaube Israels konnte Gottes Ratschluss nicht entkräften ... (Der Sohn) war hierin der vollkommene Diener Gottes. Wer auch zu ihm kommen mochte – er war vom Himmel herabgekommen, um zu dienen, und nicht, um seinen eigenen Willen zu tun. Es war die Sache des Vaters, zu erwählen und zu geben. Er ... würde deshalb niemanden abweisen, und sollte es der sein, der ihn am meisten gelästert hatte. Er war der Diener des Vaters in der Errettung wie in allem anderen. Der Diener würde ohne zu fragen einen jeden annehmen, so wie alle, die der Vater ihm gibt, kommen würden« (Kelly).

40 Denn dies ist der Wille meines Vaters, dass jeder,
der den Sohn sieht und an ihn glaubt, ewiges Leben habe;
und *ich* werde ihn auferwecken am letzten Tag.

Der Wille des Vaters ist das ewige Leben (siehe 12,49.50); **»jeder, der den Sohn sieht und an ihn glaubt«**, empfängt das ewige Leben. Es hängt also am Glauben oder am Unglauben eines jeden; wird jemand vom ewigen Leben ausgeschlossen, dann liegt das nicht am Willen Gottes, sondern am Unwillen des Menschen.

»jeder, der den Sohn sieht«: Hier spricht der Herr von der zweiten Art des Sehens (siehe Auslegung zu V. 36), nämlich von einem geistlichen Sehen, jenem Sehen, das nicht ein Gegensatz zum Glauben ist (wie in 2Kor 5,7). In 3,14.15 hatte der Herr schon angedeutet, dass beides, ihn als den ans Kreuz Erhöhten sehen und an ihn glauben, in eins zusammenfallen.

»und ich werde ihn auferwecken am letzten Tag«: Nach V. 39 finden wir diese Formulierung bereits zum zweiten Mal. In den Versen 44 und 54 lesen wir sie ein drittes und ein viertes Mal. Wir sollen verstehen: Wer an den Sohn Gottes glaubt, empfängt das Leben, und dieses Leben ist mehr als das natürliche Leben. Das natürliche Leben ist begrenzt; es strebt die ganze Zeit seinem Ende zu. So ist das Leben des ersten Menschen, der von der Erde ist; aber der zweite Mensch, der vom Himmel ist (1Kor 15,47), ist mehr als bloß eine lebendige Seele: Er, der auch der letzte Adam heißt, ist ein lebendig machender Geist (1Kor 15,45). Wer vom Brot isst, das ja der Menschensohn selbst ist, hat damit ein Leben empfangen, das unauflöslich ist (siehe Hebr 7,16).

Wer dieses Leben hat, den bewahrt der Herr, bis er ihn zur Herrlichkeit auferweckt. Dann wird er eingehen in jene Welt, in der kein Tod ist. Wir können es auch so ausdrücken: Wer glaubt, wird errettet. Die Errettung beinhaltet die Bewahrung eines jeden Erretteten, bis er am Ziel ist.

»*ich* werde ihn auferwecken«: Wie der Vater, so hat auch der Sohn die Gewalt, die Toten aufzuerwecken (5,21). Der Sohn selbst wird einen jeden, den der Vater ihm gegeben hat, mit Namen rufen, wie er Lazarus rief (11,43), und ihn auferwecken zu unverweslichem Leben.

»am letzten Tag«: Für den Christen ist das der Tag, an dem alle, die an Christus geglaubt haben und damit Christus gehören, auferweckt, verwandelt und zu ihm entrückt werden (1Kor 15,22.23.51-55; 1Thes 4,16.17).

Der Hauptinhalt der Verse 32-40 lässt sich in folgenden Sätzen zusammenfassen:

a. Christus ist das Brot, das der Vater gibt (V. 32).
b. Er ist das Brot aus dem Himmel, das der Welt das Leben gibt (V. 33).
c. Er ist das Brot des Lebens (V. 35a).
d. Wer an ihn glaubt, wird ewig weder hungern noch dürsten (V. 35b).
e. Der Vater gibt dem Sohn Menschen, und die kommen zu ihm, und der Sohn nimmt sie auf (V. 37).
f. Der Sohn tut den Willen dessen, der ihn gesandt hat (V. 38).
g. Der Wille des Vaters ist, dass der Sohn nichts verliere, sondern es zu ewiger Herrlichkeit auferwecke (V. 39).
h. Der Wille des Vaters ist, dass jeder, der an den Sohn glaubt, ewiges Leben habe (V. 40).

41 Da murrten die Juden über ihn, weil er sagte:
***Ich* bin das Brot, das aus dem Himmel herabgekommen ist;**
42 und sie sprachen: Ist dieser nicht Jesus, der Sohn Josephs,
dessen Vater und Mutter *wir* kennen? Wie sagt er nun: Ich bin
aus dem Himmel herabgekommen?

»Da murrten die Juden«: Aus dem Fragen (V. 25.28) und dem Bitten (V. 34) ist Murren geworden. Was löste es aus? Es waren die Antworten, die die Juden auf ihre Fragen und Bitten bekamen; es war das Wort der Wahrheit, das sie hörten. Hier steht das Wort »murren« zum ersten Mal; es folgt noch zweimal in diesem Kapitel (V. 43.61), noch einmal in 7,32 und dann im ganzen Evangelium nicht mehr. Murrten die Juden über das zuletzt Gesagte, dass es der Wille des Vaters sei, dass jeder, der ihn sehe und glaube, ewiges Leben habe? Nein, das hatten sie offensichtlich gar nicht gehört. Sie blieben bei den Worten hängen, die er davor gesagt hatte, dass er **»das Brot«** sei, **»das aus dem Himmel herabgekommen ist«**. Die Samariterin verstand auch nicht, was das bedeuten sollte, dass der Mann, der vor ihr stand, lebendiges Wasser geben könne, das dem Trinkenden ins ewige Leben quillt. Aber sie fragte weiter und hörte weiter, glaubte und empfing das ewige Leben. Anders die Juden; die wollten gar nicht wissen, was der Herr mit diesen Worten meinte. Sie machten Herz und Ohren zu, hörten nicht mehr, was er sagte, sondern verbissen sich in das erste ihnen anstößige Wort und verharrten damit in ihrem Unglauben und Widerspruch.

»und sie sprachen: Ist dieser nicht Jesus, der Sohn Josephs, dessen Vater und Mutter wir kennen?«: Die Juden meinten, Jesus nicht ernst nehmen zu müssen, wo er in ihren Augen doch nicht mehr war als sie: der Sohn von Eltern, die sie kannten. Als der Herr seinen Dienst in Galiläa anfing, hatte er bereits bezeugt, dass ein Prophet in seiner eigenen Heimat nichts gilt (4,44; Lk 4,24). Nun zeigte sich, dass sie von Anfang an ihn nur aufgenommen hatten, weil ihn seine Wunder interessierten (siehe 4,45); ihn selbst wollten sie nicht.

43 Da antwortete Jesus und sprach zu ihnen: Murrt nicht untereinander!
44 Niemand kann zu mir kommen, wenn der Vater, der mich gesandt hat, ihn nicht zieht; und *ich* werde ihn auferwecken am letzten Tag.

Die Juden hatten gemurrt (V. 41), worauf der Herr antwortete: »**Murrt nicht ...!**« Das ist ein Gebot, und dieses will wie alle Gebote, die der Gott Israels gab, den Leuten Erkenntnis der Sünde geben. Sie sollen erkennen, dass Gott es nicht hinnimmt, wenn man gegen sein Wirken und seine Verfügungen murrt; und sie sollen erkennen, dass sie Sünder sind und darum der Sünde nicht Herr werden. Als Sünder sind sie nicht nur unfähig, das Böse zu lassen, sondern auch unfähig, das Gute zu tun: »**Niemand kann zu mir kommen ...**« Den Juden hatte der Herr gesagt, dass sie nicht zu ihm kommen wollten (5,40). Der Mensch kann nicht, weil er nicht *will*; im Willen sitzt das Übel: Die Juden *wollten* nicht glauben (5,44). So ist es des Menschen eigener Widerspruch, der es ihm unmöglich macht, zum Sohn Gottes zu kommen. Solange dieses Murren gegen den Sohn Gottes nicht verstummt, kann der Mensch nicht kommen. Dieses Murren kann der Mensch aber nicht überwinden, denn es ist eine Frucht seiner Natur; wie aber soll einer mit seinen natürlichen Fähigkeiten seine Natur überwinden? Wie soll einer sich am eigenen Zopf aus dem Sumpf ziehen? Er muss von jemandem überwunden werden, der außerhalb von ihm steht und der stärker ist als er. In V. 37 hatten wir gelesen, dass alle, die der Vater dem Sohn gegeben hat, zu ihm kommen. In V. 44 wird diese Wahrheit bestätigt, indem der Herr sie negativ formuliert: Niemand kommt zu ihm, außer der Vater ziehe ihn. Zusammengenommen ergeben diese beiden Aussagen über »alle« und »niemand«: *Niemand* kommt zum Sohn, außer diejenigen, die der Vater zieht; jene, die der Vater zieht, kommen *alle*. Damit sind zwei grundlegende Wahrheiten über das Heil ausgesagt: Der Mensch ist völlig verloren; der Errettete ist völlig sicher. Dass er völlig verloren ist, erkennt man daran, dass er nicht zum Sohn kommen will; darum muss der Vater ihn ziehen. Dass er völlig sicher ist, erkennt man daran, dass der Vater, der ihn gezogen hat, ihn seinem Sohn übergibt.

»**wenn der Vater ... ihn nicht zieht**«: Für »zieht« steht hier ελκω, *helkō*, das außer hier bei Johannes noch in 12,32; 18,10; 21,6.11 steht, ferner in Apg 16,19; 21,30 und Jak 2,6. In 18,10 steht das Verb in Bezug zum Schwert, das man aus der Scheide zieht; in 21,6.11 in Bezug auf das Netz voller Fische, das man unter großer Kraftaufwendung heraufzieht. In Apg 16,19 wird es verwendet in Bezug auf Paulus und Silas, die von der Agora vor die Ortsvorsteher geschleppt werden. Gott zieht Seelen zum Sohn. Dabei muss er Kraft aufwenden, um den Unwillen des Menschen zu überwinden, denn keiner will zum Sohn kommen (siehe 5,40). Zöge er nicht mit seiner Kraft, würde keiner kommen. Er verwendet dabei aber nicht Zwang, sondern die Kraft, die den Sünder überwindet und zieht, ist moralisch und geistlich. Der Heilige Geist öffnet dem Sünder die Augen über die Wirklichkeit Gottes und die Sünde des Menschen (16,8-11): Der Mensch erkennt, dass sein Murren gegen Gott böse ist, und er bekennt seine Sünde und bittet Gott, ihm gnädig zu sein. Der zuvor Unwillige wird willig, und er kommt zum Sohn.

Während wir hier erfahren, dass es der Vater ist, der zum Sohn zieht, lernen wir in 12,32, dass das Kreuz die gerechte Grundlage ist, auf der Gott Sünder zum Sohn ziehen kann, und dass die Predigt des Kreuzes das Mittel ist, durch das der Herr die Seelen zu sich zieht. Darum müssen wir das Evangelium predigen (Röm 10,14.15).

»und ich werde ihn auferwecken am letzten Tag«: Schon zum dritten Mal lesen wir in dieser Rede diese Verheißung (siehe V. 39.40). Im gegebenen Zusammenhang will der Herr den Hörern damit sagen, dass sie als Sünder im Tod gefangen sind. Sie können dessen Bande nicht abschütteln; ein Stärkerer muss sie auferwecken zur ewigen Herrlichkeit.

45 Es steht in den Propheten geschrieben: »Und sie werden alle von Gott gelehrt sein.« Jeder, der von dem Vater gehört und gelernt hat, kommt zu mir.

Was will der Herr an dieser Stelle mit diesem Prophetenwort erreichen? Die Zuhörer sollen verstehen, dass sie gelehrt werden müssen, sollen begreifen, dass sie keine Erkenntnis von Gott und von seinem Heil in sich haben. Das wiederum soll sie drängen, die Schrift zu lesen und auf die Schrift zu hören.

Dieser Vers gibt uns auch die Erklärung dafür, wie es dazu kommt, dass Menschen überhaupt zu Christus kommen, da wir doch bei Johannes in der Einleitung gelesen hatten, dass der Herr, als er in der Welt war, von der Welt nicht erkannt wurde. Die einzelnen Juden wie Petrus, Andreas, Philippus und Nathanael, von denen wir in Kap. 1 lesen, dass sie zum Herrn kamen, waren zuvor **»von Gott gelehrt«** worden. (Das konnte auch ein David von sich sagen: Ps 71,17.) Darum nahmen sie den Herrn an, als sie ihm begegneten. Wie wurden sie gelehrt? Durch die heiligen Schriften. Das Wort Gottes ist das Mittel, das der Vater verwendet, um Menschen zum Sohn zu ziehen.

»Jeder, der von dem Vater gehört und gelernt hat«: Wie es zwei Arten von Sehen gibt, so gibt es auch zwei Arten von Hören. Darum sagt der Herr: *»Gebt ... acht, wie ihr hört«* (Lk 8,18). Viele hören und glauben doch nicht (V. 60); andere hören und glauben (V. 68.69). Wer richtig hört, lernt; er lernt aus dem gepredigten (oder gelesenen) Wort, wer Gott ist und wer er selbst ist. Er lernt, dass er in der Sünde gefangen ist und dass Jesus der Christus ist, der von der Sünde befreit, und so kommt er zu ihm.

»kommt zu mir«: Von diesem Kommen spricht der Herr wiederholt (V. 35.37.44.65). Wer glaubt, kommt. Das zeigt uns, dass Glauben mehr ist als lediglich eine Regung des Verstands, mehr als ein gedankliches Konzept. Wahrer Glaube regiert den Willen und lenkt damit die Schritte eines Menschen. Darum bleibt er nicht, wo er war, d.h. in der Gottesferne, sondern er kommt zum Sohn Gottes, um fortan mit ihm verbunden zu sein und bei ihm zu bleiben.

46 Nicht dass jemand den Vater gesehen hat, außer dem, der von Gott ist – dieser hat den Vater gesehen.

Niemand hat **»den Vater gesehen«**; niemand kann den Vater sehen (1,18). Wir können aber hören und lernen (V. 45), und zwar von dem, **»der von Gott ist«**, von Jesus Christus, denn **»dieser hat den Vater gesehen«**. Er offenbart alles und lehrt alles, was er gesehen und gehört hat (3,11.32; 5,30).

47 Wahrlich, wahrlich, ich sage euch: Wer an mich glaubt, hat ewiges Leben.

»Wahrlich, wahrlich«: Nach V. 26 und V. 32 sagt der Herr zum dritten Mal diese Worte, bevor er alles Gesagte noch einmal zusammenfasst und dabei vertieft. Es hing alles davon ab, dass die Hörer glaubten, was er sagte, darum diese einleitende Beteuerung.

> **48 *Ich* bin das Brot des Lebens.**
> **49 Eure Väter haben das Manna in der Wüste gegessen**
> **und sind gestorben.**
> **50 Dies ist das Brot, das aus dem Himmel herabkommt,**
> **damit man davon esse und nicht sterbe.**

»Ich bin das Brot des Lebens« haben wir bereits in V. 35 gelesen.

»Eure Väter haben das Manna … gegessen« haben wir bereits in V. 31 gelesen.

»Dies ist das Brot, das aus dem Himmel herabkommt …« haben wir bereits in V. 33 gelesen. Indem der Herr diese drei Aussagen erstens wiederholt und zudem direkt aneinanderreiht, verdeutlicht er eine in der ganzen Rede gelehrte Wahrheit:

a. Er sagt, wer er ist: das Brot des Lebens.
b. Er sagt, dass die Juden mehr brauchten als das, was die Väter empfangen hatten: Jene aßen das Manna, aber sie mussten doch sterben.
c. Er sagt, dass er mehr ist als Mose und damit Besseres gibt als der Alte Bund (eine der Hauptwahrheiten des ganzen Hebräerbriefs). Er gibt mehr als das Manna: Er gibt sich selbst als Speise. Wer von ihm, dem Brot des Lebens, isst, wird nicht sterben.
d. Er sagt, wie man das Leben empfängt: Man muss vom Brot essen, d. h. man muss ihn aufnehmen, indem man an ihn glaubt.

»damit man davon esse«: Hier spricht der Herr zum ersten Mal aus, was in seinen zuvor gesprochenen Worten unausgesprochen mitgeklungen hatte. Die Juden hatten auf die Väter verwiesen, die das Manna gegessen hatten (V. 31), worauf er geantwortet hatte, dass der Vater das Brot aus dem Himmel gibt (V. 32). Und als die Juden ihn baten, ihnen allezeit dieses Brot zu geben (V. 34), antwortete er, dass *er* das Brot des Lebens ist (V. 35) und dass jeder, der zu ihm kommt und an ihn *glaubt*, nicht mehr hungern und dürsten werde. Er sagte dort nicht »essen«, sondern »glauben«. Nun spricht er es offen aus: Wenn er das Brot vom Himmel ist, dann muss man von ihm essen. Essen heißt, etwas in sich aufzunehmen, und aus 1,12 verstehen wir bereits, dass Christus aufnehmen und an Christus glauben das Gleiche ist.

In den jetzt folgenden Versen verwendet er immer wieder das Wort »essen« (V. 51.52.53.54.56.57.58), insgesamt siebenmal.

51 *Ich* bin das lebendige Brot, das aus dem Himmel herabgekommen ist; wenn jemand von diesem Brot isst, wird er leben in Ewigkeit. Das Brot aber, das *ich* geben werde, ist mein Fleisch, das *ich* geben werde für das Leben der Welt.

Mit diesen Worten vertieft und verdeutlicht der Herr, was er bisher gesagt hat. Was heißt es, das Brot zu essen, das aus dem Himmel kommt? Was ist denn **»das lebendige Brot, das aus dem Himmel herabgekommen ist«**? Wie kann es dem Menschen, der dem Tod verfallen ist, zum Leben werden?

»Das Brot aber, das ich geben werde, ist mein Fleisch, das ich geben werde für das Leben der Welt«: Nicht das Manna, auch nicht das Fleisch des jährlich geschlachteten Passahlammes konnte dem Essenden ewiges Leben geben. Das kann nur das Fleisch des Lammes Gottes (1,29). Das ewige Wort wurde Fleisch (1,14), nahm einen Menschenleib an, um diesen Leib Gott zu opfern (Hebr 10,10) für die Sünde der Welt (1,29). Wer ihn aufnimmt (1,12), wie man Speise aufnimmt (vgl. Jer 15,16), wer an ihn glaubt (1,13), ja, wer sein Fleisch isst, **»wird … leben in Ewigkeit«** (V. 54.58).

Wir verstehen nun, dass diese Worte des Herrn gar nichts aussagen über das Abendmahl. Hier lehrte der Herr die Juden, wie sie ewiges Leben empfangen können. Das Mahl des Herrn hat der Herr aber nicht eingesetzt als einen zweiten Weg, auf dem die Menschen das Leben bekommen können. Das Mahl des Herrn ist gegeben, damit wir uns an ihn erinnern: *»Dies tut zu meinem Gedächtnis!«* (Lk 22,19). Wer vom Brot isst und den Kelch trinkt, empfängt dabei weder Sündenvergebung noch Leben, sondern *bezeugt* damit seine Gemeinschaft mit dem Sohn Gottes und mit allen Kindern Gottes (1Kor 10,16.17). Und dazu *verkündigt* er jedes Mal, wenn er vom Brot isst und aus dem Kelch trinkt, den Tod des Herrn (1Kor 11,26). Er bezeugt zusammen mit allen anderen, die an diesem Mahl teilnehmen, dass der ewige Gottessohn Mensch wurde und im Gehorsam gegenüber dem Vater in den Tod ging, um uns Sünder zu erlösen.

52 Die Juden stritten nun untereinander und sagten: Wie kann dieser uns sein Fleisch zu essen geben?

Jetzt murren die Juden nicht wie zuvor (V. 41), sondern jetzt **»stritten [sie] untereinander«**. Sie beginnen, vom Herrn abgewandt, ihre Einwände, Gründe und Gegengründe zu diskutieren. Darum fragen sie nicht: »Wie kannst *du* … «?, sondern: **»Wie kann *dieser* uns sein Fleisch zu essen geben?«** Der Herr hatte zwar in V. 51 nicht ausdrücklich gesagt, dass man sein Fleisch essen müsse, aber aus der Analogie zum Manna, das die Väter aßen, verstanden sie, dass der Herr genau das meinte. Aber sie verstanden nicht, dass seine Worte geistlich gedeutet werden müssen, denn sie sind Geist und sind Leben (V. 63).

Wie die Juden hier anfingen, untereinander zu disputieren, haben sie seither in allen nachfolgenden Jahrhunderten getan: Die jüdischen Gelehrten haben lang und breit diskutiert, warum Jesus von Nazareth nicht der Messias sein könne, dass er nicht der verheißene Retter sei, dass er die Welt nicht von der Sünde und ihren bösen Folgen befreit habe etc. Sie redeten *über* ihn, aber sie redeten nie *zu* ihm. Darum sind sie bis heute im Unglauben gefangen.[94]

53 Da sprach Jesus zu ihnen: Wahrlich, wahrlich, ich sage euch: Wenn ihr nicht das Fleisch des Sohnes des Menschen esst und sein Blut trinkt, so habt ihr kein Leben in euch selbst.

Ein viertes Mal spricht der Herr die beteuernden Worte: **»Wahrlich, wahrlich, ich sage euch …«** Seine Worte sind wahr; die Hörer mussten ihn und damit alle seine Worte annehmen, sonst würden sie in ihren Sünden sterben.

---

94 Das »Neue Lexikon des Judentums« (Bertelsmann Lexikon Verlag, Gütersloh/München 1992), sagt unter *Jesus von Nazareth* u. a.: *»Vom Judentum aus lässt sich in einem normativen Sinn von Jesus von Nazareth nur eine negative Aussage formulieren. Für das Judentum ist Jesus nicht der Messias, denn die Welt hat sich nach dem Opfergang von Golgatha nicht grundsätzlich verändert. Es gab Kriege vor und nach Jesus, Klassen- und Rassenhass wurden durch sein Wirken nicht beseitigt, sodass unsere Welt noch der Erlösung harrt. Vom Messias aber wird erwartet, dass er den Weltfrieden bringt, Israel in das Land der Verheißung zurückführt, das Reich seines Urvaters David wiedererrichtet und den Dritten Tempel erbaut. All das ist mit dem Kommen Jesu nicht verwirklicht worden.«*

»Wenn ihr nicht das Fleisch des Sohnes des Menschen esst und sein Blut trinkt, so habt ihr kein Leben in euch selbst«: Hier drückt sich der Herr noch drastischer aus als bisher. Das hat auch seinen Grund. Die Juden hatten gemurrt, und dann hatten sie sich abgewandt und angefangen, über ihn zu sprechen. Darum spricht er jetzt so, dass nur die Glaubenden ihn verstehen. Als er gesagt hatte, das Brot sei sein Fleisch, das er für das Leben der Welt geben würde (V. 51), hatten sie sich von ihm abgewandt, und nun sagt er sogar, sie müssten sein Fleisch essen und, noch schlimmer: sein Blut trinken. Wiederum konnten die Juden nur nach ihrem natürlichen Verständnis urteilen, und dieses sagte ihnen, dass Mose ihnen verboten habe, Blut zu trinken (3Mo 17,10-14).

54 Wer mein Fleisch isst und mein Blut trinkt, hat ewiges Leben, und *ich* werde ihn auferwecken am letzten Tag;

Der Herr wiederholt in positiver Weise, was er eben negativ ausgedrückt hatte: Wer sein Fleisch isst und sein Blut trinkt, **»hat ewiges Leben«**. Das Fleisch des Menschensohnes zu essen, heißt, an ihn zu glauben als den Gottessohn, der Fleisch, eben Mensch wurde, um als Mensch für die Sünde des Menschen zu sterben. Das Blut des Menschensohnes zu trinken, heißt, an das Blut zu glauben (Röm 3,25), das er vergoss, um jeden, der an ihn glaubt, von seinen Sünden zu reinigen (1Jo 1,7). Und die an sein Blut glauben, wird der Herr **»auferwecken am letzten Tag«**. Hier sagt es der Herr nach den Versen 39.40.44 zum vierten Mal (siehe Auslegung zu V. 40).

»Wir sollten beachten, dass der Herr die Auferweckung so häufig mit dem ewigen Leben verknüpft, weil unsere Errettung bis zu jenem Tag verborgen bleiben wird. Was Christus uns gibt, kann daher niemand merken, der nicht seine Augen über diese Welt erhebt und auf die Auferstehung am Ende richtet« (Calvin).

Die Auferstehung zur Herrlichkeit ist die große Hoffnung des Christen (Apg 23,6; 24,15), die Vollendung seiner Errettung (1Kor 15,22.51-54). Gäbe es keine Auferstehung, wäre unser Glaube umsonst (1Kor 15,12-14) und wären wir in dieser Welt die elendesten unter den Menschen (1Kor 15,19).

55 denn mein Fleisch ist wahrhaftig Speise, und mein Blut ist wahrhaftig Trank.
56 Wer mein Fleisch isst und mein Blut trinkt, bleibt in mir und ich in ihm.

Hier sagt der Herr etwas Neues. Wer ihn aufgenommen hat, **»bleibt in mir und ich in ihm«**. Hier meint der Herr nicht das Gleiche wie in 15,4. Das erkennen wir daran, dass es nicht wie in 15,4 als Befehl formuliert ist, sondern als Aussage. Dort geht es um unsere Verantwortung, bewusst in ihm zu bleiben und darin zu verharren, hier hingegen geht es um den unveränderlichen Stand dessen, der Christus aufgenommen hat: Er ist in Christus, und Christus ist in ihm. Die folgenden Worte des Herrn bestätigen das:

57 Wie der lebendige Vater mich gesandt hat und *ich* lebe des Vaters wegen, so auch, wer mich isst, der wird auch leben meinetwegen.

»Wie«: In 3,14 und 5,26 lesen wir vom Sohn Gottes: Er musste erhöht werden, *»wie«* Mose die Schlange in der Wüste erhöhte (3,14), und er hat Leben in sich selbst, *»wie«* der Vater Leben in sich selbst hat (5,26). Hier heißt es von den Glaubenden: *Wie* der Sohn lebt **»des Vaters wegen, so auch, wer mich isst, der wird auch leben meinetwegen«**. Mit diesem Wort ist die ganze Substanz des Heils, das Christus gewirkt hat, umrissen: Der Gerettete ist so, wie sein Retter ist: Er teilt sein Leben (Kol 3,4) und seine Stellung (Eph 2,6) und seine Herrlichkeit (17,22); er ist vom Vater gleich geliebt wie der Sohn (17,26). Er teilt auch den Platz mit ihm in dieser Welt: d. h. er wird ebenso gehasst, wie sein Herr gehasst wurde (15,18-20).

»der wird … leben«: Lebt der Sohn Gottes? Er lebt ewig, wie der Vater ewig lebt. Lebt der Christ? Er lebt ewig, wie der Christus ewig lebt: *»Weil ich lebe, werdet auch ihr leben«* (14,19).

58 Dies ist das Brot, das aus dem Himmel herabgekommen ist. Nicht wie die Väter aßen und starben; wer dieses Brot isst, wird leben in Ewigkeit.

Erneut werden die an Christus Glaubenden den Vätern gegenübergestellt. **»Die Väter … starben«**, obwohl sie vierzig Jahre lang täglich vom Manna aßen, wer aber **»dieses Brot isst, wird leben in Ewigkeit«**. Inzwischen hätten die Juden verstehen müssen, was das hieß, »dieses Brot essen«: nämlich zu glauben, dass er vom Himmel gekommen war; zu glauben, dass er Leben in sich hat; zu glauben, dass er jedem, der zu ihm kommt, dieses Leben gibt; zu glauben, dass er seinen Leib opfern und sein Blut vergießen würde zur Vergebung der Sünden und zur Befreiung vom ewigen Tod.

59 Dies sprach er in der Synagoge, als er in Kapernaum lehrte.

In Kapernaum hatte der Herr *»an den Sabbaten«*, also wiederholt, gelehrt (Lk 4,31). Aus Kapernaum kam der königliche Beamte, dessen Sohn der Herr vor dem Tod rettete (4,46-53). Kapernaum hatte seine Zeichen und Wunder gesehen (Mt 11,20-23) und nun zum Schluss noch diese Rede gehört. Niemand in Kapernaum konnte Gott den Vorwurf machen, er habe geschwiegen und sich nicht um ihn gemüht (vgl. Jes 5,1-4; Mt 23,37).

5. Eine Spaltung unter den Jüngern (6,60-71)

Außer den Zwölf muss eine recht große Menge von Jüngern dem Herrn nachgefolgt sein. Die Rede in der Synagoge von Kapernaum scheidet diese Menge in zwei ungleiche Hälften.

60 Viele nun von seinen Jüngern, die es gehört hatten, sprachen: Diese Rede ist hart; wer kann sie hören?

»Diese Rede ist hart«: Die Hörer fragten den Herrn nicht, was er mit seiner Rede meinte; sie dachten nicht daran, dass sie vielleicht im Verstehen träge waren, als sie seine Worte nur im natürlichen und buchstäblichen Sinn verstehen konnten.

Wer die Reden des Herrn »hart« nennt, beweist damit nur, dass sein Herz hart ist. Die Botschaft ist gut, der Same, den der Sämann ausstreut, ist gut; das Herz, das den Samen nicht aufnimmt, ist böse. Die Sonne gibt Licht und Wärme; diese sind überall, wo sie hinkommen, dieselben, doch ihre Wirkungen sind sehr verschieden: Wachs wird an der Sonne weich, Lehm wird an der Sonne hart. Warum wird der Lehm hart? Es liegt an seiner Beschaffenheit. Warum wird das Herz des Menschen hart, wenn Gottes Licht auf es fällt? Es liegt an seiner Natur.

»wer kann sie hören?«: τις δυναται αυτου ακουειν, *tis dynatai autou akouein*, das man auch auffassen kann als »wer kann ihn (den Herrn) hören?«. Beides fällt in eins zusammen: Wer seine Worte nicht hören mag, kann auch ihn nicht hören. Wer ihn aber nicht hört, hat ihn von sich gewiesen, hat das Brot, das vom Himmel kommt, verschmäht und mit den Füßen in den Staub getreten (vgl. Hebr 10,29). In 8,43 wird der Herr bestätigen, dass die Juden seine Worte nicht hören können. Jenes Kapitel erklärt, warum.

61 Da aber Jesus bei sich selbst wusste, dass seine Jünger hierüber murrten, sprach er zu ihnen: Stoßt ihr euch daran?

»Da aber Jesus bei sich selbst wusste«: Diese Formulierung ist auffällig. Warum steht hier nicht einfach: »Da aber Jesus wusste …«? Warum wird hervorgehoben, dass er »bei sich selbst« oder »in sich selbst«[95] wusste? Dass der Herr wusste, was er tun wollte (V. 6), dass seine Jünger murrten (V. 61), wer ihn verraten würde (V. 64) und was über ihn kommen musste (18,4), scheint uns inzwischen selbstverständlich. Hier wird hervorgehoben, dass der Herr alles aus sich selbst wusste, damit wir bedenken, was uns vielleicht noch nicht so selbstverständlich ist: Er war nicht wie wir angewiesen auf Information, die ihm von außen zukam. Er erkannte Dinge nicht erst, als sie ihm vor Augen traten; nein, er erkannte alles *»von Anfang an«* (V. 64), d.h. bereits im Anfang, als er war (siehe 1,1), aber noch keine Zeit und keine Schöpfung geworden war. Das bedeutet aber, dass er alles aus sich heraus wusste, denn es war

95 siehe Fußnote in der Elberfelder Bibel.

ja nichts oder niemand da, der Ursache oder Anlass seines Wissens hätte sein können. Er wusste also, dass die Jünger murrten, bevor sie murrten, ja, bevor sie existierten. So gibt uns Johannes hier einen nicht undeutlichen Wink seiner absoluten und unumschränkten Gottheit.

»Stoßt ihr euch daran?«: Wer ein ungläubiges Herz hat, hat ein ungehorsames Herz, wer aber ungehorsam ist, der ist dazu gesetzt, an Christus Anstoß zu nehmen und zu straucheln (1Petr 2,8). Man beachte wohl: Niemand ist als *Mensch* dazu gesetzt, über Christus zu straucheln wie über einen Stein, der im Weg liegt. Wer aber *ungehorsam* ist, über den hat Gott vor aller Zeit verordnet, dass er gerade an Christus Anstoß nehmen und zerschellen muss.

62 Wenn ihr nun den Sohn des Menschen dahin auffahren seht, wo er zuvor war?

Hatten sich die Juden an den Worten gestoßen, dass er aus dem Himmel herabgekommen war und dass man sein Fleisch essen und sein Blut trinken müsse, was würden sie dann sagen, wenn sie sehen sollten, wie der Sohn den Menschen wieder in den Himmel zurückkehrt? Die Himmelfahrt des Menschensohnes würde beweisen, dass er tatsächlich vom Himmel gekommen war, wie er in dieser Rede wiederholt von sich gesagt hatte (V. 33.38.50.51.58). Denn nie ist einer in den Himmel hinaufgestiegen außer dem, der aus dem Himmel herabgestiegen ist (3,13). Würden die Ungläubigen aber den **»Sohn des Menschen … auffahren«** *sehen*? Nein, das würden nur die Jünger sehen (Apg 1); aber es waren nicht alle ungläubig, an die der Herr sich mit diesen Worten wandte (siehe V. 64). Den Gläubigen unter ihnen würde die Himmelfahrt der Beweis dafür sein, dass Jesus wirklich der war, der als das lebendige Brot vom Himmel gekommen war, um der Welt das Leben zu geben. Aber die meisten waren ungläubig, und diese würden nicht sehen, wie er zum Himmel auffuhr; für die spricht der Herr hier nur von einem angenommenen Fall. Aber sie würden ihn noch sehen, nämlich als den verherrlichten Menschensohn, und das wird ihnen der Beweis dafür sein, dass er zuvor dahin aufgefahren war. Er wird wiederkommen, und dann muss jedes Auge ihn sehen, auch die Augen derer, die ihn durchstochen haben. Als der Herr von den Juden verhört wurde, sagte er ihnen: *»Von jetzt an werdet ihr den Sohn des Menschen zur Rechten der Macht sit-*

zen und auf den Wolken des Himmels kommen sehen« (Mt 26,64). Wenn er kommt auf den Wolken des Himmels, müssen sie ihn sehen, und dann werden sie nicht mehr Anstoß nehmen können an ihm. Das konnte man, solange er als Mensch unter Sündern ein- und ausging. An jenem Tag aber erscheint er als der Herr der Herren (Offb 19,11-16), vor dem ein jeder sich beugen und ihn als Herrn bekennen muss (Phil 2,10.11), bevor er ihn in seiner Allmacht und Gerechtigkeit richtet.

> **63 Der Geist ist es, der lebendig macht; das Fleisch nützt nichts.**
> **Die Worte, die *ich* zu euch geredet habe, sind Geist und sind**
> **Leben;**
> **64 aber es sind einige unter euch, die nicht glauben. Denn Jesus**
> **wusste von Anfang an, welche es waren, die nicht glaubten, und**
> **wer es war, der ihn überliefern würde.**

»Der Geist ist es, der lebendig macht«: Der Geist Gottes macht die Worte des Herrn zu Worten des Lebens, indem er den Glaubenden Verständnis gibt (16,13; 1Kor 2,9.10; vgl. Lk 24,45).

»das Fleisch nützt nichts«: Menschlicher Verstand nützt nichts; der Mensch ist der Sünde wegen blind für Gott und taub für seine Stimme. Sein Verstand ist verfinstert (Eph 4,18), sodass ihm die Worte des allein weisen Gottes als Torheit erscheinen (1Kor 2,14).

»Die Worte, die ich zu euch geredet habe, sind Geist und sind Leben«: Seine Worte waren vom Geist eingegeben, der in ihm wohnte. Der Geist war auf ihm und blieb auf ihm (1,32.33); er war voll Heiligen Geistes (Lk 4,1), denn Gott gab ihm den Geist nicht nach Maß, und deshalb redete er die Worte Gottes (3,34). Diese Worte sind Worte des Lebens (Apg 5,20; Phil 2,16); sie sind der Same zum ewigen Leben (1Petr 1,23); sie haben das Vermögen, dem Menschen, der tot ist in seinen Vergehungen und Sünden (Eph 2,1), das Leben zu geben.

»Aber es sind einige unter euch, die nicht glauben«, und darum konnten sie die Worte des Herrn nicht annehmen, darum hörten sie die Stimme des Herrn nicht, seine Worte blieben wirkungslos, und so blieben sie im Tod.

»Denn Jesus wusste von Anfang an«: Er sah den Unglauben im Herzen eines jeden Ungläubigen voraus. Er wusste alles (siehe V. 61), doch das hinderte ihn nicht, sein Fleisch und sein Blut für das Leben der

Welt zu geben; denn nicht die Zuneigung oder die Ablehnung der Menschen bestimmten seinen Weg und lenkten seine Schritte, sondern der Wille (V. 38) und das Gebot (12,49) des Vaters. Darum zog er unermüdlich durchs Land, lehrte die Menschen und tat ihnen Gutes. Er wusste auch, **»wer es war, der ihn überliefern würde«**, doch auch den liebte er mit der ganzen Menschenliebe Gottes (siehe Tit 3,4).

65 Und er sprach: Darum habe ich euch gesagt, dass niemand zu mir kommen kann, wenn es ihm nicht von dem Vater gegeben ist.

Ein drittes Mal sagt der Herr, dass es vom Vater abhängt, ob jemand zu ihm kommt. In V. 37 hatten wir gelesen, dass jene zum Sohn kommen, die der Vater ihm gegeben hat. In V. 44 lasen wir, dass keiner zum Sohn kommt, wenn der Vater ihn nicht zieht. Hier vernehmen wir, **»dass niemand zu mir kommen kann, wenn es ihm nicht von dem Vater gegeben ist«**. Weil der Herr wusste, was in jedem Menschen ist (V. 61), darum sagte er ihnen das. Der Glaube ist eine Gabe Gottes (Eph 2,8); es wird uns geschenkt, an Christus zu glauben (Phil 1,29). Gott war es, der Kornelius und seinem Haus die Buße zum Leben gab (Apg 11,18). Den Jüngern wurde gegeben, die Geheimnisse des Reiches Gottes zu verstehen (Mt 13,11). Gott lehrte sein alttestamentliches Volk bereits, dass es erst dann sehen und verstehen kann, wenn Gott ihm Verständnis gibt: *»Der HERR hat euch nicht ein Herz gegeben, zu erkennen, und Augen, zu sehen, und Ohren, zu hören, bis auf diesen Tag«* (5Mo 29,3). *»Das hörende Ohr und das sehende Auge, der HERR hat sie alle beide gemacht«* (Spr 20,12).

Nehmen wir die Aussagen aus V. 65 und V. 63 zusammen, können wir sagen: Ein Mensch kann nur zum ewigen Leben kommen, wenn Gott der Vater es gibt, dass er kommt; das aber geschieht dadurch, dass Gott der Heilige Geist ihn belebt, indem er ihm die Worte Gottes aufschließt.

66 Von da an gingen viele von seinen Jüngern zurück und wandelten nicht mehr mit ihm.

»Von da an«: Die Juden hatten sich schon an der Aussage gestoßen, dass der Herr vom Himmel herabgekommen war (V. 41); und viele seiner Jünger hatten die Rede hart gefunden, dass er Mensch geworden sei, um den

Menschen sein Fleisch als Speise und sein Blut als Trank zum ewigen Leben zu geben (V. 60). Was sie aber schließlich veranlasste, sich endgültig von ihm abzuwenden, waren seine zuletzt gesprochenen Worte: Der Geist Gottes müsse seine Worte lebendig machen, sonst könne keiner sie verstehen (V. 63), und keiner könne an den Sohn Gottes glauben und zu ihm kommen, wenn es ihm nicht vom Vater gegeben sei (V. 65). Das empörte sie mehr als alles, was sie bis dahin gehört hatten. So ist denn das Kapitel 6 in diesem Evangelium tatsächlich die Wende, wie wir einleitend gesehen hatten. Es zeigt, wie nicht nur das Volk in Galiläa den Messias verwarf, sondern auch, wie die meisten seiner Jünger sich nun von ihm abwandten.

»zurück«: εις τα οπισω, *eis ta opisō*, wie in Lk 9,62: *»Niemand, der die Hand an den Pflug gelegt hat und zurück – eis ta opisō – blickt, ist tauglich für das Reich Gottes.«* Damit erwiesen sich **»viele von seinen Jüngern«** als untauglich. Auch in Mt 16,23 steht das gleiche Wort. Der Herr befiehlt dem Satan: *»Geh **hinter mich** – opisō mou!«* Wer die Worte des Herrn hart findet, folgt dem Satan, wohin der Herr diesen befiehlt, und das heißt am Ende in das ewige Feuer (Mt 25,41).

67 Da sprach Jesus zu den Zwölfen: Wollt *ihr* etwa auch weggehen?
68 Simon Petrus antwortete ihm: Herr, zu wem sollen wir gehen? Du hast Worte ewigen Lebens;
69 und *wir* haben geglaubt und erkannt, dass *du* der Heilige Gottes bist.

Die Frage **»Wollt ihr etwa auch weggehen?«** lässt uns an die Frage denken, die der Herr den beiden ersten Jüngern gestellt hatte: *»Was sucht ihr?«*, worauf diese geantwortet hatten: *»Rabbi ..., wo hältst du dich auf?«* Sie waren dem Herrn gefolgt und jenen ganzen Tag bei ihm *geblieben* (1,38.39) und ihm danach die drei Jahre durchs Land gefolgt. Und nun blieben sie weiterhin bei ihm. Wer beim Herrn blieb, der bewies, dass er ein wahrer Jünger war (vgl. 8,31). Petrus ergreift das Wort und spricht im Namen der übrigen Jünger, denn er sagt nicht »ich«, sondern »wir«: **»Herr, zu wem sollen wir gehen?«** Es gibt niemand außer dem Sohn Gottes, der **»Worte ewigen Lebens«** hat. Damit bestätigt Petrus die Worte, die der Herr eben selbst gesprochen hatte: *»Die Worte, die ich zu euch geredet habe, sind Geist und sind Leben«* (V. 63). Damit zeigt Petrus, dass er glaubt (V. 69) und dass er selbst geistlich, d.h. aus Gott geboren ist. Er hatte es an sich erfahren, dass die Worte des Herrn Geist und Leben sind: Jesus hatte zu ihm gesprochen und ihn damit ins Licht gestellt und dann neu gemacht. Aus Simon, dem Sohn des Jona, aus Simon, dem Sünder und Sohn eines Sünders, war Petrus geworden (1,41.42); er war aus Gottes Willen neu geboren (1,13; 3,3.5), ein Heiliger Gottes, ein lebendiger Baustein im Haus Gottes (1Petr 2,4.5).

»wir haben geglaubt und erkannt«: πεπιστευκαμεν και εγνωκαμεν, *pepisteukamen kai egnōkamen.* Diese beiden Perfekte drücken das Ergebnis des Glaubens und Erkennens aus, sodass wir umschreiben können: *»Wir sind zum Glauben und zur Erkenntnis gelangt, und nun haben wir den Glauben und die Erkenntnis …«*

»dass du der Heilige Gottes bist«: Jesus ist *»das heilige Kind«*, das durch den Heiligen Geist gezeugt wurde (Lk 1,35); er ist *»der Heilige und Gerechte«* (Apg 3,14), den Gott seinem Volk zum Heiland und Herrn machte; er ist der heilige Knecht Gottes (Apg 4,27), in dessen Hand alles Wohlgefallen Gottes gedeiht (Jes 53,10); er ist der in der öffentlichen Salbung durch den Heiligen Geist von Gott zu seinem Dienst Geheiligte (1,32.33; Apg 10,38); er ist der Sohn, den der Vater *geheiligt* und in die Welt gesandt hat (10,36); er ist das von Gott geheiligte Lamm, das die Sünde der Welt wegnehmen soll (1,29); er ist der von Gott ausgesonderte Retter der Menschen (4,42). Er heiligt sich selbst für seine Erwählten, damit diese geheiligt seien durch die Wahrheit (17,19). Er ist als der Herr der Gemeinde *»der Heilige, der Wahrhaftige«* (Offb 3,7), an dem die Heiligen sich ausrichten.[96]

70 Jesus antwortete ihnen: Habe *ich* nicht euch, die Zwölf, auserwählt? Und von euch ist einer ein Teufel.
71 Er sprach aber von Judas, Simons Sohn, dem Iskariot; denn dieser sollte ihn überliefern – einer von den Zwölfen.

»Habe ich nicht euch, die Zwölf, auserwählt? Und von euch ist einer ein Teufel«: Warum antwortet Jesus mit diesen Worten auf das Bekennt-

96 In einigen Handschriften steht in V. 69 nicht »der Heilige Gottes«, sondern »Christus, der Sohn des lebendigen Gottes«, also wörtlich das Gleiche wie im Bekenntnis des Petrus, das er an anderer Stelle ablegte (Mt 16,16). Es ist anzunehmen, dass Kopisten gemeint haben, hier den Text »verbessern« zu müssen. Damit geht (wie z. B. im Textus Receptus) etwas vom Reichtum des Wortes Gottes verloren, nämlich das Bekenntnis, dass der Sohn Gottes auch »der Heilige Gottes« heißt, das sich außer hier nirgends findet.

nis des Petrus? Er will wohl die übrigen elf Apostel vorbereiten auf ein Geschehen, das sie schwer erschüttern würde. Sie hatten gerade erleben müssen, dass von der eben noch großen Schar von Nachfolgern nur eine Handvoll übrig geblieben war. Nun deutet der Herr an, dass sogar aus den Zwölf, die er erwählt hatte, einer abfallen würde. Hätte der Herr es nicht angekündigt, wären die Jünger wohl an ihrem Herrn irregeworden; sie hätten seine Allwissenheit anzweifeln müssen, weil es ja so ausgesehen hätte, als ob der Herr nicht hätte ahnen können, dass einer der zwölf ausgewählten Apostel ein Verräter war.

Obwohl der Herr **»die Zwölf auserwählt«** hatte, war doch **»einer ein Teufel«**. Später gab ihm der Satan ins Herz ein, den Herrn zu verraten (13,2), worauf der Satan in ihn fuhr (Lk 22,3). So, wie Jesus ihn hier von den übrigen der Zwölf aussondert, so tut er auch in seinem Gebet zum Vater (17,12). Judas heißt »Teufel«, weil er schlimmer war als jene Jünger, die dem Herrn offen widersprachen, als sie seine Lehre nicht mehr hinnehmen mochten und sich deshalb von ihm abwandten. Judas blieb beim Herrn und tat so, als ob er mit ihm ganz eins wäre.

»Jesus hatte eben Judas eine Tür geöffnet; Leute, die vom gleichen Geist beseelt waren wie er, hatten es ihm vorgemacht, indem sie den Herrn verließen. Dennoch bleibt er und hüllt sich heuchlerisch in den Mantel des Bekenntnisses, das Petrus abgelegt hatte. Der Ausdruck, den Jesus verwendet, zeigt die tiefe Entrüstung, welche dieses Bleiben des Judas weckte, und kündigte auch das Verbrechen an, zu dem sein Weg führen musste« (Godet).

Dass Jesus von Nazareth der Heilige Gottes war, wussten die bösen Geister (Mk 1,24; Lk 4,34), also wusste es auch Judas, aber wie jene beugte er sich dem Heiligen Gottes nicht. Ein Teufel ist gemäß der Grundbedeutung des Wortes *diabolos* ein Verleumder. Wenn Lehrer, die ihr von Gott gegebenes Amt verwalten, »Engel« heißen (Mal 2,7)[97], dann heißt einer, der dieses hohe Amt missbraucht und abfällt, zurecht genauso wie jener hohe Engel, der in seinem Abfall zum Teufel wurde.

Johannes nennt den Verräter hier mit dem vollen Namen: **»Judas, Simons Sohn, [der] Iskariot«**: Das erinnert uns an die Worte, die der Herr an Petrus gerichtet hatte: *»Du bist Simon, der Sohn Jonas«* (1,42). So, wie Petrus genau gleich war wie sein Vater, so auch Judas. Beide

97 Das hebräische Wort für »Engel«, *mal'ak*, bedeutet wie das entsprechende griechische *angelos* »Bote«, und es wird verwendet für menschliche Boten wie auch für Engel.

waren in Sünden geboren, beide wurden vom Herrn gerufen, und doch wie verschieden war ihr Weg und ihr Ende! Judas bekommt im Johannesevangelium drei Titel:

- Teufel (6,70);
- Dieb (12,6);
- Sohn des Verderbens (17,12).

Den zweiten Titel teilt Judas mit den falschen Propheten und bösen Hirten des Volkes (10,1), den dritten mit dem Antichristen (2Thes 2,3).

»Auch der Umgang mit dem Heiligsten, die reichste Gnade kann bei einem bösen Herzen zum Verderben ausschlagen. Judas ist viel schlimmer aus Jesu Schule herausgekommen, als er in dieselbe hineinkam« (Lange).

Wir haben bisher vier längere Unterredungen des Herrn gelesen. Die beiden ersten Unterredungen führten dazu, dass die Gesprächspartner beide den Herrn erkannten und an ihn glaubten, nämlich Nikodemus (Kap. 3) und die Samariterin (Kap. 4). Die beiden danach folgenden Unterredungen endeten damit, dass die Gesprächspartner sich verhärteten und den Herrn von sich stießen oder sich von ihm abwandten, nämlich die Juden in Jerusalem (Kap. 5) und die Galiläer in der Synagoge von Kapernaum (Kap. 6).

Anmerkungen zu Kapitel 6

»Die Lehre dieses Kapitels umfasst alles, von seinem Herniederkommen aus dem Himmel bis zur Tatsache, dass er wieder dahin zurückkehrt, sodass er nun, da er herniedergefahren und wieder aufgefahren ist, alles erfüllt. Aber diese Lehre ruht besonders auf der Menschwerdung und auf dem Tod des Herrn, durch die er ewiges Leben gibt und die Seinen in die Herrlichkeit der neuen Schöpfung einführt, etwas, was weit über alles hinausgeht, was ein irdischer Messias hätte geben können« (Darby).

V. 11 – »Der Herr dankt für das, was erst gegeben werden soll; es ist sein Dank eine Voraussicht und gewisse Weissagung zukünftiger Güter. Was anderen verborgen ist, ist ihm offenbar, Glück und Güter, die erst in weiter Ferne stehen, sind für ihn schon sicherer Besitz. Ja, weil der Dank des Herrn des Bittens Stelle vertritt, das Bitten aber sich um zukünftige Dinge bemüht, so ist nicht zu leugnen, dass er das Zukünftige nicht bloß mit gewissem Blick vorhersieht, sondern auch herbeizieht. Er versetzt nicht bloß in die Zukunft, sondern er versetzt die Zukunft in die Gegenwart, schafft herbei, was ferne liegt, hat eine Macht, die Verheißung und Weissagung zu beschleunigen, und er teilt die Güter Gottes aus, welche andere gar nicht als vorhanden schauen. Es ist eine wunderbare Sache mit dem Dank des Herrn: Er hat alle Eigenschaften des Bittgebets in verstärktem Maß und überdies das, was ihm allein eignet, was das Bittgebet nicht hat. Als eine höhere Art des Gebets trägt er alles Gute der niederen Gebetsart in sich. Man sollte vielleicht sagen: Gleichwie sich bei Christo das Bittgebet ins Dankgebet verklärt, so sollte sich bei einem jeden Christen je länger je mehr dieselbe Umwandlung erweisen und endlich stetig und ständig werden. Je zuversichtlicher das Bittgebet ist, desto näher verwandt ist es ja ohnehin dem Dank; je gewisser ich weiß, dass ich erhört bin, desto leichter ist der Übergang des Amen ins dankende Halleluja; je mehr ich das Zukünftige als gegenwärtig sehe, desto mehr verklärt sich mein betendes Verlangen zur dankenden Befriedigung. Wird mir gegeben, etwas als gewiss kommend zu schauen, so verliert die Gegenwart, die ich noch habe, ihre Bedeutung, und ich lebe mehr in der Zukunft, die ich noch nicht habe; je mehr ich glaubend und hoffend bin, je mehr ich in der Zukunft und in ihren Gütern lebe, desto freudiger bin ich, desto jugendlicher werde ich … ich lebe im Himmel, in der Erfüllung aller Weissagungen, und das Reich ist mir gekommen« (Dächsel).

V. 12 – »Christliche Genügsamkeit, die da spricht: *›So wir Nahrung und Kleider haben, so lasset uns genügen‹* … und christliche Sparsamkeit, die da Rat hält mit den Gaben Gottes und auch die Brocken nicht verachtet … – Wo dieses beides fehlt, wo nicht der Geist Jesu die irdischen Gaben heiligt, da fließen alle Gaben Gottes in ein durchlöchertes Fass, da wandelt sich der Mensch selbst in seiner Verblendung den Segen des HErrn in Fluch, und da wird der augenblickliche Überfluss bald wieder verschlungen, wie Pharaos fette Kühe von den sieben mageren« (Gerok, zitiert bei Dächsel).

V. 12.13 – »Alle wurden gesättigt, und doch blieb Fülle zurück. Wie wunderbar und wie gesegnet ist das! Alle Fülle Gottes wohnt in Christus, und diese Fülle ist unerschöpflich. Unzählige Sünder sind errettet, und ihre Seelen sind gesättigt worden, und doch bleiben die Reichtümer der Gnade unvermindert gleich« (Pink).

V. 14.15 – »Der Unglaube greift entweder dem Reich vor, indem er es durch seinen eigenen Willen aufrichten will, oder er wendet sich von ihm ab und wendet sich der Illusion menschlichen Fortschritts zu und verliert keinen Gedanken daran, dass Gott nach seinem Vorsatz das Reich aufrichten wird durch Christus, den zweiten Menschen, nachdem er den ersten gerichtet hat. Bis dahin harrt der Glaube auf das Reich, bis es kommt. Daher wies der Herr das Reich zurück und ging hinauf auf den Berg, diesmal allein. Das war ein Bild von der gegenwärtigen Wirklichkeit … Er weigert sich, der König nach den Vorstellungen der Menschen zu sein, und geht hinauf, um dort als der große Hohepriester für die Seinen vor Gott zu treten« (Kelly).

V. 28.29 – »Darum sollte das billig aller Christen einziges Werk und Übung sein, dass sie das Wort und Christus wohl in sich bildeten, solchen Glauben stetig übten und stärkten. Denn kein anderes Werk kann einen Christen machen, wie Christus in Joh 6 zu den Juden sagte. Da sie ihn fragten, was sie für Werke tun sollten, dass sie göttliches und christliches Werk täten, sprach er: ›*Das ist das einzige göttliche Werk, dass ihr glaubt an den, den Gott gesandt hat*‹, welchen Gott der Vater allein auch dazu verordnet hat. Darum ist ein rechter Glaube an Christo ein gar überschwänglicher Reichtum; denn er bringt mit sich alle Seligkeit und nimmt ab alle Unseligkeit« (Luther, *Von der Freiheit eines Christenmenschen*).

V. 36.37 – »Der Herr fährt fort: ›*Ihr habt mich gesehen und glaubt nicht. Wenn es an euch hinge und es eine Frage eurer Verantwortung wäre, dann wäre alles verloren: Das Brot des Lebens ist euch angeboten worden, und ihr wollt nicht davon essen; ihr wollt nicht zu mir kommen, damit ihr das Leben habt. Aber der Vater hat Ratschlüsse der Gnade; er wird nicht zulassen, dass ihr alle verlorengeht: Alles, was mir der Vater gegeben hat, wird zu mir kommen.*‹ Denn Gnade, in ihrem Wesen souverän und in ihren Ergebnissen gewiss, wird in diesem Evangelium klar gelehrt« (Darby).

V. 37 – »Christus baut auf diese Tatsache, dass sie kommen, weil der Vater ihm sein Volk gab; denn das bedeutet, dass sie befähigt werden zu kommen. Es ist, als ob er sagte: Ich weiß, dass sie befähigt werden zu kommen, weil sie mir gegeben sind. Er sagt nicht: ›falls sie kommen‹, oder: ›angenommen, sie kommen‹, sondern: ›der, welcher kommt‹ … Mit diesen Worten gibt Christus zu verstehen, *dass er alle genau kennt, die zu ihm kommen werden*, und zwar nicht erst damit, dass sie zu ihm kommen, sondern er erkennt sie, weil sie ihm bereits gegeben sind. Diesen *›der, welcher‹* kennt er als jemanden, den der Vater ihm schon gegeben hat, und darum nimmt er ihn auf, weil der Vater *diesen* ihm gegeben hat« (John Bunyan, »Come and Welcome to Jesus Christ; or: A Plain and Profitable Discourse on John VI.37 – Showing the Cause, Truth and Manner of the Coming of a Sinner to Jesus Christ, with His Happy Reception and Blessed Entertainment«, in: *The Works of John Bunyan*, Bd. 1, S. 261).

»Dieser Vers ist sehr wichtig, denn er lehrt mit wenigen Worten zwei der wichtigsten biblischen Lehren. Die erste ist die, dass Gott gewisse Menschen Christus gegeben hat und dass *alle*, die er ihm gegeben hat, gerettet werden. Die andere Lehre ist die von der Verantwortung des Menschen. Um errettet zu werden, muss der Mensch zum Herrn Jesus kommen und ihn im Glauben aufnehmen. Gott erwählte bestimmte Menschen zur Errettung, aber die Bibel lehrt nie, dass er gewisse Menschen erwählt zur Verdammnis. Wenn jemand errettet wird, dann geschieht das wegen Gottes freier Gnade. Wenn jemand ewig verlorengeht, ist es seine eigene Schuld … Genauso, wie die Bibel lehrt, dass Gott bestimmte Menschen zum Heil erwählt hat, lehrt sie auch, dass der Mensch die Verantwortung hat, an das Evangelium zu glauben … Der menschliche Verstand kann diese beiden Lehren nicht miteinander in Einklang bringen, aber wir sollten an beide glauben, obwohl wir sie nicht verstehen können. Es sind biblische Lehren, und sie werden hier klar ausgesagt« (W. MacDonald).

V. 44 – »In Jesus Christus ist eine Herrlichkeit, die das Herz zieht[98]; wenn sie aufgedeckt wird, zieht sie den Menschen zu ihm. Darum heißt es von den wahrhaft Kommenden zwar, dass sie mit Weinen kommen, da sie ihre Erbärmlichkeit empfinden, aber auch, dass *›die Erlösten des HERRN zurückkehren und nach Zion kommen mit Jubel …‹*, nämlich weil ihnen nun die Herrlichkeit dieser Gnade im Angesicht Christi enthüllt worden ist … Darum heißt es wiederum: *›Sie werden unter Freude und Jubel geführt, sie ziehen ein in den Palast des Königs‹* (Jes 35,10; Ps 45,16)« (John Bunyan, *Works*, Bd. 1, S. 260).

V. 51 – »… Die heiligen Väter haben geirrt, die diesen Text verdreht und vom Sakrament des Altars verstanden haben, Ambrosius und andere, und hernach ist dieser Irrtum durch das Gesetz des Papstes bekräftigt worden; und doch sagt dieses Kapitel nicht ein Wort darüber … Darum musst du dieses ›essen‹ im geistlichen Sinne verstehen, wie es der Herr selber auslegt. Er redet hier nicht vom Sakrament, weil die meisten von denen, die zum Sakrament hinzutreten, dann doch sterben. Hier aber heißt es: *›Dies ist das Brot, das vom Himmel kommt, auf dass, wer davon isset, nicht sterbe in Ewigkeit‹* (V. 50). Daher musst du dieses Wort vom Glauben verstehen. *Es ist ein lebendiges Brot, das durchs Wort als Speise ausgeteilt wird, und das geschieht durch die Zunge des Predigers.* Die hungernde Seele öffnet den Mund und wartet auf den Trost, und das ist der Hunger, davon der Herr spricht. Die Seele kann nicht durch das Brot des Sakraments gesättigt werden, sondern das Wort tut's. Du fühlst den Tod? Dann schließe dies Wort in dein Herz und du wirst in Ewigkeit leben« (Luther, *Johannes-Evangelium*, S. 231).

V. 70 – »Hier hätte Judas zur Besinnung kommen sollen. Der Elende hatte sich geärgert, V. 61, daher hieß es bei ihm hernach nicht: Zu wem sollen wir gehen? sondern: Er ging hin – zu den Hohenpriestern« (Bengel).

»Er hat den Judas erwählt. Den vollen Ernst seiner rettenden Liebe hat er an ihn gewandt und hat es ertragen, dass einer unter den Zwölfen des Teufels Dienst an ihm tat, auf dass die Schrift erfüllet würde, Kap. 17,12; Ps 109« (Lange).

98 »There is a heart-pulling glory in Jesus Christ.«

Kapitel 7

In Kapitel 5 hatte sich der Hass der Juden in Jerusalem an zwei Dingen entzündet: erstens daran, dass Jesus am Sabbat geheilt hatte, und zweitens daran, dass er sich Sohn Gottes nannte und sich damit Gott gleich machte. Der Sabbat war ein besonderes Zeichen des Bundes, den Gott mit Israel gemacht hatte (2Mo 31,13). Mit seiner Heilung gerade an diesem bestimmten Tag deutete der Herr an, dass er die alte Ordnung aufheben und eine neue einführen werde; im vorliegenden Kapitel deutet er es auch in Worten an (V. 21-24). Wir stellen überhaupt fest: Bis dahin hatte der Herr in Jerusalem sich durch seine Werke – er hatte den Tempel gereinigt, Zeichen getan, den Mann am Teich Bethesda geheilt – und auch durch anschließende Worte offenbart. Nun treten in Jerusalem die Werke zurück (wir lesen nur noch von der Heilung des Blindgeborenen in Kap. 9), und seine Worte bekommen umso mehr Gewicht. Auf diese Weise lässt der Herr das Licht noch heller leuchten als bisher, und erneut schlägt ihm der Hass der Juden entgegen: Zum ersten Mal versuchen sie ihn zu greifen (V. 30.32.44).

1. **Jesus in Galiläa: der Unglaube seiner Brüder (7,1-9)**
2. **Jesus in Jerusalem: die Unsicherheit der Volksmenge (7,10-13)**
3. **Jesus im Tempel: der Unverstand der Juden (7,14-36)**
4. **Jesus am Laubhüttenfest: der Ruf zum lebendigen Wasser (7,37-44)**
5. **Jesus und der Unverstand der Obersten (7,45-52)**

Das Kapitel beginnt mit einem Satz, der das Nachfolgende vorbereitet: Die Juden wollen Jesus töten (V. 1), darum will Jesus nicht nach Judäa ziehen, obwohl das Laubhüttenfest bevorsteht (V. 2). Seine Brüder glaubten nicht an Jesus, und darum meinten sie, er müsse sich der Welt zeigen, d.h. in Jerusalem auftreten, wenn er öffentlich bekannt und anerkannt sein wolle (V. 3-5). Die Zeit dazu ist noch nicht gekommen (V. 6), darum geht der Herr zwar nach Jerusalem, aber nicht, um seine Hoheit zu manifestieren, vielmehr zieht er gewissermaßen inkognito hinauf, um seine Herkunft und Identität durch seine Lehre zu bezeugen (V. 7-10). Das

Volk war gespalten: Ein Teil meinte, er sei gut, andere meinten, er verführe das Volk (V. 12), aber die Angst vor den Obersten war schon so groß, dass niemand wagte, offen von ihm zu reden (V. 13). Jesus war nicht als regulärer Festpilger nach Jerusalem gezogen, sondern erschien erst in der Mitte der Woche, aber dann begann er, sich durch seine Worte zu offenbaren (V. 14). Das Volk musste feststellen, dass er Gelehrsamkeit besaß; aber sie konnten sich das nicht erklären, da er ja nicht gelernt habe (V. 15). Darauf eröffnet ihnen Jesus, dass er vom Vater gelernt hatte und dass man Gewissheit bekommen könne, ob er die Wahrheit rede, wenn man bereit sei, den Willen des Vaters zu tun (V. 16.17). Der Sohn redete nämlich nicht aus sich selbst, denn er suchte nicht seine Ehre, sondern die Ehre dessen, der ihn gesandt hatte; darum waren seine Worte wahr. Da aber die Juden Mose, durch den Gott ihnen seinen Willen (siehe V. 17) offenbart hatte, nicht gehorchten, würden sie die Worte Jesu auch nicht annehmen; vielmehr suchten sie, ihn zu töten (V. 18.19). Das Volk meint, Jesus müsse besessen sein, wenn er denkt, jemand wolle ihn töten (V. 20). Darauf antwortet der Herr nicht direkt, sondern verweist stattdessen auf seinen vorherigen Besuch in Jerusalem, bei dem die Juden ihn hatten töten wollen (5,16), weil er am Sabbat einen Kranken geheilt hatte (V. 21). Und in der Tat wussten die Leute in Jerusalem, dass die Obersten ihn umbringen wollten (V. 25). War es denn ein Verbrechen, am Sabbat einen Menschen gesund zu machen, wenn die Juden selber am Sabbat einen Menschen beschnitten, weil das Gesetz Moses es verlangte (V. 22.23)? Sollten sie daran nicht lernen, statt nach dem Schein, also nach dem bloßen Äußeren, nach dem Gehalt des Sabbatgebots zu urteilen (V. 24)? Wollte Gott mit dem Sabbatgebot nicht mehr sagen als sie bisher gedacht hatten? Die Leute sind nicht bereit, nach dem Willen Gottes zu fragen und die Worte Jesu zu bedenken, weshalb sie einwerfen, er sei doch der Mann, den man zu töten suche; auf den müsse man gewiss nicht hören (V. 25). Dass er sich dennoch erfrechte, öffentlich zu reden, sollte das etwa heißen, dass die Obersten über ihn umgedacht hätten (V. 26)? Gewiss nicht, wisse man doch – anders als beim Messias, wenn der wirklich käme –, woher dieser Jesus sei (V. 27). Der Herr antwortet, dass sie wussten, woher er kam, wo er also gelebt hatte, bevor er öffentlich auftrat. Aber sie kannten Gott nicht, von dem er gekommen war, und darum wussten sie doch nicht, woher er war. Sein Bekenntnis, dass er Gott kannte, weil er von Gott gesandt war (V. 28.29), entfacht den schwelenden Hass auf ihn: Sie suchen ihn zu greifen, aber niemand wagt Hand an ihn zu legen (V. 30). Daran, dass er unangreifbar war, erkannten viele von der Volksmenge, dass er mehr sein müsse als ein bloßer Mensch, und sie dachten an die Zeichen, die er getan hatte; die seien doch ein Beweis dafür, dass er der Messias ist (V. 31). Darüber begann man unter den Leuten zu reden, und das schreckte die Pharisäer auf; sie senden Diener, die Jesus aus dem Verkehr nehmen sollen (V. 32).

Auf diese verschiedenen Äußerungen von Hass antwortet der Herr mit der Ankündigung, dass er nicht mehr lange unter ihnen sein werde und dass die Juden ihn dann vergeblich suchen würden (V. 33.34); dass er sie mit diesen Worten aufruft, ihre Stunde der Heimsuchung nicht ungenutzt verstreichen zu lassen, versteht die Volksmenge nicht (V. 35.36). Aber der Herr wird nicht müde, dieses Volk zu lehren: Am letzten und höchsten Tag des Festes ruft er jeden, der dürstet, zu sich; der soll kommen und trinken; er soll den Heiligen Geist empfangen und damit jene Quelle lebendigen Wassers, die ins ewige Leben quillt (V. 37-40; vgl. 4,14). Doch auch dieser Appell kann das Volk nicht bewegen; einige glauben zwar, dass er der Prophet oder der Christus sei, aber das Volk bleibt gespalten (V. 43), und einige versuchen es noch einmal, Hand an ihn zu legen (V. 44). Die Diener der Hohenpriester und Pharisäer kehren mit leeren Händen zurück; sie hätten nichts vermocht gegen diesen Mann, der rede, wie nie ein Mensch vor ihm geredet habe (V. 45.46). Sie und das Volk müssten verführt sein (V. 47.49), denn der klare Beweis dafür, dass Jesus nicht der Messias sei, liege doch offen am Tag: Keiner der Obersten oder Pharisäer habe an ihn geglaubt (V. 48; zu vergleichen mit 18,29.30). Damit hatten sie zu viel behauptet; denn einer war da, der an ihn glaubte. Aber als Nikodemus seine Berufskollegen auf die göttliche Ordnung verweist, nach der man bei allem Prüfen und Urteilen verfahren müsse, wissen diese sich nicht anders zu behelfen, als dass sie den Mann beschimpfen. Dazu solle er sich merken, dass aus Galiläa kein Prophet zu erwarten sei (V. 50-52). Das Kapitel schließt mit dem Satz: *»Und sie gingen ein jeder in sein Haus«* (V. 53). Das traf auch im übertragenen Sinn zu. Die Leute blieben in ihrem bisherigen Zuhause; sie weigerten sich, zu lernen, umzudenken und einen neuen Weg einzuschlagen.

1. Jesus in Galiläa: der Unglaube seiner Brüder (7,1-9)

Dieser Abschnitt wird eingerahmt durch die beiden Aussagen: *»Und danach wandelte Jesus in Galiläa«* (V. 1), und: *»Er blieb in Galiläa«* (V. 9). Die Verse dazwischen erklären, warum er das tat.

> **1 Und danach wandelte Jesus in Galiläa; denn er wollte nicht in Judäa wandeln, weil die Juden ihn zu töten suchten.**

»danach«: Nach der Heilung des Gelähmten am Teich Bethesda im Jahr 28 (entweder im Juni oder Oktober, je nachdem, ob das in 5,1 genannte Fest der Juden Pfingsten oder Laubhüttenfest war) war der Herr nach Galiläa zurückgekehrt. Dort hatte er, als das Passah nahe war (6,4), das Zeichen am See Tiberias getan, und er blieb noch eine Zeit in Galiläa, **»denn er wollte nicht in Judäa wandeln, weil die Juden ihn zu töten suchten«** (siehe V. 25). Dass die Juden den Herrn töten wollten, hatten wir in 5,18 gelesen. Inzwischen war ein Jahr verflossen, doch der Hass des Menschen auf das Licht ist ein immerwährender; auch unter der Oberfläche zivilisierter Menschen, die der Form nach gottesfürchtig sind, lauert Menschenmord (Mk 7,21).

Man kann die Begründung so auffassen, dass der Herr hier tat, was er auch seinen Jüngern befahl: Verfolgte man sie in einer Stadt, sollten sie nicht das Martyrium suchen, sondern in die nächste Stadt ziehen (Mt 10,23; Apg 13,50.51; 14,6). Andererseits wissen wir, dass die Juden ihn auch dann nicht töten konnten, wenn er, von Feinden umgeben, mitten auf dem Tempelplatz stand. Daher ist es denkbar, dass er sich noch einige Monate in Galiläa aufhielt, statt wieder nach Jerusalem zu ziehen, um das Licht dort leuchten zu lassen, wo die Feindschaft gegen dasselbe nicht so groß war.

> **2 Es war aber das Fest der Juden nahe, das Laubhüttenfest.**

Nach dem in 6,4 erwähnten Passah war der Herr nach Galiläa zurückgekehrt und dort geblieben bis zur Zeit des Laubhüttenfests, das heißt vom ersten (3Mo 23,5) bis zum siebten Monat (3Mo 23,34) des Jahres 29 n. Chr. Über das Wirken des Herrn in diesen sechs Monaten sagt Johannes nichts, und so hat er die Rede in der Synagoge von Kapernaum mit seiner in Kap. 7 verzeichneten Unterredung im Tempel in Jerusalem miteinander verknüpft. In Kap. 6 sagte der Herr, dass er als Brot des Lebens Gottes Gabe an sein Volk ist. In Kap. 7 lesen wir, dass der Heilige Geist die Gabe Gottes an sein Volk ist.

Durch **»das Laubhüttenfest«** wollte Gott sein Volk lehren wie durch alle seine Verordnungen. Das Passah, das erste und grundlegende aller Feste, lehrte das Volk die Notwendigkeit der Erlösung, die Erlösung durch einen Stellvertreter und die Erlösung durch das Blut. Das Laubhüttenfest war eine Vorwegnahme der Vollendung der Erlösung, darum feierte man es als letztes der Feste des Herrn, nachdem man *»den Ertrag des Landes eingesammelt«* (3Mo 23,39) hatte. Darum heißt es nur von Tagen dieses Festes, dass es *»Tage der Ruhe«* (vgl. 3Mo 23,39) waren; nur zu diesem Fest wurde ausdrücklich gesagt, dass das Volk sich *»vor dem HERRN ... freuen«* (3Mo 23,40) sollte. Ruhe und Freude, das war Gottes Gabe an das Volk; beides waren Früchte seines Wirkens: Er hatte ihnen das Land gegeben, er hatte die Saat gesegnet und Frucht wachsen lassen; er hatte sie erlöst und geführt und zur Ruhe gebracht. Entsprechend lesen wir in Sach 14,16, dass man im Millennium das Laubhüttenfest feiern wird.[99]

99 *»In Jerusalem werden [die Nationen]* ***›den König, den HERRN der Heerscharen‹*** *anbeten ... Dort werden sie* ***›das Laubhüttenfest ... feiern‹*** *(Sach 14,16; siehe auch Jes 66,23). Warum wird nur dieses Fest gefeiert, und warum hören wir nichts von den zwei anderen Hauptfesten, von Passah und Wochenfest? Diese zwei sind bereits erfüllt: Christus, unser Passah, ist bereits geschlachtet worden (1Kor 5,7), und der Heilige Geist ist ausgegossen – zuerst an Pfingsten über die Christen (Apg 2) und dann bei der Bekehrung Israels über den Überrest (Joe 3). Auch der große Versöhnungstag bleibt unerwähnt, denn der große Jom Kippur fand statt, als Israel den anblickte, den sie durchbohrt hatten ... (Sach 12,10-14). Jene Feste waren Schattenbilder, die dann alle erfüllt sind. Das einzige Fest, das seine heilsgeschichtliche Verwirklichung noch nicht gefunden hat, ist das Laubhüttenfest. Es wird erfüllt werden im messianischen Reich. Man feierte des Laubhüttenfest in Jerusalem nach der Rückkehr der Vertriebenen und der Wiederherstellung des jüdischen Gemeinwesens (Neh 8). Man wird es wieder feiern nach der Sammlung der* ***›Auserwählten ... von den vier Winden her, von dem einen Ende der Himmel bis zu ihrem anderen Ende‹*** *(Mt 24,31). Das Laubhüttenfest war ein Fest der Ruhe und der Freude (siehe 3Mo 23,40); man hielt es am Ende der Ernte als* ***›das Fest der Einsammlung im Ausgang des Jahres‹*** *(2Mo 23,16; vgl. 3Mo 23,39; 5Mo 16,13.14). Damit war es beständig ein Hinweis auf die Vollendung der Heilsgeschichte, auf die Zeit der vollen Ernte, wenn der Herr endlich alle Frucht der Mühsal seiner Seele (Jes 53,11) mit Jubel heimtragen wird (Ps 126,6). Zur vollen Frucht gehört auch die große Ernte unter allen Nationen am Ende der Zeit. Das Laubhüttenfest erinnerte Israel an den Auszug aus Ägypten und an die Wüstenwanderung (3Mo 23,42.43). Das Ziel der Wüstenwanderung war die Ruhe im Gelobten Land. Nun sollen die Heiden das Laubhüttenfest feiern, denn mit dem Kommen des Messias und seines Reiches sind auch sie am Ziel ihres Weges angelangt und in die Freude und Ruhe der Erlösten eingegangen. Freude wird das Herz der Menschen erfüllen, die ihren Gott und Schöpfer anbeten; und Ruhe wird alles Zusammenleben der Menschen bestimmen. Glückliche Welt!«* (B. Peters, *Der Prophet Sacharja*, Bielefeld: Christliche Literatur-Verbreitung, 2012, S. 264-265).

Das Herz des Volkes war unrein, aber die religiöse Oberfläche war sauber; man feierte noch die Feste, die der Herr einst verordnet hatte (3Mo 23), aber gleichzeitig hatte man im Herzen beschlossen, den Herrn zu töten. Wir verstehen, warum das Laubhüttenfest nicht mehr wie ursprünglich *»Fest des HERRN«* (3Mo 23,2) hieß, sondern **»Fest der Juden«** (siehe 2,13).

Erster kleiner Exkurs zum jüdischen Laubhüttenfest

Das Laubhüttenfest war das dritte unter jenen Festen des HERRN, zu denen alle Männer jedes Jahr nach Jerusalem pilgern mussten (2Mo 23,14-16; 34,22). Bei der Wiederherstellung Jerusalems und seines Gottesdienstes nach dem babylonischen Exil feierten die Juden nach Jahrhunderten wieder zum ersten Mal das Laubhüttenfest (Neh 8), das man danach treu Jahr für Jahr beobachtete. Dabei waren verschiedene im Gesetz Gottes nicht verordnete rituelle Handlungen dazugekommen, die inzwischen ein unveräußerlicher Bestandteil des Laubhüttenfestes geworden waren. Alfred Edersheim schreibt dazu: *»Die Pilger kamen von weit her … Wie stieg den ganzen Tag der Rauch der Opfer auf … bis die Sterne hervortraten … wie wurde der Gesang der Leviten mit den heiligen Klängen des Hallel vom Wind in die Ferne getragen mit den hellen Posaunenstößen der Priester! Und dann, wie herrlich war der große Tempelkomplex erleuchtet von den großen Leuchtern, die im Vorhof der Frauen brannten! … Mit Recht konnte Israel das Laubhüttenfest als* ***das*** *Fest bezeichnen, und der jüdische Historiker Josephus nennt es ›das heiligste und größte‹ (Ant. viii. 1).*

Früh, am 14. Tischri, waren die Festpilger alle eingetroffen … Die Burg Antonia, die stolz über dem Tempelplatz thronte … musste dem Juden ein verhasster Anblick gewesen sein, jene Burg, welche Tempel und Stadt beherrschte – verhasster Anblick mit verhassten Lauten, jene römische Garnison mit ihrer fremden Zunge und ihren heidnischen Gebräuchen … Und doch, bei alledem konnte Israel am düsteren Himmel die Zeichen der Zeit nicht lesen, noch den gnädigen Tag der Heimsuchung des Herrn erkennen, und das, obwohl von allen Festen gerade das Laubhüttenfest am klarsten in die Zukunft wies. Denn alle symbolischen Handlungen des Festes, das mit Abschluss der Erntezeit begann … zeigten in die Zukunft. Das verstanden die Rabbinen selbst so. Die auffällige Anzahl geopferter Stiere – es waren insgesamt 70 – stand nach ihrer Meinung stellvertretend für ›die siebzig Heidenvölker‹. Das Ausgießen von Wasser … war ein Symbol für die Ausgießung des Heiligen Geistes … Das Licht des Tempels leuchtete nachts in die Dunkelheit der Heidenwelt hinaus …« (*The Life and Times of Jesus the Messiah,* Bd. 2, S. 149-150).

---

3 Da sprachen seine Brüder zu ihm: Zieh von hier weg
und geh nach Judäa, damit auch deine Jünger deine Werke
sehen, die du tust;
4 denn niemand tut etwas im Verborgenen und sucht dabei
selbst öffentlich bekannt zu sein. Wenn du diese Dinge tust,
so zeige dich der Welt;
5 denn auch seine Brüder glaubten nicht an ihn.

»Da sprachen seine Brüder zu ihm«: Die Brüder erteilen dem Herrn Ratschläge und tun damit, was der Sünder beständig tut: Er meint, es sei seine Aufgabe, Gott zu sagen, was er zu tun habe.

Die Brüder des Herrn – Jakobus, Joseph, Simon und Judas (Mt 13,55) – werden von Johannes erstmals in 2,12 erwähnt, woraus wir folgern können, dass sie ebenso wie ihre Mutter bei der Hochzeit in Kana anwesend waren. Sie hatten also das erste Zeichen gesehen, das Jesus tat. Doch anders als die Jünger (2,11) glaubten sie nicht an ihn. Das erklärt ihre Aufforderung an Jesus: **»Zieh von hier weg und geh nach Judäa«**. Dieser Rat bestätigt, was V. 2 andeutet: Ihnen war wie den meisten Juden das Sichtbare wichtiger als das Verborgene, das Äußere wichtiger als das Innere (siehe Mt 23,25). Also dachten sie, Jesus müsse in Jerusalem sein, wenn er Ansprüche auf Führerschaft im Volk Gottes hatte. Er vergeude seine Zeit und seine Talente, wenn er in Galiläa bleibe, wo doch jedermann wisse, dass von dort keine Propheten herkämen und schon gar kein Messias zu erwarten sei (siehe 1,46; 7,41.52). Wenn die Brüder ihm sagen: **»… zeige dich der Welt«**, wo er doch in der Welt war (siehe 1,10) und sich dieser mit seinen Worten und Werken deutlich genug gezeigt hatte, beweisen sie nur ihren Unglauben – **»denn auch seine Brüder glaubten nicht an ihn«** (siehe Ps 69,9) –, und dieser erklärt, warum die Brüder die Kühnheit hatten, dem Herrn Ratschläge zu erteilen. Sie sahen in ihm nur ihren älteren Bruder, einen Menschen, der nicht viel anders war als sie. Die Welt kann ihn nicht erkennen (1Jo 3,1), weil sie ihn nicht hört (1Jo 4,5.6); denn wer nicht hört, kann nicht glauben, und wer nicht glaubt, kann ihn nicht erkennen (siehe 6,69).

Wie nun die Brüder, so hatte zuvor schon die Mutter Jesu ihn zum Handeln drängen wollen, als seine Zeit noch nicht da war (2,3.4). Der Herr würde sich am bestimmten Tag in Jerusalem in seiner messianischen Hoheit offenbaren; aber das sollte erst kurz vor dem Passah des folgenden Jahres geschehen (Kap. 12). Bis dann würde er sich noch immer so offenbaren, wie er es bisher getan hatte: durch seine Werke und seine Worte.

6 Da spricht Jesus zu ihnen: *Meine* Zeit ist noch nicht da,
***eure* Zeit aber ist stets bereit.**

»Meine Zeit ist noch nicht da«: Ähnlich hatte Jesus seiner Mutter geantwortet, als sie ihn zu einer Handlung hatte drängen wollen (2,3.4), und das hatten die Brüder damals wohl auch gehört. Sie hätten also Grund gehabt, zu bedenken und zu verstehen, dass Jesus nicht handelte und redete, wie es sich gerade ergab, und dass er sich von keinem Menschen drängen ließ, sondern nach einem feststehenden Vorsatz seinen Weg ging und seine Werke tat. Er ist Gott, und Gott können wir nicht dahin oder dorthin kommandieren.

»eure Zeit aber ist stets bereit«: Die Brüder des Herrn fragen nicht nach Gottes Willen und Gottes Zeit; sie tun, was sie wollen, wann sie es wollen.

7 Die Welt kann euch nicht hassen; mich aber hasst sie,
weil *ich* von ihr zeuge, dass ihre Werke böse sind.

Warum spricht der Herr hier von Hass? Waren die Brüder ihm mit Hass entgegengetreten? Sie werden es nicht so empfunden haben, und doch war es so. Damit, dass sie meinten, ihm Ratschläge erteilen zu müssen, schauten sie auf ihn herab. Und das ist eine Form von Hass, und der äußert sich darin, dass sie ihn nicht erkennen. Ihn zu hassen, heißt also, ihn nicht zu erkennen, nicht anzuerkennen und nicht anzunehmen. Die Brüder Jesu urteilten so, weil sie noch Kinder der Welt waren; sie hassten ihn, weil er von der Welt zeugte, **»dass ihre Werke böse sind«**. Das will aber die Welt nicht wahrhaben; sie kann nicht einsehen, warum es böse sein soll, nicht an den Sohn Gottes zu glauben. Das sei doch Privatsache; wenn jemand nicht glaubt, schade er ja niemand.

8 Geht *ihr* hinauf zu dem Fest; *ich* gehe nicht hinauf zu diesem Fest; denn *meine* Zeit ist noch nicht erfüllt.

»meine Zeit ist noch nicht erfüllt«: Als die Zeit erfüllt war, sandte Gott seinen Sohn in die Welt (Gal 4,4), und erst als die Zeit erfüllt war, nämlich im Jahre 30, wie er seinen Knechten, den Propheten, offenbart hatte, gab der Sohn sein Leben als Lösegeld für viele (Mk 10,45). So starb er *»zur bestimmten Zeit für Gottlose«* (Röm 5,6). Die Zeiten und Zeitpunkte waren in Gottes Ratschluss verankert; das Jahr und der exakte Tag seines Todes waren durch Mose, den Gesetzgeber (3Mo 23,5), und Daniel, den Propheten (Dan 9,24-26), offenbart und bekannt gemacht worden: In 2Mo 12,1-6 und in 3Mo 23,5 steht die Anweisung, an welchem Tag im Jahr das Passah gefeiert werden sollte; in Dan 9,25.26 steht, in welchem Jahr jenes Passah gefeiert werden sollte, an dem der Christus sein Leben lassen musste.

Diese Erklärung löst auch das Problem, das einige darin gesehen haben, dass der Herr hier sagt: **»… ich gehe nicht hinauf zu diesem Fest«**, aber dann doch hinaufgeht (V. 10). Er ging nicht so hinauf, wie die Brüder es meinten, d.h. nicht offen, sondern *»wie im Verborgenen«* – eben weil die Zeit, offen aufzutreten und kurz danach verurteilt und hingerichtet zu werden, noch nicht erfüllt war.[100] Man beachte, wie der Herr betont, dass er nicht zu *diesem* Fest hinaufzieht. So kündigt er indirekt an, dass er an einem späteren Fest in diesem besonderen Sinn, nämlich öffentlich und begleitet von entsprechender Kundgebung, hinaufziehen würde.

100 Einige Handschriften lesen: »Ich gehe noch nicht hinauf …« Aber das scheint auch eine nachträgliche Nachbesserung zu sein von überbeflissenen Kopisten oder überbesorgten Klerikern, die, anders als die Verfasser der Evangelien, jeden möglichen Anschein von Widerspruch eliminieren wollten.

9 Nachdem er aber dies zu ihnen gesagt hatte, blieb er in Galiläa.

Er »**blieb … in Galiläa**«, ließ also die Reisegesellschaft ziehen, die geschlossen nach Jerusalem pilgerte (siehe Lk 2,44), und mit ihr zogen seine Brüder.

»Jesus unterscheidet sich himmelweit von seinen Brüdern. Wenn sie zum Fest gehen, mag ihre Absicht noch so religiös sein, und ist doch ganz weltlich. Darum sollen sie allein hinaufziehen« (Hendriksen).

»Mit Ungläubigen wollte er nicht hinaufgehen; und doch ihnen zulieb auch nicht gar wegbleiben. So blieb er einstweilen zurück« (Bengel).

2. Jesus in Jerusalem: die Unsicherheit der Volksmenge (7,10-13)

10 Als aber seine Brüder hinaufgegangen waren zu dem Fest, da ging auch *er* hinauf, nicht öffentlich, sondern wie im Verborgenen.

Der Herr hatte den Brüdern gesagt, er gehe nicht zum Fest; nachdem diese gereist waren, »**ging auch er hinauf**«. Damit handelte er nicht gegen sein Wort. Seine Brüder hatten ihn aufgefordert, nach Jerusalem zu gehen und sich dort öffentlich zu präsentieren. Aber gerade das tat er nicht; sondern er ging »**nicht öffentlich, sondern wie im Verborgenen**«. Gegen den Rat seiner Brüder tat er darum einstweilen keine Zeichen (sondern er tat erst nach dem Fest ein einziges: Er heilte den Blindgeborenen), sondern offenbarte sich durch seine Worte.

»Es sind drei große Belehrungen, veranlasst durch ein Urteil seiner Zuhörer oder eine Maßnahme seiner Gegner: Die erste ist eine Rechtfertigung seiner Lehre und seines Tuns (V. 14-24); die zweite eine Deklaration seiner göttlichen Herkunft (V. 25-30); die dritte eine Ankündigung seines nahen Endes, bei der er den Juden sagt, was sein Weggang für sie als Folgen haben wird (V. 31-36)« (Godet).

Seine Zeit war noch nicht da (V. 6), die Zeit nämlich, da er *»öffentlich bekannt«* (V. 4) und gerade deswegen getötet werden sollte. Weil seine

Zeit noch nicht da war, konnte man ihn auch noch nicht greifen, sosehr man es versuchte (V. 30.32.44.45.46).

*»**Wie im Verborgenen.** Das **hōs** mildert den Ausdruck **en kryptō**. Jesus war nicht jemand, der sich wirklich versteckte, auch als er für den Augenblick so handelte. Aber welch traurige Abstufung seit dem ersten Fest (Kap. 2) und der Weise, in der er sich Jerusalem kundgab! Da war er als der König-Messias in den Tempel eingetreten; im Kap. 5 war er als ein schlichter Pilger angekommen; hier kann er nicht anders als **inkognito** nach Jerusalem reisen«* (Godet).

11 Die Juden nun suchten ihn auf dem Fest und sprachen:
Wo ist *er*?
12 Und viel Gemurmel war über ihn unter den Volksmengen;
die einen sagten: Er ist gut; andere sagten: Nein, sondern er verführt die Volksmenge.

»Die Juden« werden hier gesondert erwähnt und bilden damit eine Gruppe, die von der in V. 12 erwähnten Volksmenge unterschieden wird. Es handelt sich um die Obersten des Volkes, d.h. die religiösen Führer. Das ist bei Johannes meist so, was ersichtlich ist in Stellen wie 1,19; 2,18; 5,10.15 etc. Die Führer hatten bereits für sich geurteilt, dass Jesus den Tod verdient habe (5,16); darum wollten sie ihn töten (7,1), und darum **»suchten sie ihn auf dem Fest«**. Nicht, dass sie von ihm lernen wollten; nicht, dass sie Klarheit bekommen wollten, wer er sei – sie wollten ihn beseitigen.

Unter **»den Volksmengen«** hingegen war **»viel Gemurmel … über ihn«**. Das Volk hatte sich in seiner Auffassung über ihn noch nicht festgelegt, so wie die Obersten: **»die einen sagten …; andere sagten …«**

Wenn einige unter den Volksmengen sagen: **»Er ist gut«**, beurteilen sie ihn zwar freundlicher, als die Obersten es taten, aber sie haben nur ihre Vermutungen – etwa, dass Jesus Elia oder Jeremia oder einer der Propheten sein könnte (Mt 16,14). Der Herr ist aber nicht bloß ein guter Lehrer, wie der reiche Jüngling wähnte (Lk 18,18); er ist der allein und der im absoluten Sinn Gute (Lk 18,19): Er ist Gott, er ist der Ewige, er ist der von Gott als Christus in diese Welt Gesandte. Nur wer das erkennt, steht fest in seiner Überzeugung und kann glückselig heißen (Mt 16,17).

Die vielen, die Jesus für gut hielten, änderten sehr schnell ihre Meinung und sagten, er habe einen Dämon (V. 20). Und ein halbes Jahr später stimmten sie in das Geschrei der Masse ein, man solle ihn kreuzigen.

13 Niemand jedoch sprach öffentlich von ihm aus Furcht vor den Juden.

»aus Furcht vor den Juden«: Man wusste, was die Obersten über Jesus dachten und dass sie ihn zu töten suchten (V. 25), und man wusste auch, was es bedeutete, wenn man als einfacher Mann anders glaubte und urteilte als jene (siehe 9,22); darum sagte man lieber nichts über diese umstrittene Person. Diese Furcht vor den Juden erklärt aber auch, warum die Leute nur Meinungen und Vorstellungen von der Identität Jesu von Nazareth hatten. Wer die Menschen fürchtet und darum ihre Anerkennung sucht, kann nicht glauben (5,44); und wer nicht glaubt, kann den Sohn Gottes nicht erkennen (siehe 6,69). Wer hingegen Gott fürchtet, dem gibt Gott Erkenntnis (Spr 1,7).

3. Jesus im Tempel: der Unverstand der Juden (7,14-36)

In den V. 14-24 geht es um die Frage *der Lehre* und *der Werke Jesu*; in den V. 25-32 geht es um die Frage, wer *Jesus selbst* ist und woher er gekommen ist; in den V. 33-36 sagt er dem Volk, dass er bald zurückkehren wird zu dem, der ihn gesandt hat.

Der Abschnitt beginnt damit, dass Jesus das Volk im Tempel lehrt; aber sie gehen nicht ein auf den Weg, den er nennt, auf dem allein man Gewissheit über ihn bekommen kann (V. 17). Entsprechend bleiben sie unsicher, indem einige sagen, Jesus könne nicht der Christus sein, da sie ja wussten, woher er war, dass man dies aber vom Christus nicht wisse (V. 27); andere wieder meinten, er müsse doch der Christus sein, da er so viele Zeichen tat (V. 31). Wie das Volk auch nach allem, was der Herr über sich und über sie gelehrt hat, nicht weitergekommen ist, sehen wir am Schluss: Der Abschnitt endet mit lauter Fragen, welche die Leute zum Herrn und zu seiner Sendung haben (V. 33-36).

14 Als es aber schon um die Mitte des Festes war, ging Jesus hinauf in den Tempel und lehrte.

Als es »**schon um die Mitte des Festes war**«, hatten die Juden, die ihm nachspürten, gewiss geschlossen, er komme nicht. So ging er ungestört »**hinauf in den Tempel und lehrte**« (siehe 8,2). Er nahm sich zwar in Acht vor den Juden (V. 1), aber dennoch lehrte er nicht im Verborgenen, sondern frei und öffentlich (siehe auch 8,2; 18,20).

15 Da verwunderten sich die Juden und sagten: Wie besitzt dieser Gelehrsamkeit, da er doch nicht gelernt hat?

Als sie hörten, wie Jesus im Tempel lehrte, »**verwunderten sich die Juden**«, denn sie merkten, dass er mit Autorität die Schrift zitierte und auslegte, anders als die Schriftgelehrten, die ihre Aussagen immer auf anerkannte, längst verstorbene Lehrer abstützten und sich so absicherten (siehe Mt 7,29). Das aber heißt, dass sie gemerkt haben müssen, dass er zumindest ein Prophet war, durch den Gott redete, wenn nicht gar *der* Prophet, den Mose angekündigt hatte (5Mo 18,15).

Die Juden fragten sich, wie Jesus »**Gelehrsamkeit**« haben, also die Schrift kennen konnte, »**da er doch nicht gelernt hat**«, *mē memathēkōs*, zugespitzter: »da er kein Jünger gewesen ist«. Die Leute konnten es sich nicht anders denken, als dass man als Jünger bei einem anerkannten Rabbi lernen müsse, weil man sonst die Schrift nicht kennen könne. In der Christenheit wurde es bald auch so, dass man von der Kirche autorisiert sein musste, um im Volk Gottes lehren zu dürfen. Der Klerus nahm damit den gleichen Platz ein wie die Schriftgelehrten im Judentum. Das geschah nicht nur in der römisch-katholischen Kirche, sondern in etwas milderer Form auch in den Kirchen der Reformation. Akademische Ausbildung ebnete jedem den Weg, der von der Kirche als ordentlicher Lehrer eingesetzt werden wollte. Wer nicht in dieser Weise ordiniert war, konnte wie ein John Bunyan mit jahrelanger Haft bestraft werden.

In V. 19 verweist der Herr auf Mose, der dem Volk das Gesetz gegeben hatte, weshalb wir annehmen können, er habe im Tempel eben Mose ausgelegt.

16 Da antwortete ihnen Jesus und sprach: *Meine* Lehre ist nicht *mein*, sondern dessen, der mich gesandt hat.

Auch Jesus hatte gelernt: »**Meine Lehre ist nicht mein**«, aber er hatte anders als die Schriftgelehrten seine Lehre nicht von Menschen gelernt, sondern von Gott, der ihn gesandt hatte. Aus dieser Tatsache und aus der entsprechenden Gewissheit ergab sich die Autorität, mit der er lehrte – etwas, was die Leute immer wieder erstaunte (Mt 7,28.29). Eigentlich hätten die Juden das wissen müssen, dass man von Gott gelehrt sein kann, denn: *»Es steht in den Propheten geschrieben: ›Und sie werden alle von Gott gelehrt sein‹«* (6,45). Sie wären auch von Gott gelehrt worden, hätten sie die Schriften gelesen; aber gerade das taten sie nicht, und wenn sie es doch taten, dann folgten sie stets sklavisch den Überlieferungen der Väter (siehe Mt 15,1-3).

17 Wenn jemand seinen Willen tun will, so wird er von der Lehre wissen, ob sie aus Gott ist oder ob *ich* von mir selbst aus rede.

Die Juden hätten längst Gewissheit über die Identität Jesu haben können, wären sie willig gewesen, Gottes Willen zu tun. Sie hatten das Gesetz, aber niemand tat es (V. 19). Hätten sie das Gesetz ernst genommen, also versucht, es zu tun, hätte das Gesetz sie überführt; es hätte ihre Sünde aufgedeckt, es hätte ihnen gezeigt, dass sie unfähig waren zum Guten (Ps 14,3; Röm 3,20; 7,7). Das hätte sie so gedemütigt, dass sie alle Worte Jesu und damit ihn selbst angenommen hätten. Aber sie glaubten Mose nicht (5,46.47), und das heißt, dass sie nicht auf ihn hörten, und darum hörten sie auch nicht auf Jesus.

Ist jemand willig, auf den Sohn Gottes zu hören, wird ihm Gewissheit gegeben. Aber das ist gerade das Problem des Menschen. Er will nicht (5,40). Die göttliche Offenbarung leuchtet hell genug, und doch bleibt der Mensch im Dunkeln. Gott hat sich klar genug bekundet; und der Mensch hat Fähigkeit genug, Gott zu erkennen; das von Gott Erkennbare ist offenbar (Röm 1,19). Aber er will nicht annehmen, was er erkennt. Hier liegt der Grund, warum die Juden in ihren gegensätzlichen Meinungen über die Identität Christi verharrten, von denen dieses Kapitel spricht. Sie hätten Gewissheit über ihn haben können; aber sie wollten das nicht wirklich. Sie wollten gar nicht wissen, was Gott wollte, denn sie wollten sich selbst leben (vgl. Röm 14,7).

»so wird er von der Lehre wissen«: Man muss Gewissheit haben; wir müssen wissen, wem wir geglaubt haben (2Tim 1,12); wir müssen wissen, von wem wir gelernt haben (2Tim 3,14). Wir müssen überzeugt sein, dass die Lehren des Herrn von Gott sind.

18 Wer von sich selbst aus redet, sucht seine eigene Ehre;
wer aber die Ehre dessen sucht, der ihn gesandt hat,
dieser ist wahrhaftig, und Ungerechtigkeit ist nicht in ihm.

»Wer von sich selbst aus redet«, redet nicht die Wahrheit. In 8,44 werden wir vernehmen, dass der Teufel, der Lügner von Anfang an, aus seinem Eigenen redet. Wer aus sich selbst redet, **»sucht seine eigene Ehre«**, er verfolgt seine eigenen Zwecke. Er redet nicht zum Wohl und Heil der Mitmenschen, sondern einzig zu seinem eigenen Nutzen. Der Sohn Gottes aber suchte nicht seine eigene Ehre; er kam nicht, um sich selbst zu gefallen (Röm 15,3). Er suchte **»die Ehre dessen ..., der ihn gesandt«** hatte, und er suchte das Heil der Menschen, zu denen er gesandt war. Darum ist er **»wahrhaftig, und Ungerechtigkeit ist nicht in ihm«**.

19 Hat nicht Mose euch das Gesetz gegeben? Und keiner
von euch tut das Gesetz. Warum sucht ihr mich zu töten?

In V. 17 hatte der Herr den Juden gezeigt, wie sie Gewissheit über seine Lehre und damit über ihn selbst bekommen konnten: Sie mussten bereit sein, Gottes bereits offenbarten Willen zu tun. Aber sie taten das nicht. Sie gaben vor, das Gesetz ernst zu nehmen, aber sie nahmen es nicht ernst. Hätten sie alle Gebote und alle seine Lehren ernst genommen, wären sie durch das Gesetz so zubereitet gewesen, dass sie Christus sofort aufgenommen hätten. Das Gesetz hätte ihnen Erkenntnis ihrer Sünde gegeben und sie damit auf die Botschaft der Gnade vorbereitet. Es wäre ihnen ergangen wie König Josia, als ihm das Gesetz vorgelesen wurde: Er zerriss sein Gewand (2Kö 22,11), er fragte nach Gottes Urteil, und Gott antwortete ihm (2Kö 22,12-20).

»Hat nicht Mose euch das Gesetz gegeben? Und keiner von euch tut das Gesetz«:[101] Wir verstehen, wie schneidend dieses Wort war, wenn wir bedenken, dass an jedem siebten Laubhüttenfest nach der Weisung von 5Mo 31,10-13 das Gesetz vor dem Volk gelesen wurde, *»damit sie hören und damit sie lernen und den HERRN, euren Gott, fürchten und darauf achten, alle Worte dieses Gesetzes* ***zu tun****«*. Auf das Tun kommt es an: Wer Gottes Willen *tun* will … (7,17) – aber: »Keiner von euch *tut* das Gesetz.« Hatte Gott aber nicht im Gesetz *den* Propheten, den Messias, angekündigt und befohlen: *»Auf ihn sollt ihr hören!«* (5Mo 18,15)? – aber: »Keiner von euch tut das Gesetz.«

Gott forderte Gehorsam, und wer die Forderung ernst nahm, musste zur Einsicht kommen, dass er sie nicht erfüllen konnte. Das taten die Juden nicht, und darum sahen sie nie, was das Gesetz auch bezeugte: Der Glaube ist das Mittel, durch das der Mensch Gerechtigkeit und Leben empfängt (1Mo 15,6; siehe Röm 4,1-8). Darum sagte der Herr, dass Glauben das Werk ist, das Gott von ihnen forderte (6,28.29).

»Warum sucht ihr mich zu töten?«: Die Juden wollten Jesus töten, weil er das Gesetz gebrochen habe. Aber von ihnen tat ja selbst keiner, was das Gesetz forderte; sie hatten also selber die Todesstrafe verdient. Mit welchem Recht suchten sie dann ihn zu töten? Damit, dass sie Jesus töten wollten, demonstrierten sie selbst, wie sie das Gesetz brachen; denn als Summe forderte das Gesetz, dass man Gott über alles und den Nächsten wie sich selbst lieben sollte (siehe Mk 12,32.33). Sie aber hassten Jesus, und das ganz ohne Grund (siehe 15,24.25).

20 Die Volksmenge antwortete: Du hast einen Dämon; wer sucht dich zu töten?

Die Reaktion der Volksmenge ist die eines jeden Sünders. Wir empören uns gegen die Wahrheit. Wir können und wollen nicht erkennen, wer wir und wie wir wirklich sind. Mit ihrer Frage, wer denn Jesus töten wolle, sagen sie eigentlich: »Es stimmt doch gar nicht, dass wir so sind. Wir haben zwar unsere Fehler und unsere Grenzen, aber wir meinen es eigentlich gut und sind im Grunde gar nicht so schlecht …« Während der Mensch an sich selbst Gutes sieht, kann er an dem Herrn nur Böses

101 vgl. Röm 2,25.

sehen: **»Du hast einen Dämon«** (siehe 8,48.52; 10,20). Was die Volksmenge hier tut, ist bezeichnend für den Menschen im Allgemeinen. Er klagt Gott an, während er sich selbst rechtfertigt. Er meint, Fehler zu finden an Gottes Handeln, an sich selbst will er keine sehen.

> **21 Jesus antwortete und sprach zu ihnen:**
> ***Ein* Werk habe ich getan, und ihr alle verwundert euch.**

Der Herr antwortet nur indirekt auf die Beteuerung der Leute, niemand wolle ihn töten; denn wenn er sagt: **»Ein [einziges] Werk habe ich getan«**, verweist er auf den Gelähmten am Teich Bethesda, den er an einem Sabbat heilte (5,9). Darüber hatte man sich zunächst **»verwundert«**, und als man darüber nachdachte, wurde man zornig auf ihn (V. 23). Damals wollten die Juden ihn gerade deswegen töten (5,16), und das wusste man in Jerusalem (siehe V. 25).

> **22 Deswegen gab Mose euch die Beschneidung (nicht dass sie von Mose ist, sondern von den Vätern), und am Sabbat beschneidet ihr einen Menschen.**
> **23 Wenn ein Mensch die Beschneidung am Sabbat empfängt, damit das Gesetz Moses nicht gebrochen wird, zürnt ihr mir, weil ich einen Menschen ganz gesund gemacht habe am Sabbat?**

Warum drückt der Herr sich so aus, dass er sagt: **»Mose gab euch die Beschneidung«**, um das sofort zu präzisieren: **»nicht dass sie von Mose ist, sondern von den Vätern«**? Offensichtlich, um den Hörern bewusst zu machen, dass die Beschneidung nicht vom Gesetz herrührt und dass sie eine andere Bedeutung hat, als sie ihr gaben. Paulus wird im Römerbrief die Lehre der Rechtfertigung durch den Glauben darauf aufbauen, dass die Beschneidung und das Gesetz mit seinen Forderungen nicht zuerst da waren. Der Glaube war zuerst da; Abraham glaubte, und dieser Glaube war es, der ihm zur Gerechtigkeit gerechnet wurde (Röm 4,3); und diesen Glauben hatte er, als er noch nicht beschnitten war (Röm 4,9.10). Der Glaube an den Sohn Gottes ist es, der dem Menschen den Geist Gottes und damit das Leben gibt (7,38.39).

»Wenn ein Mensch die Beschneidung am Sabbat empfängt«: Immer wieder musste man, wenn man ein neugeborenes Knäblein am vorgeschriebenen achten Tag beschnitt, das Gesetz brechen, damit man dem Gesetz gehorchen konnte. Das zeigt, dass man das Sabbatgebot brechen und schuldlos sein konnte (siehe auch Mt 12,5). Ja, man musste zuweilen den Sabbat brechen, wenn man Gott gefallen wollte. Das hatte Jesus getan, als er den Gelähmten am Teich Bethesda heilte; denn es ist wichtiger, dass man Gutes tut, als dass man den Sabbat hält (siehe Mt 12,12; Mk 3,4; Lk 13,15.16; 14,3-6): *»Wer nun weiß, Gutes zu tun, und tut es nicht, dem ist es Sünde«* (Jak 4,17).

Damit demonstriert das Sabbatgebot, dass überhaupt das ganze Gesetz von Anfang an nicht dazu bestimmt war, Leben zu geben (Gal 3,21). Das konnte es gar nicht; denn es war nur ein Schatten der eigentlichen Substanz, des Körpers, welcher Christus ist (Kol 2,17; Hebr 8,5; 10,1). Es hatte keine Kraft, wie eben ein Schatten keine Kraft hat. Es konnte kein Leben geben, obwohl es heilig und das Gebot heilig und gerecht und gut war (Röm 7,12); aber der Mensch ist nicht gut. Darum war es kraftlos (Röm 8,3).

24 Richtet nicht nach dem Schein, sondern richtet ein gerechtes Gericht!

Wer im Gesetz mit seinen Geboten gefangen ist, kann gar nicht anders, als **»nach dem Schein«** zu richten. Er schaut auf Äußerlichkeiten wie Beschneidung, gewaschene Hände, das Halten der Sabbatgebote usw. Darum wird er nie verstehen, warum Gott den Sabbat gab. Er wird nur die Form, aber nicht den Gehalt der Gebote verstehen und darum nie **»ein gerechtes Gericht«** fällen können. Aber wer kann das schon von sich aus? Und doch fordert es Gott von uns; denn auch hier müssen wir von unserer Unfähigkeit, das Gute zu tun, überführt werden. Was Jesus hier von den Juden fordert, tut er selbst. Jesaja hat vom Messias geweissagt: *»... er wird nicht richten nach dem Sehen seiner Augen ... er wird die Geringen richten in Gerechtigkeit«* (Jes 11,3.4).

25 Einige von den Bewohnern Jerusalems sagten nun: Ist das nicht der, den sie zu töten suchen?

»Nun«, als er über den Sabbat und über das rechte Richten gesprochen hatte, **»sagten einige«**, dass Jesus doch der Mann war, **»den sie zu töten**

suchen«. Eben hatte die Volksmenge noch gesagt, niemand suche Jesus zu töten (V. 20), aber hier sehen wir, dass man in Jerusalem wusste, dass die Obersten ihn töten wollten. Aber warum sagen sie das gerade jetzt? Sie wollten nicht annehmen, was der Herr sagte, so rechtfertigten sie sich mit dem Hinweis, die Obersten hätten befunden, der Mann müsse beseitigt werden. Das aber bedeutete, dass man nicht auf ihn hören sollte.

26 Und siehe, er redet öffentlich, und sie sagen ihm nichts.
Haben denn etwa die Obersten in Wahrheit erkannt, dass dieser der Christus ist?
27 Diesen aber kennen wir, woher er ist; wenn aber der Christus kommt, so weiß niemand, woher er ist.

Ob »**die Obersten in Wahrheit erkannt**« hätten, »**dass dieser der Christus ist**«, war keine ernst gemeinte Frage, sondern vielmehr ein weiteres Argument, um nicht auf ihn zu hören. Einen ersten Grund hatten sie darin gesehen, dass er nicht bei einem Rabbiner gelernt hatte; und nun kommt dazu, dass die Obersten ihn nicht anerkannten. Außer Nikodemus, der zu den Obersten gehörte (3,1), war keiner unter den Obersten, der Jesus für den Messias hielt. Der konnte aus ihrer Sicht auch deshalb nicht der Christus sein, wusste man doch, »**woher**« er war, nämlich aus Nazareth in Galiläa. Dass aber der Messias aus Galiläa kommen sollte, war von vornherein ausgeschlossen (siehe unten V. 52). Zudem werde niemand, wenn »**der Christus kommt**«, wissen, woher er sei. In V. 42 sagen einige aus dem Volk, dass er nach der Schrift aus Bethlehem kommen müsse, und das war allgemein bekannt (siehe Mt 2,5). Aber gleichzeitig wusste man aus den Prophezeiungen, dass er nicht nur eine menschlich-irdische, sondern auch eine überzeitliche Herkunft haben würde. Beides rückt der Prophet Micha in *einem* Vers zusammen: *»Und du, Bethlehem-Ephrata, zu klein, um unter den Tausenden von Juda zu sein, aus dir wird mir hervorkommen, der Herrscher über Israel sein soll; und seine Ursprünge sind von der Urzeit, von den Tagen der Ewigkeit her«* (Mi 5,1). Der Messias würde aus Bethlehem, aber auch aus der Ewigkeit kommen; aber gerade das hatte Jesus den Juden immer wieder gesagt: Gott hatte ihn gesandt (V. 16) – und er wird es gleich wieder sagen (V. 28). Also war dieser Einwand wieder eine Ausflucht. Sie wollten den Herrn nicht aufnehmen (1,11), und darum fanden sie stets Argumente, um ihre Ablehnung zu rechtfertigen.

28 Jesus nun rief im Tempel, lehrte und sprach: Ihr kennt mich und wisst auch, woher ich bin; und ich bin nicht von mir selbst aus gekommen, sondern der mich gesandt hat, ist wahrhaftig, den *ihr* nicht kennt.
29 *Ich* kenne ihn, weil ich von ihm bin und *er* mich gesandt hat.
30 Da suchten sie ihn zu greifen; und niemand legte die Hand an ihn, weil seine Stunde noch nicht gekommen war.

Der Herr schwieg nicht zu den Diskussionen der Leute, sondern **»rief im Tempel, lehrte und sprach«**. Hatten wir bereits gesehen, dass das Licht, das mit ihm in die Welt kam, hell genug war, um jeden Menschen zu erleuchten, so können wir jetzt sagen, dass das Wort, das in die Welt kam und Fleisch wurde, laut genug redete. Die Weisheit ruft laut (Spr 1,20). Wenn der Mensch nicht hört, dann liegt das weder daran, dass die Stimme zu leise gewesen wäre, noch daran, dass der Mensch nicht hören könnte. Das Problem ist wiederum, dass er nicht hören will.

Der Herr widerlegt beide Argumente von V. 27. Es stimmte: **»Ihr kennt mich und wisst auch, woher ich bin …«** Sie wussten, dass er aus Nazareth war, aber das war kein Beweis dafür, dass er nicht der Messias sein konnte (siehe 1,45-49). Und sie wussten auch, dass er von Gott sein musste; seine Zeichen bewiesen es (3,2). Aber sie kannten den nicht, der ihn gesandt hatte, und darum kannten sie den Gesandten auch nicht: Er war Mensch, das verstanden die Leute; er war aber auch Gott, der ewig bei Gott war und den Gott gesandt hatte.

»den ihr nicht kennt«: Obwohl das Volk wissen musste, dass er von Gott war, kannten sie den, der seinen Sohn gesandt hatte, nicht. Aber sie wussten, wen er meinte, als er sagte: **»Ich kenne ihn …«** Nikodemus musste sich sagen lassen, dass er unwissend war (3,10), aber er ließ sich demütigen, und das war ihm zum Heil. Hier aber wollen die Leute sich das nicht gefallen lassen. Dieser Jesus soll Gott kennen, und sie nicht?

Er erklärt, warum er Gott kennt: **»… weil ich von ihm bin«**: Für »von ihm« steht hier παρ' αυτου, *par' autou*, eigentlich *»bei ihm«*, wie in 1,14, wo es heißt, dass der Mensch Jesus die Herrlichkeit *»eines Eingeborenen vom [d. h. bei dem] Vater«*, *para patros*, hatte. Dass jemand

»bei dem Vater« war, konnte man nur von Jesus, dem Sohn Gottes, sagen. Von Johannes und allen anderen Knechten Gottes kann man nur sagen, sie seien »von ihm« gesandt. Weil Jesus Gott ist, ist er bei Gott; und weil er Gott ist, kennt er Gott. Nur Gott kennt sich selbst vollkommen, wie Paulus in 1Kor 2,10 lehrt: Gott der Heilige Geist – er allein erforscht die Tiefen Gottes.

Dass Jesus Gott kennen sollte und sie nicht, dass er gar *»bei ihm«* sein sollte, das war in den Ohren mancher Zuhörer so unerträglich, dass sie ihn greifen wollten: **»*Da* suchten sie ihn zu greifen …«** Sie wollten Hand an ihn legen, aber sie konnten es nicht, **»weil seine Stunde noch nicht gekommen war«** (siehe Auslegung zu V. 6 und V. 8).

31 Viele aber von der Volksmenge glaubten an ihn und sprachen: Wenn der Christus kommt, wird er wohl mehr Zeichen tun als die, welche dieser getan hat?

»Viele aber von der Volksmenge glaubten an ihn«: Warum glaubten sie an ihn? Ihre Frage gibt Auskunft: **»Wenn der Christus kommt, wird er … mehr Zeichen tun …?«** Das Alte Testament hatte tatsächlich angekündigt, dass man den Messias *auch* an seinen Zeichen würde erkennen können (Jes 35). Erstaunlicherweise dachte die Samariterin an etwas anderes, was den Messias auszeichnen sollte: *»Ich weiß, dass der Messias kommt … wenn er kommt, wird er uns alles verkündigen«* (4,25). Und sie wurde in ihrer Erwartung bestätigt: Jesus von Nazareth verkündigte ihr alles, was sie wissen musste, um zum Glauben und zum Heil zu kommen. Die Juden warteten nur auf Zeichen, bekamen sie auch, und glaubten doch nicht (siehe 12,37). Darum fragt sich, ob die hier erwähnten Vielen aus der Volksmenge einen anderen Glauben hatten als jene, die wir in 2,23-25 kennengelernt hatten.

32 Die Pharisäer hörten die Volksmenge dies über ihn murmeln; und die Hohenpriester und die Pharisäer sandten Diener, damit sie ihn griffen.

Als die Pharisäer hörten, wie das Volk hinter vorgehaltener Hand darüber diskutierte, ob die Zeichen, die Jesus tat, ihn nicht doch als den Messias auswiesen, mussten sie sofort handeln: Sie **»sandten Diener, damit**

sie ihn griffen«. Als der Herr das erste Mal in Jerusalem gewesen war zum Passah, hatten die Obersten abwartend beobachtet; einer von ihnen war zu ihm bekommen, allerdings nachts, denn er kam in eigener Sache. Beim zweiten Besuch in Jerusalem hatten die Werke und Worte des Herrn die Obersten zum Entschluss gebracht, ihn zu töten (5,18). Nun tun sie den ersten Schritt auf dem Weg dahin: Sie wollen ihn verhaften. Wagten die Obersten es nicht, dem Herrn persönlich gegenüberzutreten, dass sie Diener sandten?

> **33 Da sprach Jesus: Noch eine kleine Zeit bin ich bei euch, und ich gehe hin zu dem, der mich gesandt hat.**
> **34 Ihr werdet mich suchen und nicht finden, und wo *ich* bin, dahin könnt *ihr* nicht kommen.**

»Da sprach Jesus«: »Da«, d.h. als die Juden Diener aussandten, um ihn zu greifen. Obwohl er das wusste und damit erkannte, wie die Feindschaft gegen ihn wuchs, lehrte er das Volk weiterhin. Er hörte nicht auf, um sie zu werben (siehe 12,35.36; Mt 23,37), denn er war vom Vater gesandt mit einem Auftrag.

»Noch eine kleine Zeit bin ich bei euch«, nämlich bis zum vom Vater verordneten Zeitpunkt (siehe Auslegung zu V. 6 und 8). Solange die Zeit noch währte, lehrte und rief er das Volk, aber das Volk sollte an diesem ersten Versuch, ihn zu greifen, erkennen, dass die Zeit kurz war – dass sie nicht mehr lange die Möglichkeit hatten, ihn zu hören und gerettet zu werden; *jetzt* hatten sie ihre Stunde der Heimsuchung, darum galt es *jetzt* zu tun, was Jesaja zu seiner Zeit gesagt hatte: *»Sucht den HERRN, während er sich finden lässt; ruft ihn an, während er nahe ist«* (Jes 55,6).

»Ihr werdet mich suchen«, so, wie sie ihn zu Beginn des Laubhüttenfestes gesucht hatten (V. 11). Sie hatten ihn in der Mitte der Woche gefunden; aber nach seiner Rückkehr in den Himmel würden sie ihn umsonst suchen. Das sagt der Herr ihnen wenig später wieder (8,21), fügt dann aber hinzu, dass sie deshalb in ihren Sünden sterben werden; denn wer ihn nicht hat, ist verloren. Weist der Mensch das geduldige Werben Gottes ab, übergibt Gott ihn am Ende seiner Sünde, und dann wird er in der Not, wenn er sich aufmacht, Gott zu suchen, Gott nicht mehr finden können (Spr 1,24-30) und in seinen Sünden sterben.

»Glaubt, ehrt das Wort, lebt nach dem Worte Gottes, dieweil ihr's habt ... Aber hier meint man, das Wort werde ewig bleiben, das doch nur eine kleine Zeit bleibt und wartet; aber man kommt darum, wenn man's nicht mit Dank und Ehrerbietung annimmt ... Wenn das Wort weg ist, werdet ihr's nicht lassen können und wolltet gern fromm und selig werden, Gottes Gnade und Vergebung der Sünden und den Himmel haben; aber es ist umsonst. Ihr werdet die Gnade, Vergebung der Sünden, Leben und Gerechtigkeit nicht finden, sondern es soll alles verdammt sein, auch das Beste, das ich tue ... Also muss auch Deutschland dahingehen und herhalten ... Gott kann die Undankbarkeit und Verachtung nicht dulden ...« (Luther, *Johannes-Evangelium*, S. 254).

Er würde diese Welt verlassen und hingehen **»zu dem, der [ihn] gesandt hat«**, zu seinem Gott und Vater; und dorthin konnte niemand, konnten auch seine Zuhörer **»nicht kommen«**. Kein Mensch kann zu Gott gelangen; keiner kann den Himmel ersteigen (3,13). Gott aber vermag, was kein Mensch vermag: Er kann ihm Leben geben und kann ihn in seiner Macht zu sich erheben (Eph 2,5.6; 1Thes 4,16-18).

35 Die Juden sprachen nun zueinander: Wohin will dieser gehen, dass *wir* ihn nicht finden können? Will er etwa in die Zerstreuung der Griechen gehen und die Griechen lehren?
36 Was ist das für ein Wort, das er sprach: Ihr werdet mich suchen und nicht finden, und: Wo *ich* bin, dahin könnt *ihr* nicht kommen?

»Die Juden sprachen nun zueinander«: Wie in 6,52 wandten sich die Juden nicht mehr an den Herrn, sondern blieben von ihm abgewandt. Darum konnten sie keine Einsicht gewinnen. Entsprechend enthüllt das, was sie sagten, nur ihren Unverstand, aber auch ihre Bosheit. Sie begriffen nicht, **»wohin ... dieser gehen«** würde, und es scheint, dass sie sich in ihrem Unverstand lustig machen über die Worte von der Sendung des Herrn. Ob er vielleicht **»in die Zerstreuung«**, d.h. zu den Juden gehen wolle, die zerstreut unter den Heiden lebten? Die waren in den Augen der Leute weniger rechtgläubig als die Juden im Land und galten daher als leichte Beute für allerlei Verführer. Oder wollte er, da vielleicht auch diese ihn nicht würden hören wollen, schließlich **»die Griechen«**, also die Heiden lehren? Genau das sollte geschehen; zwar ging Jesus nicht während seiner Erdentage zu ihnen; aber er suchte sie heim durch die Predigt der Apostel und sammelte sich unter ihnen ein großes Volk.

»Was sie im Spott redeten, musste sich in der Wahrheit erfüllen; sie haben geweissagt wie Kajaphas (11,50) und Pilatus (19,19)« (Lange).

Weil die Juden zuerst den Herrn und dann seine Boten, die Apostel, abwiesen, ging das Evangelium zu den Heiden (Apg 13,46; 18,6). Das hatten die Propheten geweissagt (Jes 49,6; vgl. Apg 13,47), und der Herr hat es in einem Gleichnis bestätigt (Mt 21,43).

»Ihr werdet mich suchen und nicht finden«: Die Juden verstanden diese Ankündigung nicht und nahmen sie deshalb nicht ernst. Genau darum musste es ihnen so ergehen. Sie würden suchen und nicht finden – was für ein Elend! Die Juden suchten nach der Kreuzigung zwar nicht Jesus, aber sie suchten den Messias, und keiner war da; und sie suchten Gott, und sie fanden ihn nicht. Warum nicht? Weil sie es auf ihre Weise taten: Sie suchten ihn im Gesetz; sie meinten, sie könnten dort Gerechtigkeit finden und damit auch den Gott der Gerechtigkeit (Röm 9,30-33; 10,3). Auf diesem Weg ließ Gott sich aber nicht finden; und in der Not, die über die Juden kam, weil sie den Messias verworfen hatten, schrien sie zu ihrem Gott, aber er hatte sein Angesicht vor ihnen verborgen, wie Mose geweissagt hatte (5Mo 32,20).

An den Juden zeigt uns Gott, wie alle Menschen sind und wie es jedem ergeht, der sich den Worten des einzigen Retters verschließt. Dann mag er suchen, so viel er will, er wird nicht finden (siehe Spr 1,24-28).

4. Jesus am Laubhüttenfest: der Ruf zum lebendigen Wasser (7,37-44)

Der vorherige Abschnitt (V. 14-36) begann damit, dass Jesus im Tempel stand und lehrte. Der vorliegende Abschnitt beginnt wieder im Tempel; doch jetzt lehrt er nicht, sondern jetzt ruft er die Menschen zu sich. Eben hatten die Juden sich lauter Fragen gestellt, die zeigten, wie ratlos sie waren angesichts der Worte und der Person des Herrn. Darauf antwortet der Herr mit seinen Ruf zum Glauben (V. 37.38). Anders als durch Glauben kann niemand ihn erkennen und seine Worte verstehen (siehe 6,68.69). Zudem sollte jeder, der glaubt, den Heiligen Geist empfangen (V. 39), durch den er volles Verständnis über die Wahrheit erlangen würde (siehe 14,26; 16,13). Der vorliegende Abschnitt endet mit der Antwort der Volksmenge auf den Ruf Jesu (V. 40-44).

37 An dem letzten, dem großen Tag des Festes aber stand Jesus da und rief und sprach: Wenn jemand dürstet, so komme er zu mir und trinke!
38 Wer an mich glaubt, wie die Schrift gesagt hat, aus dessen Leib werden Ströme lebendigen Wassers fließen.

»**An dem letzten, dem großen Tag**« des Laubhüttenfests (3Mo 23,36.39) hielten die Juden eine besondere Feier mit besonderen zeremoniellen Handlungen ab, an die Jesus mit seinen Worten anknüpft (siehe im Folgenden den zweiten Exkurs zum Laubhüttenfest). Er geht in den Tempel, obwohl er weiß, dass seine Feinde ihn verhaften und töten wollen; doch nichts kann ihn daran hindern, den Willen dessen zu tun, der ihn gesandt hat.

In bemerkenswerter Weise war an ebendiesem letzten Tag des Laubhüttenfests, am 21. des siebten Monats, etwa 500 Jahre zuvor das Wort des HERRN durch den Propheten Haggai an das Volk ergangen (Hag 2,1). In jener Weissagung tröstete der HERR sein Volk mit der Zusage, dass er mit seinem Geist inmitten des Volkes blieb (Hag 2,5), und er kündigte an, dass sein Christus kommen und das Haus, das Serubbabel gebaut hatte, mit Herrlichkeit füllen werde (Hag 2,7). Nun war dieses Wort wahr geworden: Der Sohn Gottes, der die Herrlichkeit des Eingeborenen vom Vater hatte (1,14), stand im Tempel; aber das Volk sah seine Herrlichkeit nicht. Und er rief das Volk zu sich, damit es komme und von ihm den Heiligen Geist empfange. Doch er rief umsonst; das Volk kam nicht. Aber das Wort des HERRN an Haggai wird noch in Erfüllung gehen: Der Herr wird am Ende der Tage Himmel und Erde erschüttern (Hag 2,6; Lk 21,11.26; Hebr 12,26.27), dann wird der Christus ein zweites Mal kommen, und dann werden alle seine Herrlichkeit sehen, und dann wird der HERR den Heiligen Geist ausgießen über sein Volk (Hes 39,29).

Er »**stand … da und rief**«, laut und für alle vernehmbar (wie oben in V. 28). Alle sollten seine Stimme hören, alle waren gemeint; jeder durfte kommen.

»Wenn jemand dürstet«: Der Herr ruft die Menschen, die nach Gott dürsten wie David (Ps 63,2) und wie die Söhne Korahs (Ps 42,2.3). Warum dürsteten jene nach ihm? Weil sie empfanden, dass sie ohne Gott ganz arm waren. Er ruft die Menschen, die nach der Gerechtigkeit hungern und dürsten (Mt 5,6). Und warum dürsten sie? Weil sie keine Gerechtigkeit besitzen, aber wissen, dass sie gerecht sein müssen, wenn Gott sie annehmen soll. Wer dürstet, kommt zum Herrn, und er bekommt Gerechtigkeit von Gott und das Wasser des Lebens umsonst (Offb 21,6; 22,17).

»Der Durst ist ... ein Durst der Seele und ein geistlicher Durst, das heißt, ein herzliches Verlangen, ein betrübtes, elendes, erschrecktes, geplagtes Gewissen, ein verzagtes, erschrockenes Herz, das gerne wissen wollte, wie es mit Gott dran wäre ... die sich vor unserem Herrn und Gott fürchten, sein Gesetz, Zorn, Gericht, Tod und andere Strafen ansehen. Diese Angst ist der rechte Durst ..., wenn die Angst da ist und die Sünde und der Zorn Gottes einem unter die Augen stoßen ... Das Gesetz macht einen Durst und führt zur Hölle. Das Evangelium tränkt wieder und führt zum Himmel ... Das Gesetz macht allein durstig und führt zu nichts, als dass es die Herzen erschrecke. Das Evangelium macht allein voll und tröstet das Gewissen« (Luther, *Johannes-Evangelium*, S. 255-256).

»so komme er zu mir und trinke«: Wir hatten in 5,40 gesehen, dass die Juden nicht kommen wollten. Aber man muss zu ihm kommen, wenn man trinken will. Und wer zu ihm kommt, bekommt Wasser *»aus den Quellen des Heils«*, von denen Jesaja geweissagt hatte (Jes 12,3; unrevidierte Elberfelder). Ja, er war der wahre Fels, aus dem Wasser floss, mit dem Gott sein Volk tränken wollte (siehe 2Mo 17,6 und 1Kor 10,4). Jes 49,7-10 weissagt zunächst vom Herrn, den man in seiner Niedrigkeit verachten und verabscheuen würde (Jes 49,7) – so, wie es die Obersten der Juden taten (siehe Auslegung zu 7,45-48); und dann kündigt er einen Tag des Heils an (Jes 49,8), an dem Israels Erbarmer sein Volk an Wasserquellen führen wird, sodass es nicht mehr dürsten muss (Jes 49,10). In Jes 55,1 ruft der HERR sein Volk auf, zu kommen und zu trinken. Dieser Tag des Heils war nun gekommen (wie der Herr selbst in Lk 4,18-21 und Paulus in 2Kor 6,2 bestätigt). Nun stand der Erbarmer Israels da und wiederholte die siebenhundert Jahre zuvor gemachte Einladung.

In 1,1-3 hatten wir erfahren, dass alles durch das Wort geworden ist. In Spr 3,19 lehrt Salomo: *»Der HERR hat durch Weisheit die Erde* *gegründet ...«* Diese Weisheit ist also das Wort, von dem Johannes spricht, das heißt Christus. In Spr 1,20-23 spricht Salomo von der Weisheit Gottes, die zu den Menschen ruft und sie auffordert, sich zu ihr zu wenden, und wie er ihnen den Heiligen Geist verheißt. Als Jesus am letzten Tag des Laubhüttenfests im Vorhof des Tempels stand und jeden Dürstenden zu sich rief und ihm verhieß, dass lebendiges Wasser aus seinem Leib strömen werde, erwies er sich als ebendie Weisheit Gottes, von der Salomo gesprochen hatte.

»Wer an mich glaubt« bedeutet so viel wie »wer zu mir kommt«. An den Herrn zu glauben und zu ihm zu kommen, fallen in eins zusammen, wie wir in 6,36.37 gesehen haben.

»wie die Schrift gesagt hat«: In Hes 47 steht, dass aus dem Tempel solche Ströme fließen werden. In 2,19ff. sprach der Herr vom Tempel, den man abbrechen und er aufbauen werde, und meinte damit seinen Leib. Somit können wir wohl sagen: Hes 47 könne sich auch – natürlich nicht ausschließlich – auf den Leib des Gläubigen beziehen. Dabei müssen wir bedenken, dass »Leib« im Alten Testament das Innere des Menschen bezeichnen kann (siehe Spr 20,27). Es ist auch denkbar, dass der Herr mit dem Wort »Leib«, *koilia*, auf den großen goldenen Krug anspielte, der ein großbauchiges Gefäß war, aus dem das Wasser aus dem Teich Siloah ausgegossen wurde, wie Bengel erklärt (siehe Anmerkungen zu Kapitel 7). Anders als aus diesen Gefäßen würde aus dem Leib des Gläubigen nicht gewöhnliches Wasser, sondern göttliches, geistliches, lebendiges Wasser fließen.

Was der Gläubige von Christus empfängt, behält er nicht für sich, sondern von ihm fließt es weiter zu den Menschen. Entsprechend hat die Schrift geweissagt, dass die Erlösten wie ein Wasserquell sein werden, dessen Wasser nicht versiegt (Jes 58,11). Das gilt jetzt für den Christen, das wird in Zukunft für die gläubigen Israeliten gelten.

Diese Verheißung des Herrn bedeutet, dass der Heilige Geist, den der Christ durch den Glauben empfängt (V. 39), nicht nur ihm selbst, sondern auch anderen eine Quelle lebendigen Wassers wird, die ins ewige Leben quillt (4,14). Darum kann Paulus an Philemon schreiben: *»... die Herzen der Heiligen [sind] durch dich, Bruder, erquickt worden«* (Phim 7; siehe auch 1Kor 16,18).

39 Dies aber sagte er von dem Geist, den die an ihn Glaubenden empfangen sollten; denn noch war der Geist nicht da, weil Jesus noch nicht verherrlicht worden war.

»Dies … sagte er von dem Geist«: So erklärt Johannes dem gläubigen Leser, was diese Worte bedeuten. Das lebendige Wasser steht wie in 4,14 im übertragenen Sinn für den Geist Gottes. Wie das Wasser Leben spendet, so gibt der Geist Leben aus Gott. Es mag sein, dass der Herr an die Worte der Lehrer in Israel anknüpfte, nach denen *»dieses Ausgießen von Wasser (bei dieser Feier am letzten Tag des Festes [Anmerkung B. Peters]) die Ausgießung des Heiligen Geistes bedeutete«* (Lightfoot). Warum hat der Herr gerade am Laubhüttenfest dem Volk den Heiligen Geist verheißen? Das Laubhüttenfest war das Fest der Freude, das letzte des Jahres, das man feierte, nachdem man den Ertrag des Feldes eingesammelt hatte: *»Und ihr sollt euch … Frucht von schönen Bäumen nehmen … und euch vor dem HERRN, eurem Gott, freuen sieben Tage«* (3Mo 23,40).

»Ein allgemeiner Jubel und mancherlei pomphafte Zeremonien fanden bei diesem Fest statt, sodass die Rabbinen zu sagen pflegten, wer diese Festlichkeiten nicht gesehen habe, wisse nicht, was Jubel sei …«[102]

Wie aber soll Frucht heranwachsen, die Gott gefällt, und wie soll man sich *vor Gott* freuen können ohne den Heiligen Geist? Einzig durch den Geist und in dem Geist kann das geschehen (siehe Röm 14,17; Gal 5,22).

Den **»an ihn Glaubenden«** ist verheißen, dass sie den Heiligen Geist empfangen werden. Die Jünger glaubten und warteten nach der Auferstehung und Himmelfahrt des Herrn in Jerusalem, bis sie angetan wurden mit Kraft aus der Höhe (Lk 24,49), denn so hatte der Herr ihnen befohlen (Apg 1,4). An Pfingsten empfingen sie den Geist, den der Herr an diesem letzten Tag des Laubhüttenfestes verhieß.

»weil Jesus noch nicht verherrlicht worden war«: Der Heilige Geist konnte erst gegeben werden, nachdem Jesus verherrlicht worden war, wie er selbst in 16,7 sagt: *»Doch ich sage euch die Wahrheit: Es ist euch nützlich, dass ich weggehe, denn wenn ich nicht weggehe, wird der Sachwalter nicht zu euch kommen; wenn ich aber hingehe, werde ich ihn zu euch senden.«* Das bedeutet, dass er in die Welt gesandt wurde, um

102 G. H. Majus, *diss. de haustu aquarum*, zitiert von Lange.

den Sohn Gottes zu verherrlichen. So wird es der Herr selbst noch sagen (16,14).

Zweiter kleiner Exkurs zum jüdischen Laubhüttenfest

Das Laubhüttenfest war das siebte und letzte im hebräischen Festkalender. Es fiel auf das Ende der Erntezeit, und es war in besonderer Weise *das Fest der Freude*: »*… am fünfzehnten Tag des siebten Monats, wenn ihr **den Ertrag des Landes eingesammelt habt**, sollt ihr das Fest des HERRN feiern sieben Tage; am ersten Tag soll Ruhe sein, und am achten Tag soll Ruhe sein. Und ihr sollt euch am ersten Tag Frucht von schönen Bäumen nehmen, Palmzweige und Zweige von dicht belaubten Bäumen und von Bachweiden, und sollt euch vor dem HERRN, eurem Gott, **freuen** sieben Tage*« (3Mo 23,39.40).

Anders als Passah, Erstlingsgarbe und Wochenfest, welche sich mit dem Tod und der Auferstehung des Herrn (1Kor 5,7; 15,20) und mit der Ausgießung des Heiligen Geistes (Apg 2,1) schon erfüllt haben, hat das Laubhüttenfest seine Erfüllung noch nicht gefunden, denn es weist in die Zeit, in welcher der Sohn die ganze Ernte der Mühsal seiner Seele (siehe Jes 53,11) einbringen wird, d.h. neben dem am Ende der Zeit bekehrten Israel auch die Nationen. Dann werden die prophetischen Worte, die der HERR durch Mose gesprochen hat, in Erfüllung gehen: »*Jubelt, ihr Nationen, mit seinem Volk*« (5Mo 32,43); dann werden Israel und die Nationen sich des Heils und des Segens freuen. Dann wird sich für Israel und die Nationen auch erfüllen, was an Pfingsten bei der Geburt der Gemeinde ein erstes Mal geschah: Der HERR wird seinen Geist ausgießen, zuerst über Israel (Hes 39,29), dann über »*alles Fleisch*« (Joe 3,1).

Zum siebten Tag des Laubhüttenfests erklärt Alfred Edersheim: »*Die Pilger sind alle festlich angezogen. In der Rechten trägt jeder den sogenannten **Lulabh**, das zwar einfach ›Zweig‹ oder ›Palmzweig‹ bedeutet, der indes ein Bündel war aus Myrte, einem Weidenzweig und einem Palmzweig dazwischen. Das sollte die Erfüllung der Anweisung von 3Mo 23,40 sein. Die in jenem Vers erwähnte ›Frucht‹ soll der **Ethrog** gewesen sein, eine Zitronenart … Mit dem **Lulabh** in der Rechten und dem **Ethrog** in der Linken teilte sich die Festgemeinschaft in drei Züge.*

Ein Teil blieb im Tempel, um das Morgenopfer vorzubereiten, ein anderer zog in das untere Jerusalem an einen Ort genannt Moza … Der dritte Zug … folgte unter Musikbegleitung … einem Priester mit einem goldenen Wasserkrug, der drei Log enthielt … Hier war, … noch immer innerhalb der Stadtmauer, der Teich Siloam … Der Priester füllte seinen goldenen Krug mit dessen Wasser und kehrte zum Tempel zurück, gerade rechtzeitig, um zu sehen, wie man die Opferstücke des Morgenopfers auf den Brandopferaltar legte. Ein dreifacher Stoß aus den Trompeten der Priester begrüßte den zurückkehrenden Priester, als er gerade durch das Wassertor, das von ebendieser Zeremonie den Namen hatte, geradewegs in den Vorhof der Priester schritt. Hier traf er auf einen anderen Priester, der den Wein des Trankopfers trug. Die beiden Priester stiegen die Rampe zum Altar hinauf und wandten sich zur Linken. Dort waren zwei silberne Trichter …, die zum Fuß des Altars führten. In den östlichen, der etwas weiter war, goss man den Wein, in den westlichen, etwas engeren, das Wasser … Unmittelbar nachdem das Wasser ausgegossen worden war, stimmte man im Wechselgesang und unter Flötenbegleitung das große Hallel an, das aus den Psalmen 113 bis 118 besteht. Jedes Mal, nachdem die Leviten die erste Zeile eines jeden dieser sechs Psalmen gesungen hatten, wiederholte das Volk die Zeile, aber auf jede nächste Zeile antwortete das Volk mit ›Hallelu Jah‹ (›Lobt den HERRN‹). Aber beim 118. Psalm wiederholte das Volk nicht nur die erste Zeile …, sondern auch die folgenden: ›Bitte, HERR, rette doch!‹ (V. 25a), ›Bitte, HERR, gib doch Gelingen!‹ (V. 25b) und den letzten Vers: ›Preist den HERRN …‹ Als sie diese Zeilen sangen, schüttelte jeder seinen gegen den Altar ausgestreckten ***Lulabh****, als wollten sie mit diesem Zeichen der Vergangenheit den Grund ihres Lobes ausdrücken und Gott an seine Verheißungen erinnern …«* (Edersheim, Bd. II, S. 157-159).

Wir müssen es uns wohl so denken, dass der Herr im Vorhof des Tempels stand und wartete, bis der Gesang verklungen war. Und dann durchbrach er die Stille mit seinem lauten Ruf: »*Wenn jemand dürstet, so komme er zu mir und trinke!*«

40 Einige nun von der Volksmenge sagten, als sie diese Worte
hörten: Dieser ist wahrhaftig der Prophet.
41 Andere sagten: Dieser ist der Christus. Andere sagten:
Der Christus kommt doch nicht aus Galiläa?
42 Hat nicht die Schrift gesagt: Aus dem Geschlecht Davids und
aus Bethlehem, dem Dorf, wo David war, kommt der Christus?
43 Es entstand nun seinetwegen eine Spaltung in der Volksmenge.
44 Einige aber von ihnen wollten ihn greifen, aber keiner legte
die Hände an ihn.

Wir können die Wirkung der Worte des Herrn gut verstehen. So genau passte sein Aufruf zum Fest, das man nach der Weisung des Gottes Israels feierte. Er, der sie einlud, war der Gleiche, der auf dem Berg Sinai zu Mose gesprochen hatte. Nun stand er da und rief das Volk zu sich, damit es in ihm die Erfüllung all dessen finde, was das Gesetz nur angekündigt hatte, aber nie hatte geben können. Beachten wir, dass das Volk sagte: **»Dieser ist wahrhaftig der Prophet«**, nicht »der König«; denn sie hörten ihn rufen, und seine Worte und seine Lehre bewiesen, dass er »der Prophet« sein musste. Das war eine korrekte Schlussfolgerung. Richtig beobachten und folgern genügt aber nicht. Wo kein Glaube ist, ist auch keine Gewissheit über die Identität Jesu. So sagten andere: **»Dieser ist der Christus.«** Wie die Männer, die von den Obersten zu Johannes gesandt worden waren, versteht auch das Volk nicht, dass der Prophet und der Christus die gleiche Person ist (siehe 1,20-25). Das Volk ist sich nicht sicher, und darum wenden andere ein: **»Der Christus kommt doch nicht aus Galiläa?«** Auch Nathanael hatte deshalb das Zeugnis von Philippus nicht ohne Weiteres annehmen können; aus Galiläa konnte doch der Christus nicht kommen (1,45.46). Aber als Nathanael Jesus selbst hörte, verschwand jeder Zweifel, und er konnte bekennen: *»Rabbi, du bist der Sohn Gottes, du bist der König Israels«* (1,49). Hier haben die Leute ihn auch gesehen und gehört. Doch bleiben sie im Dunkeln. Sie sagen zwar ganz richtig, dass der Messias **»aus Bethlehem, dem Dorf, wo David war«** kommen müsse, aber in ihren Herzen geschieht nichts. Hätte nicht alles, was sie gesehen und gehört hatten, sie veranlassen müssen, zu fragen, ob er vielleicht gar nicht aus Galiläa stamme, auch wenn er den größten Teil seines Lebens dort verbracht hatte? Sind sie zu entschuldigen, wenn sie nicht weiterfragten, bis sie über ihn Gewissheit hatten?

5. Jesus und der Unverstand der Obersten (7,45-52)

Im ersten Teil dieses Abschnitts steht ein Bekenntnis, das Jesus als wahren Propheten ausweist: Jesus redete, wie nie ein Mensch geredet hat (V. 46); er endet mit einem Satz, der dieses Bekenntnis abschlägt: Der Mann ist aus Galiläa; er kann kein Prophet sein (V. 52). Entsprechend ändert sich an den Obersten nichts; sie ziehen sich zurück in ihre Höhlen, um darüber zu brüten, wie sie Jesus fällen können (siehe 8,6).

45 Die Diener kamen nun zu den Hohenpriestern und Pharisäern, und diese sprachen zu ihnen: Warum habt ihr ihn nicht gebracht?
46 Die Diener antworteten: Niemals hat ein Mensch so geredet wie dieser Mensch.

»Niemals hat ein Mensch so geredet wie dieser Mensch«: Das war immer wieder der Eindruck der Leute. Die Leute, die den Herrn in der Synagoge in Nazareth gehört hatten, *»verwunderten sich über die Worte der Gnade, die aus seinem Mund hervorgingen«* (Lk 4,22). Die Zuhörer der Bergpredigt *»erstaunten ... sehr über seine Lehre; denn er lehrte sie wie einer, der Vollmacht hat«* (Mt 7,28.29). Auf die Diener der Obersten hatten seine Worte solche Wirkung, dass sie ihn nicht anzutasten wagten. Da war ein Mensch, der so redete, wie sie noch nie jemanden hatten reden hören; er musste ein Prophet sein. **»Dieser Mensch«** war ein sündloser Mensch; er war ganz so, wie Gott den Menschen einst geschaffen hatte. Außer ihm haben alle Menschen die Gabe der Sprache sündig gebraucht: Sie haben mit Lügen Menschen gefangen, mit bösen Worten ihre Nächsten geschlagen, mit Halbwahrheiten andere hinters Licht geführt, mit Übertreibungen sich selbst erhöht, mit Beschönigungen sich selbst entschuldigt, mit unreinen Worten Gott entehrt, mit Schweigen andere verraten. Wer im Wort nie strauchelt, ist ein vollkommener Mann (Jak 3,2). Das war Jesus.

47 Da antworteten ihnen die Pharisäer: Seid *ihr* denn auch verführt?

Die Frage **»Seid ihr denn auch verführt?«** zeigt, wie die Pharisäer ihr Urteil längst gebildet hatten. Sie mussten nicht mehr nachforschen, wer Jesus wirklich war. Seine Worte mögen ja imponiert haben, aber er sei kein Prophet, sondern ein Verführer. Das hatten die Pharisäer offensichtlich bereits unter dem Volk verbreitet, sodass manche es ihnen dort schon nachredeten (V. 12). So verdreht ist der Sünder: Er nennt den einzigen wahren Führer einen Verführer; er wird schließlich den Menschenmörder dem Urheber des Lebens vorziehen (18,39.40; Apg 3,14.15).

48 Hat wohl jemand von den Obersten an ihn geglaubt, oder von den Pharisäern?

Der Herr hatte kurz davor befohlen: *»... richtet ein gerechtes Gericht!«* (V. 24). Das hatten die Obersten ignoriert, wie ihre Gegenfrage zeigt: **»Hat wohl jemand von den Obersten an ihn geglaubt, oder von den Pharisäern?«** Das war das entscheidende Kriterium, nach dem sie ihre Urteile fällten, und damit offenbarten sie die hohe Meinung, die sie von sich hatten. Wenn von ihnen niemand an Jesus glaubte, dann war der Fall erledigt. Ihr Unglaube war Beweis genug, dass Jesus ein Verführer war. Sie maßen alles und alle an sich selbst statt an Gott und an seinem Wort. Das ist grenzenlose Vermessenheit, ganz buchstäblich: Man misst falsch, ver-misst sich also. Und die Obersten meinten, das Volk müsse sich an ihnen ausrichten; denn sie, die Obersten der Juden, konnten nicht irren. Das Gleiche zeigt sich beim Verhör des Herrn. Wo Pilatus sie fragt, welche Anklage sie gegen Jesus vorzubringen hätten, antworten sie: *»Wenn dieser nicht ein Übeltäter wäre, hätten wir ihn dir nicht überliefert.«* Wenn *sie* ihn anklagten, brauche es keine weiteren Beweise dafür, dass er ein Übeltäter sei (18,29.30).

49 Diese Volksmenge aber, die das Gesetz nicht kennt, sie ist verflucht!

Hier nennen die Obersten das zweite Kriterium, nach dem sie urteilten: So, wie alles, was sie selbst meinen, definitionsgemäß richtig sein müsse, sei ebenso definitionsgemäß alles, was das Volk glauben mag, falsch.

Es stimmt zwar, dass wer das Gesetz nicht kennt, verflucht ist; er bleibt seiner Sünden wegen unter dem göttlichen Zorngericht, denn: *»... so viele ohne Gesetz gesündigt haben, werden auch ohne Gesetz verlorengehen«* (Röm 2,12). Das meinten die Obersten aber nicht; sie verachteten das Volk, weil es nicht wie sie in der rabbinischen Gesetzesauslegung geschult war. Das Volk sei also **»verflucht«**, weil es das Gesetz nicht kannte. Darum verurteilen die Obersten die Leute; der Herr hingegen tadelt am Volk, dass keiner das Gesetz *tut* (V. 19).

Aber auch wer das Gesetz kennt, ist verflucht, denn: *»Verflucht ist jeder, der nicht bleibt in allem, was im Buch des Gesetzes geschrieben ist, um es zu tun!«* (Gal 3,10). Das konnten die Obersten wissen, denn Mose hatte es gelehrt (5Mo 27,26). Aber die Forderungen des Gesetzes beunruhigten sie nicht, hatten sie doch mit ihren Menschengeboten Gottes Gesetz so vollständig zugeschüttet, dass sie es gar nicht mehr hören konnten (Mt 15,6). Und wenn sie je etwas davon hörten, fühlten sie sich nicht betroffen. Wenn der reiche Jüngling schon von sich sagte, er habe von seiner Jugend an die Gebote Gottes gehalten (Mk 10,20), dann dachten das die Obersten erst recht von sich.

50 Da spricht Nikodemus zu ihnen, der einer von ihnen war: 51 Richtet denn unser Gesetz den Menschen, ehe es zuvor von ihm selbst gehört und erkannt hat, was er tut?

Nikodemus war **»einer von ihnen«**, aber er war einmal in der Nacht zum Herrn gekommen. Damit ist die ganze Spannung umrissen, in der dieser Mann stand. Er hatte vom Herrn Worte gehört, die ihn offenkundig nicht mehr losgelassen hatten; und nun hatten die von den Pharisäern ausgesandten Diener daran erinnert, dass diese Worte ganz unvergleichlich waren. Nikodemus war aber auch ein Schriftgelehrter, und das war sein ganzer Lebensinhalt. Seine ganze Kindheit und Jugend waren auf dieses Ziel ausgerichtet gewesen: Er wollte einmal Lehrer des Gesetzes werden, und nun war er sogar *»der Lehrer Israels«* (3,10). Als solcher gehörte zu einer Berufsgruppe, die jedem, der zu ihr gehörte, Ansehen brachte, und zudem war er Mitglied der einflussreichen Bruderschaft der Pharisäer (3,1). Das alles hielt ihn noch gebunden. Doch jetzt exponierte er sich, war bereit, eine Lanze zu brechen für den Nazarener, den man unter seinen Berufskollegen längst abgeschrieben hatte. Unter diesen Umständen war seine Frage kein schwaches Zeugnis seines Glaubens. Er war bereit, sein Ansehen unter denen einzubüßen, die bisher in seinem Leben allein gezählt hatten. Wenn die Römer ihn seiner Religiosität wegen verachteten, war das ihm eine Ehre; wenn seine Freunde und Kollegen ihn verachteten, verlor er eine ganze Welt.

Nikodemus war bei allem Mut auch besonnen. Er stellte eine Frage, die sie nicht widerlegen konnten. Vielleicht, dass er mit dieser Frage auch einige seiner Freunde zu einer Revision ihres Urteils über Jesus von Nazareth bewegen wollte; denn jeder musste erkennen, dass seine Frage keineswegs ungehörig war: **»Richtet denn unser Gesetz den Menschen, ehe es zuvor von ihm selbst gehört und erkannt hat, was er tut?«** Die Antwort war allen selbstverständlich; sie hielten ja auch ein Verhör, bevor sie Jesus verurteilten, und wahrten so die rechte Form, wenn auch der Ausgang des Verhörs schon feststand.

52 Sie antworteten und sprachen zu ihm: Bist *du* etwa auch aus Galiläa? Forsche und sieh, dass aus Galiläa kein Prophet aufsteht.

»Bist du etwa auch aus Galiläa?«: Deutlicher als mit dieser Frage hätten die Obersten nicht offenlegen können, dass die Wahrheit sie nicht mehr interessierte. Der Rabbi aus Galiläa war für sie ein Verführer. Wer für ihn auch nur Verständnis zeigte, war nicht besser als er – auch ein »Galiläer«. Sie verwendeten einen oft verwendeten rhetorischen Kunstgriff. Wenn man jemandes Meinung oder Überzeugung abfertigen will, muss man ihn nur in die Nähe einer anrüchigen Person oder Gruppierung rücken; dann muss man nicht weiter fragen, was er denkt und urteilt. »Was? Du behauptest, die Frau müsse dem Mann untertan sein? Bist du ein Taliban?«

»dass aus Galiläa kein Prophet aufsteht«: Schon zum dritten Mal in diesem Kapitel wird von der Herkunft des Messias gesprochen. Die

Schriftgelehrten sagten richtig, dass der verheißene Prophet nicht aus Galiläa aufstehen werde. Warum erkundigten sie sich aber nicht nach der Herkunft Jesu von Nazareth? Wäre es so schwer gewesen, herauszufinden, ob er denn auch von dort stammte, wo er aufgewachsen war? Aber man wollte nichts anderes wissen, denn man wollte nicht an ihn glauben. Das ist immer das Problem. Es liegt nicht am Mangel an Indizien oder Beweisen, sondern es liegt am Unwillen des Menschen, dass er den Sohn Gottes nicht erkennt.

53 Und sie gingen ein jeder in sein Haus.

Wie jeder **»in sein Haus«** ging, ist geradezu sinnbildlich. Die Obersten waren einmal mehr vor die Frage gestellt geworden, wer Jesus von Nazareth war, aber sie kehrten zurück zum Altbekannten, sie verharrten in den Positionen, die sie bereits eingenommen hatten. Ein jeder hielt fest am Überlieferten, das sein Zuhause war, und in diesem Haus fühlte er sich sicher, das wollte er nicht verlassen. Sonst hätte er nämlich an den Sohn Gottes glauben müssen; er hätte sich selbst verurteilen, seine hohe Meinung von sich selbst als Sünde bekennen und sich als hilfloser Sünder ganz auf die Gnade Gottes werfen müssen.

Jesus aber ging an den Ölberg (8,1), an den Ort, wo er seine Endzeitrede hielt (Mt 24), an den Ort, von dem er in den Himmel auffuhr (Apg 1,12) und wo er wieder zurückkommen wird (Sach 14,4).

Anmerkungen zu Kapitel 7

»Im 7. Kapitel wollen seine Brüder nach dem Fleisch, die noch immer im Unglauben gefangen sind, dass er sich der Welt zeige … aber die Zeit dazu war noch nicht gekommen. Wenn der Typus des Laubhüttenfestes in Erfüllung geht, dann wird er das tun. Die Erfüllung des Passahfestes war das Kreuz, die des Wochenfestes (Pfingsten) war die Ausgießung des Heiligen Geistes. Das Laubhüttenfest ist noch nicht in Erfüllung gegangen. Es wurde nach der Ernte und Traubenlese gefeiert; dabei gedachte Israel mit Freude der Pilgerreise vor dem Eingehen in die Ruhe, die Gott ihnen im Land Kanaan bereitet hatte. Die Erfüllung dieses Typus wird also geschehen, wenn nach dem Gericht über die Gottlosen

... Israel im Land wohnen und im Besitz aller verheißenen Segnungen sein wird. Dann wird Jesus sich der Welt zeigen. Aber zu der Zeit, von der wir hier sprechen, war seine Stunde noch nicht gekommen. Er würde aber nach seinem Weggang (V. 33.34) denen den Heiligen Geist geben, die an ihn glaubten (V. 38.39)« (J.N. Darby, *Synopsis*).

V. 1 – »Ihr seht doch, dass der Herr Christus die Gefahr meidet und sich nicht vermessen in Gefahr begibt, auf dass er Gott nicht versuche ... Christus spricht nicht: Gib dich mutwillig in Gefahr, laufe von deinem Weibe oder verlasse die Deinen; sondern, wenn es dahin kommt, dass man mich um des Evangeliums willen strafen und verjagen will ..., da sei keck und sei ein Mann, dass du sagest: Nein, Bischof, Fürst, Pfaffe, Teufel, das sollst du nicht vermögen. Spricht er: So nehme ich dir den Hals, Weib und Kind, so sage du: Ei, das magst du nehmen ... Wo aber nicht Not da ist, soll ein jeder an seinem Ort und in seiner Stadt bleiben ... und in seinem Beruf und Stand. Kommt aber der Fall, dass man den Stand oder Beruf verlassen muss oder den Herrn Christus verleugnen, ehe ich da Christus verleugne, sage ich: Ich will fahren lassen meinen Hals, auch Haus und Hof ...« (Luther, *Johannes-Evangelium*, S. 247-248).

V. 8 – »Jesus wusste wohl, dass ein Fest bevorstand, an dem er die große messianische Kundgebung, die seine Brüder forderten, vornehmen würde, aber dass es nicht das jetzt nahende Fest sein sollte. Sein irdisches Werk war noch nicht vollendet. Denn es war nicht am Laubhüttenfest, sondern am Passahfest, dass er sterben musste. Daher der Nachdruck, mit dem er im zweiten Glied – nach der byzantinischen Lesart sogar in beiden Gliedern – sagt: *›zu diesem Fest‹*. Sobald man die Antwort Jesu auf jenen Tag bezieht, an dem die Aufforderung der Brüder sich erfüllen wird, braucht man nicht mehr das *oupo (noch nicht)* einfügen, mit dem schon sehr frühe Abschreiber das Verständnis hatten erleichtern wollen. Diese Lesart ist sogar widersinnig, denn es ist klar, dass Jesus nicht hätte sagen können: ›Ich gehe nicht jetzt, sondern erst in zwei oder drei Tagen.‹ Der Gegensatz, an den Jesus denkt, ist ein ganz anderer. Er ergibt sich aus der Aufforderung seiner Brüder wie folgt: ›Es ist nicht am jetzt folgenden Fest, dass ich meinen messianischen Einzug in Jerusalem vornehmen werde, es ist an einem anderen‹« (Godet).

V. 16 – »›**Meine Lehre ist nicht mein …**‹ Jesus will sagen: Wenn ihr einen Lehrer seht, der nicht in einer menschlichen Schule sich seine Bildung angeeignet hat, dann erkennt doch an, dass Gott selbst ihn unterwiesen haben muss! Der himmlische Vater wollte aus diesem Grund seinen Sohn lieber aus einer Zimmermannswerkstätte als aus den Schulen der Schriftgelehrten hervorgehen lassen, damit es umso deutlicher werde, woher das Evangelium stammt … Bei dieser Gelegenheit zeigt uns Christus, wo die Befugnis zu einem geistlichen Lehramt zu holen ist: einzig bei Gott« (Calvin).

V. 17 – »›**So jemand will des Willen tun, der wird innewerden, ob diese Lehre von Gott sei, oder ob ich von mir selbst rede.**‹ Das ist nun der Wille des Vaters, dass man zusehe und höre, was der Mann redet, und sein Wort höre. Du sollst sein Wort nicht klügeln, meistern oder davon disputieren, sondern du sollst es hören; dann wird der Heilige Geist kommen und dein Herz fein zurichten, und du kannst sagen: Das ist Gottes Wort und reine Wahrheit … Deshalb ist's unmöglich, dass der Gottes Wort versteht, der es mit seinen Gedanken meistern will … sondern schließ deine Vernunft zu und tritt deine Weisheit mit Füßen und lasse sie in Sachen, die deine Seligkeit betreffen, nicht tappen, fühlen, denken, sondern es gilt schlicht allein hören, was der Sohn Gottes redet, wes sein Wort ist, und dabei geblieben. Das heißt unseres Herrn Gottes Willen rein und fein getan, und er hat's verheißen: Wer den Sohn hört, dem will er den Heiligen Geist geben, ihn erleuchten und anzünden, dass er recht versteht, dass es Gottes Wort ist« (Luther, *Das Johannes-Evangelium*, S. 250).

»Dieser Gotteswille ist offenbart in Gesetz, Propheten und eigenem Gewissen – für Israel in dem Gesetz und in der darauf ruhenden Buß- und Glaubenspredigt der Propheten; für alle Heiden ist ein Gottesbewusstsein übrig, das im praktischen Gewissen seinen unzerstörbaren Kern behält (Röm 1,32). Und das ist eben genug! Der HErr sagt nicht: so jemand *tut;* vom Tun selbst ist fürs Erste noch nicht die Rede, sondern nur vom Wollen: so jemand *will* des Willen tun« (Stier, zitiert bei Dächsel).

V. 36 – »›**Was ist das für ein Wort, das er sagte?**‹ Wie bezeichnend, dass sie von diesem Wort nicht loskommen können. Sie scheinen das trübe, furchtbare Geheimnis in diesem Wort zu ahnen, sind aber geneigt, sich einzureden, es sei barer Unsinn … ›**Ihr werdet mich suchen und nicht finden.**‹ Eine große Prophetie Christi über das verschuldete, tragische Schicksal des jüdischen Volkes. Suchen und nicht finden; das Heil suchen und nicht finden ist das Los der in Eitelkeit verlorenen Welt« (Lange).

V. 38 – »›**Von des Leibe**‹ – dessen Innerstem und seiner ergiebigen Fülle, welche durch die an dem letzten Tage des Festes von der Quelle Siloah mit Wasser gefüllten, feierlich durch die Stadt zum Heiligtum getragenen, sehr geräumigen Wasserkrüge abgebildet ist« (Bengel).

V. 39 – »Der Heilige Geist, der Geist des verherrlichten Herrn, war nicht (Joh 7,39), konnte nicht sein, ehe Christus verherrlicht worden war. Die Gabe des Vaters war etwas eindeutig Neues, etwas, das sich vollständig unterschied von dem, wie der Heilige Geist an und in den Gläubigen des Alten Testaments gewirkt hatte. Das Werk, welches das vom Herrn vergossene Blut an den Glaubenden verrichtete, als er in das Allerheiligste einging, war ganz neu. Die Erlösung unserer menschlichen Natur zur Gemeinschaft mit seiner Auferstehungsmacht (Eph 1,19.20) und seiner himmlischen Stellung (Eph 2,6) war so wirklich, die Aufnahme und Einbindung unseres Menschseins in Christus in das Leben des dreieinen Gottes war ein Geschehen von unermesslich großer Bedeutung. Daher ist der Heilige Geist, der von der erhöhten Menschheit Jesu ausgeht, um in unseren Herzen zu bezeugen, was Christus erwirkt hatte, den Erlösten weit mehr, als er den Gläubigen im Alten Testament sein konnte. Mithin gilt in einem sehr wirklichen Sinn: *›Der Heilige Geist war noch nicht da, denn Christus war noch nicht verherrlicht.‹* Erst nach vollendetem Erlösungswerk kam er als der Geist des verherrlichten Herrn zu uns« (B. Peters, *Lasst uns anbeten*, Retzow: Daniel-Verlag, 2007).

Kapitel 8

Im Prolog hatten wir gelesen, dass Jesus in die Welt kam als Licht, das jeden Menschen erleuchtet. Alle seine Worte stellten die Menschen, denen er begegnete, ins Licht. Das ist in diesem Kapitel besonders deutlich, wo nicht nur *über* ihn gesagt wird, dass er dieses Licht sei, sondern wo er *selber* bekennt: *»Ich bin das Licht der Welt«* (V. 12). Entsprechend wird der Mensch in den folgenden Unterredungen in seinem Wesen bis ins Innerste ausgeleuchtet: Er wandelt in der Finsternis, denn die liebt er, wie uns die Handelnden in V. 1-11 zeigen: Die Frau wie die Kläger, beide lieben die Finsternis auf ihre Weise. In den V. 12-20 wird der Sünder in seiner grenzenlosen Anmaßung offenbar: Er, der selber in der Lüge gefangen ist, wagt es, dem Heiligen und Wahrhaftigen ins Gesicht zu sagen: *»Dein Zeugnis ist nicht wahr«* (V. 13). In den V. 21-30 stellt der Herr den Menschen ins Licht, indem er ihm zeigt, dass er von der Sünde versklavt ist und sich nicht aus ihr befreien kann. Das vermag einzig die Wahrheit (V. 32), und das ist der Sohn (V. 36). Und dann leuchtet der Herr die *Natur* des Sünders aus. In Kap. 5 hatte er die absolute Unfähigkeit des Sünders demonstriert und gelehrt; nun zeigt er die absolute *Verdorbenheit* des Sünders; dieser ist nicht nur schwach, sondern er ist auch böse: Er hat seine Natur vom Vater, dem Teufel, und nach den Lüsten seines Vaters will er tun (V. 37-45). Die Lüge des Lügners von Anbeginn regiert ihn, sodass er den Worten des Retters aus diesem *einen* Grund nicht glaubt, *weil sie wahr sind* (V. 45). Er ist nicht aus Gott; das ist der Grund, weshalb er die Worte Gottes nicht hört (V. 46.47). Im nächsten Abschnitt (V. 48-59) wird die Feindschaft der Menschen gegen Gott und seine Wahrheit ins Licht gestellt: Sie heißen den Heiligen Gottes (siehe 6,69) einen Besessenen (V. 49.52); sie wollen ihn töten, weil er ihnen offenbart, dass er der Ewige ist (V. 58.59).

Der Herr hatte bezeugt, dass er sein Fleisch geben würde für das Leben der Welt (6,51), und damit hatte er die Wahrheit gesagt. Und er hatte bezeugt, dass die Juden ihn zu töten suchten (7,19), und auch damit hatte er die Wahrheit gesagt. Als sie ihn *»durch die Hand von Gesetzlosen«* (Apg 2,23) ans Kreuz hefteten und umbrachten, bestätigten sie, dass alles, was Jesus über das Wesen der Sünder sagte, zutrifft. Als der treue Zeuge sagt er den Zuhörern in diesem Kapitel Folgendes über den natürlichen Menschen:

1. Er ist nicht ohne Sünde (V. 7).
2. Er wandelt in der Finsternis (V. 12).
3. Er kennt Gott nicht (V. 19).
4. Er wird in seiner Sünde sterben (V. 21a).
5. Er kann nicht zu Gott kommen (V. 21b).
6. Er ist von unten (V. 23).
7. Er ist ein Sklave der Sünde (V. 34).
8. Das Wort Christi findet keinen Raum in ihm (V. 37).
9. Er hört auf seinen Vater, den Teufel (V. 38).
10. Er tut die Werke seines Vaters (V. 38.41).
11. Er kann das Wort Christi nicht hören (V. 43).
12. Er ist aus dem Vater, dem Teufel (V. 44).
13. Er will die Begierden seines Vaters tun (V. 44).
14. Er glaubt nicht, und zwar, weil Christus ihm die Wahrheit sagt (V. 45).
15. Er ist nicht aus Gott (V. 47).

Einleitende Abklärung zu 8,1-11

In verschiedenen Bibelausgaben wird Joh 7,53–8,11 in Klammern gesetzt (z.B. Elberfelder 1905); die revidierte Elberfelder sagt in einer Fußnote: »In den wichtigsten Handschriften ist der Abschnitt nicht enthalten …«[103]

Folgende Beobachtungen zeigen, dass der Abschnitt zum Evangelium gehört:

1. der Textzusammenhang:

   a. Wenn wir von 7,52 kommend direkt bei 8,12 weiterlesen, ergibt sich kein Zusammenhang. Worauf soll sich dann das ***»Wiederum** nun redete Jesus«* (V. 12) beziehen? Es passt aber ganz organisch

103 Zürcher 1931 und 2007 behaupten sogar, der Abschnitt stamme nicht von Johannes.

zu V. 2. Der Herr hatte im Tempel gelehrt, wurde dann von den Schriftgelehrten und Pharisäern unterbrochen; nachdem diese weggegangen waren, setzte er seine Lehrtätigkeit wieder fort.

b. Wie in Kap. 5 und Kap. 6 folgt auch hier auf ein Werk des Herrn eine erläuternde Rede. In Kap. 5 hatte der Herr am Sabbat geheilt und darauf sein Wirken damit erklärt, dass auch sein Vater noch am Wirken sei (5,17). In Kap. 6 hatte der Herr die Brote gemehrt und darauf das Zeichen erläutert: Er war das Brot des Lebens, von dem der Mensch essen muss, um ewig zu leben. Hier hat der Herr eine Frau, die in der Finsternis der Sünde gefangen war, samt ihren Klägern eben ins Licht gestellt, und darauf sagt er, dass er das Licht der Welt ist, dem man folgen muss, wenn man das Licht des Lebens haben will.

2. die Aussage des Textes selbst:

a. Wie der Herr hier dargestellt wird, stimmt vollkommen überein mit allem, was das Neue Testament über ihn sagt: Er ist der Heiland der Sünder, wie er gemäß Lk 7,36-50 an einer besonderen Frau demonstriert; und er ist der Heilige, der Sünde verurteilt und vor Sünde und ihren Folgen warnt (V. 11; siehe auch 5,14; Mt 5,29.30; Lk 13,1-5).

b. Die List der Feinde Jesu ist gerade die, dass sie ihm einen Fall präsentieren, von dem sie erwarten, dass er sich in einen Widerspruch verstricken müsse: Er hatte behauptet, er sei nicht gekommen, um zu richten (3,17), sondern um zu retten. Das soll er nun an dieser Frau demonstrieren, die des Ehebruchs schuldig war. Würde er sie aber nicht verurteilen, hätte er bewiesen, dass er das Gesetz ignoriert (siehe V. 5). Die Aussage, dass der Herr gekommen sei, zu retten und nicht zu richten, findet sich nur im Johannesevangelium. Darum darf der hier berichtete Fall in diesem Evangelium nicht fehlen; hier wird nämlich die Frage beantwortet, wie sich das mit dem Gesetz und mehr noch mit der Gerechtigkeit des Gesetzgebers vertrage.

»Es ist hinlänglich bekannt, dass diese Geschichte den alten griechischen Kirchen unbekannt war. Daraus folgern einige, sie sei von anderswo eingefügt worden. Da sie aber von den latei-

nischen Kirchen immer anerkannt war und in vielen alten griechischen Handschriften vorliegt und auch nichts enthält, was des apostolischen Geistes unwürdig wäre, gibt es keine Ursache, warum wir uns weigern sollten, den Nutzen aus ihm zu ziehen« (Calvin).

1. **Christus und die Ehebrecherin (8,1-11)**
2. **Christus, das Licht der Welt (8,12-20)**
3. **Christus, der treue Zeuge (8,21-30)**
4. **Christus und seine wahren Jünger (8,31-36)**
5. **Die Kinder Abrahams, Gottes und des Teufels (8,37-47)**
6. **Christus, Sohn und Herr Abrahams (8,48-59)**

Im letzten Kapitel war es hauptsächlich darum gegangen, *wer* Jesus ist; hier geht es darum, *wie* er ist. Dort drehten sich die Fragen um seine Identität, hier um seine Eigenschaften: Er ist gnädig (V. 11), er ist Licht (V. 12), er ist von oben (V. 23a), er ist nicht von dieser Welt (V. 23b), er ist wahrhaftig, d.h. er ist genau das, was er von sich sagt (V. 25), er ist von Gott abhängig in allem, was er sagt (V. 26), er ist sündlos (V. 46), und er ist ewig (V. 58).

Der erste Abschnitt lehrt uns vor allem, dass er Gnade ist (siehe V. 11), der zweite und dritte betont, dass er Licht ist (siehe V. 12). In ihm sind Gnade und Wahrheit vereint (1,17). In seinem Licht wird die Natur des Menschen noch deutlicher offenbar als bisher: Der Herr führt die sündigen Regungen, Worte und Anschläge des Menschen zurück auf dessen Herkunft. Er hat seine Art von seinem Vater, und sein Vater ist ein Lügner und Mörder (V. 44). Am Anfang des Kapitels sagen die Widersacher des Herrn, dass man Ehebrecher steinigen müsse (V. 4.5); am Ende des Kapitel heben sie Steine auf und wollen *ihn* steinigen (V. 59).

»Jesus gab das ewige Leben durch sein Wort; er selbst war die Erfüllung der Verheißungen, aber er war Gott ***in dieser Welt****: Leben und Wahrheit waren auf dieser, Mord und Lüge auf jener Seite. Das ist es, was unserem Kapitel diesen außergewöhnlichen Ernst gibt ... die Wahrheit und das Leben, vom Vater gesandt und im Fleisch offenbart inmitten von Hass auf die Wahrheit und auf Gott – diese beiden werden in diesem einen Kapitel in denkbar größter Dichte einander gegenübergestellt«* (Darby).

1. Christus und die Ehebrecherin (8,1-11)

Durch Christus wird eine Frau einer bestimmten Sünde wegen ins Licht gestellt, und die sie verklagt haben, werden wegen ihrer etwas anders gearteten Sünde ins gleiche Licht gestellt. Damit bereitet der Abschnitt das Bekenntnis von V. 12 vor, wo der Herr sagt: *»Ich bin das Licht der Welt; wer mir nachfolgt, wird nicht in der Finsternis wandeln …«*

Warum hat Johannes gerade diese Episode mit der Ehebrecherin ausgesucht, um das zu demonstrieren? Will er das Gegenstück zu Kapitel 3 liefern, wo der Täufer von dem Bräutigam und der Braut, von Christus und der Gemeinde spricht? Es ist auffällig, dass Johannes der einzige Evangelist ist, in dem Christus direkt »Bräutigam« und sein Volk direkt »Braut« genannt wird. Johannes stellt auch im Buch der Offenbarung die Ehebrecherin, die große Hure (Offb 17), der Braut, der Ehefrau des Lammes (Offb 21,9), gegenüber. Erst wenn wir die Braut und das Lamm recht erkennen, erkennen wir, wie groß die Sünde der untreuen Braut ist. Verstehen wir recht, wer Christus ist und zu welch inniger Gemeinschaft mit ihm er den Sünder führt, beginnen wir zu ahnen, wie unerträglich geistliche Untreue ist.

Christus ist Gott, offenbart im Fleisch (1Tim 3,16); er ist der Gott Israels, der Mensch wird und sein Volk heimsucht. Im Alten Testament wird sein Volk mit einer Ehefrau verglichen (Hes 16,8), die zur Ehebrecherin wird (Hes 16,35.36; Hos 3,1), indem es sich vom wahren Gott abwendet und sich an die Götzen hängt (Hes 6,9; Hos 4,17.18); darum wird es von Gott verstoßen. So, wie die Ehebrecherin in den vorliegenden Versen ihrer Sünde wegen verklagt wird, aber Gnade und Vergebung empfängt, wird der Gott Israels sein Volk der Untreue überführen, um es von seiner Schuld freizusprechen; dann wird er es von allem Götzendienst befreien (Hos 14,9) und es für immer an sich binden (Jes 54,6-8; Hos 2,21). Aber nicht nur Israel ist gemeint. Wir alle sind diese ehebrüchige Frau; wir alle haben tausend Dinge geliebt und begehrt, aber Gott, unseren Herrn, verachtet. Wenn eine Ehebrecherin von den Leuten auf frischer Tat ertappt wird, ist das peinlich, und das mag uns nie passiert sein. Aber ein anderer hat uns gesehen, hat unsere Herzen gelesen und weiß, wie wir pausenlos immer nur uns selbst dienten, uns selbst erhöhten, uns selbst lebten. Wir sind schuldig vor dem, der uns geliebt hat bis zum Äußersten, und haben den Tod verdient. Wehe dem, der nicht Gnade findet!

1 Jesus aber ging an den Ölberg.
2 Frühmorgens aber kam er wieder in den Tempel, und alles Volk kam zu ihm; und er setzte sich und lehrte sie.

Während die Mitglieder des Hohen Rates ein jeder zu seinem Haus in Jerusalem zurückkehrten, ging Jesus **»an den Ölberg«**, um die Nacht dort zu verbringen (siehe Lk 21,37), vielleicht im Haus von Martha, Maria und Lazarus, das in Bethanien am Ölberg war (was wir erkennen, wenn wir Lk 24,50 und Apg 1,10-12 miteinander vergleichen). Hier wird der Ölberg zum ersten und einzigen Mal im Johannesevangelium erwähnt. Der Herr verbringt die Nacht am Ölberg; zum Lehren kehrt er morgens wieder in die Stadt zurück. Dass er das auch während der Leidenswoche tat, wird von den Evangelisten ausdrücklich vermerkt (Lk 21,37; Mt 21,17; Mk 11,19).

Nach allem, was wir in Kap. 7 gelesen haben, hätten wir nicht erwartet, dass der Herr **»wieder in den Tempel«** käme, **»sich setzte und lehrte«**. Aber gerade das tat er, denn er war nicht in die Welt gekommen, um seinen Willen zu tun und um sich selbst zu gefallen (Röm 15,3). Und nach dem Willen des Vaters sollte er noch eine Weile als das Licht unter den Menschen bleiben (V. 12; 9,4.5; 12,35).

»und alles Volk kam zu ihm«: Das Volk will ihn hören; seine Taten und seine Worte ziehen es an. Aber das gefällt den Obersten des Volkes nicht, und so stellen sie dem Herrn eine Falle.

3 Die Schriftgelehrten und die Pharisäer aber bringen eine Frau zu ihm, im Ehebruch ergriffen, und stellen sie in die Mitte
4 und sagen zu ihm: Lehrer, diese Frau ist im Ehebruch, bei der Tat selbst, ergriffen worden.
5 In dem Gesetz aber hat uns Mose geboten, solche zu steinigen; du nun, was sagst du?
6 Dies aber sagten sie, um ihn zu versuchen, damit sie etwas hätten, um ihn anzuklagen. Jesus aber bückte sich nieder und schrieb mit dem Finger auf die Erde.

So, wie der Herr fortfährt, seinen Auftrag zu erfüllen, fahren seine Feinde mit ihren Angriffen auf ihn fort. Diesmal bringen sie **»eine Frau zu ihm, im Ehebruch ergriffen«**. Warum bringen sie nur die Frau und nicht auch den Mann, der nach dem Gesetz ebenfalls dem Tod verfallen war (3Mo 20,10; 5Mo 22,24)? Wir wissen es nicht, und Spekulieren hilft nicht.

»Die Schriftgelehrten« waren die Hüter der Heiligen Schriften; sie hielten es für ihre besondere Pflicht, dafür zu sorgen, dass man in Israel die Heilige Schrift überlieferte und lehrte und dass die Leute sie befolgten. Und **»die Pharisäer«** waren jene besondere Schule von Schriftgelehrten, die mit der größten Strenge darauf achteten, dass man alle Vorschriften des Gesetzes und der väterlichen Überlieferungen pünktlich und genau einhielt.

»In dem Gesetz ... hat uns Mose geboten«: Wahrscheinlich ist das die Antwort der Schriftgelehrten auf das Wort, das der Herr am Vortag gesprochen hatte: *»Hat nicht Mose euch das Gesetz gegeben? Und keiner von euch tut das Gesetz«* (7,19). Das muss diese empört haben, und nun wollen sie beweisen, dass gerade sie die Leute sind, die das Gesetz tun, was man von Jesus, diesem Sabbatbrecher, nicht sagen könne. Was wollte denn das Gesetz? Es wollte der Spiegel sein, in dem jeder seine Sünden erkannte (Röm 3,20; 5,20). Die Juden aber taten, wie alle Menschen tun: Sie schauten nicht selbst in den Spiegel, sondern hielten ihn den anderen vor; sie griffen diese am Kragen und drückten deren Nasen ins geschriebene Gesetz; da sollten sie ihre Sünden sehen – und sie merkten nicht, dass sie damit sich selbst verurteilten (Röm 2,1).

Die Obersten versuchten nun Jesus zu Fall zu bringen, wie Johannes ausdrücklich sagt: Sie stellten diese Frage, **»damit sie etwas hätten, um**

ihn anzuklagen« (vgl. Mt 12,10). Sie fragten nicht zufällig: **»Lehrer … du nun, was sagst du?«** Er hatte ja bezeugt, dass er seine Lehre von Gott habe (7,17). Das wollten sie jetzt prüfen. Hätte Jesus geantwortet, man dürfe sie nicht steinigen, hätten sie ihm vorgeworfen, er achte das Gesetz Moses nicht. Hätte er gesagt, man müsse sie steinigen, hätten sie ihm vorgeworfen, er halte sich nicht an seine eigenen Worte, nach denen er in die Welt gekommen sei, nicht um zu richten, sondern um zu retten (3,17; 12,47). Ihr Anschlag war klug – aber was vermag auch die größte Klugheit vor dem, der in seiner Weisheit die Weisen erhascht in ihrer List (1Kor 3,19)!

Anstatt gleich zu antworten, **»bückte [Jesus] sich nieder und schrieb mit dem Finger auf die Erde«**.

> **7 Als sie aber fortfuhren, ihn zu fragen, richtete er sich auf**
> **und sprach zu ihnen: Wer von euch ohne Sünde ist,**
> **werfe zuerst einen Stein auf sie.**

Seine Gegner fuhren fort, **»ihn zu fragen«**, denn sie wollten von ihm eine Antwort. Er antwortete so, dass er erstens das Gesetz bestätigte und zweitens sein eigenes Wort, nach dem er gekommen war, um zu retten.

»richtete er sich auf«: Aus Ps 3,8; 7,7; 9,20; 10,12; 12,6; 17,13 etc. lernen wir, dass der Herr, wenn er aufsteht, zum Gericht aufsteht. Jesus, der das Gesetz einst gegeben hatte, spricht jetzt als der Richter zu seinen Gegnern.

Mit dem ersten Teil seiner Aussage entwaffnete der Herr die Kläger, mit dem zweiten bestätigt er das Gesetz.

»werfe *zuerst* einen Stein auf sie«: Der Herr sagt damit, dass das Gesetz nicht aufgehoben werden darf; sein Wort stützt sich auf 5Mo 17,7. Das Gesetz schrieb vor, dass die Hand des Zeugen eines todeswürdigen Vergehens sich *als erste* gegen den Schuldigen richten musste. Das bedeutete, dass einer der Kläger den ersten Stein auf die Frau hätte werfen müssen. Als in der Geschichte der erwählten Nation zum ersten Mal jemand gesteinigt werden musste, gab Gott folgende Verordnung: *»Führe den Flucher außerhalb des Lagers; und alle, die es gehört haben, sollen ihre Hände auf seinen Kopf legen, und die ganze Gemeinde soll ihn steinigen«* (3Mo 24,14). Warum sollten die Zeugen dem Schuldigen die Hände auflegen, bevor sie ihn steinigten? Sie sollten sich mit ihm eins machen, bekennen, dass sie nicht besser waren als der zum Tod Verurteilte. Der Herr sagte den Klägern nicht, jenes Gebot gelte nicht, sondern er wandte es richtig an: **»Wer von euch ohne Sünde ist …«** Und so entwaffnete er mit diesem Wort die Kläger. Die Verordnung von 3Mo 24,14 wollte nämlich genau das lehren: Jedes Mal, wenn man jemanden des Gesetzesbruches beschuldigte, beschuldigte man sich selbst (Röm 2,1.2), und jedes Mal, wenn man erkannte, dass jemand im Volk gesündigt hatte, hatte *»die ganze Gemeinde«* (3Mo 24,14) gesündigt. Das sollte die heilige Nation verstehen: Die Sünde eines einzelnen Israeliten war Sünde *»des ganzes Volkes«* (5Mo 17,7). *»… weil wir gegen dich gesündigt haben«*, betete Daniel (Dan 9,8). Gott hatte das Gesetz also nicht gegeben, damit man eine Waffe in der Hand habe, um seine Nächsten zur Linken und zur Rechten zu richten; nein, das Gesetz wollte einen jeden lehren, sich selbst zu richten.

Mit seiner Aufforderung stellte der Herr seine Feinde ins Licht. Sie mussten sich eingestehen, dass keiner von ihnen ohne Sünde war. Nur wenig später fragte der Herr die Bewohner Jerusalems, wer ihn der Sünde überführen könne (V. 46). Er, der Einzige, der ohne Sünde war und ohne sündige Regungen den ersten Stein auf die Ehebrecherin hätte werfen dürfen, tat das nicht. Der Richter der Welt (5,22.27) war jetzt als Heiland der Welt (4,42) unter ihnen. Er war nicht gekommen, um zu richten, sondern um zu retten.

8 Und wieder bückte er sich nieder und schrieb auf die Erde.

Zweimal bückte sich der Herr nieder und *»schrieb mit dem Finger auf die Erde«* (V. 6). Was mag das wohl bedeuten? Wir werden an 2. Mose erinnert: Gott schrieb mit seinem *Finger* seine Gebote auf die steinernen Tafeln (2Mo 31,18), und dort stand tatsächlich das Gebot: *»Du sollst nicht ehebrechen«* (2Mo 20,14). Aber dort stand auch das Gebot: *»Du sollst kein falsches Zeugnis ablegen gegen deinen Nächsten«* (2Mo 20,16). Die Ehebrecherin war schuldig, aber auch ihre Kläger waren schuldig – der Unaufrichtigkeit und damit der Lüge schuldig. Alle hatten Gottes Gebot gebrochen. Wäre es bei diesem einen Schreiben mit dem Finger Gottes geblieben, wären alle verloren gewesen. Das will der Herr mit seiner Handlung aussagen. Gott fuhr damals hernieder, als er Mose das Gesetz gab: Er neigte sich zum Menschen und redete zu ihm und gab ihm die

Zehn Worte auf den steinernen Tafeln. Israel aber brach sehr bald die beiden obersten der zehn Gebote, und Mose zerbrach die Gesetzestafeln (2Mo 32,19). Dann aber schrieb Gott seine Gebote erneut auf die zweiten Tafeln (2Mo 34,1) und deutete damit an, dass er dafür sorgen würde, dass sein Volk seine Gebote noch befolgen würde. Er würde mit seinem Volk einen neuen Bund, einen Gnadenbund schließen. Dazu musste Gott ein zweites Mal herniederkommen, sich dabei aber noch viel tiefer neigen. Er musste zu den Menschen kommen, indem er Mensch wurde (1,14), ihre Sünden sühnte (1,29) und so den Grund legte, auf dem der Mensch erlöst und von Neuem geboren werden konnte (3,3.5). Dem neuen Menschen würde er seine Worte nicht mehr auf steinerne Tafeln, sondern auf die Herzenstafeln schreiben (Jer 31,33; 2Kor 3,3).[104]

9 Als sie aber dies hörten, gingen sie einer nach dem anderen hinaus, anfangend von den Ältesten bis zu den Letzten; und Jesus wurde allein gelassen mit der Frau in der Mitte.

»Als sie aber dies hörten, gingen sie … hinaus«: Die Antwort Jesu gefiel ihnen gar nicht. Sie wollten das Gesetz nicht auf sich selbst anwenden und sich selbst richten. Das bedeutet, dass sie nicht auf das Gesetz hören und es nicht tun wollten, wie der Herr ihnen am Tag davor gesagt hatte (7,19). Sie gingen hinaus, und daher hörten sie nicht, was der Herr zu der Frau sagte über Vergebung und Befreiung von der Macht der Sünde.

»anfangend von den Ältesten bis zu den Letzten«: Die Leute, die die Frau verurteilt hatten und auch den Herrn verurteilen wollten, gingen in der Reihenfolge ihrer Würde und ihres Ansehens hinaus, zuerst die Alten, das heißt die Geehrtesten, danach die weniger Geehrten. Zurück blieben die in ihren Augen ganz Ehrlosen: Jesus und die Frau.

104 Lightfoot bietet eine andere Erklärung: *»Es gehörte zur Aufgabe des Priesters, wenn er eine verdächtigte Frau prüfen musste, dass er sich niederbückte und den Staub vom Fußboden des Heiligtums sammelte, ihn ins Wasser tat und der Frau zu trinken gab. Er musste auch die Flüche, die über sie ausgesprochen werden mussten, in ein Buch schreiben, 4Mo 5,17.23. In gleicher Weise bückt sich unser Retter nieder, und indem er den Boden selbst zu seinem Buch macht, schreibt er etwas in den Staub, zweifelsohne gegen die Kläger… Nachdem der Priester die Flüche in ein Buch geschrieben hatte, löschte er sie mit dem bitteren Wasser, 4Mo 5,23, denn die Klage war zweifelhaft … Die Frage lautete, ob die Frau schuldig war oder nicht. War sie schuldig, kamen die geschriebenen Flüche über sie; war sie nicht schuldig, dann waren sie gelöscht. Aber Christus wusste, dass die Kläger nicht unschuldig waren; darum schrieb er nicht und löschte wieder, sondern er schrieb ein zweites Mal … Christus bückt sich zuerst nieder und schreibt, und dann lässt er sie gewissermaßen trinken, indem er diese Worte an ihr Gewissen richtet: ›Wer von euch ohne Sünde ist‹, und dann bückt er sich wieder und schreibt auf die Erde«* (Lightfoot, S. 329-330)

Der Herr hatte mit seiner Antwort das Gewissen der Kläger aufgerührt. War jemand unter ihnen ohne Sünde? Nein; aber anstatt dass sie sich der Frage und damit dem Fragenden stellten, gingen sie von ihm weg, und zwar in einer Weise, die zeigte, dass sie sehr auf das Ansehen ihrer eigenen Person achteten: Der Älteste, der als Erster hinausging, führte damit seine Gefährten weg von dem Licht in die Finsternis, wahrlich ein blinder Leiter der Blinden (Mt 15,14).

10 Als Jesus sich aber aufgerichtet hatte und außer der Frau niemand sah, sprach er zu ihr: Frau, wo sind sie, deine Verkläger? Hat niemand dich verurteilt?
11 Sie aber sprach: Niemand, Herr. Jesus aber sprach zu ihr: Auch *ich* verurteile dich nicht; geh hin und sündige nicht mehr!

Niemand hatte die Frau verdammt, denn sie waren Sünder, die sich damit nur selbst verdammt hätten. Der Einzige, der ohne Sünde war und sie hätte verurteilen können, sagt ihr: **»Auch ich verurteile dich nicht …«** Er bestätigte damit die Worte, die er zu Nikodemus gesprochen hatte (3,17) und gleich in V. 15 bestätigen wird: *»… ich richte niemand.«* Damit beginnt die Episode mit Leuten, die eine Frau heranschleppen, die man beim Ehebruch ertappt hat, und sie hört auf mit der Aussage, dass der Herr selbst sie nicht verurteilt. Hier ist die ganze Geschichte vom Abfall des Menschen bis zur Erlösung des Menschen zusammengefasst. Zur Erlösung gehört aber auch das Folgende: Der Herr sagt zur Frau, was er auch zum geheilten Gelähmten gesagt hatte (5,14): **»… sündige nicht mehr!«** Sie hatte Gnade und Vergebung empfangen; die Frucht der Gnade ist Heiligkeit (Röm 6,14). Wir müssen die Reihenfolge der beiden in diesem Vers gemachten Aussagen beachten. Zuerst sagt der Herr: »Ich verurteile dich nicht«, und dann befiehlt er: »Sündige nicht mehr!« Wer Gnade empfangen hat und damit vom Gericht befreit ist, kann den Befehl befolgen und fortan in Heiligkeit leben. Alle, die in Christus Jesus sind, sind vom Verdammungsurteil freigesprochen (Röm 8,1) und werden von Gott befähigt, die Rechtsforderungen des Gesetzes zu erfüllen (Röm 8,4; siehe auch Hes 36,27).

2. Christus, das Licht der Welt (8,12-20)

Der Abschnitt ist eingerahmt durch die beiden Sätze *»Wiederum nun redete Jesus zu ihnen«* und *»Diese Worte redete er in der Schatzkammer«*; der Herr beginnt mit dem Bekenntnis: *»Ich bin das Licht der Welt«* (V. 12), und er schließt mit der Aussage: *»Ihr kennt weder mich noch meinen Vater«* (V. 19). Das zeigt, dass das Licht umsonst leuchtete, und das erinnert uns an 1,5-11: Jesus ist das Licht, das in der Finsternis scheint (1,5) und jeden Menschen erleuchtet (1,9); er kam als Licht zu seinem eigenen Volk, aber dieses nahm ihn nicht an (1,11). Der Herr sagt, dass er das Licht der Welt ist, das in der Finsternis leuchtet (V. 12), aber die Pharisäer weisen dieses Zeugnis ab; es sei nicht wahr (V. 13); aber das Licht hört deswegen nicht auf zu leuchten (V. 14-18): Der Herr erklärt, dass sein Zeugnis wahr sein muss, denn er ist eins mit Gott, seinem Vater. Da hinterfragen die Pharisäer auch dieses Bekenntnis; sie wollen wissen, wo denn sein Vater sei, und damit sagen sie selber, dass sie Gott nicht kennen, obwohl sie das Wort Gottes, das Gesetz und die Propheten, besaßen. Dass Johannes ausdrücklich sagt, dass der Herr diese Worte in der Schatzkammer des Tempels sprach (V. 20), ist bittere Ironie: Im Tempel wuchsen die Reichtümer von Tag zu Tag, aber der ganze Gottesdienst, dem die Oberen vorstanden, war leer. Sie hielten sich für reich, waren aber in den Augen des Herrn, der unter ihnen stand, arm, nackt und blind. Das ist aber gerade uns Christen zur Belehrung gesagt: Wenige Jahrzehnte später sagt der Herr von einer christlichen Gemeinde, die sich für reich hält und meint, ihr fehle nichts: *»... du weißt nicht, dass du der Elende und der Jämmerliche und arm und blind und nackt bist«* (Offb 3,17).

> **12 Wiederum nun redete Jesus zu ihnen und sprach: *Ich* bin das Licht der Welt; wer mir nachfolgt, wird *nicht* in der Finsternis wandeln, sondern wird das Licht des Lebens haben.**

Das Alte Testament hatte geweissagt, dass der Messias das Licht ist, das über Israel hinaus in die Welt der Nationen leuchten werde (Jes 49,6). Wenn Jesus nun sagt: **»Ich bin das Licht der Welt«**, sagt er ganz deutlich, dass er der Messias Israels ist, jenes Licht, das in *die Welt* kam, also nicht nur für Israel, um *jeden Menschen*, also nicht nur die Juden, zu erleuchten (1,9).

»Eine wunderschöne Bezeichnung für Christus: Licht der Welt. Wir alle sind von Natur blind. In ihm haben wir das Heilmittel für unsere Blindheit. Durch ihn aus der Finsternis erlöst und befreit, sind wir des rechten Lichtes teilhaftig. Aber diese Wohltat kommt nicht nur diesem oder jenem zugute. Christus nennt sich ja das Licht der ganzen Welt. Durch dieses hochwichtige Wort wollte er nicht nur den Unterschied zwischen Juden und Heiden, nein, auch zwischen Gelehrten und Ungelehrten, zwischen Hoch und Niedrig aufheben. Doch ist vor allen Dingen zu beachten: Wir müssen das Licht suchen« (Calvin).

An der Ehebrecherin hatte der Herr gerade demonstriert, dass er als das Licht den Menschen erleuchtet: Sie war wie ihre Ankläger in der Finsternis gewandelt, aber der Herr hatte durch seine Worte die Finsternis vertrieben. Danach hatte er ihr befohlen, nicht mehr zu sündigen; und dann sagte er ihr, was sie fortan tun sollte: ihm nachfolgen. Denn wer ihm nachfolgt, **»wird nicht in der Finsternis wandeln«**. Nicht Mose ist das Licht, obwohl er vom Licht schrieb (5,46), und auch Johannes der Täufer war nicht das Licht, obwohl er von ihm zeugte (1,8). Jesus hingegen zeugte nicht lediglich vom Licht; er ist das Licht der Welt (1,5.9). Wer ihm nachfolgt, wird darum **»das Licht des Lebens haben«**.

»Licht und Leben« sind ein Paar, dem wir bereits in 1,4 begegnet sind. Sie sind ein Paar, so wunderbar wie »Wahrheit und Gnade« (1,14.17). Das Licht macht den Menschen als Sünder offenbar, und auf die Sünde folgt der Tod; aber nun geschieht das Unerwartete: Der Sünder empfängt Gnade und Vergebung und damit Leben. David hatte bekannt: *»Der HERR ist mein Licht und mein Heil«* (Ps 27,1). Er wusste: *»... bei dir ist der Quell des Lebens, in deinem Licht werden wir das Licht sehen«* (Ps 36,10). Wieder dieses wundersame Paar, Leben und Licht. Gott hatte David seiner Sünden und seiner Sündhaftigkeit überführt (Ps 51), ihn aber nicht dem Tod übergeben, sondern er hatte ihm vergeben (Ps 32) und ihn damit zum Leben geführt, wie der Prophet ihm sagte: *»So hat auch der HERR deine Sünde weggetan, du wirst nicht sterben«* (2Sam 12,13).

Das Licht des Lebens fand sich nicht im Gesetz. Im Gesetz war Licht, aber das Gesetz konnte, außer unter der Bedingung, dass man es nie brach (Röm 10,5), kein Leben geben: *»Denn wenn ein Gesetz gegeben worden wäre, das lebendig zu machen vermöchte, dann wäre wirklich* *die Gerechtigkeit aus Gesetz«* (Gal 3,21). Das Leben war nun erschienen in einer Person, in Christus. Wer ihm nachfolgt, hat beides: Licht und Leben. Er kann Gott und seinen Willen erkennen und bekommt dazu das Vermögen, Gott zu gehorchen.

13 Da sprachen die Pharisäer zu ihm: *Du* zeugst von dir selbst; dein Zeugnis ist nicht wahr.
14 Jesus antwortete und sprach zu ihnen: Auch wenn *ich* von mir selbst zeuge, ist mein Zeugnis wahr, weil ich weiß, woher ich gekommen bin und wohin ich gehe; *ihr* aber wisst nicht, woher ich komme und wohin ich gehe.

Die Pharisäer hatten sich vom Herrn abgewandt; sie begehrten das Licht des Lebens nicht; sie wollten ihm nicht folgen. Dieses ihr Verhalten mussten sie rechtfertigen, und das taten sie, indem sie den Herrn angriffen: Er sei nicht glaubwürdig. Die Worte der Pharisäer zeigen, dass sie gut hingehört hatten, als der Herr am Vortag sagte, dass jeder, der aus sich selbst redet, nur seine eigene Ehre suche und deshalb nicht wahrhaftig sein könne (7,18). Diese Worte kehren sie jetzt gegen ihn, und damit zeigen sie, wie böse sie sind: Statt auf seine Worte zu hören und sie anzunehmen, meinen sie, sie könnten seine Worte als Waffe gegen ihn kehren. Das zeugt nicht nur von großer Arglist, sondern auch von großer Torheit. Ihre Beobachtung, dass er von sich selbst zeugte, ist zwar korrekt, doch was sie daraus folgern – **»dein Zeugnis ist nicht wahr«** –, ist falsch. Sie hätten gemäß den Kriterien des Gesetzes, dass ein Zeugnis mindestens zwei Zeugen brauche, um bestätigt zu sein, recht gehabt, *wäre Jesus ein bloßer Mensch gewesen.* Weil er aber auch Gott war, konnte er antworten: **»Auch wenn ich von mir selbst zeuge, ist mein Zeugnis wahr, weil ich weiß, woher ich gekommen bin und wohin ich gehe …«** Mehrere bestätigende Zeugen sind in dieser Welt nur deshalb nötig, weil die Sünde alle befallen hat. Wäre in dieser Welt keine Sünde, käme die Frage nach einem unglaubwürdigen Zeugnis gar nie auf. Christus aber ist sündlos; er stammt aus jener Welt, in der keine Sünde, sondern nur Licht ist. Er selbst ist jenes Licht, und als solches kam er in diese Welt.[105] Er ist

105 All das lässt sich auch von der Bibel sagen. Sie ist glaubwürdig, weil sie von Gott kommt. Sie braucht darum keine außerbiblischen Zeugen, die bestätigen müssten, dass sie wahr sei.

Gott, der nicht lügen kann (Tit 1,2), der treue Zeuge (Offb 1,5); darum braucht er niemanden, der sein Zeugnis bestätigt.

Wenn der Teufel lügt, redet er aus seinem Eigenen, wie der Herr bald sagen wird (V. 44); und das gilt auch für den Sünder. Wenn der Herr die Wahrheit sagt, redet auch er aus seinem Eigenen; so, wie der Teufel der Vater der Lüge ist, so ist der Sohn Gottes die Wahrheit (14,6).

Man achte auf den Gegensatz **»ich weiß«** – **»ihr … wisst nicht«**. Dass der Unwissende den Wissenden richtet, ist eine Ungeheuerlichkeit. Christus ist das Licht und hat das Licht; er ist die Wahrheit und hat die Wahrheit. Sein Selbstzeugnis ist darum genügend und zuverlässig. Er weiß, woher er gekommen ist: vom Vater; und er weiß, wohin er geht: zurück zum Vater (16,28; 17,8.11), und damit sagt er, dass er wahrer Gott vom wahren Gott ist. Der Herr bedarf keines Zweiten, um es zu wissen; niemand muss ihm darüber Licht geben, woher und auf welchem Weg er gekommen sei und auf welchem Weg und wohin er gehen werde. Wir wissen ja über beides nichts – nicht, was und wo wir vor unserer Geburt waren, nicht einmal, was wir bei der Geburt und noch lange Zeit nach der Geburt waren. Und wir wissen nichts über morgen und über unseren Ausgang aus dieser Welt. Welche Narren sind wir, wenn wir uns nicht von dem Einzigen führen lassen, der das Licht hat und daher jedem, der ihm folgt, Licht gibt und ihn sicher führt!

»ihr aber wisst nicht, woher ich komme und wohin ich gehe«: In 7,28 hatte der Herr gesagt, dass das Volk wohl wusste, woher er war: Sie kannten seine menschliche Herkunft. Aber sie kannten den nicht, der ihn gesandt hatte, und darum wussten sie nicht wirklich, woher er gekommen war. Denn hatten sie keine Erkenntnis von Gott, wussten sie auch nichts von der Welt Gottes, vom Himmel.

15 *Ihr* richtet nach dem Fleisch, *ich* richte niemand.
16 Wenn *ich* aber auch richte, so ist *mein* Gericht wahr, weil ich nicht allein bin, sondern ich und der Vater, der mich gesandt hat.

»Ihr richtet«: Man bedenke: Menschen, die als Sünder weder das Vermögen noch das Recht haben zu richten, die richteten; und er, der als Allwissender sowohl das Vermögen als auch das Recht dazu hatte, richtete nicht.

Sie richteten **»nach dem Fleisch«**, d.h. nach dem, was sie als Sünder zu beurteilen vermochten, und nach dem, was ihre Augen sahen. Sie hatten das eben getan, als sie die ehebrüchige Frau herbeischleppten; und sie taten es, als sie den Herrn richteten. Jesus war ein Mensch und sah aus wie ein Mensch, und von dem, was sie als bloße Menschen sehen konnten und wollten, urteilten sie, und das bedeutet, dass sie nach dem Schein richteten (7,24). Darum sahen sie in ihm nur *»Jesus, [den] Sohn Josephs«* (6,42), nicht aber den ewigen Gottessohn.

»Wenn ich aber auch richte, so ist mein Gericht wahr«: Der Herr war nicht gekommen, um zu richten, aber wenn er dennoch richten oder verurteilen musste (wie etwa in Mt 23), war sein Gericht wahr, auch wenn er dem Augenschein nach als alleiniger Zeuge sprach, **»weil ich nicht allein bin, sondern ich und der Vater ...«** Der Sohn ist nie allein, der Vater ist immer mit ihm, denn er und der Vater sind eins (10,30); der Vater ist im Sohn und der Sohn ist im Vater (10,38; 17,21). Darum war das Urteil des Menschen Jesus auf der Erde immer wahr, es stimmte überein mit dem Zeugnis des zweiten Zeugen, Gottes des Vaters.

17 Aber auch in *eurem* Gesetz steht geschrieben, dass das
Zeugnis zweier Menschen wahr ist.
18 *Ich* bin es, der von mir selbst zeugt, und der Vater,
der mich gesandt hat, zeugt von mir.

Der Herr spricht von **»eurem Gesetz«**, weil sie sich als die wahren Hüter desselben ansahen und meinten, sie seien die Einzigen, die es befolgten. Und er wollte damit auch andeuten, dass jenes Gesetz, auf das sie sich beriefen, ihn bestätigte (5,39.46) und damit sie verurteilte.

»... dass das Zeugnis zweier Menschen wahr ist« steht im Gesetz an Stellen wie 4Mo 35,30; 5Mo 17,6. Wenn das Gesetz das Zeugnis zweier Personen fordert, ist das damit erfüllt, dass Jesus von sich **»selbst zeugt, und der Vater«**. Stimmen die beiden Zeugnisse überein, ist das Zeugnis wahr.

19 Da sprachen sie zu ihm: Wo ist dein Vater? Jesus antwortete: Ihr kennt weder mich noch meinen Vater; wenn ihr mich gekannt hättet, würdet ihr auch meinen Vater gekannt haben.

Weil Jesus als zweiten Zeugen, der sein Zeugnis bestätigt, den Vater genannt hat, den man aber nicht sehen konnte, fragen die Juden: **»Wo ist dein Vater?«** Sie wollen damit nur sagen, dass sie seine Worte nicht annehmen können, weil der zweite vom Gesetz geforderte Zeuge ja offenkundig fehle. Damit wiesen sie nicht nur ihn ab, sondern auch den Vater, der von ihm zeugte (V. 18). Mit ihrer Frage zeigten die Leute überdies, dass Jesus über sie wahr geurteilt hatte: *»... ihr ... wisst nicht, woher ich komme und wohin ich gehe«* (V. 14). Und weil dieses Urteil zutraf, galt auch: **»Ihr kennt weder mich noch meinen Vater ...«** Man kann den Vater nicht anders erkennen als nur im Sohn. Darum konnten sie den Vater nicht erkennen, solange sie den Sohn ablehnten, denn nur **»wenn ihr mich gekannt hättet, würdet ihr auch meinen Vater gekannt haben«**.

20 Diese Worte redete er in der Schatzkammer, als er im Tempel lehrte; und niemand griff ihn, denn seine Stunde war noch nicht gekommen.

Der Herr stand in der **»Schatzkammer«**, γαζωφυλακειον, *gazōphylakeion,*[106] im Vorhof der Frauen, wo das Volk seine Gaben für den Tempeldienst einlegte.

Die jüdische Messiaserwartung und das Licht der Welt

Auf den *»letzten, (den) großen Tag«* des Laubhüttenfestes (7,37) folgte ein achter Tag, bei dem die Volksmengen sich noch einmal in den Tempel drängten. *»Bei dieser Gelegenheit finden wir Christus ›in der Schatzkammer‹ ... wo die Pharisäer – oder Obersten – allein zu sprechen wagten ... Hier, vor den Ohren der Obersten des Volkes, findet der erste Dialog zwischen Christus und den Pharisäern statt. Er wird eröffnet mit einem*

106 oder γαζοφυλακιον, *gazōphylakion*; nur noch in Mk 12,41.43 und Lk 21,1, wo es mit »Schatzkasten« übersetzt wird.

Wort (8,12), das wahrscheinlich eine Anspielung ist auf eine der großen Zeremonien des Laubhüttenfestes, auf die symbolische Bedeutung desselben und auf eine ausdrückliche messianische Erwartung der Rabbiner. Wie … der Talmud verlangt, war der Vorhof der Frauen an jedem Abend der Festwoche hell erleuchtet … Man nannte das ›die Freude des Festes‹ …, und diese war zweifellos verknüpft mit der Hoffnung, dass einst die ganze Erde sich über die große Ernte, die Bekehrung der Heidenwelt, freuen würde, und somit war sie ein Hinweis auf die ›Tage des Messias‹. Wir beachten, dass im Zusammenhang damit der Ausdruck ›Licht‹ in besonderer Weise auf den Messias bezogen wurde« (Edersheim, Bd. III, S. 164-166).

Als der Herr **»im Tempel lehrte«**, hielt er sich nicht im Vorhof der Priester auf, nicht einmal im Vorhof Israels, d. h. der Männer in Israel, sondern dort, wohin das ganze Volk mitsamt Frauen Zutritt hatte.

»Der Evangelist nennt diese Lokalität, weil sie die öffentlichste war, da hier jeder seine Tempelspenden einlegte. Das kühne Wort der Selbstoffenbarung Christi und seines Urteils über die Pharisäer erhält dadurch sein volles Gewicht« (Lange).

Der Herr lehrte stets, wie er beim späteren Verhör bezeugte, in der Öffentlichkeit, ja, in der größtmöglichen Öffentlichkeit (18,20). Doch **»niemand griff ihn, denn seine Stunde war noch nicht gekommen«** (siehe 7,6.8 und 7,30 samt Erläuterungen). Aber man wollte ihn greifen und damit den aus dem Weg räumen, der allein dem Tempel seinen Wert gab. Man rufe sich die beiden Weissagungen von Haggai und Maleachi in Erinnerung: Als die Juden nach ihrer Rückkehr aus Babel den Tempel wiederaufbauten, trauerten viele, weil er nicht wie der ehemalige mit Gottes Herrlichkeit erfüllt wurde. Da gab ihnen der Herr die Verheißung: *»Und ich werde alle Nationen erschüttern; und das Ersehnte aller Nationen wird kommen, und* ***ich werde dieses Haus mit Herrlichkeit füllen,*** *spricht der HERR der Heerscharen«* (Hag 2,7). Diese Verheißung ging in Erfüllung, als der Sohn Gottes dieses Haus betrat. Und Maleachi hatte geweissagt: *»Siehe, ich sende meinen Boten, damit er den Weg vor mir her bereite. Und* ***plötzlich wird zu seinem Tempel kommen der Herr, den ihr sucht*** *…, spricht der HERR der Heerscharen«* (Mal 3,1). Er war jetzt da, stand im Haus Gottes, und in ihm offenbarte sich die Herrlichkeit des Herrn (siehe 1,14). Aber sie sahen sie nicht; sie wollten ihn nicht; sie lehnten ihn ab. Wies man aber den von sich, für den das Haus eigentlich bestimmt war, hatte man das ganze prächtige Haus mitsamt seinen in der Schatzkammer stetig gemehrten Schätzen zur bloßen Hülse gemacht. Gott würde es bald verlassen (Mt 23,38) und der Verwüstung übergeben (Mt 24,1.2).

3. Christus, der treue Zeuge (8,21-30)

Der Abschnitt beginnt mit dem Satz: *»Er sprach nun wiederum zu ihnen«*, und er endet mit der Feststellung: *»Als er dies redete, glaubten viele an ihn.«* Wir fragen, was er denn redete, dass seine Worte solche Wirkung hatten.

Christus ist *»der treue Zeuge«* (Offb 1,5), und als solcher richtet er das ihm aufgetragene Zeugnis beharrlich und bis zum Ende aus. Darum spricht er *»wiederum zu ihnen«* (V. 21), und zwar ähnliche Worte, wie er am Vortag gesprochen hatte (7,33.34), und das, obwohl sie ihren Unglauben und Unwillen deutlich genug bekundet haben. Zuerst kündigt er ihnen an, dass er weggehen wird und sie ihm nicht folgen können (V. 21). Das bedeutet erstens, dass die Zeit der Heimsuchung befristet ist, dass sie ihn aber bitter nötig haben, wenn sie dahin kommen wollen, wo er ist – in den Himmel. Die Antwort auf diese erste Aussage zeigt, dass die Juden nicht nur hilflos und kraftlos, sondern auch ohne Verstand sind: Sie fragen sich, ob er sich das Leben nehmen wolle (V. 22). Darauf erklärt er ihnen, was er in V. 21 angedeutet hatte: Er ist vom Himmel und geht wieder dorthin zurück; sie aber sind von der Erde und kommen von ihr nie los (V. 23); und darum werden sie in ihren Sünden sterben, wenn sie ihm nicht glauben (V. 24). Die zweite Frage der Juden zeigt, wie schwerhörig sie sind, hatte der Herr ihnen doch wiederholt und in aller Deutlichkeit gesagt, wer er ist (V. 25). Dabei sagte er ihnen nicht alles, was er über sie hätte sagen können, sondern nur das, was sein Vater ihm geboten hatte (V. 26), und dessen Auftrag war *»ewiges Leben«* (12,49.50). Und wieder verstanden die Juden nichts; sie begriffen nicht, dass er vom Vater redete (V. 27), und das zeigte einmal mehr, dass sie wirklich in der Finsternis der Sünde gefangen waren. Aber er war nicht gekommen, um Sünder zu richten, sondern um Sünder zu retten (siehe 1Tim 1,15), darum würde er das Gericht auf sich nehmen und es nicht über die Sünder bringen (V. 28). Sein Kreuzestod (V. 28) würde der endgültige und krönende Beweis für die Wahrheit seines Zeugnisses sein. Diesem Zeugnis musste man *glauben*, auch wenn man vieles nicht verstand.

21 Er sprach nun wiederum zu ihnen: *Ich* gehe hin,
und ihr werdet mich suchen und werdet in eurer Sünde sterben;
wohin *ich* gehe, dahin könnt *ihr* nicht kommen.
22 Da sagten die Juden: Er will sich doch nicht selbst töten,
dass er spricht: Wohin *ich* gehe, dahin könnt *ihr* nicht kommen?
23 Und er sprach zu ihnen: *Ihr* seid von dem, was unten ist,
***ich* bin von dem, was oben ist; *ihr* seid von dieser Welt,**
***ich* bin nicht von dieser Welt.**
24 Daher sagte ich euch, dass ihr in euren Sünden sterben
werdet; denn wenn ihr nicht glaubt, dass *ich* es bin, so werdet
ihr in euren Sünden sterben.

Der Herr sprach »**wiederum zu ihnen**«, obwohl sie ihm nur widersprochen hatten. Nach 7,33 und 8,14 sagt er wieder, dass er *hingeht*, und damit warnt er sie erneut, dass sie nicht mehr viel Zeit hatten, um ihn zu hören und ihn aufzunehmen. Die Warnung ist eine doppelte; wenn sie die gnädige Heimsuchung verachteten und ihn nicht aufnahmen, würden sie

- »**in [ihrer] Sünde sterben**«;
- »**wohin ich gehe, dahin … nicht kommen**«.

Das sind furchterregende Worte: Wenn die Juden ihn jetzt nicht aufnahmen, würden sie ihn vergeblich suchen, und außer ihm würden sie keinen Heiland finden. Wo sollten sie denn einen finden, da der Heiland doch bei ihnen gewesen war, nachdem Gott ihn über Jahrhunderte angekündigt hatte, und sie ihn von sich gestoßen hatten?

Man beachte, dass es hier nicht heißt, dass sie in ihren »Sünden«, Mehrzahl, sondern in ihrer »**Sünde**« sterben würden. Die Sünde der Juden war ihr Unglaube (16,8.9). Wegen dieses Unglaubens würden sie keine Vergebung finden und daher sterben in ihren »Sünden«, Mehrzahl (V. 24), die alle aus der Ursünde erwuchsen.

»Man kann Gott keine größere Unehre antun, denn ihm nicht glauben, womit die Seele ihn für einen Untüchtigen, Lügenhaften, Leichtfertigen hält und ihn verleugnet mit solchem Unglauben und einen Abgott ihres eigenen Sinnes im Herzen wider Gott aufrichtet, als wollte sie es besser wissen denn er« (Luther).[107]

Wo der Sohn hingeht, zu seinem Gott im Himmel, **»dahin könnt ihr nicht kommen«**: Sie können es nicht, weil sie in der Sünde sind; aber das Gewicht dieser Worte verstanden die Juden nicht; sonst hätten sie gefragt, warum sie ihm nicht folgen können, und sie hätten dann verstanden, dass sie wegen der Sünde im Tod gefangen und ohne ihn verloren waren.

Die Antwort der Juden enthüllt ihren Unverstand; der kam daher, dass sie nicht recht hörten, und so konnten sie seine Worte nicht anders als verkehrt deuten.

Als Jesus am Tag davor den Juden das Gleiche gesagt hatte, fragten sie sich, ob er zu den Griechen gehen wolle, wohl in der Hoffnung, dort eher angenommen zu werden als in Jerusalem (siehe 7,34.35). Jetzt trauen sie ihm Selbstmord zu: **»Er will sich doch nicht selbst töten, dass er spricht …?«** Die Frage lautet also, ob er ganz abdanken wolle, weil er bei den Juden kein Gehör findet. Ihm folgen? Wenn er ins Totenreich zu den Verdammten fahren wollte, würden sie ihm gewiss nicht folgen wollen!

Jesus hatte aber gerade gesagt, dass nicht er, sondern *sie* sterben würden. In seiner Geduld erklärt er ihnen, dass sie ihm deshalb nicht folgen konnten, weil er zu einer ganz anderen Welt gehörte als sie, einer Welt, zu der sie sich nicht emporschwingen konnten (siehe 3,13): **»Ihr seid von dem, was unten ist«**, und das bedeutet: irdisch, sinnlich und damit teuflisch (Jak 3,15). In V. 44 wird der Herr sagen, dass sie vom Teufel sind. Sie sind **»von dieser Welt«**, und darum sind sie unter der Gewalt des Fürsten dieser Welt (12,31; 14,30; 16,11); und die Welt vergeht und ihre Lust, bleiben wird nur, wer Gottes Willen tut (1Jo 2,17). Gottes Wille aber war, dass sie an seinen Sohn glauben. Jesus war **»nicht von dieser Welt«**; er war aus der Ewigkeit in die Zeit, aus dem Himmel auf die Erde, von Gott zu den Menschen gekommen. Die an ihn glaubten, erlöste er und nahm sie heraus aus der gegenwärtigen bösen Welt (Gal 1,4). Die Erlösten bleiben zwar auch nachher noch für einige Jahre in der Welt

107 *»Von der Freiheit eines Christenmenschen«*, Luthers Werke, erste Folge: Reformatorische Schriften I, Berlin: C.A. Schwetschke und Sohn, 1905, S. 300.

(17,11), aber sie sind nicht von der Welt (17,14), und schließlich wird er sie zu sich in seine Welt, in den Himmel, nehmen (14,3; 17,24).

»Daher sagte ich euch, dass ihr in euren Sünden sterben werdet«: Weil sie von unten waren, waren sie in ihren Sünden, und weil sie in ihren Sünden waren, würden sie sterben und nie zum Leben kommen; denn sie würden den zweiten, den ewigen Tod erleiden (Offb 20,14).

»wenn ihr nicht glaubt«: Es ist der Unglaube, der den Menschen vom Leben ausschließt – so, wie es der Glaube ist, der ihm das Leben gibt. Nur wer glaubt, besiegelt, dass Gott wahrhaftig ist (3,33); nur wer glaubt, ehrt Gott (5,44; Röm 4,20); nur wer glaubt, wird der Knechtschaft der Sünde (8,34) und damit dem Tod entkommen und leben (3,16.36; 5,24; 8,51; 11,25). Was mussten denn die Juden glauben? **»… dass ich es bin«**, εγω ειμι, *egō eimi*, d.h. dass der Mensch Jesus der Ewige Israels ist. Diese Selbstbezeichnung des Herrn findet sich in diesem Kapitel wieder in V. 28 und V. 58. Der erste Beleg ist in 4,26 (dort habe ich alle Stellen aufgelistet).

25 Da sprachen sie zu ihm: Wer bist *du*? Jesus sprach zu ihnen: Durchaus das, was ich auch zu euch rede.

»Da sprachen sie zu ihm: Wer bist du?«: Die Worte Jesu waren so gewichtig, seine Verheißungen und Androhungen so absolut, dass sie fragen mussten, wer er denn sei. Denn so dürfe ja ein bloßer Mensch nicht reden. In V. 22 hatten die Juden ihren Unverstand bewiesen; hier zeigen sie ihre Unwissenheit, und die war nicht zu entschuldigen, hatte der Herr ihnen doch wiederholt gesagt, wer er ist; er wiederholte das jetzt nicht, sondern verwies sie auf seine bereits gegebenen Selbstzeugnisse: **»Durchaus das, was ich auch zu euch rede.«** Schon lange hatte er zu ihnen geredet und gesagt, wer er ist: Er ist der Sohn Gottes (5,17) und damit Gott (5,18); er ist der Richter aller Menschen (5,22), er ist der von den Schriften Bezeugte (5,39); er ist das Brot des Lebens (6,35); er ist das Licht der Welt (8,12), er ist der vom Vater Gesandte (8,16). In seinen Worten offenbart der Herr sich selbst, und er verweist die Juden auf diese. Da müssen wir uns merken: Man kann den Herrn nicht anders kennenlernen und erkennen als durch seine Worte.[108]

108 Luther hat in der letzten von ihm vollendeten Übersetzung und Ausgabe des Neuen Testaments von 1545 zu dieser Stelle am Rand vermerkt: *»Das ist: Ich bin euer Prediger. Wenn ihr das zu erst glaubt, so werdet ihr wohl erfahren, wer ich sei; sonst nicht.«*

Für »durchaus« steht im griechischen Text *tēn archēn*, wörtlich »den Anfang«. Das ist ein sogenannter adverbialer Akkusativ,[109] der die Umstände oder die Art und Weise eines Sachverhalts bezeichnet. Hier ist der Sinn »überhaupt«, »gänzlich« oder »durchaus«. Andere übersetzen »erstlich« (Luther 1912), »erstens« (Schlachter), »von Anfang an« (Menge).[110]

26 Vieles habe ich über euch zu reden und zu richten,
aber der mich gesandt hat, ist wahrhaftig; und *ich,* was ich
von ihm gehört habe, das rede ich zu der Welt.
27 Sie erkannten nicht, dass er von dem Vater zu ihnen sprach.

Der Herr hatte den Juden in den V. 21-24 vieles gesagt, was ihnen nicht gefallen konnte, und er hatte noch **»vieles … zu reden und zu richten«**, was ihnen ebenso wenig gefallen würde. Ob es ihnen gefiel oder nicht: Er sprach die Wahrheit dessen, der ihn gesandt hatte, und der ist wahrhaftig. Der Herr redete nichts Eigenes, sondern nur, was er **»von ihm«**, vom Vater, **»gehört«** hatte (siehe auch 3,34; 7,16). Er war der Mann, der in den Weissagungen des Jesaja von sich sagt: *»Der Herr, Jahwe, hat mir eine Zunge der Belehrten gegeben, damit ich wisse, den Müden durch ein Wort aufzurichten. Er weckt jeden Morgen, er weckt mir das Ohr, damit ich höre wie solche, die belehrt werden«* (Jes 50,4). Ja, Jesus empfing alle Worte vom Vater, und er wollte mit seinen Worten aufrichten, doch: **»Sie erkannten nicht, dass er von dem Vater zu ihnen sprach«**; sie verstanden nicht, dass alle seine Worte die Worte Gottes selbst waren, dass er genau deshalb sagen konnte, dass er genau der war und das war, was er den Leuten sagte (V. 25).

28 Da sprach Jesus zu ihnen: Wenn ihr den Sohn des Menschen erhöht habt, dann werdet ihr erkennen, dass *ich* es bin und dass ich nichts von mir selbst aus tue, sondern wie der Vater mich gelehrt hat, das rede ich.

Der Herr weissagt hier, dass die Juden **»den Sohn des Menschen«** erhöhen, das heißt, dass sie ihn ans Kreuz schlagen und wie einen Verbrecher für alle sichtbar aufrichten (siehe 3,14; 12,32.33) würden.

109 siehe Blass/Debrunner/Rehkopf, *Grammatik des neutestamentlichen Griechisch*, § 160, Anm. 3.
110 Lightfoot: *»The same that I said unto you from the beginning.«*

»dann werdet ihr erkennen, dass ich es bin«: Für »ich … bin« steht hier *egō eimi*, wie oben in V. 24 und weiter unten in V. 58. »Ich bin« ist der ewig Seiende, der Mose im Dornbusch erschien und sich ihm offenbarte als *»Ich bin«* (2Mo 3,14). Dass Jesus von Nazareth der Ewige Israels war, wird die Nation erst am Ende der Tage verstehen. Sacharja hat geweissagt, dass sie dann den anschauen werden, den sie durchstochen haben, und dann erkennen werden, wer er war und wer er ist (Sach 12,10)[111]. Unter den Zuhörern, die ihn jetzt noch nicht erkannten, befanden sich gewiss einige, die nach der Kreuzigung durch die Predigt der Apostel und durch das Wirken des Heiligen Geistes zur Erkenntnis der Wahrheit gelangen würden. Wir lesen von 3000, die am Pfingsttag erkannten, dass Jesus von Nazareth, den sie gekreuzigt hatten, der Herr und Messias Israels war. Das Volk als Ganzes wird ihn aber erst erkennen, wenn er zum zweiten Mal erscheint, wie Johannes in Offb 1,7 noch einmal sagt.

»dass ich nichts von mir selbst aus tue, sondern wie der Vater mich gelehrt hat«: Als der Herr sein Leben am Kreuz dahingab, bewies er die Wahrheit aller seiner Worte, die er zuvor gesprochen hatte, bewies er, dass er der treue Zeuge war (Offb 1,5). Er hatte nicht zu viel gesagt, als er von sich bezeugte, dass er nur das redete, was er vom Vater empfangen hatte, und auch tat, was der Vater ihm gezeigt hatte. Das zeigte er mit seinem Gehorsam bis in den Tod; daran werden seine Brüder, die Juden, einst erkennen, was sie damals nicht verstanden.

29 Und der mich gesandt hat, ist mit mir; er hat mich nicht allein gelassen, weil *ich* allezeit das ihm Wohlgefällige tue.
30 Als er dies redete, glaubten viele an ihn.

»Der mich gesandt hat« ist der Vater (3,17.34; 4,34; 5,36.37.38; 6,38; 7,16; 8,18.26). Er ist **»mit mir«**. Der Vater ist immer mit dem Sohn, und der Sohn ist immer mit dem Vater; sie sind nie voneinander geschieden, sie sind durch das Band der gemeinsamen Natur und damit der gegenseitigen Liebe (3,35; 14,31) aneinandergebunden. Die Liebe des Vaters

111 *»**und sie werden auf mich blicken**‹ (Sach 12,10). Der Redende ist Jahwe … Sie blicken auf den Redenden, auf den, der Himmel und Erde erschaffen hat (V. 1), der sie beschirmt (V. 8), der gegen die Nationen in den Krieg zieht (V. 9), der den Heiligen Geist ausgießt; das bedeutet: Sie blicken auf Jahwe, den Ewigen. Sie blicken auf den, **›den sie durchbohrt haben‹***« (B. Peters, *Der Prophet Sacharja*, Bielefeld: CLV, 2012, S. 223).

zum Sohn äußerte sich darin, dass er ihn **»nicht allein«** ließ; und die Liebe des Sohnes zum Vater (14,31) äußerte sich darin, dass er allezeit **»das ihm Wohlgefällige«** tat.

»Als er dies redete, glaubten viele an ihn«: Es verwundert uns, dass viele gerade jetzt an ihn glaubten, wo es doch schwer zu akzeptierende und nicht leicht zu verstehende Dinge waren, von denen er eben gesprochen hatte: von ihrer Sündhaftigkeit und von den Beziehungen der Personen des dreieinigen Gottes untereinander. Im nächsten Abschnitt wird die Frage beantwortet, ob es wahrer und damit rettender Glaube war.

*»Der Ausdruck ›**glaubten**‹ meint hier zweifelsohne die Bereitschaft, Jesus als den Messias anzuerkennen. Unter diesen Gläubigen fanden sich vielleicht auch Mitglieder des Hohen Rates. 12,42: ›**Dennoch glaubten auch viele der Obersten an ihn.**‹ Sie spürten wohl, dass die Worte, die Jesus eben gesprochen hatte, etwas anderes waren als Großsprecherei. Aber Jesus lässt sich durch diesen scheinbaren Erfolg so wenig blenden wie durch das Bekenntnis des Nikodemus (3,1.2) oder durch die Begeisterung der galiläischen Volksmengen (6,14.15) … Man wundert sich zunächst, in diesem Evangelium Worte zusammengestellt zu finden, wie diese hier: glaubende Juden. Aber diese **contradictio in adiecto**[112] ist vom Verfasser beabsichtigt; sie bietet den Schlüssel zum folgenden Stück. Sie waren im Grunde noch immer Juden; sie unterhielten noch immer die gleichen messianischen Erwartungen wie die ganze Nation, nur dass sie bereit waren, in Jesus den Mann anzuerkennen, der die Sendung hatte, die sie zufriedenstellen konnte. Es ist nahezu die gleiche Seelenhaltung wie bei der Volksmenge in Galiläa vom 6. Kapitel. Und die heftige Krise, die gleich folgt, führt in Judäa zur gleichen Sichtung wie unter seinen galiläischen Anhängern. Welcher Anführer einer Partei, welcher Mann, der von einem persönlichen Ehrgeiz getrieben ist, hätte jemals so gehandelt?«* (Godet).

112 wörtlich: »Widerspruch im Beiwort«. »Glaubende Juden« ist damit so viel wie »kaltes Feuer«, »schwarzer Schnee«, »trockenes Wasser« etc.

4. Christus und seine wahren Jünger (8,31-36)

In diesem Abschnitt wird die Frage beantwortet, wer ein wahrer Jünger Jesu sei und wie man ein solcher werden könne: Der wahre Jünger muss im Wort bleiben, dann wird er die Wahrheit erkennen, und die Wahrheit wird ihn frei machen. Befreiung war das Ergebnis der Gnade, welche die Ehebrecherin empfangen hatte; der Herr verdammte sie nicht und entließ sie mit den Worten *»... geh hin und sündige nicht mehr!«* (V. 11). Ihr war die Schuld ihrer Sünde vergeben worden, und nun sollte sie der Sünde auch hinfort nicht dienen. Das ist genau das Ergebnis von Gnade; darin zeigt sich die Überlegenheit des Neuen Bundes gegenüber dem Alten Bund (wir erinnern uns: Der Herr schrieb zweimal mit dem Finger auf den Boden): *»... die Sünde wird nicht über euch herrschen, denn ihr seid nicht unter Gesetz, sondern unter Gnade«* (Röm 6,14).

Wer ein wahrer Gläubiger ist, wer *»wahrhaft«* ein *»Jünger«* ist, der bleibt im Wort und damit in der Gnade und Stärke des Befreiers (V. 31). Wahrer Jünger kann man nur werden, wenn man die Wahrheit erkannt hat (V. 32), nämlich die Macht der Sünde, die uns gefangen hält (V. 34), und die Macht dessen, der uns allein von der Sünde befreien kann (V. 36).

> **31 Jesus sprach nun zu den Juden, die ihm geglaubt hatten: Wenn *ihr* in *meinem* Wort bleibt, seid ihr wahrhaft meine Jünger;**
> **32 und ihr werdet die Wahrheit erkennen, und die Wahrheit wird euch frei machen.**

In V. 30 hatten wir gelesen, dass viele an ihn glaubten. Nun wendet Jesus sich an diese Leute, **»die ihm geglaubt hatten«**, um ihren Glauben zu prüfen. Was er ihnen sagt und wie sie darauf reagieren, zeigt, dass ihr Glaube nur so weit reichte wie der Glaube jener Leute, die seine Zeichen gesehen und deshalb an ihn geglaubt hatten (2,23-25).

»Wenn ihr in meinem Wort bleibt, seid ihr wahrhaft meine Jünger«: In V. 12 hatte der Herr gesagt, dass wer ihm folgt das *Licht* des Lebens hat; hier sagt er, dass nur, wer in seinem *Wort* bleibt, wahrhaft sein Jünger ist. Wer das Licht des Lebens hat, bleibt in seinem Wort; denn sein Licht und sein Wort sind deckungsgleich.

»Bleiben« markiert den Gegensatz zwischen den echten Jüngern und den Jüngern, die nicht in seinem Wort geblieben waren und sich von ihm abgewandt hatten, als sie seine Rede über das Brot des Lebens in der Synagoge zu Kapernaum gehört hatten (6,60-66). Es genügt nicht, das Wort mit Freuden aufzunehmen (Mk 4,16) oder gern zu hören wie ein Herodes (Mk 6,20) oder die Volksmenge (Mk 12,37). Man muss, nachdem man es gehört und aufgenommen hat, es auch *»bewahren ... und Frucht bringen mit Ausharren«* (Lk 8,15). Bewahren und Ausharren sind der Beweis dafür, dass man ein wahrer Jünger des Herrn, ein *Kind des Gehorsams* (1Petr 1,14) geworden ist. In Kap. 15 wird der Herr bestätigend lehren, dass der wahre Jünger in ihm bleibt und auf diese Weise Frucht bringt. Wer nicht in ihm und damit nicht in der Wahrheit bleibt, der wird gerade dadurch offenbar als jemand, der nie in Wahrheit sein Jünger gewesen war: *»Sie sind von uns ausgegangen, aber sie waren nicht von uns; denn wenn sie von uns gewesen wären, so würden sie wohl bei uns geblieben sein; aber damit sie offenbar würden, dass sie alle nicht von uns sind«* (1Jo 2,19).

»und ihr werdet die Wahrheit erkennen«: Man beachte das verbindende »und«; nur wenn jemand in seinem Wort bleibt, kann er die Wahrheit erkennen; nur wer ausharrt, kommt zur Erkenntnis der Wahrheit und damit des Wahrhaftigen (1Jo 5,20), zur Erkenntnis dessen, der selbst *»die Wahrheit«* (14,6) ist. Und wer ihn erkennt, erkennt auch sich selbst: *»... in deinem Licht werden wir das Licht sehen«* (Ps 36,10), und dieses Licht deckt unsere Unwahrheit auf; aber die müssen wir erkennen, wenn wir frei werden sollen vom Betrug der Sünde (Hebr 3,13), der Schuld der Sünde, der Macht der Sünde und den ewigen Folgen der Sünde.

»Das ist die Freiheit der Jünger Christi, die sein Wort halten, dass sie frei und sicher sein sollen vor dem Teufel, der Sünde, vor dem Tode, vor der Hölle und allem Übel. Das mag eine Freiheit sein und heißen: sicher und gewiss sein der ewigen Seligkeit, hier und auch dort ein gutes, fröhliches Gewissen haben« (aus Bibel- und Bucheinzeichnungen Luthers, 1542, zitiert in: Luther, *Johannes-Evangelium*, S. 268).[113]

113 Man beachte, mit welcher Klarheit Luther gesehen hat, dass die Freiheit an der Wahrheit hängt, und die ist unwandelbar; und dass man nur von Freiheit reden kann, wenn man **sicher** ist: sicher der Vergebung und damit der Gemeinschaft mit dem Sohn, der anders als der Knecht *»für immer bleibt«*. Und als **Folge** der Sicherheit nennt Luther die **Gewissheit**. Die objektive Sicherheit in Christus gibt dem Glaubenden auch die subjektiv empfundene Gewissheit. Es ist also ganz verkehrt zu sagen, der Christ könne zwar Gewissheit des Heils haben, nicht aber Sicherheit. Gewissheit gibt es ja nur deshalb, weil die Sache sicher ist; ist sie nicht sicher, kann auch niemand gewiss sein. Entweder haben wir Heilsgewissheit, weil das Heil sicher ist, oder wir haben keine Heilsgewissheit; eine dritte Möglichkeit gibt es nicht.

33 Sie antworteten ihm: Wir sind Abrahams Nachkommen und sind nie jemandes Knechte gewesen; wie sagst *du*: Ihr werdet frei werden?

»**Wir sind Abrahams Nachkommen**«: Auf dieses stolze Bekenntnis bekommen die Juden im Lauf dieser Unterredung die rechte Antwort, eine Antwort, die ihnen sauer wird.

»**und sind nie jemandes Knechte gewesen**«: Die Zuhörer waren Sklaven der Sünde, aber sie verstanden die Aussage des Herrn nicht so; aber sogar in ihrem begrenzten Verständnis hätten sie zugeben müssen, dass sie seit Generationen ein verknechtetes Volk waren. Sie waren seit fast hundert Jahren schon Knechte Roms, und davor waren sie der Reihe nach Knechte gewesen in Babylon, dann Knechte im eigenen Land unter persischer und unter griechischer Herrschaft. Und sie wussten auch, dass Gott das alles über sie verhängt hatte, weil sie gegen ihn gesündigt hatten. Wie schwer ist es dem Sünder, sich so zu sehen, wie er wirklich ist!

34 Jesus antwortete ihnen: Wahrlich, wahrlich, ich sage euch: Jeder, der die Sünde tut, ist der Sünde Knecht.
35 Der Knecht aber bleibt nicht für immer im Haus; der Sohn bleibt für immer.
36 Wenn nun der Sohn euch frei macht, werdet ihr wirklich frei sein.

Der Herr hilft nach und erklärt, wovon die Juden frei werden mussten: »**Jeder, der die Sünde tut, ist der Sünde Knecht.**« Es war nicht tragisch, sondern heilsam, dass Rom sein ehernes Joch auf die Juden gelegt hatte; es war aber tragisch, dass sie nicht sahen, dass die Sünde sie hielt. Der Ehebrecherin hatte der Herr gesagt, sie solle hinfort nicht sündigen. Um diesem Befehl nachzukommen, müssen wir zuerst erkennen, dass die Sünde uns bindet, und dann an den glauben, der uns von der Schuld und der Macht der Sünde befreien kann. Jeder kann sich selbst fragen, ob er Sünde tue; dann weiß er, wessen Knecht er ist.

»**Der Knecht aber bleibt nicht für immer im Haus**«: Der Herr verwendet hier einen Vergleich aus dem Besitz- und Erbrecht. Ein Knecht konnte vom Hausherrn für viele Jahre zum Herrn seines Hauses eingesetzt werden, etwa wenn der Sohn und Erbe noch unmündig war. Doch an dem Tag, da der Erbe mündig wurde, musste er das Haus dem Erben überlassen. Die Juden glichen Ismael, der zwar einige Jahre im Haus Abrahams bleiben konnte, weil er ja ein Sohn Abrahams war, aber vor Isaak, dem Erben, zurücktreten und ausziehen musste. Wer ein Knecht der Sünde blieb, würde nur noch für eine kurze Zeit im Haus bleiben. War er Jude, konnte er sich noch zum Haus Israel zählen; doch bei seinem Tod würde er für immer hinausgetan werden; **»der Sohn«** hingegen **»bleibt für immer«**, und das bedeutet, dass man beim Sohn sein muss, wenn man frei sein und bleiben will.

»Wenn nun der Sohn euch frei macht«: Er, der Erbe aller Dinge (Hebr 1,2), hat allein das Recht und die Macht, den Sklaven freizusprechen und ihn zum Sohn zu machen. Er tut es durch die Wahrheit, und das ist sein Wort, und sein Wort hat er durch sein Werk rechtskräftig gemacht. Einzig sein freisprechendes Wort, das auf sein Werk gründet, macht frei von der Sünde. Das Gesetz kann niemanden befreien, denn dieses zeigt uns die Sünde und wirft uns zurück auf uns selbst; wir können aber nicht uns selbst befreien. Die Befreiung muss uns von außen zukommen. Der Sohn wirkt sie, indem er uns durch sein Wort zuerst von der Sünde überführt und dann durch sein Wort den Glauben wirkt, dass er die Sünden vergibt; dann macht er uns durch den Glauben gerecht und befreit uns von der Sünde, um uns schließlich an sich selbst zu binden: *»Freigemacht ... von der Sünde, seid ihr Sklaven der Gerechtigkeit geworden«* (Röm 6,18), und: *»Hinaufgestiegen in die Höhe, hat er die Gefangenschaft gefangen geführt«* (Eph 4,8). Wollen wir für immer im Haus bleiben, müssen wir von dem bezwungen und an den gebunden sein, der als Einziger bleibt.

5. Die Kinder Abrahams, Gottes und des Teufels (8,37-47)

Der Herr beginnt seine Beweiskette mit dem Satz: *»Ich weiß, dass ihr Abrahams Nachkommen seid«*, und er beschließt sie mit dem Satz: *»Darum hört ihr nicht, weil ihr nicht aus Gott seid.«* Dazwischen überführt er seine Zuhörer ihrer wirklichen Sohnschaft, indem er ihnen zuerst zeigt, dass sie unmöglich Abraham zum Vater haben können (V. 39.40). Dann zeigt er ihnen, dass auch Gott nicht ihr Vater sein kann (V. 41.42), sondern dass der Teufel ihr Vater sein muss (V. 44). Dass sie nicht aus Gott, sondern aus dem Teufel sind, beweisen sie selbst damit, dass sie die Werke des Teufels tun (V. 37.38.40.41), dass sie nicht glauben, gerade weil Jesus ihnen die Wahrheit sagt (V. 45.46), und dass sie seine Stimme nicht hören konnten (V. 43.47).

> **37 Ich weiß, dass ihr Abrahams Nachkommen seid; aber ihr sucht mich zu töten, weil *mein* Wort keinen Raum in euch findet.**

»Ich weiß, dass ihr Abrahams Same seid«: Die Juden waren Abrahams leibliche Nachkommen, aber nicht Söhne des Glaubens Abrahams (siehe Röm 9,6.7), denn wären sie das, würden sie die Werke Abrahams tun (V. 39). Die Juden waren bis auf einen *»Überrest nach Auswahl der Gnade«* (Röm 11,5) lediglich leibliche Nachkommen Abrahams.

»ihr sucht mich zu töten« (siehe 5,18; 7,1.25): Das beweist, dass sie Sklaven der Sünde sind. Ihre Natur wendet sich gegen ihren Schöpfer, Erlöser und Herrn. »Ach was!«, sind wir versucht, mit den Zeitgenossen Jesu zu rufen. »Wer will dich denn töten?« Wir sehen nicht tief genug in unser Herz, sonst würden wir begreifen, dass wir in uns den Beweis dafür tragen, dass wir alle wie die Juden damals den Herrn der Herrlichkeit töten wollen, **»weil mein Wort keinen Raum in euch findet«**. Im Innern des natürlichen Menschen ist kein Platz für das Wort des Herrn; ihn soll kein fremder Wille regieren. Der in Sünden geborene Mensch verweigert sich dem Herrn; er lehnt seine Lehren ab. Er will nicht die Sünde, sondern er will den Herrn los sein. Dieser Drang ist der Keim zum Totschlag.

38 *Ich* rede, was ich bei meinem Vater gesehen habe,
und *ihr* nun tut, was ihr von eurem Vater gehört habt.
39 Sie antworteten und sprachen zu ihm: Abraham ist unser
Vater. Jesus spricht zu ihnen: Wenn ihr Abrahams Kinder wäret,
würdet ihr die Werke Abrahams tun;
40 jetzt aber sucht ihr mich zu töten, einen Menschen,
der die Wahrheit zu euch geredet hat, die ich von Gott gehört
habe; das hat Abraham nicht getan.

In V. 26 hatte der Herr gesagt, dass er das zur Welt redete, was er vom Vater empfangen hatte, als er davon sprach, wer er selbst ist; hier sagt er: **»Ich rede, was ich bei meinem Vater gesehen habe«**, als er den Juden sagt, wer sie sind. Ob er von sich oder von den Menschen redet – sein Urteil ist das Urteil Gottes.

Während der Herr als der treue Zeuge redet, was er von seinem Vater gehört hat, tun seine Zuhörer, was sie von ihrem Vater gehört haben; denn den hören sie, während sie den Herrn nicht hören (V. 43.47; siehe auch 15,20; 1Jo 4,6). Das bedeutet, dass sie sich selbst belügen, wie dieser ganze Abschnitt zeigt: Sie nennen sich Abrahams Kinder und behaupten, Gott sei ihr Vater, und alles ist gelogen.

Mit **»eurem Vater«** meint der Herr den Teufel, wie er bald offen sagen wird (V. 44). Wir werden in Gedanken zur Geschichte des Sündenfalls zurückgeführt; dort hatte das erste Menschenpaar auf die Schlange gehört und entsprechend gehandelt; sie hatten der Lüge geglaubt und waren ihr damit verfallen. Die Juden hörten ebenso auf den Lügner von Anfang an und erwiesen sich damit als Kinder Adams und damit des Teufels, und doch wollen sie nur von einem Vater wissen: **»Abraham ist unser Vater.«** Sie sind aber nicht Abrahams Kinder, denn sonst müssten sie **»die Werke Abrahams tun«**. An den Werken zeigt sich, wessen Kind man ist.

Darum **»sucht ihr mich zu töten, einen Menschen, der die Wahrheit zu euch geredet hat«**. Die Wahrheit ist das Schwert, das die Gläubigen von den Ungläubigen scheidet (Mt 10,34.35). Die Kinder Gottes lassen sich vom Schwert richten (Hebr 4,12), die Kinder des Fleisches weichen diesem Schwert aus, indem sie sich dem Licht der Wahrheit versperren; und damit schließen sie sich selbst vom Leben aus (Lk 7,30). Der Hass der Juden auf die Wahrheit (7,7) wandte sich gegen den, der die Worte der Wahrheit sprach. Sie wollten ihn nicht hören, darum konnten sie ihn nicht hören (V. 43), und sie ruhten nicht, bis sie ihn aus der Welt geschafft hatten. **»Das hat Abraham nicht getan«** – als Gott zu ihm sprach, nahm er Gottes Wort auf.

41 *Ihr* tut die Werke eures Vaters. Da sprachen sie zu ihm: *Wir* sind nicht durch Hurerei geboren; wir haben *einen* Vater, Gott.

»*Ihr* tut die Werke eures Vaters«: Ein jeder hat die Natur, die er von seinem Vater empfangen hat, und wie die Natur ist, so sind die Werke. Dem halten die Juden entgegen, *sie* seien **»nicht durch Hurerei geboren«**. Vielleicht wollen sie damit sagen, sie seien nicht Kinder von heidnischen Frauen, die man seit der Zeit Nehemias als Bastarde ansah. Sie hielten sich wie der Pharisäer Saulus für *»Hebräer von Hebräern«* (Phil 3,5). Es ist aber auch denkbar, dass diese Antwort als ein Anwurf auf Jesus gemeint ist: Sie seien nicht unehelich gezeugt, aber wie es um *ihn*, um Jesus stehe, das könne man sich ja ausrechnen. Wer seine Mutter ist, das wisse man ja, aber der Vater …?

*»Es ist nicht ausgeschlossen, dass die Feinde des Herrn ... eigentlich sagen wollen: ›**Wir** sind nicht durch Hurerei geboren, **du** aber bist es!‹«* (Hendriksen)

»[Es] war zweifelsohne ein höhnischer Hinweis auf die Diskussionen um die Geburt Jesu ... Sie unterstellten, dass er im Gegensatz zu ihnen unehelich gezeugt sei« (MacArthur, *John 1–11*).

Vergleichen wir das selbstgefällige Bekenntnis der Juden mit 1Mo 38, dann sehen wir, wie voreilig und ungerechtfertigt es war. Juda, der Stammvater der Juden, von dem sie ihren Namen hatten, zeugte seinen Erben Perez durch Hurerei. Wie oben (V. 39) überschätzten sich die Leute, die mit dem Herrn disputierten, auch hier.

»wir haben *einen* Vater, Gott«: War Abraham ihr Vater, dann war es auch Gott selbst. Ihnen war klar: Wenn sie echte Nachkommen Abrahams waren, dann war Gott ihr Vater, wie Gesetz und Propheten ja bezeugten (5Mo 14,1; 32,5; Mal 2,10). Sie konnten sich auch auf die Geschichte der Erlösung aus Ägypten berufen, wo Gott sagt: *»Mein Sohn, mein erstgeborener, ist Israel«* (2Mo 4,22). Sie übersahen dabei offensichtlich, dass dieser Titel in einem Zusammenhang von Knechtschaft und Befreiung gebraucht wurde. Aber gerade davon, dass sie Knechte waren, wollten diese Leute nichts wissen (V. 33); und darum konnte es für sie auch keine Befreiung geben. Sie hielten an der Lüge fest, waren also nicht Söhne Gottes, sondern Knechte der Sünde und Söhne des Teufels.

> **42 Jesus sprach zu ihnen: Wenn Gott euer Vater wäre, würdet ihr mich lieben, denn *ich* bin von Gott ausgegangen und gekommen; denn ich bin auch nicht von mir selbst aus gekommen, sondern *er* hat mich gesandt.**
> **43 Warum versteht ihr *meine* Sprache nicht? Weil ihr *mein* Wort nicht hören könnt.**
> **44 *Ihr* seid aus dem Vater, dem Teufel, und die Begierden eures Vaters wollt ihr tun. *Er* war ein Menschenmörder von Anfang an und steht nicht in der Wahrheit, weil keine Wahrheit in ihm ist. Wenn er die Lüge redet, so redet er aus seinem Eigenen, denn er ist ein Lügner und ihr Vater.**

Wäre nun wirklich Gott der Vater der Juden, dann würden sie den Herrn lieben. Wer Abrahams Kind ist, tut die Werke Abrahams (V. 39), wer Gottes Kind ist, liebt, was Gott liebt, den Sohn Gottes, der **»von Gott ausgegangen und gekommen«** ist (vgl. auch 1Jo 5,1). Wie die Werke, so macht auch die Liebe die Natur des Menschen offenbar. Wer aus Gott ist, liebt die Wahrheit, und weil er sie liebt, hört er die Worte Gottes (V. 47), denn in ihnen hört er die Wahrheit. So beantwortet sich die Frage, die der Herr stellt, von selbst. Warum verstanden sie seine Sprache nicht? Weil sie sein Wort nicht hören konnten; man muss jedoch hören, sonst kann man nicht verstehen. Aber warum konnten sie nicht hören? Warum fragten sogar viele von den einstigen Jüngern Jesu, wer die Worte Jesu hören könne (6,60)? In 5,44 lasen wir, dass der Sünder nicht glauben kann; in 6,44, dass er nicht zum Sohn Gottes kommen kann. Hier nun haben wir die Erklärung für beides: Weil er seine Worte nicht hören kann, kann er weder glauben noch zu ihm kommen. In V. 47 folgt die Erklärung, warum der Sünder die Worte Jesu nicht hören kann: Er ist nicht aus Gott. Ist er aber nicht aus Gott, kann er nur **»aus dem Vater, dem Teufel«** sein. Es gibt nur diese zwei Arten von Menschen: die Kinder Gottes und die Kinder des Teufels (1Jo 3,10), und wer ein Kind des Teufels ist, will **»die Begierden [seines] Vaters … tun«**. Das Trachten des Herzens macht offenbar, wessen Kinder wir sind. Wir haben die gleichen

Absichten, Wünsche und Begierden wie unser Vater. Gott der Vater liebt seinen Sohn. Sind wir seine Kinder, können wir nicht anders, als seinen Sohn ebenfalls zu lieben (V. 42). Sind wir Kinder des Feindes Gottes, des Teufels, hassen wir ihn. »Hassen? Wer hasst ihn denn? Er mag uns gleichgültig sein, aber wir haben doch nichts gegen ihn«, denkt der Sünder. Hassen wir ihn wirklich nicht? Wir lassen sein Wort ja nicht an uns heran (V. 37); wir versperren uns dem Licht seines Wortes, und wir verabscheuen seine Lehren. Wir kommen nicht zum Licht, und das zeigt eben, dass wir ihn, der das Licht ist, hassen (3,20).

»wollt ihr tun«: Der Sünder will nicht hören; denn er will nicht tun, was Gott gefällt; aber sein Wille ist nicht tot. Er ist tot für Gott, ja – aber nicht tot für seine Lüste. Quicklebendig ist er, und er will sehr vieles tun, nämlich seinen Lüsten dienen, wie Paulus sagt: *»... indem wir den Willen des Fleisches und der Gedanken taten«* (Eph 2,3).

Der Teufel **»war ein Menschenmörder«**: Kaum war der Mensch erschaffen, griff er diesen an, verführte ihn und riss ihn so in den Tod. Er ist der Widersacher Gottes, dessen Begierde es war, den Menschen zu verderben, weil der im Bild Gottes erschaffen war. Die Kinder des Teufels sind von den gleichen Begierden getrieben; in ihren Herzen haust Mord (Mt 15,19), und sie folgen dem Drängen des Teufels und wollen Jesus töten (V. 40), der das vollkommene Bild des unsichtbaren Gottes ist (Kol 1,15).

Der Teufel **»steht nicht in der Wahrheit«**, oder eigentlich besser: *»ist nicht bestanden in der Wahrheit«*.[114] Der Teufel wurde gut erschaffen wie alle übrigen Geschöpfe. Er stand in der Wahrheit, aber er blieb nicht in ihr, sondern er fiel aus ihr heraus und verfiel damit der Lüge. Diese ist seither das ihm eigene Element: **»Wenn er die Lüge redet, so redet er aus seinem Eigenen ...«** Auch wenn wir nicht begreifen können, warum das Böse in Gottes guter Schöpfung möglich war, so verstehen wir doch

114 *»Man kann die hier verwendete Verbform εστηκεν auf zwei Arten lesen, je nachdem, ob man vor dem Vokal sich einen Spiritus asper oder lenis dazudenkt (das muss man tun, weil die Majuskelhandschriften weder Akzent noch Spiritus kannten):* ***estēken*** *oder* ***hestēken****. Ersteres ist ein von* ***stēkō****, »bestehen«, »treu bleiben«, gebildetes Imperfekt und bedeutet: »er ist nicht bestanden«; das zweite ein von* ***histēmi****, »hinstellen«, gebildetes Perfekt und bedeutet: »er steht«. Entsprechend unterscheiden sich die Übersetzungen: V:* ***non stetit****; KJV:* ***he abode not****; Luther 1912:* ***ist nicht bestanden****; Elberfelder:* ***ist nicht bestanden****; Elberfelder 2003:* ***steht nicht****; RElb:* ***stand nicht****; Schlachter:* ***ist nicht bestanden****; Schlachter 2000:* ***steht nicht****. Es ergibt den besseren Sinn, wenn wir* ***estēken*** *lesen. Der Teufel war einst in der Wahrheit, aber er ist nicht in ihr bestanden; seither ist er ein Lügner. Dass er nicht steht in der Wahrheit, wäre eine überflüssige Aussage, wo der Herr ihn doch einen Lügner nennt, der deshalb nur die Lüge redet. Aber erhellend ist die Auskunft, woher es kommt, dass er ein solcher ist: Er verließ seinen Stand im Licht«* (B. Peters, *Der zweite Brief des Petrus / Der Brief des Judas*, Bielefeld: CLV, 2013, S. 154).

aus den Worten des Herrn, dass das Böse aus dem Bösen selbst, also nicht aus Gott kommt. Der Teufel ist **»ihr Vater«**, ihr Urheber, und das bedeutet, dass vor ihm keine Lüge war. Mit ihm begann sie; in ihm ist sie aufgekommen, von ihm ist sie ausgegangen. Gott hingegen ist *»der Vater der Lichter«* (Jak 1,17). Er ist Licht, und gar keine Finsternis ist in ihm (1Jo 1,5); alles Licht kommt aus ihm. Gott kann nicht lügen (Tit 1,2), und kein Böses kann seinen Ursprung in Gott haben, wie Jakobus sagt: *»Niemand sage, wenn er versucht wird: Ich werde von Gott versucht; denn Gott kann nicht versucht werden vom Bösen, er selbst aber versucht niemand. Jeder aber wird versucht, wenn er von seiner eigenen Begierde fortgezogen und gelockt wird«* (Jak 1,13.14). Es verhält sich also mit uns Menschen in dieser Sache wie mit dem Teufel. Wenn wir sündigen, dann tun wir die Begierden unseres eigenen Herzens. Nicht Gott veranlasst es; nicht Gott drängt uns dazu. Wir tun es aus unserem eigenen Antrieb (Eph 2,3).

»Wenn er die Lüge redet«: So, wie der Teufel lügt, weil er ein Lügner ist, so tun auch seine Kinder: Sie lügen, weil sie zu Sündern und damit zu Lügnern geworden sind (siehe V. 55; auch Röm 3,4). Die Lüge wohnt in ihren Herzen (Mt 15,19), sie ist ein Bestandteil ihrer Natur.

45 Weil *ich* aber die Wahrheit sage, glaubt ihr mir nicht.

Wir fragen uns manchmal, warum die meisten dem Evangelium nicht glauben. Hier wird uns der Grund genannt. Die Menschen glauben dem Evangelium nicht, *weil es die Wahrheit ist*. Nicht, weil sie die Kosten der Jüngerschaft scheuen; nicht, weil sie den Spott der Leute fürchten; nicht, weil sie aus ihrem Familienverband ausgestoßen werden könnten. Das sind nur zweite Ursachen, und diese werden vom Sünder vorgeschoben. Der wirkliche Grund ist der, dass der Mensch tausend Dinge begehrt, nur nicht die Wahrheit. Deutlicher kann der Mensch nicht disqualifiziert werden als durch dieses Wort des Herrn. Das ist der wahre und letztlich einzige Grund, warum der Mensch an den Sohn Gottes nicht glaubt: Der Sohn Gottes sagt die Wahrheit; die will der Mensch nicht haben. Alles und jedem mag er glauben, nur der Wahrheit nicht. Wie anders lässt sich erklären, dass er lieber an den Papst glaubt als an den Sohn Gottes, lieber an Darwin als an Mose und eher an die Bibelkritiker als an die Apostel?

46 Wer von euch überführt mich der Sünde? Wenn ich die Wahrheit sage, warum glaubt *ihr* mir nicht?
47 Wer aus Gott ist, hört die Worte Gottes. Darum hört *ihr* nicht, weil ihr nicht aus Gott seid.

»Wer von euch überführt mich der Sünde?«: Wenn der Sünder nicht glaubt, dann kann die Ursache dafür nicht in der Quelle der Wahrheit, im Sohn Gottes, liegen. An ihm kann man keinen Fehler finden, und in ihm ist tatsächlich nichts Verkehrtes, das den Menschen entschuldigt, wenn er sich seiner Botschaft versperrt. Die Ursache ist also im Wesen des Menschen zu finden. Er will nicht glauben; er kann auch nicht glauben, solange er nicht *hören* will. In V. 47 haben wir nach V. 39 und V. 42 ein drittes Indiz für die Vaterschaft der Juden und damit aller Kinder Adams: Wären sie Abrahams Kinder, würden ihre Werke den seinen gleichen (V. 39), wären sie Gottes Kinder, würden sie das Gleiche lieben wie Gott (V. 42), und: **»Wer aus Gott ist, hört die Worte Gottes.«** Vor Pilatus wird der Herr sagen: *»Jeder, der aus der Wahrheit ist, hört meine Stimme«* (18,37). Solange wir so sind, wie wir geboren wurden, hören wir die Worte Gottes nicht; denn niemand ist von Geburt an *»aus Gott«*, niemand ist von Natur *»aus der Wahrheit«*. Darum muss der Vater uns von Neuem *zeugen* (3,3.5) und uns zum Sohn ziehen (6,44), darum muss der Heilige Geist uns die Augen auftun (16,8-11), darum muss der Sohn Gottes uns durch sein Wort zum Leben erwecken (5,25).

Weil der Herr die Wahrheit sagt, *glauben* die Leute nicht (V. 45). Weil sie **»nicht aus Gott«** sind, *hören* sie nicht.

6. Christus, Sohn und Herr Abrahams (8,48-59)

Wir haben in diesem Kapitel gesehen, dass der Herr Licht und Liebe ist. Jetzt sehen wir: Er ist ewig (V. 58), d.h. er hat keinen Anfang, aber er gibt allem, das ist, Anfang und Wesen (1,1-3). Er ist Sohn Abrahams (Mt 1,1; Gal 3,16), aber als der Ewige auch Herr und Gott Abrahams.[115]

115 So wie er beides, Sohn Davids und Herr Davids, ist (Mt 22,42-45).

Der Abschnitt beginnt damit, dass die Juden von Jesus sagen, er habe einen Dämon, und er endet damit, dass die Juden ihn steinigen wollen.

48 Die Juden antworteten und sprachen zu ihm: Sagen *wir* nicht zu Recht, dass *du* ein Samariter bist und einen Dämon hast?

So, wie die Juden den Herrn nach seinem Bekenntnis von V. 12 hinterfragt hatten, weil sie ihm und damit dem Licht nicht folgen wollten, so auch hier. Weil er sie als das Licht, das er war, noch tiefer ausgeleuchtet hatte (siehe V. 37-47), lehnten sie ihn noch heftiger ab: **»Sagen wir nicht zu Recht, dass du ein Samariter bist …?«** Damit sagten sie, dass sie ihn hassten, denn dass die Juden die Samariter hassten, war eine feststehende Tatsache (siehe 4,9 sowie die Auslegung dort).

»und einen Dämon hast?«: Das hatten sie schon in 7,20 gesagt, und sie werden es in V. 52 und 10,20 wieder sagen. Die Obersten der Juden hatten bereits deklariert, dass Jesus seine Werke durch den Teufel tue (Mt 12,24) und dass er einen unreinen Geist habe (Mk 3,30). Das aber würde heißen, dass nicht Gott, sondern der Widersacher Gottes Jesus antrieb und dass seine Worte Lüge waren (siehe V. 44).

Deutlicher kann die Verkehrtheit des Sünders nicht offenbar werden (Phil 2,15). Er nennt das Licht Finsternis, und er nennt den, der Gott *»offenbart … im Fleisch«* ist (1Tim 3,16), einen Teufel.

49 Jesus antwortete: *Ich* habe keinen Dämon, sondern ich ehre meinen Vater, und *ihr* verunehrt mich.
50 *Ich* aber suche nicht meine Ehre; da ist einer, der sie sucht und der richtet.

»*Ich* habe keinen Dämon«: Die Worte, die der Herr zu den Juden gesprochen hatte, hatte er vom Vater empfangen. Ihn trieb nichts als die Wahrheit Gottes, denn er suchte nicht wie der Teufel seine eigene Ehre (7,18), sondern die Ehre des Vaters, und er ehrte ihn dadurch, dass er alles sprach und tat, was der Vater ihm aufgetragen hatte. Und er tat das auch, wenn die Menschen seine Worte nicht hören wollten, sondern ihn vielmehr gerade seiner Worte wegen hassten.

»… *ihr* verunehrt mich«, und damit verunehrten sie auch den Vater (5,23). Das ist nach V. 39.42.47 der vierte Beweis dafür, dass die Juden nicht Kinder Gottes sind, denn der Vater ehrt den Sohn und will, dass alle den Sohn ehren, wie sie ihn ehren (5,22.23). Wären sie aus Gott geboren, würden auch sie den Sohn ehren.

»*Ich* aber suche nicht meine Ehre«, und darum antwortete der Herr auf den Widerspruch des Volkes nicht damit, dass er es sogleich richtete. Er überließ sich dem, der seine Ehre **»sucht und der richtet«**. Petrus sagt, dass Christus auch am Kreuz, wo er von allen gelästert wurde, sich dem anheimstellte, der gerecht richtet (1Petr 2,23). Der Vater will, dass alle den Sohn ehren. Wer es in der Zeit der Gnade nicht tut, wird es tun am Tag des Gerichts, und das Gericht jenes Tages hat der Vater dem Sohn übergeben (5,22; Röm 2,16). Dann wird der Mensch den Sohn damit ehren müssen, dass er bekennt, dass Jesus der Sohn Gottes ist, der Heilige und Gerechte, der ihn zu Recht verdammt.

> **51 Wahrlich, wahrlich, ich sage euch: Wenn jemand *mein* Wort**
> **bewahrt, so wird er den Tod *nicht* sehen in Ewigkeit.**
> **52 Da sprachen die Juden zu ihm: Jetzt erkennen wir, dass du**
> **einen Dämon hast. Abraham ist gestorben, und die Propheten,**
> **und *du* sagst: Wenn jemand mein Wort bewahrt, so wird er den**
> **Tod *nicht* schmecken in Ewigkeit.**
> **53 Bist *du* etwa größer als unser Vater Abraham, der gestorben**
> **ist? Und die Propheten sind gestorben. Was machst du aus dir**
> **selbst?**

Der Herr wendet sich noch immer nicht von den Juden ab; er spricht zu ihnen und wirbt um sie: **»Wenn jemand mein Wort bewahrt«** und es nicht abweist, **»wird er den Tod nicht sehen in Ewigkeit«**. Er wird leben; denn des Herrn Wort ist Leben (6,63), und er selbst ist das Leben (14,6). Mit diesen Worten sagt Jesus gleichzeitig, dass er größer ist als Abraham und die Propheten. Das merken die Juden, und das ist für sie eine Ungeheuerlichkeit. Entsprechend antworten sie: **»Jetzt erkennen wir, dass du einen Dämon hast«**, und sie wiederholen damit die bereits ausgesprochene Lästerung (V. 48). Der Herr hatte in unfassbarer Geduld dem Volk noch einmal den Weg des Lebens gezeigt (V. 51), aber die Güte des Herrn wirkte nur vermehrte Ablehnung (vgl. Röm 2,4.5). Das Licht wirkte wachsende Verfinsterung; das Reden des Retters machte die Herzen noch härter.

In ihrem Unverstand konnten die Juden die Worte des Herrn nur menschlich und irdisch verstehen: **»Abraham ist gestorben«**, sagten sie und meinten, damit sei hinlänglich bewiesen, dass die Worte Jesu Unsinn waren. Wenn Abraham starb und nach ihm alle Propheten starben, dann müssen alle sterben. Sie konnten nicht verstehen, dass der Herr vom ewigen Leben redete und dass alle, die an ihn glauben, leben, auch wenn sie gestorben sind (11,25). Mit ihrer Antwort bestätigten sie einmal mehr die Wahrheit von V. 43: Sie können seine Sprache nicht verstehen, denn sie können seine Worte nicht hören.

Die Frau am Brunnen hatte gefragt, ob Jesus größer sei als Jakob (4,12); die Juden fragen ihn, ob er **»größer als … Abraham«** sei. Denn sie verstanden wohl, dass er das sein müsste, wenn seine Worte wahr sein sollten, und das schlossen sie von vornherein aus. Anders die Samariterin, die sich vom Herrn Schritt für Schritt weiter ins Licht führen ließ, bis sie erkannte, wer er war (4,25.26.29).

»unser Vater Abraham«: Sie nennen ihn noch immer ihren Vater, weil sie das Urteil des Herrn über ihre wahre Vaterschaft nicht annehmen wollten (V. 39-41.44).

»Was machst du aus dir selbst?«: In V. 25 hatten sie noch einigermaßen zurückhaltend gefragt: *»Wer bist du?«*, hier aber unterstellen sie offen, dass Jesus sich selbst zu etwas mache, was er nicht war.

54 Jesus antwortete: Wenn *ich* mich selbst ehre, so ist meine Ehre nichts; mein Vater ist es, der mich ehrt, von dem *ihr* sagt: Er ist unser Gott.
55 Und ihr habt ihn nicht erkannt, *ich* aber kenne ihn; und wenn ich sagte: Ich kenne ihn nicht, würde ich euch gleich sein – ein Lügner. Aber ich kenne ihn, und ich bewahre sein Wort.

Wenn der Herr sich selbst geehrt hätte, wäre seine **»Ehre nichts«**, und das hieße, dass sein Zeugnis nicht wahr gewesen wäre (vgl. 7,18). Entsprechend zeigte Jesus damit, dass er die Ehre des Vaters suchte, dass er Gottes Sohn war. Und darum, weil er die Ehre seines Vaters suchte, ehrte der Vater ihn (siehe 17,4.5; Apg 3,13; Phil 2,8.9). Der Vater liebt den Sohn (3,35), und er ehrt den Sohn (siehe V. 50). Als die Juden ihn entehrten, zeigten sie selbst, dass der Vater Jesu Christi nicht ihr Gott war. Sie behaupteten zwar: **»Er ist unser Gott«**, doch hatten sie **»ihn**

nicht erkannt« (siehe V. 19; 7,28); denn hätten sie ihn erkannt, hätten sie auch seinen Sohn erkannt; und hätten sie den Sohn erkannt, hätten sie ihn geehrt.

»ich aber kenne ihn«: Als der treue Zeuge verhehlte der Herr die Wahrheit nicht, auch wenn er wusste, dass sein Bekenntnis den Hass der Leute nur steigern würde. Er hatte erst am Tag davor erfahren, wie die Juden ihn greifen wollten, als er ihnen gesagt hatte, dass sie Gott nicht kannten (7,28-30). Hätte er die Wahrheit verhehlt, wäre er ein untreuer Zeuge gewesen, und hätte er, um den Juden zu gefallen, gesagt, er kenne Gott nicht, wäre er ihnen gleich gewesen: **»ein Lügner«**.

56 Abraham, euer Vater, frohlockte, dass er *meinen* Tag sehen sollte, und er sah ihn und freute sich.

Die Juden hatten Abraham ihren Vater genannt (V. 53), und der Herr widerspricht ihnen nun nicht, sondern bestätigt sie hier und lädt sie damit noch einmal ein, sich zu fragen, ob sie echte Kinder Abrahams seien. Während Abraham den Christus Gottes erkannte und seinen Tag kommen sah, erkannten seine Nachkommen ihn nicht, obwohl sie jenen Tag selbst erlebten. Dass Abraham ihn sah, beweist, dass der Geist Gottes in ihm wohnte; und dass er sich dieses Tages freute, beweist, dass er ein Kind Gottes war.[116]

57 Da sprachen die Juden zu ihm: Du bist noch nicht fünfzig Jahre alt und hast Abraham gesehen?
58 Jesus sprach zu ihnen: Wahrlich, wahrlich, ich sage euch: Ehe Abraham wurde, bin *ich*.
59 Da hoben sie Steine auf, um auf ihn zu werfen. Jesus aber verbarg sich und ging aus dem Tempel hinaus.

Wenn die Juden gerade vom fünfzigsten Altersjahr sprechen, spielen sie wahrscheinlich auf die Dienstjahre der Leviten an. Mit fünfzig beendeten diese ihren Dienst und waren von da an gewissermaßen Rentner

116 Dass Abraham ein Prophet war und die kommende Herrlichkeit sah, deutet auch Hebr 11,10.13 an. Sah er aber die Herrlichkeit der himmlischen Heimat, muss er Christus gesehen haben, denn nur in ihm, dem verheißenen Samen (1Mo 22,18), gibt es für die Menschen Segen und Herrlichkeit.

(z. B. 4Mo 4,3; 8,25). Die Juden sagen also: »Du hast ja noch nicht einmal das Rentenalter erreicht, und du willst Abraham gesehen haben?«

»und hast Abraham gesehen?«: Der Herr hatte gesagt, Abraham habe seinen Tag und damit ihn gesehen. Die Juden drehen das zwar um, aber sie folgern dennoch ganz richtig, dass Jesus damit auch sagt, er sei zur Zeit Abrahams bereits gewesen, habe also den Erzvater gesehen. Das aber hielten sie für unmöglich, denn er konnte ja noch keine **»fünfzig Jahre alt«** sein, und Abraham hatte zweitausend Jahre vor ihnen gelebt. Wiederum richten sie nach dem Schein (7,24) und nach dem Fleisch (8,15) – und einmal mehr ist der Unverstand der Leute dem Herrn ein Anlass, noch mehr von sich zu enthüllen. Er ist der Ewige: **»Ehe Abraham wurde, bin ich.«** Er sagt nicht: »wurde ich«, denn das hätte nicht gestimmt. Er sagt aber auch nicht: »war ich«, obwohl das gestimmt hätte. Er sagt: **»ich bin«**, *egō eimi*, um damit seine Zeitlosigkeit und seine Ewigkeit hervorzuheben. Von Abraham sagt er, dass dieser **»wurde«**, γενεσθαι, *genesthai*. Abraham war einst nicht, dann wurde er. Der Herr aber *ist*, er wurde nie. Er *hat* keinen Anfang, sondern er *ist* der Anfang (Kol 1,18). Er *war* im Anfang (1,1).

Die Juden redeten mit Gott, aber sie trotzten seinen Worten, und ihr Hass auf die Wahrheit brach durch: **»Da hoben sie Steine auf …«** Sie ertrugen die Worte des Herrn nicht; sie hielten sie für Gotteslästerung, und die durfte man nicht dulden: *»Und wer den Namen des HERRN lästert, soll gewiss getötet werden, steinigen soll ihn die ganze Gemeinde«* (3Mo 24,16).

Es mag sich mancher die Frage stellen, woher die Juden die Steine hatten, die sie aufhoben. Wenn wir bedenken, dass man am Tempel zwar schon 46 Jahre gebaut hatte, dass der Bau aber noch nicht abgeschlossen war (siehe Kommentar zu 2,20), dann können wir annehmen, dass sie Brocken von passender Größe schnell zur Hand hatten.

»Er ist Immanuel, aber kein Knie beugt sich ihm, niemand verneigt sich vor ihm aus Liebe zu ihm; vielmehr greifen sie nach Steinen und wollen ihn steinigen« (F. W. Grant).

Am Anfang des Kapitels verlangen die Feinde des Herrn, dass man eine Sünderin steinigen müsse (V. 5), am Ende des Kapitels wollen die Juden einen Sündlosen steinigen. Sie wollen an ihm die Todesstrafe für Gotteslästerer vollstrecken und zeigen damit, wie sie das genaue Gegenteil sind von dem, wie der Mensch ursprünglich war: Gott ähnlich, von

Licht und von *Liebe* regiert. Nun aber ist er so *verfinstert*, dass er den Heiligen und Gerechten für einen Gotteslästerer hält, und von solchem *Hass* getrieben, dass er ihn umbringen will. Dass er sich ihnen entziehen konnte, zeigt, wie unbegründet ihr Hass war; denn wäre er nicht der Ewige, wie er von sich bezeugt hatte, hätte er das nicht gekonnt.

»Jesus aber verbarg sich«: Umgeben von Feinden, verbirgt er sich und entschwindet damit ihren Blicken. Wie das geschah, wird nicht gesagt, aber die Leute müssen gemerkt haben, dass sie ihn nicht antasten konnten, wenn er nicht wollte. So ging er unbehelligt **»aus dem Tempel hinaus«**, wie zu Beginn seines Dienstes in Nazareth, als die Synagogenbesucher ihn hatten töten wollen: *»Er aber ging durch ihre Mitte hindurch und ging weg«* (Lk 4,30). Man konnte ihn nicht greifen, bevor seine Stunde gekommen war (V. 20), denn er konnte auf keinem anderen Weg sterben als auf dem von Gott verordneten.

Anmerkungen zu Kapitel 8

V. 9 – »Unser Retter war entschlossen, diese bösen Männer vor den Leuten zu beschämen: Er gibt seinen Worten solche Kraft, dass sie sie nicht ertragen konnten, sondern mit Beschämung sich davonstahlen und so ihre Schuld vor der Menschenmenge eingestehen mussten – etwas, was an ein Wunder herankommt« (Lightfoot).

»Im Gewissen überführt, aber ohne Ehrlichkeit und Glauben, verlassen sie den Schauplatz ihrer Beschämung, trennen sich voneinander, indem ein jeder um das Seine besorgt ist, besorgt um den guten Ruf, nicht aber um das Gewissen, und entfernen sich von dem, der sie überführt hatte. Dabei geht der, der das das meiste an Ansehen zu retten hatte, zuerst hinaus. Welch armseliges Bild! Welch mächtiges Wort!« (J.N. Darby, *Synopsis*).

V. 12 – »Lässt denn Gott seine Kirche unter bösen Bischöfen im Stiche? Nein! Er bleibt bei ihr auch unter den Gottlosen und inmitten des Papsttums, aber er ermahnt, dass man sich hüten solle vor falschen Lehren. Wir dürfen uns also nicht schrecken lassen von dem Anblick schlimmer Päpste, und auch nicht unser Vertrauen setzen auf gute Päpste. Gott will nicht, dass sich unser Glaube auf einen Menschen gründe oder sich auf ihn erbaue, sondern er sagt: Durch den Glauben an mich wirst du selig werden. Das ist also unser Trost und unsere Gewissheit, dass wir, wenn wir auf das Konzil sehen, was es tut und unternimmt, ein Urteil fällen können, wenn es übel handelt, damit dass wir sagen: Ihr tut, was gegen den ist, der gesagt hat: Ich bin das Licht, das Heil und das Leben. Wir werden uns also um euer Licht und um euren Glanz nicht kümmern. Wenn ich die Sonne habe, dann frage ich nichts nach Fackeln und bin zufrieden mit einem so großen Licht« (Luther, *Johannes-Evangelium*, S. 266).

»Das Licht der Welt. Frage nach der Veranlassung dieses bildlichen Ausdrucks … Das Lichterfest, oder die Illumination am Laubhüttenfest. Im Vorhofe der Weiber standen große goldene Kandelaber, welche man am Abend des ersten Festtages anzündete, und deren Lichtschein sich über ganz Jerusalem verbreitete, während von Männern ein Fackeltanz unter Gesang und Musik vor diesen Kandelabern ausgeführt wurde … Nach Maimonides fand diese Illumination auch an den übrigen Festabenden statt … So erinnerten die ausgebrannten Leuchter im Weibervorhof, oder in der Opferstockhalle, wo Jesus nach V. 20 seine Rede hielt, am Tage nach dem Feste ebenso bestimmt an die symbolisch vergängliche Erleuchtung Jerusalems, wie man am 8. Festtage an das Aufhören der symbolischen Wasserströmungen erinnert wurde, und das gab dann dem Herrn Veranlassung, sich ebenso als den wesentlichen Erleuchter der Nacht zu bezeichnen, wie er sich tags vorher als den Stifter der wesentlichen Wasserquellen dargestellt hatte« (Lange).

V. 23.24 – »Ein Abgrund trennt den Himmel, die Heimat Jesu, von der Erde, der moralischen Heimat der Juden (V. 23), und einzig der Glaube an Jesus (V. 24) hätte ihnen das Mittel werden können, um diesen Abgrund zu überqueren … Ihr Verderben ist daher gewiss, wenn sie sich weigern, sich an ihn zu hängen, der als Einziger sie in den Himmel erheben könnte« (Godet).

V. 25 – »Sie wollen endlich wissen, wer er sei, und nicht achten, was er redet. Er aber will, sie sollen erstlich hören, so werden sie wissen, was er sei. Es heißt: Höre, und lass das Wort deinen Anfang sein, so wird das Wissen wohl kommen. Hörst du aber nicht, so wirst du nimmermehr etwas wissen. Denn es ist beschlossen: Gott will ungesehen, unerkannt und unbegriffen sein, es sei denn allein durch sein Wort« (Luther, *Johannes-Evangelium*, S. 267).

V. 34-36 – »Die Juden sagen, sie seien nie Sklaven gewesen, und vergessen dabei ihre ganze Geschichte und ihren gegenwärtigen Zustand. Der Herr geht nicht darauf ein, sondern spricht die Wahrheit über den Zustand des Menschen vor Gott und von der Wirkung des Gesetzes. Er bezieht sich auf diese beiden Dinge – die Knechtschaft der Sünde und die Knechtschaft unter dem Gesetz, wie der Mensch von Römer 7. ›**Wer Sünde tut, ist der Sünde Knecht**‹, gefangen in jenem furchtbaren Gesetz der Sünde, das in seinen Gliedern ist. Als Knecht kann er aus dem Haus geschickt und verkauft werden. Die Juden, Knechte der Sünde und des Gesetzes, würden vom Haus Gottes weggeschickt werden, aber der Sohn gehörte zum Haus, und er wohnte für immer dort. Wenn er sie frei machte, wären sie wirklich frei, frei von der Sünde und frei vom Gesetz« (Darby).

V. 36 – »Jesus sagt damit: Mir allein steht das Recht des freien Sohnes zu; die anderen alle werden als Knechte geboren und können allein durch meine Gnade frei werden. Was ihm selber von Geburt zusteht, das teilt er uns mit, indem er uns zu Kindern Gottes macht, wenn wir, durch Glauben dem Leib Christi eingefügt, seine Glieder werden. So ist das Evangelium der Freiheitsstab, der uns berühren muss, wenn wir freie Leute werden sollen« (Calvin).

V. 44 – »Joh 8,44 spricht Christus, dass der Teufel ein Mörder von Anfang und ein Lügner sei. Wenn wir nun auf Erden leben wollen und müssen, so müssen wir es auch wagen, dass wir Gäste sind und in einer solchen Herberge liegen, wo der Wirt ein Schalkswirt ist und sein Haus das Malzeichen oder Schild über der Türe hat und heißt: ›Zum Mord und zum Lügen‹. Denn solches Zeichen und Wappen hat ihm Christus selbst über seine Tür und an sein Haus gehängt, da er spricht, er sei ein Mörder und Lügner, ein Mörder, den Leib zu würgen, ein Lügner, die Seele zu verführen. Das ist sein Handeln und sein Tun, so hält er Haus, so geht's in dieser Herberge zu. Da wird nicht anderes draus. Wer zu seinem Gesinde gehört, der muss ihm dazu helfen; wer aber sein Gast ist, der muss solches erwarten und wagen …« (Luther, *Johannes-Evangelium*, S. 268).

»Er ist **nicht bestanden in der Wahrheit**. Satan ist also, das steht hier ganz klar, ursprünglich wahrhaftig geschaffen; durch Abfall von der Wahrheit ist er dann erst zum Lügner geworden. Folglich ist seine Bosheit kein Naturübel, sondern in seinem eigenen Willen begründet … Deshalb darf es uns nicht erregen, als wäre es etwas Neues und Unerhörtes, wenn rasch hintereinander so mannigfaltige Irrlehren auftauchen. Satan gebraucht seine Werkzeuge dazu, dass sie mit dem Wind ihrer Lug- und Trugreden die Welt verrückt machen sollen. Es ist ja gar nicht zu verwundern, dass Satan so alle Kräfte zusammennimmt, um das Licht der Wahrheit auszublasen, kann doch die Menschenseele allein in der Wahrheit wahrhaftiges Leben haben. So gebraucht er denn die Lüge als die Mordwaffe für das Seelenleben« (Calvin).

V. 51 – »Man darf nicht der Vernunft, sondern man muss dem Worte Gottes glauben … Wenn dir Gefahr begegnet, sei es geistlich oder leiblich, dann höre, was Christus spricht … Dass du dich nicht darnach richtest, wie du fühlst. Dein Herz ist ein Schalk, deine Gedanken sind lügnerisch, aber dies Wort ist wahr: **›So jemand mein Wort wird halten, der wird den Tod nicht sehen ewiglich.‹** Das ist das Hauptstück dieses Evangeliums, dass ihr lernt das Wort in Ehren zu halten und darauf zu pochen. Es will versucht und erfahren sein. Der Teufel kann einen aus der Sünde, die ein Mohnkörnlein groß ist, in Verzweiflung bringen … Darum muss man mit geschlossenen Augen an dem Wort hangen: ›Wer mein Wort hält …‹ Gegen unser Fühlen und Denken müssen wir uns auf das Wort gründen und daran halten und nicht die Schwärmer zulassen, die ihrer Weisheit folgen. Dieser Weg, wie Christus lehrt, ist der Weg zum Leben …« (Luther, *Johannes-Evangelium*, S. 292-293).

V. 56 – »Was meint der Herr, wenn er sagt, dass Abraham **›meinen Tag‹** sah? Im Griechischen wird ›Tag‹ hervorgehoben, indem das Pronomen nachgestellt ist: ›der Tag, der meine‹. Wir glauben, dass der ›Tag‹ hier im Sinne der Haushaltung verstanden werden muss. Er bezeichnet die ganze Haushaltung Christi, welche von seinem ersten und zweiten Kommen eingerahmt ist. Was Abraham sah und worüber er sich freute, war zuerst die Erniedrigung Christi bis in den Tod; das war die Ursache der Freude des Erzvaters: Er verstand, dass *jener* Tod alle seine Sünde tilgen würde; und Abraham sah als Zweites die Erhöhung und Verherrlichung Christi« (Pink).

Kapitel 9

In Kapitel 8 hatte der Herr bezeugt: *»Ich bin das Licht der Welt«* (8,12), und er hatte das Volk gelehrt, wer er ist: der vom Vater Gesandte (8,18), der treue und vertrauenswürdige Zeuge (8,25), der Sündlose (8,46), der Ewige (8,58). Auch in diesem Kapitel sagt der Herr von sich, dass er das Licht der Welt ist (V. 5). Doch in diesem Kapitel ist nicht sein Wesen die Hauptsache, sondern sein Wirken: *»Ich muss die Werke dessen wirken, der mich gesandt hat«* (V. 4). Wir hatten eben gesehen, dass die Menschen seine Worte, mit denen er sie ins Licht stellte, nicht hören konnten (8,43), weil sie aus dem Vater, dem Teufel, waren und wie ihr Vater die Lüge lieben. In diesem Kapitel zeigt der Sohn Gottes, dass er an ihnen ein Werk tun muss, damit sie sehen können, und zwar demonstriert er das an einem Menschen, der blind geboren war. Damit wird er zum Beispiel von uns allen, die wir als Kinder Adams in Sünden geboren sind und das Licht nicht sehen – bis uns Gott die Augen öffnet (siehe Ps 146,8; Spr 20,12). Gleichzeitig zeigen die Juden in diesem Kapitel, dass sie wirklich so waren, wie das Kapitel 8 gezeigt hatte: Sie hassten das Licht, und darum blieben sie blind.

1. **Der Sohn Gottes heilt den Blindgeborenen (9,1-7)**
2. **Der Blindgeborene gibt Zeugnis vor den Nachbarn (9,8-12)**
3. **Der Blindgeborene gibt Zeugnis vor den Pharisäern (9,13-17)**
4. **Die Eltern geben Zeugnis vor den Pharisäern (9,18-23)**
5. **Der Blindgeborene gibt sein zweites Zeugnis vor den Pharisäern und wird ausgeschlossen (9,24-34)**
6. **Jesus offenbart sich dem Blindgeborenen als der Sohn Gottes (9,35-38)**
7. **»Zum Gericht bin ich in diese Welt gekommen« (9,39-41)**

1. Der Sohn Gottes heilt den Blindgeborenen (9,1-7)

Die Heilung des Blindgeborenen ist in diesem Evangelium das zweite Zeichen, das der Herr in Jerusalem tat, und es erinnert in manchem an das erste: Die erste Heilung geschah am Teich Bethesda; diese wird vollendet am Teich Siloam; der Herr heilte beide, ohne dass diese ihn um Hilfe angerufen hätten, und damit verkünden beide Zeichen, dass der Herr in seiner souveränen Gnade die Toten auferweckt (5,25) und die Blinden sehend macht (siehe Ps 146,8; Spr 20,12).

1 Und als er vorüberging, sah er einen Menschen, blind von Geburt.

Der Herr verließ den Tempel, wo man ihn eben hatte steinigen wollen, **»und als er vorüberging, sah er einen Menschen«**: Der muss vor dem Tempel gesessen und gebettelt haben, wie es so viele andere Blinde oder auch Lahme taten (siehe Apg 3,2). Er sah den Herrn nicht, aber der Herr sah ihn. Wie das Nachfolgende zeigt, bedeutet das hier mehr, als dass er diesen Mann bloß wahrnahm. Der Herr sieht hier einen Menschen, dem er sich zuneigen will zum Heil. Es verhält sich wie beim Lahmen am Teich Bethesda, von dem es heißt: *»Als Jesus diesen daliegen sah ...«* (5,6). So lernen wir auch an diesem Beispiel, dass Jesus gekommen ist, zu suchen und zu retten (Lk 19,10), und dass er die findet, die ihn nicht gesucht haben (Röm 10,20), ihn nicht suchen konnten, weil sie keine Augen hatten, zu sehen, falls sie überhaupt etwas hätten suchen wollen.

»blind von Geburt«: Der Mann war im physischen Sinn blind, aber er war es auch im geistlichen Sinn, wie wir alle, weil wir die Natur unserer Eltern haben; auch die waren blind. Die Geburt bestimmt unsere Natur. Was aus dem Fleisch geboren ist, kann nicht anders sein als Fleisch (3,6); wer sündige Eltern hat, kann nicht anders als ein Sünder sein (siehe Ps 51,7). Aus Unreinen kann nie ein Reiner kommen (Hi 14,4).

2 Und seine Jünger fragten ihn und sagten: Rabbi, wer hat gesündigt, dieser oder seine Eltern, dass er blind geboren wurde?
3 Jesus antwortete: Weder dieser hat gesündigt noch seine Eltern, sondern damit die Werke Gottes an ihm offenbart würden.

Die Frage der Jünger demonstriert, wie man damals im Judentum über den Zusammenhang von Krankheit und Sünde dachte. Wenn einer blind geboren war, dann müsse eine schwere Schuld der Eltern dahinterstehen; denn Gott sei gerecht, und er strafe niemanden, der nicht Schuld auf sich geladen habe. Wer so von anderen denkt, hat eine sehr mangelhafte Erkenntnis der eigenen Sündhaftigkeit, denn wer die gesehen hat, kann nicht urteilen, dass ein anderer sündiger als er sein müsse, nur weil er mit einer Krankheit geplagt ist. Die Obersten der Juden wollen dem Mann, nachdem er geheilt ist, den Mund stopfen, indem sie ihm vorhalten, er sei ja ganz in Sünden geboren (V. 34), während sie nicht erkennen, dass das für sie genauso gilt.

Die Jünger wollen die Krankheit erklären von der Gerechtigkeit Gottes her, und das war nicht falsch, aber es war nicht ausreichend; denn Gott ist nicht nur Licht (1Jo 1,5), er ist auch Liebe (1Jo 4,16). So handelt Gott am Menschen wohl in Gerechtigkeit, aber auch in Gnade. Dazu regiert er die Welt der Sünde in einer Weisheit, die unendlich höher ist als jede menschliche, und das bedeutet, dass wir seine Wege mit uns Menschen nicht erklären können (siehe Jes 55,8.9).

Wenn die Jünger fragen, ob **»dieser«**, also der Blindgeborene selbst, gesündigt habe, dann denken sie nicht an Seelenwanderung, also an die Tatsache, dass der Blinde schon einmal gelebt habe und im gegenwärtigen Leben deshalb mit Blindheit gestraft sei. Nein, sie denken an die rabbinische Lehre, nach der der Mensch bereits im Mutterleib sündigen könne[117], oder aber, dass Gott in seiner Voraussicht auf eine später im Leben begangene Sünde den Blindgeborenen schon von Geburt an mit Blindheit strafte. Aber ihre Vermutung ist so oder anders falsch. Gewiss ist Blindheit nur der Sünde wegen in der Welt. Aber es ist nicht eine bestimmte Sünde die Ursache dafür, dass der betreffende Mensch

117 Die Rabbiner verweisen auf Jakob und Esau, die schon im Mutterleib miteinander gekämpft und somit gesündigt haben sollen (1Mo 25,22). Siehe Strack/Billerbeck, Bd. 2, S. 527-529.

blind zur Welt kam. Und es ist nicht so wichtig zu wissen, woher es kam, dass dieser Mann so geschlagen war; wichtiger ist die Frage, wozu es sein musste. Die Jünger sollen lernen, mit ihrem Herrn und Meister auf Gottes Zwecke zu achten. Sie sollen verstehen, dass am Blinden **»die Werke Gottes … offenbart«** werden müssen. Das ist geradezu programmatisch für Gottes Handeln in der Heilsgeschichte. Er ist durch die Sünde, die durch Adam in die Welt kam, nicht aus dem Spiel geworfen, als ob er vor dieser Katastrophe hilflos und ratlos dastünde. Er nimmt die Sünde vielmehr zum Anlass, sich an ihr zu verherrlichen. Denn er nimmt sich des Problems der Sünde und ihrer Folgen in so bewunderungswürdiger Weise an, dass wir daran ihn und seine Werke in einer Weise erkennen, die uns sonst verborgen geblieben wäre. Dazu lernen wir, dass Gott in der Erlösung dem Menschen mehr gibt, als dieser durch seine Sünde verdorben und verloren hatte. Über die Krankheit des Lazarus sagt der Herr etwas Ähnliches: Seine Krankheit sei nicht zum Tod, sondern zur Verherrlichung Gottes (11,4). An ihm zeigt er, dass wir alle der Sünde wegen sterben müssen, dass er aber alle, die an ihn glauben, zu einem Leben erweckt, das keiner Sünde und keinem Tod mehr unterworfen sein kann, also besser ist als das Leben, das wir in der Sünde verloren haben.

> **4 Ich muss die Werke dessen wirken, der mich gesandt hat, solange es Tag ist; es kommt die Nacht, da niemand wirken kann.**
> **5 Solange ich in der Welt bin, bin ich das Licht der Welt.**

»Ich muss die Werke wirken …«, nämlich die eben in V. 3 genannten Werke Gottes, deren eines die Heilung des Blinden sein sollte. Während die Jünger fragen, wo die Schuld für die Blindheit des Blindgeborenen liege, spricht der Herr von den Werken, die zu tun er gekommen war, Werke, welche die Sünde mitsamt allen ihren Folgen überwinden. Beachten wir einmal mehr das göttliche »muss«, dem wir bereits in 3,14 begegnet waren: Der Menschensohn musste auf das Kreuz erhöht werden; das Heilswerk wird mit göttlicher Notwendigkeit gewirkt; der Sünder muss notwendigerweise Licht und Heil empfangen, sonst ist er verloren. Ungeachtet des Hasses der Juden, die ihn seiner Werke und Worte wegen töten wollten (5,18; 8,58.59), fährt der Herr fort zu wirken, wohl wissend, dass das Werk, das er nun am Blinden tun will, den Hass der

Juden mehren und ihren Entschluss, ihn zu töten, festigen wird. Denn erneut wählt er einen Sabbat aus (V. 14), um das Zeichen der Heilung zu tun.

Weil die Werke von dem verordnet waren, der ihn **»gesandt hat«**, musste der Sohn sie wirken. Und er musste sie wirken, **»solange es Tag«** war; sie mussten geschehen während der Zeit seines irdischen Lebens. **»Es kommt die Nacht«**, es kommt die Stunde, in der er, das Licht der Welt, die Welt wieder verlassen wird. Dann wird wieder Nacht sein.

Das Werk, das er jetzt tun musste, sollte demonstrieren, dass er **»das Licht der Welt«** war. Darum folgten auf die Worte die entsprechenden Handlungen (V. 6.7) und danach wieder die entsprechenden Worte (V. 39-41). Die Diskussionen, die dazwischenliegen, zeigen, wie das Licht seinen Weg[118] nimmt, um diese zum Leben zu erleuchten, jene in ihrer Sünde zu verhärten.

> **6 Als er dies gesagt hatte, spie er auf die Erde und bereitete einen Brei aus dem Speichel und strich ihm den Brei auf die Augen;**
> **7 und er sprach zu ihm: Geh hin, wasche dich in dem Teich Siloam (was übersetzt wird: Gesandt). Da ging er hin und wusch sich und kam sehend wieder.**

»Als er dies gesagt hatte«, begann der Herr sich des Blinden anzunehmen. Wie beim Gelähmten am Teich Bethesda wartete der Herr nicht, bis der Blinde ihn rief, sondern er wandte sich diesem zu und begann sein Werk an ihm.

Manche Blinde heilte der Herr durch ein Wort (Lk 18,35-43), andere, indem er mit der Hand ihre Augen berührte (Mt 9,29); hier heilt er durch ein besonderes Mittel: Er machte **»einen Brei aus dem Speichel«** und strich diesen dem Blinden **»auf die Augen«**. Bei der Heilung eines anderen Blinden lesen wir: *»Und er fasste den Blinden bei der Hand und führte ihn aus dem Dorf hinaus; und er tat Speichel in seine Augen, legte ihm die Hände auf und fragte ihn, ob er etwas sehe«* (Mk 8,23). Warum tut der Herr bei diesen beiden Heilungen Speichel auf die Augen? Und

118 Man erinnere sich an die Frage, die Gott Hiob stellte: *»Welches ist der Weg, auf dem das Licht sich verteilt ...?«* (Hi 38,24). Wir haben keine Antwort darauf. Wir wissen nicht, warum das gleiche Licht dem einen zum Heil und dem anderen zur Verdammnis wird. Ja, gewiss, der Glaube und der Unglaube geben den Ausschlag. Warum aber dieser glauben will und der andere nicht, darauf haben wir keine Antwort, wo doch kein Unterschied ist und alle gesündigt haben und alle in der gleichen Sünde geboren und in der gleichen Knechtschaft der Sünde gefangen sind.

warum machte er hier einen Brei, den er dem Blinden auf die Augen tat? Wie soll es der Blindheit abhelfen, dass man jemandem, der nichts sieht, noch eine Binde um die Augen legt? Der Herr wirkt, wie Luther besonders gerne hervorgehoben hat und wie auch M. Henry zu dieser Stelle bemerkt, in der Errettung lauter Dinge, die uns widersinnig erscheinen. Will er uns gerecht machen, macht er uns zuerst zu Sündern; will er uns zum Leben führen, versenkt er uns zuerst in den Tod; will er uns erhöhen, erniedrigt er uns. Das sagt er von sich selbst: *»Seht nun, dass ich bin, der da ist, und kein Gott neben mir! Ich töte, und ich mache lebendig, ich zerschlage, und ich heile; und niemand ist, der aus meiner Hand errettet!«* (5Mo 32,39).

Was heißt das nun für den vorliegenden Fall? Der Mann war blind, aber er sollte es richtig empfinden. Wir, die wir alle blind sind, müssen spüren und verstehen, dass wir es tatsächlich sind. Genau das wird der Herr am Ende des Kapitels denen sagen, die sich nie eingestehen wollten, dass sie blind waren. Er war als Licht in diese Welt gekommen, damit *»die Nichtsehenden«*, die erkennen und akzeptieren, dass sie blind sind, sehend werden (V. 39).

Außer in diesem Kapitel findet sich das Wort **»Brei«**, πηλος, *pēlos*, nur noch in Röm 9,21. Will diese seltsame Handlung des Herrn am Blinden auch an die Souveränität Gottes erinnern, der aus dem Lehm Gefäße macht, wie es ihm gefällt? Ist die Gedankenverbindung, die sich zu 1Mo 2,7 einstellt, gewollt oder nicht?

»Wie der Schöpfer den ganzen Menschen aus einem Erdenbrei machte, so bedient sich Christus hier desselben Mittels zur Heilung der Augen und zeigt damit an einem Glied des Körpers die gleiche Macht, welche der Vater bei der Schöpfung des ganzen Menschen walten ließ« (Calvin).

Aber wir fragen: Wenn der Herr einen lehmartigen Brei bereitete, warum tat er das nicht mit Wasser? Speichel verbinden wir mit Schmach und mit Schande. Vom Messias wird geweissagt: *»Ich bot meinen Rücken den Schlagenden und meine Wangen den Raufenden, mein Angesicht verbarg ich nicht vor Schmach und Speichel«* (Jes 50,6; siehe auch 4Mo 12,14; Hi 30,10). Wenn wir dies alles zusammennehmen, können wir vermuten, dass der Herr mit dieser Handlung daran erinnern wollte, warum der Mensch, den Gott einst aus Erde schuf, blind geworden ist: Die Sünde hat ihn entstellt; diese ist die Schande, die nun an ihm haftet wie der Speichel im Brei. Er muss von der Sünde reingewaschen werden; nur dann kann er sehend, von der Sünde abgewaschen und damit wieder Mensch werden.

»Geh hin, wasche dich«: Wie einst Naaman, der Syrer, wird der Blinde vom Gesandten Gottes gesandt, sich zu waschen (2Kö 5,10), und wie der syrische Hauptmann muss der Blinde gehorchen, um damit zu zeigen, ob er glaubt oder nicht.

»in dem Teich Siloam«: Das ist der Teich Siloah, von dem wir im AT an zwei Stellen lesen: Neh 3,15 und Jes 8,6. In Jesaja 8,6 lesen wir, *»dass dieses Volk die Wasser von Siloah verachtet«*, und der Herr schickt den Blindgeborenen gerade dorthin. Der weitere Verlauf der Ereignisse zeigt, dass der Blindgeborene Hilfe und Heilung fand beim Herrn Jesus, den das Volk ebenso verachtet wie die Zeitgenossen Jesajas die Wasser Siloahs.

»Zu dem Siloa-Teich ... entsandte Jesus den Blindgeborenen, damit er beim Abwaschen der den Augen aufgestrichenen Mischung von Staub und Speichel sehend werde ... Wer jetzt zum Siloateich kommt, sieht da unter einem erst 1911 erbauten gewölbten Bogen das Wasser aus dem Felsenkanal hervorrieseln, worauf es in einem etwa 15 zu 5 m großen Becken besonders zum Wäschewaschen zur Verfügung steht, um dann weiter abzulaufen. Aber im Hintergrund überragt jenen Bogen eine aus der römischen Zeit stammende Mauer, die einstmals zu dem Säulengang gehörte, welcher früher hier einen viereckigen Hof von etwa 23 m Seitenlänge einfasste, an dessen Wänden eine Steinbalustrade eine ringslaufende Rinne abtrennte, in der das Wasser etwa 60 cm hoch stehen konnte. Unmittelbar oberhalb dieses ›Quadriporticus‹[119]*, ... der im ›Chronicon Paschale‹ als das von Hadrian erbaute Tetranymphon erwähnt wird ... Ein nur 3 zu 9 m großes älteres Becken hat Guthe 1878 westlich von jenem Tetranymphon entdeckt und wahrscheinlich gemacht, dass dies der Rest eines ursprünglichen Beckens von vielleicht 9 m im Quadrat war, dessen größerer Teil im Raume des ›Quadriporticus‹ lag. Dies wäre dann wohl der Teich der Zeit Jesu ... wo es 1,22 m tief zum Schöpfen und vielleicht auch Waschen zur Verfügung stand. Hier entnahm der Priester mit goldener Kanne das Wasser für die Spende des*

119 ein quadratischer Raum, von vier Säulenhallen gesäumt.

Laubhüttenfests ... hier netzte auch jener Blinde auf Jesu Geheiß seine Augen und erhielt das Gesicht« (Dalman, S. 285-286).

»das bedeutet: Gesandt«, also *apestalmenos*. Die Tatsache, dass der Name übersetzt wird, zeigt, dass wie die Art, so auch der Ort der Heilung etwas über die Bedeutung des Zeichens sagen will. Eben hatte der Sohn gesagt, er müsse die Werke dessen Wirken, der ihn *gesandt* hatte (V. 4). Er ist, wie das Johannesevangelium besonders hervorhebt, der vom Vater Gesandte, *apestalmenos* von *apostellō* (wie in 3,17.34; 5,36.38; 6,29.57; 7,29; 8,42; 10,36; 11,42; 17,3.8.18.21.23.25; 20,21), der Licht und Leben in diese Welt des Dunkels und des Todes bringt.

»Der Name rührt wahrscheinlich daher, dass das Wasser aus der Gihon-Quelle durch den Kanal Hiskias in den Teich gesandt wird. Jedoch symbolisiert er auch, wie die Verwendung beim Laubhüttenfest zeigt, die Segnungen, die Gott Israel gesandt hatte. Hier symbolisiert der Teich Gottes endgültigen und vollen Segen für die Nation: Jesus, den von Gott gesandten Messias ... Aber wie die Väter einst ›die still fließenden Wasser von Siloah verwarfen‹ (Jes 8,6), so verwarf das Volk Jesus, den wahren Siloam, den Gott gesandt hatte, um verlorene Sünder zu retten (Lk 19,10)« (MacArthur, *John 1–11*).

In 7,38.39 hatte der Herr angekündigt, dass die Glaubenden den Heiligen Geist empfangen würden. Diesen würde er nach der Himmelfahrt senden, *pempō* (14,26; 16,7). Und der würde den Menschen die Augen auftun über Sünde, Gerechtigkeit und Gericht (16,8-11). Wen der Heilige Geist von der Sünde überführt, der wird sie bekennen, und sie wird ihm vergeben; er wird durch das Blut Jesu Christi, des Sohnes Gottes, von aller Sünde gereinigt (1Jo 1,7).

»Indem jener Brunnen ›der Gesandte‹ heißt, ist er der Typus dessen, der sich immer wieder als den wesentlichen Gesandten bei Johannes bezeichnet, der Typus Christi (Theophylakt, Erasmus, Calvin u. a.). Es ist merkwürdig, wie verlegen die Schule dieser höchst sinnreichen Symbolik gegenübersteht ...« (Lange).

»Da ging er hin und wusch sich und kam sehend wieder«: Anders als Naaman, der sich über die Anweisung Elisas zuerst empörte, gehorchte der Blinde aufs Wort, und sein Glaube wurde belohnt (siehe Hebr 11,6).

2. Der Blindgeborene gibt Zeugnis vor den Nachbarn (9,8-12)

Wie die Leute unsicher waren, wer Jesus sei, waren sie auch unsicher über die Identität des Geheilten. Und so, wie man über die Identität Jesu von Nazareth mehr als hinreichende Beweise besaß, so auch darüber, wer der Geheilte war. Dass er der einst blinde Bettler war und nicht nur ein ihm Ähnlicher (V. 9), war unbestreitbar; denn der Geheilte selbst bezeugte es (V. 9), danach taten es auch seine Eltern (V. 20.21).

> **8 Die Nachbarn nun und die, die ihn früher gesehen hatten,**
> **dass er ein Bettler war, sprachen: Ist dieser nicht der,**
> **der dasaß und bettelte?**
> **9 Einige sagten: *Er* ist es; andere sagten: Nein, sondern**
> **er ist ihm ähnlich; *er* sagte: *Ich* bin es.**

»Die Nachbarn«: Die Ersten, die sich zum Geheilten äußerten, waren die Leute, die ihn am besten kannten. Die wussten selbstverständlich, ob es sich um den bekannten Bettler handelte oder nicht. Es ist anzunehmen, dass sie aus der gleichen Furcht, welche die Eltern des Blinden band, nicht wagten zu bekennen, was sie erkannt hatten. Aber der Blinde selbst gibt eindeutige Auskunft: **»Ich bin es.«** Das Bekenntnis war klar; es gab keinen Grund, an der Identität des Geheilten zu zweifeln.

> **10 Sie sprachen nun zu ihm: Wie sind denn deine Augen**
> **aufgetan worden?**
> **11 *Er* antwortete: Ein Mensch, genannt Jesus, bereitete einen**
> **Brei und salbte meine Augen damit und sprach zu mir:**
> **Geh hin nach Siloam und wasche dich. Als ich nun hinging**
> **und mich wusch, wurde ich sehend.**

Die Nachbarn wollten wissen, wie die Augen des Blindgeborenen aufgetan wurden, und sie bekommen wiederum klare Auskunft: **»Ein Mensch, genannt Jesus ...«**: Das ist das Erste, was der Blindgeborene erkennt. Er, der ihn heilte, war ein Mensch. Und er weiß auch, dass er Jesus heißt, anders als der Gelähmte am Teich Bethesda, der nicht wusste, wer ihn geheilt hatte (5,12.13). Der Geheilte berichtet knapp und klar, ohne etwas hinzuzufügen oder Erklärungen abzugeben. Der Mensch Jesus tat etwas am Blinden, er gab einen Befehl, der Blinde gehorchte, und er wurde sehend. Einfacher und damit klarer kann man es nicht sagen.

12 Und sie sprachen zu ihm: Wo ist *er*? Er sagt: Ich weiß es nicht.

Auf ihre zweite Frage an ihn bekommen die Nachbarn keine Antwort außer das Bekenntnis »**Ich weiß es nicht**«: Der Geheilte sagte nicht nur, was er wusste, er bekannte auch, was er nicht wusste. Er ist ein zuverlässiger Zeuge, und das ist ein guter Zug, der Gutes erwarten lässt. Und in der Tat werden wir sehen, wie der Blindgeborene Schritt um Schritt in der Erkenntnis wächst, wie er sich vom Licht der Welt immer weiter führen lässt, bis er erkennt, dass Jesus der Sohn Gottes ist, und er anbetend vor ihm niederfällt (V. 35-38). Wir werden auch sehen, dass er bei seinem Bekenntnis bleibt und sich durch keine Nötigung oder Verunglimpfung beirren lässt (V. 24-34).

Wie kam es, dass der Blindgeborene nicht wusste, wo Jesus war? Der muss sich ihm entzogen haben, sodass der nunmehr Sehende Jesus nicht dort antraf, wo er ihm zuerst begegnet war. Das wird ihn enttäuscht haben, denn wir dürfen annehmen, dass er seinen Wohltäter gerne gesehen und ihm gerne gedankt hätte. Warum wartete der Herr nicht auf den Blinden, bis er vom Teich Siloam zurückkam, sondern entzog sich vielmehr? Wohl um ihn im Glauben zu befestigen und zur Erkenntnis des Sohnes Gottes zu erziehen. Ist es nicht vielen von uns auch so ergangen? Nachdem uns die Augen geöffnet worden waren und wir erkannt hatten, dass die Bibel Gottes Wort und dass Jesus Gottes Sohn ist, der in die Welt kam, um uns zu retten, entzog er sich uns. Er war uns plötzlich nicht mehr so nahe; er hatte sich zurückgezogen, und wir wussten nicht, wo und wie wir ihn finden. So wurden wir auf die Probe gestellt, ob es uns ernst war mit unserer Begeisterung über Jesus. Wir waren erweckt, aber waren wir auch von oben gezeugt? Wir waren erleuchtet und hatten etwas von der himmlischen Wirklichkeit geschmeckt (Hebr 6,4), aber waren wir neugeboren? Das musste eben an den Tag kommen, und das geschah, als wir an dem festhielten, was wir verstanden und empfangen hatten, und es auch trotz Widerstand und Widerspruch nicht fahren ließen, bis der Herr wieder zu uns kam (V. 35), wie er ganz am Anfang getan hatte (siehe V. 1.6.7), und dann erkannten wir ihn erst richtig (V. 36.37), und dann unterwarfen wir uns ihm (V. 38). Da wussten wir, was er aus uns gemacht hatte: Wir waren aus Gott geboren.

»Wo ist er?«: Das ist eine gute Frage; aber die Nachbarn fragten mehr aus Neugier als aus dem Verlangen heraus, ihn zu finden. Denn wer wirklich wissen will, wo der Sohn Gottes ist, sucht ihn dort, wo man ihn findet: in den Schriften (siehe 5,39). Dort hätten auch die Nachbarn Licht bekommen über das Wunder, das geschehen war. Aber stattdessen suchten sie die Hüter der traditionellen Religion auf. Die sollten ihnen das Geschehene erklären. Das ist leider das Übliche: Die Menschen suchen Antworten auf ihre Fragen über das Heil bei den allgemein anerkannten Fachleuten – den Priestern und Theologen – statt bei Gott, und das heißt: in Gottes geschriebener Offenbarung.

3. Der Blindgeborene gibt Zeugnis vor den Pharisäern (9,13-17)

Nach der ersten Heilung an einem Sabbat hatten die Juden den Herrn angegriffen und als Antwort von ihm das Zeugnis gehört, warum er am Sabbat arbeitete (5,17). Nach der zweiten Heilung an einem Sabbat hören sie das Zeugnis nicht mehr aus seinem Mund, sondern aus dem Mund des Menschen, der am Sabbat geheilt worden war. Diesmal bekommen sie nicht eine Begründung für das Tun des Herrn, sondern ein Zeugnis davon, dass dieses Tun tatsächlich stattgefunden hat, ein Zeugnis, das sie nicht annehmen wollen. Ironischerweise sind es gerade die umständlichen Versuche der Obersten der Juden, den offenkundigen Sachverhalt zu leugnen, die ihn umso kräftiger bestätigen. Erneut müssen wir also sagen, dass es nicht an der Klarheit der Offenbarung Gottes in Christus oder an der Eindeutigkeit der Indizien mangelte, dass die Menschen zu keinem eindeutigen Urteil kamen; es mangelte an der Bereitschaft, die Offenbarung und die Beweise anzunehmen.

13 Sie führen ihn, den einst Blinden, zu den Pharisäern.

»Sie führen ihn … zu den Pharisäern«: Dass die Nachbarn den ehemals Blinden zu den Pharisäern führen, zeigt, dass die Juden von den Pharisäern so systematisch zu Unmündigen gemacht worden waren, dass sie nicht selbst zu urteilen wagten. Die hatten dem Volk beständig zu verstehen gegeben: Wer nicht so wie sie die Torah und den Talmud bei einem anerkannten Rabbi gelernt hatten, sei unwissend und damit verflucht (7,49). Die gleiche Unmündigkeit zeigt sich auch bei der Austreibung jenes Dämons, der den Besessenen gehörlos und stumm gemacht hatte. Das Volk erkannte an diesem Wunder, dass Jesus der Sohn Davids sein müsse, schielte aber sicherheitshalber zu den Fachleuten, den Theologen, und die redeten es ihnen sofort aus (Mt 12,22-24). Das Ganze erinnert an die Art, in der die eine (katholische) Priester- und (protestantische) Theologenkaste innerhalb der christlichen Kirche das Kirchenvolk systematisch zu Unmündigen gemacht hat.

14 Es war aber Sabbat an dem Tag, als Jesus den Brei bereitete und seine Augen auftat.

Damit, dass Johannes erst an dieser Stelle vermerkt, dass es Sabbat war **»an dem Tag, als Jesus … seine Augen auftat«**, bereitet er den Leser vor auf die Reaktion der Obersten der Juden. Bedenkt er, wie sie auf die Heilung des Gelähmten am Teich Bethesda reagiert hatten (5,16), kann er sich ausrechnen, dass man dies erneut zum Anlass nehmen wird, den Herrn abzulehnen. Der Herr aber wusste, was er tat. Warum heilte er wieder an einem Sabbat? Er war in diese Welt gesandt und gesetzt *»zum Fall und Aufstehen vieler in Israel«* (Lk 2,34). Als die Obersten sich zuerst weigerten, das unleugbare Geschehen anzunehmen, und sich danach, als es sich nicht mehr leugnen ließ, wieder weigerten, die zwingende Schlussfolgerung zu ziehen, offenbarten sie ihr Inneres. Die Juden strauchelten an Jesus, weil ihre Herzen böse waren, nicht weil dessen Zeugnis zweifelhaft war. So wurde Jesus diesen zum Fall, anderen aber gleichzeitig zum Aufstehen: Der Blindgeborene erkannte in ihm den Sohn Gottes und glaubte an ihn (V. 38).

Der Herr bildete den Menschen, Staub aus dem Erdboden (1Mo 2,7), am sechsten Tag, und am siebten Tag ruhte er von seinen Werken. Nun aber wirkte er an einem Sabbat, und damit zeigt er erneut, dass die Sabbatruhe dahin war; sie wurde gebrochen, als der Mensch sündigte. Seit dem Tag des Sündenfalls ist Gott der Vater, Gott der Sohn und Gott der Heilige Geist beständig am Werk gewesen (5,17).

15 Nun fragten ihn wiederum auch die Pharisäer, wie er sehend geworden sei. Er aber sprach zu ihnen: Er legte mir Brei auf die Augen, und ich wusch mich, und ich sehe.

Der Geheilte war von den Nachbarn gefragt worden; auch seine Eltern müssen ihn gefragt haben, und jetzt **»fragten ihn … auch die Pharisäer«**. Sie bekommen das gleiche Bekenntnis zu hören wie alle anderen, die den Geheilten gefragt hatten. Wenn einige aufgrund dieses Bekenntnisses glaubten und andere nicht, dann kann es nicht an einem Unterschied in der Botschaft liegen, die sie zu hören bekamen. Vielmehr erweist sich die gleiche Botschaft denen, die errettet werden, als ein Geruch von Leben zum Leben, denen aber, die verlorengehen, als Geruch vom Tod zum Tod (2Kor 2,15.16).

16 Da sprachen einige von den Pharisäern: Dieser Mensch ist nicht von Gott, denn er hält den Sabbat nicht. Andere sagten: Wie kann ein sündiger Mensch solche Zeichen tun? Und es war Zwiespalt unter ihnen.

»Einige von den Pharisäern«, also nicht alle, urteilten: **»Dieser Mensch ist nicht von Gott, denn er hält den Sabbat nicht.«** Diese Worte zeigen, dass die Juden die Erklärung, die der Herr im Anschluss an die Heilung des Gelähmten am Teich Bethesda gab, nicht gehört und nicht ernst genommen hatten. Aber da waren **»andere«**, die einwendeten: **»Wie kann ein sündiger Mensch solche Zeichen tun?«** Die beiden Gruppen urteilten von zwei verschiedenen Voraussetzungen her, und entsprechend entstand ein **»Zwiespalt unter ihnen«**.

Als die Juden beurteilen sollten, ob Jesus der Messias sei, maßen sie ihn an den ihnen verfügbaren Kriterien, und für die erstgenannte Gruppe war das wichtigste Kriterium die Treue zu den Geboten Gottes. Konnte einer der Messias sein, der die Gebote nicht hielt? Wir verstehen, dass sie es sehr schwer fanden, diese Frage zu bejahen, und doch war er der Messias, und Gott erwartete mit allem Recht, dass die Juden in Jesus den verheißenen Messias erkannten. In welcher Weise urteilten die Juden falsch? Was können wir von ihrem Fehler lernen? Wir müssen lernen zu unterscheiden zwischen unerlässlichen Kriterien und nicht unerlässlichen Kriterien, oder wir können sagen: zwischen entscheidenden und nur stützenden Indizien. Welches waren entscheidende Indizien? Hatten die Juden genügend solche erhalten, um mit absoluter Sicherheit sagen zu können, dass Jesus der Messias sein müsse, wenn es zunächst auch irritieren mochte, dass er (wirklich oder scheinbar) den Sabbat brach?

Ja, das hatten sie; Nikodemus bietet uns ein Beispiel dafür. Er kommt zum Herrn und bekennt: *»Rabbi, wir wissen, dass du ein Lehrer bist, von Gott gekommen, denn niemand kann diese Zeichen tun, die du tust, wenn Gott nicht mit ihm ist«* (3,2). Das ist genau das gleiche Argument, das die zweite Gruppe verwendet: »Wie kann ein sündiger Mensch solche Zeichen tun?« Der Blindgeborene selbst verwendet ein wenig später dasselbe Argument (V. 30-33). Und in der Tat: Wenn er Blinde sehend machen (oder Aussätzige heilen) kann, dann muss er Gott sein (siehe 2Kö 5,7). Das ist wirklich entscheidend, und nicht die Frage, ob jemand den Sabbat halte. Denn es ist offenkundig, dass ein sündiger Mensch keine solchen Zeichen tun kann, und das wiederum bedeutete, dass Jesus nicht gesündigt haben kann, als er am Sabbat heilte. Wie kann einer gegen Gott sündigen, während er Werke tut, die nur Gott selbst tun kann? Ist denn Gott gegen sich selbst entzweit?

Dieses unwiderlegbare Indiz zur Identität des Messias hätte den Juden Anlass sein müssen zu fragen, ob sie vielleicht das Sabbatgebot nicht richtig oder nur mangelhaft verstanden hatten. Hätten sie so gefragt und aufrichtig geforscht, wäre ihnen wohl aufgegangen, dass der Sabbat kein moralisches Gebot war wie die übrigen Gebote, sondern lediglich ein *Zeichen*. Denn das hatte Mose, auf den sie sich beriefen, gelehrt (2Mo 31,13.17), und Hesekiel nennt den Sabbat ein *»Denkzeichen«* (Hes 20,12). War aber der Sabbat ein Denkzeichen, wollte er die Gedanken auf etwas Höheres lenken als auf das formale Halten der Sabbatruhe. Ein hilfreiches Indiz zu dieser Bedeutung des Sabbats hätten sie gefunden in den beiden Versionen der Zehn Gebote in 2Mo 20 und 5Mo 5. Sie hätten dort feststellen können, dass keines der übrigen Gebote eine Begründung enthielt. Den Sabbat hingegen musste man halten, *weil* Gott in sechs Tagen Himmel und Erde erschaffen (2Mo 20,8-11) und *weil* Gott Israel mit starkem Arm aus Ägypten erlöst hatte (5Mo 5,12-15). Diese beiden Begründungen zeigen eben, dass der Sabbat anders als die übrigen neun Gebote lediglich ein Zeichen war, in sich selbst also keinen sittlichen Wert hatte, sondern nur auf das Entscheidende verweisen wollte: So, wie Himmel und Erde ganz ein Werk Gottes war, so auch die Erlösung. Der Sabbat wollte also die Kinder Israel das Prinzip der Gnade lehren. Sie verstanden das Zeichen des Sabbats aber so wenig, wie sie die vom Herrn gewirkten Zeichen zu deuten vermochten. Ihr Unverständnis in dieser Sache ist also symptomatisch dafür, dass die Juden sich gerade daran stießen, dass die Rechtfertigung aus Gnade und durch Glauben sein sollte (Röm 9,31-33).

So weit dachten sie aber nie; ihnen war der Umstand, dass der Herr am Sabbat heilte, gerade recht; denn so konnten sie das als Vorwand benutzen, um ihre Ablehnung des Messias zu rechtfertigen. Die Sache war ja längst beschlossen, dass man Jesus von Nazareth nicht als Messias annehmen dürfe, wie wir in V. 22 erfahren. Sie wollten nicht sehen, dass Jesus der Messias war, obwohl sie es klar genug gesehen hatten. Der Blindgeborene hatte ihnen ein unwiderlegbares Indiz genannt, worauf sie sich in ihrer Verlegenheit nicht anders zu helfen wussten, als dass sie den Zeugen verunglimpften: *»Du bist ganz in Sünden geboren, und du lehrst uns?«* (V. 34). Damit sagen sie von sich, dass sie die einzigen Sehenden seien – sie, die moralisch blind waren; denn sie sahen wohl, aber sie wollten nicht wahrhaben, was sie sahen. Darum blieb ihnen ihre Sünde (V. 39-41).

17 Sie sagen nun wieder zu dem Blinden: Was sagst *du* von ihm, weil er deine Augen aufgetan hat? Er aber sprach: Er ist ein Prophet.

»**Sie sagen**«, d. h. jene, die bereits erklärt hatten, Jesus könne nicht von Gott sein. Der Verlauf des ganzen Verhörs zeigt, dass diese Gruppe den ganzen Haufen dominierte, denn wir hören von den anderen keinen Einwand mehr. Wenn sie den Blinden fragen: »**Was sagst du von ihm …?**«, suchen sie nicht wirklich Klarheit, sondern sie wollen den Blindgeborenen einschüchtern und zu einem Bekenntnis drängen, das ihnen recht gibt. Aber sie erreichen mit ihrem Ausfragen nur das Gegenteil.

»Sie sind wie Leute, die eine Flamme löschen wollen, indem sie kräftig hineinblasen. Wenn wir also sehen, dass die Gottlosen alles aufbieten, um die göttliche Wahrheit tot zu machen – nur keine Angst, nur keine allzu große Besorgnis, was daraus wohl werden möge! Was werden sie erreichen? Dass das Licht der Wahrheit nachher noch heller brennt als vorher« (Calvin).

Der Geheilte bekennt: **»Er ist ein Prophet«**, und gibt damit zu verstehen, dass er von Gott ist (V. 33), womit er denen widerspricht, die gesagt hatten, er sei nicht von Gott (V. 16). Jesus wird in den Augen des Geheilten immer größer. Zuerst hatte er von ihm gesagt, er sei *»ein Mensch«* (V. 11); nun versteht er, dass er mindestens ein außergewöhnlicher Mensch, ein Mensch Gottes, nämlich ein Prophet, sein müsse. Vielleicht dachte er an einen Propheten wie Elisa, der Sehende blind und Blinde sehend gemacht hatte (2Kö 6,18-20). Und wenn Jesus ein Prophet war, dann hatte er auch eine Botschaft von Gott. All das war richtig, doch am Ende wird der Geheilte erkennen, dass Jesus mehr ist als das: Er ist der Sohn Gottes (V. 35-37).

»Jesus hatte bei der Kur (= Heilung; Anmerkung des Autors) gebetet, V. 31, und daraus hatte der Blinde die innige Bekanntschaft Jesu mit Gott erkannt. Es ist gar lieblich zu beobachten, wie bei dem Menschen unter den Widerreden der Pharisäer der Glaube nach und nach entstanden ist. Durch das viele Fragen und Umhertreiben ward er erst vom Ansehen der Menschen befreit und zum Glauben an Jesus gebracht« (Bengel).

4. Die Eltern geben Zeugnis vor den Pharisäern (9,18-23)

Warum wollen die Juden das Zeugnis von den Eltern hören? Wollten sie weitere Zeugen, um Gewissheit zu bekommen? Wäre das ihr Beweggrund gewesen, hätte ihnen das bestätigende Zeugnis der Eltern genügt, und sie hätten den Blindgeborenen nicht noch einmal vorgeladen (V. 24-34). Sie suchen also einen Gegenbeweis.

»Zweierlei ist hier zu bedenken: Einmal, dass sie nicht glauben, dass ein Wunder geschehen ist, und zweitens, dass sie aus Hass gegen Christus krampfhaft die Augen zumachen, um nur nicht zu sehen, was so klar

am Tage liegt ... Sie waren überführt, dass das Wunder geschehen war, und dennoch glaubten sie nicht. Sie glaubten nicht, was sie mit Händen greifen konnten. Die innere Bosheit hält ihnen die Augen zu« (Calvin).

> **18 Die Juden nun glaubten nicht von ihm, dass er blind**
> **gewesen und sehend geworden war, bis sie die Eltern dessen**
> **riefen, der sehend geworden war.**
> **19 Und sie fragten sie und sprachen: Ist dieser euer Sohn,**
> **von dem *ihr* sagt, dass er blind geboren wurde? Wie sieht er**
> **denn jetzt?**
> **20 Seine Eltern antworteten nun und sprachen: Wir wissen,**
> **dass dieser unser Sohn ist und dass er blind geboren wurde;**
> **21 wie er aber jetzt sieht, wissen wir nicht, oder wer seine**
> **Augen aufgetan hat, wissen *wir* nicht. Fragt *ihn*! Er ist mündig,**
> ***er* wird über sich selbst reden.**
> **22 Dies sagten seine Eltern, weil sie die Juden fürchteten;**
> **denn die Juden waren schon übereingekommen, dass, wenn**
> **jemand ihn als Christus bekennen würde, er aus der Synagoge**
> **ausgeschlossen werden sollte.**
> **23 Deswegen sagten seine Eltern: Er ist mündig, fragt *ihn*.**

»Die Juden«, d.h. die Pharisäer, **»glaubten nicht, dass er blind gewesen und sehend geworden war«**. Sie mussten diese Möglichkeit ausschließen, denn wenn sie anerkannt hätten, dass er blind gewesen und vom Herrn geheilt worden war, hätten sie auch einsehen müssen, dass Jesus ein göttliches Wunder getan hatte. Dann aber hätten sie nicht behaupten können, er sei nicht von Gott, wenn er auch den Sabbat nicht hielt. Das beweist, dass sie nur zu gut wussten, welches der beiden Kriterien zur Beurteilung der Identität Jesu das entscheidende war (siehe Auslegung zu V. 16).

»glaubten nicht ..., bis sie die Eltern ... riefen«: Taten sie das, weil ihnen das Wort eines einzigen Zeugen nicht genügte und sie, wie vom Gesetz gefordert, mindestens zwei Zeugen hören wollten? Es zeigt sich bald, dass sie nicht glaubten, weil sie nicht glauben wollten. Denn sie hörten von den Eltern die Bestätigung, dass der Geheilte deren Sohn und dass er von Geburt an blind gewesen war. Auf ihre Frage, **»wie ... er denn jetzt«** sehend sei, gab es nur eine Antwort: Er war durch ein göttliches Wunder geheilt worden. Das wussten die Pharisäer, und das wussten auch die Eltern, aber sie antworteten ausweichend: **»… wie er … jetzt sieht, wissen wir nicht …«** Es stimmte wohl, dass sie nicht erklären konnten, wie ein solches Wunder möglich war; aber sie wussten, dass er durch ein Wunder sehend geworden war; das wollten sie jedoch nicht sagen. Sie wussten auch, was Jesus getan hatte, als er ihn heilte; doch auch dazu mochten sie nichts sagen. Der nächste Teil ihrer Antwort war eine glatte Lüge: **»… wer seine Augen aufgetan hat, wissen wir nicht.«** Sie wussten natürlich, dass es *»ein Mensch, genannt Jesus«* (V. 11) war, der ihren Sohn geheilt hatte.

Die Eltern vermieden das Wort »Wunder« und leugneten den Wohltäter. Aber gerade das machte ihre Antwort noch beweiskräftiger. Die Juden hatten sich damit zu behelfen gesucht, dass sie nicht glaubten, dass der Blinde überhaupt blind gewesen und nun sehend geworden sei. Damit, dass die Eltern gar nichts über das Wunder oder über den Wundertäter sagen, sondern nur bekennen, was sie bekennen müssen: »Dieser da ist unser Sohn; er wurde blind geboren; jetzt sieht er«, ließ sich die Tatsache nicht mehr leugnen. Und damit war den Juden dieser letzte Ausweg genommen, sich der zwingenden Folgerung zu entziehen, wer Jesus sei.

»Er ist mündig«: Wie treffend sie über ihren Sohn urteilten, ahnten die Eltern kaum. Er gehörte tatsächlich zu den wenigen in Israel, die damals mündig genug waren, selbstständig über die Identität Jesu von Nazareth nachzudenken; seine Eltern hingegen erwiesen sich mit ihrer Antwort als unmündig. Sie wagten nicht zu Ende zu denken und entsprechend zu bekennen, was offenkundig war, **»weil sie die Juden fürchteten«**, d.h. die Obersten der Juden, die selbst ernannten Wächter der jüdischen Religion. Diese Furcht hielt sie gebunden, wie Salomo lehrt: *»Menschenfurcht legt einen Fallstrick; wer aber auf den HERRN vertraut, wird in Sicherheit gesetzt«* (Spr 29,25).

»denn die Juden waren schon übereingekommen«: Diese vorher getroffene Übereinkunft bestimmte von vornherein das Urteil über den Blindgeborenen und über den, der ihn geheilt hatte. Mit ihrer Übereinkunft schlossen sie nicht nur sich selbst vom Leben aus, sondern sie schlossen auch vielen, die eingehen wollten, die Tür zum Leben (siehe Mt 23,13). Ihre Drohung war wirksam, wir wir an den Eltern des Blindgeborenen sehen, denn der Bann war für einen Juden eine furchtbare

Strafe, nicht zu vergleichen mit dem Ausschluss aus einer christlichen Gemeinde. War jemand aus der Synagoge ausgestoßen (V. 34.35), war er von der Gemeinschaft des Volkes ausgestoßen, weil die Juden alle zur Synagoge gehörten. Wird ein Christ aus einer Gemeinde hinausgetan, hat das für ihn keine gesellschaftlichen Folgen, da er unter Menschen lebt, die es nicht kümmert, was einer glaubt oder nicht glaubt.

»Für Menschen, die so arm waren, dass sie es hinnehmen mussten, dass ihr Sohn vom Betteln lebte, wäre die Folge des Ausschlusses aus der Synagoge ... furchtbar gewesen. Der Talmud spricht von drei Arten des ›Ausschlusses‹, von denen die beiden ersten zur Hauptsache disziplinarisch waren, die dritte aber darin bestand, dass man ›aus-synagogiert‹,[120] *›aus der Versammlung abgeschnitten‹ wurde ... Die dritte Art, der tatsächliche Ausschluss ... hieß auch ›Chäräm‹, oder ›Bann‹, und er war unbegrenzt ... Der ... muss furchtbar gewesen sein, da er von Flüchen begleitet und in späterer Zeit sogar mit Hornstößen proklamiert wurde«* (Edersheim, Bd. II, S. 183-184).

5. Der Blindgeborene gibt sein zweites Zeugnis vor den Pharisäern und wird ausgeschlossen (9,24-34)

Die Juden hatten die Eltern gehört; der Geheilte war deren Sohn, sie konnten das Wunder nicht mehr leugnen; aber sie weigerten sich, daraus die Konsequenz zu ziehen und zu bekennen, dass Jesus ein Werk getan hatte, das kein Mensch tun kann. *»Sie haben einen Schritt weiter in die Finsternis getan; sie entziehen sich dem Licht, das sie irritiert«* (Giertz). Sie rufen den einst Blinden noch einmal, und der gibt ein noch deutlicheres Zeugnis ab über den Mann, der ihn geheilt hat. Je heller das Licht der Wahrheit leuchtet, desto härter wird ihr Unglaube.

120 »Aus-synagogiert werden« ist die wörtliche Übersetzung des in V. 22 verwendeten griechischen Ausdrucks *aposynagōgos gignomai.*

24 Sie riefen nun zum zweiten Mal den Menschen, der blind war, und sprachen zu ihm: Gib Gott die Ehre! *Wir* wissen, dass dieser Mensch ein Sünder ist.

»Gib Gott die Ehre!«: Was die Obersten vom Blindgeborenen fordern, ist eine Unmöglichkeit. Er soll Gott die Ehre geben und gleichzeitig Jesus als einen Sünder bezeichnen? Man kann aber Gott nicht ehren, wenn man den Sohn nicht ehrt (siehe 5,23). Die Aufforderung der Juden ist zwar gut, aber sie wird hier übel verwendet. Hinter ihr verbergen die Juden ihren Trotz gegen Gott und ihre Gottlosigkeit vor den Menschen. Einst hatte Josua diese Aufforderung an Achan gerichtet und ihn damit aufgefordert, die Wahrheit zu sagen: *»Mein Sohn, gib doch dem HERRN, dem Gott Israels, Ehre und lege ihm ein Bekenntnis ab«* (Jos 7,19). Achan hatte vom verbotenen Gut genommen und es versteckt, und er sollte dem Gott Israels die Ehre geben und seine Sünde bekennen. Die Obersten der Juden verwenden hier die gleichen Worte und wollen damit den Blindgeborenen zu einem Sündenbekenntnis bewegen. Der Geheilte solle endlich einsehen, dass der Sabbatbrecher, der ihn angeblich geheilt habe, ein Sünder sei, und er solle Gott damit die Ehre geben, dass er zugebe, einen Verführer verteidigt zu haben. Er solle damit die Sünde des Sabbatbrechers verurteilen und so Gottes Gebot und damit den Geber des Gebots ehren. Sie geben sich als Leute aus, die nur um Gottes Ehre besorgt seien und darum auch alles täten, damit kein Jude im Land Gottes Namen entehre. So verbergen sie vor den Leuten und vor sich selbst ihre eigentliche Absicht: Sie wollten vor den Leuten geehrt sein (5,44; 12,43); darum wollten sie dem Sohn nicht die Ehre geben, und damit verweigerten sie auch Gott die Ehre.

»*Wir* wissen, dass dieser Mensch ein Sünder ist«: Erneut zeigt sich, was wir bereits in Kap. 7 und 8 gesehen hatten: Wer sich dem Licht verschließt, verhärtet sich immer mehr, bis er das Licht nicht nur ablehnt, sondern direkt bekämpft. Zunächst hatten sie immerhin Fragen gestellt und diese diskutiert (V. 16), doch inzwischen haben sie keine Fragen mehr; sie meinen es nun zu wissen: »Dieser Mensch ist ein Sünder …« Dass er einen Blindgeborenen geheilt hatte, hatte keine Bedeutung mehr. Ihnen genügte, dass er den Sabbat nicht hielt. Die zweite Gruppe hatte ihre vorsichtigen Zweifel bezüglich der Identität Jesu offensichtlich begraben; sie fügten sich jener Gruppe, die ausschloss, dass jemand von Gott sein könne, der den Sabbat nicht hielt.

25 Da antwortete *er*: Ob er ein Sünder ist, weiß ich nicht;
***eins* weiß ich, dass ich blind war und jetzt sehe.**
26 Da sprachen sie wiederum zu ihm: Was hat er dir getan?
Wie tat er deine Augen auf?
27 Er antwortete ihnen: Ich habe es euch schon gesagt,
und ihr habt nicht gehört; warum wollt ihr es nochmals hören?
Wollt *ihr* etwa auch seine Jünger werden?
28 Und sie schmähten ihn und sprachen: *Du* bist *sein* Jünger;
***wir* aber sind Moses Jünger.**

Die Antwort des Blindgeborenen wäre die letzte Chance gewesen, das Urteil noch einmal zu revidieren, denn der Geheilte sprach keine Schlussfolgerungen aus, sondern wiederholte die bloße Tatsache: »**… eins weiß ich, dass ich blind war und jetzt sehe.**« Das war ihm unbestreitbar ein Werk Gottes, denn es ist der HERR, der die Augen der Blinden öffnet (Ps 146,8). Die Juden hatten sich dieser letzen Chance bereits verschlossen, als ihnen die Ausflucht, der Blindgeborene sei gar nie blind gewesen, durch das Zeugnis der Eltern genommen wurde und sie trotzdem an ihrem Urteil über Jesus festhielten. Sie blieben dabei: Dieses Werk der Heilung sei das Werk eines Sünders, ja, ein sündiges Werk. Sie schrieben das Gute dem Bösen zu (Mk 3,22), und damit hatten sie den Geist gelästert (Mk 3,29.30). Darum konnten sie jetzt nicht mehr zurück; die Weiche war gestellt, und sie mussten auf der gewählten Spur die Reise zu Ende reisen. So wiederholten sie nur die bereits mehrfach gestellten Fragen, was den Geheilten zur ganz richtigen Antwort veranlasste, er habe es ihnen ja schon gesagt und sie hätten nicht gehört. Wie wahr! Sie hatten nicht gehört; denn sie wollten nicht hören. Darum war die nächste Frage reine Ironie: »**Wollt ihr etwa auch seine Jünger werden?**« Ironie mögen Menschen, die von sich eingenommen sind, besonders schlecht vertragen, und so war es auch hier: »**… sie schmähten ihn …**« Die Worte, die sie folgen ließen, waren Torheit und Selbstbetrug: »**Du bist sein Jünger; wir aber sind Moses Jünger.**« Die Torheit war die, Jesus gegen Mose auszuspielen. Wer ein Jünger Jesu ist, erweist sich damit als wahrer Jünger Moses (siehe 5,46.47). Und sie betrogen sich selbst, als sie sagten, sie seien Jünger des Gesetzgebers. Oder hatte Mose sein Volk gelehrt, den Nächsten zu schmähen? Hatte er nicht gelehrt, jeder in Israel müsse seinen Nächsten lieben wie sich selbst (3Mo 19,18)? Hatte Mose gelehrt, eine Person oder ein Geschehen zu verurteilen, ehe man sorgfältig und gewissenhaft nachgeforscht hatte (siehe 5Mo 13,13-15)?

29 *Wir* wissen, dass Gott zu Mose geredet hat; von diesem aber wissen wir nicht, woher er ist.

Man beachte hier das betonte **»Wir«**. Sie sagen damit: Wir sind die Leute, die Bescheid wissen, und sonst niemand. Man fragt sich, woher sie so bestimmt **»wissen, dass Gott zu Mose geredet hat«**. Ihre Gewissheit konnte nur auf Tradition und wohl auch auf Menschenfurcht beruhen; denn hätten sie diese Gewissheit aus Gottes Wort empfangen, hätten sie auch gewusst, dass Jesus der von Mose angekündigte Prophet war (5Mo 18,18), dass Mose und Jesus sich nicht gegenseitig ausschlossen, sondern sich vielmehr zueinander verhalten wie der Wegweiser zum Ziel.

»von diesem aber wissen wir nicht«: Man beachte, wie in den Versen 25-31 immer wieder von »wissen« und »nicht wissen« die Rede ist: *»weiß ich nicht ... weiß ich«* (V. 25); *»wir wissen ... wissen wir nicht«* (V. 29); *»dass ihr nicht wisst«* (V. 30); *»wir wissen«* (V. 31). Wie kann man Gewissheit bekommen? Wie hätten die Juden wissen können, **»woher er ist«**? Sie hätten die Stimmen ernst nehmen müssen, die schon von ihm gezeugt hatten (5,31-47), und sie hätten sich an die Weisung von 7,17 halten müssen: *»Wenn jemand seinen Willen tun will, so wird er von der Lehre wissen, ob sie aus Gott ist oder ob ich von mir selbst aus rede.«*

30 Der Mensch antwortete und sprach zu ihnen: Hierbei ist es doch erstaunlich, dass *ihr* nicht wisst, woher er ist, und er hat doch meine Augen aufgetan.
31 Wir wissen, dass Gott Sünder nicht hört, sondern wenn jemand gottesfürchtig ist und seinen Willen tut, den hört er.
32 Von Ewigkeit her ist nicht gehört worden, dass jemand die Augen eines Blindgeborenen aufgetan hat.
33 Wenn dieser nicht von Gott wäre, könnte er nichts tun.

Die Verse 30-33 zeigen, wie der einst Blinde durch das Drängen und Drohen der Juden in seiner Überzeugung nur gefestigt wird. Er wagt es, die Lehrautorität der großen und allgemein anerkannten Autoritäten im

Volk infrage zu stellen, indem er das von ihnen eben gesprochene Wort aufgreift. Sie wollen wissen, dass Gott zu Mose geredet habe, aber sie wissen nicht, woher der Mann sei, der ihn, den Blinden, geheilt hatte? **»Hierbei ist es doch erstaunlich, dass *ihr* nicht wisst«**, mit betontem »ihr«. Gerade sie, die angeblich allein Wissenden, wussten es nicht; dabei konnte ein Kind es wissen, wer das gewesen sein muss, der **»meine Augen aufgetan«** hatte.

Die Worte von V. 31 zeigen, dass Jesus zum Vater gebetet hatte, bevor er den Blinden heilte, und das hatte diesem wohl gezeigt, dass da jemand stand, der ein ganz inniges Verhältnis zu Gott haben musste. Das wiederum erklärt die erstaunliche Kühnheit, mit der er sagt: **»Wir wissen ...«** Nicht ohne Ironie greift er das eben geäußerte Wort der Pharisäer auf (V. 29). Ein Laie scheute sich nicht zu bezeugen, dass er wisse, was die in Amt und Ehren stehenden Lehrer nicht wussten. Und er hatte recht mit dem, was er sagte. Er folgerte aus dem Gebet, den Worten und Werken Jesu in zwingender Logik, dass er von Gott sein musste:

1. **»Gott hört Sünder nicht ...«**
2. Gott hört, **»wenn jemand gottesfürchtig ist und seinen Willen tut«**.
3. Jesus bittet, und Gott hört.
   a. Folglich kann er kein Sünder sein.
   b. Folglich muss er jemand sein, der Gottes Willen tut.
4. Gott hörte eine Bitte um etwas, was nur Gott wirken kann, denn seit die Welt besteht, hat nie ein bloßer Mensch **»die Augen eines Blindgeborenen aufgetan«**. Folglich muss er mehr sein als ein bloßer Mensch. Mindestens jemand, mit dem Gott ist und durch den Gott seine Werke wirkt:
5. **»Wenn dieser nicht von Gott wäre, könnte er nichts tun.«** Denn auch das weiß in Israel jedes Kind, dass der Gott Israels der Einzige ist, der Blinde sehend machen kann (Ps 146,8). So muss also Gott mit diesem Mann sein und durch ihn wirken. Beachten wir, wie der Blindgeborene das erkannt hat, was die Juden insgemein nicht erkannten: dass Jesus *»von Gott«* ausgegangen war, obwohl er es ihnen gesagt hatte (siehe 8,18).

34 Sie antworteten und sprachen zu ihm: *Du* bist ganz in Sünden geboren, und *du* lehrst uns? Und sie warfen ihn hinaus.

Die Worte des Geheilten sind den Lehrern des Volkes unerträglich. Da will ein Laie der Wissende sein, und sie, die Gelehrten, sollen die Unwissenden sein?

»Du bist ganz in Sünden geboren«: Diese Antwort ist die moralische Bankrott-Erklärung der Pharisäer. Sie waren überführt und geschlagen, aber sie wollten ihre Niederlage nicht eingestehen. So blieb ihnen nur die rhetorische Waffe der Besiegten: Sie verhöhnen den siegreichen Kontrahenten.[121] Er müsse ein großer Sünder sein, dass Gott ihn von Geburt an mit Blindheit geschlagen habe. Sie hatten zwar recht, denn er war in Sünden geboren; nur waren sie es auch. Sie hätten in ihrem Gesetz gefunden, dass sogar David bekannte, dass er in Sünden empfangen und in Ungerechtigkeit geboren worden war (Ps 51,7). Aber das hatten diese Leute nie auf sich angewendet; darum war ihre Antwort abermals große Torheit.

»und du lehrst uns?«: In einer gewissen Hinsicht hatten sie auch hier recht: Ein Sünder ist blind und darum kein tauglicher Lehrer der Blinden. Nur stimmte das im vorliegenden Fall nicht, denn der Blinde war dabei, geistlich zum Sehenden zu werden. Aber vor allem: Auch sie waren in Sünden geboren und damit ebenfalls Blinde und als solche keine tauglichen Leiter der Blinden (siehe Mt 15,14; Röm 2,19).

»Und sie warfen ihn hinaus«: Damit sprachen die Obersten des Volkes ihr Urteil über sich selbst. Sie warfen aus der Gemeinschaft der Kinder Israel den Mann hinaus, der den Weisungen Moses gefolgt war und auf den von ihm angekündigten Propheten hörte (5Mo 18,15). Und hatte nicht Mose selbst gesagt, dass Israel nicht Augen hatte, um zu sehen (5Mo 29,3), und darum auf den von Gott Gesandten warten sollte, der kommen und ihnen die Augen auftun würde? Und hatte Mose nicht gelehrt, dass man die Bösen und das Böse aus dem Volk hinaustun musste (5Mo 13,6; 17,7.12 etc.)? Wenn die Führer die Guten hinauswarfen und damit die Bösen stärkten, zeigten sie damit, was sie in Wahrheit waren: nicht Hirten, sondern Verderber, nicht Führer, sondern Verführer des Volkes.

121 *»Slander is the last resort of a defeated foe« (»Verleumdung ist die letzte Zuflucht eines besiegten Feindes«)*, sagen die Engländer.

6. Jesus offenbart sich dem Blindgeborenen als der Sohn Gottes (9,35-38)

35 Jesus hörte, dass sie ihn hinausgeworfen hatten; und als er ihn fand, sprach er zu ihm: Glaubst *du* an den Sohn Gottes?

»Jesus hörte«: Das erinnert uns an den Anfang des Kapitels. Als Jesus vorüberging, *»sah er«* den von Geburt an Blinden, sah er wie der barmherzige Samariter den von einer Plage Geschlagenen und wandte sich zu ihm, redete zu ihm, heilte ihn. Und jetzt hörte er, denn Gott hört das Seufzen der Bedrängten (2Mo 2,24; Ps 22,25; Hi 34,28). Er hörte von ihm, er hatte längst alles gehört, was man ihm gesagt und wie er geantwortet hatte. Er suchte ihn, er fand ihn, er sprach zu ihm: **»Glaubst *du* an den Sohn Gottes?«** In diesem betonten *»du«* verbirgt sich die Freude des Herrn an diesem einen, der unter den vielen Ungläubigen in Israel glaubt. Und weil er glaubt, soll er nun ganz sehend werden. Er soll erkennen, dass der Mann, von dem der Blinde gesagt hatte, dass er Gott fürchte (V. 31), dass Gott ihn höre, dass er Gottes Willen tue, selbst Gott ist, nicht lediglich ein Prophet oder ein von Gott gesandter Wundermann. Er ist der Sohn Gottes; er ist das ewige Wort, das Fleisch wurde (1,14). Er ist Licht vom wahren Licht, das in die Welt gekommen ist, damit die Menschen zu ihm ins Licht kommen und in seinem Licht erkennen, wer er ist; denn: *»Dies aber ist das ewige Leben, dass sie dich, den allein wahren Gott, und den du gesandt hast, Jesus Christus, erkennen«* (17,3).

36 *Er* antwortete und sprach: Und wer ist es, Herr, damit ich an ihn glaube?

»Und wer ist es, Herr …?«: So fragt, wer Gott sucht; so fragt, wer in der Erkenntnis Gottes und seines Heils wachsen will. Er will wissen, wer es ist, **»damit ich an ihn glaube«**. Der Blinde will nicht lediglich wissen, er will glauben. Er will nicht bloßes Wissen über den Sohn Gottes, sondern er will sich dem Sohn Gottes im Glauben anbefehlen; er will sich ihm unterwerfen.

37 Jesus sprach zu ihm: Du hast ihn ja gesehen, und der mit dir redet, der ist es.

»Du hast ihn ja gesehen«: Jetzt ist der Blinde wahrhaft sehend geworden. Jetzt ist er zum Ziel gelangt, denn dazu hatte Gott dem Menschen ursprünglich die Sehfähigkeit gegeben: dass er nicht nur die Schönheit der Bäume und Sträucher im Garten sehe (1Mo 2,9), sondern vor allem die Schönheit dessen, der ihn und die Welt, in die er gestellt war, erschaffen hatte. Jetzt sehen wir als Gläubige mit *»aufgedecktem Angesicht die Herrlichkeit des Herrn«* (2Kor 3,18); jetzt sehen wir *»Jesus, ... mit Herrlichkeit und Ehre gekrönt«* (Hebr 2,9). Und es kommt der Tag, da geht die Bitte des Sohnes Gottes an den Vater in Erfüllung. Er will, dass seine Erwählten bei ihm seien, *»damit sie meine Herrlichkeit schauen, die du mir gegeben hast«* (17,24). Es kommt der Tag, da *»werden wir ihn sehen, wie er ist«* (1Jo 3,2). Dann werden wir als die Knechte Gottes *»sein Angesicht sehen«* (Offb 22,4).

38 Er aber sprach: Ich glaube, Herr; und er warf sich vor ihm nieder.

»Ich glaube«: Der Blindgeborene war zuerst sehend geworden, dann glaubte er. Das heißt aber nicht, dass er nicht zu den Glückseligen gehörte, von denen der Herr später sagt: *»Glückselig sind, die nicht gesehen und doch geglaubt haben!«* (20,29). Dort meint der Herr nämlich das Sehen mit den leiblichen Augen. Der Blindgeborene aber hatte im Menschen Jesus den Sohn Gottes gesehen, und den kann man nur mit den geistlichen Augen des Herzens sehen, oder: erkennen. So gilt denn beides: *»... wir haben geglaubt und erkannt, dass du der Heilige Gottes bist«* (6,69); und: *»... wir haben erkannt und geglaubt die Liebe, die Gott zu uns hat«* (1Jo 4,16; siehe auch Joh 10,38).

»und er warf sich vor ihm nieder«: Wer glaubt, unterwirft sich dem Willen und damit der Herrschaft des Sohnes Gottes. Hier steht das gleiche Verb »anbeten«, προσκυνεω, *proskyneō*, wie in 4,23.24. Der Vater suchte Anbeter; sein Sohn kam, um Sünder zu suchen, die er erlöst, um sie zu Anbetern zu machen.

7. »Zum Gericht bin ich in diese Welt gekommen« (9,39-41)

39 Und Jesus sprach: Zum Gericht bin *ich* in diese Welt gekommen, damit die Nichtsehenden sehen und die Sehenden blind werden.

Der Herr war **»zum Gericht«** in die Welt gekommen, obwohl er von sich gesagt hatte, dass der Vater ihn nicht in die Welt gesandt hatte, um die Welt zu richten (3,17). Und doch war sein Kommen ein Gericht; denn mit ihm kam das Licht (1,9), und dieses machte die Menschen offenbar: Sie hassten das Licht (3,19), weil ihre Werke böse waren. Nur wer das Gute tat, kam zum Licht, und so ging eine Scheidung[122] durch die Menschen (vgl. Mt 10,34.35). Einige erkannten in ihm den Retter der Welt und glaubten; andere, die das gleiche Licht gesehen hatten, nahmen Anstoß an ihm und verwarfen ihn. Jene empfingen damit das Leben, diese verfielen dem Gericht, das der Sohn Gottes aber erst viel später, am Ende der Zeit, vollstrecken wird.

»die Nichtsehenden«: Das sind alle, die durch Gottes Wirken zur Einsicht gekommen sind, dass sie nicht sehen. Das ist Gottes erstes Werk, das er an allen tut, denen er die Augen öffnet. Er überführt sie ihres wahren Zustands vor Gott. Er öffnet ihnen die Augen für die Sünde, für die Gerechtigkeit und für das Gericht (16,8-11). Auf diesem Weg werden sie »sehend«.

»die Sehenden«: Das sind alle, die von sich selbst halten, sie seien sehend. Sehend ist kein Kind Adams; alle sind blind, *»da ist keiner, der verständig ist«* (Röm 3,11). Wer sich aber für sehend hält, wird durch das Licht, das mit dem Herrn und seinem Wort in die Welt kommt, nur in seiner hohen Meinung von sich selbst bestärkt. Das Licht wird ihm »zum Gericht«, zum Gericht über seinen Hochmut und seinen Unglauben.

»Der Jude und besonders der Pharisäer mochte noch so selbstsicher sein und wähnen, dass er ein Leiter der Blinden sei und ein Licht derer, die in der Finsternis sind; doch das Kommen des einzigen wahren Lichtes offenbarte, wie nichtig die hohe Meinung war, die sie von sich selbst

122 Die Grundbedeutung des griechischen Wortes für »Gericht«, *krisis*, ist »Scheidung«; denn im Gericht scheidet der Herr *»so wie der Hirte die Schafe von den Böcken scheidet«* (Mt 25,32).

hatten, so wie es denen Augen gab, die ihre Blindheit anerkannten. Kein Fleisch darf sich rühmen; wer sich rühmt, der rühme sich des Herrn, der, Gott selbst, als Mensch auf die Erde gekommen war, um alles menschliche Urteilen umzustürzen und seine eigene Gnade zu offenbaren« (Kelly).

40 Einige von den Pharisäern, die bei ihm waren, hörten dies und sprachen zu ihm: Sind denn auch *wir* blind?
41 Jesus sprach zu ihnen: Wenn ihr blind wäret, so hättet ihr keine Sünde; nun aber, da ihr sagt: Wir sehen, bleibt eure Sünde.

»Einige von den Pharisäern, die bei ihm waren«: Warum waren sie bei ihm? Vielleicht waren sie unsicher geworden, ob sie richtig geurteilt hatten. Sie scheinen (noch) nicht zu den erklärten Feinden Christi zu gehören und wollen ihn deshalb trotz allem noch hören. Aber wie die Worte des Herrn zeigen, hatte das wohl keine weitere Wirkung auf sie. Was für eine Tragik, dass da Leute so nahe »bei ihm waren« und ihn doch verfehlten (vgl. Hebr 2,1)!

»Sind denn auch wir blind?«: Hier bedeutet »blind«, dass man keine Sehfähigkeit besitzt, in V. 39 hingegen bedeutet »blind«, dass man sich weigert, dem Licht zu folgen, das man gesehen hat, also Verstocktheit. Die Pharisäer fragten zumindest formal ganz höflich. Mit dem Blindgeborenen waren sie nicht so höflich verfahren. Sie bekommen die Antwort auf ihre Frage: **»Wenn ihr blind wäret ...«** Sie hatten sich, als sie den Blindgeborenen hinauswarfen, als geistlich blind erwiesen. Aber in einem anderen Sinn waren sie nicht blind: Es fehlte ihnen nicht das Sehvermögen, es fehlte ihnen nicht an Indizien, und es fehlte ihnen nicht am Verstand, die Indizien recht zu deuten. Also hatten sie die Fähigkeit zu sehen, und darum waren sie für ihren Unglauben verantwortlich. Sie hatten Augen, aber sie sahen doch nicht (Jes 43,8; Jer 5,21). Dieser Unglaube war deshalb Sünde, und ihre Sünde zog die verdiente Strafe nach sich. Was der Herr hier sagte, erläuterte er den Jüngern in seinen Abschiedsreden: *»Wenn ich nicht gekommen wäre und zu ihnen geredet hätte, so hätten sie keine Sünde; jetzt aber haben sie keinen Vorwand für ihre Sünde. ... Wenn ich nicht die Werke unter ihnen getan hätte, die kein anderer getan hat, so hätten sie keine Sünde; jetzt* *aber* ***haben sie gesehen*** *und doch gehasst sowohl mich als auch meinen Vater«* (15,22.24).

»nun aber, da ihr sagt: Wir sehen«: Das hatten sie mit anderen Worten gesagt, als sie es dem Blinden verwiesen, sie lehren zu wollen (V. 34); und das hatten sie auch zum Ausdruck gebracht, als sie vom Volk sagten, es sei verflucht, weil es das Gesetz nicht kenne (7,49). Sie hielten von sich, sie hätten Wissen, sie hätten alles Licht, sie trügen es in sich selbst (siehe 11,10). Weil sie so von sich dachten, konnten sie nicht hören und nicht glauben, und darum blieben sie in der Sünde gefangen: So **»bleibt eure Sünde«**.

Anmerkungen zu Kapitel 9

V. 1 – »Dieser Mann konnte Jesus nicht sehen, aber, was besser war: Jesus sah ihn … Es gab damals viele Blinde in Israel, aber Jesus sah diesen Mann mit einem besonderen Auge« (Spurgeon, Bd. 1, S. 269).

V. 2 – »Es war eine in den jüdischen Schulen tradierte Lehrauffassung, dass Kinder wegen bestimmter Gottlosigkeit der Eltern lahm oder buckelig oder verkrüppelt … geboren wurden … Es wurde auch angenommen, ein ungeborenes Kind … könne *irregulariter et inordinate se gerere* (sich ungehörig und unordentlich verhalten). Die Kinder im Mutterleib der Rebekka mögen dafür als Beispiel dienen« (Lightfoot).

V. 6.7 – »Er macht mit seinem Speichel und der Erde Lehm und legt den auf die Augen des Blindgeborenen. Als ein Bild war das ein Hinweis auf die Menschheit Christi in irdischer Demütigung und Niedrigkeit, in der er sich den Augen der Menschen darstellte, wobei aber Leben und göttliche Wirksamkeit in ihm war. Sahen die Menschen deshalb besser? Ihre Augen wurden wenn möglich noch fester verschlossen. Und doch war der Gegenstand da, er berührte ihre Augen, aber sie konnten ihn nicht sehen. Der Blinde wusch sich dann im Teich, welcher ›Gesandt‹ genannt wurde, und konnte sehen. Die Kraft des Geistes und des Wortes gibt Erkenntnis von Christus als dem Einen, den der Vater gesandt hat. Auf diese Weise empfängt der Mensch göttliche Unterweisung. Christus als Mensch berührt uns; wir sind vollkommen blind, wir sehen nichts. Der

Geist Gottes wirkt und zeigt uns, dass Christus vor unseren Augen ist; nun sehen wir klar« (Darby, *Synopsis*).

»Sicher hat weder das Baden noch das Siloahwasser irgendwie die Heilung der Augen bewirkt. Christus hat nach freier Entscheidung bei seinen Wundern öfters solche äußeren Sinnbilder verwendet … Wie der Schöpfer den ganzen Menschen aus einem Erdenbrei machte, so bedient sich Christus hier desselben Mittels zur Heilung der Augen und zeigt damit an einem Glied des Körpers die gleiche Macht, welche der Vater bei der Schöpfung des ganzen Menschen walten ließ … Absichtlich fügt der Evangelist zu dem Namen Siloah die Übersetzung hinzu. Der Quell mit diesem bedeutungsvollen Namen sollte die Juden täglich an das bevorstehende Kommen Christi, des ›Gesandten‹ Gottes erinnern« (Calvin).

»(P.) Lange erinnert an die Rolle, welche diese Quelle im gerade beendeten Fest spielte. In einem täglich dargebrachten feierlichen Gussopfer war die Quelle von Siloah dem Volk präsentiert worden als das Emblem der Segnungen der Theokratie und das Unterpfand aller vom Messias erwarteten Segnungen … So, wie Jesus im Verlauf des zurückliegenden Festes die göttlichen Handlungen und Symbole auf seine Person angewendet hatte, tut er auch hier; nur dass er jene in seinen Worten auf sich gedeutet hatte, und jetzt tut er es durch eine Handlung. Er hatte *gesagt*, dass er der wahre geistliche Fels und die wahre Wolkensäule sei. Nun gibt er zu verstehen, dass er die wahre Siloah-Quelle ist, die Substanz all jener Segnungen, von denen die Wasser Siloahs nur ein Typus waren« (Godet).

V. 7 – »Der schlichte Befehl ist äußerst bemerkenswert. Unser Herr sagte zu seinem Patienten: **›Geh hin, wasche dich in dem Teich Siloam!‹** Der Mann konnte nicht sehen, aber er konnte hören. Die Errettung kommt nicht durch Zeremonien, die wir sehen, sondern durch das Wort Gottes, das wir hören. Es ist die Ohr-Pforte, durch die Immanuel siegreich einzieht in die Stadt Menschenseele: *›Hört, und eure Seele wird leben‹* (Jes 55,3)« (Spurgeon, Bd. 1, S. 276-277).

V. 14 – »Eine rabbinische Satzung verbietet speziell das Aufstreichen des Speichels auf die Augen am Sabbat. Maimonides, Schabb. 21. War diese noch nicht vorhanden oder sanktioniert, so galt doch die allgemeine Satzung, dass nur Lebensgefahr die Sabbatheilung zulasse« (Meyer, zitiert bei Lange).

»Die Worte ›*als Jesus den Brei bereitete*‹ sind in treffender Weise hinzugefügt, um im Wunder die sabbatwidrige Arbeit hervorzuheben … Jesus hatte aber hier wie in Kap. 5 nicht den mosaischen Sabbat mit Füßen getreten, sondern die pharisäische Karikatur desselben« (Godet).

V. 17 – »So hat sich der Glaube des Mannes am Streit der Pharisäer geklärt und gefestigt; er bekennt nun auch, was er bisher glaubt (Röm 10,10)« (Dächsel).

V. 39 – »Er war gekommen, um zu retten, nicht um zu richten, sondern um das Wort des Lebens mitzuteilen, doch bringt wegen der Verdrehtheit des Menschen sein Kommen Gericht … Als Licht stellte der Herr die Menschen auf die Probe; als der Sohn Gottes in Kraft gab er denen sehende Augen, die nichts sahen, die aber durch das Wort und die Erkenntnis seiner Person erkannten, dass sie blind waren« (Darby).

V. 39-41 – »Jesus nimmt von dem Konflikt mit den Pharisäern, der sich aus der Blindenheilung entwickelt hatte, Anlass, im folgenden Kapitel sein ganzes Verhältnis zu ihnen festzustellen: Ihnen als den schlechten Hirten stellt er sich als den guten Hirten gegenüber, eine Gegenüberstellung, die auf alttestamentlicher Grundlage ruht, vgl. Jer 23,1ff.; Hes 34,1ff.; Sach 11,4ff. …« (Hengstenberg, zitiert bei Dächsel).

Kapitel 10

1. **Das Gleichnis vom Hirten, der seine Schafe aus dem Pferch herausführt (10,1-6)**
2. **Der gute Hirte, der sein Leben lässt für die Schafe (10,7-18)**
3. **Zwiespalt unter den Juden (10,19-21)**
4. **Der gute Hirte gibt seinen Schafen das ewige Leben (10,22-30)**
5. **Die Juden wollen den Herrn wieder steinigen (10,31-38)**
6. **Der Herr entzieht sich den Juden (10,39-42)**

Dieses Kapitel schließt sich direkt an das vorhergehende an. Dass der Zusammenhang noch immer die Heilung des Blindgeborenen ist, zeigt der V. 21. Der Herr redet weiterhin zu den Pharisäern, die ihn eben gefragt hatten, ob denn auch sie blind seien (9,39-41). Die Obersten der Juden hatten sich in ihrem Handeln am Blindgeborenen als Diebe und Räuber, also als böse Hirten erwiesen; Christus hingegen hatte an ihm gezeigt, dass er der gute Hirte und dass der Geheilte eines seiner Schafe war.

Der Herr erklärt in dieser Rede, woran man die bösen Hirten erkennt: Sie gehen nicht durch die Tür in den Schafstall. Mit diesen Worten gibt der gute Hirte dem Volk die Fähigkeit, die falschen Hirten zu durchschauen, damit sie sich nicht von blinden Blindenführern bevormunden und verführen lassen, und er gibt ihnen damit auch die nötige Freimütigkeit, ihre Irrtümer abzuweisen (wie der Blindgeborene getan hatte) und sich von ihnen abzuwenden. Das war von größter Wichtigkeit, wenn wir bedenken, welche Autorität die Lehrer des Volkes über das Gewissen der Leute hatten. Was zur Zeit Christi in der Judenheit geschah, sollte sich wenig später in der Christenheit wiederholen: Eine Klasse von selbst ernannten »Hirten« mit einem »Oberhirten« an der Spitze hielt und hält die Christenheit systematisch in Unwissenheit, Aberglauben und Unmündigkeit; denn so können sie die Schafe beherrschen und wie die Räuber frei ausbeuten.

1. Das Gleichnis vom Hirten, der seine Schafe aus dem Pferch herausführt (10,1-6)

Die Worte dieses Gleichnisses folgen unmittelbar auf die letzten Worte von Kapitel 9. Eben hatte der Herr gesagt, dass er in die Welt gekommen sei, um die Sehenden und die Blinden voneinander zu scheiden, und darauf hatten einige Pharisäer gefragt, ob sie denn blind seien (9,39-41). Nun erklärt der Herr, dass sie wirklich blind waren und darum, wie sie es als rechte Hirten hätten tun sollen, das Volk Gottes nicht führten und weideten. Darum musste er, der wahre Hirte, kommen, um seine Schafe aus der Menge des Volkes herauszuführen; damit zeigte er, wie er mit seinem Kommen genau jene Scheidung wirkte, von der er gesprochen hatte.

Auch in den drei ersten Evangelien vergleicht der Herr sich mit einem Hirten, aber nur hier sagt er ausdrücklich, dass er der Hirte ist. Damit identifiziert er sich mit dem Gott Israels, der im Alten Testament oft als der Hirte des Volkes bezeichnet wird. Im Wissen, dass er bald wird sterben müssen, betet Mose für sein Volk, das er mit einer Schafherde vergleicht: *»Der HERR, der Gott der Geister allen Fleisches, bestelle einen Mann über die Gemeinde, der vor ihnen her aus- und einzieht und der sie aus- und einführt; damit die Gemeinde des HERRN nicht sei wie Schafe, die keinen Hirten haben«* (4Mo 27,16.17). Josua sollte dieser Hirte sein; aber er war dabei nur der Unterhirte des wahren Hirten, des Gottes Israels. Als Hirte weidete der HERR jeden, der ihm vertraute, wie David, der sagen konnte: *»Der HERR ist mein Hirte«* (Ps 23,1). Asaph nennt Israel *»dein Volk und die Herde deiner Weide«* (Ps 79,13; siehe auch 95,7), und er ruft zu Gott: *»Hirte Israels, nimm zu Ohren, der du Joseph leitest wie eine Herde ..., strahle hervor«* (Ps 80,2). Jesaja weissagte von ihm: *»Er wird seine Herde weiden wie ein Hirte, die Lämmer wird er auf seinen Arm nehmen und in seinem Schoß tragen, die Säugenden wird er sanft leiten«* (Jes 40,11).[123] Jeremia und Hesekiel hatten von bösen Hirten geweissagt: *»Wehe den Hirten, die die Schafe meiner Weide zugrunde richten und zerstreuen!, spricht der HERR«* (Jer 23,1); *»Menschensohn, weissage gegen die Hirten Israels, weissage und sprich zu ihnen, den Hirten: So spricht der Herr, HERR: Wehe den Hirten Israels, die sich*

123 Die Weissagung wird sich beim zweiten Kommen des Herrn erfüllen, wie aus Jes 40,10 ersichtlich ist.

selbst weiden! Sollen die Hirten nicht die Herde weiden?« (Hes 34,2). Sacharja vergleicht den endzeitlichen Verführer der Juden mit einem Hirten: *»Wehe dem nichtigen Hirten, der die Herde verlässt! Das Schwert über seinen Arm und über sein rechtes Auge! Sein Arm soll völlig verdorren, und sein rechtes Auge völlig erlöschen«* (Sach 11,17). Hesekiel kündigte auch an, dass Gott diese bösen Hirten richten (Hes 34,10) und einen guten Hirten erwecken werde: *»Siehe, ich bin da, und ich will nach meinen Schafen fragen und mich ihrer annehmen. Wie ein Hirte sich seiner Herde annimmt an dem Tag, da er unter seinen versprengten Schafen ist, so werde ich mich meiner Schafe annehmen und werde sie erretten aus allen Orten, wohin sie zerstreut worden sind am Tag des Gewölks und des Wolkendunkels«* (Hes 34,11.12; siehe auch V. 23.24).

Dieser Hirte war nun da, und er hatte begonnen, seine Schafe zu rufen und zu sammeln. Davon handelt das Gleichnis.

> **1 Wahrlich, wahrlich, ich sage euch: Wer nicht durch die Tür in den Hof der Schafe eingeht, sondern woanders hinübersteigt, der ist ein Dieb und ein Räuber.**
> **2 Wer aber durch die Tür eingeht, ist Hirte der Schafe.**

»Wahrlich, wahrlich, ich sage euch«: Mit diesen Worten beginnt der Herr zwar einen neuen Abschnitt, doch ist dieser die Fortsetzung des in 9,39-41 angefangenen Dialogs.

»Wer nicht durch die Tür in den Hof der Schafe eingeht«: Hirten, die tagsüber ihre Schafe auf die Weide führten, führten sie am Abend in einen umzäunten Pferch, wo sie vor Dieben und Wölfen sicher waren. Einer der Hirten blieb als Türhüter die ganze Nacht dort und bewachte die dort zusammengetriebenen Schafe, bis am Morgen die anderen Hirten kamen und jeder seine Schafe wieder holte. Der Türhüter kannte jeden Hirten, ließ ihn herein, und der Hirte rief mit dem ihm eigenen Ruf seine Schafe, und die folgten seiner Stimme, und er führte sie aus dem Pferch wieder hinaus auf die Weide.

»Wer … durch die Tür eingeht«: Daran erkannte man den wahren Hirten, den die Propheten angekündigt hatten (1Mo 49,24; Mi 5,1-3; Hes 37,24; Sach 13,7). Die Tür ist hier der Weg, auf dem der wahre Hirte, der *»gute Hirte«* (V. 11), selbst eingeht. Die Schafe konnten wissen, ob er durch die Tür eingetreten war, nämlich auf dem Weg, den die Propheten angekündigt hatten. Von den Propheten wusste man die Zeit seiner Geburt (Dan 9,24-26)[124], den Ort seiner Geburt (Mi 5,1), die Art seiner Geburt (Jes 7,14) und seine Werke (Jes 35,5.6).

Aber nicht nur der Herr war durch diese Tür eingegangen; das taten später auch die Männer, die ihm gefolgt und von ihm gelehrt worden waren, also die Jünger Jesu und späteren Apostel des Herrn. Damit autorisierte der Herr vor dem Volk die Apostel als wahre Hirten und verwies das Volk auf die Männer, die nach seinem Weggang das Volk lehren würden und durch die der große Hirte sie aus dem Pferch des Judentums herausführen würde. Davon berichtet die Apostelgeschichte. Diese Hirten konnte man daran erkennen, dass sie in ihrer Lehre das Gesetz und die Propheten bestätigten (Röm 1,2; 3,21 etc.).

Der **»Hof der Schafe«** hielt die Schafe während der Nacht zusammen, der Zaun schützte sie vor Feinden. So war Israel durch das Gesetz eingeschlossen, von den Nationen abgesondert und vor deren Gräueln geschützt und verwahrt bis auf den Tag, an dem der Hirte Israels (Ps 80,2) zu ihnen kam. Darauf verweist Paulus im Galaterbrief, wenn er sagt: *»Bevor aber der Glaube kam, wurden wir unter dem Gesetz verwahrt, eingeschlossen auf den Glauben hin, der offenbart werden sollte«* (Gal 3,23).

3 Diesem öffnet der Türhüter, und die Schafe hören seine Stimme, und er ruft seine eigenen Schafe mit Namen und führt sie heraus.

Wer ist **»der Türhüter«**? Eigentlich hätten die Lehrer des Volkes als Türhüter dem Kommenden das Tor weit auftun (vgl. Ps 24,7) sollen und das Volk ermuntern müssen, auf ihn zu hören. Doch als der Hirte kam, erwiesen sie sich als untaugliche Hüter, denn sie versuchten, dem Hirten den Zugang zu den Schafen zu verwehren und die Schafe daran zu hindern, dem Hirten zu folgen (siehe Mt 23,13). Darum hat *»der Hüter Israels«* (Ps 121,4) selbst als Türhüter seinem Sohn die Tür zu seinem Volk geöffnet, indem dieser zur bestimmten Zeit und am bestimmten Ort zur Welt kam und damit in die Mitte seines Volkes trat, um seine Schafe aus dem Volk herauszuführen. Das konnten die bösen Hirten nicht ver-

124 Aus Dan 9 kann man das Jahr und aus 3Mo 23 Monat und Tag seines Todes errechnen. Von da ausgehend kann man auf die ungefähre Zeit seiner Geburt schließen.

hindern, so sehr sie es auch versuchten. Und er ist es, der jedes Mal das Herz auftut, wenn ein Mensch das Wort Christi und damit Christus selbst aufnimmt (Apg 16,14).

»die Schafe hören seine Stimme«: Als der Herr in das Seine kam, nahmen die Seinen ihn nicht an (1,11). Aber da waren Einzelne, die nahmen ihn an (1,12.13). Und was der gute Hirte während seines Lebens getan hatte, das setzte er nach seiner Rückkehr zu seinem Vater durch seine Unterhirten fort: An Pfingsten hörten *»dreitausend Seelen«* durch die Predigt der Apostel seine Stimme und wurden von ihm seiner Herde hinzugetan (Apg 2,41.47). Das waren nur wenige aus der großen Menge von Schafen, die zum Volk Israel gehörten; Paulus sagt von diesen: *»So besteht nun ... in der jetzigen Zeit ein Überrest nach Auswahl der Gnade«* (Röm 11,5).

Dieser Überrest war bereits da, als der Hirte kam. Ein jeder aus ihm war von ihm selbst zuvorerkannt und zubereitet worden, seine Stimme zu hören und zu erkennen. Das zeigt sich in dieser Gleichnisrede daran, dass er sie alle **»mit Namen«** ruft. Jeder hat einen Namen, seine unverlierbare und nicht austauschbare Identität. Der Herr[125] sprach zu Abraham (bzw. Abram), als er ihm Verheißungen gab (1Mo 22,11.15); er nannte die Söhne Jakobs mit Namen, die nach Ägypten zogen (2Mo 1,1). Er rief sie alle mit Namen (Ps 147,4), und wegen der Größe seiner Stärke blieb keiner aus (Jes 40,26; 43,1). So rief er Philippus (1,43), später Saul von Tarsus (Apg 9,4), so ruft er einen jeden, der zum Glauben kommt. Sie sind von Anbeginn als sein Eigentum zuvorerkannt und ausgesondert. Darum heißen sie **»seine eigenen Schafe«**. Wider Erwarten rief der Herr also nicht die ganze Herde Israel, die hinter dem Zaun des Gesetzes verwahrt wurde, sondern nur diesen Überrest; er rief nur »seine Schafe«. Sechs Mal wird in diesem Kapitel gesagt, dass die Schafe dem Herrn gehören (V. 3.4.14.16.26.27). Sie heißen »seine Schafe«, weil der Vater sie ihm gegeben hat (V. 29); und er hat sie dem Sohn gegeben, damit er sie rette; und das tut er, indem er für sie stirbt (V. 11), sie ruft (V. 3), führt (V. 27), bewahrt (V. 28) und vollendet (17,24). Von diesen hatte er in der Synagoge in Kapernaum bereits gesprochen: *»Alles, was mir der Vater gibt, wird zu mir kommen«* (6,37).

125 In 1Mo 22,11.15 steht, dass es der Engel des HERRN war, der Abraham rief; dieser ist der Herr selbst.

Der Hirte **»führt sie heraus«**. Er war nicht gekommen, um Israel zu reformieren. Er war nicht ein alttestamentlicher Prophet, der das Volk lediglich zum Gesetz zurückrief (Jes 8,20). Er war gekommen, um das Gesetz zu *erfüllen*; und er war gekommen, um *aus* Israel einen Überrest nach Wahl der Gnade (Röm 11,5) *herauszuführen*. Hier sagt er zunächst nur, dass er die Schafe herausführt aus der Enge des Hofes auf die Weite der Weide (V. 9). Was er damit meinte, verstanden auch die Jünger erst später.

»Gott öffnete ihm die Tür, und die Schafe hörten seine Stimme. Hier geht es um niemand anders als um diese; ihnen gilt sein Dienst, den er tut gegen alle Macht des Teufels. Der Herr kennt seine Schafe; sie sind sein, und er ruft sie alle mit Namen ... Es ist bewegend zu sehen, wie sein Herz einzig den Schafen Jesu zugeneigt ist und wie er ein jedes einzelne mit inniger Liebe erkennt. Er kommt und ruft sie unter Ausschluss aller übrigen Juden; und sein Vorsatz schlägt nicht fehl. Er lässt sie nicht im jüdischen Hof; er führt sie heraus aus dem Hof, in dem die Juden wohnten, heraus aus der Umzäunung, wo jene waren, die ›von ihrem Vater, dem Teufel‹ sind« (Darby).

4 Wenn er seine eigenen Schafe alle herausgeführt hat, geht er vor ihnen her, und die Schafe folgen ihm, weil sie seine Stimme kennen.
5 Einem Fremden aber werden sie *nicht* folgen, sondern werden vor ihm fliehen, weil sie die Stimme der Fremden nicht kennen.

»herausgeführt«: εκβαλλω, *ekballō*, eigentlich »hinauswerfen«. Es ist das gleiche Wort wie in 9,34: *»Und sie warfen ihn hinaus.«* Als die Juden den Blindgeborenen hinauswarfen, sündigten sie; aber es war eigentlich Gott selbst, der den Mann auf diese Weise aus dem Pferch des Judentums befreite. Beachten wir, dass der Hirte **»alle«** herausführt; keiner fehlt (siehe Auslegung zu V. 3).

Zuerst treibt der Hirte sie hinaus, dann aber **»geht er vor ihnen her«**: Als der Herr die Kinder Israel aus Ägypten herausführte, tat er das *»mit starker Hand«* (2Mo 13,3.9.14.16), und diese Hand war stärker als der Trotz des Pharao und die Trägheit in Israel. Dann aber ging der Herr als der große Hirte seines Volkes in der Wolken- und Feuersäule vor ihnen her (2Mo 13,21). Der Hirte *»geht vor ihnen her«*; jeden Schritt, den irgendeines seiner Schafe tut, hat er vor ihnen getan; jeden Weg, den sie gehen, ist er selbst zuerst gegangen. Er verlangt von den Seinen nie etwas, was er nicht selbst ausgestanden und durchlitten hat. Er treibt sie nicht vor sich her, sondern er geht ihnen voran; und wo auch immer sie unterwegs hingelangen, sehen wir seine Fußspuren (1Petr 2,21).

»und die Schafe folgen ihm, weil sie seine Stimme kennen«: Nur *»seine eigenen Schafe«* kennen seine Stimme. Die Juden glaubten nicht an ihn, weil sie nicht von seinen Schafen waren (V. 26), und sie hörten seine Stimme nicht, weil sie *»nicht aus Gott«* (8,47) und nicht *»aus der Wahrheit«* (18,37) waren. Seine Schafe hingegen hören seine Stimme, und sie folgen ihm, und er gibt ihnen ewiges Leben (V. 27.28). Der Herr hatte Diebe und Räuber erwähnt; hier spricht er von **»einem Fremden«**. Dem folgen seine Schafe nicht, **»weil sie die Stimme der Fremden nicht kennen«**. Der Blindgeborene hatte die Stimme seines Hirten gehört, und darum folgte er den Pharisäern nicht, da mochten sie ihn locken oder ihm drohen, so viel sie wollten. Das bedeutet, dass die Schafe Christi nicht jede falsche und verführerische Stimme kennen müssen; sie müssen nur die Stimme des guten Hirten kennen. Das genügt, um sich jeder unbekannten Stimme zu verschließen.

Im Dezember 2013 erzählte der Pfarrer der Evangelischen Kirchgemeinde Altstätten (Schweiz) in einer Predigt folgende Begebenheit: *»Ein Schafhirte im Raum Karlsruhe musste eines Tages entdecken, dass ihm in der Nacht seine gesamte Herde mit insgesamt 111 Schafen gestohlen worden war. Er meldete dies der Polizei, und diese machte sich auf die Suche nach den Tieren. Wochen später erfuhren die Behörden, dass in Köln ein Großtransport von 5000 Schafen in die Türkei geplant war. Sie informierten den Hirten und schlugen ihm vor, zu jenem Bahnhof zu kommen und herauszufinden, ob sich welche von seinen Schafen in der Herde befänden. Am entsprechenden Tag stand der Hirte mit den Polizisten auf dem Güterbahnhof Köln, und eine riesige Herde Schafe zog an ihm vorbei. In kurzen Abständen ließ nun der Hirte seinen Lockruf erschallen, und siehe da – nach und nach löste sich ein Schaf nach dem anderen aus den 5000 anderen Schafen. Als alle Tiere verladen waren, zählte man die kleine Herde, die sich um den Hirten gesammelt hatte. Es waren zum Erstaunen aller genau 111 Schafe. Selbst die Polizisten waren* *überwältigt und davon überzeugt, dass diese Schafe das Eigentum des Hirten sein mussten …«*[126]

6 Dieses Gleichnis sprach Jesus zu ihnen; *sie* aber verstanden nicht, was es war, das er zu ihnen redete.

Das Wort **»Gleichnis«** wird im Johannesevangelium nur hier und noch in 16,25.29 verwendet, also sehr sparsam, während es in den drei ersten Evangelien ausgesprochen häufig vorkommt. Das hier und in 16,25.29 verwendete Wort für »Gleichnis«, παροιμια, *paroimia*, findet sich nur noch in 2Petr 2,22 (dort mit *»Sprichwort«* übersetzt). Das sonst dafür verwendete Wort lautet wie in Mt 13,18 und in noch 47 weiteren Versen παραβολη, *parabolē*, ein Wort, das uns als literarischer Gattungsbegriff *Parabel* bekannt ist. *Paroimiai* ist in der LXX der Name des Buches der Sprüche.

»*sie* aber verstanden nicht«: In 8,43 hatte der Herr die Juden gefragt: *»Warum versteht ihr meine Sprache nicht?«*, und erklärt: *»Weil ihr mein Wort nicht hören könnt.«* Nach allem, was wir in Kapitel 9 über sie gelesen haben, erwarten wir nichts anderes: Sie hielten sich für sehend, und gerade das war ihre Blindheit (9,39-41; vgl. Offb 3,17). Zum ersten Mal spricht der Herr in Gleichnissen, und das ist nicht zufällig. Die Pharisäer waren verstockt und wurden daher der Blindheit übergeben. Darum redet der Herr in Gleichnissen, damit nur die ihn verstehen, denen es gegeben ist. Das entspricht ganz der Wende, von der Matthäus 12 und 13 berichtet: In Mt 12 hatten die Obersten die Sünde wider den Geist begangen; daraufhin begann der Herr in Gleichnissen zu reden. Als die Jünger ihn fragten, warum er plötzlich so rede, antwortete er: *»Weil es* ***euch gegeben ist, die Geheimnisse des Reiches der Himmel zu erkennen, ihnen aber ist es nicht gegeben.*** *… Darum rede ich in Gleichnissen zu ihnen, weil sie sehend nicht sehen und hörend nicht hören noch verstehen; und an ihnen wird die Weissagung Jesajas erfüllt, die sagt: ›Mit Gehör werdet ihr hören und doch nicht verstehen, und sehend werdet ihr sehen und doch nicht wahrnehmen; denn das Herz dieses Volkes ist dick geworden, und mit den Ohren haben sie schwer gehört, und ihre Augen haben sie geschlossen, damit sie nicht etwa mit*

126 Veröffentlich im ostschweizerischen Regionalblatt *Seeseiten*, Dezember 2013, Nr. 6.

den Augen wahrnehmen und mit den Ohren hören und mit dem Herzen verstehen und sich bekehren und ich sie heile« (Mt 13,11.13-15).

2. Der gute Hirte, der sein Leben lässt für die Schafe (10,7-18)

Hier beginnt der Herr das Gleichnis auszulegen. Er sagt zuerst etwas über die in V. 1 und 2 genannte Tür (V. 7), und dann erklärt er, wer der in V. 1 erwähnte Dieb und Räuber ist (V. 8): Das waren alle, die vor ihm gekommen waren; die Schafe aber hatten nicht auf sie gehört (V. 7.8; siehe V. 3). Und dann sagt er, was die in V. 3 genannten Schafe finden, wenn sie ihm folgen und durch ihn, der selbst die Tür ist (V. 9), hinausgehen; und er sagt, was alle anderen finden, die den bösen Hirten folgen (V. 10). In V. 11 spricht er offen aus, dass er selbst jener Hirte ist, von dem er im Gleichnis gesprochen hatte, und dann sagt er mehr über die in V. 9 erwähnte Errettung: Er, der gute Hirte, stirbt für die Schafe, damit sie vom Tod errettet werden und stattdessen sie Leben im Überfluss empfangen können. Während der gute Hirte sein Leben lässt für die Schafe, tun die bösen Hirten genau das Gegenteil: Sie retten ihre eigene Haut und überlassen ihre Schafe dem Wolf, der die Herde zerfleischt und zerstreut (V. 12). Die bösen Hirten sind bloße Mietlinge, und die kümmern sich nicht um die Schafe (V. 13), weil sie diese nicht wirklich kennen; der gute Hirte hingegen kennt seine Schafe, und sie kennen ihn, und zwar so innig, wie der Vater den Sohn und der Sohn den Vater kennt (V. 14.15). Der gute Hirte hat weit mehr Schafe, als die Juden ahnen können; diese anderen Schafe wird er bringen, und dann wird *eine* Herde unter *einem* Hirten sein (V. 16). Weil der gute Hirte sein Leben freiwillig lässt und wiedernimmt, liebt ihn der Vater (V. 17.18).

7 Jesus sprach nun wiederum zu ihnen: Wahrlich, wahrlich, ich sage euch: *Ich* bin die Tür der Schafe.
8 Alle, die vor mir gekommen sind, sind Diebe und Räuber; aber die Schafe hörten nicht auf sie.

»Ich bin die Tür der Schafe«: Die Tür war der Weg, auf dem der Hirte zu den Schafen gekommen war (V. 2), und er selbst war die Tür, durch welche die Schafe aus dem Hof hinausgehen konnten. In V. 9 wird der Herr mehr darüber sagen, was das für die Schafe bedeutet; zunächst sagt er wieder etwas über die falschen Hirten.

»Alle, die vor mir gekommen sind, sind Diebe und Räuber«: Sowohl Jeremia als auch Hesekiel und Sacharja klagen über die bösen Hirten, die das Volk schinden (Jer 23,1.2; Hes 34,2-10; Sach 11,4.5), bevor sie das Kommen des Guten Hirten ankündigen (Jer 23,5-8; Hes 34,11-31; Sach 11,7-13). Die Gesetzeslehrer, die seit Generationen alle geistliche Autorität an sich gerissen hatten, waren nicht Führer, sondern Verführer, nicht Diener, sondern Verderber des Volkes (Hos 6,9). Was von denen, die vor Christus kamen, gesagt wird, gilt selbstverständlich auch für alle falschen Propheten (Mt 24,11), Lehrer (2Petr 2,1) und Hirten (Jud 12), die nach ihm kommen würden. Die Früheren und Späteren waren alle nicht die Tür, durch die man zum Leben finden konnte.

»aber die Schafe hörten nicht auf sie«: In V. 5 sagte der Herr, dass sie nicht auf sie hörten, weil sie Fremde waren und die Schafe ihre Stimme nicht kannten. Kurz vor dem zweiten Kommen Christi wird sich wiederholen, was beim ersten Kommen geschah: Da wird ein *»nichtiger Hirte«*, wie Sacharja ihn nennt (Sach 11,17), zum Volk reden, und viele werden seinen Worten glauben, die geschmeidiger sind als Öl (Ps 55,22). Aber die Schafe des großen Hirten, die im Buch des Lebens des Lammes eingeschrieben sind (Dan 12,1; Offb 13,8; 17,8), werden dieser Stimme nicht folgen, denn es ist die Stimme des Drachen (Offb 13,11).

9 *Ich* bin die Tür; wenn jemand durch mich eingeht, so wird er errettet werden und wird ein- und ausgehen und Weide finden.

»Ich bin die Tür«: Hier ist die Tür nicht der Weg, auf dem Christus zu seinen Schafen kam (V. 2), sondern hier ist er selbst die Tür für die Schafe. Indem sie seine Stimme hören und ihm folgen, gehen sie durch ihn, durch die Tür, und verlassen damit das Judentum, das durch das Gesetz wie hinter einem Zaun gehalten wurde. Es war keine Kleinigkeit, mit dem Judentum und seinen Traditionen zu brechen, da sie dabei auch vieles aufgeben mussten, das Gott einst geboten hatte.[127] Darum ermuntert sie der Hirte, indem er ihnen sagt, dass er selbst die Tür ist; denn das bedeutet, dass es Gott nicht missfallen kann, wenn sie durch diese Tür gehen. Als sie hindurchgingen, traten sie auch ein in etwas Neues, und da erkannten sie, dass das Neue, das Gott seinem Volk bereitet hatte, viel besser war als das Alte. Sie wurden frei vom Joch des Gesetzes und traten auf das weite Feld der Gnade. Jeder, der durch diese Tür geht, **»wird … errettet«**, und damit empfängt er alles, was Gott dem Verlorenen in seiner Gnade bereitet hat: Leben (V. 10.28), Erkenntnis des Sohnes Gottes (V. 14), Führung (V. 27), Sicherheit (V. 28.29) und am Ende Herrlichkeit (17,22.24).

»und wird ein- und ausgehen und Weide finden«: Die Schafe, die der gute Hirte rief, befreite er vom Joch des Gesetzes (Röm 6,14; 7,6; 10,4) und führte sie zu Gott (1Petr 3,18). In ihm und bei ihm fanden sie die Freiheit der Kinder Gottes (Gal 5,1) und **»Weide«**, d. h. Nahrung für den inneren Menschen. In Kap. 6 hatte er gesagt, dass er selbst die Nahrung ist für die Seinen.

Durch ihn können sie **»eingehen«**: Sie haben den freien Zugang zu Gott (Eph 2,18; 3,12; Hebr 10,19), den sie unter dem Alten Bund nicht gekannt hatten. Und durch ihn können sie **»ausgehen«**: Sie bekommen den Auftrag und die Freiheit, auszugehen, das Zeugnis des Heils unter allen Nationen zu verkünden (20,21; Mt 28,18-20; Apg 10; 1Petr 2,9).

Die Worte dieses Verses lassen uns an Verheißungen im Alten Testament denken. Gott verhieß dem Stammvater Jakob, dass er, nachdem er aus dem Elternhaus ausgegangen war, wieder glücklich dort eingehen werde (1Mo 28,15). Er verhieß seinem ganzen Volk, wenn es sich an sein Wort halten würde: *»Gesegnet wirst du sein bei deinem Eingang, und gesegnet wirst du sein bei deinem Ausgang«* (5Mo 28,6). Und in Ps 121,8 wird ebendieser Segen bestätigt: *»Der HERR wird behüten deinen Ausgang und deinen Eingang, von nun an bis in Ewigkeit.«* In Christus erfüllt Gott diese Verheißungen; Israel wird sie dann erlangen, wenn sie endlich den erkennen, den sie durchbohrt haben (Sach 12,10).

127 Wie schwer es den Schafen fiel, sich vom Judentum zu lösen, zeigen die Apostelgeschichte und der Hebräerbrief.

10 Der Dieb kommt nur, um zu stehlen und zu schlachten und zu verderben. *Ich* bin gekommen, damit sie Leben haben und es in Überfluss haben.
11 *Ich* bin der gute Hirte; der gute Hirte lässt sein Leben für die Schafe.[128]

Der selbst ernannte Hirte ist ein »**Dieb**«, und der »**kommt nur, um zu stehlen und zu schlachten und zu verderben**«. Er liebt die Schafe nicht, sondern nur sich selbst. Er kümmert sich um die Schafe nicht, sondern nur um sein eigenes Wohl (Hes 34,2; siehe auch Jud 12). Er beutet die Schafe aus, schert sie, schlachtet sie, verkauft sie (Sach 11,4.5; Hes 34,3). Dass die Obersten der Juden solche Diebe und Mörder waren, zeigten sie, als sie nicht nur Jesus, sondern auch Lazarus töten wollten (12,10).

»**damit sie Leben haben und es in Überfluss haben**«: Der Hirte gibt seinen Schafen das Leben aus Gott, das Leben des Sohnes Gottes selbst (1Jo 5,20), und das ist Auferstehungsleben, das von keinem Tod angetastet werden kann, ein überfließendes Leben, das ins ewige Leben quillt (4,14); es ist ein Leben in solcher Fülle, dass es ausfließt und zu den Mitmenschen strömt (7,38). Denn so ist Gott; er gibt nicht nach Maß (3,34); er ist in allem reich: an Barmherzigkeit, an Gnade, an Weisheit (Eph 1,7.8; 2,4.7; 1Kor 1,4.5).

Das »***Ich***« ist betont: Der Herr ist »**der gute Hirte**« im Gegensatz zu den bösen Hirten; man erkennt ihn daran, dass er »**sein Leben lässt für die Schafe**«.

Hier lehrt uns der gute Hirte etwas sehr Wichtiges über die Erlösung. Er ist nicht nur für die Welt (siehe 3,16) und damit *»für alle gestorben«* (2Kor 5,15; siehe auch 1Tim 2,6), sondern er ist in besonderer Weise für die Schafe gestorben, für die, denen er vorhin sagte, dass er sie mit Namen ruft und dass sie ihm folgen, weil sie seine Stimme kennen.

Für das Wort »**für**« steht hier *hyper*, nicht *anti* (wie in Mk 10,45). *anti* hat den Sinn »anstelle von«. In Mk 10,45 will der Herr sagen, dass er als der Stellvertreter sein Leben gibt als Lösegeld anstelle von Schuldigen. Der Herr hat sich aber nicht lediglich ins Unvermeidliche geschickt

128 Diesen Vers hat J. S. Bach zur Eingangsarie verarbeitet in der Kantate »Ich bin ein guter Hirt« (BWV 85).

und den Tod für andere auf sich genommen; nein, er starb für seine Schafe, weil er sie liebte; er ließ sein Leben für sie, mit Blick auf sie.

12 Der Mietling aber und der nicht Hirte ist, dem die Schafe
nicht gehören, sieht den Wolf kommen und verlässt die Schafe
und flieht; und der Wolf raubt sie und zerstreut die Schafe. Der
Mietling aber flieht,
13 weil er ein Mietling ist und sich nicht um die Schafe
kümmert.

»Der Mietling … und der nicht Hirte ist« steht für jeden selbst ernannten Führer. Dieser **»sieht«**, *theōreō*, das meistens mehr bedeutet als nur »sehen« im Sinne von »wahrnehmen«; es steht eher für »betrachten«, »schauen«: Der Mietling beobachtet den Wolf, wie er sich der Herde naht, wägt die Gefahr ab, und dann verlässt er sie. Der **»Wolf«** steht für falsche Propheten (Mt 7,15), für falsche Lehrer (Apg 20,29; vgl. 2Petr 2,1), für die Feinde der Boten Gottes (Mt 10,16). Diese rauben, was sie rauben können, und die Übrigen zerstreuen sie, während der gute Hirte sein Leben lässt, um die Schafe zu sammeln (11,51.52).

»flieht«: Gerade das wird vom *»nichtigen Hirten«* gesagt, den Gott seinem Volk erweckt (Sach 11,16.17), nachdem es den guten Hirten verworfen hat (Sach 11,12.13). Der von Sacharja angekündigte »nichtige Hirte« ist letztlich der Antichrist, und der verlässt die Herde, wenn die Gefahr am größten ist, und marschiert zusammen mit dem Tier gegen Jerusalem. Was vom Antichristen gesagt wird, gilt für jeden nicht von Gott berufenen Hirten, der ein Mietling ist, der seine Arbeit nur tut, weil er Geld und Ansehen dafür bekommt (siehe 1Tim 6,5). Der Mietling flieht, weil ihm **»die Schafe nicht gehören«**. Er hat nicht für sie gelitten und nicht mit seinem Leben für sie bezahlt. Das aber hat der gute Hirte getan; er hat sie mit seinem Blut für sich erworben. Und diese Schafe hat der Vater ihm zum Eigentum gegeben (6,37). Darum behütet er sie und bewahrt sie und verlässt sie nicht, wenn der Wolf kommt, sondern stellt sich schützend vor sie und übergibt sich selbst den Mördern, um seine Schafe zu schützen (siehe 18,1-9).

14 *Ich* bin der gute Hirte; und ich kenne die Meinen und bin gekannt von den Meinen,
15 wie der Vater mich kennt und *ich* den Vater kenne; und ich lasse mein Leben für die Schafe.

»*Ich* bin der gute Hirte«: Das hatte der Herr schon in V. 11 gesagt. Hier nennt er eine weitere Eigenschaft, die nur den guten Hirten auszeichnet: **»… ich kenne die Meinen …«** Das ist eine ganz wunderbare Tatsache. Das bedeutet nicht nur, dass er uns kennt, indem er alles von uns und über uns weiß, sondern mehr noch, dass er uns als seine Geliebten erkennt und als die Seinen anerkennt (1Kor 8,3; 2Tim 2,19; Jer 1,5; 31,3; Röm 8,29). Damit hat er sich an uns und uns an sich gebunden.

Der Nachsatz **»und bin gekannt von den Meinen«** ist eben ein Nachsatz. Wir dürfen die Reihenfolge nicht umdrehen. Es ist nicht so, dass der Herr uns erkennt, weil wir ihn erkannt haben, sondern umgekehrt. Weil er uns erkennt, ja, wie Röm 8,29 sagt, von Ewigkeit her *»**zuvor** erkannt hat«*, darum kamen wir zur Erkenntnis des Sohnes Gottes und können seither sagen, dass wir ihn kennen.

Der Herr kennt die Seinen, **»wie der Vater mich kennt und ich den Vater kenne«**. Eine innigere Beziehung als die zwischen Gott dem Vater und dem Sohn lässt sich nicht denken. Und in dieser Weise kennt der Herr die Seinen, die er nun **»die Schafe«** nennt, für die er sein Leben ließ. Und er kennt sie noch immer, auch nachdem er gestorben und auferstanden und nicht mehr auf der Erde, sondern zum Vater zurückgekehrt ist.

»In der Weise, wie der Hirte und die Schafe sich gegenseitig erkennen, sehen wir seine ganze Güte; denn sie erkennen sich so, wie der Vater den Sohn und der Sohn den Vater erkennt. Es ist eine Erkenntnis göttlicher Art … Es hatte nie eine innigere Erkenntnis zwischen Personen gegeben als die zwischen dem Vater und dem Sohn, während der auf der Erde war; und nach diesem Muster sollte es sein zwischen ihm, wenn er erhöht sein würde, und den Schafen, die noch auf der Erde sind« (Kelly).

»ich lasse mein Leben für die Schafe«: Diesen Satz müssen wir natürlich im Anschluss an das soeben Gesagte lesen. »Die Schafe« sind seine Schafe, jene, die er erkennt und die ihn erkennen. Wäre der Herr in die Welt gekommen, um durch seinen Tod Errettung lediglich möglich zu machen, dann hätte er sich vom Mietling zwar dadurch unterschieden, dass er bereit war, sein Leben für die Herde zu lassen, aber in einer anderen Hinsicht wäre er dem Mietling gleich gewesen: Er hätte die Schafe nicht gekannt; er wäre wie der Mietling zu fremden Schafen gekommen. Sie hätten zwar möglicherweise die Seinen werden können, aber das wären sie noch nicht gewesen. Es hätte an der Willkür der Schafe gelegen, ob sie die Seinen würden oder nicht. Aber so verhielt es sich gerade nicht. Der Herr kam nicht, um Errettung möglich zu machen; er kam nicht zu Schafen, die, wenn sich's gut treffen sollte, sein Eigentum werden würden. Der Herr kam nicht, um Errettung lediglich anzubieten; er kam vielmehr, um zu erretten, *seine* Schafe zu *erretten*. Er kam, um jene durch seinen Tod zu erlösen, die ihm schon gehörten, weil der Vater sie ihm gegeben hatte (6,37.39; 10,29; 17,2.6.7.9.24; 18,9). Darum hießen sie ja *seine* Schafe, die er alle bei ihrem eigenen Namen ruft.

16 Und ich habe andere Schafe, die nicht aus diesem Hof sind; auch diese muss ich bringen, und sie werden meine Stimme hören, und es wird *eine* Herde, *ein* Hirte sein.

Der gute Hirte kam, um mit seinem Leiden und Sterben den Grund zu legen für eine ganz neue Gemeinschaft. Er führt seine Schafe zuerst in eine persönliche Beziehung zu ihm, aber damit auch in eine neue Beziehung zu allen anderen Schafen. Hier kündigt der Herr an, dass durch das Evangelium Heiden seiner Herde hinzugefügt und zusammen mit den Erwählten aus Israel zu *einer* Herde, zu *einem* Leib werden sollten. Der Apostel Paulus lehrt diese Wahrheit besonders deutlich im Epheserbrief in den Kapiteln 2 und 3.

»ich habe andere Schafe«: Man beachte, wie der Herr sich ausdrückt. Er sagt nicht, er werde versuchen, auch andere Schafe herbeizurufen, sondern er sagt, er *hat*, er besitzt dort Schafe. So sagte er auch einige Jahre später in einem Nachtgesicht zu Paulus, als dieser in Korinth war: *»... ich* ***habe*** *ein großes Volk in dieser Stadt«* (Apg 18,10). Sie sind sein, noch bevor sie selbst es wissen, sollte es doch kürzere oder längere Zeit dauern, bis sie zur Herde hinzugetan wurden. Weil diese »anderen Schafe« alle von Gott in Christus Erwählte sind, **»muss«** (vgl. 3,14; 4,4) der Herr sie **»bringen«**, d.h. es geschieht mit Notwendigkeit; und **»sie werden«** – nicht: sie sollen – **»meine Stimme hören«**.

Der Herr sagt auch nicht, er habe andere Schafe in einem anderen Pferch. Die Heiden waren nie wie Israel durch einen Zaun, wie es das

Gesetz war, eingeschlossen und abgesondert. Man beachte ferner, dass der Herr von den anderen Schafen, die er mit den Schafen **»aus diesem Hof«** zusammenführt, nicht sagt, dass er sie alle in einen neuen Pferch führen würde. Es gibt keinen Pferch mehr. Der Herr führt als der Hirte Israels (Ps 80,2) seine Schafe aus Israel zuerst heraus aus der Bindung an das Gesetz in den weiten Raum der Freiheit vom Gesetz (Gal 5,1; Röm 7,6). Und dann führt er sie mit seinen Schafen aus den Nationen zusammen und vereint sie in *einem* Leib (Eph 2,13-16).

Die **»eine Herde«** ist die *eine* Gemeinde Gottes, bestehend aus erlösten Juden und Heiden; der **»eine Hirte«** ist das *eine* Haupt der Gemeinde, der Herr Jesus Christus. Er ist der alleinige »Oberhirte« (der *»Erzhirte«*; 1Petr 5,4). Alle anderen, die sich »Oberhirten« nennen, sind Räuber und Diebe.

17 Darum liebt mich der Vater, weil *ich* mein Leben lasse, damit ich es wiedernehme.
18 Niemand nimmt es von mir, sondern *ich* lasse es von mir selbst. Ich habe Gewalt, es zu lassen, und habe Gewalt, es wiederzunehmen. Dieses Gebot habe ich von meinem Vater empfangen.

»Darum liebt mich der Vater«: Ganz abgesehen von den Ergebnissen hat der Gehorsam und die Hingabe des Sohnes seinen besonderen Wert für Gott den Vater. Der Sohn gab sein Leben aus Liebe zum Vater, und diese Liebe wurde vom Vater mit Liebe zum Sohn beantwortet.

*»**Wir** lieben, weil Gott uns zuerst geliebt hat, doch Jesus, der göttliche Sohn, kann Gott dem Vater Ursachen geben, um derentwillen er ihn liebt«* (Darby, *Synopsis*).

Der Vater liebt den Sohn, weil er das Gebot des Vaters ausführt, und des Vaters Gebot war, dass er sein Leben für die Schafe lassen sollte; denn *»sein Gebot ist ewiges Leben«* (12,50). Er kam in diese Welt mit dem Vorsatz, den Willen seines Vaters zu tun (6,38), so *»dass jeder, der den Sohn sieht und an ihn glaubt, ewiges Leben habe«* (6,40).

»Niemand nimmt es von mir, sondern ich lasse es von mir selbst«: Er opferte sich selbst (Hebr 9,14), er war nicht das unglückliche Opfer böser Menschen und widriger Umstände. Sehenden Auges ging er in den Tod. Er wusste alles, was über ihn kommen sollte (13,1; 18,4); er kündigte es den Jüngern wiederholt an, dass er nach Jerusalem gehe, um gefasst, verhört, verurteilt, gepeinigt und getötet zu werden (Mt 16,21; 17,22; 20,18; 26,2).

»Ich habe Gewalt, es zu lassen, und habe Gewalt, es wiederzunehmen«: Er stirbt, um aus dem Tod zu erstehen. Diese Gewalt besaß er, wie er bereits bei seinem ersten Besuch in Jerusalem bezeugt hatte: *»Brecht diesen Tempel ab, und in drei Tagen werde ich ihn aufrichten«* (2,19). Er lässt sein Leben für die Schafe, um in seinem Tod ihre Schuld zu sühnen; er aufersteht, um sie zu rechtfertigen (Röm 4,25). Er stirbt, um die Macht der Sünde und des Todes über seine Schafe zu brechen (Hebr 2,14.15); er aufersteht, um seine Schafe zur Neuheit des Lebens zu führen (Röm 6,4); er leidet als der Gerechte für die Ungerechten, um sie zu Gott zu führen (1Petr 3,18).

3. Zwiespalt unter den Juden (10,19-21)

Zum ersten Mal lasen wir in 7,43, dass ein Zwiespalt im Volk entstand, nachdem der Herr von der Gabe des Heiligen Geistes gesprochen hatte. Nun entsteht der Zwiespalt, nachdem der Herr davon gesprochen hat, dass er sich als der gute Hirte selbst gibt.

> **19 Wiederum entstand ein Zwiespalt unter den Juden dieser Worte wegen.**
> **20 Viele aber von ihnen sagten: Er hat einen Dämon und ist von Sinnen; warum hört ihr ihn?**
> **21 Andere sagten: Diese Reden sind nicht die eines Besessenen; kann etwa ein Dämon der Blinden Augen auftun?**

Der Herr hatte eben gesagt, er habe die Macht, sein Leben zu lassen und es wiederzunehmen. **»Dieser Worte wegen«** waren die Juden einmal mehr im Urteil über den Herrn entzweit (siehe 7,43; 9,16). Die einen sahen in seinen Worten nur Torheit, sogar einen Beweis für Besessenheit: **»Er hat einen Dämon und ist von Sinnen …«** Dämonische Besessenheit und Wahnsinn schrieb man dem Herrn hier nicht zum ersten Mal zu (siehe 7,20; 8,48.52; Mk 3,21). Die das sagten, verstanden sehr gut: Jemand, der so redet, wie Jesus geredet hatte, ist entweder besessen und von grenzenloser Anmaßung erfüllt wie der Teufel selbst, oder er ist Gott. Entsprechend urteilten andere, dass **»diese Reden nicht die eines Besessenen sind«**; sie hatten richtig gefolgert, dass **»ein Dämon der Blinden Augen«** nicht auftun kann. Oder kann der Widersacher Gottes leblosen Organen Leben einhauchen? So etwas kann nach dem Glauben aller Juden nur der lebendige Gott (9,32.33; Ps 103,3; 146,8).

4. Der gute Hirte gibt seinen Schafen das ewige Leben (10,22-30)

So, wie der Herr in Kap. 7 an sein Werk und an seine Worte von Kap. 5 anknüpft (5,16-18 und 7,21-23), so setzt er auch hier das Thema vom vorhergehenden Abschnitt fort, obwohl inzwischen zwei Monate verstrichen sind. Wo Jesus dieses zwei Monate verbrachte, sagt Johannes nicht, und das zeigt, dass er bewusst das vom Herrn begonnene Thema hier fortsetzen will (siehe auch einleitende Erläuterungen zu Kap. 6). Dabei soll in besonderer Weise hervorgehoben werden, wie weit sich die jüdischen Erwartungen von der wahren Bedeutung und Rolle des Messias unterschieden und wie groß die Kluft ist, die sich auftat zwischen dem Judentum und der neuen Herde, die der gute Hirte um sich scharte.

Nachdem Johannes gesagt hat, wann und wo die Unterredung stattfand, beginnt er mit der Frage der Juden, ob er der Christus sei. Am Ende sagt der Herr als abschließende Antwort auf diese Frage: *»Ich und der Vater sind eins.«* In den Versen dazwischen hören wir, was das bedeutet für alle, die an ihn glauben: Sie bekommen ewiges Leben, das niemand ihnen entreißen kann (V. 27.28), denn sie sind eine Gabe des Vaters an den Sohn (V. 29).

22 Es war aber das Fest der Tempelweihe in Jerusalem;
und es war Winter.
23 Und Jesus ging im Tempel, in der Säulenhalle Salomos, umher.

Zwischen den Versen 21 und 22 liegt eine zeitliche Lücke von ca. zwei Monaten, nämlich die Zeit zwischen dem Laubhüttenfest (7,1) und dem

»Fest der Tempelweihe«[129]. Dieses wurde gefeiert im Gedenken an die Reinigung und Wiedereinweihung des Tempels durch Judas Makkabäus im Jahr 165 v. Chr. am 25. des Monats Kislew, der ungefähr mit unserem Monat Dezember zusammenfällt. **»Es war Winter«** und damit Regenzeit, was erklären mag, warum **»Jesus … in der Säulenhalle Salomos«** umherging, denn diese war gedeckt. In der gleichen Säulenhalle versammelten sich nach Pfingsten auch die Christen (Apg 5,12).

Warum datiert Johannes die nachfolgende Rede? Und warum geschah sie gerade an *Chanukka*, dem Fest der Neueinweihung des Tempels? Damals, zur Zeit der Makkabäer, hatte der Gottesdienst zwar wieder neu angefangen, es blieb dabei aber bei den alten Feiern und Ritualen, die niemals Sünden wegnehmen konnten (Hebr 10,11). Nun war der Sohn Gottes gekommen, und mit ihm kam das wirklich Neue: endgültige Beseitigung der Sünde (1,29), neue Geburt (3,3.5), neue Anbetung (4,23.24), neues Leben (10,10), neue Gemeinschaft (10,16). Bald würde er mit seinem Blut einen neuen Bund besiegeln (Mt 26,28).

24 Da umringten ihn die Juden und sprachen zu ihm:
Bis wann hältst du unsere Seele hin? Wenn *du* der Christus bist,
so sage es uns frei heraus.
25 Jesus antwortete ihnen: Ich habe es euch gesagt, und ihr
glaubt nicht. Die Werke, die *ich* in dem Namen meines Vaters
tue, diese zeugen von mir;
26 aber *ihr* glaubt nicht, denn ihr seid nicht von *meinen* Schafen,
wie ich euch gesagt habe.

»Bis wann hältst du unsere Seele hin?«: Für »hinhalten« steht hier *aireis*, von *airō* = »heben«; »hochhalten«, also ungefähr: »in der Schwebe halten« und damit »in Ungewissheit halten«.

»Wenn *du* der Christus bist, so sage es uns frei heraus«: Am Fest der Tempelweihe erinnerten sich alle Juden an den großen Freiheitshelden Judas Makkabäus, der sein Volk zum Sieg geführt hatte über die damaligen Herrscher im Land, die Griechen. Nun waren die Juden

129 Hebräisch *Chanukka*, das Wort wird in 4Mo 7,11 und 2Chr 7,9 verwendet für die Einweihung des Altars und in Ps 30,1 für die Einweihung des Hauses – **chanukkat habbajit**. In 1. Makkabäer 4,59 erfahren wir: *»Judas (Makkabäus) fasste zusammen mit seinen Brüdern und der ganzen Gemeinde Israels den Beschluss, Jahr für Jahr zur selben Zeit mit festlichem Jubel die Tage der Altarweihe zu begehen, und zwar acht Tage lang, vom 25. Kislew an.«*

Knechte der Römer, und viele sehnten sich nach einem neuen Befreier, einem größeren Befreier als Judas Makkabäus, nach dem Messias. Das mag erklären, warum sie gerade jetzt die Frage erneut stellten, ob Jesus wirklich der Messias sei.

»Sie spüren, dass kein Mensch je dem messianischen Ideal näher gekommen ist als dieser. Wenn er bereit wäre, die Rolle des Messias in ihrem Sinne und bis auf den Grund zu spielen, das Land von der römischen Macht zu reinigen, wie Judas Makkabäus einst den Tempel von der Entweihung durch die Syrer gereinigt hatte, so wären sie bereit, ihn als Messias auszurufen, und zwar noch an diesem Fest; wenn aber nicht, so solle er freiheraus sagen und bekennen, dass er nicht der Messias ist, damit jedermann endlich wisse, was man von ihm zu halten habe« (Godet).

Aber die Frage war unaufrichtig, denn die Sache stand ja fest: Er könne nicht der erwartete Befreier sein. Schließlich hatten die Juden vom Herrn hören müssen, dass sie blind (9,40.41) und nicht Hirten der Herde Gottes, sondern Diebe und Räuber seien (V. 1). Das konnten sie nicht auf sich sitzen lassen. Mit ihrer Frage begehrten sie also nicht Klarheit über seine Identität, sondern sie versuchten, ihn zu einem Bekenntnis zu drängen, das ihnen Gelegenheit geben sollte, ihn zu fällen, und sie bekommen es bald (V. 29.30). Die Frage der Juden und die Antwort, die der Herr ihnen gab, erinnert uns an 9,26.27. Auch vom Blindgeborenen hatten die Juden etwas erfragt, was sie gar nicht glauben wollten, und entsprechend hatte der Geheilte ihnen entgegnet. So bekamen sie auch hier die Antwort: **»Ich habe es euch gesagt, und ihr glaubt nicht.«** Und um ihnen selbst vor Augen zu halten, dass sie gar nicht glauben wollten, fuhr er fort und sagte: **»Die Werke, die *ich* in dem Namen meines Vaters tue, diese zeugen von mir …«** Sie hatten zu den Worten das unwiderlegbare Zeugnis seiner Werke. Diese waren die Antwort auf ihre Frage, ob er der Messias sei. Zwei Monate davor, kurz nach dem Laubhüttenfest, hatten sie eines gesehen, aber sie hatten nicht wahrhaben wollen, was es über die Herkunft Jesu aussagte (9,16.29).

»aber *ihr* glaubt nicht, denn ihr seid nicht von *meinen* Schafen«: So, wie die Worte und Werke des Herrn offenbarten, wer er war, zeigte der Unglaube seiner Fragesteller, wer sie waren, und damit auch, wer sie nicht waren: Sie gehörten nicht zu seinen Schafen, sie gehörten nicht zum Messias; sie gehörten nicht zu seinem Volk. Der Herr drückt sich aber nicht so aus; er sagt nicht: »Ihr gehört nicht zu meinen Schafen; das zeigt sich daran, dass ihr nicht glaubt«, vielmehr erklärt er, *warum* sie nicht glaubten: weil sie nicht zu seinen Schafen (siehe V. 3) gehörten. Der Glaube ist *»der Glaube der Auserwählten Gottes«* (Tit 1,1). Sie gehörten nicht zu den Schafen, die der Vater im Sohn erwählt und dem Sohn gegeben hatte (V. 29).

27 *Meine* Schafe hören meine Stimme, und *ich* kenne sie,
und sie folgen mir;
28 und *ich* gebe ihnen ewiges Leben, und sie gehen *nicht*
verloren in Ewigkeit, und niemand wird sie aus meiner Hand
rauben.

Mit diesen Worten sagt Jesus den ihn umringenden Juden, was seine Schafe vom jüdischen Gemeinwesen unterscheidet, und gleichzeitig zeigt er damit, wie er, der Messias, gar nicht ihren messianischen Erwartungen entspricht: Er ist nicht ein Freiheitsheld, der sein Volk von einem irdischen Tyrannen befreit, sondern er befreit jeden, der an ihn glaubt, von der Sünde und der ewigen Verdammnis: Seine Schafe **»gehen nicht verloren«**, sie verfallen nicht der ewigen Pein.

In V. 25 und 26 hatte der Herr von »glauben« gesprochen; hier spricht er von »hören«, denn wer recht glaubt, der hört, und wer recht hört, der glaubt.

»Meine Schafe hören meine Stimme«: Die gleiche Wahrheit hatten wir zu Beginn der Rede über den Hirten und die Schafe bereits gehört (V. 3). Es heißt hier nicht, die Schafe *sollen* seine Stimme hören. Der Herr spricht eine Tatsache aus, nicht eine Forderung. Die Schafe Christi hören, **»und sie folgen mir«**. Das ist wieder eine Aussage, nicht eine Forderung. Von diesen Schafen sagt der Herr: **»... ich kenne sie ...«** Siehe dazu Auslegung zu V. 15.

»und ich gebe ihnen ewiges Leben«: Die vom Herrn erkannt sind, die erkennen ihn, und die ihn erkennen, haben das ewige Leben, denn: *»Dies ... ist das ewige Leben, dass sie dich, den allein wahren Gott, und den du gesandt hast, Jesus Christus, erkennen«* (17,3).

»und sie gehen nicht verloren in Ewigkeit«: Das bedeutet, dass nichts in der Zeit sie verderben kann; denn weder Gegenwärtiges noch Zukünftiges kann sie scheiden von der Liebe Gottes, die in Christus

Jesus ist (Röm 8,38.39). »Sie gehen nicht verloren«, denn es ist der Wille des Vaters, dass der Sohn von denen, die er ihm gegeben hat, keinen verliere (6,39; siehe auch 17,12).

»und niemand wird sie aus meiner Hand rauben«: Fürstentümer und Gewalten versuchen zwar, die Geliebten des Herrn aus seiner Hand zu rauben, aber das vermögen *»weder Engel noch Fürstentümer ... noch Gewalten«* (Röm 8,38). Man beachte, wie der Wolf die Schafe, die nicht sein sind, raubt (V. 12), während niemand seine Schafe rauben kann. In beiden Versen steht für *»rauben«* das gleiche Verb αρπαζω, *harpazō*.

»Weil er lebt, werden auch wir leben. Kann er sterben, oder kann das ewige Leben in uns vergehen? Ganz gewiss nicht. Wir werden nicht verlorengehen; das Leben, aus dem wir leben, ist ewig und göttlich. Aber da ist der Wolf, und der raubt und zerstreut die Schafe. Die Schafe wären nicht fähig, sich vor diesem Wolf zu verteidigen, aber der gute Hirte ist da, der Sohn Gottes, und niemand kann sie aus seiner Hand rauben. Es gibt keine größere Kraft, die etwas tun könnte gegen den, der uns hält« (Darby).

29 Mein Vater, der sie mir gegeben hat, ist größer als alles, und niemand kann sie aus der Hand meines Vaters rauben.
30 Ich und der Vater sind eins.

Auch diese Worte hatten eine besondere Bedeutung für seine Fragesteller. Sie seufzten, weil sie ihren Stand als freies Volk verloren hatten und dem Joch fremder Herren unterworfen waren. Das Heil, das der Messias wirkt, ist aber so groß, dass die Erretteten ihren Stand nie verlieren können. Das Heil und das Wohl seiner Herde ist eben nicht in die Hand von Menschen gestellt und von ihrem Wohlverhalten abhängig, wie das in Israel der Fall gewesen war und weshalb es gar nicht anders kommen konnte, als dass sie alles verloren und zu einem geknechteten Volk wurden. Nein, das Heil des Messias ist in dessen und damit in Gottes Hand. Wie viel besser ist alles, was Gott seinem Volk in seinem Sohn gibt, als alles, was er seinem Volk einst durch Mose gegeben hatte!

»Mein Vater, der sie mir gegeben hat«: Beachten wir die Zeitform: Der Herr sagt nicht, dass der Vater sie ihm geben wird (Zukunft), sondern dass er sie ihm gegeben *hat* (Vergangenheit). Die Erwählten sind vor der Zeit erwählt und damit dem Sohn gegeben worden (Eph 1,4; 2Thes 2,13).

Sie werden später in der Zeit gerufen und gerechtfertigt und endlich verherrlicht (Röm 8,30).

Der Vater, der sie gegeben hat, **»ist größer als alles«**. Alles Erschaffene ist unter ihm; er ist über allem. Niemand hat die Schafe dem Vater gegeben; niemand hat ihn dazu angestoßen, sie dem Sohn zu geben. Niemand konnte ihn daran hindern, es zu tun. Darum **»kann niemand sie aus der Hand meines Vaters rauben«**. Kann niemand die Schafe aus der Hand des Sohnes rauben (V. 28), kann sie auch niemand aus der Hand des Vaters rauben (V. 29). Kann niemand die Schafe aus der Hand des Vaters rauben, kann sie auch niemand aus der Hand des Sohnes rauben; denn der Sohn **»und der Vater sind eins«**. Darum kann der Sohn von sich sagen:

- er tut alle Werke, die der Vater tut, d.h. er ist allmächtig (5,19);
- er macht lebendig, welche er will (5,21), d.h. er ist der souveräne Herr;
- er hat Leben in sich selbst (5,26), d.h. er ist die Quelle des Lebens;
- er ist ewig (8,58);
- er hat Macht über Leben und Tod (V. 17.18).

»Ich und der Vater sind eins« – das ist die abschließende Antwort auf die Frage der Juden nach seiner Identität (V. 24).

Kleiner Exkurs zur Trinität

Der Vater und der Sohn sind eins in zweifacher Hinsicht: im Werk und im Wesen. Der eine Gott ist eine Mehrheit. Er ist Vater und Sohn und Heiliger Geist. Die drei sind eins in ihrem Wirken in Schöpfung und Erlösung, und die drei sind eins in ihrem Wesen. Wir sprechen darum von der *ökonomischen* und von der *ontologischen* Trinität. Die ökonomische Trinität meint die offenkundige und kaum von jemandem bestreitbare Tatsache, dass Gott in der ganzen Errettung als Vater, als Sohn und als Heiliger Geist tätig ist. Die ontologische Trinität meint, dass der ewige Gott in sich ewiger Vater, ewiger Sohn und ewiger Geist ist, ganz unabhängig von allem Wirken. Es wäre ein großer Irrtum zu sagen, die Trinität beschränke sich auf das Wirken in der Errettung. Es hat aber immer wieder Irrlehrer gegeben, die das behauptet haben. Man hat sie nach einem *Sabellius* (3. Jahrhundert) *Sabellianer* genannt, oder *Modalisten* nach der irrigen Meinung, Gott sei in sich nicht dreieinig, er nehme lediglich in der Erlösung der Reihe nach drei Erscheinungsformen, drei *Modi*, an: Zuerst sei er als Vater tätig; dann wechsele er die Rolle und sei als Sohn tätig; dann wechsele er wieder die Rolle und sei als Geist tätig.

Dass diese Sicht falsch ist, lässt sich anhand der Bibel sehr leicht zeigen. In Mt 3,16.17 hören wir die Stimme des *Vaters* und sehen den *Sohn*, der sich taufen lässt, während der *Heilige Geist* auf ihn herabfährt. Alle drei sind gleichzeitig tätig. In Hebr 9,14 lesen wir, dass alle, *Vater*, *Sohn* und *Heiliger Geist*, bei der Darbringung Christi zum Opfer gleichzeitig am Werk waren. In den Evangelien lesen wir wiederholt, wie der *Sohn*, der als Mensch auf die Erde gekommen ist, vom *Heiligen Geist* erfüllt ist (Lk 4,1) und wie er zum *Vater* betet (Mt 26,39). Im Hohepriesterlichen Gebet spricht der *Sohn* zum *Vater*; und der *Sohn* sagt, dass der *Vater* ihn gesandt (Joh 17,18) und von Ewigkeit her geliebt hat (Joh 17,24).

---

5. Die Juden wollen den Herrn wieder steinigen (10,31-38)

Als die Juden ihn das erste Mal steinigen wollten (8,59), hatte er, das Licht der Welt (8,12), ihnen gezeigt, dass sie nicht Kinder Abrahams waren und dass Gott nicht ihr Vater war, sondern der Teufel (8,44), und dass er der Ewige war (8,58). Jetzt wollen sie ihn steinigen, weil er gesagt hat, dass er die Macht hat, seinen Schafen ewiges Leben zu geben, weil er eins ist mit dem Vater.

31 Da hoben die Juden wieder Steine auf, um ihn zu steinigen.
32 Jesus antwortete ihnen: Viele gute Werke habe ich euch von meinem Vater gezeigt; für welches Werk unter diesen steinigt ihr mich?
33 Die Juden antworteten ihm: Wegen eines guten Werkes steinigen wir dich nicht, sondern wegen Lästerung und weil *du*, der du ein Mensch bist, dich selbst zu Gott machst.

»Da«, nachdem Jesus den Juden auf ihre Frage geantwortet hatte (V. 30), **»hoben die Juden … Steine auf …«** Sie ertrugen seine Antwort nicht, und das zeigt, dass sie trotz ihrer Frage (V. 24) gar nicht wissen wollten, wer er war; sie wollten nur in ihren Erwartungen, Wünschen und Vorurteilen bestätigt werden.

»Wieder« (siehe 8,59) hoben sie Steine auf: Für »aufheben« steht hier *ebastasan,* von *bastazō*, das eigentlich »tragen« bedeutet, wie in Mt 3,11. Meist wird es verwendet für das Tragen von schweren Gegenständen, Lasten oder auch von Menschen wie in 19,17; 20,15; Mt 8,17; 20,12; Mk 14,13; Lk 7,14; 11,27; 14,27; 22,10. Das bedeutet, dass es nicht lediglich faustgroße Steine waren, die man auflesen konnte, sondern es waren beträchtliche Brocken, die man da stemmen musste.[130]

Die Juden hatten das Bekenntnis Jesu wohl verstanden. Sie sahen einen Menschen vor sich, der bekannte, Gott gleich zu sein. Das aber war für sie **»Lästerung«**, und Lästerer musste man steinigen (3Mo 24,14).

»Viele gute Werke habe ich euch von meinem Vater gezeigt«: Diese Werke waren ein deutliches Zeugnis, dass er und der Vater eins waren (siehe auch 5,17.20). Jedes dieser Werke hatte bereits bezeugt, dass der Sohn und der Vater eins sind. Darum fragte der Herr: **»… für welches Werk unter diesen steinigt ihr mich?«** Die Antwort der Juden zeigt, dass sie erkannten, dass da ein Mensch vor ihnen stand – **»du, der du ein Mensch bist«** – und dass dieser Mensch Worte sprach und Werke tat, die ihn als Gott auswiesen. Dass aber ein Mensch Gott sein könne, hielten sie für ausgeschlossen, und so verschlossen sie sich dem Zeugnis seiner Werke. Der Blindgeborene hatte richtig erkannt, dass Jesus von Gott sein müsse, wenn er ihn hatte heilen können (9,32.33). Und Nikodemus hatte erkannt, dass er *»ein Lehrer, … von Gott gekommen«* sein

130 Zur Frage, woher man denn im Tempel solche Brocken hatte, siehe Auslegung zu 8,59.

müsse, *»denn niemand kann diese Zeichen tun, die du tust, wenn Gott nicht mit ihm ist«* (3,2). War er aber *»ein Lehrer, ... von Gott gekommen«*, dann konnten seine Worte nicht anders als wahr sein. In V. 37.38 verweist der Herr noch einmal auf seine Werke als Beweise für die Wahrheit seiner Worte.

34 Jesus antwortete ihnen: Steht nicht in eurem Gesetz geschrieben: »*Ich* habe gesagt: Ihr seid Götter«?
35 Wenn er diejenigen Götter nannte, an die das Wort Gottes erging (und die Schrift kann nicht aufgelöst werden),
36 sagt *ihr* von dem, den der Vater geheiligt und in die Welt gesandt hat: Du lästerst (weil ich sagte: Ich bin Gottes Sohn)?

Der Herr zitiert, um die Juden zu widerlegen, einen Vers aus dem Psalter. Warum sagt er dabei: **»... in eurem Gesetz [steht] geschrieben«**? War es denn nicht Gottes Gesetz oder das Gesetz Moses? Die Juden rühmten sich ihrer Ehrfurcht vor dem Gesetz. Nun hält der Herr ihnen vor, dass dieses Gesetz, das sie ihr eigenes nennen (siehe auch 8,17), sie rügt. Hatten sie denn keine Scheu davor, gegen das Gesetz zu reden? Denn in ihrem Gesetz steht das Wort: **»*Ich* habe gesagt: Ihr seid Götter«** (Ps 82,6). Das sagt Gott über die Richter in Israel, die so heißen, weil an sie **»das Wort Gottes erging«**. Sie waren nach Gottes Weisung (siehe 5Mo 16,18) als Richter eingesetzt und sollten an Gottes statt richten und dafür sorgen, dass Gottes Wort im Volk Geltung habe. Und **»die Schrift kann nicht aufgelöst werden«**, d.h. die dort gemachte Bezeichnung für die Richter durfte man nicht für ungültig erklären. Wenn die Juden sich für so große Wächter des Gesetzes hielten, durften sie dieses Wort aus dem Gesetz nicht antasten; also war ihre Verurteilung Jesu nicht rechtens. Ihn hatte **»der Vater geheiligt«**, was man auch von Richtern in Israel sagen konnte, mindestens in dem Sinn, dass Mose sie auf Gottes Weisung hin einsetzte. Aber die waren bloß irrende Menschen, die ihre Würde missbrauchten (Ps 82,2-5). Von ihnen konnte nicht gesagt werden, was von Jesus galt, nämlich dass **»der Vater«** ihn **»in die Welt gesandt«** hatte, und auch nicht, dass sie allezeit taten, was Gott ihnen aufgetragen hatte. Umso weniger durften sie von Jesus behaupten: **»Du lästerst«**, nur weil er gesagt hatte: **»Ich bin Gottes Sohn«**.

Die Juden hatten aufgrund ihres Gesetzes genügend Ursache, mindestens mit der Möglichkeit zu rechnen, dass der Mensch, der vor ihnen stand, Gottes Sohn sein könnte. Dass der Messias Mensch sein müsse, hieß er doch »Sohn Davids«, wussten sie alle und erkannten sie alle an. Dass der Messias aber auch Gottes Sohn sein muss, hätten sie auch wissen und anerkennen sollen, steht doch in Ps 2,7 über den Messias geschrieben: *»Der HERR hat zu mir gesprochen: Du bist mein Sohn, heute habe ich dich gezeugt.«* Und in Ps 110 nennt David selbst den Messias *»Herr«* (V. 1). Es war also voreilig, von vornherein Jesus als Lästerer zu verurteilen, weil er sich selbst Gott gleich machte.

»den der Vater geheiligt … hat«: Der Vater hatte den Sohn dazu ausgesondert, der Messias zu sein; Gott hatte ihn bei der Taufe öffentlich mit dem Heiligen Geist zu seinem Dienst gesalbt und damit vor den Augen aller als Messias ausgerufen (1,32.33; Mt 3,16.17; Apg 10,38). Anders als die alttestamentlichen Gesalbten wurde er nicht mit einem Salböl gesalbt, sondern mit dem Heiligen Geist, und damit war er nicht wie jene ein bloßer Typus auf den Kommenden, sondern *der* Gesalbte Gottes, der Christus.

»Ich bin Gottes Sohn«: Die Juden hatten den Herrn angegriffen, weil er sich selbst zu Gott machte. Der Herr verteidigt sich nicht damit, dass er sagt, er habe sich gar nicht zu Gott gemacht, sondern er nenne sich ja lediglich »Sohn Gottes«. Nein, er bestätigte, dass die Juden aus seinen Worten *»Ich und der Vater sind eins«* (V. 30) und *»Ich bin Gottes Sohn«* richtig gefolgert hatten, dass er sich damit zu Gott mache. Er ist Gott. Siehe auch 5,18.

37 Wenn ich nicht die Werke meines Vaters tue, so glaubt mir nicht;
38 wenn ich sie aber tue, so glaubt den Werken – wenn ihr auch mir nicht glaubt –, damit ihr erkennt und glaubt, dass der Vater in mir ist und ich in ihm.

Der Herr verweist einmal mehr auf seine Werke als unwiderlegbare Zeugen seiner Gottheit (siehe Auslegung zu V. 32.33). Glauben sie **»den Werken«**, wenn sie auch nicht an ihn glauben, werden sie erkennen und glauben, **»dass der Vater in mir ist und ich in ihm«**, also auf diesem Weg zum Glauben an ihn kommen. (Zur Reihenfolge »erkennen und glauben« siehe Auslegung zu 9,38.) Seine Werke bewiesen zwei Dinge:

a. dass er der Messias ist (siehe 7,31; Jes 35,5.6; Mt 11,2-6; 12,22.23);
b. dass er Gott ist (siehe 5,21.25; 11,43.44).

6. Der Herr entzieht sich den Juden (10,39-42)

39 Da suchten sie wieder, ihn zu greifen, und er entging ihrer Hand.

Die Juden verschlossen sich der Logik seiner Argumente; sie wollten es nicht anders verstehen, als dass er ein Gotteslästerer sei. Und wieder bekommen sie einen Beweis seiner Gottheit. Sie suchen erneut, **»ihn zu greifen«**, aber sie vermögen es nicht. Sie können ihn nicht antasten, denn er lässt sie nicht (siehe auch 8,20.59).

40 Und er ging wieder weg auf die andere Seite des Jordan an den Ort, wo Johannes zuerst taufte, und er blieb dort.
41 Und viele kamen zu ihm und sagten: Johannes tat zwar kein Zeichen; alles aber, was Johannes von diesem gesagt hat, war wahr.
42 Und viele glaubten dort an ihn.

»Und er ging wieder weg auf die andere Seite des Jordan«: Das »wieder« bezieht sich auf die Tatsache, dass der Herr an den Ort zurückkehrt, den er bei seinem Dienstantritt aufgesucht hatte, **»den Ort, wo Johannes zuerst taufte«** (siehe 1,28.29). Dass der Herr sich vom Volk entfernte, deutet an, dass er es nun sich selbst überließ. Die Kapitel 5 bis 10 hatten gezeigt, wie der Herr sein Licht durch seine Worte und Werke immer heller leuchten ließ – und wie gerade dadurch die Oberen des Volkes sich immer mehr verhärteten. Zuletzt hatte Jesus von seiner Liebe gesprochen, die sich darin zeigt, dass er sein Leben lässt für die Schafe, dass er allen, die an ihn glauben, Leben im Überfluss und ewige Sicherheit gibt. Doch auch das konnte die Herzen nicht erweichen. Er wandte sich von einem ungläubigen Volk ab, um sich fortan fast nur noch mit dem Überrest aus dem Volk zu befassen, mit den Schafen, die er aus dem Pferch herausgeführt hatte.

Warum ging der Herr gerade dorthin, wo Johannes getauft hatte? Die Auswirkung davon gibt uns die Antwort. Als die Menschen zu ihm kamen, konnten sie nicht anders, als an all das zu denken, was Johannes dort getan und gesagt hatte, und so stellten sie fest: **»Alles …, was Johannes von diesem gesagt hat, war wahr«**, und genau darum **»glaubten viele dort an ihn«**. Das Zeugnis der Propheten, von denen Johannes der letzte war, erfüllte sich in Jesus von Nazareth. Wem das aufgeht, der glaubt und erkennt, dass er der verheißene Messias ist.

»Johannes tat zwar kein Zeichen«: Diesen Satz sollten wir nicht überlesen. Johannes war der letzte der alttestamentlichen Propheten (Mt 11,13) und stand damit am Ende einer ganzen Heilszeit, der Zeit von »Gesetz und Propheten«. Zeichen waren am *Anfang* jener Heilszeit geschehen, wie wir in 2Mo 4 und 5Mo 34,10-12 erfahren. Am *Ende* waren keine Zeichen mehr geschehen. Unser Herr und seine Apostel standen am *Anfang* einer neuen Heilszeit, der Zeit der Gnade, und da geschahen von Gott gewirkte Zeichen und Wunder (Apg 2,22.43; Hebr 2,3.4). Wir stehen inzwischen am *Ende* unserer Heilszeit; daher sollten wir in unserer Zeit nicht Zeichen und Wunder erwarten, noch weniger solche von Gott einfordern.

Anmerkungen zu Kapitel 10

V. 4 – »Er führt sie hinaus … Das ist hier nicht bloß eine banale Beschreibung vom Hirten, der seine Herde auf die Weide führt, sondern Jesus charakterisiert mit diesen Worten eine ganz bestimmte geschichtliche Sachlage: Der Augenblick ist gekommen, in der er seine eigene Herde aus der dem Untergang verfallenen Theokratie hinausführen muss. Das Signal zu diesem unvermeidlichen Bruch erkannte er darin, dass man den Blindgeborenen und mit diesem alle seine Anhänger in den Bann getan hatte (9,22), sowie überhaupt in der heftigen Feindschaft, die ihm entgegenschlug (Kap. 7 und 8). Der starke Ausdruck *ekballō* (wörtl. ›hinauswerfen‹; Anmerkung des Autors) bestätigt diesen Hauptgedanken …

Er bezeichnet ein energisches plötzliches Eingreifen, wodurch der Hirte dem zögernden Schaf dazu hilft, mit dem Schafstall zu brechen, in dem es sich bis dahin aufgehalten hatte, und sich ohne Furcht den Wechselfällen der neuen Existenz hinzugeben, die der Ruf des Hirten vor ihm auftut« (Godet).

V. 8 – »›**Alle, die vor mir gekommen sind**‹: Wenn er da von ›allen‹ redet …, so bezieht sich das Wort auf beide Teile, auf die Hirten sowohl in *bürgerlicher* als auch in *geistlicher* Hinsicht … In *bürgerlicher* Hinsicht beginnt das Aufkommen der Diebe und Mörder mit dem Jahr 140 v. Chr., in welchem der Makkabäer Simon die Fürstenwürde erlangte (1. Makkabäer 14,25ff.). Denn zwar ist die Erhebung der Makkabäer selber wider die syrische Gewaltherrschaft ohne Zweifel eine von Gott erweckte heilige Begeisterung, was bestimmt aus der prophetischen Weissagung in Mi 4,11-13; Sach 9,11-17 hervorgeht, und hat an der Erweckung der Richter der alten Zeit ihr Vorbild (Ri 2,18). Aber was Gideon einst in echt theokratischem Geist sich weigerte anzunehmen (Ri 8,22ff.), das nahm Simon an, und wenn es gleich mit dem Vorbehalt geschah: *›so lange, bis Gott dem Volk den rechten Propheten erwecken würde‹* (1. Makkabäer 14,41), so war der Schritt damit doch nicht gerechtfertigt, sondern dem verheißenen König Israels aus dem Hause Davids wurde dadurch gewissermaßen sein Thron im Voraus vom Priesterstamm weggenommen und das Segenswort des Erzvaters Jakob in 1Mo 49,10 in bedenklicher Weise verletzt. Darum ist auch das Haus der Hasmonäer von schweren Gerichten heimgesucht worden. In alledem, wie die Römer sich der Herrschaft über das Land bemächtigten, zuerst das Idumäer-Geschlecht des Herodes auf den Thron erhoben und hernach selber das Regiment durch einen Landpfleger führten, erfüllte sich das Wort in Mi 4,14: *›Man wird den Richter Israels mit der Rute auf den Backen schlagen.‹* Das war denn die Zeit, wo aus Bethlehem-Ephrata derjenige kam, der in Israel Herr sein sollte (Mi 5,1); aber es war eben eine Zeit, wo andere *vor ihm* gekommen waren und der ihm gebührenden Herrschaft sich bemächtigt hatten, sodass es einen Schein des Rechten haben konnte, wenn die Hohenpriester und Ältesten bei dem Landpfleger ihn darum des Aufruhrs beschuldigten, weil er sage, er sei Christus, ein König (Lk 23,2; Apg 24,5) … In *geistlicher* oder religiöser Hinsicht waren es die Pharisäer und Schriftgelehrten einerseits und die Hohenpriester und Priester andererseits (welche diese Diebe und Mörder waren; Anmerkung des Autors), die *vor* Christus gekommen waren und ihm in seiner Eigenschaft als Prophet einerseits und Hoherpriester andererseits dergestalt den Weg vertreten hatten, dass er bei Ausrichtung seines Amtes notwendig mit beiden Teilen in Konflikt geraten musste« (Dächsel).

V. 14 – »Wie bei dem Erkennen das Objekt, das erkannt wird, von dem Subjekt, welches erkennt, gefasst und in sich aufgenommen wird zu einem bleibenden Besitz, so erkennt der Herr auch die Seinen. Der Herr spricht hier sehr bestimmt von solchen Schafen, die er **›die Meinen‹** nennt; nur von diesen sagt er, dass er sie erkenne und dass sie ihn erkennen« (Rebe, zitiert bei Dächsel).

V. 16 – »Man heißt die Kirche den Schafstall … Er redet von zweierlei Schafen. Er sagt nicht: Es wird ein Schafstall und ein Hirte werden, sondern eine Herde, nämlich aus dem Schafstall … Weil also Christus selber sagt, dass die Schafe im Schafstall Juden sind und die Heiden noch hergeführt werden sollen und es eine einzige Herde geben soll auf dem freien Feld, darum bezeichnet er mit dem Schafstall das Amt des Gesetzes, nicht das des Evangeliums« (Luther, *Johannes-Evangelium*, S. 303).

»Das Wort in diesem Vers ist *Herde*, nicht *Pferch*. Schafe, die durch einen Zaun von Geboten und Verboten zusammengehalten werden: Das ist Judentum. Schafe, die durch die persönliche Anziehungskraft des Hirten zusammengehalten werden: Das ist Christentum« (F.B. Hole, *The Gospels and Acts*).

V. 26 – »Alles in allem will Jesus sagen: Es ist gar nicht zu verwundern, wenn mein Evangelium nur wenige folgsame Jünger findet; solange Gottes Geist die Menschen nicht dem Gehorsam des Glaubens unterwirft, bleiben sie eben wilde, ungezähmte Tiere. Umso verkehrter ist es, das Ansehen des Evangeliums davon abhängig zu machen, ob die Menschen daran glauben oder nicht. Gerade umgekehrt sollen die Gläubigen es wohl bedenken, dass sie dadurch ganz besonders zur Dankbarkeit gegen Gott verpflichtet sind, dass der Geist sie erleuchtet und zu Christus gezogen hat, während andere in ihrer Blindheit verharren. Das ist auch ein

Trost für die Prediger des Evangeliums, wenn sie es schmerzlich empfinden, dass sie nicht bei allen etwas ausrichten« (Calvin).

V. 28 – »›**Sie werden nimmermehr umkommen**‹: Eine unvergleichlich schöne Frucht des Glaubens wird hier genannt: Wir dürfen vollkommen sicher sein; das befiehlt uns Christus sogar, wenn wir durch Glauben zu seiner Herde gehören. Beachte dabei, worauf sich diese Gewissheit stützt: Er wird[131] in Zukunft der Wächter unseres Heils sein; er bezeugt hier, dass es nun in seiner Hand sicher ruhe. Genügt das noch nicht, so sagt er auch noch, dass der Vater mit seiner ganzen Allmacht es sicher behüten werde … Die Seligkeit ist gewiss, weil sie in der Hand Gottes liegt – sonst wäre Heilsgewissheit ganz unmöglich« (Calvin).

V. 29 – »Es gibt keine Gnade, keine Erwählung auf Kündigung. Niemand und nichts kann mich aus Gottes Hand rauben« (Paul Humburg, *Ewige Erwählung*, in: Sein Rat ist wunderbar, Hrsg. Arno Pagel, Marburg an der Lahn: Verlag der Francke-Buchhandlung GmbH, 1982).

V. 35.36 – »Dass Jesus, obgleich er ein Mensch sei, sich dennoch zu Gott mache, ist seine angebliche Gotteslästerung. Dem hält er entgegen, dass ja die Schrift selbst von Menschen, an welche das Wort Gottes ergangen sei, sage: *›Ihr seid Götter.‹* Gotteslästerung kann das nicht sein, denn ihr Gesetz lästert doch Gott nicht. Wenn aber jener Name Menschen gegeben werden konnte, die bloß einen Auftrag, einen Beruf von Gott empfangen haben im Laufe ihres Lebens, wie viel mehr und noch ganz anders muss der Name ›Sohn Gottes‹ dem gebühren, den Gott persönlich und noch ehe er ihn sandte ausgesondert und zu seinem Dienst geheiligt und dann in die Welt gesandt hat! Der Name, der jenen kraft ihres zeitweiligen Berufs gebührt, muss demnach diesem zustehen vermöge seiner sonderlichen, von Gott geheiligten Persönlichkeit. Von einer Gotteslästerung kann hier nicht die Rede sein« (v. Burger, zitiert bei Dächsel).

V. 41.42 – »In der Jordanaue, wo der Täufer Johannes sein Heroldsamt begonnen und die Stimme hatte erschallen lassen: *›Siehe, das ist Gottes Lamm, welches der Welt Sünde trägt‹*, da, wo die ersten Schafe zu ihrem

131 Ich habe das in der deutschen Übersetzung vorliegende »will« nach der französischen Version (»sera«) verbessert.

Hirten gefunden hatten (1,29ff.), weckte die Erscheinung des Herrn die schlummernde Erinnerung an seinen Boten wieder auf. An vielen schien des Täufers Arbeit vergeblich gewesen, die nun doch noch durch seine Predigerstimme zu Jesus kamen. So beweist der Same des göttlichen Wortes eine unvergängliche Keimkraft« (Besser, zitiert bei Dächsel).

Kapitel 11

1. **Ein scheinbar vergeblicher Hilferuf an den Herrn (11,1-6)**
2. **Der Herr kehrt zurück nach Judäa, um Lazarus aufzuwecken (11,7-16)**
3. **Der Unverstand Marthas, Marias und der Juden angesichts des Todes (11,17-37)**
4. **Der Herr ruft Lazarus ins Leben zurück (11,38-44)**
5. **Der Hohe Rat beschließt, Jesus zu töten (11,45-57)**

In den vorhergehenden Kapiteln hatten wir gesehen, wie die Feindschaft der Juden gegen das Licht stetig wuchs. Dem Drängen ihrer sündigen Natur folgend, versuchten die Juden in ihrem Hass wiederholt, den Sohn Gottes zu steinigen (8,59; 10,31). Im vorliegenden Kapitel lässt der Herr noch einmal das Licht des Lebens hell aufleuchten, indem er Lazarus ins Leben zurückruft. In der Folge glauben einige an ihn, andere aber verhärten sich umso mehr. So fasst der Hohe Rat den formalen Beschluss, Jesus zu töten (V. 47.53). Das ist einerseits niederschmetternd, aber andererseits zeigt das vorliegende Kapitel, dass gerade die Sünde des Menschen und die Folgen der Sünde zum Anlass werden, dass der Sohn Gottes verherrlicht wird (V. 4). Denn auch Lazarus war in Sünden geboren, und der Tod ist der gerechte Lohn für die Sünde. Indem der Sohn Gottes Lazarus aus dem Grab ruft und damit den Tod überwindet, wird offenbar, dass die Sünde Gott nicht vom Thron gestoßen hat.

Die Auferweckung ist das siebte Zeichen, von dem Johannes in seinem Evangelium berichtet. Das erste war die Wandlung von Wasser in Wein (Kap. 2), das zweite die Heilung des Sohnes des königlichen Beamten (Kap. 4), das dritte die Heilung des Gelähmten am Teich Bethesda (Kap. 5), das vierte die Mehrung der Brote (Kap. 6), das fünfte sein Wandeln auf dem See (Kap. 6), das sechste die Heilung des Blindgeborenen (Kap. 9). Die sieben Zeichen sind geschrieben, weil sie Jesus als den Christus und Sohn Gottes offenbaren und gleichzeitig demonstrieren, was das ewige Leben ist und wie man es empfängt (siehe 20,30.31). Das siebte und letzte Zeichen sagt, dass das ewige Leben vollendet wird in der Auferstehung zur ewigen Herrlichkeit. Es illustriert und bestätigt die Aussage, die Jesus machte, bevor er Lazarus aus dem Grab rief: *»Ich bin die Auferstehung und das Leben«* (V. 25). Und es zeigt einmal mehr, dass man dieses Leben empfängt durch den Glauben (V. 15.25.26.40.42.45).

Mit der Auferweckung des Lazarus demonstriert der Herr die Wahrheit zweier Worte, die er zuvor gesprochen hatte:

a. Die Stimme des Sohnes des Menschen hat die Macht, den Toten Leben zu geben (5,25).
b. Der Sohn Gottes wird keinen der Menschen, die der Vater ihm gegeben hat, verlieren, sondern sie alle auferwecken am letzten Tag (6,39).

1. Ein scheinbar vergeblicher Hilferuf an den Herrn (11,1-6)

Dieser Abschnitt beginnt mit der Aussage, dass Lazarus krank war, und schließt mit der Erklärung, was Jesus tat, als er hörte, dass Lazarus krank sei. In ihm werden drei Namen genannt – Lazarus, Maria und Martha –, und die stehen stellvertretend für alle, die der gute Hirte mit Namen gerufen hat (10,3), die ihm folgen und denen er ewiges Leben gibt (10,27.28). Was sie befällt, wie der Herr zu ihnen spricht und was er an ihnen tut, ist beispielhaft für sein Handeln an allen, die ihm gehören.

1 Es war aber ein Gewisser krank, Lazarus von Bethanien,
aus dem Dorf der Maria und ihrer Schwester Martha.
2 (Maria aber war es, die den Herrn mit Salböl salbte und
seine Füße mit ihren Haaren abtrocknete; deren Bruder Lazarus war krank.)

»Es war aber ein Gewisser krank, Lazarus«: Der Kranke ist dem Herrn mit Namen bekannt; er kennt ihn, und er kennt seinen Zustand. Obwohl er zu den Erlösten gehört, muss er durch Krankheit und Tod gehen, aber der Tod ist nicht das Ende, sondern nur die Pforte zur Auferstehung. Lazarus wurde zwar nur zu sterblichem Leben auferweckt;

aber er ist ein Zeichen dafür, dass alle, die an den Sohn Gottes glauben, zu unverweslichem Leben auferstehen werden (V. 25.26).

Wir haben in diesem Evangelium noch nichts von **»Maria und ihrer Schwester Martha«** gelesen, und doch spricht Johannes von ihnen, als wären sie und auch **»Bethanien«**, ihr Dorf, bekannt, denn er erwartet, dass der Leser die drei ersten Evangelien kannte (siehe Mt 21,17; Lk 10,38-42). Daran sehen wir auch, wie der Heilige Geist dafür sorgte, dass die Schriften aller biblischen Autoren miteinander verbunden sind und sich gegenseitig ergänzen und erklären.

»Maria aber war es, die den Herrn mit Salböl salbte«: Johannes will damit nicht nur sagen, wer diese Maria war, sondern auch, wie sie war: Sie liebte den Herrn, und diese Liebe war der Beweis dafür, dass sie vom Herrn geliebt war (V. 5; siehe auch Jer 31,3; 1Jo 4,19). Die beiden Schwestern baten den Herrn, ihren Bruder, von dem sie wussten, dass er ihn liebte, zu heilen; aber der Herr hatte Höheres im Sinn: An diesen drei Geliebten wollte er demonstrieren, was er als der gute Hirte mit allen seinen Geliebten tun wird: Er wird sie aus den Toten auferwecken (6,39) und sie alle mit ihm und so auch miteinander vereinen (1Thes 4,13-18), und zwar für immer; denn auch der Tod kann sie nicht trennen von der Liebe Gottes, die in Christus Jesus ist (Röm 8,38.39).

3 Da sandten die Schwestern zu ihm und ließen ihm sagen: Herr, siehe, der, den du lieb hast, ist krank.

»den du lieb hast«: Damit ist ist die unausgesprochene Erwartung der beiden Schwestern an den Herrn angedeutet: Wenn er Lazarus liebt, kann er ihn nicht seiner Krankheit überlassen. Sie bauen ihre Erwartung auf drei Tatsachen auf:

1. Lazarus ist krank;
2. der Herr liebt Lazarus;
3. der Herr hat die Macht, Lazarus zu heilen.

Folglich müsse der Herr ihn heilen. Und weil die Schwestern das denken, deuten sie die Aussage des Herrn von V. 4 entsprechend: Der Herr werde sich verherrlichen, indem er Lazarus heilt.

Man beachte, dass hier das Verb φιλεω, *phileō*, verwendet wird, das nach verbreiteter Meinung die bloß menschliche Liebe bezeichnet; doch das stimmt nicht. Ob *phileō* an einer Stelle für menschliche oder göttliche Liebe steht, erkennt man daran, *wer* liebt und *was* der Betreffende liebt. Wenn der Herr Lazarus liebt, dann ist das selbstverständlich nicht weniger göttlich, als wenn das Verb αγαπαω, *agapaō*, verwendet würde wie in V. 5. In 13,23 lesen wir vom Jünger, *»den Jesus liebte«*, *agapaō*. In 20,2 wird in der gleiche Aussage *phileō* verwendet, in 21,7.20 wieder *agapaō*. In 16,27 lesen wir: *»... der Vater selbst hat euch lieb (phileō), weil ihr mich geliebt (phileō) und geglaubt habt, dass ich von Gott ausgegangen bin ...«* Sowohl für die Liebe des Vaters zu den Gläubigen als auch für die Liebe der Gläubigen zum Sohn Gottes steht hier also das Verb *phileō*. Der Unterschied zwischen den beiden Verben ist der, dass *phileō* besonders die Liebe zu Freunden und zu den eigenen Familienangehörigen bezeichnet, während *agapaō* unbestimmter ist. Der Gegenstand der *agapē* kann irgendjemand sein: die ganze Welt (3,16) oder im Besonderen die Gemeinde (Eph 5,25). Aber die Behauptung, dass *agapaō* nur die göttliche Liebe bezeichne, ist falsch. Von den Pharisäern lesen wir, dass sie die Ehre der Menschen liebten (12,43), dass sie die obersten Sitze in den Synagogen und die Begrüßung der Leute auf den Märkten liebten (Lk 11,43); beide Male steht *agapaō*. In Lk 11,43 verwendet der Herr in seiner direkten Rede an die Pharisäer *agapaō*, während Matthäus, der vom gleichen Sachverhalt berichtet, *phileō* verwendet (Mt 23,6).

Die nun folgenden Verse 4-6 nennen vier große Tatsachen:

a. die Krankheit ist nicht zum Tod;
b. die Krankheit muss der Verherrlichung Gottes dienen;
c. Jesus liebte Lazarus und seine beiden Schwestern;
d. er blieb noch zwei Tage, wo er war, bevor er nach Bethanien aufbrach.

4 Als aber Jesus es hörte, sprach er: Diese Krankheit ist nicht zum Tod, sondern um der Herrlichkeit Gottes willen, damit der Sohn Gottes durch sie verherrlicht werde.

Wir erinnern uns an die Worte des Herrn über den Blindgeborenen: An ihm sollten die *Werke Gottes* offenbar werden (9,3); an Lazarus soll die *Herrlichkeit Gottes* aufstrahlen. Und indem diese aufstrahlt, wird auch der Mensch in seinem Wesen offenbar, wie wir im Folgenden sehen werden.

Der Herr muss diese Worte an den Überbringer der Botschaft von den Schwestern des Lazarus gerichtet haben. Der solle ihnen ausrichten, dass diese Krankheit nicht zum Tod, sondern **»um der Herrlichkeit Gottes willen«** war. In V. 40 bezieht sich der Herr nämlich gegenüber Martha auf genau diese Worte. Die Schwestern deuten die Worte so, dass Lazarus genesen werde. Das aber hatte der Herr nicht gesagt; er hatte nur gesagt, die Krankheit sei nicht *zum Tod*. Der Tod würde zwar eintreten, aber nicht das Ende bedeuten, sondern lediglich der Weg zur Auferstehung sein. Wie oft geht es uns als Kindern Gottes wie Martha und Maria: Wir deuten eine Verheißung des Herrn so, wie wir sie zu verstehen vermögen oder verstehen wollen, und dann sind wir ratlos und niedergeschlagen, wenn sich unsere Erwartung nicht erfüllt.

»damit der Sohn Gottes durch sie verherrlicht werde«: Durch die ganzen Umstände des Sterbens und der Auferweckung des Lazarus wird der Sohn Gottes verherrlicht. In allen Worten, die der Herr spricht, bis er vor dem Grab steht und Lazarus befiehlt herauszukommen, offenbart er seine vollkommene Treue, Gnade und Weisheit, und in dem Maß, wie er das tut, zeigt sich der Unverstand und der Unglaube aller, die am Geschehen teilhaben. Und trotzdem: Indem der Sohn Gottes verherrlicht wird, wird der Mensch gesegnet: Indem er glaubt (V. 15.25.26.27.40.42.45), empfängt er alles, was der Sohn Gottes für die Glaubenden gewirkt und bereitet hat. Halten wir fest: In der Entfaltung der Herrlichkeit Gottes liegt unser höchstes Glück. Warum ist dem so? Gottes Herrlichkeit ist die Gesamtheit all seiner Vollkommenheiten; wenn in seinem Handeln seine vollkommene Weisheit und seine vollkommene Macht offenbar werden, dann auch seine vollkommene Liebe. Er bereitet in seiner Liebe den Erlösten das höchste Glück, ein Glück, das sie selber nie erkannt und darum weder gesucht noch erwartet hätten.

Es ist nicht zufällig, dass gerade an dieser Stelle im Johannesevangelium die Herrlichkeit Gottes und die Verherrlichung des Sohnes erwähnt werden. Der Widerspruch der Sünder und die Feindschaft gegen den Geliebten des Vaters erreichen in diesem Kapitel einen Höhepunkt; und gerade das wird Gott zum Anlass, seine Herrlichkeit erstrahlen zu lassen.

»Je dunkler die Nacht, desto heller scheint das Licht; je offener sich die Verdorbenheit und Feindschaft in Israel zeigte, desto heller war das Zeugnis, das Gott seinem Sohn gab. Der Herr stand kurz vor dem Ende, daher tat er jetzt sein größtes Werk – abgesehen von seinem Opfertod, den man als sein allergrößtes Wunderwerk bezeichnen muss. Er hatte bereits sechs Zeichen getan, aber in Bethanien tat er das Zeichen, in dem seine göttliche Macht in überragender Weise erstrahlte … Es bildete als das siebte den Höhepunkt seiner Zeichen« (Pink).

5 Jesus aber liebte Martha und ihre Schwester und Lazarus.
6 Als er nun hörte, dass er krank sei, blieb er noch zwei Tage
an dem Ort, wo er war.

Als der Herr hörte, dass Lazarus krank war, wartete er **»noch zwei Tage«**, obwohl er **»Martha und ihre Schwester und Lazarus«** liebte. Das scheint nicht zusammenzupassen. Sein Zuwarten ist aber das Erste, was Jesus tut, um zu beweisen, dass er seinen *»Freund«* Lazarus (V. 11) und dessen Schwestern wirklich liebte. Das verstanden Martha und Maria nicht, und sie sagen es dem Herrn auch (V. 21.32), aber rückblickend verstanden sie, warum es gut war, dass er verzog. Auch wir werden erst im Nachhinein verstehen, warum es für uns gut war, dass der Herr uns immer wieder auf seine Hilfe warten ließ. Das Zuwarten hatte hier folgende schöne Ergebnisse:

- Indem der Herr Lazarus sterben lässt, offenbart er die Machtlosigkeit des Menschen vor dem Tod.
- Indem der Herr Lazarus auferweckt, offenbart er seine Macht über den Tod.
- Beides zusammen führt dazu, dass außer den Jüngern, Martha und Maria noch viele Juden glauben.

Wenn wir erkennen, dass wir kraftlos sind und dass alle Kraft im Herrn ist, lernen wir, auf den Herrn zu harren (Jes 40,28-31; siehe Ps 130), und harren wir auf ihn, fahren wir auf, immer höher hinauf. Kann uns etwas Besseres geschehen?

2. Der Herr kehrt zurück nach Judäa, um Lazarus aufzuwecken (11,7-16)

Am Anfang dieses Abschnitts steht die Aufforderung des Herrn: *»Lasst uns wieder nach Judäa gehen!«*, und am Ende steht die Aufforderung des Thomas: *»Lasst auch uns gehen, dass wir mit ihm sterben!«* Der Herr weiß, warum er nach Judäa geht: um an Lazarus zu offenbaren, dass er die Auferstehung und das Leben ist; Thomas sieht aber nur Tod am Ende des Weges. Das ist unsere Situation in dieser Welt der Sünde und des Todes. Empfangen wir nicht Licht, das uns leuchtet, gehen wir unseren Weg im Dunkel (V. 9.10) und können über unseren Ausgang nicht gewiss sein.

Aus Liebe blieb der Herr noch zwei Tage jenseits des Jordan; aus Liebe bricht er wieder auf nach Judäa, wohl wissend, dass ihm dort Hass entgegenschlagen wird. Er weiß auch, dass der Hohe Rat von der Auferweckung erfahren und deshalb offiziell den Beschluss fassen wird, Jesus von Nazareth umzubringen (V. 53). Die Jünger können durchaus nicht verstehen, warum der Herr wieder nach Judäa aufbricht (V. 8), und in V. 12 zeigen sie wieder, dass sie den Herrn nicht verstehen. Und nicht nur die ungläubigen Juden (V. 37), sondern auch Martha und Maria können das Handeln des Herrn nicht begreifen (V. 21.32). Das alles ist exemplarisch: Angesichts von Leiden, Krankheit und Tod hinterfragen die Menschen, auch die erlösten, immer wieder Gottes Weisheit und Liebe.

7 Danach spricht er dann zu den Jüngern: Lasst uns wieder
nach Judäa gehen!
8 Die Jünger sagen zu ihm: Rabbi, eben suchten die Juden dich
zu steinigen, und wieder gehst du dahin?
9 Jesus antwortete: Hat der Tag nicht zwölf Stunden? Wenn
jemand am Tag wandelt, stößt er nicht an, weil er das Licht
dieser Welt sieht;
10 wenn aber jemand in der Nacht wandelt, stößt er an, weil das
Licht nicht in ihm ist.

»Danach«, nachdem der Herr zwei Tage zugewartet hatte und die Jünger wohl dachten, er werde sich um Lazarus nicht kümmern, sagte er **»zu den *Jüngern*: Lasst *uns* wieder nach Judäa gehen!«** Die Jünger müssen darüber erschrocken sein, dass er sie aufforderte, mit ihm zu gehen. Sie sollten den ruhigen und sicheren Ort jenseits des Jordan verlassen (10,40) und mit ihm dorthin gehen, wo **»die Juden«** ihn **»eben … zu steinigen suchten«** (siehe 10,31)? Sie sagen es zwar nicht offen, aber sie denken natürlich daran, dass sie in seiner Nähe in der gleichen Gefahr sind wie er, und das ist verständlich, denn sie wandelten nicht im Licht der Allwissenheit wie ihr Herr. Nur wer **»am Tag wandelt, stößt … nicht an, weil er das Licht dieser Welt sieht …«** Wer hingegen in der **»Nacht wandelt, stößt … an«**; er sieht nicht, worüber er strauchelt, weil **»das Licht nicht in ihm ist«**. Darum war den Jüngern der Weg, den sie mit dem Herrn gehen sollten, dunkel, aber der Herr war mit ihnen; sie folgten ja ihm nach Judäa. Wo war ihr Glaube? War er nicht in einem noch wirklicheren Sinn als die Sonne *»das Licht der Welt«*, sodass wer ihm nachfolgte, nicht mehr im Dunkeln wandelte (8,12)? Hatte er ihnen nicht demonstriert, dass er tatsächlich dieses Licht war, als er dem Blindgeborenen das Augenlicht gab?

Wir sind als Geschöpfe Gottes darauf angewiesen, dass Gott uns die Welt, in der wir leben, durch ein großes Licht am Himmelszelt erhellt, und als Sünder sind wir noch viel mehr darauf angewiesen, dass Gott uns himmlisches Licht gibt, damit wir den Weg durch eine Welt der Sünde hindurch zur himmlischen Herrlichkeit finden. Da wir dieses Licht nicht in uns haben, muss Gott uns ein Licht geben, das uns von außen heimleuchtet, und das tat er, als er seinen Sohn sandte. Er ist das Licht der Welt, aber wir müssen ihm im Glauben folgen, sonst bleiben wir im Dunkeln. Und wie glauben wir ihm? Indem wir seinen Worten glauben; das Licht scheint uns aus dem geschriebenen Wort Gottes (Ps 119,105).

»Jesus sagt nicht: ›Lasst uns nach Bethanien gehen‹, sondern ›nach Judäa‹. Durch diese Anspielung auf die Gefahr, welche ihm in dieser Gegend drohte, veranlasste er die Jünger, die Furcht auszusprechen, welche er im Grund ihres Herzens vorhanden weiß und welche er vor dem Abgang noch überwinden will. Ebendeshalb fügt er auch das ›wieder‹ hinzu, welches Wort an die Gefahren erinnert, die während seines letzten Aufenthalts in Jerusalem ihn bedrohten« (Godet).

11 Dies sprach er, und danach sagt er zu ihnen: Lazarus, unser Freund, ist eingeschlafen; aber ich gehe hin, um ihn aufzuwecken.

»Lazarus, unser Freund«: Er nennt Lazarus vor seinen Jüngern so, damit sie verstehen, dass er Lazarus liebt und nicht aus Gleichgültigkeit hat sterben lassen; vielmehr sollen sie an Lazarus sehen, was ihm seine Freunde bedeuten und was er ihnen bereitet hat. In 15,15 nennt der Herr auch die Jünger *»Freunde«*. So heißen alle, die an ihn glauben und ihm darum gehorchen (siehe Jak 2,23).

»Lazarus … ist eingeschlafen«: Von den Freunden des Herrn sagt das NT, dass sie beim Tod entschlafen (1Kor 11,30; 15,6.18.20.51; 1Thes 4,13.14.15). Vom hier verwendeten Verb »schlafen«, κοιμαομαι, *koimaomai*, wird als Hauptwort *koimēsis* (11,13, wo Elberfelder es mit »Ruhe« übersetzt hat) gebildet, dazu auch *koimētērion*, »Schlafzimmer«, das zwar im NT nicht belegt ist, das aber in einigen Sprachen christlicher Völker für »Friedhof« gebraucht wird *(cimetière, cimitero, cemetery)*.

»ich gehe hin«: Dieser Satz findet sich in diesem Evangelium wiederholt. Der Herr geht hin zu dem, der ihn gesandt hat (7,33; 8,21; 14,28). In 14,2 sagt der Herr: *»… ich gehe hin, euch eine Stätte zu bereiten.«* Jetzt geht er hin, **»um ihn aufzuwecken«**. So, wie er Lazarus mit seinem Ruf aus dem Grab herausrief, wird er einst alle, die in Christus entschlafen sind (1Thes 4,13.14.15), mit *»gebietendem Zuruf«* (1Thes 4,16) zu sich rufen und in jene Stätte einführen, die zu bereiten er hingegangen ist.

12 Da sprachen die Jünger zu ihm: Herr, wenn er eingeschlafen ist, wird er geheilt werden.
13 Jesus aber hatte von seinem Tod gesprochen; *sie* aber meinten, er rede von der Ruhe des Schlafes.

»Herr, wenn er eingeschlafen ist, wird er geheilt werden«: Die Jünger verstanden den Herrn zwar falsch, aber sie wussten nicht, wie wahr der Satz ist: Er **»wird ... geheilt werden«**: σωθησεται, *sōthēsetai*, das man auch mit »gerettet werden« übersetzen kann. Das Verb σωζω, *sōzō*, bezeichnet sowohl zeitliche als auch ewige Errettung, die Bewahrung des Leibes und die zukünftige Errettung des Leibes. Wenn wir auferstehen, ist unsere Errettung vollendet: Dann wird, nachdem die Seele schon errettet worden ist (Hebr 10,39; 1Petr 1,9), auch der Leib erlöst werden (Röm 8,23). Wir werden auferweckt und verwandelt: Das Verwesliche wird Unverweslichkeit, das Sterbliche Unsterblichkeit anziehen (1Kor 15,51-53). Das kann man die vollständige und endgültige Heilung von der größten aller Krankheiten nennen.

14 Dann nun sagte ihnen Jesus geradeheraus: Lazarus ist gestorben;
15 und ich bin froh um euretwillen, dass ich nicht dort war, damit ihr glaubt; aber lasst uns zu ihm gehen!
16 Da sprach Thomas, der Zwilling genannt wird, zu den Mitjüngern: Lasst auch uns gehen, dass wir mit ihm sterben!

Wie geduldig, wie gnädig ist der Herr! Er spricht zu ihnen in Vergleichen (V. 9.10), um sie zu lehren; er nennt den Tod einen Schlaf, aus dem er seine Freunde aufweckt (V. 11), auch das, um ihnen etwas ganz Wunderbares zu enthüllen. Aber sie verstehen es nicht; darum sagt er es ihnen nun **»geradeheraus«**, damit sie verstehen, was wirklich geschehen ist: **»Lazarus ist gestorben ...«**

»und ich bin froh um euretwillen«: So ist der Herr; er sucht das Wohl der Seinigen. Er verzog nicht nur aus Liebe zu Lazarus und seinen Schwestern, sondern auch aus Liebe zu den Jüngern. Es war auch für sie gut, dass Lazarus gestorben war, und es war gut, **»dass ich nicht dort war, damit ihr glaubt«**. Der Herr handelte so, damit die Jünger glaubten (siehe auch 13,19; 14,29).

Sowohl Martha als auch Maria meinen, Lazarus hätte nicht sterben müssen, wenn Jesus früh genug gekommen wäre. Die Macht der Sünde und des Todes sollte aber ihren Lauf nehmen und ihr Ziel erreichen; es sollte offenbar werden, dass der Mensch ganz unter der Sünde und ganz dem Tod verfallen ist, sodass nichts als die Macht des Sohnes Gottes ihn retten kann.

»Thomas« kennen wir aus den drei ersten Evangelien nur aus den Namenslisten der Apostel (Mt 10,3; Mk 3,18; Lk 6,15; siehe auch Apg 1,13). Worte oder Taten von ihm hat nur Johannes überliefert (14,5; 20,24-29; 21,2), und auch nur von ihm wissen wir, dass Thomas **»Zwilling«** genannt wurde (auch in 20,24; 21,2). Von seinem Zwillingsbruder (oder seiner Zwillingsschwester) wissen wir nichts. Hier hören wir seine Antwort auf die Aufforderung des Herrn, zu Lazarus zu gehen: **»Lasst auch uns gehen, dass wir mit ihm sterben!«** Er meint natürlich nicht, mit Lazarus zu sterben, der ja schon tot war, sondern mit Jesus zu sterben, weil er damit rechnete, dass die Juden ihn nun, da er wieder nach Judäa ging, töten würden (siehe V. 8). Ob seine Worte ein Ausdruck der Resignation oder der Ergebenheit sind, können wir nicht wissen.

»Bis dahin versuchten die Jünger, Jesus von seinem Weg abzubringen; jetzt ist Thomas bereit, ihm zu folgen, aber ohne Zuversicht. Auf alle Fälle wappnet er sich nicht mit der Verheißung Jesu Christi, um ihm freudig und still zu folgen; wenn er nämlich sagt: ›Lasst uns auch gehen und sterben‹, ist das ein Wort der Verzweiflung« (Calvin).

»Er glaubt vorauszusehen, dass Jesus in seinen Tod gehe, aber er fühlt sich bereit, mit ihm zu sterben. Kleiner Glaube, starke Liebe« (Lange).

»Das Wort des Thomas an die übrigen Jünger verrät mehr Liebe zur Person Jesu als Glaube an die Weisheit von dessen Entschluss: ›Da er sich unbedingt töten lassen will, lasst uns mit ihm gehen und uns auch töten lassen!‹« (Godet).

»Thomas' Worte spiegeln treue Hingabe wider, gleichzeitig aber auch Pessimismus. Er befürchtete, dass sie wahrscheinlich alle sterben würden. Aufgrund der erbitterten Feindschaft gegenüber Jesus war seine Befürchtung nicht unrealistisch, und hätte der Herr sie im Garten nicht beschützt (18,1-11), wären womöglich auch sie festgenommen und getötet worden« (*John MacArthur Studienbibel*, Bielefeld: CLV, 8. Auflage 2012).

3. Der Unverstand Marthas, Marias und der Juden angesichts des Todes (11,17-37)

Der Abschnitt beginnt mit der Feststellung, dass Lazarus schon vier Tage in der Gruft lag, und endet mit der vorwurfsvollen Frage, ob Jesus denn nicht hätte verhindern können, dass er starb.

17 Als nun Jesus kam, fand er ihn schon vier Tage in der Gruft liegen.

Als der Herr die Nachricht von Lazarus erhielt, war dieser krank (V. 3.4). Er blieb noch zwei Tage jenseits des Jordan (V. 6), bis Lazarus gestorben war, was er seinen Jüngern auch mitteilte (V. 11.14). Es war keine ganz kurze Reise nach Bethanien, und so lag Lazarus schon **»vier Tage in der Gruft«**, als Jesus endlich ankam. Damit demonstriert Jesus an Lazarus eindringlicher als an jeder anderen Auferweckung seine unumschränkte Macht als Herr und Gottes Sohn. Das Töchterlein des Jairus war eben erst entschlafen (Mk 5,21-23.35-42); der Jüngling zu Nain war noch nicht ins Grab gelegt worden (Lk 7,11-15); aber Lazarus war schon seit vier Tagen tot und bereits am Verwesen, als der Herr ihn auferweckte (V. 39).

»Der Evangelist erwähnt ausdrücklich den ***vierten*** *Tag, um die Größe des Wunders hervorzuheben. Nach rabbinischer Tradition schwebt die Seele während dreier Tage über dem Körper des Verstorbenen in der Hoffnung, wieder mit ihm vereint zu werden, aber sie entschwindet endgültig, wenn sie feststellt, dass der Leichnam zu verwesen begonnen hat …«*[132]

18 Bethanien aber war nahe bei Jerusalem, etwa fünfzehn Stadien weit;
19 viele von den Juden aber waren zu Martha und Maria gekommen, um sie über ihren Bruder zu trösten.

Die Tatsache, dass Bethanien nur **»fünfzehn Stadien«**, das sind knapp drei Kilometer, von Jerusalem entfernt war, erleichterte es **»vielen von**

132 Hendriksen, unter Verweis auf H. L. Strack / P. Billerbeck, *Kommentar zum Neuen Testament aus Talmud und Midrasch*, Bd. II, S. 250-251.

den Juden ..., zu Martha und Maria« zu kommen, **»um sie über ihren Bruder zu trösten«**. Auch ihnen wird der Tod des Lazarus zum Segen, und weil Bethanien so nahe liegt, erfährt ganz Jerusalem von der Auferweckung des Lazarus (siehe 12,9). Das wiederum bewegt die Obersten des Volkes zum endgültigen Entschluss, Jesus zu töten.

> **20 Martha nun, als sie hörte, dass Jesus komme, ging ihm entgegen. Maria aber saß im Haus.**

Martha zeigt sich einmal mehr als die Rührige, wie wir sie aus Lk 10,40 kennen. Sie steht auf und geht dem Herrn entgegen, Maria hingegen **»saß im Haus«**. Auch sie kennen wir nicht anders; wie sie damals zu den Füßen des Herrn saß, so wartet sie hier, bis der Herr zu ihr kommt oder sie zu ihm gerufen wird, und darauf sehen wir sie wieder zu Füßen des Herrn (V. 32).

> **21 Da sprach Martha zu Jesus: Herr, wenn du hier gewesen wärest, so wäre mein Bruder nicht gestorben;**
> **22 aber auch jetzt weiß ich, dass, was irgend du von Gott erbitten magst, Gott dir geben wird.**

»wenn du hier gewesen wärest«: Das ist ein Vorwurf, geboren aus Unverstand, und dieser wiederum ist ein Kind des Unglaubens. Darum fragt sie der Herr, ob sie glaube (V. 26), glaube, dass Leben und Tod in seiner Hand sind und dass er den Tod überwinden kann. Hätte sie es wirklich geglaubt und dabei auch an ihn, an seine Wahrheit und Liebe geglaubt, dann hätte sie den Herrn nicht getadelt, dann hätte sie nicht gemeint, Lazarus hätte nur gerettet werden können, wenn er gekommen wäre, bevor ihr Bruder starb. In 4,47.50 hatten wir gesehen, wie der königliche Beamte, der zuerst auch gedacht hatte, Jesus müsse mit ihm kommen, wenn sein Sohn gerettet werden sollte, auf sein Wort hin glaubte, also glaubte, dass er dem sterbenden Kind das Leben geben könne, auch wenn er nicht neben ihm stand und es anrührte. Und doch hat Martha auch Glauben: **»... aber auch jetzt weiß ich, dass, was irgend du von Gott erbitten magst, Gott dir geben wird.«** Wie der Blindgeborene andeutete, so versteht auch Martha, dass Jesus alles, was er tut, vom Vater erbittet und empfängt (siehe auch Ps 2,7.8). Um das Volk zu lehren, dass es sich tatsächlich so verhält, betet Jesus vor allem Volk zu seinem Vater, bevor er Lazarus aus dem Grab ruft (V. 41).

»so wäre mein Bruder nicht gestorben«: Für »gestorben« steht hier ετεθνηκει, *etethnēkei*[133], und in dieser Zeitform bedeuten die Worte hier eigentlich: »so wäre mein Bruder (jetzt) nicht tot«. In V. 32 steht das gleiche Verb in einer anderen Zeitform: απεθανεν, *apethanen*, »er starb«; »er ist gestorben«.

23 Jesus spricht zu ihr: Dein Bruder wird auferstehen.
24 Martha spricht zu ihm: Ich weiß, dass er auferstehen wird
in der Auferstehung am letzten Tag.
25 Jesus sprach zu ihr: *Ich* bin die Auferstehung und das Leben;
wer an mich glaubt, wird leben, auch wenn er stirbt;
26 und jeder, der lebt und an mich glaubt, wird *nicht* sterben
in Ewigkeit. Glaubst du dies?
27 Sie spricht zu ihm: Ja, Herr, *ich* glaube, dass *du* der Christus
bist, der Sohn Gottes, der in die Welt kommen soll.

In den Versen 23-26 erklärt der Herr, was seine in V. 4 gemachte Zusage bedeutet, dass die Krankheit des Lazarus nicht zum Tode sei. Wir können die Worte der Verse 25 und 26 nur verstehen, wenn wir beachten, dass der Herr von zwei verschiedenen Arten von Leben spricht, wenn er auch jedes Mal das gleiche Verb »leben«, ζαω, *zaō*, verwendet. Er meint zuerst das irdische Leben, das der Sünde wegen sterblich ist, dann das ewige Leben, das unvergänglich ist.

»Dein Bruder wird auferstehen«: Diese erste Zusage kann Martha nur auf die allgemeine Auferstehung beziehen: **»Ich weiß, dass er auferstehen wird in der Auferstehung am letzten Tag.«** Daran glaubten außer den Sadduzäern (Apg 23,8) alle Juden, denn sie war in der Bibel verheißen (Hi 19,25-27; Jes 26,19; Hos 13,14; Dan 12,2; Apg 26,6-8). Aber Martha hatte gehofft, und sie erwartete es vom Herrn vielleicht auch, dass er ihren Bruder jetzt auferwecken werde, nicht erst am Ende der Zeit. Darum war für sie die Antwort des Herrn enttäuschend. Aber sie hört nun aus seinem Mund:

133 in einigen Manuskripten *apethanen*.

***»Ich* bin die Auferstehung«**: Indem er das Wort »ich« betont, sagt der Herr, dass die Auferstehung, an die Martha glaubt, durch ihn geschehen wird und dass er jetzt da ist. Damit deutet er an, dass er Lazarus auferwecken wird. Und er ist **»das Leben«** (siehe auch 14,6); also das Leben ist nicht nur in ihm (1,4; 5,26), und er ist nicht nur der *»Urheber des Lebens«* (Apg 3,15), sondern er ist das Leben selbst. In 1Jo 5,20 sagt Johannes: *»Dieser ist der wahrhaftige Gott und das ewige Leben.«*

Die Reihenfolge *»die Auferstehung und das Leben«* ist nicht beliebig: zuerst Auferstehung, dann Leben; denn das Leben, das er ist und das die Glaubenden empfangen, ist das Leben, das auf die Auferstehung des Herrn folgt: Er hat in seinem Tod den Tod zunichtegemacht und hat in der Auferstehung Leben und Unverweslichkeit ans Licht gebracht (2Tim 1,10).

»Seit alters hatte Jahwe sich ›ICH BIN‹ genannt. Nun ist das Wort Fleisch geworden, und auch Er nennt sich ›ICH BIN‹, aber er füllt den Namen mit Einzelwahrheiten aus. Hier hören wir: ›ICH BIN die Auferstehung und das Leben.‹ Weil es hier darum geht, was er ist im Verhältnis zu den Menschen, wird die Auferstehung zuerst genannt. Der Tod herrscht über Adam und sein ganzes Geschlecht, daher kann dem Menschen das Leben nur zukommen in der Kraft der Auferstehung« (Hole).

Jetzt soll Martha an Lazarus etwas lernen, was ihr neu war: **»… wer an mich glaubt, wird leben, auch wenn er stirbt …«** Lazarus war gestorben, und er würde bald aus der Gruft gerufen werden und das vergängliche Leben wiederbekommen; aber er würde wieder sterben. Mit diesen Worten verheißt der Herr aber das ewige Leben: Wer an den Sohn Gottes glaubt, empfängt hier und jetzt das ewige Leben und ist damit aus dem Tod übergegangen in das Leben (5,24), in ein Leben, das den Tod überdauert. Er behält es, *»auch wenn er stirbt«*. Lazarus glaubte an den Sohn Gottes; er hatte dieses Leben, und darum war sein Tod, auch nachdem er zum zweiten Mal gestorben war, nicht die Endstation. Wer das ewige Leben durch Glauben empfangen hat, wird den leiblichen Tod sterben; der Tod beendet sein natürliches Leben. Aber das ewige Leben kann von keinem Tod erreicht werden: **»Jeder, der lebt und an mich glaubt, wird nicht sterben in Ewigkeit«** (siehe auch 6,47.50; 8,51).

»Glaubst du dies?«: Der Herr fragt damit Martha, ob sie an ihn glaube und damit glaube, dass er die Auferstehung und das Leben ist, dass in seiner Person die Befreiung vom Tod und das ewige Leben sind. Sie antwortet nicht direkt, denn sie sagt etwas, was die Frage von Tod und Auferstehung nicht unmittelbar berührt: **»Ich glaube, dass du der Christus bist, der Sohn Gottes, der in die Welt kommen soll.«** Sie hat wahren Glauben; sie glaubt wider allen Schein – denn Lazarus, ihr geliebter Bruder, liegt tot in der Gruft –, dass Jesus der Christus ist, der Sohn Gottes (vgl. 1,49; Mt 16,16); sie glaubt, dass er der von den Propheten verheißene Messias ist, der in die Welt kommen soll. Mit diesem Bekenntnis hat sie indirekt die Frage des Herrn beantwortet: Sie glaubt, dass er die Macht hat, jeden, der an ihn glaubt, ewig vor dem Tod zu bewahren (siehe auch 8,51).

> **28 Und als sie dies gesagt hatte, ging sie hin und rief ihre Schwester Maria heimlich und sagte: Der Lehrer ist da und ruft dich.**

Nachdem Martha **»dies gesagt hatte, ging sie hin«**, um ihre Schwester zu rufen. Wir können uns denken, dass sie getröstet ging, denn nun hatte Jesus sie gelehrt, dass die Auferstehung, die sie in ferner Zukunft erwartete, ganz nahe gerückt war. Darum sagt sie zu ihrer Schwester, dass es **»der Lehrer«** ist, der sie **»ruft«**. Was er Martha gelehrt hatte, würde er auch deren Schwester zu ihrem Trost sagen.

> **29 Als aber diese es hörte, stand sie schnell auf und ging zu ihm.**
> **30 Jesus aber war noch nicht in das Dorf gekommen, sondern war noch an dem Ort, wo Martha ihm begegnet war.**
> **31 Als nun die Juden, die bei ihr im Haus waren und sie trösteten, sahen, dass Maria schnell aufstand und hinausging, folgten sie ihr, indem sie sagten: Sie geht zur Gruft, um dort zu weinen.**

Erst als Martha ihrer Schwester sagte, dass der Lehrer sie rufe, rührte sich Maria und stand auf **»und ging zu ihm«**, und der Herr war **»noch an dem Ort, wo Martha ihm begegnet war«**. Welche Sorge des Hirten um seine Schafe! Er will mit Maria allein reden, denn nur das kann sie trösten.

Die Juden, **»die bei ihr im Haus waren und sie trösteten«**, verstanden nicht, was Maria tat, und das zeigt, dass sie bei allem guten Willen sie nicht trösten konnten. Sie hatten nicht den Glauben der Maria, und darum konnten sie sich nichts anderes denken, als dass sie zur Gruft ging, **»um dort zu weinen«**. Für sie hat der Tod das letzte Wort gehabt; aber Maria ging zu dem, von dem sie wusste, dass er alles vermag. Der Christ kennt den, der das letzte Wort sprechen wird, der von sich sagt: *»... ich bin lebendig von Ewigkeit zu Ewigkeit und habe die Schlüssel des Todes und des Hades«* (Offb 1,18). Darum geht der Christ in all seinem Kummer zu ihm (vgl. Mt 14,12) und weiß, dass er dort Licht findet und im Licht auch Trost.

32 Als nun Maria dahin kam, wo Jesus war, und ihn sah,
fiel sie ihm zu Füßen und sprach zu ihm: Herr, wenn du hier
gewesen wärest, so wäre mein Bruder nicht gestorben.
33 Als nun Jesus sie weinen sah und die Juden weinen, die mit
ihr gekommen waren, seufzte er tief im Geist und erschütterte
sich
34 und sprach: Wo habt ihr ihn hingelegt? Sie sagen zu ihm:
Herr, komm und sieh!
35 Jesus vergoss Tränen.

»fiel sie ihm zu Füßen«: Anders als ihre Schwester Martha, von der wir nicht lesen, dass sie zu den Füßen des Herrn niederfiel (V. 20.21), finden wir Maria wieder da, wo wir sie schon einmal angetroffen haben (Lk 10,39). Nur tut sie hier nicht, was sie damals tat: Sie horcht nicht den Worten des Herrn, sondern sie redet zu ihm. Sie lässt nicht den Herrn sie lehren, sondern sie meint, sie müsse den Herrn belehren: **»Herr, wenn du hier gewesen wärest ...«** Und wieder anders als Martha bekennt Maria nicht ihre Gewissheit, dass der Herr alles vom Vater empfangen würde, was er von ihm erbeten sollte (V. 22).

Jesus sah sie weinen und **»seufzte«**, vor Mitgefühl (siehe Jak 5,11) mit den Trauernden, doch wohl auch vor Schmerz darüber, dass selbst die von ihm Geliebten so träge waren zu glauben, und er **»erschütterte sich«**.

Auf die Frage, wo man Lazarus hingelegt habe, antwortet man ihm: **»... komm, und sieh!«** Wir haben eine solche Einladung schon einmal gehört. Als der Herr seinen öffentlichen Dienst gerade angetreten hatte, wollten zwei Johannesjünger von ihm wissen, wo er wohne, und er sagte ihnen: *»Kommt und seht!«* (1,39). Und was durften die beiden sehen? Den Urheber des Lebens (Apg 3,15). Was sollte der Herr hingegen zu sehen bekommen, als man ihn bat, zu kommen und zu sehen? Die Gruft, den stummen Zeugen der Macht des Todes.

»Jesus vergoss Tränen«: Johannes hat in seinem Evangelium gezeigt, dass Jesus das ewige Wort ist, das alles schuf (1,1-3), dass alles in seiner Hand ist (3,35), dass er stets im hellen Licht der göttlichen Allwissenheit seine Werke tat (2,24.25; 6,6.64) und seinen Weg ging (V. 9; 18,1.4), und doch lässt er uns so deutlich erkennen, dass Jesus dabei ganz Mensch mit zutiefst menschlichen Regungen und Empfindungen war. Und es ist gerade dieses Kapitel, das uns die ganze Macht des Sohnes Gottes offenbart, das deutlicher als in allem, was wir bisher gelesen haben, die Empfindungen des Herrn offenbart. Der allmächtige Herr, Herrscher über alle und Richter der Toten und der Lebendigen, ist voll innigen Mitgefühls (siehe Jak 5,11). Kann das einer verstehen?

Der Herr weinte nicht über Lazarus, den er bald auferwecken würde, sondern er weinte, weil er mit den Schwestern mitfühlte. Er tat selbst das, was einer seiner Apostel später den Christen befahl: *»Weint mit den Weinenden«* (Röm 12,15). Er weinte auch, weil das Elend der Sünde und des Todes, welche die Menschen gefangen hielten, ihn *»schmerzte ... in sein Herz hinein«* (1Mo 6,6). Nur wenige Tage später würde er über Jerusalem weinen, weil es die Stunde seiner Heimsuchung nicht erkannte und sich damit grenzenloses Leid auflud (Lk 19,41-44).

36 Da sprachen die Juden: Siehe, wie lieb hat er ihn gehabt!
37 Einige aber von ihnen sagten: Konnte dieser, der die Augen des Blinden auftat, nicht bewirken, dass auch dieser nicht gestorben wäre?

An den Tränen erkennen die Juden: **»... wie lieb hat er ihn gehabt!«** Aber gerade darum können sie nicht verstehen, dass er ihn sterben ließ; und so fragen sie mit einem Unterton des Vorwurfs: **»Konnte dieser, der die Augen der Blinden auftat, nicht bewirken, dass auch dieser nicht gestorben wäre?«** Wie bezeichnend sind diese Worte für Sünder! Sie haben gewisse Wohltaten des Herrn gesehen, und nun murren sie, weil sie finden, er hätte auch Lazarus eine entsprechende Wohltat geschuldet. Steht Gott zu irgendeinem Menschen in Schuld? Ist er verpflichtet, uns Gutes zu tun? Haben wir ihm etwas gegeben, was er uns vergelten müsste? Obwohl wir das immer wieder meinen, hört Gott nicht auf, uns Gutes zu tun. Jesus wandte sich nicht ab und ließ Lazarus nicht im Grab noch ganz verwesen.

4. Der Herr ruft Lazarus ins Leben zurück (11,38-44)

Die Ankunft des Herrn in Bethanien hatte Johannes mit der Bemerkung markiert: *»Als nun Jesus kam, fand er ihn schon vier Tage in der Gruft liegen«* (V. 17). Er war, wie wir in V. 30 lesen, noch nicht ins Dorf eingetreten. Doch nun lesen wir zu Beginn dieses Abschnitts: *»Jesus ... kommt zur Gruft.«* Der vorhergehende Abschnitt hatte gezeigt, wie ratlos und unverständig die Menschen waren angesichts der Wirklichkeit und der Macht des Todes. Der nun folgende Abschnitt offenbart die Wirklichkeit der Macht des Herrn über den Tod. Er ist wahrlich die Auferstehung und das Leben; wer an ihn glaubt, wird leben.

Aber wie soll Lazarus die Stimme des Sohnes Gottes hören und glauben, da er tot ist? Wie kann Lazarus auferweckt werden, wenn er die Bedingung nicht erfüllen kann? Wie soll der Sünder, der tot ist in seinen Sünden und Übertretungen (Eph 2,1), glauben können und zum Leben auferstehen? Wir verstehen dieses Kapitel nicht, wenn wir nicht beachten, was der Herr in Kap. 5 gesagt hat: *»Wahrlich, wahrlich, ich sage euch: Es kommt die Stunde und ist jetzt, da die Toten die Stimme des Sohnes Gottes hören werden, und die sie gehört haben, werden leben«* (5,25). Der Sohn Gottes hat die Macht, die Toten aufzuerwecken, und er hat die Macht, so zu reden, dass sogar die Toten hören können, und wenn sie hören, können sie auch glauben. Wäre es nicht so, wären wir für immer verloren.

38 Jesus nun, wieder tief in sich selbst seufzend, kommt zur Gruft. Es war aber eine Höhle, und ein Stein lag davor.
39 Jesus spricht: Nehmt den Stein weg! Die Schwester des Verstorbenen, Martha, spricht zu ihm: Herr, er riecht schon, denn er ist vier Tage hier.
40 Jesus spricht zu ihr: Habe ich dir nicht gesagt: Wenn du glaubtest, so würdest du die Herrlichkeit Gottes sehen?

»Jesus ... kommt zur Gruft«: Der Urheber des Lebens sucht uns heim in dieser Welt, die ein riesiger Friedhof geworden ist, **»tief ... seufzend«** über das unermessliche Elend, das die Sünde in die Welt gebracht hat. Aber er kommt nicht, um seinen Kummer darüber zu zeigen, sondern um allem Jammer abzuhelfen.

Was die Umstehenden tun konnten, nahm der Herr ihnen nicht ab und befahl deshalb: **»Nehmt den Stein weg!«** Aber da äußert Martha zum zweiten Mal ihren Unverstand; es ist das fünfte Mal in dieser ganzen Episode, dass Menschen meinen, dem Herrn dreinreden zu müssen (zuerst die Jünger, dann Martha, dann Maria, dann die Juden und jetzt wieder Martha). **»Habe ich dir nicht gesagt ..., du würdest die Herrlichkeit Gottes sehen?«** Wann hatte Jesus diese Worte gesagt? Er hatte sie an die beiden Schwestern ausrichten lassen, als sie ihn gebeten hatten, schnell zu kommen, weil ihr Bruder krank war (V. 4). Jetzt fügt er die Bedingung an: **»wenn du glaubtest«**. Martha glaubte, dass er der Sohn Gottes war (V. 27), aber sie musste lernen zu glauben, dass er tatsächlich die Auferstehung und das Leben war (V. 25) und dass das für den verstorbenen Bruder galt, der jetzt hinter einem großen Stein tot in einer Gruft lag.

41 Sie nahmen nun den Stein weg. Jesus aber hob die Augen empor und sprach: Vater, ich danke dir, dass du mich erhört hast.
42 *Ich* aber wusste, dass du mich allezeit erhörst; doch um der Volksmenge willen, die umhersteht, habe ich es gesagt, damit sie glauben, dass *du* mich gesandt hast.
43 Und als er dies gesagt hatte, rief er mit lauter Stimme: Lazarus, komm heraus!
44 Und der Verstorbene kam heraus, an Füßen und Händen mit Grabtüchern gebunden, und sein Gesicht war mit einem Schweißtuch umbunden. Jesus spricht zu ihnen: Macht ihn los und lasst ihn gehen!

Die Umstehenden gehorchten und nahmen den Stein weg; doch bevor er handelte, »**hob Jesus die Augen empor und sprach**«. Er betete, bevor er das Wunder wirkte[134]; er machte sich in allem abhängig von seinem Gott. Jetzt betete der Herr öffentlich vor den Augen und Ohren des Volkes, bevor er Lazarus aus dem Grab rief, und er bezeugte damit, was er die Juden öffentlich wiederholt gelehrt hatte: Er hatte alle Worte, die er sprach, und alle Werke, die er tat, vom Vater (5,19; 8,28.38). Die Leute hörten die Worte, und dann sahen sie das Werk, in dem sich diese Worte erfüllten; so konnten sie »**glauben, dass du mich gesandt hast**«.

Der Herr rief: »**Lazarus, komm heraus!**« Er rief ihn mit Namen (siehe 10,3; vgl. Jes 43,1), und Lazarus folgte dem Ruf. Dieses Zeichen demonstrierte die Wahrheit der Worte, die der Herr in 5,25 gesprochen hatte: Die Stunde war jetzt da, in der die Toten die Stimme des Sohnes Gottes hörten, und die sie hörten, lebten. An Lazarus veranschaulichte er, was er seit seinem Kommen in die Welt bis zum heutigen Tag an unzähligen Menschen getan hat: Er hat Menschen, die tot waren in ihren Sünden und Übertretungen (Eph 2,5), gerufen, und sie kamen zum Leben.

Er rief »**mit lauter Stimme**«, Paulus sagt, er wird bei seinem zweiten Kommen *»mit gebietendem Zuruf«*, *keleusma*, »Befehlsruf« (1Thes 4,16), einen jeden seiner Erlösten zu sich rufen, und sie werden dem Ruf folgen, aus den Gräbern auferstehen und zum Herrn entrückt werden.

134 Man vergleiche das mit Lk 5,15-17.

Man stelle sich die Menschen vor, die dastanden, zuhörten und zuschauten: Ihre Blicke waren auf das nun freigelegte Grab geheftet, und dann sahen sie und erstarrten: **»… der Verstorbene kam heraus …«**

»Jesus spricht zu ihnen: Macht ihn los und lasst ihn gehen!«: So, wie die umstehenden Menschen den Stein wegrollen konnten, so konnten sie die Grabtücher von Lazarus lösen. Was kein Mensch konnte, das tat der Sohn Gottes.

5. Der Hohe Rat beschließt, Jesus zu töten (11,45-57)

Das Zeichen, das Jesus tat, scheidet: Einige glauben, andere verharren in ihrem Unglauben (V. 45.46), und wieder andere verhärten sich noch mehr (V. 47-50.53).

Der Abschnitt beginnt damit, dass viele von den Juden an ihn glaubten (V. 45); dann hören wir vom Beschluss des jüdischen Hohen Rates, Jesus zu töten (V. 53), weshalb Jesus nicht mehr öffentlich unter den Juden wandelte (V. 54). In V. 57 lesen wir schließlich, wie der Hohe Rat Weisungen herausgibt, die dazu führen sollen, dass man ihn tunlichst bald unschädlich machen kann.

45 Viele nun von den Juden, die zu Maria gekommen waren und sahen, was er getan hatte, glaubten an ihn.
46 Einige aber von ihnen gingen hin zu den Pharisäern und sagten ihnen, was Jesus getan hatte.
47 Da versammelten die Hohenpriester und die Pharisäer das Synedrium und sprachen: Was tun wir? Denn dieser Mensch tut viele Zeichen.
48 Wenn wir ihn so gewähren lassen, werden alle an ihn glauben, und die Römer werden kommen und sowohl unseren Ort als auch unsere Nation wegnehmen.

»Viele von den Juden … sahen, was er getan hatte«, und sie **»glaubten an ihn«**: Der Satz erinnert an 2,23. Wie zu Beginn seines Dienstes, so lesen wir auch jetzt, wie Leute ein Zeichen sehen und dann glauben.

Wir fragen uns wieder, ob der Glaube echt war. (Zum Zusammenhang von Sehen und Glauben siehe ferner 20,8.29.) Andere aber **»gingen hin zu den Pharisäern und sagten ihnen, was Jesus getan hatte«**, und das zeigt, dass sie keinen Glauben hatten. Wie die Leute, die den geheilten Blinden zu den Pharisäern führten (9,13), wollen sie die Meinung der Pharisäer hören; die waren ja zuständig für alle Fragen nach dem Messias und konnten daher beurteilen, ob Jesus etwa der Messias sei.

»Da«, als diese Nachricht die Pharisäer erreichte, versammelten sie **»das Synedrium«**, *synedrion*, das heißt, eine Versammlung aller, die zu diesem jüdischen Rat gehörten. Dies ist der erste und der einzige Beleg dieses griechischen Wortes in unserem Evangelium; es besteht aus der Vorsilbe *syn-*, »zusammen«, gefolgt von *hedrion*, »Sitz«, also »Zusammensitz«.[135] Der Rat bestand aus 71 Mitgliedern, die sich aus drei Klassen zusammensetzten: den Hohenpriestern, den Ältesten und den Schriftgelehrten, wobei die Letztgenannten aus beiden theologischen Richtungen stammten, der pharisäischen und der sadduzäischen. Keiner wurde in den Rat aufgenommen, der nicht rabbinisch geschult war und einwandfreie israelitische Abkunft belegen konnte. Vorsitzender des Rates war in der Regel der Hohepriester, wie in jenem Jahr Kajaphas (V. 49.50), der übrigens Sadduzäer war. Das Synedrium war in allen Fragen der jüdischen Religion die höchste Gerichtsbehörde, welche die Vollmacht hatte, aus der Synagoge auszuschließen und die Todesstrafe zu verhängen. Seit die Römer über die Juden herrschten, konnte sie nur noch Anklage erheben und die Todesstrafe fordern, aber Rom entschied darüber, ob die Höchststrafe vollstreckt wurde.

Die Pharisäer und die Hohenpriester erklärten, warum man das Synedrium einberufen hatte: **»Denn dieser Mensch tut viele Zeichen.«** Sie sagten nicht »Jesus von Nazareth«; seinen Namen wollen sie in ihrem Hass auf ihn nicht mehr in den Mund nehmen. Aber was für ein Bekenntnis mussten sie über »diesen Menschen« ablegen! Er tut viele Zeichen; sie konnten es nicht leugnen. Aber etwas Verkehrteres hätten sie daraus nicht folgern können: **»Wenn wir ihn so gewähren lassen, werden alle an ihn glauben, und die Römer werden kommen und sowohl unseren Ort als auch unsere Nation wegnehmen.«** Es war ja gerade umkehrt: Weil das Volk nicht an Jesus glaubte, kam *»das Volk des kom-*

135 Das Wort wurde aramaisiert zu *Sanhedrin (san = syn, hedrin = (h)edrion).*

menden Fürsten« (Dan 9,26), d.h. Rom mit seinen Legionen, und zerstörte 40 Jahre später die Stadt und das Heiligtum – wie der Herr selbst kurz vor seiner Kreuzigung angekündigt hatte (Lk 19,43.44). Der Martha hatte der Herr gesagt, dass sie, wenn sie glaubte, seine Herrlichkeit sehen würde (V. 40); das Volk sah nichts von seiner Herrlichkeit, sondern musste erleben, wie alles, das in ihren Augen auf Erden herrlich war, niedergebrannt wurde.[136]

49 *Ein* Gewisser aber von ihnen, Kajaphas, der jenes Jahr Hoherpriester war, sprach zu ihnen: *Ihr* wisst nichts
50 und überlegt auch nicht, dass es euch nützlich ist, dass *ein* Mensch für das Volk sterbe und nicht die ganze Nation umkomme.
51 Dies aber sagte er nicht von sich selbst aus, sondern da er jenes Jahr Hoherpriester war, weissagte er, dass Jesus für die Nation sterben sollte;
52 und nicht für die Nation allein, sondern damit er auch die zerstreuten Kinder Gottes in *eins* versammelte.

Dieser **»eine Gewisse«** war Kajaphas, einer unter mehreren Hohenpriestern (V. 47). Nach der göttlichen Ordnung durfte es immer nur einen Hohenpriester geben, nun aber waren immer mehrere gleichzeitig da (siehe V. 47), was bereits zeigt, wie degeneriert diese ganze Einrichtung war. Und Gott hatte es so verordnet, dass nur ein Sohn des Hohenpriesters dieses Amt bekleiden durfte; Kajaphas aber war wie schon sein Schwiegervater Annas (18,13; Lk 3,2) von Rom zum Hohenpriester gemacht worden, und er blieb so lange im Amt, wie es Rom gut dünkte.

»Lukas nennt bezeichnenderweise die beiden Namen Annas und Kajaphas als die höchsten religiösen Autoritäten im Land. Ersterer war von Quirinius eingesetzt worden ..., er wurde abgesetzt und andere folgten ihm, als vierter sein Schwiegersohn Kajaphas« (Edersheim, Bd. I, S. 263).

»Der Historiker Josephus hält fest, dass Kajaphas im Jahr 18 in sein Amt eingesetzt und im Jahr 36 abgesetzt wurde ... Er wurde vom Pro-

136 Diesen in Kapitel 11 vorliegenden Zusammenhang habe ich entlehnt aus unveröffentlichten Notizen zum Johannesevangelium des Rumänien-Missionars Peter Giger.

konsul Vitellius des Amtes enthoben« (*Baker Encyclopedia of the Bible*, Bd. I).

Die unfreiwillige Weissagung des Kajaphas lautete: **»... es ist ... nützlich, dass *ein* Mensch für das Volk sterbe und nicht die ganze Nation umkomme.«** Diesen Mann interessierte nur, was *nützlich* war, und entsprechend urteilte und redete er, der in seinem Amt als Hoherpriester nach dem römischen Statthalter der mächtigste Mann im Land war – und doch musste er weissagen und damit die Wahrheit Gottes aussprechen. Bei aller List bleiben die Feinde in Gottes Hand; ob sie es wollen oder nicht, müssen sie seinen Absichten dienen; auch *»der Grimm des Menschen wird dich preisen«* (Ps 76,11).[137]

»Der Mensch hat sich selbst vollständig offenbart. Das Licht hat in der Finsternis geleuchtet, und die Finsternis hat es nicht erfasst. Die tiefe Schuld der Menschen hat sich darin gezeigt, dass sie den verwarfen, den der Vater gesandt hatte, und dass sie tot waren in Sünden und Übertretungen, haben sie damit erwiesen, dass sie in keiner Weise das ewige Wort hören wollten, während dieses unter ihnen wohnte. Sie hatten gesehen und gehasst sowohl den Sohn als auch den Vater (15,24)« (Pink).

»Jesus sollte für die Nation sterben«, der Schuldlose musste als Stellvertreter für Schuldige den Tod erleiden, um so die Schuldigen vor dem Verderben zu retten. Gott hatte verordnet, dass sein Sohn sterben müsse, und ebenso hatte er verordnet, dass Lazarus leben solle.[138] Nur weil Christus starb und auferstand, können Menschen, die in Sünden geboren und dem Tod verfallen sind, auferstehen. Eine Folge des Todes Jesu war auch, dass er **»die zerstreuten Kinder Gottes in eins versammelte«**. Sein Tod legte den Grund, auf dem die Schafe aus Israel und die *»anderen Schafe«*, von denen der gute Hirte in 10,16 gesprochen hatte, zu *einem* Leib vereint werden konnten (siehe auch Eph 2,14-22).

---

137 *»**Der Grimm des Menschen** steht hier für alles Sündigen der Menschen gegen Gott (Offb 11,18), für all ihr Trotzen gegen ihn und seine Ordnungen. Gott handelt in zweifacher Weise mit dem Bösen in der Welt. Erstens verherrlicht er sich durch das Böse: Der Grimm des Menschen ›**preist dich**‹. Gott versteht es in seiner Souveränität und in seiner Weisheit, das Böse in der Vorsehung so zu lenken, dass es zur Verherrlichung Gottes ausschlägt, indem es Gottes Absichten dienen muss ... Zweitens dämmt Gott das Böse ein: ›**Den Rest des Grimmes hemmst du.**‹ Gott setzt dem Bösen Grenzen, er engt es ein, indem er ihm nicht mehr Raum und mehr Zeit gewährt (z. B. Offb 13,5), als es haben darf, um Gottes Absichten zu dienen«* (B. Peters, *Das Buch der Psalmen*, Bd. 3).

138 Den Hinweis auf diesen Zusammenhang verdanke ich Notizen von Peter Giger.

53 Von jenem Tag an beratschlagten sie nun, ihn zu töten.
54 Jesus nun wandelte nicht mehr öffentlich unter den Juden, sondern ging von dort weg in die Gegend nahe bei der Wüste, in eine Stadt, genannt Ephraim; und dort verweilte er mit den Jüngern.

Die Mitglieder des Hohen Rates **»beratschlagten ..., ihn zu töten«**: Sie begannen jetzt, nachdem sie mehrere Male sich gesagt hatten, man müsse ihn töten, bestimmte Schritte zu tun, um ihn vor ihr Gericht zu stellen, zu verurteilen und umzubringen. Sie waren es, die diesen Rat fassten – und ahnten nicht, dass sie damit Gottes Rat erfüllten: *»Diesen, hingegeben nach dem bestimmten Ratschluss und nach Vorkenntnis Gottes, habt ihr durch die Hand von Gesetzlosen ans Kreuz geschlagen und umgebracht«* (Apg 2,23).

Weil dieser Beschluss gefasst war, **»wandelte Jesus nicht mehr öffentlich unter den Juden, sondern ging von dort weg«**. Er entzog sich dem Volk wiederum, um nur noch *einmal* öffentlich vor ihm aufzutreten (beim Einzug in Jerusalem, Kap. 12). Kurz darauf wandte er sich endgültig von seinem Volk ab (12,36).

»in eine Stadt, genannt Ephraim«: Der Name der Stadt wird genannt, um uns an den Zustand Ephraims und an das Schicksal Ephraims zu erinnern, so wie es in besonderer Weise der Prophet Hosea verkündet hat. Er legt die Sünde und Torheit Ephraims bloß (Hos 4,17; 5,13; 7,8.11; 8,11; 9,11; 11,3; 12,1; 13,12), aber auch die bleibende Liebe und schließlich siegende Gnade Gottes (Hos 11,8; 14,5.9).

55 Es war aber das Passah der Juden nahe, und viele gingen vor dem Passah aus dem Land hinauf nach Jerusalem, um sich zu reinigen.
56 Sie suchten nun Jesus und sprachen, im Tempel stehend, untereinander: Was meint ihr? Dass er *nicht* zu dem Fest kommen wird?
57 Die Hohenpriester und die Pharisäer hatten aber Befehl gegeben, dass, wenn jemand wisse, wo er sei, er es anzeigen solle, damit sie ihn griffen.

»Es war aber das Passah der Juden nahe«: Zum dritten Mal nach 2,13 und 6,4 schreibt Johannes diesen Satz. Während die Obersten den Mord an Jesus planten, traf man in Jerusalem gleichzeitig alle Vorbereitungen für das Passah: Die Pilger **»gingen … aus dem Land hinauf nach Jerusalem …, um sich zu reinigen«**, denn man durfte das Passah nicht halten, wenn man sich verunreinigt hatte durch eine unreine Speise oder Berührung mit etwas Unreinem, etwa einem Toten oder einem Heiden (siehe 18,28). Und während die Pilger im Tempel standen, fragten sie sich gegenseitig, ob Jesus **»nicht zu dem Fest kommen«** werde. Die Form der Frage im Griechischen zeigt, dass sie damit rechneten, dass er komme,[139] aber befürchteten, er werde nicht kommen. Sie hatten allen Anlass, das zu befürchten, da ja die Obersten den Befehl gegeben hatten, **»dass, wenn jemand wisse, wo er sei, er es anzeigen solle, damit sie ihn griffen«**.

Weder das Volk noch die Führer ahnten, dass er sehr bald in einer Weise in die Stadt einziehen würde, dass keiner ihn übersehen und niemand verkennen konnte, dass er *»der König Israels«* war (12,13). Aber er kam nicht, um als König, der er war, seine Herrschaft anzutreten, sondern er kam, um an dem Tag, da die Juden ihre Passahlämmer schlachteten, sich selbst als das wahre Passahlamm zum Opfer zu geben.

139 Die Frage wird mit der doppelten Verneinung *ou mē* eingeleitet und suggeriert die Antwort: »Doch, er wird kommen.«

Anmerkungen zu Kapitel 11

V. 4 – »Der Ausdruck **›um der Herrlichkeit Gottes willen, damit der Sohn Gottes durch sie verherrlicht werde‹** ist sehr wichtig. Aus ihm verstehen wir, dass Gott in der Person seines Sohnes in solcher Weise erkannt werden will, dass alle Ehre, die ihm zusteht, dem Sohn gegeben werde« (Calvin).

»Aus der Verherrlichung Gottes durch das Wunder in seinem Namen sollte auch der Sohn Gottes auf eine einzige Weise verherrlicht werden, und besonders vor vielem Volk, in der Nähe von Jerusalem. Da sie ihn beschuldigten, er wirke Wunder durch die Hilfe Satans, wollte er unter feierlicher Anrufung des Gottes, den sie ihren Gott nannten und als dessen Verlästerer sie ihn bezeichneten, das große Wunder tun« (Lange).

V. 16 – »Wir sehen keine Ursache, den Ausdruck **›dass wir *mit ihm* sterben‹** zu deuten: ›dass wir mit Lazarus sterben‹. Als Thomas sagte: **›Lasst auch uns gehen‹**, meinte er *›mit Jesus‹*. Als er hinzufügte **›… dass wir *mit ihm* sterben‹**, muss er gemeint haben: ›… dass wir *mit Jesus* sterben‹. In ähnlicher Weise sagte Petrus: *›Selbst wenn ich* ***mit dir*** – d. h. mit Jesus – *sterben müsste‹* (Mt 26,35)« (Hendriksen).

V. 39 – »Der Vers beginnt mit **›Jesus spricht‹**. Es finden sich fünf zweiteilige Verbalsätze […], welche den ganzen Bericht zusammenfassen. Sie finden sich in den Versen 4.5.17.35.39: ›Jesus hörte‹, ›Jesus liebte‹, ›Jesus kam‹, ›Jesus weinte‹, ›Jesus spricht‹. Der trauernde Heilige unserer Tage muss auf die fünfte Aussage warten, die sich bewahrheiten wird, wenn der ›Ruf‹ ergeht, der die Toten auferwecken und die Lebenden verwandeln und zu sich entrücken wird« (Hole).

Kapitel 12

1. **Christus wird in Bethanien gesalbt (12,1-11)**
2. **Der König Israels zieht in Jerusalem ein (12,12-19)**
3. **Christus muss als Weizenkorn versinken und ans Kreuz erhöht werden (12,20-36)**
4. **Die Zeichen, die der Herr tat, und der Unglaube des Volkes (12,37-43)**
5. **Die Summe der Sendung Jesu (12,44-50)**

Im Kapitel 11 hatten wir gelesen, wie Lazarus starb und auferweckt wurde und wie darin die Herrlichkeit Gottes und des Sohnes sich offenbarte. Hier lesen wir, wie die Herrlichkeit Gottes und des Sohnes offenbar werden, indem *der Sohn selbst* stirbt (V. 24) und aufersteht (V. 28). In Kapitel 11 liegt Lazarus in der Gruft, in die seine Schwestern ihn wohl gelegt haben. In Kapitel 12 salbt in V. 3 eine seiner Schwestern den Herrn, weil sie versteht, dass ihr Bruder deshalb auferweckt werden konnte, weil ihr Herr an seiner Stelle sterben würde. In 11,38 steht der Herr vor der Gruft des Lazarus, in Kapitel 12 spricht er in V. 7 davon, dass man bald ihn ins Grab legen werde. In Kapitel 11 sind die Geschwister Martha, Maria und Lazarus durch den Tod auseinandergerissen. In Kapitel 12 sind die drei Geschwister wieder vereint (V. 1-3), und Jesus, ihr Wohltäter, ist in ihrer Mitte. In Kapitel 11 wird der Plan gefasst, wie man Jesus fassen und töten könne; in Kapitel 12 kündigt der Herr seinen Plan an, als Weizenkorn in die Erde zu sinken und zu sterben, um viel Frucht hervorzubringen.

Am Ende des Kapitels fasst Johannes in zwei Abschnitten das Ergebnis der gesamten Sendung des Sohnes Gottes zusammen: Obwohl er so viele Zeichen getan und diese in verschiedenen Reden erklärt hatte, glaubten die Juden nicht an ihn; denn ihre Herzen waren verhärtet (V. 37-43). Und er war nicht gekommen, dass er die Welt richte, sondern dass er sie rette; der Vater hatte ihm geboten, was er reden solle, und sein Gebot war das ewige Leben. Wer seinem Wort glaubte, wurde gerettet und hatte das ewige Leben, wer nicht glaubte, wird am letzten Tag von ebendiesem Wort gerichtet werden (V. 44-50).

1. Christus wird in Bethanien gesalbt (12,1-11)

Der Abschnitt wird eingerahmt durch den Namen Lazarus, der in V. 1 und in V. 10 steht. Zuerst wird von einem Gastmahl gesprochen, an dem Lazarus teilnimmt, den der Herr aus den Toten auferweckt hatte (V. 1); in V. 9 wird wieder gesagt, dass Jesus ihn aus den Toten auferweckt hatte; am Schluss heißt es, dass die Juden ebendiesen Mann wieder zu den Toten schicken wollen (V. 10). Das Herzstück des Abschnitts ist die Tat der Maria: Sie salbt den Herrn und verkündet damit seinen Tod. Dieser Tod erst erklärt, warum Lazarus auferweckt werden konnte; und der mörderische Hass der Juden erklärt, warum man Jesus ans Kreuz schlug und nicht als Retter und König annahm.

1 Jesus nun kam sechs Tage vor dem Passah nach Bethanien, wo Lazarus, der Gestorbene, war, den Jesus aus den Toten auferweckt hatte.

»Jesus nun kam«: Am Ende von Kap. 11 hatten die Passahpilger sich gefragt, ob Jesus zum Fest komme; nun kommt er nach Bethanien, um bald von dort nach Jerusalem aufzubrechen.

»Im Grundtext ist unser Abschnitt durch ein ›nun‹ an den vorigen angeschlossen ... Damit wird Jesu Tun dem Tun der Pharisäer gegenübergestellt, doch so, dass es als Folge erscheint. Die Anstalten zur Gefangennehmung hatten wohl die Pharisäer getroffen, aber diese selbst musste doch Jesus herbeiführen, wenn sie geschehen sollte; es sollte sich zeigen, dass nur durch ***seine*** *Hilfe sie ihren Vorsatz ausführen konnten, darum kam er nach Bethanien. Und obwohl er nun so nahe an Jerusalem war, mussten sie doch warten auf seine Zeit, die erst nach Verlauf von sechs Tagen kam. Also nur mit* ***seinem*** *Willen konnte geschehen, was jene auszuführen vorhatten«* (Luthardt, zitiert bei Dächsel).

Nach der Auferweckung des Lazarus hatte der Herr Bethanien verlassen und war *»in die Gegend nahe bei der Wüste, in eine Stadt, genannt Ephraim«* (11,54) gezogen, wo er mit seinen Jüngern eine ganze Weile blieb. Damit entzog er sich den Nachstellungen der Juden; denn seine Zeit war immer noch nicht da. Doch **»sechs Tage vor dem Passah«** kehrte er wieder nach Bethanien zurück, um von dort zum letzten Mal nach Jerusalem zu ziehen, ungeachtet der Weisung, welche die jüdischen Obersten herausgegeben hatten (11,57); denn der von Gott zuvor bestimmte Tag war nahe. Es sollte sechs Tage dauern, bis der Sohn Gottes sich selbst durch den ewigen Geist (Hebr 9,14) als das wahre Passahlamm (1Kor 5,7) für die Sünden seines Volkes (Hebr 2,17) opferte.

»... sechs Tage vor dem Passah« lesen wir hier, und in V. 12 *»am folgenden Tag«*. Johannes lenkt mit diesen Angaben unsere Gedanken zum Anfang seines Evangeliums. Dort hatte er die ersten Tage des Dienstes Jesu gezählt. Nun zählt er wieder die Tage, die zum Ausgang des Dienstes Jesu führen. Die sechs Tage bis zur Kreuzigung sind die letzten sechs Tage, in denen der Herr arbeitet und sein Werk zur Erlösung der Welt vollendet, wie zuvor der Vater und der Sohn und der Heilige Geist sechs Tage gearbeitet und Himmel und Erde erschaffen hatten.

»der Gestorbene, ..., den Jesus aus den Toten auferweckt hatte«: Bald wird Maria, die Schwester des Auferweckten, Jesus salben (V. 3) und damit seinen baldigen Tod und seine Grablegung bezeugen (V. 7). Auf diese Weise werden wir daran erinnert, dass Lazarus nur deshalb auferweckt werden konnte, weil Jesus in seinem Tod die Macht des Todes und des Teufels brechen würde (siehe Hebr 2,14).

> **2 Sie machten ihm nun dort ein Abendessen, und Martha diente; Lazarus aber war einer von denen, die mit ihm zu Tisch lagen.**
> **3 Da nahm Maria ein Pfund Salböl von echter, sehr kostbarer Narde und salbte die Füße Jesu und trocknete seine Füße mit ihren Haaren. Das Haus aber wurde von dem Geruch des Salböls erfüllt.**

»Sie machten ihm nun dort ein Abendessen«: Während die Juden in ihrem Hass nach dem Herrn fahndeten, bereiteten die Freunde des Herrn ihm zur Ehre und zur Freude ein Gastmahl.

Wenn wir den Bericht des Johannes mit dem von Matthäus und Markus vergleichen, stellen wir fest, dass der Gastgeber Simon, der Aussätzige, war (Mk 14,3). Dass Lazarus zu den Geladenen gehörte, zeigt der Satz: **»Lazarus aber war einer von denen, die mit ihm zu Tisch lagen.«** Die drei Berichte weisen gewisse Unterschiede auf, aber das bedeutet nicht, dass es zwei verschiedene Salbungen waren. Matthäus und Markus nennen den Namen der Frau nicht, Johannes tut es. Nach Matthäus und Markus salbte die Frau das Haupt des Herrn, nach Johannes salbte Maria seine Füße. Wenn sie ein ganzes Pfund Salböl hatte, dann konnte sie zuerst sein Haupt und danach seine Füße salben. Auch dass in Mt 26,2 und in Mk 14,1 steht, dass nach zwei Tagen das Passah war, widerspricht nicht der Zeitangabe, die Johannes gibt. Der *Bericht* von der Salbung der beiden Synoptiker erfolgt erst, nachdem wir gelesen haben, dass die Obersten beratschlagten, wie sie Jesus *»mit List greifen und töten könnten«* (Mk 14,1), was aber nicht heißt, dass die Salbung auch erst geschah, nachdem die Juden in dieser Weise beratschlagt hatten. Es ist vielmehr so, dass die Synoptiker von der Salbung Marias entgegen dem zeitlichen Ablauf der Geschehnisse erst an jener Stelle berichten, um ihre liebevolle Hingabe an den Herrn auf dem dunklen Hintergrund der Machenschaften seiner Feinde umso heller leuchten zu lassen. Maria zeigt mit ihrer Handlung, was der Herr ihr bedeutet. Sie gibt ihm mit dem Salböl eigentlich sich selbst; denn sie versteht, dass sie alles, was sie ist und hat, ihm verdankt: *»Denn von dir kommt alles, und aus deiner Hand haben wir dir gegeben«* (1Chr 29,14).

»Dem Johannes ist es nicht um das Ganze der Tatsache nach allen ihren einzelnen Umständen zu tun, sondern nur um eine Reihe von Ergänzungen zu dem Bericht der beiden ersten Evangelisten; den Grundbestand der Tatsache rekapituliert er ganz kurz aus diesen, möglichst mit Beibehaltung ihrer Worte. Die Zusätze aber sind: die Zeitbestimmung des Mahls, sein Zusammenhang mit der Auferweckung des Lazarus, der Name der Frau, welche Christus salbte, der Name des Jüngers, welcher die Opposition gegen die Tat der Maria in dem Kreise der Apostel hervorrief, verbunden mit einer Bemerkung über sein Motiv« (Hengstenberg, zitiert bei Dächsel).

Der Herr ist also im Haus des Aussätzigen, und auch das ist über das Historische hinaus gleichzeitig sinnbildlich: Zu Unreinen (3Mo 13,45; Jes 64,5) ist der Reine aus dem Himmel gekommen, um unter ihnen zu wohnen.

»Martha diente«, wie gewohnt (Lk 10,40), und auch Maria handelt so, wie wir es von ihr erwarten, die wir zu Füßen des Herrn gesehen haben (Kap. 11; Lk 10): Sie **»nahm ein Pfund Salböl … und salbte die Füße Jesu und trocknete seine Füße mit ihren Haaren«** (siehe 11,2).

»Alle drei Berichte sind in vollkommener Harmonie ... Maria kann die Salbe zuerst auf sein Haupt, dann auf seinen Leib (Mt 26,12) und schließlich auf seine Füße gegossen haben. Und dann ***trocknete sie seine Füße mit ihren Haaren****, etwas, was die Betrachter noch mehr schockiert haben muss, als dass sie das teure Salböl auf seine Füße gegossen hatte. In den Augen der Juden war es eine erniedrigende Sache, jemandem die Füße zu waschen, weshalb nur die geringeren unter den Sklaven dies taten ... aber noch schockierender war, dass Maria ihre Haare auflöste. Keine anständige Jüdin hätte so etwas in der Öffentlichkeit getan, denn es galt als unanständig, wenn nicht sogar unmoralisch. Aber Maria war nicht besorgt um ihr Ansehen; ihr Blick war einzig auf Christus gerichtet, den sie liebte und den sie ehren wollte«* (MacArthur, *John 12–21*).

»Es galt als ehrenrührig, wenn eine Frau ihre Haare in der Öffentlichkeit auflöste (Sotah, fol. 5.1): ***Der Priester löste die Haare*** *der Frau, die des Ehebruchs verdächtig war, bevor sie durch das bittere Wasser geprüft wurde, und das geschah zur Beschämung«* (Lightfoot).

Anders als damals im Haus Marthas (Lk 10,38) stört kein Missklang das Zusammensein der Geschwister (siehe Lk 10,40). Der Herr ist in der Mitte; entsprechend ist jeder an seinem rechten Platz, und alles ist Friede. Neben dieser moralischen Belehrung hat die Beschreibung dieses Gastmahls auch eine geistliche Bedeutung, indem sie ein schönes Bild von der Gemeinde bietet: Christus ist in der Mitte der Seinen (Mt 18,20); von ihm aus dem Tod Gerufene liegen wie Lazarus mit ihm zu Tisch, d.h. sie ruhen in der Gewissheit der Erlösung (Eph 2,1-6). Gleichzeitig dienen alle Erlösten einander (1Petr 4,10), wie Martha es tat; und schließlich tun alle Erlösten auch, was Maria tat: Sie schütten vor ihrem geliebten Herrn ihren Dank, ihre Bewunderung, ihre Anbetung aus (Hebr 13,15).

4 Es sagt aber Judas, Simons Sohn, der Iskariot, einer von seinen Jüngern, der im Begriff stand, ihn zu überliefern:
5 Warum ist dieses Salböl nicht für dreihundert Denare verkauft und den Armen gegeben worden?
6 Er sagte dies aber, nicht weil er für die Armen besorgt war, sondern weil er ein Dieb war und die Kasse hatte und trug, was eingelegt wurde.

7 Da sprach Jesus: Erlaube ihr, es auf den Tag meines Begräbnisses aufbewahrt zu haben;
8 denn die Armen habt ihr allezeit bei euch, mich aber habt ihr nicht allezeit.

Und nun stört doch noch ein Missklang die Harmonie. Johannes greift unter den Jüngern **»Judas, Simons Sohn, [den] Iskariot«** heraus, der aber stellvertretend für alle spricht, wie wir aus den anderen Evangelien erkennen können: *»Als aber die Jünger es sahen, wurden sie unwillig und sprachen: Wozu diese Vergeudung?«* (Mt 26,8; siehe auch Mk 14,4). Was Maria tut, ist in den Augen der Jünger nur Verschwendung. Damit zeigen sie, dass ihre Augen nicht sahen, was Maria sah und was auch sie hätten sehen sollen: Ihr geliebter Herr sollte in wenigen Tagen sein Leben lassen zu ihrem Heil. Weil sie es nicht sahen, urteilten sie wie die Welt über selbstvergessene Hingabe an den Herrn. Für die Welt zählt nur, was man in barer Münze den sozial Benachteiligten in die Hand drückt. Geistliche Anbetung hält sie bestenfalls für Zeitverschwendung; sie verfehle den Zweck des Christentums. Der Herr aber urteilt anders. Er ist nicht dagegen, dass man den Armen hilft. Wie könnte er auch? Er hat ja selbst das Gebot gegeben, dass man dem Armen Herz und Hand auftun müsse (5Mo 15,7.8). Aber er bestätigt, dass Maria die Rangordnung der Dinge richtig erkannt hat: Er muss den Vorrang haben vor den Menschen (siehe Kol 1,18), und die geistlichen Nöte der Menschen haben den Vorrang vor den zeitlichen. Das Evangelium vom Sohn Gottes, dem Brot des Lebens, ist wichtiger als Suppenküchen.[140]

Judas war zwar **»nicht ... für die Armen besorgt«**, doch kann man das nicht von allen Menschen sagen. Manchen, die Gott nicht fürchten und von Sünde und Vergebung nichts wissen wollen, geht die Not der Armen ans Herz. Und nicht jeder Gottlose ist wie Judas **»ein Dieb«**, der Geld aus der Kasse nimmt.[141] Die meisten Bürger in unserem Land wür-

140 *»Ethische Reformprogramme sind bei keinem der Reformatoren – zu denen wir für unsere Zwecke auch Menno Simons, George Fox und John Wesley zu zählen haben – jemals der zentrale Gesichtspunkt gewesen. Sie sind keine Gründer von Gesellschaften für ›ethische Kultur‹ oder Vertreter humanitär sozialer Reformprogramme ... Das Seelenheil und dies allein ist der Angelpunkt ihres Lebens und Wirkens. Ihre ethischen Ziele und die praktischen Wirkungen ihrer Lehre sind alle hier verankert und Konsequenzen rein religiöser Motive«* (Max Weber, *Die protestantische Ethik*).
»Wesley duldete nie, dass Wohltätigkeit oder Schulen zum Selbstzweck wurden. Er hielt an der Überzeugung fest, dass der Mensch zuerst in Christus neu werden müsse. Biblische Lehre und Predigt kamen zuerst« (John Pollock, *Wesley the Preacher*, Eastbourne: Kingsway Publications, 2008, S. 183).

141 Elberfelder übersetzt *»er trug«*, vermerkt aber in der Fußnote mit Recht, dass man das griechische *bastazō* auch mit *»wegnehmen«* übersetzen kann.

den sich schämen, so etwas zu tun, auch wenn sie sich ihres Unglaubens nicht schämen. Judas war also ein besonders schäbiger Charakter; und dennoch ist er in dem, was er tun sollte, ein Vertreter aller Adamskinder: Er war bereit, **»ihn zu überliefern«**, Jesus zu verraten. Seine Tat ist nichts anderes als das letzte Ende der Eigenliebe des Sünders. Er will sich leben, sich gefallen, sich Gutes tun. Darin sind sich alle, maßvolle oder hemmungslose Sünder, gleich. Ist Gott dir und mir gnädig gewesen, dann nicht, weil wir der Gnade würdiger gewesen wären als ein Judas. Gott war uns gnädig, weil wir seine Gnade nötig hatten, und er war uns gnädig, weil er uns liebte, als wir ihn nicht liebten.

»Da sprach Jesus: Erlaube ihr ...« oder: »Lass sie!«: Diesen Befehl müssen wir beherzigen. Niemand darf dreinreden in die ganz persönliche Beziehung, die jede gläubige Seele zum Herrn hat. Der Herr hat einen jeden Erwählten mit *dessen Namen* gerufen (10,3) und damit ein einmaliges und eigenes Band geknüpft, das nur zwischen ihm und dem Berufenen besteht. Die gleiche Wahrheit lehrt Paulus in Röm 14,4: Niemand hat das Recht, den Hausknecht einen anderen zu richten; denn der steht oder fällt seinem eigenen Herrn.

»auf den Tag meines Begräbnisses«: Dieser Tag, an dem er sein Leben am Kreuz dahingeben sollte, stand Jesus beständig vor Augen. Er war ebenso wie der Tag seiner Geburt (Gal 4,4) zuvor bestimmt, und zwar auf Jahr (Dan 9,26), Monat und Tag (2Mo 12,1-6) genau. Nach dem Rat und Willen des Vaters sollte er verraten, verurteilt, hingerichtet (Apg 2,23) und gegen die Absicht seiner Feinde ehrenvoll bestattet werden (Jes 53,9). Diesen Willen zu erfüllen, war er in die Welt gekommen (4,34; Hebr 10,7).

9 Eine große Volksmenge von den Juden erfuhr nun, dass er dort war; und sie kamen, nicht um Jesu willen allein, sondern um auch Lazarus zu sehen, den er aus den Toten auferweckt hatte.
10 Die Hohenpriester aber beratschlagten, auch Lazarus zu töten,
11 weil viele von den Juden um seinetwillen hingingen und an Jesus glaubten.

»Eine große Volksmenge« will Jesus sehen, und sie kommen nicht **»um Jesu willen allein, sondern um auch Lazarus zu sehen«**, einen Mann, den Jesus **»aus den Toten auferweckt hatte«**. Zu diesen Leuten gehörten auch Pilger, die zum Passah nach Jerusalem angereist waren; von denen hatten wir in 11,55.56 erfahren, dass sie Jesus suchten. Sie ignorieren den Befehl der Obersten der Juden: Sie wissen, wo Jesus ist, aber sie zeigen ihn nicht an (11,57). Noch ist die Sympathie der Mehrzahl der Juden auf der Seite des großen Wundertäters. Sie wird sogar so weit gehen, dass die Volksmenge am Tag darauf ihm als dem König Israels zujubelt (V. 13).

Als Jesus Lazarus auferweckte, erkannte Maria in bisher nicht gekannter Klarheit, wer er war, und das wiederum hatte ihre Liebe zu ihm gemehrt. Den Pharisäern hatte man von diesem gleichen Zeichen berichtet, einem Zeichen, das klarer als alle bisherigen seine göttliche Allmacht bezeugte; doch das mehrte ihren Hass auf ihn. Als sie nun sahen, wie durch dieses Zeichen **»viele von den Juden … an Jesus glaubten«**, nahmen sie sich in ihrer Ratlosigkeit vor, **»auch Lazarus zu töten«**.[142] Damit bewiesen sie erneut, dass sie nicht Hirten, sondern Diebe und Räuber waren (siehe 10,1.10).

2. Der König Israels zieht in Jerusalem ein (12,12-19)

Bei der Auferweckung des Lazarus hatte sich Jesus als der Sohn Gottes offenbart (11,4). Jetzt zieht er in die Stadt des großen Königs ein und offenbart sich als der Sohn Davids, der König Israels.

»Der Apostel gibt zuerst die beiden den anderen Evangelisten fehlende Zeitbestimmung des Ereignisses; darauf resümiert er bis V. 15 kurz, was bereits jene über dasselbe gebracht hatten. An das Resümee schließt er dann seine Nachträge: ***zuerst*** *die Bemerkung, dass die schon von Matthäus hervorgehobene Beziehung der Tatsache auf Sacharja 9 erst nach der Verherrlichung Christi erkannt worden sei (V. 16);* ***dann*** *der Zusammenhang mit der Auferweckung des Lazarus (V. 17);* ***endlich****, wie die Pharisäer durch die Tatsache affiziert*[143] *wurden (V. 19). Die Gliederung des Abschnitts wird nur dann begreiflich, wenn man erkennt, dass der Apostel erst rekapitulieren und dann ergänzen wollte«* (Hengstenberg, zitiert bei Dächsel).

142 Wesley sagt zu dieser Nachricht: *»Das ist der offensichtliche Grund, warum die anderen Evangelisten, die schrieben, während Lazarus noch am Leben war, diese Nachricht nicht überliefert haben«* (John Wesley, *Explanatory Notes upon the New Testament*).

143 betroffen, berührt.

Der Abschnitt beginnt mit der Volksmenge, die allen Geboten und Verboten der Juden zum Trotz Jesus begeistert entgegenläuft (V. 12.13); er endet mit der resignierten Feststellung der Pharisäer, dass sie nichts ausrichten konnten gegen diese Begeisterung (V. 19). In der Mitte wird gesagt, warum das Volk Ursache hatte, begeistert zu sein, aber auch, warum die Befürchtungen der Pharisäer unbegründet waren: Jesus war tatsächlich ihr König, der zu ihnen gekommen war; aber er war nicht der König, den sie sich gewünscht hatten: Er kam demütig, nicht prächtig, in Niedrigkeit, nicht in Hoheit. Darum fiel es später den Obersten leicht, das Volk zu überreden, vom römischen Statthalter die Kreuzigung dieses Königs zu fordern.

12 Am folgenden Tag, als eine große Volksmenge, die zu dem Fest gekommen war, hörte, dass Jesus nach Jerusalem komme,
13 nahmen sie Palmzweige und gingen hinaus, ihm entgegen, und riefen: Hosanna! Gepriesen sei, der da kommt im Namen des Herrn, der König Israels!

In 11,56 hatten wir gelesen, dass die Passahpilger sich fragten, ob Jesus nicht zum Fest kommen werde. Nun hörte **»eine große Volksmenge ..., dass Jesus nach Jerusalem komme«**. Was sie als Antwort auf diese Nachricht tun, ist höchst verwunderlich. Wir hatten in 7,12.13 gelesen, wie das Volk nur hinter vorgehaltener Hand einander ihre Meinung zu Jesus von Nazareth zu sagen wagten, weil sie Angst hatten vor den Obersten des Volkes. Doch nun treten sie offen heraus und bekennen mit ihrer Handlung und mit ihren Worten Jesus als den Messias. Edersheim meint, dass die Volksmenge sich nicht zusammensetzte aus den Bewohnern von Jerusalem, *»deren Feindschaft gegen Christus gefestigt war«*, sondern aus Galiläern.

»Von den Pilgergruppen, die Jesus von Galiläa und Peräa gefolgt und ihm nach Jerusalem vorausgegangen waren, von den Gästen des Sabbatfestes in Bethanien und von den Leuten, die hinausgegangen waren, um sowohl Jesus als auch Lazarus zu sehen, muss sich die Nachricht verbreitet haben, dass Jesus sich der Stadt nähere ...«[144]

144 Edersheim, Bd. II, S. 365.

»nahmen sie Palmzweige«: Das steht nur in diesem Evangelium. Johannes ist überhaupt der einzige neutestamentliche Autor, der Palmzweige erwähnt: Die Geretteten der Drangsalszeit tragen Palmen in ihren Händen (Offb 7,9). Laut 3Mo 23,40 sollten die Kinder Israel beim Laubhüttenfest Palmzweige nehmen und sich *»vor dem HERRN ... freuen sieben Tage«*. Mit den Palmzweigen in den Händen bezeugten die Volksmengen ihre Freude und begrüßten gleichzeitig den König, den **»König Israels«**. Der Zuruf **»Hosanna!«** – hebräisch für »rette doch!« – und **»Gepriesen sei, der da kommt im Namen des Herrn«** steht in Ps 118,25.26. Dort wird diese Bitte an den Messias gerichtet, und somit ist der Ausruf nichts Geringeres als das Bekenntnis: Jesus von Nazareth ist der Messias. Wir fragen uns, wie das Volk dazu kam, gerade jetzt den Herrn laut als den Messias zu bekennen. In den Versen 9-11 lesen wir, dass viele Juden wegen der Auferweckung des Lazarus an ihn glaubten; der Vers 17 erklärt, dass die Volksmenge von diesen hörte, dass Jesus Lazarus aus dem Grab gerufen habe, und deshalb ging ihm die Volksmenge entgegen (V. 18), als er in Jerusalem einzog.

14 Jesus aber fand einen jungen Esel und setzte sich darauf, wie geschrieben steht:

»Jesus ... fand«: Bei Matthäus lautet die entsprechende Stelle: *»werdet ihr ... finden«* (Mt 21,2). Matthäus zeigt, wie der Herr die Jünger sendet, die den Esel finden, Johannes hingegen führt alles auf den Herrn zurück. Wir waren dem gleichen Phänomen in 6,11 begegnet. Dort sagt Johannes, dass der Herr die Brote austeilte, während die anderen Evangelisten sagen, dass er es durch die Jünger tat. Auf diese Weise zeigt Johannes deutlicher als die anderen, dass der Mensch Jesus der alles wirkende Gott ist (siehe 1,1-3). Er kam, um zu erfüllen, was über ihn geschrieben stand. Er sollte nach der Weissagung Sacharjas auf einem Esel in die Stadt reiten. Den suchte und fand *er* **»und setzte sich darauf«**.

15 »Fürchte dich nicht, Tochter Zion! Siehe, dein König kommt, sitzend auf einem Eselsfohlen.«
16 Dies verstanden seine Jünger zuerst nicht; jedoch als Jesus verherrlicht war, da erinnerten sie sich daran, dass dies von ihm geschrieben war und sie ihm dies getan hatten.

»Fürchte dich nicht …, dein König kommt«: Warum ist diese Aufforderung nötig? Aus zwei Gründen: Erstens hätte das Volk allen Grund gehabt, sich zu fürchten, wenn der kommt, dem alle Macht gegeben ist, der von einem Thron kommt, der Feuerflammen ist, und von dem ein Strom von Feuer fließt (Dan 7,9.10). Aber er kommt in Niedrigkeit; er kommt nicht, um zu richten und zu verderben (3,17), sondern um Gottes Gericht selbst auf sich zu nehmen. Er kommt, wie Sacharja 9,9 sagt, *»demütig«*, daher kommt er **»auf einem Eselsfohlen«**.[145]

Und zweitens hatten die Juden wie alle Menschen ihre natürliche Abscheu vor Gott; sie wollten nicht, dass er ihnen zu nahe trat. Sie sind wie Adam; als der hörte, dass der Herr ihm nahte, bekam er Angst und floh vor ihm. **»Fürchte dich nicht!«** An diesen Worten erkennen wir Gottes Absicht, die er mit dem Kommen Jesu aller Welt offenbart hat: Er kommt, um zu retten; er kommt, um dem Menschen Gutes zu tun. Er ist ein Menschenfreund; mit Jesus ist die Menschenliebe Gottes erschienen (Tit 3,4). Ach, dass wir es glaubten!

»Christus bietet sich uns selber dar mit der Vergebung der Sünden, und trotzdem fliehen wir vor seinem Angesicht. So ging es mir als Knaben in der Heimat, als wir sangen, um Würste zu sammeln. Da schrie uns ein Bürger im Scherz zu: ›Was macht ihr, ihr Buben? Dass euch dies und das geschehe!‹ Und gleichzeitig läuft er mit zwei Würsten auf uns zu. Ich aber mit meinem Gesellen mache mich auf die Füße und fliehe vor ihm, der sein Geschenk anbietet. Genauso geht es uns mit Gott. Er schenkt

145 *»Das bildet einen eigentümlichen Kontrast zu jeder gängigen Vorstellung von Macht und Ehre. Um ihre Größe augenfällig zu demonstrieren, ritten die großen Eroberer wie Alexander und Napoleon auf hohem Ross: Alexander auf seinem berühmten* ***Boukephalos****, Napoleon auf seinem weißen Hengst. Und ein König galt als stark und entsprechend mächtig zu retten, wenn er über möglichst viele Rosse und Wagen verfügte (vgl. Ps 20,8; 33,17; Spr 21,31; Hes 38,4; Dan 11,40). Alexanders Siege beruhten u. a. auch auf seiner den Persern überlegenen makedonischen Reiterei. In den Zeiten der Richter und bis auf König David scheint es, dass Richter und Könige in Israel auf Eseln ritten (Ri 10,4; 12,13.14; 2Sam 16,2): aber später ritten sie auf Pferden, weil sie fanden, das passe besser zu ihrer Würde (siehe Jer 17,25). Wir finden in der Tat im ganzen Alten Testament nach David kein einziges Beispiel von einem König, der auf einem Esel geritten wäre. Damit wurde der Einritt des Königs auf einem Esel zu einem besonderen Zeichen«* (B. Peters, *Der Prophet Sacharja*, Bielefeld: Christliche Literatur-Verbreitung, 2012, S. 153).

[uns] Christus mit allen Gaben, und trotzdem fliehen wir vor ihm und halten ihn für unseren Richter ...«[146]

»Dies verstanden seine Jünger zuerst nicht«: Der Herr hatte in 7,39 den Heiligen Geist verheißen denen, die an ihn glaubten. Er sollte gegeben werden, **»als Jesus verherrlicht war«**. Der Heilige Geist kam an Pfingsten und gab den Jüngern Zeugnis vom erhöhten und verherrlichten Herrn, wie Petrus dem Volk verkündigte (Apg 2,33-36). Durch den Heiligen Geist **»erinnerten ... sich«** die Jünger. Dass der Heilige Geist sie in dieser Weise erinnern würde, kündigte der Herr ihnen in 14,26 an. So, wie der Heilige Geist damals den Jüngern das Verständnis gab, dass alles, was über Christus geschrieben stand, von ihm erfüllt wurde, so gibt der Heilige Geist bis heute den Gläubigen die Gewissheit, dass Jesus der Christus ist, der alle alttestamentlichen Weissagungen erfüllt. Doch wer den Geist nicht hat, wird es nicht fassen.

17 Die Volksmenge, die bei ihm war, bezeugte nun, dass er Lazarus aus dem Grab gerufen und ihn aus den Toten auferweckt hatte.
18 Darum ging ihm auch die Volksmenge entgegen, weil sie hörte, dass er dieses Zeichen getan hatte.

»Die Volksmenge, die bei ihm war«: Es war eine Volksmenge bei dem Herrn, als er an diesem Morgen fünf Tage (siehe V. 1 und 12) vor dem Passah aufbrach. In Mt 20,29 lesen wir, dass ihm eine große Volksmenge folgte, als er Jericho verließ und den Weg nach Jerusalem einschlug. Das werden zum größten Teil Festpilger aus Galiläa gewesen sein. Die Volksmenge, die den Herrn begleitete, **»bezeugte nun, *dass* er Lazarus aus dem Grab gerufen und ihn aus den Toten auferweckt hatte«**.

Diesen Satz kann man, ausgehend von der abweichenden Lesart eines einzigen kleinen Wortes, auch anders übersetzen, nämlich: »Die Menge, die bei ihm gewesen war, *als* er Lazarus aus dem Grab gerufen und ihn aus den Toten auferweckt hatte, gab Zeugnis.« Der Unterschied erklärt sich aus dem Bindewort »als« bzw. »dass«. In den meisten Handschriften steht οτε, *hote* = »als«; in anderen steht οτι, *hoti* = »dass«. Elberfelder hat sich für *hoti* entschieden und übersetzt entsprechend. Da jedoch sowohl

146 Martin Luther, *Ausgewählte Werke*, Bd. 6 (Calwer Ausgabe), S. 11.

der Mehrheitstext als auch der besondere Vertreter desselben, der Textus Receptus, und dazu auch Nestle-Aland, 28. Auflage, *hote* haben, ist dies vielleicht vorzuziehen (wie auch Luther 1912; 1984). Es ergibt auch einen besseren Sinn; denn V. 17 soll erklären, was in V. 18 steht, und das geschieht am besten, wenn man übersetzt: *»Die Volksmenge, die bei ihm gewesen war, als er Lazarus aus dem Grab gerufen und ihn aus den Toten auferweckt hatte, gab Zeugnis.«* Man mag vielleicht denken, es sei doch keine Volksmenge nach Bethanien gekommen, um Martha und Maria zu trösten. Aus Mt 9,23-26 verstehen wir aber, dass es üblich war, dass ganze Volksmengen Trauerfamilien aufsuchten. In Mt 9,23 und 9,25[147] steht jedes Mal für »Volksmenge« das Wort *ochlos*, das auch Johannes hier gebraucht.

Das Zeugnis der Leute, die mit eigenen Augen gesehen hatten, wie Jesus den Lazarus auferweckte, hat Wirkung: **»Darum ging ihm … die Volksmenge entgegen …«** Wir haben es also mit zwei Volksmengen zu tun: zuerst jene, die Augenzeugen gewesen waren, zu denen noch die Volksmenge stieß, welche in V. 11 erwähnt wird; dann die Volksmenge von V. 18; die hatte lediglich gehört, **»dass er dieses Zeichen getan hatte«**, aber das genügte, um in ihnen die vorübergehende Überzeugung zu wecken, dass Jesus wirklich der Messias sein müsse, und darum gingen sie ihm, der schon von viel Volk umgeben war, entgegen.

19 Da sprachen die Pharisäer zueinander: Ihr seht, dass ihr gar nichts ausrichtet; siehe, die Welt ist ihm nachgegangen.

Was die Pharisäer sagten, traf teils zu, teils irrten sie. Wahr ist sicher, **»dass ihr gar nichts ausrichtet«**. Die Pharisäer hatten keine Macht; sie konnten das Volk weder zum Glauben bewegen noch am Glauben hindern, denn sie waren nur Menschen. Und es stimmte auch: **»… die Welt ist ihm nachgegangen.«** Aber als sie daraus folgerten, diese seien nun alle Jünger Jesu geworden, täuschten sie sich. Die Pharisäer waren Augenzeugen einer nur vorübergehenden Begeisterung, nicht der Bekehrung des Volkes.

»Wie schon Kap. 3,26 die Johannesjünger übertreibend klagten, dass jedermann jetzt zu Jesu gehe, wie Mk 1,37 die Apostel verkündigten:

147 Elberfelder hat in V. 25 statt »Volksmenge« »Menge« übersetzt.

›Jedermann sucht dich‹ – so jetzt noch einmal, mit viel mehr Anschein der vollen Wahrheit, gegen alles vergebliche Wehren der Feinde: ›Die Welt läuft ihm nach!‹« (Stier).

3. Christus muss als Weizenkorn versinken und ans Kreuz erhöht werden (12,20-36)

Dieser Abschnitt bildet den Abschluss des öffentlichen Dienstes Jesu; er enthält die letzten Worte, die er in Jerusalem zum Volk redete. Eben war Jesus vor Augen aller in der Stadt als der Sohn Davids, der König Israels, offenbar geworden, und als den hätte das Volk ihn aufnehmen müssen. Da aber der Herr wohl wusste, dass man ihn wenige Tage später verwerfen würde, sprach er nun vom Sohn des Menschen, der wie ein Weizenkorn in die Erde sinken, also sterben und den Blicken der Menschen entschwinden muss. Von der Krankheit des Lazarus (die zum Tod führen musste), hatte der Herr gesagt, sie sei *»um der Herrlichkeit Gottes willen, damit der Sohn Gottes durch sie verherrlicht werde«* (11,4). Noch viel mehr gilt das für den Tod Christi, der ein ganz einzigartiger Tod war. Er folgte nicht auf Krankheit, er war nicht die Endstation eines Lebens in Sünde. Sein Tod war das willige, Gott dargebrachte Opfer eines Sündlosen (vgl. 10,17.18), und dieser Tod geschah, ja, er musste sein *»um der Herrlichkeit Gottes willen«*.

Der Abschnitt beginnt mit der Bitte von einigen Griechen, dass sie Jesus sehen wollen (V. 20-22), und er endet mit den Worten: *»Dieses redete Jesus und ging weg und verbarg sich«* (V. 36). Damit wird angedeutet, dass die Heiden den erkennen sollten, den die Juden ablehnten, weshalb ihn diese nicht mehr sehen sollten, bis sie wieder (siehe V. 13), aber dann mit Glauben, sprechen werden: *»Gepriesen sei, der da kommt in dem Namen des Herrn!«* (Mt 23,38.39).

20 Es waren aber einige Griechen unter denen, die hinaufgingen, um auf dem Fest anzubeten.
21 Diese nun kamen zu Philippus, dem von Bethsaida in Galiläa, und baten ihn und sagten: Herr, wir möchten Jesus sehen.
22 Philippus kommt und sagt es Andreas, und wiederum kommt Andreas mit Philippus, und sie sagen es Jesus.

Über die verschiedenen Unterredungen des Herrn mit den Juden, die zwischen dem Einritt des Herrn in Jerusalem und dem Vorabend seiner Kreuzigung liegen, sagt Johannes im Gegensatz zu den Synoptikern nichts; dafür berichtet er als Einziger von den Griechen, die sich mit ihrer Bitte an einen der Jünger wandten, und von den Worten, die der Herr darauf sprach.

Die **»Griechen«** waren Heiden, die sich zum Judentum hielten und die nach Jerusalem pilgerten zu den großen jüdischen Festen. Sie hatten natürlich von den Taten Jesu und besonders von der Auferweckung des Lazarus gehört, und darum wollten sie **»Jesus sehen«**. Wir müssen wohl beachten, dass sie Heiden waren, nicht Griechisch sprechende Juden, die man auch Hellenisten nannte (Apg 6,1). Auf die Bitte, die Andreas und Philippus dem Herrn vorbringen, bekommen diese Griechen eine Antwort, die zeigt, dass man den Herrn auf ganz anderem Weg zu sehen bekommen wird als vermutet: Man wird ihn nicht wirklich sehen und erkennen an herrlichen Taten und an großen Machterweisen, sondern vielmehr an seiner Erniedrigung bis zum Tod am Kreuz (8,28; 14,31), nicht durch eine Demonstration von großer Kraft, sondern im Gegenteil: Er sollte *»in Schwachheit gekreuzigt«* (2Kor 13,4) werden. Aber das Schwache Gottes ist stärker als die Menschen (1Kor 1,25). Und so sagt der Herr wenig später, dass es das Kreuz ist, das Menschen aus allen Nationen zu ihm ziehen wird (V. 32.33); und damit wird er ihnen wahre Erkenntnis des Sohnes Gottes geben.

Diese Griechen waren gekommen, **»um auf dem Fest anzubeten«** – ähnlich, wie später der äthiopische Kämmerer, der als Heide mit der gleichen Absicht nach Jerusalem gezogen war (Apg 8,27). Als Antwort auf die Bitte der Griechen hören wir das Gleichnis vom Weizenkorn, das in die Erde fällt und stirbt. Auf die Bitte des Kämmerers hören wir von Jesus, dem Lamm, das zur Schlachtbank geführt wird (Apg 8,32-35). Und noch etwas ist auffällig: Bei beiden Gelegenheiten ist ein Philippus beteiligt; hier der Apostel dieses Namens, dort Philippus, der Armenpfleger und Evangelist.

23 Jesus aber antwortet ihnen und spricht: Die Stunde ist gekommen, dass der Sohn des Menschen verherrlicht werde.
24 Wahrlich, wahrlich, ich sage euch: Wenn das Weizenkorn nicht in die Erde fällt und stirbt, bleibt es allein; wenn es aber stirbt, bringt es viel Frucht.

»Die Stunde ist gekommen, dass der Sohn des Menschen verherrlicht werde«: So lautet die Antwort des Herrn auf die Bitte der Griechen. Sie wollen ihn sehen? Ja, sie sollen ihn, sie sollen seine Herrlichkeit sehen. Als Jesus den Lazarus auferweckte, hatte er sich als *Sohn Gottes* (11,4), als er auf dem Esel in Jerusalem einzog, als *Sohn Davids* offenbart, und nun soll er als *Sohn des Menschen* verherrlicht werden. Wie soll das geschehen? Wie soll seine Herrlichkeit aufstrahlen? Nicht so, wie diese Griechen es erwarteten, sondern durch Erniedrigung, Verhöhnung, durch Leiden und Sterben.

»Wenn das Weizenkorn nicht in die Erde fällt und stirbt«: Der Herr lehrt uns durch seine Schöpfung (Mt 6,26-28; siehe auch 1Kor 11,14), wie es auch die inspirierten Lehrer im Alten Bund taten (Hi 12,7-8; Pred 1,5-7; Jes 1,3; Jer 8,7). Er hat ja den Weizen erschaffen, und als er ihn schuf und den Weg bestimmte, auf dem er sich vermehren sollte, tat er es mit der Absicht, in diesem ein Abbild zu geben von seinem Leiden und Sterben.

Der Vergleich vom Weizenkorn erlaubt drei Deutungen. Zunächst spricht der Herr von sich selbst. Er ist das Weizenkorn, das in die Erde fiel und starb und unermesslich viel Frucht brachte. Er spricht aber so, dass alle, die ihn hören und verstehen, es auf sich anwenden können. Das können wir nun auf zwei Arten tun:

a. Wir müssen hier und heute unserem Ich und unserem Besitz sterben: Wir müssen das Kreuz auf uns nehmen (Mt 16,24), und wir müssen hergeben, was wir in der Hand haben (Pred 11,1). Dann werden wir in diesem Leben viel Frucht bringen. Dass der Herr uns dazu gesetzt hat, Frucht zu bringen, hat er ausdrücklich gelehrt (15,16).

b. Unser Leib wird wie ein Weizenkorn in die Erde gesät werden, wenn wir gestorben sind, um in der Auferstehung in einen verherrlichten Leib verwandelt zu werden. Davon redet Paulus in 1Kor 15,42-44.

»bleibt es allein«: Wäre der Sohn Davids nicht bereit gewesen, als der Sohn des Menschen aufs Kreuz erhöht zu werden (V. 34), wäre er allein und wäre sein Reich leer geblieben.

»wenn es aber stirbt, bringt es viel Frucht«: 1Kor 15,36; Jes 53,11. Durch sein Sterben und Auferstehen bringt er viele Söhne zur Herrlichkeit (Hebr 2,10), bekommt er als der Erstgeborene viele Brüder (Röm 8,29), kann er eine große Menge von Kindern, die Gott ihm gegeben hat (Hebr 2,13), seinem Vater zuführen.

25 Wer sein Leben lieb hat, wird es verlieren; und wer sein Leben in dieser Welt hasst, wird es zum ewigen Leben bewahren.

Das Gesetz vom sterbenden Weizenkorn wendet der Meister nun auf seine Schüler an. Er spricht diese Wahrheit insgesamt bei fünf verschiedenen Gelegenheiten aus (wir finden dies außer hier noch in Mt 10,39; 16,25; Mk 8,35; Lk 9,24; 14,26; 17,33).

Das **»Leben in dieser Welt«** ist das natürliche Leben, das Eigenleben, das der Mensch liebt, weil er sich selbst liebt, und das er liebt, weil er die Welt liebt (siehe 1Jo 2,15). Wer Christus nachfolgt, hört auf, sein Leben zu lieben; er **»hasst«** es. Das bedeutet nicht, dass er es verabscheut, denn Gott hat es ihm gegeben, und er dankt Gott auch für sein irdisches Leben; aber er gibt dem ewigen Leben, dem Leben in Christus, dem Leben der Nachfolge, den Vorrang. Er liebt also **»sein Leben in dieser Welt«** weniger als das ewige Leben, und gerade das bedeutet »hassen«. In 1Mo 29 wird das an Jakob und an seinen beiden Frauen erklärt. In V. 30 heißt es von Jakob: *»... er liebte Rahel mehr ... als Lea.«* Er verabscheute Lea also nicht, aber er liebte sie weniger als Rahel. Entsprechend heißt es in V. 31: *»Und als der HERR sah, dass Lea **gehasst** war ...«* In Mt 10,37 sagt der Herr: *»Wer Vater oder Mutter **mehr lieb hat** als mich, ist meiner nicht würdig«*; in Lk 14,26 lehrt er die gleiche Wahrheit mit den Worten: *»Wenn jemand zu mir kommt und **hasst** nicht seinen Vater und seine Mutter und seine Frau und seine Kinder und seine Brü-*

der und Schwestern, dazu aber auch sein eigenes Leben, so kann er nicht mein Jünger sein.«

»Eine der zuverlässigen Prüfungen, ob wir wirklich Christen sind oder nicht, ist diese: Hasse ich mein natürliches Ich? Unser Herr sagte: ›Wer sein Leben (in dieser Welt) liebt, wird es verlieren.‹ Er meinte damit: sich selbst, den natürlichen Menschen, das natürliche Leben lieben« (M. L. Jones, *The Sermon on the Mount*, S. 127).

Das *»Leben in dieser Welt«* ist ein vom Eigenwillen bestimmtes Leben, das unter Gottes Zorn steht. Doch dieses Leben lieben wir, weil wir Sünder sind. Wir wollen durchaus nicht für Gott leben, darum wird Gott uns dieses Leben im Gericht entreißen. Hassen wir aber das Leben in dieser Welt (Lk 14,26), werden wir es verleugnen: Wir werden nicht suchen, unsere privaten Ziele zu erreichen und uns selbst zu verwirklichen. Dafür werden wir das **»ewige Leben«** bekommen, das reine und unbefleckte und darum unverwesliche Leben Gottes selbst.

26 Wenn mir jemand dient, so folge er mir nach; und wo *ich* bin, da wird auch *mein* Diener sein. Wenn jemand mir dient, so wird der Vater ihn ehren.

»Wenn mir jemand dient, so folge er mir nach«: Hassen wir unser eigenes Leben, werden wir dem Herrn dienen, und wenn wir ihm wahrhaft dienen, folgen wir ihm nach (1Petr 2,21). Wir werden da sein, wo er ist. Wir werden ihn, das Weizenkorn, nachahmen und unser Leben in den Tod geben (siehe 1Kor 15,31; 2Kor 4,10-12).

»und wo *ich* bin, da wird auch *mein* Diener sein«: Der Diener wird Gemeinschaft haben mit seinen Leiden (siehe 15,20); und er wird auch Gemeinschaft haben mit seiner Auferstehung (Phil 3,10.11) und seiner Verherrlichung (siehe 14,3; 17,22.24; Röm 8,17; 2Tim 2,12; 1Petr 4,13; 5,10).

»Wenn jemand mir dient, so wird der Vater ihn ehren«: In diesem Leben gewinnt man keine Ehre damit, dass man sein eigenes Leben verleugnet, nicht einmal unter den Mitgläubigen, wie wir oben an Maria lernten (V. 3-5; Mt 26,8). Im Gegenteil: *»Man wird dich loben, wenn du dir selbst Gutes tust«* (Ps 49,19). Aber der Vater wird uns ehren, weil er alle ehrt, die seinen Sohn ehren (vgl. 1Sam 2,30). Und den Sohn kann man nicht besser ehren als damit, dass man ihm gehorcht und ihm nachfolgt.

27 Jetzt ist meine Seele bestürzt, und was soll ich sagen? Vater, rette mich aus dieser Stunde! Doch darum bin ich in diese Stunde gekommen.
28 Vater, verherrliche deinen Namen! Da kam eine Stimme aus dem Himmel: Ich habe ihn verherrlicht und werde ihn auch wiederum verherrlichen.

»Jetzt ist meine Seele bestürzt«: Für »bestürzt« steht hier τεταρακται, *tetaraktai*, von *tarassō*, schütteln, also eigentlich »geschüttelt«; »erschüttert«. Das gleiche Verb steht in 11,33, wo der Herr vor dem Grab des Lazarus steht. Dort war der Herr erschüttert wegen des Kleinglaubens der Seinigen und des Jammers, den der Tod über die Menschen gebracht hat; hier ist er es, weil sein eigenes Leiden und Sterben ihm vor Augen stehen. Johannes beschreibt den Kampf des Herrn in Gethsemane mit all seiner Seelennot (siehe Mt 26,37.38) nicht, aber hier gibt auch er uns Einblick in die ungeheure Last, die sich auf die Seele des Herrn legte, als er vor sich sah, wie sein Gott ihn zur Sünde machen (2Kor 5,21) und darum verlassen würde. Man mag denken, dass sein Leiden, das er als Mensch durchmachen musste, gemildert worden sei, weil er ja auch Gott war. Das Gegenteil ist der Fall: Weil er als Mensch gleichzeitig Gott war, war seine Fähigkeit, die Schrecken der Gottverlassenheit und des Zornes Gottes zu empfinden, umso größer.

Der Sohn konnte zwischen zwei Möglichkeiten wählen. Sollte er sagen: **»Rette mich«**, oder: **»Verherrliche deinen Namen«**? Das sind die beiden Möglichkeiten, zwischen denen auch wir in der Nachfolge immer wieder wählen müssen. Wir werden stets eines von diesen beiden Dingen tun: unser Wohlergehen oder die Ehre Gottes suchen. Der Sohn Gottes wollte lieber den Namen seines Gottes verherrlichen: **»… darum bin ich in diese Stunde gekommen«**, in die Stunde des Leidens und Sterbens. Darum war er gekommen, nicht um als der Sohn Davids in aller Herrlichkeit auf dem Thron Davids über die Erde zu herrschen, sondern um sein Leben dahinzugeben und diese Welt zu verlassen (siehe 7,33; 8,21; 13,33.36). Nach Gottes ewigem Rat war diese Stunde Endpunkt und auch Wendepunkt seines ganzen Weges, den er als Mensch unter den Menschen ging. Er kam als Lamm Gottes in diese Welt (1,29); er kam, um die Sünde abzuschaffen durch sein Opfer (Hebr 9,26); er kam, um Sünder zu retten (1Tim 1,15). Genau **»darum«** kam er in diese Stunde:

Er sollte mit seinem Gehorsam bis in den Tod, ja, den Tod am Kreuz, Gottes Heilsrat ausführen und so seinen Gott und Vater verherrlichen.

Auf die Bitte des Sohnes, dass der Vater seinen Namen verherrliche, kam als Antwort **»eine Stimme aus dem Himmel: Ich habe ihn verherrlicht …«**: Das muss man auf das ganze Werk beziehen, das der Herr in seinem Dienst auf der Erde tat; denn durch dieses hatte er den Vater verherrlicht (17,4; siehe 13,31.32; 11,4).

»und werde ihn auch wiederum verherrlichen«: Das sollte geschehen durch den Tod, die Auferstehung und Erhöhung des Herrn. Petrus sagt, dass *»der Gott Abrahams und der Gott Isaaks und der Gott Jakobs, der Gott unserer Väter, seinen Knecht Jesus verherrlicht hat«* (Apg 3,13), als er ihn nach vollbrachtem Werk erweckte und erhöhte. Und als der Sohn verherrlicht wurde, wurde *»Gott ... verherrlicht in ihm«* (13,31). So verherrlichte der Vater seinen Namen als Antwort auf diese Bitte des Sohnes *»wiederum«*.

29 Die Volksmenge nun, die dastand und zuhörte, sagte, es habe gedonnert; andere sagten: Ein Engel hat mit ihm geredet.
30 Jesus antwortete und sprach: Nicht um meinetwillen ist diese Stimme ergangen, sondern um euretwillen.

»Die Volksmenge nun, die dastand und zuhörte«: Sie hörte die Stimme, mit der der Vater zum Sohn sprach (V. 28), aber sie meinte, **»es habe gedonnert«**. In der Taufe hatte Jesus mit einer symbolischen Handlung das Ende seines Weges, den Tod, vorweggenommen, und da hatte die Stimme des Vaters sein Wohlgefallen über den Sohn bezeugt. Nun hat der Sohn von seinem nahe bevorstehenden Tod gesprochen, und wiederum erging die Stimme des Vaters an ihn. Wie bei der Taufe, die öffentlich geschah, sodass viele die Stimme hörten, so auch jetzt. Als die Volksmenge sagte, **»es habe gedonnert«**, meinte sie wohl, Gottes Stimme sei ergangen (siehe Ps 29,3). Diese Stimme erging, wie Jesus sagt, **»nicht um meinetwillen …, sondern um euretwillen«**. Der Sohn und der Vater sind eins; der Sohn ist allezeit im Schoß des Vaters; er hatte keine äußerlichen Zeugnisse als Bestätigung nötig; aber das Volk sollte hören, dass der Vater auf das Gebet des Sohnes antwortete – wie vor dem Grab des Lazarus: Dort betete der Sohn vor den Ohren aller, die um ihn standen, damit sie erkennen sollten, dass der Vater ihn gesandt hatte (11,41.42).

An der Antwort des Himmels auf das Gebet des Sohnes hätte die Volksmenge, **»die dastand und zuhörte«**, erkennen sollen, dass Jesus der Sohn Gottes war. Aber wie so vieles, das der Herr um der Menschen willen tat oder sagte, verstanden sie es nicht. Sie hörten nur einen Donner, sie hörten nur *die Hülle* der Worte (siehe Ps 81,8), die Worte selbst konnten sie nicht vernehmen.[148]

»Dass die Volksmenge die Stimme Gottes nicht verstehen konnte, zeigt, wie verhärtet die waren, welche die Stimme des Wortes Gottes (Mk 4,15) und seines Sohnes (8,43) nicht hatten hören können. Das Problem ist nicht, dass Gott schweigt, sondern dass der gefallene Mensch taub ist« (MacArthur, *John 12–21*).

31 Jetzt ist das Gericht dieser Welt; jetzt wird der Fürst dieser Welt hinausgeworfen werden.
32 Und ich, wenn ich von der Erde erhöht bin, werde alle zu *mir* ziehen.
33 (Dies aber sagte er, andeutend, welchen Todes er sterben sollte.)

»Jetzt«, da Jesus bald am Kreuz sterben wird, **»ist das Gericht dieser Welt …«** Als die Welt den Sohn Gottes verwarf, verurteilte sie sich selbst. Sie bewies damit, wie böse sie ist und wie sehr sie Gottes Gericht verdient hat. Als die Juden Jesus zum Tod verurteilten und die Römer das Urteil vollstreckten, legten sie zwar den Grund zu ihrem eigenen Gericht, aber mit dem Tod Jesu wurde auch *»der Fürst dieser Welt gerichtet«* (16,11). Sein Tod war der einzige Weg, auf dem ihm die Macht genommen werden konnte (Hebr 2,14). So nur konnte **»der Fürst dieser Welt«**, d.h. der Satan, **»hinausgeworfen«**, so nur konnten die Seelen, die er gefangen hielt, befreit werden (Lk 11,21.22). Es ist kein Zufall, dass der Satan nur im Johannesevangelium *»Fürst dieser Welt«* genannt wird, denn dieses Evangelium leuchtet den Menschen und damit die Welt der Menschen gründlicher aus als die anderen Evangelien. Von Johannes lernen wir, dass der natürliche Mensch vom Vater, dem Teufel ist, und nach den Begierden seines Vaters tun will (8,44). Entsprechend ist der

148 So hörten die Begleiter des Paulus nur den Schall, aber nicht die Worte des Herrn, die er sprach (Apg 22,9; 26,14).

Herrscher der Menschenwelt eben der Teufel. In 1Jo 5,19 sagt Johannes, dass die ganze Welt in dem Bösen, dem Teufel, liegt.

Dass die Herrschaft des Fürsten dieser Welt gebrochen und der Sünder befreit wird, kann beides nur dadurch geschehen, dass Jesus **»von der Erde erhöht«** wird. Damit meint der Herr den Tod am Kreuz. Tiefer konnte man einen Menschen nicht erniedrigen, als dass man ihn an ein Kreuz schlug und den Gekreuzigten aufrichtete, sodass alle ihn sehen konnten. Während Juden und Heiden ihn auf diese Weise gemeinsam entehrten, verherrlichte ihn der Vater, weil er ihm gehorchte bis in den Tod. Auch er erhöhte ihn, doch nicht auf ein Kreuz, sondern indem er ihn auferweckte, in den Himmel aufnahm und ihm den Namen gab, der über allen Namen ist (Phil 2,5-11). Das Kreuz, durch das der Herr die Sünde der Welt wegnahm (1,29), ist auch das Mittel, durch das er **»alle«** zu sich zieht. Unbegreiflich ist Gottes Weisheit. Was von den Feinden Jesu als größtdenkbare Schändung Jesu gedacht war, ist unzähligen Menschen zur Ursache geworden, ihn über alles zu bewundern und in alle Ewigkeit zu rühmen. In seinem Kreuzestod sehen sie seine größte Ehre. Nichts an ihm zieht sie mehr an, als dass er zum Lamm wurde, das sich ihrer Sünden wegen schlachten ließ. Als das geschlachtete Lamm werden sie ihn anbeten (Offb 5,6-10), ihn ewig bewundern und ohne Ende mit grenzenloser Zuneigung rühmen.

»ich … werde alle zu mir ziehen«: Dieses **»alle«** bedeutet nicht, dass die ganze Menschheit erlöst wird, aber es bedeutet, dass der Ruf zu kommen an alle ergeht; dass der Tod des Herrn für alle geschah (1Tim 2,6); dass sein Erlösungswerk für alle genügt. Aber zum Herrn gezogen, sodass sie auch tatsächlich zu ihm kommen, werden nur *alle, die an ihn glauben* (1,12.13; Röm 1,17). Wer nicht an ihn glaubt, wird nicht zu ihm kommen, und wer nicht zu ihm kommt, geht verloren (5,40; 8,24).

34 Die Volksmenge nun antwortete ihm: *Wir* haben aus dem Gesetz gehört, dass der Christus bleibe in Ewigkeit, und wie sagst *du*, dass der Sohn des Menschen erhöht werden müsse? Wer ist dieser, der Sohn des Menschen?
35 Da sprach Jesus zu ihnen: Noch eine kleine Zeit ist das Licht unter euch. Wandelt, während ihr das Licht habt, damit nicht Finsternis euch ergreife! Und wer in der Finsternis wandelt, weiß nicht, wohin er geht.
36 Während ihr das Licht habt, glaubt an das Licht, damit ihr Söhne des Lichts werdet. Dieses redete Jesus und ging weg und verbarg sich vor ihnen.

Zuerst sagte das Volk: »**Wir haben aus dem Gesetz gehört, dass der Christus bleibe in Ewigkeit …**« Eben hatten sie gehört, wie Jesus sich *»Sohn des Menschen«* nannte (V. 23), und das lenkte ihre Gedanken auf Stellen wie Dan 7,13.14, wo Daniel weissagt, dass der Menschensohn ewig herrschen werde. Wie konnte Jesus dann aber sagen, »**dass der Sohn des Menschen erhöht werden müsse**«? Sie konnten nicht verstehen, dass der Messias leiden und sterben sollte. Mit dieser Frage zeigt das Volk auch, dass es wusste, dass der Menschensohn der Messias ist, dass also Jesus sich als den Messias bezeichnete, wenn er sich selbst den Menschensohn nannte. Wenn das Volk aber wusste, dass der Menschensohn der Messias ist, dann hätte es gut daran getan, auf ihn zu hören. Auf die Frage: »**Wer ist dieser, der Sohn des Menschen?**« antwortet Jesus nicht mit einem Bekenntnis, sondern mit der Aufforderung, dem Licht zu folgen, das ihnen noch leuchtete, und an das Licht zu glauben, während es noch unter ihnen war. Er und seine Worte waren das Licht, das sie erleuchtet hätte, und hätten sie gehört, dann hätten sie gewusst, wer *»dieser, der Sohn des Menschen«* ist. Das Licht sollte nur »**eine kleine Zeit**« unter ihnen sein, darum sollten sie sich aufmachen und in diesem Licht wandeln, »**damit nicht Finsternis [sie] ergreife**«, *katalambanō* (wie in 1,5), oder »überwältige«, wie man das auch übersetzen kann.[149] Ja, wenn das Licht uns entzogen wird, erliegen wir hilflos der Finsternis. Die Worte, die der Herr hier spricht, erinnern an einen Aufruf, den Jesaja zu seiner Zeit an das Volk richtete: *»Kommt,*

149 *kata-* markiert in zusammengesetzten Verben häufig die Tatsache, dass etwas gründlich, vollständig, bis auf den Grund herab geschieht, wie denn *kata* »herab« bedeutet.

Haus Jakob, lasst uns wandeln im Licht des HERRN!« (Jes 2,5). Der Appell war damals umso dringlicher, als Gottes Zorn über dem Volk stand und er es bald im Gericht niederwerfen würde (Jes 2,6-11). Etwa hundert Jahre nach Jesaja rief Gott sein Volk durch den Propheten Jeremia noch einmal auf: *»Gebt dem HERRN, eurem Gott, Ehre, bevor er finster macht und bevor eure Füße sich an Bergen der Dämmerung stoßen und ihr auf Licht wartet, und er es in Todesschatten verwandelt und zur Dunkelheit macht«* (Jer 13,16). Das Volk wollte damals nicht hören, und die Nacht senkte sich über Jerusalem: Gott sandte die Babylonier, die Stadt und das Heiligtum zu zerstören, und das Volk wurde verschleppt.

Bald würde Jesus und mit ihm das Licht die Welt verlassen, und dann würde die *»Finsternis«* die Juden überfallen, sie überwältigen, sie fesseln und für immer dahin schleppen, wo nie mehr Licht hinkommen würde, in die äußerste Finsternis (Mt 8,12). **»… wer in der Finsternis wandelt, weiß nicht, wohin er geht«** (vgl. 11,10), und er sieht nicht, worüber er strauchelt (Spr 4,19). Jetzt war das Licht noch da, darum: **»… glaubt an das Licht, damit ihr Söhne des Lichts werdet.«** Was wurde den Juden und was wird uns da Wunderbares angeboten! Man kann wahres Licht vom wahren Licht empfangen, man kann ein Sohn des Lichts werden, jemand, der damit ein Licht hat, das nie erlischt (Spr 13,9), sondern ihm durch die Welt leuchtet, bis er in der Welt des ewigen Lichts angekommen ist (Offb 22,4.5).[150]

»Dieses redete Jesus und ging weg und verbarg sich vor ihnen«: Das bedeutet, dass sie seine Aufforderung abwiesen. Hätten sie geglaubt, hätte er sich nicht verborgen. Hatte er sich aber verborgen, konnten sie ihn nicht mehr finden, denn der Mensch kann Gott nur erkennen und finden, wenn er sich ihm offenbart.

150 Zur Frage, wie der Aufruf des Herrn, an das Licht zu glauben, zu seinen Worten von 3,19-21 passen, steht in der Auslegung von 3,21 eine Erklärung.

4. Die Zeichen, die der Herr tat, und der Unglaube des Volkes (12,37-43)

Wir haben eben gelesen, dass der Herr ging und sich vor den Juden verbarg (V. 36). Der nun folgende Abschnitt erklärt, dass der Unglaube der Juden ihn dazu nötigte, ein Unglaube, den auch keine Zeichen und Wunder hatten überwinden können. Aber warum glaubten die Juden nicht an ihn? Auf diese Frage, die sich allen Juden stellte, mussten auch die Jünger eine Antwort haben: War Jesus wirklich der von den Propheten verheißene Messias, der zur erwählten Nation gekommen war, dann hätte die Nation doch an ihn glauben müssen, wo sie doch durch die Propheten so gründlich vorbereitet worden war. Aber sie glaubte nicht; warum das? Hier wird die wirkliche Ursache genannt: *Das Volk konnte nicht glauben, weil Jesaja es geweissagt hatte* (V. 37.38). Damit ist nicht nur das Kommen des Christus, sondern auch der Unglaube des Volkes durch die Propheten erklärt und bestätigt, und damit auch, was aus dem Unglauben folgte: dass man den Messias verurteilte und tötete. Das wiederum bedeutet, dass der Christus mit Notwendigkeit sterben musste; denn es war zuvor verordnet. Sein Tod war nicht ein Unglück; in seinem Tod erfüllten sich die Worte der Weissagung.

> **37 Obwohl er aber so viele Zeichen vor ihnen getan hatte, glaubten sie nicht an ihn,**
> **38 damit das Wort des Propheten Jesaja erfüllt würde, das er sprach: »Herr, wer hat unserer Verkündigung geglaubt, und wem ist der Arm des Herrn offenbart worden?«**

»Obwohl er so viele Zeichen … getan hatte«: Das Volk bezeugte, dass er so viele Zeichen getan hatte, dass man wissen konnte, dass er der Messias war (7,31); selbst die Feinde mussten sagen: *»Dieser Mensch tut viele Zeichen«* (11,47). Jesus hatte viel mehr Zeichen getan, als Johannes in seinem Evangelium beschrieben hat (20,30). Doch die Zeichen, die die Menschen mit ihren eigenen Augen gesehen hatten, konnten keinen Glauben wecken. Sie waren auch nicht zu diesem Zweck gegeben. Das Mittel, das Gott verwendet, um Glauben zu wecken, ist einzig sein Wort (Röm 10,17). Warum aber musste Jesus Zeichen tun, wenn sie ein ungläubiges Volk nicht zum Glauben bewegen konnten? Die Zeichen erfüllten einen zweifachen Zweck: Erstens waren sie sichtbare Beweise dafür, dass Jesus von Nazareth der Messias war (siehe Apg 2,22). Er war der Christus, den die Propheten seit Jahrhunderten angekündigt hatten; er war der Heiland, den Gott in die Welt sandte, um die Welt zu retten. Zweitens sollten die Zeichen beweisen, dass der Mensch ein Knecht der Sünde ist, dass er nicht glauben will. Damit bewirkten die Zeichen das, was David einmal vor Gott bekannt hatte und was Paulus im Römerbrief zitiert: *»Damit du gerechtfertigt wirst in deinen Worten und überwindest, wenn du gerichtet wirst«* (Röm 3,4). Menschen klagen Gott immer wieder an und sagen, es sei nicht ihre Schuld, wenn sie nicht glauben können und deshalb verdammt werden. Die Zeichen, die Jesus tat, zeigen aber, dass der Herr alles getan hatte, um die Juden von seiner Sendung und seiner Identität zu überzeugen. Dass sie nicht an ihn glaubten, lag daher einzig und allein an ihrem eigenen bösen Herzen.

Beachten wir, dass hier steht: **»damit das Wort des Propheten Jesaja erfüllt würde«**, und nicht: »da wurde das Wort erfüllt«. Dass die Juden nicht glauben würden, obwohl sie so viele Zeichen sahen, war vorausgesagt worden; es musste daher mit Notwendigkeit in Erfüllung gehen. Die beiden nächsten Verse erklären, warum die Juden nicht glauben konnten.

»Herr, wer hat unserer Verkündigung geglaubt …?«: Johannes zitiert nicht zufällig aus dem Kapitel, das vom leidenden Gottesknecht handelt (Jes 53). Eben hat er die Worte des Herrn vom Weizenkorn festgehalten; nun hören wir einen Propheten, der dessen Leiden und Sterben angekündigt hat. An einen leidenden, schwachen, am Ende gar ohnmächtigen Messias mochten die Juden nicht glauben. Daran stießen sie sich (siehe 1Kor 1,23), und auch das hatte Jesaja geweissagt: *»Und er wird zum Heiligtum sein, aber zum Stein des Anstoßes und zum Fels des Strauchelns den beiden Häusern Israels, zur Schlinge und zum Fallstrick den Bewohnern von Jerusalem«* (Jes 8,14).

39 Darum konnten sie nicht glauben, weil Jesaja wiederum gesagt hat:
40 »Er hat ihre Augen verblendet und ihr Herz verhärtet, damit sie nicht sehen mit den Augen und verstehen mit dem Herzen und sich bekehren und ich sie heile.«

Johannes sagt, dass Jesaja den Unglauben vorhergesagt hatte und er darum unausweichlich war: **»*Darum* konnten sie nicht glauben, *weil* Jesaja … gesagt hat …«** Man lese den Satz noch einmal. Haben wir wirklich verstanden, was er sagt? Die Leute konnten nicht glauben, *weil Jesaja, der siebenhundert Jahre vor ihnen lebte, es gesagt hatte.* Wir sollten dem Reflex, der dieses Wort umdeuten und uns mundgerechter machen will, nicht stattgeben, sondern die Worte mit ihrem vollen Gewicht auf uns wirken lassen. Das sollten wir immer tun, bei allem, was die Bibel sagt. Wir betrügen uns selbst und bringen uns um viel Segen, wenn wir es nicht tun. Warum sollten wir Angst davor haben, alles, was Gott sagt, beim Nennwert zu nehmen? Haben wir Sorge, Gott könne uns etwas Übles sagen? Ist er nicht der allein weise Gott? Ist er nicht die Wahrheit? Ist er nicht Licht? Und sind nicht wir die Törichten, die in der Lüge geboren und darin gefangen sind? Ach, dass wir ihm einfältig vertrauten!

Jesaja begründet den Unglauben damit, dass Gott **»ihre Augen verblendet und ihr Herz verhärtet«** hatte. Hat Gott das Herz verhärtet, verstockt, kann der Mensch nicht mehr glauben. Die Frage, die sich stellt, ist nun die: Wem verstockt Gott das Herz, und warum tut er es? Das biblische Zeugnis ist einhellig, und damit ist die Antwort auch eindeutig: Die Verstockung ist immer im Menschen selbst begründet. Wenn Gott den Menschen verstockt, dann macht er ihn nicht ungläubig; das war der Mensch nämlich die ganze Zeit. Sondern er fixiert ihn lediglich in seinem Unglauben. Was der Herr vom Teufel sagt, das muss auch von den Kindern des Teufels gelten. Wenn der Teufel *»die Lüge redet, so redet er aus seinem Eigenen«* (8,44); und wenn Menschen sündigen, so sündigen sie aus sich selbst heraus. Ja, sie sind Knechte der Sünde und können darum nicht anders als sündigen; und doch sind sie schuldig, weil sie es willig aus sich selbst heraus tun. Und weil sie willig sündigen und willig in der Sünde verharren und alle Aufrufe und Gnadenerweise Gottes abweisen, verstockt Gott ihnen das Herz zu Recht. Die Verdammnis, der sie verfallen, ist darum verdient. Das werden sie am Tag des Gerichts selbst bekennen.

41 Dies sprach Jesaja, weil er seine Herrlichkeit sah und von ihm redete.

Dieser Vers zeigt uns, dass Jesaja im Gesicht, von dem er berichtet, den Sohn Gottes sah: *»Im Todesjahr des Königs Ussija, da sah ich den Herrn sitzen auf hohem und erhabenem Thron, und seine Schleppen erfüllten den Tempel. Seraphim standen über ihm ... Und einer rief dem anderen zu und sprach: Heilig, heilig, heilig ist der HERR der Heerscharen, die ganze Erde ist voll seiner Herrlichkeit!«* (Jes 6,1-3).

Jesaja **»sah seine Herrlichkeit und redete von ihm«**, von Christus. Wer die Herrlichkeit Christi gesehen hat, hat auch den Menschen gesehen, wie er wirklich ist: Sein Herz ist böse; er hat ein *»böses Herz des Unglaubens«* (Hebr 3,12). In Jesus wurde die Herrlichkeit Gottes sichtbar (1,14), doch das Herz des Volkes blieb verhärtet. Sie hatten ihn gesehen und doch gehasst (15,24).

42 Dennoch aber glaubten auch von den Obersten viele an ihn; doch wegen der Pharisäer bekannten sie ihn nicht, um nicht aus der Synagoge ausgeschlossen zu werden;
43 denn sie liebten die Ehre bei den Menschen mehr als die Ehre bei Gott.

In 5,44 sagt der Herr, man könne nicht glauben, wenn man *»Ehre voneinander«* sucht statt die Ehre, *»die von Gott allein ist«*. Hier nun lesen wir, dass die Obersten an ihn glaubten, dass sie dabei aber **»die Ehre bei den Menschen mehr liebten als die Ehre bei Gott«**. Ist das nicht ein Widerspruch zur oben gemachten Aussage, dass sie an ihn glaubten? Nein, Johannes will vielmehr sagen, dass diese Obersten einen Glauben hatten, der nicht rettet, einen Glauben der Art, wie ihn die Leute hatten, von denen 2,23-25 und 8,30 berichten. So sehen wir hier einmal mehr, dass Johannes von den zwei Arten von Glauben spricht, die auch Jakobus in seinem Brief diskutiert. Es gibt einen Glauben, den auch die Dämonen haben, und der rechtfertigt nicht. Und es gibt einen Glauben, der sich in den Werken als echt erweist, und dieser Glaube allein rechtfertigt

(Jak 2,14-26). Hätten die Obersten wahren Glauben gehabt, hätten sie die Ehre bei Gott mehr geliebt als die Ehre bei den Menschen, und das bedeutet, dass sie die Synagoge verlassen hätten, den Ort, wo sie ihre Ehre behalten konnten. Sie haben also nicht wirklich geglaubt; sie haben nur für wahr gehalten, dass Jesus der Messias sein müsse.

5. Die Summe der Sendung Jesu (12,44-50)

Diese Verse folgen nicht chronologisch auf V. 36, hatten wir dort doch gelesen, dass Jesus hinging und sich verbarg. Bevor Johannes mit den Abschiedsreden einen ganz neuen Teil seines Berichts vom fleischgewordenen Wort beginnt, hält er noch einmal Rückschau und fasst in wenigen Worten zusammen, wozu Gott seinen Sohn in die Welt sandte; das tut er, indem er Worte anführt, die Jesus gesprochen hatte. Der Vater sandte ihn in die Welt, damit er den Vater offenbare: Wer ihn sah, sah den Vater (V. 44.45; siehe 6,40). Er kam als Licht in die Welt (V. 46; siehe V. 35; 1,9; 3,19; 8,12; 9,5), damit man an ihn glaube und von der Finsternis zum Licht komme (V. 46). Er kam, nicht um zu richten, sondern um zu retten (V. 47; siehe 3,17; 8,15). Sein Wort würde sich am letzten Tag erfüllen und dann jeden Menschen richten, der nicht geglaubt hatte (V. 48). In seinen Worten offenbarte er den Vater, denn er redete nicht aus sich selbst, sondern was der Vater ihm aufgetragen und geboten hatte, und dieses Gebot war das ewige Leben (V. 49.50; siehe 7,16; 8,26.28.38). Wer sein Wort hörte und dem glaubte, der ihn gesandt hatte, hatte das ewige Leben (V. 50; siehe 3,16.36; 5,24).

44 Jesus aber rief und sprach: Wer an mich glaubt, glaubt nicht an mich, sondern an den, der mich gesandt hat;
45 und wer mich sieht, sieht den, der mich gesandt hat.
46 *Ich* bin als Licht in die Welt gekommen, damit jeder, der an mich glaubt, nicht in der Finsternis bleibe;

»Jesus … rief und sprach«: Für »rief und sprach« steht hier: εκραξεν και ειπεν, *ekraxen kai eipen*, zwei Aoriste, die wir hier *komplexiv*[151] verstehen müssen: Sie fassen mit einem Blick zusammen, was der Herr während seines ganzen Dienstes gelehrt hatte. Ein deutsches Plusquamperfekt käme hier dem Sinn der Aussage näher: »Der Herr hatte gerufen und gesprochen …« Aber beachten wir, dass Johannes nicht lediglich sagt, dass der Herr gesprochen, sondern dass er *gerufen* hatte. Das bedeutet, dass er sich mit seiner Lehre an die Öffentlichkeit, an das ganze Volk gewandt hatte (siehe 18,20). In ihm erfüllte sich, was Salomo geweissagt hatte: *»Die Weisheit schreit draußen, sie lässt auf den Straßen ihre Stimme erschallen. Sie ruft an der Ecke lärmender Plätze; an den Eingängen der Tore, in der Stadt redet sie ihre Worte«* (Spr 1,20.21).

»Wer an mich glaubt, glaubt nicht an mich, sondern an den, der mich gesandt hat«: An Christus zu glauben, heißt so viel, wie an Gott zu glauben (siehe 14,1).

»wer mich sieht, sieht den, der mich gesandt hat«: Christus zu sehen, heißt so viel, wie Gott zu sehen; denn Christus ist Gott.

Wer an ihn **»glaubt«**, wird aus der Finsternis geführt (siehe Apg 26,18; 1Petr 2,9). Wir sind alle in der Finsternis, und wir wissen es. Wir können das Dunkel nicht mit unserem Verstand durchdringen und damit vertreiben. Wir können nur durch Glauben an das Licht aus der Finsternis geführt werden. Nicht, dass wir dann alles wüssten oder gar durchschauten; nein, wir kennen aber dann den, der als Licht **»in die Welt gekommen«** ist, den, der alles weiß und bei dem das Licht ist. Wir vertrauen ihm, und wir folgen ihm; damit kann die Finsternis uns nicht mehr gefangen halten (8,12).

151 So bezeichnet man Aoriste, die einen Sachverhalt, der beliebig lange andauern kann, mit einem Blick erfassen und als ein geschlossenes Ganzes darstellen. Beispiele für komplexive Aoriste finden sich z.B. in: 1,14: Der Herr *wohnte* über 30 Jahre auf Erden; und das wird mit dem Aorist als ein einziger Sachverhalt zusammengefasst; 18,20: Der Herr *lehrte* während aller Jahre seines öffentlichen Dienstes allezeit in der Synagoge und im Tempel. Auch das wird mit dem Aorist zusammengefasst als *eine* Tatsache.

47 und wenn jemand meine Worte hört und nicht bewahrt, so richte *ich* ihn nicht, denn ich bin nicht gekommen, um die Welt zu richten, sondern um die Welt zu erretten.

Wenn jemand seine Worte hört und hält, *»so wird er den Tod nicht sehen in Ewigkeit«* (8,51). Wenn jemand seine Worte nicht hält, **»so richte *ich* ihn nicht«**, sondern sein Wort wird ihn richten, aber erst später. Darum hatte der Herr sich den Juden entzogen, als sie nicht an ihn glauben wollten (V. 36), statt sie sogleich zu richten.

48 Wer mich verwirft und meine Worte nicht annimmt, hat den, der ihn richtet: Das Wort, das ich geredet habe, das wird ihn richten am letzten Tag.

»Das Wort … wird ihn richten am letzten Tag«: Die Botschaft des Herrn, die den Glaubenden rettet, ist gleichzeitig das Wort, das den Ungläubigen richtet. Er hatte gesagt: *»Wer an den Sohn glaubt, hat ewiges Leben; wer aber dem Sohn nicht glaubt, wird das Leben nicht sehen, sondern der Zorn Gottes bleibt auf ihm«* (3,36). Wer diesen Worten nicht geglaubt hat, wird am Tag des Gerichts erkennen, dass er schuldig ist, weil er diese Worte verworfen hat, und er wird erfahren, dass es sich an ihm bewahrheitet: Wie er Gottes Sohn und Wort verworfen hat, verwirft nun Gott ihn. Der Herr hatte gesagt: *»Wahrlich, wahrlich, ich sage euch: Wer mein Wort hört und dem glaubt, der mich gesandt hat, hat ewiges Leben und kommt nicht ins Gericht, sondern ist aus dem Tod in das Leben übergegangen«* (5,24). Wer diesen Worten glaubte, ging vom Tod hinüber ins Leben; wer ihnen nicht glaubte, blieb im Tod, auch wenn er das nicht empfand. Aber am Tag des Gerichts werden ihm die Augen aufgehen, und dann wird Gott ihn dem zweiten Tod übergeben. Der Herr hatte gesagt: *»Ich bin das Licht der Welt; wer mir nachfolgt, wird nicht in der Finsternis wandeln, sondern wird das Licht des Lebens haben«* (8,12). Wer diesen Worten nicht glaubt, bleibt sein Leben lang in der Finsternis, und am Tag des Gerichts wird Gott ihn hinauswerfen in die äußerste Finsternis, in die nie ein Lichtstrahl dringen wird und aus der es keinen Weg hinaus gibt.

So sagt auch der Apostel Paulus, dass Gott die Menschen richten wird *»nach meinem Evangelium«* (Röm 2,16). Das Evangelium ist jedem, der glaubt, eine Botschaft zum Heil; das gleiche Evangelium ist denen, die nicht glauben, eine Botschaft zur Verdammnis. Darum ist, wer das Evangelium predigt, *»den einen ein Geruch vom Tod zum Tod, den anderen aber ein Geruch vom Leben zum Leben«* (2Kor 2,15.16).

49 Denn *ich* habe nicht aus mir selbst geredet, sondern der Vater,
der mich gesandt hat, *er* hat mir ein Gebot gegeben,
was ich sagen und was ich reden soll;
50 und ich weiß, dass sein Gebot ewiges Leben ist.
Was *ich* nun rede, rede ich so, wie mir der Vater gesagt hat.

»… *ich* habe nicht aus mir selbst geredet«, sondern der Herr redete nur, was er vom Vater hörte (8,26), was der Vater ihn lehrte (8,28) und was er beim Vater sah (8,38). Der Vater hatte dem Sohn **»ein Gebot gegeben«**, was er reden sollte, und sein Gebot **»ist ewiges Leben«**. Alles, was der Sohn im Auftrag des Vaters redete, redete er, um den Menschen das ewige Leben zu geben. Seine Worte sind *»Geist und … Leben«* (6,63) und haben die Kraft, Leben zu geben. Darum konnte Petrus sagen: *»Du hast Worte ewigen Lebens«* (6,68), und Paulus nennt es *»das Wort des Lebens«* (Phil 2,16; siehe auch Apg 5,20). Damit das Gebot des Vaters für die Menschen Wirklichkeit werden konnte, musste der Herr mehr tun als nur reden, was ihm der Vater geboten hatte. Er musste auch tun, was der Vater ihm aufgetragen hatte. Er musste gehorsam sein bis zum Ende, bis zum Tod am Kreuz.

Anmerkungen zu Kapitel 12

V. 2 – »Das Mahl, an welchem Lazarus, der Auferweckte, zu Tische saß, lässt sich vergleichen mit der himmlischen Mahlzeit, an der einst die, so da starben, zu Tische sitzen werden nach ihrer Auferstehung« (Bengel).

V. 3 – »Ein Pfund echter Nardensalbe brachte sie im Alabastergefäß, und den engen Hals abbrechend, was beim Alabaster keine Splitter gibt, goss sie den Inhalt auf Haupt und Füße des Herrn. Sie brach das Gefäß, damit sie reichlich gießen könne, auch sollte es nach diesem Gebrauch zu keinem anderen mehr verwendet werden. Matthäus und Markus erzählen die Salbung des *Hauptes*: Den König, welchen das Volk verwarf, salbt die gläubige Jüngerin; Johannes aber hebt den Zug hervor, der am meisten geeignet ist, uns ihr Herz zu zeigen (vgl. 11,32): Sie salbt und trocknet ihm die Füße, weil sie sich wie der Täufer des geringsten Dienstes unwert achtet« (Riggenbach, zitiert von Dächsel).

V. 6 – »Man wundert sich, weshalb Christus gerade diesem Jünger, dessen unehrliche Gesinnung er doch durchschaute, das Amt eines Kassenverwalters anvertraute. Heißt das denn nicht: dem, der sich aufhängen will, den Strick reichen? Die einzige Antwort, die ein sterblicher Mensch auf diese Fragen geben kann, ist die: Die Gerichte Gottes enthalten Abgründe, die das Menschenauge nicht durchdringt« (Calvin).

»Es ist bemerkenswert, dass der Einzige unter ihnen, der ein ausgesprochen habsüchtiges Wesen hatte, dieses Amt bekommen sollte. Das zeigt, dass jeder Mensch geprüft wird entsprechend seiner natürlichen Neigungen. Das ist der Zweck der Prüfung: den Charakter des Menschen ans Licht zu bringen. Und jeder Mensch wird *Gelegenheit* finden, gemäß seinen Anlagen das Böse zu tun, wenn er dazu geneigt ist« (Barnes).

V. 7 – »Hier ist die Antwort auf das ›Warum‹ des Judas (V. 5), der zugleich auf die Folgen seines Verrats aufmerksam gemacht wird, nämlich auf den dadurch herbeigeführten Tod Jesu« (Bengel).

V. 20.21 – »Die Griechen hier waren reine Heiden … Als Leute, in denen die Propheten Israels Hoffnungen geweckt hatten, suchen sie in respektvoller Weise einen Jünger als Vermittler auf, um den Herrn sehen zu können. Dass ein Jude vermitteln müsse, war für einen Heiden, der an die Propheten glaubte, eine ganz natürliche Sache, hatten diese doch angekündigt, dass die Heiden den Rockzipfel eines Juden ergreifen würden (Sach 8,23). Wie der Hauptmann sich vermittelst der jüdischen Ältesten an den Herrn wandte[152], so tun es hier die Griechen durch Philippus« (Grant).

152 siehe Lk 7,1-3.

V. 20-23 – »Griechen kommen und wünschen, Jesus zu sehen … Obwohl sie gekommen waren, um in Jerusalem anzubeten, waren sie Fremdlinge betreffs der Bündnisse der Verheißung[153]; daher war eine ganz neue Ordnung nötig, damit sie in diese eingeführt werden konnten. Sie hatten kein Anrecht auf die Verheißungen; Jesus musste sterben, um den Grund zu dieser neuen Ordnung zu legen. Es geht hier nicht um Jesus als der Messias, sondern als der zweite Mensch, das Haupt aller Dinge, die Gott erschaffen hat, die Er selbst erschaffen hat. Aber Er muss sie erlösen, um sie als Miterben einsetzen zu können« (Darby).

153 Eph 2,12.

Teil 2: Die Abschiedsreden an die Seinen (Kap. 13 – 17)

In dem Abschnitt 1,19 – 12,50 beschreibt Johannes das öffentliche Wirken des Herrn; dabei zeigt er zuerst (von 1,19 bis 4,54), wie das Licht sich ausbreitet; von 5,1 an berichtet er davon, wie der Hass auf das Licht stetig wächst und schließlich gipfelt im offiziell gefassten Beschluss des Hohen Rats, Jesus von Nazareth zu töten (11,53).

In 12,20-36 wandte sich der Herr zum letzten Mal an die Öffentlichkeit; danach *»ging [er] weg und verbarg sich vor ihnen«* (12,36). (Die Worte von 12,44-50 folgen nicht chronologisch auf den V. 36, sondern sie fassen rückblickend zusammen, was Jesus während seines ganzen öffentlichen Dienstes gelehrt hatte.) Nun ist er, von den Menschenmengen verborgen, mit den Seinen allein. Zu ihnen spricht er von Dingen, die nur für sie gedacht sind. Wir nennen das, was jetzt folgt, die »Abschiedsreden«, denn mit ihnen nimmt der Herr Abschied von seinen Jüngern, und er bereitet sie vor auf die Zeit, in der sie den Weg des Glaubens und der Nachfolge ohne ihn würden gehen müssen. Der Herr nimmt den Jüngern die Angst und befestigt sie durch drei Dinge:

a. durch sein Handeln (13,1-30);
b. durch seine Lehren (13,31 – 16,33);
c. durch seine Fürbitte (Kap. 17).

Der Glaube der Jünger war schon angefochten durch die Tatsache, dass die Obersten und in ihrem Gefolge die große Mehrheit des Volkes nicht an Jesus glaubte (siehe 12,37-41). Bald sollten sie das schmachvolle Ende ihres Meisters mit ansehen müssen, und das würde ihren Glauben erst recht erschüttern (siehe Lk 24,17-21). Johannes der Täufer hatte, als er im Gefängnis saß, Gottes Heilsplan nicht mehr verstehen können, sodass er zu zweifeln anfing, ob Jesus von Nazareth wirklich der Mann sein konnte, den er selbst angekündigt hatte. War denn Jesus nicht der Messias, und kam mit ihm nicht das Reich, in dem Gerechtigkeit herrscht? Warum saß aber dann er, ein Gerechter, im Kerker, während ein gottloser König sich im Glanz seines Throns sonnte? Aber bald sollte noch

Unbegreiflicheres geschehen: Die Jünger würden sehen, wie man den Messias abführte und verurteilte – und Gott würde nicht eingreifen. Und dann würde man den Messias zur Stadt hinausführen und ihn zusammen mit zwei Verbrechern an das Kreuz schlagen, wo ihn die Leute während Stunden verhöhnen durften – und nichts würde geschehen. Da würde der Glaube der Jünger einbrechen. Der Herr wusste das, und darum bereitete er sie vor auf diese für sie schlimmen Erfahrungen.

Zuerst tat er es durch eine Handlung, die man von ihm nie erwartet hätte: Er bückte sich und wusch wie ein Sklave den Jüngern die Füße. Daran sollten die Jünger sehen und begreifen, dass die bald folgende Erniedrigung des Herrn nicht etwas Ungereimtes war, sondern vielmehr zum Vorsatz Gottes mit seinem Sohn gehörte. In den darauf folgenden Reden sagte der Herr den Jüngern Dinge, die ihnen erneut zeigten, dass er als der Messias jetzt nicht in seiner Hoheit erscheinen würde und dass die Welt darum auch in Zukunft gegen ihn und damit auch gegen seine Jünger streiten würde. Zum Schluss betete der Meister für die Jünger, dass Gott sie in dieser Welt, die den Sohn Gottes gehasst hat und darum auch dessen Jünger hasst, bewahre und am Ende zu sich nehme. Dort, beim Vater im Himmel, nicht in dieser Welt, würden sie seine Herrlichkeit sehen (17,24).

Die Reden zerfallen in zwei Hälften nach dem Ort, wo sie gehalten wurden: Der Herr beginnt seine letzten Unterweisungen an die Jünger im Gastzimmer (Kap. 13 und 14), steht dann auf, geht hinaus und fährt draußen fort (Kap. 15 und 16), wo er, bevor er den Kidron überschreitet, für die Jünger zu seinem Vater betet (Kap. 17).

Er beginnt mit der Fußwaschung und zeigt den Jüngern damit, dass sie tägliche Reinigung nötig haben, um in der rechten Beziehung zu ihm zu bleiben (Kap. 13); er fährt fort und verheißt ihnen den Helfer, den Heiligen Geist (Kap. 14), der sie befähigen wird, alles zu tun, was er sie gelehrt und was er ihnen aufgetragen hat: Er wird sie befähigen, in einer Welt des Todes Frucht zu bringen (Kap. 15) und im Angesicht von teils mörderischer Feindschaft den Glauben zu verkündigen und zu bewahren (Kap. 16). Und schließlich betet er für sie, dass alles, was er sie gelehrt hat, in ihnen wirksam werde (Kap. 17).

Kapitel 13

Das Kapitel 13 bereitet die eigentlichen Reden vor, indem es uns zeigt, was der Herr an uns tun muss, damit wir seine Lehren empfangen und aus ihnen Nutzen ziehen können: Er muss seinen Jüngern die Füße waschen.

Als Erstes beweist er damit seine beharrliche Liebe zu den Seinen (V. 1-4). Aber damit hat er ihnen auch gezeigt, wie er auch nach seiner Himmelfahrt fortfahren wird, ihnen zu dienen, und er hat ihnen ein Vorbild gegeben, wie sie einander dienen sollen (V. 5-17). Als Nächstes wird der Verräter überführt und weggesandt (V. 18-30), und auch das ist ein Beweis seiner Liebe; denn solange der Verräter, dessen Herz der Satan erfüllt hat, unter ihnen ist, kann der Herr nicht die Wahrheiten lehren, die nur für seine Jünger gedacht sind. Nachdem der Verräter hinausgegangen ist, verkündigt der Herr den Jüngern das neue Gebot, dass sie einander lieben sollen (V. 31-35) und nicht damit aufhören sollen, auch wenn sie immer wieder versagen sollten, so wie Petrus bald versagen würde (V. 36-38).

1. **Die beharrliche Liebe des Herrn (13,1-4)**
2. **Die Fußwaschung: Sinnbild und Vorbild (13,5-17)**
3. **Der Verrat wird angekündigt, der Verräter wird überführt (13,18-30)**
4. **Die Liebe unter den Jüngern des Herrn (13,31-35)**
5. **Die Verleugnung wird angekündigt (13,36-38)**

Bevor wir uns dem Text zuwenden, müssen wir auf eine Frage antworten, die sich aus dem Bericht des Johannes stellt. Wann fand das Mahl mit der Fußwaschung statt? War es am Abend des Passah, oder war es am Abend vor dem Passah. Die drei ersten Evangelien zeigen ganz deutlich, dass der Herr bei diesem Mahl mit seinen Jüngern das Passah aß (Mt 26,17; Mk 14,12; Lk 22,7.8.14), doch lesen wir in 18,28 von den Juden: *»Sie führen Jesus von Kajaphas in das Prätorium; es war aber frühmorgens. Und* ***sie*** *gingen nicht in das Prätorium hinein, um sich nicht zu verunreinigen, sondern das Passah essen zu können.«* Das war am frühen Morgen jenes Tages, an dem der Herr gekreuzigt werden sollte, und nach dem Abend, an dem Jesus mit den Jüngern das Passah gegessen hatte. Wie stimmt Johannes mit Matthäus, Markus und Lukas zusammen?

»Wir finden die Antwort, wenn wir beachten, dass die Juden die Tage auf zwei verschiedene Arten zählten. Aus alten jüdischen Quellen können wir schließen, dass für die Juden im nördlichen Israel (also auch Galiläa, woher Jesus und die meisten seiner Jünger waren) der Tag mit dem Sonnenaufgang anfing und bis zum nächsten Sonnenaufgang dauerte. Die Juden im südlichen Landesteil zählten die Tage von Sonnenuntergang bis Sonnenuntergang. Zu diesen gehörten die Sadduzäer (die notwendigerweise nahe bei Jerusalem wohnen mussten wegen ihrer Verbindung mit dem Tempel). Obwohl diese uneinheitliche Methode zuweilen Verwirrung gestiftet haben mag, so war sie für das Passahfest nützlich, weil man damit das Passah an zwei aufeinanderfolgenden Tagen halten konnte, und das muss den Andrang im Tempel, in welchem alle Lämmer geschlachtet werden mussten, gemildert haben. Es liegt also kein Widerspruch vor zwischen Johannes und den Synoptikern. Da Jesus und die Zwölf Galiläer waren,[154] begann für sie das Passah mit dem Sonnenaufgang am Donnerstag und dauerte bis Sonnenaufgang am Freitag. Sie aßen das Passah am Donnerstagabend. Für die jüdischen Führer (die Sadduzäer) hingegen hatte das Passah bei Sonnenuntergang am Donnerstag begonnen und dauerte bis Sonnenuntergang am Freitag. Sie aßen ihr Passah also am Freitagabend. (Ausführlichere Erörterungen zu dieser Frage finden sich in Harold W. Hoehner, Chronological Aspects of the Life of Christ [Grand Rapids: Zondervan, 1977], S. 74-90; Robert L. Thomas und Stanley Gundry, A Harmony of the Gospels [Chicago: Moody, 1979], S. 321-322)« (MacArthur, *John 12–21*).

1. Die beharrliche Liebe des Herrn (13,1-4)

Der Herr muss Hindernisse überwinden in seiner Liebe zu den Jüngern: Zuerst wird ein Verräter erwähnt, in dem Satan, der große Widersacher,

154 Jesus selbst stammte, wie wir alle wissen, aus Bethlehem in Judäa, aber da er in Galiläa aufgewachsen war und den größten Teil seines Dienstes dort tat, sprach man von ihm als vom Propheten *»von Nazareth in Galiläa«* (Mt 21,11) und von *»Jesus, dem Galiläer«* (Mt 26,69).

mit seiner List und Macht haust (V. 2); und dann lesen wir von einem Jünger, von Simon Petrus, in dem das Fleisch, ein anderer beharrlicher Feind Gottes und seiner Absichten (siehe Röm 8,7), beständig am Wirken ist, der deshalb nicht will, dass ihm der Herr die Füße wäscht (V. 6-8a). Wir sehen, wie der Herr die Feindschaft des Verräters überwindet, indem er diesem Stück um Stück zu verstehen gibt, dass er um seinen Verrat alles weiß (V. 10.18.21.26), und indem er ihm schließlich befiehlt, hinauszugehen (V. 27). Simon Petrus überwindet er, indem er ihn die Wahrheit lehrt (V. 8b.9).

> **1 Vor dem Fest des Passah aber, als Jesus wusste, dass seine Stunde gekommen war, dass er aus dieser Welt zu dem Vater hingehen sollte – da er die Seinen, die in der Welt waren, geliebt hatte, liebte er sie bis ans Ende.**

»Vor dem Fest des Passah«: Es ist das letzte Passah, das der Herr in Jerusalem begeht, das Passah, an dem er selbst als Passahlamm geschlachtet werden soll (1,29; 1Kor 5,7); und da **»wusste Jesus, dass seine Stunde gekommen war«**. Nach wenigen Stunden sollte er sich der Hand seiner Feinde überlassen. Der Herr wusste alles: was in den Herzen der Menschen war (2,25), wie es um jeden Menschen stand (5,6), was er tun wollte (6,6), wer an ihn glaubte und wer ihn verraten würde (6,64), dass der Vater ihn allezeit erhört (11,42), dass der Vater ihm alles in die Hände gegeben hatte (13,3), was über ihn kommen würde (18,4), dass alles vollbracht war (19,28). *»Seine Stunde«* war die Stunde seines Leidens (12,27), und die stand unmittelbar bevor. Doch es war auch die Stunde seiner Erhöhung, denn das Leiden war lediglich der Weg, auf dem er **»aus dieser Welt zu dem Vater«** zurückkehren sollte. Diesen Weg muss er allein gehen; er sagt es auch seinen Jüngern, dass sie ihm jetzt nicht folgen können (V. 36a). Aber er wird dafür sorgen, dass sie ihm später dahin folgen, wohin er nun ging (V. 36b), denn er **»liebte« »die Seinen, die in der Welt waren«**. Weil er sie liebte, wollte er sie für immer bei sich haben (14,3; 17,24). Er hatte ihnen seine Liebe bewiesen in den drei Jahren, die er sie bei sich gehabt hatte; aber er hörte nicht auf, sie zu lieben, nein, er **»liebte sie bis ans Ende«**. Das heißt nicht, dass seine Liebe irgendwann aufhören würde, sondern dass er sie vollkommen und bis zum Äußersten, εις τελος, *eis telos*, liebte. Es war diese vollkommene Liebe, die ihn trieb, seine Jünger durch die jetzt folgenden Reden zu trösten und auf ihren weiteren Weg vorzubereiten. Und es war seine Liebe zu ihnen, seinen Freunden, die ihn trieb, sein Leben für sie zu lassen (15,13; siehe Eph 5,25; Gal 2,20). Nach seiner Erhöhung würde er seine Liebe zu ihnen beweisen, indem er sie mit allem ausrüstete, was sie für den langen Weg zum Ziel brauchten. Und dieser Weg führte durch die Welt und aus dieser Welt ins Vaterhaus (14,2.3). Der Herr wusste, dass die Welt die Seinen hasste und nie aufhören würde, sie zu hassen (15,18.19). Er wusste, dass sie in der Welt Bedrängnis haben würden (16,33). Darum tat er alles und fuhr fort, alles zu tun, damit die Welt sie nicht würde überwinden können: Er diente ihnen (Kap. 13), er lehrte sie (Kap. 14 – 16), und er betete für sie (Kap. 17).

2 Und während des Abendessens, als der Teufel schon dem Judas, Simons Sohn, dem Iskariot, ins Herz gegeben hatte, ihn zu überliefern,

»Während des Abendessens«, δειπνου γινομενου, *deipnou ginomenou*, wörtlich: »Als das Abendessen wurde«, d.h. stattfand.[155] Es handelt sich um das letzte Abendmahl; aber Johannes sagt es nicht ausdrücklich. Er sagt auch nichts über die Vorbereitungen zu diesem Mahl, weil diese den Lesern aus den drei ersten Evangelien bekannt sind (Mt 26,17-19; Mk 14,12-16; Lk 22,7-13).

»als der Teufel schon dem Judas ... ins Herz gegeben hatte, ihn zu überliefern«: Das war vor dem gemeinsamen Passahmahl geschehen, wie wir aus den anderen Evangelien wissen (Mt 26,3-5.14-16; Lk 22,3-6).

Eben ist gesagt worden, dass der Herr die Seinen bis ans Ende liebte, und da werden Judas und der Teufel erwähnt. Ja, einer seiner Jünger hatte sein Herz dem Verleumder geöffnet, denn der versuchte, einen Keil zu treiben zwischen dem Herrn und seiner Jüngerschar und auch zwischen den Jüngern untereinander. Aber keine List und keine Bosheit des Teufels konnte den Herrn daran hindern, in seiner Liebe

155 Ob man nach der Lesart von TR *genomenou* (Aorist) oder nach der anderen Lesart *ginomenou* (Präsens) liest, ändert an der Zeitbestimmung nichts, denn keineswegs markiert das Partizip Aorist Vorzeitigkeit; solche bezeichnet der Aorist nur dann, wenn er ein Augment *(e-)* annimmt, d.h. ausschließlich im Indikativ.

zu den Jüngern den Weg bis zum Ende zu gehen, denn seine Liebe ist göttlich. Gott ist Liebe, und Gott ist unveränderlich; also muss seine Liebe unveränderlich sein, und darum können auch große Fluten sie nicht auslöschen (Hl 8,7). Und der Herr sorgte dafür, dass die Liebe der Jünger zu ihm und untereinander nicht starb. Wie tat er das? Indem er zuerst den Jüngern als ein Diener die Füße wusch; denn damit zeigte er ihnen, dass seine Liebe nie aufhören würde. Und dann, indem er ihnen zeigte, dass er alles vom Verräter und vom Verrat wusste und dass dieser in der Schrift geweissagt war (V. 18); denn damit zeigte er ihnen, dass der Anschlag des Feindes seine Absichten nicht umstürzen konnte. Und schließlich, indem er ihnen den Befehl gab, einander zu lieben (V. 34); denn mit dem Befehl gab er auch den Geist (wovon er in Kap. 14 sprechen wird), der dafür sorgte, dass sie seinem Befehl gehorchen konnten.

3 steht Jesus, wissend, dass der Vater ihm alles in die Hände gegeben hatte und dass er von Gott ausgegangen war und zu Gott hingehe,
4 von dem Abendessen auf und legt die Oberkleider ab; und er nahm ein leinenes Tuch und umgürtete sich.

»wissend, dass der Vater ihm alles in die Hände gegeben hatte«: Seinem Sohn hatte Gott alles übergeben zur Erlösung der Menschen (siehe 3,35); ihm hatte er Gewalt gegeben, zu richten (5,26.27); er hatte ihm Gewalt gegeben über alles Fleisch, damit er allen, die der Vater ihm gab, ewiges Leben gebe (17,2). Das alles wusste Jesus, und er wusste auch, **»dass er von Gott ausgegangen war«**. Er war nicht nur von Gott gesandt wie etwa ein Johannes (1,6) oder sonst ein Knecht Gottes, sondern er war aus dem Schoß Gottes (1,18) gekommen, von Gott ausgegangen; er war wahrer Gott vom wahren Gott. Und er wusste, dass er **»zu Gott hingehe«**, dass er als Mensch verherrlicht und als verherrlichter Mensch in Gottes Gegenwart eingehen werde. In diesem Bewusstsein steht er **»von dem Abendessen auf und legt die Oberkleider ab«**. Der Hohe erniedrigt sich, der Herr macht sich zum Diener, wie er den Jüngern sagte, als er nach der Fußwaschung mit ihnen darüber sprach (V. 13.14). Seine Handlung ist symbolhaft und steht zusammenfassend für den ganzen Weg, den er ging: Er ist Jahwe, der Herrscher, der in Hoheit gekleidet ist (Ps 93,1).[156] Er entäußerte sich in der Menschwerdung der *Gestalt* der Gottheit, wie der Apostel in Phil 2,6.7 lehrt, er legte diese ab wie ein Gewand. Dabei entäußerte er sich aber nicht der *Gottheit*; denn Gott kann nie aufhören, Gott zu sein. Er ist der ewig Unveränderliche (Mal 3,6; Hebr 13,8). Er, der Fleisch wurde (1,14), war das ewige, alles erschaffende und wirkende Wort Gottes. Er hörte nicht auf, das allmächtige Wort zu sein, als er Mensch geworden war; er blieb der Schöpfer und Erhalter der Welten (1,1-3).

Und er **»umgürtete sich«** wie ein Knecht, der sich zum Dienen anschickt. Als er Mensch wurde, nahm er die Gestalt eines Knechtes an (Phil 2,7). Der Menschensohn kam nicht, um bedient zu werden, sondern um zu dienen und sein Leben zu geben als Lösegeld für viele (Mk 10,45). Er, der Herr, war unter den Jüngern wie der Dienende (Lk 22,27). Und auch als der verherrlichte Mensch zur Rechten Gottes bleibt er Diener (Hebr 8,1.2).

2. Die Fußwaschung: Sinnbild und Vorbild (13,5-17)

Mit der Fußwaschung verfolgt der Herr einen vierfachen Zweck:

a. Er demonstriert den Jüngern, dass seine bevorstehende Erniedrigung von Gott verordnet und nicht ein Unglück war.
b. Er gibt den Jüngern ein Zeugnis von seiner beharrlichen Liebe zu ihnen.
c. Er gibt ihnen ein Sinnbild für geistliche Reinigung.
d. Er gibt ihnen ein Vorbild, dem sie nacheifern sollen.

---

156 Elberfelder übersetzt hier unglücklich: »... er hat sich bekleidet ...« Das hebräische sogenannte »Perfekt«, das an dieser Stelle steht, markiert in seiner Grundbedeutung keine Zeitstufe (obwohl es das in der Nebenbedeutung auch kann), sondern konstatiert lediglich wirkliche Sachverhalte, dies im Gegensatz zum sogenannten »Imperfekt«, das generelle, mögliche, erwartete und daher auch zukünftige Sachverhalte ausdrückt.

a) Die Fußwaschung als Sinnbild (13,5-11)

Dass der Herr mit der Fußwaschung den Jüngern ein Vorbild gab für selbstlosen Dienst, ist selbstverständlich; und das muss der Herr auch nicht erklären, sondern er muss den Jüngern lediglich einschärfen, dass sie es ihm gleichtun sollen. Aus den Versen 8 und 10 sollen wir hingegen verstehen, dass sein Handeln etwas aussagt über eine Art Reinigung, die alle Erlösten benötigen, wenn sie teilhaben wollen an ihm und an seinem Heil.

5 Dann gießt er Wasser in das Waschbecken und fing an, den Jüngern die Füße zu waschen und mit dem leinenen Tuch abzutrocknen, mit dem er umgürtet war.

Johannes hatte daran erinnert, dass der Vater seinem Sohn alles in die Hände gegeben hatte, also auch das Heil und Wohl der Jünger. Was tat er nun als Erstes, um diese, die der Vater ihm übergeben hatte, zu bewahren, damit der Teufel keinem von ihnen schaden konnte? Er nahm ihre Füße in seine Hände und wusch sie. Er erklärte, was er ihnen damit getan hat: Er hat sie, die schon rein sind, gereinigt (V. 10), sie, die schon heilig sind, geheiligt. Seinen Vater wird er bitten, dass er sie heilige, und dann wird er sagen, dass er sich selbst für sie heiligt, damit sie geheiligt seien in der Wahrheit (17,17.19).

»in das Waschbecken«: nicht »in ein Waschbecken«, und das heißt, dass es das übliche Waschbecken war, das bei einem gemeinsamen Mahl immer bereitstand, auch in diesem Gastzimmer, und alle Jünger wussten, wozu. Sie werden wohl immer wieder verstohlene Blicke auf das Becken geworfen haben, aber niemand von ihnen rührte sich. Da stand der Herr auf und übernahm die Aufgabe, die keiner von ihnen übernehmen wollte. Er **»fing an, den Jüngern die Füße zu waschen«**, und tut damit, was jeder Gastgeber sonst seinen Haussklaven tun lässt. So hat er in einer einfachen Handlung demonstriert, dass Gott ihn in diese Welt gesandt hat als einen Knecht, der bereit war, seinem Gott zu gehorchen und sich zu erniedrigen bis in den Tod (Phil 2,8). Darin und nicht im Glanz und umwogt vom Jubel der Menschenmengen offenbarte der Gesalbte Gottes seine göttliche Herrlichkeit.

6 Er kommt nun zu Simon Petrus, und der spricht zu ihm:
Herr, *du* wäschst mir die Füße?
7 Jesus antwortete und sprach zu ihm: Was *ich* tue, weißt *du*
jetzt nicht, du wirst es aber nachher verstehen.
8 Petrus spricht zu ihm: *Niemals* sollst du mir die Füße waschen!
Jesus antwortete ihm: Wenn ich dich nicht wasche, hast du kein Teil mit mir.

»**Herr**«: Mit dieser Anrede zeigt »**Simon Petrus**«, dass er gar nicht verstehen kann, was Jesus tut: »Du bist Herr, und ›**du wäschst mir die Füße?**‹ Du tust die Arbeit eines Dieners?« Bewies Petrus mit diesen Worten, wie demütig er war? Wer wirklich demütig ist, maßt sich nicht an, das Tun des Herrn infrage zu stellen. Es war zwar eine sehr natürliche, aber gerade damit fleischliche Regung; darum steht neben Petrus auch der Name, den er zunächst von den Eltern bekommen hatte, Simon. Wir sind alle wie Simon viel unwissender und unverständiger, als wir ahnen: »**Was ich tue, weißt du jetzt nicht …**« Wenn das wahr ist, tun wir gut daran, zu schweigen und den Herrn handeln zu lassen. Simon Petrus verstand nicht, aber er würde es »**nachher verstehen**«, nämlich nach Pfingsten. Dann würden die Jünger alle begreifen, was die Fußwaschung als Gleichnis auf geistliche Wirklichkeiten bedeutete. Der Heilige Geist würde sie in die ganze Wahrheit leiten (16,13).

»Daraus ergibt sich für uns die Lehre: Wir haben einfach zu folgen, mag auch der Grund, weshalb Christus es so oder so haben will, uns nicht durchsichtig sein … Es ist eine unerträgliche Überhebung, wenn jemand einen Befehl Gottes, dessen Grund er nicht einsehen kann, abweist. Ja, die Mahnung Christi geht noch weiter: Es soll uns nicht beirren, wenn wir von dem, was uns nach Gottes Willen vorerst noch verborgen bleiben soll, nichts wissen. Besser als alle Gelehrsamkeit ist ein Nichtwissen der Art, in der wir dem Herrn demütig zugestehen: Deine Gedanken sind höher als unsere Gedanken« (Calvin).

Aber Petrus genügt die Antwort des Herrn nicht. Er wird jetzt noch deutlicher: »**Niemals sollst du mir die Füße waschen!**« Der Jünger befiehlt dem, den er eben »Herr« genannt hat? So ist der Sünder. Er will Gottes Wirken an sich nicht annehmen; auch der Erlöste verfällt immer wieder diesem Reflex, dass er dem Herrn wehren und sogar befehlen will. Damit überhebt er sich und verfällt der Torheit.

»Wenn ich dich nicht wasche«: Täte der Herr nicht fortwährend sein Werk an den Erlösten, würden sie ihr Teil mit ihm verlieren. Auch diese Aussage zeigt, dass die Fußwaschung nicht als Erstes lehren wollte, dass wir einander dienen sollen; denn sonst hätte der Herr dem Petrus sagen müssen: »Wenn du nicht lernst, es mir gleichzutun …«

»hast du kein Teil mit mir«: Die Jünger waren rein (V. 10; 15,3); so auch wir. Wir sind von Neuem geboren, und durch den Glauben sind unsere Herzen gereinigt (Apg 15,9). Aber wir müssen immer wieder gereinigt werden von allem Unreinen, das uns auf unserem Weg durch die Welt täglich besudelt. Solange wir durch sündige Gedanken, Worte oder Taten befleckt sind, haben wir *»kein Teil«* mit dem Herrn; unsere Gemeinschaft mit ihm ist unterbrochen. Das darf aber nicht sein; denn die Jünger haben Arbeit zu tun auf ihrem Weg durch die Welt: Sie sollen jetzt, nachdem der Herr zum Vater zurückgekehrt ist, seine Werke tun (14,12), sie sind von ihm mit einem Auftrag in die Welt gesandt (20,21). Den können sie aber nur erfüllen, wenn sie mit ihm Gemeinschaft haben.

**9 Simon Petrus spricht zu ihm: Herr, nicht meine Füße allein,
sondern auch die Hände und das Haupt!**

Petrus hatte gehört, dass er kein Teil am Herrn haben könne, wenn dieser ihn nicht wasche. Das durfte aber nicht sein! Darum bittet er, dass der Herr ihm den ganzen Körper wasche. Damit zeigt er aber nur, wie recht der Herr hatte, als er ihm sagte, er könne sein Handeln jetzt nicht verstehen (V. 7).

**10 Jesus spricht zu ihm: Wer gebadet ist, hat nicht nötig,
sich zu waschen, ausgenommen die Füße, sondern ist ganz rein;
und *ihr* seid rein, aber nicht alle.
11 Denn er kannte den, der ihn überliefern würde; darum sagte
er: Ihr seid nicht alle rein.**

»Wer gebadet ist, hat nicht nötig, sich zu waschen«: In den Versen 5 bis 14 kommt achtmal das Verb »waschen«, νιπτω, *niptō*, vor (und außer hier nur noch in 9,7.11.15; Mt 6,17; 15,2; Mk 7,3; 1Tim 5,10); nur einmal das Verb »baden«, λουω, *louō*. Vom Verb *louō* wird das Hauptwort λουτρον, *loutron*, »Bad«, gebildet, das in Tit 3,5 in der Wendung *»das*

Bad[157] *der Wiedergeburt«* steht. Die Fußwaschung war ein Gleichnis für eine notwendige geistliche Reinigung, wie auch das Bad, das der Herr hier erwähnt. Gewöhnlich nahm man im alten Israel am Morgen ein Vollbad *(loutron)*, und damit war man für den ganzen Tag rein. Aber man musste sich im Verlauf des Tages immer wieder die Füße waschen (oder von einem Haussklaven waschen lassen), weil man sie auf den staubigen Straßen beschmutzte. Der Christ braucht zwei Arten der Reinigung. Zuerst das Bad der Wiedergeburt durch den Heiligen Geist; dieses kann nicht wiederholt werden; es macht ihn für immer rein vor Gott, denn es gibt ihm eine neue Natur. Es macht ihn, wie Petrus, an den diese Worte gerichtet wurden, einige Jahrzehnte später sagt, zum *»Teilhaber der göttlichen Natur«* (2Petr 1,4). Sodann braucht der Christ die Fußwaschung: die tägliche Reinigung durch das Wort (Eph 5,26). Diese Reinigung muss sein, damit seine Gemeinschaft mit dem Herrn nicht unterbrochen wird.

Wie wirkt der Herr diese Reinigung an uns, den Gläubigen? Wir lesen Tag für Tag die Bibel, und immer wieder deckt uns das Wort der Wahrheit einen Mangel, eine Unterlassung oder einen Irrtum auf; und der Heilige Geist zeigt uns, dass wir gesündigt haben. Daraufhin bekennen wir unsere Schuld, und der Herr vergibt uns; die Gemeinschaft mit ihm ist wiederhergestellt.

»ihr seid rein«: Der Stellung nach waren die Jünger rein; sie waren gewaschen durch das Bad der Wiedergeburt.

»aber nicht alle«: Das bezieht sich auf Judas, **»der ihn überliefern würde«**. Der hatte das Bad der Wiedergeburt nicht empfangen; er war nicht teilhaftig der göttlichen Natur; er war ein Teufel (6,70), ein Dieb (12,6) und ein Sohn des Verderbens (17,12). Dieses Wort sprach der Herr nicht nur für Petrus, sondern auch für Judas. Der sollte bedenken, dass der Herr alles über ihn wusste.

b) die Fußwaschung als Vorbild (13,12-17)

Die erste Bedeutung der Fußwaschung ist ein Werk, das der Herr an den Seinen tun muss, damit sie ihr Teil mit ihm nicht verlieren. Das verstanden die Jünger nicht, und das verstehen auch wir nicht unmittelbar.

157 Elberfelder: »Waschung«.

Die hier vom Herrn gegebene Erklärung zur zweiten Bedeutung der Fußwaschung verstanden die Jünger und verstehen auch wir hingegen sofort: Wir sollen von seinem Vorbild lernen, einander in Demut zu dienen. Das Erste ist schwer zu *verstehen*, das Zweite ist schwer zu *befolgen.*

Der Abschnitt beginnt mit der Frage, ob die Jünger verstanden hätten, was der Herr an ihnen getan hatte (V. 12), und er endet mit der Aussage, dass sie dann glückselig sind, wenn sie es verstehen und auch tun (V. 17).

12 Als er ihnen nun die Füße gewaschen und seine Oberkleider genommen hatte, legte er sich wieder zu Tisch und sprach zu ihnen: Versteht ihr, was ich euch getan habe?
13 *Ihr* nennt mich Lehrer und Herr, und ihr sagt es zu Recht, denn ich bin es.
14 Wenn nun *ich*, der Herr und der Lehrer, euch die Füße gewaschen habe, so seid auch *ihr* schuldig, einander die Füße zu waschen.

Der Herr hatte wie ein Haussklave gedient und daher die Oberkleider abgelegt; nachdem er den Jüngern die Füße gewaschen hatte, nahm er **»seine Oberkleider«** wieder und zog sie an. Als er jetzt zu ihnen sprach, sprach er als ihr Herr. Mit der Frage **»Versteht ihr, was ich euch getan habe?«** will er nicht hören, ob sie verstanden hätten, was die Fußwaschung bedeuten sollte; denn dass sie das nicht verstanden, hatte der Herr dem Petrus schon gesagt (V. 7). Was er mit der Frage meinte, zeigen die Worte, die nun folgen. Er, den sie **»Lehrer und Herr«** hießen, wusch den Jüngern die Füße und tat damit die Arbeit, die nur Sklaven tun. Damit gab er den Aposteln das Vorbild, in welcher Weise sie einander und dem Volk Gottes dienen mussten. Seine Frage war also, ob sie die Tragweite seines Vorbilds verstanden hätten. Dann würden sie nicht mehr darüber streiten, *»wer von ihnen für den Größten zu halten sei«* (siehe Lk 22,24), und auf keinen Fall würden sie wie die Herren über die Gläubigen herrschen (Lk 22,25). Vielmehr würden sie ihnen vorangehen in Demut und Selbstverleugnung (Lk 22,26).

Sie waren **»schuldig, einander die Füße zu waschen«**; taten sie es nicht, sündigten sie. Der Herr hat uns eine Pflicht auferlegt; wir haben keine Wahl. In seinem ersten Brief schreibt Johannes: *»Wer da sagt, dass er in ihm bleibe, ist schuldig, selbst auch so zu wandeln, wie er ge-*

wandelt ist« (1Jo 2,6). Wir sind schuldig, ihm nachzufolgen, in seinen Fußstapfen zu wandeln, einander zu dienen, wie er gedient hat. Tun wir unsere Schuldigkeit nicht, haben wir Schuld vor Gott und sind schuldig geworden an den Mitgläubigen (siehe auch Röm 13,8; 15,1.27; Eph 5,28; 1Jo 3,16; 4,11). Was heißt es nun, dass wir schuldig sind, *»einander die Füße zu waschen«*? Wir schulden es dem Bruder, dass wir ihm dienen, indem wir ihn ermahnen, wenn er gefehlt hat (Lk 17,3), dass wir ihm zurechthelfen, wenn er von einem Fehltritt übereilt worden ist (Gal 6,1), dass wir ihn ermuntern, wenn er kleingläubig ist, dass wir ihn tragen, wenn er schwach ist und in seiner Schwachheit immer wieder versagt (1Thes 5,14). Paulus rechnet ganz selbstverständlich damit, dass die Geschwister in Rom, die er nicht einmal persönlich kannte, fähig waren, *»einander zu ermahnen«* (Röm 15,14).

> **15 Denn ich habe euch ein Beispiel gegeben, damit, wie *ich* euch getan habe, auch *ihr* tut.**
> **16 Wahrlich, wahrlich, ich sage euch: Ein Knecht ist nicht größer als sein Herr, noch ein Gesandter größer als der, der ihn gesandt hat.**
> **17 Wenn ihr dies wisst, glückselig seid ihr, wenn ihr es tut.**

Es genügt nicht, dass wir hören und verstehen; wir müssen tun, wie der Herr uns getan hat (Mt 7,24; Jak 1,22). Dazu hat er uns **»ein Beispiel gegeben«**, und das muss uns demütigen; und es muss uns zum Gehorsam drängen. Umso mehr, wenn wir bedenken, dass **»ein Knecht nicht größer ist als sein Herr«**. Wir schrecken vor dem Gedanken zurück, größer sein zu wollen als der Herr – und doch benehmen wir uns nur zu oft so, als wären wir größer: Wir weigern uns, uns zu demütigen und den Brüdern zu dienen; wir wollen durchaus nicht der Letzte unter ihnen sein. Wir erwarten, dass man uns anerkenne, uns achte, uns diene – und damit beweisen wir immer wieder, dass wir eben doch mehr sein wollen als der Herr.

Wenn wir bedenken, wann der Herr den Jüngern die Füße wusch, verstehen wir erst richtig, wie schneidend seine Worte sind. Lukas hat überliefert, wie die Jünger gerade beim letzten Passahmahl darüber diskutiert hatten, wer von ihnen der Größte sei (Lk 22,24). Obwohl er in seinem Bericht diese Episode erst nach dem Abendmahl einfügt, müssen wir annehmen, sie gehöre zeitlich vor den Beginn des Mahls.[158] Als stumme Antwort auf dieses unwürdige Eifern war der Herr aufgestanden, hatte sich wie ein Sklave gegürtet, und er, der Herr, hatte angefangen, seinen Jüngern die Füße zu waschen.

»glückselig«: Dies ist die erste von zwei Seligpreisungen im Johannesevangelium (die zweite folgt in 20,29). Hier wird der glückselig genannt, der **»es tut«**. Wir sind noch nicht glückselig, wenn wir wissen, was uns befohlen ist, sondern erst, wenn wir es tun (Lk 11,28; Jak 1,25). In 20,29 heißt der glückselig, der glaubt. Rechtes Tun kann es ohne rechtes Glauben nicht geben (Eph 2,8-10); aber rechtes Glauben beweist sich durch rechtes Tun (Jak 2,19.20). Wir wollen gut beachten, in welche Reihenfolge der Herr die doppelte Lehre der Fußwaschung gestellt hat: Zuerst spricht er von der Waschung der Wiedergeburt und von der darauf folgenden täglichen Reinigung durch die Waschung mit dem Wort, erst dann vom Vorbild, das die Jünger befolgen müssen. Ohne die neue Geburt und ohne dass der Herr beständig an uns wirkt, ist es uns unmöglich, zu tun, wie er getan hat; durch den uns innewohnenden Geist ist es möglich. Er ist es, der alles Gute, das er befiehlt, in uns wirkt: *»... Gott ist es, der in euch wirkt sowohl das Wollen als auch das Wirken zu seinem Wohlgefallen«* (Phil 2,13); *»Der Gott des Friedens aber, der aus den Toten wiederbrachte unseren Herrn Jesus, den großen Hirten der Schafe ..., vollende euch in jedem guten Werk, damit ihr seinen Willen tut, in euch das bewirkend, was vor ihm wohlgefällig ist ...«* (Hebr 13,20.21).

3. Der Verrat wird angekündigt, der Verräter wird überführt (13,18-30)

Dieser Abschnitt beginnt mit dem zweiten Wort (siehe V. 10), das der Herr über Judas spricht (V. 18), und er endet damit, dass Judas den Bissen nimmt und hinausgeht in die Nacht. Dazwischen steht ein drittes Wort über ihn (V. 21), auf welches eine Handlung folgt, die den Verräter identifiziert (V. 26).

158 Siehe Alfred Edersheim, Bd. IV, S. 495.

18 Ich rede nicht von euch allen, *ich* weiß, welche ich auserwählt habe; aber damit die Schrift erfüllt würde: »Der mit mir das Brot isst, hat seine Ferse gegen mich erhoben.«

Während der Fußwaschung hatte der Herr gesagt, dass nicht alle rein seien (V. 10), nun sagt er: **»Ich rede nicht von euch allen …«** Eben hatte der Herr gesagt, dass glückselig ist, wer tut, was er tun soll (V. 17), aber das würde sich nicht in allen Anwesenden bewahrheiten; einer von ihnen würde nie glückselig werden. Auch diese Worte sprach er für Judas und gab ihm damit noch einmal Gelegenheit zu bedenken, dass Jesus alles über ihn wusste. Denn wenn der Herr sagt: **»… ich weiß, welche ich auserwählt habe«**, gibt er ein doppeltes Zeugnis seiner Gottheit. Er weiß, und er hat auserwählt. Nur Gott weiß, wen er auserwählt hat; und Gott allein ist es, der erwählt; einer unter den Zwölf war nicht auserwählt zum Heil.

»Es ist die Erwählung ***ad salutem***[159] *gemeint … Man muss zwischen der ewigen Erwählung Gottes und der historischen Erwählung Christi unterscheiden. Dass Christus sich dazu bekennt, den Judas im historischen Sinne erwählt zu haben, ergibt sich aus dem Folgenden:* ***der mein Brot isset****«* (Lange).

»aber damit die Schrift erfüllt würde«: Johannes ist der einzige der Evangelisten, der diese Weissagung über den Verrat des Judas (Ps 41,10) aus dem Mund des Herrn überliefert hat. Petrus hatte das natürlich gehört, und wir dürfen annehmen, dass er nach der Auferstehung Jesu die Schriften untersuchte, um weitere Weissagungen über den Verräter zu finden; denn wenige Tage vor Pfingsten nennt er zwei weitere Belege aus dem Psalter: Ps 69,26 und Ps 109,8 (Apg 1,16-20).

Was für diese Sache gilt, gilt für den ganzen Weg des Herrn und für alle Taten und Worte der Feinde des Herrn, die seinen Tod betrieben (siehe Apg 2,23; 4,27.28). Weil die Schrift erfüllt werden musste, musste unter den Jüngern des Herrn ein Verräter sein. David hatte es durch den Heiligen Geist geweissagt (Ps 41,10). Wir fragen uns dennoch, warum der Verräter jemand sein musste, **»der mit mir das Brot isst«** und der, während er mit ihm aß, **»seine Ferse gegen«** den Meister erhob. Mit dem ewigen Gottessohn kam das Licht in die Welt (3,19), und mit sei-

159 d.h. zum Heil.

nem Kommen und an seiner Person wurde der Mensch erst ins volle Licht gerückt. Judas steht stellvertretend für die Nachkommen Adams, der ihr Haupt ist. In Adam sind wir alle in die Sünde gegangen und zu Sündern geworden; und was wir als Sünder sind, ist an Judas in unverhüllter Weise offenbar geworden. Als bloßer Mensch konnte man Gott nicht näher kommen, als Judas dem Menschensohn kam. So wird er zum Stellvertreter des ganzen Menschengeschlechts, das Gott näher ist als alle übrigen Geschöpfe. Obwohl der Mensch die Sünde gewählt und sich damit von Gott abgewandt hat, empfängt er täglich unzählige Wohltaten Gottes und wird von ihm beharrlich zu ihm gerufen, und ihm werden höhere Vorrechte verheißen, als sie auch den höchsten Engelfürsten gegeben sind. Gott gab Israel das Gesetz, dann seine Propheten, und mit dem Sohn gab er zuerst ihnen und dann allen Nationen Gnade, Heil und Leben. Judas wurde aus vielen, die damals in Juda lebten, vom Herrn erwählt, einer der Zwölf zu sein (6,70). So kam er ihm näher als alle anderen, die damals lebten. Was machte Judas mit seinem Vorrecht? Er verriet den Herrn. Ist er ein größerer Sünder als irgendjemand anders? Was hat die Christenheit mit ihren Vorrechten getan? Sie ist Judas gefolgt.

19 Von jetzt an sage ich es euch, ehe es geschieht, damit ihr, wenn es geschieht, glaubt, dass *ich* es bin.

»Von jetzt an sage ich es euch, ehe es geschieht«: So sorgt der Herr dafür, dass die Jünger nicht straucheln, wenn Dinge geschehen, die sie nicht für möglich gehalten hätten. Hätte er sie nicht vorbereitet, hätten sie den Verrat durch einen der Zwölf nicht verkraftet; sie wären an ihrem Glauben an Jesus als den Messias irregeworden. Sie hätten sich fragen müssen, wie er sich denn in Judas so habe täuschen können. Nun er es vorhergesagt hatte, erschütterte der Verrat sie zwar, aber er warf sie nicht aus der Bahn. Da mit ihm genau das geschah, was ihr Herr und Meister vorhergesagt hatte, hat der Verrat ihren Glauben an ihn vielmehr bestätigt (siehe auch Mt 24,25).

»damit ihr … glaubt, dass ich es bin«: Das Johannesevangelium lehrt als einziges der Evangelien ausdrücklich, dass der Glaube allein das ewige Leben gibt. Ohne Glauben ist es unmöglich, Gott zu gefallen. Darum sorgt Gott selbst erstens dafür, dass wir zum Glauben kommen können, und zweitens dafür, dass wir den Glauben nicht verlieren (siehe auch Lk 22,32). Denn hörte einer auf zu glauben, würde er verlorengehen. Es werden keine Ungläubigen in den Himmel eingehen, sondern nur Gläubige.

*»**Ich rede nicht von euch allen** (V. 18): Judas hätte diese Worte bedenken und er hätte beherzigen sollen, was sie bedeuteten. Die Aussage dient dazu, die Verantwortung für sein Tun ganz auf ihn zu legen. Sie dient auch dazu, den Glauben der übrigen Jünger zu befestigen. Als Judas ihnen wenig später die Überraschung ihres Lebens bescherte, begannen sie zu begreifen, dass Jesus alles längst gewusst hatte und dass der Verrat Gottes Plan nicht vereitelte, sondern erfüllte«* (Hendriksen).

Die größten Untaten scheinbarer Jünger, das unbegreiflichste Handeln des Herrn (dass er die Seinen verlassen sollte), die bösesten Dinge, die die Welt uns antun kann (dass sie Christen töten und dabei denken sollte, Gott zu dienen) – alles hat der Herr uns vorhergesagt (13,19; 14,29; 16,4). Darum können wir solche Dinge, die in der Zeit seiner Abwesenheit geschehen, tragen, ohne am Glauben irrezuwerden. Wir können uns mit den Elf an seine Worte erinnern und weiterhin glauben, **»dass ich es bin«**, dass der Herr derselbe bleibt. Wenn die Christenheit vom Glauben abfällt (2Thes 2,3; 1Tim 4,1), wenn die Spötter immer dreister spotten (2Petr 3,2.3; Jud 17.18), wenn die Verführung grassiert (Mt 24,4; 2Tim 3,13) und die Gesetzlosigkeit triumphiert (Mt 24,12), sodass die Gemeinde immer mehr der großen Hure gleicht (Offb 17), wankt unser Glaube nicht. Wir sind darauf vorbereitet, dass es so kommen muss, und bleiben getrost.

20 Wahrlich, wahrlich, ich sage euch: Wer aufnimmt, wen irgend ich senden werde, nimmt mich auf; wer aber mich aufnimmt, nimmt den auf, der mich gesandt hat.

Warum spricht der Herr noch einmal dieses Wort, das er bei anderer Gelegenheit und in anderem Zusammenhang schon ausgesprochen hat (Mt 10,40; siehe auch Mt 18,4.5; 25,40)? Der Herr will erneut den Glauben der Jünger stärken: Sie hatten seine Worte angenommen und erkannt, dass er von Gott ausgegangen war (16,27.28; 17,8), und damit hatten sie ihn aufgenommen. Gott, der ihn sandte, und er, der Gesandte, waren *eins* (10,30). Das blieb wahr, auch nachdem Judas ihn verraten und die Juden ihn verurteilt und gekreuzigt hatten. Dass man ihn verriet und verwarf, änderte nichts an der Wahrheit. Er war Gott, offenbart im Fleisch, auch wenn man ihn der Gotteslästerung beschuldigte und ihn deshalb hinrichten ließ.

»Wer aufnimmt, wen irgend ich senden werde, nimmt mich auf«: Nachdem der Herr verraten und hingerichtet worden war, mussten die Jünger bedenken, dass sie Gesandte ihres Herrn waren. Sie hatten erkannt, dass Jesus von Nazareth der von Gott gesandte Heiland war, und sie hatten ihn aufgenommen. Sie mussten in diesem Glauben verharren, denn wenn sie daran zweifeln sollten, dass er der Christus ist, hätten sie keine Botschaft mehr an die Menschen; ihre Sendung wäre sinnlos. Nach dem Willen des Herrn sollten jedoch noch viele andere ihn auch aufnehmen; das konnten sie aber nur, indem sie seine Boten mit ihrer Botschaft aufnahmen. Also durften die Jünger an ihrer Sendung nicht zweifeln; sie waren Botschafter an Christi statt (2Kor 5,20); nur durch ihre Botschaft konnten die Menschen ihn und sein Heil empfangen.

21 Als Jesus dies gesagt hatte, wurde er im Geist erschüttert
und bezeugte und sprach: Wahrlich, wahrlich, ich sage euch:
Einer von euch wird mich überliefern.
22 Da blickten die Jünger einander an, in Verlegenheit darüber,
von wem er rede.

Die Aussagen über den Verräter werden immer deutlicher. Zuerst hatte Jesus gesagt: *»... ihr seid rein, aber nicht alle«* (V. 10), dann: *»Der mit mir das Brot isst, hat seine Ferse gegen mich erhoben«* (V. 18), und jetzt spricht er offen aus, was er bisher angedeutet hatte: **»Einer von euch wird mich überliefern.«** Ja, der Herr wusste alles, aber dass einer seiner Vertrauten ihn verraten sollte, erschütterte ihn im Geist. Er muss in seinem Innern unendlich tief gelitten haben, empfand er in seiner reinen Seele doch viel tiefer als wir, die durch die Sünde roh und stumpf geworden sind.

»Da blickten die Jünger einander an«: Wir erkennen hier einen weiteren Grund, warum Jesus den Jüngern dieses schlimme Geschehen ankündigte: Sie sollten selber darüber erschüttert werden, dass einer von ihnen es fertigbringen sollte, etwas so Verwerfliches zu tun, und das wiederum sollte sie zur Selbstprüfung bewegen: *»Doch nicht ich?«* (Mk 14,19). Wer so fragt, zeigt, dass er sich selbst richtig einschätzt: Er begreift, dass er zu allem fähig ist und dass nur Gottes Gnade ihn davor bewahrt, das Gleiche zu tun wie Judas. Es dauert meist lange, bis wir anfangen, uns im Licht Gottes so weit zu erkennen, dass wir uns jede Untreue, jegliches Niederträchtige und alle Verbrechen zutrauen. Wie viel Gott an uns tut, um uns am Bösen zu hindern, sehen wir nicht. Hielte seine Hand uns nicht zurück, gäbe es kein Böses, das wir nicht tun würden. Wir würden alle dem Verräter gleich. Man sagt vom englischen Reformator John Bradford, dass er, wenn er einen Verbrecher sah, der zur Richtstätte geführt wurde, jeweils rief: *»Dort seht ihr John Bradford gehen, wäre Gottes Gnade nicht!«*[160]

> **23 Einer aber von seinen Jüngern, den Jesus liebte, lag zu Tisch in dem Schoß Jesu.**

»in dem Schoß Jesu«: So, wie der Sohn im Schoß des Vaters ist (1,18), so ist der Erlöste im Schoß des Sohnes (siehe 14,20; 17,21).

> **24 Diesem nun winkt Simon Petrus, damit er frage, wer es wohl sei, von dem er rede.**
> **25 Jener aber, sich an die Brust Jesu lehnend, spricht zu ihm: Herr, wer ist es?**
> **26 Jesus antwortete: *Der* ist es, dem *ich* den Bissen, wenn ich ihn eingetaucht habe, geben werde. Als er nun den Bissen eingetaucht hatte, gibt er ihn Judas, Simons Sohn, dem Iskariot.**
> **27 Und nach dem Bissen fuhr dann der Satan in *ihn*. Jesus spricht nun zu ihm: Was du tust, tu schnell!**

Petrus will wissen, von wem der Herr redete, und daher fragt ihn Johannes: **»Herr, wer ist es?«** Es scheint, dass die anderen die Antwort nicht hören, sondern nur ein Zeichen sahen. Das würde erklären, warum die Jünger nicht wussten, was der Herr mit seiner Weisung von V. 27 meinte.

Da Jesus von seinem Platz aus den Bissen eintauchen und Judas geben konnte, kann man annehmen, dass Judas wie Johannes auf dem Ehrenplatz direkt neben dem Gastgeber lag. Wie einem Ehrengast reicht

---

160 A. Townsend (Hrsg.), *The Writings of John Bradford*, 2 Bände, Edinburgh: The Banner of Truth Trust, 1979, Bd. 2, S. xliii.

ihm der Gastgeber den ersten Bissen vom gemeinsamen Mahl. Auch wissen wir, dass Judas den Herrn direkt gefragt hatte, ob er der Verräter sei, und der Herr hatte ihm geantwortet: *»Du hast es gesagt«* (Mt 26,25). Trotzdem blieb er in der Tischgemeinschaft, als ob nichts gewesen wäre. So ist Judas auch ein Vorläufer der vielen Scheinchristen, die sich unter die Christen mischen und so tun, als ob sie zum Volk Gottes gehörten. Von denen sagt der Judasbrief: *»Diese sind die Flecken bei euren Liebesmahlen, indem sie ohne Furcht Festessen mit euch halten und sich selbst weiden; Wolken ohne Wasser, von Winden hingetrieben; spätherbstliche Bäume, fruchtleer, zweimal erstorben, entwurzelt«* (Jud 12). Ihr Ende wird nicht anders sein als das Ende des Verräters.

»nach dem Bissen fuhr dann der Satan in ihn«: Warum erst nach dem Bissen? Der Herr als Gastgeber hatte Judas besonders damit geehrt, dass er den Bissen eintauchte und ihm gab. Als Judas dieses Liebeszeichen des Herrn hinnahm, ohne seinen verborgenen Anschlag (V. 2) ans Licht zu bringen, brach die Sünde in ihm durch und kam zur unumkehrbaren Herrschaft über ihn. Von da an würde die Gnade des Herrn nicht mehr um ihn werben. Der Herr zog seine Hand ganz von ihm zurück und überließ ihn seinem sündigen Drang und damit dem Fürsten der Finsternis.

»Jesus spricht nun zu ihm: Was du tust, tu schnell!«: Judas hat alles Werben der Gnade abgewiesen; der Satan hat nun ganz von ihm Besitz genommen; er soll tun, was er in seinem Herzen beschlossen hat, aber er soll es schnell tun. Mit diesen Worten schickt der Herr den Verräter fort, denn erstens soll er nicht anwesend sein, wenn der Herr mit den Jüngern das Gedächtnismahl seines Todes einsetzt, und zweitens drängt die Zeit: Es ist schon die Nacht auf den Freitag, den 15. Nisan, an dem *»der Messias weggetan«* (Dan 9,26), das *»Passah, Christus«* (1Kor 5,7) geschlachtet werden muss. Obwohl Judas nur seiner eigenen Lust dient und sich nun aufmacht, den Herrn an seine Feinde zu verraten, muss er doch tun, was der Herr ihm befiehlt. Und obwohl der Satan nun in ihn gefahren ist und sein Herz regiert, muss er ausführen, was Gott bestimmt hat. Kann das einer von uns begreifen? Es ist uns nicht deshalb unbegreiflich, weil es unlogisch wäre, sondern weil es überlogisch ist. Ein höherer Verstand als der unsrige waltet hier. Kurz vor Pfingsten sagte Petrus vor den 120 im Obersaal zum Gebet Versammelten, dass der Weg des Judas längst zuvor verordnet gewesen war (Apg 1,16.17); und an Pfingsten konnte er mit aller Überzeugung sagen, die Juden hätten den Herrn *»nach dem bestimmten Ratschluss ... Gottes«* (Apg 2,23) den Römern zur Kreuzigung überliefert.

28 Keiner aber von den zu Tisch Liegenden verstand, wozu er ihm dies sagte.
29 Denn einige meinten, weil Judas die Kasse hatte, dass Jesus zu ihm sage: Kaufe, was wir für das Fest nötig haben, oder dass er den Armen etwas geben solle.
30 Als *er* nun den Bissen genommen hatte, ging er sogleich hinaus. Es war aber Nacht.

»Keiner aber von den zu Tisch Liegenden verstand«, was der Herr dem Judas auftrug und was dieser tun sollte. An Judas und an seinem Weg wird uns gezeigt, wie unwissend wir alle sind. Keiner der Jünger verstand, was Jesus ihm sagte; keiner von uns versteht, welche Feindschaft im Menschenherzen haust gegen Gott und seinen Sohn (siehe 3,19.20; 15,22-25; 16,2.3).

»Man staunt über das Geschick, mit dem Judas seinen wahren Charakter und seine Pläne hatte verbergen können, wenn man feststellt, wie die Jünger noch immer vollständig blind sind bezüglich des Verräters. Jesus seinerseits hätte ihn nicht ohne Gefahr noch vollständiger entlarven können, denn was hätte zwischen einem Petrus mit seiner stürmischen Art und dem Verräter nicht alles passieren können!« (Godet).

Obwohl er schon **»den Bissen genommen hatte«** und nun der Satan ihn regierte, **»ging er hinaus«**, und zwar **»sogleich«**, wie Jesus befohlen hatte. Judas hatte es selbst gewählt, sich gegen den Herrn zu stellen und ihm nicht mehr zu gehorchen, aber dennoch tat er, was dieser ihm gebot, und er tat es gern, denn er folgte dabei ganz seiner eigenen Lust.

»Es war aber Nacht«: Judas kehrte in das ihm eigene Element zurück. An ihm wird offenbar, wie und was der Sünder ist. Jeder von uns ist ein Judas, und ein jeder von uns bleibt ein Judas, es sei denn, Gottes Gnade halte uns zurück und ziehe uns zum Sohn (6,44); sonst werden wir gleich ihm unseren eigenen Lüsten folgen, in die Nacht gehen und nie zurückkehren.

4. Die Liebe unter den Jüngern des Herrn (13,31-35)

Jetzt ist der Herr allein mit seinen Jüngern, nun kann er ihnen die nötigen Unterweisungen geben, die sie brauchen für die Zeit, da er nicht mehr unter ihnen sein wird. Er beginnt aber nicht mit den Nöten der Jünger und der Hilfe, die sie bekommen sollen, sondern er sagt als Allererstes, dass Gott und der Menschensohn verherrlicht sind (V. 31.32); denn die Jünger sollten vor allem verstehen: Dass Gott verherrlicht wird, ist der Antrieb zu allem und Ziel von allem, was er tut. Dazu hat er seinen Sohn in die Welt gesandt, um Sünder zu retten; dazu lehrt der Meister jetzt die Jünger. Gott muss verherrlicht werden, dem ist alles andere untergeordnet. Wenn die hier anhebenden Lehren des Herrn zum Mittel werden, dass die Jünger glauben können (14,1) und bewahrt werden, dann ist das kein Endzweck, sondern es dient wiederum dazu, dass durch den Glauben und das Ausharren der Jünger der Vater und der Sohn verherrlicht werden.

Dann gibt der Herr den Jüngern für die Zeit, da er nicht mehr unter ihnen sein wird, das neue Gebot, das Gebot der Bruderliebe (V. 33-35). Durch diesen Befehl bewirkt er, dass es dem Teufel nicht gelingen wird, die Jünger einander zu entfremden (siehe V. 2), denn er wird den Heiligen Geist senden, der sie befähigt, alles zu tun, was er ihnen geboten hat.

Nach diesen Worten kündigt der Herr an, dass einer aus der Jüngerschar, der ihn wahrhaft liebte und an ihn glaubte, ihn verleugnen würde (V. 36-38). Daran würde sich das Liebesgebot bewähren: Die übrigen Jünger verachteten Petrus nicht wegen seines Versagens, sondern sie liebten und achteten ihn weiterhin, wie die Apostelgeschichte demonstriert.

Dieser Abschnitt beginnt mit der Ankündigung, dass der Vater den Menschensohn verherrlicht hat (V. 31); er endet mit der Ankündigung, dass alle Welt sehen kann, wer der Meister ist, wenn seine Jünger Liebe untereinander haben.

31 Als er nun hinausgegangen war, spricht Jesus: Jetzt ist der Sohn des Menschen verherrlicht, und Gott ist verherrlicht in ihm.
32 Wenn Gott verherrlicht ist in ihm, wird auch Gott ihn verherrlichen in sich selbst, und sogleich wird er ihn verherrlichen.

»Als er nun hinausgegangen war, spricht Jesus«: Jetzt erst, nachdem der Verräter gegangen ist, ist Jesus wirklich allein mit den Seinen; jetzt beginnt er, ihnen sein Herz ganz zu öffnen. Er spricht hier von seiner Verherrlichung: **»Jetzt ist der Sohn des Menschen verherrlicht …«** Am Ende dieser letzten Stunden, die er mit den Jüngern allein ist, spricht er wieder von seiner Herrlichkeit, die seine Jünger einst sehen sollten (17,24).

Der **»Sohn des Menschen«** ist der kommende Herrscher über alles (Dan 7,13.14), und **»jetzt ist der Sohn des Menschen verherrlicht«**, jetzt, da der Herr selbst dem Verräter den Befehl gegeben hat, all das zu tun, was innerhalb weniger Stunden zu seiner Verhaftung und Hinrichtung führen musste. Der Entschluss des Sohnes, den Willen des Vaters zu tun, ist nun offen ausgesprochen und besiegelt, und dieses Gehorsams wegen würde der Vater den Sohn verherrlichen. Das ist so gewiss, dass Jesus es so ausspricht, als wäre es schon geschehen. Diese Worte müssen für die Jünger tröstlich gewesen sein: In wenigen Stunden sollten sie ihren Herrn verhaftet, verhört, misshandelt, abgeführt und ans Kreuz geschlagen sehen. Sie sollten wissen, dass er gerade damit Gott verherrlichte und dass Gott ihn gerade deshalb verherrlichen würde.

»und Gott ist verherrlicht in ihm«: Gott tut alles zu seiner Verherrlichung. Im ganzen Werk der Errettung handelt der Sohn und der Sohn allein, damit der Vater, der Vater allein verherrlicht wird. Weil der Sohn auf diese Weise allein gehandelt und so den Vater verherrlicht hat, darf der Sohn allein verherrlicht werden. In der ganzen Errettung geschieht Gottes Wille allein und wirkt Gott allein, damit Gott allein alle Ehre bekommt (Jes 42,8). Keiner der Erretteten bekommt auch nur ein Geringstes an Ehre für die Errettung. Das will am Ende auch keiner der Erretteten. Sie werden in der Vollendung ihre Kronen vor dem Thron niederwerfen, und sie werden vor dem, der auf dem Thron ist, und vor dem Lamm niederfallen und dem ewigen Gott alle Macht, alle Weisheit, alle

Ehre zuschreiben; denn er hat nach seinem Willen alles gewirkt – wie in der Schöpfung (Offb 4,9-11), so auch in der Erlösung (Offb 5,8-14). Nichts könnte ihnen größere Wonne bereiten als das; denn nun sind sie vollendete Gerechte.

Der Sohn des Menschen wird in der ganzen Welt verherrlicht werden, wenn er zum zweiten Mal kommt und sein Reich aufrichtet (Mt 16,27; 19,28; 24,30). Aber bevor das geschieht, wird **»Gott ihn verherrlichen in sich selbst«**, und zwar wird er ihn **»sogleich ... verherrlichen«**. Er tat es, unmittelbar nachdem sein Sohn das ihm aufgetragene Werk vollendet hatte. Er verherrlichte seinen Sohn, indem er ihn auferweckte (1Petr 1,21), und vierzig Tage später verherrlichte er ihn, indem er ihn zu sich erhöhte (Apg 3,13; 1Tim 3,16; Hebr 1,3; 2,9).

33 Kinder, noch eine kleine Zeit bin ich bei euch; ihr werdet mich suchen, und wie ich den Juden sagte: Wohin *ich* gehe, dahin könnt *ihr* nicht kommen, so sage ich jetzt auch euch.

In 15,14.15 wird Jesus die Jünger *»Freunde«* nennen. Dass er sie hier **»Kinder«** nennt, ist ein Ausdruck seiner besonderen Liebe und mehr noch seines Mitgefühls. Er weiß, dass die Worte, die folgen, für sie schwer sein werden: **»... noch eine kleine Zeit bin ich bei euch ...«** Er war drei Jahre mit ihnen gewesen, nun würde er nur noch wenige Stunden bleiben. Warum musste das sein? Sollten die Jünger gerettet werden und sollte der Sohn verherrlicht werden und der Vater in ihm, musste er sie verlassen.

»Wie ich den Juden sagte«, nämlich: *»Ich gehe hin, und ... wohin ich gehe, dahin könnt ihr nicht kommen«* (8,21), sagt er nun seinen Jüngern: **»Wohin ich gehe, dahin könnt ihr nicht kommen«**; denn es ist kein Unterschied zwischen ihnen und den Juden; von Natur sind sie gleich unfähig. Und doch ist ein großer Unterschied zwischen seinen Geliebten und den Ungläubigen. Ja, sie würden bald allein sein, aber nicht für immer. Die Juden würden ihm nie folgen können; sie aber würden ihm folgen (14,3). Und er sorgte dafür, dass sie, die wirklich bloß *»Kinder«* waren, mit seinem Weggang nicht zu Waisen wurden (14,18). Wohl würden sie für einige Stunden und Tage verlassen und niedergeschlagen sein (16,20.22). Aber sie würden ihn bald sehen und sich freuen (20,19.20), und er würde sie durch seinen Geist stärken (20,22), um ihnen 50 Tage danach den Geist als Beistand und Tröster zu senden.

In V. 7 hatte Jesus den Jüngern gesagt, dass sie seine Absicht mit der Fußwaschung nicht verstehen konnten; ihr Verständnis reichte nicht. Hier sagt er ihnen, dass sie ihm nicht folgen können; sie haben die Kraft nicht dazu. Der Herr erinnert die Jünger zuerst an ihre Unfähigkeit, bevor er ihnen das neue Gebot gibt. Sie sollen wissen, dass sie es nur in Christus erfüllen können (siehe Kap. 15).

> **34 Ein neues Gebot gebe ich euch, dass ihr einander liebet,**
> **damit, wie ich euch geliebt habe, auch *ihr* einander liebet.**
> **35 Daran werden alle erkennen, dass ihr meine Jünger seid,**
> **wenn ihr Liebe untereinander habt.**

Der Herr würde die Jünger bald verlassen; die Welt sollte ihn danach nicht wieder sehen (14,19). Aber die Welt konnte seine Jünger sehen, und an ihnen sollte sie ablesen können, wer ihr Meister war. Kurz vor seiner Himmelfahrt würde er ihnen einen zweiten Befehl geben: Sie sollten das Evangelium allen Völkern predigen (Apg 1,8). Das erstgenannte Gebot bezieht sich auf die Pflicht an den Mitgläubigen, das zweite auf ihre Pflicht an den Mitmenschen. Beides, die Liebe der Jünger zueinander und die Predigt des Evangeliums, offenbart den Meister, dem die Jünger dienen.

»Ein neues Gebot gebe ich euch«: Dieses Gebot gibt der Herr, nachdem er ihnen die Füße gewaschen hat und ihnen so gezeigt hat, wie er sie liebt, und nachdem er ihnen gezeigt hat, dass er lauter Unwürdige liebt. Wir sollen verstehen, dass wir nur deshalb lieben können, weil er uns zuerst geliebt hat (1Jo 4,19).

»wie ich euch geliebt habe«: Das ist der Maßstab der Liebe, und gleichzeitig ist mit dem »wie« die Substanz des Christentums ausgedrückt. Ein Christ ist jemand, der in Christus ist (14,20), der das Leben Christi hat, der darum die Werke Christi tut (14,12) und der wandelt, wie Christus wandelte (1Jo 2,6). Das erklärt, warum der Herr das Liebesgebot ein neues Gebot nennt. Das Gebot, Gott zu lieben und den Nächsten wie sich selbst, war ein altes Gebot: Es stand schon im Gesetz (5Mo 6,5; 3Mo 19,18; siehe Mt 22,37-39). Neu aber ist, dass Menschen da sind, die mit der gleichen Liebe lieben, mit der ihr Herr und Gott sie liebt. Sie lieben einander, *wie Jesus sie liebt*. Das ist mehr, als den Nächsten zu lieben *wie sich selbst*.[161]

Der Sohn Gottes gebietet, und weil er es gebietet, wird es geschehen, *falls wir glauben*. Leben wir im Glauben, lesen wir seine Worte und gehorchen seinen Worten, und dann wird alles wahr, was er über uns und zu uns sagt.

»dass ihr einander liebet«: Es würde den Jüngern schwerfallen, einander zu lieben, wenn sie sich die Fehler und das Versagen der anderen beständig vor Augen hielten. Bald sollte Petrus, der Wortführer unter ihnen, straucheln. Wie naheliegend wäre es gewesen, dass die übrigen Jünger ihn deswegen verachtet hätten! Der Herr aber befiehlt ihnen und befiehlt uns: Liebt einander! Fahrt fort, einander zu lieben, was auch kommen mag! Denn **»daran werden alle erkennen, dass ihr meine Jünger seid«**. Die Christen haben einen Auftrag; sie sind von Christus gesandt (V. 16.20; 4,38; 17,18; 20,21), in dieser Welt der Sünde ein Licht zu sein. Sie müssen sich von allen Übrigen gerade darin unterscheiden, dass sie nicht mehr dem natürlichen Drang folgen, den anderen zu richten, sondern sich selbst verleugnen, den anderen höher achten und ihm dienen.

5. Die Verleugnung wird angekündigt (13,36-38)

Haben wir an Judas gesehen, was der natürliche Mensch ist, wenn Gott ihn sich selbst überlässt, sehen wir an Petrus, was der Heilige und Erwählte ist, sobald der Herr ihn nur für kurze Zeit sich selbst überlässt. Eben hat der Herr vom neuen Gebot gesprochen, nun kündigt er an, dass Petrus ihn verleugnen wird. Nach der Auferstehung fragte der Herr den Petrus, ob er ihn mehr liebe als die anderen (21,15). Das hatte Petrus von sich gehalten, und diese Selbsteinschätzung war ein Verstoß gegen

161 Calvin erklärt das neue Gebot anders: *»Wie wir wissen, beachtet man ein Gesetz im Anfang mit besonderer Sorgfalt. Es ist gerade gegeben, so kennt es jeder. Auf die Dauer der Zeit entschwindet es dann allmählich dem Gedächtnis; schließlich denkt niemand mehr daran. Christus will nun das Liebesgebot den Herzen seiner Jünger unverlierbar fest einprägen, deshalb nennt er es ein* ***neues*** *Gebot. Er will sagen: Dieses Gebot sollt ihr immerdar in eurem Gedächtnis haben, als wäre es erst eben, am heutigen Tag, gegeben.«* Dann hätte »neu« hier die gleiche Bedeutung wie im »neuen« Lied, das die Erlösten vor dem Lamm singen werden (Offb 5,9), ein Lied, das immer frisch, immer neu ist und nie ermattet.

die Bruderliebe gewesen; darum musste er als einziger von den Jüngern straucheln, und darum stellte der Herr gerade diese Frage an ihn.

> **36 Simon Petrus spricht zu ihm: Herr, wohin gehst du? Jesus antwortete ihm: Wohin ich gehe, dahin kannst du mir jetzt nicht folgen; du wirst mir aber später folgen.**
> **37 Petrus spricht zu ihm: Herr, warum kann ich dir jetzt nicht folgen? Mein Leben will ich für dich lassen.**

»Herr, wohin gehst du?«: Diese Frage des Petrus zeigt, wie sehr er sich dagegen sträubte, dass der Herr sie verlassen würde, und sie zeugt auch davon, dass er die Gedanken des Herrn nur mangelhaft verstand. Hatte der Herr nicht eben gesagt, dass der Vater den Sohn verherrlichen werde, sodass Petrus hätte wissen können, dass der Sohn zum Vater in die Herrlichkeit zurückkehrte? Er konnte also wissen, wohin der Herr ging, und hätte er das bedacht, hätte er auch verstanden, warum er dem Herrn **»jetzt nicht folgen«** konnte; denn niemand kann dem Herrn folgen in die Herrlichkeit des Himmels. Aber er wird dem Herrn **»später folgen«** (Phil 1,23; 3,20.21; 1Thes 4,16.17).

»Herr, warum kann ich dir jetzt nicht folgen?«: Diese zweite Frage des Petrus verrät, wie wenig er sich selbst erkennt. Er will nicht wahrhaben, dass in ihm keine Kraft zum Guten ist. Er schmeichelt sich noch mit der Meinung, er habe nicht nur den Willen, sondern auch das Vermögen, dem Herrn nachzufolgen, sogar bis in den Tod. Dass er den Willen hatte, dem Herrn zu folgen, verdankte er ausschließlich der Gnade seines Herrn; aber das musste er erst noch lernen. Der Herr musste ihn für einige Stunden sich selbst überlassen, und dann würde er begreifen, wie beständig sein Wille und wie groß sein Vermögen zum Guten waren. Diese Lektion musste auch Paulus lernen (siehe Röm 7,15.18), und mit ihm wir alle.

»Mein Leben will ich für dich lassen«: Das war ein großes Wort, leicht gesagt, wo der Meister noch da war und Petrus noch keine Gefahr sah. Was trauen wir uns selbst nicht alles zu, wenn wir in der Studierstube über unseren Büchern sitzen oder gemeinsam mit den Geschwistern das Lob des Herrn singen!

38 Jesus antwortet: Dein Leben willst du für mich lassen? Wahrlich, wahrlich, ich sage dir, der Hahn wird *nicht* krähen, bis du mich dreimal verleugnet hast.

»Wahrlich, wahrlich, ich sage dir«: Petrus hatte sich selbst belogen, der Herr sagt ihm die Wahrheit. Auch wir – solange wir uns schmeicheln mit unserem Vermögen, dem Herrn zu folgen, lügen wir uns in die eigene Tasche. Aber der Herr sagt, wer und wie wir in Wahrheit sind: Ohne ihn können wir nichts (15,5), nur sündigen. Sobald der Herr seine Hand von uns zurückzieht, dienen wir nur noch *einem* Willen: dem eigenen. Darum will Petrus, wo er auf sich selbst gestellt ist, nur noch eines: seine Haut retten. Und um sie zu retten, ist er bereit, den Herrn wiederholt zu verleugnen.

»der Hahn wird nicht krähen, bis du mich dreimal verleugnet hast«: Warum kündigte der Herr dem Petrus sein Versagen an? Nachdem Petrus seinen Herrn gerade dreimal verleugnet hatte, krähte der Hahn – genauso, wie der Herr gesagt hatte. Alle seine Worte erfüllten sich; das erkannte Petrus dann; und darum verlor er nach seinem Straucheln den Glauben nicht (siehe Lk 22,31.32). Er wird sich auch daran erinnert haben, dass der Herr ihm zugesagt hatte: *»Du wirst mir aber später folgen«* (V. 36). Hatte er es zugesagt, würde auch das geschehen.

An Petrus sehen wir, wie sehr wir auf den Herrn angewiesen sind. Was wären wir ohne ihn, ohne seine Gnade, ohne seine Treue, ohne sein Wirken an uns? Wie viel braucht es, bis wir endlich glauben: *»Durch Gottes Gnade bin ich, was ich bin«* (1Kor 15,10)? Bis wir glauben, dass wir nichts haben, das uns nicht von Gott gegeben ist (3,27; 1Kor 4,7)? Menschen, die so sind wie Petrus und die ganze übrige Jüngerschar, liebte der Herr bis ans Ende, und dann ging er hin, um ihnen einen Platz im höchsten Himmel zu bereiten. Gottes Gnade ist unbegreiflich. Wir begreifen sie wirklich nicht; es ist unser Glück, dass ihre Wirksamkeit nicht daran gebunden ist, wie weit – und ob überhaupt – wir sie begreifen. Gott tut an uns beständig mehr und Höheres, als wir je verstehen oder erbeten können (Eph 3,20).

Anmerkungen zu Kapitel 13

»Es ist eine dreifache Weise, auf welche der Herr in dem hier vorliegenden neuen Teil unseres Evangeliums als der Herr waltet in dem Haus, das er sich gebaut hat und das der Anfang seiner neutestamentlichen Gemeinde ist: 1) Er reinigt und heiligt dieses Haus durch die Handlung der Fußwaschung, der Entfernung des Verräters und des rückhaltlosen Zusammenschlusses mit den übrigen Elfen (13,1-38). 2) Er erleuchtet und fördert es durch die Reden, in welchen er den Jüngern sein innerstes Wesen aufschließt und ihnen die für ihren künftigen Beruf nötigen Weisungen erteilt (14,1–16,33). 3). Er weiht und segnet es im hohenpriesterlichen Gebet für die Tage der irdischen Zukunft und für die Herrlichkeit des ewigen Lebens (17,1-26)« (Dächsel).

V. 1 – »Wäre die Liebe meines Meisters nicht wie er selbst *unendlich*, wäre ich längst von ihm verworfen worden. Aber nun weiß ich, dass er die, die er liebt, bis ans Ende liebt« (George Whitefield in einem Brief an einen Pastor in Bath).

V. 3.4 – »Jesus wusste, was in Judas' Herzen war … er wusste, dass ihm zwar nicht *alle*, aber dennoch, auch zum Gericht über die Söhne des Verderbens, *alles* in seine Hand gegeben, und dass er zu Gott ging, wie er von Gott ausgegangen, d.h. als der Sohn zum Vater … Der Leser muss staunen, wie die Jünger, als er anhob das Werk der Liebe und der Demut. Wer hier nicht zwischen V. 3 und 4 in den unausfühlbaren Kontrast sich immer wieder neu versenken kann, dem ist mit keiner Exegese zu helfen, dem ist die schönste Exegese vergeblich und tot« (Stier, S. 106).

V. 8 – »›**Nimmermehr sollst du** usw.‹ … Dabei hat das Verhalten des Petrus einen guten äußeren Schein: Aus der Ehrfurcht stammte die Zurückweisung, die er sich gegenüber Christus herausnahm. Petrus will Christus ja nur dazu antreiben, dass er seine Ehre und Würde besser wahre. Aber was auch immer seine Beweggründe waren – er weist eine ihm angebotene Gottesgabe dadurch ab, dass er sich nicht einfach fügt. Der ist im Glauben wahrhaft weise, welcher alles, was vom Herrn ausgeht, sei es, was es wolle, als gut und wohlgetan hinnimmt. Auf andere Weise können wir Gottes Namen nicht heiligen. Halten wir nicht ein für alle Mal alles, was Gott tut, für wohlbegründet, wird bald unser Fleisch, frech wie es ist, aufbegehren und nur gezwungen Gott die Ehre zugestehen, die ihm gebührt. Kurz: Solange ein Mensch in seinem Urteil über Gottes Tun nicht vollständige Selbstbescheidung walten lässt, wird auch wirklicher Eifer für Gottes Ehre nichts anderes zustande bringen, als dass er seinen Hochmut in die Gestalt der Demut kleidet« (Calvin).

V. 10 – »Sie hatten als Jünger in der Gemeinschaft und in dem Wort Christi das Prinzip ihrer allgemeinen Reinigung oder Wiedergeburt empfangen; von dem Ehrgeiz aber und anderen Sünden, die sich bei ihrer Jünger-Wanderung an ihre Füße, ihr Trachten gehängt, mussten sie durch das beschämende Beispiel ihres Herrn und Meisters gereinigt werden. Verallgemeinert heißt der Grundsatz für die Christen so: Auf die Rechtfertigung muss die Heiligung oder die tägliche Buße folgen« (Lange).

»Wer gebadet ist, muss nur seine Füße waschen, ansonsten ist er völlig (oder überall) rein. Es liegt auf der Hand, dass das Bad zuerst kommt und den Menschen gänzlich reinigt. Anschließend muss er deshalb nur noch seine Füße reinigen. Das trifft auch auf den geistlichen Bereich zu, auf den das Gleichnis verweist. Das Bad kommt zuerst: Es ist die anfängliche Reinigung eines Jüngers. Was der Fußwaschung entspricht, ist eine darauf folgende, geringere (aber dennoch sehr wichtige) Reinigung … Das Bad ist die Waschung der Wiedergeburt … Als wiedergeborene Gläubige dürfen wir gewiss sein, dass wir nicht mit den Ungläubigen im letzten Gericht verurteilt werden. Aber das heißt nicht, dass wir unachtsam und sündig leben dürfen. Wir sollen uns beständig selbst überprüfen. Wo wir an uns falsche Haltungen und Handlungen erkennen, sollen wir uns selbst richten, es dem Herrn bekennen und um seine Vergebung bitten. Wenn wir so handeln, ist alles in Ordnung« (D. Gooding).

»Im Grunde sagt Jesus: Wenn dein innerer Mensch erst einmal im Bad der Erlösung gewaschen wurde, bist zu rein. Von da an benötigst du kein weiteres Bad und musst nicht noch ein zweites Mal erlöst werden, wenn du sündigst. Gott muss nur deine Füße täglich vom Staub reinigen. In der Stellung bist zu rein …, aber was die praktische Seite betrifft, musst du täglich gereinigt werden, da du durch diese Welt gehst und schmutzige Füße bekommst« (MacArthur, *John 12–21*).

V. 14 – »Sie nannten ihn Lehrer; so möge denn seine gnädige Erniedrigung ihr Lehrmeister sein. Sie nannten ihn Herr; so mögen sie denn seinem Befehl gehorchen« (F. W. Grant, *Numerical Bible*).

V. 15 – »Einige Gemeinden praktizieren die Fußwaschung in ritueller Weise, ähnlich, wie die meisten von uns Taufe und Abendmahl buchstäblich praktizieren … aber ich glaube nicht, dass diese Schriftstelle das lehrt. Jesus verordnete hier keinen formalen, zeremoniellen Dienst der Fußwaschung. Vers 15 sagt: **›Denn ich habe euch ein Beispiel gegeben, damit, wie ich euch getan habe, auch ihr tut.‹** Das Wort ›wie‹ lautet griechisch *kathōs*, was ›entsprechend wie‹ bedeutet. Hätte Jesus die Fußwaschung als ein Sakrament für die Gemeinde eingesetzt, hätte er das griechische Wort *ho* benutzt, das ›was‹ bedeutet. Dann hätte er gesagt: ›Ich habe euch ein Beispiel gegeben, damit, *was* ich euch getan habe, auch ihr tut.‹ Er sagt aber nicht: ›Macht das Gleiche wie ich‹, sondern vielmehr: ›Verhaltet euch, wie ich mich verhalten habe.‹ Das Beispiel, das wir befolgen sollen, ist nicht das Waschen der Füße, sondern seine Demut« (MacArthur, *John 12–21*).

V. 21-28 – »Jetzt kam die Stunde, in welcher der Feind, der ihn in der Wüste versucht hatte und für eine Zeit zurückgeschlagen worden war, zurückkehrte als Fürst dieser Welt mit der Macht der Welt im Rücken. Er hatte schon einen aus den zwölf Erwählten gefunden, der bereit war, seinen Meister zu verraten. Der Sturm, der nun losbrechen sollte, würde die übrigen zerstreuen, einer würde ihn ins Angesicht verleugnen. Ihm musste aller Trost geraubt werden, den er in der Treue seiner Freunde hatte … Alles muss geschehen zu seinem vollständigen Sieg« (F. W. Grant, *Numerical Bible*).

V. 27 – »**Was du tust, das tue bald.** Wenn Jesus dem Judas diese Worte zuruft, so will er ihn natürlich nicht zu seiner Übeltat ermutigen. Es spricht sich vielmehr darin der Abscheu vor dieser Tat aus. Bislang hat er alle Mühe angewandt, um ihn bald so, bald so von der Ausführung seines Planes abzuhalten. Es hat nichts geholfen. So spricht er denn jetzt mit ihm als mit einem Menschen, der sich nicht mehr helfen lassen will: So geh denn ins Verderben, wenn du es durchaus nicht anders haben willst! Jesus waltet hier seines Amtes als Richter, der das Todesurteil ausspricht, nicht über solche, denen er aus eigenem Antrieb das Verderben anwünscht, sondern über die, welche durch eigene Schuld sich bereits selber ins Verderben gestürzt haben. Kurz, Christus verhängt nicht erst unausweichliches Verderben über Judas, er spricht es nur aus, dass er solch ein verlorener Mensch ist, wie er es schon vor diesem Ausspruch Christi war« (Calvin).

»Als Jesus den Verräter entließ mit den Worten ›Was du tust, tu schnell!‹, offenbarte er mit aller Entschiedenheit, dass er bereit war, für die Seinen in die tiefen Wasser und die finstere Nacht des ewigen Todes einzugehen« (Hendriksen).

V. 31 – »Jetzt ist der Sohn des Menschen verherrlicht. Das hatte er gesagt, als die Griechen ihn gesucht hatten. Da ging es um die kommende Herrlichkeit, seine Herrlichkeit als Haupt über alle Menschen … In Jesus am Kreuz ist der Sohn des Menschen in einer Weise verherrlicht worden, die heller strahlt als die Herrlichkeit, die ihm als Menschensohn zusteht. In jene Herrlichkeit wird er noch gekleidet werden. Aber am Kreuz trug der Sohn des Menschen alles, was notwendig war, um alle Herrlichkeit Gottes zu offenbaren« (Darby, *Synopsis*).

Kapitel 14

1. **Der Herr verlässt die Jünger und geht zum Vater (14,1-14)**
2. **Der Heilige Geist kommt zu den Jüngern (14,15-26)**
3. **Der Herr lässt den Jüngern Frieden (14,27-31)**

Beachten wir, wie diese drei Abschnitte miteinander zusammenhängen: Der Sohn kehrt zurück zum Vater, aber er sendet darauf den Heiligen Geist als seinen Stellvertreter. Weil dieser bei und in den Gläubigen ist, ist der Friede, den Christus ihnen gibt, stärker als alle Erschütterungen.

Nachdem der Herr angekündigt hatte, dass einer der Zwölf ihn verraten, dass dazu einer seiner Getreuen ihn verleugnen würde, und er obendrein angekündigt hatte, dass er sie bald verlassen müsse, waren die Jünger beunruhigt. Darum spricht er jetzt lauter Worte, die alle Unruhe vertreiben sollen; das können diese aber nur, wenn die Jünger *eine* Bedingung erfüllen: Sie müssen an ihn glauben (V. 1). Dann nennt er ihnen in dieser ersten Rede folgende 15 Gründe, an ihn zu glauben und getrost zu sein:

1. Der Meister, der zu ihnen redet, ist Gott (V. 1).
2. Er geht hin, um ihnen eine Stätte zu bereiten (V. 2).
3. Er kommt wieder, um sie zu sich zu nehmen (V. 3).
4. Die Jünger wissen, wohin er geht, und sie kennen den Weg dorthin (V. 4.6).
5. Mit Christus hatten sie den Vater: dessen Wort und dessen Werke (V. 7-11).
6. Während seiner Abwesenheit hört der Herr nicht etwa auf, seine Werke zu tun, im Gegenteil: Es werden noch größere Werke geschehen (V. 12).
7. Die Jünger dürfen bitten, und der Herr wird seine Werke in ihnen und durch sie tun (V. 13).
8. Er lässt sie nicht ohne Hilfe, sondern er sendet ihnen einen anderen Beistand (V. 16).
9. Er lässt sie nicht als Waisen, sondern mit dem Geist kommt er selbst zu ihnen (V. 18).
10. Weil der Herr lebt, werden auch seine Jünger leben (V. 19).

11. Er wird sich ihnen offenbar machen (V. 21).
12. Er und der Vater kommen, um bei ihnen Wohnung zu machen (V. 23).
13. Er wird sie durch seinen Geist lehren (V. 26).
14. Er lässt ihnen Frieden, seinen Frieden gibt er ihnen (V. 27).
15. Er geht dahin aus Liebe zum Vater (V. 31).

»Was hier aus dem Herzen des scheidenden Heilandes zur künftigen Erinnerung und Verklärung durch den Geist sich ergoss, bleibt für unser armes Verständnis unerschöpflich, geht hoch einher über dem gemeinen Maß einer sogenannten logischen Gedankenfolge ... Das Geratenste für den Ausleger bleibt also jedenfalls, erst wiederholt einzutauchen in die ganze Rede, wie sie von Spruch zu Spruch fortgeht. Dann aber, wenn man dies getan, mag es erlaubt sein ..., sich zur Arbeit des Auslegens zu gürten ... Von diesem Gesichtspunkt aus wolle der Leser nun betrachten, was wir schüchtern auszusprechen uns erlauben« (Stier, S. 155).

1. Der Herr verlässt die Jünger und geht zum Vater (14,1-14)

Der Abschnitt beginnt mit der Aufforderung an die Jünger, so an den Herrn zu glauben, wie sie an Gott glaubten (V. 1), und darauf nennt der Herr mehrere Gründe, warum es nicht ungereimt ist, an ihn zu glauben. Am Schluss sagt er, dass sie, wenn sie an ihn glauben, die gleichen Werke tun würden wie er (V. 12). Dabei ist es, wie er sagt, eigentlich er, der die Werke tut (V. 14).

1 Euer Herz werde nicht bestürzt. Ihr glaubt an Gott, glaubt auch an mich!

»Euer Herz werde nicht bestürzt«: Warum sollte das Herz der Jünger bestürzt, oder wörtlich: erschüttert sein? Sie hatten gehört, dass einer aus ihrer Mitte den Herrn verraten würde; sie hatten gehört, dass Petrus ihn verleugnen würde; und sie hatten gehört, dass er sie verlassen und sie ihm jetzt nicht folgen konnten. Das muss die Jünger beunruhigt haben. Aber dann würden Dinge geschehen, auf die sie trotz der Ankündigungen, die der Herr gegeben hatte, nicht gefasst waren, und die würden ihren Glauben bis auf den Grund erschüttern. Das weiß der Herr, und darum bereitet er sie jetzt so vor, dass sie in ihrer Erschütterung nicht den Glauben verlieren.

»Ihr glaubt an Gott, glaubt auch an mich!«: Mit seinen letzten Reden an die Jünger will der Herr dafür sorgen, dass der Glaube der Jünger unter den bevorstehenden Erschütterungen nicht aufhört. In V. 29 sagt er entsprechend: *»Und jetzt habe ich es euch gesagt, ehe es geschieht, damit, wenn es geschieht, ihr glaubt.«* Und am Ende seiner Reden können die Jünger sagen, dass sie glauben, dass Jesus von Gott ausgegangen ist (16,30), und der Herr bestätigt ihr Bekenntnis: *»Jetzt glaubt ihr«* (16,31[162]). Seine Worte haben also bewirkt, was er ihnen im eröffnenden Satz befohlen hatte: »Glaubt an mich!«

Glauben bedeutet zuallererst, dass sie wissen müssen, an wen sie glauben: Sie glauben an Gott; ebenso sollen sie an den Sohn Gottes glauben. Das ist ein klares Zeugnis der absoluten Gottheit Christi. So, wie die Väter, also wie ein Abraham und ein Mose, ein David und die Propheten schon immer an Gott, den Gott Israels, geglaubt hatten, so glaubten auch die Jünger an ihn. Nun aber sollten sie in gleicher Weise an Christus glauben. Die Väter und auch die Jünger hatten an Gott geglaubt, ohne dass sie ihn je gesehen hatten. Nun würde Christus, den sie mit ihren Augen gesehen, den sie betrachtet und den sie mit ihren Händen betastet hatten (1Jo 1,1), bald ihren Blicken entschwinden (16,16.19). Dann würden sie ihn einzig durch Glauben erkennen und durch Glauben mit ihm Gemeinschaft haben können.

Wir müssen bedenken, was die Aufforderung »Glaubt an mich!« in dieser besonderen Stunde bedeutete. Die Jünger glaubten, dass Jesus der Messias war (siehe 1,50; 2,11; 6,69). Sie hatten zwar wiederholt gehört, wie er ihnen ankündigte, dass er in Jerusalem leiden und sterben müsse. Aber sie scheinen das verdrängt zu haben; denn sie rechneten ganz fest damit, dass er als der verheißene Messias sein Reich aufrichten würde. War denn der Herr nicht von den Volksmengen als der Messias empfangen worden, als er auf dem Esel in die Stadt einritt? Durften sie nicht erwarten, dass er jetzt den Thron Davids besteigen und das Reich aufrichten würde? Dafür war die Zeit noch nicht gekommen (siehe Apg 1,6-8).

162 siehe Auslegung zu diesem Vers.

Jetzt sollte er von der Nation verworfen werden, und sein Reich würde noch lange nicht erscheinen; er, der König des Reiches würde in den Himmel zurückkehren. Die Jünger würden ihn nicht mehr sehen (16,10; Apg 1,9). Als das einzige Band, das sie noch mit ihrem Herrn verbinden würde, blieb daher der Glaube; sie mussten lernen, an ihn zu glauben, wenn alle ihre Erwartungen, die sie an Jesus als den Messias hatten, sich zerschlagen würden. Doch zunächst würde ihr Glaube einbrechen: Alle Jünger verließen ihn, als man ihn verhaftete und abführte; sie waren ganz niedergeschmettert, als er am Kreuz seine Seele ausgehaucht und man ihn in ein Grab gelegt hatte.

»glaubt auch an mich«: Wir fragen uns, was diese Aufforderung bedeuten soll, wo wir doch wissen, dass die Jünger schon an ihn als den Christus, den Sohn des lebendigen Gottes, glaubten. Bald würden Dinge geschehen, die allem zu widersprechen schienen, was die Jünger glaubten. Er hatte mit seinen Werken gezeigt, dass er der Sohn Gottes war (2,11); seine Worte hatten die Jünger überzeugt, dass er der Heilige Gottes war, der allein Worte des ewigen Lebens hatte (6,68.69). Als sie dann aber sahen, wie er verhaftet, abgeführt und verurteilt wurde und schließlich in vollständiger Schwachheit am Kreuz hing und seine Seele aushauchte – da wurde ihr Glaube schwer geprüft. Es galt aber, auch dann noch an ihn zu glauben.

Bedenken wir, an wen wir glauben, wenn wir an Christus glauben:

1. an den Ewigen (1,1);
2. an Gott, offenbart im Fleisch (1,14; 1Tim 3,16);
3. an den allmächtigen Schöpfer aller Dinge (1,3; Hebr 1,2);
4. an den, der im Schoß des Vaters ist (1,18);
5. an das fleckenlose Lamm, das die Sünde der Welt wegnimmt (1,29);
6. an den Sohn Gottes, dem Gott alles in die Hand gegeben hat (3,35; 10,28; 13,3);
7. an den Heiland der Welt (4,42);
8. an den, der alle Werke tut, die der Vater tut (5,19);
9. an den, der die Macht hat, die Toten zum Leben zu rufen (5,25);
10. an den, der als Brot des Lebens vom Himmel gekommen ist (6,33.35);

11. an den, der die Macht hat, den Heiligen Geist zu geben (7,37-39);
12. an den, der das Licht der Welt ist (8,12);
13. an den, der die Seinen mit Namen gerufen hat (10,3);
14. an den guten Hirten, der sein Leben für die Schafe gelassen hat (10,11);
15. an den, der eins ist mit dem Vater (10,30);
16. an den, der die Auferstehung und das Leben ist (11,25);
17. an den Herrn, der die Seinen geliebt hatte und sie lieben wird bis ans Ende (13,1);
18. an den, der als ihr Vorläufer (Hebr 6,19.20) ihnen vorangegangen ist in die himmlische Herrlichkeit (13,33.36).

Ja, das ist der Herr und Retter, an den die Jünger glauben sollten; das ist der Herr, an den wir glauben. Darum mögen alle uns im Stich lassen, das Fleisch mag uns täuschen, die Welt mag uns versuchen, der Satan mag uns schrecken, doch der erhöhte und verherrlichte Christus hält uns (10,28), bleibt bei uns (V. 18) und hält uns in ihm (15,5). Er ist als unser Vorläufer in den Himmel eingegangen. In ihm und durch ihn sind wir gesichert.

2 In dem Haus meines Vaters sind viele Wohnungen;
wenn es nicht so wäre, hätte ich es euch gesagt;
denn ich gehe hin, euch eine Stätte zu bereiten.

»In dem Haus meines Vaters sind viele Wohnungen«: Das Wort für »Wohnung« ist eigentlich »Bleibe«, μονη, *monē*, vom Verb *menō*, »bleiben« (siehe auch V. 10). So heißen die Wohnungen, weil wir ewig in ihnen bleiben werden. Auf der Erde haben wir keine bleibende Stätte (Hebr 13,14), aber dort haben wir eine wahre Bleibe, ein ewiges Zuhause, das wir nie werden verlassen müssen. Dort gehen wir ein in die ewige Ruhe und ewige Wonne. Und da sind viele Wohnungen, da ist weiter Raum für die Heiligen, denen man auf der Erde oft keinen Raum gegönnt hatte (Apg 22,22; Hebr 11,37.38; 3Jo 10). Es sind *viele* Wohnungen; in der Herrlichkeit ist Platz für alle Erlösten, so zahlreich sie noch werden müssen. Die Jünger sollten also nicht denken, der Herr kehre zurück in den Himmel, wo nur für ihn Platz sei; nein, auch sie sollen bei ihm ihre ewige Bleibe haben.

»ich gehe hin, euch eine Stätte zu bereiten«: Ja, der Herr geht hin, aber er vergisst uns nicht, sondern im Gegenteil: Er geht hin, um alles zu tun, damit wir am Ende unseres Weges bei ihm sein werden. Das zeigt, was sein wahres Verlangen ist. Er will uns nicht etwa los sein, sondern er will, dass wir nie mehr von ihm geschieden werden. In welcher Weise bereitet er eine Stätte für uns?

1. Er fuhr auf zu Gott und wurde als Mensch verherrlicht, um seine Erwählten zu verherrlichten Menschen zu machen (17,22; Phil 3,20.21; 1Jo 3,2).
2. Er wirkte Erlösung durch seine Menschwerdung und seinen Tod (Hebr 9,15).
3. Er erhält uns den Glauben, während er im Himmel und wir auf der Erde sind,
   a. durch den Heiligen Geist (Röm 8,27; Eph 3,16);
   b. durch seine Fürbitte (Lk 22,32; Hebr 7,25).
4. Er erzieht uns, damit wir seiner Heiligkeit teilhaftig werden und damit zum Vaterhaus passen (Hebr 12,10).

Der Weg, auf dem der Herr die Jünger verließ, entsetzte sie; später verstanden sie, dass er die Welt nur auf ebendiesem Weg – durch Leiden und Sterben – verlassen konnte, wenn das Vaterhaus ihr Zuhause werden sollte: Er musste ihre Sünden sühnen; er musste sie heiligen durch sein Opfer (Hebr 10,10).

3 Und wenn ich hingehe und euch eine Stätte bereite,
so komme ich wieder und werde euch zu *mir* nehmen,
damit, wo *ich* bin, auch *ihr* seiet.

Wie anders spricht der Herr zu den Seinen als zu den ungläubigen Juden! Diesen kündigte er an, dass er sie verlassen werde und dass sie ihm nicht folgen könnten. Den Jüngern hatte er zwar zunächst auch gesagt, dass sie ihm noch nicht alsbald folgen können, dass sie ihm aber später folgen würden. Und dazu sagt er den Jüngern hier, auf welche Weise sie ihm folgen werden: Er selbst kommt und holt sie. Und anders als die Juden, die den Herrn nie mehr sehen sollten, werden sie bei ihm sein und ihm so nahe sein, wie sie es während der drei Jahre auf der Erde nie gewesen waren.

»so komme ich wieder und werde euch zu mir nehmen«: Mit diesen Worten erklärt der Herr die Ankündigung, die er in 13,36 dem Petrus gemacht hatte: *»Du wirst mir ... später folgen.«* Petrus und damit alle Übrigen, die an Christus glauben, werden dem Herrn nur deshalb in den Himmel folgen können, weil er selber kommt und sie zu sich nimmt. Und beachten wir wohl: Der Herr, der gesagt hatte, er gehe hin, um den Jüngern eine Stätte im Vaterhaus zu bereiten, sagt nicht, er komme wieder, um sie in ihre Wohnung einzuführen; nein, er holt sie, damit sie *bei ihm* seien. Er will uns, seine Erwählten und Geliebten, mit sich selbst vereinigen – in der Hochzeit des Lammes (Offb 19,7).

»Der Herr will uns bei sich haben. Er ist der Gegenstand unseres Glaubens im Himmel, wir sind der Gegenstand seiner Liebe auf Erden. Ist unser Schatz im Himmel, so ist sein Schatz[163] *auf der Erde«* (Hamilton Smith).

Was der Herr hier sagt, ist eine völlige Umkehr aller jüdischen Hoffnungen. Nicht anders als ihre Eltern und Zeitgenossen erwarteten die Jünger selbstverständlich, dass der Messias unter ihnen und auf dieser Erde seine segensreiche Herrschaft aufrichten würde. Jetzt aber hören sie, dass er zu ihnen kommt, aber nicht, um bei ihnen zu bleiben, sondern dass er kommt, um sie von der Erde wegzunehmen. Auch das zu glauben, muss für die Jünger zunächst sehr schwer gewesen sein. Später haben sie verstanden, welch wunderbare Hoffnung sie in Christus, ihrem Herrn, hatten. Von ihr spricht Petrus in 1Petr 1,3.4 und Paulus in 1Thes 4,16-18. Und beachten wir: Der Herr sagt, er werde seine Jünger ***zu sich*** holen. Paulus bestätigt das mit den Worten: *»... werden wir allezeit bei dem Herrn sein«* (1Thes 4,17).

Und der Herr kommt selbst, um uns zu sich zu holen: *»... der Herr selbst wird mit gebietendem Zuruf, mit der Stimme eines Erzengels und mit der Posaune Gottes vom Himmel herabkommen, und die Toten in Christus werden zuerst auferstehen; danach werden wir, die Lebenden, die übrig bleiben, zugleich mit ihnen entrückt werden in Wolken dem Herrn entgegen in die Luft; und so werden wir allezeit bei dem Herrn sein«* (1Thes 4,16.17). Die Stimme des Erzengels mag ihn begleiten, aber kein Engel darf die Geliebten des Herrn holen. Nein, er legt Wert darauf,

163 Wir sind der Schatz im Acker (Mt 13,44).

selbst zu kommen, um uns persönlich zu sich zu nehmen, **»damit, wo ich bin, auch ihr seiet«**.

Er hatte schon vorher gesagt, dass seine Diener da sein werden, wo er ist (12,26). Damals sprach er von Selbstverleugnung und Nachfolge in dieser Welt der Sünde und des Todes. Nun sagt er den Jüngern, dass sie auch bei ihrem Meister sein werden in der Herrlichkeit des Himmels. Bald werden sie hören, wie der Sohn im Gebet zum Vater sagt: *»Vater, ich will, dass die, die du mir gegeben hast, auch bei mir seien, wo ich bin, damit sie meine Herrlichkeit schauen, die du mir gegeben hast, denn du hast mich geliebt vor Grundlegung der Welt«* (17,24).

Dass der Messias nicht bei den Gläubigen auf der Erde, sondern die Gläubigen bei ihm im Himmel sein werden, geht nicht nur gegen alles, was Juden, sondern auch, was Heiden sich wünschen und erhoffen. Die christliche Kirche wurde wenige Jahrhunderte nach Pfingsten zu einem irdischen System mit einem sinnlichen Kult, in späteren Jahrhunderten zu einer politischen Macht. Im 20. Jahrhundert, wo die Kirche einfach zu wenig Einfluss hatte, um sich als den Anfang eines weltweiten, irdischen Reiches zu sehen, hat sie ihren Traum umgedeutet: Das der Kirche anvertraute Evangelium sei die Botschaft, die soziale Gerechtigkeit und Wohlfahrt für alle durchsetzen soll.

> **4 Und wohin *ich* gehe, wisst ihr, und den Weg wisst ihr.**
> **5 Thomas spricht zu ihm: Herr, wir wissen nicht, wohin du gehst, und wie können wir den Weg wissen?**
> **6 Jesus spricht zu ihm: *Ich* bin der Weg und die Wahrheit und das Leben. Niemand kommt zum Vater als nur durch mich.**

»Und wohin ich gehe, wisst ihr«: Der Herr sagt selbstverständlich die Wahrheit: Die Jünger wussten, wohin der Herr ging, und **»den Weg«** wussten sie auch. Er hatte gelehrt, dass er die Tür sei und dass jeder, der durch diese Tür gehe, errettet werde und Leben habe (10,7.9.10) und dass jeder, der ihm dient, dort sein werde, wo er ist (12,26). Zudem hatten sie gerade gehört, dass er hinging, um *im Vaterhaus*, in der himmlischen Wohnung Gottes (Ps 33,13.14; Jes 63,15), eine Stätte für sie zu bereiten. Aber die Wahrheit dieser Worte war nicht in sie eingedrungen. Es fällt auch uns sehr schwer, die Wahrheiten über Gott, die Ewigkeit und das ewige Heil aufzunehmen, und es dauert, bis sie in unser Inneres dringen und unser Glauben, Denken und Wollen regieren. Darum antwortet Thomas: **»Herr, wir wissen nicht, wohin du gehst, und wie können wir den Weg wissen?«** Mit anderen Worten: Wenn wir das Ziel deines Weges nicht wissen, können wir den Weg dorthin auch nicht wissen. Wir wundern uns, wo doch der Herr in aller Deutlichkeit gesagt hatte, wohin er gehe: zum Vater, ins Vaterhaus, um dort den Seinen eine Stätte zu bereiten. Thomas denkt aber offensichtlich an einen geografischen Ort (wie die Juden, siehe 7,34.35), während der Herr von der jenseitigen Welt und von einer Person spricht: Er geht ins Vaterhaus zum Vater im Himmel.

Und wusste Thomas, wussten die Jünger den Weg wirklich nicht? Sie kannten doch den Herrn; sie glaubten und wussten, dass er von Gott ausgegangen war, dass Gott ihn aus dem Himmel zu ihnen auf die Erde gesandt hatte (16,27.28; 17,8). Und hatte er nicht eben gesagt, er werde kommen und sie zu sich in den Himmel holen, dass also er selbst der Weg zum Himmel war? Entsprechend müssen wir die Antwort des Herrn als einen sanften Tadel auffassen. »Mein lieber Thomas, ***ich*** **bin der Weg**. Kennst du mich denn nicht?« Und wenn er fortfährt und sagt, man könne nur durch ihn **»zum Vater«** kommen, sagt er den Jüngern, dass er, wenn er ins Vaterhaus geht, zum Vater im Himmel geht; dort ist das Vaterhaus, nicht auf der Erde.

Dies ist nach 6,35; 8,12; 10,9; 10,11; 11,25 das sechste »Ich-bin«-Wort des Herrn. Es ist das umfassendste von allen. Wir hatten bereits gesehen, dass der Herr mit der Selbstbezeichnung »Ich bin« jedes Mal bezeugt, dass er der Ewige ist. Der jeweilige Zusatz zeigt, dass er als der Ewige dem Glaubenden alles wird, was der durch die Sünde verloren hat. Er wird ihm zum Brot, zum Licht, zur Tür und zum guten Hirten, zum Leben und zur Auferstehung. Hier sagt der Sohn Gottes, dass der Glaubende in ihm drei Dinge findet, die Adam und mit ihm jedes Kind Adams verloren hat:

- den Zugang zu Gott, *denn er ist der Weg*;
- die Erkenntnis Gottes, *denn er ist die Wahrheit*;
- das ewige Leben, *denn er ist das Leben.*

»Ich bin der Weg«: Christus Jesus ist als der wahre Mensch der vollkommene Mittler zwischen Gott und den Menschen (1Tim 2,5); denn er weist nicht nur den Weg (obwohl er das auch tut: Lk 1,79), sondern er ist selbst der Weg. Wir müssen darum unseren persönlichen Weg durch die Welt in die ewige Herrlichkeit nicht wissen; wir müssen nur den Herrn kennen. Es genügt, ihn zu haben und bei ihm zu sein; denn er ist der Weg, und er führt uns den ganzen Weg bis ans Ziel.

Er ist dazu **»die Wahrheit«**: Er lehrt uns die Wahrheit – durch sein Wort, das die Wahrheit ist (17,17), und durch den Geist der Wahrheit (14,17) –, und er ist die Wahrheit. Als die Wahrheit macht er uns frei (8,32), frei von der Lüge (1Mo 3,4), frei vom Betrug der Sünde (Hebr 3,13); als die Wahrheit lehrt er uns alles, was wir wissen müssen, um den Weg zu finden und auf ihm zu bleiben; als die Wahrheit heiligt er uns (17,17). Er ist die Wahrheit über Gott und über den Menschen, über die Zeit und über die Ewigkeit.

Und zu allem ist er **»das Leben«**: Er hat Leben in sich selbst (5,26); er hat die Macht, Toten Leben zu geben (5,21; 6,33; 10,28) und dieses Leben zu erhalten (17,12). Er gibt uns sein Leben, das uns befähigt, den Weg des Lebens zu gehen (Röm 6,4) und auf ihm zu bleiben. Er ist das ewige Leben (1Jo 5,20); er ist unser Leben (Kol 3,4).

»Niemand kommt zum Vater als nur durch mich«: Wer zu Gott kommen will, muss zum Sohn kommen. Nur im Sohn kann er Gott erkennen (1,18); nur im Sohn kann er vor Gott treten (Eph 3,11.12); nur im Sohn kann er den Vater haben: *»Jeder, der den Sohn leugnet, hat auch den Vater nicht; wer den Sohn bekennt, hat auch den Vater«* (1Jo 2,23). Nur in dem *einen* von Gott verordneten Mittler kann er zu Gott kommen (1Tim 2,5). So, wie Gott *einer* ist, ist der Weg zu ihm *einer*. Dieser Weg ist der *eingeborene* Gottessohn.

7 Wenn ihr mich erkannt hättet, würdet ihr auch meinen Vater erkannt haben; und von jetzt an erkennt ihr ihn und habt ihn gesehen.
8 Philippus spricht zu ihm: Herr, zeige uns den Vater, und es genügt uns.
9 Jesus spricht zu ihm: So lange Zeit bin ich bei euch, und du hast mich nicht erkannt, Philippus? Wer mich gesehen hat, hat den Vater gesehen, und wie sagst *du*: Zeige uns den Vater?

Erneut sehen wir, wie der Herr ganz anders spricht mit den Seinen als mit den Juden. Denen hatte er gesagt, dass sie ihn nicht kennen (8,55), den

Jüngern sagt er, dass sie den Vater kennen – **»von jetzt an erkennt ihr ihn«** –, wenn ihnen das auch noch nicht bewusst ist.

»Wenn ihr mich erkannt hättet, würdet ihr auch meinen Vater erkannt haben«: So, wie niemand zum Vater kommen kann außer durch den Sohn, so kann auch niemand den Vater erkennen, wenn er nicht den Sohn erkennt, denn nur im Sohn und durch den Sohn kann man den Vater erkennen (1,18; vgl. Mt 11,27). In dem Maß, wie wir den Sohn erkennen, erkennen wir den Vater. Der Herr will mit diesen Worten nicht sagen, die Jünger hätten immer noch nicht erkannt, wer er war; denn sie wussten, dass er *»der Christus, der Sohn des lebendigen Gottes«* (Mt 16,16) und *»der Heilige Gottes«* (6,69) war. Hätten die Jünger aber recht bedacht, wer der Herr ist, den sie erkannt hatten, hätten sie auch verstanden, dass der Vater in ihm war.

»von jetzt an erkennt ihr ihn und habt ihn gesehen«: Der Herr konnte das sagen nach dem Bekenntnis, dass er der Weg, die Wahrheit und das Leben ist. Die Jünger konnten es nicht mehr hinterfragen; von da an mussten sie es akzeptieren, dass sie in Jesus den Vater sahen – auch wenn das ihnen damals noch nicht recht bewusst war. An Pfingsten wurde ihnen aber alles klar; da erkannten sie, dass der Sohn im Vater und der Vater im Sohn ist (V. 10.20); da begriffen sie erst richtig, dass sie die ganze Zeit den Vater gesehen hatten, als sie den Sohn sahen.

Nachdem Petrus und Thomas gesprochen haben, spricht mit Philippus ein dritter Jünger, und was der vom Herrn begehrt, ist exemplarisch für alle Christen. Es ist uns unmöglich zu erkennen, dass der Sohn im Vater und der Vater im Sohn ist. Und weil wir es nicht erkennen und auch nicht fassen können, hätten auch wir gern, was Philippus wünschte, auch wenn wir es nicht so offen aussprechen mögen: **»Herr, zeige uns den Vater«**! Philippus wünscht eine gesonderte Schau vom Vater; die wird er nie bekommen, denn der Vater zeigt sich den Menschen nur im Sohn.

»So lange Zeit bin ich bei euch, und du hast mich nicht erkannt …?«: Hatten die Jünger nicht wiederholt gehört, dass der Sohn tat, was der Vater tat, richtete, wie der Vater richtete, die Worte sprach, die der Vater sprach, dass er eins war mit dem Vater, dass darum jeder, der ihn erkannte, damit auch den Vater erkannte (5,19.30; 8,26; 10,30; 12,45)? Philippus sagt mit seiner Bitte nichts anderes, als dass er den Herrn nicht erkannt hat;[164] denn wer ihn erkannt hat, erkennt bereits den Vater: **»Wer mich gesehen hat, hat den Vater gesehen …«** Anders als im Sohn können wir Gott nie sehen; nur in Christus ist der Unsichtbare sichtbar geworden; nur im Sohn zeigt sich uns der Vater (1,18). Warum sah Philippus den Vater nicht, obwohl der Sohn *»so lange Zeit«* bei ihnen gewesen war? War es, weil der Sohn nicht in Hoheit, sondern in Niedrigkeit unter ihnen war?

10 Glaubst du nicht, dass *ich* in dem Vater bin und der Vater in mir ist? Die Worte, die *ich* zu euch rede, rede ich nicht von mir selbst aus; der Vater aber, der in mir bleibt, *er* tut die Werke.
11 Glaubt mir, dass *ich* in dem Vater bin und der Vater in mir ist; wenn aber nicht, so glaubt mir um der Werke selbst willen.

»Glaubst du nicht …?«: Diese Frage ist eine Rüge, denn sie besagt, dass Philippus den Vater nicht sehen konnte, weil er nicht glaubte, dass der Vater in Christus war. Die Jünger sind wie auch wir *»trägen Herzens, … zu glauben«* (Lk 24,25), obwohl Christus **»die Worte«**, die er redete, nicht von sich selbst aus redete, sondern vom Vater aus, und der Vater, der in ihm wohnte, **»die Werke«** tat. In diesem Satz stellt der Herr die Worte und die Werke nebeneinander: Die Worte, die er redete, kamen von Gott, der die Werke tat. Das aber heißt, dass seine Worte ebendiese Werke waren; seine ganze Lehre war ein göttliches Werk, seine Lehrtätigkeit ein beständiges Wirken des Vaters. Jedes Wort, das er sprach, war ein Werk des Vaters. Die Jünger hatten also Grund genug, zu glauben, dass er im Vater und der Vater in ihm war.

»Glaubt mir, dass ich in dem Vater bin und der Vater in mir ist«: Das ist ein Befehl; wir müssen bereit sein, ihm zu glauben, *ganz einfach, weil er es sagt.* Wer nicht glaubt, wird Gott in seinem innersten Wesen nie erkennen, wird nie fassen können und fassen wollen, dass der eine Gott eine Mehrheit ist. Glauben wir hingegen, wird uns Gott der Heilige Geist die Augen öffnen und uns Erkenntnis geben (siehe V. 26; 15,26; 16,13; 1Kor 2,9.10; Eph 1,17), und wir werden erkennen, *»dass ich in meinem Vater bin«*, und dazu auch *»ihr in mir und ich in euch«* (V. 20). In Jesus stand ein Mensch vor den Jüngern – und in der

164 *»Sagst du (Philippus), du kennest den Vater nicht, so sagst du damit, dass du auch mich nicht kennest. Mich aber kennest du doch, also kennest du ebendamit auch den Vater. Denn ich und der Vater sind eins«* (Bengel).

Bibel wird er *uns* bezeugt –, der in seinen Worten und Werken Gott vollkommen offenbarte. In ihm wohnte (und wohnt) die Fülle der Gottheit leibhaftig (Kol 2,9), in ihm, dem Eingeborenen des Vaters (1,14), wurden alle Vollkommenheiten Gottes sichtbar, wie durch seine Worte, so auch durch seine Werke. Nachdem Gott *»vielfältig und auf vielerlei Weise ... zu den Vätern geredet hat in den Propheten«*, redete er umfassend und abschließend im Sohn (Hebr 1,1.2). In ihm und durch ihn konnte sich Gottes Wort vollständig und vollkommen mitteilen. Könnte etwas beschämender sein als unsere Trägheit, dem Zeugnis des Sohnes Gottes zu glauben? Wie unsagbar verdreht und verdorben müssen wir sein!

Genügten den Jüngern seine bloßen Worte nicht, so sollten sie ihm wenigstens **»um der Werke selbst willen«** glauben. Das hatte der Herr bereits den ungläubigen Juden gesagt (10,37.38), und nun sagt er es den Jüngern zu ihrer Beschämung; aber gleichzeitig leitet er mit dem Stichwort »Werke« über zu einem nächsten Thema: zu der Arbeit, die seine Jünger nach seinem Weggang tun mussten.

> **12 Wahrlich, wahrlich, ich sage euch: Wer an mich glaubt, der wird auch die Werke tun, die *ich* tue, und wird größere als diese tun, weil *ich* zum Vater gehe.**

Mit diesen Worten kündigt der Herr eine weitere Sache an, welche die Jünger nie erwartet hätten: Er würde nicht aufhören zu wirken, nachdem er zum Vater zurückgekehrt war. Vielmehr würde er sein Werk fortsetzen, allerdings würde er es nicht direkt, sondern indirekt tun, nämlich durch die Jünger. Er hatte ihnen im eröffnenden Satz gesagt, dass sie glauben müssen. Nun spricht er von den Werken, die aus dem Glauben fließen; diese sind ein Beweis der Echtheit des Glaubens (Jak 2,14ff.), und sie zeigen, dass sie wirklich vom Herrn gesandt sind (siehe 13,16).

»Wahrlich, wahrlich«: Mit dieser doppelten Beteuerung leitet der Herr eine bisher unbekannte Wahrheit ein. Er eröffnet den Jüngern die nie für möglich gehaltene Aussicht, dass sie nach seinem Weggang die gleichen Werke tun würden wie er, ja, sogar noch größere.

»Wer an mich glaubt«: Das ist die Bedingung (vgl. V. 1). Wenn sie nicht glaubten, würde der Herr seine Werke nicht durch sie tun können. Glaubten sie an ihn, würden sie die gleichen Werke tun, und diese würden der Welt beweisen, dass Jesus der Sohn Gottes ist.

»wird auch die Werke tun, die ich tue«: Die Werke, die der Herr tat, waren die Werke des Vaters, und sie zeigten eben als solche, dass der Vater im Sohn war (V. 11). Und nun sagt der Herr, dass sein Weggang nicht etwa bedeutete, dass damit alles Wirken des Vaters und damit alle Werke des Sohnes zum Stillstand kommen. Nein, die Werke des Sohnes würden in den Glaubenden und durch die Glaubenden fortgesetzt. So, wie der Sohn alles tut, was der Vater tut (5,19), so würden die Glaubenden die Werke tun, die der Sohn tut.

»weil ich zum Vater gehe«: Der Herr sagt nicht, »obwohl«, sondern »weil« er zum Vater geht. Als der Vorläufer der Jünger und aller, die an ihn glauben würden, ging er ein in die Gegenwart des Vaters (Hebr 6,20), zur Quelle aller himmlischen Segnung und Kraft. Er ist dort als unser himmlischer Mittler, der für uns eintritt und uns damit den vollen Segen des Himmels erschließt. Darum kann aller himmlische Segen zu denen fließen, die in seinem Namen beten. Ja, seit der Herr in den Himmel eingegangen ist, ist aller himmlische Segen unser, und wir dürfen ihn mit aller Gewissheit für das Volk Gottes erbeten.

Erst nachdem der Sohn zum Vater gegangen war, setzte er sich auf den höchsten Thron (Hebr 1,3), das heißt auf den Sitz der Macht. Von da an begann er seine Macht in der ganzen Welt in einer Weise zu demonstrieren, wie er es in den Tagen seines Fleisches nie getan hatte. Damit sind die Werke, die er durch die Jünger tat, ein weiterer Beweis seiner Gottheit. Er konnte auf der Erde weiterwirken, auch wenn er selbst nicht mehr auf der Erde war; denn er ist der Allgegenwärtige.

Diese Werke würden die Jünger tun, **»weil ich zum Vater gehe«**: Nachdem der Herr sein Werk vollbracht hatte, wurde er auferweckt, zu Gott erhöht und verherrlicht; und als er verherrlicht war, sandte Gott den Heiligen Geist, wie Christus in Kap. 7 angekündigt hatte. Erst nachdem der Heilige Geist gekommen war, konnte der Gläubige die Werke tun, die **»größer als diese«** waren, größer als alle Zeichen und Wunder, die der Herr auf Erden getan hatte. Der Sohn hatte den Juden gesagt, dass er nicht nur die Werke tat, die der Vater tut (5,19), sondern dass der Vater ihm noch größere Werke zeigen werde (5,20). Erneut gilt: Wie der Sohn gegenüber dem Vater, so sind die Glaubenden gegenüber dem Sohn. Sie werden jene größeren Werke tun, von denen der Herr zu den Juden gesprochen hatte. Was bedeuten die größeren Werke, die der Herr verheißt? Als er auf der Erde war, hatte er Aussätzige gereinigt, Brote gemehrt und Tote auferweckt, lauter Wunder, die nur von vorübergehender Wirkung waren. Die von den Broten gegessen hatten, hatten nach einigen Stunden wieder Hunger, die von ihm Auferweckten mussten nach einigen Jahren doch sterben. Der Herr würde durch die Apostel Wunder tun, die von bleibender Wirkung waren. Wer von den Sünden gereinigt wurde, war auf immer geheiligt, und wer aus geistlichem Tod auferweckt wurde, empfing unverwesliches Leben und ewige Herrlichkeit, empfing damit alles, was der Geist denen mitteilt, die dem Evangelium glauben.

»Gott, der in Jesus mit ihnen war, wird durch ihn in ihnen wohnen; und ihre Worte und ihre Werke werden den gleichen göttlichen Charakter haben wie die Worte und Werke Jesu ... Der Ausdruck ***›die Werke, die ich tue‹*** *bezieht sich auf die Wunder, und* ***›der wird größere als diese tun‹*** *bezieht sich auf die Mitteilung des geistlichen Lebens, und das ist ein Werk höherer Art als die Heilung des Leibes ... Ein solches Werk setzt voraus, dass der Herr verherrlicht worden ist, wie er am Ende dieses Verses zu verstehen gibt:* ***›weil ich zum Vater gehe‹*** *... Wenn die Rebe solche Früchte trägt, dann geschieht das, weil der Weinstock nun die Fülle seiner Macht und Fruchtbarkeit erlangt hat und die Rebe in ihm wachsen lässt«* (Godet).

13 Und um was irgend ihr bitten werdet in meinem Namen, das werde ich tun, damit der Vater verherrlicht werde in dem Sohn.
14 Wenn ihr um etwas bitten werdet in meinem Namen, werde *ich* es tun.

Beachten wir, wie diese Verheißung über Gebet mit *»und«* eingeleitet wird: **»Und um was irgend ihr bitten werdet in meinem Namen ...«** Den Jüngern und damit allen Gläubigen seit Pfingsten ist aufgetragen, die Werke des Herrn fortzuführen. Damit diese Werke geschehen, müssen die Gläubigen beten. Apg 4,23-31 ist ein schönes Beispiel dafür. Die Jünger des Herrn müssen aber im Namen des Herrn darum bitten: Sie beten nicht in eigener Sache, sondern sie treten vor Gott im Auftrag eines anderen. Christus hat ihnen einen Auftrag gegeben, und der soll ausgeführt werden; er hat ihnen befohlen, alles vom Vater zu erbitten, was er ihnen aufgetragen hat. So treten sie vor ihn und bitten, dass er ihnen gebe und das wirke, was der Sohn befohlen hat. Soll nun geschehen, was der

Herr befohlen hat, und soll sein Auftrag ausgeführt werden, müssen die Jünger beten. So hat Gott es eingerichtet; darum müssen wir lernen zu beten, wie es die Apostel taten.

»werde ich es tun«: Es ist der Herr selbst, der seine Werke in den Jüngern und durch die Jünger wirkt. In der Apostelgeschichte wird das klar hervortreten: Dort setzt der Herr die Werke fort, die er während seines Dienstes auf Erden getan hatte; denn genau das sagt Lukas im ersten Vers der Apostelgeschichte: *»Den **ersten** Bericht habe ich verfasst, o Theophilus, von allem, was Jesus **anfing**, sowohl zu tun als auch zu lehren ...«* Im *ersten* Bericht, in seinem Evangelium, schrieb Lukas von den Werken, die Jesus *anfing*, in seinem zweiten Bericht, in der Apostelgeschichte, schrieb Lukas, was der Herr *fortfuhr* zu tun. Er tat es, wie er nun in diesen Versen lehrt, als Antwort auf das gläubige Gebet der Jünger (Apg 1,14; 2,42; 4,24.31; 6,4.6; 8,15; 9,40; 10,9; 12,5; 13,3; 14,23 etc.). In seinen Briefen schreibt Paulus, wie er für die Heiligen beständig betet um Erkenntnis von Gottes Wesen und Berufung (Eph 1,17-19), um Kraft, die Berufung auszuleben (Eph 3,16), um die Fähigkeit, Gott und die Heiligen zu lieben (Phil 1,9) und Gottes Willen zu erkennen (Kol 1,9) und dass Gott sie würdig mache[165] ihrer Berufung und in ihnen seinen Vorsatz erfülle (2Thes 1,11). Das zeigt, wie die Gemeinden entstanden und wuchsen als Antwort auf die Gebete der Apostel.

2. Der Heilige Geist kommt zu den Jüngern (14,15-26)

Der Herr hat den Jüngern angekündigt, dass er zum Vater geht; nun kündigt er ihnen an, dass der Heilige Geist vom Vater zu ihnen kommen wird. Seit Jesus aufgefahren ist, ist ein verherrlichter Mensch zur Rechten Gottes im Himmel (Apg 7,56), und seit der Heilige Geist gekommen ist, hat Gott eine Wohnung auf der Erde (V. 23; 1Kor 3,16; Eph 2,21.22). Der Herr hatte in V. 1 den Jüngern befohlen, an ihn zu glauben. Der Heilige Geist befähigt sie zu glauben. In diesem Abschnitt lesen wir von sie-

165 Elberfelder: »würdig erachte«; das griechische *axioō*, von *axios*, »würdig«, bedeutet aber eigentlich »würdig machen«, wie denn Verben auf -oō regulär faktitiv sind (z. B. *doulos*, »Knecht«; *douloō* = »zum Knecht machen«; »knechten«).

ben großen Segnungen, die uns mit dem Kommen des Geistes geschenkt sind:

1. Gott der Heilige Geist hilft uns und tröstet uns (V. 16).
2. Gott der Heilige Geist wohnt in uns (V. 17).
3. Mit dem Geist kommt der Herr selbst zu uns (V. 18).
4. Durch den Geist sehen wir den Herrn (V. 19a).
5. Durch den Geist leben wir, so wie der Herr lebt (V. 19b).
6. Gott der Heilige Geist gibt uns Erkenntnis (V. 20).
7. Gott der Heilige Geist lehrt uns und erinnert uns (V. 26).

Dieser Abschnitt beginnt mit Gehorsam gegenüber den Geboten des Herrn (V. 15) und endet mit der Zusage, dass der Heilige Geist den Jüngern Verständnis geben würde über alles, was der Herr gelehrt und geboten hat (V. 26).

> **15 Wenn ihr mich liebt, so haltet *meine* Gebote;**
> **16 und *ich* werde den Vater bitten, und er wird euch einen anderen Sachwalter geben, dass er bei euch sei in Ewigkeit,**
> **17 den Geist der Wahrheit, den die Welt nicht empfangen kann, weil sie ihn nicht sieht noch ihn kennt. *Ihr* kennt ihn, denn er bleibt bei euch und wird in euch sein.**

»Wenn ihr mich liebt«: Mit dieser Bedingung leitet der Herr die Verheißung vom Kommen des Geistes ein. Bisher hatten wir im Johannesevangelium wiederholt vernommen, dass der Herr die Seinen liebt (11,3. 5.11.36; 13,1.23.34); nun spricht der Herr zum ersten Mal von den Jüngern, dass sie ihn lieben sollen. Ob wir Liebe haben oder nicht, das ist die wirklich entscheidende Frage. Lieben wir ihn nicht, ist alle Arbeit, alle Erkenntnis, alle Entsagung nutzlos und wertlos (1Kor 13,1-3). Wie können wir zeigen, dass wir ihn lieben? Indem wir seine Gebote halten. Damit meint der Herr zunächst, was er eben geboten hatte: Sie sollen einander dienen (13,14.15) und einander lieben (13,34); sie sollen an ihn glauben (V. 1); sie sollen in seinem Namen beten (V. 13.14). Aber wie sollten sie seine Gebote halten können?

»und ich werde den Vater bitten«: Der Herr spricht hier als der Hohepriester seines Volkes; zum Vater zurückgekehrt, tritt er vor Gott beständig ein für die Seinen. Den Jüngern war gesagt worden, dass sie ihre Liebe zum Herrn damit beweisen würden, dass sie seine Gebote halten. Nun verspricht er, dass er vom Vater einen Beistand erbeten wird, der sie dazu befähigt.

»und er wird euch einen anderen Sachwalter geben«: Nach seiner Auferstehung gab der Herr ihnen ein Gebot, das mit dieser Verheißung direkt zusammenhing: *»Und als er mit ihnen versammelt war, befahl er ihnen, sich nicht von Jerusalem zu entfernen, sondern auf die Verheißung des Vaters zu warten –, die ihr, sprach er, von mir gehört habt«* (Apg 1,4; siehe auch Lk 24,49). Hielten sie sich an dieses Gebot, würden sie den Geist empfangen, und der Geist würde sie als »Beistand« (wie man das Wort für »Sachwalter«, *paraklētos*, auch übersetzen kann) befähigen, alle weiteren Gebote zu halten (Apg 1,8; siehe Hes 36,27).

Dieser *»andere Beistand«*, der den Herrn vertritt, ist der Heilige Geist. Er ist der einzige Stellvertreter Christi auf Erden; er ist eine Gabe des Vaters an alle, die sein Sohn mit seinem Blut erkauft hat. Er heißt παρακλητος, *paraklētos*, ein Wort, das nur von Johannes verwendet wird (noch in 14,26; 15,26; 16,7 und in 1Jo 2,1). Es bedeutet wörtlich: »der Herbeigerufene«, »der zur Seite Gerufene«; lateinisch übersetzt heißt es *advocatus*. So nennt man bekanntlich den Fürsprecher vor Gericht. Jesus nennt den Heiligen Geist den *anderen* Beistand, weil er ihr Beistand war auf Erden und fortan ihr Beistand ist beim Vater. So hat der Gläubige zwei Helfer, zwei Fürsprecher: einen beim Vater im Himmel (1Jo 2,1), den anderen bei sich auf der Erde.

Luther hat es übersetzt mit »Tröster« entsprechend einer der Bedeutungen des Zeitwortes *parakalein* (z.B. in Mt 2,18; 5,4), von dem *paraklētos* abgeleitet ist.[166] Gemäß der Grundbedeutung »herbeirufen«, »(jemandem) zur Seite stehend zureden« kann es auch »trösten«, »ermuntern« (2Kor 2,7; 1Thes 4,18) oder »ermahnen« (2Kor 2,8; 5,20; 6,1) bedeuten. Der Heilige Geist tut alle diese Werke: Er redet uns zu und tröstet uns damit, er ermuntert uns, er ermahnt uns. Darum ist »Beistand« vielleicht die beste Übersetzung. Solange der Herr selbst bei den Jüngern gewesen war, war er ihr Beistand gewesen. Nun aber würde er einen anderen Beistand senden, der ihnen in einer Weise beistehen würde, wie

166 Nur musste das vom Verb abgeleitete Nomen dann *paraklētōr* heißen, denn das Verbaladjektiv *paraklētos* ist der Bedeutung nach passivisch, kann also korrekterweise nicht mit »Tröster« übersetzt werden.

sie es in den Tagen der Menschheit Jesu nicht hatten erfahren können. Durch den Geist würden sie innigere Gemeinschaft mit ihm und tiefere Erkenntnis seiner Person und besseres Verständnis seiner Absichten gewinnen. Der Beistand des Heiligen Geistes würde ihnen den Willen und das Vermögen geben, die Gebote des Herrn zu halten.

»damit er bei euch sei«: Der Heilige Geist ist, anders als Jesus in Menschengestalt, immer und überall bei uns und mit uns. Mit dem Geist und im Geist ist der Sohn Gottes selbst bei uns und mit uns (V. 18; Mt 28,20).

Da Christus, der die Wahrheit ist (V. 6), nicht mehr unter ihnen ist, sendet er ihnen als Beistand **»den Geist der Wahrheit«**. Er, der kommt, um Christus zu vertreten, ist Geist, ist nicht eine sichtbare Person, wie es Jesus gewesen war und wie er es als der kommende Messias sein wird. Auch das ist grundlegend für die ganze heilsgeschichtliche Umwälzung, die eintreten musste, nachdem die Juden ihren Messias verworfen hatten (siehe Auslegung zu V. 22.23).

Er heißt »Geist der Wahrheit«, weil er vom *»Gott der Wahrheit«* (Ps 31,6) ausgeht, ja, selbst der Gott der Wahrheit ist, und weil er uns die Wahrheit lehrt. Beistand und Tröster kann nur der sein, der die Wahrheit redet. Keine Schmeichelei, keine Übertreibung, keine Beschönigung und Verharmlosung kann bewahren, ermuntern und stärken; das vermag nur die Wahrheit, nämlich die Wahrheit, die der Geist der Wahrheit lehrt

- über Gott;
- über den Sohn Gottes;
- über uns, d. h. unsere Sünde und Verlorenheit;
- über die Welt;
- über uns im Stand des Heils.

»den die Welt nicht empfangen kann«: Wie arm ist die Welt! Sie liegt in dem Bösen, dem Lügner von Anfang (1Jo 5,19), darum liebt sie die Lüge (Offb 22,15) und verabscheut die Wahrheit (3,19.20). Darum sind der Welt die Dinge des Geistes Torheit (1Kor 2,14). Die Welt kennt den Geist nicht, **»weil sie ihn nicht sieht«**; denn sie kann nur die Dinge kennen, die ihren Sinnen zugänglich sind.

»Ihr kennt ihn, denn er bleibt bei euch«: Was die Welt weder kennen noch empfangen kann, kennt und empfängt der Gläubige. Damit, dass der Geist in die Welt gekommen ist, hat er eine scharfe Scheidung geschaffen zwischen den Gläubigen und der ungläubigen Welt. Der Gläubige sieht den Geist zwar auch nicht, aber er kennt ihn dennoch, eben weil er ein Gläubiger ist. Er hat dem Wort geglaubt; dieses Wort hat ihn von Neuem gezeugt; er ist Teilhaber der göttlichen Natur; Gott hat seinen Geist in sein Herz gesandt (Gal 4,6). Damit kennt er den Geist. Wie reich ist er damit! Beachten wir dieses **»denn«**: Wir kennen den Geist, weil er bei uns bleibt. Aus Eph 1,14 und 4,30 wissen wir, dass er in uns bleibt bis zum Tag, an dem auch unser Leib erlöst wird (siehe Röm 8,23).

»und wird in euch sein«: Der Heilige Geist wohnt in den Gläubigen, wie der Apostel Paulus an verschiedenen Stellen bestätigt (Röm 8,11; 1Kor 6,19; 2Tim 1,14). Beachten wir die in den V. 16.17 erkennbare aufsteigende Stufenleiter:

a. Der Heilige Geist *ist* bei uns.
b. Der Heilige Geist *bleibt* bei uns.
c. Der Heilige Geist ist *in* uns.

18 Ich werde euch nicht verwaist zurücklassen, ich komme zu euch.

Der Herr weiß, wie den Jüngern zumute ist; er weiß, wie wir uns fühlen in dieser Welt. Darum spricht er dieses Wort: **»Ich werde euch nicht verwaist zurücklassen ...«** Eine Mutter mag sogar ihr Kind vergessen, der Herr kann die Seinen nie vergessen (Jes 49,15). Vater und Mutter mögen uns verlassen, der Herr wird uns aber nie verlassen (Ps 27,10). Menschen mögen uns verstoßen, der Herr wird uns aber nie verstoßen (6,37); Menschen mögen uns ihre Hilfe zusagen und doch im Stich lassen, der Herr wird uns nie versäumen und nie alleinlassen (Hebr 13,5).

Waisen fehlt nichts so sehr wie Vater und Mutter; wenn sie die haben, fehlt ihnen nichts. Dem Gläubigen fehlt nichts so sehr wie der Herr; wenn sie ihn haben, fehlt ihnen nichts. Im Heiligen Geist kommt der Herr zu ihnen; damit haben sie alles.

Zuerst hatte der Herr gesagt, dass der Beistand, der Heilige Geist, zu den Jüngern kommen werde. Nun sagt er: **»...** ***ich*** **komme zu euch.«** Das bedeutet, dass der Sohn kommt, wenn der Geist kommt. Das Gleiche lernen wir aus Röm 8,9.10: Wenn der Geist Gottes in uns wohnt, wohnt Christus in uns.

Der Sohn Gottes kommt nicht im Fleisch, sondern im Geist (vgl. 2Kor 5,16). Wir hatten bereits gehört, dass der Vater im Sohn und der Sohn im Vater ist (V. 11). Jetzt müssen wir ergänzen: Der Sohn ist im Geist, und der Geist ist im Sohn, und der Vater und der Sohn sind im Geist. Wenn mit dem Geist der Sohn und der Vater zu den Kindern Gottes kommt (V. 23), ergibt sich, dass diese in die Gemeinschaft des dreieinigen Gottes hineinversetzt sind. Ja, wir müssen sogar sagen: Die Gemeinschaft der Kinder Gottes ist eine Frucht der Gemeinschaft der drei Personen des einen Gottes.

19 Noch eine kleine Zeit, und die Welt sieht mich nicht mehr; *ihr* aber seht mich: Weil *ich* lebe, werdet auch *ihr* leben.

Obwohl der Herr die Welt verlässt und darum mit den Sinnen nicht mehr wahrgenommen werden kann, wird er dafür sorgen, dass die Seinen, die noch in der Welt zurückbleiben, ihn sehen können. Zudem wird er dafür sorgen, dass die Seinen so lange leben, wie er lebt, und das bedeutet ewig.

»ihr aber seht mich«: Erneut spricht der Herr von der großen Kluft, die zwischen der Welt und den Jüngern besteht. Diese sollten sehen, was die ungläubige Welt nie zu sehen bekam: den auferstandenen Herrn (Apg 10,40.41). Danach sahen die Jünger den Herrn für eine kurze Zeit auch nicht (16,10); doch seit Pfingsten sehen ihn alle, die durch Glauben erlöst und aus Gott geboren sind, durch den Heiligen Geist. So sagt es der Herr in 16,16: *»Eine kleine Zeit, und ihr schaut mich nicht mehr, und wieder eine kleine Zeit, und ihr werdet mich sehen, weil ich zum Vater hingehe.«*

»die Welt sieht mich nicht mehr«: Sie würde ihn nur noch wenige Stunden sehen während der Zeit seines Leidens. Das Letzte, was die Welt von ihm sah, war ein Toter, der am Kreuz hing und dann von ihm abgenommen wurde. Die Jünger sahen ihn danach als den Auferstandenen, und sie verfolgten ihn mit ihren Blicken, als er in den Himmel aufgenommen wurde. Durch den Geist sehen die Gläubigen noch mehr: den Sohn Gottes zur Rechten des Vaters (Apg 2,33; 7,55; 2Kor 3,18; Hebr 2,9). Wenn wir durch den Geist den Herrn sehen, freuen wir uns, und diese Freude vertreibt jede Furcht (siehe 20,19.20).

»Weil ich lebe, werdet auch ihr leben«: Weil wir durch den Geist Gottes den Herrn sehen, leben wir (siehe 6,40). Durch ihn sind wir so vollständig mit dem Herrn verbunden, dass wir leben, solange er lebt; denn er ist unser Leben (Kol 3,4).

20 An jenem Tag werdet *ihr* erkennen, dass ich in meinem Vater bin und ihr in mir und ich in euch.

»An jenem Tag«: *en ekeinē tē hēmera. Das* ist der Tag, der mit dem Kommen des Heiligen Geistes anfing und von da an weiterdauerte (siehe auch 16,23.26). Diesen Ausdruck, hebräisch *bajjōm hāhū*, verwenden die alttestamentlichen Propheten immer wieder, wenn sie von einem kommenden Tag reden, an dem Gott in besonderer Weise eingreifen wird, sei es zum Gericht über das Böse oder zum Heil für die Seinen (Jes 2,11; 4,2; 12,1; Jer 30,8; Hes 29,21; Hos 2,18; Joe 4,18 usw.).

»werdet ihr erkennen«: Durch den Heiligen Geist sahen die Jünger den Herrn mit Ehre und Herrlichkeit gekrönt (Hebr 2,9), wie die Pfingstpredigt demonstriert (Apg 2,33-35). Der Heilige Geist gibt Erkenntnis der Tiefen der Gottheit (1Kor 2,10). Christus, der Sohn, ist im Vater, der Vater ist in ihm (V. 11), und die Christen sind in Christus (1Kor 1,30; Eph 1,4), und Christus ist in ihnen (Gal 2,20; Kol 1,27). Durch den Geist erkennen wir und durch den Geist erfahren wir diese innige Gemeinschaft; anders können wir sie nicht erkennen oder erfassen.

»Denn diese Worte wollen besagen: Kein müßiges Spekulieren kann uns erschließen, was die heilige und geistliche Vereinigung zwischen ihm und uns bedeutet, noch auch zwischen ihm und seinem Vater. Wir können es erst erkennen, wenn er sein Leben in uns ergießt durch das verborgene Wirken seines Geistes« (Calvin).

Nur weil der Geist diese Gemeinschaft gewirkt hat, können wir als Christen das Zeugnis sein, zu dem wir berufen sind: *»... was wir gesehen und gehört haben, verkündigen wir auch euch, damit auch ihr mit uns Gemeinschaft habt; und zwar ist unsere Gemeinschaft mit dem Vater und mit seinem Sohn Jesus Christus«* (1Jo 1,3).

21 Wer meine Gebote hat und sie hält, der ist es, der mich liebt;
wer aber mich liebt, wird von meinem Vater geliebt werden;
und *ich* werde ihn lieben und mich selbst ihm offenbaren.
22 Judas, nicht der Iskariot, spricht zu ihm: Herr, und was ist
geschehen, dass du dich selbst uns offenbaren willst und nicht
der Welt?

Die Jünger bekommen wieder etwas Neues zu hören, nachdem der Herr sie gelehrt hatte, dass ihre Hoffnung nicht auf der Erde, sondern im Himmel erfüllt werden soll. Jetzt kündigt er an, dass sein Reich eine ganz unerwartete Gestalt annehmen wird: Es wird geistlich sein, sodass die Welt es nicht sieht (V. 22; vgl. 3,3). Gott wird nicht in einem irdischen Tempel wohnen, sondern im Innern der Gläubigen und mitten unter ihnen (Mt 18,20).

Wohl sagt Johannes an anderer Stelle: *»Wir lieben, weil er uns zuerst geliebt hat«* (1Jo 4,19), und doch gilt auch: **»... wer ... mich liebt, wird von meinem Vater geliebt werden ...«** Es liegt eine Wechselwirkung vor; aber diese beginnt mit der Liebe Gottes. Weil er uns zuerst geliebt hat, können wir ihn überhaupt erst lieben; und weil er seine Liebe in unsere Herzen ausgegossen hat (Röm 5,5), haben wir den Willen, seine **»Gebote«** zu halten. Indem wir dem Wirken des Heiligen Geistes Raum geben, halten wir seine Gebote, werden wir in besonders inniger Weise die Liebe des Sohnes erfahren und in seiner Erkenntnis wachsen: **»... und ich werde ihn lieben und mich selbst ihm offenbaren.«** Es ist ein besonderer Liebeserweis, dass der Herr sich uns offenbart. Weil er uns liebt, enthüllt er uns immer mehr, wer er ist, wie er ist und was seine Heilsgedanken sind (vgl. 15,15). Je tiefer wir wiederum ihn erkennen, desto mehr lieben wir ihn wieder, und darum offenbart sich Gott uns noch mehr. So entsteht ein nie endendes Wachstum in der Erkenntnis Gottes und in der Liebe zu Gott.

»Herr, und was ist geschehen, dass du dich selbst uns offenbaren willst und nicht der Welt?«: Warum verstanden die Jünger, für die Judas hier spricht, nicht, was es bedeutete, dass der Sohn sich nur dem offenbaren wird, der ihn liebt? Warum sollte er sich nur den Jüngern offenbaren und nicht aller Welt? Sie dachten als Juden noch immer an die sichtbare Offenbarung des Messias in seiner überwältigenden Pracht. Der Herr aber hatte vom Wirken des Heiligen Geistes gesprochen, der den Jüngern den unsichtbaren Herrn vor Augen stellt. Die Welt kann ihn hingegen nicht erkennen, weil sie seinen Geist nicht kennt (V. 17). Der Sohn Gottes ist nicht von dieser Welt, sein Reich ist nicht von dieser Welt (18,36), die von ihm Erwählten sind nicht von dieser Welt (17,14). Der Sohn Gottes kam nicht, um die Welt zu verändern; sein Reich ist nicht dazu bestimmt, das Reich der Welt langsam zu durchsäuern und damit immer sichtbarer zu werden, bis es zu einem alles überstrahlenden Gottesreich verwandelt[167] worden ist. Nein, sein Reich, dass die Welt nicht sieht, wird bei seinem zweiten Kommen für alle sichtbar erscheinen; es wird dann die Reiche der Welt zerschlagen (Dan 2,34.35). Der kommende Herr wird sie im Zorn niederwerfen und wegfegen; sein Reich wird die Reiche der Welt wegschaffen, nicht durchdringen. Die Herrlichkeit des Christus Gottes wird jetzt nur von den aus Gott Geborenen erkannt (1,14), von denen, die Gott aus der Welt erwählt (15,19) und seinem Sohn gegeben hat (17,2). Das bedeutet aber, dass die Gemeinde nicht dazu berufen ist, die Welt zu verändern. Das Evangelium ist ihr nicht als Mittel anvertraut, um die Welt zu christianisieren. Vielmehr ist das Evangelium der Gnade Gottes das Mittel, das Gott ihr gegeben hat, um Sünder zur Buße und damit aus der Welt zum Sohn Gottes zu rufen. Unser Herr Jesus Christus *»hat sich selbst für unsere Sünden gegeben, damit er uns herausnehme aus der gegenwärtigen bösen Welt«* (Gal 1,4).

23 Jesus antwortete und sprach zu ihm: Wenn jemand mich liebt, wird er mein Wort halten[168], und mein Vater wird ihn lieben, und wir werden zu ihm kommen und Wohnung bei ihm machen.
24 Wer mich nicht liebt, hält meine Worte nicht; und das Wort, das ihr hört, ist nicht mein, sondern des Vaters, der mich gesandt hat.

»Wenn jemand mich liebt, wird er mein Wort halten«: Die Antwort auf die Frage des Judas ist eine Abwandlung dessen, was er in V. 21 gesagt hatte: Wer ihn liebt, dem wird er sich offenbaren. Hier sagt der Herr, dass jeder, der ihn liebt, sein Wort hält und der Vater und der Sohn in der Folge bei ihm Wohnung machen werden. Die Welt liebt ihn nicht

167 oder »transformiert«, wie es nunmehr heißt.
168 Diesen Vers hat Bach in der Kantate BWV 74 zum Eingangs-Chor verarbeitet.

(3,19.20; 15,19); darum gehorcht sie ihm nicht, weshalb der Vater und der Sohn nicht zu ihr kommen, und darum erkennt sie den Christus auch nicht (1Jo 3,1). Wer ihn liebt, glaubt an ihn als den Messias, auch wenn er in Niedrigkeit kam und in äußerster Schwachheit endete (2Kor 13,4); und wer an ihn glaubt, hält sein Wort. Nur bei dem wird er wohnen.

In V. 21 hatte Jesus gesagt: *»... und ich werde ihn lieben ...«* Nun fügt er hinzu: **»... und mein Vater wird ihn lieben ...«** Der Vater liebt uns, weil wir das Wort seines Sohnes halten. In 16,27 lesen wir, dass der Vater uns liebt, weil wir seinen Sohn lieben und glauben, dass er von Gott ausgegangen ist.

»wir werden zu ihm kommen und Wohnung bei ihm machen«: In V. 2 hatte der Herr gesagt, dass er hingeht, um uns eine Wohnung im Vaterhaus zu bereiten; hier nun sagt er, dass der Sohn zusammen mit dem Vater Wohnung macht bei uns auf der Erde. Die beiden Tatsachen sind miteinander verknüpft: Indem Gott bei uns, in uns und unter uns wohnt, gestaltet er uns mehr und mehr nach dem Bild seines Sohnes; denn das ist sein Vorsatz, dazu hat er uns zuvor bestimmt (Röm 8,29). Wir sind im Haus Gottes des Vaters; wir sind das Haus des Sohnes selbst (Hebr 3,6), und in diesem Haus erzieht der Vater (Hebr 12,7) und züchtigt der Sohn (Offb 3,19) die Seinen, damit sie der Heiligkeit des Vaters teilhaftig werden (Hebr 12,9.10). Auf diese Weise werden wir so umgestaltet, dass wir zu der kommenden Herrlichkeit im Vaterhaus passen.

»Wer mich nicht liebt, hält meine Worte nicht« und behandelt sie damit, als wären sie bloße Menschenworte, die man nicht so ernst nehmen müsse. Der Herr aber fährt fort: **»... und das Wort, das ihr hört, ist nicht mein, sondern des Vaters ...«** Achten wir die Worte Jesu für nichts, haben wir Gott, seinen Vater, für nichts geachtet. Wir verstehen, dass es absolut unerlässlich ist, dass wir den Sohn Gottes lieben, damit wir seine Worte halten. Das aber heißt, dass wir ihn darum bitten müssen, dass seine Liebe uns mehr und mehr regiert, dass die Liebe, die Gott in unsere Herzen ausgegossen hat durch den Heiligen Geist (Röm 5,5), immer mehr Freiheit bekomme, dass sie überströme. Das erbat Paulus für die Christen (Phil 1,9), das sollten wir für unsere Geschwister erbeten, innig und immer.

25 Dies habe ich zu euch geredet, während ich bei euch bin.
26 Der Sachwalter aber, der Heilige Geist, den der Vater senden wird in meinem Namen, der wird euch alles lehren und euch an alles erinnern, was *ich* euch gesagt habe.

»Dies habe ich zu euch geredet, während ich bei euch bin«: Was will der Herr mit diesem etwas unerwarteten Satz sagen? Ist das nicht eine Binsenwahrheit? Nein, aus zwei Gründen nicht. Erstens war es so, dass die Worte, die der Herr während der Jahre, die er mit den Jüngern zusammen war, nur wenig Wirkung hatten. Das würde sich aber mit dem Kommen des Heiligen Geistes ändern. Zweitens war es unausweichlich, dass die Jünger, da sie bloße Menschen waren, vieles vergessen, anderes falsch im Gedächtnis behalten würden. Deshalb musste **»der Sachwalter …, der Heilige Geist«** kommen und die Jünger **»alles lehren und … an alles erinnern«**, was er ihnen gesagt hatte, während er bei ihnen war; er würde ihnen das rechte Verständnis von allem geben (siehe 16,12.13).

»den der Vater senden wird in meinem Namen«: So, wie der Sohn im Namen seines Vaters kam (5,43) und alles redete und wirkte, was der Vater ihm aufgetragen hatte, so würde der Geist kommen im Namen des Sohnes und alles zu den Jüngern reden und alles in ihnen wirken, was der Vater und der Sohn wollten. Er lehrte die Apostel alles, was der Sohn sie gelehrt hatte, und befähigte sie damit, das große Heil Gottes zu verstehen und in der Predigt zu erklären. Und er erinnerte sie an alle Worte des Sohnes, und so befähigte er sie später, alles, was der Herr gewirkt und gelehrt hatte, ohne Irrtum niederzuschreiben.

3. Der Herr lässt den Jüngern Frieden (14,27-31)

Der Herr ließ die Seinen nicht in Angst, sondern in Frieden zurück – Frieden durch seine Erlösung, die er für sie wirkte, Frieden durch sein Wort, das ihnen den Glauben nährte, Frieden durch seinen Geist, in welchem er bei ihnen und in ihnen blieb.

27 Frieden lasse ich euch, *meinen* Frieden gebe ich euch; nicht wie die Welt gibt, gebe *ich* euch. Euer Herz werde nicht bestürzt, sei auch nicht furchtsam.

»Frieden lasse ich euch«: Das ist das Ergebnis des Werkes, das der Herr für die Seinen erfüllen würde: Durch sein vollbrachtes Werk (19,30) würden ihre Sünden gesühnt und ihr Gewissen zur Ruhe gebracht werden. Durch den Glauben gerechtfertigt, würden sie Frieden mit Gott haben (Röm 5,1).

»meinen Frieden gebe ich euch«: Dieser Friede ist das Ergebnis der Vorsorge, die der Herr vor seinem Weggehen für die Seinen traf. Er verließ sie zwar, aber er sorgte dafür, dass ihr **»Herz … nicht bestürzt«** blieb (siehe auch V. 1). Sie konnten

- durch den Glauben an ihn (V. 1);
- durch das vertrauensvolle Bitten und Empfangen (V. 13.14);
- durch das Wirken des Beistands (V. 16)

seinen Frieden in der Seele haben. Der Friede, der ihn allezeit regierte, noch auf seinem letzten schweren Gang, würde auch in den Jüngern sein. Von diesem Frieden spricht der Apostel Paulus in Phil 4,6.7. Der Gottesfriede regiert dann in der Seele, wenn wir uns nicht sorgen, sondern uns demütigen unter Gottes mächtige Hand (1Petr 5,6.7); wenn wir nicht in eigener Stärke zu wirken suchen, sondern uns zu Gott flüchten im Gebet und uns in allem abhängig machen von ihm.

28 Ihr habt gehört, dass *ich* euch gesagt habe: Ich gehe hin, und ich komme zu euch. Wenn ihr mich liebtet, würdet ihr euch freuen, dass ich zum Vater gehe, denn der Vater ist größer als ich.

»Wenn ihr mich liebtet, würdet ihr euch freuen, dass ich zum Vater gehe«: Hätten die Jünger nicht nur an sich selbst gedacht, wären sie nicht so bestürzt gewesen. Aber der Herr kennt unser Gebilde (Ps 103,14) und hört deswegen nicht auf, seine Jünger zu lieben. Und beachten wir: Der Herr appelliert an die höchste Tugend, an die Liebe der Jünger, erst, nachdem er von den großen Werken gesprochen hat, die er für sie tun würde.

Jetzt hatten sie genügend Beweggründe, aus Liebe zu ihm sein Weggehen freudig anzunehmen, denn es war ihnen zum Nutzen und auch ihm zur Freude. Der Sohn sehnte sich danach, zu seinem Vater zurückzukehren, und der Vater freute sich, seinen geliebten Sohn nach vollendetem Werk wieder zu sich zu erhöhen. Dass er nun zurückkehrte, sollte die Jünger freuen, **»denn der Vater ist größer als ich«**. Als das ewige Wort, das bei Gott war und Gott ist, war er dem Vater immer wesensgleich. Doch als der Sohn Mensch wurde, entäußerte er sich der göttlichen Gestalt und machte sich damit niedriger als Gott. Nun würde er bald zurückkehren zu dem, der größer war als er, ist doch der Mensch immer geringer als Gott. Und Gott würde seinen Sohn für seinen Gehorsam verherrlichen (12,23; 13,31.32; 17,1.5). So sehen wir ihn, den ewigen Gottessohn, seit er aufgefahren ist, als den Menschensohn *»Jesus ... mit Herrlichkeit und Ehre gekrönt«* (Hebr 2,9).

*»Dass er das Reich einnimmt mit Macht, um gleich dem Vater zu regieren, das sollte euch fröhlich machen und ihr solltet's gerne sehen ... ›**Denn der Vater ist größer als ich. Wenn ich bei euch bleibe, bleibe ich in Knechtsgestalt; da ist mir noch keine Gewalt gegeben; ich habe sie noch nicht angenommen; sondern das Königreich droben ist viel größer, als ich jetzt bin. Also muss auch ich größer werden, nicht um meiner Person, sondern um des Regiments willen.**‹ Daraus hat man den Schluss gezogen, dass Christus nicht Gott sei, was er ja hier selber bekenne. Mit diesem Spruch haben die Ketzer den Vätern viel zu schaffen gegeben. Augustin zieht ihn auf die Niedrigkeit, Hilarius auf die Würde Christi. Christus aber redet hier von diesem und jenem Regiment; denn er sagt: ›**Ich gehe zum Vater.**‹ Dieser Hinübergang wird sein, damit kundgetan würde, wer er war. Nicht erst in Zukunft, sondern jetzt schon war er, was er war; aber es war noch nicht offenbart. Obschon der Herr der Jungfrau Sohn, Gott und Mensch war, so wusste es doch niemand; darum musste es offenbart werden, damit es die ganze Welt wüsste. ›**Der Vater ist größer als ich**‹, d. h. sein Reich ... Das ist: Der Vater ist größer in seinem Reich und Wesen, als Christus damals war. Denn er war noch in Knechtsgestalt (Phil 2,6ff.). Er diente der ganzen Welt mit seinem Leiden und leiblich seinen Jüngern. Das soll nun aufhören, sodass er fürderhin nicht mehr dient, sondern dass ihm gedient werde ... Das ist ganz schlicht die Meinung: Christus redet nicht vom Wesen, sondern vom Werk und Amt«* (Luther, *Johannes-Evangelium*).

»Dieser Stelle ist es in allerlei Händen übel ergangen. Da haben die Arianer, um zu beweisen, dass Christus eine Art Gott zweiten Ranges sei, folgern wollen: Also ist der Sohn kleiner als der Vater. Um dieser Folgerung zu entgehen, haben dann die rechtgläubigen Väter behauptet, dass der vorliegende Satz nur auf Christi menschliche Natur bezogen werden dürfe. Ist die erste Auslegung gottlos, so ist die zweite auch nicht recht. Hier ist weder von der menschlichen Natur Christi noch auch von seiner ewigen Gottheit die Rede. Christus vergleicht weder seine Gottheit mit derjenigen des Vaters noch auch seine menschliche Natur mit des Vaters göttlichem Wesen, sondern stellt vielmehr seinen gegenwärtigen Stand gegen die himmlische Herrlichkeit, zu der er alsbald erhoben werden sollte. Er will sagen: Ihr wünscht mich hienieden zurückzuhalten. Doch es ist besser, wenn ich hinaufgehe zu des Himmels Höhen. Wir sollen daraus lernen, den im Fleisch befindlichen Christus, der sich der göttlichen Gestalt entäußert hat, als den anzusehen, der uns zu dem Urquell der Unsterblichkeit führt. Er will uns nicht bloß zum schimmernden Mond oder zur glänzenden Sonne emporgeleiten, nein, er will uns eins machen mit Gott dem Vater« (Calvin).

»Die Aussage Jesu, dass der Vater größer ist als er, haben Irrlehrer verdreht und behauptet, er sei weniger als der Vater. Nachdem der Herr wiederholt seine Gottheit und sein vollkommenes Gleichsein mit dem Vater bezeugt hat (z. B. 5,17; 8,58; 10,30; 14,9), kann er nicht plötzlich das alles zurücknehmen. Der Herr sprach hier also nicht von seinem Wesen als Gott, sondern von seiner Rolle der Unterordnung, die er während seines Dienstes auf Erden annahm. Im Wesen und im Sein sind Vater und Sohn von Ewigkeit her eins; aber in der Aufgabe und Ausführung hat sich der Sohn in der Menschwerdung dem Willen des Vaters untergeordnet. Der Herr sprach hier als der demütige Diener, der er war während seines Wirkens auf der Erde« (MacArthur, *John 12–21*).

29 Und jetzt habe ich es euch gesagt, ehe es geschieht, damit, wenn es geschieht, ihr glaubt.

»damit, wenn es geschieht, ihr glaubt«: Der Herr kehrt am Ende seiner ersten Rede zu dem zurück, was er ganz zu Beginn sagte: *»... glaubt auch an mich!«* Davon, dass sie an ihn glaubten, hing alles ab. Ohne den

Glauben, dass er der Weg ist, würden sie den Weg nicht gehen können; ohne Glauben würden sie nicht beten, den Heiligen Geist empfangen, seine Gebote halten und so ihre Liebe zu ihm zeigen können. Darum durfte der Glaube nicht aufhören. So lehrte er sie, um ihren Glauben zu stärken, und sagt er sein Weggehen voraus, **»ehe es geschieht«**, damit sie durch das sonst erschütternde Geschehen eben nicht erschüttert, sondern, im Gegenteil, im Glauben gestärkt würden.

30 Ich werde nicht mehr vieles mit euch reden, denn der Fürst der Welt kommt und hat nichts in mir;
31 aber damit die Welt erkenne, dass ich den Vater liebe und so tue, wie mir der Vater geboten hat. – Steht auf, lasst uns von hier weggehen!

Der Herr hatte wohl einige Stunden schon mit den Jüngern im Gastzimmer verbracht; nun würde er **»nicht mehr vieles«** mit ihnen reden, **»denn der Fürst der Welt kommt«**. Der Verräter war schon eine ganze Weile weg, die Feinde, vom Fürsten dieser Welt getrieben, waren schon auf dem Weg, um ihn zu greifen. Doch **»der Fürst der Welt ... hat nichts in mir«**. Im Reinen und Sündlosen war keine Angriffsfläche für den Teufel. Der hatte keine Handhabe, um den Herrn in den Tod zu reißen, so wie er sonst einen jeden Sünder in den Tod reißt (Hebr 2,14). Der Menschensohn gab sich freiwillig in die Hände seiner Henker.

»aber damit die Welt erkenne, dass ich den Vater liebe«: Der Herr nahm die Sünde der Welt freiwillig auf sich (1,29); er hätte den Tod nicht erleiden müssen, da er keine Sünde hatte; aber er war bereit, als der Gerechte den Platz der Ungerechten einzunehmen im Gericht über die Sünde (1Petr 3,18), denn das war der Wille des Vaters. Darin bewies er, dass er den Vater liebte, dass er alle Menschen und besonders die Seinen liebte.

Wir haben in diesem Kapitel gelesen, dass die Welt den Geist der Wahrheit nicht empfangen und den Herrn nicht mehr sehen kann (V. 17.19). Hier aber sagt der Herr, dass die Welt etwas erkennen kann: dass der Sohn den Vater liebt. Sie konnte es sehen am Kreuzestod des Herrn. So weit reicht das Verständnis der Welt; das ist zwar nicht viel, aber es ist genug, um der Welt zu zeigen, dass es Sünde ist, dass sie nicht an ihn glauben will (16,8.9).

»und so tue, wie mir der Vater geboten hat«: Der Herr hatte den Jüngern dreimal gesagt, dass sie ihre Liebe zu Gott damit beweisen können, dass sie ihm gehorchen (V. 15.21.23). Hier sehen wir, dass der Herr selbst tut, was er von den Jüngern erwartet: Er gehorcht dem Vater; er tut, wie dieser ihm geboten hat. Das Gleiche hatten wir in Kapitel 13 gesehen: Er, der den Jüngern geboten hatte, einander zu lieben, liebte die Seinen, ja, er liebte sie gegen allen Widerstand, und er liebte sie bis ans Ende. Er wusch ihnen die Füße und gab ihnen damit das Vorbild, wie sie einander dienen sollten. Damit, dass er alles tat, was er von den Jüngern fordert, und alles wirkt, was sie als seine Gesandten ausführen müssen, hat er gezeigt, dass er wirklich der wahre Weinstock ist. Davon wird er reden, sobald sie das Gastzimmer verlassen haben. In ihm, dem Weinstock, finden sie das Leben und damit alle Kraft, die sie brauchen, um ihre Bestimmung auszuleben.

»Steht auf, lasst uns von hier weggehen!«: Der Herr fordert die Jünger auf, das Gastzimmer, in dem sie seligen Umgang mit dem Herrn hatten, zu verlassen und hinauszugehen in jene Welt, wo der Teufel der Fürst ist (V. 30). Aber er sagt nicht: »Geht!«, sondern: *»Lasst* ***uns*** *weggehen!«* So, wie er in jener Nacht aufstand und den Jüngern voranging, so geht er all den Seinen immer voran (10,3) und geht mit ihnen und leitet sie auf dem Weg bis ans Ende.

Anmerkungen zu Kapitel 14

V. 1 – »›**Euer Herz erschrecke nicht!**‹ Hier siehst du, wie herzlich und treulich der freundliche Herr Christus sich seiner lieben Jünger annimmt und für sie sorgt, dass er sie nicht ohne Trost lasse, weil er eben in derselben Nacht durch sein bitter Leiden und Kreuz … von ihnen geschieden werden sollte und sie allein hinter sich lassen in großer Gefahr, Furcht und Schrecken. Denn bis dahin waren sie allezeit sicher, getrost und ohne Furcht gewesen, weil er selbst persönlich bei ihnen war, und sie sahen, wie er sich gewaltig in dem Volk mit Predigen und Wundern erwies, dass sie alle auf ihn achthaben mussten und die Hohenpriester und Obersten sich fürchten und sorgen mussten, dass, wenn sie ihn angriffen, sich das ganze Volk wider sie erregen möchte … Als aber Christus ihnen verkündigte, dass er von ihnen scheiden müsse, zeigte und weissagte er ihnen zuvor, dass es ihnen ganz anders als bisher gehen und dazu kommen werde, dass ihr Herz mit Schrecken und Zagen versucht würde, wie es dann geschah, als er hinweg war, so schändlich, jämmerlich und ärgerlich hingerichtet, da entfiel ihnen bald das Herz, dass sie sich vor Furcht verschlossen und versteckten und nicht hervorwagten … Sie mussten sorgen und zagen: O, wo wollen wir nun bleiben? Er ist unser Trost und Trotz gewesen. Er ist nun dahin, und wir haben niemand mehr, der uns schützen könnte. Jetzt sind unsere Feinde stark und mächtig, wir aber schwach und verlassen von aller Welt … Darum tut er ihnen zuvor diese Predigt, beides, den künftigen Schrecken anzuzeigen und daneben zu trösten, dass sie sich hernach daran erinnern und damit erhalten sollten« (Luther, *Johannes-Evangelium*).

V. 1-6 – »Am Anfang von Kapitel 14 kommt Jesus dem Kummer der Apostel zuvor und tröstet sie mit göttlichem Trost. In den Worten Jesu in den ersten sechs Versen erkennen wir, wie sehr er sich um seine Jünger sorgte. Er stand kurz davor, ans Kreuz genagelt zu werden, und ihm war bewusst, dass er wenige Stunden später die Sünde der Welt tragen, von Gott zum Fluch gemacht und verlassen … werden sollte. Jeder andere Mensch wäre so verzweifelt, verängstigt und unbeherrscht gewesen, dass er sich nie um die Nöte anderer hätte kümmern können. Doch Jesus war anders« (John F. MacArthur, *Die Welt überwinden*, Augustdorf: Betanien Verlag, 2003).

V. 2 – »Bis Israel den Herrn verwarf und er es verließ, war für ihn der Tempel das Haus seines Vaters. Nun spricht er von einem anderen Vaterhaus, von dem dasjenige, das in Jerusalem stand, nur ein Abbild war … *›Das mit Händen gemachte Heiligtum‹* war *›ein Gegenbild des wahrhaftigen‹*, ein Abbild *›der Dinge in den Himmeln‹*, sagt uns Hebr 9,23.24« (F. W. Grant).

»›**Ich gehe hin, euch eine Stätte zu bereiten**‹: Gott hat sein Volk nie an einen Ort geführt, den er ihnen nicht vorher bereitet hätte; er wird es auch in Zukunft nie tun. In Eden pflanzte der HERR zuerst den Garten (1Mo 2,8), und dann setzte er den Menschen in ihn. So verfuhr er auch mit seinem Volk Israel, als er es ins Land Kanaan brachte: *›Und es soll geschehen, wenn der HERR, dein Gott, dich in das Land bringt, das er* *deinen Vätern, Abraham, Isaak und Jakob, geschworen hat, dir zu geben: große und gute Städte, die du nicht gebaut hast, und Häuser, voll von allem Gut, die du nicht gefüllt, und ausgehauene Zisternen, die du nicht ausgehauen hast, Weinberge und Olivengärten, die du nicht gepflanzt hast ...‹* (5Mo 6,10.11). Und was sollen wir sagen über die Gnade, die der Herr der Herrlichkeit beweist, indem er hingeht und uns einen Platz bereitet? Er überlässt das nicht seinen Engeln; wahrlich ein Beweis dafür, dass er die Seinen bis zum Äußersten liebt« (Pink).

V. 3 – »Die Verheißung **›ich komme wieder und werde euch zu mir nehmen, damit, wo ich bin, auch ihr seiet‹** bezieht sich auf die Entrückung der Gemeinde (1Kor 15,51-54; 1Thes 4,13-18; Offb 3,10). Da der Herr hier nichts sagt über Gericht, erkennen wir, dass der Herr nicht von seinem zweiten Kommen spricht, bei dem er die Welt richten und sein Reich aufrichten wird (Mt 13,36-43; 24,29-44; 25,31-46; Offb 19,11-15). Weitere Unterschiede bekräftigen diese Wahrheit: Bei seinem zweiten Kommen werden Engel die Auserwählten sammeln (Mt 24,30.31), aber hier sagte Jesus den Jüngern, dass er persönlich kommt, um sie zu holen. Beim zweiten Kommen werden die Heiligen mit Christus wiederkommen (Offb 19,8.14), wenn er erscheint, um sein irdisches Reich aufzurichten (Offb 19,11–20,6); hier verheißt er, dass er allein kommt, um sie zu sich zu nehmen« (MacArthur, *John 12–21*).

V. 6 – »Christus will mit dem vorliegenden Ausspruch sagen: Wer mich hat, der hat alles, was er braucht. Wer also mit Christus sich nicht begnügt, strebt über die Vollkommenheit hinaus. Der Spruch steigt auf drei Stufen empor: Weg, Wahrheit, Leben. Damit bindet Jesus den Anfang, Fortgang und Abschluss unseres Heils an seine Person. Mit ihm haben wir also anzufangen, mit ihm fortzufahren und mit ihm zu schließen. Sicherlich brauchen wir keine höhere Weisheit zu suchen als die, welche uns zum ewigen Leben führt. Und Jesus bezeugt: Diese Wahrheit biete ich euch in meiner Person. Das Leben aber suchen wir, um neue Kreaturen zu werden. Auch da verkündigt Jesus laut: Sucht das Leben nur bei mir! Gleichzeitig erinnert er, dass er der Weg ist, auf welchem man zum Leben gelangt« (Calvin).

»Jesus zeigt nicht nur den Weg; er ist selbst der Weg. Es stimmt, er *lehrt* den Weg (Mk 12,14; Lk 20,21), *führt* uns auf dem Weg (Lk 1,79), und er hat für uns den neuen und lebendigen Weg *eingeweiht* (Hebr 10,20). Aber all das ist nur deshalb möglich, weil er selbst der Weg *ist*« (Hendriksen).

V. 10 – »Dies ist die Kunst, davon St. Johannes als ein ganz besonderer Evangelist in diesem Stück und St. Paulus vor anderen lehren, dass sie Christus und den Vater so fest ineinander binden und heften, auf dass man lerne, von Gott nichts zu denken als nur in Christus, und sobald wir Gottes Namen oder von seinem Willen, Werken, Gnade oder Ungnade sagen hören, dass wir uns nicht darnach richten, wie es in unserem Herzen ist oder eines Menschen Weisheit davon disputiert oder auch das Gesetz vorgibt, sondern dass wir allein in diesen Christus uns hüllen und wickeln und nichts anderes sehen noch hören wollen, als wie er sich uns zeigt« (Luther, *Johannes-Evangelium*).

V. 12 – »Viele fragen verwundert, wie Jesus sagen könne, dass die Apostel **größere Werke** tun werden als er selbst. Man muss dabei aber fest im Auge behalten, was Christus meint: Die Wirkungskraft, vermöge deren er sich als Sohn Gottes erwies, ist so wenig an seine leibliche Gegenwart gebunden, dass sie sich vielmehr, wenn er leiblich ferne weilt, in mehreren und größeren Erweisungen noch herrlicher bestätigen wird denn zuvor. Nicht lange nach seiner Auferstehung folgte die wunderbare Bekehrung der Welt, in welcher die Gottheit Christi sich gewaltiger hervortat, als während er sich unter den Menschen aufhielt. So sehen wir, dass Christi Gottheit nicht in seine irdische Person eingeschlossen war, was ihre lebendigen Erweisungen anbetrifft, sondern dass sie ausgegossen ist durch die gesamte Christenheit. Übrigens ist dieses ›Tun‹, von dem Jesus redet, weder den Aposteln allein eigentümlich noch auch die Sache vereinzelter frommer Christen; dieses ›Tun‹ wird ausgesagt von der gesamten wahren Kirche« (Calvin).

»Was diese **›größeren‹** Werke sind, ist nicht schwer zu erkennen: Die Predigt von einem auferstandenen und erhöhten Retter, die dazu führt, dass Menschen sich bekehren von der Finsternis zum Licht und von der Macht Satans zu Gott, um ihm fortan zu dienen; dass Heiden eigenhändig ihre Götzentempel abbrechen und sie als lebendige Steine aufgebaut werden zu jenem Tempel, dessen Grund und Eckstein Christus ist, der den Tempel in Jerusalem an Herrlichkeit bei Weitem überstrahlt – das sind die Dinge, die viel größer sind als jegliches Aufheben der Naturgesetze. Der Vater verherrlichte den Sohn und ehrte sein vollbrachtes Werk durch die größeren Wunder, die der Heilige Geist durch seine Jünger wirkte« (Pink).

»Der Teufel fängt an, das Werk Gottes nachzuahmen, und weil seine Drohungen nichts ausrichten, verstellt er sich jetzt als ein Engel des Lichts, um so noch wirksamer sein Ziel zu erreichen. Bruder X und Bruder Y huldigen der Vorstellung, dass jetzt die Macht geschenkt werde, Wunder zu wirken, und dass Christus jetzt komme, um die tausend Jahre auf der Erde zu regieren. Aber ach! Welche Notwendigkeit besteht für Wunder wie die Heilung von kranken Leibern und die Wiederherstellung Blinder, wenn wir jeden Tag sehen, wie durch die Kraft des Wortes Gottes die weit größeren Wunder geschehen? Werden denn nicht jetzt die geistlich Blinden sehend? Werden nicht die geistlich Toten auferweckt und die aussätzigen Seelen gereinigt, und wird nicht das Evangelium den Armen verkündigt? Wenn wir doch die Substanz besitzen von den Dingen, auf die solche Wunder hinweisen wollten, warum sollten wir Gott versuchen, indem wir weitere Zeichen fordern?« (George Whitefield in einem Brief im Jahre 1739).

»Obwohl wir die Wunder nicht erwarten dürfen und auch nicht brauchen, die [am Pfingsttag] mit der Gabe des Heiligen Geistes kamen, da diese physischer Natur waren, dürfen wir das sowohl begehren als auch erwarten, worauf jene Wunderkräfte hinwiesen und was sie symbolisierten: die geistlichen Wunder, die bis zum heutigen Tag unter uns geschehen« (Spurgeon zu den Zeichen und den Werken, die durch die Apostel geschahen).

V. 13 – »›**Was ihr bitten werdet in meinem Namen, dass will ich tun.**‹ Christus spricht, gleich als wenn er's in der Hand hätte zu geben, weil er sagt: Wenn ihr etwas bitten werdet in meinem Namen, will ich's geben. Das begreift die Vernunft nicht. Aber kein Mensch hat's ausgedacht … Auch wenn wir Blut schwitzen, können wir doch keine drei Zeilen schreiben, wie sie Johannes geschrieben hat … Was ist meine Weisheit gemessen an der Weisheit Gottes? Darum will ich gerne töricht sein, und wir wollen uns fangen lassen und gefangen geben. Dass Christus Gott und Mensch ist, ist wider all unsere Vernunft und Sinn. So müssen zwei Personen zusammen in einem Wesen in Christus sein. Du sagst: Das verstehe ich nicht. Hab Dank dafür, dass Christus Gott und Mensch ist. Nicht darum ist's geschrieben, dass ich's verstehe und begreife, sondern du musst dich gefangen geben. Christus führt hier die Sprache dessen, der rein und lauter Gott ist. Bisweilen redet er als bloßer Mensch. Wenn er hier sagt: ›*Ich will's geben*‹, so sind's Worte Gottes, nicht nur die eines Menschen. Aber wenn er sagt: ›*Ich will den Vater bitten*‹, so sind's die Worte eines Menschen, und doch ist's der Sohn Gottes, der bittet. So ist Christus nicht nur als ein Mensch, sondern als Gottes Sohn geboren. So sage ich auch: Die Magd hat das Kind fallen lassen; dann ist's nicht nur der Leib, sondern das ganze Hänschen ist gefallen, nach Leib und Seele. So muss man von Christus reden. Ist Christus nicht Gott, dann ist weder der Vater noch der Heilige Geist Gott … Darum, wenn ich höre, dass Christus spricht, dann glaube ich, dass die ungeteilte Gottheit spricht. Denn da spricht der Vater, der Sohn und der Heilige Geist, wenn Christus sagt: ›*Kommet her zu alle, die ihr mühselig und beladen seid; ich will euch erquicken.*‹ Hier spricht Gott ganz ungeteilt. Wenn mir also einer einen Gott vormachen will, der nicht für mich gestorben ist, den nehme ich nicht als Gott an. Wer diesen Artikel hat, hat den Hauptartikel des christlichen Glaubens, mag er auch für alle vor der Welt der größte Narr sein« (Luther, *Johannes-Evangelium*).

V. 16.17 – »Mit der ersten Erwähnung des Heiligen Geistes wird auch sogleich geschieden zwischen den Gläubigen und der Welt, ein Unterschied, der fortan öfters wiederkehrt. Vom Sohn heißt es, er sei in die Welt gesandt worden, vom Heiligen Geiste nicht also. Auch sieht die Welt den Heiligen Geist nicht« (Bengel, *Gnomon*).

V. 20 – »Wir in Christus und Christus in uns. Eins geht nach oben, das andere nach unten. Denn wir müssen zuvor in ihm sein mit allem unserem Wesen, Sünde, Tod, Schwachheit und wissen, dass wir vor Gott davon befreit und erlöst und seliggesprochen werden durch diesen Christus … Darnach geht's wieder von oben herab: Wie ich in Christus bin, so ist wiederum Christus in mir. Ich hab ihn mir zu eigen gemacht und bin in ihn gekrochen und aus der Sünde, Tod und Teufels Gewalt getreten. So erzeigt er sich wieder in mir und spricht: Gehe hin, predige, tröste, taufe, diene dem Nächsten, sei gehorsam, geduldig, usw. Ich will in dir sein und alles tun; was du tust, das will ich getan haben. Nur sei getrost, keck und hoffe unverzagt auf mich« (Luther, *Johannes-Evangelium*).

»O wie viel ist von diesen drei Punkten zu lernen: Gott in Christo – ich vor Gott in seinem Sohne erfunden – Christus in mir, weil er mir von seinem Geiste gegeben!« (Rieger, zitiert von Dächsel).

Kapitel 15

Der Herr hat verheißen, dass er seine Jünger nicht verwaist zurücklassen, sondern den Heiligen Geist senden und damit selbst zu ihnen kommen wird. An Pfingsten erfüllte er diese Verheißung; durch den Heiligen Geist wurden die Jünger in eine unauflösliche Lebensverbindung zu ihrem Herrn und zueinander gebracht.

Aus dieser Lebensverbindung würde die Frucht wachsen, von der diese zweite Rede des Herrn handelt. Die Welt aber würde diese Frucht genauso verabscheuen, wie sie den Herrn, aus dem diese wuchs, verabscheut hatte. Die Jünger würden mit Feindschaft rechnen müssen; aber gerade diese würde den Glauben der Jünger stärken, da der Herr sie vorausgesagt hatte. Als die Welt mit all ihren Anläufen die Frucht nicht ersticken konnte, musste sie schließlich erkennen, dass diese aus Gott gewachsen und darum unausrottbar war (vgl. Apg 5,33-39).

1. **Frucht aus der Gemeinschaft mit dem Weinstock (15,1-8)**
2. **Frucht aus der Gemeinschaft mit den Reben (15,9-17)**
3. **Der Hass der Welt (15,18-25)**
4. **Das Zeugnis in der Welt (15,26.27)**

Die beiden ersten Abschnitte handeln von den Jüngern, die beiden letzten von der Welt.

Eben hatte der Herr die Jünger aufgefordert, mit ihm aufzustehen und das Gastzimmer zu verlassen (14,31). Während seine Feinde seine Festnahme vorbereiten, spricht er vom Weg, den die Jünger nach seinem Weggang vor sich hatten, vom Weg, den alle Gläubigen seither haben gehen müssen. Wir gehen den Weg, den er gegangen ist, durch eine Welt der Feindschaft und des Unglaubens, der Sünde und des Todes. Entsprechend handeln die nächsten Reden des Herrn vom Fruchttragen in dieser Welt der Sünde (15,1-8), von der Gemeinschaft der Liebe unter den Jüngern (15,9-17), vom Hass der Welt auf die Kinder Gottes (15,18-25) und vom Zeugnis der Kinder Gottes in dieser Welt (15,26.27); von Verfolgung und Märtyrertod (16,1-6), vom Kommen des Sachwalters und dessen Wirken an der Welt (16,7-11) sowie dessen Wirken in den Gläubigen (16,12-28). Zum Schluss ermuntert der Herr die Jünger mit der Tatsache, dass er diese Welt, in der sie Drangsal haben, überwunden hat (16,29-33).

1. Frucht aus der Gemeinschaft mit dem Weinstock (15,1-8)

In 14,12 hatte der Herr die Jünger gelehrt, dass sie seine Werke tun würden. Hier lehrt er sie, dass nur sein Leben seine Werke hervorbringen kann. Da diese organisch aus seinem Leben erwachsen, spricht er hier nicht von Werken, sondern von Frucht. Dass aber beides zwei verschiedene Seiten des Gleichen sind, erkennen wir, wenn wir die Verse 14,13 und 15,7.8 miteinander vergleichen: Wir tun die Werke, die der Herr tut, indem wir ihn darum bitten; das Leben des Herrn wird alle Früchte seines Lebens tragen, wenn wir ihn darum bitten. Durch die Werke, die der Herr tut, wird der Vater verherrlicht; durch die Frucht, die durch das Leben des Herrn wächst, wird der Vater verherrlicht.

Die Frucht setzt das Leben des Weinstocks fort:

1. Das *Leben* des Sohnes Gottes setzt sich fort in den Kindern Gottes (V. 1-8).
2. Die *Liebe* des Vaters und des Sohnes setzt sich fort in der Gemeinschaft der Kinder Gottes (V. 9-17), weil das Leben des Sohnes sich in ihr fortsetzt.
3. Der *Hass* der Welt auf Gott und auf seinen Sohn setzt sich fort im Hass der Welt auf die Kinder Gottes, weil das Leben des Sohnes sich in ihnen fortsetzt (V. 18-25).
4. Das *Zeugnis* des Sohnes (3,11; 7,7; 8,14; 18,37) setzt sich fort im Zeugnis der Kinder Gottes, weil durch den Geist das Leben des Sohnes sich in ihnen fortsetzt (V. 26.27).

Der Herr beginnt seine Belehrungen mit dem wahren Weinstock und dem Vater. Der Vater und der Sohn sind es, die im Gläubigen wirken, damit er Frucht trägt, und das Ergebnis ist: Der *»Vater [wird] verherrlicht«* (V. 8).

Bevor wir uns den einzelnen Versen zuwenden, müssen wir uns darüber klar werden, wer die Reben sind, die keine Frucht tragen. Sind es echte Gläubige, also Kinder Gottes, oder sind es bloß Mitläufer, Leute, die mit dem Mund Christus bekennen, ihm aber nicht gehören? Fragen wir uns zuerst: Zu wem spricht der Herr? Er spricht hier wie in allen seinen Endzeitreden zu seinen Jüngern; Judas Iskariot ist nicht mehr anwesend. Er spricht von Reben, die *»in ihm«* sind, also »in Christus«, da ja Christus der Weinstock ist. Und er sagt von ihnen: *»Ihr seid schon rein«* (V. 3).

»Die wahre Bedeutung des Bildes wird klar, wenn wir den Personenkreis dieser Nacht betrachten. Die Jünger waren mit Jesus zusammen. Er hatte sie bis aufs Äußerste geliebt; er hatte sie mit seinen Verheißungen in Johannes 14 getröstet. Der Vater nahm in seinen Gedanken den ersten Platz ein, da er auf die Ereignisse blickte, die seinen Tod am nächsten Tag umgaben. Aber er war sich auch eines anderen bewusst – des Verräters. Er hatte Judas Iskariot aus seiner Gemeinschaft verbannt, als dieser Jesu letzten liebevollen Appell ablehnte. Jesus dachte an die Personen dieser Szene. Er sah die Elf, die er innig und leidenschaftlich liebte. Er dachte an den Vater, mit dem er eine grenzenlose gegenseitige Liebe teilte. Und er muss über Judas getrauert haben, den er bedingungslos geliebt hatte. All diese Personen spielten eine Rolle in dieser Bildrede. Der Weinstock ist Christus, der Weingärtner der Vater. Die fruchttragenden Reben symbolisieren die Elf und alle wahren Christen in der Gnadenzeit. Die fruchtlosen Reben stehen stellvertretend für Judas und alle, die niemals echte Jünger waren« (MacArthur, *Die Welt überwinden*, S. 118).

»... der Gedanke bereitet uns Schwierigkeiten, dass ein Gläubiger, egal wie ungehorsam er wurde, als Rebe bezeichnet werden kann, die überhaupt keine Frucht bringt. Aber genau das sagt unser Herr von der unfruchtbaren Rebe. Seine Formulierung ›die nicht Frucht bringt‹ scheint in einem absoluten Sinn gemeint zu sein, denn im nächsten Vers heißt es, dass jede Rebe, die überhaupt Frucht hervorbringt, vom Weingärtner gereinigt wird, sodass sie mehr Frucht bringt. Im Gegensatz dazu wird die Rebe entfernt, die überhaupt keine Frucht bringt. Mit dieser Formulierung wird jemand dargestellt, in dem niemals die Frucht des Geistes zu erkennen war. Was für ein Mensch ist das? Jakobus, ein Schreiber im Neuen Testament, lässt keinen Zweifel. Wenn jemand behauptet, ein Gläubiger zu sein, und keine Werke als Beweise aufweist,

dann ist sein Glaube tot. Das ist kein wahrer Glaube. Seine Behauptung, ein Gläubiger zu sein, ist falsch (s. Jak 2,14-26). Unser Herr sagt an anderer Stelle dasselbe. In der Erklärung seines bekannten Gleichnisses vom Sämann (s. Lk 8,13-15) weist er darauf hin, dass wahre Gläubige daran zu erkennen sind, dass sie beständig Frucht hervorbringen. Diejenigen, ›die für eine Zeit glauben und in der Zeit der Versuchung abfallen‹, haben keine Wurzeln. Sie hatten niemals welche, und deshalb konnten sie natürlich auch keine Frucht hervorbringen. Sie waren niemals wahre Gläubige« (Gooding, S. 156-157).[169]

1 *Ich* bin der wahre Weinstock, und mein Vater ist der Weingärtner.

»Ich bin der wahre Weinstock«: Israel war bis dahin der Weinstock gewesen, den Gott aus Ägypten gezogen und in Kanaan eingepflanzt hatte (Ps 80,9; Jes 5,7); aber er hatte die erwartete Frucht nicht gebracht (Jes 5,4; Jer 2,21). Nun sollte aber nicht, wie man erwarten könnte, das neutestamentliche Gottesvolk den Platz einnehmen, den Israel einst gehabt hatte. Nein, der Herr selbst nimmt jetzt diesen Platz ein, und er sorgt dafür, dass in seinem Volk die Frucht wächst, die Gott sucht. Bedenken wir, wer Christus ist: wahrer Gott und wahrer Mensch. Er ist in seiner Gottheit unauflöslich mit Gott verbunden; er ist als Mensch unauflöslich mit erlösten Menschen verbunden. In ihm ist Leben aus Gott; dieses Leben fließt zu den Erlösten, die in ihm sind.

»Das war neu – wunderbar und belebend neu. Obwohl die Heiligen des Alten Testaments gewaltig und großartig waren, sprechen sie in keinem ihrer Berichte über ihre geistlichen Erfahrungen davon, in den Messias eingegliedert worden zu sein. ... Aber nichts weniger als das ist Gottes Vorsorge für uns, die wir jetzt leben, nach der Fleischwerdung, dem Tod, der Grablegung, Auferstehung und Himmelfahrt des Herrn und dem Kommen des Heiligen Geistes an Pfingsten« (Gooding, S. 150).

Der Herr vergleicht seine Gemeinde, wo er von Fruchtbringen sprechen will, mit Reben an einem Weinstock. Warum gerade ein Weinstock? Warum nicht ein Apfelbaum oder ein Feigenbaum? Am Weinstock ist nichts zu gebrauchen außer der Frucht. Man pflanzt und pflegt ihn ein-

169 Ab Seite 154 diskutiert Gooding die hauptsächlichen Sichtweisen, die zu diesem Text vertreten werden, und erklärt sie in überzeugender Weise.

zig und allein der Trauben wegen, wie Hes 15,3 ausdrücklich sagt. Den Obstbaum pflanzt man zwar zur Hauptsache auch der Frucht wegen, aber anders als beim Weinstock kann man dessen Holz auch für anderes verwenden, wenn er keine Äpfel tragen sollte. Den Feigenbaum pflanzt man zur Hauptsache der Feigen wegen, aber er ist auch ein Schattenspender (1,48). Der Weinstock aber gibt weder Holz her, das man verarbeiten kann, noch spendet er Schatten. Man kann seine Reben nur wegwerfen und im Weinberg verbrennen, wenn sie keine Frucht tragen (V. 6); sie taugen nicht einmal als Brennholz – weder, um zu kochen, noch, um ein Haus zu wärmen. Sie existieren zu einem einzigen Zweck: Sie sollen das Leben des Weinstocks fortsetzen durch die Früchte, die sie tragen.

2 Jede Rebe an mir, die nicht Frucht bringt, die nimmt er weg; und jede, die Frucht bringt, die reinigt er, damit sie mehr Frucht bringe.

»Jede Rebe an mir, die nicht Frucht bringt, die nimmt er weg«: Wenn man in allen Reben, auch den fruchtlosen, wahre Christen sieht, die zwar in Christus sind und ihm gehören, die aber keine Frucht tragen, dann mag man an Ananias und Sapphira oder an einige der Gläubigen in Korinth denken. Diese nahm der Herr weg, damit sie ihn nicht länger durch ihren Wandel entehrten und damit ihre Seele gerettet würde (1Kor 5,3-5; 11,29-32; Apg 5,1-11; 1Jo 5,16.17). Die aber waren nicht ganz ohne Frucht; sie hatten Buße getan und an den Namen des Herrn geglaubt, und sie hatten mit ihrem Mund bekannt, dass er Herr ist. Das nennt Hebr 13,15 Frucht. Die bessere Erklärung ist darum die, dass der Herr die Scheingläubigen wegnehmen und am Ende richten wird.

Wie sollen wir dann aber den Ausdruck »an« oder »in mir«, εν εμοι, *en emoi*, verstehen? Kann man von einem Scheingläubigen sagen, er sei »in Christus«? Das kann man sagen:

»›... Wie kann ein Ungläubiger jemals am Weinstock oder an Christus sein?‹ Die Antwort lautet: Genauso, wie wir in Johannes 8,30-44 von bestimmten Juden lesen, die an Christus glaubten. Aber als sie beweisen sollten, wahre Jünger Christi zu sein, versagten sie kläglich. Der einzige Beweis, den sie hervorbrachten, offenbarte schließlich, dass sie überhaupt keine Gläubigen waren, sondern Kinder des Teufels. Diese ›Gläubigen‹ wurden aufgefordert, durch Folgendes zu zeigen, dass sie wahre Jünger

waren: ›Wenn ihr in meinem Wort bleibt (dasselbe griechische Wort, das im ganzen Kapitel 15 für das Bleiben am Weinstock verwendet wird), seid ihr wahrhaft meine Jünger‹ (8,31). Die Heilige Schrift nimmt es erst einmal an aufgrund ihres Bekenntnisses: Sie sagten, dass sie glauben, deshalb wurden sie als Gläubige bezeichnet. Aber dann musste ihr Glaube sich bewähren und zeigen, ob ihr Bekenntnis echt war. Und es stellte sich heraus, dass sie nicht bereit waren, in Gottes Wort zu bleiben. Bei Judas war es ebenso. Christus selbst bezeichnete ihn als Apostel (Lk 6,13). Er hatte eine Vertrauensposition unter den engen Gefährten Christi. Jeder hätte gesagt, dass er ebenso wie die anderen eine ›Rebe an Christus‹ war. Aber es zeigte sich, dass er das nicht war« (Gooding, S. 158-159).

»jede, die Frucht bringt, die reinigt er«: Wer schon Frucht bringt, den reinigt der Vater, damit er noch mehr Frucht bringe. Auch hier gilt das geistliche Prinzip, dass jedem, der hat, noch mehr gegeben wird (Mt 13,12). Was meint der Herr, wenn er hier von Frucht spricht? Die Trauben erwachsen dem Leben des Weinstocks; geistliche Frucht erwächst dem Leben Christi. Sein Geist in uns lässt seine Natur in uns wachsen, und damit wächst die Frucht des Geistes: Liebe, Freude, Friede, Langmut, Freundlichkeit, Gütigkeit, Treue, Sanftmut, Enthaltsamkeit (Gal 5,22.23). Wir können daher sagen: Frucht ist die Entfaltung des Lebens und damit des Charakters Christi in den Christen. Das aber heißt, dass jeder Christ berufen und auch befähigt ist, solche Frucht zu bringen. Einige denken bei Frucht an Erfolge im Dienst wie die Bekehrung von Seelen oder Gemeindegründung oder das Schulen und Aussenden von Missionaren. Wäre nur das hier gemeint, dann könnten nicht alle Erlösten Frucht bringen, denn nicht alle sind entsprechend begabt; nicht alle sind Evangelisten, nicht alle sind Hirten, nicht alle sind Lehrer. Wir sind zwar alle berufen, den Herrn zu bezeugen (2Tim 1,8) und damit den Samen des Wortes zu säen, aber nicht alle dürfen ernten (4,37). Als Erwählte und Geliebte tragen wir aber alle das Verlangen in uns, dass etwas von dem Herrn, den wir lieben, an uns gesehen werde. Darum wollen wir gut hinhören, während der Meister uns lehrt, wie wir fruchtbare Reben sein können. Es sind drei Dinge, die uns fruchtbar machen:

1. der Vater reinigt uns (V. 2);
2. wir bleiben in ihm, d.h. in seinem Wort (8,31);
3. wir beten (V. 7).

Der Vater züchtigt uns, damit wir an seiner Heiligkeit teilhaben (Hebr 12,10), oder wir können sagen: damit wir ihm und seinem Sohn ähnlicher werden. Wie der Weingärtner die Reben beschneidet, so beschneidet der Herr uns. Er nimmt uns Dinge, welche die Entfaltung des Lebens seines Sohnes in uns aufhalten. Er erzieht und züchtigt uns so, dass wir uns immer enger an den Herrn binden. So erfüllt sich, worum der Sohn zum Vater betete: *»Heilige sie ...«* (17,17).

3 *Ihr* seid schon rein um des Wortes willen, das ich zu euch geredet habe.

»Ihr seid schon rein um des Wortes willen«: In 13,10.11 hatte der Herr das den Jüngern bereits gesagt, aber einschränkend hinzugefügt: *»... aber nicht alle; denn er kannte den, der ihn überliefern würde ...«* Er meinte Judas; jetzt lässt er die Einschränkung aus, denn Judas ist nicht mehr anwesend, und er kann das Wort auf alle 11 verbliebenen Jünger anwenden. Sie sind rein durch das Wort, durch den Urteilsspruch, den er, der höchste Richter, gefällt hatte. Er hatte sie für rein erklärt; Gott hat ihnen seine Reinheit und Gerechtigkeit zugerechnet.

Das Wort Christi hat die Kraft, uns zu reinigen, und das in doppelter Hinsicht: Es reinigt uns *»durch die Waschung der Wiedergeburt«* (Tit 3,5), und es reinigt uns täglich im Denken und Reden, im Wandeln und Handeln von allem Eigenen und damit Unreinen (Eph 5,26). Jetzt konnte der Herr den Jüngern sagen, dass sie rein waren, weil sie sein Wort angenommen hatten (siehe 17,8). Durch sein Wort und durch seinen Geist würde er sie, die schon rein waren, täglich, ja, stündlich lehren, führen, unterweisen und so von der Welt und ihrem Unrat fortwährend reinigen. Darum müssen wir uns täglich seinem Wort aussetzen; wir müssen es regelmäßig lesen, uns darin vertiefen und darüber nachdenken, es in uns aufnehmen. Dann wird es uns heiligen (17,17).

4 Bleibt in mir, und ich in euch. Wie die Rebe nicht von sich selbst aus Frucht bringen kann, wenn sie nicht am Weinstock bleibt, so auch *ihr* nicht, wenn ihr nicht in mir bleibt.

»Bleibt in mir«: Keine Gemeinde und auch kein Christ, und sei er noch so geistlich, kann Weinstock sein; nein, wir alle sind nur Reben, die das

Leben vom Weinstock empfangen. In uns und aus uns kommt nichts, außer Sünde. Darum: **»Bleibt in mir«**; das ist unsere einzige Aufgabe; anderes haben wir nicht zu tun. Wir bleiben in ihm, indem wir in seinem Wort bleiben (8,31). Der Befehl ist nur sinnvoll, wenn der Herr bei den Jüngern ist, und die Jünger wussten inzwischen, dass er sie zwar verlassen, aber wieder zu ihnen kommen werde (14,18).

»und ich in euch«: Bleiben wir in ihm, bleiben seine Worte in uns, dann dürfen wir wissen und dürfen wir auch erfahren, dass er in uns ist (14,20; Kol 1,27). Ist Christus in uns, ist er unser Leben (Kol 3,4), und sein Leben kann nicht anders als wachsen und Früchte hervorbringen.

> **5 *Ich* bin der Weinstock, *ihr* seid die Reben. Wer in mir bleibt und ich in ihm, dieser bringt viel Frucht, denn außer mir könnt ihr nichts tun.**

»Ich bin der Weinstock, ihr seid die Reben«: Der Herr umschreibt mit diesem Vergleich unsere Beziehung zu ihm. Darum geht es immer im Evangelium: unser rechtes Verhältnis zu ihm. Sind wir sein, können wir sagen, dass wir leben, weil er lebt (14,19), ja, dass er selbst unser Leben ist (Kol 3,4).

»außer mir könnt ihr nichts tun«: Denn ohne sein Leben können wir seine Werke nicht tun. Eben noch hatte der Herr gesagt, dass wer an ihn glaubt, die Werke tun wird, die er getan hat, ja, sogar noch größere (14,12). Wir können das aber nur in Christus, mit Christus, durch Christus. Wir müssen in ihm und er muss in uns sein, so wie Christus sagte, dass der Vater in ihm und er in dem Vater ist (14,20).

> **6 Wenn jemand nicht in mir bleibt, wird er hinausgeworfen wie die Rebe und verdorrt; und man sammelt sie und wirft sie ins Feuer, und sie verbrennen.**

»wird er hinausgeworfen«: wie das Salz, das kraftlos geworden ist (Mt 5,13), wie die schlechten Fische, die zusammen mit den guten ins Netz gegangen waren (Mt 13,48), wie der Gast, der kein Hochzeitsgewand anhatte (Mt 22,13), und wie der unnütze Knecht (Mt 25,30). Kann ein Glied am Leib Christi hinausgeworfen werden? Der Herr hatte ausdrücklich gesagt: *»... wer zu mir kommt, den werde ich nicht* *hinausstoßen«* (6,37). Wie in V. 2 spricht der Herr auch hier von Menschen, die nicht in ihm bleiben, d.h. ihre Bleibe gar nicht in ihm haben und darum nie Frucht getragen haben. Sie sind nicht in ihm, er ist nicht in ihnen (vgl. 14,20). Sie waren nie in ihn eingepflanzt (vgl. Mt 15,13a) worden und waren deshalb nicht in ihm verwurzelt worden (vgl. Eph 3,17). Sie hatten zwar das Wort *»mit Freuden«* aufgenommen (Mt 13,20), aber sie hatten *»keine Wurzel in sich«* (Mt 13,21), und darum konnte nichts wachsen. Weil sie keine Frucht trugen, mussten sie *»ausgerissen werden«* (Mt 15,13b). Wer bekennt, er sei ein Christ, aber keine Frucht bringt, ist ein bloßer Bekenner, nur scheinbar ein Christ. Er ist nicht von oben aus dem Geist geboren und hat darum den Geist nicht. *»Wenn aber jemand Christi Geist nicht hat, der ist nicht sein«* (Röm 8,9). Dass es genau solche Scheinchristen geben würde, hat der Herr selbst angekündigt und haben die Apostel bestätigt (1Jo 2,19; Jud 4.19). Der Herr nennt sie *»Übeltäter«*, und er sagt von ihnen: *»Ich habe euch niemals gekannt«* (Mt 7,23; vgl. damit 2Tim 2,19). Er sagt von ihnen, dass sie hinausgeworfen werden in die äußerste Finsternis (Mt 8,12; siehe auch Mt 13,20.21).

»und man sammelt sie«: wie das Unkraut, das inmitten des Weizens gestanden hatte: *»Der Sohn des Menschen wird seine Engel aussenden, und sie werden aus seinem Reich alle Ärgernisse zusammenlesen und die, welche die Gesetzlosigkeit tun«* (Mt 13,41).

»man … wirft sie ins Feuer«: So heißt es in dieser bildlichen Rede. Johannes der Täufer verwendete ähnliche Ausdrücke, mit denen er das Ende der Unbußfertigen und Ungläubigen ankündigt: *»Jeder Baum ..., der keine gute Frucht bringt, wird abgehauen und ins Feuer geworfen«* (Mt 3,10). Der Herr sagte vom Unkraut, das man gesammelt hatte: *»Lest zuerst das Unkraut zusammen und bindet es in Bündel, um es zu verbrennen«* (Mt 13,30).

Die Wirklichkeit, auf welche diese Bilder hinweisen, lautet: *»Dann wird er auch zu denen zur Linken sagen: Geht von mir, Verfluchte, in das ewige Feuer, das dem Teufel und seinen Engeln bereitet ist«* (Mt 25,41).

»Und wenn jemand nicht geschrieben gefunden wurde in dem Buch des Lebens, so wurde er in den Feuersee geworfen« (Offb 20,15).

7 Wenn ihr in mir bleibt und meine Worte in euch bleiben, so werdet ihr bitten, um was ihr wollt, und es wird euch geschehen. 8 Hierin wird mein Vater verherrlicht, dass ihr viel Frucht bringt, und ihr werdet meine Jünger werden.

Bereits in 14,12-14 hatte der Herr eine solche umfassende Verheißung gegeben. Dort hatte er die Jünger gelehrt, dass sie seine Werke nur tun können, wenn sie es von ihm erbeten. Hier lehrt er sie, dass sie Frucht nur dann bringen können, wenn sie es von ihm erbeten.

Der Christ hängt an Christus wie die Rebe am Weinstock: Die Rebe will keinen anderen Zweck erfüllen, als eben nur die Früchte wachsen zu lassen, die der Weinstock hervorbringen will (V. 4.5). Der Christ will nicht mehr sein eigenes Leben leben; er will nicht mehr sich selbst verwirklichen; er will einzig und allein für die Ziele Christi, des wahren Weinstocks, da sein; dessen Wille ist sein Wille, dessen Ziele sind seine Ziele; darum drängt ihn bei allem Beten ein einziges Verlangen: *»... dein Wille geschehe, wie im Himmel, so auch auf der Erde«* (Mt 6,10).

Wenn die Worte Christi in uns bleiben, dann regieren sie uns. Sein Wille bestimmt dann unseren Willen vollständig. Sind wir ihm aber vollständig ergeben, dann **»werdet ihr bitten, um was ihr wollt, und es wird euch geschehen«**. Diese Verheißung allein sollte genügen, um in uns ein Verlangen zu wecken, das nicht zur Ruhe kommt, bis diese Verheißung in uns zur gelebten Wirklichkeit geworden ist. Man bedenke: *»... werdet ihr bitten, um was ihr wollt ...«*! Und erneut (wie in 14,13) sagt der Herr, dass der Vater verherrlicht wird, wenn wir, seine Jünger, bitten und empfangen:

»Hierin wird mein Vater verherrlicht, dass ihr viel Frucht bringt«: Das ist eine Ermunterung zum Gebet. Dass der Vater durch den Sohn verherrlicht wird (12,28; 13,31; 14,13; 17,1), haben wir nun wiederholt gelesen, und das verstehen wir. Dass der Vater aber auch durch uns, die Jünger des Herrn, verherrlicht werden sollte (vgl. 21,19), ist ein neuer Gedanke, der uns ganz unbegreiflich ist – zu kühn, als dass wir gewagt hätten, so etwas zu denken. Und doch ergibt er sich ganz folgerichtig aus dem Umstand, dass wir in die Lebensgemeinschaft des dreieinen Gottes eingebunden, ja, ein Werk, eine Frucht des dreieinen Gottes sind. Daran erinnert auch der nächste Vers, ja, der ganze nächste Abschnitt handelt davon.

»und ihr werdet meine Jünger werden«: Wenn wir das Griechische so auffassen, ist der Satz eine für sich stehende Zusage. Man kann ihn aber so auffassen, dass er eine Folge davon ist, dass wir viel Frucht bringen. Der Vater wird verherrlicht, wenn wir Frucht bringen und wenn wir Jünger des Herrn werden,[170] d.h. wenn wir den Weg gehen, den sein Sohn ging (1Jo 2,6), und wenn wir die Werke tun, die sein Sohn tat (14,12).

2. Frucht aus der Gemeinschaft mit den Reben (15,9-17)

In 14,12-14 lernen wir, wie die Werke des Sohnes Gottes sich in uns fortsetzen.

In V. 1-8 lernen wir, wie das Leben des Sohnes Gottes sich in uns fortsetzt.

In V. 9-17 lernen wir, wie die Liebe des Vaters und des Sohnes sich in uns fortsetzt.

Damit Frucht wachsen kann, braucht es eine gute Umgebung samt einem günstigen Klima. Der Gläubige findet das in der Gemeinschaft der Kinder Gottes. Am Anfang des vorliegenden Abschnitts steht der Befehl: *»... bleibt in meiner Liebe«* (V. 9), in der Mitte steht der Befehl: *»Dies ist mein Gebot, dass ihr einander liebet«* (V. 12), und am Ende noch einmal: *»Dies gebiete ich euch, dass ihr einander liebet«* (V. 17). In dieser Gemeinschaft der Liebe kann die Frucht wachsen, die der Herr sucht. Über die Glieder dieser Gemeinschaft werden neun Dinge gesagt:

1. Sie sind von Christus geliebt (V. 9.10).
2. Sie haben die Freude Christi (V. 11).
3. Sie gehorchen Christus (V. 14).
4. Sie haben Liebe untereinander (V. 12.13.17).
5. Sie heißen Freunde (V. 15).
6. Sie haben Einsicht in die Ratschlüsse Gottes (V. 15).
7. Sie sind von Christus erwählt (V. 16a).
8. Sie sind dazu bestimmt, Frucht zu bringen (V. 16b).
9. Sie haben große Freimütigkeit im Gebet (V. 16c).

170 Menge: »Dadurch ist mein Vater verherrlicht, dass ihr reichlich Frucht bringt und euch als meine Jünger erweist.«

9 Wie der Vater mich geliebt hat, habe auch *ich* euch geliebt; bleibt in *meiner* Liebe.

In den Versen 4-7 hatte der Herr wiederholt befohlen: *»Bleibt in mir!«* Hier befiehlt er: **»... bleibt in meiner Liebe«**, denn Gott ist Liebe, und wer in der Liebe bleibt, bleibt in Gott und Gott in ihm (1Jo 4,16).

»Wie der Vater mich geliebt hat, habe auch ich euch geliebt«: Die Liebe des Vaters zum Sohn findet ihren natürlichen Fortgang in der Liebe des Sohnes zu den Jüngern und in der Liebe der Jünger zueinander.

Bedenken wir, was dieses *»Wie«* an dieser Stelle besagt: Der Vater liebt den Sohn mit ewiger Liebe, mit grenzenloser Liebe, mit beharrlicher und unveränderlicher Liebe. Er, der Vollkommene, liebt jemanden, der gleich vollkommen ist und der durch seinen Gehorsam bis in den Tod die ganze Kraft der Zuneigung ohne jedes Hindernis auf sich zieht (siehe 10,17)[171]. Mit der gleich starken und nie ablassenden Liebe liebt der Sohn Gottes die Seinen. In 16,27 lesen wir: *»... der Vater selbst hat euch lieb, weil ihr mich lieb gehabt und geglaubt habt, dass ich von Gott ausgegangen bin.«* Gott liebte uns bereits, als wir noch Sünder waren (Röm 5,8). Nun aber liebt er uns, weil wir seinen Sohn lieben. Wir können es glauben, aber nicht verstehen und schon gar nicht ermessen. Erst wenn wir verherrlicht sind, werden wir diese Liebe fassen können. Aber auch dann, wenn unsere Erkenntnis und unsere Empfindungen durch keine Torheit oder Sünde mehr behindert sind, werden wir bis in alle Ewigkeiten die Tiefe dieser Liebe nie ausgelotet haben.

»bleibt in meiner Liebe«, d.h. im Genuss meiner Liebe. Die Liebe des Herrn zu uns ist keinen Schwankungen unterworfen, denn er ändert sich nicht. Aber wir sind erstens beschränkt im Vermögen und zweitens unstet im Willen, uns an seiner Liebe zu erfreuen. Wie können wir nun beständig oder zumindest mit wachsender Beständigkeit seine Liebe subjektiv erfahren und damit auch empfinden?

171 *»**Wir** lieben, weil Gott uns zuerst geliebt hat, doch Jesus, der göttliche Sohn, kann Gott dem Vater Ursachen geben, um derentwillen er ihn liebt«* (Darby, *Synopsis*).

10 Wenn ihr meine Gebote haltet, so werdet ihr in meiner Liebe bleiben, wie *ich* die Gebote meines Vaters gehalten habe und in seiner Liebe bleibe.

»Wenn ihr meine Gebote haltet«: Das ist die Bedingung, um in der Liebe des Herrn zu bleiben (vgl. 14,21). Gottes Liebe zu uns und unsere Liebe zu Gott ist nicht sentimental: Gott erwies seine Liebe zu uns darin, dass sein Sohn für uns starb, als wir noch Sünder waren (Röm 5,8). Unsere Liebe zu Gott zeigt sich darin, dass wir ihm gehorchen.

»wie ich die Gebote meines Vaters gehalten habe und in seiner Liebe bleibe«: Mit dem hier wiederum gebrauchten Wort »wie« (siehe V. 9) ist eine der Grundwahrheiten des ganzen Christentums ausgesagt; darum verwendet es Johannes so oft (6,57; 10,15; 13,15.34;15,10.12; 17,11.14.16.18.21.22.23; 20,21; 1Jo 3,3.7; 4,17) . Wir sind in der Stellung »wie« Christus, und wir sind berufen, auch im Wandel »wie« Christus zu sein. Die Beziehung des Christen zu Gott ist gleich der Beziehung Christi zu Gott (siehe 20,17). So, wie der Sohn dem Vater gehorsam war, ist der Christ gehorsam. So, wie der Sohn in der Liebe des Vaters bleibt, so bleiben die Jünger in dieser Liebe; und so, wie der Christus die Jünger geliebt hat, so liebt der Christ die Mitchristen (V. 12).

11 Dies habe ich zu euch geredet, damit *meine* Freude in euch sei und eure Freude völlig werde.

In den V. 4.5 hatte der Herr gesagt, dass er in uns bleibt, in V. 7, dass seine Worte in uns bleiben. Hier sagt er, dass seine Freude in uns ist. Der Herr befiehlt uns also nicht, seine Gebote zu halten, um uns das Leben schwer zu machen, sondern im Gegenteil: **»damit meine Freude in euch sei und eure Freude völlig werde«**. Die Freude, die ihn erfüllt, soll auch uns erfüllen. Wie sein Leben und seine Liebe, so setzt sich auch seine Freude in uns fort. Während und indem er die Gebote seines Vaters hielt, war er erfüllt von großer Freude (Lk 10,21; Ps 19,6). Dem Apostel Paulus erging es so (Phil 1,4; 2,17; 4,10), und auch uns wird es so ergehen. Wir kennen unsere kleineren und größeren Freuden des Lebens, aber völlige Freude haben wir noch nicht kennengelernt, bis wir gelernt haben, uns dem Willen des Herrn zu unterwerfen und seinen Befehlen zu gehorchen. Der Herr sagt, dann werde *»eure Freude«*, d.h.

die Freude, die wir besitzen, völlig werden. Das mag uns ein wenig überraschen; denn wir haben als Sünder immer gedacht, Freude finde man, wenn nichts und niemand uns hindere, unsere Wünsche zu erfüllen. Aber es ist gerade umgekehrt: Erst wo wir keine eigenen Wünsche mehr haben und unseren Eigenwillen in den Tod geben, werden wir wahre Freude, völlige Freude, bleibende Freude kennenlernen. Howell Harris, der walisische Freund und Mitstreiter von George Whitefield, schrieb einmal in sein Tagebuch: *»Doing the will of my Saviour is heaven for me, be it what it may – Den Willen meines Heilandes zu tun, ist für mich der Himmel, was dieser Wille auch sei.«* Das ist das altbekannte Prinzip: Wer sein Leben an den Herrn verliert, wird es finden (Mt 16,25).

12 Dies ist *mein* Gebot, dass ihr einander liebet, wie ich euch geliebt habe.

»Dies ist mein Gebot«: Der Herr hat wiederholt von seinen Geboten (Mehrzahl) gesprochen (V. 10; 14,15.21); hier spricht er von einem einzelnen Gebot; es ist das gleiche, das er sein neues Gebot genannt hatte: *»Ein neues Gebot gebe ich euch, dass ihr einander liebet«* (13,34). Dieses sein Gebot ist die Summe aller Gebote (siehe Röm 13,8), darum wird es in V. 17 noch einmal wiederholt.

»wie ich euch geliebt habe«: Das ist das Maß der Liebe, das seine Jünger untereinander haben sollen (vgl. 13,15). Welch hohe Forderung! Wir verstehen einmal mehr, dass wir ohne den Herrn nichts tun können (V. 5), dass wir es darum wirklich nötig haben, in ihm zu bleiben (V. 4). Wie hat der Herr die Seinen geliebt? Er sagt es im nächsten Vers.

13 Größere Liebe hat niemand als diese, dass jemand sein Leben lässt für seine Freunde.

Der Herr ließ **»sein Leben … für seine Freunde«**. Wohl starb er für alle Menschen (2Kor 5,15; 1Tim 2,6); hier aber spricht er davon, dass er für die Jünger starb. **»Größere Liebe hat niemand als diese …«** Freunden kann man keinen größeren Beweis der Liebe geben, als dass man sein Leben für sie hingibt. Das hat der Herr für die Seinen getan; der gute Hirte starb für seine Schafe. Größere Liebe als diese gibt es nicht; sie ist größer als die allgemeine Menschenliebe Gottes (Tit 3,4), die sich darin zeigte, dass er seinen eingeborenen Sohn dahingab für eine Welt von Sündern (3,16). Die Seinen aber liebt der Herr bis ans Ende (13,1), und er wird nie aufhören, sie zu lieben (Röm 8,35-39). Das gilt aber nicht für die Liebe Gottes zur Welt. Diese wird aufhören; Gott wird am bestimmten Tag die Gottlosen richten und hinauswerfen.

Man mag einwenden, dass es doch mehr sei, für Feinde zu sterben als für Freunde; so sagt es der Römerbrief: *»Gott erweist seine Liebe zu uns darin, dass Christus, da wir noch Sünder waren, für uns gestorben ist. ... wir, da wir Feinde waren, wurden mit Gott versöhnt durch den Tod seines Sohnes«* (Röm 5,8.10). Aber auch dieser Vers sagt aus, dass der Herr »für uns«, für die Gläubigen starb. Er liebte uns, als wir *noch* Feinde waren. Christus liebte *die Gemeinde*, die seine Braut ist, und gab sich für *sie* dahin (Eph 5,25). Und jeder Gläubige kann mit Paulus sagen: *»Christus ... hat **mich** geliebt und sich selbst für **mich** hingegeben«* (Gal 2,20).

*»Man tut gut daran, hier auf diesen Charakter der Liebe zu achten, eine Liebe in einer bestehenden Beziehung. Das Wort Gottes ist in der Wortwahl exakter als man gewöhnlich annimmt ... Es heißt nicht, dass **Christus** die **Welt** geliebt habe – Er hat keine Beziehung zur Welt, so wie sie ist. Es heißt vielmehr, dass Gott die Welt so liebte; so ist Gott gegenüber der Welt in seiner Güte. Es wird nicht gesagt, dass **Gott** die **Gemeinde** geliebt hat. Die eigentliche Beziehung der Gemeinde ist mit Christus, ihrem himmlischen Bräutigam«* (Darby, *Synopsis*, Bd. 4, S. 433).

> **14 *Ihr* seid meine Freunde, wenn ihr tut, was *ich* euch gebiete. 15 Ich nenne euch nicht mehr Knechte, denn der Knecht weiß nicht, was sein Herr tut; euch aber habe ich Freunde genannt, weil ich alles, was ich von meinem Vater gehört habe, euch kundgetan habe.**

»Ihr seid meine Freunde«, und als solche erweist ihr euch, **»wenn ihr tut, was ich euch gebiete«**. Wir erinnern uns an die Worte von 14,15. Der Herr hat uns zuerst geliebt; darum lieben wir ihn (1Jo 4,19), und das zeigen wir damit, dass wir seine Gebote halten.

Wir sind als die Erlösten des Herrn **»nicht mehr Knechte«**, die nicht wissen, was ihr Herr tut. Gleichzeitig sind wir durch die Erlösung erst Knechte geworden: *»Freigemacht ... von der Sünde, seid ihr Skla-*

ven der Gerechtigkeit geworden« (Röm 6,18; siehe auch Joh 8,32.34). Aber wir sind nicht Sklaven, die nicht wissen, was die Absichten des Sklavenhalters sind, sondern Sklaven, die ihren Herrn lieben und ihm gern gehorchen, weil sie seine Freunde sind. Diesen tut der Meister alles kund, was er von seinem Vater gehört hat. David sagt in Ps 25,14: *»Das Geheimnis des HERRN ist für die, die ihn fürchten, und sein Bund, um ihnen denselben kundzutun.«* Der Erste in der Bibel, der »Freund Gottes« genannt wurde, ist Abraham (Jes 41,8). Er heißt so, weil Gott ihm sein Geheimnis enthüllte: *»Und der HERR sprach: Sollte ich vor Abraham verbergen, was ich tun will?«* (1Mo 18,17). Und Jakobus sagt, dass er so genannt wurde, weil er Gott gehorchte (Jak 2,21-23).

> **16 *Ihr* habt nicht mich auserwählt, sondern *ich* habe euch auserwählt und euch dazu bestimmt, dass *ihr* hingehet und Frucht bringet und eure Frucht bleibe, damit, um was irgend ihr den Vater bitten werdet in meinem Namen, er euch gebe.**

In diesen Worten haben wir einen Antrieb zur Hingabe und einen Antrieb zum Gebet.

Er hat uns **»auserwählt«** und **»bestimmt«**. In der Auserwählung ist unsere Bestimmung enthalten. Ich kann ruhen in der Gewissheit, dass seine Absicht sich in mir erfüllt; d.h. ich glaube (siehe 14,1).

Wir sind Freunde; der Herr hat uns mit besonderer Liebe geliebt (siehe Gal 2,20), und diese Liebe zeigt er damit, dass er uns ins Vertrauen zieht. Nun sagt er, dass das alles von ihm kommt: Nicht die Jünger haben den Herrn, sondern der Herr hat die Jünger **»auserwählt«**. Mit Gottes Gnadenwillen beginnt alles (siehe 1,12.13); dieser äußerte sich in der Sendung seines Sohnes. Und der Sohn kam, um uns zu suchen, die wir verloren waren. Nicht wir haben ihn gesucht (siehe Röm 3,11), sondern er hat uns gesucht und gerettet (Lk 19,10). Nachdem wir gefunden worden sind, erfahren wir, dass er uns erwählt hat *»vor Grundlegung der Welt«* (Eph 1,4). Das ist ein fester Anker, denn er ist im unwandelbaren Gott gegründet. Hat nun er, der mich erwählte, auch verfügt, dass ich hingehen und Frucht tragen soll, dann wird das geschehen, so gewiss ich, weil ich erwählt war, von ihm gefunden und gerettet wurde.

Der Herr weiß, was er tut, und er weiß, was er uns aufträgt; er hat uns dazu bestimmt, dass wir hingehen und Frucht bringen. Er will zunächst, dass wir ihm vertrauen, dass er seine Absicht an uns auch zu verwirklichen vermag. Sodann will er, dass wir den Vater darum bitten, dass seine Absicht sich erfüllt. Er wird uns geben, **»was irgend«** wir bitten werden in seinem Namen. Im Namen des Herrn zu bitten, heißt im vorliegenden Zusammenhang:

- Wir beten, weil der Herr es befohlen hat;
- wir beten, weil er uns auserwählt hat, also um seiner und nicht um unserer Würdigkeit willen;
- wir bitten, dass der Herr nach seinem Willen seinen Vorsatz an uns erfüllt, nämlich Frucht wachsen lässt, die bleibt.

Jetzt sind die Türen zum Herzen Gottes offen. Wir haben alle Freimütigkeit zu erbeten, was der Sohn Gottes uns aufgetragen hat. Wir haben alle Vollmachten zu bitten, denn der Sohn Gottes hat sie uns übertragen.

17 Dies gebiete ich euch, dass ihr einander liebet.

Der Abschnitt hatte mit dem Befehl begonnen: *»Bleibt in meiner Liebe!«* Er schließt mit dem Befehl, dass wir einander lieben sollen. Weil das Gebot so wichtig ist, wiederholt es der Herr (siehe V. 12); und er fügt im nächsten Abschnitt einen wichtigen Grund an, warum die Liebe unter den Jüngern unerlässlich ist. Nun sollten wir bedenken, dass dieser Befehl am Ende einer besonderen Unterweisung steht: Christus ist der Weinstock; wir sind die Reben; er hat diese erwählt und dazu bestimmt, Frucht zu tragen. Damit sie als Reben in Christus bleiben und Frucht bringen können, müssen sie einander lieben. Das können sie aber nicht aus sich heraus; aber jetzt befiehlt es der Herr, der Schöpfer und Erlöser; was er aber befiehlt, geschieht. Weil wir das glauben, bitten wir darum, dass es geschieht, wie der Apostel Paulus: *»Und um dieses bete ich, dass eure Liebe noch mehr und mehr überströme«* (Phil 1,9).

3. Der Hass der Welt (15,18-25)

In 14,12-14 sahen wir, wie die Werke des Sohnes Gottes sich in uns fortsetzen.

In 15,1-8 sahen wir, wie das Leben des Sohnes Gottes sich in uns fortsetzt.

In 15,9-17 sahen wir, wie die Liebe des Vaters und des Sohnes sich in uns fortsetzt.

In 15,18-25 sehen wir, wie der Hass der Welt auf den Vater und den Sohn sich an uns fortsetzt.

In 15,26.27 sehen wir, wie das Zeugnis des Heiligen Geistes sich durch uns fortsetzt.

Warum spricht der Herr zu den Jüngern vom Hass der Welt? Inwiefern rüstet dies sie aus für ihren Weg und ihren Dienst?

- Sie sind auf den Hass der Welt gefasst; sie können sich wappnen mit dem Sinn, um Christi willen zu leiden (1Petr 4,1).
- Wenn der Hass sie trifft, wird er ihren Glauben stärken, denn er bestätigt die Worte des Herrn.

Wer von Christus geliebt ist und die Vorrechte genießt, von denen die vorhergehenden Verse sprechen, wird von der Welt gehasst werden. Wollen wir die Liebe Christi, müssen wir auch den Hass der Welt hinnehmen. Einige versuchen das Unmögliche: Sie wollen von Gott geliebt sein und buhlen gleichzeitig um den Beifall der Welt. Sie wollen beides: die Freundschaft Gottes und die der Welt. Das ist aber unmöglich (siehe Mt 6,24), wie auch die Apostel des Herrn gelehrt haben (Jak 4,4; 1Jo 2,15). Nun sind aber die Liebe des Herrn und die Freude am Herrn so große Güter, dass kein Druck der Welt und keine Reichtümer der Welt wert sind, mit ihnen verglichen zu werden (vgl. Röm 8,18).

18 Wenn die Welt euch hasst, so wisst, dass sie mich vor euch gehasst hat.

»Wenn die Welt euch hasst«: Daran erkennt man die Welt und die Weltmenschen: Sie verkennen und verachten die Geliebten Gottes (1Jo 3,1); die Kinder Gottes aber erkennt man gerade daran, dass sie die Kinder Gottes lieben (1Jo 3,14; 5,1). Der Hass der Welt ist schwer genug zu tragen; darum dürfen die Kinder Gottes hier nicht versagen. Sie müssen die Mitgläubigen, die von vielen Seiten angefeindet werden, durch ihre Liebe, ihre Unterstützung und ihr Mitgefühl stärken und trösten. Sollten aber die Kinder Gottes den Mitgläubigen ihre Liebe versagen, so haben sie doch *einen* Trost, der ihnen nie genommen werden kann. Wenn die Welt sie hasst, denken sie an die Worte ihres Herrn: **»[Die Welt] hat mich vor euch gehasst.«** Der Herr fühlt mit (Hebr 4,15), wenn sonst keiner mitfühlt. Er tröstet uns durch seinen Geist, er stärkt uns durch sein Wort, er gibt uns die Gewissheit, dass er mit uns ist, gerade wenn die Welt uns anfeindet.

19 Wenn ihr von der Welt wäret, würde die Welt das Ihre lieb haben; weil ihr aber nicht von der Welt seid, sondern *ich* euch aus der Welt auserwählt habe, darum hasst euch die Welt.

»weil ihr aber nicht von der Welt seid«: vgl. 17,14. Nachdem der Herr den Jüngern erklärt hat, dass die Welt sie hasst, weil sie ihn hasst, sagt er ihnen ferner, dass die Welt sie hasst, weil sie nicht von der Welt sind. Damit bestätigt der Hass der Welt dem Gläubigen, dass er erwählt ist. Petrus sagt, dass die Ungläubigen uns lästern, weil wir nicht mehr mitlaufen in ihrem Treiben (1Petr 4,3.4).

»ich euch aus der Welt auserwählt habe«: Nach V. 16 spricht der Herr hier zum zweiten Mal von der Tatsache, dass er die Jünger erwählt hat. Einige meinen, die Erwählung beziehe sich nur auf den Dienst, nicht auf das Heil. Der vorliegende Vers widerlegt diese Sicht. An den Leiden Christi teilzuhaben, dazu ist jeder Christ berufen (Röm 8,17; 2Tim 1,8; 3,12; 1Petr 2,21; 4,1 usw.); und sie leiden alle, weil Christus sie aus der Welt erwählt hat. Was Christen von der Welt zu erleiden haben, hat hier ihre Ursache: Der Herr hat sie aus der Welt erwählt; damit sind sie der Welt zu Fremden geworden.

20 Erinnert euch an das Wort, das *ich* euch gesagt habe: Ein Knecht ist nicht größer als sein Herr. Wenn sie mich verfolgt haben, werden sie auch euch verfolgen; wenn sie mein Wort gehalten haben, werden sie auch das eure halten.

»Erinnert euch an das Wort«: Wir müssen uns immer wieder an die Aussagen und Lehren des Herrn und der Apostel erinnern (Lk 17,32; 2Tim 2,14; Tit 3,1; 2Petr 1,12.13; 3,1.2; Jud 5.17). Sein Wort hat Kraft, unseren Glauben zu nähren (2,22; 16,4) und unseren Willen zum Gehorsam zu stärken.

»Ein Knecht ist nicht größer als sein Herr«: Weil wir nicht größer sind als unser Herr, müssen wir darauf vorbereitet sein, wie unser Herr behandelt zu werden. Er war in der Welt verachtet; er wurde von den Leuten für nichts geachtet (Jes 53,3). Den Herrn der Herrlichkeit verurteilten und kreuzigten sie wie einen gemeinen Verbrecher (1Kor 2,8). Und wir sollten groß und angesehen sein? Die Welt wies die Worte des Herrn zurück – und unsere Predigt sollte den Leuten gefallen (siehe 2Tim 4,3; 1Jo 4,5.6)? *»Wehe, wenn alle Menschen gut von euch reden«* (Lk 6,26)!

21 Aber dies alles werden sie euch tun um meines Namens willen, weil sie den nicht kennen, der mich gesandt hat.

»um meines Namens willen«: Das ist der tiefste Grund, warum die Christen gehasst werden. Sie gehören Christus, darum hasst sie der Fürst dieser Welt; darum verachtet sie der Geist dieser Welt. Die Apostel mussten von den Obersten im Volk *»für den Namen Schmach ... leiden«*, und darüber freuten sie sich (Apg 5,41).

»weil sie den nicht kennen, der mich gesandt hat«: Sie kennen den Geist der Wahrheit nicht (14,17) und sie kennen den Vater nicht; darum erkennen sie die Kinder Gottes auch nicht (1Jo 3,1).

**22 Wenn ich nicht gekommen wäre und zu ihnen geredet hätte,
so hätten sie keine Sünde; jetzt aber haben sie keinen Vorwand
für ihre Sünde.
23 Wer mich hasst, hasst auch meinen Vater.**

»jetzt aber haben sie keinen Vorwand für ihre Sünde«: vgl. 9,41. Dass sie den Herrn nicht erkannten (siehe Auslegung zu V. 21), entschuldigt ihre Sünde nicht; denn er hatte zu ihnen geredet. Sie hatten genügend Möglichkeiten, sein Wort aufzunehmen und ihn damit zu erkennen, aber sie hassten ihn, wie der Herr sagt: **»Wer mich hasst …«** Sie sahen nur den Menschen Jesus vor sich, aber sie wussten, dass er vom Vater gesandt, dass er der Sohn Gottes war, und damit zeigten sie, dass sie **»[seinen] Vater«** hassten; denn: Wer den Sohn *sieht*, sieht den Vater (14,9); verachteten sie den Sohn, verachteten sie Gott den Vater. Das hat der Herr in 5,23 schon mit anderen Worten gesagt: *»Wer den Sohn nicht ehrt, ehrt den Vater nicht …«* Wir können diese Wahrheit weiterführen und sagen: Wer die Christen hasst, hasst den Christus. Wer jene verfolgt, verfolgt diesen (Apg 9,4). Wir können daher mit unserem Herrn sagen: *»Die Schmähungen derer, die dich schmähen, sind auf mich gefallen«* (Röm 15,3). In diesem Licht verstehen wir, warum die Jünger sich freuen sollten, als sie geschmäht wurden (siehe Mt 5,11.12), und warum John Bunyan aus dem Gefängnis schreiben konnte: *»Ich rühme mich dieser Verleumdungen, da es nichts als solche sind, törichte, knechtische Lügen, mit welchen der Satan und sein Same mich bewerfen. Wenn die Welt mich nicht so behandelte, würde mir ein Zeichen des Heiligen und Kindes Gottes fehlen. Der Herr Jesus sagte: ›Glückselig seid ihr, wenn sie euch schmähen und verfolgen und alles Böse lügnerisch gegen euch reden um meinetwillen‹ (Mt 5,11). Diese Dinge machen mir darum keinen Kummer, nein, und wären sie um ein Zwanzigfaches häufiger und größer als sie sind«* (John Bunyan, *Grace Abounding to the Chief of Sinners*).[172]

172 *Grace Abounding to the Chief of Sinners*, in: *The Works of John Bunyan*, Hrsg. George Offor, 3 Bände, Edinburgh: The Banner of Truth Trust 1991, Bd. 1.

24 Wenn ich nicht die Werke unter ihnen getan hätte, die kein anderer getan hat, so hätten sie keine Sünde; jetzt aber haben sie gesehen und doch gehasst sowohl mich als auch meinen Vater. –

Sie haben »**gesehen**«, aber sie haben dennoch nicht erkannt, wie der Herr in V. 21 und 16,3 sagt. So sieht der Sünder genug, dass er nicht Unwissenheit vorschützen kann; es fehlt ihm nicht am Sehvermögen, und es fehlt ihm nicht am Verstand. Er sieht an den Schöpfungswerken, dass ein ewiger und allmächtiger Gott ist; dennoch verweigert er ihm den Dank und damit die Ehre, und darum ist er schuldig (Röm 1,19-21). So hatten die Juden am Herrn genug gesehen, um zu erkennen, dass er der von Gott gesandte Messias und Retter war, darum waren sie schuldig, als sie »**sowohl mich als auch meinen Vater**« hassten.

25 Aber damit das Wort erfüllt würde, das in ihrem Gesetz geschrieben steht: »Sie haben mich ohne Ursache gehasst.« –

»**Aber damit das Wort erfüllt würde**«: Ob wir den Grund dafür verstehen oder nicht: Der Herr sagt, dass etwas geschah, was von Gott verordnet war. Er hatte zuvor verordnet, dass an den Worten und an den Werken des Herrn Jesus die ganze Sündhaftigkeit und Bosheit des Menschen offenbar werden sollten. Der Mensch ist ein Sünder; und weil er ein Sünder ist, hasst er Gott ohne Ursache. Das musste offenbar werden. Wie sollte es offenbar werden? Dadurch, dass der Herr kam und mit seinen Worten und seinen Werken die ganze Gnade und Güte Gottes offenbarte (Tit 2,11; 3,4). Das alles musste geschehen, damit das Wort erfüllt würde, dass die Menschen ihn ohne Ursache hassten. Und das sollen die Jünger des Herrn wissen; denn das wird ihren Glauben angesichts des Hasses der Welt auf den Christus Gottes und damit auch auf die Christen stärken.

»**Sie haben mich ohne Ursache gehasst**«: Hier wird der ganze Unterschied zwischen Gott und dem Sünder offenbar. Gott hat uns geliebt ohne Ursache; wir haben ihn und seinen Sohn gehasst ohne Ursache. Gott liebt, ohne dass im geliebten Gegenstand eine Ursache für diese Liebe wäre; wir hassen, ohne dass im gehassten Gegenstand eine Ursache für diesen Hass wäre. Das zeigt, dass Gott liebt, weil er gut, weil er Liebe ist; und das zeigt, dass wir hassen, weil wir böse, weil wir Finsternis sind (siehe 3,19.20; 7,7).

4. Das Zeugnis in der Welt (15,26.27)

Das Zeugnis des Sohnes Gottes (siehe 3,11; 7,7; 8,14; 18,37) setzt sich fort im Zeugnis der Christen durch den Heiligen Geist, der ihnen gegeben ist. Wenn die Geliebten Gottes umstellt sind von einer Welt des Hasses und der Hasser, wie sollten sie dann gute Früchte tragen können, deren vornehmste die Liebe ist (Gal 5,22)? Würde die flackernde Flamme der Menschenliebe durch das Böse, das die Welt ihr antut, nicht erlöschen (siehe Mt 24,12)? Und würde der aus Hass geborene Druck auf die Jünger Jesu ihr Zeugnis nicht ersticken? Es wäre alles so gekommen, hätte der Herr den Jüngern nicht den Beistand, den Heiligen Geist, gesandt.

> **26 Wenn aber der Sachwalter gekommen ist, den *ich* euch von dem Vater senden werde, der Geist der Wahrheit, der von dem Vater ausgeht, so wird *er* von mir zeugen.**

Zum **»Sachwalter«** siehe Auslegung zu 14,16.

»so wird er von mir zeugen«: Der Herr kannte den Hass der Welt, der ihn mit größerer Wucht treffen sollte als je einen anderen zuvor und der danach auf die Jünger übergehen sollte, und er kannte die Schwachheit der Jünger besser als diese selbst. Einer seiner Jünger würde ihn verleugnen, alle würden ihn verlassen, aber der Geist würde nicht aufhören, sein Werk in ihnen zu tun. Wir als Gläubige mögen versagen, aber *»er wird von mir zeugen«*. Die Christenheit mag vom Glauben abfallen, aber der Heilige Geist wird immer solche haben, in denen er wohnt und wirkt, und so *»wird er von mir zeugen«*. Was wären wir ohne den Vater und den Sohn, die fortwährend und noch immer wirken (5,17), was wären wir ohne den Heiligen Geist, der dieses Wirken in uns fortsetzt? Gott, der dreieinige Gott, sei gelobt, dass er für uns ist (Röm 8,31), mit uns ist (Mt 28,20) und in uns ist (2Tim 1,14)! Darum muss am Ende seine Sache obsiegen, und darum werden wir, seine Kinder, so schwach und so schwankend wir sind, mit ihr obsiegen.

27 Aber auch *ihr* zeugt, weil ihr von Anfang an bei mir seid.

»Aber auch ihr zeugt«: Das ist nicht eine Aufforderung, sondern eine Aussage. Gegen allen Hass der Welt werden die Jünger zeugen. Der Heilige Geist, der vom Vater ausgeht, zeugt vom Sohn und befähigt die Heiligen zu ihrem Zeugendienst. Zudem waren die Jünger **»von Anfang an«** bei dem Herrn und mit dem Herrn gewesen. Sie kannten ihn und konnten darum so eindringlich von ihm zeugen, dass selbst ihre Verfolger merken mussten, *»dass sie mit Jesus gewesen waren«* (Apg 4,13).

Anmerkungen zu Kapitel 15

V. 1 – »Dieses Gleichnis läuft auf die Lehre hinaus: Wir sind von Natur dürr und unfruchtbar; das hört erst auf, wenn wir, in Christus eingepflanzt, aus ihm eine neue, von außen her zu uns kommende Kraft schöpfen ... Eine Hauptregel, die man bei allen Gleichnissen zu befolgen hat, ist die: Verliere dich nicht in Einzelheiten! Ein Weingarten oder Weinstock hat alle möglichen Eigenschaften. Hier aber gilt es, die Hauptsache im Auge zu behalten. Welche Punkte will Christus mit seinem Gleichnis beleuchten? Es sind deren drei: einmal, dass wir nicht fähig sind, ein Leben nach Gottes Willen und Wohlgefallen zu führen, wenn er uns nicht die Kraft dazu gibt; dann, dass der Vater uns, wenn wir in Christus die Wurzel unseres Lebens haben, reinigt und pflegt; endlich, dass er die unfruchtbaren Weinstöcke oder Reben fortnimmt, um sie zu verbrennen« (Calvin, *Das Evangelium des Johannes*).

»Wie die Jünger im Saal ihn noch umstehen, bereit, den Ort zu verlassen, da sieht er in ihnen die Reben eines Weinstocks, der er selber ist (vgl. Ps 128,3): Wie der sich ausbreitet in seinen Reben, so wird er in ihnen, die ihn umstehen, sich ausbreiten in der Welt« (v. Hoffmann, zitiert bei Dächsel).

V. 2 – »Judas, so kann man vielleicht sagen, wurde weggenommen; ebenfalls jene Jünger, die nicht mehr mit ihm wandelten.[173] Die anderen soll-

173 siehe 6,66.

ten erprobt und gereinigt werden, damit sie noch mehr Frucht brächten … Alle, die ein Bekenntnis ablegen und sich zu Christus halten und ihm nachfolgen wollen, werden, wenn Leben vorhanden ist, gereinigt werden; wenn nicht, wird ihnen genommen werden, was sie haben« (J. N. Darby, *Synopsis*).

V. 5 – »Das macht nicht einen Christen, dass du also genannt wirst und unter den Christen wohnest. Wer ein Christ sein soll, der muss natürlich geboren und gewachsen sein aus dem Weinstock Christus; ein Christ und rechter Heiliger muss ein göttlich Werk und Geschöpf sein. Meine Heiligkeit, Gerechtigkeit und Reinheit kommt nicht aus mir, stehet auch nicht auf mir, sondern ist allein aus und in Christo, welchem ich eingewurzelt bin durch den Glauben, gleichwie der Saft aus dem Stock sich in die Reben zieht, und bin nun ihm gleich in seiner Art, dass beide, er und ich, einerlei Natur und Wesens sind, und ich in ihm und durch ihn Früchte trage, die nicht mein, sondern des Weinstockes sind« (Luther, zitiert bei Dächsel).

V. 6 – »Von denen, die von Christus abgeschnitten sind, heißt es, dass sie verdorren gleich erstorbenem Reisig. In Christus beginnen wir grün und saftreich zu werden; nur in ihm können wir das auch bleiben. Das will aber nicht besagen, dass ein wirklich Auserwählter jemals könnte wieder abgeschnitten werden. Vielmehr ist an die vielen Heuchler zu denken, welche scheinbar eine Zeit lang blühen und grünen und nachher, wenn sie Frucht bringen sollen, nichts aufweisen können, was dem Herrn gefällt« (Calvin, *Das Evangelium des Johannes*).

»In Vers 6 wechselt er [von ›ihr‹] zu ›jemand‹ und spricht von Verderben, was bei keinem wahren Jünger Christi der Fall sein kann. Judas wurde weggenommen … In V. 2 geht es um vollkommene Zerstörung, denn er bezieht sich auf alle, die sich zu ihm gesellt hatten; sie gelten alle als Reben, bis sie abgebrochen werden. *›Wenn ihr in meinem Wort bleibt‹*, sagt er den Juden[174], *›seid ihr wahrhaft meine Jünger.‹* Sie waren seine Jünger, aber sie verharrten nicht darin. Hebräer 6 ist analog dazu« (J. N. Darby, *Collected Writings*, Bd. 25, S. 279).

174 8,31.

»Man beachte den Wechsel von der Einzahl auf die Mehrzahl in diesem Vers. Zuerst steht die Einzahl: *›Wenn* ***jemand*** *...,* ***wird er hinausgeworfen*** *...‹* Damit betont der Herr die persönliche Verantwortung eines jeden Individuums, das mit Christus und seinem Evangelium in Berührung gekommen ist. Wenn er das Licht verwirft, kommt einmal die Zeit, in der alles individuelle Wirken aufhört. Er wird dann nur noch angesehen als einer in der Masse all derer, die von Gott verworfen und der Hölle übergeben werden. Daher steht jetzt die Mehrzahl: *›... und man sammelt* ***sie*** ***und wirft sie*** *ins Feuer‹*« (Hendriksen).

V. 7 – »Wie bleibt man in Christus? Wie werde oder bleibe ich eine Rebe in diesem Weinstock? ... Bleibst du in dem Wort, so bleibe ich in dir und wiederum du in mir und wir sind also beide ineinander gewurzelt und einverleibt, dass mein Wort und dein Herz ein Ding worden ist, und du brauchst nicht weiter zu fragen, wie ich in dir stecke oder du in mir; denn das wirst du in jenem Leben sehen. Jetzt aber kannst du es nicht anders fassen und verstehen als so, dass du mein Wort hast und durch den Glauben in meinem Blut gewaschen und durch meinen Geist gesalbt und versiegelt bist« (Luther, *Johannes-Evangelium*).

Kapitel 16

1. **Die Welt verfolgt die Geliebten des Herrn (16,1-4)**
2. **Der Heilige Geist überführt die Welt (16,5-11)**
3. **Der Heilige Geist leitet die Jünger in die ganze Wahrheit (16,12-15)**
4. **Kurze Trauer mündet in bleibende Freude (16,16-28)**
5. **»Seid guten Mutes, ich habe die Welt überwunden« (16,29-33)**

In Kap. 13 hatten die Jünger gelernt, dass sie beständige Reinigung nötig haben, um mit dem Herrn in Gemeinschaft zu bleiben. In Kap. 14 werden sie mit der Aussicht getröstet, dass nach dem Weggang des Herrn der Heilige Geist und mit ihm der Vater und der Sohn zu ihnen kommen und unter ihnen wohnen werden; in Kap. 15 hören sie, wie sie durch Bleiben in Christus Frucht tragen und ihn durch den Beistand des Geistes in dieser Welt bekennen können. In dieser letzten Rede sollen sie Einsicht gewinnen in das Wesen der Welt, die sie verfolgt, und der neuen Welt, in die der Heilige Geist sie einführen wird. In diesem Kapitel erfahren wir der Reihe nach: Nachdem Christus die Welt verlassen hat, wird die Welt die Jünger verfolgen (V. 1-4); doch damit, dass der Herr geht, kommt der Beistand, der Heilige Geist, und der wird die Welt überführen (V. 5-11), während er die Jünger in alle Wahrheit leitet und sie damit befähigt, unter dem Druck der Welt nicht einzubrechen (V. 12-15). Bald würden die Jünger ihren geliebten Herrn nicht mehr sehen, weil er zum Vater ging, aber nicht lange danach wiedersehen, gerade *weil* er zum Vater ging. Die Zeit, da sie ihn nicht sehen sollten, würde eine Zeit der Klage sein, aber diese würde sich bald in Freude wandeln, eine Freude, die ihnen niemand nehmen konnte (V. 16-22). Diese Freude würde damit völlig werden, dass die Jünger durch den Beistand des Geistes würden bitten und empfangen können (V. 23.24), und durch den Geist würden sie den Vater erkennen, und sie würden verstehen, dass der Vater sie liebt (V. 25-27). Nachdem der Herr den Jüngern das alles angekündigt hatte, konnte er wieder sagen, dass er die Welt verlassen und zum Vater gehen würde (V. 28), doch jetzt waren die Jünger deswegen nicht mehr niedergeschlagen, denn sie glaubten jetzt (V. 29.30). Der Herr bestätigt es ihnen, dass sie jetzt glaubten (V. 31), bereitet sie aber darauf vor, dass ihr Glaube unter der Feindschaft der Welt wieder einbrechen werde, dass ihnen das aber kein Grund zur Verzweiflung sein müsse, denn er hat die Welt überwunden (V. 32.33).

1. Die Welt verfolgt die Geliebten des Herrn (16,1-4)

Eben hatte der Herr den Jüngern eröffnet, dass die Welt sie genauso hassen werde, wie sie ihren Herrn hasste (15,18-21), und nun erklärt er ihnen, wie dieser Hass sich äußern wird. Wie seine Worte sich bestätigten, erfahren wir in der Apostelgeschichte (4,3; 5,40; 7,54-60; 8,3; 9,1.2; 12,1-3; 13,50; 14,19; 16,19; 21,30.31; 22,22; 23,12).

1 Dies habe ich zu euch geredet, damit ihr nicht Anstoß nehmt.

»damit ihr nicht Anstoß nehmt«: Durch diese Worte des Herrn sollten seine Jünger befähigt werden, die Verfolgung gerade durch die religiösen Führer ihres Volkes durchzustehen. Sie mussten darauf gefasst sein, denn sonst würde dieser Hass sie aus der Bahn werfen. Wir werden an einen Diener Gottes erinnert, der fast strauchelte, weil er durchaus nicht darauf gefasst war, von der Welt so wie er behandelt zu werden: Johannes der Täufer (Mt 11,2.3). Er nahm Anstoß am Leiden, das ihm, einem Gerechten, widerfuhr, weil er fest damit rechnete, dass jetzt, da der Messias gekommen war, die Gerechten Frieden und Wohlfahrt genießen und die Gottlosen erniedrigt und gerichtet werden müssten. Auch die Jünger dachten ähnlich. Sie konnten es zunächst nicht verstehen, dass Jesus verurteilt und hingerichtet wurde (siehe Lk 24,19-21). Und nach seiner Auferstehung dachten sie, er würde jetzt wenigstens das verheißene Reich der Gerechtigkeit und des Friedens aufrichten (Apg 1,6).

Der Herr bewahrt die Seinen durch die Warnungen, die er ihnen zuvor gibt (siehe V. 33 und auch Mt 24,25). In der Endzeitrede auf dem Ölberg sagt der Herr auch, dass die Gesetzlosigkeit überhandnehmen und deshalb die Liebe der Vielen erkalten werde (Mt 24,12). Dieses Wissen nun drängt die Jünger, den Herrn erst recht zu suchen, wenn die Gesetzlosigkeit überhandnimmt, denn sie wollen nicht zu den Vielen gehören, deren Liebe erkaltet, sondern sich durch Ausharren im Glauben als wahre Jünger erweisen.

2 Sie werden euch aus der Synagoge ausschließen. Es kommt aber die Stunde, dass jeder, der euch tötet, meinen wird, Gott einen Dienst zu erweisen.

»Sie werden euch aus der Synagoge ausschließen«: Mit den Aposteln und den übrigen Juden, die durch ihr Zeugnis zum Glauben kamen, würde man verfahren wie mit dem Blindgeborenen (siehe 9,34). Dass auch die religiöse Welt unter der Herrschaft des Fürsten dieser Welt steht, zeigt sich daran, dass sie die Kinder Gottes verfolgt. Dabei werden sie **»meinen ..., Gott einen Dienst zu erweisen«**. Die größten Verfolger und erbittertsten Feinde der Christen sind nicht die Religionslosen, sondern die Religiösen. Zur Zeit der Apostel waren es die religiösen Eiferer unter den Juden. Zur Zeit der Reformation war es die Kirche von Rom; zur Zeit der Erweckungen in den Ländern der Reformation waren es die protestantischen Staatskirchen.

3 Und dies werden sie tun, weil sie weder den Vater noch mich erkannt haben.

»weil sie weder den Vater noch mich erkannt haben«: Das ist die wahre Erklärung für den Unverstand der religiösen Welt. Die Juden hatten *»gesehen«* (15,24), will sagen, genug gesehen, um ohne Entschuldigung zu sein; darum hatten sie keinen Vorwand für ihre Sünde (15,22). Aber sie hatten den Vater und den Sohn nicht erkannt; sonst hätten sie nicht gegen ihn gesündigt.

4 Dies aber habe ich zu euch geredet, damit, wenn die Stunde gekommen ist, ihr euch daran erinnert, dass *ich* es euch gesagt habe. Dies aber habe ich euch von Anfang an nicht gesagt, weil ich bei euch war.

»Die Stunde« ist die Zeit der Verfolgungen und der Leiden, die bald nach der Himmelfahrt des Herrn anfing, wie wir in Apg 4; 5; 6; 7; 8; 9 etc. erfahren. Für die Gemeinde währt diese Stunde, bis der Herr kommt und sie heimholt (14,3). Darum lehrte Paulus die Jungbekehrten von Anfang an, dass sie durch viele Leiden in das Reich Gottes eingehen müssen (Apg 14,22; siehe auch 1Thes 3,4; 2Tim 3,12). Dass Verfolgungen kommen, hatte der Herr **»von Anfang an nicht gesagt«**, denn da war er noch bei ihnen. Da war es nicht nötig; denn niemand konnte ihn und damit seine Jünger antasten, bevor die Zeit gekommen war. Aber jetzt sollten sie es wissen, damit sie, **»wenn die Stunde«** kommt, vorbereitet sind. Als die Nachstellungen kamen, konnten sie nur bestätigen, dass alle Worte des Herrn wahr waren, und das stärkte ihren Glauben.

2. Der Heilige Geist überführt die Welt (16,5-11)

In den Abschiedsreden, in der Apostelgeschichte und in den Lehrbriefen lesen wir viel vom Wirken des Heiligen Geistes im einzelnen Gläubigen und in der Gemeinde; hier haben wir eine der wenigen Stellen im Neuen Testament, die etwas aussagen über sein Wirken in und an der Welt (eine andere Stelle ist Offb 5,6). Täte er dieses Werk nicht, würde kein Mensch aus der Welt errettet werden.

> **5 Jetzt aber gehe ich hin zu dem, der mich gesandt hat, und niemand von euch fragt mich: Wohin gehst du?**
> **6 Doch weil ich dies zu euch geredet habe, hat Traurigkeit euer Herz erfüllt.**

»Jetzt aber gehe ich«: Dieses Wort fällt unmittelbar nach der schlimmen Ankündigung, dass man die Jünger wegen ihres Glaubens an Jesus töten werde. Wir verstehen zwar nicht ganz, warum es sein muss, dass Kinder Gottes gehasst und umgebracht werden müssen; aber wir verstehen, dass es notwendigerweise geschieht, weil diese Welt den Sohn Gottes auch gehasst und umgebracht hat. Und wir glauben, dass es gut ist, denn sonst dürfte es nicht geschehen (Röm 8,28).

Anders als zu Beginn, als einige Jünger den Herrn gefragt hatten, wo er wohne (1,38), fragt jetzt niemand: **»Wohin gehst du?«** Sie sind zu traurig, um solche Fragen zu stellen: **»… weil ich dies zu euch geredet habe, hat Traurigkeit euer Herz erfüllt.«** Sie denken nur daran, dass er sie verlässt und wie einsam sie dann sein werden; sie haben keinen Gedanken dafür übrig, wohin er geht: zum Vater, zurück in die Herrlichkeit. Die Traurigkeit blockiert sie, aber der Herr ist der vollkommene Hirte, der nicht wartet, bis sie von ihrer Sorge um sich selbst frei sind, sondern er spricht so zu ihnen, dass sie am Ende doch getröstet sind.

In V. 20-22 greift der Herr den Gedanken der Trauer der Jünger wieder auf und führt ihn weiter aus. Hier sagt er, dass die Traurigkeit damit enden wird, dass der Heilige Geist kommt, der die Welt überführt von Sünde, Gerechtigkeit und Gericht (V. 8-11); dort wird er sagen, dass die Traurigkeit in Freude verwandelt wird, weil die Jünger den Herrn nach kurzer Zeit wiedersehen werden.

In den Versen 7-11 spricht der Herr wieder vom Heiligen Geist, der kommen soll; diesmal spricht er nicht vom Werk, das er in den Jüngern tun wird, sondern von seinem Wirken in der Welt.

> **7 Doch *ich* sage euch die Wahrheit: Es ist euch nützlich, dass *ich* weggehe, denn wenn ich nicht weggehe, wird der Sachwalter nicht zu euch kommen; wenn ich aber hingehe, werde ich ihn zu euch senden.**[175]

Die Jünger sahen Jesus, ihren Herrn, in seinem menschlichen Leib vor sich. Aber er stand davor, sie bald zu verlassen; bald sollten sie ihn nicht mehr sehen (V. 10). Für die Jünger war das nur niederschmetternd, doch er sagt ihnen:

»Es ist euch nützlich, dass ich weggehe«: Wie sollte das ihnen, den Jüngern, nützlich sein? Hatten sie schon vergessen, dass er sie nicht als Waisen zurücklassen, sondern den Vater bitten werde, dass er ihnen den Heiligen Geist sende (14,16), und in welcher Weise der Heilige Geist ihnen nützlich sein würde?

1. Er würde sie befähigen, größere Werke zu tun (14,12).
2. Er würde ihnen tiefere Erkenntnis schenken (14,20).
3. Er würde sie an alles erinnern (14,26).
4. Ihr Herr selbst würde mit dem Geist zu ihnen kommen (14,28).

175 Diesen Vers hat J.S. Bach zur Eingangsarie verarbeitet in der Kantate »Es ist euch gut, dass ich hingehe« (BWV 108).

Und nun sagt er es wieder: »… **wenn ich nicht weggehe, wird der Sachwalter nicht zu euch kommen; wenn ich aber hingehe, werde ich ihn zu euch senden.«** Er nennt den Geist hier nicht zufällig *»Tröster«*, wie man das Wort für »Sachwalter«, *paraklētos*, ebenfalls übersetzen kann. Er, der Heilige Geist, würde die Jünger besser trösten, als es der Herr hatte tun können, als er noch bei ihnen war (V. 4). Er hätte zwar das Vermögen gehabt, aber die Jünger vermochten es noch nicht zu fassen. Mit dem Kommen des Heiligen Geistes aber würde alles sich ändern. Dann würden sie nicht nur verstehen, was ihnen jetzt unbegreiflich war, sondern auch das ertragen können, was ihnen jetzt unerträglich erschien (siehe V. 12), nämlich das Unrecht und den Hass und die Verfolgung durch die Welt.

»werde ich ihn zu euch senden«: Der Sohn bittet den Vater, und der Vater gibt den Jüngern den Heiligen Geist (14,16); der Vater sendet den Heiligen Geist im Namen des Sohnes (14,26); der Sohn sendet den Heiligen Geist, wie wir hier vernehmen. Der Vater und der Sohn sind eins (10,30); was irgend der Vater tut, tut der Sohn gleicherweise (5,19). In Offb 22,1 lesen wir, dass der Strom, der ein Symbol des Heiligen Geistes ist, ausgeht vom Thron Gottes und des Lammes, also vom Vater und vom Sohn.

8 Und wenn er gekommen ist, wird *er* die Welt überführen von Sünde und von Gerechtigkeit und von Gericht.

Der Herr hatte den Jüngern verschiedene Werke und Wirkungen des Heiligen Geistes in ihnen und für sie genannt (siehe Auslegung zu V. 7). Nun nennt er ihnen ein weiteres notwendiges Wirken des Geistes. Der Sohn Gottes wird weggehen, aber der Geist Gottes wird kommen, und der wird ein Werk tun, das die Jünger niemals vermögen, das aber in dieser Welt geschehen muss.

Er wird **»die Welt überführen«**: Die Welt verfolgt die Jünger, weil deren Zeugnis anstößig ist, und die Jünger können die Welt von der Richtigkeit ihres Bekenntnisses nicht überzeugen. Man kann der Welt nicht klarmachen, dass es Sünde ist, nicht an den Sohn Gottes zu glauben; denn das vermag nur Gott selbst. Gott der Heilige Geist wird dieses Werk übernehmen. Er wird das Zeugnis der Jünger (siehe 15,27) verwenden und Erkenntnis der Sünde, der Gerechtigkeit und des verdienten Gerichts wirken.

9 Von Sünde, weil sie nicht an mich glauben;

Die große Torheit und vor allem die große Sünde der Welt ist, dass **»sie nicht an mich glauben«**. So, wie der Glaube Gott ehrt (5,44; Röm 4,20), so entehrt der Unglaube ihn. Wer das Zeugnis seines Sohnes nicht annimmt, macht ihn, den Wahrhaftigen (1Jo 5,20b), und Gott, seinen Vater, zum Lügner (1Jo 5,10). Diese Wahrheit, dass der Unglaube die verdammende Sünde sein soll, kann keinem natürlichen Menschen einleuchten. Es muss ihm, wie alles Göttliche, als Torheit erscheinen (1Kor 1,18; 2,14), bis ihm der Heilige Geist die Augen öffnet.

10 von Gerechtigkeit aber, weil ich zum Vater hingehe und ihr mich nicht mehr seht;

Der Heilige Geist wird die Welt **»von Gerechtigkeit«** überführen, **»weil ich zum Vater hingehe«**: Als der Sohn zu seinem Vater auffuhr, bewies er, dass er der Gerechte ist, und das wiederum bedeutet, dass die Welt sündigte, als sie ihn als einen Übeltäter verurteilte (18,30), der Gotteslästerung bezichtigte (19,7; Mt 26,65) und hinrichtete. Das ist die Hauptaussage der ganzen Pfingstpredigt: Er, den die Juden ans Kreuz schlugen, wurde zuerst durch Zeichen und Wunder als der von Gott gesandte Retter bestätigt, danach wurde er von Gott auferweckt, erhöht und zum Herrn und Christus deklariert (Apg 2,22-24.33.36). Der Heilige Geist überführte die Hörer. Sie erkannten, dass Jesus von Nazareth der Gerechte war, ihre Herzen wurden durchbohrt, und sie taten Buße.

»und ihr mich nicht mehr seht«: Dieser Satz ergänzt die vorherige Aussage. Damit, dass der Herr zum Vater ging, entschwand er den Blicken der Jünger (Apg 1,9). Der Herr, den sie bekennen, sehen sie darum nicht, weil er nach Gottes Willen das Erlösungswerk am Kreuz vollendet und nach vollendetem Werk dahin zurückgekehrt ist, von wo er ausging. Gott hat das Werk seines Sohnes angenommen; jeder, der an ihn glaubt, soll wissen, dass die ewige Erlösung im Himmel festgeschrieben ist. Nun hatten die Jünger noch mehr Gründe, darüber nicht niedergeschlagen zu sein, dass er sie verlassen und sie ihn in seinem menschlichen Leib nicht mehr sehen würden (siehe Auslegung zu V. 7). Jetzt ist er verherrlicht (1Tim 3,16), und davon gibt der Heilige Geist Zeugnis, und durch den Geist können die Gläubigen seine Herrlichkeit schauen

(Hebr 2,9). Aber sie schauen sie nicht lediglich, sondern sie erfahren an sich, wie sie durch den Geist verwandelt werden von Herrlichkeit zu Herrlichkeit und ihm so immer ähnlicher werden (2Kor 3,18). Einst werden sie ihm ganz gleich sein; denn das ist Gottes Vorsatz (Röm 8,29; 1Jo 3,2). Sie erwarten ihren Herrn aus dem Himmel, der ihren Leib der Niedrigkeit umgestalten und verherrlichen wird (Phil 3,20.21). Und schließlich werden sie, wenn er zum zweiten Mal in diese Welt kommt, zusammen *»mit ihm offenbart werden in Herrlichkeit«* (Kol 3,4).

»So muss ein Christ Rechenschaft geben über seine Gerechtigkeit und warum er ein Christ ist. Christ heiße ich darum, weil Jesus Christus, der für mich gestorben ist, zur rechten Hand Gottes sitzt und ich ihn nicht sehe. Seltsam, wie hier ein Christ beschrieben wird! ***Nun siehst du, dass ein Christ sich nicht zu fürchten braucht, er ist ein Herr aller Dinge, er kann nicht sündigen; denn seine Gerechtigkeit ist Christus, der gestorben ist.*** *›Wer will die Auserwählten Gottes beschuldigen? Gott ist hier, der gerecht macht. Wer will verdammen? Christus ist hier, der gestorben, ja vielmehr, der auch auferweckt ist, welcher ist zur Rechten Gottes und vertritt uns.‹ Allen Teufeln zum Trotz sei's gesagt! Wer will sagen: Christus ist ein Sünder?«* (Luther, *Johannes-Evangelium*).

11 von Gericht aber, weil der Fürst dieser Welt gerichtet ist.

Der Geist wird auch überführen vom **»Gericht«**, das bereits über den Fürsten der Welt ergangen ist und bald über die ganze Welt ergehen muss. Dieses Wissen brauchen die Jünger, damit sie nicht etwa anfangen, sich selbst zu rächen (siehe Röm 12,19). Ist **»der Fürst dieser Welt gerichtet«**, ist das Urteil über die ganze Welt ausgesprochen, folgt diese doch ihrem Fürsten. Er wurde am Kreuz gerichtet. Dort hat der Menschensohn durch seinen stellvertretenden Tod den zunichtegemacht, der die Macht des Todes hatte, den Teufel (Hebr 2,14). Dort wurde der Fürst dieser Welt hinausgeworfen (12,31). Seit Golgatha steht daher die Welt als eine von Gott bereits verurteilte Gemeinschaft da. Wie in den Tagen Noahs harrt die Langmut Gottes noch (1Petr 3,20), aber wie jene Welt im Wasser unterging, wird die jetzige Welt noch so lange durch Gottes Macht und Willen aufbewahrt, um am bestimmten Tag im Feuer unterzugehen (2Petr 3,7).

3. Der Heilige Geist leitet die Jünger in die ganze Wahrheit (16,12-15)

Der Heilige Geist gibt uns Erkenntnis Gottes und seines Heils, und er gibt uns die rechte Erkenntnis der Welt und ihres Wesens. Beide bestärken einander: Je tiefer wir den Herrn erkennen, desto greller tritt uns die Bosheit und Verdorbenheit der Welt hervor.

12 Noch vieles habe ich euch zu sagen, aber ihr könnt es jetzt nicht tragen.

»Noch vieles habe ich euch zu sagen«: Jedes Wort, das der Herr sie bis dahin gelehrt hatte, war unendlich kostbar gewesen. Dennoch war da noch vieles, das er die Jünger **»jetzt nicht«** lehren konnte. Aber der Geist würde kommen und sie all das lehren, und dann würden sie es **»tragen«** können. Das aber bedeutet, dass dieses Viele noch höher und noch tiefer reichen muss als alles, was sie bereits gehört und verstanden hatten. Wie groß müssen aber dann diese noch zurückgehaltenen Wahrheiten sein! Darum war es abermals nützlich, dass der Herr von ihnen ging.

13 Wenn aber jener, der Geist der Wahrheit, gekommen ist, wird er euch in die ganze Wahrheit leiten; denn er wird nicht von sich selbst aus reden, sondern was er hören wird, wird er reden, und das Kommende wird er euch verkündigen.[176]
14 *Er* wird mich verherrlichen, denn von dem Meinen wird er empfangen und euch verkündigen.

Es werden vier Aussagen gemacht zum Dienst und zum Wirken des Heiligen Geistes:

1. Er wird die Glaubenden in die ganze Wahrheit leiten.
2. Er wird reden, was er hören wird, d.h. er wird nichts Eigenes und nichts Fremdes sagen, sondern alles, was er sagt, wird übereinstimmen mit dem, was die Jünger aus dem Mund des Herrn

176 Diesen ganzen Vers hat J. S. Bach zum Chor »Wenn aber jener, der Geist der Wahrheit kommen wird« verarbeitet in der Kantate »Es ist euch gut, dass ich hingehe« (BWV 108).

gehört hatten (wenngleich die dann enthüllten Wahrheiten weiter führen als das, was sie bisher hatten hören und verstehen können).

3. Er wird das Kommende verkündigen.
4. Er wird den Sohn verherrlichen.

Der Heilige Geist **»wird … euch in die ganze Wahrheit leiten«**, also all das noch enthüllen und ihnen erklären, was sie jetzt noch nicht verstehen und noch nicht tragen konnten. In den Lehrbriefen wird uns *»die ganze Wahrheit«* über das Heil Gottes geoffenbart, über die ganze Tragweite der Erlösung, die der Herr gewirkt hat. Der Heilige Geist gibt uns Verständnis über alles, was Gott in seinem Wort offenbart hat (1Jo 2,20.27).

Es werden zwei Gründe genannt, warum alles, was der Heilige Geist sagt, die Wahrheit ist. Erstens: **»… er wird nicht von sich selbst aus reden«**; zweitens: **»Er wird mich verherrlichen …«** Was für den Sohn Gottes gilt, gilt auch für den Geist Gottes. Der Sohn hatte gesagt, dass sein Zeugnis wahr sei, weil er nicht etwas Eigenes lehrte, sondern was ihm vom Vater gegeben war (7,16), und dass er das redete, was er vom Vater hörte (8,40; 15,15). Das Gleiche gilt für den Heiligen Geist. Sein Zeugnis ist wahr, weil er nicht von sich selbst aus redet. Der Sohn bezeugte, dass er nicht seine eigene, sondern des Vaters Ehre suchte (7,18). So wird auch der Geist nicht sich selbst, sondern den Sohn verherrlichen.

»was er hören wird, wird er reden«: Das ist ein erstes Erkennungsmerkmal des Heiligen Geistes. Da er mit dem Vater und mit dem Sohn eins ist, wird er nur reden, was vom Vater und vom Sohn ausgeht, und das bedeutet, dass alles, was er sagt, die über den Vater und den Sohn gelehrten Wahrheiten bekräftigt.

»das Kommende wird er euch verkündigen«: Er ist der Geist der Weissagung, und dieser ist das Zeugnis Jesu (Offb 19,10), das Zeugnis seines ersten und zweiten Kommens in diese Welt, seiner Leiden und der Herrlichkeiten danach (1Petr 1,11). Indem der Heilige Geist den Gläubigen das Kommende verkündigt, tröstet er durch die Hoffnung der Herrlichkeit (Röm 8,18-25).

»Er wird mich verherrlichen«: So, wie der Sohn durch sein Leben und Sterben den Vater verherrlichte (17,4), so verherrlicht der Geist den Sohn. Er öffnet den Gläubigen die Augen, die Herrlichkeit ihres erhöhten Herrn immer besser zu erkennen. Darum heißt er in Eph 1,17

»Geist der Weisheit und Offenbarung«. Durch ihn haben wir Zugang zum Vater (Eph 2,18) und sehen im Angesicht Christi die Herrlichkeit Gottes (2Kor 4,6); durch ihn bekennen wir Jesus als Herrn (1Kor 12,3). Dieser Dienst ist ein weiteres Kriterium, an dem wir den Geist der Wahrheit vom Geist des Irrtums (1Jo 4,6) unterscheiden können: Jeder Geist, der Christus verherrlicht, indem er die von Christus und über Christus gelehrte Wahrheit bekräftigt, ist aus Gott; jeder Geist, der die Wahrheit über Christus verhüllt, verbiegt oder verleugnet, ist nicht aus Gott (1Jo 4,2.3).

15 Alles, was der Vater hat, ist mein; darum sagte ich, dass er von dem Meinen empfängt und euch verkündigen wird.

»Alles, was der Vater hat, ist mein«, darum kann der Herr sagen, dass der Heilige Geist von dem Seinen empfange und den Jüngern verkündige. Mithin: Der Heilige Geist teilt den Jüngern alles mit, was des Vaters ist. In 15,15 hatte der Herr gesagt, dass er alles, was er vom Vater empfangen hatte, den Jüngern verkündigt hatte. Nun er zum Vater gegangen ist, wird der Heilige Geist dieses Werk fortsetzen. So verstehen wir: Was des Vaters ist, ist auch des Sohnes, und was des Sohnes ist, ist des Heiligen Geistes; denn Gott der Vater und Gott der Sohn und Gott der Heilige Geist sind, obwohl drei, eins.

4. Kurze Trauer mündet in bleibende Freude (16,16-28)

Am Anfang dieses Abschnitts kündigte der Herr einmal mehr an, dass er *»zum Vater hingehe«* (V. 16), und die Jünger verstanden seine Worte nicht (V. 17.18); als er am Schluss wieder ankündigte, dass er die Welt verlasse, konnten die Jünger antworten, dass seine Worte ihnen nicht mehr verhüllt waren (V. 28.29). Wie erklärt sich dieser Umschwung? Die Jünger konnten die Worte des Herrn nicht verstehen, weil diese nur Kummer weckten; denn der Sinn der Aussage war ganz schlicht. Aber weil ihnen alles nur wehtat, war ihnen alles nur dunkel. Als sie verstanden, dass der Herr sie durch große Traurigkeit zu noch größerer Freude führte, war ihnen das Verständnis nicht mehr verstellt; das Dunkel wich, und sie sahen klar.

> **16 Eine kleine Zeit, und ihr schaut mich nicht mehr, und wieder eine kleine Zeit, und ihr werdet mich sehen, weil *ich* zum Vater hingehe.**

»Eine kleine Zeit« würde der Herr sie verlassen, und dann würden sie ihn nicht mehr schauen – **»und wieder eine kleine Zeit«**, nämlich dann, fünfzig Tage nach seiner Auferstehung, würden die Jünger ihn wiederum sehen. Warum können wir mit Bestimmtheit sagen, dass der Herr mit dieser *»kleinen Zeit«* nicht die Tage zwischen Kreuzigung und Auferstehung meint, nach denen die Jünger den Herrn ja auch wiedersahen? Der Herr begründet hier, warum sie ihn wiedersehen werden, mit den Worten **»weil ich zum Vater hingehe«**. Nachdem er zum Vater gegangen war, sandte er den Heiligen Geist (siehe Auslegung zu V. 7), und der Heilige Geist würde ihnen die Augen dafür öffnen, dass er in die Herrlichkeit eingegangen und zur Rechten des Vaters war. Darum konnte Petrus am Pfingsttag mit großer Gewissheit verkünden: *»Diesen Jesus hat Gott auferweckt, wovon wir alle Zeugen sind. Nachdem er nun durch die Rechte Gottes erhöht worden ist und die Verheißung des Heiligen Geistes vom Vater empfangen hat, hat er dies ausgegossen, was ihr seht und hört«* (Apg 2,32.33).

> **17 Einige von seinen Jüngern sprachen nun zueinander: Was ist dies, was er zu uns sagt: Eine kleine Zeit, und ihr schaut mich nicht, und wieder eine kleine Zeit, und ihr werdet mich sehen, und: Weil ich zum Vater hingehe?**
> **18 Da sprachen sie: Was ist das für eine kleine Zeit, wovon er redet? Wir wissen nicht, was er sagt.**
> **19 Jesus erkannte, dass sie ihn fragen wollten, und sprach zu ihnen: Darüber fragt ihr euch untereinander, dass ich sagte: Eine kleine Zeit, und ihr schaut mich nicht, und wieder eine kleine Zeit, und ihr werdet mich sehen?**

Die Jünger verstanden diese Worte des Herrn nicht, obwohl sie nicht geheimnisvoll waren. Aber sie sträubten sich gegen die schmerzliche

Wahrheit und konnten sie darum nicht sehen; darum mochten sie auch nicht den Herrn selbst fragen, der es ihnen offen und klar gesagt hätte, sondern sie **»sprachen ... zueinander«**; doch damit war ihnen nicht geholfen. Das **»erkannte Jesus«**, denn er ist der Herzenskenner, und das zeigte er ihnen, indem er ihre untereinander ausgetauschten Worte aufgriff. Und er wusste nicht nur, was sie geredet hatten; er wusste auch, dass noch immer Kummer in ihren Herzen war, und dem half er ab durch die noch folgenden Worte. Wir wundern uns zunächst, weil wir in ihnen keine Antwort auf die eben gestellte Frage der Jünger finden. Warum beantwortet der Herr die Frage der Jünger nicht? Wohl deshalb, weil diese innerhalb der kommenden Tage und Wochen sich von selbst beantworten würde durch die nachfolgenden Geschehnisse. Er spricht vielmehr so, dass die Jünger aus ihrer lähmenden Traurigkeit befreit werden; das war viel wichtiger. Denn sobald das geschehen war, sahen sie klar (V. 29) und mussten ihn nicht mehr fragen. Können wir dem Herrn genug dafür danken, dass er auch mit uns immer wieder so verfährt? Dass er zu uns spricht über Dinge, die notwendiger sind als unsere gerade aufkommenden Fragen, auf die wir gerne Antworten hätten, und dass er uns damit mehr gibt, als wir begehrt hatten?

20 Wahrlich, wahrlich, ich sage euch, dass *ihr* weinen und wehklagen werdet, aber die Welt wird sich freuen; *ihr* werdet traurig sein, aber eure Traurigkeit wird zur Freude werden.[177]

Eingeleitet mit der doppelten Beteuerung **»wahrlich, wahrlich«**, sagt der Herr zuerst voraus, dass die Jünger **»weinen und wehklagen«** und dass sie **»traurig sein«** werden. Als sie dann tatsächlich weinten und klagten, erinnerten sie sich gewiss an diese Worte. Der Herr hatte es vorhergesagt; jetzt war es so gekommen, und da verstanden sie, dass er von Anfang an alles wusste, dass nichts ihm entgehen konnte, dass alles nach Plan geschah. Das ist ein großer Trost. Als die Welt triumphierte, weil sie Jesus von Nazareth, ihren geliebten Meister, erfolgreich verurteilt und hingerichtet hatte, war das zuerst nur bitter. Doch dann erinnerten sie sich wieder an die Worte des Herrn: **»... die Welt wird sich freuen ...«** Auch das geschah nach Plan. Dann aber würde auch das nächste Wort sich

177 Diesen ganzen Vers hat J. S. Bach zum Eingangschor verarbeitet in der Kantate »Ihr werdet weinen und heulen« (BWV 103).

bewahrheiten: »**… ihr werdet traurig sein, aber eure Traurigkeit wird zur Freude werden.**« Dieses Wort löste der Herr schon ein am Abend des ersten Tages, an dem er auferstanden war: *»Da freuten sich die Jünger, als sie den Herrn sahen«* (20,20).

> **21 Die Frau, wenn sie gebiert, hat Traurigkeit, weil ihre Stunde gekommen ist; wenn sie aber das Kind geboren hat, denkt sie nicht mehr an die Bedrängnis um der Freude willen, dass ein Mensch in die Welt geboren ist.**

Mit diesem Gleichnis (siehe V. 25) veranschaulicht der Herr, was er in V. 20 gesagt hat: »**Die Frau, wenn sie gebiert, hat Traurigkeit …**« Diesen Vergleich konnten die Jünger nicht falsch verstehen, denn sie wussten, dass die Frau bei jeder Geburt große Schmerzen ausstehen muss; aber sie wussten auch, dass nach der Geburt die Freude groß ist über das Kind, das zur Welt gekommen ist. Wie der Herr die Jünger führte, so wird er am Ende der Tage sein Volk durch eine kurze Zeit der Geburtswehen (Mt 24,8) zur ewig währenden Freude des vollendeten Heils führen.

»**weil ihre Stunde gekommen ist**«: Dieser Ausdruck steht bereits in V. 4, und damit zeigt der Herr, dass er mit der Mutter in ihren Ängsten und Schmerzen die Jünger meint, für die bald ihre Stunde schlagen würde: die Stunde der Verfolgung und Leiden, die bereits kurz nach seinem Weggang begann und die bis zum Ende des Zeitalters fortdauern wird. Ja, die Welt würde sich über den Tod Jesu freuen, während die Jünger weinten – so verschieden empfinden die Kinder der Welt und die Kinder Gottes. Was jene beglückt, ist diesen ein Kummer, und worüber diese weinen, lachen jene. Die Erlösung macht uns dieser Welt wahrhaft fremd. Die Freude der Welt währt kurz (Hi 20,5) und wird in nie endenden Jammer münden; der Kummer der Heiligen währt kurz (siehe 2Kor 4,17) und wird zur »**Freude**« werden, die nie endet. *»… am Abend kehrt Weinen ein, und am Morgen ist Jubel da«* (Ps 30,6).

Wie die Frau, die vor der Geburt steht, so standen auch die Jünger vor einer Geburt, der Geburt der Gemeinde, und der Weg dahin ging durch Wehen. Die Frau, nachdem sie geboren hat, »**denkt … nicht mehr an die Bedrängnis um der Freude willen …**« Nach der Geburt der Gemeinde hörte die Bedrängnis zwar nicht auf; denn die Jünger und nach ihnen alle

Gläubigen hatten auch nach Pfingsten noch Bedrängnis in der Welt; aber sie konnten trotzdem *»guten Mutes«* sein, weil der Herr die Welt überwunden hat (V. 33). Wir alle müssen durch viele Trübsale ins Reich Gottes eingehen (Apg 14,22), aber inmitten der Bedrängnisse *»sind wir mehr als Überwinder durch den, der uns geliebt hat«* (Röm 8,37), denn nichts kann uns scheiden von der Liebe Christi (Röm 8,35ff.). Und wir wissen, dass alle Bedrängnisse Wehen sind, welche die Geburt der neuen Schöpfung ankündigen (Röm 8,22).

So war auch der Weg des Herrn selbst. Vor ihm stand größere Bedrängnis, als ein Mensch je erlitten hat und je wird erleiden können; aber er achtete die Bedrängnis nicht um der vor ihm liegenden Freude willen (Hebr 12,2). Einmal mehr werden wir daran erinnert, dass der Herr selbst alle Bedrängnis durchmachte, die seine Jünger durchmachen müssen. Er erwartet nichts von uns, das er nicht selbst getan hat; er führt uns keine Wege, die er nicht selbst gegangen ist.

22 Auch *ihr* nun habt jetzt zwar Traurigkeit; aber ich werde euch wiedersehen, und euer Herz wird sich freuen, und eure Freude nimmt niemand von euch.

Der Herr sagt nicht: »ihr werdet mich wiedersehen«, sondern: **»ich werde euch wiedersehen«**. Das erinnert uns an die Worte: *»... so komme ich wieder und werde euch zu mir nehmen«* (14,3). In der Tatsache, dass der Herr zu den Jüngern kommt und dass er sie wiedersieht, ist die Freude der Jünger fest verankert. Nicht sie müssen ihn herbeisehnen, damit er kommt, sondern er selbst sehnt sich nach den Seinen; er will sie sehen und erscheint ihnen deshalb. Als die Jünger ihn nach der Auferstehung sahen, freuten sie sich (20,20); aber sie sahen ihn vor Pfingsten immer nur für kurze Zeit (siehe Lk 24,31). Nach Pfingsten sahen sie ihn für immer und verherrlicht (Hebr 2,9). Von da an verstanden sie, dass sie mit ihm für alle Ewigkeit verbunden waren, verstanden, dass er als ihr Vorläufer in die Gegenwart des Vaters eingegangen war (Hebr 6,20), verstanden, dass er wiederkommen und sie zu sich nehmen wird (14,3). Von da an konnten sie ihn durch den Heiligen Geist immer vor Augen haben, und darum konnten sie sich immer an ihm und in ihm freuen (Phil 4,4): **»... eure Freude nimmt niemand von euch.«**

23 Und an jenem Tag werdet ihr mich nichts fragen. Wahrlich, wahrlich, ich sage euch: Um was irgend ihr den Vater bitten werdet in meinem Namen, das wird er euch geben.[178]
24 Bis jetzt habt ihr um nichts gebeten in meinem Namen.[179] **Bittet, und ihr werdet empfangen, damit eure Freude völlig sei.**

Die Jünger hatten sich gefragt, was die Worte von V. 17.18 bedeuteten; aber sie hatten nicht gewagt, ihn zu fragen, was das bedeutete. **»An jenem Tag«**, dem Tag, der mit Pfingsten begann und bis heute andauert, würden sie solche Fragen nicht mehr stellen. Das heißt aber nicht, dass sie den Herrn dann nichts mehr bitten würden; im Gegenteil: Nach 14,13.14; 15,7.16 spricht der Herr erneut vom Vorrecht, vom Segen und von der Notwendigkeit des Bittens. In Kap. 14 werden wir ermuntert zu beten, damit der Herr die Werke in uns tue, die wir in seinem Auftrag tun sollen; in Kap. 15 lernen wir zu beten, damit wir Frucht bringen; hier lernen wir, dass wir beten müssen, damit wir Verständnis über all das erlangen, was der Heilige Geist vom Sohn empfängt und uns lehrt.

Und noch etwas will der Herr den Seinen damit geben, dass sie bitten dürfen und empfangen werden: Er wollte, dass ihre **»Freude völlig sei«**. Die Jünger würden den Herrn sehen, und damit würde ihre Traurigkeit zur Freude werden (V. 20.22); aber er gibt größere Freude. Als die Jünger anfingen, mit dem Herrn in seinem Werk zusammenzuarbeiten, indem sie ihn baten und von ihm empfingen (siehe 14,12.13), wurde ihre Freude völlig. In 15,10.11 steht, dass wir völlige Freude finden, wenn wir die Gebote des Herrn halten. In 17,12.13 steht, dass wir völlige Freude finden im Wissen, dass der Herr unser Hoherpriester ist, durch dessen Fürbitte wir, während wir in der Welt sind, vor der Welt und ihrem Fürsten bewahrt werden.

Völlige Freude ist bleibende und wachsende Freude; denn vorübergehende und verblassende Freude kann nicht »völlig« heißen. Durch den Heiligen Geist können wir den Herrn immer sehen und sind wir befähigt, zu aller Zeit und in allen Anliegen zu bitten und zu empfangen, und so wird unsere Freude unter allen Umständen und zu aller Zeit völlig sein. Genau das erfuhr Paulus, und davon hat er geschrieben: Er betete für

178 Diesen Vers hat J. S. Bach zur Eingangsarie verarbeitet in der Kantate »Wahrlich, wahrlich, ich sage euch« (BWV 86).
179 Die erste Hälfte dieses Verses hat J. S. Bach zur einleitenden Arie verarbeitet in der Kantate »Bisher habt ihr nichts gebeten in meinem Namen« (BWV 87).

die Heiligen *»mit Freuden«* (Phil 1,4); er war gewiss, dass der Herr ihn erhörte, und darum war er selber voll von jener Freude, die er den Philippern befiehlt (Phil 4,4).

25 Dies habe ich in Gleichnissen zu euch geredet; es kommt die Stunde, da ich nicht mehr in Gleichnissen zu euch reden, sondern euch offen von dem Vater verkündigen werde.

Bisher hatte der Herr **»in Gleichnissen«** zu den Jüngern geredet: durch die Fußwaschung; in den Worten, dass jemand die Ferse gegen ihn erhoben hatte; als er vom Haus des Vaters und den vielen Wohnungen sprach, vom Weinstock und den Reben und von der Frau, die vor der Geburt stand. Aber das sollte nicht mehr lange so sein. Die Stunde, da er nicht mehr in Gleichnissen redete, begann am Tag der Auferstehung. Da verkündigte er ihnen **»offen von dem Vater«** in der Botschaft: *»Ich fahre auf zu meinem Vater und eurem Vater und meinem Gott und eurem Gott«* (20,17). Nachdem der Herr aufgefahren war, kam der Heilige Geist und inspirierte seine Apostel. Was diese in den Lehrbriefen schrieben, waren direkt formulierte, offen ausgesprochene Wahrheiten; in ihnen lehrt Gott die Seinen nicht mehr auf dem Umweg der Gleichnisse.

Das hier für *»Gleichnis«* verwendete Wort ist παροιμια, *paroimia*, das nur noch in V. 29; 10,6 und 2Petr 2,22 vorkommt. Das häufigere Wort παραβολη, *parabolē*, das Johannes überhaupt nicht verwendet, kommt in den drei ersten Evangelien 48-mal vor, danach noch in Hebr 9,9; 11,19.[180]

26 An jenem Tag werdet ihr bitten in meinem Namen, und ich sage euch nicht, dass *ich* den Vater für euch bitten werde;
27 denn der Vater selbst hat euch lieb, weil *ihr* mich lieb gehabt und geglaubt habt, dass *ich* von Gott ausgegangen bin.

»An jenem Tag«, nämlich an dem Tag, der mit Pfingsten begann und noch andauert (siehe V. 23), da der Sohn seinen Jüngern offen von dem Vater reden wird (V. 25), **»werdet ihr bitten in meinem Namen«**. Das bedeutet, dass sie erst dann lernen würden, recht zu beten, wenn sie den

180 *paroimia* bedeutet wörtlich »Nebenweg«; eine *paroimia* ist wie etwas, was neben *(para)* dem eigentlichen Weg *(oimos)* liegt, aber auf diesen hinweist, also ein Spruch, der nicht das meint, was er sagt, sondern auf etwas anderes verweist. *parabolē* bedeutet wörtlich »Danebengelegtes«; es meint also nicht das, was es bezeichnet, sondern es verweist auf die Sache, neben die man es gelegt hat.

Vater recht erkennen. Sie würden dann dessen Gedanken, Ratschlüsse und Wirken recht verstehen, und dann würden sie entsprechend beten können, dass Gottes Wille und Gottes Werke geschehen. Die Offenbarung des Vaters würde auch ihren Glauben so stärken, dass sie mit großer Gewissheit beten würden; denn nur wer mit Glauben bittet, wird empfangen (Jak 1,6.7). Durch den Geist würden sie Zugang haben zu dem Vater (Eph 2,18), sodass nicht der Sohn den Vater würde bitten müssen, **»denn der Vater selbst hat euch lieb«**. Vor Pfingsten hatten die Jünger Jesus als Helfer und Beistand, doch der Vater war ihrem Glauben und Verständnis noch fern (siehe 14,8). Aber nach Pfingsten würden sie verstehen, dass sie im Sohn vom Vater geliebt und angenommen waren; dann würden sie durch den Geist der Sohnschaft vertrauensvoll rufen: *»Abba, Vater«* (Röm 8,15). Und der Vater würde ihnen antworten, **»denn der Vater selbst hat euch lieb, weil ihr mich geliebt und geglaubt habt«**.[181]

Erhörliches Beten kennt also Bedingungen: Um recht beten zu können, müssen wir Gottes Willen kennen und Gottes Werke verstehen und müssen wir den Sohn lieben. Kennen wir Gottes Willen, können wir beten, dass er geschieht; lieben wir den Sohn, suchen wir nichts Eigenes, sondern dessen Willen und Sache und Ehre; und weil wir den Sohn lieben, liebt uns der Vater und gibt, worum wir bitten.

»ich sage euch nicht, dass ich den Vater für euch bitten werde«: Das bedeutet nicht, dass der Herr aufhören werde, als ihr himmlischer Hoherpriester für sie einzutreten (Hebr 7,25). Der Herr will sagen, dass die Jünger dann in seinem Namen selber zum Vater beten können. Bisher hatten sie das noch nicht gewagt oder nicht gekonnt; aber das würde sich mit dem Kommen des Heiligen Geistes ändern. Dann würden sie im Heiligen Geist beten (Jud 20); ja, dann würde der Heilige Geist selbst in ihnen rufen: *»Abba, Vater!«* (Gal 4,6). Wie der Sohn (Röm 8,34) würde auch der Geist selbst für sie eintreten mit unaussprechlichen Seufzern (Röm 8,26).

181 Hier haben wir begründete Liebe wie in 10,17.

28 Ich bin von dem Vater ausgegangen und bin in die Welt gekommen; wiederum verlasse ich die Welt und gehe zum Vater.

»Ich bin von dem Vater ausgegangen«: Jesus, der vor den Jüngern steht und zu ihnen spricht, ist wahrer Gott vom wahren Gott. Er ist nicht nur vom Vater gesandt, sondern er ist in eigener Machtvollkommenheit und aus freier Wahl vom Vater ausgegangen. In gleicher Machtvollkommenheit verlässt er die Welt und geht zum Vater. Der Sohn wurde vom Vater gesandt, das Heil zu wirken; der Sohn kehrt zum Vater zurück, nachdem er das Heilswerk vollbracht hat. Weil dieses Heil von Gott ausgeht und durch Gott gewirkt wird, ist es absolut sicher.

»Ich ... bin in die Welt gekommen«: Er kam in die Welt der Sünder; er kam in Gleichgestalt sündiger Menschen (Röm 8,3); er wurde Fleisch (1,14). Er selbst kam aus eigenem Antrieb, getrieben von seiner Liebe.

»wiederum verlasse ich die Welt«: Nicht die Menschen jagten ihn aus der Welt, sondern er verließ in souveräner Erhabenheit die Welt.

»ich ... gehe zum Vater«: Nicht nur der Vater erhöht ihn (obwohl das auch wahr ist; siehe Apg 2,33), sondern er selbst fährt auf zu seinem Vater (20,17).

Der Herr war in die Welt gekommen, und nach vollbrachtem Werk ging er wieder zum Vater. Der erste Teil des Evangeliums zeigt, wie der Herr in die Welt kam. Man beachte, wie häufig in den Kapiteln 1–12 das Verb *kommen* in Bezug auf den Sohn Gottes verwendet wird: 1,9.11.15.27.30; 3,2.19.31; 5,43; 6,33.38.58; 7,28; 8,14.42; 9,39; 10,10; 12,13.15.27.46.47. Der zweite Teil des Evangeliums zeigt, wie der Herr die Welt wieder verließ. Man beachte, wie häufig in den Kapiteln 13–17 das Verb *hingehen* oder *verlassen* vorkommt: 13,1.3.33.36; 14,2.3.4.12.28; 16,5.7.10.16.17.28 (vgl. auch 17,11.13).

5. »Seid guten Mutes, ich habe die Welt überwunden« (16,29-33)

29 Seine Jünger sprechen zu ihm: Siehe, jetzt redest du offen und sprichst kein Gleichnis;
30 jetzt wissen wir, dass du alles weißt und nicht nötig hast, dass dich jemand fragt; darum glauben wir, dass du von Gott ausgegangen bist.

Die Jünger haben diese letzten Worte des Herrn offensichtlich besser verstanden als die vorherigen und sagen deshalb: **»Siehe, jetzt redest du offen und sprichst kein Gleichnis …«**

»jetzt wissen wir, … darum glauben wir«: In 6,69 sagt Petrus, dass wir glauben und erkennen; in 1Jo 4,16 sagt Johannes, dass wir erkannt und geglaubt haben. Ist es nicht so, dass wir erkennen, weil wir glauben, und dass wir auch glauben, weil wir erkennen? Hier nämlich sagen die Jünger, dass sie erkennen und deshalb glauben. Beides ist wahr: Der Glaube schenkt Erkenntnis, und die Erkenntnis wirkt und stärkt den Glauben.

»jetzt wissen wir, dass du alles weißt«: Jesus ist allwissend; das erkannten die Jünger durch die Worte, die ihr Meister gesprochen hatte. Sie empfingen Wissen, weil der Herr sie unterwies; er war und ist der Wissende, der alles weiß, weil er das ewige Wort ist. Wir müssen nicht alles wissen, wir können es auch nicht. Aber wir müssen wissen, wer alles weiß; und das können wir. Es genügt uns das Wissen, dass unser Herr alles weiß.

»dass du … nicht nötig hast, dass dich jemand fragt«: Die Jünger hatte eben noch den Herrn *fragen* wollen (V. 19), aber jetzt verstanden sie, dass es nicht mehr nötig war, und das würde erst recht so bleiben nach Pfingsten: *»… an jenem Tag werdet ihr mich nichts fragen«* (V. 23). Die Jünger hatten gemerkt, dass der Herr ihre Fragen kannte, ohne dass sie ihn gefragt hatten; man musste nicht durch Fragen an ihn offenlegen, was man im Herzen hatte. Er wusste es bereits. Darum war es auch nicht nötig, dass man ihn über alles ausfragte, um zum Schluss zu gelangen, dass er alles wusste. Die Jünger konnten darum sagen, dass sie jetzt wussten, dass er alles weiß. Diese Erkenntnis führte sie wie ganz zu Beginn einen Nathanael (siehe 1,48.49) zur Gewissheit: **»... darum glauben wir, dass du von Gott ausgegangen bist«**. Die Jünger greifen das Wort des Herrn selbst auf (V. 28). Sie sagen nicht, dass er von Gott gesandt, sondern dass er von ihm selbst ausgegangen ist. In seinem Gebet zum Vater wird der Sohn sagen, dass diese Erkenntnis die Menschen kennzeichnet, die der Vater ihm gegeben hat (17,8).

31 Jesus antwortete ihnen: Glaubt ihr jetzt?
32 Siehe, die Stunde kommt und ist gekommen, dass ihr
zerstreut werdet, jeder in das Seine, und mich allein lasst;
und ich bin nicht allein, denn der Vater ist bei mir.

»Glaubt ihr jetzt?«: Man kann das Griechische *arti pisteuete* auch als Aussage auffassen, und das scheint mir gut in den Zusammenhang zu passen. Der Herr kann nun zur Bestätigung der Jünger sagen: *»Ihr glaubt jetzt.«* Er hatte schon in V. 27 gesagt, dass sie ihn geliebt und geglaubt hatten, dass er vom Vater ausgegangen war, und in 17,8 wird er dem Vater sagen, dass sie geglaubt haben. Die Worte des Herrn hatten sie erleuchtet und diesen Glauben gewirkt.[182]

»Diese Worte zeigen, dass der Glaube der Jünger groß war. Diesen Menschen aus Fleisch und Blut, verachtet und schwach, haben sie als den erkannt, der von Gott ausgegangen war« (Godet).

Dass die Jünger jetzt glaubten, bedeutete jedoch nicht, dass ihr Glaube fortan nicht erschüttert werden konnte. Nein, sie würden bald **»zerstreut [werden]«**, wie Sach 13,7 geweissagt hatte: *»Schwert, erwache gegen meinen Hirten und gegen den Mann, der mein Genosse ist!, spricht der HERR der Heerscharen. Schlage den Hirten, und die Herde wird sich zerstreuen.«* Ein jeder würde von Unglauben überwältigt werden, und sie würden zerstieben ein **»jeder in das Seine«**. Sie würden ein jeder ganz buchstäblich heimgehen (siehe 20,9) und damit zeigen, dass sie sich auf das Eigene verließen: Sie würden den Herrn **»allein«** lassen und im eigenen Verstehen und Vermögen Zuflucht suchen. Darüber sollten sie dann aber nicht mutlos werden. Denn der Herr sagte es ihnen voraus, und dazu gab er ihnen die Zusicherung, dass er anders als sie nicht von der Welt überwunden werden konnte. Als der große Überwinder wird er

182 *»Wir müssen uns davor hüten, die Worte ›Jetzt glaubt ihr‹ als Frage aufzufassen, als ob Jesus die Realität ihres Glaubens in Zweifel ziehen wollte«* (Godet).

dafür sorgen, dass sie nach ihrem baldigen Straucheln wenig später mit ihm und durch ihn überwinden: *»Denn alles, was aus Gott geboren ist, überwindet die Welt; und dies ist der Sieg, der die Welt überwunden hat: unser Glaube. Wer ist es, der die Welt überwindet, wenn nicht der, der glaubt, dass Jesus der Sohn Gottes ist?«* (1Jo 5,4.5).

33 Dies habe ich zu euch geredet, damit ihr in mir Frieden habt. In der Welt habt ihr Bedrängnis; aber seid guten Mutes, *ich* habe die Welt überwunden.[183]

Mit diesen Worten beschließt der Herr seine Abschiedsreden. Einleitend zu diesen war der Satz gestanden: *»Vor dem Fest des Passah aber, als Jesus wusste, dass seine Stunde gekommen war, dass er aus dieser Welt zu dem Vater hingehen sollte – da er die Seinen, die in der Welt waren, geliebt hatte, liebte er sie bis ans Ende«* (13,1). Alles, was er in den letzten Stunden zu den Jüngern geredet hatte, bereitete sie auf die kommenden schweren Stunden vor und waren damit ein Beweis dieser Liebe. Er hatte ihnen gesagt, dass er sie verlassen würde; dass einer der Jünger ihn verraten, dass ein anderer ihn verleugnen würde und dass sie alle ihn allein lassen würden. Er sagte ihnen das alles, **»damit ihr in mir Frieden habt«**. Als diese Dinge alle geschahen, wurden sie nicht irre an ihrem Glauben.

Ja, er würde jetzt bald *»zu dem Vater hingehen«* (13,1), und die Jünger blieben zurück in der Welt, und in dieser Welt hatten sie **»Bedrängnis«**: Wie konnte es auch anders sein, wenn diese ihren Herrn hasst und bald umbringen wird? Eine Welt, die keinen Platz für unseren geliebten Herrn hat, kann kein gutes Zuhause sein. Wir haben Ursache, **»guten Mutes«** zu sein, denn der Herr hat **»die Welt überwunden«**, und er ist als Überwinder in den Himmel zurückgekehrt; und dort vergisst er die Seinen nicht. Nein, er, der sie während seiner Jahre auf der Erde geliebt hatte, liebt sie *»bis ans Ende«* (13,1). Er wird mit einem jeden von uns sein bis an das Ende unseres Erdenlebens, und er wird sein Volk nicht verlassen bis ans Ende dieses Zeitalters (Mt 28,20). Während er im Himmel ist, tritt er beständig für uns ein (Hebr 7,25). Von seiner Fürbitte handelt das nächste Kapitel.

183 Diesen Vers hat J. S. Bach zur Arie »In der Welt habt ihr Angst« verarbeitet in der Kantate »Bisher habt ihr nichts gebeten in meinem Namen« (BWV 87).

Anmerkungen zu Kapitel 16

V. 7 – »Ach nein, nicht also, liebe Jünger! Gedenkt nicht, wie wehe es natürlich tut, dass ich von euch scheide, sondern denkt, wie gut es euch ist!« (Luther, zitiert bei Dächsel).

»Damit die Jünger aufhören, ihn immer sichtbar gegenwärtig haben zu wollen, erklärt er, dass es nützlich ist, dass er weggeht … Weil wir fleischlich sind, ist uns nichts schwerer, als dieses törichte Wünschen aufzugeben, Christus vom Himmel zu uns auf die Erde herab zu zerren« (Calvin).

V. 8-11 – »Das Wort ›strafen‹[184] bezeichnet ein Zurechtweisen (Hebr 12,5; Offb 3,19), ein zur Rede Setzen und zur Rechenschaft Ziehen (Mt 18,15; Lk 3,19), ein vom Unrecht Überführen und dergestalt mit Vorhaltungen in die Enge Treiben, dass derjenige, mit welchem man es zu tun hat, sich dem, was man ihm vorhält, nicht entziehen kann, sondern sich schuldig geben muss (8,46; 1Kor 14,24; Eph 5,11; 1Tim 5,20; 2Tim 4,2; Jak 2,9). Der Zweck dabei ist nicht der des Richtens und Verdammens, sondern des Herumholens und Bekehrens … Dies Strafen nun ist diejenige Tätigkeit, die der Heilige Geist an der Welt auszurichten hat. Ihn selber kann ja nach 14,17 die Welt nicht empfangen … Wenn er auch nicht mit Lehre, Ermahnung und Trost an ihr ebenso wie an den Gläubigen sich verherrlichen kann, soll sie doch nicht, wie sie selber gern möchte, von seiner Einwirkung verschont bleiben, sondern er fasst wider ihren Willen mit seiner Strafe sie an und nötigt eine Erkenntnis ihr auf, gegen die sie nichts vorbringen kann. Die Werkzeuge, deren er dabei sich bedient, sind diejenigen, zu welchen der Herr ihn sendet, zu welchen er kommt und in welchen er nun seine erleuchtende, heiligende und Christus verklärende Tätigkeit ausübt. Durch das Zeugnis ihres Mundes und ihres Wandels, durch ihr ganzes Sein und Wesen straft er die Welt, stellt sie zur Rede, zieht sie zur Rechenschaft, hält ihr Unrecht ihr vor und überführt sie desselben, dass sie in ihrem Gewissen sich beschämt fühlen, über ihr Tun und Treiben erschrecken und nach der einen oder anderen Seite hin sich entscheiden muss, ob sie aus dem Lebenskreis, dem sie bisher angehört,

184 so in der Lutherbibel für »überführen«.

austreten und in den Lebenskreis der Gemeinde Gottes übertreten oder aber in ihrem Stand verharren will, in welchem Fall jedoch es nicht mit ihr bleibt, wie vorher, sondern es wird fortan ärger denn vorhin. Sie wird zu einer Feindin Gottes und seines Christus und geht an solcher Feindschaft jämmerlich zugrunde« (Dächsel).

V. 10 – »**Ich gehe zum Vater.** Zum Vater gehen heißt: das Reich einnehmen, alles in der Hand haben. Es steht alles auf dem Gang. Nicht darin besteht meine Gerechtigkeit, dass Christus der Herr aller Dinge ist, dass er Mensch geworden ist, sondern dass er hingegangen ist, das heißt: Er richtet sein Werk und Amt aus für mich, dass es meine Gerechtigkeit sei. Du siehst, was für einen Trost ein Christ hat; die Welt erkennt's nicht. Wir haben als Mönche nichts von dieser Gerechtigkeit gewusst« (Luther, *Johannes-Evangelium*).

V. 12-33 – »Die dritte Rede: Hinweisung der Jünger einesteils auf die Pfingstgabe des Heiligen Geistes, der sie in alle Wahrheit leiten wird, und andernteils auf das Osterwiedersehen, das ihnen im Vergleich mit ihrem jetzigen Erkennen und Vermögen eine mächtige Förderung bringen wird. Fühlen sie nun gleich schon jetzt durch das, was er ihnen da sagt, sich in ihrem Glauben so gestärkt, dass es ihnen vorkommt, als wären sie in demselben auch tief gegründet, so liegt doch darin viel Selbsttäuschung, und schon die nächsten Stunden werden das offenbar machen; aber des Herrn Friede begleitet sie in alle Angst dieser Welt hinein, und so werden sie nicht unterliegen, sondern mehr und mehr des Sieges genießen dürfen, womit er die Welt für sie überwunden hat« (Dächsel).

V. 32 – »**Ich bin nicht allein.** Dieser Zusatz will dem Irrtum entgegentreten, als ob Christo dadurch ein Abbruch geschehe, dass die Menschen ihn verlassen. Seine Wahrheit und Herrlichkeit hat ihr eigenes Fundament: Sie hängt nicht davon ab, ob die Welt an ihn glaubt oder nicht. Würde auch kein Mensch mehr zu ihm stehen, er bliebe doch unversehrt derselbe, der er ist, denn er ist Gott und bedarf fremden Beistandes nicht. Er vermag zu sagen: **Der Vater ist bei mir.** Ebendarum braucht er nicht die geringste Unterstützung von Menschen anzunehmen« (Calvin).

Kapitel 17

Dieses Kapitel enthält das längste Gebet von unserem Herrn, das in der Bibel überliefert ist. Wir nennen es zu Recht das hohepriesterliche Gebet; denn hier betete der Sohn zum Vater für die Jünger, so wie er fortan für alle Erlösten beten würde. Damit bekommen wir hier Einblick in das, was seine immerwährende Fürbitte für sein Volk ist. Es gibt keinen Abschnitt im Neuen Testament, der mehr geeignet wäre, uns in der Gewissheit der ewigen Errettung zu befestigen, als dieser. Als John Knox, der Reformator Schottlands, seine alten Freunde zum letzten Mal um sich versammelte, weil er wusste, dass er nun sterben würde, *»sagt er zu seiner jungen Frau: ›Lies mir das Kapitel der Schrift, wo ich zuerst meinen Anker warf‹ – ›where I cast my first anchor‹ (Evangelium Johannes XVII, das hohepriesterliche Gebet Jesu). Und so geht er, im innersten Hafen der Gnade Christi geborgen, glaubend und betend zu seinem Gott«* (Chambon, *Der Puritanismus*, S. 64). Wer dessen Leben kennt, fragt sich, warum Knox nie zurückwich, nie kapitulierte, sich nie arrangierte mit seinen übermächtigen Feinden, die ihm ruhelos nachstellten und gegen ihn intrigierten. Hundert Mal hätte man es erwartet, aber es geschah nie, weil ebendieser Anker ihn hielt; und das wusste er.

»Spener[185] *wollte nach Canstein (Speners Leben, S. 146) nie über dieses Kapitel predigen, weil das rechte Verständnis desselben das Maß des Glaubens übersteige, welches der Herr den Seinigen auf ihrer Wallfahrt pflege mitzuteilen. Den Abend vor seinem Tode aber ließ er es sich dreimal nacheinander vorlesen«* (Lange).

In Kap. 13 – 16 lehrte der Herr die Jünger alles, was sie wissen mussten für ihren weiteren Weg, den sie ohne ihn gehen würden:

Kap. 13: Er zeigte den Jüngern, wie er ihnen weiterhin dienen wird und auch sie einander dienen müssen, damit sie in der rechten Beziehung zu ihm und zueinander bleiben.

---

185 Philipp Jacob Spener, 1635 – 1705, Hauptvertreter des Pietismus. Dieser ist nach der Reformation die wichtigste Reformbewegung im europäischen Protestantismus. Speners Hauptschrift *»Pia desideria oder herzliches Verlangen nach gottgefälliger Besserung der wahren evangelischen Kirche, nebst einigen dahin einfältig abzweckenden christlichen Vorschlägen«* erschien am 24. März 1675.

Kap. 14: Er kündigt an, dass er sie zwar verlässt, aber sie doch nicht als Waisen lässt; denn er sendet ihnen den Beistand und Stellvertreter, den Heiligen Geist, mit welchem und in welchem er selbst zu ihnen kommt. Dieser wird sie befähigen zu jenem Gehorsam, der unerlässlich ist, damit sie in der rechten Beziehung zu ihm und zu seinem Vater bleiben.

Kap. 15: Er lehrt die Jünger, dass sie gesetzt und befähigt sind, Frucht zu bringen, denn sie sind rein um des Wortes willen, das er zu ihnen geredet hat. Er nennt die Bedingung, unter der ihre Bestimmung sich erfüllt: Sie müssen in ihm bleiben. Diese Beziehung zu ihm wird aber bedeuten, dass sie in eine neue Beziehung zur Welt treten. Diese hasst die Erwählten, weil sie von Gott Erwählte und Geliebte sind; weil sie aber den Herrn lieben, werden sie trotz Widerstand in ihm bleiben und der Welt Zeugnis geben von ihm.

Kap. 16: Er kündigt an, dass die Welt die Jünger verfolgen wird und wie der Geist der Wahrheit die Welt beurteilt und verurteilt; wie der gleiche Geist der Wahrheit hingegen den Jüngern wachsende Erkenntnis gibt über die Herrlichkeit ihres Herrn; wie sie in seinem Namen beten und alles empfangen können, was sie für ihren Weg und ihre Arbeit in der Welt benötigen. Deshalb kann er am Ende die Jünger ermuntern mit den Worten: *»Dies habe ich zu euch geredet, damit ihr in mir Frieden habt. In der Welt habt ihr Bedrängnis; aber seid guten Mutes, ich habe die Welt überwunden«* (16,33).

Nachdem der Herr gelehrt hat, betet er; er betet, damit alles, was er in der Lehre den Jüngern mitgeteilt und aufgetragen hat, wirksam wird. Lehre und Gebet sind die beiden Mittel, durch die der Heilige Geist Gottes Heilsabsichten zu Heilswirklichkeiten macht. Was ist es, das der Herr vom Vater erbittet? Zuerst, dass der Vater ihn verherrliche (V. 1), damit er als der Erhöhte seinen Auftrag erfüllen kann: Ihm wurde die Gewalt gegeben über alles Fleisch, damit er denen, die an ihn glauben, ewiges Leben gibt (V. 2). Der Sohn hatte den Vater auf der Erde verherrlicht, indem er das ihm gegebene Werk ausführte (V. 4). Das aber war nur der Anfang seines Wirkens gewesen (wie Lukas in Apg 1,1 sagt), und dieses sollte er nun durch die Apostel fortsetzen; darum bat er den Vater, ihn zu verherrlichen, indem er ihn wieder zu sich erhöhte (V. 5). In V. 6-9 spricht der Sohn zum Vater über die ersten Seelen, die der Vater ihm bereits gegeben hatte. Die hatten sein, des Vaters, Wort bewahrt (V. 6), erkannt, dass die vom Sohn gesprochenen Worte vom Vater waren (V. 7), und sie hatten erkannt, dass der Sohn vom Vater ausgegangen war (V. 8). Durch diese sollte das vom Sohn angefangene Werk fortgeführt werden, und darum betet er für sie (V. 9), die ja, wie dem Sohn, so auch dem Vater gehören (V. 10). Er steht jetzt davor, die Welt zu verlassen, aber seine Jünger bleiben in der Welt, und darum bittet er den Vater, sie zu bewahren (V. 11); denn durch sie sollte sein Werk fortgeführt werden. Sollten sie in der Welt umkommen, würde sein Werk untergehen, und das durfte nicht sein. Als der Sohn in der Welt war, hatte er selbst sie behütet (V. 12), aber jetzt sollte er bald zum Vater kommen (V. 13). Er hatte seinen Jüngern sein Wort gegeben, das sie leiten sollte, aber die Welt hasste sie, weil sie nicht von der Welt waren (V. 14), und darum bittet er den Vater wiederum, dass er sie in dieser Welt vor dem Bösen bewahren möchte (V. 15). Das Wort war ihnen gegeben, um sie vom Bösen abgesondert zu halten (V. 17), und der Sohn hatte sie mit diesem Wort in die Welt gesandt (siehe 15,27), in der gleichen Weise, wie der Vater den Sohn gesandt hatte (V. 18). Darum heiligt er sich für sie: Er verpflichtet sich, beständig vor dem Vater für sie einzutreten, damit sie in der Wahrheit geheiligt, d.h. von ihr regiert, geführt und von der Sünde in der Welt bewahrt bleiben (V. 19). Und schließlich betet der Sohn für alle unzähligen Seelen, die alle durch das Wort der Apostel zum Glauben kommen sollten (V. 20). Seine Fürbitte umspannt damit die Jahrtausende, die auf seinen Kreuzestod folgen sollten, und reicht in die zeitlose himmlische Herrlichkeit (V. 22-24).

Das Kapitel zeigt zunächst, warum die Fürbitte für die Jünger nötig war, aber es lehrt am Vorbild des Herrn auch, warum Fürbitte überhaupt sein muss.

»Der Herr hat seine Predigt zu Ende gebracht. ***Auf eine gute Predigt gehört ein gut Gebet, dass das Wort Kraft habe«*** (Luther, *Johannes-Evangelium*).

»Als er diese Worte gesprochen hatte, betete er vor ihren Ohren dieses Gebet. Das heißt: Es war ein Gebet nach einer Predigt. Nachdem er zu ihnen von Gott gesprochen hatte, sprach er zu Gott von ihnen. Beachte: Zu denen wir predigen, für die müssen wir beten. Er, der über die verdorrten Gebeine weissagen sollte, musste auch beten: ***Komm, du Odem, und hauche diese an!*** *Über das gepredigte Wort müssen wir beten, denn* ***Gott gibt das Wachstum«*** (Matthew Henry).

Man kann das Kapitel wie folgt gliedern:

1. **Wer unser Hoherpriester ist und zu wem er betet (17,1-5)**
2. **Für wen unser Hoherpriester betet (17,6-10)**
3. **Was unser Hoherpriester betet (17,11-26)**

Zuerst müssen wir wissen, *wer* es ist, der betet, und *zu wem* er betet; denn das gibt uns die Gewissheit, dass alle seine Bitten erhört werden. Als Nächstes müssen wir wissen, *für wen* der Herr betet. Ich muss wissen, ob er in seiner Fürbitte auch für mich eintritt. Und schließlich müssen wir wissen, *was* unser Hoherpriester betet.

»Man gliedert dieses Gebet gewöhnlich in drei Teile: 1. das Gebet für seine eigene Person, V. 1-5; 2. das Gebet für seine Apostel, V. 6-19; 3. das Gebet für die Gemeinde, V. 20-26. Wenn Jesus für sich betet, geht es nicht um seine Person, sondern um das Werk Gottes; er betet für seine Apostel, weil durch sie jenes Werk fortgesetzt werden sollte, und er befiehlt die gegenwärtigen und noch zukünftigen Gläubigen seinem Gott deshalb an, weil sie der Gegenstand dieses Werkes sind, der Schauplatz, auf dem die Herrlichkeit seines Vaters erstrahlen soll« (Godet).

1. Wer unser Hoherpriester ist und zu wem er betet (17,1-5)

Bevor der Herr für die Jünger betet, spricht er über seine Beziehung zum Vater; denn wir sollen bedenken, wer unser Herr ist. Er ist Gott und Mensch; er muss beides sein, um der Hohepriester seines Volkes zu sein. Der Hebräerbrief spricht über mehrere Kapitel über die Identität, den Dienst und die Herrlichkeit des Hohenpriesters; zuerst aber zeigt er uns, dass der Hohepriester Gott ist (Hebr 1), dann, dass er Mensch ist (Hebr 2). Da er Gott ist, sitzt er zur Rechten der Majestät in der Höhe (Hebr 1,3) und hat Macht über alles; da er Mensch ist, kann er mit den Menschen Mitleid haben und ihnen beistehen in ihren Nöten (Hebr 2,17.18; 4,15). Wir sollen wissen, dass wir einen solchen Hohenpriester haben, der für uns zur Rechten der Majestät in den Himmeln ist (Hebr 8,1). Wenn dieser für die Seinen betet (Lk 22,31.32; Röm 8,34), wird geschehen, worum er bittet, denn der Vater hört den Sohn immer (11,41.42). Und er ist jetzt nicht mehr als Mensch auf der Erde, der sich freiwillig der göttlichen Gestalt entäußert hatte, um seinen Dienst zu tun: Als Antwort auf seine Bitte hat der Vater ihn verherrlicht; er sitzt auf dem höchsten Thron im Universum; alles ist ihm untertan. Er ist mit den Seinen, und er hat alle Macht, ihnen in ihrem Glaubenslauf und ihrer Arbeit beizustehen (Mt 28,18-20).

»Ein letztes Selbstzeugnis des Sohnes vor dem Vater selbst, an den Vater selbst ausgesprochen, unmittelbarer, heiligster, betender Ausdruck für die innerste Wahrheit des Bewusstseins, in welchem dieser Eine weiß, wer er ist: eins mit dem Einen da droben im Himmel! Feierlicher, bezeugender also für die zuhörenden Jünger, die lesend hörende und hörend lesende Christenheit als jedes Amen, Amen[186] *seines Mundes ... So zeugt der Sohn, der im überschwänglichen, einzigen Sinn jenes von fern typische Wort eines verklagten Dulders (Hi 16,17-19) zu dem seinigen macht: Kein Frevel in meiner Hand, und mein Gebet ist rein – Erde, bedecke mein Blut nicht! – siehe, mein Zeuge ist im Himmel, und der mich kennt, ist in der Höhe. – ›Vater! Du kennst mich, Gerechter Vater! Die Welt kennt dich nicht, ich aber kenne dich!‹ – so zeugt der Sohn«* (Stier, S. 374-375).

1 Dies redete Jesus und erhob seine Augen zum Himmel und sprach: Vater, die Stunde ist gekommen; verherrliche deinen Sohn, damit dein Sohn dich verherrliche –

Nachdem Jesus **»dies«**, nämlich alles in den Kapiteln 13–16 Geschriebene, geredet hatte, **»richtete«** er **»seine Augen zum Himmel und sprach: Vater ...«**: Zwar spricht er zuerst über sein Verhältnis zum Vater, aber das tut er nur deshalb, um den zuhörenden Jüngern die Gewissheit zu stärken, dass seine Fürbitte für sie alles bewirkt, worum er betet. So haben wir als Jünger des Herrn einen dreifachen Beistand für unseren ganzen Weg durch diese Welt bis ans Ziel:

- das Wort des Herrn;
- den Geist des Herrn;
- die Fürbitte des Herrn.

---

186 = »wahrlich, wahrlich«.

Das Wort ist uns gegeben, damit wir es lesen und annehmen; der Heilige Geist ist uns gegeben, damit wir das Wort verstehen und umsetzen können; der Herr ist uns als himmlischer Hoherpriester gegeben, damit unser Glaube an das Wort nicht aufhört; denn glaubten wir nicht mehr, könnten wir ihm nicht länger nachfolgen, würden wir Anstoß nehmen an ihm, würden wir unter dem Druck der Welt entweder einbrechen oder den Verlockungen der Welt nachgeben, kurz: Wir würden scheitern. Wie danken wir unserem Herrn, dass er uns nicht vergessen hat!

Welche Liebe! Jesus betet.
Glaubend schauen wir empor.
Seine Mittlerstimme redet
Für uns zu des Vaters Ohr.
In den Himmel eingegangen,
Siegreich, voller Herrlichkeit,
Bleibt Sein Herz doch voll Verlangen,
Uns zu segnen allezeit.[187]

»Die Stunde ist gekommen«, die Stunde seines Leidens und Sterbens. Er sieht den Weg des Leidens, der mit seinem Tod enden sollte, schon vor sich. Da betet er: **»… verherrliche deinen Sohn …«** Gott verherrlichte seinen Sohn in den Leiden; die Welt schmähte ihn, aber die Erlösten beten ihn darüber an; und Gott verherrlichte ihn, indem er ihm noch während seiner Leiden Frucht sehen ließ für sein Leiden: Einer der mit ihm gehenkten Verbrecher ehrte ihn und wurde gerettet. Der Vater verherrlichte seinen Sohn durch das Bekenntnis des römischen Hauptmanns, der beim Kreuz stand. Er verherrlichte ihn durch die Zeichen, die sein Leiden begleiteten: Der Himmel verdunkelte sich, die Felsen barsten, die Gräber taten sich auf, der Vorhang im Tempel zerriss; und Gott verherrlichte ihn, indem er ihn auferweckte und erhöhte. Nach seinen Leiden empfing er *als Mensch* die Herrlichkeit, die er von Ewigkeit her als Gott schon hatte. In seiner Erhöhung ist der Stein, den die Bauleute verworfen hatten, zum Eckstein des Hauses Gottes geworden. Ist der Eckstein verherrlicht und damit fest gegründet, wird die Gemeinde, die mit ihm verbunden ist, bewahrt (V. 11.15), geheiligt (V. 17.19) und ebenso verherrlicht (V. 22) werden.

187 Lied *»Welche Liebe! Jesus betet«*, Text: nach Julius Anton von Poseck (1816–1896).

In 7,39 war gesagt worden, dass Jesus noch nicht verherrlicht und darum der Heilige Geist noch nicht da war. In der Pfingstpredigt hören wir: *»Nachdem er nun durch die Rechte Gottes erhöht worden ist und die Verheißung des Heiligen Geistes vom Vater empfangen hat, hat er dieses ausgegossen, was ihr seht und hört«* (Apg 2,33). Der Heilige Geist wurde gesandt, um davon Zeugnis zu geben, dass Jesus nun verherrlicht war, weshalb Petrus in Apg 3,13 bezeugen kann: *»Der Gott Abrahams und der Gott Isaaks und der Gott Jakobs, der Gott unserer Väter, hat seinen Knecht Jesus verherrlicht, den ihr ... überliefert und angesichts des Pilatus verleugnet habt, als dieser geurteilt hatte, ihn freizulassen.«* Durch das Zeugnis des Heiligen Geistes erkennen die Geliebten des Herrn, dass er nun eingegangen ist in die Herrlichkeit des Himmels, und weil er als ihr Vorläufer dort ist (Hebr 6,20), haben sie die Gewissheit, dass sie ihm einst dorthin folgen werden (V. 24; 14,3).

2 so wie du ihm Gewalt gegeben hast über alles Fleisch,
damit er allen, die du ihm gegeben hast, ewiges Leben gebe.

»so wie«: Das bezieht sich auf die Bitte von V. 1. Der Vater hat dem Sohn **»Gewalt gegeben ... über alles Fleisch«**, d.h. über alle Menschen, damit er ihnen **»ewiges Leben gebe«**. Der Sohn bittet den Vater, dass er ihn verherrliche, damit er diese Aufgabe erfüllen könne. Gott verherrlichte seinen Sohn, indem er ihn auferweckte und erhöhte; ihm wurde mit der Auferstehung und Erhöhung gegeben *»alle Gewalt ... im Himmel und auf der Erde«* (Mt 28,18). Als der Verherrlichte, der zur Rechten Gottes sitzt, verwendet er – durch die Predigt der Apostel (Mt 28,19.20; siehe Joh 15,27; 17,18; 20,21) – diese Gewalt, um allen, die der Predigt des Evangeliums glauben, ewiges Leben zu geben. Wir können die Bitten der V. 1.2 so zusammenfassen: *»Vater, verherrliche deinen Sohn, damit er dich dadurch verherrliche, dass er deinen Willen ausführt (siehe 12,50) und glaubenden Menschen das ewige Leben gibt!«*

»Es ist, als ob er gesagt hätte: Gewähre mir die Himmelfahrt, damit ich Pfingsten herbeiführen kann!« (Godet).

Der Sohn gibt nicht allen Menschen ewiges Leben, sondern nur denen, die an ihn glauben (3,36), und das sind jene, die der Vater **»ihm gegeben«** hat. In 5,21 hatte der Sohn gesagt, dass er *»lebendig [macht], welche er will«*. Hier sehen wir, dass er denen das Leben gibt, die der

Vater ihm gegeben hat: Der Wille des Vaters und der Wille des Sohnes sind eins.

Der Ausdruck **»über alles Fleisch«** kommt in der Bibel nur noch an zwei Stellen vor[188]: in Jer 45,5 und Joe 3,1 [2,28]. Auch diese zeigen wie die vorliegende Stelle, dass Gott aus der Allgemeinheit, an der er handelt, Einzelne aussondert. Gott brachte *»Unglück über alles Fleisch«*, aber Baruch (und andere) nahm er davon aus (Jer 45). Der Heilige Geist wurde ausgegossen *»über alles Fleisch«* (Joe 3), aber nicht die ganze Menschheit, nicht einmal ganz Israel, empfing die Gabe des Heiligen Geistes, sondern nur ein von Gott auserwählter Überrest (siehe Röm 11,5), wie wir aus Apg 2 unschwer erkennen.

»damit er … ewiges Leben gebe«: Wie, d.h. auf welchem Weg gibt der Sohn den Erwählten ewiges Leben? Er sagt es in seinem Gebet:

1. Er vollendet das Heilswerk zu ihrer Erlösung (V. 4).
2. Er offenbart ihnen den Namen des Vaters (V. 6; vgl. Mt 11,27).
3. Er gibt ihnen die Worte Gottes (V. 8; vgl. 6,45).
4. Er betet für sie (V. 9; vgl. Röm 8,34; Hebr 7,25).

3 Dies aber ist das ewige Leben, dass sie dich, den allein wahren Gott, und den du gesandt hast, Jesus Christus, erkennen.

Hier sagt der Herr beides: wie man das ewige Leben empfängt und worin es besteht. Der Sohn gibt allen, die der Vater ihm gegeben hat, ewiges Leben (V. 2), und dieses Leben gibt er ihnen dadurch, **»dass sie dich, den allein wahren Gott, und … Jesus Christus erkennen«**. Man muss sowohl den allein wahren Gott erkennen als auch Jesus, den Christus, den von Gott zum Retter Gesalbten. Man muss Gott, die Quelle allen Heils, kennen und den einen Mittler zwischen Gott und den Menschen, den Menschen Christus Jesus (1Tim 2,5). Nur wer in Jesus den Christus, den Messias, erkennt (siehe 1,41; 4,29; 11,27; 20,31; 1Jo 5,1), kann den Vater erkennen. Wer nicht glaubt, dass Jesus der Christus ist, der Sohn des lebendigen Gottes (Mt 16,16), kann Gott nicht erkennen; denn wir können Gott nicht anders erkennen als im Sohn (1,18) und durch den Sohn: Der Sohn Gottes ist es, der uns diese Erkenntnis gibt (V. 6), wie

188 In Luther 1912 auch in Hes 21,9.

Johannes an anderer Stelle sagt: *»Wir wissen aber, dass der Sohn Gottes gekommen ist und uns Verständnis gegeben hat, damit wir den Wahrhaftigen erkennen«* (1Jo 5,20).

Der Sohn gibt diese Erkenntnis denen, die von Gott von Ewigkeit her erkannt, oder, wie die Bibel sagt: zuvorerkannt sind (Röm 8,29; 1Petr 1,2). Nur wer von Gott erkannt ist (1Kor 8,3; 2Tim 2,19), erkennt Gott; die Übrigen erkennen ihn nicht, wie gerade das Johannes-Evangelium deutlich zeigt (V. 25; 1,10; 7,28; 15,21; 16,3).

Als wir Gott und den er gesandt hat, Jesus Christus, erkannten, empfingen wir das ewige Leben (siehe 1Jo 5,20). Seit wir dieses Leben besitzen, leben und wachsen wir in der Erkenntnis des Vaters und des Sohnes. Dabei handelt es sich nicht um eine bloße intellektuelle Erkenntnis, sondern um ein Erkennen, das zur immer inniger werdenden Lebensverbindung führt mit dem, den wir erkennen. Das ewige Leben bedeutet, dass wir ewig Gemeinschaft haben mit dem Vater und mit dem Sohn (1Jo 1,3).

Gott erkennen und den er gesandt hat, Jesus Christus, erkennen, bedeuten beide das Gleiche; das heißt, dass der Gesandte dem Sendenden gleich ist. Hier heißt der Vater **»allein wahrer Gott«**, μονος αληθινος θεος, *monos alēthinos theos*. Er ist allein Gott, und er ist der wahre Gott – dies im Gegensatz zu den Vorstellungen, die Menschen sich von Gott machen. Ihn müssen wir erkennen; und haben wir ihn erkannt, erkennen wir, wie scharf geschieden er ist von allen Bildern, die Menschen sich von Gott zurechtlegen. Es wird auch unter Christen viel davon geredet, was man für ein »Gottesbild« habe. Dabei ist es uns verboten, uns ein Bild zu machen von Gott, auch ein mentales. Es gibt nur *ein* wahres Bild des unsichtbaren Gottes: Das ist der Sohn Gottes (Kol 1,15). Entweder haben wir *ihn*, oder wir haben *ihn* nicht. Wenn wir jemandem unterstellen, er habe ein »falsches Gottesbild«, sagen wir nichts anderes, als dass er ein Götzendiener sei, denn er vertraue ja auf einen anderen als auf das alleinige Bild des unsichtbaren Gottes. Damit wäre er aber kein Christ. Nun hat keiner von uns die vollständige Erkenntnis des Herrn erreicht; darum werden wir aufgefordert, in seiner Erkenntnis zu wachsen (2Petr 3,18). Wir können von einem Mitchristen also sagen, seine Gotteserkenntnis sei mangelhaft – nicht, er habe ein falsches Gottesbild. Wie wächst unsere Erkenntnis des allein wahren Gottes? Nicht durch Spekulieren und Diskutieren, sondern einzig durch das Wort Gottes und durch den Geist Gottes; denn nur Gott selbst kann uns lehren, wer er ist und wie er ist. Durch den *»Geist der Weisheit und Offenbarung«* gibt uns Gott *»Erkenntnis seiner selbst«* (Eph 1,17). Auf diesem und auf keinem anderem Weg erkennen wir Gott den Sohn – und im Sohn den Vater. In 1Jo 5,20 heißt der Sohn *»wahrhaftiger Gott«*, *alēthinos theos*; in 1Thes 1,9 heißt wiederum der Vater *alēthinos theos*.

4 *Ich* habe dich verherrlicht auf der Erde; das Werk habe ich vollbracht, das du mir gegeben hast, dass ich es tun sollte.

Der Sohn hat den Vater »**verherrlicht auf der Erde**«. Dazu kam er in die Welt; die Ehre Gottes, die der Mensch durch die Sünde angetastet hatte, sollte durch den Menschen Jesus wiederhergestellt werden. Das geschah, indem er als Mensch in diese Welt kam, um den Willen seines Gottes und Vaters zu tun. In seinem Gehorsam bis zum Äußersten hat er Gott verherrlicht: »**... das Werk habe ich vollbracht, das du mir gegeben hast, dass ich es tun sollte.**« Mit diesen Worten nimmt er hier die Stunde am Kreuz schon vorweg, in der er sagen wird: *»Es ist vollbracht!«* (19,30).

5 Und nun verherrliche *du*, Vater, mich bei dir selbst mit der Herrlichkeit, die ich bei dir hatte, ehe die Welt war.

»**Und nun verherrliche du, Vater, mich**«: Der Sohn hatte den Vater auf der Erde verherrlicht durch sein ganzes Leben. Nun bittet er den Vater, dass er ihn verherrliche, damit er das angefangene Werk durch die Apostel und nach ihnen durch alle Gläubigen fortsetzen könne; und der Vater erhört den Sohn. Als Antwort auf den Gehorsam des Sohnes hat Gott ihn erhöht (Mk 16,19; Phil 2,5-11). So, wie der Sohn den Namen des Vaters durch sein Leben der völligen Ergebenheit in den Willen des Vaters verherrlichte, so verherrlichte der Vater ihn (Hebr 2,9; Lk 24,26; Apg 3,13; 2Petr 1,17). Als er verherrlicht war, setzte er das Werk, das er als Mensch auf der Erde angefangen hatte, in den Aposteln fort, *jetzt als der erhöhte Herr über alles, der an allen Orten alles zu wirken vermag*. Weil die Apostel die Gefäße waren, durch die er in dieser Weise wirken wollte, betet er als Nächstes für sie (V. 6ff.).

Das ewige Wort war im Anfang bei Gott (1,1); er, der das ewige Wort ist, wurde Fleisch (1,14), und nun kehrt er zurück zu Gott, um bei Gott verherrlicht zu werden **»mit der Herrlichkeit, die ich bei dir hatte, ehe die Welt war«**. Christus war von Ewigkeit her der geliebte Sohn beim Vater (V. 24). Er war und er ist Gott; er hatte ewige göttliche Herrlichkeit. Aber dann wurde er, als die Fülle der Zeit gekommen war (Gal 4,4), Mensch, und dabei legte er diese Herrlichkeit ab (darum sagt er *»hatte«*). Nun stand er davor, zurückzukehren in die Herrlichkeit, aus der er gekommen war. Er, der immer Gott war und Gott bleibt, sollte jetzt als Mensch zurückkehren, um als Mensch die Herrlichkeit zu empfangen, die er in seiner ewigen Gottheit schon immer hatte. Seit Jesus auf dieser Erde gewesen ist und das ihm von Gott aufgetragene Werk vollbracht hat und zu Gott zurückgekehrt ist, ist ein verherrlichter Mensch zur Rechten Gottes im Himmel. Den sah Stephanus, kurz bevor die Juden ihn steinigten (Apg 7,55.56). Auch wir sehen durch den Geist den Menschen *Jesus* erhöht und mit Herrlichkeit und Ehre gekrönt (Hebr 2,9; siehe auch 2Kor 3,18).

2. Für wen unser Hoherpriester betet (17,6-10)

Die V. 6-8 beschreiben die Menschen, für die der himmlische Hohepriester betet; in V. 9 sagt er, dass er nur für diese betet. Sie sind durch folgende Eigenschaften und Tatsachen gekennzeichnet:

a. Der Sohn Gottes hat ihnen den Namen des Vaters offenbart (V. 6).
b. Der Vater hat sie dem Sohn gegeben (V. 6).
c. Sie sind aus der Welt herausgenommen und ihm gegeben worden (V. 6).
d. Sie haben das Wort des Vaters bewahrt (V. 6).
e. Sie haben erkannt, dass alles, was dem Sohn gegeben ist, vom Vater ist (V. 7).
f. Sie haben die Worte des Vaters, die der Sohn ihnen gab, angenommen (V. 8).
g. Sie haben erkannt, dass der Sohn vom Vater ausgegangen ist (V. 8).
h. Sie haben geglaubt, dass der Vater den Sohn gesandt hat (V. 8).
i. Sie gehören dem Vater (V. 10).

Diese Aussagen gelten nur für die wahrhaft Gläubigen, für die vom Vater in Christus Erwählten, für die Kinder Gottes.

»Hier beginnt die Fürbitte Jesu für die Jünger. Mit der innigen Liebe, die ihn befähigte, für sie nun bald in den Tod zu gehen, legt er die Sorge für ihr Wohl Gott ans Herz« (Calvin).

6 Ich habe deinen Namen den Menschen offenbart, die du mir aus der Welt gegeben hast. Dein waren sie, und mir hast du sie gegeben, und sie haben dein Wort gehalten.

Der Sohn Gottes hat den **»Namen«** des Vaters **»offenbart«**: Der Name des Vaters ist die Person des Vaters. Christus hat durch seine Menschwerdung, sein Leben, Lehren und Wirken offenbart, wie der Vater ist. Ihn, den kein Mensch gesehen hat, hat er kundgemacht (1,18).

»den Menschen, die du mir aus der Welt gegeben hast«: Warum sagt er nicht »allen Menschen«? Steht dieses Wort nicht im Widerspruch zu den Berichten in den Evangelien, in denen wir lesen, dass die Volksmengen sich um ihn scharten und dass er sie alle lehrte? Ja, er lehrte alle; sein Evangelium wird gepredigt in aller Welt (Mk 16). Warum sagt aber der Herr im Gebet zum Vater, er habe den Namen des Vaters nur denen offenbart, die der Vater ihm gegeben hatte? Die Welt wollte seine Worte nicht aufnehmen; so, wie die Welt heute seine Boten nicht hören will (1Jo 4,6). Nur seine Schafe hörten seine Stimme (10,27); nur ihnen wurde in den Worten des Herrn der Vater offenbar. So gab er ihnen Erkenntnis des Vaters. Zwei Wahrheiten müssen wir also hier festhalten:

a. Wir können den Vater nur erkennen, wenn der Sohn ihn uns offenbart.
b. Der Sohn offenbart diesen Namen nicht allen Menschen.

Das sagte der Sohn einmal in folgenden Worten: *»Ich preise dich, Vater, Herr des Himmels und der Erde, dass du dies vor Weisen und Verständigen verborgen und es Unmündigen offenbart hast. Ja, Vater, denn so war es wohlgefällig vor dir. Alles ist mir übergeben von meinem Vater; und niemand erkennt den Sohn als nur der Vater, noch erkennt jemand den Vater als nur der Sohn und* ***wem irgend der Sohn ihn offenbaren will«*** (Mt 11,25-27).

»Dein waren sie«: Beachten wir, dass der Sohn nicht sagt: *»Verloren waren sie«*, sondern: *»Dein waren sie, und mir hast du sie gegeben ...«* Die Erlösten gehörten dem Vater, ehe sie geboren waren und glauben konnten. Sie waren vom Vater als sein Eigentum zuvorerkannt und in Christus erwählt vor Grundlegung der Welt (Röm 8,29; Eph 1,4).

»und mir hast du sie gegeben«: Der Vater übergab sie dem Sohn; denn nur durch den Sohn können wir zum Vater kommen. Ob wir zu den Erwählten gehören, wissen wir nur, indem wir an Christus glauben. Wenn wir durch Glauben zu ihm gekommen und nun mit ihm verbunden sind, erkennen wir, dass wir erwählt sind.

»und sie haben dein Wort gehalten«: Das ist ein Merkmal aller, die im Sohn den Vater erkannt haben. Sie haben erkannt, dass der Sohn seine Worte vom Vater hatte, und sie haben sie deshalb gehalten. Sie haben erkannt, dass der Vater ihnen aus Gnade im Sohn das ewige Leben gegeben hat, und darum wollen sie ihm gehorchen. Sie wissen: Sie sind *»auserwählt ... zum Gehorsam«* (1Petr 1,1.2). Von der *»wahren Gnade Gottes«* (1Petr 5,12) bezwungen, gehorchen sie dem *»Gott aller Gnade«* (1Petr 5,10).

7 Jetzt haben sie erkannt, dass alles, was du mir gegeben hast, von dir ist;

Durch das Wort, das sie empfingen, hatten die Jünger **»erkannt, dass alles, was du mir gegeben hast, von dir ist«**. Die Welt erkannte hingegen all das nicht (1Jo 3,1; vgl. Joh 14,17), sondern schrieb vielmehr seine Werke dem Satan zu (7,20; Mt 12,24) und hielten seine Worte für Anmaßung (10,33). Die Jünger hingegen erkannten, dass er vom Vater gesandt war und vom Vater die Worte empfangen hatte, die er sie lehrte.

8 denn die Worte, die du mir gegeben hast, habe ich ihnen gegeben, und *sie* haben sie angenommen und wahrhaftig erkannt, dass ich von dir ausgegangen bin, und haben geglaubt, dass *du* mich gesandt hast.

»denn die Worte, die du mir gegeben hast, habe ich ihnen gegeben, und sie haben sie angenommen«: Das einleitende »denn« zeigt, dass diese Worte die Aussage von V. 7 erläutern: Die Jünger hatten erkannt, weil der Herr ihnen die Worte vom Vater gegeben hatte. In 15,15 hatte er den Jüngern bereits gesagt, dass er alles, was er vom Vater empfangen, ihnen kundgetan hatte; nun spricht er es vor dem Vater aus. Der Vater hatte ihm seine Worte gegeben, damit er sie den Jüngern gebe, und der Sohn kann nun dem Vater sagen, dass er auch hierin das ihm aufgetragene Werk ausgeführt hat. Die Jünger ihrerseits konnten nur deshalb erkennen, weil sie seine Worte annahmen; damit zeigten sie, dass sie erkannten und glaubten, dass er selbst vom Vater ausgegangen und gesandt war. In V. 2 hatten wir gelesen, dass der Sohn allen, die der Vater ihm gegeben hat, ewiges Leben gibt. Hier sagt der Herr, dass er die Worte, die er vom Vater empfangen, ihnen gegeben hat. Das bedeutet, dass die Worte des Herrn das Mittel sind, durch das er diesen Erkenntnis Gottes des Vaters und damit das Leben gibt (V. 3). Das wiederum bedeutet, dass wir den allein wahren Gott und Jesus Christus, den von ihm gesandten Sohn, nur durch die Worte des Herrn erkennen können. Darum müssen wir die Worte des Herrn annehmen; das heißt, wir müssen sie hören, und wir müssen ihnen glauben (Röm 10,17; 1Thes 2,13). Durch diese Worte lehrt Gott die Menschen, die er rettet; denn indem er sie lehrt, zieht er sie zum Sohn (6,44.45).

»sie haben … erkannt, dass ich von dir ausgegangen bin«: Der Sohn ist nicht nur von Gott gesandt; er ist auch von Gott *ausgegangen*; denn er ist wahrer Gott vom wahren Gott, der im Anfang bei Gott war und selbst Gott ist. Das hatten die Jünger erkannt.

»sie … haben geglaubt, dass du mich gesandt hast«: Jesus ist auch der von Gott zum Heil gesandte Christus. Wer das glaubt, beweist, dass er die Worte des Herrn angenommen hat. Beachten wir, wie hier Glauben und Erkennen zusammengehören: Die Jünger **»haben … wahrhaftig erkannt«**, und sie **»haben geglaubt«**. Die Wahrheit kann man nicht erkennen, wenn man nicht glaubt, wie Petrus dem Herrn bezeugte: *»… wir haben geglaubt und erkannt, dass du der Heilige Gottes bist«* (6,69). Aber es kann auch keinen rechten Glauben geben ohne rechte Erkenntnis. Entsprechend bezeugt Johannes an anderer Stelle: *»… wir haben erkannt und geglaubt«* (1Jo 4,16). Der Glaube wird gewirkt und genährt durch die Wahrheit, die im verkündeten Wort zu uns kommt. Hat die Wahrheit diesen Glauben gewirkt, besitzt der Gläubige in dieser Wahrheit seinen festen Grund und seinen Polarstern, der ihm durch die Nacht leuchtet und sicher zum Ziel führt.

9 *Ich* bitte für sie; nicht für die Welt bitte ich, sondern für die, die du mir gegeben hast, denn sie sind dein

»Ich bitte für sie«: Christus lebt immerdar, um für die Seinen vor Gott einzutreten (Hebr 7,25). Er betet für die Jünger, d.h. für die Menschen, die er in den V. 6-8 charakterisiert hat; er betet für *die Auserwählten*, wie der Apostel Paulus lehrt: *»Wer wird gegen* ***Gottes Auserwählte*** *Anklage erheben? Gott ist es, der rechtfertigt; wer ist es, der verdamme? Christus ist es, der gestorben, ja noch mehr, der auch auferweckt worden, der auch zur Rechten Gottes ist, der sich auch* ***für uns*** *verwendet«* (Röm 8,33.34). Auch der Heilige Geist tritt für sie ein (Röm 8,27). Daher vermag Christus als ihr Hoherpriester sie völlig zu erretten, sie durch Leiden und Versuchungen und Nachstellungen hindurch zu bewahren, um sie am Ende zu verherrlichen. Er ist der Hohepriester seines Volkes; er betet für die Seinen. Die Welt hat keinen Hohenpriester, der für sie betet; Judas geht verloren (V. 12), weil er nicht zu den Schafen Christi gehört; der Hohepriester der Erwählten betet für Petrus (Lk 22,31.32); darum hört der Glaube des Petrus nicht auf.

»nicht für die Welt bitte ich, sondern für die, die du mir gegeben hast«: Der Herr engt mit diesen Worten den Kreis der Menschen ein, für die er betet; und er bekennt mit ihnen gleichzeitig seine Anhänglichkeit an den Vater, wenn wir so sagen dürfen. Er hat alles von ihm empfangen; der Vater hat die Erwählten ihm übergeben; er hängt in Liebe am Vater; er will alles vom Vater Aufgetragene ausführen. Darum tritt er ein für die, die der Vater ihm gegeben hat, **»denn sie sind dein«**: Der Sohn liebt den Vater und wird darum keinen, der ihm gehört, fallen lassen, sondern bewahren, bis er im Vaterhaus ist (14,2).

10 (und alles, was mein ist, ist dein, und was dein ist, mein), und ich bin in ihnen verherrlicht.

Der Herr betet für die Seinen, die er mit seinem Blut erkauft hat, und sagt von diesen: **»... alles, was mein ist, ist dein«**. Die Gläubigen gehörten dem Vater (V. 6), und er gab sie dem Sohn (V. 6); sie gehören noch immer dem Vater (V. 9). Die Jünger hören den Herrn beten, und auch wir hören in diesem uns überlieferten heiligen Text den Herrn beten, und wir verstehen, dass wir ewig gesichert sind. Weil nämlich alle, die der Vater dem

Sohn gegeben hat, auch des Vaters sind, kann der Vater nicht anders, als die Bitten des Sohnes zu erhören. Wie sollte er die Fürbitte des Sohnes um das Heil, die Heiligung, die Bewahrung und die Vollendung seiner eigenen Kinder, die von V. 11 an folgen, abweisen können?

»und was dein ist, mein«: Weil der Vater die Erwählten, die dem Vater gehörten, dem Sohn gegeben hatte, kann der Sohn nun sagen, dass alle diese auch sein seien. Hieraus verstehen wir, dass der Sohn nicht anders kann, als für die Erwählten einzutreten, damit sie bewahrt, geheiligt und verherrlicht werden. Er hat sie vom Vater empfangen; sie sind ihm vom Vater zum Besitz gegeben. Wie könnte er das Gebot und den Auftrag des Vaters verfehlen? Und schließlich:

»ich bin in ihnen verherrlicht«: Aufgrund dieser Aussage betet der Apostel für die Christen, dass Gott sie würdig mache der Berufung und sein Wohlgefallen an ihnen erfülle, *»damit der Name unseres Herrn Jesus Christus verherrlicht werde«* in ihnen (2Thes 1,11.12). Der Sohn hatte den Vater gebeten, dass der ihn verherrliche (V. 5), und er hatte gesagt, dass der Vater ihm Gewalt gegeben hat über alles Fleisch, damit er allen, die der Vater ihm gegeben hat, ewiges Leben gebe (V. 2). Nun hören wir, dass der Sohn in jenen Menschen, die der Vater ihm gegeben hatte, verherrlicht ist. Das geschieht, indem sie gerettet, bewahrt, geheiligt und vollendet werden (V. 11-24). In diesen erstrahlt seine besondere Herrlichkeit als der vom Vater zu unserem Heil in die Welt Gesandte. Wird der Sohn aber durch die Erlösung, Bewahrung, Heiligung und Vollendung der Seinen verherrlicht, können wir nicht daran zweifeln, dass er keinen vernachlässigen und liegen lassen wird. Wie könnte er etwas tun, was seiner Herrlichkeit abträglich wäre? Wird nämlich der Sohn nicht verherrlicht, wird der Vater nicht verherrlicht. Der Sohn liebt aber den Vater, und darum eifert er um dessen Ehre (siehe 2,17; 5,23).

3. Was unser Hoherpriester betet (17,11-26)

Der Herr betet um vier Dinge:

a. um Bewahrung (V. 11.12.15): die rechte Beziehung der Erwählten zur Welt;

b. um Heiligung (V. 17.19): die Beziehung der Erwählten zu Gott;
c. um Einssein (V. 11.21.22.23): die Beziehung der Erwählten zu Gott und untereinander;
d. um Verherrlichung (V. 22): die Vollendung der Beziehung der Erwählten zu Gott und zueinander.

Wir sehen also, dass der Herr für die Seinen das erbetet, was er für sich erbetet hatte: »Vater, verherrliche deinen Sohn!« Indem diese bewahrt und geheiligt werden und in der Gemeinschaft mit dem Vater bleiben, werden sie zur Herrlichkeit geführt: Er gibt ihnen die Herrlichkeit, die er selbst vom Vater empfangen hat (V. 22).

Um diese vier Dinge ist es bereits in den Abschiedsreden gegangen: In Kap. 13 ging es um die rechte Beziehung der Jünger zueinander: Sie sollen einer den anderen höher achten als sich selbst, was sie damit beweisen, dass sie einander in Liebe dienen, indem sie einander die Füße waschen. In Kap. 14 ging es um das Vaterhaus, also um die Verherrlichung, also die rechte Beziehung zu Gott dem Vater und Gott dem Sohn, die schon hier auf Erden beginnt: Wenn sie den Geboten des Herrn gehorchen, werden der Vater und der Sohn zu ihnen kommen und Wohnung bei ihnen machen. In den Kapiteln 15 und 16 ging es um die rechte Beziehung zur Welt: Diese wird sie hassen und verfolgen, sie aber werden sich dadurch nicht von der Welt überwinden lassen, sondern sie werden die Welt überwinden durch den Glauben an ihren Herrn.

Beachten wir die Reihenfolge der drei ersten Bitten: Zuerst betet der Herr darum, dass Gott die Seinen in der Welt bewahre, dann, dass er sie heilige, und schließlich, dass sie eins seien. Das Einssein ergibt sich daraus, dass sie bewahrt werden. Das aber bedeutet: Die Gläubigen können nicht eins sein, wenn sie nicht von der Welt abgesondert und durch das Wort Gottes geheiligt sind.

11 Und ich bin nicht mehr in der Welt, und diese sind in der Welt, und *ich* komme zu dir. Heiliger Vater! Bewahre sie in deinem Namen, den du mir gegeben hast, damit sie eins seien wie wir.

»ich bin nicht mehr in der Welt, und diese sind in der Welt«: Der Hohepriester war in dieser Welt; er wurde versucht mit allen Versuchungen dieser Welt; er litt in dieser Welt. Darum vermag er Mitleid zu haben mit denen, die versucht werden (Hebr 4,15), weil sie noch in der Welt sind. Darum betet er für sie.

»Bewahre sie in deinem Namen«: Der Name des Vaters steht für alle seine vollkommenen Eigenschaften; mit dieser Bitte meint der Sohn, dass der Vater sie bewahren möge gemäß seinem vollkommenen Charakter. Diesen Namen hatte der Vater dem Sohn gegeben, und das bedeutet, dass der Sohn so ist wie der Vater. Darum konnte der Sohn den Vater vollkommen offenbaren, wie er in V. 6 sagte: *»Ich habe deinen Namen ... offenbart ...«* Als die Jünger diese Offenbarung annahmen, empfingen sie ewiges Leben (siehe 1Jo 5,13); und sie werden in diesem Leben bewahrt, indem sie zunehmen in der Erkenntnis des Vaters. Darum sagt der Sohn hier: **»Heiliger Vater!«** Er, der sie nach seinem Willen gezeugt hat (1,12.13), ist heilig; er ist Licht und damit geschieden von aller Finsternis, aller Sünde und aller Unwahrheit (1Jo 1,5). Durch die Erkenntnis des Vaters sind sie geschieden von der Welt, die sich ihm widersetzt, weil sie die Finsternis mehr liebt als das Licht. Solange sie ihm im Glauben anhangen, wird die Abscheu vor allem Unheiligen sie vor der Welt bewahren; damit sie in dieser Erkenntnis nicht aufhören zu wachsen, wird der Sohn den Namen des Vaters weiterhin offenbaren (siehe V. 26).

»damit sie eins seien«: Nur wenn Gott die Erlösten bewahrt, bleiben sie im Sohn (14,20; 15,4) und damit eins im Vater und im Sohn (V. 21), eins in der Gemeinschaft der Erwählten, eins in der einen Herde (10,16), die der gute Hirte mit seinem Blut erkauft hat (Apg 20,28). Damit wir verstehen, dass es nicht eine menschliche Einheit ist, an die der Herr denkt, fügt er hinzu: **»wie wir«**. Der Vater und der Sohn sind verbunden durch die *eine* göttliche Natur. Wir sind als Erlöste *in Christus*; in ihm sind wir teilhaftig dieser göttlichen Natur (2Petr 1,4), und darin sind wir eins mit allen Erlösten. Es ist die Gemeinschaft gleichen Lebens und gleichen Wesens; die Gemeinschaft der Erlösten ist die Gemeinschaft mit dem Vater und mit dem Sohn (1Jo 1,3).

12 Als ich bei ihnen war, bewahrte *ich* sie in deinem Namen, den du mir gegeben hast; und ich habe sie behütet, und keiner von ihnen ist verlorengegangen – als nur der Sohn des Verderbens, damit die Schrift erfüllt würde.

»Als ich bei ihnen war, bewahrte ich sie in deinem Namen«: Solange der Herr als Mensch unter den Jüngern weilte, bewahrte er sie im Namen, d. h. im Auftrag seines Vaters, und als der gute Hirte, dem der Vater die Schafe anvertraut hatte, konnte er sagen: **»… ich habe sie behütet, und keiner von ihnen ist verlorengegangen …«** Das gibt den Jüngern die Gewissheit, dass auch fortan keiner verlorengehen wird. Wäre einer verlorengegangen, hätte der Sohn versagt, wäre er kein guter Hirte gewesen. Und ging damals einer verloren, können in Zukunft noch viele verlorengehen; das aber würde bedeuten, dass *niemand* gewiss sein könnte.

Es ging aber einer der Zwölf verloren, Judas. Was ist mit ihm? Der Herr erwähnt ihn, damit die Jünger es hören und keiner von ihnen denkt, er habe zu den Erwählten gehört; denn das hätte die Jünger ganz buchstäblich in grenzenlose Zweifel gestürzt. Wenn nämlich einer der Erwählten umkommen kann, ist keiner der Erwählten je sicher. Der Zweifel am eigenen Stand und an der eigenen Errettung würde keine Grenzen kennen. Darum nennt ihn der Herr hier **»Sohn des Verderbens«**, eine Ausdrucksweise, welche die Jünger sofort richtig verstanden. Wenn man auf Hebräisch sagt, jemand sei ein *»Kind«*, oder wörtlich *»Sohn des Todes«* (2Sam 12,5), heißt das nichts anderes, als dass er dem sicheren Tod verfallen ist. Entsprechend war Judas wegen seines Unglaubens dem Verderben verfallen. Er hieß entsprechend *»ein Teufel«* (6,70) und *»ein Dieb«* (12,6). Er war im Gegensatz zu den anderen Jüngern nicht rein, denn er hatte das Bad der Wiedergeburt nicht empfangen (siehe Auslegung zu 13,11). Den Namen *»Sohn des Verderbens«* trägt neben Judas nur noch der Antichrist (2Thes 2,3). Wer auf Judas zeigt und damit beweisen will, ein Kind Gottes könne wieder zu einem Kind des Teufels werden, redet als *advocatus diaboli*, als Anwalt des Teufels. Mit solchen Kunstgriffen klagt dieser die Erwählten Gottes an; aber der Ankläger der Brüder (Offb 12,10) müht sich umsonst: *»Wer wird gegen Gottes Auserwählte Anklage erheben? Gott ist es, der rechtfertigt; wer ist es, der verdamme? Christus ist es, der gestorben, ja noch mehr, der auch auf-*

erweckt worden, der auch zur Rechten Gottes ist, der sich auch für uns verwendet« (Röm 8,33.34).

»… damit die Schrift erfüllt werde«, nämlich das Wort von Ps 41,10 (siehe 13,18). Dass Judas verlorenging, lag nicht am Unvermögen des Hirten, ihn zu bewahren; und das sollten die Jünger wissen, denn sonst hätte der Verrat des Judas sie beunruhigen müssen. Petrus wird sich an diese Worte erinnert haben, als er wenige Tage vor Pfingsten aufstand und den Brüdern erklärte: *»Brüder, **die Schrift musste erfüllt werden**, die der Heilige Geist durch den Mund Davids über Judas vorhergesagt hat, der denen, die Jesus griffen, ein Wegweiser geworden ist«* (Apg 1,16). Sein Verrat *musste* also geschehen. Er war angekündigt worden in Ps 41,10, die Stelle, die Jesus selbst zitiert und auf den Verräter anwendet (13,18). An Judas erfüllte sich Gottes Wort; sein Verrat war also gerade nicht ein Beweis für das Unvermögen oder die zweifelhafte Glaubwürdigkeit Gottes. Er bewies vielmehr, dass Gottes Wort sich unfehlbar erfüllt. Nun dürfen wir hieraus nicht schließen, Judas sei notwendigerweise zum Verräter geworden. Er wurde es durch eigene, sündige Wahl. Aber die Schrift hatte es im Voraus verkündigt, damit keiner der Jünger sich daran stieß, als es geschah (siehe 13,19 und auch 16,4).

13 Jetzt aber komme ich zu dir; und dieses rede ich in der Welt, damit sie *meine* Freude völlig in sich haben.

Als der Sohn auf der Erde war, hatte *er* die Jünger behütet; aber **»jetzt … komme ich zu dir«**, und deswegen hätten die Jünger bestürzt sein müssen (siehe 14,1). Aber jetzt verstehen sie, dass er, wenn er beim Vater ist, für sie eintritt, damit der Vater sie bewahre. Die Jünger sollen seine Bitten hören; er betete in ihrer Gegenwart, **»damit sie meine Freude völlig in sich haben«**. Das Wissen, *dass* ihr Herr für sie betet, und das Wissen darum, *was* er für sie erbetet und dass er als der Erhöhte zur Rechten des Vaters sitzt (Hebr 8,1) und dort für sie eintritt, erfüllt sie mit Freude. Beachten wir, dass Jesus **»meine Freude«** sagt. Der Herr hatte den Jünger seinen Frieden gelassen (14,27); dann hatte er ihnen gesagt, dass seine Freude sie erfüllt, wenn sie seine Gebote halten (15,11). Und nun betet der Herr für seine Jünger und sorgt auf diese Weise dafür, dass seine Freude sie erfüllt, nämlich die Freude, mit der er den Willen des Vaters tat und seinen Heilsrat ausführte.

14 *Ich* habe ihnen dein Wort gegeben, und die Welt hat sie gehasst, weil sie nicht von der Welt sind, wie *ich* nicht von der Welt bin.

In V. 11-18 spricht der Herr vom Verhältnis der Jünger zur Welt. Die Jünger sind ohne ihren Meister in der Welt (V. 11); aber sie hören seine Worte in dieser Welt (V. 13). Die Welt hasst sie zwar, weil sie nicht von der Welt sind (V. 14), aber der Herr bittet den Vater deshalb nicht, sie aus der Welt zu nehmen (V. 15); sondern er bittet den Vater, dass er sie durch die Wahrheit heilige (V. 17), d.h. von der Welt abgesondert halte; denn sie müssen vom Unglauben der Welt abgesondert sein, wenn sie in die Welt gesandt werden sollen (V. 18); passen sie sich nämlich der Welt an, wird ihre Botschaft in der Welt untergehen.

»Ich habe ihnen dein Wort«, d.h. das Wort des Vaters, **»gegeben«** (siehe V. 8). Alles, was er vom Vater empfangen hatte, hatte er ihnen kundgetan (15,15).

»die Welt hat sie gehasst, weil sie nicht von der Welt sind«: Die Welt nahm den Herrn nicht an (1,10); wer ihn annimmt, wird zu einem Kind Gottes (1,12) und ist damit sogleich von der Welt geschieden. Der Sohn Gottes, der für ihn gestorben ist, hat ihn herausgenommen *»aus der gegenwärtigen bösen Welt«* (Gal 1,4); sein Bürgertum ist im Himmel (Phil 3,20); er geht als ein Fremdling ohne Bürgerrecht durch diese Welt (1Petr 2,11).

In 15,19 hatten wir gelesen, dass die Welt die Gläubigen hasst, weil der Sohn sie aus der Welt erwählt hat. Damit, dass sie das Wort des Vaters aufnahmen, wurden sie von der Welt geschieden, und das wiederum erregt den Hass der Welt. Der Fürst dieser Welt und sein Same vertragen es nicht, dass irgendjemand sich dem Wort unterwirft, das sie verworfen haben; sie können es nicht leiden, dass da Leute sind, die durch den Glauben an das Wort der Wahrheit von der Lüge über Gott, über sich selbst und über die Welt befreit worden sind (8,32). Der Same der Schlange feindet den heiligen Samen an (1Mo 3,15), und das hat Gott so gewollt. Er hat diese Feindschaft zwischen den Kindern Gottes und den Kindern des Teufels gesetzt, sodass ein unablässiger Krieg herrscht von Geschlecht zu Geschlecht (vgl. 2Mo 17,16; Eph 6,10.12; Offb 12,17; 13,7). Gott sorgt dafür, dass dem *Erlösten* die Feindschaft des Teufels entgegenschlägt, und damit stärkt er im Erlösten, was dieser durch die Erlösung besitzt: die neue Natur, welche Gerechtigkeit liebt und Sünde hasst. Durch die Sünde wurde der Mensch zu einem Feind des Lichts (3,19.20); durch die Erlösung wird er zu einem Sohn des Lichts (12,36). Der Herr macht ihn zu seinem Freund (15,15) und damit zu einem unversöhnlichen Feind des Bösen. Der Erlöste bleibt von Feinden umgeben, er hat einen Kampf wider die Mächte der Bosheit in den himmlischen Örtern zu kämpfen, solange diese Welt besteht.

»wie ich nicht von der Welt bin« (8,23). Das ist nach V. 11 das zweite »wie« in den Bitten des Herrn für die Seinen (es folgen noch fünf: V. 16.18.21.22.23). Sind wir mit dem Herrn so eins wie er mit dem Vater (V. 11), sind wir auch von der Welt so scharf geschieden wie er (siehe Hebr 7,26).

15 Ich bitte nicht, dass du sie aus der Welt wegnehmest,
sondern dass du sie bewahrest vor dem Bösen.
16 Sie sind nicht von der Welt, wie *ich* nicht von der Welt bin.

»Ich bitte nicht, dass du sie aus der Welt wegnehmest«: Obwohl die Welt die Jünger hasst, sollen sie nicht aus der Welt genommen werden. Die Jünger hätten es wohl gern anders gehabt, aber sie sollen wissen, dass der Herr sie mit Absicht in der Welt zurücklässt. Wir sollen mit ihnen verstehen, dass die Errettung nicht so geschieht, dass wir von allen Kämpfen und Anfeindungen befreit werden, sondern dass wir inmitten aller Nöte und gegen alle Feindschaft bewahrt und bis ans Ziel hindurch getragen werden. Der Herr weiß, warum er uns in dieser Welt belässt; seine Absicht muss gut sein. Er spricht in V. 18 davon. Die Jünger sollen aber wissen, dass sie ihren Weg durch die Welt getrost gehen können, denn er betet beständig zum Vater, **»dass du sie bewahrest vor dem Bösen«**. Das Böse in der Welt darf und kann sie daher nicht überwinden; denn *»alles, was aus Gott geboren ist, überwindet die Welt«* (1Jo 5,4). Und damit sie das wirklich glauben, sagt der Herr als Nächstes:

»Sie sind nicht von der Welt«: Der Vater hat sie aus der Welt genommen und dem Sohn gegeben (V. 6). Sie sind als Erwählte Fremdlinge in der Welt; sie sind ausheimisch, solange sie nicht beim Herrn im Himmel sind (2Kor 5,6). Ihr Zuhause ist im Himmel; sie sollen einst ins

Vaterhaus eingehen; der Sohn Gottes selbst wird kommen und sie zu sich nehmen (14,3).

»wie ich nicht von der Welt bin«: Die Jünger sind ihrem Herrn gleich. Zum dritten Mal (nach V. 11.14) hören wir den Herrn dieses Wort »wie« in Bezug auf diese aussprechen. Er war in dieser Welt ein Fremder; darum wurde er gehasst; aber darum blieb er auch nicht in dieser Welt. Ebenso werden wir als Fremde in dieser Welt gehasst, aber auch wir werden nicht in dieser Welt bleiben. Der Herr will uns bei sich haben; denn wir sollen ihn sehen in seiner Herrlichkeit (V. 24; siehe auch 1Jo 3,2).

17 Heilige sie durch die Wahrheit: *Dein* Wort ist Wahrheit.

»Heilige sie«: Diese Bitte könnte man umschreiben: »Halte sie getrennt von der Welt und binde sie an dich!« Es genügt nicht, vom Bösen getrennt zu sein; Heiligkeit heißt auch, dem Herrn vollständig ergeben zu sein. Nach Gottes Willen sind wir geheiligt durch das Opfer des Leibes Christi (Hebr 10,10) und stehen damit im Stand vollkommener Heiligkeit. Der Herr aber betet für uns, dass wir auch im Wandel geheiligt werden; denn das ist Gottes Wille und Gebot: *»... wie der, der euch berufen hat, heilig ist, seid auch ihr heilig in allem Wandel! Denn es steht geschrieben: ›Seid heilig, denn ich bin heilig‹«* (1Petr 1,15.16).

»Heilige sie durch die Wahrheit«: Die Wahrheit ist es, die uns heiligt, sodass wir dem Stand nach heilig sind. Durch Gottes Willen sind *»wir geheiligt durch das ein für alle Mal geschehene Opfer des Leibes Jesu Christi«* (Hebr 10,10). In 15,3 hatte der Herr den Jüngern gesagt: *»Ihr seid schon rein um des Wortes willen, das ich zu euch geredet habe.«* Wer diese Reinigung an sich erfahren hatte, musste nicht noch einmal wie in einem Vollbad gereinigt werden. Aber er brauchte die tägliche Fußwaschung (siehe Kap. 13). Das Wort der Wahrheit stellt uns ins Licht, und in dem Maß, wie wir in diesem Licht Gott und uns selbst erkennen, werden wir auch im Wandel geheiligt. Wir sollen daher wachsen in der Erkenntnis Gottes, unseres Heilandes, und in der Erkenntnis der Errettung. Dann sehen wir immer klarer, wer wir als Erwählte und Erlöste sind. Der Vater hat uns dem Sohn gegeben; das ist die Wahrheit. Der Sohn hat uns erlöst; das ist die Wahrheit. Gott selbst ist unser Erlöser; das ist die Wahrheit. Wir sind als Erlöste aus Gott geboren; das ist die Wahrheit. Wir sind damit von der Welt geschieden, der Himmel ist unsere Heimat (Phil 3,20).

»Dein Wort ist Wahrheit«: Das Wort Gottes gibt Erkenntnis der Wahrheit. Alles, was der Vater über den Sohn und damit auch über seine Erlösten gesagt hat, ist wahr. Dieses Wort heiligt sie. Durch das Wort der Wahrheit heiligt Gott die Erlösten, indem er sie durch das Wort lehrt, wer er ist und wer sie sind, was sein Wille und sein Rat ist, was die Welt ist, was das Ende der Erlösten und das Ende der Welt ist. Die Erlösten des Herrn erkennt man daran, dass sie darum das Wort ihres Erlösers lieben, lesen und immer besser zu verstehen begehren. In Eph 5,26.27 sagt der Apostel Paulus, dass die Gemeinde durch das Wort fortwährend gereinigt wird, bis sie vollkommen geheiligt ist.

18 Wie du mich in die Welt gesandt hast, so habe auch *ich* sie in die Welt gesandt;

Wir müssen geheiligt sein (V. 17). Sind wir geheiligt, sind wir aus der Welt herausgenommen; das aber ist nur die Vorbereitung für das Nächste: Der Herr sendet uns in die Welt. Entsprechend befahl der Herr dem Apostel Paulus bereits am Tag von dessen Bekehrung: *»... stelle dich auf deine Füße; denn dazu bin ich dir erschienen, dich zu einem Diener und Zeugen zu bestimmen, sowohl dessen, was du gesehen hast, als auch dessen, worin ich dir erscheinen werde, indem ich dich herausnehme aus dem Volk und aus den Nationen, zu denen ich dich sende ...«* (Apg 26,16.17). Zuerst nahm der Herr Paulus *»heraus aus dem Volk und aus den Nationen«*, sonderte sie also von ihnen ab; und dann sandte er ihn zu ihnen. Die Jünger hatten vom Herrn gehört, dass sie nach seiner Himmelfahrt seine Werke fortsetzen sollen (14,12). Nun hören sie, wie er im Gebet zum Vater über diese ihre Sendung spricht. Sie sollen verstehen, dass der Sohn sie nach dem Rat des Vaters sendet. Und sie wissen, dass der Vater den Heiligen Geist senden wird. Sie haben gehört, dass dieser ihnen beistehen wird, damit sie die Bürde dieses Werkes auch tragen können.

»in die Welt gesandt«: Über das Verhältnis, in dem die Erlösten zur Welt stehen, sagt der Herr in seinem Gebet fünf Dinge:

a. Sie sind aus der Welt genommen und dem Sohn gegeben worden (V. 6).
b. Sie sind noch in der Welt, während ihr Herr nicht mehr in der Welt ist (V. 11).

c. Sie sind von der Welt gehasst (V. 14).
d. Sie sind nicht von der Welt (V. 14).
e. Sie sind in die Welt gesandt (V. 18).

Wir dürfen nicht übersehen, dass wir gesandt sind, **»wie du mich in die Welt gesandt hast«**: Das ist das vierte »wie« in der Fürbitte für die Jünger (nach V. 11.14.16). Der Herr sendet die Seinen nicht auf einen Weg, den er nicht kennt; er lässt sie nicht einen Weg gehen, den er selbst nicht gegangen ist. Er ist seinen Schafen vorangegangen (10,4); er ist durch alles hindurch und hat alles erlitten, was wir in der Welt je erleiden können; er ist in allem versucht worden, worin wir je versucht werden können. Darum kann er mit uns empfinden (Hebr 4,15), und darum vermag er uns zu helfen, wenn wir versucht werden (Hebr 2,18). Auf dem Weg, den wir gehen, sehen wir seine Fußspuren (1Petr 2,21). So, wie er von den Gottlosen litt, werden wir leiden müssen (2Tim 3,12); und so, wie der Vater mit ihm war (16,32; Apg 10,38), ist er mit uns. Wir werden nie verlassen sein (Hebr 13,5).

19 und *ich* heilige mich selbst für sie, damit auch *sie* Geheiligte seien durch Wahrheit.

»ich heilige mich selbst für sie«: Der Vater hatte den Sohn geheiligt und in die Welt gesandt (10,36), um sein Erlösungswerk zu tun. Der Sohn fügte sich dem Rat des Vaters und gab sich selbst für die Seinen dahin, um sie vollkommen zu heiligen (Hebr 10,10; 13,12). Im vorliegenden Zusammenhang ist aber weniger das gemeint als vielmehr sein Wirken nach seiner Rückkehr zum Vater: Er spricht vom Dienst, den er jetzt im Gebet für die Jünger tat und den er nach seiner Erhöhung weiterhin tun würde: Nach seiner Himmelfahrt heiligte sich der Herr als Hoherpriester zum Dienst der Bewahrung und Heiligung derer, die er erlöst hat und die einst bei ihm im Himmel sein sollen. Er weiht sich für diesen Dienst dem Vater; er verschreibt sich der immerwährenden Fürsprache für die Seinen (Hebr 7,25).

»Diese Worte setzen noch deutlicher auseinander, aus welchem Quell die Heiligung fließt, die durch die Lehre des Evangeliums in uns zustande kommt: Jesus selbst weiht sich dem Vater, damit seine Heiligkeit uns zuteilwerde ... Dann wird uns seine Heiligkeit nicht bloß an-

gerechnet – insofern es von ihm heißt ›Er ist uns gemacht zur Gerechtigkeit‹ (1Kor 1,30) – sondern wirklich angeeignet, wie es weiter heißt: ›Er ist uns gemacht zur Heiligung.‹[189] *In seiner Person bringt Jesus uns dem Vater dar, damit wir durch seinen Geist zu wirklicher Heiligkeit erneuert werden. Übrigens ist diese Heiligung ... besonders herrlich in seinem Opfertod hervorgetreten: Damals zeigte sich seine priesterliche Würde in wahrer Kraft. Damals weihte unser Hoherpriester den Tempel, den Altar, sämtliche Gefäße und sein Volk durch die Kraft seines Heiligen Geistes«* (Calvin).

»damit auch sie Geheiligte seien«: Durch seinen hohenpriesterlichen Dienst werden wir geheiligt. Wir werden bewahrt vor dem Bösen und für Gott, den Heiligen, ausgesondert. Er heiligt uns **»durch Wahrheit«**, und damit bewahrt er uns vor aller Lüge und allem Irrtum.

20 Aber nicht für diese allein bitte ich, sondern auch für die, die durch ihr Wort an mich glauben;

»Nicht für diese allein«, also nicht nur für die Apostel, **»bitte ich«**, sondern für alle, **»die durch ihr Wort an mich glauben«** und damit den gleich kostbaren Glauben haben wie diese (2Petr 1,1). Der Sohn betet zum Vater für alle, die im Lauf der Jahrhunderte und Jahrtausende durch die apostolische Predigt an ihn glauben werden. Wenn wir überzeugt sind, dass die Apostel durch den Herrn bewahrt blieben bis an ihr Ende, dann dürfen wir aufgrund der Fürbitte des Herrn auch für uns gewiss sein, dass der Herr uns bewahrt bis ans Ende.

Beachten wir den Ausdruck **»die durch ihr Wort *an mich* glauben«**: Der Glaube richtet sich auf Christus; wir glauben *an ihn.* Und an ihn glauben wir *durch das Wort* (Röm 10,17). Damit wird *»ihr Wort«*, das Wort der Apostel, und damit auch das apostolische Wort, das wir bis zum heutigen Tag predigen, zum Wort Gottes, das Menschen zum Glauben erweckt: *»Und darum danken auch wir Gott unablässig dafür, dass ihr, als ihr von uns das Wort der Kunde Gottes empfingt, es nicht als Menschenwort aufnahmt, sondern, wie es wahrhaftig ist, als Gottes Wort, das auch in euch, den Glaubenden, wirkt«* (1Thes 2,13).

189 In Elberfelder steht hier »Heiligkeit«.

Weil Menschen damals wie heute einzig durch das gepredigte Wort zum Glauben kommen und dieses Wort *Gottes* Wort ist, ist der wirkliche Urheber des Glaubens Gott selbst. Er wirkt den Glauben.

»Man beachte wohl, dass Christus für alle betet, die an ihn ***glauben*** *werden ... Weiter wird uns eingeprägt, dass solcher Glaube sich auf das apostolische* ***Wort*** *gründen muss. Dieses festen Fundamentes freuen wir uns mit starker Zuversicht ... Wehe den verblendeten Menschen, die wohl auch Christen sein wollen, aber nicht auf das Evangelium der Bibel ihren Glauben gründen, ja sogar die Stirn haben zu lästern, alles in der Schrift sei ungewiss und zweideutig. So machen sie nicht Gottes heiliges Wort, sondern menschliche Überlieferungen zur Lehrmeisterin des Glaubens. Lasst uns nie vergessen, dass der Sohn Gottes, der Einzige, der darüber zu entscheiden hat, nur* **den** *Glauben gutheißt, der aus der Lehre der Apostel erwächst«* (Calvin).

21 damit sie alle eins seien, wie du, Vater, in mir und ich in dir, damit auch *sie* in uns eins seien, damit die Welt glaube, dass *du* mich gesandt hast.

Der Herr betet für alle, die bis ans Ende der Zeit an ihn glauben werden. Was betet er für sie? Dass **»sie alle eins seien«**. Sie sollen eins sein, wie der Vater und der Sohn eins sind: **»damit sie alle eins seien, wie du, Vater, in mir und ich in dir«**. Es geht also um mehr als Einheit. Einheit kann es in rein menschlichen Gemeinschaften und Gruppen geben. Eine Nation kann in Kriegszeiten geschlossen als Einheit zusammenstehen. Der Sohn Gottes betet aber um ein Einssein der Natur, ein Einssein des Wesens, ein Einssein des Lebens, ein Einssein, das die Generationen überdauert. Der Sohn ist gleicher Natur mit dem Vater; die Erlösten haben die gleiche Natur wie ihr Erlöser (2Petr 1,4), und die Erlösten haben alle das gleiche Leben. In diesem von Gott geschenkten Leben sind sie eins. Der Apostel Paulus lehrt, dass die Erlösten eins sind – weil *ein* Leib und *ein* Geist und eine Hoffnung, ein Herr, ein Glaube und ein Gott und Vater ist (Eph 4,4-6). Die Glieder dieses einen Leibes (Röm 12,5) wachsen in diesem Einssein immer mehr zusammen, indem sie die Wahrheit, die in Christus ist, festhalten (Eph 4,15.16).

Der Herr betet, dass seine Erwählten eins seien im Glauben und dadurch im Leben mit ihm und mit allen Glaubenden, die vor ihnen gelebt haben. Und er hat nicht umsonst gebetet. Es ist dies eines der vielen Wunder der Errettung, dass wir heute den gleichen Glauben und das gleiche Leben haben wie die ersten Jünger, wie die Christen der ersten Jahrhunderte, des Mittelalters, der Reformationszeit, wie die Puritaner im 17. und wie die Erwecker und Erweckten im 18. Jahrhundert; und wir glauben das Gleiche wie die Missionare und die durch sie Missionierten des 18. und 19. Jahrhunderts, wie Zinzendorf und die Indianer Nordamerikas, wie Carey und die Inder und Hudson Taylor und die Chinesen. Wir sind eins in unserem Glauben, und das ist der Welt ein Zeugnis dafür, dass Gott seinen Sohn gesandt hat. Aber wir sind auch im Leben eins, und darum ist es unsere Pflicht, im Gemeindeleben dieses Einssein zu praktizieren (Eph 4,3).

22 Und die Herrlichkeit, die du mir gegeben hast, habe *ich* ihnen gegeben, damit sie eins seien, wie wir eins sind;

»Die Herrlichkeit, die du mir gegeben hast« (siehe V. 5) ist die Herrlichkeit, die Christus als Mensch von Gott empfing (siehe Auslegung zu V. 5).

»habe ich ihnen gegeben«: Damit erlöste Menschen diese Herrlichkeit entgegennehmen können, musste der Sohn Gottes Mensch werden, um als erster Mensch diese Herrlichkeit zu empfangen; und er empfing sie, um sie den Seinen zu geben. Die Apostel haben diese Wahrheit bestätigt (Phil 3,20.21; Kol 3,4; 1Thes 2,12). Christus gibt sie nicht allen Menschen, auch nicht allen, die vorgeben, Gott zu kennen (Tit 1,16) und ihm zu dienen; er gibt sie nur seinen Erlösten. Erst mit der Verherrlichung der Gemeinde ist das Heil vollständig und vollendet: *»Und er führte mich im Geist weg auf einen großen und hohen Berg und zeigte mir die heilige Stadt, Jerusalem, herabkommend aus dem Himmel von Gott; und sie hatte die Herrlichkeit Gottes«* (Offb 21,10.11).

Das Gleiche gilt auch für Israel, das nach der Vollendung der Gemeinde ebenfalls zum vollendeten Heil gebracht werden soll. Durch Jesaja hat der Herr angekündigt: *»Ich habe meine Gerechtigkeit nahe gebracht, sie ist nicht fern, und meine Rettung zögert nicht; und* ***ich gebe*** *in Zion Rettung, und* ***Israel meine Herrlichkeit****«* (Jes 46,13).

»damit sie eins seien, wie wir eins sind«: Hier finden wir das sechste »wie« in seiner Fürbitte (nach V. 11.14.16.18.21). Vater und Sohn sind eins; der Vater hat dem Sohn seine Herrlichkeit gegeben; sie sind in all ihren Vollkommenheiten vollkommen gleich und eins. Gibt nun der Sohn den Erlösten die Herrlichkeit, die der Vater ihm gegeben hat, dann sind sie eins – so, wie Vater und Sohn eins sind. Sie lieben, was er liebt, und sie hassen, was er hasst (siehe 14,15.31; Ps 45,8; 97,10; Hebr 1,9; Röm 12,9).

23 ich in ihnen und du in mir, damit sie in eins vollendet seien und damit die Welt erkenne, dass *du* mich gesandt und sie geliebt hast, wie du mich geliebt hast.

»ich in ihnen und du in mir«: Der Vater ist im Sohn; und der Sohn ist in den Erlösten. Mit dem Sohn ist also auch der Vater selbst in ihnen (siehe 14,23). Das Leben des Vaters und des Sohnes ist das Leben der Gläubigen; sie haben Gemeinschaft mit dem Vater und mit dem Sohn (1Jo 1,3), und damit haben sie Gemeinschaft mit allen, die aus Gott geboren sind (1Jo 5,1), mit allen, die zur Familie Gottes gehören, mit allen, in denen Christus ist.

»damit die Welt erkenne, dass du mich gesandt … hast«: In 14,31 hatte der Herr den Jüngern gesagt, dass die Welt erkennen soll, dass der Sohn den Vater liebt. Wie dort geht es auch hier nicht um jene Erkenntnis, die ewiges Leben bedeutet (V. 3), sondern darum, dass die Menschen es mit ihrem Verstand erfassen können. Sie sollen anerkennen, dass der Sohn den Vater liebt und dass der Vater den Sohn gesandt hat. Da sie aber nicht erkennen *und glauben* (siehe 10,38 und Auslegung zu V. 3 und V. 8), wird ihnen diese Erkenntnis nicht zum Heil, sondern zum Gericht. Auch Paulus spricht von einer Erkenntnis Gottes, die alle Welt hat, die aber nicht zur Buße und zum Glauben führt (Röm 1,18.19), sondern nur den göttlichen Zorn über sie mehrt (Röm 2,4.5).

»und sie geliebt hast, wie du mich geliebt hast«: Das ist nach V. 11.14.16.18.21.22 das siebte »wie« in der Fürbitte des Herrn für die Jünger. Der Sohn betet zum Vater für die Menschen, die der Vater geliebt hat. Das sind die Menschen, die der Vater aus der Welt herausgenommen und dem Sohn gegeben hat (V. 6); die Menschen, die nicht von der Welt sind (V. 14) und welche die Welt hasst (V. 14). Er liebte uns, als wir Sünder waren; er liebte uns, ohne dass in uns ein Anlass dazu gewesen wäre. Anders verhält es sich mit seiner Liebe zum Sohn. Der Sohn gibt dem

Vater durch seine Vollkommenheiten Ursache, ihn zu lieben, ihn mehr zu lieben als irgendjemand oder irgendetwas anderes. Daran wurden wir durch die Worte des Herrn selbst erinnert: *»Darum liebt mich der Vater, weil ich mein Leben lasse, damit ich es wiedernehme«* (10,17). In 15,9 sagte der Sohn, dass er die Seinen liebt, *»wie der Vater«* ihn liebt. Und nun sagt der Sohn, dass der Vater mit dieser alles übersteigenden Liebe auch die an Christus Glaubenden liebt (siehe Auslegung zu 10,17.18; 15,9; siehe auch 16,27). Wir wissen, dass der Vater den Sohn vor aller Zeit geliebt hat (V. 24); er hat ihn mit ewiger Liebe geliebt. Liebt der Vater nun die Erwählten, *»wie«* er den Sohn liebt, dann kann seine Liebe zu uns nie aufhören; dann können wir nie aus seiner Liebe fallen; dann kann uns nichts je scheiden von der Liebe Gottes in Christus Jesus (Röm 8,38.39).

24 Vater, ich will, dass *die*, die du mir gegeben hast, auch bei mir seien, wo *ich* bin, damit sie *meine* Herrlichkeit schauen, die du mir gegeben hast, denn du hast mich geliebt vor Grundlegung der Welt.

»Vater, ich will«: Was der Sohn begehrt, kann der Vater nicht abschlagen; sein Wunsch ist, dass alle seine Erlösten **»auch bei mir seien, wo ich bin«**. Wie sehr muss er uns lieben, dass er nicht ruhte, bis wir erlöst und gerechtfertigt waren! Wie sehr muss er uns lieben, dass er uns immer bei sich haben will! Seine Bitte wird sich erfüllen; er wird kommen und uns zu sich holen (1Thes 4,15-18). Entsprechend betet er, dass wir auf dem ganzen Weg dahin bewahrt bleiben (V. 11.15) und dabei immer mehr geheiligt werden (V. 17.19). Weil Gott seinen Sohn immer erhört, darf jede gläubige Seele sich der Hoffnung der Herrlichkeit so gewiss sein, dass sie sich jetzt schon der kommenden Herrlichkeit beim Herrn im Himmel rühmt (Röm 5,1.2). Ja, sie ist so gewiss, dass Paulus sagt, die Berufenen und Gerechtfertigten seien schon verherrlicht (Röm 8,30).

»damit sie meine Herrlichkeit schauen«: Wenn wir den Herrn sehen, wie er ist, dann werden wir ihm gleich sein (1Jo 3,2b); dann wird die Herrlichkeit, die er uns gegeben hat (V. 22), aber die man jetzt noch nicht sieht (1Jo 3,2a), offenbar werden.

25 Gerechter Vater! – Und die Welt hat dich nicht erkannt; *ich* aber habe dich erkannt, und diese haben erkannt, dass *du* mich gesandt hast.

Er heißt **»Gerechter Vater«** und *»Heiliger Vater«* (V. 11). Er, der Liebe ist (1Jo 4,16), der seine Kinder liebt (16,27), der aus Liebe seinen Sohn gegeben hat (3,16), ist gerecht und heilig. Er ist Licht, und gar keine Finsternis ist in ihm (1Jo 1,5). Der Sohn hat die Seinen dem *»gerechten Vater«* anbefohlen. In ihm, dem unwandelbar Gerechten, sind sie ewig gesichert.

»Und die Welt hat dich nicht erkannt«: Die Welt hat den Sohn nicht erkannt (1,10; 1Jo 3,1); sie erkennt den Heiligen Geist nicht (14,17); sie erkennt auch den Vater nicht.

»... ich aber habe dich erkannt«, denn *»niemand ... erkennt ... den Vater als nur der Sohn«* (Mt 11,27). Aber da sind solche, die den Vater erkannt haben; denn **»diese haben erkannt, dass du mich gesandt hast«**. Sie haben erkannt, wer den Sohn gesandt hat, nämlich der Vater, und das heißt, dass sie auch den Vater erkannten. Das bestätigt Johannes an anderer Stelle: *»Ich schreibe euch, Kinder, weil ihr den Vater erkannt habt«* (1Jo 2,14). Wir hatten in 14,17 gesehen, wie das Kommen des Heiligen Geistes die Welt in zwei Lager teilt: in die Gläubigen, die den Heiligen Geist kennen, und in die Ungläubigen, die ihn nicht kennen. Nun sehen wir, dass die Gläubigen und die Ungläubigen auch dadurch geschieden sind, dass die Erstgenannten den Vater erkennen, während die Übrigen ihn nicht erkennen.

26 Und ich habe ihnen deinen Namen kundgetan und werde ihn kundtun, damit die Liebe, mit der du mich geliebt hast, in ihnen sei und ich in ihnen.

»Und ich habe ihnen deinen Namen kundgetan«: Der Herr hatte die Jünger bereits vieles über den Vater gelehrt, indem er ihnen den Namen des Vaters offenbarte (siehe V. 6). Aber damit hatten sie nicht ausgelernt. Sie sollten fortwährend wachsen in der Erkenntnis des Vaters: **»... und [ich] werde ihn kundtun ...«** Er würde fortfahren, sie zu lehren durch den Heiligen Geist (16,12-14), und was der Geist die Apostel lehrte, haben diese geschrieben und gepredigt. Durch ihre Schriften fährt der

Sohn fort und tut den Namen des Vaters den Gläubigen kund, sodass sie beständig wachsen in der Erkenntnis Gottes (Kol 1,10)[190], bis sie in den Himmel aufgenommen werden. Und auch dann werden sie nicht aufhören, den Vater immer tiefer und inniger zu erkennen.

»damit die Liebe, mit der du mich geliebt hast, in ihnen sei«: Durch die Erkenntnis des Vaters kommt dessen Liebe in die Erlösten; durch wachsende Erkenntnis des Vaters wächst diese Liebe. Das ist das abschließende Wort, das unser Hoherpriester in diesem Gebet vor seinem Gott und Vater ausspricht. Gottes ewige, alles überwindende, starke und sich nie ändernde Liebe zu seinem Sohn gilt auch denen, die an seinen Sohn glauben. Ja, diese gleiche Liebe ist sogar in ihnen, denn Gott hat sie in ihre Herzen geschüttet durch den Heiligen Geist (Röm 5,5).

»und ich in ihnen«: Mit dieser Liebe ist Christus in ihnen; und er bleibt in ihnen. Er selbst in ihnen ist die Gewähr dafür, dass alles, was er verheißen und erbeten hat, zu seiner Zeit in Erfüllung gehen wird.

Anmerkungen zu Kapitel 17

»Das ist eine schöne Rede … und ein Gebet, desgleichen die Schrift nicht hat, weil solch eine Person und solch ein Beter nicht gewesen ist. Denn es ist das Gebet des Heils unseres Hauptes, uns zum Trost und zur Stärkung unseres Glaubens« (Luther, *Johannes-Evangelium*).

»Nunmehr geht er (Jesus) zum Gebet über; und er hat wohl Ursache dazu; denn bloße Belehrung bleibt ein kaltes Ding, wenn Gott sie nicht innerlich wirksam macht. Jesus gibt mit diesem Gebet allen Lehrern ein Vorbild, dass sie nicht nur darauf ihren Fleiß verwenden, dass sie den guten Samen des Wortes säen, sondern auch eifrig dabei Gott um seine Beihilfe anflehen, damit sein Segen ihre Arbeit fruchtbar mache. Kurz, diese Anrufung des Vaters war das Siegel auf die vorangehende Lehre, die damit ihren zusammenhaltenden Schlussstein empfing und den Jüngern nun als ein fester Grund des Glaubens dienen konnte« (Calvin).

190 Elberfelder übersetzt »durch« die Erkenntnis Gottes, aber »in« ist eine ebenfalls mögliche Übersetzung, die sich findet in Luther, Schlachter, Zürcher, Menge, auch in der englischen KJV.

»Alles, was für die geschichtliche sichere Wahrheit des Evangeliums, für die durch den Heiligen Geist wunderbar geschehene Reproduktion der Reden Jesu in demselben gilt, alles das gilt umso mehr für dieses Gebet, als ja dasselbe die gen Himmel dringende, mit den Geheimnisses des Himmels unmittelbar sich berührende Steigerung und Vollendung all seines Redens ist. Ein siegesklares, sonnenhelles *Vollbracht!* vor dem umdunkelten *Vollbracht!* am Kreuz, sodass das Letzte hieraus erst recht gedeutet werden kann. Worte, wie sie nie ein Mensch reden konnte außer dem Eingeborenen des Vaters …« (Stier, S. 374).

»Dieses Gebet steht einzigartig da unter allen Gebeten aufgrund der herrlichen Person, welche diese Worte spricht. Wer außer einer göttlichen Person dürfte sagen: ›damit sie eins seien wie *wir*‹ (V. 11); oder: ›damit sie in *uns* eins seien‹ (V. 21)? Solche Worte könnten nie über die Lippen eines bloßen Menschen gehen. Leugne die Gottheit dessen, der hier betet, und seine Worte sind Lästerworte eines Schwindlers … Ist der Hauptgedanke der Abschiedsreden und des letzten Gebets nicht der, dass Christus in lebendiger Weise in seinem Volk jetzt schon gesehen werden sollte? Dazu werden unsere Füße gewaschen, unsere Herzen getröstet, wird unser Leben fruchtbar gemacht und unser Verstand unterwiesen. Zu diesem hohen Zweck lässt der Herr uns hineinhorchen in sein letztes Gebet, das mit den Worten schließt: Ich in ihnen« (Hamilton Smith).

»Dieses Gebet enthält alle Schlüsselthemen des Johannesevangeliums, nämlich: 1. die treue Unterordnung Jesu unter den Vater; 2. die Verpflichtung des Sohnes, den Vater zu verherrlichen; 3. die Erwählung und Bewahrung seiner Jünger; 4. ihr Zeugnis in einer feindlichen Welt; 5. ihr Einssein mit Christus und untereinander; 6. die herrliche Zukunft, der sie entgegengingen. Das Kapitel gliedert sich in drei Teile: 1. das Gebet Jesu für sich selbst (V. 1-5); 2. das Gebet Jesu für die Jünger (V. 6-19); 3. das Gebet Jesu für alle neutestamentlichen Gläubigen, welche die Gemeinde bilden (V. 20-26)« (John MacArthur, *One Perfect Life*, Nashville/Dallas: Thomas Nelson, 2012).

V. 1 – »**Hob seine Augen auf gen Himmel.** Das war ein Anzeichen außerordentlicher Ergriffenheit und Innigkeit. Schon mit seiner äußeren Haltung bezeugte Christus, dass er der Bewegung seiner Seele nach mehr im Himmel als auf der Erde weilte; er ließ die Menschen weit hinter sich zurück und hielt vertrauliche Zwiesprache mit dem Vater« (Calvin).

»Mit zum Himmel erhobenem Blick – ein Beweis, dass er droben bei dem Vater seine Heimat sucht … Christus betet laut, den Jüngern zum Trost und zur Erhebung« (Lange).

»›Vater, die Stunde ist da, dass du deinen Sohn verklärest … Ich bitte dich, lieber himmlischer Vater, verkläre mich, aber also, dass dein Sohn dich auch verkläre …‹ Er ist gestorben wie der ärgste Bube auf Erden. Kein Spitzbube ist so schändlich gestorben wie Christus. Die Welt hat Mitleid mit allen Schälken; man freut sich nicht über sie und spottet ihrer nicht. Von ihm aber dachten die Juden, wenn er gestorben sei, so würden sie genesen; sie halten ihn für das ärgste Gift. Lieber hätten sie zehnmal die Pest und dreimal Krieg und viermal Hungersnot gehabt. Das heißt den Mann heruntergeworfen in die Finsternis und Unverklärung, dass es nicht ärger sein kann … ›Nun ist die Zeit da, du darfst nun nicht länger harren.‹ Er betet, als hinge er schon am Kreuz. Darum ist's ein ernstlich Gebet; es geht auf die Stunde, da er im Leiden ist. Seine Verklärung wird zunichte sein und sein Licht ist verloschen. ›Keiner hilft mir, ja sie fliehen vor mir. Nun, lieber Vater, tue du dazu‹« (Luther, *Johannes-Evangelium*).

V. 2 – »Er hat **Gewalt über alles Fleisch**: über die ganze Menschheit. Er hat zwar auch Gewalt über die Welt der Geister, die Mächte der oberen und unsichtbaren Welt sind ihm untertan (1Petr 3,22). Da er aber jetzt als Mittler zwischen Gott und dem Menschen spricht, beruft er sich einzig auf seine *Gewalt über alles Fleisch*. Sie waren die Menschen, die er sich unterwerfen und retten sollte: Aus dem Menschengeschlecht war ihm ein Überrest gegeben, und darum wurde ihm die gesamte Gattung unter die Füße getan. Über die Menschheit als eine verdorbene und gefallene, denn als solche heißt sie *Fleisch*, 1Mo 6,3 … Über dieses sündige Geschlecht hat der Herr Jesus alle Gewalt … Christus, dem Mittler, ist die Regierung über die ganze Welt in die Hand gegeben; er ist der König der Nationen, hat Gewalt auch über die, *die ihn nicht kennen und die dem Evangelium nicht gehorchen*. Wen er nicht unterwirft, den verwirft er, Ps 22,29; 72,8; Mt 28,18; Joh 3,35. Die große Absicht und der Zweck dieser Gewalt: **damit er ewiges Leben gebe denen, die du ihm gegeben**

hast. Hier wird das Geheimnis unserer Errettung aufgedeckt: Der Vater übergibt die Erwählten dem Erlöser; er übergibt sie seiner Verantwortung und Obhut; er gibt sie ihm als Krone und Lohn für die Ausführung des Werkes. Hier sehen wir, wie der Sohn sich verpflichtet, die Glückseligkeit derer zu bewirken, die ihm gegeben worden sind, dass er **ihnen ewiges Leben gebe** ...« (Matthew Henry).

V. 5 – »Jesus wünscht, beim Vater verherrlicht zu werden … Dabei erbittet er nichts Neues …, sondern lediglich die Herrlichkeit, die er beim Vater hatte, **ehe die Welt war**. Dieselbe soll aber jetzt auch in dem menschlichen Fleisch, das er angenommen hat, widerstrahlen oder, besser gesagt, in seiner ganzen mittlerischen Person. Wir haben hier eine hervorragende Beweisstelle dafür, dass Christus durchaus nicht etwa erst neuerdings Gott oder in der Zeit als eine Art Gott geschaffen worden ist. War seine Herrlichkeit eine ewige, so ist er auch selbst immerdar gewesen – so ist er also nicht bloß Gott von Ewigkeit, sondern auch das ewige Wort Gottes, vom Vater gezeugt vor aller Zeit« (Calvin).

V. 6 – »**Geoffenbart deinen Namen.** Das ist das bisherige Werk Christi, mit *einem* Wort bezeichnet. Durch Wort, Werk und Leben Christi ist der Name Gottes, seine spezifische Selbstoffenbarung im Sohn, mit ihm der Gott Christi, der persönliche himmlische Vater in voller Bestimmtheit den Menschen geoffenbart … **den Menschen, die du mir gegeben hast.** Die Jünger (siehe V. 8.11 und 16,30). Gott hat sie ihm gegeben durch seine Erwählung, durch den in ihnen wirkenden Zug zum Sohn und durch die Kraft seiner Berufung« (Lange).

»Die erwählte Schar tritt in diesem Vers ins Blickfeld. Sie werden bezeichnet als ›**die du mir aus der Welt gegeben hast**‹. So werden sie von Anfang an von der Welt scharf unterschieden als solche, die der Vater aus ihr genommen und dem Sohn gegeben hat. Sie gehörten dem Vater nach seinem vorzeitlichen Ratschluss, aber sie wurden dem Sohn gegeben, damit dieser sie so zur Erkenntnis des Vaters bringe, indem er ihnen den Namen des Vaters offenbarte« (F. B. Hole).

V. 9 – »Für welche betet er? Die hören, was er sagt, und zusehen, was er tut; die mögen sich trösten und auf das Gebet verlassen, dass sie darin begriffen sind. Wiederum ist's schrecklich für die anderen: ›**Ich bitte nicht für die Welt.**‹ Lasst uns ja sehen, dass wir nicht unter dem Haufen erfunden werden, für die er nicht betet, ja deren er sich entäußert. Fürwahr, die Welt sollte erschrecken, wenn sie das hört, aber sie achtet's gering … So sieht Christus mit diesem Gebet zwei Haufen. Einer ist klein und hält am Evangelium fest. Also bedarf er der Hilfe. Der andere ist gar groß. Die kehren sich wider das Evangelium. Das heißt: Für die Welt bittet der Teufel, dass ihr Ding glücklich vorangehen soll« (Luther, *Johannes-Evangelium*).

V. 10 – »**Und alles, was mein ist, ist dein.** Mit diesem Satz ist ausgesprochen, dass Jesus sicherlich vom Vater erhört werden muss. Er will sagen: Ich befehle dir ja niemand anders an als die, welche du selber zu den Deinen zählst; ich habe keine Liebhabereien und Sondermeinungen, daher kannst du mich nicht mit meiner Bitte abweisen« (Calvin).

V. 11 – »Jesus bittet für die Jünger: ›**Erhalte sie in deinem Namen.**‹ Er hat ihnen den Namen des Vaters geoffenbart, hat diesen Namen ihnen kundgetan (V. 26) und bisher in demselben erhalten (V. 12). Nun, während er dies nicht mehr kann, überlässt er es dem Vater« (Dächsel).

»Er benutzt hier das Wort ›bewahren‹. ›**Heiliger Vater**‹, sagt er, ›**bewahre sie in deinem Namen, den du mir gegeben hast.**‹ Nirgendwo in diesem Kapitel gibt es eine Ermahnung oder einen Aufruf, die Einheit herzustellen. Nach dem, was er sagt, besteht sie bereits, ist sie schon vorhanden. Es ist die Einheit derer, die im Gegensatz zu allen anderen die Wahrheit geglaubt haben, die ihn und sein Werk betrifft. Unser Herr, der im Begriff steht, die Welt zu verlassen, und der weiß, dass die Seinen den Angriffen des Bösen und der Sünde ausgesetzt sind, bittet seinen Vater, sie in der bereits bestehenden Einheit zu bewahren. Das, ich wiederhole, ist ein sehr wichtiger Grundsatz. Es geht dem Herrn nicht um etwas, was wir anstreben sollten. Nein, er spricht seine Jünger überhaupt nicht an. Es ist ein Gebet zu Gott, sie in der Einheit zu bewahren, die er durch seine Predigt bereits unter ihnen geschaffen hat« (D. Martyn Lloyd-Jones, *Einig in Wahrheit*, S. 17).

V. 12 – »Wie die *Schuld* dieses Verlorengehens nicht Christi, sondern des Verräters selber ist, so ist auch die *Folge* seines Abfalls keine Störung des Werkes Christi, sondern reiht sich nach Gottes Ratschluss in den Erlösungsplan ein; es war geweissagt, dass der Verrat selbst ein Mittel zur Ausführung dieses Erlösungsplans sein sollte. Der Erlöser sollte nicht nur durch den Hass der Feinde, sondern auch durch den Verrat eines von denen, die sein Brot gegessen, leiden« (Ebrard, zitiert von Dächsel).

V. 13 – »*Droben* wird ja der Sohn auch reden zum Vater und vor dem Vater, *anders* als hienieden im Fleisch: Das ist der Gegensatz, der den Worten **›solches rede ich in der Welt‹** zugrunde liegt, ein Gegensatz jedoch, der auch wieder auf Einheit beruht, denn *solches* ist's, was der HErr, dort angekommen, fortreden will, was er hier schon angefangen und auch ausgesprochen hat« (Stier, zitiert von Dächsel).

V. 17 – »Der Herr bat: **›Heilige sie durch die Wahrheit‹**, weil die Wahrheit scheidet, indem sie jene geistliche Immunität aufbaut, die vor geistlicher Krankheit bewahrt. Der Grundgedanke von Heiligung ist Absonderung. Der Sohn hat das Wort des Vaters gegeben, das uns einführt in seine ganze Liebe, seine Gedanken, seinen Vorsatz und seine Herrlichkeit. Das alles ist Wahrheit, d.h. göttliche Wirklichkeit. Die Weltmenschen leben in einer Welt des Scheins und der Unwirklichkeit und bauen sich ihre Systeme, die keine Grundlage haben und verschwinden müssen. Wenn wir die göttlichen Wirklichkeiten kennen, müssen wir notwendigerweise von der ganzen Welt des Scheins geschieden werden. Das wird uns dem Hass der Welt aussetzen, aber es wird unseren geistlichen Widerstand stärken, und es wird uns immun machen gegen ihr zersetzendes Wirken. Diese Absonderung hält, weil sie durch das Wort des Vaters und die Wahrheit bewirkt worden ist« (F.B. Hole).

V. 20 – »**Ich bitte aber nicht allein für sie.** Jetzt weitet er seine Fürbitte aus, in die er bis dahin nur die Apostel eingeschlossen hatte. Er bezieht alle Jünger des Evangeliums ein, so viele ihrer sein werden bis zum Ende der Welt. Das ist wahrlich eine wundervolle Glaubensstärkung; denn glauben wir infolge der Lehre des Evangeliums an Jesus Christus, dürfen wir in keiner Weise daran zweifeln, dass wir zusammen mit den Aposteln unter eine gesicherte Obhut gesammelt sind, damit keiner von uns verlorengehe. Diese Bitte des Herrn Jesus ist der ruhige Hafen, in welchem wir, wenn wir uns in ihm bergen, vor der Gefahr des Schiffbruchs gesichert sind« (Calvin, *Evangile selon saint Jean*).

»Wenn Christus mit seinem Blut für sie bezahlt hat, wird er sie bekommen. Gott ist nicht untreu, dass er den Preis vergäße, den sein Sohn bezahlt hat. Er wird es nie zulassen, dass die Stellvertretung bloßer Buchstabe bleibt, auch nicht in einem einzigen Fall. Tausende der Erlösten sind noch nicht wiedergeboren, aber sie müssen es noch werden … Christus betet vor dem Gnadenthron für jene Gottlosen. Diese armen Seelen wissen nicht, wie sie für sich selbst beten sollen, aber Jesus betet für sie. Ihre Namen stehen auf seinem Brustschild. Bald müssen auch sie ihre steifen Knie beugen und vor dem Thron der Gnade Tränen der Buße vergießen. Die Zeit der Feigen ist noch nicht gekommen, aber am Tag, der von Ewigkeit her bestimmt ist, wird er kommen, und dann müssen sie gehorchen, denn Gott versammelt die Seinen« (C.H. Spurgeon, *Mornings and Evenings II* (4. Dezember), Lafayette: Sovereign Grace Trust Fund).

V. 25 – »Ach, wie wenig mag die Welt von diesem Vater wissen! Warum heißt Christus den Vater einen **›gerechten‹** Vater? Warum nicht einen barmherzigen und gütigen Vater? Zu jener Stunde hat Christus in seinem Herzen gebrannt, als wollte er sagen: Wohlan, du bist gerecht … die Welt, die das Evangelium hasst und verfolgt, die will es nicht hören, und je mehr man davon predigt, desto mehr toll und töricht wird sie … Dabei wird es ihr umsonst angeboten; für unsere über die Maßen großen Sünden wird uns Gnade geschenkt … Darum sagt der Herr: Du bist ein gerechter Vater, der du die Welt fahren lässt, dass du einen solchen Unterschied machst zwischen denen, die du mir gegeben hat, und die in der Welt sind. Die mir gegeben sind, nehmen dein Wort an; ihnen bestellst du Herberge durch mich. Du tust daran herzlich recht. Die anderen aber lässt du fahren; denn sie wollen sich nicht helfen lassen. Darum ist's recht, was du tust … Er gibt alles, er gibt das Wort und seinen Sohn, und du willst ihn lästern. Was soll er denn anders tun, als dass er uns eine Pestilenz nach der anderen und Krieg zuschickt und uns zur Hölle hinabstößt? … Darum sage ich: Willst du nicht in Gottes Namen zum Himmel fahren, so steige in des Teufels Namen zur Hölle hinab« (Luther, *Johannes-Evangelium*).

Teil 3: Der Tod und die Auferstehung des Lammes Gottes (Kap. 18–21)

»Wir müssen niemals der Betrachtung des Leidens Christi als einer alten Historie überdrüssig werden, sondern immer neue Kraft, Trost, Mut und Erquickung in allen Tritten und Schritten finden, die seine gesegneten Füße zu unserem Heil getan haben. Wie ist's möglich, dass wir in eine Sünde werden willigen können, wenn wir uns beständig den sauren Todesgang Christi im Geist vor unsere Augen stellen?« (Rambach, S. 10).

Hier beginnt die Leidensgeschichte, die in allen vier Evangelien ausführlich überliefert ist. Johannes berichtet nicht vom Gebetskampf des Herrn im Garten Gethsemane; denn diesen haben die drei ersten Evangelien mit vielen Einzelheiten beschrieben, und Johannes setzt die Kenntnis dieser Überlieferung voraus (siehe 18,11). Damit, dass er in 18,1 den Garten nennt, in den der Herr ging, lenkt er die Gedanken des Lesers auf Gethsemane, und das genügt.

Johannes schrieb sein Evangelium, um zu bezeugen, dass Jesus das ewige Wort ist, das Fleisch wurde (1,1.14), und entsprechend zeigt er in seinem Bericht vom Leiden und Sterben des Herrn auf Schritt und Tritt, dass der Mensch, den man griff, abführte und verurteilte, der Allwissende und der Allmächtige war. Wie Johannes in seinem ganzen Evangelium gezeigt hat, dass durch den Menschen Jesus in allen Worten und Werken die Herrlichkeit des Sohnes Gottes leuchtete, so zeigt er, dass auch dann seine göttlichen Wesenheiten erstrahlten, als die Menschen ihn erniedrigten, ihren Mutwillen mit ihm trieben, ihn peinigten und umbrachten: Als der Allwissende wusste er, was über ihn kommen sollte (18,4), und als der Allmächtige sprach er ein Wort, und vor der Macht seines Wortes fielen die Soldaten, die ihn greifen wollten, zu Boden (18,6). Er war nicht das hilflose Opfer einer Verschwörung, sondern er übergab sich wissend und wollend seinen Feinden. So demonstrierte der Herr die Wahrheit seiner zuvor gesprochenen Worte: *»Darum liebt mich der Vater, weil ich mein Leben lasse, damit ich es wiedernehme. Niemand nimmt es von mir, sondern ich lasse es von mir selbst. Ich habe Gewalt, es zu lassen, und habe Gewalt, es wiederzunehmen. Dieses Gebot habe ich von meinem Vater empfangen«* (10,17.18).

Kapitel 18

Die Leidensgeschichte gliedert sich in drei Teile:

1. **Von Juden und Heiden gefangen genommen (18,1-11)**
2. **Von den Juden verhört und durch Petrus verleugnet (18,12-27)**
3. **Von Pilatus verhört und vom Volk verurteilt (18,28–19,16)**

Juden und Heiden, die einander sonst so gründlich verachteten, waren in dieser Sache eins: Als Kinder Adams verabscheuten sie das Licht und mühten sich gemeinsam, es auszutreten. Und die Obersten der Juden und die Jünger Jesu, die ebenfalls scharf voneinander geschieden waren, wurden beide darin gleich, dass sie gegen Jesus sündigten: die Obersten, indem sie ihn zu Unrecht verurteilten; ein Jünger, indem er ihn verleugnete. Und Herrscher und Volk, die sonst durch eine tiefe Kluft voneinander geschieden waren, reichten sich die Hand: Die Volksmenge forderte, dass man Jesus kreuzigen müsse, und der Statthalter Roms übergab ihn ihrem Willen.

1. Von Juden und Heiden gefangen genommen (18,1-11)

1 Als Jesus dies gesagt hatte, ging er mit seinen Jüngern hinaus auf die andere Seite des Baches Kidron, wo ein Garten war, in den er hineinging, er und seine Jünger.

Als Jesus **»dies gesagt hatte«**, nämlich alles, was er die Jünger in Kap. 13–16 gelehrt und alles, was er im Gebet zu seinem Vater in Kap. 17 gesagt hatte, **»ging er«**. Er musste diesen Weg gehen, diesen Bach überschreiten und sich an den Ort begeben, wo man ihn gefangen nehmen und abführen sollte, um ihn zum Tod zu verurteilen. Wäre der Herr diesen Weg nicht gegangen, wären alle Worte, die er zu den Jüngern gesprochen hatte, schöne Worte geblieben und wären seine Bitten an den Vater nie erhört worden. Seine Worte und seine Bitten mussten aber Leben und Wirklichkeit werden, und dazu war es nötig, dass er die Sünden der Jünger und aller, die an ihn glauben würden, auf sich nahm und in seinem Tod ihren Tod erlitt.

Er ging nicht allein, sondern **»mit seinen Jüngern«**; denn sie mussten Zeugen seiner Leiden werden (siehe 1Petr 5,1). Darum hatte Jesus sie mitgenommen (14,31) auf den Weg durch die Gassen Jerusalems hinaus aus der Stadt und über den Bach in den Garten Gethsemane. Und sie sollten nicht nur Zeugen sein, sondern an seinen Leiden lernen, was es für sie bedeuten würde, dass sie seinem Ruf in die Jüngerschaft gefolgt waren: *»Wenn mir jemand dient, so folge er mir nach; und wo ich bin, da wird auch mein Diener sein«* (12,26). Folgen die Diener ihrem Meister, dann folgen sie ihm in seinen Leiden. Das lernte Petrus, und später hat er es gelehrt: *»Denn hierzu seid ihr berufen worden; denn auch Christus hat für euch gelitten, euch ein Beispiel hinterlassend, damit ihr seinen Fußstapfen nachfolgt«* (1Petr 2,21). Das hat auch Paulus gelehrt (Röm 8,17; Phil 3,10; 2Tim 1,8; 3,12).

»In der Nachfolge des Herrn Jesu muss man sich zur Gemeinschaft seiner Leiden bequemen. Darauf weist uns der Finger des Heiligen Geistes in dem Wort ›Jesus mit seinen Jüngern‹. Wenn man Christus erkannt hat, wie er für uns gelitten, so muss darauf auch dieser Entschluss gefasst werden: Lasst uns mitziehen, dass wir mit ihm sterben, 11,16. Es muss uns demnach nicht zuwider sein, wenn wir von unserem Meister an den Ölberg geführt werden. Wir müssen dem Lamm Gottes nachfolgen, wo es hingeht; und wo wir seine Jünger sein wollen, so müssen wir uns auch zu solchen Lektionen in seiner Schule gefasst halten und mit Paulus erkennen lernen ihn und die Gemeinschaft seiner Leiden, dass wir seinem Tod ähnlich werden, Phil 3,10« (Rambach, S. 10).

Und der Herr nahm seine Jünger mit, damit sie die Menschen und vor allem sich selbst kennenlernten. In der ganzen Leidensgeschichte werden alle Akteure erprobt: die Juden, Pontius Pilatus, die Jünger und unter ihnen in exemplarischer Weise Petrus. Alle fallen durch, ohne Ausnahme; alle, auch wir, die wir nach 2000 Jahren diesen Bericht lesen. Es ist nämlich der Bericht von uns, wie wir uns zum Herrn gehalten haben und halten.

Der **»Bach**[191] **Kidron«** fließt in südliche Richtung durch das Tal, das zwischen der Ostmauer Jerusalems und dem Ölberg liegt. Als David vor seinem Sohn Absalom fliehen musste, ging er über den Kidron (2Sam 15,23) und stieg den Ölberg hinauf (2Sam 15,30). Diesen Weg geht nun, in schlagender Analogie, der Sohn Davids. *»War David nicht auf seinem Weg der Erniedrigung und des Leidens ein Typus Christi?«* (Hendriksen).

»Der Übergang Jesu über den Bach Kidron ist ein Schritt von der höchsten welthistorischen Bedeutung. Ein Ausdruck seiner Gebundenheit im Geist, seiner Willensfreiheit, seiner Herzensentschiedenheit. Das Paradies und der Garten; der erste und der zweite Adam; die Schlange und der Verräter; die Niederlage und der Sieg. Hier hat die ältere Typologie, welche den Garten Gethsemane zu einer Antithese des Paradieses macht, ihre volle Berechtigung, sofern sie sich nicht durch Einzelheiten ins Spielende verirrt« (Lange).

Als David den Kidron überquerte, floh er vor seinem Sohn, der ihn töten wollte; der Sohn Davids aber ging denen entgegen, die ihn töten wollten, um sich ihren Händen zu überlassen. David kehrte wenige Tage nach seiner Flucht zurück, um wiederum den Thron in Jerusalem zu besteigen; der Sohn Davids kehrte nicht zurück – wenigstens nicht so bald. Erst am Ende der Tage wird er wiederkommen und auf dem Thron Davids sitzen und über alle Völker herrschen. In Ps 110 hat David von der Erhöhung des Messias geweissagt (V. 1), aber er hat dort auch von seinem Weg in die Tiefen des Todes gesprochen: *»Auf dem Weg wird er trinken aus dem Bach, darum wird er das Haupt erheben«* (Ps 110,7).[192]

2 Aber auch Judas, der ihn überlieferte, wusste den Ort, weil Jesus sich oft dort mit seinen Jüngern versammelte.

Weil Judas wusste, dass der Herr **»sich oft dort mit seinen Jüngern versammelte«**, führte er die Schar samt den Hohenpriestern und Schriftgelehrten dorthin, und das wusste der Herr; er wusste alles, was über ihn kommen sollte (V. 4). Johannes hat das hier vermerkt, damit wir verstehen, dass der Herr nicht etwa in den Garten ging, um sich vor seinen

191 Bach = χειμαρρους, *cheimarrous*, von *cheima* = »Winter«, und *róos* > *rous* = »das Fließen«, also »Winterfließender«, d.h. ein Winterbach. Das bedeutet, dass er außer im Winter wenig oder kein Wasser führte.

192 Siehe dazu B. Peters, *Die Psalmen 107–150*, Bielefeld: CLV, 2014.

Häschern zu verbergen, sondern ganz im Gegenteil: Er suchte den Ort auf, von dem er wusste, dass Judas ihn dort suchen würde, denn er übergab sich mit ganzer Bereitschaft dem Willen des Vaters.

»Der Herr hat sich noch aus einem anderen Grund diesen Ort ausgesucht, an dem ihm die Feinde greifen sollten. Jerusalem war übervoll von Pilgern, und viele von ihnen hatten Jesus wenige Tage davor als den Messias bejubelt. Seine Verhaftung hätte in der nationalistisch erhitzten Volksmenge einen Aufstand auslösen können. Gerade um das zu vermeiden, hatten die Obersten der Juden ihn nicht während des Festes greifen wollen (Mt 26,4.5; vgl. 21,46; Lk 19,47.48). Das wollte auch Jesus nicht; er wollte nicht einen Aufstand lostreten, war er doch nicht gekommen, um als ein militärischer Eroberer die Römer zu stürzen (vgl. Joh 6,15). Er kam, um sein Leben zu geben als Opfer für die Sünde (Mt 1,21; Joh 1,29). Zudem hätten die Jünger in einem Tumult umkommen können, der Herr aber wollte sie beschützen« (MacArthur, *John 12–21*).

»Judas, der ihn überlieferte«: Für »der ihn überlieferte« steht hier ο παραδιδους αυτον, *ho paradidous auton*. Mit dem Durativpartizip *paradidous*,[193] »verratend«, erhöht Johannes die Dramatik des Geschehens: Während der Herr zu diesem Ort unterwegs war, war Judas gleichzeitig dabei, ihn zu verraten – und Jesus wusste alles.

3 Als nun Judas die Schar Soldaten und von den Hohenpriestern und Pharisäern Diener erhalten hatte, kommt er dahin mit Leuchten und Fackeln und Waffen.

Römische Soldaten und jüdische Priester marschieren vereint, um Jesus zu greifen; Juden und Heiden reichen sich die Hand, um gemeinsam den Sohn Gottes umzubringen (siehe Apg 2,22.23; 4,27).

»die Schar«: σπειρα, *speira*,[194] der übliche griechische Begriff für das lateinische *Cohors*, die Kohorte, der zehnte Teil einer Legion, d.h. zwischen 400 und 600 Mann. Beachten wir den bestimmten Artikel »*die* Schar«: Wir müssen daraus schließen, dass es eine ganz bestimmte, in Jerusalem wohlbekannte Einheit war, nämlich die Besatzung der Burg Antonia direkt an der Nordwestecke des Tempelplatzes. Die römischen

193 Das Aoristpartizip *paradous* hätte die bloße Tatsache angezeigt.
194 Das gleiche Wort findet sich in Apg 10,1; 21,31 und 27,1.

Herren hatten dort stets eine Kohorte der 10. Legion stationiert. Da auch ein *Manipel*, d.h. der dritte Teil einer Kohorte, *speira* genannt wurde, hatte man vielleicht lediglich einen Teil jener Kohorte, an die 200 Krieger, abgesandt, um Jesus zu greifen. Matthäus sagt, dass mit Judas *»eine große Volksmenge«* kam (Mt 26,47).

Obwohl Judas die Schar offensichtlich anführte, muss der jüdische Hohe Rat diese bewaffnete Einheit angefordert haben. Besonders während der großen jüdischen Feste (Passah, Wochenfest, Laubhütten) verstärkten die Römer vorsorglich ihre Garnison neben dem Tempelplatz, weil man gerade dann mit Aufläufen und Tumulten rechnete. Die Obersten der Juden müssen es dem römischen Statthalter glaubhaft gemacht haben, dass Jesus ein gefährlicher Aufrührer sei, den man tunlichst ausschalten sollte, bevor er einen Aufstand anzetteln könne, besonders jetzt, da die Stadt von Festpilgern überquoll. Eine Kohorte ist gewiss ein hinlängliches Aufgebot, um einen einzigen Mann zu fassen. So blind macht die Sünde. Judas, von Habsucht bezwungen,[195] hat den Herrn verraten; darum sieht er nicht mehr, was er einst klar gesehen hatte, nämlich dass Jesus Macht hat über die Schöpfung: Er kann Wasser in Wein verwandeln, er kann Brote mehren, er kann über dem Wasser gehen, und er hat die Macht, einen Toten ins Leben zurückzurufen. Judas war dabei gewesen, als der Herr alle diese Zeichen tat. Er wusste eigentlich: Diesen Menschen kann man nicht mit Soldaten und Waffen greifen.

Mit der Schar kamen auch Diener **»von den Hohenpriestern und Pharisäern«**. Wir haben hier eine wunderliche Allianz: Die Juden, die sich nicht verunreinigen wollen und darum das Prätorium nicht betreten werden (V. 28), marschieren Schulter an Schulter mit römischen Soldaten, in ihren Augen alles Hunde. So werden Leute, die sich sonst feind sind, eins in ihrer gemeinsamen Feindschaft gegen den Christus Gottes. Alle weltliche Macht, die religiöse wie die politische, die wirtschaftliche wie die militärische, rottet sich zusammen gegen den Gesalbten Gottes (Ps 2,2.3; Apg 4,25-27).

Das Passah fiel stets auf den Vollmond, sodass wohl genug Licht gewesen wäre, um Jesus zu finden. Aber seine Feinde denken natürlich, er werde versuchen, sich der Verhaftung zu entziehen und sich irgendwo

195 *»Judas war nicht ein Monster, sondern ein gewöhnlicher Mensch, gefangen in einer sehr gewöhnlichen Sünde, der Habsucht« (The Bible Knowledge Commentary).*

zu verstecken, und so kommen sie **»mit Leuchten und Fackeln«**. Da wollen Menschen, in Sünden geboren und in der Dunkelheit gefangen, mit ihren armseligen Leuchten das Licht der Welt aufspüren. *»Welche Torheit! Man zündet eine Kerze an, um mit ihr die Sonne zu suchen«* (Matthew Henry).

> **4 Jesus nun, der alles wusste, was über ihn kommen würde,**
> **ging hinaus und sprach zu ihnen: Wen sucht ihr?**
> **5 Sie antworteten ihm: Jesus, den Nazaräer. Jesus spricht zu**
> **ihnen: *Ich* bin es. Aber auch Judas, der ihn überlieferte, stand**
> **bei ihnen.**
> **6 Als er nun zu ihnen sagte: *Ich* bin es, wichen sie zurück und**
> **fielen zu Boden.**

Der Gebetskampf in Gethsemane, von dem Johannes nicht berichtet, ist ausgestanden. Jesus hat sich erhoben und geht nun seinen Feinden entgegen, denn das war Gottes Wille.

»Jesus nun, der alles wusste, was über ihn kommen würde«: Johannes lässt uns wieder erkennen, wer Jesus ist: der allwissende Gott. Er wusste, dass eine ganze Kohorte bewaffneter Männer im Anzug war; er wusste, dass Judas, einer seiner Jünger, an ihrer Spitze schritt; er wusste, was er vor dem jüdischen Gericht und dann vor dem heidnischen Gericht erleiden würde und was die Soldaten ihm antun würden.

»Christus aber wendet seine Allwissenheit dazu an, dass er dem Leiden desto williger unter die Augen geht, weil er versichert ist, dass ihm nichts begegnen könne, als was in dem geheimen Rat Gottes über ihn beschlossen sei« (Rambach, S. 82).

Er wusste alles, und mit diesem Wissen **»ging [er] hinaus«**. Zu seiner Allwissenheit gesellte sich seine Liebe. Er wartete nicht, bis seine Häscher ihn mit ihren Leuchten aufgespürt hatten.

»Er geht demnach seinen Feinden mit der größten Willigkeit entgegen, um zu zeigen, dass ihn nicht ihre List und Bosheit, sondern seine eigene Gütigkeit in den Tod gezogen« (Rambach).

Er stellte sich vor sie mit der Frage: **»Wen sucht ihr?«** Er wusste, wen sie suchten; und sie wussten es auch; denn **»sie antworteten ihm«**, alle, die er gefragt hatte. Sie suchten **»Jesus, den Nazaräer«**; und er antwortete, was sie hören wollten, und doch antwortet er anders, als sie erwartet hatten: **»Ich bin«**: εγω ειμι, *egō eimi*. Der Herr sagte nur, falls er auf Griechisch antwortete: *egō eimi*, und falls er auf Hebräisch antwortete: **'æhjæh** (2Mo 3,14). Er ist der Seiende; er ist der Urheber allen Seins; er gibt allem Geschaffenen Sein und Wesen. Wir müssen sagen: Ich bin ein Mensch; ich bin Deutscher; ich bin Alfred, Sohn des Gustav und der Anna. Er aber kann sagen: *»Ich bin.«* Wer ist er? Er ist, der er ist; nicht der oder das, zu dem jemand ihn gemacht hat; nicht der oder das, was man an ihm zu erkennen vermag oder wie man sich ihn denkt. Er ist ohne Anfang, ohne Ursprung, ohne Werden. Er ist der Ewige.

Darum: **»Als er nun zu ihnen sagte: Ich bin es, wichen sie zurück und fielen zu Boden.«** So geschieht es mit den Feinden Gottes und seiner Heiligen (Ps 70,3; 129,5). Die Menschen hatten den Herrn immer wieder greifen wollen, aber es nicht gekonnt (7,30.32.44.45). Hier sehen wir, warum: Er ist der allmächtige Gott. Nichts kann der Mensch tun ohne ihn, nicht einmal aufrecht auf den Füßen stehen. Hätte er gewollt, hätten sie sich ihm keinen Millimeter nahen können – und das wussten sie jetzt. Damit hätten sie allen Grund gehabt, von ihm zu lassen, vielmehr: sich vor ihm niederzuwerfen (nicht niedergeworfen zu werden) und ihn anzubeten. Aber genau das tun sie nicht. Sobald er seine Hand, die gegen sie ausgegangen war, wieder zurückzieht und ihnen wieder gewährt aufzustehen, setzen sie ihr Vorhaben fort.

Der Herr hätte die Macht gehabt, sich der Gefangennahme zu entziehen, aber er tut es nicht. Der Verrat durch Judas wäre nicht notwendig gewesen; der musste nur sein, damit die Schrift erfüllt würde; und die musste erfüllt werden, damit am Beispiel des Judas die ganze Bosheit und Verkommenheit des Menschen aufgedeckt würde. Die ganze Kohorte war machtlos, wie es auch eine ganze Legion gewesen wäre. Der Herr war nicht das Opfer von Verrat und überlegener Gewalt; nein, er gab sich zum Opfer. Darum liebt ihn der Vater (10,17). Jesus ist das wahre Brandopfer (3Mo 1). Er opferte sich selbst seinem Gott (Hebr 9,14). Er war als dieses Opfer ein freiwilliges Opfer (3Mo 1,2). Niemand nötigte ihn dazu; es hätte ihn auch niemand nötigen können.

7 Da fragte er sie wieder: Wen sucht ihr? Sie aber sprachen:
Jesus, den Nazaräer.
8 Jesus antwortete: Ich habe euch gesagt, dass *ich* es bin;
wenn ihr nun mich sucht, so lasst diese gehen! –
9 damit das Wort erfüllt würde, das er sprach: Von denen,
die du mir gegeben hast, habe ich keinen verloren.

Der Herr wiederholt die Frage: »**Wen sucht ihr?**«, bekommt die gleiche Antwort und sagt zum zweiten Mal: »**... ich bin es ...**« Diesmal aber lässt er mit seinem Wort nicht seine Allmacht ausgehen, sondern fährt fort und stellt eine Bedingung. Die müssen sie erfüllen, wenn sie ihn greifen wollen; sie müssen seine Jünger schonen: »**... lasst diese gehen!**« Die Priester und Söldner nehmen die Bedingung an. Sie lassen die Jünger springen und greifen den Sohn Gottes. Der Gerechte überlässt sich den Sündern, um abgeführt, verurteilt und hingerichtet zu werden. Der gute Hirte gibt sein Leben, um die Schafe zu retten. Diese hätten sterben müssen, aber er wird als Stellvertreter seiner Schafe für seine Schafe den Tod erleiden. Darum hat er nicht nur die Macht, sondern auch das Recht zu sagen: *»Lasst diese gehen!«*, wie er über 1400 Jahre zuvor in Ägypten gesagt hatte: *»Lass meinen Sohn ziehen!«* (2Mo 4,23). Und der Feind muss sie gehen lassen. Das ist nicht die flehentliche Bitte eines Ohnmächtigen, so, wie ein Verurteilter den Henker bittet, ihm noch einen letzten Wunsch zu erfüllen. Es ist vielmehr der auf Gerechtigkeit gegründete Befehl des Allmächtigen. Die den Herrn verhaften, können ohne den Herrn nichts tun; sie können nur aufstehen und sich ihm nähern, weil er ihnen die Kraft dazu gibt – oder hat er sie nicht erschaffen? (1,1-3) –, und weil er sie ihre Kraft nach ihrem eigenen Willen gebrauchen lässt. Selbst während sie ihre bösen Absichten verfolgen, müssen sie ihm gehorchen. Er befiehlt, und sie können sich dem nicht widersetzen: Sie lassen die Jünger des Herrn gehen.

Wir, die wir auch seine Jünger sind, stehen da und hören ihn diese Worte sprechen, und wir verstehen: Sie gelten auch uns. Eben hat er an seinen Feinden gezeigt, dass er allmächtig ist. Der Allmächtige gibt sich dahin, um die Seinen zu schützen. Das bedeutet, dass er seine unbegrenzte Macht in grenzenloser Liebe verwendet. Allmacht und Liebe für uns! Was könnte uns dann je von ihm trennen? Wer könnte uns je aus seiner Hand rauben (10,28)? Wie könnte grenzenlose Liebe eine Grenze und damit ein Ende haben (13,1)? Nein, nichts wird uns je scheiden können von der Liebe Christi und von der Liebe Gottes, die in Christus ist (Röm 8,35.39).

»damit das Wort erfüllt würde, das er sprach: Von denen, die du mir gegeben hast, habe ich keinen verloren«: Jesus bezieht sich auf sein Wort von 6,39; 10,28 und 17,12. Dieses musste erfüllt werden; darum befahl der Herr, dass man seine Jünger gehen lassen und nur ihn greifen solle. In 6,39 und den anderen Stellen hatte der Herr von der Bewahrung der Seinen zum ewigen Leben gesprochen; hier aber geht es zunächst um Bewahrung vor Gefangennahme und den weiteren Folgen, also um den Erhalt des Leibeslebens. Inwiefern erfüllte sich damit aber 6,39 etc.? Die einfachste Erklärung ist die, dass der Herr die Jünger vor einem Geschehen bewahrte, das ihren Glauben überfordert hätte. Der Herr, der verheißen hat, dass er keinen der Erwählten verlieren werde, überwacht alle Umstände, durch die sie gehen müssen, und sorgt dafür, dass sie nie über Vermögen versucht werden (1Kor 10,13). Das ist neben seiner Fürbitte (siehe Lk 22,32) das zweite Mittel, das er verwendet und womit er dafür sorgt, dass der Glaube der Seinen nie aufhört. Darum geht keiner von ihnen verloren.

10 Simon Petrus nun, der ein Schwert hatte, zog es und schlug den Knecht des Hohenpriesters und hieb ihm das rechte Ohr ab. Der Name des Knechtes aber war Malchus.

»Simon Petrus nun, der ein Schwert hatte«: In Lk 22,35-38 erfahren wir, dass die Jünger zwei Schwerter hatten, die sie dem Herrn zeigten, womit sie bewiesen, dass sie nicht verstanden, was der Meister dort gemeint hatte. Und wie hätte es anders sein können, als dass *Petrus* sich eines dieser beiden Schwerter umband. Aber war es nicht genug, dass der Herr sich schützend vor die Seinen stellte? Hatte er nicht eben gesagt, dass die Söldner ihn greifen durften? Und hatte er den Jüngern nicht wiederholt angekündigt, bevor er mit ihnen zum letzten Mal nach Jerusalem hinaufzog, dass er verhaftet, verhört, gepeinigt und umgebracht werden musste (Mt 16,21)? Das scheint den Jüngern nicht genügt zu haben, und darum fragen sie: *»Herr, sollen wir mit dem Schwert dreinschlagen?«* (Lk 22,49). Eigentlich war die Frage schon beantwortet. Oder hatte der Meister nicht deutlich genug gezeigt, dass man ihn nicht hätte greifen können, hätte er selbst es nicht gewollt? Und doch meinte Petrus, er müsse den Herrn vor der Verhaftung bewahren (vgl. Mt 16,22). Hatte er die Demonstration seiner Allmacht an den Söldnern nicht gesehen? Ja, der Herr hatte die Jünger mitgenommen, damit sie auch sich selbst kennenlernten. So wie Petrus, der nur etwas vorschneller war als die anderen, waren sie alle. Alle vier Evangelisten haben diese Handlung überliefert; Johannes nennt als Einziger von ihnen Petrus mit Namen sowie den Knecht, dem er das Ohr abschlug. **»Simon Petrus«**, mit vollem Namen wird er identifiziert; denn er war zwar Petrus, der Mann, den der Herr neu gemacht und dem der Herr darum diesen neuen Namen gegeben hatte (1,42)[196]. Aber er war auch immer noch Simon, der Sohn des Jona, der gleiche von sich selbst überzeugte Sünder wie sein Vater.

»Der Aufzug der Welt gegen Christus und der Schwertstreich des Petrus für ihn: Symbole der Ohnmacht seiner fleischlichen Bekämpfer wie seiner fleischlichen Verteidiger« (Lange).

Johannes sagt, dass Petrus dem Diener des Hohenpriesters das rechte Ohr abhieb. Das ist eine der vielen Einzelheiten in diesem Evangelium, die zeigen, dass der Jünger Johannes, der dieses Evangelium schrieb, als Augenzeuge dabei war. Und den Namen **»Malchus«** wird er gekannt haben, weil er *»dem Hohenpriester bekannt«* war (V. 15).

11 Da sprach Jesus zu Petrus: Stecke das Schwert in die Scheide! Den Kelch, den mir der Vater gegeben hat, soll ich den *nicht* trinken?

Lukas hat als Arzt festgehalten, dass Jesus Malchus sogleich heilte (Lk 22,51); Johannes hat den knappen Befehl des Herrn überliefert: **»Stecke das Schwert in die Scheide!«** Dann begründet er den Befehl mit einer Frage an Petrus: **»Den Kelch, den mir der Vater gegeben hat, soll ich den nicht trinken?«** Hier verweist der Herr auf seinen Gebetskampf im Garten, den Johannes nicht überliefert hat. Dreimal hatte der Sohn den Vater gebeten, dass er ihm den Kelch erspare (Mt 26,39.42.44), aber gleichzeitig hatte er sich dem Willen des Vaters gebeugt. Nachdem der Gebetskampf ausgekämpft war, stellte sich die Frage nicht mehr. Der Vater hatte ihm den Kelch gegeben. Er liebte den Vater, darum würde er den Kelch trinken.

196 Petrus = »Stein« ist die griechische Übersetzung des aramäischen Namens Kephas.

Petrus musste aber auch aus einem weiteren Grund das Schwert wegstecken: Das Reich des Herrn kann man nicht und darf man nicht mit militärischen Mitteln verteidigen. Das wird der Herr bald vor Pilatus ausdrücklich sagen (V. 36).

2. Von den Juden verhört und durch Petrus verleugnet (18,12-27)

Der Herr wird zuerst von den Juden verhört vor einer *religiösen* Behörde (18,12-27), dann wird er von Pilatus verhört in einem *zivilen* Verhör (18,28 – 19,16). Die Juden versuchen, ihn der Gotteslästerung zu überführen; Pilatus aber wollen sie dazu bringen, ihn wegen Rebellion gegen die römische Staatsgewalt zu verurteilen.

Das Verhör vor Annas findet sich nur im Johannesevangelium; die Kenntnis vom Verhör vor Kajaphas (Mt 26,57) wird vorausgesetzt. Annas war einst Hoherpriester gewesen (Lk 3,2), aber inzwischen hatte sein Schwiegersohn Kajaphas das Amt inne. Der Evangelist erinnert nicht ohne Ursache wieder daran, dass er es *»jenes Jahr«* war. Die Träger eines Amtes, das so tief von seinem von Gott einst gegebenen Stand gesunken war (siehe Exkurs auf S. 678-679), hatten wahrlich keinen Grund, mit solcher Anmaßung über einen Mitjuden zu Gericht zu sitzen. Und nun war dieser Mitjude mehr als ein bloßer Mensch. Dass sie sich nicht scheuen, den Sohn Gottes auszufragen und zu verurteilen, stellt ihre ganze Verkehrtheit ins grellste Licht. Der Sohn Gottes war als Licht in diese Welt gekommen. Vor ihm werden alle in ihrem wahren Wesen offenbar; keine Titel, keine Ämter und keine Gewänder können ihre Schande bedecken.

Während der Herr verhört wird und das gute Bekenntnis ablegt, verleugnet einer der Jünger seinen Herrn. Johannes hat den Bericht von der Verleugnung des Petrus mit dem Bericht vom Verhör Jesu folgendermaßen verwoben:

a. Jesus wird vor Annas geführt (V. 12-14).
   b. Petrus steht im Hof und wärmt sich und verleugnet den Herrn (V. 15-19).

a. Jesus gibt vor dem Hohen Rat das gute Bekenntnis (V. 16-24).
b. Petrus steht im Hof und wärmt sich und verleugnet den Herrn (V. 25-27).

Auf diese Weise tritt der Gegensatz zwischen der Treue des Herrn und der Untreue seines Jüngers in geradezu unerträglicher Klarheit hervor.

12 Die Schar nun und der Oberste und die Diener der Juden nahmen Jesus fest und banden ihn;
13 und sie führten ihn zuerst zu Annas, denn er war Schwiegervater des Kajaphas, der jenes Jahr Hoherpriester war.

»der Oberste«: *chiliarchos*, wörtlich: »Anführer einer Tausendschaft«. So hieß in der römischen Armee der Anführer einer Kohorte[197]. Das zeigt noch einmal, dass mit **»Schar«** (siehe V. 3) eine Kohorte gemeint ist und nicht lediglich ein großer Haufe.

Sie **»nahmen Jesus fest«**: Jesus, der Sohn Gottes, der Reine und Unschuldige, überlässt sich den Händen der Menschen. Er ist bereit, aus Gottes Hand hinzunehmen, wovor einem David graute. Der bat Gott, dass er mit ihm tun möge, wie er es für gut befand, wenn er ihn nur nicht dem Mutwillen der Menschen überließ (2Sam 24,14).

»und banden ihn«: Das hat von den Evangelisten an dieser Stelle nur Johannes überliefert.[198] Einmal hatten Israeliten einen ihnen unbequemen Mann, Simson, gebunden, um ihn den Philistern auszuliefern, obwohl sie hätten wissen müssen, dass man diesen Mann nicht binden konnte (Ri 15). Aber ihre Torheit ist verzeihlich, war Simson doch bloß ein Mensch. Aber hier banden sie den, vor dessen Wort sie eben zurückgewichen und zu Boden gefallen waren. Glaubten sie wirklich, sie hätten ihn jetzt in ihrer Gewalt?

»und sie führten ihn«: Sie schleppten nicht einen Widerstrebenden, denn der Gebundene leistete keinen Widerstand; er ließ sich führen. Sünder führen den Heiligen, Geschöpfe den Schöpfer, Ohnmächtige den Allmächtigen. Alle Ordnungen sind auf den Kopf gestellt, denn jetzt beginnt jenes Geschehen, das seinen Höhepunkt in der Kreuzigung findet: Dort erliegt der Fürst des Lebens dem Tod, wird der Reine

197 lat. *tribunus militum*.
198 In Mt 27,2 steht, dass die Juden den Herrn banden, als sie ihn von ihrem Synedrium zu Pilatus führten.

geschlagen wie ein Unreiner, wird das Licht der Welt verschlungen vom Dunkel in der Welt. Sie führen ihn **»zu Annas«** zum Verhör. Toren sitzen zu Gericht über den allein weisen Gott; Sünder beurteilen und verurteilen den Sündlosen. Ja, alle Ordnung ist ins Gegenteil verkehrt, denn Gott ist jetzt daran, die größte und folgenschwerste Umkehr zu wirken, die am Menschen je geschehen ist: Zuerst soll der Gerechte zur Sünde gemacht und damit der Urheber des Lebens dem Tod übergeben werden; darauf sollen Gottlose zu Gerechten, Sünder zu Heiligen, Verdammte zu Verherrlichten, Sterbliche zu Unsterblichen, Irdische zu Himmlischen gemacht werden.

Das jüdische Hohepriestertum zur Zeit Jesu

Wer waren Annas und Kajaphas? Annas war zwar nicht mehr amtierender Hoherpriester, aber er trug diesen Titel noch immer (18,19; Lk 3,2; Apg 4,6); und Kajaphas war *»jenes Jahr«* Hoherpriester (11,49; 18,13). Wie konnte jemand *ehemaliger* Hoherpriester sein, sodass *»jenes Jahr«* ein anderer das Amt innehatte? Nach der von Gott festgelegten Ordnung konnte erstens nur der Sohn des Hohenpriesters Hoherpriester werden, womit Kajaphas nicht qualifiziert gewesen wäre; und zweitens blieb jeder im Amt bis zu seinem Tod (2Mo 40,15; 4Mo 20,23-27). Darum gab es immer nur *einen* Hohenpriester; hier aber lesen wir von zweien; in V. 35 erwähnt Pilatus *»die Hohenpriester«*; in Apg 4,6 werden sogar *vier* mit Namen genannt: Neben Annas und Kajaphas auch ein Johannes und ein Alexander. Diese Tatsachen demonstrieren, wie das Priestertum in Israel vollkommen entartet war; und sie zeugten den stolzen Hohenpriestern ins Gesicht, wie tief sie gesunken waren: Sie waren nur von Roms Gnaden in Amt und Würde. Rom setzte sie ein, und Rom setzte sie ab. Aus Lk 3,2 können wir schließen, dass sie wie die dort erwähnten Annas und Kajaphas wiederholt eingesetzt werden konnten. Über Annas schreibt Edersheim: *»Keine Gestalt in der jüdischen zeitgenössischen Geschichtsschreibung ist besser bekannt als Annas; niemand galt als glücklicher und erfolgreicher, aber es wurde auch niemand im Volk so allgemein verwünscht wie der ehemalige Hohepriester. Er hatte das Amt nur sechs oder sieben Jahre innegehabt, aber es wurde danach bekleidet von nicht* *weniger als fünf seiner Söhne, von seinem Schwiegersohn Kajaphas und von einem Enkel. In jenen Tagen war es weit besser, Hoherpriester gewesen zu sein, als es noch zu sein. Er genoss alle Würde des Amtes mit all seinem Einfluss, da er seine nächsten Angehörigen ins Amt erheben konnte. Die mussten öffentlich auftreten, er aber konnte alles lenken, ohne dabei die Verantwortung zu tragen und die entsprechende Zurückhaltung üben zu müssen. Seinen Einfluss bei den Römern verdankte er seinen religiösen Ansichten und seiner offenen Parteinahme für die fremden Herren sowie seinem enormen Reichtum. Der Sadduzäer Annas war ein Kleriker, der fest im Sattel saß, nicht befangen durch feste Überzeugungen oder durch jüdischen Fanatismus, ein angenehmer, nützlicher Mann, der seine Freunde im Prätorium mit großzügigen Geldgeschenken bei Laune hielt«* (Edersheim, *Book III*, S. 547).

---

14 Kajaphas aber war es, der den Juden geraten hatte, es sei nützlich, dass *ein* Mensch für das Volk sterbe.

Kajaphas muss in diesem Augenblick sehr zufrieden gewesen sein, zufrieden mit sich selbst. Er konnte sich damit schmeicheln, dass er und kein anderer diesen weisen Rat gegeben hatte, **»es sei nützlich, dass *ein* Mensch für das Volk sterbe«** (siehe 11,49.50). Aber wie so oft, so verhielt es sich auch hier: Wer sich selbst schmeichelt, betrügt sich selbst. Erstens war der Rat nicht deshalb so gut, weil Kajaphas so klug war, sondern weil er ohne sein Wissen und Verstehen Gottes Rat ausgesprochen hatte, *»dass Jesus für die Nation sterben sollte«* (11,51). Und zweitens ging der Plan des Kajaphas nicht deshalb auf, weil er mitsamt dem Hohen Rat und seinen römischen Freunden so umsichtig gehandelt hatte, sondern weil der Sohn Gottes sich seinen Feinden freiwillig auslieferte. Was vermag der Mensch? Nichts außer sündigen; aber selbst im Sündigen muss er Werkzeug sein in Gottes Hand. Gott verordnet, was geschehen soll, und er führt es auch aus: *»... der ich spreche: Mein Ratschluss soll zustande kommen, und all mein Wohlgefallen werde ich tun«* (Jes 46,10).

**15 Simon Petrus aber folgte Jesus und der andere Jünger.
Dieser Jünger aber war dem Hohenpriester bekannt und ging
mit Jesus hinein in den Hof des Hohenpriesters.
16 Petrus aber stand an der Tür draußen. Da ging der andere
Jünger, der dem Hohenpriester bekannt war, hinaus und sprach
mit der Türhüterin und führte Petrus hinein.
17 Da spricht die Magd, die Türhüterin, zu Petrus: Bist nicht
auch *du* einer von den Jüngern dieses Menschen? *Er* sagt:
Ich bin es nicht.
18 Es standen aber die Knechte und die Diener da, die ein
Kohlenfeuer gemacht hatten, weil es kalt war, und wärmten
sich; Petrus aber stand auch bei ihnen und wärmte sich.**

»Der andere Jünger« ist Johannes, was wir aus 20,2 erkennen, denn dort heißt dieser *»der andere Jünger, den Jesus lieb hatte«.* Als der Herr gefangen wurde, waren die Jünger zuerst alle auseinandergestoben, aber **»Simon Petrus«** und Johannes hatten sich wohl plötzlich ihrer Feigheit geschämt, waren umgedreht und **»folgte(n) Jesus«**. Aber nur Johannes **»ging mit Jesus hinein in den Hof des Hohenpriesters«**, weil er diesem bekannt war. Petrus wagte sich nicht hinein, sondern blieb **»an der Tür draußen«** stehen. Er war hin- und hergerissen zwischen seiner Liebe zum Herrn und seiner Sorge um seine eigene Haut. Simon zog in diese, Petrus in jene Richtung, und so blieb er wie gelähmt stehen, bis Johannes ihm weiterhalf **»und Petrus hineinführte«**. Und da flammte ihm ein erstes Mal das Licht der Wahrheit auf: Eine **»Magd«**, παιδισκη, *paidiskē* – nicht παις, *pais*, das gewöhnliche Wort für einen Knaben oder ein Mädchen, einen Knecht oder eine Magd,[199] sondern die Verkleinerungsform, und die hat im Griechischen häufig den Beiklang des Verächtlichen –, ein bloßes »Mägdlein« stellt eine Frage an Petrus, und es schießt aus ihm heraus: **»Ich bin es nicht«**, *ouk eimi* – genau das Gegenteil von dem, was sein Herr eben erst vor einer ganzen Kohorte bewaffneter Legionäre zweimal bezeugt hatte: *»Ich bin es«*, *egō eimi*. Simon Petrus sollte sich sehen lernen, wie er wirklich war: ein hilfloses Menschlein, selbstverliebt, an sich gebunden und an die Sorge um sein Wohl. Und welches Menschlein findet die Welt, in der wir leben, nicht kalt

199 Liddell & Scott: *»slave, servant, man or maid (of all ages)«*.

und unfreundlich? So zieht es Petrus zum einladenden **»Kohlenfeuer«**, das auch nicht unnötig hell leuchtete, sondern nur wohlige Wärme von sich gab. Und **»Petrus … stand bei ihnen«**, bei den Feinden des Herrn, genauso wie der Verräter bei der Gefangennahme Jesu: *»Judas … stand bei ihnen«* (V. 5). War Simon Petrus irgend besser als Judas?

> **19 Der Hohepriester nun fragte Jesus über seine Jünger und über seine Lehre.**
> **20 Jesus antwortete ihm: *Ich* habe öffentlich zu der Welt geredet, *ich* habe allezeit in der Synagoge und im Tempel gelehrt, wo alle Juden zusammenkommen, und im Verborgenen habe ich nichts geredet;**
> **21 warum fragst du mich? Frage die, die gehört haben, was ich zu ihnen geredet habe; siehe, diese wissen, was *ich* gesagt habe.**
> **22 Als er aber dies gesagt hatte, schlug einer der Diener, der dabeistand, Jesus ins Angesicht und sagte: Antwortest du so dem Hohenpriester?**

Während Petrus sich am Kohlenfeuer wärmte, wurde sein Meister ausgefragt. **»Der Hohepriester«** war Annas; denn wir lesen in V. 26, wie Annas ihn nach dem Verhör zu Kajaphas sendet. Er fragte Jesus zuerst **»über seine Jünger«**, aber nicht, um wirklich zu erfahren, was diese Leute bewegt hatte, seine Jünger zu werden. Er wollte wohl eher dem Angeklagten höhnisch vor Augen führen, was er als der angebliche Messias sich für einen prächtigen Anhang gesichert habe, Leute, die ihn im Stich ließen, sobald es brenzlig wurde. Dazu hatte einer von ihnen ihn an die Oberen verraten, *»welcher ohne Zweifel seinen Feinden zu vielen bitteren und höhnischen Urteilen wird Gelegenheit gegeben haben, dass sie gesagt: Da sieht man, was an dem Jesus von Nazareth ist; sein eigener Jünger kommt und verkauft ihn«* (Rambach, S. 8).

Und der Hohepriester fragte den Herrn **»über seine Lehre«**, aber nicht, weil er wissen wollte, was er gelehrt hatte, sondern um ihn in der Rede zu fangen. Darum gab ihm der Herr die Antwort, die seine Torheit verdiente, gemäß Spr 26,5: *»Antworte dem Toren nach seiner Narrheit, damit er nicht weise sei in seinen Augen.«*

»*Ich* habe öffentlich zu der Welt geredet«: Der Herr kam als Licht in diese Welt; dieses Licht leuchtete in der Finsternis; der Herr redete

»nichts« »im Verborgenen«, denn das ist die Art der Feinde des Lichts, der bösen Menschen und der Irrlehrer. Die schleichen sich in die Häuser (2Tim 3,6), die operieren unter der Oberfläche (Jud 4). Der Herr aber trat offen auf und lehrte dort, wo jedermann erwartete, dass Gottes Wort und Wahrheit gelehrt werde: **»in der Synagoge und im Tempel«**. Das waren die beiden Orte, wo der Hohepriester und seine Leute sich mehr aufhielten als alle anderen. Niemand im Volk konnte also über Jesus und seine Lehre besser Bescheid wissen als gerade sie.

»warum fragst du mich?«: Der Hohe Rat hatte aufgrund der Worte Jesu von Nazareth längst entschieden, dass er ein Verführer sei, dass jeder, der ihn als Messias bekenne, aus der Synagoge ausgeschlossen werden müsse (9,22). Was fragte da der Hohepriester selbst, der Vorsitzende des Hohen Rates, ihn, den angeblichen Verführer? Hätte man die Verlogenheit des Fragestellers deutlicher bloßstellen können als mit dieser Gegenfrage?

»Frage die, die gehört haben, was ich zu ihnen geredet habe; siehe, diese wissen, was *ich* gesagt habe«: Mit anderen Worten: Jeder Bewohner Jerusalems wusste, was Jesus im Tempel gelehrt hatte. Oder hatte Annas sich nie die Mühe gemacht, ihm zuzuhören? Oder war er etwa unverständiger als die ungelehrten Leute, die angeblich verflucht waren (7,49)? Denn die hatten so viel Verstand, dass sie genau wussten, was er in aller Öffentlichkeit geredet hatte. Da **»schlug einer der Diener, der dabeistand, Jesus ins Angesicht«**, wörtlich: »gab einen Schlag«[200], vielleicht auf Befehl des Hohenpriesters (vgl. Apg 23,2). Wenn es so war, verriet der damit nur seine Ratlosigkeit, aber gleichzeitig musste er – welche Ironie! – durch seinen Befehl dafür sorgen, dass eine Weissagung über den Messias sich erfüllte, und damit unfreiwillig beweisen, dass Jesus der Messias war: *»... mit dem Stab schlagen sie den Richter Israels auf die Wange«* (Mi 4,14).

»Antwortest du so dem Hohenpriester?«: Der Diener hatte nicht mehr Verstand als sein Chef; er meinte, man dürfe dessen Torheit nicht bloßstellen, weil er Hoherpriester hieß. Es war, wie der Herr gesagt hatte, wirklich die *»Stunde und die Gewalt der Finsternis«* (Lk 22,53). Der Herr hatte den Menschen für diese Stunde die Herrschaft überlassen.

200 ραπισμα, *rapisma*, von *rapizō*, »mit einem Stab« oder »mit der Hand schlagen«. Das hier verwendete Wort für »Schlag« steht auch in der griechischen Übersetzung von Jes 50,6: *»Ich bot meine Wangen den Schlägen«*, *rapismata*.

Ein bloßer Mensch, ein vom Schöpfer vollständig abhängiges Geschöpf, fragt seinen Schöpfer aus. Da nun der Schöpfer seinem Geschöpf antwortet, klagt dieser den Schöpfer an, er rede ungebührlich mit seinem Geschöpf.

23 Jesus antwortete ihm: Wenn ich übel geredet habe, so gib Zeugnis von dem Übel; wenn aber recht, warum schlägst du mich?
24 Annas nun sandte ihn gebunden zu Kajaphas, dem Hohenpriester.

»Jesus antwortete ihm«: Wie anders antwortete der Herr auf den demütigenden Schlag ins Gesicht als einige Jahre später sein Jünger und Diener Paulus (Apg 23,2.3)! Er hätte den, der ihn geschlagen hatte, mit einem Gerichtszeichen schlagen können, wie einstmals einen götzendienerischen König in Israel (1Kö 13,4). Aber er redet jetzt nicht als der Richter, sondern als der Retter, er steht in Niedrigkeit vor seinen Geschöpfen, doch auch darin strahlt seine göttliche Herrlichkeit hell auf. Er kann in seiner Hoheit alle Langmut erweisen und zum Gewissen des Sünders reden, ob der nicht etwa, im Gewissen getroffen, zur Buße komme.

»Annas nun sandte ihn … zu Kajaphas«: Annas sendet den Herrn. Der Gesandte ist stets geringer als der Sendende (13,16). Der Herr lässt sich senden wie einen gemeinen Knecht. Was wird dabei im Innern des Hohenpriesters vorgegangen sein? Er wusste ja, dass der Herr den toten Lazarus auferweckt hatte (siehe 11,46.47), und er wusste, was das bezüglich der Identität Jesu von Nazareth nur bedeuten konnte. Er wusste, dass eine ganze Kohorte von bewaffneten Männern rücklings zu Boden gefallen war, als er nur ein Wort sprach. Es wird Annas langsam unheimlich geworden sein, und ein leiser Zweifel wird an ihm genagt haben. Wie lange würde das noch gut gehen? Wie lange würde dieser Gefangene sich das noch gefallen lassen? Stunden waren schon verstrichen, und es passierte nichts. Still hatte der Angeklagte dagestanden; Annas sandte ihn weg; stumm ließ der sich abführen.

25 Simon Petrus aber stand da und wärmte sich. Da sprachen sie zu ihm: Bist nicht auch *du* einer von seinen Jüngern? *Er* leugnete und sprach: Ich bin es nicht.
26 Einer von den Knechten des Hohenpriesters, der ein Verwandter dessen war, dem Petrus das Ohr abgehauen hatte, spricht: Sah ich dich nicht in dem Garten bei ihm?
27 Da leugnete Petrus wiederum; und sogleich krähte der Hahn.

Und »**Simon Petrus ... stand da und wärmte sich**«, während sein Herr dastand und man ihn ausfragte und er im Angesicht von Hass und Verachtung das gute Bekenntnis ablegte. Da bot sich dem Jünger eine zweite Gelegenheit zum Bekenntnis, und er antwortete ein zweites Mal: »**Ich bin es nicht.**« Während sein Herr bei der Gefangennahme im Garten zweimal bekannt hatte: *»Ich bin es«*, hatte Petrus nun schon zweimal geleugnet, ein Jünger Jesu zu sein. Und bald danach fragte man ihn wieder: »**Sah ich dich nicht in dem Garten bei ihm?**« Petrus war tatsächlich *»bei **ihm**«* gewesen; jetzt aber war er *»bei **ihnen**«* (V. 18). Er wusste, dass er nicht dorthin gehörte, dass jetzt der Augenblick gekommen war, wo er hätte bekennen müssen, dass er tatsächlich zu Jesus gehörte. Aber Petrus »**leugnete ... wiederum**« und erfüllte damit das Wort des Herrn: *»Wahrlich, wahrlich, ich sage dir, der Hahn wird nicht krähen, bis du mich dreimal verleugnet hast«* (13,38). Lukas hat die Worte überliefert, die der Herr an diese Ankündigung anschloss: *»Ich aber habe für dich gebetet, damit dein Glaube nicht aufhöre«* (Lk 22,32a). Er war der treue Hohepriester, der für die Seinen betete (Kap. 17), und das erklärt, warum sich auch dieses andere Wort des Herrn erfüllte: *»... du, bist du einst umgekehrt, so stärke deine Brüder«* (Lk 22,32b). Petrus kehrte zurück; denn sein Glaube hatte wohl ausgesetzt, aber er selbst hatte nicht aufgehört.

»**und sogleich krähte der Hahn**«: Anders als Matthäus, Markus und Lukas sagt Johannes nichts über die Tränen, die Petrus weinte, als er dieses Signal hörte.

Noch ein Wort zu Petrus, bevor wir fortfahren: Petrus war kein Feigling, im Gegenteil. Er scheute sich kaum je, sofort zu sagen, was er dachte. Das braucht auch Mut, den Mut, sich zu exponieren und, wenn's sein muss, zu blamieren. Davor schrecken die meisten Menschen zurück. Sie warten lieber ab und lassen andere sich die Finger verbrennen. Petrus bewies erneut ungewöhnlichen Mut, als er mit dem Schwert seinen Meister verteidigen wollte, obwohl eine ganze Kohorte römischer Söldner in voller Rüstung gegen ihn stand. Aber vor einer Magd und vor einer Handvoll unbewaffneter Knechte verflog ihm jeder Mut. Wie ist das zu erklären? Und was sollte Petrus daraus lernen? Petrus musste aus seinem Versagen zunächst lernen, dass er geistlich ganz hilflos war, dass er, wenn der Herr ihn sich selbst überließ, nicht mehr glauben konnte und keinerlei Kraft hatte, einen guten Vorsatz zu erfüllen. Aber er musste noch etwas lernen, was uns vielleicht nicht so offenkundig erscheint. Beachten wir, dass es nicht der Glaube war, der ihn verließ, als er sich vor einer kleinen Magd duckte; bei jener Gelegenheit war es sein natürlicher, ihm angeborener Mut, der ihn verließ. Damit lernte er begreifen, dass er in beidem, im Zeitlichen wie im Ewigen, im Natürlichen wie im Geistlichen, vollständig darauf angewiesen war, dass Gott ihn trug und fortlaufend befähigte. Sollte Gott seine Hand zurückziehen, könnten wir keinen einzigen vernünftigen Gedanken mehr fassen, unsere Hand nicht rühren und keinen Fuß vor den anderen setzen. Das wusste Hiob übrigens, wie wir aus Hi 12,16-20 erkennen können.

3. Von Pilatus verhört und vom Volk verworfen (18,28-40)

Nun soll der Sohn Gottes vom Vertreter der zivilen Gewalt verhört werden, aber die Rollen werden getauscht: Der Statthalter der römischen Macht wird vor den Sohn Gottes gestellt. Der Abschnitt beginnt damit, dass die Juden den Angeklagten zu Pilatus führen (V. 28), und er endet damit, dass sie erreichen, was sie wollten: Pilatus *»überlieferte ... ihn an sie, damit er gekreuzigt würde«* (19,16). Die Sünde des römischen Statthalters ist eine andere als die der jüdischen Oberen, aber deswegen nicht weniger Sünde. Ja, die Oberen hatten mehr Licht; sie wussten mehr vom Willen Gottes; darum wiegt ihre Schuld schwerer (19,11), und darum wird auch die Strafe größer sein (Lk 12,47.48). Aber auch Pilatus sündigte gegen das Licht, das er empfing, und darum war er nicht besser als irgendeiner der menschlichen Akteure in dem Prozess, der mit der Hinrichtung Jesu endete.

28 Sie führen nun Jesus von Kajaphas in das Prätorium; es war aber frühmorgens. Und *sie* gingen nicht in das Prätorium hinein, um sich nicht zu verunreinigen, sondern das Passah essen zu können.

Nun wird Jesus **»von Kajaphas in das Prätorium«** geführt, in die Burg Antonia, wo der römische Statthalter hauste, wenn er in Jerusalem war; denn die feste Residenz des Statthalters war in Cäsarea. Die Juden hatten Jesus vor ihrem Gericht zum Tod verurteilt, wie wir aus den Synoptikern wissen (Mt 26,66; Mk 14,64). Warum bringen sie Jesus zum Statthalter? Die Juden sind ein Untertanenvolk; sie, die Gott einst zum Haupt der Nationen gemacht hatte (siehe 5Mo 28,13), hat er zu ihrer Beschämung zum Schwanz erniedrigt und Heiden zum Haupt über sie gesetzt (5Mo 28,44). Daran aber verlieren die Obersten keinen Gedanken; sie haben nur eines im Sinn: ihre römischen Herren davon zu überzeugen, dass man Jesus hinrichten müsse.

Es war inzwischen **»frühmorgens«**. Während der letzten Stunden, die der Meister allein mit seinen Jüngern verbracht hatte, war es Nacht geworden (13,30); dann folgte der Gebetskampf in Gethsemane, darauf die Gefangennahme und das Verhör vor dem jüdischen Hohen Rat, der erst nach Anbruch des neuen Tages das offizielle Urteil aussprach (siehe Lk 22,66-71). Die Jünger hatten in Gethsemane geschlafen, der Herr aber nicht. Er gönnte sich selbst keinen Schlaf; nachher gönnten seine Feinde ihm keinen Schlaf.

»*sie* gingen nicht in das Prätorium hinein«: Das betonte *»sie«* will anzeigen, dass Jesus hineinging, sie aber draußen blieben, denn *sie* wollten sich nicht verunreinigen; *er* hingegen war ja bereits als Gotteslästerer überführt. In Mk 15,16 erfahren wir, dass Pilatus in einem Haus mit einem Hof wohnte; in diesen wollten die Juden nicht hineingehen, sondern blieben vor der Tür zum Hof stehen – so, wie Petrus es nicht gewagt hatte, in den Hof der Residenz des Hohenpriesters zu gehen. Petrus hatte Angst gehabt, die Juden blieben draußen, **»um sich nicht zu verunreinigen«**; denn sie meinten, die räumliche Nähe zu einem Heiden mache unrein. Der Gedanke muss ihnen einmal gekommen sein, dass sie sich wirklich verunreinigten, als sie diesen Heiden als Werkzeug nur dazu verwenden wollten, einen Unschuldigen in den Tod zu jagen. Nun aber hatten sie diesen Gedanken erfolgreich verdrängt. Wir erinnern uns, wie die gleichen Leute Jesus anfeindeten, weil er am Sabbat heilte; denn man entheilige den Sabbat, wenn man an ihm heilte. Dabei bedachten sie nicht, dass gerade sie den Sabbat entheiligten, als sie an ihm einen Mord planten (Mt 12,14). Und warum wollten die Obersten sich nicht verunreinigen? Damit sie **»das Passah essen«** konnten. Welche Tragik! Das wahre Passahlamm verwarfen sie, auf den bloßen Schatten (Kol 2,17; Hebr 8,5; 10,1) wollten sie nicht verzichten.

29 Pilatus ging nun zu ihnen hinaus und sprach: Welche Anklage bringt ihr gegen diesen Menschen vor?
30 Sie antworteten und sprachen zu ihm: Wenn dieser nicht ein Übeltäter wäre, hätten wir ihn dir nicht überliefert.
31 Da sprach Pilatus zu ihnen: Nehmt *ihr* ihn und richtet ihn nach eurem Gesetz. Da sprachen die Juden zu ihm: Es ist *uns* nicht erlaubt, jemand zu töten –
32 damit das Wort Jesu erfüllt würde, das er sprach, andeutend, welchen Todes er sterben sollte.

Johannes erwähnt hier Pilatus zum ersten Mal, sagt aber nichts über ihn, denn *»alle Christen wussten es, und Johannes schreibt für Christen. Pilatus war in den Jahren 26–36 ›Prokurator‹ über Judäa, also kaiserlicher Statthalter mit fast uneingeschränkten Vollmachten, der einzig dem Kaiser in Rom unterstand«* (Bo Giertz).

»Pilatus ging nun zu ihnen hinaus«: Er kam den religiösen Skrupeln der Juden entgegen und ging sogar zu ihnen hinaus. Er wollte wissen, welche Anklage sie **»gegen diesen Menschen«** vorbrachten. Pilatus wusste natürlich, dass die Juden ihn vor den römischen Behörden als Aufrührer bezeichnet hatten; denn das muss der Grund gewesen sein, warum er ihnen eine Kohorte mitsandte, um Jesus zu greifen. Nun aber wollte er wissen, welcher handfeste Grund zur Anklage vorliege. Die Antwort der Juden lautete, dass sie ihn nicht vor den Statthalter gebracht hätten, **»wenn dieser nicht ein Übeltäter wäre«**. Wie konnte Pilatus mit einer solchen Antwort zufrieden sein? Der Grund, den die Juden nannten, ist gar keiner. Sie sagten im Grunde: »Die Tatsache, dass wir ihn vor dich bringen, ist Beweis genug, dass er ein Verbrecher ist.« Pilatus wollte offenkundig seine Ruhe haben und den Fall möglichst schnell los sein: **»Nehmt ihr ihn und richtet ihn nach eurem Gesetz.«** Der Mann schien keinen Gedanken daran zu verlieren, ob da nicht jemandem großes Unrecht geschehen könnte. Was sollte er sich um jeden Untertan in seiner Provinz kümmern? Er war Beamter Roms, der Herren der Welt. *Aquila non captat muscas* – Ein Adler fängt keine Fliegen.

Pilatus wusste natürlich nicht, dass die Juden Jesus in ihrem Verhör zum Tod verurteilt hatten; sonst hätte er nicht gesagt, die Juden sollen selber nach ihrem Gesetz eine Strafe verhängen. Die Juden aber antworteten: **»Es ist uns nicht erlaubt, jemand zu töten …«** Unter den Römern waren sie frei, ihre religiösen Angelegenheiten selbst zu regeln, aber die Todesstrafe durften sie nicht vollstrecken, und so gaben sie mit ihrer Antwort Pilatus zu verstehen, was sie von Pilatus erwarteten. Aber wie wahr hatten sie gesprochen! Ihr Gesetz sagte es ihnen: Man darf nicht einen Unschuldigen töten. Daran dachten sie natürlich nicht, sondern nur daran, dass es ihnen durch römische Verordnung nicht erlaubt war, Jesus zu töten. Sie hielten sich an die öffentliche Ordnung; sie waren gute Staatsbürger, sie gehorchten der *»menschlichen Einrichtung«* (1Petr 2,13). Das taten sie aber nicht um des Herrn und um seiner Ehre willen (siehe 12,43). So sehen wir: Der Mensch kann ein guter Bürger sein, während er unfähig ist, das wirklich Gute zu tun: Er will nicht an den Sohn Gottes glauben (5,40), und das ist seine Sünde (16,9).

Nach V. 9 steht hier zum zweiten Mal in der Leidensgeschichte der Satz: **»damit das Wort Jesu erfüllt würde«**. Dieser Erfüllungsvermerk steht regelmäßig in den Evangelien, wenn Worte der alttestamentlichen Propheten sich erfüllten (siehe 12,38; 15,25; 19,24.28.36). Die Worte Jesu sind damit in gleicher Weise als Worte Gottes bezeichnet wie die geschriebenen Aussprüche der Propheten.

Die Juden wollten nichts anderes als den Tod Jesu; aber sie mussten auch dem römischen Gesetz in aller Form folgen (V. 31); also warfen sie Pilatus den Ball zurück; denn er musste die Strafe vollstrecken. Beachten wir, wie Johannes die Sätze in V. 31 und V. 32 verbindet: *»Da sprachen die Juden zu ihm … damit das Wort Jesu erfüllt würde …«* Mit dem, was sie sagten, erfüllten sie das Wort Jesu. Wir stehen einmal mehr vor einer Wirklichkeit, die zu tief ist, als dass wir sie ausloten könnten: Die Juden sind nur von Sünde getrieben und sprechen darum diesen Satz aus, und gerade damit treiben sie seinen Heilsrat voran. Hätten nämlich die Juden die Todesstrafe an Jesus vollstreckt, hätten sie ihn gemäß der Weisung ihres Gesetzes gesteinigt. Wir denken an Stephanus, den die

Juden, ohne beim Statthalter nachgefragt zu haben, kurzerhand steinigten (Apg 7,58). Nun aber übergaben sie Jesus den Römern, und die kreuzigten die zum Tod Verurteilten.[201] Der Herr hatte wiederholt angedeutet, **»welchen Todes er sterben sollte«**: Er sagte zu Nikodemus: *»Und wie Mose in der Wüste die Schlange erhöhte, so muss der Sohn des Menschen erhöht werden«* (3,14). Er sagte es wieder, als er im Tempel lehrte: *»Wenn ihr den Sohn des Menschen erhöht habt, dann werdet ihr erkennen, dass ich es bin und dass ich nichts von mir selbst aus tue«* (8,28). Und er sagte es kurz vor der Kreuzigung zur Volksmenge: *»Und ich, wenn ich von der Erde erhöht bin, werde alle zu mir ziehen. (Dies aber sagte er, andeutend, welchen Todes er sterben sollte)«* (12,32.33). Diese Worte mussten in Erfüllung gehen.

33 Pilatus ging nun wieder in das Prätorium hinein und rief Jesus und sprach zu ihm: Bist *du* der König der Juden?
34 Jesus antwortete: Sagst *du* dies von dir selbst aus, oder haben dir andere von mir gesagt?
35 Pilatus antwortete: Bin *ich* etwa ein Jude? *Deine* Nation und die Hohenpriester haben dich mir überliefert; was hast du getan?
36 Jesus antwortete: *Mein* Reich ist nicht von dieser Welt; wenn *mein* Reich von dieser Welt wäre, hätten *meine* Diener gekämpft, damit ich den Juden nicht überliefert würde; jetzt aber ist *mein* Reich nicht von hier.
37 Da sprach Pilatus zu ihm: Also bist *du* doch ein König? Jesus antwortete: *Du* sagst es, dass ich ein König bin. *Ich* bin dazu geboren und dazu in die Welt gekommen, dass ich der Wahrheit Zeugnis gebe. Jeder, der aus der Wahrheit ist, hört meine Stimme.
38 Pilatus spricht zu ihm: Was ist Wahrheit? Und als er dies gesagt hatte, ging er wieder zu den Juden hinaus und spricht zu ihnen: *Ich* finde keinerlei Schuld an ihm;

»Pilatus ging nun wieder in das Prätorium hinein«: Während Jesus drinnen gewartet hatte, hatten die Mächtigen im Land über ihn ver-

201 Man hängte gemäß dem Gesetz die Gesteinigten zwar an ein Holz, aber man tötete sie nicht, indem man sie aufhängte, sondern sie wurden erst aufgehängt, nachdem sie tot waren (5Mo 21,23; Gal 3,13).

handelt. So steht er da, in der Rolle des Ohnmächtigen, wie ein Spielball der Mächtigen. Und er, Pilatus, **»rief Jesus«**, den, der einst alle Menschen vor seinen Richterstuhl rufen wird (Ps 50,1.4). Ob Jesus **»der König der Juden«** sei, das ist die erste Frage, die der Vertreter der kaiserlichen Macht stellen musste. Als Antwort stellte ihm der Herr die Gegenfrage, ob er dies von sich selbst aus wissen wolle oder weil andere es von ihm gesagt hatten. Damit beginnt der Herr die Gedanken des Pilatus auf Fragen zu lenken, die dieser sich noch nie wirklich gestellt hatte. Zunächst richtete er sich an das Gewissen des *Beamten* Pontius Pilatus: Als Richter hatte er die Pflicht, unbeeinflusst den Mann, der vor ihm stand, zu prüfen und zu beurteilen. Wollte er wirklich wissen, ob Jesus der König der Juden sei, oder suchte er nur eine für ihn möglichst günstige Antwort für die Juden, die ihm diesen Fall zugeschoben hatten? Es war auch eine Frage an das Gewissen des *Menschen* Pilatus: Jeder muss allein vor Gott beantworten, wer Jesus von Nazareth ist (vgl. Mt 16,13-15). Schritt um Schritt wird der Herr durch seine Fragen und Antworten den mächtigen Beamten dahin führen, dass er genötigt wird, auf die wichtigste aller Fragen zu antworten: Wer ist Jesus von Nazareth?

Pilatus reagiert zunächst so, wie es der Sünder gewöhnlich tut: Er lässt die Frage nicht an sich heran. »Ach was«, winkte er ab: **»Bin ich etwa ein Jude?«** Er habe mit dieser ganzen Affäre nur deshalb etwas zu tun, weil **»deine Nation und die Hohenpriester dich mir überliefert haben«**. Damit entlässt der Herr seinen Richter aber noch nicht; keiner kann vor die Frage gestellt werden, wer Jesus sei, und meinen, er müsse sie nicht beantworten.

Mit der nächsten Frage **»Was hast du getan?«** wollte Pilatus wohl auch von der unbequemen Frage nach der Identität des Angeklagten ablenken, aber er hatte natürlich auch die Pflicht, diese Frage zu stellen. Was hatte er getan, dass die Juden ihn einen Übeltäter nannten (V. 30)? Hatte er gegen die Ordnungen der Juden verstoßen, oder hatte er gegen die Gesetze des Römischen Reiches verstoßen? Pilatus fragt das zwar nicht direkt, aber der Herr gibt ihm die Antwort darauf, in dem er sagt: **»*Mein* Reich ist nicht von dieser Welt.«** Er betont das Pronomen *»mein«*, um zu bestätigen, dass er zwar ein König sei, aber dass er damit nicht gegen die Ordnungen der Juden noch auch gegen die Interessen des Römischen Reiches gehandelt habe, weil sein Reich diese gar nicht angreift. Er hat also nichts getan, was Pilatus hätte ahnden müssen, denn in seinem Reich geht es um ganz andere Dinge als militärische, wirtschaftliche und politische Macht. Indirekt hat Jesus damit auch gesagt, dass die Juden nur ihre Macht festigen wollten, als sie Jesus überlieferten. Da nun das Reich Christi nicht weltliche Macht sucht, haben *seine* Diener (das Wort *»meine«* ist wiederum betont) nicht gekämpft, damit er **»den Juden nicht überliefert würde«**. Der Herr überließ es Pilatus, daraus zu folgern, dass man ihn zu Unrecht gefangen genommen hatte. Er hatte keine Schuld, weder religiöse noch zivile; wäre nun sein Reich ein irdisches, hätten seine Knechte sich dem Unrecht widersetzt, das man ihm antun wollte, und das mit den gleichen Waffen, die man gegen ihn gerichtet hatte.

»jetzt aber ist mein Reich nicht von hier«: Der König dieses Reiches hatte darum keine diesseitigen Rechte zu erkämpfen oder zu verteidigen. Was wird Pilatus dabei gedacht haben? Da stand ein König; er hatte Anhänger, aber die kämpften nicht für ihn, wenigstens nicht mit den Waffen, die er als die einzigen kannte: Diplomatie, Geld oder Schwert. Ein Reich, das nicht von dieser Welt ist? Ein Reich, dem sogar Rom mit allen seinen Legionen nichts anhaben konnte? Das waren beunruhigende Gedanken.

Hatte der von den Juden Angeklagte ein Reich, *basileia*, musste er **»doch ein König«**, *basileus*, sein. Der Herr bestätigte es mit den Worten: **»Du sagst es, dass ich ein König bin.«** Das war das gute Bekenntnis, das er vor Pontius Pilatus ablegte (1Tim 6,13), denn es war nicht ungefährlich, vor einem römischen Statthalter zu bekennen, dass man ein König war, ein König, den nicht Rom bestätigt oder eingesetzt hatte. Solche Gestalten duldeten die römischen Herren innerhalb ihres Imperiums gewöhnlich nicht. Pilatus hatte aber nicht nur gefragt, ob Jesus der König der Juden sei, sondern auch, was er getan habe. Auf diese zweite Frage soll er jetzt die Antwort bekommen; denn die Einsicht, dass er ein König war, genügte noch nicht. Darum sagt der König dieses Reiches jetzt, was er wirklich getan hat: **»Ich bin dazu geboren und dazu in die Welt gekommen, dass ich der Wahrheit Zeugnis gebe.«** Er hatte nichts anderes getan als nur die Wahrheit gelehrt. Das war es, womit er den Hass der Großen in seinem Volk auf sich gezogen hatte; er war also unschuldig. Aber der Herr stand nicht vor Pilatus, um seine Unschuld zu beweisen, damit dieser ihn freilasse. Nein, er war in die Welt und damit auch zu Pilatus gekommen, um von der Wahrheit Zeugnis zu geben. Er war nicht von dieser Welt, aber er war als das Licht in die Welt der Menschen gekommen, in die einzige Welt, die Pilatus kannte. Und in dieser Welt hatte Pilatus einen Rang, den es zu behaupten galt. Denn auch ihm war die Macht Roms nicht um ihrer selbst willen so wichtig; sie war ihm nur insofern von Belang, als sie ihm seine Position sicherte. So saß dieser römische Statthalter auf seinem Sitz, wie jedes Kind Adams ein kleiner König in seinem kleinen Reich, und er duldete keinen Rivalen. Und jetzt stand vor ihm der König der Könige, der nicht nur zu den Juden gesandt war, sondern auch zu den Römern, auch zu Pontius Pilatus. Ob es diesem gefiel oder nicht, er musste zu seiner Sendung Stellung nehmen. Der Herr war gekommen, um der Wahrheit Zeugnis zu geben. Wer würde sein Zeugnis annehmen? **»Jeder, der aus der Wahrheit ist …«** Pilatus musste sich der Frage stellen, ob er aus der Wahrheit sei. Aber er wich wieder aus und stellte darum eine nächste Frage: **»Was ist Wahrheit?«** Das aber war wie *»Bin ich etwa ein Jude?«* (V. 35) keine wirkliche, sondern nur eine rhetorische Frage. Es könne ja, wie jeder gebildete Mensch wisse, niemand von sich behaupten, *die* Wahrheit zu kennen, im Besitz *der* Wahrheit zu sein. Und um nicht eine nächste beunruhigende Frage aus dem Mund dieses langsam unheimlich werdenden Angeklagten hören zu müssen, wandte er sich ab und ging **»wieder zu den Juden hinaus«**.

»Ich finde keinerlei Schuld an ihm«: Pilatus hatte den Herrn gefragt, was er getan habe, und die Antwort hatte ihm gezeigt, dass Jesus nichts getan hatte, das die Todesstrafe rechtfertigte (ein Urteil, das er noch zweimal wiederholen wird: 19,4.6).

> **39 ihr seid aber gewohnt, dass ich euch an dem Passah einen Gefangenen freilasse. Wollt ihr nun, dass ich euch den König der Juden freilasse?**
> **40 Da schrien wiederum alle und sagten: Nicht diesen, sondern Barabbas! Barabbas aber war ein Räuber.**

Pilatus drückt sich eigenartig aus; er sagt nicht, *er* habe die Gewohnheit, sondern *sie* hätten die Gewohnheit.[202] Vielleicht tut er es unbewusst, aber Johannes ist vom Heiligen Geist geführt worden, diese Worte nie-

---

202 *estin synētheia hymin* = »Euch ist eine Gewohnheit«.

derzuschreiben. Ja, die Juden hatten sich inzwischen an einen Skandal gewöhnt, nämlich daran, dass der römische Statthalter ausgerechnet am Passah **»einen … freilasse«**. Bedenken wir, woran das Passah erinnert. Gott hatte einst das ganze Volk Israel von seinem Bedrücker befreit. Nun wird *einer* freigelassen, und das nicht, weil Gott es befohlen hat (vgl. 2Mo 4,22.23), sondern weil der gegenwärtige Bedrücker der Juden es verordnet. Und dieser bleibt in Amt und Ehren, anders als der Pharao, den Gott seinem Herzen übergab, das so hart geworden war wie ein Stein, sodass er selber mitsamt seinen Kriegern wie ein Stein in den Fluten versank (2Mo 15,10). Wie tief waren die Obersten des Volkes gesunken, dass sie den Skandal nicht empfanden! Hätten sie nicht allen Grund gehabt, anzunehmen, was der Herr ihnen gesagt hatte, nämlich dass sie an die Sünde versklavt waren (8,34)? Und hätte sie das nicht treiben sollen, zum Herrn zu schreien, wie es die Kinder Israel einst in Ägypten getan hatten (5Mo 26,7)? Und hätten sie dann nicht verstanden, dass der Herr seines Bundes mit den Vätern gedachte (2Mo 2,24; Lk 1,54.55) und dass er sie nicht vergessen, sondern den Befreier gesandt hatte, und zwar einen größeren als Mose? Aber sie sahen nicht; sie wollten nicht (5,40) sehen (Jes 26,11), und so gaben sie keine Ruhe, bis der Statthalter Roms ihn kreuzigen ließ.

Und dann stellt Pilatus eine Frage an die Juden: **»Wollt ihr nun, dass ich euch den König der Juden freilasse?«** Durch Pilatus wandte sich der Gott der Juden noch einmal an ihr Gewissen: Wollten sie wirklich darauf bestehen, dass ein Jude, einer, der ihr Nächster war, der keine Schuld hatte, von den römischen Herren hingerichtet würde? Und wollten sie wirklich lieber, dass man einen Raubmörder, an dessen Schuld niemand zweifeln konnte, springen ließ? Noch hätten sie sich anders entscheiden können; noch war Jesus nicht verurteilt. Alle Gestalten in diesem Geschehen sind typisch, alle Worte und Handlungen ebenso. Jeder Mensch steht vor der gleichen Wahl: Wen will er? Den Fürsten des Lebens oder den Menschenmörder, Gott oder Satan, den Retter oder den Verderber, das Leben oder den Tod? Petrus stellt es den Juden kurz nach Pfingsten vor Augen: Die gleichen Leute, die ihn predigen hörten, hatten knappe acht Wochen vorher den Fürsten des Lebens verworfen und gebeten, dass man ihnen einen Mörder schenke (Apg 3,14).

Barabbas wird freigelassen, der Gerechte wird verurteilt. Auch dieser Tausch ist exemplarisch, wie Petrus schreibt: *»Denn es hat ja Chris-*

tus einmal für Sünden gelitten, der Gerechte für die Ungerechten, damit er uns zu Gott führe« (1Petr 3,18).

Gott hatte es so verordnet, dass Pilatus diese Frage stellte, denn die Juden sollten offenbar werden. Aber was bezweckte Pilatus selbst mit ihr? Hatte er gehofft, dass die Juden nicht Barabbas, sondern Jesus wählen würden? Warum gab er den König der Juden nicht frei, wo dieser doch nichts Todeswürdiges getan hatte? Stellte er die Juden vor diese Wahl, weil er den Juden einen Gefallen tun wollte?

Die erste Unterredung zwischen dem Herrn und Pilatus hat Johannes ausführlicher überliefert als die Synoptiker; der folgende Bericht von V. 38b-40 ist hingegen so kurz, dass man ihn nicht versteht, wenn man Matthäus, Markus und Lukas nicht kennt. Aus Mt 27,19-21 wissen wir, dass Pilatus an dieser kritischen Stelle von seiner Frau gewarnt wurde: Er solle mit diesem Gerechten nichts zu schaffen haben, da sie im Traum seinetwegen viel gelitten habe. Während seine Frau bei ihm war und auf ihn einredete, überredeten *»die Hohenpriester ... und die Ältesten ... die Volksmengen dazu, Barabbas zu erbitten, Jesus aber umzubringen«* (Mt 27,20). Sie hatten Erfolg; Johannes notiert das Ergebnis: **»Da schrien wiederum alle und sagten: Nicht diesen, sondern Barabbas!«** Johannes sagt *»wiederum«*, obwohl in seinem Bericht die Leute noch gar nicht geschrien haben. Der Name Barabbas lautet aramäisch **bar-'abbā'** und bedeutet »Sohn des Vaters«. Das ist zwar ein recht fantasieloser Name, aber wie sprechend ist er! Denn wie alle Personen in diesem dramatischen Geschehen ist auch Barabbas ein Repräsentant für die Vielen, nämlich für das ganze Menschengeschlecht. Wir sind alle Söhne Adams, unseres Vaters, der in die Sünde ging und wir mit ihm (Röm 5,12.19). Hier ist ein Sohn eines solchen Vaters, und der wird nicht gekreuzigt, weil Jesus seinen Platz einnimmt. In 1,42 wird von Simon gesagt, er sei der Sohn seines Vaters, des Jona, und wie sein Vater war auch Simon Petrus. Simon Petrus war nicht weniger Adamskind als Barabbas, wie er eben dreimal demonstriert hatte, als er den Herrn verleugnete (V. 17.25.27). Und auch Petrus geht frei aus; er muss nicht im Gericht über die Sünde enden, weil sein Herr zu seinem Stellvertreter geworden ist (2Kor 5,21).

Anmerkungen zu Kapitel 18

V. 1 – »Das hebräische Wort [Kidron] bedeutet eine finstere Stätte: Das Tal war eine in den Boden gehöhlte Schlucht und daher schattig. Wenn der Evangelist berichtet, dass Jesus über diesen Kidronbach gegangen, so will er damit zu verstehen geben, er sei freiwillig in den Opfertod gegangen. Denn der Herr kam dort an einen Platz, von dem er wusste, dass Judas ihn ganz genau kannte. Weshalb gerade dorthin? Doch gewiss, um aus freien Stücken sich dem Verräter und den Feinden auszuliefern« (Calvin, *Das Evangelium des Johannes*).

»Der Ort war ein gewisser Hof, oder Landgut, unten an dem Ölberge, mit Namen Gethsemane, welchen Namen es entweder von den Ölpressen bekommen, in welchen die in dortiger Gegend gewachsenen Oliven ausgekeltert worden, oder von der Fettigkeit und Fruchtbarkeit des Bodens, der in selbem Tal anzutreffen war. Da nun über dem ganzen Leiden Christi und den kleinsten Umständen desselben die allerbesonderste Vorsehung Gottes waltet, so ist leicht zu erachten, dass es nicht von ungefähr geschehen, dass eben an diesem Ort sein innerliches Leiden hat vorgehen müssen. Es war demnach ein Tal, das unten am Berg lag, und daher ein bequemer Schauplatz, darauf die tiefste Erniedrigung Christi vorgestellt werden konnte. Da der liebe Heiland seine Herrlichkeit einigen seiner Jünger offenbaren wollte, führte er sie auf einen hohen Berg, Mt 17,1. Jetzt, da ebendieselben Jünger Zeugen seiner tiefsten Erniedrigung sein sollen, begibt er sich mit ihnen in ein niedriges Tal. Dort erforderte die Beschaffenheit der Sache, dass sie auf einem erhabenen Berg vorgestellt würde; hier erforderte gleichfalls die Beschaffenheit der Sache, dass sie in einem tiefen Tal vorgestellt würde. Denn hier steigt der Sohn Gottes von dem Gebrauch seiner göttlichen Herrlichkeit herab in das Tal seiner allertiefsten Demut. Da er verklärt wurde, wollte er dem Himmel näher sein, welcher der eigentliche Sitz aller Klarheit ist; da er sich erniedrigt, will er der Erde näher sein, teils die auf der Erde verübte Erhebung unserer ersten Eltern zu büßen, teils den Einwohnern der Erde ein Exempel der wahren Demut und Erniedrigung zu geben … Es wird aber der Ort, da das Seelenleiden Christi vorgegangen ist, noch eigentlicher bestimmt, wenn hinzugesetzt wird, dass es ein Garten gewesen, welcher, wie es scheint, mit zu dem Landgut gehört und an dasselbe gegrenzt hat. Geschah es nun nicht von ungefähr, dass das Leiden Christi in einem Tal angefangen, so geschah es noch viel weniger ohne göttliche Regierung, dass es in einem Garten anfangen und sich schließen musste; angefangen in diesem seinem Todeskampf, schließen mit seinem Begräbnis, welches ebenfalls in einem Garten geschah. Gewiss, hier hat uns die Weisheit Gottes bei der Hand nehmen und unsere Gedanken in den Garten Eden führen wollen, wo unser Fall geschehen ist. Es war billig, dass an einem solchen Ort, da wir uns von Gott durch die Sünde losgerissen, auch dieselbe Handlung ihren Anfang nähme, dadurch uns die Tür zur Gemeinschaft Gott wieder geöffnet werden sollte. Wo der Fluch zuerst angekündigt worden, da sollte der Grund gelegt werden zur Erwerbung des Segens. Wo die Sünde zuerst in die Welt eingedrungen, da sollte sie auch zuerst gebüßt werden« (Rambach).

»Dass der Kidron ausdrücklich erwähnt wird, zeigt an, dass er bedeutungsvoll sein muss: Es ist ein Hinweis auf die Weissagung Davids über den Messias (Ps 110,7), dass *er auf dem Weg aus dem Bach trinken wird*, aus dem Bach des Leidens auf seinem Weg zu seiner Herrlichkeit und zu unserer Errettung. Der Bach Kidron, der schwarze Bach, heißt so, weil er durch ein dunkles Tal fließt oder weil sein Wasser vom Schmutz der Stadt geschwärzt war. Aus einem solchen Bach trank Christus, weil er auf dem Weg zu unserer Erlösung lag; *darum wird er das Haupt erheben*, sein eigenes und unseres« (Matthew Henry).

V. 4-8 – »Als *Prophet* trat Jesus ins Licht und gab sich zu erkennen; als *König* machte er, dass seine Feinde zu Boden fielen; als *Priester* stellte er sich schützend vor die Seinen« (Hendriksen).

V. 25-27 – »Hier ist der überschwänglich große Trost der Sünder anzusehen; darum haben alle Evangelisten aufs Fleißigste von diesem Fall und allen drei Verleugnungen geschrieben … Denn kein Artikel ist schwerer zu glauben als die Vergebung der Sünden. Ursache: Alle anderen Artikel gehen außer uns und kommen nicht in die Erfahrung und treffen uns nicht, wie z.B. dass ein Gott ist, usw. … Weil denn dieser Artikel so schwer eingeht und der Mensch so hoch erschrickt vor Hölle und Gericht, darum hat die Vergebung der Sünden in Petrus so eingeprägt werden müssen, dass sich ein jeder trösten könne: Dieser höchste und beste Apostel fällt schändlicher als alle anderen und kommt dennoch wieder! Wenn ich Petrus malen könnte, so wollte ich auf alle Pfeiler schreiben: Vergebung der Sünden und dass er ein Beispiel der Vergebung der Sünden ist. So malen ihn auch die Evangelisten, denn es ist kein Stück in der Passion mit so viel Worten beschrieben … Frucht und Nutzen der Passion ist, dass man in ihr die Vergebung der Sünden haben soll. Darum kommen hier auch zusammen der heilige Mann Petrus und der Schächer. Jener fällt in den Abgrund der Hölle hinunter, der Schächer aber steckt dem Teufel im Bauch und kommt dennoch in Christi Schoß. Also ist der Zweck der Passion: Es gilt die Vergebung der Sünden, das soll ein jeder wissen« (Luther, *Passions- und Ostergeschichten*).

V. 28 – »**… nicht hinein in das Prätorium, damit sie sich nicht verunreinigten.** Dies war ein Motiv, aber schwerlich das einzige … Wenn Pilatus im Palast Gericht hielt, so fehlte den Synedristen der Beistand der Volksfaktion, die sie zusammengetrieben hatten und auf die sie draußen vor dem Palast rechnen konnten« (Lange).

V. 40 – »Ehe sie die Wahrheit zulassen, lassen sie lieber alle Untugend zu … Nicht allein wollen sie die Wahrheit nicht, sondern sie wollen sie verdammen, und eh sie sich davon bekehren lassen, lassen sie lieber den Teufel zu. Barabbas war ein stadtbekannter Mörder und von Pilatus durch ordentliche Gewalt gefangen gesetzt. Über Jesus konnten sie nichts bringen. Daher schließt Pilatus nach der Vernunft: Christus hat nichts getan, darum sollte er lieber los sein! Aber der Teufel kehrt's um und spricht: Nein, sondern das Gegenteil, Barabbas muss losgegeben werden. So soll's gehen, so ist's gegangen, und so geht's immer, das ist der Welt Brauch« (Luther, *Passions- und Ostergeschichten*).

Kapitel 19

1. Zur Kreuzigung überliefert (19,1-16)

1 Dann nahm nun Pilatus Jesus und ließ ihn geißeln.

»Dann«, nachdem die Volksmenge auf seine Frage von 18,39 geantwortet hatte, **»nahm ... Pilatus Jesus und ließ ihn geißeln«**. Damit beging Pilatus ein großes Unrecht, denn man geißelte nur Verbrecher, die man bereits zum Tod am Kreuz verurteilt hatte. Pilatus war jedoch davon überzeugt, dass Jesus unschuldig war (18,38). Warum ließ er ihn dann aber geißeln? Er wollte Jesus freilassen, doch als er die Juden fragte, ob er ihn freilassen solle (18,39), begehrten diese statt seiner Barabbas, den Räuber (18,40). Da Pilatus aber Jesus immer noch freilassen wollte, wie ausdrücklich gesagt wird (V. 12), suchte er einen anderen Ausweg: Er ließ ihn geißeln, beteuerte noch einmal, dass er an Jesus keine Schuld finde (V. 4), und hoffte, die Juden würden sich damit zufriedengeben, dass man ihn öffentlich gestraft und damit als König vor dem Volk unmöglich gemacht hatte. In Lk 23,15.16 lesen wir entsprechend seine Worte: *»... nichts Todeswürdiges ist von ihm getan worden.* ***Ich will ihn nun züchtigen und freilassen.*** *«*

Warum aber ließ Jesus sich geißeln? Das ist die wirkliche Frage. Warum ließ er das über sich ergehen? Er war als Licht in die Welt gekommen, und dieses Licht stellt jeden Menschen ins Licht, nirgends so grell wie in den Stunden seiner Erniedrigung. Er hatte sich im Garten Gethsemane in die Hände der Menschen begeben. Sie bekamen jetzt ihre Stunde: *»... dies ist eure Stunde und die Gewalt der Finsternis«* (Lk 22,53). Nun durften sie mit ihm ganz tun, was ihr Herz begehrte. Was tut der Mensch, wenn er einmal seinen Gott und Schöpfer in seine

Gewalt bekommt? Das, was man hier mit ihm tat: Man schlägt ihn, man verhöhnt ihn, man bespeit ihn; und am Ende bringt man ihn um.

Jesus, der reine Gottessohn, litt hier unter der Hand sündiger Menschen. Einige Stunden später sollte er unter der Hand des heiligen Gottes leiden. Die Menschen schlugen ihn, weil er der Reine war. Gott schlug ihn, weil er zur Sünde gemacht worden war. Als die Menschen den Sohn Gottes schlugen, offenbarte sich ungeschminkt und ungehemmt ihre ganze Bosheit. Als Gott seinen Sohn schlug, offenbarte er seine absolute Heiligkeit und grenzenlose Liebe. Das Leiden Jesu unter den Menschen ist das Vorbild, dem seine Jünger nachfolgen sollen; das Leiden des Sohnes Gottes unter Gottes Schlägen ist das Opfer, das ihre Sünden sühnte – doch darin können sie dem Herrn nicht folgen. Wir müssen diese beiden Seiten des Leidens des Herrn streng unterscheiden: sein Leiden von Menschenhand, sein Leiden unter Gottes Hand. Darum ist nicht richtig, was ein Ausleger schreibt: *»Es muss beachtet werden, dass die Leiden des Menschensohnes nicht nur schlimm, sondern dass sie auch stellvertretend waren; siehe Jes 53,5: ›... durch seine Striemen ist uns Heilung geworden.‹«*[203] Das ist ganz falsch. Erst in den letzten drei Stunden am Kreuz, als es finster wurde und Gott seinen Sohn verließ, litt er stellvertretend für Sünder.

Der Sohn Gottes wurde auch Mensch, um von Menschen alles zu erleiden, was ein jeder seiner Jünger von Menschen je würde erleiden können (Hebr 2,18; 4,15). Wenn einer von ihnen je gegeißelt werden sollte (siehe Mt 10,17), so sollte er wissen, dass auch sein Herr sich hatte geißeln lassen, dass er wusste, wie ihm zumute war, und dass er mit ihm litt und mit ihm empfand.

2 Und die Soldaten flochten eine Krone aus Dornen und setzten sie auf sein Haupt und warfen ihm ein Purpurgewand um;
3 und sie kamen auf ihn zu und sagten: Sei gegrüßt, König der Juden! Und sie schlugen ihm ins Angesicht.

Dass Jesus **»König der Juden«** war, hatten die Soldaten aufgeschnappt, und sie machten sich lustig über diesen prächtigen König und damit auch über dieses feine Volk, das einen solchen König hatte. Sie fan-

203 W. Hendriksen.

den, ein König müsse gekrönt und in Purpur gekleidet sein; also setzten sie ihm **»eine Krone aus Dornen … auf sein Haupt und warfen ihm ein Purpurgewand um«**. Um die Verhöhnung vollständig zu machen, **»schlugen sie ihm ins Angesicht«** (wie der Diener des Hohenpriesters in 18,22). So trieben sie ihren Mutwillen mit dem *»Herrn der Herrlichkeit«* (1Kor 2,8), mit dem, vor dessen Angesicht einst Himmel und Erde entfliehen werden (Offb 20,11). Und wieder fragen wir: Wie konnte er das über sich ergehen lassen?

> **4 Und Pilatus ging wieder hinaus und spricht zu ihnen: Siehe, ich führe ihn zu euch heraus, damit ihr wisst, dass ich keinerlei Schuld an ihm finde.**
> **5 Jesus nun ging hinaus, die Dornenkrone und das Purpurgewand tragend. Und er spricht zu ihnen: Siehe, der Mensch!**

Nachdem Jesus gegeißelt und übel zugerichtet worden war, führte Pilatus ihn zu den Juden heraus – und wieder ließ er sich führen (vgl. 18,13), als wäre er ein gemeiner Angeklagter, welcher der vergeltenden Justiz in die Hände gefallen ist. Doch warum führte Pilatus ihn heraus? Die Obersten der Juden sollten wissen, dass er **»keinerlei Schuld an ihm«** finden konnte. Nach 18,38 sagte Pilatus das hier zum zweiten Mal; er sollte es bald ein drittes Mal sagen (V. 6). War er aber unschuldig, durfte man ihn nicht verurteilen und hinrichten. Mit jedem Bekenntnis des Pilatus redet Gott zum Gewissen Israels. Und schließlich forderte Pilatus die Juden auf, sich diesen Mann einmal anzusehen: **»Siehe, der Mensch!«** Ein geschundener, gedemütigter, erniedrigter Mann. Wie sollte der den jüdischen Herren gefährlich werden können? Wer würde ihm, so sehr er sich als König ausgeben mochte, folgen wollen?

»Siehe, der Mensch!«: An diesem *einen* Menschen wird *der* Mensch gesehen, der Mensch in seinem ganzen Elend. Er wurde erschaffen als ein König (1Mo 1,26), darum trägt Jesus ein Purpurgewand, aber der Mensch ist ein gefallener König, darum trägt Jesus eine Dornenkrone. Trotz der Sünde ist der Mensch noch immer das, wozu sein Gott ihn schuf, aber verkommen. Der Fluch Gottes, von denen die Dornen ein beredtes Zeugnis ablegen, ist auf ihm. Und nun sehen wir Jesus, den vollkommenen Menschen, wie er davorsteht, den Platz des verkommenen Menschen einzunehmen. Er geht jetzt hin und bringt Adams Geschichte zu Ende; er nimmt am Kreuz Adams Sünde auf sich und stirbt Adams Tod, um in der Auferstehung Haupt eines neuen, eines himmlischen Menschen zu werden.[204]

6 Als ihn nun die Hohenpriester und die Diener sahen, schrien sie und sagten: Kreuzige, kreuzige ihn! Pilatus spricht zu ihnen: Nehmt *ihr* ihn hin und kreuzigt ihn, denn *ich* finde keine Schuld an ihm.
7 Die Juden antworteten ihm: *Wir* haben ein Gesetz, und nach dem Gesetz muss er sterben, weil er sich selbst zu Gottes Sohn gemacht hat.

Pilatus sagte zum dritten Mal, dass er **»keine Schuld«** an Jesus finden könne, und er macht den Juden (nach 18,31) zum zweiten Mal das Angebot: **»Nehmt ihr ihn und kreuzigt ihn ...«** Pilatus will die Verantwortung von sich schieben; aber es geht nicht; die Juden nehmen seine Aufforderung nicht an. Warum aber gingen die Juden auch dieses Mal nicht darauf ein? Sie wollten ihn hinrichten lassen; warum machten sie es nicht eigenhändig? Sie waren gesetzestreu; sie wollten sich an den Buchstaben des Gesetzes halten, und dieses befiehlt, dass man die Gotteslästerer steinigen muss. Deshalb antworteten sie so, auch wenn ihnen nicht bewusst war, dass sie es taten, weil Gott es so verordnet hatte.

Pilatus hatte gesagt, dass *er* keine Schuld am Angeklagten finde, worauf die Juden auf *ihr* Gesetz verwiesen. Ja, nach römischem Gesetz mochte er schuldlos sein, aber: **»*Wir* haben ein Gesetz«**, und nach diesem Gesetz **»muss er sterben, weil er sich selbst zu Gottes Sohn gemacht hat«**. Das sei Gotteslästerung, und darauf stand nach dem Gesetz der Juden die Todesstrafe (3Mo 24,16). Sie hatten in ihrem Synedrium längst beschlossen, dass er als Gotteslästerer des Todes schuldig sei (Mt 26,59-66). Hier nannten die Juden erstmals den Grund, warum sie Jesus zu Pilatus gebracht hatten, nachdem sie zuerst auf die Frage nach der Anklage, die sie gegen ihn hatten, ausweichend geantwortet hatten (18,30) – ausweichend, weil sie wussten, dass sie ihm keinen Verstoß gegen die römische Ordnung anlasten konnten. Dass er, der ein Mensch war, sich als Gottes Sohn bezeichnete und darum getötet werden müsse

204 Das alles wird hier erst angedeutet. Tatsächlich zum Fluch wurde Jesus erst, als er am Kreuz hing; denn erst da nahm er den Platz des Menschen in der Sünde ein.

(5,18; 10,33), hätte Pilatus nicht interessiert; denn gewöhnlich scherten sich die Römer als echte Tatsachenmenschen nicht um das religiöse Gekeife ihrer Untertanenvölker (siehe dazu Apg 18,12-17). Nun aber hat Pilatus den Angeklagten ein wenig kennengelernt; jetzt kann er die Angelegenheit der Juden nicht mit einer bloßen Handbewegung abtun, denn er merkt, dass dieser Mensch ihn in einer Weise angeht, die er nicht erklären kann.

Beachten wir noch Folgendes: Die Juden nennen das Gesetz *ihr* Gesetz. Das erinnert an 15,25, wo der Herr gesagt hatte, dass das Wort erfüllt werden müsse, *»das in ihrem Gesetz steht: ›Sie haben mich ohne Ursache gehasst.‹«* Wenn die *Juden* von ihrem Gesetz reden, dann trifft das den wahren Sachverhalt, dass sie aus Gottes Gesetz durch ihre Überlieferungen ihr eigenes gemacht haben (siehe Mt 15,1-3). Wenn hingegen der *Herr* sagt: *»ihr Gesetz«*, dann zeigt er, wie groß die Schuld der Juden ist. Sie besitzen als einziges Volk auf Erden das Gesetz Gottes, und dieses befiehlt ihnen, den Nächsten zu lieben. Nun aber hassen sie einen ihrer Nächsten, und das ohne Grund. Und ihr Gesetz sagt: *»Wer den Gottlosen rechtfertigt und wer den Gerechten verurteilt, sie alle beide sind dem HERRN ein Gräuel«* (Spr 17,15). Und sie haben den Gerechten verurteilt und betreiben seinen Tod.

8 Als nun Pilatus dieses Wort hörte, fürchtete er sich noch mehr;
9 und er ging wieder in das Prätorium hinein und spricht zu Jesus: Woher bist *du*? Jesus aber gab ihm keine Antwort.

Pilatus hatte sich nach den ersten Unterredungen mit Jesus schon gefürchtet; und nun hörte er von den Juden, dass Jesus sich nicht nur einen König, sondern Gottes Sohn genannt hatte. Da **»fürchtete er sich noch mehr«**. Was sollte das bedeuten? Gottes Sohn – also nach allem Verständnis dieses römischen Mannes ein Gott. Wenn das stimmte, und wenn er sich an ihm vergreifen sollte! War Jesus ein Mensch – oder ein Gott? War er aus dieser Welt, oder kam er aus einer anderen Welt? Hatte er nicht gesagt, dass sein Reich nicht von dieser Welt sei? Beunruhigende Fragen! Also ging Pilatus **»wieder in das Prätorium hinein«** und fragte Jesus: **»Woher bist *du*?«** Er musste ein Antwort haben – **»Jesus aber gab ihm keine Antwort.«**

10 Da spricht Pilatus zu ihm: Redest du nicht mit *mir*? Weißt du nicht, dass ich Gewalt habe, dich freizulassen, und Gewalt habe, dich zu kreuzigen?
11 Jesus antwortete ihm: Du hättest keinerlei Gewalt gegen mich, wenn sie dir nicht von oben gegeben wäre; darum hat der, der mich dir überliefert hat, größere Sünde.
12 Daraufhin suchte Pilatus ihn freizulassen. Die Juden aber schrien und sagten: Wenn du diesen freilässt, bist du kein Freund des Kaisers; jeder, der sich selbst zum König macht, spricht gegen den Kaiser.
13 Als nun Pilatus diese Worte hörte, führte er Jesus hinaus und setzte sich auf den Richterstuhl an einen Ort, genannt Steinpflaster, auf Hebräisch aber Gabbatha.

»Redest du nicht mit *mir*?«: Pilatus wundert sich darüber, dass der Angeklagte schweigt. War es ihm gleichgültig, dass Pilatus die Macht hatte, ihn zu retten oder zu verderben? Es wird noch nie einer vor ihm gestanden haben, dem gar nichts an dem lag, was für Angeklagte sonst einzig und allein zählt: ihre Unschuld zu beteuern, um den Kopf doch noch aus der Schlinge ziehen zu können. Unerwartet kommt auch die Antwort auf seine Frage: **»Du hättest keinerlei Gewalt gegen mich, wenn sie dir nicht von oben gegeben wäre …«** Gott hatte Pilatus ins Amt gehoben; Gott hatte verordnet, dass er und kein anderer über seinen Sohn zu Gericht sitzen musste. Der Sohn Gottes war nicht gekommen, um *»aus dieser Stunde«* gerettet zu werden (siehe 12,27); er war gekommen, um Gottes Rat und Willen zu erfüllen (Hebr 10,9). Er stand unter einer höheren Gewalt als der Gewalt Roms; Pilatus zwar auch, aber das wusste der nicht.

»Der, der mich dir überliefert hat« sind die Juden. Diesen hatte Gott die Macht in die Hand gegeben, Jesus dem römischen Herrn zu überliefern, und sie gebrauchten diese ihre Macht (18,35). Auch Pilatus hatte seine Gewalt von Gott bekommen, und er gebrauchte sie schließlich, um Jesus von Nazareth nach dem Wunsch der Juden hinrichten zu lassen. Das hatte Petrus gut verstanden und sagte deshalb den Tausenden von Juden, die an Pfingsten in Jerusalem zum Fest gekommen waren, dass Jesus nach dem bestimmten Ratschluss Gottes hingegeben wurde (Apg 2,23).

Die Juden, die Jesus dem Statthalter überlieferten, hatten **»größere Sünde«** als der römische Statthalter. Als dieser das Urteil gegen Jesus fällte, tat er es aus Schwachheit und aus Feigheit. Die Juden hingegen drängten mit beharrlicher Bosheit darauf, dass Jesus gekreuzigt werde. Darum überlieferten sie ihn dem römischen Gericht und bedrängten Pilatus so lange, bis er seine von Gott gegebene Autorität missbrauchte. Zudem hatten sie mehr Erkenntnis über Gottes Willen und Gottes Heilsplan; darum war ihre Sünde *größer*. Wenn Pilatus ihnen nun zu Willen sein sollte, hätte er demgemäß *auch Sünde*. Davor schreckte er zurück; und damit war für ihn – vorläufig – der Fall entschieden: **»Daraufhin suchte Pilatus ihn freizulassen.«** Er wollte nicht am Tod eines Gottessohnes schuldig sein. Aber die Juden gaben keine Ruhe. Sie schrien weiter und trieben Pilatus immer mehr in die Enge; sie merkten, dass er von Angst geritten war, und das nutzten sie aus. Pilatus wollte den Angeklagten freilassen? Das durfte nicht geschehen! Also spielten die Juden den nächsten Trumpf aus: **»Wenn du diesen freilässt, bist du kein Freund des Kaisers …«** Das ließ Pilatus erneut zurückschrecken; aber in eine andere Richtung als gerade vorher. Das Wohlwollen des Kaisers aufs Spiel setzen? Ein allzu gefährliches Spiel! Und die Juden könnten recht haben; vielleicht war er ein bloßer Mensch, der sich nur angemaßt hatte, Gottes Sohn zu sein. Und Jesus hatte **»sich selbst zum König«** gemacht; das hatte Pilatus von ihm selber gehört. Wenn es dem Kaiser zu Ohren kommen sollte, dass da ein Statthalter in einer seiner Provinzen einen selbst ernannten König hatte springen lassen … Beunruhigende Aussichten! Pilatus suchte Halt in seinem Amt, suchte den Ort und Sitz auf, wo er sich sicher fühlte: Er **»setzte sich auf den Richterstuhl«**, βημα, *bēma* (wie in Mt 27,19; Apg 12,21; 18,12; Röm 14,10; 2Kor 5,10), und der stand an einem **»Ort, genannt Steinpflaster«**. Welch eigentümliche Fügung, dass die Römer das Gericht gerade dort installiert hatten! Aber der Name passte ja vorzüglich. Hier war ein Ort mit festgegründetem Boden. Auf dem Stuhl, der auf diesem Boden stand, fühlte und wusste Pilatus die ganze Macht des Römischen Imperiums hinter sich. Hier war er auf alle Fälle stärker als die Juden; hier konnte er sich – auf seinem Stuhl etwas unruhig hin und her rutschend vielleicht – wenigstens vorübergehend sicher fühlen vor der unberechenbaren Macht dieses unheimlichen Angeklagten, den man ihm zugeschoben hatte und mit dem er fertigwerden musste.

In V. 8 hatten wir gelesen: *»Als nun Pilatus dieses Wort hörte ...«* – nämlich, dass Jesus sich Sohn Gottes nannte. Nun steht in V. 13 der fast gleiche Satz noch einmal: **»Als nun Pilatus diese Worte hörte«** – nämlich, dass jeder, der sich selbst zum König macht, gegen den Kaiser spreche. Er hatte aus dem Mund der Juden zwei Aussagen gehört: *»... weil er sich selbst zu Gottes Sohn gemacht hat«* und: *»Wenn du diesen freilässt, bist du kein Freund des Kaisers ...«* Beide Sätze machten ihm Angst. Welchem sollte er mehr Gewicht geben? Dass Jesus Gottes Sohn ist – und ihn freilassen? Dass Jesus ein Rivale des Kaisers ist – und ihn der Kreuzigung übergeben? Er konnte sich noch nicht entschließen; er schob noch einmal den Juden den Ball zu. Die sollten entscheiden, was mit ihrem König geschehen sollte.

14 Es war aber Rüsttag des Passah; es war um die sechste Stunde. Und er spricht zu den Juden: Siehe, euer König!

Was Pilatus tat, ist so schicksalsschwer, dass Tag und Stunde genau notiert sind: **»Es war aber Rüsttag des Passah«**: *»Rüsttag«*, παρασκευη, *paraskeuē*, hieß bei den Juden der Tag vor dem Sabbat, wie wir aus Mk 15,42 und Lk 23,54 erkennen. *»Rüsttag des Passah«* bedeutet daher nicht »der Tag vor dem Passah«, sondern der besondere Rüsttag, der in die Woche des Passah fiel, also der Freitag vor dem Sabbat der Passahwoche.[205] Der Herr wurde am 14. Tag des Nisan, des Passahmonats (2Mo 12,6), am Tag vor dem Sabbat als das wahre Passahlamm geschlachtet (1Kor 5,7).

Warum sagt Johannes ausdrücklich, dass es der *»Rüsttag des Passah«* war? Ja, er will den Tag genau datieren; aber er bezweckt noch etwas: Der Name besagt ja, dass man sich an jenem Tag für den Sabbat rüsten sollte, um am Passah in würdiger Weise Gott zu danken für die große Erlösung, die er einst an seinem Volk gewirkt hatte. Das lässt die Schuld der Juden in noch grelleres Licht treten. Sie bereiteten sich auf das Passah vor, indem sie das von Gott erwählte (siehe Auslegung zu

---

205 Edersheim umschreibt den Ausdruck *»Rüsttag des Passah«* mit *»Friday in Passover-week – Freitag in der Passahwoche«* und bemerkt dazu: *»Dass der Ausdruck* ***paraskeuē (Rüsttag)*** *in den Evangelien ein Fachausdruck für den Freitag ist, ist immer wieder nachgewiesen worden; siehe Kirchner, Das jüdische Passahfest, S. 47ff.«* (A. Edersheim, *The Life and Times of Jesus the Messiah*, Band II, S. 581).

1,29) und von Gott zum Heil gesandte Passahlamm mit Schande überhäuften und Gott seine Gabe wieder vor die Füße warfen.

Gerade in dieser Stunde spricht Pilatus zu den Juden: **»Siehe, euer König!«** Pilatus weiß nicht wirklich, was er sagt. Aber durch ihn spricht Gott zu den Kindern Israels. »Schaut! Da ist er, euer König, der verheißene Sohn Davids.« Aber sie hörten Gottes Stimme nicht; sie hatten sie so oft abgewiesen, dass Gott sie ihrer Taubheit und Blindheit übergeben hatte (siehe 12,40 und Jes 6,10). Aber den Juden ist diese Taubheit und Blindheit[206] nur *»zum Teil«* widerfahren (Röm 11,25), und das heißt: nicht für ewig. Denn Gott wird sich ihrer erbarmen, sich ihnen zuwenden, ihnen die Augen öffnen, und dann werden sie den Ruf hören, wenn er wieder ergeht: *»Siehe da, euer Gott! Siehe, der Herr, HERR, kommt mit Kraft«* (Jes 40,9.10). Und was sie nicht hörten, als der König zum ersten Mal in seine Stadt einritt (12,15), werden sie dann hören: *»Siehe, dein König wird zu dir kommen«* (Sach 9,9). Denn der König, den sie jetzt verwerfen, geht jetzt hin, um in seinem Tod, den sie fordern, für ihre Sünde zu sühnen.

15 *Sie* aber schrien: Hinweg, hinweg! Kreuzige ihn! Pilatus spricht zu ihnen: Euren König soll ich kreuzigen? Die Hohenpriester antworteten: Wir haben keinen König als nur den Kaiser.

Die Juden wollen nichts davon wissen, dass Jesus ihr König sei. Schreiend fordern sie seine Hinrichtung. Der jüdische Hohe Rat hatte Jesus bereits wegen Gotteslästerung zum Tod verurteilt (Mt 26,66). Gott der Vater hörte nun, wie das Volk, von den Obersten angestiftet, mit lautem Geschrei die Hinrichtung seines Sohnes forderte: **»Hinweg, hinweg! Kreuzige ihn!«** Diese Worte reimen sich im Griechischen: *āron, āron, staurōson auton!*[207] Das klingt wie ein Sprechgesang, sodass wir annehmen können, das Volk habe die Worte skandiert, und damit muss der Druck auf Pilatus schier unerträglich geworden sein.

*»**Wir haben keinen König.** Hier bricht eine schauerliche Bosheit und Wut hervor: Die in dem Gesetz wohlunterrichteten Priester verwarfen den Messias, in dem alles Heil des Volkes einbeschlossen war, mit*

206 Elberfelder übersetzt *pōrōsis* in Röm 11,25 mit »Verstockung«, Luther: »Blindheit«; KJV: »blindness«.
207 zu betonen: *áaron, áaron, stáuroson autón.*

dem alle Verheißungen zusammenhingen, auf den die ganze Religion gegründet war. Sie sagen sich los von der Gnade Gottes und der ganzen Fülle der Wohltaten dadurch, dass sie Christus verschmähen. Welch entsetzlicher Wahnwitz war es, der sie dazu fortriss!« (Calvin, *Das Evangelium des Johannes*).

»Mit diesem Schrei machte sich die Judenheit, repräsentiert durch ihre Obersten, der Gotteslästerung, des Abfalls von Gott, schuldig. Sie beging Suizid ... Sie ist tot und bleibt tot, bis er, der die Auferstehung und das Leben ist, zum zweiten Mal kommt« (Edersheim).

»Wir haben keinen König«: In der Tat, sie hatten seit dem babylonischen Exil keinen König mehr. Hosea hatte geweissagt, dass Israel *»viele Tage ohne König bleiben«* müsse (Hos 3,4) als Zeugnis Gottes gegen ihre Sünde des Unglaubens. Dass die Hohenpriester mit ihrem Bekenntnis gegen ihre eigenen Sünden zeugten, ahnten sie natürlich nicht.

»Wir haben keinen König als nur den Kaiser«: Mit diesen Worten trafen die Juden ihre zweite schicksalhafte Wahl. Sie hatten bereits den Mörder dem Fürsten des Lebens vorgezogen (18,40); nun wählten sie lieber den Herrscher eines gottlosen Reiches als den König des Reiches Gottes.[208] Sie liebten den Fluch; der kam über sie. Sie wollten den Segen nicht, der blieb fern von ihnen (Ps 109,17). Gott ließ sie keine vierzig Jahre später spüren, was für einen König sie gewählt hatten: Der römische Kaiser sandte seine Legionen ins Land, die es verwüsteten; und am Ende zerstörten sie Jerusalem und brannten den Tempel nieder – genauso, wie Jesus es vorhergesagt hatte (Lk 19,43.44; 21,20-22). Das alles geschah, weil sie die Zeit ihrer gnädigen Heimsuchung nicht erkannt hatten (Lk 19,44).

»Sie haben sich auf den Kaiser berufen, und zum Kaiser sollen sie gehen. Gott gab ihnen bald genug von ihren Kaisern gemäß dem Gleichnis Jothams: Da die Bäume sich den Dornstrauch zum König wählten und den Weinstock und den Ölbaum verschmähten, sandte Gott bald einen bösen Geist unter sie (Ri 9,14.19). ... Gott ist gerecht, wenn er uns

208 Sacharja macht einen Hinweis auf die Wahl dieses Königs: *»Denn ich werde die Bewohner des Landes nicht mehr verschonen, spricht der HERR; und siehe, ich überliefere die Menschen, jeden in die Hand seines Nächsten und in die Hand seines Königs; und sie werden das Land zertrümmern, und ich werde nicht aus ihrer Hand befreien«* (Sach 11,6). *»Das Volk hatte wirklich keinen König, aber bei der Verwerfung und Verurteilung des wahren Königs sagten die Hirten des Volkes, der Kaiser in Rom sei ihr einziger König (Joh 19,15). Gott übergab sein Volk der Hand dieses Königs, d. h. der Gewalt und Willkür der römischen Legionen«* (B. Peters: *Der Prophet Sacharja*, Bielefeld: CLV, 2012).

gerade das zur Geißel und zur Plage macht, was wir dem Christus Gottes vorgezogen haben« (Henry).

16 Dann nun überlieferte er ihn an sie, damit er gekreuzigt würde. Sie aber nahmen Jesus hin und führten ihn fort.

Die Juden hatten entschieden; Pilatus kapitulierte; er **»überlieferte … ihn an sie, damit er gekreuzigt würde«**.

»Dann«, nach allem, was Pilatus gesehen, gehört und geurteilt hatte, übergab er den Mann, der kein römisches Gesetz gebrochen hatte, der höchsten Strafe, die das römische Strafgesetz kannte, der Kreuzigung. In 18,38; 19,4.6 lesen wir dreimal das Zeugnis des Pilatus, dass er keinerlei Schuld an Jesus finden konnte. Dazu kommen die gleichen Beteuerungen, wie sie die drei ersten Evangelien überliefert haben (Mt 27,23.24; Mk 15,14; Lk 23,4.13-15.22). Wenn einige davon auch Parallelstellen sind, so erkennen wir doch, dass Pilatus den Juden wieder und wieder sagte, dass Jesus nichts begangen hatte, das die Todesstrafe rechtfertigte. Warum gab Pilatus nach? Er hatte zwar Angst vor einem Fehlurteil, denn Jesus könnte ja ein Gottessohn sein; aber er hatte auch Angst vor dem Kaiser. Und die erwies sich am Ende als stärker.

»Sie aber nahmen Jesus hin und führten ihn fort«: Wer sind *»sie«*? Es sind die Soldaten, wie der V. 18 zeigt: *»wo sie ihn kreuzigten«*. Dass die Soldaten gemeint sind, können wir auch aus Mt 27,31 und Mk 15,20 schließen.

Zum dritten Mal (nach 18,13 und 19,4) lesen wir, dass Jesus sich führen ließ. Zuerst hatte er sich nach der Gefangennahme im Garten Gethsemane zu Annas führen lassen; dann hatte er sich von Pilatus aus dem Prätorium zu den Juden hinausführen lassen. Nun ließ er sich zur Hinrichtung führen *»wie ein Lamm, das zur Schlachtung geführt wird«*. So hatte Jesaja geweissagt, und so geschah es nun (Jes 53,7).

»Die Hinführung geschah unmittelbar auf die von Pilatus geschehene Verurteilung des Herrn Jesu. Sobald diese geschehen war, wurde er den Kriegsknechten (durch welche die Todesstrafen bei den Römern vollzogen zu werden pflegten) überliefert, dass er gekreuzigt werde … Es hatte zwar der damals regierende Kaiser Tiberius bereits sieben Jahre zuvor einen Befehl ausgehen lassen, dass zwischen dem Todesurteil und der Vollziehung desselben allezeit zehn Tage verfließen sollten. Allein wie

diese Verordnung den Mördern und Aufrührern nicht zustattenkam, weil man glaubte, dass die Ruhe des Staates erfordere, die Abstrafung solcher Missetäter zu beschleunigen, also konnte auch unser Heiland diese Freiheit nicht genießen, weil man ihn gleichfalls unter die Aufrührer rechnete und ihn daher als eine Pest des Gemeinwesens und als einen Schandflecken des jüdischen Gemeinwesens je eher je lieber aus dem Lande der Lebendigen auszurotten suchte. Es ist demnach eine große Unwahrheit, wenn die Juden in ihrem Talmud vorgeben, dass man nach der Verurteilung Jesu vierzig Tage nacheinander durch einen Herold habe ausrufen lassen, wer etwas zu seiner Verteidigung vorzubringen habe, der solle sich melden. Da aber niemand sich gemeldet habe, sei er endlich am Abend des Osterfestes aufgehängt worden. O unverschämte Lügen!« (Rambach, S. 488).

2. Die Kreuzigung (19,17-37)

Der Bericht von der Kreuzigung unseres Herrn ist in allen vier Evangelien ausführlich; dabei setzt jeder Evangelist die Akzente etwas anders. Johannes sagt auffälligerweise gar nichts davon, dass die Obersten der Juden den Herrn der Herrlichkeit verhöhnten, als er am Kreuz hing. Dafür enthält sein Evangelium folgende Angaben, die nur er überliefert hat:

a. die Bitte der Obersten an Pilatus, den Wortlaut der Inschrift am Kreuz zu ändern, und die Tatsache, dass diese in den drei Sprachen Hebräisch, Lateinisch und Griechisch verfasst war;
b. die Tatsache, dass die Soldaten die Schrift erfüllten, als sie um das Gewand Jesu würfelten, und dass der Herr den Essig trank, um die Schrift zu erfüllen;
c. die Tatsache, dass Maria mit einigen anderen Frauen und mit Johannes am Fuß des Kreuzes stand, sowie die Worte, die Jesus an seine Mutter und an Johannes richtete;
d. die Tatsache, dass Jesus kein Bein gebrochen und dass seine Seite mit dem Speer eines Soldaten durchbohrt wurde.

Diese Beobachtungen sind uns Anlass zu fragen, mit welcher Absicht Johannes diese Besonderheiten überliefert hat.

a. Johannes schrieb sein Evangelium nicht wie Matthäus für die Juden, nicht wie Markus für die Römer und nicht wie Lukas für die Griechen, sondern für die Christen und damit für Menschen aller Sprachen. Darum hat er als Einziger festgehalten, dass die Inschrift am Kreuz in den drei genannten Sprachen verfasst war.[209]
b. Im Bericht von der Kreuzigung und vom Tod des Herrn steht in den drei ersten Evangelien kein einziges Mal der Vermerk, dass die Schrift erfüllt werden musste. Bei Johannes steht es vier Mal (V. 24.28.36.37). Damit unterstreicht er, dass Jesus nicht das hilflose Opfer böser Menschen war, sondern auch im Leiden und Sterben der souveräne Herr blieb, der gekommen war, um alles zu erfüllen, was über ihn geschrieben war.
c. Christus, der als das ewige Wort von seinen Geschöpfen unabhängig war, offenbarte gerade damit in besonderer Weise das Wesen Gottes, dass er sich zu seiner Mutter herabneigte und sie tröstete, als sie am Fuß des Kreuzes stand; denn er ist der Hirte Israels (Ps 80,2), der gute Hirte, der jetzt sein Leben ließ für die Schafe (10,11), und der große Hirte, der die Herde Gottes weidet (Hebr 13,20.21).
d. Schon im ersten Kapitel des Johannesevangeliums war Jesus als das Lamm Gottes (1,29.36) angekündigt worden. In seinem Tod erfüllte er alle Weissagungen über das Passahlamm: An ihm durfte kein Bein gebrochen werden. Johannes erwähnt das Passah nicht wie die anderen Evangelisten (Ausnahme Lk 2,41) erst im Zusammenhang mit der Leidenswoche, sondern schon dreimal davor (2,13.23; 6,4). Johannes ist der Einzige der Evangelisten, der den Herrn *»das Lamm«* nennt. So heißt er nur noch in der Apostelgeschichte (1-mal) und in 1. Petrus (1-mal) sowie in der Offenbarung (28-mal).

---

209 TR enthält diese Angabe auch in Lukas 23,38. Das ist ein weiteres Beispiel dafür, dass TR immer wieder ergänzt aus den Parallelevangelien, im Bestreben, den Evangelien eine möglichst einheitliche Form zu geben. Damit verwischt TR die Klarheit der besonderen Botschaft eines jedes der Evangelien.

17 Und sein Kreuz tragend, ging er hinaus zu der Stätte,
genannt Schädelstätte, die auf Hebräisch Golgatha heißt,
18 wo sie ihn kreuzigten und zwei andere mit ihm,
auf dieser und auf jener Seite, Jesus aber in der Mitte.

»Und sein Kreuz tragend«: Jesus war gegeißelt worden und muss am Rücken aus vielen Wunden geblutet haben. Man hatte ihn zum Tod verurteilt; und nun musste er sein eigenes Hinrichtungswerkzeug hinaustragen an den Ort, wo er hingerichtet werden sollte. Das nennt man Zynismus der Macht.

»ging er«: Johannes ist der einzige der Evangelisten, der nicht sagt, dass der Herr hinaus*geführt* wurde (siehe Mt 27,31; Mk 15,20; Lk 23,26), sondern dass er hinaus*ging*. Denn Johannes zeigt in seinem Evangelium, dass niemand dem Herrn das Leben nahm, sondern dass er es selbst niederlegte (10,18).

»hinaus«: 3Mo 24,14-16 und Hebr 13,11.12 zeigen, dass es nicht unwichtig ist, dass Jesus außerhalb der Stadt hingerichtet wurde. Er ging dorthin, wo man nach dem Gesetz die Gotteslästerer richtete (3Mo 24). Und das Sündopfer war das einzige Opfer, das man, nachdem es geschlachtet worden war, hinaustragen und außerhalb des Lagers verbrennen musste (2Mo 29,14; 3Mo 4,12). *»Darum hat auch Jesus, damit er durch sein eigenes Blut das Volk heiligte, außerhalb des Tores gelitten«* (Hebr 13,12). Der Herr ging hinaus aus der Stadt wohl wissend, dass er zum Sündopfer werden sollte; dass er als ein Verfluchter am Holz hängen (5Mo 21,23; Gal 3,13) und den Zorn des gerechten Gottes über die Sünde würde tragen müssen. *»Den, der Sünde nicht kannte, hat er (Gott) für uns zur Sünde gemacht, damit wir Gottes Gerechtigkeit würden in ihm«* (2Kor 5,21).

*»**Und er trug sein Kreuz.** Die hier vermerkten Umstände dienen nicht bloß der Glaubwürdigkeit der Erzählung, sondern sie erbauen auch unseren Glauben. Unsere Gerechtigkeit müssen wir suchen in der von Christus vollbrachten Sühne. Um zu zeigen, dass er die Sühne für unsere Sünden ist, wollte er aus der Stadt herausgeführt und an das Holz gehängt werden. Die Opfertiere, deren Blut um der Sünde willen vergossen wurde, hat man nach der Weisung des Gesetzes während der Wüstenwanderung vor das Lager hinausgebracht; und an anderer Stelle sagt das Gesetz: ›Ein Fluch Gottes ist ein Gehängter‹ (3Mo 4,12; 16,27;*

5Mo 21,23). Beides wurde in Christus erfüllt, damit wir vollkommen davon überzeugt sein sollten, dass wir durch seinen Opfertod von unseren Sünden gereinigt worden sind. Er selber wurde dem Fluch unterworfen, um uns von dem Fluch des Gesetzes zu erlösen (Gal 3,13). Er wurde für uns zur Sünde gemacht, damit wir in ihm die Gerechtigkeit Gottes würden (2Kor 5,21). Er wurde hinausgeführt vor die Tore der Stadt, damit er all unsere Unreinheit, die auf ihn gelegt war, in seiner Person aus dem Weg räume (Hebr 13,12)« (Calvin, *Évangile selon Jean*).

»Schädelstätte«: Alle vier Evangelisten nennen den Ort der Kreuzigung; außer Lukas sagen auch alle, dass er **»auf Hebräisch Golgatha«** hieß. Der Name lässt uns an die erste Verheißung vom kommenden Retter denken: *»Und ich werde Feindschaft setzen zwischen dir und der Frau und zwischen deinem Samen und ihrem Samen; er wird dir den Kopf zermalmen, und du wirst ihm die Ferse zermalmen«* (1Mo 3,15). Jesus sollte hingerichtet werden; er ging freiwillig diesen Weg, *»damit er durch den Tod den zunichtemachte, der die Macht des Todes hat, das ist den Teufel«* (Hebr 2,14).

»wo sie ihn kreuzigten«: Diese wenigen Worte nennen das ungeheuerlichste Geschehen, das auf unserem Planeten je stattgefunden hat:

- die ungeheuerlichste Sünde: Die Geschöpfe bringen ihren eigenen Schöpfer um;
- das ungeheuerlichste Leiden: Der Fürst des Lebens erliegt dem Tod; der geliebte Sohn wird von Gott verlassen;
- das unbegreiflichste aller Wunder: Der Sündlose wird zur Sünde gemacht; das Licht der Welt wird von der Finsternis verschlungen;

»Als der Freie ward zum Knechte
und der Größte ganz gering,
als für Sünder der Gerechte
in des Todes Rachen ging.«[210]

210 Aus der 2. Strophe des Liedes »Nun gehören unsre Herzen ganz dem Mann von Golgatha« von Friedrich von Bodelschwingh, 1938.

- die folgenschwerste Wende.

Aller Zeiten Wendepunkt
Allen Heiles Ausgangspunkt
Aller Liebe Höhepunkt
Aller Anbetung Mittelpunkt[211]

»und zwei andere mit ihm, auf dieser und auf jener Seite«: Nie ist eine größere Liebestat erwiesen, nie ein größeres Werk getan worden als dieses:

- Der Himmlische kommt auf die Erde und begibt sich in die Mitte von Sündern.
- Der Schuldlose stirbt für die Schuldigen, um sie von ihrer Schuld zu befreien.
- Der Gerechte trägt die Strafe für die Ungerechten, um sie zu Gerechten zu machen.
- Der Fürst des Lebens schüttet seine Seele aus in den Tod, um die dem Tod Verfallenen zum Leben zu führen.
- Das Licht der Welt lässt sich von der Finsternis dieser Welt verschlingen, um denen zum ewigen Licht zu werden, die im Land des Todesschattens sitzen.

Hätte diese Tat es nicht verdient, dass sie in strahlender Einsamkeit geschehen wäre, damit jeder erkennen müsste, dass sie unvergleichlich ist, dass niemand je Ähnliches getan hat noch je tun kann? Aber nein: Jesus soll, wie Jesaja geweissagt hatte, zu den Übeltätern gezählt werden (Jes 53,12), in den Augen einer gaffenden Menge gleich aussehen wie die Verbrecher, die mit ihm gekreuzigt werden, ja, als der größte von ihnen, der deshalb in der Mitte aufgehängt war. Musste das sein? Ja, es musste geschehen zu unserer Beschämung. Da sehen wir, was uns der Sohn Gottes, der Geliebte des Vaters, wert gewesen ist: nicht mehr als ein gemeiner Verbrecher. Wir alle haben ihn für nichts geachtet (Jes 53,3). Es wäre gerecht, wenn Gott uns dafür der ewigen Schande übergeben hätte.

211 Uhlhorn, zitiert von Erich Sauer in: *Der Triumph des Gekreuzigten*, Wuppertal-Barmen: Umbruch-Verlag Hermann Windel, 1937.

Welche Gnade, dass Gott uns aber nicht für immer verdammt und hinausgeworfen hat!

> **19 Pilatus schrieb aber auch eine Aufschrift und setzte sie**
> **auf das Kreuz. Es war aber geschrieben: Jesus, der Nazaräer,**
> **der König der Juden.**
> **20 Diese Aufschrift nun lasen viele von den Juden, denn die**
> **Stätte, wo Jesus gekreuzigt wurde, war nahe bei der Stadt; und**
> **es war geschrieben auf Hebräisch, Lateinisch und Griechisch.**
> **21 Die Hohenpriester der Juden sagten nun zu Pilatus:**
> **Schreibe nicht: Der König der Juden, sondern dass jener gesagt**
> **hat: Ich bin der König der Juden.**
> **22 Pilatus antwortete: Was ich geschrieben habe, habe ich**
> **geschrieben.**

»Jesus, der Nazaräer, der König der Juden«: Diese Inschrift **»war geschrieben auf Hebräisch, Lateinisch und Griechisch«**: Das waren die drei Hauptsprachen des Landes, zwei von ihnen waren Weltsprachen. Hebräisch war die Sprache, in der Gott das Gesetz gegeben hatte; es war also die Sprache der Religion und der Religiosität. Griechisch war die Sprache der Dichter und Denker, die Sprache der Kultur; und Lateinisch war die Sprache der Herrscher, die Sprache der politischen Macht, die Sprache der Juristen und Feldherren. Menschen verschiedenster Fähigkeiten, die Großen aller Felder menschlichen Ehrgeizes waren beteiligt an der Hinrichtung des Herrn der Herrlichkeit. Hätten sie ihn erkannt, sie hätten ihn nicht gekreuzigt (1Kor 2,8). Die Juden sprachen alle Hebräisch (womit jeweils Aramäisch gemeint ist, die Umgangssprache der Juden Palästinas), konnten meist auch Griechisch; Lateinisch sprachen die römischen Beamten und wohl auch die Offiziere und viele Soldaten.

»Schreibe nicht …, sondern«: Die Juden hatten Jesus von Nazareth als Gotteslästerer verurteilt; dass er der erwartete König und Messias sein sollte, wollten sie ja gerade nicht wahrhaben.

»Was ich geschrieben habe, habe ich geschrieben«: Pilatus hatte genug von den Einwendungen und Forderungen der Juden; nun bestand er auf dem, was er verordnet und hatte schreiben lassen. So sorgte Gott in seiner Vorsehung dafür, dass in den drei genannten Sprachen bezeugt wurde, wer dort am Kreuz hing: Es war der König der Juden und Israels (1,49); und dieser König war der Fürst der Könige der Erde (Offb 1,5), der König der Könige (Offb 19,16), der Herr der Herrlichkeit (1Kor 2,8). Gottes Hand verhinderte jede Änderung an der Inschrift, denn er wollte, dass man in aller Welt verkündigen sollte, dass der König sein Reich gegründet hat auf seinem stellvertretenden Sterben für seine Untertanen; dass er es damit auf Recht und Gerechtigkeit gegründet hat (siehe Ps 89,15) und dass dieses Reich darum ewig fest steht (Spr 16,12); dass er es gegründet hat auf seinem eigenen, nicht auf fremdem Blut wie alle Reiche der Welt (siehe Hab 2,12). Darum wird dieses Reich nie untergehen; es wird vielmehr alle Reiche der Welt zermalmen und selbst ewig bleiben (Dan 2,44). Der König gab nach seiner Auferstehung seinen Jüngern den Befehl, sein Heil in aller Welt zu predigen, und an Pfingsten sandte er den Heiligen Geist, der ihnen dazu allen Beistand gab. Die Apostel gingen aus, und die Predigt von einem am Kreuz verblutenden Retter war die Kraft Gottes, die zum Glauben rief und rettete und noch rettet (1Kor 1,18).

23 Die Soldaten nun nahmen, als sie Jesus gekreuzigt hatten, seine Kleider und machten vier Teile, jedem Soldaten einen Teil, und das Untergewand. Das Untergewand aber war ohne Naht, von oben an durchgehend gewebt.
24 Da sprachen sie zueinander: Lasst uns dies nicht zerreißen, sondern darum losen, wem es gehören soll – damit die Schrift erfüllt würde, die spricht: »Sie haben meine Kleider unter sich verteilt, und über mein Gewand haben sie das Los geworfen.« Die Soldaten nun haben dies getan.

»Die Soldaten nun nahmen … seine Kleider«, denn die Römer zogen die Verurteilten nackt aus, bevor man sie ans Kreuz schlug. Die Sünde ist die Schande des Menschen; die Sünde hat den Menschen nackt gemacht. Unser Herr nahm am Kreuz diese Schande auf sich, damit wir bekleidet werden können: Die Schande unserer Sünde soll bedeckt (Röm 4,7) werden durch das Kleid der Gerechtigkeit (Jes 61,10; Offb 3,18).

»Wenn Christus ganz entkleidet wurde, so geschah es, damit wir mit dem Kleid seiner Gerechtigkeit angetan würden. Sein entblößter Leib wurde den Schmähungen der Menschen ausgesetzt, damit wir herrlich

prangen sollten vor Gottes Richterstuhl« (Calvin, *Das Evangelium des Johannes*).

Nach römischer Sitte bekamen die Vollstrecker der Todesstrafe die Kleider der Verurteilten. Zu den Kleidern des Herrn gehörten das Obergewand, das leinene Hemd (Untergewand), die Sandalen und der Gürtel. Der Leibrock **»war ohne Naht, von oben an durchgehend gewebt«**. Edersheim beschreibt ausführlich die Kleider, die Jesus getragen haben muss, und sagt zum Untergewand: *»Es muss eng anliegend gewesen sein und reichte bis zu den Füßen, da nicht nur Lehrer solche trugen, sondern weil man es für unerlässlich hielt für jedermann, der öffentlich aus den Schriften las oder irgendeine Funktion in der Synagoge erfüllte«* (Edersheim, Buch I, S. 624). Von Flavius Josephus wissen wir, dass das Gewand des Hohenpriesters ohne Naht gewebt war.[212]

»Man hat vermutet, dass der Leibrock die Gabe eines Jüngers war, der etwas Besonderes für Jesus tun wollte, und dass Jesus eine Gabe, die ihm aus Liebe gebracht worden war, nicht abwies. Damit wäre der kostbare Leibrock eine Parallele zum kostbaren Salböl. Johannes muss es als bedeutungsvoll angesehen haben, dass Jesus an jenem Tag einen solchen Leibrock trug, denn ein solcher gehörte auch zum Gewand des Hohenpriesters. Jesus war jetzt der große Hohepriester, und es war der große Versöhnungstag. Jetzt wurde ein Opfer dargebracht, auf das alle Opfer in Israel hingewiesen hatten« (Giertz).

Das Gewand ohne Naht, lateinisch *tunica inconsutilis*, wurde für die Gegner der Reformation zu einem der Hauptzeugen gegen Luther, der ja mit seiner angeblich neuen Lehre die Kirche gespalten habe: *»Die Leute, die es Luther als Schuld ankreideten, dass er sich von der Römischen Kirche trennte, pochten beständig auf der tunica inconsutilis«* (Henry).

»damit die Schrift erfüllt würde«: Das wird hier nach 18,9 und 18,32 in der Leidensgeschichte zum dritten Mal vermerkt. Die Worte Davids aus Ps 22,19 erfüllten sich nicht im Leben Davids. Er sprach von einer Sache, die er nicht durchgemacht hatte, die aber der Messias durchmachen sollte.

»Die Soldaten nun haben dies getan«: Dieser auffällige Nachsatz will hervorheben, dass die Soldaten bei ihrem Tun taten, was Gott verordnet und der Sohn Gottes durch David ausgesprochen hatte. Sie taten

212 *Jüdische Altertümer* III, vii. 4.

es, ohne zu wissen, was sie taten; denn auch die unwissend und blind durch die Welt Tappenden müssen die Worte Gottes erfüllen.

25 Bei dem Kreuz Jesu standen aber seine Mutter und die Schwester seiner Mutter, Maria, die Frau des Kleopas, und Maria Magdalene.

»Bei dem Kreuz Jesu standen«: Nach Mt 27,55 und Mk 15,40 standen die hier genannten Frauen *»von Weitem«* und sahen zu. Dort hatten sie wohl anfänglich gestanden, und sie werden sich, als der Tumult um das Kreuz sich etwas gelegt hatte, genähert und zum Kreuz gestellt haben, um sich erst wieder zu entfernen, nachdem der Herr seine letzten Worte gesprochen hatte.

»seine Mutter«: Die Mutter, die den vor uralter Zeit verheißenen Samen der Frau (1Mo 3,15) zur Welt gebracht hatte, steht da und wird Zeugin jenes Geschehens, das über diesen Samen angekündigt worden war: Er sollte der Schlange den Kopf zertreten, dabei aber selbst zertreten werden. Es war aber nicht die Schlange, die ihm das Leben nahm, sondern der HERR der Heerscharen hatte es verordnet, wie Sacharja geweissagt hatte: *»Schwert, erwache gegen meinen Hirten und gegen den Mann, der mein Genosse ist!, spricht der HERR der Heerscharen«* (Sach 13,7). Es war Gott, der seinen Sohn mit dem Schwert schlug; aber es sollte dabei auch ein Schwert durch die Seele seiner Mutter fahren, wie der alte Simeon über sie geweissagt hatte (Lk 2,35). Das Leiden des Sohnes Gottes war sühnendes Leiden, das Leiden der Maria hingegen nicht.

»Es ist eine gottlose und gotteslästerliche Konstruktion aus der Feder gewisser papistischer[213] *Schreiber, wenn sie aus der Tatsache, dass die Jungfrau Maria am Kreuz stand, folgern, sie habe nicht weniger als Christus dazu beigetragen, für unsere Sünden Genüge zu tun, sodass sie Co-Mediatrix*[214] *und Co-Adiutrix*[215] *unserer Errettung geworden sei«* (M. Henry).

Die **»Schwester seiner Mutter«** war wohl Salome, die Mutter der Söhne des Zebedäus, d.h. des Jakobus und Johannes, wie man aus

213 Papisten heißen die Papsthörigen; von lat. »Papa« = »Papst«.
214 Mit-Mittlerin.
215 Mit-Helferin.

Mt 27,56 und Mk 15,40 folgern kann; außer in Mk 15,40 wird Salome auch in Mk 16,1 mit Namen genannt. **»Maria, die Frau des Kleopas«** ist wohl *»die andere Maria«*, die zusammen mit Maria Magdalene vor dem Grab wachte (Mt 27,61) und mit anderen Frauen am frühen Morgen zum Grab ging (Mt 28,1). Von **»Maria Magdalene«** berichtet Johannes ausführlich in seinen Aufzeichnungen über die Auferstehung (Kap. 20). Um sie von anderen Marien zu unterscheiden, nannte man sie *Magdalene*, d.h. »die Magdalerin«, die Frau von Magdala, einer Stadt am Westufer des Sees Genezareth. Sie war dem Herrn gefolgt, seitdem er sie von sieben Dämonen befreit hatte (Lk 8,2).

> **26 Als nun Jesus die Mutter sah und den Jünger, den er liebte, dabeistehen, spricht er zu seiner Mutter: Frau, siehe, dein Sohn!**
> **27 Dann spricht er zu dem Jünger: Siehe, deine Mutter! Und von jener Stunde an nahm der Jünger sie zu sich.**

»Als nun Jesus die Mutter sah ..., spricht er zu seiner Mutter«: Er denkt inmitten seiner Leiden an den Schmerz seiner Mutter und spricht zu ihr. Jesus ist der ewige Gottessohn; er ist *Gott »offenbart ... im Fleisch«* (1Tim 3,16). Gerade das will uns das Johannesevangelium zeigen (1,1.14). Wir hätten wohl gedacht, es passe nicht zur Absicht gerade dieses Evangeliums, dass Johannes uns zeigt, wie Jesus sich in seiner Erhabenheit um die Bande kümmert, die ihn an Familie und Freunde knüpften. Doch es ist äußerst angemessen; denn Gott ist mächtig, aber er verachtet und übersieht niemanden (Hi 36,5). Er handelt erhaben in seiner Macht – und ist dabei ein Lehrer, der sich zu den Menschen neigt und zu ihnen spricht (Hi 36,22). Und so tut jetzt der Sohn Gottes. Er, der Maria erschaffen hatte, kümmert sich um sie und spricht zu ihr; sie soll wissen, dass sie nicht ohne Sohn bleibt, wenn ihr Erstgeborener und natürlicher Versorger[216] sie jetzt verlässt. Und der **»Jünger, den er liebte«**, der später das Evangelium schrieb, soll wissen, dass sein Meister sich um seine Mutter sorgt.

Wenn Jesus seine Mutter mit **»Frau«** anspricht, hebt er ihre besondere Aufgabe und Bedeutung hervor. Sie ist jene Frau, von der Gott gesprochen hatte, als er zum ersten Mal einen kommenden Retter ver-

216 Wir müssen annehmen, dass Joseph, der Mann der Maria, nicht mehr lebte. Nach der Geburtsgeschichte von Mt 1–2 und von Lk 1–2 wird er auffälligerweise nicht mehr erwähnt.

hieß, den »Samen der *Frau*«, der die Macht des Bösen über den Menschen brechen sollte (1Mo 3,15). Da steht nun diese Frau und wird Zeugin dieses alles umwälzenden Geschehens: Ihr sterbender Sohn macht in seinem Tod den zunichte, der die Macht über den Tod hatte (Hebr 2,14), und führt unzählige Seelen vom Tod zum Leben.

Dass Jesus sie nicht mit »Mutter« anspricht, ist auch ein Ausdruck von Mitgefühl: *»Es war ein Ausdruck großer Freundlichkeit, dass er sie mit ›Frau‹ ansprach ... Das Wort ›Mutter‹ hätte das Schwert – von dem Simeon geweissagt hatte (Lk 2,35) – nur tiefer durch ihre Seele gebohrt. Hier am Kreuz wie bei der Hochzeit zu Kana verwendet der Herr das Wort ›Frau‹, damit Maria nicht mehr an ihn als an ihren Sohn denke; denn je mehr sie in ihm den Sohn sieht, muss sie umso mehr leiden, wenn sie ihn leiden sieht. Maria muss anfangen, Jesus als ihren* ***Herrn*** *anzusehen ... Dann wird sie verstehen, dass sein Leiden zwar unbeschreiblich ist, aber herrlich, weil es einem herrlichen Ziel dient«* (Hendriksen).

28 Danach, da Jesus wusste, dass alles schon vollbracht war, spricht er – damit die Schrift erfüllt würde –: Mich dürstet!
29 Es stand nun ein Gefäß voll Essig da. Sie aber füllten einen Schwamm mit Essig und legten ihn um einen Ysop und brachten ihn an seinen Mund.

Den Herrn hatte gedürstet, als er am Jakobsbrunnen saß, und da hatte er um einen Trunk Wasser gebeten (4,6.7). Nun aber sprach er diese Worte nicht, weil er trinken musste, obwohl ihn noch mehr gedürstet haben muss als damals. Er sagt von sich in Ps 22,16: *»... meine Zunge klebt an meinem Gaumen ...«* Er hatte seit dem gemeinsamen Mahl mit den Jüngern nichts getrunken, hatte im Garten so heftig gebetet, dass ihm der Schweiß wie Blutstropfen vom Leib fiel, und er hatte unter den erlittenen Misshandlungen viel Blut verloren. Aber er wusste, dass **»alles schon vollbracht war«** und er nun bald von seinen Leiden ruhen würde. Er sprach: **»Mich dürstet!«**, damit alles, was die Schrift über sein Leiden und Sterben geweissagt hatte, vollständig erfüllt würde.

»**damit die Schrift erfüllt würde**«: An dieser Stelle steht nicht wie sonst immer, dass die Schrift »erfüllt« wurde – πληροω, *plēroō* –, sondern τελειοω, *teleioō* = »vollenden«, »vollkommen zustande bringen«. Dieses Wort ist im NT 23-mal belegt, u. a. in 4,34; 17,4; Lk 2,43; 13,32.

Es ist ein Wort, das vom gleichen Wortstamm gebildet ist wie das Wort Jesu (V. 30): *tetelestai*, von *teleō* = »beendigen«, »zu Ende bringen«, »vollenden«. Es kommt bei Johannes nur in 19,28.30 vor; im NT ist es an die 30-mal belegt, u. a. in Mt 7,28; 10,23; Lk 2,39; Apg 13,29; Offb 10,7; 15,1; 17,17; 20,3.

»Das dritte Leiden Christi war sein peinigender Durst, den er am Kreuz gefühlt. Wenn die Seele ihren sterbenden Seligmacher über Durst klagen hört, so denkt sie: Ach, wie muss das Gift der Pfeile Gottes meinen Erlöser ausgesaugt haben! O wie muss nicht nur seine Seele in der dreistündigen Finsternis gearbeitet, sondern wie muss auch sein heiliger Leib seinen Kräften, die schon durch vieles Blutvergießen erschöpft waren, dabei vollends zugesetzt haben, sodass nun seine Zunge am Gaumen klebt und, nachdem er die Qual der Verdammten fühlen musste, nun auch von ihrem peinigenden Durst einen bittern Vorgeschmack empfindet! Habe Dank, ruft sie, habe Dank, Herr Jesu, dass du dir das Werk meiner Erlösung so ernstlich hast angelegen sein lassen, dass du Essen und Trinken darüber vergessen, dass du bis auf die äußerste Entkräftung daran gearbeitet und allen natürlichen Lebenssaft darüber eingebüßt hast. Habe Dank, du erschöpfte Lebensquelle, dass du durch diesen deinen Durst mein Verlassen der lebendigen Quelle gebüßt und mich von dem ewigen Durst und Mangel befreit hast« (Rambach, S. 585).

Wir hatten gesehen, wie die Soldaten die Schrift erfüllten, ohne dass sie wussten, was sie taten (V. 24). Aber **»Jesus wusste, dass alles schon vollbracht war«**: Für »vollbracht« steht hier τετελεσται, *tetelestai*, wie in V. 30. Er hatte von Anfang an alles gewusst, was er in seinem Leben und Sterben erfüllen würde (siehe 13,1; 18,4). Er überblickte alle Aussagen der heiligen Schriften, die im Lauf von fast 1500 Jahren geschrieben worden waren, und er wusste um jede Weissagung, die ihn betraf (siehe Lk 24,27). Es blieb nur noch eine Weissagung, die zu erfüllen war: Er sollte in seinem Durst mit Essig getränkt werden: *»... in meinem Durst gaben sie mir Essig zu trinken«* (Ps 69,22).

Selbst in seiner Erniedrigung blieb Jesus der souveräne Herr über alles und alle. Und wieder mussten die Soldaten unwissend Gottes Worte erfüllen. Der Sohn Gottes hatte gesprochen, und die Geschöpfe mussten tun, was er beabsichtigte: Sie **»füllten einen Schwamm mit Essig und legten ihn um einen Ysop und brachten ihn an seinen Mund«**. Denn er musste vom Essig trinken und damit seine eigenen Worte aus Ps 69 erfüllen.

Matthäus und Markus haben überliefert, wie die Soldaten Jesus Wein zu trinken gaben, bevor sie ihn kreuzigten, er ihn aber nicht nahm (Mt 27,34; Mk 15,23). Aber jetzt, am Ende der langen Stunden am Kreuz soll sich seine Weissagung erfüllen, und jetzt trinkt er vom Essig, den man ihm reicht.

30 Als nun Jesus den Essig genommen hatte, sprach er: Es ist vollbracht! Und er neigte das Haupt und übergab den Geist.

»Es ist vollbracht!«: Für »vollbracht« steht hier *tetelestai*, wie in V. 28. Das ganze Werk der Erlösung war vollbracht. Dazu musste alles, was ihn betraf, erfüllt werden (Mt 26,54; Lk 22,37). Er musste die Werke dessen tun, der ihn gesandt hatte (9,4), das Werk vollenden, das ihm von seinem Vater gegeben war (17,4). Er war dazu in die Welt gekommen, alles zu erfüllen, was in der Buchrolle über ihn geschrieben stand (Hebr 10,7). Nun war das Gesetz erfüllt (Mt 5,17), die Sünde weggenommen (1,29) und abgeschafft (Hebr 9,26), die Strafe durchlitten, die Schuld gesühnt, das Heil gewirkt und Sünder für immer geheiligt und vollkommen gemacht (Hebr 10,10.14). Nun war Gott verherrlicht (17,4), verherrlicht bezüglich der Sünde des Menschen, verherrlicht auf der Erde, dem Schauplatz der Sünde.

»O wie freut sich die gläubige Seele, wenn sie ihren Heiland ausrufen hört: ›Es ist vollbracht!‹ O, spricht sie, Gott Lob und Dank, dass ich einen vollendeten Mittler habe, der mit einem Opfer in Ewigkeit vollendet, die geheiligt werden sollen (Hebr 10,14). So will ich denn dich, mein A und O, dich, den Anfänger und Vollender meines Heils, im Glauben umfassen. Weg mit den Lumpen meiner eigenen Gerechtigkeit! Das vollständige Kleid deines Verdienstes bedarf nicht, dass ich die Lappen meiner Werke und Verdienste darauf flicke. Du hast alles vollbracht, was zu meiner Erlösung gehört. Diese deine Vollbringung will ich ins göttliche Gericht stellen und die Mängel meines unvollkommenen Gehorsams damit bedecken« (Rambach, S. 588).

Matthäus und Markus haben beide überliefert, dass der Herr als Letztes mit lauter Stimme schrie und dann verschied (Mt 27,50; Mk 15,37). Was er schrie, sagen sie nicht. Lukas und Johannes haben seine Worte überliefert: Er sagte zuerst: *»Es ist vollbracht!«*, und fuhr dann fort: *»Vater, in deine Hände übergebe ich meinen Geist!«* (Lk 23,46). Johannes wurde vom Geist geführt, jene Worte festzuhalten, die seine Gottheit bezeugen. Lukas berichtet von jenen Worten, die seine vollkommene Abhängigkeit von Gott bezeugen; denn der Heilige Geist inspirierte Lukas zu einem Bericht, der in besonderer Klarheit zeigt, dass Jesus wahrer und vollkommener Mensch war.

»er neigte das Haupt«: Nun konnte er sich zur Ruhe legen, er, der während seines ganzen Dienstes auf Erden keinen Ort gekannt hatte, wo er sein Haupt hinlegen – wörtlich: »neigen«[217] – konnte (Lk 9,58).

»und übergab den Geist«: So starb der Sohn Gottes. Es war nicht so, dass er das Leben verlor, auch nicht so, dass der Geist entwich. Er übergab bewusst den Geist seinem Gott und Vater. So hatte er es angekündigt (10,17.18).

> **31 Die Juden nun baten Pilatus, dass ihre Beine gebrochen und sie abgenommen würden, damit die Leiber nicht am Sabbat am Kreuz blieben, weil es Rüsttag war – denn der Tag jenes Sabbats war groß.**
> **32 Da kamen die Soldaten und brachen die Beine des ersten und des anderen, der mit ihm gekreuzigt war.**

Weil es der Rüsttag eines großen Sabbats war, nämlich des Sabbats der Passahwoche, kamen die Juden zu Pilatus mit ihrer nächsten Bitte: dass **»die Leiber nicht am Sabbat am Kreuz blieben«**. Das hätte nämlich den Sabbat in ihren Augen entweiht. Die Juden sahen nicht, dass sie mit der Weigerung, an den Sohn zu glauben, den Sabbat wirklich brachen. Er war gekommen, um die Seelen zur Ruhe zu bringen (Mt 11,28). Er arbeitete, bis das Werk der Erlösung vollbracht war (Jes 42,1-4); dann neigte er sein Haupt und ruhte; denn nun war der Grund gelegt, auf dem jeder, der an ihn glauben sollte, in die wahre, in die ewige Sabbatruhe eingehen konnte (Hebr 4,3.9.11).

Da das Gesetz befahl, dass man die Gehängten nicht über Nacht an dem Holz lassen dürfe (5Mo 21,23), wollten die Juden, dass den Gekreuzigten **»ihre Beine gebrochen«** würden; denn so würden sie schneller

217 In Lk 9,58 wird wie in Joh 19,30 das Verb κλινω, *klinō* = »neigen« verwendet.

sterben und man konnte sie vom Kreuz abnehmen. Pilatus willigte ein; da »**kamen die Soldaten und brachen die Beine des ersten und des anderen, der mit ihm gekreuzigt war**«.

> **33 Als sie aber zu Jesus kamen und sahen, dass er schon gestorben war, brachen sie ihm die Beine nicht,**
> **34 sondern einer der Soldaten durchbohrte mit einem Speer seine Seite, und sogleich kam Blut und Wasser heraus.**
> **35 Und der es gesehen hat, hat es bezeugt, und sein Zeugnis ist wahr; und *er* weiß, dass er sagt, was wahr ist, damit auch *ihr* glaubt.**

Als die Soldaten sich Jesus zuwandten, sahen sie, »**dass er schon gestorben war**«. Das war auffällig und unerwartet, wie wir aus der Reaktion des Pilatus verstehen: Als er hörte, dass Jesus schon tot war, wunderte er sich (Mk 15,44). Dem Tod am Kreuz ging meist ein langes Leiden voraus. Es dauerte oft zwei oder drei Tage, bis die Gekreuzigten endlich erstickten oder an Erschöpfung starben. Jesus aber starb nicht an Erschöpfung, sondern er beendete sein Leben willentlich, indem er nach sechs Stunden (Mk 15,25.33.34), mit lauter Stimme rufend (Mk 15,37), Gott seinen Geist übergab (Lk 23,46).

Weil er schon tot war, »**brachen sie ihm die Beine nicht**«. Vom Passahlamm hatte Gott angeordnet, dass man an ihm kein Bein brechen dürfe (2Mo 12,46). Jenes war nur ein Schatten gewesen; der Körper aber ist des Christus (Kol 2,17). Von Christus lasen wir in 1,29, dass er das Lamm Gottes ist, das die Sünde der Welt wegnimmt. Und von ihm sagt der Apostel Paulus: *»... unser Passah, Christus, ist geschlachtet worden«* (1Kor 5,7). Darum durfte an Christus kein Bein gebrochen werden; denn die Schrift musste erfüllt werden (siehe V. 36).[218]

Einer der Soldaten wollte sich aber vergewissern, dass er wirklich tot war, und »**durchbohrte mit einem Speer seine Seite**«. Kein Laut kam aus seinem Mund, kein Glied rührte sich; der Gekreuzigte war wirk-

218 Wir beachten: Der Leib des Herrn wurde *nicht* gebrochen. Darum gehören die Worte *»der für euch gebrochen wird«* (1Kor 11,24) nicht zum inspirierten Bibeltext. Der Textus Receptus enthält diesen Zusatz, der nichts anderes ist als ein Echo der römisch-katholischen Transsubstantiationslehre, nach der bei der Messe jedes Mal der Leib Jesu neu geopfert werde, ebendamit zelebriert, dass der Priester die Hostie mit beiden Händen hochhält und bricht.

lich tot. Dass der Soldat einmal mehr mit seiner Handlung eine Jahrhunderte alte Weissagung erfüllte, ahnte er nicht (siehe V. 37).

»und sogleich kam Blut und Wasser heraus«: Jesus war wirklich gestorben. Er musste der Sünde Sold, den Tod erleiden, um alle Gerechtigkeit zu erfüllen. Nun beteuert Johannes mit großem Nachdruck, dass seine Beschreibung wahr ist; und **»*er* weiß, dass er sagt, was wahr ist«**. »Er weiß«, das ist wahrscheinlich Christus. Johannes ruft seinen Herrn zum Zeugen an. Aus der Seite Jesu kamen tatsächlich Blut und Wasser heraus, **»damit auch ihr glaubt«**. Es ist offenkundig sehr wichtig, dass die Leser es glauben. In seinem ersten Brief kommt Johannes auf dieses Geschehen zurück und erklärt seine Bedeutung für den Glauben: *»Dieser ist es, der gekommen ist durch* ***Wasser*** *und* ***Blut****, Jesus, der Christus; nicht durch das* ***Wasser*** *allein, sondern durch* ***das Wasser und durch das Blut****. Und der Geist ist es, der* ***Zeugnis ablegt****, weil der Geist die* ***Wahrheit*** *ist«* (1Jo 5,6).

Man beachte, wie Johannes in seinem Brief alle Kernbegriffe aus V. 34.35 wiederholt. Er fährt dann fort und sagt: *»Denn drei sind, die* ***Zeugnis ablegen****: der Geist und das Wasser und das Blut, und die drei sind einstimmig. Wenn wir das* ***Zeugnis*** *der Menschen annehmen – das* ***Zeugnis*** *Gottes ist größer; denn dies ist das* ***Zeugnis*** *Gottes, das er* ***bezeugt*** *hat über seinen Sohn«* (1Jo 5,7-9).[219] Das Zeugnis, das Johannes ablegte vom Tod des Herrn und vom Wasser und Blut, das aus seiner Seite trat, ist das Zeugnis, das Gott selbst über seinen Sohn gibt. Und dieses Zeugnis gibt er, damit wir *glauben* (siehe wieder V. 35): *»Wer an den Sohn Gottes* ***glaubt****, hat das* ***Zeugnis*** *in sich selbst; wer Gott nicht* ***glaubt****, hat ihn zum Lügner gemacht, weil er nicht an das* ***Zeugnis geglaubt*** *hat, das Gott* ***bezeugt*** *hat über seinen Sohn«* (1Jo 5,10).

Johannes sagt mit großem Nachdruck, dass Jesus nicht allein durch Wasser kam, sondern durch das Wasser und das Blut. Wofür steht das Blut, wofür das Wasser? Das Blut steht für die rechtliche Grundlage der Reinigung; das Wasser steht für die praktisch verwirklichte Reinigung.

219 Einmal mehr enthält der Textus Receptus an dieser Stelle einen fremden Zusatz *(»drei sind, die im Himmel zeugen: der Vater, der Logos und der Heilige Geist; und diese drei sind eins«)*, der so befremdend ist, dass Luther ihn in seine Übersetzung des Neuen Testaments nicht übernahm. Auch die letzte von Luther noch bearbeitete Revision des NT vom Jahre 1545/46 enthält ihn nicht. Leider nahmen spätere Ausgaben der Lutherbibel seit dem 19. Jahrhundert ihn in die Lutherbibel auf (siehe Ausgabe von 1858). Luther 1912 hat sie zu Recht wieder gestrichen und dazu bemerkt: *»Die in früheren Bibelausgaben … stehenden Worte:* ***Drei sind, die da zeugen im Himmel: Der Vater, das Wort und der Heilige Geist; und diese drei sind eins«*** *finden sich weder in den Handschriften des griechischen Textes noch in Luthers eigener Übersetzung.«*

Das Blut des Herrn floss zur Reinigung von allen Sünden (Hebr 9,22; 1Jo 1,7; Offb 1,5). Das Wasser steht für die Reinigung durch das Wort (Eph 5,25.26). Durch das blutige Opfer des Leibes Christi sind wir vollkommen geheiligt der *Stellung* nach (Hebr 10,10); durch das Wort werden wir geheiligt im *Wandel* (17,17).

»Es kamen Blut und Wasser heraus, und wir tun gut daran, über dessen Bedeutung nachzudenken, denn Johannes kommt darauf zurück im 5. Kapitel seines ersten Briefes. Dort heißt es, dass Jesus Christus ›durch das Wasser und das Blut‹ gekommen ist, und Johannes hebt hervor, dass es ›nicht durch das Wasser allein, sondern durch das Wasser und das Blut‹ war. So, wie das Blut von richterlicher Sühne spricht, so spricht das Wasser von moralischer Reinigung; beides ist notwendig, und beides finden wir allein im Tod Christi. Wir sind stets geneigt, die beiden zu trennen. Zur Zeit des Johannes neigte man mehr dazu, das Wasser zu betonen und das Blut zu übersehen oder gering zu achten, und diese Neigung ist noch immer stark; denn es gibt viele, die im Tod Christi lediglich die moralische Wirkung auf uns sehen wollen, denen aber der Gedanke nicht gefällt, dass Christus in seinem Tod den Lohn für unsere Sünde bezahlte. Man kann auch ins andere Extrem verfallen und nur noch sehen, dass das Blut Christi für unsere Sünden vergossen wurde, während man die Notwendigkeit der moralischen Reinigung nicht erkennt« (Hole).

36 Denn dies geschah, damit die Schrift erfüllt würde:
»Kein Bein von ihm wird zerbrochen werden.«
37 Und wiederum sagt eine andere Schrift:
»Sie werden den anschauen, den sie durchstochen haben.«

»Dies«, nämlich das, was die Soldaten unterließen, **»geschah, damit die Schrift erfüllt würde«**. Beachten wir das Bindewort »damit«. Es wird nicht lediglich festgehalten, dass damals geschah, was geschrieben stand; sondern es wird ausdrücklich gesagt, dass diese Dinge mit Notwendigkeit geschahen; sie mussten geschehen, weil die Schrift es gesagt hatte; sie mussten geschehen, um die Schrift zu erfüllen. Vom wahren Passahlamm soll **»kein Bein … zerbrochen werden«**. Das war verordnet (2Mo 12,46; 4Mo 9,12; Ps 34,21); darum durften die Soldaten die Beine des Herrn nicht antasten.

Der Prophet Sacharja hat geweissagt (Sach 12,10), dass Gott seinen Geist über das Haus Davids ausgießen wird, und dann werden die Juden **»den anschauen, den sie durchstochen haben«**. Es war zwar ein römischer Soldat, der die Seite Jesu durchstach; und doch werden die Juden an jenem kommenden Tag erkennen, dass sie es waren, die es taten. Sie waren ja die Motoren, die Pilatus so lange drängten, bis er ihnen endlich zu Willen war und Jesus hinrichten ließ; die römischen Söldner waren nur ihre Werkzeuge. Beachten wir, wie das Zitat aus dem Propheten Sacharja eingeleitet wird: nicht mit dem vorher in diesem Kapitel dreimal verwendeten Vermerk *»damit die Schrift erfüllt würde«* (V. 24.28.36), sondern mit den Worten: **»Und wiederum sagt eine andere Schrift ...«** Der Grund? Diese Weissagung hat sich bei der Kreuzigung des Herrn *bewahrheitet*, aber sie wurde nicht *erfüllt*. Sie wird erst erfüllt werden, wenn Israel seinen Messias anschauen und ihn erkennen wird (siehe auch Offb 1,7).

3. Die Grablegung (19,38-42)

> **38 Danach aber bat Joseph von Arimathia, der ein Jünger Jesu war, aber aus Furcht vor den Juden ein verborgener, den Pilatus, dass er den Leib Jesu abnehmen dürfe. Und Pilatus erlaubte es. Er kam nun und nahm seinen Leib ab.**
> **39 Aber auch Nikodemus, der zuerst bei Nacht zu ihm gekommen war, kam und brachte eine Mischung von Myrrhe und Aloe, etwa hundert Pfund.**
> **40 Sie nahmen nun den Leib Jesu und wickelten ihn in Leinentücher mit den Gewürzsalben, wie es bei den Juden Sitte ist, zum Begräbnis zuzubereiten.**

»Danach«, nachdem die Juden Pilatus gedrängt hatten und man daraufhin den beiden Verbrechern die Beine gebrochen und Jesus die Seite durchbohrt hatte, tritt **»Joseph von Arimathia«** auf den Plan. Das kommt unerwartet; denn er war zwar **»ein Jünger Jesu, aber aus Furcht vor den Juden ein verborgener«**. Jesus ist wie ein Verbrecher behandelt worden; er soll als Verfluchter vom Holz genommen (siehe 5Mo 21,23) und wie alle Verbrecher auf einen Schindanger geworfen und mit Steinen bedeckt werden. So sagt es der Prophet Jesaja: *»... man hat sein Grab bei Gottlosen bestimmt«* (Jes 53,9a). So wollten es die Obersten der Juden. Aber Gott hatte für seinen Sohn verordnet, dass er *»in seinem Tod ... bei einem Reichen«* sein sollte (Jes 53,9b). Das musste nun in Erfüllung gehen; ein Reicher musste ihn bestatten. Joseph von Arimathia war dieser *»reiche Mann«* (Mt 27,57); und dem bisher verborgenen Jünger gab Gott den Mut, sich offen zu Jesus zu stellen, um ihm ein ehrenhaftes Begräbnis zu geben: Er ging *»kühn«* (Mk 15,43) zu Pilatus mit seiner Bitte; mögliche unangenehme Folgen konnten ihn nicht zurückhalten. Er wollte in aller Öffentlichkeit bezeugen, dass Jesus ein Gerechter war, den man zu Unrecht verurteilt und hingerichtet hatte (siehe Lk 23,51).

»Und Pilatus erlaubte es«: Ob er das nur tat, weil er sich über die Juden ärgerte und er ihre Erwartung durchkreuzen wollte, oder nicht – Gott lenkte sein Herz (Spr 21,1), und so erfüllte sich die Schrift.

»Aber auch Nikodemus ... kam«: Dieser Oberste der Juden (3,1) war ganz zu Beginn des öffentlichen Dienstes des Herrn in der Nacht zu ihm gekommen (3,2); denn er wollte nicht gesehen werden. Als der Hass auf den Herrn schon so groß geworden war, dass man Jesus zu greifen suchte, wagte er es, unter seinen Berufskollegen ein Wort für Jesus einzulegen (7,51). Aber da war er noch immer *»einer von ihnen«* (7,50) gewesen. Nun kommt er nicht in der Nacht, sondern am Tag, und damit trat er heraus aus dem Zirkel seiner Berufsgilde und kam ans Licht: Er brachte **»eine Mischung von Myrrhe und Aloe, etwa hundert Pfund«**. Das war ein gutes Werk, ein Werk, das in Gott gewirkt war, was wir annehmen müssen, wenn wir an die Worte von 3,21 denken. Wenn jemand ein solches Werk tun kann, muss er ein Sohn des Lichts (12,36) geworden sein. Sein Werk zeigt, dass auch er reich gewesen sein muss. Zwei Reiche legten den Leib des Herrn zur Ruhe. Bis dahin hatte die hohe Stellung und der Reichtum die beiden gebunden. Nun hatte Gott die Bande gelöst. Eher geht ein Kamel durchs Nadelöhr als ein Reicher ins Reich Gottes; aber was bei Menschen unmöglich ist, ist möglich bei Gott (Lk 18,25.27).

»wie es bei den Juden Sitte ist, zum Begräbnis zuzubereiten«: Seit alttestamentlicher Zeit kannten die Juden diese Sitte, wie wir in 2Chr 16,14 erfahren: *»Und man begrub ihn in seinem Begräbnis, das er sich in der Stadt Davids gegraben hatte. Und man legte ihn auf ein*

Lager, das man mit Gewürz und Gewürzsalben gefüllt hatte, gemischt nach der Kunst der Salbenmischung ...«

> **41 An dem Ort, wo er gekreuzigt wurde, war aber ein Garten und in dem Garten eine neue Gruft, in die noch nie jemand gelegt worden war.**
> **42 Dorthin nun, wegen des Rüsttags der Juden, weil die Gruft nahe war, legten sie Jesus.**

Der Herr wurde außerhalb des Gartens gekreuzigt. Adam war seiner Sünde wegen aus dem Garten vertrieben worden. Der Sohn Gottes kam zu den Kindern Adams, die außerhalb des Gartens waren, um am Ende die Strafe für Adams Sünde auf sich zu nehmen. Darum können jetzt Adamskinder wieder in den Garten des Paradieses eingehen (Lk 23,43). Das ist freilich nicht mehr das irdische Paradies, das Adam durch die Sünde verlieren konnte, sondern das *»Paradies Gottes«* (Offb 2,7) im Himmel (2Kor 12,2.4), das durch keine Sünde verlorengehen kann.

»eine neue Gruft, in die noch nie jemand gelegt worden war«: Diese Gruft war nicht eine natürliche Höhle im Felsen, sondern sie war *»aus einem Felsen gehauen«* (Mk 15,46). Sie hatte einen niedrigen Eingang, weshalb Johannes sich bücken musste, um hineinzuschauen, aber die Gruft selbst war so hoch und so geräumig, dass mehrere Personen in sie hineingehen (20,6.8; Mk 16,5; Lk 24,3) und dass zwei Männer in ihr stehen (Lk 24,5) und zwei Engel in Menschengestalt (siehe Mk 16,5) sitzen konnten, je einer zum Haupt und zu den Füßen, da, wo der Leib Jesu gelegen hatte (20,12). Zur Gruft gehörte ein großer Stein (Mk 16,4), den man in einer Rille vor den Eingang wälzen konnte. Dass die Gruft neu war, sagt auch Matthäus (Mt 27,60); dass noch nie jemand in ihr gelegen hatte, sagt nur noch Lukas (Lk 23,53). Der Heilige Geist wollte die Tatsache hervorheben, dass nie jemand so gestorben war wie Jesus und dass nie jemand so im Grab gelegen hatte wie er. Er starb als ein Sündloser; er lag im Grab, ohne von Verwesung befallen zu werden (Ps 16,10; Apg 2,27); er sollte auferstehen als der Erstling der Entschlafenen und als der Erstgeborene aus den Toten (1Kor 15,20; Kol 1,18).

»Dorthin nun, wegen des Rüsttags«: Es war noch Freitag. Der Herr wurde in der dritten Stunde gekreuzigt, in der neunten Stunde, d.h. um 15 Uhr, übergab er den Geist (Mk 15,25.34.37; Lk 23,46). Die Sonne war noch nicht untergegangen; der Sabbat war noch nicht angebrochen. Am Sabbat hätten die beiden diese Arbeit nicht getan. Aber es musste so geschehen; denn der Herr sollte nach seinem Tod am dritten Tag auferstehen (Mt 16,21; Lk 24,6.7), und der musste auf den ersten Tag der Woche fallen. Das war im hebräischen Festkalender fast 1500 Jahre zuvor festgelegt worden: Am ersten Tag nach dem Sabbat – welches bereits der dritte Tag war –, der auf das Passah folgte, sollten die Kinder Israel die Erstlingsgarbe darbringen (3Mo 23,10.11). Diese war ein Typus auf Christus, den *»Erstling der Entschlafenen«* (1Kor 15,20).

Anmerkungen zu Kapitel 19

V. 5 – »Die Juden dürfen, so meint Pilatus, von sich auf andere schließend, Jesus nur anschauen in seiner unschuldsvollen Leidensgestalt, und sie werden in sich schlagen und den Hass fahren lassen. Dabei aber hat er ein Doppeltes vergessen: *zuerst* die Abgründe der Bosheit, welche sich bei denjenigen eröffnen, welche in nähere Beziehung zur Religion getreten sind, ohne ihr umbildenden Einfluss in Beziehung auf ihr Herz einzuräumen, und *dann* den durchgreifenden Einfluss, welchen die Diener der Religion auf Laien ausüben, solange die Letzteren nicht in ein unmittelbares Verhältnis zu Gott getreten sind« (Hengstenberg, zitiert von Dächsel).

V. 8 – »Das Wort der Juden verfehlte zunächst ganz die beabsichtigte Wirkung; es wirkte entgegengesetzt: Bis dahin hielt den Pilatus allein Gewissensscheu oder Rechtsscheu zurück, jetzt kam die religiöse Scheu dazu, verbunden mit der Scheu vor der Persönlichkeit Jesu selbst, deren er sich jetzt wohl bewusst ward; die Botschaft seines Weibes ist dabei ebenfalls wirksam« (Lange).

V. 9 – »**Von wannen bist du?** Daraus geht hervor, dass Pilatus sich ängstlich fürchtete, seine Hand an einen Gottessohn zu legen und dadurch Gottes Zorn zu reizen … Von Göttergrauen ergriffen, steht Pilatus vollkommen ratlos da. Auf der einen Seite sah er den Volksaufruhr kommen, und wollte er dieser Gefahr entgehen, so fiel er auf der anderen in Gottes strafende Hände« (Calvin, *Das Evangelium des Johannes*).

V. 10.11 – »Wo Pilatus daran erinnert, dass er Gewalt hat über Leben und Tod, antwortet Jesus, dass dieser keinerlei Gewalt hätte, wäre sie ihm nicht von Gott gegeben. Gott hat es so gewollt, dass es auf der Erde Obrigkeiten geben soll, und darum haben diese Verantwortung vor Gott. Sie können ihre Macht missbrauchen, und Gott kann den Missbrauch geschehen lassen. Jetzt war die Stunde Jesu gekommen; wäre es nicht so, hätte niemand ihn greifen oder verurteilen können. Doch jetzt konnten sie das, aber ihrer Schuld konnten sie nicht entkommen, und die war am größten bei denen, die das Licht der Welt auslöschen wollten« (Giertz).

V. 19 – »**Pilatus schrieb eine Überschrift.** Es war wohl üblich, dass man bei der Hinrichtung von Übeltätern die Ursache der Strafe öffentlich anschrieb; jeder sollte das Verbrechen kennen und sich daran warnen lassen. Das Unübliche bei der Überschrift am Kreuz Christi lag darin, dass sie nichts Ehrenrühriges enthielt. Denn Pilatus beabsichtigte, sich in verhüllter Weise an den Juden zu rächen und an der Person Jesu Christi die ganze Nation anzuklagen, weil sie durch ihre Halsstarrigkeit ihm ein Todesurteil über einen Unschuldigen abgenötigt hatten. So deutet er mit keinem Wort an, dass der Gekreuzigte sich irgendwie verschuldet hätte. Aber die Vorsehung Gottes, welche die Hand des Pilatus lenkte, zielte höher. Selbstverständlich dachte Pilatus nicht daran, Jesus Christus zu erhöhen als den Urheber unseres Heils, als den von Gott gesandten Nazarener und König des erwählten Volkes – und doch hat Gott ihm dieses Lob des Evangeliums diktiert, obwohl er den Wert seines Schreibens nicht ahnte. Es ist auch durch das verborgene Wirken des Heiligen Geistes geschehen, dass er die Überschrift in drei Sprachen verfasste … Gott hat mit diesem vorbereitenden Wirken gezeigt, dass die Zeit nun nahe war, in welcher der Name seines Sohnes in aller Welt gepredigt werden sollte« (Calvin, *Évangile selon Jean*).

»**Jesus, der Nazaräer.** Die offenbare Zweideutigkeit der Überschrift war der schließliche Ausdruck des Prozesses. Im Sinne des Menschen Pilatus hieß es: Jesus, der König der jüdischen Schwarmgeister, inmitten von Juden gekreuzigt, die alle so gerichtet werden sollten; im Sinne der Juden: Jesus, der Aufrührer, der König der Aufrührer; im Sinne des politischen Richters: Jesus, dessen Hinrichtung die Juden mit ihrer zweideutigen Anklage verantworten mögen; im Sinne der göttlichen Ironie, die über dem Ausdruck waltete: Jesus, der Messias, durch die Kreuzigung erst recht zum König des Gottesvolkes geworden« (Lange).

V. 23 – »Das war dem heiligen Leib Jesu eine recht besonders geziemende Tracht. Der Herr hat aber auch nie seine Kleider zerrissen« (Bengel).

»Der Evangelist scheint in diesem Leibrock ein schlichtes Kunstwerk liebender Hand zu sehen« (Lange).

V. 28 – »**Mich dürstet!** Ihn dürstete danach, dass Gott verherrlicht, dass das Werk der Erlösung ausgeführt werde und damit sein Auftrag seinen glücklichen Ausgang finde. Auf diese Weise wollte er dafür sorgen, dass die Schrift in Erfüllung ging« (M. Henry).

V. 34 – »Dass Blut auslief, ist wunderbar; noch wunderbarer, dass Wasser kam. Dass beides gleichzeitig floss und dass man doch beides deutlich unterschieden konnte, ist am wunderbarsten … Es war wahres, klares Wasser wie auch wahres, reines Blut; und man sagt, das Wasser sei nach dem Blut gekommen, damit man habe sehen können, wie der Heiland *›ausgeschüttet‹* war (Ps 22,15). Was es für ein wahrhaftiges und großes Wunder gewesen, sieht man auch daraus, dass der Evangelist, der es angeschaut, die Sache so teuer bezeugt« (Bengel).

»Der Vorgang hat aber auch für Jesus selber seine Bedeutung: Der Tod ist bei ihm eingetreten, aber seine nächste und unmittelbare Wirkung auf das Blut des gestorbenen Leibes, dass dieses sich zersetzt und sofort ins Stocken gerät, bleibt aus. Das kann nichts anderes besagen, als dass dieser sein Tod das Ende des Todes ist; bei ihm kann die sonstige Wirkung des Todes, worin er eben seine Macht und seinen Sieg behauptet, nicht statthaben, weil derselbe nun überwunden ist« (Baumgarten, zitiert von Dächsel).

»Das Geschehen durchbrach die physiologischen Gesetze, denn es gehört zur außerordentlichen Natur des Leibes Jesu, der nie durch Sünde besudelt worden und daher nicht dazu bestimmt war, den Prozess der Verwesung durchzumachen, sondern vom Augenblick des Todes an sofort den Weg einschlagen musste, der zur Auferstehung führte« (Godet).

V. 38-42 – »Jesus offenbarte seine göttliche Macht nicht nur, indem er die Umstände und Einzelheiten seines Todes lenkte, sondern auch die Umstände seines Begräbnisses nach seinem Tod … Damit erfüllte er die biblische Weissagung. In Jesaja 53,9 schrieb der Prophet, dass man das Grab des Messias wohl bei Gottlosen bestimmt hatte, dass er aber in seinem Tod bei einem Reichen liegen würde … Die Juden begruben Verbrecher an einem separaten Ort außerhalb Jerusalems. Aber auch wenn es nicht so kam, dass Jesus unter Verbrechern begraben wurde, wie sollte er dazu kommen, bei einem Reichen ins Grab gelegt zu werden? Er kam nicht von einer reichen Familie, noch konnte einer der Apostel als reich gelten. Die Antwort ist, dass Jesus, *»getötet nach dem Fleisch, aber lebendig gemacht nach dem Geist«* (1Petr 3,18), das Herz eines reichen Mannes, Josephs von Arimathia, bewegte« (MacArthur, *John 12–21*).

Kapitel 20

1. **Maria Magdalene und zwei Jünger am leeren Grab (20,1-10)**
2. **Der Herr erscheint Maria Magdalene (20,11-18)**
3. **Der Herr erscheint den Jüngern (20,19-23)**
4. **Zweck der Niederschrift des Evangeliums (20,30.31)**

Wie die drei ersten Evangelien enthält auch das vierte einen ausführlichen Bericht von der Auferstehung Jesu. So wichtig sein Tod am Kreuz war, so wichtig war die Auferstehung. Darum bekommen beide Werke des Herrn gleich viel Gewicht. Das Evangelium verkündigt nicht nur, dass der Herr gestorben ist und begraben wurde, sondern dass er auch auferstand *»nach den Schriften«* (1Kor 15,3.4), dass er *»unserer Übertretungen wegen hingegeben und unserer Rechtfertigung wegen auferweckt worden ist«* (Röm 4,25). Wäre Christus für unsere Sünden gestorben, aber nicht auferstanden, wären wir noch in unseren Sünden (1Kor 15,17). *»Denn von der Auferstehung hing das ganze Werk und die Wirksamkeit unserer Erlösung ab. Wenn er sein Leben zum Lösegeld gegeben, aber es nicht wieder genommen hätte, hätte man nicht annehmen können, dass die Dahingabe seines Lebens als Zahlung für unsere Schuld angenommen worden sei. Wäre er eingekerkert worden wegen unserer Schuld, aber noch im Kerker gefangen, wäre es aus mit uns. 1Kor 15,17«* (M. Henry).

Ein Apostel konnte nur sein, wer ein Zeuge der Auferstehung Jesu war (Apg 1,22); denn die Apostel hatten den Auftrag, den gekreuzigten *und* auferstandenen Herrn zu verkünden (Apg 2,24-32; 3,15; 4,2.10; 5,30 etc.). Mit großem Nachdruck verteidigt Paulus die leibliche Auferstehung des Herrn, indem er in 1Kor 15,3-8 der Reihe nach folgende Zeugen anführt:

- die Schriften,
- Kephas,
- die Zwölf,
- fünfhundert Brüder,
- Jakobus,
- alle Apostel,
- Paulus.

Zunächst muss die Tatsache der Auferstehung durch Zeugen bekräftigt sein. Darauf aber muss der Glaube an die Auferstehung folgen. Glauben wir nicht an die Auferstehung, ist sie für uns wirkungslos und vermag so viel, als wäre sie nie geschehen. Alle vier Evangelisten zeigen, wie der Unglaube der Jünger schließlich überwunden wurde. So will auch Johannes mit diesem Kapitel zeigen, wie die Jünger zum Glauben geführt wurden, dass der Herr wirklich auferstanden war. Er demonstriert es zwar auch an der ganzen Gruppe der Jünger, aber besonders deutlich an vier Einzelpersonen:

- Maria Magdalene,
- Johannes,
- Petrus,
- Thomas.

Schrittweise nähern sich die Jünger und Maria Magdalene der Erkenntnis des auferstandenen Herrn:

1. Zuerst sieht Maria den Stein von der Gruft gewälzt und läuft zu Petrus und Johannes (V. 1.2).
2. Petrus und Johannes laufen zur Gruft (V. 3.4).
3. Johannes kommt zur Gruft und schaut in sie hinein und sieht die Leinentücher liegen (V. 5).
4. Petrus geht in die Gruft hinab und sieht ebenfalls die Leinentücher liegen und dazu das Schweißtuch, zusammengewickelt an einem besonderen Ort (V. 6.7).
5. Auch Johannes steigt in die Gruft hinab, sieht und glaubt (V. 8.9).
6. Maria ist wieder zur Gruft zurückgekehrt, schaut hinein und sieht zwei Engel, die eine Frage an sie richten (V. 11.12).
7. Maria wendet sich um von der Gruft, sieht den auferstandenen Herrn mit eigenen Augen, erkennt ihn aber nicht, obwohl er die Frage an sie wiederholt, die er durch die Engel bereits an sie gestellt hatte (V. 14.15).
8. Sie hört ihn ihren Namen rufen; sie erkennt ihn und antwortet (V. 16).
9. Der Herr sendet Maria mit einer Botschaft an die Jünger (V. 17).
10. Maria geht und berichtet es den Jüngern (V. 18).

11. Der Herr tritt durch verschlossene Türen in die Mitte der Jünger (V. 19a).
12. Er spricht zu ihnen (V. 19b).
13. Er zeigt ihnen seine Hände und seine Seite (V. 20a).
14. Die Jünger sehen ihn und freuen sich (V. 20b).
15. Thomas glaubt zuerst nicht; der Herr erscheint, spricht zu ihm, und er glaubt (V. 24-29).

Ja, die Jünger näherten sich Schritt um Schritt der Erkenntnis, dass der Herr auferstanden war. Das geschah aber nur deshalb, weil der Herr sie mit seiner Hand leitete. In Sach 13,7 steht die bemerkenswerte Weissagung: *»Schwert, erwache gegen meinen Hirten und gegen den Mann, der mein Genosse ist!, spricht der HERR der Heerscharen. Schlage den Hirten, und die Herde wird sich zerstreuen. Und ich werde meine Hand den Kleinen zuwenden.«* Gott würde seinen Sohn schlagen; dieses Geschehen erschütterte die Kleinen so sehr, dass sie sich in alle Himmelsrichtungen zerstreuten. Nach der Auferstehung aber wandte der Herr seine Hand den Kleinen zu und sammelte sie. Er tat es, indem er dafür sorgte, dass sie zum Glauben an seine Auferstehung kamen. Hätte er das nicht getan, hätte ihr Glaube aufgehört. So sind es also zwei Dinge, die der Herr wirkt, dass seine Erwählten den Glauben nicht verlieren: Er betet für sie (Lk 22,32), und er führt sie mit seiner Hand.

Alle Personen in diesem Kapitel sahen den Herrn und glaubten in der Folge. Aber glauben, ohne zu sehen, ist besser (V. 8.9.25.29). Entsprechend lautet das Resümee dieses Kapitels, das gleichzeitig das ganze Buch zusammenfasst, dass die Zeichen, die der Herr tat, *geschrieben*[220] *sind*, damit der *Lesende*[221] glaube (V. 31). Glückselig ist, wer nicht gesehen, sondern lediglich gelesen und geglaubt hat (V. 29).

Dieses Kapitel enthält vier große Wahrheiten:

1. das Zeugnis von der Tatsache der Auferstehung; diese Tatsache wird bezeugt durch *»sichere Kennzeichen«* (Apg 1,3) in V. 1-7;
2. das Zeugnis vom Glauben an die Auferstehung (V. 8-10);

220 nicht: *geschehen* sind.
221 Die die Zeichen *gesehen* hatten, hatten ja eben nicht geglaubt (12,37).

3. das Zeugnis vom neuen Verhältnis, in das der Herr die Seinen einführt (V. 17);
4. das Zeugnis, dass die glückselig sind, die nicht gesehen haben und doch glauben (V. 29).

Darauf wird das Kapitel abgeschlossen mit einem Kommentar über alle Zeichen, die der Herr tat während seines Dienstes auf der Erde (V. 30.31).

1. Maria Magdalene und zwei Jünger am leeren Grab (20,1-10)

In diesem Abschnitt berichtet Johannes davon, wie er zum Glauben an die Auferstehung geführt wurde. Er hörte, dass das Grab leer sei; er lief zum Grab, ging nach einigem Zögern hinein, sah die Beweise, dass der Herr auferstanden sein müsse, *»und glaubte«* (V. 8).

> **1 Am ersten Tag der Woche aber geht Maria Magdalene früh, als es noch dunkel war, zur Gruft und sieht den Stein von der Gruft weggenommen.**
> **2 Sie läuft nun und kommt zu Simon Petrus und zu dem anderen Jünger, den Jesus lieb hatte, und spricht zu ihnen: Sie haben den Herrn aus der Gruft weggenommen, und wir wissen nicht, wo sie ihn hingelegt haben.**

»Am ersten Tag der Woche«: Am dritten Tag nach der Kreuzigung war der erste Tag der Woche. So heißt in der Bibel jener Tag, den man auf Deutsch »Sonntag« nennt. In In Offb 1,10 heißt er *»des Herrn Tag«*, wörtlich: »der dem Herrn gehörige Tag«, η κυριακη ημερα, *hē kyriakē hēmera*.[222] In verschiedenen romanischen Sprachen heißt er ebenfalls »der dem Herrn gehörige Tag«[223].

222 Das Adjektiv ist im NT nur noch in 1Kor 11,20 belegt: *to kyriakon deipnon*, »das dem Herrn gehörige Mahl«.
223 Italienisch *domenica*; spanisch *domingo*; französisch *dimanche*, alles vom lateinischen *dominicus*, »dem Herrn gehörig«, abgeleitet.

Mit der Auferstehung wurde das Erlösungswerk besiegelt: Die Sünde ist gesühnt (Röm 3,25), der Sünder ist gerechtfertigt (Röm 4,25), der Tod ist überwunden (1Kor 15,54.55), Satan ist vernichtet (Hebr 2,14), Leben und Unverweslichkeit sind als Licht gebracht (2Tim 1,10). Mit seinem Tod hat der Mensch Jesus die Geschichte Adams, des ersten Menschen, zu Ende gebracht. In der Auferstehung ist Christus als der zweite Mensch der Erstling der Entschlafenen (1Kor 15,20-22) und damit der Erstling einer neuen, einer himmlischen Menschheit (1Kor 15,47-49). Darum ist der erste Tag der Woche der Tag, an dem die Christen sich zum Gedächtnis ihres Herrn versammeln (1Kor 11,24.25; 16,2; Apg 20,7). Die Juden hielten nach Gottes Befehl den siebten Tag als Ruhetag, um daran zu denken, dass der Gott Israels alles erschaffen (2Mo 20,10.11) hatte. Der Herr sollte aber nach Gottes Rat nicht an einem Sabbat auferstehen, sondern am ersten Wochentag. Denn er sollte damit verkünden, dass er mit seinem Tod und seiner Auferstehung den Grund zu einer neuen Schöpfung gelegt hatte: Jeder Erlöste ist ein Teil dieser neuen Schöpfung (2Kor 5,17; siehe auch Jak 1,18), des neuen Himmels und der neuen Erde (Offb 21,1.5). Der Tag der Auferstehung Christi war damit gewissermaßen der erste Tag einer neuen Schöpfungswoche, *»derjenige Tag ..., an welchem einst die eigentliche Schöpfung der Erdenwelt ihren Anfang nahm und auf Gottes Befehl das Licht aus der Finsternis hervorleuchtete. Mit der Auferstehung begann ja jetzt eine neue Schöpfung, und ein neues Licht ging auf in der Finsternis«* (Dächsel).

»geht Maria Magdalene«: Entsprechend der Eigenart des vierten Evangeliums greift Johannes eine Person heraus und zeigt an ihr, wie Gott die Seele lehrt und so zum Glauben führt (siehe auch Kap. 3; 4; 9). Maria wird zum ersten Mal erwähnt in 19,25, wo sie zusammen mit den anderen Frauen am Fuß des Kreuzes stand. Aus Lk 8,2 wissen wir, dass der Herr sie aus einem furchtbaren Gefängnis befreit hatte: Sieben Dämonen waren aus ihr ausgefahren; entsprechend war ihre Liebe zum Herrn, ihrem Befreier, groß (vgl. Lk 7,47). Ihre Liebe trieb sie, noch vor Anbruch des Tages zum Grab zu gehen.

Maria machte sich auf den Weg zur Gruft; sie war aber nicht allein, als sie aufbrach. Aus Mt 28,1; Mk 16,1.2 und Lk 24,10 wissen wir, dass Maria, die Mutter des Jakobus, Salome und Johanna sie begleiteten; zudem sagt Maria den Aposteln: *»... wir wissen nicht, wo sie ihn hingelegt haben«* (V. 2).

Statt wie Elberfelder, Luther, Schlachter »kommt« sollte man hier »**geht**«[224] übersetzen, denn das muss hier gemeint sein. Maria war also noch unterwegs. »Maria kommt« hieße, dass sie schon das Grab erreicht hätte, als es noch finster war. Das kann aber nicht sein, wie uns ein Vergleich mit den drei anderen Berichten von der Auferstehung zeigt. Als die drei Frauen aufbrachen, war es **»noch finster«**. Bald begann es zu dämmern (Mt 28,1), und dann ging die Sonne auf über dem ersten Tag der Woche (Mk 16,2). Die Frauen waren noch immer unterwegs, und obwohl es inzwischen schon hell war, sahen sie die Gruft noch nicht; darum fragten sie sich, wer wohl den Stein wegwälzen werde (Mk 16,3). Bevor sie die Gruft sehen konnten, stieg ein Engel vom Himmel und wälzte ihn weg (Mt 28,2). Kurz danach sind die Frauen angekommen, und Maria **»sieht den Stein von der Gruft weggenommen«**. Der Stein musste nicht vom Grab gewälzt werden, damit der Herr auferstehen konnte. Aus V. 19.26 erkennen wir, dass Mauern kein Hindernis bilden für den Herrn. Nein, der Stein musste weggerollt werden, damit die Frauen und Petrus und Johannes ins Grab hineingehen und sehen konnten, dass es leer war. Der Engel, der den Stein weggewälzt hatte (Mt 28,2), sprach zu den Frauen: *»Er ist nicht hier, denn er ist auferstanden, wie er gesagt hat. Kommt her, seht die Stätte, wo der Herr gelegen hat«* (Mt 28,6). In Lk 24,3 lesen wir: *»… und als sie hineingingen, fanden sie den Leib des Herrn Jesus nicht.«*

Maria hält sich nicht lange auf beim Grab, sondern läuft **»zu Petrus und zu dem anderen Jünger«**, d.h. zu Johannes, was wir am Zusatz **»den Jesus lieb hatte«** erkennen (siehe 13,23; 21,7).[225] Sie lief gerade zu diesen beiden, weil sie ihr als Führer unter den Aposteln galten.

»Sie haben den Herrn aus der Gruft weggenommen«: So vorschnell urteilt der Unglaube: Maria hatte gesehen, dass der Stein von der Gruft weggenommen war. Daraus konnte sie nur folgern, man habe den Herrn weggenommen. Und so widersprüchlich ist der Unglaube. Wenn Jesus *Herr* ist, wie sie sagt, dann konnte niemand ihn wegnehmen. Er hatte angekündigt, dass er auferstehen werde. Er würde selbst auferstehen (10,18; Mt 20,19), es würde keiner ihn antasten, es würde keiner

---

224 Elberfelder, Luther, Schlachter übersetzen »kommt«; das ist aber durchaus nicht zwingend. Das Verb *erchomai* bedeutet beides: »kommen« und »gehen« (21,3; Mt 21,19; Lk 15,20). Menge übersetzt: »Am ersten Tag nach dem Sabbat aber **ging** Maria Magdalena … zum Grabe hin.« Das gleiche Verb findet sich in diesem Kapitel in V. 3 *(»sie gingen«)*, V. 4 *(»er kam«)*, dazu in den V. 5.6.8 das zusammengesetzte Verb »hineingehen« *(eiserchomai)* und in V. 10 »weggehen« *(aperchomai)*.

225 Während in 13,23; 19,26 und 21,7 das Verb *agapan* verwendet wird, steht in 20,2 *philein* – ein weiterer Beleg dafür, dass beide für göttliche Liebe und auch für die Liebe der Gottlosen verwendet werden (siehe auch Auslegung zu 11,3).

an ihm oder mit ihm etwas tun. Das Einzige, was die Schrift diesbezüglich sagt, ist, dass *Gott der Vater* seinen Sohn auferweckte (Apg 2,24.32; 3,15). Gott tat etwas an Jesus, nicht »sie« hatten etwas an ihm getan. Und er wurde »auferweckt«, nicht »weggenommen«.

»wir wissen nicht, wo sie ihn hingelegt haben«: Maria war zur Gruft gegangen, weil sie dort ihren Herrn zu finden hoffte; und nun war er nicht dort. Dreimal in diesem Kapitel steht, dass Maria nicht wusste (V. 2.13.14). Der Herr lässt die Seele, die ihn liebt und ihn deshalb sucht, nicht unwissend. Er selbst gibt sich ihr zu erkennen, und damit bekommt sie zu wissen, was sie wissen will.

3 Da ging Petrus hinaus und der andere Jünger, und sie gingen zu der Gruft.
4 Die beiden aber liefen zusammen, und der andere Jünger lief voraus, schneller als Petrus, und kam als Erster zu der Gruft;
5 und sich vornüberbückend, sieht er die Leinentücher liegen; doch ging er nicht hinein.
6 Da kommt auch Simon Petrus, ihm folgend, und ging in die Gruft hinein und sieht die Leinentücher liegen
7 und das Schweißtuch, das auf seinem Haupt war, nicht bei den Leinentüchern liegen, sondern für sich zusammengewickelt an *einem* Platz.

Petrus und Johannes machten sich sofort auf und **»gingen zu der Gruft«**. Die Worte Marias weckten in ihnen das heftige Verlangen, mit eigenen Augen zu sehen, was aus ihrem Herrn geworden sein konnte. Darum **»liefen … die beiden«**. Johannes war der Schnellere, vielleicht, weil er der Jüngere war. Er sollte noch mindestens 60 Jahre leben. So kommt er als Erster ans Grab, bückt sich vornüber und **»sieht … die Leinentücher liegen«**. Es wird nicht gesagt, wie das auf ihn wirkte.

Petrus **»ging in die Gruft hinein«**. Johannes war draußen geblieben, obwohl er als Erster angekommen war. Ob er als der Jüngere dem Älteren den Vortritt lassen wollte? Hengstenberg schreibt: *»Sein weiches Gefühl, die zarte Innigkeit seiner Liebe zu Christo fürchtet eine Verwundung. Er überlässt dem kräftigeren und derberen Petrus die erste Untersuchung, und sobald diese ein befriedigendes Resultat ergeben, folgt er nach«* (zitiert bei Dächsel).

Von Johannes heißt es, dass er die Tücher *»sieht«*, βλεπω, *blepō*. Das bedeutet lediglich »mit den Augen wahrnehmen«. Petrus hingegen *betrachtet*, wie **»die Leinentücher liegen«**. Hier steht das Verb θεωρεω, *theōreō* = »betrachten«, d. h. »bewusst anschauen«. Die Tücher liegen da ohne den Leib des Herrn, den man in diese Tücher gewickelt hatte. Petrus schaut die Tücher an und folgert: Hätte jemand den Herrn weggenommen, hätten keine Tücher dort gelegen; also musste er auferstanden sein.

Das **»Schweißtuch«** aber lag **»für sich zusammengewickelt an einem Platz«**. Der Herr selbst hatte sie dorthin gelegt. Das bedeutet, dass er in seinem Auferstehungsleib nicht durch Materie in seinen Bewegungen gehindert werden, dass er aber auf die Materie einwirken konnte: Er legte das Schweißtuch an diesen bestimmten Platz.

Als Christus auferstand, ließ er die Grabtücher zurück als Zeugnis dafür, dass er Tod und Grab für immer überwunden hatte. Anders war es bei Lazarus, der mit den Grabtüchern aus dem Grab kam (11,44); denn Lazarus sollte wieder am bestimmten Tag ins Grab zurück. Wir wissen aber, *»dass Christus, aus den Toten auferweckt, nicht mehr stirbt; der Tod herrscht nicht mehr über ihn«* (Röm 6,9).

8 Dann ging nun auch der andere Jünger hinein, der als Erster zu der Gruft gekommen war, und er sah und glaubte.
9 Denn sie kannten die Schrift noch nicht, dass er aus den Toten auferstehen musste.
10 Da gingen die Jünger wieder heim.

Johannes **»sah und glaubte«**. Die Jünger wussten, dass der Herr auferstehen würde, hatte er es ihnen doch wiederholt angekündigt; nun sah Johannes die Beweise dafür, und in der Folge glaubte er. Dass er erst glaubte, nachdem er gesehen hatte, wird durch den nachfolgenden mit **»Denn«** eingeleiteten Satz begründet: **»… sie kannten die Schriften noch nicht …«** Man beachte den Wechsel des Subjekts: Johannes *sah* und glaubte, und *sie kannten* die Schriften nicht. Beide, Petrus und Johannes sind gemeint. Johannes glaubte erst, nachdem er die Beweise für die Auferstehung gesehen hatte, weil er die betreffenden Schriften nicht kannte. Diese hatten seine Auferstehung Jahrhunderte zuvor geweissagt. Ob Petrus auch glaubte, nachdem er das leere Grab gesehen hatte, sagt Johannes hier nicht. Von Lukas erfahren wir, dass er *»sich verwunderte über das, was geschehen war«* (Lk 24,12). Ob er erst glaubte, nachdem der Herr ihm allein erschienen war (Lk 24,34; 1Kor 15,5), können wir nicht mit Sicherheit sagen. Bei der Pfingstpredigt konnte Petrus aber aus dem Psalter die Auferstehung Jesu belegen (Apg 2,25-31). Aber am Auferstehungsmorgen kannten die beiden Jünger diese Schrift noch nicht; darum konnte die Schrift nicht den Glauben an die Auferstehung wecken. Sie mussten die Beweise der Auferstehung sehen, erst dann glaubten sie. Mit Maria verhielt es sich so, dass sie erst glaubte, nachdem sie den Herrn selbst gesehen hatte. Ähnlich verhielt es sich mit den versammelten Jüngern: Ihre aus Unglauben geborene Angst wich erst dann der Freude, als sie den Herrn mit seinen Wundmalen sahen. Und so war es bei Thomas. Er glaubte erst, nachdem er den Auferstandenen gesehen hatte. Johannes und Petrus hatten gesehen und geglaubt; mit diesem Glauben im Herzen **»gingen die Jünger wieder heim«**.

2. Der Herr erscheint Maria Magdalene (20,11-18)

Die Beweise von der Auferstehung des Herrn hatten bei Petrus und Johannes den Glauben an die Auferstehung geweckt. Nun lesen wir, dass Maria Magdalene wieder bei der Gruft war. Wir nehmen an, sie sei, nachdem sie von der Gruft zu den beiden Jüngern gelaufen war, zunächst mit ihnen wieder zur Gruft zurückgekehrt; aber anders als diese gibt sie sich nicht zufrieden mit den Zeichen, die den Jüngern genügt hatten. War es aus Kleinglauben? Oder war es nicht eher aus Liebe? Sie liebte ihren Herrn innig, was sich daran zeigt, dass keine Furcht vor den Engeln am Grab (Mt 28,8; Mk 16,5.8; Lk 24,5) sie zurückhalten konnte. Stärker als die Furcht war die Liebe, und weil sie den Herrn liebte, wollte sie ihn sehen – und ihr Herr enttäuschte sie nicht.

> **11 Maria aber stand bei der Gruft draußen und weinte. Als sie nun weinte, bückte sie sich vornüber in die Gruft**
> **12 und sieht zwei Engel in weißen Kleidern sitzen, einen zu dem Haupt und einen zu den Füßen, da, wo der Leib Jesu gelegen hatte.**
> **13 Und diese sagen zu ihr: Frau, warum weinst du? Sie spricht zu ihnen: Weil sie meinen Herrn weggenommen und ich nicht weiß, wo sie ihn hingelegt haben.**

»Maria aber stand bei der Gruft draußen und weinte« – wie einst die Schwestern des Lazarus. Aber sie sollte nicht lange trauern, denn Jesus war mehr als Lazarus; er hatte den Tod überwunden. Maria bückte sich und schaute mit sehnendem Herzen in die Gruft; aber der Herr ist nicht da. Stattdessen sieht sie **»zwei Engel in weißen Kleidern sitzen«**: Als die Frauen zum Grab gekommen waren, hatten sie den Engel gesehen, der auf dem Stein saß, den er von der Gruft gewälzt hatte (Mt 28,2). Als Bote Gottes hatte er eine Botschaft für sie (Mt 28,6.7). Dann waren sie in die Gruft gestiegen und hatten einen Engel in der Gestalt eines Jünglings gesehen, der zur Rechten saß (Mk 16,5). Auch der richtete eine Botschaft von Gott an sie (Mk 16,6.7). Nun war Maria allein zum Grab zurückgekehrt, und sie sieht zwei Engel, die eine Frage an sie richten: **»Frau, warum weinst du?«** Diese Worte wiederholt der Herr wenig später, woraus wir schließen, dass die Engel aussprachen, was der Herr ihnen befohlen hatte.[226] Es waren also Worte, die der Herr an Maria richtete. Die Frage enthält einen leisen Vorwurf, wie die andere Frage, die ebenfalls zwei Engel (Lk 24,4) an die ganze Frauengruppe gerichtet hatten: *»Was sucht ihr den Lebendigen unter den Toten?«* (Lk 24,5). Die Tatsache, dass der Herr nicht im Grab war, war Grund zur Freude, nicht zur Trauer. Er war nicht unter den Toten; er war der Lebendige, der den Tod besiegt hatte.

Es ist wahr: Maria hätte nicht trauern müssen. Aber Maria ist weniger aus Kleinglauben denn aus Liebe betrübt. Anders als in V. 2 nennt sie hier den Herrn **»meinen Herrn«**. Und ihr Herr ist ein barmherziger Hoherpriester (Hebr 2,17), er empfindet mit ihr (Hebr 4,15). So bleibt die Suche einerseits zwar vergeblich: Sie fand den Herrn nicht dort, wo

226 In Ps 103,20.21 lesen wir, dass Engel stets Gottes Wohlgefallen tun und der Stimme seines Wortes gehorchen.

sie ihn gesucht hatte, im Grab; sie würde ihn auch nicht finden an irgendeinem Ort, »**wo sie ihn hingelegt haben**«. Und doch ist ihr Suchen nicht vergeblich. Dabei findet aber nicht sie ihn, sondern er findet sie.

> **14 Als sie dies gesagt hatte, wandte sie sich zurück und sieht**
> **Jesus dastehen; und sie wusste nicht, dass es Jesus war.**
> **15 Jesus spricht zu ihr: Frau, warum weinst du? Wen suchst du?**
> ***Sie,* in der Meinung, es sei der Gärtner, spricht zu ihm: Herr, wenn *du* ihn weggetragen hast, so sage mir, wo du ihn hingelegt hast, und *ich* werde ihn wegholen.**

Der Herr tritt zu ihr, und Maria »**sieht Jesus dastehen**«, und doch sieht sie ihn nicht: »**… sie wusste nicht, dass es Jesus war.**« Er redet sie zunächst mit »**Frau**« an und stellt dabei zum zweiten Mal die gleiche Frage, diesmal aber nicht durch Engel, sondern direkt: »**… warum weinst du?**« Mit dieser Frage will der Herr Maria dazu bringen, dass sie sich selbst fragt, warum sie weine und ob das begründet sei. Dann stellt er eine zweite Frage: »**Wen suchst du?**« War ihr denn bewusst, was sie tat, als sie den suchte, den sie im Grab vermutete, und als sie ihn dort nicht fand, nach dem Ort fragte, wo man ihn hingelegt hatte? Vertrug sich das mit dem Titel »Herr« und »mein Herr«? War er denn Herr, wenn man ihn nehmen, wegtragen und vor seinen Geliebten verbergen konnte? Maria erkennt den Herrn an der Stimme immer noch nicht; sie meint vielmehr, »**es sei der Gärtner**«, und darum folgt diese Bitte: »**… wenn du ihn weggetragen hast, so sage mir, wo du ihn hingelegt hast, und ich werde ihn wegholen.**«

Wie kommt es, dass Maria in Jesus nur den Gärtner sehen kann? Wir sehen, was wir zu sehen erwarten und was wir für möglich halten; und Jesus ist tatsächlich Mensch und sieht darum aus wie ein Mensch. Einmal sahen die Jünger nachts etwas sich auf dem Meer bewegen, und sie konnten darin nichts anderes wähnen als ein Gespenst (Mk 6,49). Die Nachbarn Josephs und Marias sahen jeden Tag Jesus, und sie konnten in ihm nichts anderes sehen, als sie zu sehen erwarteten, nämlich eines der zahlreichen Kinder Josephs und Marias. Etwas mehr als eine Woche nach der Auferstehung sehen die Jünger im Herrn, der am Ufer steht, nur einen unbekannten Mann (21,4). Das liegt an den beiden Tatsachen, dass wir als Menschen nie hinauskönnen über die Grenzen, die uns gezogen sind, und dass der Herr der Herrlichkeit so vollständig in die menschlichen Umstände eingetreten ist, dass er mit dem Gemeinmenschlichen verschmilzt.

16 Jesus spricht zu ihr: Maria! *Sie* wendet sich um und spricht zu ihm auf Hebräisch: Rabbuni! – das heißt Lehrer.

Der Herr lässt sie nun nicht länger warten, sondern ruft jetzt das Wort, das Maria die Ohren und Augen öffnen muss: **»Maria!«** Er ruft sie mit Namen, und sie erkennt ihn sogleich. Bemerkenswerterweise steht im griechischen Text nicht wie in 19,25; 20,1.11 die übliche gräzisierte Form *Maria*, sondern die hebräische Form *Mariam*. Das war ihr eigentlicher Rufname; als ihr Herr den rief, erkannte sie die Stimme sofort. Hatte der Herr nicht gesagt, dass er der Hirte der Schafe ist, der seine Schafe führt, indem er sie mit Namen ruft und vor ihnen hergeht (10,2.4), und dass seine Schafe ihn an seiner Stimme erkennen und ihm deshalb folgen (10,4.27)? Als der *gute* Hirte hat er sein Leben gelassen für die Schafe (10,11). Nun steht er da als der *große* Hirte der Schafe, den Gott *»aus den Toten wiederbrachte ... in dem Blut des ewigen Bundes«* (Hebr 13,20), und ruft: *Mariam!*, und **»sie wendet sich um«**: Sie kehrt sich ab von ihren Sorgen und eigenen Erwartungen und antwortet ihm: **»Rabbuni! – das heißt Lehrer.«** Auch die Antwort Marias hat Johannes in ihrer eigenen Sprache festgehalten. Nun lautete die übliche Anrede des Herrn *Rabbi*, »Lehrer«; der Titel *Rabbun*, »unser Lehrer«, wurde gemäß Edersheim erstmals für den großen Gesetzgelehrten Gamaliel I. (der von Apg 5,34) verwendet[227]; Maria aber sagt in ihrer innigen Liebe zu ihm *Rabbuni*, »*mein* Lehrer«. Aber warum antwortet sie nicht: »mein Herr«? Warum sagt sie: »mein Lehrer«? Sie muss augenblicklich verstanden und empfunden haben, dass ihr Herr, der große Hirte, sie schrittweise geführt und gelehrt hatte, bis sie verstand, dass er auferstanden war, wie er vorhergesagt hatte. Es ist wahr: *»Gott handelt erhaben in seiner Macht; wer ist ein **Lehrer** wie er?«* (Hi 36,22).

*»In diesem **Rabbuni** ist ihre ganze Seele, die völlig sich besinnende und doch unausdenklich neu getröstete Rückkehr in die frühere Gemein-*

227 Edersheim, Bd. I, S. 93.

schaft mit dem Lehrer und Meister, an dessen Lippen ihr Ohr und Herz gehangen hatten« (Stier, zitiert bei Dächsel).

»Wenn Christus sich dem offenbart, der ihn sucht, tut er mehr, als dieser erwartet. Maria hatte verlangt, den toten Leib ihres Herrn zu sehen, und sie darf ihn lebend erblicken« (M. Henry).

17 Jesus spricht zu ihr: Rühre mich nicht an, denn ich bin noch nicht aufgefahren zu meinem Vater. Geh aber hin zu meinen Brüdern und sprich zu ihnen: Ich fahre auf zu meinem Vater und eurem Vater und meinem Gott und eurem Gott.

»Rühre mich nicht an«: μη μου απτου, *mē mou haptou* = »Halte mich nicht fest!« Dieses Verbot des Herrn zeigt, was Maria Magdalene die ganze Zeit gewollt hatte. Sie hatte Jesus gesucht, weil sie Jesus, den sie kennengelernt hatte, liebte. Nun sie ihn, den auferstandenen Menschen, vor sich sieht, will sie ihn festhalten, aber genau das darf nicht sein. Sie und wir alle sollen nicht einem irdischen, sondern einem erhöhten und verherrlichten Menschen anhangen. An ihm haften wir freilich nicht, indem wir ihn mit unseren Händen festhalten, sondern es ist der Heilige Geist, den er, der Aufgefahrene, sendet, der uns an ihn bindet. Als Maria Magdalene zusammen mit den übrigen Jüngern an Pfingsten im Obersaal versammelt war, kam der Heilige Geist (wie vom Herrn verheißen: 14,16) und knüpfte mit dem erhöhten Herrn eine Verbindung, die unendlich stärker und inniger war als jedes Band, das sie *»in den Tagen seines Fleisches«* (Hebr 5,7) mit ihm verbunden hatte. Paulus sagt daher: *»... wenn wir Christus dem Fleisch nach gekannt haben, kennen wir ihn doch jetzt nicht mehr so«* (2Kor 5,16).

Das Verbot an Maria ist umso auffälliger, als wir in Mt 28,9 lesen: *»Als sie aber hingingen, es seinen Jüngern zu verkünden, siehe, da kam Jesus ihnen entgegen und sprach: Seid gegrüßt! Sie aber traten herzu, umfassten seine Füße und huldigten ihm.«* Warum durften die hier erwähnten Frauen tun, was der Herr Maria Magdalene nicht erlaubte? Wie wir gesehen haben, wollte der Herr Maria Magdalene lehren, dass die Gläubigen nunmehr in eine ganz neue Beziehung zu ihrem Herrn treten würden. Den anderen Frauen wollte er zu verstehen geben, dass sie ihn nicht verloren hatten, weil er gestorben war. Nein, er war noch immer ihr Herr und sie waren seine Geliebten, und das zeigte er damit, dass er ihre Huldigung annahm. Es steckt in diesem Unterschied aber auch eine heilsgeschichtliche Botschaft:

»Wir dürfen uns fragen, warum so verschiedenartiges Handeln in so kurzer zeitlicher Abfolge jedes Mal am Platz war. Es hängt mit der verschiedenen Aussageabsicht der beiden Evangelien zusammen. Im Matthäusevangelium knüpft der Herr wieder das Band, das den jüdischen Überrest an ihn bindet, und er gibt diesen Frauen so etwas wie eine Kostprobe davon, wie jener Überrest einst seine Gemeinschaft auf der Erde genießen wird. Aus diesem Grund findet sich im Matthäusevangelium weder der Bericht von der Himmelfahrt des Herrn noch auch eine Ankündigung derselben. Das würde die Vollkommenheit der gezeichneten Szene stören, denn die will eben zeigen, wie der Herr mit den Seinen verbunden bleibt bis zur Vollendung des Zeitalters. In Johannes hingegen werden die jüdischen Erwartungen sofort zurechtgerückt; neue Beziehungen werden angekündigt und die Auffahrt zum Vater ersetzt alle Erwartungen der Nationen auf der Erde mit den Juden als das Zentrum und als die Zeugen des Herrn« (W. Kelly).

»Geh aber hin zu meinen Brüdern«: Die Jünger heißen in 13,1 *»die Seinen«*; in 15,14 nennt der Herr sie *»meine Freunde«*. Er hatte während seines Dienstes in Galiläa gesagt, dass jeder, der den Willen seines Vaters tut, ihm Bruder und Schwester sei (Mt 12,50). Nun hat der Herr für die Seinen gelitten und ist auferstanden. Damit hat er sie zu Gott gebracht (1Petr 3,18). Er selbst ist ihr Leben (Kol 3,4); sie sind teilhaftig der göttlichen Natur (2Petr 1,4). Darum *»schämt er sich nicht, sie Brüder zu nennen«* (Hebr 2,11). Der Sohn Gottes hat in seiner Menschwerdung, in seinem stellvertretenden Leiden und in der Auferstehung Gottes Heilsabsicht verwirklicht, *»damit er der Erstgeborene sei unter vielen Brüdern«* (Röm 8,29). Durch sein Erlösungswerk sind wir zu Kindern Gottes geworden; in ihm gehören wir zur Familie Gottes; er wird uns als seine Brüder eines Tages einführen ins Vaterhaus (14,2.3).

»Ich fahre auf«: Markus berichtet: *»Der Herr nun wurde ... in den Himmel aufgenommen«* (Mk 16,19). Gott nahm ihn auf. Lukas berichtet davon, *»dass er von ihnen schied und hinaufgetragen wurde«* (Lk 24,51). Gott trug ihn hinauf. Johannes aber überliefert diese Worte des Herrn, die uns zeigen: Er selbst fuhr auf, er selbst, in eigener göttlicher Macht.

Wie muss Maria Magdalene sich geschämt haben! Zweimal hatte sie gesagt: *»Sie haben den Herrn weggenommen«*; dabei hätte sie, wenn sie nur geglaubt hätte, wissen können, dass niemand ihn »wegnehmen« kann. Hier nun hört sie, dass er sogar auffährt in den Himmel.

»zu meinem Vater und eurem Vater«: Das ist das wunderbare Ergebnis des Werkes, das der Vater dem Sohn aufgetragen und das der Sohn vollendet hat (17,4; 19,30). Christus ist der ewige Sohn des ewigen Vaters, der Geliebte im Schoß des Vaters (1,18). Der Vater Jesu Christi ist nun auch der Vater der Christen; das Band, das den Sohn an den Vater bindet, bindet nun die Erlösten an den Vater; die Liebe, mit der der Vater den Sohn liebt, ist die Liebe, mit der er seine Kinder liebt (17,26).

»und meinem Gott und eurem Gott«: Der Gott des Herrn Jesus Christus ist nun unser Gott. Er ist der Sohn Gottes; wir sind Söhne Gottes. Der Herr drückt sich aber so aus, dass wir einerseits erkennen können und sollen, dass der Gott und Vater unseres Herrn nun auch unser Gott und Vater ist, dass wir aber auch verstehen können, dass unsere Beziehung zum Vater nicht identisch ist mit seiner Beziehung zum Vater. Darum sagt er nicht *unser* Gott, sondern *mein Gott und euer Gott*. Er steht als Sohn in einer Beziehung zu Gott dem Vater, in der wir nie stehen können. Er ist von Ewigkeit her Sohn; wir aber sind erst durch die Erlösung zu Söhnen seines Vaters geworden. Darum heißt die »Sohnschaft«, die uns gegeben ist, υιοθεσια, *hyiothesia* (Röm 8,15.23; Gal 4,5; Eph 1,5), wörtlich »Sohnes*setzung*«. Wir sind zu Söhnen gesetzt worden.

18 Maria Magdalene kommt und verkündet den Jüngern, dass sie den Herrn gesehen und er dies zu ihr gesagt habe.

Nun hören alle Jünger von Maria, **»dass sie den Herrn gesehen … habe«**. Sie redet jetzt nicht mehr davon, wie sie den Verstorbenen gesucht habe. Nein, sie ruft: »Ich habe *den Herrn* gesehen!« Sie sagt damit: »Er, Jesus, unser Lehrer, ist Herr, er ist Herr über den Tod, er ist Herr über alles!«

Doch genügte den Jüngern ihr Zeugnis nicht; ihr Unglaube hielt sie noch gefangen in ihrer Angst vor den Juden (V. 19). Das wird sich auch bei ihnen erst ändern, sobald sie dem Auferstandenen begegnen.

3. Der Herr erscheint den Jüngern (20,19-23)

Nachdem zuerst nur zwei der Jünger in die Gruft des Herrn gestiegen waren und dort die Zeugnisse von seiner Auferstehung gesehen und in der Folge geglaubt hatten, kommt jetzt der auferstandene Herr zu den Jüngern und zeigt sich ihnen, und so erfüllt er das Wort, das er zu ihnen gesagt hatte: *»... ich werde euch wiedersehen, und euer Herz wird sich freuen«* (16,22). Er sah zuerst sie, aber damit sahen natürlich die Jünger auch ihn, wie er ebenfalls angekündigt hatte: *»... und ihr werdet mich sehen«* (16,16). Zudem hatte er am Morgen des gleichen Tages sie auf sein Kommen vorbereitet durch die Botschaft, die er Maria Magdalene aufgetragen und die sie ihnen ausgerichtet hatte (V. 17.18).

> **19 Als es nun Abend war an jenem Tag, dem ersten der Woche,**
> **und die Türen da, wo die Jünger waren, aus Furcht vor den**
> **Juden verschlossen waren, kam Jesus und stand in der Mitte**
> **und spricht zu ihnen: Friede euch!**
> **20 Und als er dies gesagt hatte, zeigte er ihnen seine Hände und**
> **seine Seite. Da freuten sich die Jünger, als sie den Herrn sahen.**

Es war noch dunkel gewesen, als Maria Magdalene sich aufgemacht hatte zum Grab. Es ist inzwischen **»Abend«** und wieder dunkel. Es war nicht nur draußen dunkel; es war auch dunkel in den Seelen der Jünger, und es wäre dunkel geblieben, hätte der große Hirte seine Schafe nicht gesucht und zu ihnen gesprochen, hätte er nicht getan, was der Prophet Sacharja geweissagt hat. Er kündigte an, dass die Schafe des guten Hirten sich zuerst zerstreuen würden, dass er danach aber seine Hand nach ihnen ausstrecken und sie wieder sammeln würde (Sach 13,7).

Obwohl **»die Türen ... aus Furcht vor den Juden verschlossen waren, kam Jesus«**: Mauern und Türen, hinter denen die Jünger sich verbergen, oder der Unglaube, der sie zu Gefangenen der Angst macht, sind dem Herrn kein Hindernis. In seiner Allmacht vermag er durch Wände zu gehen, in seiner unwiderstehlichen Gnade überwindet er Unglauben. Es war der Herr, der sie aufsuchte; nicht sie suchten ihn. Und er sprach: **»Friede euch!«**, und mit diesem Wort empfingen sie, was er sprach. Kurz bevor er sie verließ, um durch Leiden und Tod zu gehen, hatte er ihnen gesagt: *»Frieden lasse ich euch, meinen Frieden gebe ich euch«* (14,27). Nun kommt er und gibt ihnen seinen Frieden. Sein Wort ist ein Befehlswort, und was er befiehlt, geschieht: Die Angst der Jünger weicht dem Frieden, und Freude erfüllt sie: **»Da freuten sich die Jünger, als sie den Herrn sahen.«** Jesus hatte den Jüngern gesagt, dass sie trauern würden, dass aber ihre Traurigkeit zur Freude werden sollte (16,20). Er erfüllte hier dieses Wort. Und beachten wir wohl, dass die Jünger *den Herrn* sahen; sie erkannten, dass er, der Mensch Jesus, Herr war. Und er zeigte **»ihnen seine Hände und seine Seite«**. Das bedeutet, dass er einen wirklichen Leib hatte; er hatte Hände, er hatte eine Seite; er war nicht ein Geist (siehe Lk 24,39).

Als sie seine Hände und seine Seite anschauten, sahen sie die Wunden, die noch an ihm waren. Johannes hatte am Anfang seines Berichtes gesagt: *»Siehe, das Lamm Gottes, das die Sünde der Welt wegnimmt!«* (1,29). Nun ist das Lamm geschlachtet worden, und nun sehen die Jünger das Lamm, wie geschlachtet, aber nicht geschlagen am Boden liegend, sondern wie es vor ihnen *steht*. Es ist dieser Anblick, der die Jünger jetzt erfreut; es ist dieser Anblick, der den ganzen Himmel auf ewig mit nie endender Freude erfüllen wird: *»Und ich sah inmitten des Thrones und der vier lebendigen Wesen und inmitten der Ältesten ein Lamm stehen wie geschlachtet, das sieben Hörner hatte und sieben Augen, die die sieben Geister Gottes sind, die gesandt sind über die ganze Erde«* (Offb 5,6).

21 Jesus sprach nun wieder zu ihnen: Friede euch!
Wie der Vater mich ausgesandt hat, sende auch *ich* euch.

In V. 17 lasen wir, dass der Vater Jesu Christi unser Vater und der Gott Jesu Christi unser Gott ist. Das bedeutet, dass wir seine Stellung vor dem Vater teilen. So groß sind die Vorrechte des Jüngers des Herrn. Hier nun lesen wir, dass wir so vom Vater gesandt sind, wie unser Herr vom Vater gesandt war. Das bedeutet, dass wir seinen Auftrag teilen und damit auch die Verantwortung haben zum gleichen Gehorsam wie er. So groß die Vorrechte sind, so groß ist die Verantwortung. Bevor die Jünger zu hören bekamen, dass der Herr sie in die Welt sendet, hatten sie ihn im Gebet zum Vater sagen hören: *»Wie du mich in die Welt gesandt hast, so habe auch ich sie in die Welt gesandt«* (17,18). Später werden sie darüber nachgedacht haben, und dann verstanden sie: Unsere Sendung hat ihren Grund im gemeinsamen Beschluss des Vaters und des Sohnes. Wir sind nach ihrem ewigen Rat in diese vergängliche Welt gesandt, um allen Menschen das Evangelium zu predigen; denn durch die Predigt sollen die Schafe gesammelt werden, für die der gute Hirte sein Leben gelassen hat (10,11). In der Predigt des Evangeliums sollen sie seine Stimme hören, mit der er sie mit Namen ruft (10,3).

Bevor der Herr den Jüngern diesen Auftrag gab, zeigte er ihnen seine Hände und seine Seite. Sie verstanden: Er wurde gesandt, um zu leiden und zu sterben, aber um am Ende zu triumphieren. Er stand ja als der Auferstandene vor ihnen, und nun sendet er sie wie Schafe unter die Wölfe (Mt 10,16); aber sie sind nicht allein (Mt 28,20). Sie werden Bedrängnis haben (16,33); einige werden ihres Glaubens wegen sogar getötet werden (16,2). Aber der Sieg ihrer Sache ist gewiss. Sie haben teil am Sieg ihres Herrn; sie werden weit überwinden durch den, der sie geliebt hat (Röm 8,37). Er wird sie bewahren, und am bestimmten Tag werden alle auferstehen zu ewiger Freude.

22 Und als er dies gesagt hatte, hauchte er in sie und spricht zu ihnen: Empfangt [den] Heiligen Geist!

Beachten wir das Bindewort **»und«**, das die Aussage in diesem Vers mit den Worten von V. 21 verbindet: Mit der Sendung gibt der Herr auch die Befähigung.

»hauchte er in sie«: Hier handelt der Schöpfer, der Adam geformt hatte, Staub vom Erdboden, und der den Odem des Lebens in seine Nase gehaucht hatte. Damit wurde Adam eine lebendige Seele (1Mo 2,7). *»So steht auch geschrieben: ›Der erste Mensch, Adam, wurde eine lebendige Seele‹; der letzte Adam ein lebendig machender Geist‹«* (1Kor 15,45). Der zweite Mensch haucht in die Jünger sein eigenes Leben, das Auferstehungsleben, das keinem Tod mehr erliegen kann. Er, der Sohn, hat wie der Vater Leben in sich selbst (5,26), und wie der Vater, so macht auch der Sohn lebendig, welche er will (5,21).

Wenn der Sohn Gottes zum zweiten Mal kommt, wird sein Hauch nicht Leben geben, sondern Leben nehmen: Er wird den Menschen der Sünde und damit alle, die ihm gefolgt sind, verzehren mit dem Hauch seines Mundes (2Thes 2,8; vgl. auch Offb 19,15).

»Empfangt … Heiligen Geist«: Mit dem Auftrag folgt die Ausrüstung. Hat der Herr uns gesandt, dann rüstet er uns auch aus (siehe Apg 1,8). Der Heilige Geist verbindet uns mit dem erhöhten Herrn. Wir sehen ihn nicht mehr hier; er ist beim Vater. Aber der Heilige Geist öffnet uns die Augen, sodass wir mit aufgedecktem Angesicht ihn anschauen (2Kor 3,18) und seine Herrlichkeit sehen können (Hebr 2,9). Und er gibt uns die Gewissheit, dass er, obwohl er nicht mehr in der Welt ist (17,11), doch bei uns ist, so wie er gesagt hat: *»... ich bin bei euch alle Tage bis zur Vollendung des Zeitalters«* (Mt 28,20).

Hier empfingen die Jünger den Heiligen Geist jedoch noch nicht; darum fehlt im Satz *»Empfangt den Heiligen Geist«* im Griechischen der Artikel. Es handelt sich wie in Eph 1,17, wo der Artikel ebenfalls fehlt, um *Wirkungen* des Geistes. Es war ein Angeld auf die Ausgießung des Heiligen Geistes.

»Jesus gibt ihnen ein Unterpfand. Selbst zu einem Grad höheren Lebens erhoben, beeilt er sich, sie mit diesem Leben zu verbinden ... Diese Mitteilung hängt so mit der Auferstehung zusammen wie Pfingsten mit der Himmelfahrt. So, wie er an Pfingsten sie teilhaben lässt an seiner Himmelfahrt, so verbindet er sie damit, dass er jetzt in sie haucht, mit seiner Auferstehung ... Sein Gedanke ist: ›Wenn der Tag kommt, den ich euch verheißen habe, und ihr den geheimnisvollen Wind hört, werdet ihr im Wind den verheißenen Geist erkennen, und in diesem Geist den Hauch eures verherrlichten Meisters‹« (Godet).

Der Heilige Geist *»war noch nicht da, weil Jesus noch nicht verherrlicht worden war«* (7,39). Er konnte erst kommen, nachdem der Sohn zum Vater zurückgekehrt war (16,7). Entsprechend wies Jesus nach seiner Auferstehung die Jünger an, auf das Kommen des Geistes zu warten (Lk 24,49 und Apg 1,4.8). Erst *»als der Tag der Pfingsten erfüllt wurde«* (Apg 2,1), kam der Heilige Geist wie ein *»gewaltiger Wind«* und erfüllte alle Anwesenden (Apg 2,2-4) und gab den Jüngern die unmittelbare Erkenntnis, dass Gott seinen Sohn zum Herrn und zum Christus erhöht hatte (Apg 2,36). Der Geist kam und taufte alle, die an Jesus glaubten, zu *einem* Leib (1Kor 12,13); er kam, um fortan in jedem Einzelnen von ihnen (1Kor 6,19; 2Tim 1,14) und in der Gemeinde zu wohnen (1Kor 3,16; Eph 2,22).

»Als Jesus in sie hauchte, gab er eine kraftvolle Illustration voller Bedeutung; denn der Heilige Geist wird in Hesekiel 37,9-14 als Gottes

Hauch dargestellt. Die Handlung war also ein nachdrückliches Zeugnis der Gottheit Christi« (MacArthur, *John 12–21*).

23 Welchen irgend ihr die Sünden vergebt, denen sind sie vergeben, welchen irgend ihr sie behaltet, sind sie behalten.

»Welchen irgend ihr die Sünden vergebt«: Das ist das Erste, was der Herr über den Inhalt der Sendung sagt. Die Sünde ist das große Problem; sie ist die Ursache für das ganze Elend des Menschen. Was jeder Mensch dringender braucht als alles andere, ist daher Befreiung von der Schuld, der Macht und den Folgen der Sünde. Die Jünger sind gesandt, eine Botschaft zu verkünden, die als Erstes einem jedem, der glaubt, Vergebung der Sünden verheißt und gibt.

Wie aber sollen wir dieses Wort verstehen: *»Welchen ... ihr die Sünden vergebt«*? Sind es die Jünger, die Sünden vergeben? Sind wir gesandt, den Menschen ihre Sünden zu erlassen? Die Bibel lehrt in aller Klarheit, dass nur Gott Sünden vergeben kann (Ps 32,5; 130,3.4; Lk 5,21) und dass es Gott ist, der uns die Sünden vergibt, wenn wir sie ihm bekennen (1Jo 1,9). Die Christen sind von Christus gesandt, zu predigen das Evangelium, die alleinige Kraft Gottes zum Heil (Röm 1,16). Da sie durch den Heiligen Geist gelehrt sind, können sie den Menschen sagen, ihre Sünden seien vergeben, wenn sie dem Evangelium glauben, ihre Sünden bekennen und sich im Glauben auf Christus allein stützen. Umgekehrt können sie jedem, der einen anderen Heilsweg wählt als das Evangelium Gottes, der seine Sünden nicht bekennt und sich auf anderes verlässt als auf Christus allein, mit aller Bestimmtheit und Autorität sagen, dass ihre Sünden nicht vergeben sind.

24 Thomas aber, einer von den Zwölfen, genannt Zwilling, war nicht bei ihnen, als Jesus kam.

»Thomas ..., einer von den Zwölfen« ist nach Maria Magdalene, Johannes und Petrus die vierte Einzelperson, von der Johannes zeigt, wie sie zum Glauben an die Auferstehung kam. In den drei ersten Evangelien erscheint Thomas nur in der Namensliste der zwölf Apostel (Mt 10,3; Mk 3,18; Lk 6,15). Johannes hat uns in 11,16 und 14,5 einiges über ihn gesagt. Was wir dort erfahren, bereitet uns vor auf das, was wir im vorliegenden Abschnitt von ihm lesen.

25 Da sagten die anderen Jünger zu ihm: Wir haben den Herrn gesehen. Er aber sprach zu ihnen: Wenn ich nicht in seinen Händen das Mal der Nägel sehe und meinen Finger in das Mal der Nägel lege und meine Hand in seine Seite lege, so werde ich *nicht* glauben.

Was mag Thomas bewegt haben, sich dem Zeugnis seiner Mitjünger zu verschließen? Sie legten ein klares und einfaches Bekenntnis ab: **»Wir haben den Herrn gesehen.«** Warum sollten sie etwas Unwahres sagen? Warum sollten die Berichte der anderen, die dem Auferstandenen begegnet waren und deren Zeugnisse auch er gehört hatte, nicht wahr sein? Es gab keinen Grund, sie anzuzweifeln. Damit ist Thomas ein Muster des natürlichen Menschen. Dem ist der Unglaube angeboren; er ist Teil seiner Natur. Zeugnisse über Gottes Werke und Wirken weist er reflexartig als unglaubwürdig von sich. Gerade das hat das vorliegende Evangelium deutlicher als die anderen Evangelien gezeigt. Obwohl der Herr so viele Zeichen vor den Juden getan hatte, glaubten sie doch nicht an ihn (12,37). Die *ganze Welt* ist so: Das Licht ist in *die Welt* gekommen, es leuchtet hell genug, aber die Welt glaubt nicht.

Mit seinen Worten fordert Thomas den Sohn Gottes offen heraus: **»Wenn ich nicht in seinen Händen das Mal der Nägel sehe und meinen Finger in das Mal der Nägel lege und meine Hand in seine Seite lege, so werde ich nicht glauben.«** Das Unbegreifliche ist, dass der Herr die Herausforderung annimmt und sie in Gnade beantwortet. Er erinnert acht Tage später Thomas an seine Worte, aber nicht, um ihn zu verdammen, sondern um ihn zu beschämen, und schließlich, um ihm den Glauben zu schenken. Das tut er durch seinen Befehl: *»... sei ... gläubig!«* Am Ende der Zeit wird der Herr alle herausfordernden Worte, die gottlose Sünder gegen ihn gesprochen haben, diesen vor Augen stellen und deswegen dem verdienten Gericht übergeben (Jud 14.15).

26 Und nach acht Tagen waren seine Jünger wieder drinnen und Thomas bei ihnen. Da kommt Jesus, als die Türen verschlossen waren, und stand in der Mitte und sprach: Friede euch!
27 Dann spricht er zu Thomas: Reiche deinen Finger her und sieh meine Hände, und reiche deine Hand her und lege sie in meine Seite, und sei nicht ungläubig, sondern gläubig!

»Nach acht Tagen« ist wieder der erste Tag der Woche, der Tag der Auferstehung und der Tag des Gedächtnisses. Die Türen waren noch immer verschlossen, wie die Woche zuvor. Die Jünger hatten zwar Glauben, aber sie hatten auch noch Furcht. Erst an Pfingsten würde der Heilige Geist in ihnen jene Liebe zum Herrn anfachen, die alle Furcht austreibt (1Jo 4,18). Wieder spricht der gnädige Herr zu ihnen: **»Friede euch!«** Das gilt auch Thomas, denn er ist nun bei ihnen.

»Reiche deinen Finger her«: Die Worte, die der Herr an Thomas richtet, zeigen, dass er jedes von ihm gesprochene Wort gehört hatte, obwohl er nicht sichtbar gegenwärtig gewesen war. Das zeigte Thomas, dass er der Allgegenwärtige und Allwissende ist. Er hatte einst Nathanael enthüllt, dass er ihn sah, ehe Philippus ihn rief und er unter dem Feigenbaum saß. Das hatte Nathanael schlagartig die Augen geöffnet über die Identität Jesu von Nazareth: *»Rabbi, du bist der Sohn Gottes, der König Israels«* (1,49). Ähnlich ergeht es hier Thomas.

»und sei nicht ungläubig, sondern gläubig!«: Das ist ein Befehl des Herrn, und dieser Befehl erzeugt in Thomas den Glauben, den er vorher nicht gehabt hatte. Wir können nur glauben, weil der Herr will, dass wir glauben. Ohne sein Wort und seinen Willen könnte niemand glauben. Er macht seinen Befehl wirksam und schenkt uns so die Buße (Apg 11,18) und den Glauben (Eph 2,8; Phil 1,29). Weil Gott allen Menschen befiehlt, Buße zu tun und zu glauben (Apg 17,30), sind sie verpflichtet zu glauben. Wer nicht glaubt, trägt allein die Schuld für seinen Unglauben samt allen Folgen; denn er könnte glauben, wenn er wollte, aber er will nicht.

28 Thomas antwortete und sprach zu ihm: Mein Herr und mein Gott!
29 Jesus spricht zu ihm: Weil du mich gesehen hast, hast du geglaubt. Glückselig sind, die nicht gesehen und doch geglaubt haben!

»Mein Herr und mein Gott!«: Was für ein Bekenntnis! Die Worte des Herrn haben Thomas seiner Sünde und Torheit überführt und ihm das Herz geöffnet. Nun glaubt er, und weil er glaubt, redet er (2Kor 4,13). Er nennt Jesus *»Herr«*, und das kann man nur durch den Heiligen Geist (1Kor 12,3).[228] Und er nennt ihn Gott. Der Mensch Jesus, der vor Thomas steht, der in seinem menschlichen Leib noch die Wundmale trägt, ist Gott. Und schließlich: Er nennt ihn *seinen* Gott. Dieser Herr und Gott ist sein, und er gehört ihm.

»Der letzte und schlüssige Beweis, dass Jesus der Sohn Gottes ist, ist die Tatsache, dass er das Bekenntnis des Thomas zu seiner Gottheit annahm. Wir können sagen: Wenn er Gott ist, ist er der Sohn Gottes, und umgekehrt: Wenn er der Sohn Gottes ist, ist er Gott« (F.B. Hole).

»Weil du mich gesehen hast, hast du geglaubt«: Für »hast du geglaubt« steht hier *pepisteukas*, das man besser mit »du glaubst« übersetzt.[229] Es ist ein Perfekt, und es drückt als solches das nun bestehende Ergebnis eines zurückliegenden Geschehens aus. Wir können es so umschreiben: »Du hast geglaubt und folglich *glaubst du nun.*« Der Herr erkennt an, dass das Bekenntnis des Thomas ein Ausdruck des Glaubens ist, und damit hat er auch dessen Bekenntnis bestätigt: Der Auferstandene ist wahrhaftig Herr, und er ist wahrhaftig Gott. Wäre er es nicht, hätte er gesündigt, als er die Huldigung des Jüngers hinnahm. Herodes wurde von einem Engel geschlagen, weil er sich als einen Gott verehren ließ (Apg 12,22.23). Der Engel wehrte Johannes, als dieser vor ihm niederfiel und ihn anbeten wollte (Offb 19,10).

Thomas hat gesehen und daraufhin geglaubt (vgl. V. 8). Es ist zwar wirklicher Glaube, aber nicht die höchste Stufe des Glaubens. **»Glückselig sind, die nicht gesehen und doch geglaubt haben!«** Von diesen Glückseligen sprechen die beiden letzten Verse des Kapitels. Nur

228 Thomas war zwar nicht anwesend gewesen, als der Herr die Jünger anhauchte (V. 22), *»doch der Geist des Herrn wusste, ihn zu finden, wie er Eldad und Medad, 4Mo 11,26, fand«* (M. Henry).
229 Siehe Luther, Schlachter, Zürcher 2007. Menge übersetzt »bist du gläubig geworden«, was auf das Gleiche herauskommt.

wenige Menschen haben den Herrn gesehen, aber Unzählige haben von ihm gehört oder gelesen im Evangelium, das Johannes niederschrieb, und sie haben dem Geschriebenen geglaubt und haben durch diesen Glauben ewiges Leben und damit ewige Glückseligkeit gefunden. Das ist das besonders gesegnete Teil des Christen. Petrus schreibt von ihnen: *»... den ihr, obgleich ihr ihn nicht gesehen habt, liebt; an welchen glaubend, obgleich ihr ihn jetzt nicht seht, ihr mit unaussprechlicher und verherrlichter Freude frohlockt«* (1Petr 1,8).

Nach 13,17 ist dieses **»Glückselig«** die zweite und letzte Seligpreisung im Johannesevangelium. In 13,17 wird glückselig gepriesen, wer tut, was der Herr sagt; hier wird glückselig gepriesen, wer dem Wort des Herrn glaubt. Aus 13,17 sollen wir lernen, dass wahrer Glaube Werke haben muss; hieraus sollen wir lernen, dass wir ohne Glauben Gott nicht gefallen und keine guten Werke tun können (siehe 6,29).

»Wir hätten wohl gesagt: ›Dieser schmähliche Tod soll ganz privat bleiben, seine herrliche Auferstehung hingegen in aller Öffentlichkeit geschehen.‹ Aber Gottes Gedanken sind nicht unsere Gedanken. Er hat verordnet, dass sein Tod im hellen Sonnenlicht stattfinden sollte ... aber die Erweise seiner Auferstehung sollten als besonderer Gunsterweis seinen besonderen Freunden vorbehalten bleiben. Durch diese sollten sie dann freilich in aller Welt verkündigt werden, damit alle jene glückselig werden können, die nicht gesehen und doch geglaubt haben« (M. Henry).

4. Zweck der Niederschrift des Evangeliums (20,30.31)

Johannes hat nicht zufällig das Bekenntnis zur Gottheit Christi unmittelbar vor diese Verse gestellt. Sein Evangelium beginnt mit der Aussage: *»... das Wort war Gott«* (1,1), und fast am Ende (wenn wir Kap. 21 als einen Anhang ansehen) steht das persönliche Bekenntnis: *»... mein Gott!«* Mit diesen beiden Versen sagt Johannes, dass er mit seinem ganzen Evangelium gerade das bezweckte: Man soll erkennen, dass Jesus von Nazareth Gottes Sohn ist, und sich im Glauben ihm unterwerfen. Von den unzähligen Zeichen, die Jesus tat, enthält sein Evangelium nur eine ganz kleine Auswahl; aber die genügen, um dem Leser zu zeigen, was die wahre Identität Jesu ist. Wer die erkannt hat und im Glauben sagen kann, dass Jesus nun sein Herr und sein Gott sei, hat das ewige Leben.

30 Auch viele andere Zeichen hat nun zwar Jesus vor seinen Jüngern getan, die nicht in diesem Buch geschrieben sind.
31 Diese aber sind geschrieben, damit ihr glaubt, dass Jesus der Christus ist, der Sohn Gottes, und damit ihr glaubend Leben habt in seinem Namen.

»viele … Zeichen …, die nicht in diesem Buch geschrieben sind«: Die Evangelisten haben alle aus den Fakten, die sie kannten, eine bewusste Auswahl getroffen (siehe auch 21,25), denn jeder Evangelist wurde von Gottes Geist geführt, aus der ganzen Fülle Christi eine besondere Seite hervorzuheben. Johannes sollte mit seinem Evangelium zeigen, dass Jesus der Christus ist, der Sohn Gottes, und dass jeder, der an ihn glaubt, das ewige Leben hat.

In den Evangelien sind insgesamt 35 Wunder des Herrn überliefert, davon acht im Johannesevangelium. Sieben von diesen wirkte der Herr vor seinem Tod, eines nach der Auferstehung. Sechs von diesen acht hat nur Johannes überliefert. Die beiden Wunder, die sich auch in den drei ersten Evangelien finden, sind die Mehrung der Brote und sein Wandeln auf dem Wasser (beide in Kap. 6).

In den Evangelien heißen die Wunder des Herrn

a. *»mächtige Taten«* oder *»Krafttaten«*, δυναμεις, *dynameis*, wörtlich: »Kräfte« (z. B. Mt 11,20; Mk 6,2; Lk 19,37).[230] Dieses Wort besagt, dass die Wunder des Herrn in göttlicher Kraft geschahen und damit Gottes Kraft bezeugten (siehe Mk 9,1; 12,24; Lk 1,35).
b. *»Wunder«*, τερατα, *terata* (auf die Werke des Herrn bezogen, in den Evangelien nur in Joh 4,48; siehe auch Apg 2,22; Hebr 2,4). Dieses Wort besagt, dass die Wunder außergewöhnliche Werke waren und darum Staunen erregten (siehe Mt 12,22.23).
c. *»Zeichen«*, σημεια, *sēmeia* (z. B. in 2,11.23; 3,2; 20,30; Mt 12,38). Dieses Wort besagt, dass die Wunder nicht lediglich göttliche Krafttaten und aufsehenerregende Werke waren, son-

230 Elberfelder: »Wunderwerke«.

dern dass sie als Zeichen gleichzeitig Wegweiser waren: Sie verwiesen auf Wirklichkeiten, die größer waren als das bloße äußerliche Geschehen. Als göttliche Werke waren sie Symbole von größeren Werken, die Gott an den Glaubenden tut; sie illustrierten geistliche Werke und Wirkungen, die ewig bestehen.

»Diese … sind geschrieben, damit ihr glaubt«: Die Zeichen sollen im *Lesenden* Glauben wecken an den Sohn Gottes, damit er durch diesen Glauben ewiges Leben habe. Man beachte: Die wenigen ausgewählten Zeichen wurden *geschrieben*, damit der *Leser* glaube. Die Zeitgenossen des Herrn, die seine Zeichen sahen, glaubten nicht an ihn, wie 12,37 ausdrücklich bezeugt. Was die vor den Augen der Zeitgenossen gewirkten Zeichen nicht vermochten, das vermag das geschriebene Wort: Es weckt Glauben (Röm 10,17).

»dass Jesus der Christus ist«: Das war die große Frage, die sich den Juden stellte: ob Jesus der Christus sei oder nicht (7,26.27.31.40.41). Wer dieses Evangelium liest und glaubt, kommt zur Gewissheit über die Identität Jesu. Er ist der von Gott gesalbte Retter der Welt (4,42).

»der Sohn Gottes«: Der Mensch Jesus ist das ewige Wort, das im Anfang war, Gott, durch den alles entstanden ist. Er ist der ewige Sohn, der im Schoß des Vaters war und ist. Seine Worte bezeugen es (5,17.18; 8,58; 10,30.33), seine Werke beweisen es (9,32).

»damit ihr glaubend Leben habt«: So viele an den Sohn Gottes glauben, denen gibt er das Recht, Kinder Gottes zu werden (1,12). Wer an ihn glaubt, hat das Leben; wer aber dem Sohn Gottes nicht gehorcht, wird das Leben nicht sehen (3,36).

Hatte denn Johannes sein Evangelium nicht in besonderer Weise für die Christen geschrieben, also für jene, die an Jesus als den Christus, den Sohn Gottes, glaubten? Gewiss, und das bestätigt er auch hier, wenn er sagt, dass er geschrieben habe, damit *»ihr«*, das sind die Mitgläubigen, *»glaubend Leben habt«*. Der Glaube ist damit, dass wir zum Glauben gekommen sind, nicht vollkommen und vollendet, sondern er muss wachsen; und er wächst, indem wir immer klarer erkennen, wer Jesus von Nazareth ist: der Christus und der Sohn Gottes. Durch den Glauben haben wir das Leben empfangen, durch den Glauben wandeln und wachsen wir in diesem Leben.

Anmerkungen zu Kapitel 20

»Die Auferstehung war es, auf die [der Herr] verwies als letzten und zwingendsten Beweis dafür, dass er der Messias war. Die Leute, die an seine anderen Zeichen nicht glauben mochten, verwies er auf das Zeichen des Jona[231]. Darum lag den Feinden am allermeisten daran, die Nachricht von seiner Auferstehung zu unterdrücken … denn wenn er tatsächlich auferstanden sein sollte, waren sie nicht bloß Mörder, sondern Mörder des Messias« (M. Henry).

»Der Unglaube der Juden verurteilt sich selbst im Prozess gegen Jesus, der in dessen Hinrichtung seinen Abschluss fand; der Glaube der Jünger kommt zur vollen Blüte durch dessen Auferstehung, der höchsten irdischen Offenbarung seiner Herrlichkeit … Im ersten Abschnitt erzählt der Evangelist, wie der Glaube an die Auferstehung in seinem Herzen entstanden ist (V. 1-10). In den drei folgenden Abschnitten berichtet er von drei Erscheinungen Jesu, durch welche der gleiche Glaube im Apostelkollegium vorbereitet, gegründet und vollendet wird. Das geschah durch die Erscheinungen, die er Maria Magdalene (V. 11-18), den Aposteln am Abend des Auferstehungstags (V. 19-23) und der gleichen Gruppe mitsamt Thomas acht Tage später (V. 24-29) gewährte« (Godet).

V. 23 – »Sünden vergibt Jesus allein. Auf dieses Ehrenamt, das in seine Befugnis fällt, verzichtet er nicht zugunsten der Apostel. Er befiehlt ihnen nur, die Vergebung der Sünden in seinem Namen zu bezeugen … Recht eigentlich geredet, ist es Christus selbst, der die Sünden vergibt und sich dazu der Apostel als seiner Werkzeuge bedient« (Calvin, *Das Evangelium des Johannes*).

V. 24-29 – »Die Erscheinung, die Maria Magdalene gewährt wurde, bereitete den Glauben der Jünger vor; die Erscheinung, die den Jüngern gewährt wurde, gründete den Glauben; die zweite Erscheinung an sie vollendete, was die erste angefangen hatte, und bildet damit den Abschluss des Berichts. Der letzte Keim des Unglaubens ist aus dem

231 siehe Mt 12,39.40.

Kreis der Zwölf ist ausgerottet; der Glaube der künftigen Zeugen Christi kommt zum Abschluss« (Godet).

V. 30.31 – »Abschließend sieht Johannes auf das ganze von ihm verfasste Buch zurück: Nur weniges hat er geschrieben von vielem, was zu schreiben möglich gewesen wäre; aber das wenige genügt, um Gewissheit zu geben über Jesu Person und Werk. *Zeichen*, nicht Werke wie in 10,32.37; 14,11, nennt Johannes, was der Herr getan hat; denn als Zeichen sollten seine Taten betrachtet werden und hatte er selbst die Jünger angewiesen (6,14.26; 12,37; Mt 11,4), sie zu betrachten, als Zeichen dessen, was Jesus ist und wozu er gekommen ist« (V. Burger, zitiert bei Dächsel).

Kapitel 21

1. **Jesus offenbart sich den Jüngern zum dritten Mal (21,1-14)**
2. **Der Herr bestätigt Petrus in seinem Dienst (21,15-19)**
3. **»Bis ich komme« (21,20-23)**
4. **Ein Schlusswort (21,24.25)**

Der Herr hatte sich den Jüngern und den Frauen schrittweise offenbart (Kap. 20). Zuerst sahen sie das leere Grab mit den leeren Leinentüchern, dann erschien der Herr einer der Frauen und sprach zu ihr von seiner Erhöhung und damit auch vom neuen Verhältnis zu Gott, in das er alle Gläubigen einführt, und er sandte die Frau mit dieser Kunde zu den Jüngern. Darauf erschien er den Jüngern, zeigte ihnen seine Hände und seine Seite; sodann sprach er von ihrer Sendung, und er rüstete sie aus durch den Heiligen Geist.

Dieses Kapitel sei, wie meist gesagt wird, ein Anhang zum Evangelium, das mit 20,30.31 bereits zu einem Abschluss gebracht worden war. Wir fragen uns auf alle Fälle, warum Johannes diesen Text noch angefügt hat. Im ersten Kapitel seines Evangeliums hatte Johannes geschrieben, dass der Herr das ewige Wort ist, das in die Welt kam, um Erlösung zu wirken; im letzen Kapitel wird angekündigt, wie der Herr, das ewige Wort, durch die Jünger in der Welt weiterwirken wird, nachdem er sie wieder verlassen hat (siehe 14,12.13).[232] Der Herr sendet sie, wie der Vater ihn gesandt hatte (20,21); ihre Sendung besteht aus zweierlei:

I. Die Jünger sollen Menschen fangen (Lk 5,10). Davon handelt der erste Teil des Kapitels (V. 1-14).
II. Die Jünger sollen das Volk Gottes weiden. Davon handelt der zweite Teil des Kapitels (V. 15-23).

232 In der Überschrift zu diesem Kapitel schreibt Lange: *»Das nachhistorische Walten Christi in der Welt bis zur vollendeten Weltverklärung oder bis auf die Wiederkunft Christi; in besonderen Momenten der Auferstehungsgeschichte symbolisch dargestellt.«*

Diese beiden Aufgaben sind ihnen gestellt, bis der Herr wiederkommt (V. 22).

Für beide Aufgaben brauchten sie seinen Beistand. Der Fischzug war ein Wunder; die Errettung von Menschen ist jedes Mal ein noch größeres Wunder. Die Herde Gottes zu weiden, ist unmöglich; es ist nur möglich, weil der Herr dazu beauftragt hat; denn wen er beauftragt, den befähigt er auch.

Die Bedeutung der beiden Aufgaben verstehen wir erst recht im Licht des Prologs (1,1-18): *»... das Wort wurde Fleisch«* (1,14); er ist der Erstgeborene, dem viele Brüder folgen sollen (20,17; Röm 8,29; Hebr 2,11.12). Damit Menschen von Neuem geboren werden und damit sie die göttliche Natur empfangen können (2Petr 1,4), müssen sie das Evangelium hören und ihm glauben. Darum muss das Evangelium gepredigt werden: Die Jünger müssen das Netz des Evangeliums auswerfen und Menschen fangen (V. 1-14). Das ewige Wort kam als Licht in diese Welt, um allen Menschen zu leuchten (1,9). Nachdem es diese Welt verlassen hat, leuchtet das Licht in den Erlösten (Mt 5,14.16). Damit es immer heller leuchten kann, müssen diese *»untadelig und lauter«* sein als *»unbescholtene Kinder Gottes«* (Phil 2,15). Darum müssen sie, nachdem sie zum Glauben gekommen sind, gelehrt und geführt werden: Die Jünger müssen die Herde Gottes weiden und hüten (V. 15-17). Diese Arbeit muss geschehen, *»bis ich komme«* (V. 22).

1. Jesus offenbart sich den Jüngern zum dritten Mal (21,1-14)

Dieser Abschnitt beginnt mit: *»Danach offenbarte sich Jesus wieder den Jüngern«*, und schließt mit: *»Dies ist schon das dritte Mal, dass Jesus sich den Jüngern offenbarte ...«*

1 Danach offenbarte Jesus sich wieder den Jüngern am See von Tiberias. Er offenbarte sich aber so:

»am See von Tiberias«: Dieser heißt auch *»See von Galiläa«* (Mt 4,18). An diesem See waren Petrus und Andreas, Jakobus und Johannes in den Dienst gerufen worden (Mt 4,18-22), den Dienst, der erst nach Pfingsten beginnen sollte. In 6,1 ist dieser *»See von Galiläa oder von Tiberias«* bereits erwähnt worden, und entsprechend gehen unsere Gedanken zurück zum Werk, das der Herr dort getan hatte. Wie wir noch sehen werden, erinnert vieles im vorliegenden Kapitel an das 6. Kapitel.

»Er offenbarte sich aber so«: Diese Deklaration steht vor dem ganzen Weg, den Petrus und die übrigen sechs Jünger gingen, bis sie dem Herrn wieder begegneten. Damit deutet der Verfasser an, dass der Herr die Jünger führte, auch wenn diese es nicht merkten. Sie hatten ihre eigenen Gedanken und Absichten im Herzen, aber der Herr lenkte ihre Schritte (Spr 16,9); darum sahen sie am Ende dieses Weges wieder den Herrn, den sie aus den Augen verloren hatten. Wir können daher sagen, dass der Herr sich nicht nur offenbarte, indem er den Jüngern erschien, sondern auch darin, dass er die Jünger führte, bis sie ihn erkannten, und zu ihnen sprach, sodass sie ihn verstanden.

2 Simon Petrus und Thomas, genannt Zwilling, und Nathanael, der von Kana in Galiläa war, und die Söhne des Zebedäus und zwei andere von seinen Jüngern waren zusammen.

Von Petrus, Nathanael und den Söhnen des Zebedäus haben wir bereits in Kap. 1 gelesen. Sie waren am Jordan gewesen, als Johannes taufte, und dort waren sie zum ersten Mal Jesus begegnet. Hier im letzten Kapitel sind sie wieder in ihrer Heimat, dort also, wo der Herr Petrus, Andreas und die Söhne des Zebedäus einige Zeit nach ihrer ersten Begegnung mit ihm in den Dienst berufen hatte (Mt 4,18-22; Lk 5,9-11). Der Herr selbst hatte ihnen angekündigt, dass er ihnen nach Galiläa vorausgehen werde (Mt 26,32); am Auferstehungsmorgen hatten die Engel am Grab sie daran erinnert (Mt 28,10), und nachdem der Herr den Jüngern zum zweiten Mal erschienen war (20,26), waren sie nach Galiläa gezogen (Mt 28,16). Dort wiederholte der Herr den Auftrag, den er am Tag seiner Auferstehung gegeben hatte (20,21; Mt 28,18-20).

»Simon Petrus«: Der erste Name steht für die alte, der zweite, den der Herr ihm bei seiner ersten Begegnung mit ihm gab (1,42),[233] für die neue Natur. Dass in diesem Kapitel in V. 2.3.7.11.15 jeweils der Doppelname des Apostels verwendet wird, will zeigen, dass der Apostel in seinem Handeln und Reden bald von der alten, bald von der neuen Natur getrieben war.

»die Söhne des Zebedäus«: Sie werden von Johannes hier zum ersten Mal so genannt. Wer diese sind, wissen wir nur aus den drei ersten Evangelien (Mt 4,21; 10,2; Mk 10,35; Lk 5,10).[234]

3 Simon Petrus spricht zu ihnen: Ich gehe hin fischen. Sie sprechen zu ihm: Auch *wir* gehen mit dir. Sie gingen hinaus und stiegen in das Schiff; und in jener Nacht fingen sie nichts.
4 Als aber schon der frühe Morgen anbrach, stand Jesus am Ufer; doch wussten die Jünger nicht, dass es Jesus war.

Der Herr hatte den Jüngern gesagt, dass er sie aussandte, so wie der Vater ihn gesandt hatte (20,21). Das bedeutete, dass ihr Lebensinhalt fortan die Predigt der Heilsbotschaft sein sollte; und doch gingen diese Jünger wieder fischen. Sie hatten einst ihre Boote und Netze liegen lassen, als der Meister sie gerufen hatte: Sie sollten die Fischerei aufgeben und fortan Menschen fangen (Lk 5,10). Wenn Petrus sagt: **»Ich gehe hin fischen«**, sollten wir das als Teil des ganzen Berichts vom wunderbaren Fischzug auffassen und uns darum fragen, was dieses ganze Geschehen über das Historische hinaus symbolisch bedeutet. Die Jünger sollten lernen, dass es zwar richtig war, dem Missionsbefehl zu gehorchen und sich an die Arbeit zu machen, aber dass das nicht genügte. Sie mussten dazu auch lernen, dass sie in allem vom Wirken des Herrn abhängig waren. Entsprechend sorgt der Herr dafür, dass ihnen kein einziger Fisch ins Netz geht.

Wenn es hier heißt, dass sie in **»*das* Schiff«** (bestimmter Artikel) stiegen, bezieht sich das wohl auf das Schiff, dass Petrus einst an Land gezogen und verlassen hatte. Die Tatsache, dass sie **»in jener Nacht nichts fingen«**, muss sie an jene frühere Nacht erinnert haben, in der sie ebenfalls nichts gefangen hatten und wie der Herr ihnen einen großen

233 Petrus = »Stein« ist die griechische Übersetzung des aramäischen Namens Kephas.
234 Damit haben wir hier einen weiteren Beleg dafür, dass Johannes sein Evangelium ziemlich lange nach Niederschrift der drei ersten schrieb. Diese waren schon länger unter den Christen im Umlauf und gut bekannt, und darum wussten die Leser, wer die Söhne des Zebedäus waren.

Fang beschert hatte. Und dabei dachten sie gewiss an ihre Berufung zum Menschenfischen, den sie danach empfingen (Lk 5,10).

»Als aber schon der frühe Morgen anbrach, stand Jesus am Ufer«: Es war noch nicht lange her, dass Petrus und Johannes zum Grab gelaufen waren und den Herrn gesucht hatten. Jetzt hatten sie ihn nicht gesucht, aber er hatte sie die ganze Nacht beobachtet, während sie fischten; und nun stand er da und erwartete sie.

»doch wussten die Jünger nicht, dass es Jesus war«: Einmal mehr erkennen die Jünger den Herrn nicht, wie Maria Magdalene und die Emmaus-Jünger (siehe Lk 24,13ff.). Der Herr kommt zu den Seinen, lange bevor sie an ihn denken und anfangen, ihn zu suchen; und er ist bei ihnen, ohne dass sie es merken. Er begleitete die beiden Emmaus-Jünger, als sie ganz niedergeschlagen waren, und sprach zu ihnen, sodass ihnen das Herz brannte, obwohl sie ihn nicht erkannten. Wie dankbar sind wir, dass der Herr nicht nur dann bei uns ist, wenn wir ihn vor Augen haben! Aber wie dankbar sind wir auch, dass er uns immer wieder die Augen öffnet, um ihn zu sehen, wie er es bei den Emmaus-Jüngern tat und wie er es im vorliegenden Kapitel tut!

5 Jesus spricht nun zu ihnen: Kinder, habt ihr nicht etwas zu essen? Sie antworteten ihm: Nein.

Mit allem, was der Herr sagt und wirkt, lehrt er die Jünger. Jetzt lehrt er sie über ihre Sendung. Er zeigt ihnen gleichzeitig, dass er immer bei ihnen und mit ihnen ist (Mt 28,20). Er sorgt für sie, wie er verheißen hat (Mt 6,33), und das wird er auch in Zukunft tun. Sie werden keinen Mangel haben, wenn sie ihm dienen und in seinem Auftrag von Stadt zu Stadt und von Land zu Land ziehen. Alle ihre zeitlichen und geistlichen Bedürfnisse wird er ausfüllen. Er wird sie ernähren und kleiden, er wird sie durch seinen Geist befähigen.

»Kinder«: παιδια, *paidia*, nicht wie an anderer Stelle *teknia*. Mit *paidion* kann jegliches Kind gemeint sein (wie in Mt 11,16), während man *teknion* sagt – es bedeutet wörtlich: »das (von mir) Gezeugte« –, wenn es das eigene Kind ist. Mit dieser Anrede markiert der Herr mehr Distanz, als wenn er (wie in 13,33) *teknia* gesagt hätte.

Die Jünger sollen verstehen, dass der Herr für sie sorgen wird, und darum fragt er sie: **»… habt ihr nicht etwas zu essen?«** Die Frage ist so gestellt, dass die erwartete Antwort »Nein« ist. Der Herr wusste natürlich, dass sie nichts hatten, aber die Frage sollte bei ihnen die Gegenfrage wecken: »Warum haben wir die ganze Nacht nichts gefangen?« und: »Warum haben wir eigentlich nichts zu essen?« Aber noch immer erkennen sie ihn nicht.

»zu essen«: προσφαγιον, *prosphagion*, wörtlich: »die Zukost«. Gemeint ist das, was man zum *(pros-)* Brot dazu isst *(phagein)*, also Fisch.

6 Er aber sprach zu ihnen: Werft das Netz auf der rechten Seite des Schiffes aus, und ihr werdet finden. Da warfen sie es aus und vermochten es vor der Menge der Fische nicht mehr zu ziehen.

Der Herr befiehlt: »**Werft das Netz … aus**«! Einem Fremden hätten die Jünger sonst nicht gehorcht; sie waren Berufsfischer, die gewiss keine Anweisungen nötig hatten. Aber hier gehorchten sie sofort. Petrus machte nicht einmal einen Einwand, wie damals, als der Herr ihm einen ähnlichen Befehl gegeben hatte (Lk 5,4.5), sondern er und die anderen taten, wie der Herr befohlen hatte. Wie kam es, dass sie nicht anders konnten, als diesem Fremden zu gehorchen? Sie warfen das Netz aus »**und vermochten es vor der Menge der Fische nicht mehr zu ziehen**«. Wie war das zu erklären? Sie hatten sich als Fachleute die ganze Nacht umsonst gemüht, und jetzt ein Wurf, den sie von sich aus nie getan hätten, und das Netz ist voll.

Die Jünger mussten das Netz auswerfen. Das bedeutet ganz allgemein, dass wir die Mittel gebrauchen müssen, die der Herr uns gegeben hat. Er hat es so eingerichtet, dass keine Seelen gefangen werden können ohne die Predigt des Wortes und ohne Gebet. Aber wir müssen auch immer bedenken, dass die Mittel nichts ausrichten, wenn der Herr sie nicht wirksam macht. Er war es, der den Jüngern die 153 großen Fische ins Netz trieb. Er ist der Menschensohn, über den Psalm 8,5-9 sagt, dass er Gewalt hat über die ganze Schöpfung, auch über *»die Fische des Meeres, was die Pfade der Meere durchzieht«*. Er ist es, der die Seelen zieht und ihre Schritte lenkt, sodass sie ins Netz gehen, wenn seine Knechte das Evangelium predigen, und gefangen werden für seinen Willen. Einst hatte der Herr dem Petrus angekündigt, er werde Menschen »fangen«, zōgreō, wörtlich: »lebendig fangen« (Lk 5,10). Dieses

Verb kommt im Neuen Testament nur noch an einer weiteren Stelle vor. In 2Tim 2 lesen wir von Menschen, die von Satan *»gefangen sind, für seinen Willen«* (V. 26). Hier steht für »gefangen« das gleiche Verb. Das ist das große Werk, das Gott durch sein Evangelium tut: Er befreit Menschen vom Willen Satans und bindet sie als Lebende an seinen Willen. Paulus schreibt: *»Freigemacht aber von der Sünde, seid ihr Sklaven der Gerechtigkeit geworden«* (Röm 6,18). Das Evangelium allein vermag das, denn es ist *»Gottes Kraft zum Heil«* (Röm 1,16). Es ist das Netz, das über Menschen fällt wie das *»Verderben bringende Netz«*, in dem die Fische gefangen werden (Pred 9,12). Welcher Fisch will gerne ins Netz gehen? Keiner. Welcher Mensch will gerne vom Willen Gottes bezwungen werden? Keiner. Darum danken wir Gott, dass er uns am bestimmten Tag nach *seinem* Willen (siehe 1,12.13; Röm 9,16; Jak 1,18) fing und von seinem Vorsatz nicht ließ, wenn wir auch dagegen ankämpften gleich den Fischen, die alles tun, um aus dem Netz befreit zu werden.

7 Da sagt jener Jünger, den Jesus liebte, zu Petrus: Es ist der Herr. Simon Petrus nun, als er hörte, dass es der Herr sei, gürtete das Oberkleid um – denn er war nicht bekleidet – und warf sich in den See.
8 Die anderen Jünger aber kamen mit dem Boot – denn sie waren nicht weit vom Land, sondern etwa zweihundert Ellen – und zogen das Netz mit den Fischen nach.

Die Frage, die der Herr gestellt hatte, die Anweisung, die darauf gefolgt war, der Gehorsam, zu dem diese gedrängt hatte, und schließlich der Fang, den sie daraufhin taten – das alles öffnete Johannes die Augen, oder besser: Auf diese Weise öffnete der Herr seinem Jünger die Augen; dass es der Herr war, der das tat, bestätigt Johannes selbst, indem er in V. 14 sagt, dass der Herr *»sich den Jüngern offenbarte«*.

Den Mann, der vom Ufer her zu ihnen gesprochen hatte, hatte er nicht an seiner Stimme oder an an seinen Worten erkannt; doch an seinen Werken erkannte er ihn (siehe 14,11). Die Jünger hatten den Herrn aus den Augen verloren, und nun erkennt Johannes ihn, und er sagt zu Petrus: **»Es ist der Herr.«** Johannes ist vom Herrn geliebt, und er liebt den Herrn, und diese Liebe erklärt, warum er den Herrn erkennt. Simon Petrus liebt den Herrn auch, doch bei ihm äußerte sich die Liebe gewöhnlich darin, dass er schneller *handelte* als Johannes (siehe 18,10; 20,5.6), während Johannes meist schneller *verstand* als Petrus (13,23-25; 20,8).

Kaum hatte Petrus gehört, dass der Herr am Ufer stand, **»warf [er] sich in den See«**. Es fällt auf, wie der Jünger in den Versen 2.3.7.11.15 stets **»Simon Petrus«** genannt wird; und das hat seinen bestimmten Grund. In diesem Kapitel soll gezeigt werden, wie der Jünger, den der Herr berufen und neu gemacht und dem er entsprechend einen neuen Namen gegeben hatte (1,42), auch noch der alte Simon war. Er liebt den Herrn, und darum wirft er sich sofort in den See, um zu ihm zu eilen. Aber er denkt dabei auch mehr an sich als an die übrigen Jünger, die er allein zurücklässt. Die bald folgende Unterredung des Herrn soll ihm und soll dem Leser zeigen, wie der Herr uns lehrt und so an uns wirkt, dass die alte Natur immer mehr zurücktritt und die neue die Oberhand gewinnt.

Petrus und Johannes waren schon nach der Gefangennahme des Herrn zusammen gewesen (18,15.16), auch am Tag der Auferstehung (20,2-10), und jetzt beim Fischen. Obwohl Johannes den Herrn als Erster erkennt, ist es Petrus, der als Erster zum Herrn eilt.

»Die anderen Jünger aber kamen mit dem Boot ... und zogen das Netz mit den Fischen nach«: In seinem Eifer vergisst Petrus die Fische. Dabei hatte er den Vorschlag gemacht, fischen zu gehen, und einen solchen Fang macht ein Fischer nur einmal im Leben. Aber ihm ist der Herr mehr als alles. Das ist ein schöner Zug. Petrus mochte nicht warten und mit den übrigen Jüngern an Land rudern und Boot und Netz ans Land ziehen. Das ist ein nicht ganz so schöner Zug. Aber Petrus würde es noch lernen, als Hirte auf die Schafe zu warten und an die Geschwister zu denken. Der Herr kündigt an, dass er im Alter nicht mehr sich selbst gürten (V. 7) und vorauseilen, sondern sich nur noch würde führen lassen (V. 18). Wir dürfen annehmen, dass er in späteren Jahren seinen Mitältesten (1Petr 5,1) sonst nicht hätte schreiben können: *»Hütet die Herde Gottes, die bei euch ist«* (1Petr 5,2).

Petrus **»war nicht bekleidet«** gewesen und band sich **»das Oberkleid«** um. Das Oberkleid, *ependytes*[235], war ein ärmelloses Gewand, das bis an die Knie reichte, und das trug man über dem Untergewand, dem *chiton*. Petrus band sich das Oberkleid um, weil er es an Land wieder

235 Das Wort ist im NT nur hier belegt; es ist gebildet vom Verb *ependyomai* = »darüber anziehen« (nur in 2Kor 5,2.4 belegt).

brauchte, aber er zog es nicht an, weil es beim Schwimmen hinderlich gewesen wäre.

9 Als sie nun ans Land ausstiegen, sehen sie ein Kohlenfeuer angelegt und Fisch darauf liegen und Brot.

An Land gestiegen, sehen sie als Erstes **»ein Kohlenfeuer«**. Das muss Petrus an das Kohlenfeuer erinnert haben, an dem er saß, als er den Herrn verleugnete. Aus Lk 24,34 und 1Kor 15,5 wissen wir, dass der Herr am Tag der Auferstehung Petrus persönlich erschienen war, noch bevor er den versammelten Jüngern erschien (20,19). Dabei wird Petrus ihm wohl sein Versagen beklagt und dafür Vergebung bekommen haben. Das schlechte Gewissen plagte ihn also gewiss nicht mehr. Aber der Anblick demütigte ihn, und das bereitete ihn vor auf die Unterredung, die der Herr gleich mit ihm haben sollte.

»Fisch darauf liegen und Brot«: Die Jünger hatten sich vergeblich gemüht; der Herr hat ihnen bereitet, was sie brauchten. Das war eine wortlose, aber beredte Rüge ihres eigenwilligen Handelns. Hatte er ihnen denn nicht gesagt, dass sie ohne ihn nichts tun konnten (15,5)? Nicht einmal ihre tägliche Arbeit konnten sie ohne ihn tun; und noch viel weniger konnten sie ihren Auftrag ohne ihn ausführen. Dafür stehen die Fische auf dem Feuer. Sie mussten für alle Zukunft lernen, dass sie in allem und beständig vom Herrn abhängig bleiben mussten. Sie mussten an ihm hangen wie die Rebe am Weinstock. Nur dann würden sie nicht vergeblich arbeiten.

Und das bereitliegende Brot war eine Rüge für ihr Sorgen um das tägliche Brot. Ja, sie sollten ihren Broterwerb aufgeben und ihr ganzes Leben in den Dienst des Evangeliums stellen. Wenn sie nur als Erstes nach dem Reich Gottes trachteten, würde der Herr für alle täglichen Bedürfnisse sorgen (Mt 6,33). Er selbst hat angeordnet, dass alle, die das Evangelium verkündigen, vom Evangelium leben sollen (1Kor 9,14). Er würde seine eigene Anordnung erfüllen.

10 Jesus spricht zu ihnen: Bringt von den Fischen her, die ihr jetzt gefangen habt.
11 Da ging Simon Petrus hinauf und zog das Netz voll großer Fische, hundertdreiundfünfzig, auf das Land; und obwohl es so viele waren, zerriss das Netz nicht.

»Bringt von den Fischen her«: Was will der Herr mit diesem Befehl sagen? Er hat ihnen schon Essen bereitet (V. 9). Sollen sie noch mehr Fische auf die Glut legen? Oder will er nicht vielmehr, dass die Jünger sich die Fische ansehen sollen, die sie hatten fangen können, als sie nicht mehr im Eigenwillen arbeiteten, sondern den Befehl des Herrn ausführten? V. 11 stützt diese Erklärung.

Kaum hatte der Herr befohlen, **»da ging Simon Petrus hinauf«**: Wiederum reagiert Petrus schneller als die anderen, und wieder bewundern wir seinen Gehorsam. Wir fragen uns dennoch, was ihn außer Liebe zum Herrn auch noch trieb; denn es ist kein Zufall, dass der Heilige Geist ihn »Simon Petrus« nennt: Wir sehen Petrus, den der Herr neu gemacht hatte, aber auch den alten Simon am Werk. Der Herr wird seinem Jünger bald die Frage stellen, die sich eben stellt: ob er den Herrn mehr liebe als seine Mitjünger.

»Petrus … zog«: Das erinnert an Kap. 6. Hier steht das gleiche Verb ελκυω, *helkyō* wie in 6,44: Der Vater zieht zum Sohn. In 12,32 sagt der Sohn, dass er die Seelen zu sich zieht durch seinen Kreuzestod. Und hier sehen wir an Petrus, wie der Herr durch die Predigt des Evangeliums die Seelen zum Sohn zieht mit dem Netz des Evangeliums.

»das Netz voll großer Fische, hundertdreiundfünfzig«: Der Fang war so außergewöhnlich, und die Fische waren so groß, dass die Jünger sie zählten. Manche wollen in der Zahl eine geistliche oder heilsgeschichtliche Bedeutung sehen; doch die verschiedenen Versuche, die »tiefere Bedeutung« der Zahl 153 zu lüften, sind nicht überzeugend.[236] Aber was die Jünger verstehen sollten, ist klar: Vertrauten sie ihm und ließen sie sich von ihm führen, würden sie Menschen in großer Zahl fangen.

236 So haben beispielsweise einige folgende Deutung geliefert: 100 steht für Heiden, 50 für Juden, die durch die Predigt des Evangeliums zu Glauben kommen sollen, 3 für den dreieinigen Gott. Lange schreibt: *»Wir halten nicht die Zahl für symbolisch, wohl aber die Zählung. Die Auserwählten, die den Grundbestand der Kirche bilden, sind große und sind gezählte Fische. Und so groß und so zahlreich die Auserwählten der Gemeinde sind, sie sind es nicht, die das Netz der Kirche zerreißen.«*

Die gezählten Fische stehen stellvertretend für alle Menschen, die bis ans Ende des Zeitalters dem Evangelium glauben und gerettet werden sollten. In Röm 11,25 erfahren wir, dass das Zeitalter der Gemeinde so lange dauern wird, *»bis die Vollzahl der Nationen eingegangen ist«*. Als Gott Abraham Verheißungen gab über seine Nachkommenschaft, fragte er ihn, ob er die Sterne am Nachthimmel zählen könne. Damit deutete er an, dass er selbst sie gezählt hat. Entsprechend steht in 2. Mose, wo uns berichtet wird, wie Gott die Nachkommen Abrahams mehrt und rettet, ganz am Anfang: *»Und alle Seelen, die aus den Lenden Jakobs hervorgegangen waren, waren siebzig Seelen«* (2Mo 1,5). Der Psalm 147 besingt die zukünftige Sammlung und Wiederherstellung Israels, und da heißt es in den Versen 2-4: *»Der HERR baut Jerusalem, die Vertriebenen Israels sammelt er; der da heilt, die zerbrochenen Herzens sind, und ihre Wunden verbindet; der da zählt die Zahl der Sterne, sie alle nennt mit Namen.«*

Als Gott dem Propheten Jesaja die zukünftige, ewige Errettung Israels ankündigte, forderte er sein Volk auf, das Gleiche zu tun wie einst Abraham: *»Hebt zur Höhe eure Augen empor und seht: Wer hat diese da geschaffen? Er, der ihr Heer herausführt nach der Zahl, ruft sie alle mit Namen: Wegen der Größe seiner Macht und der Stärke seiner Kraft bleibt keines aus«* (Jes 40,26).

Petrus hatte die 153 Fische gezählt; nachdem Petrus an Pfingsten in Jerusalem das Netz des Evangeliums ausgeworfen hatte und eine große Menge zum erhöhten Herrn gezogen worden war, zählte man die geretteten Seelen (Apg 2,41). Am Ende der Gemeindezeit werden wir feststellen können, dass niemand fehlt, den Gott zum Leben verordnet hat, dass die Vollzahl tatsächlich eingegangen ist.

»obwohl es so viele waren, zerriss das Netz nicht«: Wir werden wieder an den ersten wunderbaren Fischzug erinnert (Lk 5). Damals war das Schiff fast gesunken, und die Netze rissen. Nun aber blieb das Schiff flott und das Netz hielt. Wollte der Herr den Jüngern damit nicht zeigen, dass seine Wundermacht mit ihnen sein würde, wie er verheißen hatte (Mt 28,18-20)? Sie sollten das Netz des Evangeliums immer wieder auswerfen und immer wieder große Mengen von Menschen zum Herrn ziehen (Apg 2,47; 4,4; 11,20.21; 14,1.21; 17,2-4; 18,8). Dass das Netz nicht riss, will besagen, dass der Herr dafür sorgen wird, dass das Evangelium so lange der Gemeinde Gottes erhalten bleiben wird, bis sie ihren Auftrag erfüllt und zu ihm in die Herrlichkeit aufgenommen wird. Unzählig sind die Feinde, die das Evangelium verdreht und verfälscht haben, unzählig sind die Versuche gewesen, es aus der Welt zu verbannen. Gott hat es bewahrt; es wird bis zum heutigen Tag verkündigt und fängt noch immer Tag für Tag Seelen für seinen Willen.

»zerriss das Netz nicht«: Wenn jemand nicht gerettet wird, dann liegt das nicht an einem Mangel am Netz; nicht das Evangelium ist zu schwach, sondern der Eigenwille des Menschen ist zu stark. Wer verlorengeht, geht zugrunde wegen seiner Weigerung, das Evangelium anzunehmen (5,40; Mt 22,2.3; 23,37).

12 Jesus spricht zu ihnen: Kommt her, frühstückt! Keiner aber von den Jüngern wagte ihn zu fragen: Wer bist *du*? – da sie wussten, dass es der Herr war.
13 Jesus kommt und nimmt das Brot und gibt es ihnen, und ebenso den Fisch.

»Kommt her, frühstückt!«: Hatten sie schon gehorcht, als er ihnen den ersten Befehl gab (V. 6), gehorchten sie ihm jetzt erst recht.

»Keiner … wagte ihn zu fragen«: Für »fragen« steht hier ἐξετάζω, *exetazō* = »ausfragen«; »nachforschen«; nur noch in Mt 2,8 und 10,11 belegt. Niemand mochte fragen, wer denn der Mann sei, der sie zum Frühstück einlud – obwohl man das ja bei einem Fremden gerne wissen will, bevor man sich mit ihm einlässt –, denn **»sie wussten, dass es der Herr war«**. Aber eine gewisse Scheu hält sie noch zurück; deshalb kommt der Herr ihnen entgegen – einmal mehr! Er selbst **»nimmt das Brot und gibt es ihnen, und ebenso den Fisch«**. Lässt uns das nicht an Lk 12,37 denken? Der Herr kündigt dort an, dass er selbst jene Knechte am Tisch bedienen wird, die im Dienst treu ausgeharrt haben. Was für ein Herr! Wer ist ihm gleich?

Wir werden wieder an Kap. 6 erinnert. Der Herr war damals auch mit den Jüngern am See von Tiberias gewesen, und er hatte Fisch und Brot gemehrt und die Volksmengen gesättigt. Man beachte, wie im vorliegenden V. 13 die gleichen Ausdrücke auftauchen wie in 6,11. Wie damals gibt der Herr auch jetzt Hungrigen Brot und Fische. So, wie er als der Auferstandene ihr Versorger blieb, würde er sie auch als der Erhöhte nicht vergessen (Mt 28,18-20; Hebr 13,5.6). Was der Herr damals getan hatte, war ein Zeichen gewesen, ein Zeichen dafür, dass er das Brot ist, das vom Himmel kam, um der Welt das Leben zu geben (6,33). Sie, die Jünger, sollten ihn predigen, sollten unter den Völkern verkündigen, dass er vom Himmel gekommen war, um seinen Leib und sein Blut dahinzugeben, damit jeder, der an ihn glaubt, ewig lebe (6,29.40.47).

14 Dies ist schon das dritte Mal, dass Jesus sich den Jüngern offenbarte, nachdem er aus den Toten auferweckt war.

Dieser Kommentar schließt den Abschnitt, der in V. 1.2 mit den Worten eröffnet worden war: *»Danach offenbarte Jesus sich wieder den Jüngern …«* Es war **»schon das dritte Mal«**, dass er sich einer Gruppe von Jüngern zeigte, nachdem er sich am Abend des Auferstehungstages den Jüngern offenbart hatte (20,19) und eine Woche später, als auch Thomas dabei war (20,26). Johannes zählt die Erscheinungen (wie auch die Zeichen, die Jesus tat: 2,11; 4,54) und lädt uns damit ein, sie miteinander zu vergleichen. Wie offenbarte sich der Herr jeweils? Was sprach er jedes Mal?

I. Beim ersten Mal trat der Herr in die Mitte der Jünger, als die Türen verschlossen waren. Sie hatten Angst vor den Juden, und er erschien ihnen, um ihnen die Gewissheit zu geben, dass er mit ihnen war; dass keine Mauern ihn aufhalten konnten und niemand ihn hindern konnte, seinen Jüngern allen Beistand zu geben, den sie in Zukunft je brauchen würden. Er gab ihnen den Missionsbefehl, hauchte sie an und befähigte sie damit.

II. Beim zweiten Mal kam der Herr zu den Jüngern, um ihnen zu demonstrieren, dass er den Unglauben, in den sie wie ein Thomas fallen konnten, immer neu bezwingen würde.

III. Beim dritten Mal waren die Jünger nicht von Angst befallen oder im Unglauben gefangen, sondern von Selbstsicherheit geblendet. Der Herr erschien ihnen, um ihnen zu zeigen, dass er sie nicht gehen lässt. Er hatte sie berufen; er würde dafür sorgen, dass sie lernten, all ihr Vertrauen auf ihn zu setzen und bis zum Ende auszuharren. Dabei würde er alle Bedürfnisse stillen und jeden Mangel ausfüllen; und er würde in ihnen und durch sie wirken, sodass sie größere Werke tun sollten, als er gewirkt hatte, während er auf der Erde war (siehe 14,12).

2. Der Herr bestätigt Petrus in seinem Dienst (21,15-19)

Auf den Fischzug folgt die Anweisung zum Weiden: Die durch das Evangelium gerettet worden sind, müssen bis an ihr Lebensende geweidet werden. An Petrus allein demonstriert der Herr diese Aufgabe, die alle Jünger des Herrn haben. Warum gerade an Petrus? Weil er als einziger der Jünger den Herrn verleugnet hatte. Wir dürfen annehmen, der Herr habe Petrus seine Sünde vergeben, als er ihm allein erschien (Lk 24,34; 1Kor 15,5), denn die Vergebung ist eine persönliche Sache und hat mit der *Person* zu tun, während die Rehabilitierung mit dem *Amt* zusammenhängt. Diese musste darum in formaler Weise vor den anderen Jüngern geschehen.

> **15 Als sie nun gefrühstückt hatten, spricht Jesus zu Simon Petrus: Simon, Sohn Jonas, liebst du mich mehr als diese? Er spricht zu ihm: Ja, Herr, *du* weißt, dass ich dich lieb habe. Er spricht zu ihm: Weide meine Lämmer!**

Petrus soll nun im Beisein der übrigen Jünger vom Herrn gelehrt und vom Herrn im Dienst bestätigt werden. Er hatte den Herrn verleugnet; das hatten die anderen nicht getan. Johannes war als Einziger dabei gewesen (18,15-18), aber die übrigen Jünger müssen davon erfahren haben. Vielleicht hatten sie Zweifel daran, ob jemand, der so handgreiflich versagt hatte, sein Amt behalten dürfe. Nun sollen sie hören, wie der Herr seinen erwählten Diener dreimal in dessen Amt bestätigt.

Erst **»als sie … gefrühstückt hatten«**, sprach der Herr zu Simon Petrus. Zuerst hatte er ihm gezeigt, wie er die Seinen liebt. Er nannte sie nicht umsonst *»Kinder«* (V. 5). Er sorgte für sie; er stärkte sie; er war mit ihnen. Jetzt war Simon Petrus gerüstet für das, was der Herr ihm sagen wollte.

»Simon, Sohn Jonas«: Mit dieser Anrede hatte sich der Herr an den Jünger gewandt, als dieser zum ersten Mal zu ihm kam (1,42). Was anderes war es gewesen als die erwählende Gnade Jesu Christi, die Simon, Sünder und Sohn eines Sünders, berufen hatte? Er soll daran erinnert werden, dass er alles, was er war und hatte, Gott und seiner Gnade verdankte (vgl. 1Kor 15,10). Doch da ist noch ein Grund, warum der Herr seinen Jünger dreimal hintereinander »Simon, Sohn Jonas« nennt, wo er ihm seinen Auftrag gibt, die Herde Gottes zu hüten. Von Jona, seinem Vater, hatte Simon seine natürlichen Anlagen geerbt, aber auch das war vom Herrn verordnet für den Mann, den er zum Apostel bestimmt hatte. Auch Paulus sagt von sich, dass der Herr ihn *»von meiner Mutter Leib an«* zum Apostelamt ausgesondert hatte (Gal 1,15). Alles, was wir sind, sind wir durch Gottes Gnade und Bestimmung. Unsere Eltern und unsere Familie, die Umstände, unter denen wir aufwuchsen, die Erziehung und Bildung, die wir bekamen – alles ist unserer Erwählung und Bestimmung zugeordnet. Der Herr begehrte einen Mann mit genau den natürlichen Anlagen eines Simon Bar Jona, denn gerade die würden diesem nützlich sein, um die Aufgaben zu erfüllen, die für ihn vorgesehen waren. Mit seiner Anrede will der Herr den gedemütigten Apostel ermuntern. Er soll sich nicht darüber grämen, dass er forsch und zuweilen voreilig ist, dass er sich schneller entschließt als andere und sich damit auch verwundbar macht. Mit diesen Eigenschaften kam er zur Welt, und diese sind für seine ganz persönliche Berufung nützlich. Er soll nicht versuchen, sie abzulegen, denn das ist unmöglich. Er muss lediglich lernen, sie in den Dienst des Herrn zu stellen.

Dreimal hatte Petrus seinen Herrn verleugnet; der Herr stellt drei Fragen an seinen geliebten Jünger. Jede Frage dringt tiefer und nötigt Petrus jedes Mal, sich selbst noch gründlicher zu prüfen. Der Herr hat Petrus sein Versagen vergeben; das steht nicht mehr zur Diskussion. Petrus muss aber mehr lernen, als lediglich sein sündiges Handeln zu verurteilen. Er muss sein sündiges Wesen erkennen, und er muss lernen, seine Haltung, die ihn zum Straucheln brachte, zu verurteilen.

»liebst du mich mehr als diese?«: So lautet die erste Frage. Als der Herr ankündigte, dass seine Jünger alle an ihm Anstoß nehmen würden (Mt 26,31), hatte Petrus gesagt: *»Wenn alle an dir Anstoß nehmen werden, ich werde niemals an dir Anstoß nehmen«* (Mt 26,33). Er hielt zu viel von sich selbst, und darum vertraute er auf sich selbst. Das aber ist ein großes Übel, und das muss Petrus in aller Schärfe sehen. Eben hatte der Herr den Jüngern demonstriert, dass alles in seiner Hand ist (siehe 3,35), sogar die Fische im See. Die Jünger konnten arbeiten, so viel sie wollten, ohne ihn vermochten sie nichts; sie waren alle gleich ohnmächtig.

»Ja, Herr, du weißt, dass ich dich lieb habe«: Die Antwort zeigt, dass Petrus nicht mehr auf seine Selbsteinschätzung vertraut; er vergleicht sich nicht mehr mit den anderen, sondern er stellt sich unter das Urteil des Herrn (vgl. 1Kor 4,4), der allein alles weiß, der auch die Herzen der Menschen kennt (2,25).

»Weide meine Lämmer!«: Der Herr bestätigt mit diesen Worten indirekt, dass Petrus den Herrn liebt; denn nur weil Petrus den Herrn liebt, wird er die Herde des Herrn weiden. Ohne Liebe zum Herrn will und kann niemand diese Arbeit tun. Petrus muss auch verstanden haben, warum der Herr dreimal das persönliche Fürwort **»meine«** verwendet für die Lämmer und Schafe. Sie alle gehören dem Herrn; kein Hirte darf sie als seinen eigenen Besitz ansehen, wie er später als Hirte und Ältester an seine Mitältesten schreibt: *»Hütet die Herde Gottes, ... nicht als solche, die über ihre Besitztümer herrschen«* (1Petr 5,2.3). Der Herr liebt seine Schafe, die er alle mit Namen gerufen und für die er sein Leben gelassen hat. Aufgabe der Hirten ist es, die Liebe des Herrn zu den Schafen und dessen Sorge um sie weiterfließen zu lassen.

> **16 Wieder spricht er zum zweiten Mal zu ihm: Simon, Sohn Jonas, liebst du mich? Er spricht zu ihm: Ja, Herr, *du* weißt, dass ich dich lieb habe. Er spricht zu ihm: Hüte meine Schafe!**

»Simon, Sohn Jonas, liebst du mich?«: Die erste Frage hatte Petrus genötigt, sich zu fragen, ob er den Herrn mehr liebe als die anderen. Er hatte erkannt, dass das nicht der Fall war. Jetzt aber fragt der Herr, ob er ihn überhaupt liebe. Der Herr lässt das Licht noch tiefer in Petrus' Inneres dringen. Er muss sich fragen, ob er den Herrn wirklich liebe. Eine heilsame Frage! Und Petrus kann nur gleich antworten wie auf die erste Frage. Er stellt sich erneut unter das Urteil seines allwissenden Herrn; und wieder wird ihm indirekt bestätigt, dass er den Herrn trotz allem liebt: **»Hüte meine Schafe!«** Hier steht das Verb *poimainō* (wie in Mt 2,6; Apg 20,28; Offb 2,27), nicht das in V. 15 und V. 17 für »weiden« verwendete *boskō* (wie in Mt 8,33; Lk 15,15). In 1Petr 5,2 verwendet Petrus ebenfalls das Verb *poimainō*, wenn er seinen Mitältesten aufträgt: *»Hütet die Herde Gottes ...«* Er gibt damit den Befehl weiter, den er selbst vom Herrn empfangen hatte, und das konnte er nur, weil er selber der Weisung des Herrn seit diesem Tag bis an sein Lebensende gehorsam gewesen war. Mit diesem Gehorsam bewies er, dass er den Herrn liebte (siehe 14,15.21).

17 Er spricht zum dritten Mal zu ihm: Simon, Sohn Jonas, hast du mich lieb? Petrus wurde traurig, dass er zum dritten Mal zu ihm sagte: Hast du mich lieb?, und spricht zu ihm: Herr, *du* weißt alles; *du* erkennst, dass ich dich lieb habe. Jesus spricht zu ihm: Weide meine Schafe!

Der Herr fragt Petrus **»zum dritten Mal …: … hast du mich lieb?«** Hier variiert der Herr die Frage, indem er statt »lieben«, αγαπαω, *agapaō*, »lieb haben«, φιλεω, *phileō*, sagt. Er greift damit das Wort auf, das Petrus zweimal in seiner Antwort gebraucht hatte: »Du weißt, dass ich dich *lieb habe«*, *phileō* (V. 15.16). Es ist, als ob Petrus in seiner Antwort es nicht gewagt hätte zu sagen, dass er den Herrn in dem Sinne liebe, wie der Herr erfragt hatte. Nun aber musste er antworten, ob er denn in der von ihm selbst ausgedrückten Weise den Herrn liebe, oder eben: lieb habe. Damit wurde Petrus bis in sein Innerstes ausgeleuchtet. War er ganz aufrichtig? Schätzte er sich selbst richtig ein?

»Petrus wurde traurig, dass er zum dritten Mal zu ihm sagte«: Das war vom Herrn beabsichtigt. Damit, dass er ihn traurig machte, machte er ihn glückselig (Mt 5,4), denn vom Herrn gewirkte Trauer führt zur Buße, und Buße vor Gott ist die Pforte zur Freude in Gott. Paulus hatte die Korinther gerügt und sie damit betrübt (2Kor 7,8), und er konnte ihnen nachher schreiben: *»Jetzt freue ich mich, nicht, dass ihr betrübt worden, sondern dass ihr zur Buße betrübt worden seid; denn ihr seid Gott gemäß betrübt worden, damit ihr in nichts von uns Schaden erlittet. Denn die Betrübnis Gott gemäß bewirkt eine nie zu bereuende Buße zum Heil; die Betrübnis der Welt aber bewirkt den Tod«* (2Kor 7,9.10).

Petrus hatte den Herrn dreimal verleugnet; er wird vom Herrn dreimal infrage gestellt. Damit nimmt ihm der Herr jeden Rest von Selbstvertrauen. Aber der Herr weiß, dass Petrus ihn lieb hat, und das bestätigt er ein drittes Mal: **»Weide meine Schafe!«**

Dreimal bestätigte der Herr seinen Jünger mit den fast gleichen Worten; doch der Auftrag lautete jedes Mal ein wenig anders:

I. »*Weide* meine **Lämmer!**« (V. 15);
II. »*Hüte* meine **Schafe!**« (V. 16);
III. »*Weide* meine **Schafe!**« (V. 17).

Ein Hirte hat eine doppelte Aufgabe: Er muss die Herde *weiden (boskein)*, und er muss die Herde *hüten (poimanein)*. Weiden heißt, dass er dafür sorgen muss, dass die Herde Nahrung bekommt; hüten heißt, dass er sie leiten muss. Warum nennt der Herr zuerst das Weiden und dann erst das Hüten? Und warum sagt er zweimal, dass Petrus die Herde weiden, aber nur einmal, dass er sie hüten müsse? Manche wollen gerne Leiter und Aufpasser sein, also hüten. Die große Frage aber ist, ob einer das Volk Gottes weiden, also ernähren könne. Ein tüchtiger Hirte muss selber vom Wort Gottes gelehrt und auferzogen sein (1Tim 4,6; Tit 1,9a). Dann wird er verstehen, dass er als Erstes die Herde durch die gesunde Lehre weiden muss (Tit 2,1). Hat er das gelernt, wird er sie auch gut leiten können. Er wird verstehen, dass das Wort, das die Herde nährt, die Herde auch leitet (Tit 1,9b). Und hat der Hirte gelernt, sie zu führen, darf er nicht wieder vergessen, dass er sie beständig weiden muss. Er darf nie aufhören, sie durch das Wort der Wahrheit zu ernähren (1Tim 4,13).

Der Herr variiert aber nicht nur das Verb, sondern auch das Objekt: Zuerst sagt er, dass Petrus sich der *Lämmer*, dann zweimal, dass er sich der *Schafe* annehmen muss. Warum das, und warum gerade in dieser Reihenfolge? Bei Lämmern verstehen wir sofort, dass man die in erster Linie weiden muss. Sie brauchen Futter und Pflege, und sie lassen sich mühelos führen. Die Lämmer werden aber einmal groß; als ausgewachsene Schafe sind sie selbstsicher und damit auch eigenwilliger geworden. Dann brauchen sie Aufsicht und Führung, zuweilen energische Zurechtweisung. Anders gesagt: Man muss sie hüten. Petrus soll aber nicht vergessen, dass man auch ausgewachsene Schafe am besten hütet, indem man sie weidet; und das sagt der Herr in seinem dritten Wort an Petrus.

18 Wahrlich, wahrlich, ich sage dir: Als du jünger warst, gürtetest du dich selbst und gingst, wohin du wolltest; wenn du aber alt geworden bist, wirst du deine Hände ausstrecken, und ein anderer wird dich gürten und hinbringen, wohin du nicht willst.
19 Dies aber sagte er, andeutend, mit welchem Tod er Gott verherrlichen sollte. Und als er dies gesagt hatte, spricht er zu ihm: Folge mir nach!

Die Liebe des Petrus zum Herrn würde sich nicht nur darin beweisen, dass er die Schafe des Herrn weiden würde, sondern auch darin, dass er bereit sein würde, dem Herrn zu folgen, wohin dieser ihn auch führte.

»Als du jünger warst, gürtetest du dich selbst«: Mit diesen Worten zeichnet der Herr seinen Apostel, wie wir ihn aus den Evangelien kennen. Wer sich gürtet, macht sich bereit, anzupacken und zu arbeiten. Der Herr verwendet nicht zufällig diesen Ausdruck, denn eben erst hatte Petrus sich ganz buchstäblich gegürtet und war den anderen Jüngern vorausgeeilt (V. 7). Indem der Herr ihn mit diesem Wort daran erinnert, gibt er seinem Jünger zu verstehen, dass in seinem guten Wollen, als er sich zuerst in den See stürzte und nachher die Fische an Land zog, auch Eigenwille war. Aber der Herr hatte schon angefangen, ihn zu erziehen, und er würde damit fortfahren, bis Petrus, **»alt geworden«**, sich von einem anderen würde **»gürten«** lassen. Der Herr selbst würde bestimmen, wo und wie er arbeiten sollte, und der Herr selbst würde ihm immer mehr zur Stärke, am Ende zur alleinigen Stärke werden. Petrus würde immer tiefer empfinden, wie hilflos er war, und würde deshalb flehend **»[s]eine Hände ausstrecken«** zu seinem gnädigen Herrn, und der würde ihn führen und **»hinbringen«**, wohin er selbst nicht wollte. Welche Veränderung! Dieses hohe Ziel verfolgt der große Hirte der Schafe mit einem jeden seiner Schafe, und er erzieht sie alle, bis es erreicht ist. Welcher Triumph der Gnade, welcher Beweis der Weisheit Christi, des Meisters und Lehrers[237], wenn seine Lehrlinge (das ist nur ein anderes Wort für »Jünger«) vom Eigenwillen befreit werden und sich immer williger seinem Willen ergeben![238]

»Dies aber sagte er, andeutend, mit welchem Tod er Gott verherrlichen sollte«: Diesen Kommentar haben wir von Johannes so ähnlich schon einmal gehört. Als der Herr die Art seines Todes ankündigte mit den Worten *»wenn ich von der Erde erhöht bin«*, hatte das Johannes mit den gleichen Worten erklärt: *»Dies aber sagte er, andeutend, welchen Todes er sterben sollte«* (12,32.33). Dass der Herr erhöht werden sollte, war also buchstäblich gemeint. Man schlug ihn an ein Kreuz und erhöhte ihn, indem

237 siehe 20,16 und Auslegung dazu.

238 Wie oft hört man das Schlagwort, Gott tue an einem Menschen nie etwas gegen dessen Willen. Der Herr aber sagt dem Petrus, und Petrus wird es schon richtig verstanden haben, dass er schließlich dorthin gehen werde, wo er nicht hinwill. Wie Johannes erklärt (V. 19), ist das ein Hinweis auf das letzte Ziel, dem wir alle auf der Erde zustreben. Ganz am Anfang und ganz am Schluss bezeugt Johannes in seinem Evangelium, dass der menschliche Wille nichts vermag. Wir können nicht nach unserem Willen geboren werden (1,12.13); ebenso wenig können wir nach unserem Willen diese Welt wieder verlassen. Sind nun der Eingang in diese Welt wie auch ihr Ausgang von Gott gesetzt (siehe Pred 3,1.2), haben wir Ursache genug, mit Petrus zu lernen, dass in allem, was zwischen Geborenwerden und Sterben liegt, der Wille eines Höheren über unserem Willen steht.

man dieses Kreuz aufrichtete. Zahlreiche Ausleger nehmen an, der Herr habe hier angedeutet, dass auch Petrus gekreuzigt werden sollte wie er selbst.[239] Das ist unwahrscheinlich; denn man muss den Ausdruck *»wirst du deine Hände ausstrecken«* wörtlich auffassen, wenn das so viel wie Kreuzigung heißen soll. Ist das wörtlich, muss auch das Nächste wörtlich sein, nämlich: *»und ein anderer wird dich gürten und dich hinbringen, wohin du nicht willst«*. Aber ein Gekreuzigter wird nicht gegürtet, im Gegenteil: Er wird nackt ausgezogen; und niemand führt den Gekreuzigten irgendwohin; er bleibt, wo er ist, bis er sein Leben ausgehaucht hat. Nein, der Herr meint, Petrus werde seine Hände im Gebet zu Gott ausstrecken, weil er Hilfe braucht. Der Ausdruck »die Hände ausstrecken« entspricht ganz dem hebräischen »die Hände ausbreiten«, das stets »beten« bedeutet. Das hier verwendete griechische *ekteinō tas cheiras*, »die Hände ausstrecken«, ist exakt die Wendung, die in der griechischen Übersetzung von Jesaja in 1,15 steht: ὅταν τας χειρας εκτεινητε, *hotan tas cheiras ekteinēte, »wenn ihr die Hände ausbreitet«* = »wenn ihr betet«. Gebet ist der Ausdruck der Abhängigkeit und Hilflosigkeit dessen, der sich bezwungen weiß und sich darum ganz von Gott abhängig macht.

Im Tod müssen alle Gott gehorchen und ihn endlich verherrlichen, denn auch die Trotzigsten müssen sich beugen, wenn Gott befiehlt: *»Du lässt zum Staub zurückkehren den Menschen, und sprichst: Kehrt zurück, ihr Menschenkinder!«* (Ps 90,3). Der Herr beginnt aber bei seinen Erwählten lange vor ihrem Tod, sie so zu führen und dabei zu erziehen, dass sie selbst willig werden, sich seinem Willen zu fügen. Dann werden sie am Ende nicht nur durch das allen verfügte Sterben selbst, sondern auch durch die Art ihres Sterbens Gott verherrlichen.

Vor nicht so langer Zeit hatte Petrus selbstsicher dem Herrn beteuert: *»Mein Leben will ich für dich lassen«* (13,37). Das hatte er sicher aufrichtig gemeint, aber er hatte es dann doch nicht vermocht. Sein Wunsch würde sich erfüllen, aber nicht aus eigenem Willensentschluss und nicht durch eigene Kraft, sondern durch den Willen und das Vermögen eines anderen. Durch die Gnade seines Herrn gestärkt, würde er sein Leben dahingeben und ihn mit seinem Tod verherrlichen.

239 Die Ausleger (z.B. Hendriksen) verweisen auf ein Zeugnis von Tertullian (ca. 160–220 n.Chr.) und Eusebius von Caesarea (ca. 264–340 n.Chr). Eusebius weiß, übereinstimmend mit Tertullian, zu berichten: *»Petrus hatte offenbar in Pontus, in Galatien, Bithynien, Kappadokien und Asien den Diasporajuden gepredigt; schließlich kam er auch noch nach Rom und wurde seinem Wunsch entsprechend mit dem Kopf nach unten gekreuzigt«* (Eusebius von Caesarea: *Kirchengeschichte*, Band III, 1, Darmstadt: Wissenschaftliche Buchgesellschaft, 1997).

Nach seinen Worten über den Tod des Petrus befiehlt ihm der Herr: **»Folge mir nach!«** Diesmal war es nicht wie einst ein Ruf zum Dienst (Mt 4,19), sondern in die Gemeinschaft mit dem Herrn in seinen Leiden (vgl. Phil 3,10). Petrus gehorcht; und er wird ihm folgen und ihm treu sein bis in den Tod. Jahrzehnte später spricht der alte Apostel von seinem Ende, das nun nahe gekommen war: *»... ich weiß, dass das Ablegen meiner Hütte bald geschieht, wie auch unser Herr Jesus Christus mir kundgetan hat«* (2Petr 1,14). Der Herr hat es ihm kundgetan; er hat sich still in den Willen seines Herrn gefügt, und nur noch *eine* Sorge treibt ihn: die Sorge um das Wohl der Schafe, die der Oberhirte ihm anvertraut hatte (2Petr 1,12; 3,1.17.18).

3. »Bis ich komme« (21,20-23)

20 Petrus wandte sich um und sieht den Jünger nachfolgen, den Jesus liebte, der sich auch bei dem Abendessen an seine Brust gelehnt und gesagt hatte: Herr, wer ist es, der dich überliefert?
21 Als nun Petrus diesen sah, spricht er zu Jesus: Herr, was wird aber mit diesem?
22 Jesus spricht zu ihm: Wenn ich will, dass er bleibe, bis ich komme, was geht es dich an? Folge du mir nach!
23 Es ging nun dieses Wort unter die Brüder aus: Jener Jünger stirbt nicht. Aber Jesus sprach nicht zu ihm, dass er nicht sterbe, sondern: Wenn ich will, dass er bleibe, bis ich komme, was geht es dich an?

Petrus hatte den Befehl des Herrn gehört und begann, ihm nachzufolgen. Das zeigt, dass der Herr den Befehl nicht nur geistlich verstand – Petrus sollte ihm folgen in der Liebe zu seinen Schafen und im Leiden bis in den Tod, wie die V. 18.19 zeigen –, sondern auch buchstäblich.[240] Nachdem er einige Schritte gegangen war, **»wandte Petrus sich um«**. Er hätte in

240 Die beiden Bedeutungen schließen sich nicht gegenseitig aus, wie Godet richtig vermerkt: *»Diese beiden Bedeutungen stehen nicht im Widerspruch zueinander. Wir haben in 1,37 gesehen, dass dort, wo die beiden ersten Jünger Johannes reden hörten und Jesus nachfolgten, dieser Ausdruck im wörtlichen wie im geistlichen Sinn verstanden werden muss. So verhält es sich auch hier. War der Gehorsamsakt, durch den Petrus in diesem Augenblick Jesus folgte, ... nicht der erste Schritt auf dem Weg, an dessen Ende das Martyrium stehen sollte?«*

aller Einfalt auf den Herrn schauen sollen, wie der Knecht aufschaut zu seinem Gebieter (Ps 123,1.2; siehe auch Hebr 12,2); dann wäre er voller Licht gewesen (Mt 6,22). Aber jetzt schaute er um sich und sah **»den Jünger nachfolgen, den Jesus liebte«**, und er ließ sich in der Nachfolge aufhalten. Bevor er weiterging, wollte er eine Sache wissen. Ihm hatte der Herr seinen Märtyrertod angekündigt, und nun wollte er vom Herrn wissen: **»… was wird aber mit diesem?«** Was wird der erleiden müssen? Oder sollte nur er, Petrus, ein so schweres Los haben? Das sind Fragen, die uns ganz natürlich kommen. Der Herr gab Petrus keine Auskunft; vielmehr wiederholte er den bereits gegebenen Befehl: **»Folge du mir nach!«**

Unsere Sorge soll einzig sein, wie wir dem Herrn nachfolgen; wenn wir auf andere schielen, zeigen wir damit nur, dass unser Wille dem Herrn nicht ganz ergeben ist. Was er für andere bestimmt hat, **»was geht es dich an?«** Das hören wir nicht gern, aber wir müssen es annehmen. Und wir müssen lernen, nur um *eine* Sache bekümmert zu sein: dass wir seinem Befehl gehorchen: *»Folge du mir nach!«* Es gibt keine Entschuldigung, uns je von jemand oder etwas in der Nachfolge aufhalten zu lassen.

»Wenn ich will«: Es wird dem Jünger nicht so gehen, wie der Jünger will (V. 18), sondern in allem, wie Gott will. Er bestimmt, dass an uns Dinge geschehen oder wir Dinge tun müssen, die wir nicht wollen (V. 18). Er teilt den Seinen zu, wie es ihm gefällt: das Maß des Glaubens (Röm 12,3), das Maß des Leidens (Apg 9,16), das Maß des Dienstes (2Kor 10,13) und die Gaben zum Dienst (1Kor 12,11). Was der Herr für den Bruder und die Schwester links und rechts von dir und mir will, *»was geht es dich an?«*

»Wenn ich will, dass er bleibe, bis ich komme«: Was der Herr damit meinte, ist nicht leicht zu verstehen. Die Jünger schlossen aus diesen Worten: **»Jener Jünger stirbt nicht.«** Das war nicht ganz abwegig; man konnte die Worte tatsächlich so auffassen. Aber **»Jesus sprach nicht …, dass er nicht sterbe …«** Wir sehen: Man darf nicht in ein schwer zu verstehendes Wort eine Bedeutung hineinlegen, die es zwar haben könnte, aber vielleicht nicht hat. Und wir verstehen: Wir sind immer angewiesen auf den Autor der Schrift, den Heiligen Geist, dass er uns leitet und vor falschen Schlüssen bewahrt. Wenn wir etwas nicht mit Gewissheit verstehen, ist es besser, wir bekennen unsere Unwissenheit.

Was könnte dieses Wort denn sonst bedeuten? Einige haben die Meinung geäußert, es beziehe sich auf den besonderen *Dienst* des Johannes, der für die Gemeinde so lange gültig bleiben werde, bis der Herr kommt. Vielleicht – aber auch das hatte der Herr nicht gesagt. Andere erklären es so, dass dieser Jünger bleibe, bis der Herr ihm seine letzte Offenbarung an die Gemeinde gegeben habe. Vielleicht – doch auch das hat der Herr nicht gesagt.

Auf alle Fälle hielt Johannes es für wichtig zu vermerken, dass der Herr nicht gesagt hatte, Johannes werde nicht sterben. Das Wort, dass Johannes nicht sterben werde, hatte in den Jahrzehnten nach der Himmelfahrt des Herrn in allen Gemeinden die Runde gemacht. Nun mussten die Geschwister von Johannes selbst erstens die Information bekommen, was zu diesem Wort den Anlass gegeben hatte; und dann musste der Irrtum zurechtgerückt werden. Denn sonst wären die Christen in aller Welt verwirrt gewesen, als wohl gegen Ende des 1. Jahrhunderts die Nachricht zu ihnen gelangte, dass Johannes gestorben sei.

4. Ein Schlusswort (21,24.25)

Dieses Schlusswort führt uns in Gedanken zurück zu den ersten Versen des Evangeliums. In 1,1-3 lesen wir vom Wort, das Himmel und Erde schuf; in 21,25 lesen wir vom Wort, das die neue Schöpfung (2Kor 5,17) schuf. Eine Sammlung der Bücher, welche die erste Schöpfung beschreibt, könnte Platz finden im gegenwärtigen Universum; eine Sammlung von Büchern, welche alle Werke beschreibt, die das Wort wirkte in der neuen Schöpfung, könnte nicht Platz finden in der gegenwärtigen Schöpfung. Sie ist zu klein, um eine Beschreibung all dieser unermesslichen Wunder zu fassen. Die neue Schöpfung wird aber weit genug sein, um deren Beschreibung zu fassen. In alle Ewigkeit werden wir stets tiefer eindringen und höher hinaufsteigen in die Erkenntnis unseres Heiland-Gottes und damit ins Verständnis aller seiner Werke.

24 Dies ist der Jünger, der von diesen Dingen zeugt und der dieses geschrieben hat; und wir wissen, dass sein Zeugnis wahr ist.
25 Es sind aber auch viele andere Dinge, die Jesus getan hat, und wenn diese einzeln niedergeschrieben würden, so würde, denke ich, selbst die Welt die geschriebenen Bücher nicht fassen.

»Dies ist der Jünger« bezieht sich auf den in V. 23 erwähnten. Er ist es, **»der von diesen Dingen zeugt und der dieses geschrieben hat …«** Hat Johannes selbst diese Worte verfasst? Oder haben andere am Ende des von Johannes geschriebenen Berichts diesen als zuverlässig bestätigt? Die Worte **»wir wissen, dass sein Zeugnis wahr ist«** könnten so verstanden werden. Es ist aber naheliegender, dass Johannes »wir« sagt und damit sich und die übrigen vom Herrn erwählten Zeugen meint. Sie alle wussten mit ihm, dass alles, was Johannes von Jesus bezeugt, wahr ist. Sie teilten einen gemeinsamen Glauben (vgl. Röm 1,12; 2Petr 1,1).

Dieses Evangelium hatte begonnen mit dem ewigen Wort, durch das alles entstanden ist. Es schließt mit einzelnen Werken dieses einen Wortes, und diese sind so zahlreich, dass **»selbst die Welt die … Bücher nicht fassen«** könnte, wenn man alles aufschreiben wollte, was das Wort gewirkt hat. Aus allem, was Christus wirkte und redete, ist nur ein sehr kleiner Teil in den Evangelien überliefert. Der Heilige Geist hat ausgesucht, und er hat die Schreiber geleitet, die von ihm ausgesuchten Dinge in vollendeter Form, mit den richtigen Worten und in der richtigen Reihenfolge niederzuschreiben. Darum fragen wir uns beim Lesen immer wieder: Was steht da? Warum steht es da? Warum ist es an dieser Stelle vermerkt? Und indem wir das tun, lehrt uns Gott der Heilige Geist, und wir wachsen dadurch in der Erkenntnis unseres Herrn und Heilandes Jesus Christus. Höheres kann einem Menschen nicht gegeben werden; denn:

»Dies aber ist das ewige Leben, dass sie dich, den allein wahren Gott, und den du gesandt hast, Jesus Christus, erkennen« (17,3).

Anmerkungen zu Kapitel 21

»In dem vorhin schon abgeschlossenen Evangelium kommt hier noch ein Anhang oder Nachtrag hinzu, der in gewisser Hinsicht allerdings den Bericht von den Erscheinungen des Auferstandenen im Kreise der Apostel in Kap. 20 fortführt, wie der Inhalt des 1. Verses zeigt. Zu dem Amt und der Ausrüstung für die Dinge, um welche es sich bei jenen beiden Erscheinungen handelte, kommen hier noch lauter sinnbildliche Vorgänge hinzu. Diese wollen auf den Erfolg des Amtes und auf die besonderen Aufgaben von zwei von den vornehmsten unter den Aposteln hinweisen. Auf der anderen Seite aber steht dieses Kapitel doch außerhalb des Evangeliums und hat seine Einheit und seinen Zweck in sich selbst, indem es hinausweist auf die Zukunft der Kirche und gewissermaßen eine Apostelgeschichte im Kleinen darstellt« (Dächsel).

V. 1-14 – »Zum ersten Mal sahen sich die Jünger auf sich selbst gestellt, nachdem sie über drei Jahre erlebt hatten, wie der Herr für sie gesorgt hatte. Er zeigte ihnen, dass er das auch weiterhin tun würde; er tat es durch einen lebendigen Anschauungsunterricht. Bevor die Jünger die Lektion verstehen konnten, mussten sie einsehen, wie unpassend und ungenügend sie waren. Dieser Abschnitt veranschaulicht die zwei Arten von Abhängigkeit, zwischen denen sie wählen konnten. Sie konnten sich auf ihren gelernten Beruf verlassen und zum Leben zurückkehren, das sie geführt hatten, bevor der Herr sie rief; oder sie konnten fortfahren im Dienst des Evangeliums und sich abhängig machen von seiner Macht und Fürsorge. Jeder, der Christus gehört, steht vor der gleichen Wahl: Leben wir unser eigenes Leben, oder folgen wir Christus nach?« (MacArthur, *John 12–21*).

V. 1 – »**Er offenbarte sich aber also.** Im Folgenden wird nun auch nicht das Hervortreten Christi aus dem Unsichtbaren besonders betont, sondern die wunderbare Art und Weise, wie er sich den Aposteln zu erkennen gab und mit ihnen verkehrte« (Lange).

»Die zweimal gemachte Aussage, dass Jesus sich den Jüngern offenbart, unterstreicht die Wahrheit, dass der Herr nach der Auferstehung nicht erkennbar war, wenn er sich nicht offenbarte (vgl. 20,14). Was für seine physische Gestalt zutraf, trifft auch geistlich zu: Niemand kann Jesus Herr nennen, wenn der Heilige Geist ihn nicht führt (1Kor 12,3)« (MacArthur, *John 12–21*).

V. 7 – »**Simon Petrus nun …, dass es der Herr sei.** Wiederum das Charakterbild der beiden Jünger, wie 20,4ff. Beide Jünger sind den anderen voraus; Johannes mit dem geschwinden Zug der Liebe, dem Adlerblick des Erkennens, Petrus mit der mutigen, entschlossenen Tat« (Lange).

V. 11 – »In der so genau berichteten Zahl der Fische finden wir angedeutet die vor dem HErrn bemessene, von uns freilich erst am Ende zu zählende Zahl der durch die Predigt für Gottes Reich Gewonnenen (Röm 11,25 …)« (Stier, zitiert von Dächsel).

V. 18.19 – »Der Greis streckt die Hände aus nach fremder Hilfe. Das Ausstrecken der Hände ist also sofort Bild der Ergebung in fremde Macht. Der ergraute Christ gibt sich ganz in die Leitung des Herrn (Apg 20,22). Der Ausdruck *›du wirst die Hände ausstrecken‹* ist von den Kirchenvätern und manchen neueren auf das Ausspannen der Hände am Kreuz gedeutet worden … wie das Gürten auf die Anbindung an das Kreuz (Tertullian) … Dagegen spricht, dass auf das Ausstrecken der Hände erst die Wegführung folgt« (Lange).

»Der Herr hatte Petrus wieder in seinen Dienst eingesetzt … und nun zeigte er ihm, dass er schließlich doch tun würde, was er sich in jugendlicher Selbstsicherheit versprochen hatte: *›Mein Leben will ich für dich lassen.‹*[241] Er hatte jämmerlich versagt, obwohl sein Vorsatz löblich gewesen war. Aber er würde noch ans Ende seiner natürlichen Energie gelangen, und dann würde sein Verlangen durch die Kraft eines anderen in Erfüllung gehen« (F. B. Hole).

V. 21 – »**Herr, was soll aber dieser?** Es kommt uns nicht so schwer an, uns dem göttlichen Willen zu überlassen, wie den Vorwitz zu verleugnen, der sich so sehr um andere bekümmert, besonders wenn sie uns fast oder gar gleich gestellt sind« (Bengel).

241 13,37.

Bibliografie

Wird im Zuge der Auslegung nur der Name eines unten angeführten Auslegers genannt, ist das hier aufgeführte Werk gemeint. Wird aus einem anderen Werk zitiert, wird dies jeweils genannt.

Augustinus, Aurelius, *Confessiones. Bekenntnisse, Lateinisch-Deutsch*, Düsseldorf / Zürich: Artemis & Winkler, 2004.

Barnes, Albert, *Barnes' Notes on the New Testament. Complete and Unabridged in One Volume*, Grand Rapids: Kregel Publications, 1994.

Bengel, Johann Albrecht, *Gnomon. Auslegung des Neuen Testamentes in fortlaufenden Anmerkungen, Band 1: Evangelien und Apostelgeschichte*, Stuttgart 1960.

Bunyan, John, *The Works of John Bunyan*, Hrsg. George Offor, 3 Bände, Edinburgh: The Banner of Truth Trust, 1991.

Calvin, Jean, *Commentaires Bibliques. Évangile selon Jean*, Aix-en-Provence und Fontenay-sous-bois: Éditions Kerygma – Éditions Farel, 1978.

Calvin, Johannes, *Johannes Calvins Auslegung der Heiligen Schrift in deutscher Übersetzung, 10. Band: Das Evangelium des Johannes*, Neukirchen-Vluyn: Verlag der Buchhandlung des Erziehungsvereins.

Dächsel, K. August (Hrsg), *Die Bibel, oder die ganze Heilige Schrift mit in den Text eingefügten Auslegungen, ausführlichen Inhaltsangaben und erläuternden Bemerkungen, Band 6*, Groß Oesingen: Verlag der Lutherischen Buchhandlung Heinrich Harms, 2004.

Dalman, Gustaf, *Orte und Wege Jesu*, Gütersloh: C. Bertelsmann, 1919.

Darby, John Nelson, *Notes on the Gospel of John*, London: G. Morrish.

Darby, John Nelson, *Synopsis of the Books of the Bible, Band 3*, Winschoten: H.L. Heijkoop, 1970.

Darby, John Nelson, *The Collected Writings of J. N. Darby, Band 25*, Winschoten: H.L. Heijkoop, 1971.

de Boor, Werner, *Das Evangelium des Johannes, 1. und 2. Teil*, Wuppertal: Brockhaus Verlag, 1968 und 1973.

Edersheim, Alfred, *The Life and Times of Jesus the Messiah*, McLean: MacDonald Publishing Company.

Giertz, Bo, *Förklaringar till Nya Testamentet 2. Johannes till Korintierbreven*, Göteborg: Församlingsförlaget, 2009.

Godet, F., *L'évangile de Saint Jean, tome premier*, Paris: Librairie Française et étrangère, 1864.

Godet, F., *L'évangile de Saint Jean, tome deuxième*, Paris: Librairie Française et étrangère, 1865.

Gooding, David, *In der Schule des Meisters, Eine Betrachtung der Lehren Christi über Heiligkeit – Johannes 13–17*, Bielefeld: CLV, 2015.

Grant, F.W., *The Numerical Bible. The Gospels*, Neptune: Loizeaux Brothers, 1974.

Henry, Matthew, *Matthew Henry's Commentary on the Whole Bible, Band v: Matthew to John*, McLean: MacDonald Publishing Company.

Hendriksen, William, *Exposition of the Gospel According to John*, Grand Rapids: Baker Book House, 1992.

Hole, F.B., *The Gospels and Acts*, Sunbury: Believers' Bookshelf.

Kelly, William, *An Exposition of the Gospel of John*, London: C.H. Hammond Trust Bible Depot, 1966.

Lange, J.P., *Das Evangelium nach Johannes, theologisch-homiletisch bearbeitet*, Bielefeld: Verlag von Velhagen und Klasing, 1862.

Lightfoot, John, *A Commentary on the New Testament from the Talmud and Hebraica, Band 3: Luke – John*, Peabody: Hendrickson Publishers, 1989 (Nachdruck der Originalausgabe, erschienen 1859 bei Oxford University Press).

Lloyd-Jones, D. Martyn, *Einig in Wahrheit. Überlegungen zu Johannes 17 und Epheser 4*, Friedberg: 3L Verlag, 2003.

Luther, Martin, *D Martin Luthers Evangelien-Auslegung, vierter Teil, Das Johannes-Evangelium*, Göttingen: Vandenhoeck & Ruprecht, 1954.

Luther, Martin, *D Martin Luthers Evangelien-Auslegung, fünfter Teil, Die Passions- und Ostergeschichten aus allen vier Evangelien*, Göttingen: Vandenhoeck & Ruprecht, 1950.

MacArthur, John, *Die Welt überwinden. Wie Jesus seine Jünger in Johannes 13–16 stärkte*, Oerlinghausen: Betanien Verlag, 2003.

MacArthur, John, *The MacArthur New Testament Commentary, John 1–11*, Chicago: Moody Publishers, 2006.

MacArthur, John, *The MacArthur New Testament Commentary, John 12–21*, Chicago: Moody Publishers, 2008.

MacDonald, William, *Kommentar zum Neuen Testament*, Bielefeld: CLV, 1992/1994.

Pfeiffer, Charles F. (Hrsg.), *The Biblical World. A Dictionary of Biblical Archaeology*, Grand Rapids: Baker Book House, 1966.

Pink, Arthur, *Exposition of the Gospel of John. Three Volumes Complete and Unabdridged in One*, Grand Rapids: Zondervan Publishing House, 1977.

Rambach, Johann Jacob, *Betrachtungen über das ganze Leiden Christi und die sieben letzten Worte des gekreuzigten Jesu*, Berlin: Verlag vom Evangelischen Bücherverein, 1866.

Ryle, J.C., *Expository Thoughts on John*, Edinburgh: The Banner of Truth Trust, 1987.

Scroggie, W. Graham, *A Guide to the Gospels*, Tarrytown: Fleming H. Revell Company.

Smith, Hamilton, *The Last Words. An Exposition of Chapters xiii to xvii of the Gospel of John*, Sunbury: Believers' Bookshelf.

Spurgeon, C.H., *Miracles and Parables of Our Lord*, 3 Bände, Grand Rapids: Baker Book House, 1988 (Nachdruck).

Stier, Rudolf, *Die Reden des Herrn Jesu. Andeutungen für gläubiges Verständnis derselben. Fünfter Teil: Die Reden nach Johannes Kap. 11–17*, Barmen: Verlag von W. Langewiesche, 1854.

ΤΑΜΕΙΟΝ ΤΗΣ ΚΑΙΝΗΣ ΔΙΑΘΗΚΗΣ. ΕΚΔΟΤΙΚΟΣ ΟΙΚΟΣ ΑΣΤΗΡ. ΑΘΗΝΑΙ 1984.

Vanheiden, Karl-Heinz, *Chronik des Lebens Jesu*, Hammerbrücke: jota Publikationen, 2001.

Vigram, George, *The Englishman's Greek Concordance of the New Testament*, London: Samuel Bagster & Sons Limited, 1976.

Über den Autor

Benedikt Peters, schwedischer Staatsbürger, geboren 1950 in Helsingfors/Helsinki (Finnland), seit 1960 in der Schweiz wohnhaft, seit 1978 verheiratet, vier Kinder, Wohnsitz in Arbon am Bodensee. 1974 bis 1977 Besuch einer Bibel- und Missionsschule in der Schweiz; von 1980 bis 1985 Studium der griechischen und hebräischen Philologie an der Universität Zürich, 1986 bis 1993 Redakteur in einem christlichen Verlag; seit Frühjahr 1993 vollzeitlich im übergemeindlichen und konfessionell ungebundenen Dienst als Bibellehrer tätig im gesamten deutschsprachigen Raum sowie in Süd- und Osteuropa. Autor einer Reihe von Büchern zu biblisch-theologischen und zeitgeschichtlichen Themen.

Benedikt Peters

Kommentar zu 1. Petrus

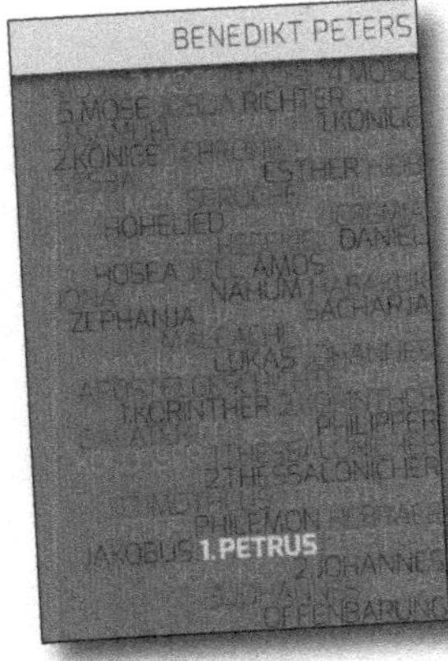

144 Seiten, Hardcover
ISBN 978-3-86699-319-8

An jenem denkwürdigen Tag, als ein niedergeschlagener Petrus sich der Frage stellen musste: »Hast du mich lieb?«, gab ihm der beste aller Hirten am Ende einen unerwarteten Auftrag: seine Lämmer und Schafe zu weiden und zu hüten.

Wie sehr Gottes Gnade ihn schließlich zu diesem Dienst befähigte, zeigt der 1. Petrusbrief. Der Apostel schreibt an zerstreute und verfolgte Christen, die Stärkung und Trost bitter nötig haben. Indem der Apostel sie lehrt, was »die wahre Gnade Gottes« ist, gibt er ihnen genau das, was sie brauchen. So wird der Blick des Lesers geschärft für die ermutigende Botschaft des 1. Petrusbriefes:

Durch Gottes Gnade stehen wir und werden zum Ausharren im Leiden befähigt. Die Gnade Gottes erzieht uns zur Heiligkeit und befähigt zum Gehorsam im Staat, auf dem Arbeitsplatz, in der Familie und in der Gemeinde. Lassen wir Gott das Werk seiner Gnade tun, wird sein Friede mit uns sein und sich mehren.

Benedikt Peters

Kommentar zu den Psalmen 107 – 150

704 Seiten, Hardcover
ISBN 978-3-86699-329-7

Die Psalmen 107–150 bilden das fünfte Buch des Psalters und behandeln das große Thema »Wort und Erfüllung«. Damit zeigt es deutliche Parallelen zum 5. Buch Mose, das mit dem Satz beginnt: »Dies sind die Worte« und damit endet, dass nach einer langen Geschichte der Sünde und des Versagens das Volk Gottes – durch Gottes Gnade – doch in den ersehnten Hafen eingeht.

Der 107. Psalm singt davon, dass Gottes Volk nach langen Jahren der Zerstreuung wieder ins Land zurückgeführt wurde. Psalm 108 spricht davon, wie das Land ausgemessen werden soll; Psalm 109 spricht vom Leiden des Gerechten. Im 110. Psalm sehen wir den leidenden Gottesknecht erhöht zur Rechten Gottes. Im 5. Psalmbuch findet sich auch der 119. Psalm, der die Schönheit, Reinheit und Kraft des Wortes Gottes besingt. Die folgenden fünfzehn Stufenlieder zeichnen den Weg nach, auf dem das Volk zurückkehrt, um schließlich das zu sein, wozu Gott dieses Volk im Anfang erwählt hatte: Priester und Anbeter. Die fünf Psalmen, die das Buch beschließen, beginnen und enden alle mit einem »Halleluja!«. Am Ende wird alles den großen Gott und Schöpfer der Welt, den Erlöser Israels und König der Nationen rühmen. Dann werden alle Worte Gottes ihre Erfüllung gefunden haben.

Benedikt Peters

Kommentar zu Sacharja

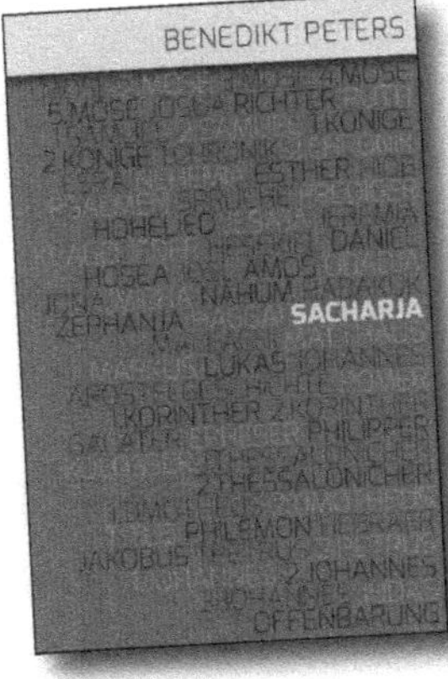

272 Seiten, Hardcover
ISBN 978-3-86699-314-3

Nach siebzigjährigem Exil ist ein Überrest des Volkes Israel nach Jerusalem zurückgekehrt. Diese Menschen stehen vor der großen Herausforderung, das Heiligtum Gottes und das jüdische Gemeinwesen wiederaufzubauen. Sie sind schwach, von Feinden bedrängt – und immer noch ein Volk von Untertanen, vom Wohlwollen heidnischer Könige abhängig. Die Gefahr, allen Mut und den Glauben an eine Zukunft des Volkes zu verlieren, ist groß!

Aber »der HERR gedenkt« – und das ist auch die Bedeutung des Namens dessen, den Gott zur Hilfe sendet: den Propheten Sacharja. Seine Weissagungen bezeugen, dass der Gott Israels für sein Volk eine herrliche Zukunft bereithat. Er wird sein Volk bewahren, die Feinde richten und inmitten seines Volkes wohnen – zum Segen für alle Völker der Erde.

Gewinnbringend, prägnant und tiefgründig entfaltet der geschätzte Bibelausleger Benedikt Peters die großen und wichtigen Botschaften dieses »kleinen Propheten«.

Benedikt Peters

Geöffnete Siegel

clv

Auslegung zur Offenbarung

224 Seiten, Paperback

ISBN 978-3-86699-203-0

Dieses Buch bietet einen leicht verständlichen und zugleich lehrmäßig solide begründeten Einstieg ins Studium des letzten Bibelbuches. Die Erklärungen zu allen 22 Kapiteln der Offenbarung zeichnen in knappen Zügen die Hauptlinien des Planes nach, den Gott für seinen künftigen Triumph entworfen hat. Dabei verzichtete der Autor auf alle Spekulationen, die gewöhnlich mehr auf dem politischen Tagesgeschehen beruhen als auf dem Wort Gottes selbst. Stattdessen ist er umso entschiedener bestrebt, hinter allem Handeln Gottes in den letzten Tagen der Menschheit die Majestät und Schönheit des großen Gottes und Retters Jesus Christus zu sehen, dessen Offenbarung es schließlich ist.